MANZSCHE KURZLEHRBUCH-REIHE

1

Grundriss des bürgerlichen Rechts

Band II

Schuldrecht Allgemeiner Teil, Schuldrecht Besonderer Teil, Erbrecht

Auf Grundlage der von
Dr. **Helmut Koziol** und Dr. **Rudolf Welser**
gemeinsam herausgegebenen 1.–10. Auflage

bearbeitet von

Dr. **Rudolf Welser**
o. Universitätsprofessor in Wien

13., neubearbeitete Auflage
Nachdruck

Wien 2007
Manzsche Verlags- und Universitätsbuchhandlung

Zitiervorschlag: *Welser,* Bürgerliches Recht II[13] (2007) [Seite].

ISBN 978-3-214-14709-9

Telefon: (01) 531 61-0
eMail: verlag@MANZ.at
World Wide Web: www.MANZ.at
Datenkonvertierung, Satzherstellung und Druck:
MANZ CROSSMEDIA, 1051 Wien

Vorwort

Die 12. Auflage des *Koziol/Welser* war ein in seiner fünfunddreißigjährigen Geschichte noch nie dagewesener, überwältigender Erfolg. Dies ist umso mehr ein Grund zur Freude, als in den letzten Jahren viele andere Studien- und Arbeitsunterlagen erschienen sind, die sich an einen ähnlichen Adressatenkreis richten. Das Werk ist allerdings schon seit Jahrzehnten kein reines Studienbuch, er dient auch der Praxis und enthält für den ersten Einstieg in ein Thema oft mehr Hinweise auf Literatur und Judikatur als so mancher Kurzkommentar. Es bestand also kein Anlaß, das Grundkonzept des Werkes zu verlassen. Allerdings habe ich viele inhaltliche Änderungen vorgenommen, die seit der letzten Auflage in Kraft getretenen Gesetze berücksichtigt und die neue Lehre und Rechtsprechung eingearbeitet. Wie bei jeder Auflage habe ich die Gelegenheit benützt, das Buch in Stil und System zu überarbeiten und es so noch leichter lesbar und verständlicher zu machen.

Das Ausscheiden von Herrn Prof. Dr. *Helmut Koziol* als Herausgeber und Bearbeiter des Grundrisses hat einige Änderungen notwendig gemacht. So wird der erste Band nun von Herrn ao. Univ.-Prof. Dr. *Andreas Kletečka* bearbeitet, der mir schon bei einigen früheren Auflagen des Grundrisses eine wertvolle Hilfe war und daher eine langjährige „Grundriß-Erfahrung“ besitzt. Den zweiten Band werde ich weiterhin selbst bearbeiten.

Bei der Bewältigung der enormen Arbeit an dieser Neuauflage haben mich viele unterstützt. Herrn Univ.-Prof. Dr. *Martin Schauer* habe ich dafür zu danken, daß er das Bestandrecht, dessen Experte er ist, bearbeitet hat. Meine Assistenten Dr. *Martin Spitzer,* Mag. *Martina Rosenmayr,* Mag. *Denise Hörker* und Mag. *Theresa Goriany* haben das Material gesammelt, für die Aktualisierung Vorschläge erstattet und die Korrekturfahnen gelesen. Sie haben wesentlichen Anteil an der Neuauflage. Im besonderen Maße gilt dies für Herrn Dr. *Martin Spitzer,* der nicht nur die Überarbeitung wichtiger Teile vorbereitet, sondern auch alle Vorbereitungstätigkeiten koordiniert und überwacht hat. Zum Schluß hat noch Mag. *Erik Hödl* die Register angefertigt. Ihnen allen schulde ich großen Dank.

Wir hoffen, daß wir damit alles getan haben, um dem Lehrbuch seinen Platz als Standard-Lehrbuch des österreichischen Zivilrechts zu erhalten.

Abschließend darf ich noch auf das von mir herausgegebene „Fachwörterbuch zum bürgerlichen Recht“ verweisen, das eine Ergänzung zum Werk darstellt und für Studium und Praxis zu empfehlen ist.

Da die in diesem Band vertretenen Auffassungen nicht stets jenen von Herrn Prof. Dr. *Helmut Koziol* entsprechen, wird bereits bei diesem Nachdruck seinem Wunsch Rechnung getragen, nicht mehr als Herausgeber aufzuscheinen. Inhaltlich ist der Nachdruck unverändert.

Wien, im November 2006 / Juni 2008 *Rudolf Welser*

Inhaltsverzeichnis

Seite

1. Teil: Schuldrecht, Allgemeiner Teil

2. Teil: Schuldrecht, Besonderer Teil

3. Teil: Erbrecht

Verzeichnis der Abkürzungen

Paragraphenzahlen ohne weitere Angaben sind solche des ABGB.
Verweise auf den 1. Band beziehen sich auf die 13. Auflage.

aA (M)	anderer Ansicht, – Auffassung (Meinung)
ABGB	Allgemeines bürgerliches Gesetzbuch
ABl = ABlEG	Amtsblatt der Europäischen Gemeinschaft (Union)
Abs	Absatz
AcP	(deutsches) Archiv für die civilistische Praxis
aE	am Ende
aF	alte Fassung
AG	Aktiengesellschaft
AGB	Allgemeine Geschäftsbedingungen
AHG	Amtshaftungsgesetz
AktG	Aktiengesetz
ALR	Preußisches Allgemeines Landrecht
AnerbenG	Anerbengesetz
AnfO	Anfechtungsordnung
AngG	Angestelltengesetz
Anh	Anhang
Anm	Anmerkung
AnwBl	Österreichisches Anwaltsblatt
AO	Ausgleichsordnung
ArbSlg	Sammlung arbeitsrechtlicher Entscheidungen
ArchBürgR	(deutsches) Archiv für bürgerliches Recht
ArchKirchR	Österreichisches Archiv für Kirchenrecht
arg	argumento (folgt aus)
Art	Artikel
ÄrzteG	Ärztegesetz
ASVG	Allgemeines Sozialversicherungsgesetz
AT	Allgemeiner Teil
AtomHG	Atomhaftpflichtgesetz
AÜG	Arbeitskräfteüberlassungsgesetz
AußStrG	Gesetz über das gerichtliche Verfahren in Rechtsangelegenheiten außer Streitsachen
AVB	Allgemeine Versicherungsbedingungen
AVRAG	ArbeitsvertragsrechtsanpassungsG
BAO	Bundesabgabenordnung
BauKG	Bauarbeiten-Koordinationsgesetz
BauRG	Baurechtsgesetz
BauRNov	Novelle zum Baurechtsgesetz
bbl	Baurechtliche Blätter
Bd	Band
Bde	Bände
Bearb	Bearbeitung
BG	Bundesgesetz
BGB	(deutsches) Bürgerliches Gesetzbuch
BGBl	Bundesgesetzblatt
BGH	(deutscher) Bundesgerichtshof
BGHZ	Entscheidungen des (deutschen) Bundesgerichtshofs in Zivilsachen

Blg	Beilage, -n
BlgNR	Beilagen zu den stenographischen Protokollen des Nationalrats
BM	Bundesministerium
BRBG	Erstes Bundesrechtsbereinigungsgesetz
BStFG	Bundes-Stiftungs- und Fondsgesetz
BSVG	Bauern-Sozialversicherungsgesetz
BT	Besonderer Teil
BTVG	Bauträgervertragsgesetz
BUAG	Bauarbeiter-Urlaubs- und Abfertigungsgesetz
BVergG	Bundesvergabegesetz
B-VG	Bundes-Verfassungsgesetz
BVG	Bundesverfassungsgesetz
BWG	Bankwesengesetz
bzw	beziehungsweise
DB	Der Betrieb
dh	das heißt
DHG	Dienstnehmerhaftpflichtgesetz
DJT	Deutscher Juristentag
DNotZ	Deutsche Notar-Zeitschrift
DR	Deutsches Recht
DRiZ	Deutsche Richterzeitung
dt	deutsch
DVEheG	Verordnung zur Durchführung und Ergänzung des Ehegesetzes
E	Entscheidung
EB	Erläuternde Bemerkungen
ECG	E-Commerce-Gesetz
ecolex	Fachzeitschrift für Wirtschaftsrecht
EDV	EDV und Recht
EF-Z	Zeitschrift für Ehe- und Familienrecht
EFSlg	Ehe- und familienrechtliche Entscheidungen
EGG	Erwerbsgesellschaftengesetz
EGJN	Einführungsgesetz zur Jurisdiktionsnorm
EGZPO	Einführungsgesetz zur Zivilprozeßordnung
EheG	Ehegesetz
EKHG	Eisenbahn- und Kraftfahrzeughaftpflichtgesetz
EntmO	Entmündigungsordnung
EO	Exekutionsordnung
ErbRÄG	Erbrechtsänderungsgesetz
ErbStÄquG	Erbschaftssteueräquivalentgesetz
ErgLf	Ergänzungslieferung
Erk	Erkenntnis
EStG	Einkommensteuergesetz
EU	Europäische Union
EuGH	Europäischer Gerichtshof
EuGRZ	Europäische Grundrechte Zeitschrift
Euro-JuBG	1. Euro-Justiz-Begleitgesetz
EvBl	Evidenzblatt der Rechtsmittelentscheidungen
EVHGB	Verordnung zur Einführung handelsrechtlicher Vorschriften im Lande Österreich
EVO	Eisenbahnverkehrsordnung
EVÜ	Übereinkommen über das auf vertragliche Schuldverhältnisse anzuwendende Recht
EWiR	Entscheidungen zum Wirtschaftsrecht
EZ	Einlagezahl

f	und der (die) folgende
FamErbRÄG	Familien- und Erbrechts-Änderungsgesetz
FamZ	Interdisziplinäre Zeitschrift für Familienrecht
FamRZ	(deutsche) Zeitschrift für das gesamte Familienrecht
FBG	Firmenbuchgesetz
FernFinG	Fern-Finanzdienstleistungs-Gesetz
ff	und die folgenden
FinStG	Finanzstrafgesetz
FMedG	Fortpflanzungsmedizingesetz
FMG	Fernmeldegesetz
FN	Fußnote
FS	Festschrift
G	Gesetz
GAÖJT	Gutachten des Österreichischen Juristentages
GBG	Allgemeines Grundbuchsgesetz
GBlÖ	Gesetzblatt für das Land Österreich (1938–1940)
GebG	Gebührengesetz
GedS	Gedenk-, Gedächtnisschrift
gem	gemäß
GenG	Genossenschaftsgesetz
Geo	Geschäftsordnung für die Gerichte I. und II. Instanz
GesRZ	Der Gesellschafter, Zeitschrift für Gesellschaftsrecht
GewO	Gewerbeordnung
GewRÄG	Gewährleistungsrechts-Änderungsgesetz
GH	Gerichtshalle (Zeitschrift)
GlU	Sammlung von zivilrechtlichen Entscheidungen des kk Obersten Gerichtshofes
GlUNF	Sammlung von zivilrechtlichen Entscheidungen des kk Obersten Gerichtshofes, Neue Folge
GmbH	Gesellschaft mit beschränkter Haftung
GmbHG	Gesetz über Gesellschaften mit beschränkter Haftung
GOG	Gerichtsorganisationsgesetz
GP	Gesetzgebungsperiode
GPR	Zeitschrift für Gemeinschaftsprivatrecht
GrundbuchsV	Grundbuchsvorschrift
GrünhutsZ	(deutsche) Zeitschrift für das Privat- und öffentliche Recht der Gegenwart, begründet von *Grünhut*
GS	Gesetzessammlung
GTG	Gentechnikgesetz
GUG	Grundbuchsumstellungsgesetz
GWG	Gaswirtschaftsgesetz
GZ	Österreichische Allgemeine Gerichtszeitung
H	Heft
hA	herrschende Ansicht (Auffassung)
HfD	Hofdekret
HfKD	Hofkanzleidekret
HGB	Handelsgesetzbuch
HHB	Herrenhausbericht
hL	herrschende Lehre
hM	herrschende Meinung
Hrsg	Herausgeber
hRsp	herrschende Rechtsprechung
HS	Handelsrechtliche Entscheidungen

id(n)F	in der (neuen) Fassung
idR	in der Regel
ieS	im engeren Sinn
immolex	Neues Miet und Wohnrecht
ImmZ	Österreichische Immobilien-Zeitung
InvFG	Investmentfondsgesetz
IPRax	Praxis des Internationalen Privat- und Verfahrensrechts (Deutschland)
IPRG	BG über das internationale Privatrecht
iVm	in Verbindung mit
iwS	im weiteren Sinn
JA	Justizausschuß, -bericht
JABl	Amtsblatt der Österreichischen Justizverwaltung
JAP	Juristische Ausbildung und Praxisvorbereitung
JB	Judikatenbuch des Obersten Gerichtshofes
JBl	Juristische Blätter
JGS	Justizgesetzsammlung
Jh	Jahrhundert
JherJB	*Jherings* Jahrbücher für Dogmatik des bürgerlichen Rechts
JN	Jurisdiktionsnorm
JR	(deutsche) Juristische Rundschau
JuBeG	Justizbegleitgesetz
Jura	Juristische Ausbildung (Zeitschrift)
JuS	Juristische Schulung
JW	(deutsche) Juristische Wochenschrift
JZ	(deutsche) Juristenzeitung
KaKuG	Bundesgesetz über Krankenanstalten und Kuranstalten
KartG	Kartellgesetz
KEG	Kommandit-Erwerbsgesellschaft
Kfz	Kraftfahrzeug
KG	Kreisgericht, Kommanditgesellschaft
KHVG	Kraftfahrzeughaftpflichtversicherungsgesetz
KindRÄG	Kindschaftsrechtsänderungsgesetz
KMG	Kapitalmarktgesetz
KO	Konkursordnung
krit	kritisch
KSchG	Konsumentenschutzgesetz
LBG	Liegenschaftsbewertungsgesetz
leg cit	legis citatae (der zitierten Vorschrift)
LFG	Luftfahrtgesetz
LG	Landesgericht
LGBl	Landesgesetzblatt
LGZ	Landesgericht für Zivilrechtssachen
LiegTeilG	Liegenschaftsteilungsgesetz
lit	litera (Buchstabe)
Lit	Literatur
LJZ	Liechtensteinische Juristen-Zeitung
LZ	Leipziger Zeitschrift für Deutsches Recht
maW	mit anderen Worten
MDR	Monatsschrift für Deutsches Recht
MG	Mietengesetz
MGA	Manzsche Große Ausgabe der Österreichischen Gesetze
MietSlg	Mietrechtliche Entscheidungen

MinroG	Mineralrohstoffgesetz
MR	Medien und Recht
MRG	Mietrechtsgesetz
MRK	Menschenrechtskonvention
MSchG	Markenschutzgesetz
mwN	mit weiteren Nachweisen
nF	neue Fassung
NJW	(deutsche) Neue Juristische Wochenschrift
NO	Notariatsordnung
NotAktsG	Notariatsaktsgesetz
NR	Nationalrat
Nr	Nummer
NZ	Österreichische Notariatszeitung
ÖBA	Österreichisches Bankarchiv
ÖBl	Österreichische Blätter für gewerblichen Rechtsschutz und Urheberrecht
OEG	Offene Erwerbsgesellschaft
OeNB	Oesterreichische Nationalbank
OGH	Oberster Gerichtshof
OHG	Offene Handelsgesellschaft
oJ	ohne Jahreszahl
ÖJT	Österreichischer Juristentag
ÖJZ	Österreichische Juristen-Zeitung
ÖJZ-LSK	Leitsatzkartei in Österreichische Juristen-Zeitung
OLG	Oberlandesgericht
OrgHG	Organhaftpflichtgesetz
österr	österreichisch, -e, -er, -es
ÖZW	Österreichische Zeitschrift für Wirtschaftsrecht
PatG	Patentgesetz
PatVG	Patientenverfügungs-Gesetz
PBEG	Polizeibefugnis-Entschädigungsgesetz
PHG	Produkthaftungsgesetz
Prot	Protokoll(e)
PSG	Privatstiftungsgesetz
QuHGZ	Quartalshefte der Girozentrale
RabelsZ	*Rabels* Zeitschrift für ausländisches und internationales Privatrecht
RAO	Rechtsanwaltsordnung
RatG	Ratengesetz
RdA	Das Recht der Arbeit
RdM	Recht der Medizin
RdNr	Randnummer
RdU	Recht der Umwelt
RdW	Österreichisches Recht der Wirtschaft
recht	recht – Zeitschrift für juristische Ausbildung und Praxis
RG	(deutsches) Reichsgericht
RGBl	Reichsgesetzblatt
RGZ	Entscheidungen des (deutschen) Reichsgerichtes in Zivilsachen
RHG	Reichshaftpflichtgesetz
RichtWG	Richtwertgesetz
RIW/AWD	Recht der internationalen Wirtschaft/Außenwirtschaftsdienst
RL	Richtlinie
Rs	Rechtssache
Rsp	Rechtsprechung (Zeitschrift)

RV	Regierungsvorlage
RZ	Österreichische Richterzeitung
Rz	Randzahl
S	Seite, Siehe
s	siehe
SAE	Sammlung arbeitsrechtlicher Entscheidungen
sc	scilicet (nämlich)
SchwJZ	Schweizerische Juristen-Zeitung
schwOR	schweizerisches Obligationenrecht
SeuffBl	Seufferts Blätter für Rechtsanwendung in Bayern
SigG	Signaturgesetz
SJZ	Schweizerische Juristen-Zeitung
Slg	Sammlung
sog	sogenannte, -er, -es
SoSi	Soziale Sicherheit
SpaltG	Spaltungsgesetz
StAZ	Das Standesamt
StEG	Strafrechtliches Entschädigungsgesetz
StGB	Strafgesetzbuch
StGG	Staatsgrundgesetz
StPO	Strafprozeßordnung
str	streitig, strittig
stRsp	ständige Rechtsprechung
StVO	Straßenverkehrsordnung
SZ	Entscheidungen des österreichischen Obersten Gerichtshofes in Zivilsachen
TEG	Todeserklärungsgesetz
TN	Teilnovelle zum ABGB
TNG	Teilzeitnutzungsgesetz
ua	und andere(n), unter anderem
uä	und ähnliche(s)
UbG	Unterbringungsgesetz
ÜbG	Übernahmegesetz
UGB	Unternehmensgesetzbuch
UmwG	Umwandlungsgesetz
UN	Vereinte Nationen
UNCITRAL	United Nations Commission on International Trade Law (Kommission der Vereinten Nationen für das Recht des internationalen Handels)
UNK	Übereinkommen der Vereinten Nationen über Verträge über den Internationalen Warenkauf (UN-Kaufrecht)
UOG	Universitäts-Organisationsgesetz
UrhG	Urheberrechtsgesetz
UrlaubsG	Urlaubsgesetz
usw	und so weiter
uU	unter Umständen
uva	und viele andere
UWG	Gesetz gegen den unlauteren Wettbewerb
V	Verordnung
VerkOG	Verkehrsopferschutzgesetz
VersRdSch	Die Versicherungsrundschau
verst	verstärkter
VersVG	Versicherungsvertragsgesetz
VfGH	Verfassungsgerichtshof

VfSlg	Sammlung der Erkenntnisse und wichtigsten Beschlüsse des Verfassungsgerichtshofes
vgl	vergleiche
VO	Verordnung
VStG	Verwaltungsstrafgesetz
VwGH	Verwaltungsgerichtshof
VwSlg(A)	Erkenntnisse und Beschlüsse des Verwaltungsgerichtshofes, Administrativrechtlicher Teil
VwSlgNF	Erkenntnisse und Beschlüsse des Verwaltungsgerichtshofes
WAG	Wertpapieraufsichtsgesetz
WÄG	Wohnrechtsänderungsgesetz
WBl = wbl	Wirtschaftsrechtliche Blätter
WechselG	Wechselgesetz
WEG	Wohnungseigentumsgesetz
WFG	Wohnbauförderungsgesetz
WGG	Wohnungsgemeinnützigkeitsgesetz
WoBl = wobl	Wohnrechtliche Blätter
WRN	Wohnrechtsnovelle
WucherG	Wuchergesetz
Y2K	year 2000
Z	Ziffer, Zahl
ZAK	Zivilrecht aktuell
ZAS	Zeitschrift für Arbeitsrecht und Sozialrecht
zB	zum Beispiel
ZBB	Zeitschrift für Bankrecht und Bankwirtschaft
ZBl	Zentralblatt für die juristische Praxis
ZessRÄG	Zessionsrechts-Änderungsgesetz
ZEuP	Zeitschrift für Europäisches Privatrecht
ZfA	Zeitschrift für Arbeitsrecht
ZfRV	Zeitschrift für Rechtsvergleichung
ZGB	(Schweizer) Zivilgesetzbuch
ZHR	Zeitschrift für das gesamte Handelsrecht und Wirtschaftsrecht
ZinsRÄG	Zinsenrechts-Änderungsgesetz
ZIP	Zeitschrift für Wirtschaftsrecht und Insolvenzpraxis
ZivRÄG	Zivilrechts-Änderungsgesetz
ZNR	Zeitschrift für Neuere Rechtsgeschichte
ZÖR	Österreichische Zeitschrift für öffentliches Recht und Völkerrecht
ZPO	Zivilprozeßordnung
ZRS	Zivilrechtssachen
zT	zum Teil
ZusatzProt	Zusatzprotokoll
ZVR	Zeitschrift für Verkehrsrecht

Schrifttum

Die hochgestellten Zahlen geben die Auflage an.

Nachschlagewerk

Welser (Hrsg), Fachwörterbuch zum bürgerlichen Recht (2005)

Bibliographie

Index der Rechtsmittelentscheidungen und des Schrifttums, begründet von *Hohenecker*

Gesetzesausgaben

Dittrich/Tades, Das Allgemeine Bürgerliche Gesetzbuch^{36}, Manzsche Große Ausgabe der österreichischen Gesetze, Bd I und II (2003); Ergänzungsband (2007)

Dittrich/Tades, Das Allgemeine Bürgerliche Gesetzbuch^{22}, Manz Taschenkommentar (2007)

Graf/Ofner, Bürgerliches Recht^{9} (2006)

Kodex, Bürgerliches Recht^{33} (2006)

Systematische Darstellungen

Unger, System des österreichischen allgemeinen Privatrechts I^{5} (1892); II^{5} (1892); VI^{4} (1894)

Krasnopolski/Kafka, Lehrbuch des österreichischen Privatrechts III (1910); IV (1911); V (1914)

Ehrenzweig, Armin, System des österreichischen allgemeinen Privatrechts I/1: Allgemeiner Teil^{2} (1951); I/2: Sachenrecht^{2} (1957); II/1: Das Recht der Schuldverhältnisse^{2} (1928); II/2: Familien- und Erbrecht^{2} (1937)

Kralik, Das Erbrecht (1983) (3. Auflage des Systems von *Ehrenzweig*)

Mayrhofer, Schuldrecht Allgemeiner Teil (1986) (3. Auflage des Systems von *Ehrenzweig*)

Schwind, Das Familienrecht (1984) (3. Auflage des Systems von *Ehrenzweig*)

Wolff, Karl, Grundriß des österreichischen bürgerlichen Rechts^{4} (1948)

Gschnitzer, Lehrbuch des österreichischen bürgerlichen Rechts: Allgemeiner Teil (1966); Sachenrecht (1968); Familienrecht (1963); Schuldrecht Allgemeiner Teil (1965); Schuldrecht Besonderer Teil und Schadenersatz (1963); Erbrecht (1964)

Gschnitzer, Allgemeiner Teil des bürgerlichen Rechts^{2} (1992) bearbeitet von *Faistenberger, Barta* ua; Sachenrecht^{2} (1985) bearbeitet von *Faistenberger, Barta, Call* und *Eccher;* Familienrecht^{2} (1979) bearbeitet von *Faistenberger;* Schuldrecht Allgemeiner Teil^{2} (1986) bearbeitet von *Faistenberger, Barta* und *Eccher;* Schuldrecht Besonderer Teil und Schadenersatz^{2} (1988) bearbeitet von *Faistenberger, Barta* und *Eccher;* Erbrecht^{2} (1984) bearbeitet von *Faistenberger*

Apathy (Hrsg), Bürgerliches Recht, I: Allgemeiner Teil^{3} (2005) von *P. Bydlinski;* II: Schuldrecht, Allgemeiner Teil^{2} (2002) von *Dullinger;* III: Schuldrecht, Besonderer Teil^{2} (2002) von *Apathy/Riedler;* IV: Sachenrecht^{2} (2002) von *Iro;* V: Familienrecht^{2} (2002) von *Kerschner;* VI: Erbrecht^{2} (2002) von *Eccher*

Avancini/Iro/Koziol, Österreichisches Bankvertragsrecht I (1987), II (1993)

Koziol, Österreichisches Haftpflichtrecht I^{3} (1997), II^{2} (1984)

Kommentare

Zeiller, Commentar über das allgemeine bürgerliche Gesetzbuch, 4 Bde und 1 Registerband (1811–1813)
Pfaff/Hofmann, Kommentar zum österreichischen allgemeinen bürgerlichen Gesetzbuche II (1877)
Pfaff/Hofmann, Exkurse über österreichisches allgemeines bürgerliches Recht II (1878)
Stubenrauch, Commentar zum österreichischen allgemeinen bürgerlichen Gesetzbuch[8] I (1902), II (1903)
Klang/Gschnitzer, Kommentar zum Allgemeinen bürgerlichen Gesetzbuch[2] I/1 (1964); I/2 (1962); II (1950); III (1952); IV/1 (1968); IV/2 (1978); V (1954); VI (1951); Ergänzungsband (1977)
Fenyves/Welser, ABGB, 3. Auflage des von Klang begründeten Kommentars, §§ 137–186a bearbeitet von *Pichler* (2000)
Fenyves/Kerschner/Vonkilch, ABGB, 3. Auflage des von Klang begründeten Kommentars, §§ 44–100 (2006) und KSchG, bearbeitet von *Mayerhofer* ua (2006)
Rummel, Kommentar zum Allgemeinen bürgerlichen Gesetzbuch[3] I (2000), II in Teilbänden (ab 2002); Ergänzungsband KindRÄG 2001 (2003)
Schwimann, Praxiskommentar zum Allgemeinen Bürgerlichen Gesetzbuch I[3] (2005); II[3] (2005); III[3] (2006); IV[3] (2006); V[3] (2006); VI[3] (2006); VII[3] (2005); VIII[2](1997)
Koziol/P. Bydlinski/Bollenberger, Kurzkommentar zum ABGB (2005)
Welser/Jud, Die neue Gewährleistung, Manzscher Kurzkommentar (2001)
Welser/Rabl, Produkthaftungsgesetz[2], Kommentar (2003)
Hopf/Kathrein, Eherecht[2] (2005)

Zeitschriften

Das Recht der Arbeit – RdA
Die Versicherungsrundschau – VersRdSch
ecolex – Fachzeitschrift für Wirtschaftsrecht
Evidenzblatt der Rechtsmittelentscheidungen – EvBl; s Österreichische Juristen-Zeitung
immolex – Neues Miet- und Wohnrecht
Interdisziplinäre Zeitschrift für Familienrecht – FamZ
Juristische Ausbildung und Praxisvorbereitung – JAP
Juristische Blätter – JBl
Österreichisches Anwaltsblatt – AnwBl
Österreichisches Bankarchiv – ÖBA
Österreichische Immobilien-Zeitung – ImmZ
Österreichische Juristen-Zeitung – ÖJZ, enthält das Evidenzblatt der Rechtsmittelentscheidungen – EvBl
Österreichische Notariats-Zeitung – NZ
Österreichisches Recht der Wirtschaft – RdW
Österreichische Richterzeitung – RZ
Österreichische Zeitschrift für Wirtschaftsrecht – ÖZW
Recht der Medizin – RdM
Recht der Umwelt – RdU
Wirtschaftsrechtliche Blätter – WBl = wbl
Wohnrechtliche Blätter – wobl
Zeitschrift für Arbeitsrecht und Sozialrecht – ZAS
Zeitschrift für Ehe- und Familienrecht – EF-Z
Zeitschrift für Rechtsvergleichung, Internationales Privatrecht und Europarecht – ZfRV
Zeitschrift für Verkehrsrecht – ZVR
Zivilrecht aktuell – Zak

Entscheidungssammlungen

Sammlung von Civilrechtlichen Entscheidungen des kk obersten Gerichtshofes, herausgegeben von Glaser und Unger (1853–1915) – GlU; ab 1898 von *Pfaff, Schey* ua in neuer Folge fortgeführt – GlUNF
Entscheidungen des österreichischen Obersten Gerichtshofes in Zivilsachen – SZ
Ehe- und familienrechtliche Entscheidungen, herausgegeben von *Gitschthaler* und *Höllwerth* – EFSlg
Handelsrechtliche Entscheidungen, begründet von *Stanzl,* fortgeführt von *Jabornegg, Karollus* und *Huemer* – HS
Mietrechtliche Entscheidungen, herausgegeben von *Würth* – MietSlg
Versicherungsrechtliche Entscheidungssammlung, herausgegeben von *Fenyves* – VersE

Fallösung, Arbeitstechnik, Lernbehelfe

Apathy (Hrsg), Bürgerliches Recht VIII, Prüfungstraining, Fallrepetitorium mit Lösungen (2002)
Barta, Zivilrecht, Grundriß und Einführung in das Rechtsdenken[2] (2004)
M. Binder, Sachenrecht: Theorie und systematisch aufbereitete OGH-Fälle (2003)
M. Binder, Schuldverträge. Grundzüge, Fälle und Lösungen in systematischer Bearbeitung (1993)
P. Bydlinski, Grundzüge des Privatrechts[6] (2005)
Faber/Heidinger/Nemeth, Bürgerliches Recht, Übungs- und Diplomprüfungsfälle mit Lösungen (2006)
Harrer/Honsell/Mader, Prüfungsfälle zum bürgerlichen Recht[4] (2003)
Kerschner, Wissenschaftliche Arbeitstechnik und -methodik für Juristen[5] (2005)
Kerschner/Rummel, Fälle und Lösungen zum bürgerlichen Recht für Anfänger[5] (2002)
Kerschner/P. Bydlinski, Fälle und Lösungen zum bürgerlichen Recht für Fortgeschrittene[4] (2002)
Krejci, Privatrecht[7] (2007)
Markl/Pittl, Einführung in das Privat- und Wirtschaftsrecht[2] (2006)
Rebhahn, Rechtsfälle mit Lösungen (1990)
Thoß/Haas, Prüfungstrainer Zivilrecht (2004)
Zankl, Bürgerliches Recht[3] (2006)
Zankl, Casebook Bürgerliches Recht[5] (2006)
Zankl, Zivilrecht 24 (2006)

Systematische Darstellungen zum deutschen Recht

Brox, Erbrecht[22] (2007)
Enneccerus/Lehmann, Recht der Schuldverhältnisse[15] (1958)
Esser/Schmidt, Schuldrecht I: Allgemeiner Teil I/1[8] (1995), I/2[8] (2000)
Esser/Weyers, Schuldrecht II: Besonderer Teil[8] II/1[8](1998), II/2[8] (2000)
Fikentscher/Heinemann, Schuldrecht[10] (2006)
Heck, Grundriß des Schuldrechts (1929), 3. Neudruck (1994)
Kipp/Coing, Erbrecht[14] (1990)
Lange/Kuchinke, Lehrbuch des Erbrechts[5] (2001)
Larenz, Lehrbuch des Schuldrechts I: Allgemeiner Teil[14] (1987), II/1: Besonderer Teil[13] (1986)
Larenz/Canaris, Lehrbuch des Schuldrechts II/2, Besonderer Teil[13] (1994)
Medicus, Schuldrecht I: Allgemeiner Teil[17] (2006), II: Besonderer Teil[13] (2006)
Schlechtriem, Schuldrecht, Besonderer Teil[6] (2003)
Schlechtriem/Schmidt-Kessel, Schuldrecht, Allgemeiner Teil[6] (2005)
Schlüter, Erbrecht[15] (2004)
von Lübtow, Erbrecht I und II (1971)

Kommentare zum deutschen BGB

Erman, Handkommentar zum Bürgerlichen Gesetzbuch[11], 2 Bde (2004)
Jauernig/Berger/Schlechtriem/Stürner/Teichmann/Vollkommer, Bürgerliches Gesetzbuch[11] (2004)
Palandt, Bürgerliches Gesetzbuch[66] (Kurzkommentar) (2006)
Prütting/Wegen/Weinreich, BGB Kommentar[2] (2007)
Rebmann/Säcker/Rixecker, Münchener Kommentar zum Bürgerlichen Gesetzbuch[4/5], 10 Bde (2000–2006)
Soergel/Siebert, Bürgerliches Gesetzbuch; erscheint seit 1987 in 12. Auflage
Staudinger, Kommentar zum bürgerlichen Gesetzbuch; erscheint seit 1993 in 13. Bearbeitung

1. Teil

Schuldrecht, Allgemeiner Teil

1. Kapitel

Einleitung

I. Der Begriff

Literatur: *Dnistrjanskyi,* Dingliche und persönliche Rechte, JherJB 78, 86; *Dörner,* Dynamische Relativität (1985); *Kleinfeller,* Der Begriff „Anspruch", AcP 137, 129; *Koziol,* Die Beeinträchtigung fremder Forderungsrechte (1967).

Der allgemeine Teil des Schuldrechts besteht aus den für alle Schuldverhältnisse geltenden Regeln.

Das ABGB nennt die Schuldrechte „persönliche Sachenrechte" und versteht darunter *Rechte, „vermöge welcher eine Person einer andern zu einer Leistung verbunden ist"* (§ 859). Heute werden die Schuldrechte gewöhnlich als Rechtsverhältnisse umschrieben, die in der Verpflichtung einer Person gegenüber einer anderen bestehen. Wer zu einer solchen Leistung verpflichtet ist, heißt **Schuldner,** wer das Recht auf die Leistung hat, **Gläubiger.** Vom Schuldner her gesehen ist der Inhalt der Schuld eine **Verbindlichkeit,** vom Gläubiger her ein Recht, das **Forderungsrecht** oder **Anspruch** heißt. Die geschuldete Leistung kann in einem **Tun** oder **Unterlassen** bestehen, zB in der Anfertigung einer Maschine oder im Dulden des Gebrauches einer Sache. Für das Schuldrecht ist auch der aus dem römischen Recht stammende Begriff **„Obligationenrecht"** geläufig.

Die Verbindlichkeit selbst heißt Obligation. Die lateinischen Bezeichnungen für Gläubiger (creditor) und Schuldner (debitor) werden nur noch ausnahmsweise verwendet (zB Kredit, kreditieren; Debetsaldo, debitor cessus).

Das Forderungsrecht richtet sich gegen den Schuldner. Nur von ihm kann der Gläubiger die Erfüllung der Verbindlichkeit verlangen; umgekehrt ist der Schuldner nur ihm zur Leistung verpflichtet und kann nur ihm wirksam zahlen. Weil sich somit die Wirkung des Schuldrechts auf bestimmte Personen beschränkt, sind die Forderungsrechte **relative Rechte.** Von den Römern stammt das Bild, ein Schuldrecht sei ein zwischen bestimmten Personen bestehendes Rechtsband, ein „vinculum iuris".

Wenn auch Forderungsrechte insoweit relativ sind, als der Gläubiger nur vom Schuldner die Leistung verlangen kann, so wird dem Gläubiger doch ein gewisser Schutz gegen Eingriffe Dritter in seine Gläubigerstellung gewährt[1]). Es ist daher zwischen dem zwischen Gläubiger und

---

[1]) *Koziol,* Beeinträchtigung 135ff; *derselbe,* Haftpflichtrecht II 40ff. Vgl ferner *Löwisch,* Der Deliktsschutz relativer Rechte (1970); *Rehbein,* Die Verletzung von For-

Schuldner bestehenden, bloß **relativen Innenverhältnis** und den **absoluten Außenwirkungen** gegenüber Dritten zu unterscheiden. Ihre Verletzung löst Schadenersatzansprüche aus.

Absoluter Schutz besteht vor allem, soweit es um die Rechtszuständigkeit geht: Dritte Personen dürfen das Recht des Gläubigers nicht für sich in Anspruch nehmen. Ferner ist ihnen untersagt, den Schuldner (wissentlich) zum Vertragsbruch zu verleiten[2]) oder in Kenntnis des fremden Forderungsrechts die Leistung des Schuldners zu vereiteln, da es jedermann zumutbar ist, fremde Verträge zu respektieren, wenn er sie kennt[3]). Manche nehmen eine weitergehende Außenwirkung des Schuldverhältnisses an, wenn das Recht des Gläubigers durch den Besitz einer körperlichen Sache offenkundig ist. Dies ist zB der Fall, wenn dem (noch nicht einverleibten) Liegenschaftskäufer das Grundstück schon übergeben ist. Dann wird der Dritte schon für grob fahrlässiges Verhalten haftbar[4]). Schließlich können Forderungsrechte in Analogie zu § 372 Wirkung gegenüber Dritten erlangen, wenn der Gläubiger Rechtsbesitzer ist (dazu S 286 und Bd I S 279).

Das Forderungsrecht begründet ein Recht des Gläubigers **auf eine Leistung;** der Gläubiger erlangt dadurch noch kein dingliches Recht **an einer Sache.**

Der Verkäufer eines Autos bleibt auch nach Abschluß des Kaufvertrages Eigentümer; der Käufer erhält nur einen gegen den Verkäufer wirkenden Anspruch auf Übereignung. Da sich dieser gegen die Person des Schuldners richtet, kommt das Gesetz zur Bezeichnung „persönliches Sachenrecht" (vgl § 307).

Das Schuldrecht ist das Recht der **Güterbewegung** und hat daher „dynamischen" Charakter, während das Sachenrecht als Recht der Güterzuordnung „statisch" ist.

Der Inhalt des Schuldverhältnisses kann sehr vielgestaltig sein. Das Schuldrecht regelt – anders als zB das Familienrecht oder Erbrecht – **keinen spezifischen Lebensbereich.** Die Gemeinsamkeit der schuldrechtli-

---

derungsrechten durch Dritte (1968); *Ostheim,* ZAS 1969, 35ff; *Mayrhofer,* Schuldrecht I 4ff; *Lindinger,* Der Rechtsschutz von Vertriebssystemen gegenüber Außenseitern, JBl 1990, 697ff; *Pletzer,* Doppelveräußerung und Forderungseingriff (2000) 103ff; *M. Gruber,* Wettbewerbswidrigkeit der Abwerbung von Kunden und Arbeitnehmern, JBl 2002, 416; s zu dieser Problematik OGH in SZ 2003/12 = ecolex 2004, 42 *(Schumacher).* Aus deutscher Sicht *Canaris,* Der Schutz obligatorischer Forderungen nach § 823 I BGB, Steffen-FS (1995) 85ff; *Medicus,* Die Forderung als „sonstiges Recht" nach § 823 Abs 1 BGB? Steffen-FS (1995) 333ff; *Hammen,* Die Forderung – ein „sonstiges Recht" nach § 823 Abs 1 BGB? AcP 199, 591; *Schlechtriem/Schmidt-Kessel,* Schuldrecht Allgemeiner Teil[6] (2005) 12.

[2]) So auch der OGH in SZ 55/170; JBl 1991, 719; JBl 1992, 704; RdW 1994, 242; vgl auch JBl 1995, 526 *(Rummel)*; SZ 66/141; NZ 1999, 218; JBl 2002, 182 (krit *Dullinger/Riedler*) = ÖBA 2001, 910 (krit *Karollus*); vgl dazu *Dullinger,* Bankhaftung bei Mehrfachzession, ÖBA 2003, 601 und *Lurger,* Die Zession im sachenrechtlichen Übertragungssystem des ABGB, Welser-FS (2004) 639; RdW 2003/255.

[3]) OGH in SZ 2002/25.

[4]) *Schilcher/Holzer,* Der schadenersatzrechtliche Schutz des Traditionserwerbers bei Doppelveräußerung von Liegenschaften, JBl 1974, 445 und 512; OGH in JBl 1987, 318; SZ 63/186; bbl 1998, 189 *(Egglmeier)*; ecolex 2000, 643; JBl 2001, 583; JBl 2005, 36. Vgl auch *Eccher,* Die Rechtsstellung des Zweitkäufers einer Liegenschaft im österreichischen und italienischen Recht, Wagner-FS (1987) 83.

chen Normen ergibt sich bloß aus der eben beschriebenen Struktur des Schuldverhältnisses (Recht auf eine Leistung).

In letzter Zeit sind unter dem Einfluß der Schuldrechtsmodernisierung in Deutschland[5]) auch in Österreich Bestrebungen zu einer Reform des Schuldrechts bemerkbar[6]). Auch die „Europäisierung des Schuldrechts“[7]), also die Anpassung oder Vereinheitlichung der verschiedenen nationalen Schuldrechte der Mitgliedstaaten der Europäischen Union, wird diskutiert.

II. Das Schuldverhältnis

Literatur: *Canaris,* Ansprüche wegen „positiver Vertragsverletzung“ und „Schutzwirkung für Dritte“ bei nichtigen Verträgen, JZ 1965, 475; *Gernhuber,* Das Schuldverhältnis (1989); *Herholz,* Das Schuldverhältnis als konstante Rahmenbeziehung, AcP 130, 257; *Jabornegg,* Zurückbehaltungsrecht und Einrede des nicht erfüllten Vertrages (1982); *Klinke,* Causa und genetisches Synallagma (1983); *Heinrich Stoll,* Die Lehre von den Leistungsstörungen (1936); *Zepos,* Zu einer „gestalttheoretischen“ Auffassung des Schuldverhältnisses, AcP 155, 486.

A. Inbegriff von Rechten und Pflichten

Das Schuldverhältnis ist die Gesamtheit aller aus einer bestimmten Rechtsbeziehung zwischen Gläubiger und Schuldner bestehenden wechselseitigen Rechte und Pflichten.

Mit der Umschreibung, daß eine Person einer anderen zu einer Leistung verbunden ist, definiert § 859 die Grundform der Obligation. Dieses einfachste Verhältnis zwischen Gläubiger und Schuldner heißt **Schuldverhältnis im engeren Sinn.**

Die im täglichen Leben häufigsten Rechtsgeschäfte lösen allerdings nicht einseitige Verbindlichkeiten aus, sondern bestehen aus einer größe-

---

[5]) Gesetz zur Modernisierung des Schuldrechts, dBGBl I 3138 (2001); s dazu *Canaris,* Schuldrechtsmodernisierung 2002 (2002); *Rebhahn,* Zur Reform des Schuldrechts in Deutschland, JBl 2002, 477 mwN.

[6]) *Welser,* Reform des österreichischen Leistungsstörungsrechts, in Fischer-Czermak/Hopf/Schauer (Hrsg), Das ABGB auf dem Weg in das 3. Jahrtausend (2003) 63; *derselbe,* Braucht Österreich ein neues Schuldrecht, Michalek-FS (2005) 391; *derselbe,* Ansätze für eine Reform des österreichischen Leistungsstörungsrechts, U. Huber-FS (2005) 625; *derselbe,* Zur Europäisierung des österreichischen Privatrechts, in Blaho/Svidron (Hrsg), Kodifikation, Europäisierung und Harmonisierung des Privatrechts, Sammelwerk der VIII. Lubys Rechtstage (2005) 193.

[7]) S dazu *Cornides,* Braucht der Binnenmarkt ein einheitliches Vertragsrecht? wbl 2001, 407; *Flessner,* Europäisches Privatrecht und Bewegliches System, JBl 2003, 205; *H. Foglar-Deinhardstein,* Gerichtliche Europäisierung des Vertragsrechts, ZfRV 2005, 22; *C. Handig,* Europäisches Vertragsrecht, ÖJZ 2004, 130; *Lando/Beale,* Principles of European Contract Law, Parts I + II (1999); *Lando/Clive/Prüm/Zimmermann,* Principles of European Contract Law, Part III (2003); *Posch,* Auf dem Weg zu einem europäischen Vertragsrecht? wbl 2003, 197; *Rainer,* Recht und Sprache: Über Sinn und Unsinn des einheitlichen europäischen Privatrechts, Kramer-FS (2004) 389; *Schmidt-Kessel,* Europäisches Zivilgesetzbuch – Anhörung im Europäischen Parlament, ecolex 2001, 245.

ren Zahl von Ansprüchen, die durch Entstehungsgrund und Zweck zu einem einheitlichen Verhältnis zusammengehalten werden, das man als **Schuldverhältnis im weiteren Sinn** bezeichnet.

Zum Schuldverhältnis im weiteren Sinn gehören Hauptleistungspflichten, selbständige und unselbständige Nebenleistungspflichten, Schutz- und Sorgfaltspflichten, Primär- und Sekundärpflichten, Gestaltungsrechte und Obliegenheiten. Weil sich dieses „Gesamtverhältnis" im Laufe der Zeit verändern kann, spricht man auch vom Schuldverhältnis als „Organismus".

B. Hauptleistungspflichten

Zum Schuldverhältnis gehört vor allem die Hauptleistungspflicht. Sie **charakterisiert** den **Vertragstyp** und macht das Wesen des Rechtsgeschäftes aus, das von den Parteien gerade wegen seiner Hauptpflichten geschlossen wird. Im einfacheren Fall trifft die Hauptleistungspflicht nur eine Seite. Es entsteht eine **einseitige Verbindlichkeit,** bei der ein Teil (der Schuldner) nur verpflichtet, der andere Teil (der Gläubiger) nur berechtigt wird (vgl Bd I S 115). Bei den meisten Geschäften entstehen hingegen Hauptleistungspflichten auf beiden Seiten, so daß jeder Teil **zugleich** Gläubiger und Schuldner wird. Da beide Forderungen aus einem einheitlichen Rechtsgeschäft erwachsen und so durch gemeinsamen Entstehungsgrund und Zweck verbunden sind – die eine Forderung um der anderen willen begründet wird –, haben sie ein weitgehend gemeinsames Schicksal. Man nennt diese wechselseitige Verknüpfung **Synallagma** (Synallagma = Austausch) und Verträge, die so verknüpfte Forderungen aufweisen, synallagmatische oder **gegenseitige Verträge.** Die synallagmatischen Verträge sind zweiseitig verbindlich und entgeltlich. Zu ihnen gehören wichtige Rechtsgeschäfte wie Kauf, Tausch, Miete, Pacht, Werkvertrag und Dienstvertrag.

Die Verknüpfung im Synallagma hat Konsequenzen: Ist die Verpflichtung eines Teiles nicht entstanden, so ist auch jene des anderen Teiles ungültig: **„genetisches Synallagma".** Treten bei der Abwicklung des Geschäftes auf einer Seite Leistungsstörungen auf (wird zB eine Leistung unmöglich), so hat das auch Auswirkungen auf die Verpflichtung des anderen Teils; er braucht seine Leistung nicht zu erbringen oder kann sie zurückfordern: **„funktionelles Synallagma".** Dieses Prinzip kommt auch in § 1052 Satz 1 zum Ausdruck, wonach im Zweifel Leistung und Gegenleistung „Zug um Zug" erbracht werden müssen[1]).

C. Selbständige und unselbständige Nebenleistungspflichten

Die rechtlichen Beziehungen zwischen den Parteien erschöpfen sich aber meist nicht in den Hauptleistungspflichten. Meist bestehen auch **Ne-**

---

[1]) Vgl dazu *Wahle* in Klang IV/2, 67; *Jabornegg,* Zurückbehaltungsrecht 57ff und unten S 41ff. Vgl zum deutschen Recht *Schlechtriem/Schmidt-Kessel,* Schuldrecht Allgemeiner Teil[6] (2005) 92f.

benleistungspflichten (Nebenpflichten), die wiederum selbständige oder unselbständige sein können.

An der Erfüllung der **selbständigen** Nebenleistungspflichten hat der Gläubiger ein **besonderes Interesse,** das von jenem an der Hauptleistung deutlich getrennt werden kann. Es wird für ihre Erfüllung ein selbständiger Teil der Gegenleistung entrichtet, weshalb sie **äquivalente** Pflichten heißen. Die selbständigen Nebenleistungspflichten könnten auch Gegenstand eines besonderen (weiteren) Vertrags sein.

Der Mieter einer Wohnung verpflichtet sich, im Sommer den Garten zu pflegen. Der Gastwirt nimmt das Kfz eines Gastes in Verwahrung[2]). Der Verkäufer hat das verkaufte Gerät beim Käufer zu montieren, zeitweise zu kontrollieren und zu „warten".

Soll aus dem Verkaufserlös einer Liegenschaft diese lastenfrei gestellt werden, so kann es eine vertragliche Nebenpflicht aus dem Maklervertrag sein, die Durchführbarkeit der Vereinbarung festzustellen[3]).

Die **unselbständigen** Nebenleistungspflichten haben bloß **dienende Funktion;** sie bezwecken die Vorbereitung und reibungslose Abwicklung der für den Vertragstyp charakteristischen Hauptleistung[4]). Sie werden besonders vereinbart oder ergeben sich aus der ergänzenden Vertragsauslegung – der Übung des redlichen Verkehrs (§ 914) – oder direkt aus dem Gesetz[5]).

An der Erfüllung unselbständiger Nebenleistungspflichten besteht gewöhnlich kein besonderes, von der Hauptleistung abtrennbares Interesse des Gläubigers. Auf sie entfällt kein meßbarer Teil der Gegenleistung **(„inäquivalente Pflichten").** Von der Beschaffenheit der einzelnen Pflicht hängt ab, ob ihre Erfüllung isoliert eingeklagt werden kann, eine Begründung durch selbständigen Vertrag wäre meist ungewöhnlich.

Den Verkäufer trifft die Pflicht, die verkaufte Sache bis zur Abholung sorgfältig zu behandeln oder zu verwahren, die Sache ordentlich zu verpacken, zu versichern und eine Gebrauchsanweisung mitzuliefern[6]). Der Beauftragte muß über seine Tätigkeit Rechnung legen. Der behandelnde Arzt muß dem Patienten Einsicht in die Krankengeschichte gewähren[7]). Der Softwarelieferant ist zur Einschulung des Bestellers verpflichtet[8]).

D. Schutz- und Sorgfaltspflichten

Das Schuldverhältnis enthält aber noch weitere Verhaltenspflichten[9]), nämlich die **Schutz- und Sorgfaltspflichten:** Der Schuldner hat seine

---

[2]) OGH in SZ 55/7.

[3]) OGH in ecolex 1995, 799.

[4]) Vgl auch OGH in SZ 57/175.

[5]) Vgl OGH in SZ 64/62 (Versicherungspflicht des Verwahrers).

[6]) Vgl hiezu *Winkler von Mohrenfels,* Abgeleitete Informationspflichten im deutschen Zivilrecht (1986) 67.

[7]) S dazu OGH in SZ 57/98.

[8]) OGH in ecolex 1993, 85 *(Wilhelm)*; JBl 1998, 577 *(Staudegger)* = ecolex 1998, 127 *(Wilhelm)*.

[9]) *Esser/Schmidt,* Schuldrecht I/1, 106ff; *Larenz* I 9ff; *Stoll,* Leistungsstörungen 26ff. OGH in JBl 1985, 239; ZVR 1986/16; JBl 1991, 457. AA *Reischauer* in Rummel, Vor §§ 918ff Rz 4ff.

Erfüllungshandlungen so zu setzen, daß der Gläubiger weder an seiner Person noch an seinen sonstigen Rechtsgütern geschädigt wird.

Der Handwerker darf bei der Arbeit oder nach ihrer Beendigung keine brennende Zigarette in der Wohnung des Werkbestellers wegwerfen. Wer Möbel zu transportieren hat, darf dabei nicht den Gläubiger verletzen oder seinen Fußboden beschädigen. Der Erzeuger von Medikamenten muß auf ihre Gefährlichkeit hinweisen. Zwischen Arbeitgeber und Arbeitnehmer bestehen Fürsorge- und Treuepflichten (dazu S 252f). Den Liftunternehmer trifft auf Grund des Beförderungsvertrages mit dem Schifahrer die Pflicht zur Pistensicherung[10]); ähnliches gilt für den Veranstalter eines Schirennens gegenüber den Rennläufern[11]).

Die Schutz- und Sorgfaltspflichten beruhen meist nicht auf besonderer Vereinbarung, sie ergeben sich aus der Vertragsauslegung[12]) oder aus dem Gesetz (zB §§ 1157, 1169)[13]). Ein Verstoß gegen sie wird als **positive Vertragsverletzung** bezeichnet und begründet Schadenersatzpflichten (s S 87f und S 337).

Ein den Schutz- und Sorgfaltspflichten widersprechendes Verhalten ist zwar oft schon nach dem **Deliktsrecht** rechtswidrig und macht den Schädiger ersatzpflichtig; besonders wenn absolut geschützte Güter des Partners verletzt werden (unten S 312). Die vertraglichen Schutzpflichten verlangen aber meist ein höheres Maß an Sorgfalt und stellen auch sonst den Gläubiger besser als das Deliktsrecht. Vor allem kommt ihm die strengere Gehilfenhaftung zugute (§ 1313a). S im übrigen unten S 355ff.

Für die Erfüllung der Schutz- und Sorgfaltspflichten wird keine abgrenzbare Gegenleistung geschuldet (inäquivalente Pflichten), sie sind auch nicht selbständig einklagbar[14]). Ihre Verletzung führt nur ausnahmsweise zu einem Rücktrittsrecht nach § 918 (vgl unten S 56f).

E. Primärpflichten und Sekundärpflichten

Die Haupt- und Nebenleistungspflichten, die Schutz- und Sorgfaltspflichten sind die Primärpflichten des Schuldverhältnisses. Sie bestehen in einem **Verhalten** (Tun oder Unterlassen). Abgesehen von der Durchsetzung durch Klage kommen bei ihrer Verletzung auch **Schadenersatzpflichten** in Betracht; diese heißen Sekundärpflichten und folgen den Regeln der Vertragshaftung.

---

[10]) OGH in ZVR 1991/17 *(J. Pichler).*

[11]) OGH in ZVR 1994/29; JBl 1994, 338; vgl auch EvBl 1997/2.

[12]) Vgl *Bydlinski,* Vertragliche Sorgfaltspflichten zugunsten Dritter, JBl 1960, 359; OGH in JBl 1960, 386.

[13]) Vgl *Iro,* Haftung des Bauherrn wegen Verletzung seiner werkvertraglichen Fürsorgepflicht, RdW 1997, 263.

[14]) Vgl auch OGH in JBl 1982, 426. Für eine Einklagbarkeit von Schutzpflichten unter bestimmten Voraussetzungen *Stürner,* Der Anspruch auf Erfüllung von Treue- und Sorgfaltspflichten, JZ 1976, 389. S auch *Gernhuber,* Schuldverhältnis 24f; *Neumann,* Leistungsbezogene Verhaltenspflichten (1989) 136f.

F. Gestaltungsrechte und Obliegenheiten

Zum Schuldverhältnis im weiteren Sinn gehören auch Gestaltungsrechte und Obliegenheiten.

Ein **Gestaltungsrecht** ist das Recht, durch einseitige Willenserklärung Veränderungen eines Rechtsverhältnisses herbeizuführen. Solche Rechte sind zB die Kündigung, die Wandlung und der Rücktritt. S Bd I S 47.

Obliegenheiten sind Rechtspflichten minderer Art. Sie können nicht eingeklagt werden, ihre Nichtbeachtung wirkt sich aber in sonstiger Weise zum Nachteil des Belasteten aus, wie zB bei Unterlassung einer Rüge (§ 377 UGB) oder bei Unterlassung der Sorgfalt in eigenen Angelegenheiten (§ 1304). S Bd I S 49f.

G. Das Schuldverhältnis als Organismus

Das Schuldverhältnis wird oft als „organische Einheit", als **„Rahmenbeziehung"**, „Organismus" oder „Gefüge" bezeichnet[15]), aus dem einzelne Ansprüche erwachsen. Nach dieser Sicht weist es zwar verschiedene Stadien und Erscheinungsformen auf, bleibt aber als Ganzes in seiner Identität erhalten. Es entsteht nicht erst mit dem Vertragsabschluß, sondern schon mit der Aufnahme des Kontakts zu geschäftlichen Zwekken (dazu S 16ff), ab dem zwar noch keine Hauptleistungspflichten, wohl aber Schutzpflichten bestehen. Mit Abschluß des Vertrages entstehen Hauptleistungspflichten und Nebenleistungspflichten. Sie werden im Laufe der Zeit modifiziert; so können sich Rücktrittsrechte, Schadenersatzansprüche und Rückwicklungsansprüche ergeben. Sogar nach Erfüllung der Hauptleistungspflichten kommen noch wechselseitige („nachwirkende") Treue- und Sorgfaltspflichten in Betracht[16]). Alle diese Rechte und Pflichten werden der Rahmenbeziehung zugeordnet[17]).

III. Ziel- und Dauerschuldverhältnisse

Literatur: *Barta/Call,* Der Sukzessivlieferungsvertrag, JBl 1971, 76 und 117; *Beitzke,* Nichtigkeit, Auflösung und Umgestaltung von Dauerrechtsverhältnissen (1948); *F. Bydlinski,* Zulässigkeit und Schranken „ewiger" und extrem langdauernder Vertragsbindung (1991); *Fenyves,* Erbenhaftung und Dauerschuldverhältnis (1982); *Gernhuber,* Hinausgeschobene Dauerschulden – Das Schuldverhältnis vor dem Anfangstermin, Zöllner-FS (1998) 1119; *Gschnitzer,* Die Kündigung nach deutschem und österreichischem Recht, JherJB 76, 317 und JherJB 78, 1; *Jabornegg,* Zur Unterscheidung von befristeten und unbefristeten Dauerschuldverhältnissen bei Vereinbarung einer Verlängerungsklausel, Welser-FS (2004) 335; *Jickeli,* Der langfristige Vertrag (1996); *Oetker,* Das Dauerschuldverhältnis und seine Beendigung (1994); *von Scheven,*

[15]) Vgl *Schlesinger,* Das Wesen der positiven Vertragsverletzungen, ZBl 1926, 722; *Herholz,* AcP 130, 260f; *Klinke,* Causa 133f; *Larenz* I 26ff; *Gernhuber,* Schuldverhältnis 7ff.

[16]) Vgl OGH in SZ 60/50; RdW 1990, 374 mwN; ÖBA 1991, 535; RdW 1992, 239; RdW 1997, 396.

[17]) Vgl *Herholz,* AcP 130, 276f; *Larenz* I 8f.

Der Sukzessivlieferungsvertrag (1984); *Wiese,* Beendigung und Erfüllung von Dauerschuldverhältnissen, Nipperdey-FS I (1965) 837.

Das Schuldverhältnis kann auf eine **einmalige Leistung** oder einen einmaligen Leistungsaustausch gerichtet sein, wie beim Kauf, beim Tausch und bei der Schenkung. Bei solchen Geschäften wird kein dauerndes oder wiederkehrendes Verhalten geschuldet. Man spricht daher von vorübergehenden Schuldverhältnissen oder **Zielschuldverhältnissen.**

Es gibt aber auch Schuldverhältnisse, die durch die Erfüllung nicht untergehen, sondern bei denen ein **länger dauerndes Verhalten** geschuldet wird[1]). Dies gilt zB für Bestandverhältnisse, Dienstverträge, Gesellschaftsverträge[2]) und Rechtsgeschäfte, die auf periodisch **wiederkehrende Leistungen** gerichtet sind, wie der Stromlieferungsvertrag, der Bierbezugsvertrag oder andere Bezugsverträge. Diese Schuldverhältnisse heißen **Dauerschuldverhältnisse** oder Dauerrechtsverhältnisse[3]). Der Gesamtumfang der zu erbringenden Leistungen ist hier nicht direkt vereinbart, sondern hängt von der Dauer des Schuldverhältnisses ab[4]).

Sukzessivlieferungsverträge können der einen oder anderen Kategorie von Schuldverhältnissen angehören, werden aber meist als Dauerschuldverhältnis angesehen.

Beim Sukzessivlieferungsvertrag ieS ist nicht die Dauer des Schuldverhältnisses maßgebend, sondern der von vornherein bestimmte Umfang aller Leistungen. Die Leistungen sind in Teilen zu erbringen, wobei jeder Teilleistung jeweils ein Gegenleistungsteil entspricht[5]). Da somit die insgesamt zu erbringenden Leistungen nicht von der Dauer des Schuldverhältnisses abhängen, handelt es sich streng genommen um kein Dauerschuldverhältnis. Weil aber auch solche Verhältnisse auf längere Zeit angelegt sind, sind zT auch bei ihnen die Regeln über die Dauerschuldverhältnisse entsprechend anzuwenden, besonders jene über eine vorzeitige Beendigung[6]).

Zu Sukzessivlieferungsverträgen iwS werden aber auch Bezugsverträge gezählt, bei welchen das Ausmaß der Gesamtleistung nicht von vornherein feststeht, sondern Leistungen zu erbringen sind, solange das Rechtsverhältnis aufrecht ist. Sie gehören deshalb zu den Dauerschuldverhältnissen[7]).

Während also die Zielschuldverhältnisse durch Erbringung der Leistung enden, tragen die Dauerschuldverhältnisse keinen solchen Endigungsgrund in sich. Sie **enden** durch Ablauf der vereinbarten Zeit, durch eine Auflösungsvereinbarung oder durch den einseitigen, rechtsgestaltenden Akt der Kündigung. Sie ist gewöhnlich an Termin und Frist gebunden.

---

[1]) Für auf Dauer vereinbarte Unterlassungspflichten: OGH in JBl 1983, 321.

[2]) Zum Syndikatsvertrag s OGH in SZ 2003/45.

[3]) Zu den Begriffen Dauerschuldverhältnis, Bezugsvertrag und Sukzessivlieferungsvertrag *Bydlinski* in Klang IV/2, 193ff.

[4]) S dazu OGH in EvBl 1980/175.

[5]) Vgl dazu *Gschnitzer* in Klang IV/1, 461ff; *Barta/Call,* JBl 1971, 76 und 117; *von Scheven,* Sukzessivlieferungsvertrag.

[6]) OGH in SZ 57/186.

[7]) Vgl OGH in JBl 1992, 517; SZ 66/138; EvBl 1997/20.

Zwar sehr vereinfachend, aber anschaulich wurde gesagt, für die Dauer des Zielschuldverhältnisses gelte „Je kürzer, umso lieber“, für das Dauerschuldverhältnis hingegen „Je länger, umso lieber“[8]).

Aus den Vorschriften über einzelne Dauerschuldverhältnisse (Vertragstypen) wurden durch **Rechtsanalogie** Grundsätze abgeleitet, die auf **alle Dauerrechtsverhältnisse** angewendet werden[9]). Sie sind besonders für jene Verträge wichtig, die im Gesetz nicht typisiert sind, sondern nur auf Grund der Vertragsfreiheit vereinbart werden (**atypische** und **gemischte** Dauerschuldverhältnisse).

Atypische Verträge entsprechen keinem der gesetzlich geregelten Vertragstypen. Gemischte Verträge enthalten wesentliche Geschäftsbestandteile mehrerer gesetzlicher Typen (dazu S 14). Solche Vereinbarungen sind auf Grund der herrschenden Vertragsfreiheit gültig. S unten S 13ff.

So wurde aus den §§ 1162, 1117f, 1210 und anderen Bestimmungen der allgemeine Grundsatz abgeleitet, daß Dauerschuldverhältnisse aus **wichtigen Gründen** jederzeit aufgelöst werden können[10]). Man nennt dies auch eine **außerordentliche Kündigung** des Dauerschuldverhältnisses. Sie ist sowohl bei den befristeten[11]) als auch bei den unbefristeten Dauerschuldverhältnissen möglich, und bildet den Gegensatz zur ordentlichen Kündigung, die der Auflösung unbefristeter Schuldverhältnisse dient und gewöhnlich an Termin und Frist gebunden ist. Dazu unten S 107.

Als wichtiger Grund[12]) wird es angesehen, wenn einem Partner die Fortsetzung des Vertragsverhältnisses wegen des Verlustes des Vertrauens in den anderen, wegen schwerwiegender Leistungsstörungen oder des Wegfalls der Geschäftsgrundlage[13]) unzumutbar ist[14]). Gründe, mit denen bereits bei Vertragsabschluß gerechnet werden mußte, zB die Verschlechterung der Wirtschaftslage und die Einstellung des Betriebes[15]), rechtfertigen die vorzeitige Auflösung nicht[16]).

---

8) *Gschnitzer,* Schuldrecht AT 15.

9) Vgl OGH in RZ 1982/53.

10) Vgl *Beitzke,* Nichtigkeit 21; *Gschnitzer,* JherJB 78, 72; *Steininger,* Die Auflösung des Arbeitsverhältnisses (1969) 6ff; *Bydlinski,* Zulässigkeit 11ff; *Elsner,* Kündigungsmöglichkeiten im Gesellschaftsrecht, ecolex 1995, 175. OGH in JBl 1962, 319 *(Schwimann)*; JBl 1975, 34 *(Bydlinski)*; SZ 60/77; JBl 1992, 517; JBl 1993, 592; EvBl 1997/20; JBl 2003, 572 (Kreditkartenvertrag); JBl 2003, 643 (Pachtvertrag mit Kündigungsverzicht) ua.

11) Zur Kündigung von befristeten Teilnutzungsrechten an Immobilien s OGH in SZ 71/141; ecolex 2001, 743 *(Rubin)*; dazu *Rubin,* Konsequenzen überlanger Vertragsdauer und Timesharing, ecolex 2001, 730.

12) *Fenyves,* Erbenhaftung 207ff; *derselbe,* Bewegliches System und die Konkretisierung der „wichtigen Gründe“ bei Auflösung von Dauerschuldverhältnissen, in Das bewegliche System im geltenden und künftigen Recht (1986) 141; OGH in SZ 60/218.

13) Hiezu *Haarmann,* Wegfall der Geschäftsgrundlage bei Dauerrechtsverhältnissen (1979) 128f; *Fenyves,* Der Einfluß geänderter Verhältnisse auf Langzeitverträge, 13. ÖJT, Band II/1 (1997) 97ff.

14) Für eine „Anpassung“ des Vertrages nach den Regeln der Geschäftsgrundlage bei „Unzumutbarkeit“ seines Inhalts: *Bydlinski,* Zulässigkeit 17f.

15) OGH in MietSlg 34.292.

16) OGH in JBl 1982, 142; EvBl 1997/20.

Nach dem KSchG hat der Konsument bei längerfristigen Verträgen über wiederkehrende Leistungen ein von weiteren Voraussetzungen unabhängiges Kündigungsrecht. Unten S 430.

Eine weitere, allerdings strittige Regel lautet, daß Dauerschuldverhältnisse, deren Abwicklung bereits begonnen hat, aus Gründen der Verkehrssicherheit nicht mehr ex tunc, sondern nur noch **ex nunc** aufgelöst werden können[17]). Dies gilt für die Irrtumsanfechtung und den Rücktritt vom Vertrag[18]). Ist jedoch eine Rückabwicklung mit keinen Schwierigkeiten verbunden oder ist der Vertrag durch Arglist bewirkt worden, läßt die Rsp eine Auflösung ex tunc zu[19]).

Neben dem Dauerschuldverhältnis kennen ein Teil der Lehre und die Rechtsprechung die Wiederkehrschuldverhältnisse[20]). Bei ihnen wird eine Rahmenvereinbarung angenommen, auf Grund derer durch Abruf von Leistungen Einzelverträge zustandekommen. Dies soll bei den schon erwähnten Bezugsverträgen der Fall sein (Wasser, Gas, Strom usw). Zum Unterschied vom Dauerschuldverhältnis sei beim Wiederkehrschuldverhältnis nicht von vornherein bestimmt, wieviel pro Zeiteinheit zu leisten ist. Dieses Charakteristikum schließt jedoch ein Dauerschuldverhältnis nicht aus. Der Begriff der Wiederkehrschuldverhältnisse ist daher überflüssig[21]).

IV. Schuld und Haftung

Literatur: *Binder,* Zur Lehre von Schuld und Haftung, JherJB 77, 75 und JherJB 78, 163; *O. von Gierke,* Schuld und Haftung (1910); *Schlechtriem/Schmidt-Kessel,* Schuldrecht Allgemeiner Teil[6] (2005); *von Schwerin,* Schuld und Haftung im geltenden Recht (1911); *E. von Schwind,* Schuld und Haftung im geltenden Rechte, JherJB 68, 1; *Siber,* Der Rechtszwang im Schuldverhältnis (1903); *derselbe,* Naturalis Obligatio (1926).

A. Begriffe

Die Schuld ist ein **Leistensollen,** die Haftung ist das **Einstehen** für die Schuld: wird sie nicht erfüllt, so kann sie der Gläubiger durchsetzen und dabei auf das Vermögen des Schuldners greifen.

Im Schadenersatzrecht bedeutet „Haftung" hingegen Ersatzpflicht, also Verantwortung für einen Schaden.

In den alten Rechtsordnungen waren **Schuld** und **Haftung** getrennt. Es gab Personen, die schuldeten und solche, die hafteten, wenngleich auch beides zusammenfallen konnte. Zur Begründung der Haftung bedurfte es eines besonderen Vertrages. Heute ist die Regel, daß der Schuldner auch haftet. Kommt er mit der Leistung in Verzug, so kann der

---

17) OGH in JBl 1992, 186.

18) OGH in JBl 1986, 53; JBl 1996, 177. Der Rücktritt von Leibrentenverträgen wirkt aber ex tunc, OGH in EvBl 1996/64.

19) *Apathy/Riedler* in Schwimann § 871 Rz 32; OGH in MietSlg 23.071; JBl 1990, 322.

20) Vgl dazu *Bydlinski* in Klang IV/2, 205ff; *Fenyves,* Erbenhaftung 148ff; *Gernhuber,* Schuldverhältnis 414ff.

21) *Bydlinski* in Klang IV/2, 208; *Fenyves,* Erbenhaftung 152. AA *Mayrhofer,* Schuldrecht I 26.

Gläubiger auf Erfüllung klagen und das Urteil zwangsweise (durch gerichtliche Exekution) durchsetzen.

B. Schulden mit unbeschränkter und beschränkter Haftung

In früherer Zeit war sogar die Person des Haftenden dem Zugriff des Gläubigers ausgesetzt, der ihn zB bis zur Zahlung in den Schuldturm stecken konnte. Heute versteht man hingegen unter persönlicher Haftung die Haftung mit dem ganzen Vermögen, das eine Person besitzt. Es steht im Wege der Zwangsvollstreckung dem Zugriff des Gläubigers offen.

Die persönliche Haftung ist allerdings durch die Vorschriften des Schuldnerschutzes **eingeschränkt,** die dem Verpflichteten das Existenzminimum sichern sollen (§§ 250ff, 291a EO).

Daneben gibt es die Schulden mit beschränkter Haftung, die in zweierlei Arten vorkommen. Bei der **sachlich** beschränkten Haftung (Exekutionsbeschränkung, Haftung **cum viribus**) sind dem Zugriff des Gläubigers nur bestimmte Sachen des Schuldners unterworfen.

Hat sich ein Minderjähriger im Rahmen seiner beschränkten Geschäftsfähigkeit verpflichtet, so kann der Gläubiger nur auf jene Vermögensstücke greifen, die der selbständigen Verfügung des Minderjährigen unterliegen (§ 39 Abs 1 Z 3 EO). Nach einer Absonderung des Nachlasses haftet der Erbe den Absonderungsgläubigern nur mit den abgesonderten Sachen (§ 812). S unten S 577ff.

Bei der **umfänglich** beschränkten Haftung (Betragsbeschränkung, Haftung **pro viribus**) ist die Haftung des Schuldners zwar nicht gegenständlich, aber durch einen Höchstbetrag beschränkt.

Übernimmt jemand ein Vermögen oder ein Unternehmen, so haftet er neben dem bisherigen Schuldner bis zum Wert des übernommenen Vermögens oder Unternehmens (§ 1409); s dazu unten S 131ff. Ein Erbe, der die Erbschaft bedingt antritt, haftet nur bis zum Wert der ihm zugekommenen Verlassenschaft; s dazu unten S 568.

Von der persönlichen Haftung unterscheidet sich auch die **Sachhaftung,** zu der es zB bei der Verpfändung einer Sache für fremde Schuld kommt. Der Gläubiger kann hier nur auf bestimmte Sachen, nicht aber auf das ganze Vermögen des Haftenden greifen.

Gibt A dem B € 200,– als Darlehen und verpfändet C zur Sicherung der Darlehensforderung dem A seine goldene Uhr, so kann A, wenn B das Darlehen nicht zurückzahlt, zwar in das gesamte Vermögen des B Zwangsvollstreckung führen, aus dem Vermögen des C haftet ihm aber nur die Uhr, weil dieser nicht persönlicher Schuldner, sondern bloß „Realschuldner“ ist. A muß sich also damit begnügen, die Uhr versteigern zu lassen und sich aus ihrem Erlös zu befriedigen.

C. Schuldbegrenzung, Selbstbehalt

Von den Schulden mit beschränkter Haftung müssen die **Schuldbegrenzungen** unterschieden werden, bei welchen aus einem bestimmten Ereignis Forderungen nur bis zu einem Höchstbetrag entstehen. Solche Schulden sind aber in das ganze Vermögen des Schuldners vollstreckbar.

Schuldbegrenzungen gibt es besonders dort, wo jemand für erhöhtes Risiko, vor allem ohne Verschulden, haftet.

S §§ 970, 970a; §§ 15f EKHG. Das PHG enthält allerdings keine solche Haftungsgrenze.

Von der Schuldbegrenzung, die die Schuld nur bis zu einer gewissen Höhe entstehen läßt, unterscheidet sich der **Selbstbehalt,** bei welchem die Forderung des Gläubigers erst entsteht, wenn ein Schaden einen von diesem selbst zu tragenden Mindestbetrag übersteigt (s § 2 Z 2 PHG).

D. Naturalobligation

Nicht bei allen Forderungen besteht die Möglichkeit zwangsweiser Durchsetzung. Die Erfüllung der natürlichen oder unvollkommenen Verbindlichkeiten, der **Naturalobligationen,** kann nicht erzwungen werden. Sie sind „Schulden ohne Haftung". Die Unmöglichkeit der Durchsetzung ändert aber nichts daran, daß der Naturalschuldner wirklich schuldet.

Erbringt also der Schuldner die Leistung freiwillig, so hat er damit eine Verbindlichkeit erfüllt und kann das Geleistete nicht mit der Begründung zurückverlangen, daß der Gläubiger keinen Anspruch gehabt habe (§ 1432)[1]). Da die Leistung Schuldtilgung ist, liegt in ihr auch keine Schenkung, weshalb auch kein Widerruf aus den Gründen der §§ 947ff möglich ist.

Das ABGB regelt die Naturalobligationen nur insoweit, als es in gewissen Fällen nicht gültig zustandegekommener Verbindlichkeiten die **Rückforderung** einer bereits erbrachten Leistung **ausschließt** (§ 1432). Dies gilt für die verjährten und die aus Mangel der Förmlichkeiten ungültigen Schulden sowie für alle Schulden, „zu deren Eintreibung das Gesetz bloß das Klagerecht versagt" (§ 1271, § 156 KO, § 53 AO).

Ob eine „Befestigung" der natürlichen Verbindlichkeiten durch Pfandbestellung, Bürgschaft oder Anerkenntnis möglich ist, muß für jede Naturalobligation einzeln geprüft werden. So ist das Anerkenntnis einer Spiel- oder Wettschuld ungültig, weil sonst der Normzweck (Hintanhaltung von Leichtfertigkeit) allzu leicht umgangen werden könnte[2]). Bei verjährten Schulden sind Anerkenntnis, Bürgenbestellung und Pfandbestellung wirksam[3]), weil auch die Einrede der Verjährung verzichtbar ist. Für die nach einem Ausgleichsverfahren bestehende Naturalobligation haften Bürgen und Pfänder weiter[4]).

Sind aus einem synallagmatischen Vertrag für beide Partner Naturalobligationen entstanden und erbringt einer davon seine Leistung, so heilt dies nicht den ganzen Vertrag, so daß die Leistung des anderen noch immer nicht einklagbar ist[5]).

---

[1]) Dazu *Dehn,* Formnichtige Rechtsgeschäfte und ihre Erfüllung (1998) 157ff.

[2]) AA *Binder* in Schwimann § 1271 Rz 15.

[3]) *Mayrhofer,* Schuldrecht I 11; OGH in SZ 60/209.

[4]) OGH in JBl 1991, 52.

[5]) Für die Möglichkeit einer Kondiktion (§ 1435), wenn die erwartete Gegenleistung unterbleibt: *Wilburg* in Klang VI 461; *Mayrhofer,* Schuldrecht I 11.

2. Kapitel

Begründung der Schuldverhältnisse

I. Die Entstehungsgründe einer Obligation

Literatur: *Mayer-Maly,* Über den Sinngehalt des § 859 ABGB, ÖJZ 1965, 64.

Die Schuldverhältnisse gründen sich unmittelbar auf ein Gesetz, auf ein Rechtsgeschäft oder auf eine erlittene Beschädigung (§ 859).

Diese Dreiteilung – **Gesetz, Rechtsgeschäft, erlittene Beschädigung** – kann auf eine Zweiteilung reduziert werden, wenn man auch den Entstehungsgrund der erlittenen Beschädigung (Haftung aus deliktischer Schadenszufügung) der gesetzlichen Verbindlichkeit zuordnet. Es wird dann – wie im folgenden – nur zwischen rechtsgeschäftlichen und gesetzlichen („außervertraglichen") Schuldverhältnissen unterschieden.

Zu den **rechtsgeschäftlichen** Schuldverhältnissen gehören allerdings nicht nur die Verträge, sondern auch die einseitigen Rechtsgeschäfte, wie die Auslobung und das Vermächtnis.

Auf Grund des Gesetzes entsteht auch das **vorvertragliche Schuldverhältnis** (Schuldverhältnis aus rechtsgeschäftlichem Kontakt), dessen Verletzung als „culpa in contrahendo" bezeichnet wird. Es steht den rechtsgeschäftlich begründeten Verhältnissen nahe.

Schuldverhältnisse, die **unmittelbar auf Grund des Gesetzes** entstehen, sind jene aus ungerechtfertigter Bereicherung, aus Geschäftsführung ohne Auftrag und eben auch jene aus „erlittener Beschädigung".

Daneben gibt es noch viele andere gesetzliche Schuldverhältnisse, zB Ansprüche auf Unterhalt, die Ansprüche auf den Pflichtteil, das Rechtsverhältnis zwischen Finder und Verlierer.

Im folgenden wird auf die Entstehung von Schuldverhältnissen aus Rechtsgeschäft und rechtsgeschäftlichem Kontakt eingegangen. Die unmittelbar auf Grund des Gesetzes entstehenden Verhältnisse sind im besonderen Teil des Schuldrechts dargestellt.

II. Entstehung durch Rechtsgeschäft

Literatur: *Frost,* „Vorvertragliche" und „vertragliche" Schutzpflichten (1981).

A. Entstehung durch Vertrag

Die Voraussetzungen, das Zustandekommen und die Mängel des Vertragsabschlusses werden im allgemeinen Teil des bürgerlichen Rechts erörtert. Hier geht es nur um gewisse schuldrechtliche Ergänzungen.

Im Schuldrecht gilt das Prinzip der **Vertragsfreiheit**[1]). Sie ist Ausdruck des allgemeineren Gedankens der Privatautonomie. Unter Ver-

---

[1]) S dazu *J. Schmidt,* Vertragsfreiheit und Schuldrechtsreform (1985); *Medicus,* Abschied von der Privatautonomie im Schuldrecht (1994). Vgl auch *Schlechtriem/Schmidt-Kessel,* Schuldrecht Allgemeiner Teil[6] (2005) 34 ff.

tragsfreiheit werden die Abschluß- oder Eingehungsfreiheit, die Formfreiheit, die Gestaltungs- oder Inhaltsfreiheit und die Endigungsfreiheit verstanden.

Abschlußfreiheit heißt, daß es den Parteien freisteht, ob und mit wem sie kontrahieren wollen (vgl zu den Ausnahmen Bd I S 141 f).

Formfreiheit bedeutet, daß der Abschluß des schuldrechtlichen Geschäftes an keine besondere Form gebunden ist (vgl Bd I S 184 f).

Mit **Gestaltungsfreiheit** oder Inhaltsfreiheit meint man, daß die Parteien nicht an die im Gesetz geregelten Vertragstypen (Kauf, Tausch, Miete usw) gebunden sind, also **kein Typenzwang** herrscht. So haben sich im Laufe der Zeit im Verkehr Vertragsarten entwickelt, die nicht im Gesetz typisiert sind und daher **atypische Verträge** genannt werden, zB der Garantievertrag, der Krediteröffnungsvertrag, der Kreditauftrag[2]) und der bäuerliche Übergabsvertrag[3]).

Die Parteien können auch **gemischte** Verträge schließen, also solche, die aus verschiedenen gesetzlich geregelten Vertragstypen zusammengesetzt sind, zB eine aus Kauf und Schenkung bestehende „gemischte Schenkung", den Elemente von Miete und Kauf enthaltenden „Leasingvertrag"[4]), einen Dienst- und Bestandvertrag verbindenden „Tankstellenvertrag"[5]), einen aus Miete, Dienst- und Werkvertrag zusammengesetzten „Pensionsvertrag", einen aus Elementen von Darlehen und depositum irregulare bestehenden „Bankspareinlagenvertrag"[6]), einen Elemente des freien Dienstvertrages und Bestandvertrages kombinierenden Mobilfunkvertrag[7]) oder einen „Abbauvertrag", der Elemente des Kaufes und der Pacht in sich vereint (vgl unten S 217). Es fragt sich, nach welcher gesetzlichen Vorschrift Streitfragen zu lösen sind, wenn der Vertrag hiefür nichts vorsieht. Das läßt sich nicht allgemein sagen. Meistens wird man für jede einzelne Leistungspflicht die sachlich geeignetste Vorschrift heranziehen, das ist die Vorschrift jenes Vertragstyps, dem die Pflicht entstammt **(Kombinationstheorie)**[8]). Für die Abgrenzung von Kauf und Tausch ist allerdings kraft gesetzlicher Anordnung (§ 1055) das „Überwiegen" maßgebend, so daß der Vertrag nur einem Typus untersteht **(Absorptionstheorie).** Dasselbe gilt nach § 1091 Satz 2 für einen aus Elementen von Miete und Pacht kombinierten Vertrag[9]).

---

[2]) Zu diesem *Koziol,* Der Kreditauftrag, Kastner-FS (1992) 241.

[3]) OGH in NZ 1991, 30 mwN.

[4]) Vgl OGH in EvBl 1982/68; SZ 69/171. Dazu *Fischer-Czermak,* Mobilienleasing (1995) 71 ff.

[5]) OGH in JBl 1986, 721; JBl 1987, 41.

[6]) OGH in EvBl 1997/157.

[7]) OGH in JBl 2005, 735. Dazu *Zankl,* Qualifikation und Dauer von Mobilfunkverträgen, ecolex 2005, 29; *Görg/Putzi,* OGH zur Rechtsnatur von Mobilfunkverträgen, RdW 2005/537.

[8]) Vgl dazu *Gschnitzer* in Klang IV/1, 18 f; *Rummel* in Rummel § 859 Rz 22; OGH in JBl 1986, 648. Abweichend OGH in RdA 1986, 135 (kritisch *Jabornegg*).

[9]) Vgl OGH in JBl 2003, 643.

Endigungsfreiheit heißt, daß die Parteien bestehende Schuldverhältnisse jederzeit einvernehmlich aufheben können.

Wie der Privatautonomie überhaupt, sind auch der Vertragsfreiheit **Schranken** gesetzt. Sie schützen die öffentliche Ordnung oder sozial schwache Bevölkerungsgruppen[10]). Beschränkungen finden sich vor allem im KSchG, im Mietrecht[11]) und im Arbeitsrecht, also in Rechtsgebieten, die für den täglichen Bedarf oder die Existenz besonders wichtig sind.

B. Die Auslobung[12])

Die Auslobung ist eine nicht an bestimmte Personen gerichtete Zusage einer Belohnung für eine Leistung oder einen Erfolg, die durch öffentliche Bekanntmachung verbindlich wird (§ 860).

„Wer meinen entlaufenen Hund wiederbringt, erhält € 200,–."

Der Anspruch auf die Belohnung wird mit der **Erbringung der Leistung** (Herstellung des Erfolges) erworben. Als einseitiges Rechtsgeschäft wird die Auslobung schon durch die **öffentliche Bekanntmachung** verbindlich, einer ausdrücklichen oder konkludenten Annahme bedarf es daher nicht und die Belohnung gebührt auch dann, wenn die Leistung in Unkenntnis der Auslobung erbracht wurde.

Die Auslobung kann bis zur Vollendung der Leistung in der Form, in der sie bekanntgemacht wurde, in einer gleich wirksamen Form oder durch besondere Mitteilung **widerrufen** werden, es sei denn, daß darauf in der Bekanntmachung ausdrücklich oder durch Bestimmung einer Frist verzichtet worden ist. Der Widerruf ist unwirksam gegenüber demjenigen, der die Leistung im Hinblick auf die Auslobung erbracht hat, wenn er dartut, daß ihm der Widerruf zu dieser Zeit ohne sein Verschulden nicht bekanntgeworden ist (§ 860 a).

Wird die Leistung von **mehreren** erbracht, so erhält die Belohnung derjenige, der sie zuerst erbracht hat, bei Gleichzeitigkeit ist zu teilen (§ 860 b).

Eine besondere Art der Auslobung ist das **Preisausschreiben,** bei dem der Auslobende mehrere Leistungen (Erfolge) erwartet, so daß zwischen den Bewerbern eine Bewertung und Auswahl stattfinden muß. Diese obliegt im Zweifel dem Auslobenden, kann aber auch einem Preisgericht (Jury, Schiedsinstanz oä) übertragen werden[13]). Gegen eine völlig willkürliche Entscheidung kann das ordentliche Gericht angerufen werden[14]). Um gültig zu sein, muß die Preisbewerbung mit einer Frist verbun-

---

[10]) *Serozan,* Einschränkung der Vertragsfreiheit durch soziale Schutzgedanken, JBl 1983, 561.

[11]) Dazu *H. Honsell,* Privatautonomie und Wohnungsmiete, AcP 186, 115.

[12]) *Mayr,* Die Auslobung (1905); *Steiner,* Rechtsanspruch auf Auftragserteilung für den Gewinner eines Architektenwettbewerbes, RdW 1999, 513.

[13]) Hiezu OGH in EvBl 1991/187.

[14]) Vgl auch OGH in SZ 54/130.

den werden, weil sich sonst der Auslobende seiner Pflicht mit der Begründung entziehen könnte, er warte auf „bessere Leistungen“.

Auf das Verhältnis zwischen Auslobenden und Leistenden sind die Regeln des nächstverwandten Vertragstyps anzuwenden, zB jene des Werkvertrages, des Kaufvertrages oder der Wette.

Öffentliche Ausschreibungen sind nicht als Auslobungen, sondern als **Aufforderung** zur Stellung von Offerten anzusehen.

III. Entstehung durch rechtsgeschäftlichen Kontakt

Literatur: *Ballerstedt,* Zur Haftung für culpa in contrahendo bei Geschäftsabschluß durch Stellvertreter, AcP 151, 501; *Eisenhardt,* Die Rechtsfolgen bei Abbruch von Vertragsverhandlungen und Abschluß eines nicht erwartungsgerechten Vertrages, Leser-FS (1998) 144; *Frost,* „Vorvertragliche“ und „vertragliche“ Schutzpflichten (1981); *Frotz,* Die rechtsdogmatische Einordnung der Haftung für culpa in contrahendo, Gschnitzer-GedS (1969) 163; *derselbe,* Verkehrsschutz im Vertretungsrecht (1972); *von Jhering,* Culpa in contrahendo, JherJB 4, 1; *Larenz,* Bemerkungen zur Haftung für „culpa in contrahendo“, Ballerstedt-FS (1975) 397; *Lieb,* Culpa in contrahendo und rechtsgeschäftliche Entscheidungsfreiheit, Medicus-FS (1999) 337; *Hans Stoll,* Tatbestände und Funktionen der Haftung für culpa in contrahendo, von Caemmerer-FS (1978) 435; *Welser,* Vertretung ohne Vollmacht (1970); *derselbe,* Das Verschulden beim Vertragsschluß im österreichischen bürgerlichen Recht, ÖJZ 1973, 281; *derselbe,* Die culpa in contrahendo im österreichischen Recht, LJZ 1984, 101; *derselbe,* Die vorvertraglichen Pflichten in der Rechtsprechung des OGH, Wagner-FS (1987) 361.

Geschäftspartner treten schon mit der Aufnahme eines Kontaktes[1]) *zu geschäftlichen Zwecken von Gesetzes wegen (§ 859) in ein beiderseitiges Schuldverhältnis*[2]), *das sie zu gegenseitiger Rücksicht bei der Vorbereitung und beim Abschluß eines Vertrages verpflichtet, von dessen Zustandekommen es aber unabhängig ist*[3]).

Die vorvertraglichen Pflichten sind den **Vertragspflichten ähnlich,** richten sich aber nicht auf Leistung einer Sache; das Schuldverhältnis ist vielmehr ein solches „ohne Hauptleistungspflicht“. Es bestehen bloß **Aufklärungs-, Schutz- und Sorgfaltspflichten,** die jenen nach Vertragsabschluß entsprechen[4]). Sie sollen die Person und die sonstigen Rechtsgüter des Partners, die durch den Geschäftskontakt einer Gefährdung ausgesetzt sind, gegen Verletzungen absichern[5]). Die schuldhafte Verletzung vorvertraglicher Pflichten bezeichnet man als **„culpa in contrahendo“**

[1]) *Welser,* Vertretung 81ff; *derselbe,* ÖJZ 1973, 286; *Posch,* Zur Haftung des Kaufhausunternehmers für seine Angestellten, ZfRV 1974, 165. OGH in ZVR 1984/140; JBl 1991, 586; ZVR 1993/62. Zum Vergabeverfahren: OGH in SZ 61/90 und 134; RdW 1990, 43; ecolex 1990, 144 *(Wilhelm)*; dazu unten S 19.

[2]) AA *Reischauer* in Rummel, Vor §§ 918ff Rz 14; *derselbe,* Zur Ratio der Erfüllungsgehilfenhaftung (§ 1313a), VersRdSch 1990, 46, der die Figur des vorvertraglichen Schuldverhältnisses überhaupt ablehnt.

[3]) *Welser,* Vertretung 57; OGH in SZ 48/102; SZ 49/94 uva.

[4]) Dazu *Canaris,* Ansprüche wegen „positiver Vertragsverletzung“ und „Schutzwirkung für Dritte“ bei nichtigen Verträgen, JZ 1965, 457; *Frost,* Schutzpflichten 202ff.

[5]) Vgl OGH in SZ 51/111; JBl 1979, 654; SZ 52/135 ua.

(Verschulden beim Vertragsabschluß). Sie macht den pflichtwidrig handelnden Teil ersatzpflichtig.

Die dogmatische Grundlage der vorvertraglichen Pflichten besteht in zwei Rechtsgedanken[6]): Erstens in der Notwendigkeit des Aufbaues einer ökonomischen und funktionstüchtigen Rechtsgeschäftsordnung, die rücksichtsloses Verhalten beim Vertragsabschluß verbietet. Nur wenn schon vor dem Geschäftsabschluß Sorgfaltspflichten bestehen, kann der rechtsgeschäftliche Verkehr reibungslos abgewickelt werden. Zweitens sind solche Pflichten einem Partner auch zumutbar, weil schon der bloße Geschäftskontakt seinen besonderen Interessen dient, zu deren Verwirklichung sich der andere Teil „zur Verfügung" stellt.

Das ABGB enthält zwar keine allgemeine Bestimmung über vorvertragliche Pflichten, doch werden sie zB in den §§ 874 und 878 vorausgesetzt. Vgl ferner § 16 VersVG[7]). Diese Bestimmungen bilden die Grundlage für eine Rechtsanalogie[8]).

In Weiterentwicklung des Grundgedankens des vorvertraglichen Schuldverhältnisses werden besondere Schutzpflichten in Verbindung mit rechtsgeschäftlichen oder geschäftsähnlichen Erklärungen auch in anderen Fällen angenommen; so bei Bestehen einer ständigen Geschäftsbeziehung[9]); oder bei Informationen, die für geschäftliche Dispositionen wichtig sind und die zuverlässig nur ganz bestimmte Personen geben können, weil sie in einer besonderen rechtlichen oder sonstigen Beziehung stehen[10]); ferner bei der Herausgabe von Prospekten. Für die Emission von Wertpapieren bestehen Sondervorschriften (§ 11 KMG), die den allgemeinen Regeln vorgehen[11]). Zu den objektiv-rechtlichen Sorgfaltspflichten zugunsten Dritter unten S 146.

Die Lehre hat in Konkretisierung des vorvertraglichen Schuldverhältnisses Falltypen herausgearbeitet[12]). So muß ein potentieller Vertragspartner den anderen vor Abschluß des Geschäftes über die **Beschaffenheit** des in Aussicht genommenen **Leistungsgegenstandes**[13]) oder über eine Gefährdung der Erfüllung aufklären und ihm rechtliche **Hindernisse** mitteilen, die einem Vertragsabschluß entgegenstehen[14]).

---

[6]) *Welser,* Vertretung 73ff; *Frotz,* Gschnitzer-GedS 172ff; vgl auch *W. Schuhmacher,* Verbraucherschutz bei Vertragsanbahnung (1983) 185f; zum deutschen Recht *Schlechtriem/Schmidt-Kessel,* Schuldrecht Allgemeiner Teil[6] (2005) 36f.

[7]) Dazu OGH in JBl 1977, 375 *(Iro)*; *Keinert,* Vorvertragliche Anzeigepflicht (§§ 16ff VersVG) (1983).

[8]) *Welser,* Vertretung 59ff; *derselbe,* ÖJZ 1973, 282f; ihm folgend OGH in SZ 48/102; SZ 49/94; SZ 52/135 uva; teilweise aA *Reischauer* in Rummel, Vor §§ 918ff Rz 14ff; *W. Schuhmacher,* Verbraucherschutz 181.

[9]) *Welser,* Haftung für Rat, Auskunft und Gutachten (1983) 54.

[10]) *Welser,* Haftung 89; vgl auch *Canaris,* Schutzgesetz – Verkehrspflichten – Schutzpflichten, Larenz-FS (1983) 91ff; *Brawenz,* Die Prospekthaftung nach allgemeinem Zivilrecht[2] (1992); *Koziol,* Delikt, Verletzung von Schuldverhältnissen und Zwischenbereich, JBl 1994, 209. OGH in SZ 69/258.

[11]) *Welser,* Prospektkontrolle und Prospekthaftung nach dem KMG, ecolex 1992, 301; aA *Koziol,* Die Konkurrenz zwischen allgemeinem Zivilrecht, KMG und BörseG bei der Prospekthaftung, ÖBA 1992, 886.

[12]) Entwicklung der Falltypen bei *Welser,* ÖJZ 1973, 281; *derselbe,* Wagner-FS 365ff.

[13]) Vgl dazu *Iro,* Fahrschulauto: Aufklärungspflicht des Gebrauchtwagenhändlers? RdW 2005/355; *Zechner,* Zur Aufklärungspflicht des Opernveranstalters, JBl 2005, 341.

[14]) *Welser,* Vertretung 56ff; *derselbe,* ÖJZ 1973, 281f und ihm folgend die grundlegende E des OGH in SZ 48/102; ferner RdA 1979, 390 *(Rummel)*; SZ 52/90; SZ 53/13; JBl 1987, 521; ZAS 1990/15 *(Reidinger)*; EvBl 1997/186; SZ 73/160.

Allerdings besteht keine allgemeine Rechtspflicht, den Partner über alle Umstände aufzuklären, die auf seinen Entschluß Einfluß haben können. Eine Aufklärungspflicht ist nur anzunehmen, wenn der andere Teil nach den Grundsätzen des redlichen Geschäftsverkehrs eine Aufklärung erwarten durfte[15]). So ist zB die Konkursreife mitzuteilen, wenn damit gerechnet werden muß, daß sie zur Vereitelung des Vertragszwekkes führen wird[16]), was bei Kreditgeschäften regelmäßig der Fall ist. Aufzuklären ist auch über die eigene Identität[17]) oder über Gefahren, die mit der Durchführung der Leistung verbunden sein können; so haben Ärzte die Patienten vor Vereinbarung einer Operation über deren Risken zu informieren und Autohändler potentielle Käufer vor Antritt einer Probefahrt über das Nichtbestehen einer Vollkaskoversicherung aufzuklären[18]). Ein Rechtsanwalt hat einen unerfahrenen Klienten über das zu erwartende Honorar aufzuklären[19]).

Zahlreiche Aufklärungspflichten werden im Verhältnis der Banken zu ihren Kunden, der Versicherer im Verhältnis zu den Versicherungsnehmern und umgekehrt sowie im Verhältnis zwischen Arzt oder Krankenhaus und dem Patienten angenommen, doch handelt es sich hiebei oft nicht mehr um Pflichten in contrahendo, sondern um solche auf Grund des bereits geschlossenen Vertrags.

Aufklärungspflichten werden in jüngerer Zeit auch oft gesetzlich umschrieben (vgl zB für Wertpapierdienstleistungen §§ 11 ff WAG; für Kapitalanlagefonds § 6 InvFG oder für Übernahmeangebote § 7 ÜbG).

Ein Teil hat uU auch Anstrengungen zu unternehmen, um **Hindernisse** zu **beseitigen,** die der Gültigkeit des Vertrages entgegenstehen[20]).

Auch **grundloses Abstehen** von den Vertragsverhandlungen (vom Vertragsabschluß) kann ausnahmsweise ersatzpflichtig machen. Allerdings kommt eine Haftung aus culpa in contrahendo nur in Betracht, wenn ein Teil beim anderen die Überzeugung herbeigeführt hatte, der Vertrag werde mit Sicherheit zustandekommen, der Abschluß sei nur noch eine Formsache. Dies gilt besonders dann, wenn dem Erklärenden erkennbar ist, daß sein Partner im Vertrauen auf diese Aussage wirtschaftliche Dispositionen trifft[21]).

---

[15]) RIS-Justiz RS0014811, insb ÖBA 1993, 408 *(Koch)*; ÖBA 1994, 156 *(Iro)*; RS0016390, insb ÖBA 1999, 1012 *(Apathy)*.

[16]) OGH in JBl 1990, 322 *(P. Bydlinski)* = ÖBA 1990, 554 *(Apathy)* (dazu *Dellinger,* Quo vadis Kridahaftung? ecolex 1990, 341; vgl auch *Harrer,* Haftungsprobleme bei der GmbH [1990] 205 ff; *Karollus,* Entscheidungsanmerkung, ÖBA 1988, 169 ff mwN).Vgl auch *Karollus,* Neues zur Konkursverschleppungshaftung und zur Geschäftsführerhaftung aus culpa in contrahendo (BGH ZIP 1994, 1103), ÖBA 1995, 7.

[17]) OGH in SZ 59/109 und dazu *St. Frotz,* Schadenersatz wegen Gebrauchs einer verwechslungsfähigen Firma, GesRZ 1987, 143.

[18]) OGH in SZ 2003/30.

[19]) OGH in JBl 2001, 655.

[20]) Vgl *Hoyer,* ZAS 1978, 59; *Rummel,* RdA 1979, 393; *Welser,* LJZ 1984, 102; *Bydlinski,* Unbedingte Pflichten aus behördlich genehmigungsbedürftigen Verträgen, Ostheim-FS (1990) 59 ff; OGH in RdA 1979, 390 *(Rummel)*.

[21]) Vgl *Ostheim,* Zur Haftung für culpa in contrahendo bei grundloser Ablehnung des Vertragsschlusses, JBl 1980, 576; *Welser,* LJZ 1984, 104; *denselben,* Wagner-FS 370 ff; OGH in JBl 1992, 118; RdW 1992, 350; RdW 1996, 306; JBl 2005, 716.

An und für sich sind die Parteien im Verhandlungsstadium jederzeit berechtigt, den Kontakt abzubrechen. Die Rücksicht auf den Partner darf zu keiner vorzeitigen Bindung an die Verhandlungen führen[22]). Anderes gilt zB dann, wenn die öffentliche Hand vor der Vergabe von Aufträgen festlegt, sie werde dem – näher umschriebenen – Bestbieter den Zuschlag erteilen; beauftragt sie einen anderen, so wird sie dem Bestbieter wegen des Verstoßes gegen das BVergG schadenersatzpflichtig (siehe § 338 BVergG 2006)[23]).

Die Verletzung vorvertraglicher Pflichten durch einen **Stellvertreter** oder sonstigen Vertragsgehilfen ist dem Geschäftsherrn zuzurechnen[24]). Er haftet dem Geschädigten nach § 1313 a, der Gehilfe selbst haftet gewöhnlich nicht.

Der Geschäftsgehilfe wird selbst verantwortlich, wenn sein Verhalten keinem Geschäftsherrn zugerechnet werden kann[25]), so daß dem Geschädigten keine Ansprüche gemäß § 1313 a zustehen und der Gehilfe auch nicht im Regreßweg zur Haftung heranzuziehen ist. Ferner haftet der Vertragsgehilfe, wenn er im Verhältnis zum Dritten ein ausgeprägtes eigenes wirtschaftliches Interesse am Zustandekommen des Vertrages hat oder bei den Vertragsverhandlungen im besonderen Maße persönliches Vertrauen in Anspruch genommen und dadurch die Verhandlungen beeinflußt hat[26]).

Neben der Haftung wegen Verletzung eines vorvertraglichen Schuldverhältnisses können auch die Voraussetzungen einer **deliktischen Haftung** erfüllt sein. Die Haftung wegen culpa in contrahendo ist aber meist für den Geschädigten günstiger, weil sie den Regeln der Vertragshaftung folgt.

Die Verletzung des vorvertraglichen Schuldverhältnisses führt zu Schadenersatzansprüchen. Zu ersetzen ist der verursachte Schaden, soweit es um primäre Vermögensschäden geht, ist nicht das positive, sondern das negative Vertragsinteresse, der **Vertrauensschaden,** zu ersetzen[27]). Unten S 308.

Vor dem Vertragsabschluß besteht keine Erfüllungspflicht, weshalb sie auch nicht verletzt sein kann. Es besteht bloß die Pflicht zur Aufklärung und zur Unterlas-

[22]) Vgl *Welser,* ÖJZ 1973, 285; *Ostheim,* JBl 1980, 573 f; OGH in SZ 49/94; JBl 1981, 645; SZ 52/90; RdW 1983, 7.

[23]) Vgl *Rummel,* Zivilrechtliche Probleme des Vergaberechts, ÖZW 1999, 1 ff mwN; *Reinbacher,* Schadenersatz im Vergaberecht (2002) 88 ff. OGH in ecolex 2002, 814; JBl 2004, 180.

[24]) Vgl *Welser,* LJZ 1984, 105; OGH in SZ 52/22; SZ 56/135; VersRdSch 1987/50; SZ 62/187; JBl 1991, 586; SZ 64/189. Für Organe juristischer Personen: *Vonkilch,* Zur privatrechtlichen Rechtsfähigkeit und Vertretung von Klubs und Fraktionen, JBl 2000, 92.

[25]) *Welser,* Vertretung 97 ff; ihm folgend OGH in SZ 55/84; JBl 1990, 599; SZ 64/104.

[26]) *Welser,* Wagner-FS 374; *Wilhelm,* Die gerettete Jagdreise, JBl 1986, 10; OGH in SZ 56/135; JBl 1986, 49; JBl 1990, 599; JBl 1990, 322 *(P. Bydlinski)* = ÖBA 1990, 554 *(Apathy)* (dazu *Dellinger,* ecolex 1990, 341); wbl 1994, 378; JBl 1997, 37; ÖBA 1997, 392 = ecolex 1997, 82 *(Th. Rabl)*; ÖBA 1998, 230.

[27]) Dazu *Welser,* Vertretung 127 ff; *derselbe,* Wagner-FS 380 f; OGH in SZ 46/22; SZ 49/94; SZ 52/90; JBl 1995, 378; ecolex 1995, 400 (dazu *Halbhuber,* Nur ein Hauch von culpa in contrahendo, ecolex 1995, 885). Zum deutschen Recht *Eisenhardt,* Leser-FS 144 ff.

sung irreführenden Verhaltens[28]), weshalb der Geschädigte so zu stellen ist, wie er bei ordnungsgemäßer Aufklärung stünde. Das positive Vertragsinteresse ist nur dann zu ersetzen, wenn ohne die Pflichtverletzung der Vertrag mit dem pflichtwidrig handelnden Teil zustande gekommen wäre[29]). Dies kommt ua bei Verstößen gegen Vergabegesetze vor[30]). Bei schuldhafter Verletzung von Aufklärungspflichten in contrahendo kann der Schadenersatzanspruch auch auf Vertragsaufhebung (Naturalrestitution) gerichtet sein, wenn der irrende Vertragspartner den Vertrag bei ordnungsgemäßer Aufklärung nicht geschlossen hätte[31]).

Im Falle eines **Mitverschuldens** des Geschädigten ist der Schaden gemäß § 1304 zu teilen. Bloß im unmittelbaren Anwendungsbereich des § 878 gilt das Kulpakompensationsprinzip[32]). S Bd I S 171 und 213 f.

IV. Nebenabreden zur Bestärkung oder Abschwächung rechtsgeschäftlicher Pflichten

Literatur: *D. Fischer,* Vertragsstrafe und vertragliche Schadensersatzpauschalierung (1981); *Lindacher,* Phänomenologie der „Vertragsstrafe" (1972); *Mayrhofer,* Zur Rechtsnatur der Stornogebühr im österreichischen Privatrecht, Herdlitczka-FS (1972) 187.

A. Angeld (§ 908)

Angeld ist, was beim Vertragsabschluß von einem Teil dem anderen als Zeichen des Abschlusses und zur Sicherstellung der Erfüllung gegeben wird (§ 908).

Da das Angeld **Zeichen** des Abschlusses sein soll, setzt es ein **gültiges Geschäft** voraus. Ist der Vertrag ungültig, so ist das erhaltene Angeld zurückzuerstatten, weil kein Grund für seine Leistung bestand[1]).

Die **Sicherstellungsfunktion** zeigt sich bei **schuldhafter** Nichterfüllung: Hat der Geber des Angelds den Vertrag nicht erfüllt, so darf es der Empfänger behalten. Hat der Empfänger nicht erfüllt, so muß er es im doppelten Betrag zurückgeben.

---

[28]) *Welser,* ÖJZ 1973, 287; *derselbe,* Wagner-FS 380.

[29]) *Welser,* Wagner-FS 380f. OGH in SZ 61/90; RdW 1990, 43; MietSlg 42.148/21; EvBl 1997/186.

[30]) OGH in SZ 67/182, 95 (dazu *Heid,* Vergabeverstoß: Ersatz des Erfüllungsinteresses! ecolex 1995, 93); ecolex 1995, 328 *(Heid)*; SZ 71/133 = ecolex 1999, 87 *(Heid)*; dazu *Iro,* Mißstände auch im Vergabewesen, RdW 1998, 718; SZ 73/62; dazu *Wilhelm,* Rechtsfortbildung im BVergG: Anspruch aufs Erfüllungsinteresse, ecolex 2000, 493; *Heid,* Vergabeverstoß und Schadenersatz, ecolex 1996, 7; *Rummel,* ÖZW 1999, 10ff; *Wilhelm,* Bestbieters Sieg im Vergabestreit (1999). Vgl auch OGH in SZ 2003/26.

[31]) *Graf,* Neues zur drittfinanzierten Vermögensanlage, ecolex 1991, 596; *Jaksch-Ratajczak,* Vertragsaufhebung durch Naturalrestitution, ÖJZ 2000, 798; *Pletzer,* Aufklärungspflichtverletzung und Vertragsaufhebung, JBl 2002, 545; OGH in ÖBA 1994, 558 *(Apathy)* = wbl 1994, 273 *(Hammerer)*; ecolex 1995, 480.

[32]) *Welser,* Vertretung 153ff; *derselbe,* Wagner-FS 381f; *Holzer/Posch,* RdA 1978, 354; *W. Schuhmacher,* ZAS 1979, 61f; vgl auch OGH in ZVR 1984/140. Weitergehend *Kerschner,* Irrtumsanfechtung insbesondere beim unentgeltlichen Geschäft (1984) 119f. Teilweise aA *Reischauer* in Rummel, Vor §§ 918ff Rz 16; OGH in SZ 50/132.

[1]) S OGH in RZ 1979/78; JBl 1982, 255; SZ 54/46; SZ 61/136.

Der Verfall ist von einem **Schaden unabhängig,** doch kann der Geschädigte den Ersatz des über das Angeld **hinausgehenden** verschuldeten Schadens verlangen[2]). Statt sich auf den Angeldverfall zu berufen, kann aber der schuldlose Teil weiter auf der Erfüllung bestehen oder bei deren Unmöglichkeit Schadenersatz wegen Nichterfüllung fordern (§ 908 letzter Satz).

Die Gefahr des Angeldverlustes fördert die Anstrengungen des Schuldners zur Erfüllung. Das Angeld dient also der **Bestärkung** der vertraglichen Pflichten.

Wenn die Parteien nichts anderes vereinbaren, so ist das Angeld als Teilzahlung dem Angeldgeber auf die von ihm zu erbringende Leistung anzurechnen. Umgekehrt ist aber nicht jede beim Vertragsabschluß erbrachte Teilleistung zugleich ein Angeld. Was als „Anzahlung" bezeichnet wird, hat im Zweifel keine Angeldfunktion[3]); vor allem ist die bei Ratengeschäften (§ 20 KSchG) erforderliche Anzahlung nur Teilzahlung und kein Angeld (s unten S 433f); daher verfällt sie nicht und kann auch bei Nichterfüllung nicht im doppelten Ausmaß zurückgefordert werden. Im übrigen sind im Zweifel nur kleinere Beträge als Angeld zu qualifizieren, bei denen zu vermuten ist, daß die Parteien mit einem Verfall einverstanden sind[4]). Bei großen Beträgen entspricht es nicht dem Parteiwillen, daß sie uU verfallen oder in doppelter Höhe zurückgestellt werden sollen[5]), wie bei 30% des Kaufpreises[6]). Gegenteilige Vereinbarungen sind aber möglich.

Wegen der Ähnlichkeit des Angeldes mit einer Vertragsstrafe kann es der Richter gemäß § 7 KSchG zugunsten des Verbrauchers in sinngemäßer Anwendung des § 1336 Abs 2 mäßigen[7]). S unten S 23.

B. Reugeld (§§ 909–911)

Das Reugeld ist die Vergütung, die ein Vertragsteil dem anderen für die Ausübung eines ihm vorbehaltenen Rücktrittsrechts verspricht (§ 909).

Im Gegensatz zum Angeld wird das Reugeld nicht gegeben, sondern nur für den Fall des Rücktritts **versprochen.** Der versprechende Teil kann sich also von seiner Erfüllungspflicht durch die Zahlung des Reugeldes befreien, er hat eine **facultas alternativa.** Dieses Wahlrecht besteht nur bis zur Erfüllung des Vertrages. Wie das Angeld setzt auch das Reugeld das Zustandekommen des Vertrages voraus[8]).

Durch die Reugeldvereinbarung wird über die gesetzlichen Möglichkeiten hinaus ein Rücktrittsrecht geschaffen[9]). Übt hingegen jemand ein ihm ohnedies (zB nach § 918) zustehendes Rücktrittsrecht aus, so braucht er hiefür kein Reugeld zu entrichten.

Eine Reugeldvereinbarung beim Werkvertrag („Stornogebühr") befreit von der darüber hinausgehenden Zahlung des Entgelts nach § 1168 Abs 1[10]).

---

[2]) *Mayrhofer,* Schuldrecht I 209.
[3]) OGH in SZ 26/299; JBl 1982, 255; SZ 54/46 und 186; RdW 1997, 655.
[4]) Vgl OGH in SZ 54/186.
[5]) OGH in JBl 1982, 255.
[6]) OGH in SZ 54/46.
[7]) OGH in SZ 54/46.
[8]) OGH in JBl 1995, 788 *(Lukas).*
[9]) Vgl OGH in EvBl 1992/109.
[10]) OGH in SZ 2004/20.

Auch ohne Rücktritt muß das Reugeld gezahlt werden, wenn die Erfüllung des Vertrages durch das Verschulden des Reugeldversprechers unterbleibt (§ 911). Ein durch die Nichterbringung der Leistung entstandener weiterer Schaden kann nicht begehrt werden.

Ein Angeld ist, wenn es nicht besonders vereinbart wird, nicht zugleich Reugeld[11]). Der Gläubiger kann daher auch dann die Erfüllung verlangen, wenn sich der Schuldner gegen Zahlung des Angeldes vom Vertrag lösen möchte.

Nach § 7 KSchG kann bei Verbrauchergeschäften ein vom Konsumenten zu zahlendes Reugeld wie eine Vertragsstrafe **gemäßigt** werden (s S 422). Nach § 38 Abs 1 Z 5 **WEG** 2002 ist die Vereinbarung eines Reugeldes ungültig. Weil das Reugeld der Vertragspartei ein zusätzliches Rücktrittsrecht verschafft, führt es zur **Abschwächung** vertraglicher Pflichten.

C. Vertragsstrafe (§ 1336)

Die Vertragsstrafe (Konventionalstrafe) ist die Vereinbarung eines pauschalierten Schadenersatzes für den Fall der Nichterfüllung oder nicht gehörigen Erfüllung des Vertrags (§ 1336).

Mangels anderer Vereinbarung gebührt die Konventionalstrafe **statt** des Schadenersatzes wegen Nichterfüllung, Verzuges oder Schlechterfüllung[12]), es ist also eine **Vorweg-Pauschalierung** dieses Schadens. Beim Dauerschuldverhältnis kann das Verlangen einer Konventionalstrafe für den Vertragsbruch (in der Vergangenheit) mit dem Begehren auf Erfüllung (in der Zukunft) verbunden werden[13]).

Wurde die Konventionalstrafe allerdings für die Nichteinhaltung der Erfüllungszeit oder des Erfüllungsortes versprochen, so kann sie im Zweifel neben der Erfüllung gefordert werden (§ 1336 Abs 1 letzter Satz)[14]).

Eine „Stornogebühr“ ist im Zweifel als Konventionalstrafe anzusehen[15]).

---

[11]) *Gschnitzer* in Klang IV/1, 391.

[12]) Vgl OGH in RZ 1976/90; EvBl 1979/170; JBl 1983, 534 *(Bydlinski)*; ZAS 1984/15 *(Kohlmaier)*; wbl 1987, 93 und dazu *Czermak,* Restwertabsicherung durch den Leasingnehmer bei vorzeitiger Vertragsauflösung, wbl 1987, 83; SZ 59/201; JBl 1990, 318; HS 27.672; MietSlg 46.178. Auch ein Mietzinsverzicht ist als Vertragsstrafe zu qualifizieren, wenn er für den Fall des Verzugs mit Sanierungsarbeiten vereinbart wurde, OGH in ecolex 1995, 26. Vgl zum Verhältnis von Konventionalstrafe und Kündigungsentschädigung OGH in ecolex 1995, 49; zum Verhältnis zum Rückersatz von Ausbildungskosten OGH in RdW 1998, 27; zum Bruch einer Konkurrenzklausel OGH in SZ 2003/12 = ecolex 2004, 42 *(Schumacher).*

[13]) OGH in EvBl 1999/22.

[14]) Vgl OGH in JBl 1990, 318; RdW 1995, 299.

[15]) OGH in SZ 38/208; SZ 52/83. Zum Verhältnis zur Verfallsklausel zutr *Spitzer,* Die Pfandverwertung im Zivil- und Handelsrecht (2004) 7ff, nach dem aus der Zulässigkeit der Vertragsstrafe folgt, daß eine Ausdehnung des Verbots der Verfallsklausel (lex commissoria, § 1371) abzulehnen ist; s Band I S 393. AA OGH in SZ 68/199 und die Vorauflage.

Die Pauschalierung soll die oft schwierige Feststellung der Schadenshöhe entbehrlich machen. Daher gebührt die Konventionalstrafe auch dann, wenn **kein Schaden** eingetreten ist[16]). Ein sie **übersteigender Schaden** kann – seit 1. 1. 2007 auch im bürgerlichen Recht – geltend gemacht werden. Zu Lasten des Verbrauchers gilt dies nur, wenn es im einzelnen ausgehandelt wurde (§ 1336 Abs 3).

Die Vertragsstrafe ist im Zweifel nur dann zu entrichten, wenn den Schuldner an der Nichterfüllung oder Schlechterfüllung ein **Verschulden** trifft[17]). Sie kann allerdings auch für eine nicht verschuldete Leistungsverhinderung vereinbart werden, wenn die Ersatzpflicht für beide Seiten gleichermaßen gilt[18]).

Nach § 1336 Abs 2 hat der Richter die Vertragsstrafe zu mäßigen, wenn sie übermäßig hoch ist[19]). Das **Mäßigungsrecht** kann nicht abbedungen werden[20]).

Eine Mäßigung ist nicht von Amts wegen vorzunehmen[21]), der Richter kann also das Mäßigungsrecht nur auf Verlangen der betroffenen Partei ausüben[22]), doch liegt schon in der Bestreitung der Verpflichtung ein Mäßigungsbegehren[23]). Bei der Mäßigung sind ua Art und Ausmaß des Verschuldens des Schuldners, die Höhe des entstandenen Schadens[24]) und der im Vertragszeitpunkt möglich erscheinende Schaden zu berücksichtigen[25]).

Trifft den Vertragspartner an der Vertragsverletzung ein Mitverschulden, so ist die Vertragsstrafe analog zu § 1304 herabzusetzen[26]).

Die Verpflichtung zur Zahlung einer Konventionalstrafe setzt eine **gültige Hauptverbindlichkeit** voraus.

---

[16]) OGH in SpR 145; SZ 70/111; RdW 1990, 293; JBl 1992, 663; SZ 65/102; EvBl 1999/206; EvBl 2000/24; ecolex 2001, 434; aA *Wolff* in Klang VI 185; *F. Hoyer,* Pauschalierter Schadenersatz ohne Schaden? ecolex 1999, 387. Vgl zum deutschen Recht *Schlechtriem/Schmidt-Kessel,* Schuldrecht Allgemeiner Teil[6] (2005) 317 ff.

[17]) *Mayrhofer,* Schuldrecht I 216 f; *Wolff* in Klang VI 186 f; OGH in SZ 54/4; RdA 1990, 49 *(Holzer)*; SZ 72/25. AA nur EvBl 1976/194.

[18]) OGH in JBl 1950, 241.

[19]) Vgl dazu *Lindacher,* Konventionalstrafe und „Vergütungsbetrag", JBl 1973, 135; OGH in JBl 1992, 663 mwN. Zum Verhältnis zwischen § 879 Abs 3 und § 1336 Abs 2: OGH in JBl 1983, 534 *(Bydlinski)*; EvBl 1987/41. Zur Angemessenheit der in § 28 Abs 2 KSchG vorgesehenen Konventionalstrafe s OGH in JBl 2001, 236 = ecolex 2001, 43 *(Wilhelm)*.

[20]) So auch OGH in SZ 54/4. Auch die bei einem Gründungsgeschäft iSd § 1 Abs 3 KSchG vereinbarte Konventionalstrafe unterliegt dem richterlichen Mäßigungsrecht, OGH in JBl 1998, 60.

[21]) OGH in SZ 40/37.

[22]) OGH in SZ 54/4 und 186.

[23]) OGH in immolex 1998/73 mwN.

[24]) Vgl OGH in RdW 1990, 293; JBl 1992, 663; EvBl 1999/206; *Kerschner,* ZAS 1985, 33 f.

[25]) OGH in ecolex 2001, 434; *Spitzer,* Pfandverwertung 12 ff.

[26]) S *Kerschner,* ZAS 1985, 33; *Reischauer* in Rummel § 1336 Rz 15.

Der (rückwirkende) Rücktritt wegen Verzuges des Schuldners hebt jedoch die Verpflichtung zur Zahlung der Vertragsstrafe nicht auf. Ebenso ist eine für den Fall der Verspätung vereinbarte Konventionalstrafe bis zum Wirksamwerden einer Rücktrittserklärung oder bis zu einer Ersatzbeschaffung durch den Gläubiger zu entrichten[27]).

Während die Vereinbarung eines Reugelds die vertraglichen Pflichten „abschwächt", dienen **Angeld** und **Konventionalstrafe** der Verstärkung vertraglicher Pflichten. Ihr Verfall setzt ein Verschulden voraus. Während aber das Angeld schon beim Vertragsabschluß gegeben wird, ist die Vertragsstrafe erst nach einer Vertragsverletzung zu entrichten. Weder das Angeld noch die Konventionalstrafe begründen ein Reurecht (facultas alternativa)[28]).

D. Verwirkungsabrede

Eine Verwirkungsabrede ist die Vereinbarung, daß bei nicht gehöriger Erfüllung der Gläubiger ein Rücktrittsrecht hat[29]) *oder der Schuldner Rechte aus dem Vertrag verliert.*

Neben dem Rücktrittsrecht kann auch vereinbart sein, daß bisher erbrachte Leistungen verfallen und so auch bei einem Rücktritt nicht zu erstatten sind.

Eine Verwirkungsabrede ist auch der bei Kreditgeschäften oft vereinbarte **Terminsverlust:** Kommt der Schuldner mit einer Teilleistung in Verzug[30]), so verliert er die gesamte Kreditbegünstigung, so daß alle noch ausständigen Teilleistungen sofort fällig werden[31]).

Der Terminsverlust kann auch für die Nichtzahlung von Zinsen vereinbart werden, die Teil der Hauptschuld des Darlehensnehmers sind[32]).

Ein Unternehmer kann gegenüber dem Verbraucher den Terminsverlust nur geltend machen, wenn er seine Leistung erbracht hat, der Verbraucher mit mindestens einer Zahlung sechs Wochen in Verzug ist und eine Androhung des Terminsverlustes unter Setzung einer Nachfrist von zwei Wochen erfolglos geblieben ist (§ 13 KSchG, s dazu unten S 429f).

---

[27]) OGH in JBl 1986, 371; SZ 58/152; EvBl 1998/46; *Reischauer* in Rummel § 921 Rz 8. Vgl zu einem später wirksam gewordenen Nichtigkeitsgrund OGH in EvBl 1997/20.

[28]) Vgl *Mayrhofer,* Herdlitczka-FS 188ff. OGH in RZ 1974/42; SZ 48/38.

[29]) S dazu OGH in SZ 51/103; JBl 1983, 534 *(Bydlinski).*

[30]) Wobei allerdings eine bloß geringfügige Überschreitung der Leistungsfrist keinen Terminsverlust auslöst (OGH in ecolex 2000, 790).

[31]) Vgl *G. Graf,* Probleme der vorzeitigen Kündigung von Konsumentenkreditverträgen durch den Kreditgeber, ÖBA 1989, 959; OGH in RZ 1979/36; EvBl 1979/188; SZ 55/152; vgl auch ÖBA 1998, 305; SZ 70/165.

[32]) OGH in ÖBA 1996, 483.

3. Kapitel

Schuldinhalt

I. Art der Leistung

A. Tun und Unterlassen[1])

Leistung ist das vom Schuldner nach dem Schuldverhältnis zu setzende Verhalten, das der Befriedigung von Interessen des Gläubigers dient.

Das Interesse muß keinen Vermögenswert haben; es kann auch ideeller Natur sein. Die Leistung ist ein **Tun** oder **Unterlassen.**

Der Begriff der Leistung ist zweideutig[2]). Man kann darunter die Leistungshandlung, also das vom Schuldner zu setzende obligationsgemäße Verhalten, oder den Leistungserfolg, also den vom Gläubiger gewünschten Erfolg, verstehen. Ist dieser eingetreten, so ist jedenfalls geleistet. Im übrigen muß man unterscheiden: Bei Unterlassungspflichten kommt ein Erfolg überhaupt nicht in Frage, so daß schon durch das Verhalten geleistet wird[3]). Bei den auf ein Tun gerichteten Pflichten ist auf den Vertragstyp abzustellen. So wird beim Werkvertrag oder beim Kaufvertrag ein Erfolg geschuldet (Herstellung des Werkes, Übertragung des Eigentums). Hingegen hat zB beim Dienstvertrag der Schuldner seine Pflicht schon durch Setzung des Leistungsverhaltens (obligationsgemäßes Arbeiten) ohne Rücksicht darauf erfüllt, ob der mit dem Verhalten bezweckte Erfolg eingetreten ist.

§ 861 erwähnt neben dem Tun und Unterlassen noch das „Geben" und das „Gestatten". Das „Geben" ist jedoch ein Unterfall des Tuns und das „Gestatten" ein Unterfall des Unterlassens von Abwehrrechten (Gestatten des Gebrauches einer Sache).

Für Tun und Unterlassen gelten grundsätzlich die **gleichen Regeln.** Auch Unterlassungsansprüche können als Hauptleistungs-, Nebenleistungs- oder Schutzpflichten vorkommen (Unterlassung von Wettbewerbshandlungen, Unterlassung der Schädigung sonstiger Rechtsgüter des Gläubigers). Die Unterlassungsansprüche genießen insofern besonderen Schutz, als dem Gläubiger eine **vorbeugende Unterlassungsklage** gewährt wird, wenn eine künftige Verletzung der Unterlassungspflicht zu befürchten ist[4]). Sie ist notwendig, weil das Zuwiderhandeln gegen die

---

[1]) *P. Böhm,* Unterlassungsanspruch und Unterlassungsklage (1979); *Henckel,* Vorbeugender Rechtsschutz im Zivilrecht, AcP 174, 97; *Köhler,* Vertragliche Unterlassungspflichten, AcP 190, 496; *W. Schuster-Bonnott,* Der privatrechtliche Anspruch auf Unterlassung, JBl 1976, 281; *E. Wagner,* Gesetzliche Unterlassungsansprüche im Zivilrecht (2006).

[2]) Dazu *Wieacker,* Leistungshandlung und Leistungserfolg im Bürgerlichen Schuldrecht, Nipperdey-FS I (1965) 783; vgl auch *Schlechtriem/Schmidt-Kessel,* Schuldrecht Allgemeiner Teil[6] (2005) 176.

[3]) Vgl dazu auch *Henckel,* AcP 174, 122ff.

[4]) Vgl dazu *Baur,* Zu der Terminologie und einigen Sachproblemen der „vorbeugenden Unterlassungsklage", JZ 1966, 381; *Böhm,* Unterlassungsanspruch; *Jabornegg/Strasser,* Nachbarrechtliche Ansprüche als Instrument des Umweltschutzes (1978) 167ff; *Jelinek,* Das „Klagerecht" auf Unterlassung, ÖBl 1974, 125; *Mayrhofer,* Schuldrecht I 16ff; *E. Wagner,* Unterlassungsansprüche 428ff; *Zeuner,* Gedanken zur Unterlassungs- und negativen Feststellungsklage, Dölle-FS I (1963) 295; OGH in SZ 6/21; EvBl 1961/75; EvBl 1971/317; ÖBl 1983, 9; SZ 56/124.

Unterlassungspflicht oft nicht rückgängig zu machen ist, also – wie zB bei der Verletzung einer Schweigepflicht – die Erfüllung der Pflicht nicht nachgeholt werden kann[5]).

Die Unterlassungsklage setzt kein Verschulden des Verpflichteten voraus[6]), wohl aber die erwähnte **unmittelbar drohende Gefährdung** oder – bei schon erfolgtem Eingriff – **Wiederholungsgefahr**[7]).

Von den sich aus den Schuldverhältnissen ergebenden sind solche Unterlassungsansprüche zu unterscheiden, die aus den absoluten Rechten, wie aus dem Eigentum, folgen und zB mit der actio negatoria (§ 523) geltend gemacht werden[8]).

B. Teilbare und unteilbare Leistungen[9])

Die Leistung ist teilbar, wenn zwischen dem Ganzen und den Teilen bloß ein quantitativer Unterschied besteht, sonst unteilbar.

Teilbar ist meist die Leistung vertretbarer Sachen, zB von Geld, Kohle oder Heizöl; unteilbar hingegen die Leistung eines bestimmten Ölgemäldes, einer Liegenschaft oder von einem Paar Schuhen.

Dieser Grundsatz gilt jedoch nur im Zweifel. Es kann ausdrücklich oder schlüssig etwas anderes vereinbart werden; die Vertragspartner können also objektiv unteilbare Leistungen zu teilbaren machen und umgekehrt. Letztlich entscheidet daher über die Teilbarkeit der **Parteiwille.** Nach diesem wird man schon Unteilbarkeit annehmen müssen, wenn die Vertragspartner nur an der Gesamtleistung ein **Interesse** haben; hingegen teilbar, wenn sie auch an einzelnen Teilen interessiert sind[10]).

---

[5]) Dazu zT krit *W. Schuster-Bonnott,* Die Gefahr des Zuwiderhandelns gegen Unterlassungsverpflichtungen (Wiederholungsgefahr), JBl 1974, 170ff; *derselbe,* JBl 1976, 284ff; *derselbe,* Die Wiederholungsgefahr bei Unterlassungsverpflichtungen, JBl 1986, 487.

[6]) Vgl dazu *Henckel,* AcP 174, 113. OGH in JBl 1984, 492; ÖBA 1991, 213; ÖBA 1992, 386; abweichend OGH in ÖBA 1987, 415 *(Rummel)*; zu dieser E auch *Reidinger,* Inbestandgabe zur Erschwerung von Liegenschaftsexekutionen, Rechte der Hypothekargläubiger und der Betreibenden, wobl 1990, 122. Vgl zum Unterlassungsanspruch gegen Unzurechnungsfähige OGH in ecolex 1998, 124 *(Rubin)*; *Hirsch,* Ist der Unterlassungsanspruch wirklich verschuldensunabhängig? JBl 1998, 541ff.

[7]) So etwa *Jelinek,* ÖBl 1974, 125; *Böhm,* Unterlassungsanspruch 54f; OGH in JBl 1991, 724; SZ 64/97; SZ 69/28; dagegen *W. Schuster-Bonnott,* JBl 1974, 174ff; *derselbe,* JBl 1976, 284ff; *derselbe,* JBl 1986, 487.

[8]) Dazu *E. Wagner,* Unterlassungsansprüche 16ff; *W. Schuster-Bonnott,* JBl 1976, 285; *Jelinek,* ÖBl 1974, 132ff. S auch OGH in ÖBl 1983, 9.

[9]) *Faistenberger,* Das Vorkaufsrecht (1967) 301ff; *Perner,* Gemeinschaftliche Forderungen (2004) 55ff; *Riedler,* Gesamt- und Teilgläubigerschaft im österreichischen Recht (1998) 233ff.

[10]) Vgl bloß OGH in SZ 50/116; JBl 1988, 241; SZ 60/230; SZ 69/226; *Iro,* Leistungsstörungen bei gemeinsamer Anschaffung von Hardware und Software, RdW 1984, 267f; diesem folgend *Ertl/Wolf,* Die Software im österreichischen Zivilrecht (1991) 277ff.

Wer das Wrack eines Oldtimers als „Ersatzteillager" kauft, hat gewöhnlich auch an einem Teil der Karosserie ein Interesse. Braucht hingegen ein Käufer 500 Meter Zaun im Jugendstil, so ist ihm mit 10 Metern nicht gedient[11]).

Die Erbringung eines Teiles einer teilbaren Leistung führt zum **teilweisen Erlöschen** der Schuld; ein Gesamtrücktritt ist nicht mehr möglich[12]). Wird eine teilbare Leistung zum Teil unmöglich, so geht die Schuld teilweise unter. Bei unteilbaren Leistungen führt das Unmöglichwerden eines Teiles zur Unmöglichkeit der Gesamtleistung (§§ 920, 1447).

C. Bestimmtheit der Leistung

Die Leistung muß bestimmt oder bestimmbar sein (§ 869) [13]), *sonst ist das Rechtsgeschäft ungültig.*

Die Leistung wird gewöhnlich durch die Parteien bestimmt, sie können die Bestimmung allerdings auch einem **Dritten** überlassen (§ 1056).

Sogar die Vereinbarung der Bestimmung der Leistung durch einen der Vertragspartner ist zulässig[14]), doch darf ein wem immer eingeräumtes Bestimmungsrecht nicht als Erlaubnis zur Willkür aufgefaßt werden[15]). Beliebiges Ermessen kann höchstens für Nebenpunkte vereinbart werden, die Bestimmung von Hauptpunkten muß nach billigem Ermessen erfolgen[16]). Bei mißbräuchlicher Ausübung kann das Gericht angerufen werden, das die nötigen Korrekturen vorzunehmen hat[17]), s auch unten S 167 f.

Fehlt eine ausdrückliche Vereinbarung, so muß versucht werden, die Unbestimmtheit mit Hilfe des **dispositiven Rechts** und der **Vertragsausle-**

---

[11]) Zur Teilbarkeit beim Ankauf von Hardware und Software: *Iro,* RdW 1984, 267 f; differenzierend nach Art der Software: *M. Gruber,* Wandlung bei Verträgen über Hard- und Software, RdW 1989, 354. Vgl auch *Fischer-Czermak/Weilinger,* Gewährleistung für geleaste EDV-Anlagen (Hard- und Software), EDV 1989, 84; OGH in EDV 1989, 50; wbl 1991, 270; JBl 1997, 458 *(Staudegger)*; vgl aber JBl 1998, 577 *(Staudegger)* = ecolex 1998, 127 *(Wilhelm).*

[12]) OGH in ecolex 2001, 374 *(Thaler).*

[13]) Zur Bestimmtheit vgl *Bydlinski,* Die Baukostenendabrechnung als Bestimmung der Leistung des einen Vertragsteils durch den anderen, JBl 1975, 245; *Call,* Zur Bestimmtheit der „wesentlichen Stücke des Vertrages", insbesondere beim Vorvertrag zum Kauf, Herdlitczka-FS (1972) 43; *Sprung/König,* Bestimmbarkeit der Bestandsache und Garagen-Kurzparkvertrag, RdW 1986, 200. Vgl auch OGH in JBl 1986, 38 *(Hanel)*; JBl 1988, 110; SZ 60/178. Zum Bestimmtheitserfordernis nach UN-Kaufrecht OGH in JBl 1995, 253 *(Karollus).*

[14]) Vgl OGH in SZ 64/92 mwN; *Krejci,* Grenzen einseitiger Entgeltbestimmung durch den Arbeitgeber, ZAS 1983, 204; *Mayer-Maly,* Das Ermessen im Privatrecht, Melichar-FS (1983) 442; *Bürge,* Preisbestimmung durch einen Vertragspartner und die Tagespreisklausel, JBl 1989, 687; *Welser,* Widerrufsvorbehalt und Teilkündigungsvereinbarung bei entgeltwerten Leistungen des Arbeitgebers, RdA 1991, 5f.

[15]) Zu den Grenzen der Zulässigkeit OGH in JBl 1980, 151 *(F. Bydlinski)*; ÖBA 1987, 834; RdA 1991, 130; SZ 64/92; VersRdSch 1993, 137 (dazu *Krejci,* VersRdSch 1993, 135); *Krejci,* ZAS 1983, 205 f; *Mayer-Maly,* Melichar-FS 445; *Bürge,* JBl 1989, 687; *Welser,* RdA 1991, 5 f.

[16]) OGH in SZ 56/32.

[17]) OGH in JBl 1980, 151 *(Bydlinski)*; JBl 1994, 252 *(Holzer)*; *Aicher* in Rummel § 1056 Rz 9 mwN.

gung zu beseitigen[18]). So gilt beim Werk- und Dienstvertrag ein **angemessenes** Entgelt als vereinbart (§ 1152), bei anderen Verträgen, besonders bei Kaufverträgen, kommt ein **Markt-** oder **Börsepreis** oder ein „kundenüblicher Preis" in Betracht. Läßt sich die Unbestimmtheit in einem Hauptpunkt auch auf diese Weise nicht beseitigen, so ist der Vertrag wegen **Dissenses** nichtig (s Band I S 127f).

D. Gattungsschuld und Stückschuld[19])

Bei der Stückschuld (Speziesschuld) legen die Parteien den Leistungsgegenstand durch individuelle Merkmale fest, bei der Gattungsschuld (Genusschuld) durch generelle.

Speziesschuld: Adele Bloch-Bauer I von Klimt, das gebrauchte Auto des X, der Hund „Tasso". Genusschuld: 5000 Liter Heizöl Extraleicht; zehn Packungen Kopierpapier.

Die Einteilung in Gattungsschuld und Speziesschuld ist von jener in **vertretbare** und **unvertretbare** Sachen zu unterscheiden. Die Vertretbarkeit wird nach objektiven Merkmalen, dh nach der **„Verkehrsauffassung"**, bestimmt, die Eigenschaft als Gattung oder Spezies hängt hingegen vom **Parteiwillen** ab[20]).

Die Einteilung deckt sich zwar oft, aber nicht immer mit jener in vertretbare und unvertretbare Sachen. Wird zB vereinbart, daß „irgendein Waldmüller" zu beschaffen ist, so liegt eine Gattungsschuld vor, während jeder einzelne „Waldmüller" eine unvertretbare Sache ist.

Die Unterscheidung in Gattung oder Spezies ist vor allem für die **Gefahrtragung** wichtig.

Die Gattung kann weiter oder enger gefaßt sein: 1 l Wein, 1 l Weißwein, 1 l Riesling, 1 l Wachauer Riesling usw. Hat der Schuldner die Gattung aus einem im Vertrag bestimmten Vorrat zu leisten, so spricht man von **beschränkter Gattungsschuld.** Sie ist nur so lange Gattungsschuld, als noch etwas vom Vorrat vorhanden ist.

Nach § 905b hat der Schuldner mangels anderer Vereinbarung Sachen **mittlerer Art und Güte** zu leisten.

Für das Vermächtnisrecht bestimmt hingegen § 656, daß der Erbe im Zweifel Sachen zu leisten hat, die der Legatar „gebrauchen kann", eine Qualität, die auch schlechter sein kann als „mittel". Entsprechendes gilt für unentgeltliche Geschäfte unter Lebenden[21]).

---

[18]) Vgl OGH in wobl 1992, 244 *(Würth).*

[19]) *Ballerstedt,* Zur Lehre vom Gattungskauf, Nipperdey-FS (1955) 261; *Ernst,* Die Konkretisierung in der Lehre vom Gattungskauf, in Knobbe-Keuk-GedS (1997) 49; *H. A. Fischer,* Konzentration und Gefahrtragung bei Gattungsschulden, JherJB 51, 159; *Kisch,* Gattungsschuld und Wahlschuld (1912); *Rabl,* Die Gefahrtragung beim Kauf (2002) 337ff.

[20]) OGH in JBl 1992, 453; SZ 68/119.

[21]) So *Mayrhofer,* Schuldrecht I 30.

Wenn der Schuldner auch beliebige Sachen aus der Gattung leisten kann, muß er für die Erfüllung irgendwann individuelle Sachen auswählen. Dies führt dazu, daß die Genusschuld – vor allem für die Gefahrtragung – als Stückschuld behandelt wird. Der Vorgang, der dies bewirkt, heißt **„Konzentration“** oder **„Konkretisierung“.** Wenn die Parteien nichts anderes vereinbaren, wird der Zeitpunkt der Konzentration durch die gesetzlichen Gefahrtragungsregeln bestimmt[22]). Danach tritt sie mit dem **„Zeitpunkt der bedungenen Übergabe“** (§§ 1047 ff) ein, ausgenommen im Fall des **Schuldnerverzugs.** Beim **Versendungskauf** bewirkt schon die Übergabe der Sache an das Transportinstitut die Konzentration, wenn damit die Gefahr übergeht[23]). Dies ist der Fall, wenn der Übernehmer die Überschickungsart bestimmt oder genehmigt hat, während sonst der Zeitpunkt der Übernahme durch den Empfänger maßgebend ist (§ 429).

Die Gefahr fällt rückwirkend wieder auf den Verkäufer zurück, wenn er nach Übergabe der Sache an den Transporteur in den Transport derart eingreift, daß er die Sache wieder in seinen Herrschaftsbereich bringt[24]).

Der Gefahrenübergang (die Konzentration) setzt nach der hA eine **Absonderung** der Quantität voraus, die der Schuldner nicht nach Belieben verändern kann[25]). Nach aA muß der Schuldner nur beweisen, daß die für den Gläubiger bestimmten Stücke untergegangen sind[26]).

E. Wahlschuld[27]) und Facultas alternativa

Eine Wahlschuld (Alternativobligation) kann auf verschiedene Arten erfüllt werden.

Die Verbindlichkeit ist also auf die **eine oder die andere** Leistung gerichtet, von denen nur eine zu erbringen ist[28]).

„Duae res sunt in obligatione, sed una est in solutione.“

Die Wahl zwischen den mehreren Leistungen hat mangels anderer Vereinbarung der **Schuldner** (§ 906)[29]), doch kann auch der Gläubiger oder ein Dritter wahlberechtigt sein[30]).

---

22) *Aicher* in Rummel §§ 1048 ff Rz 4; *Rabl,* Gefahrtragung 362 ff; *derselbe,* Der untreue Treuhänder (2002) 36 ff; *derselbe,* Die Konzentration der Gattungsschuld, Welser-FS (2004) 833. Aus der dt Lit *U. Huber,* Zur Konzentration beim Gattungskauf, Ballerstedt-FS (1975) 327.

23) Ausführlich *Rabl,* Gefahrtragung 387 ff; vgl auch *Apathy,* Der Verkauf „reisender Ware“, RdW 2003/246.

24) OGH in SZ 2003/120 = ecolex 2004, 613 *(Rabl)*; s dazu bereits *Rabl,* Gefahrtragung 175 f mwN.

25) So noch die Voraufl S 26.

26) Überzeugend *Rabl,* Gefahrtragung 393 ff; *derselbe,* Welser-FS 844 ff mwN.

27) *Kisch,* Gattungsschuld und Wahlschuld (1912); *Litten,* Die Wahlschuld (1903); *Pescatore,* Die Wahlschuldverhältnisse (1905); *Rabl,* Gefahrtragung 340 ff.

28) Zur Abgrenzung von Wahlschuld und Gattungsschuld *Bydlinski* in Klang IV/2, 148 f; *Mayrhofer,* Schuldrecht I 32; *Rabl,* Gefahrtragung 343 ff.

29) Vgl OGH in EvBl 1977/15; NZ 1995, 34.

30) *Gschnitzer* in Klang IV/1, 376 f.

Erbringt der Schuldner irrtümlich **beide** Leistungen, so kann er eine davon zurückfordern, wobei ihm die Wahl zusteht (§ 1436). Hat der Schuldner hingegen nur eine Sache, aber in Unkenntnis seines Wahlrechtes, geleistet, so kann er sie nicht zurückfordern, weil sie geschuldet war[31]).

Die Wahl wird durch Erklärung oder durch den Beginn der Erfüllung ausgeübt. Sie kann einseitig nicht mehr rückgängig gemacht werden (§ 906)[32]).

Gerät der **Schuldner** mit der Wahl in Verzug, so kann ihn der Gläubiger „alternativ“ klagen, dh verlangen, daß er entweder die eine oder andere Leistung erbringt[33]).

Auch das stattgebende Urteil verpflichtet den Schuldner zur Erbringung der einen oder der anderen Leistung. Ist er weiter säumig, so kann der Gläubiger eine der beiden Leistungen durch Zwangsvollstreckung eintreiben, doch hat der Schuldner bis zum Beginn der Exekution das Recht, sich durch die tatsächliche Erbringung der anderen Leistung zu befreien (§ 12 EO).

Trifft ein wahlberechtigter **Gläubiger** die Auswahl nicht rechtzeitig, so ist er im Annahmeverzug. Neben den Rechtsfolgen des bloßen Annahmeverzugs (s unten S 59f) wird dem Schuldner das Recht einzuräumen sein, den Gläubiger zur Wahl aufzufordern. Wählt er auch dann nicht, so kann der Schuldner nach seiner Wahl eine der Leistungen erbringen oder vom Vertrag zurücktreten (§ 906 Abs 2)[34]).

Wird die Wahl durch **zufälligen** Untergang eines Wahlstückes vereitelt, so ist der Wahlberechtigte an den Vertrag nicht gebunden (§ 907). Er kann zwar die verbliebene Leistung wählen[35]), aber auch vom Vertrag zurücktreten. Trifft hingegen den Verpflichteten am Untergang ein Verschulden, so haftet er dem Berechtigten für die Vereitlung der Wahl. Dieser kann entweder die verbliebene Sache nehmen oder statt der unmöglich gewordenen Leistung Schadenersatz wegen Nichterfüllung fordern[36]).

Von der Wahlschuld unterscheidet sich die **Alternativermächtigung**[37]) (facultas alternativa; Ersetzungsbefugnis). Der Schuldner schul-

---

31) Zur Möglichkeit der Irrtumsanfechtung *Mayrhofer,* Schuldrecht I 36.

32) Dazu OGH in ZAS 1990/26 *(Schima)* = RdA 1990, 60 *(Löffler)*; genauer *Rabl,* Gefahrtragung 359ff.

33) Vgl OGH in NZ 1995, 34.

34) Vgl *Welser,* Vertretung ohne Vollmacht (1970) 174; *Apathy,* Schadenersatz und Rücktritt bei Annahmeverzug, JBl 1982, 571ff; *Mayrhofer,* Schuldrecht I 34f. OGH in JBl 1979, 94.

35) So *Mayrhofer,* Schuldrecht I 37; aA *Wünsch,* Probleme des Spezifikationskaufes, Gschnitzer-GedS (1969) 482f.

36) Zur Differenzierung in reine Auswahlschuld und unbedingte Wahlschuld: *Ehrenzweig* II/1, 12ff; *Rabl,* Gefahrtragung 350ff und 356ff; OGH in JBl 1960, 609 *(Gschnitzer).*

37) Vgl dazu *Gernsheim,* Die Ersetzungsbefugnis im deutschen bürgerlichen Recht (1906); *Gernhuber,* Schuldverhältnis 658ff; OGH in SZ 65/156; SZ 67/73; RdW 1996, 163.

det nur **eine** Leistung, nur sie kann der Gläubiger fordern. Der Schuldner hat aber das Recht, die Leistung durch eine andere zu ersetzen.

„Una res est in obligatione, sed duae sunt in solutione."

Die Ersetzungsbefugnis kann nicht nur vereinbart sein, sondern auch direkt auf dem Gesetz beruhen.

Beispiele gesetzlicher Grundlagen: Reugeld (vgl oben S 21 f), laesio enormis (dazu S 93 ff), Zahlung von Fremdwährungsschulden in inländischer Währung (§ 905 a), Überlassungsrecht des Erben beim Untervermächtnis (§ 650); § 6 Abs 2 Z 3 KSchG. Vgl auch § 410 ZPO.

Geht der geschuldete Leistungsgegenstand durch Zufall unter, so wird der Schuldner von seiner Leistungspflicht frei.

Auch eine Ersetzungsbefugnis des Gläubigers kann vereinbart werden[38]).

F. Geldschuld[39])

1. Das Geld

Geld ieS ist das vom Staat anerkannte und mit Annahmezwang ausgestattete Zahlungsmittel.

Zum Geld im weiteren Sinn rechnet man alles, was im Verkehr als Zahlungsmittel angenommen wird, zB auch ausländische Banknoten und Münzen sowie das Buchgeld.

Das inländische Geld muß zum **Nennwert,** dh zum aufgedruckten Wert, angenommen werden. Vom Nennwert unterscheidet sich der **„innere Wert",** das ist die Kaufkraft des Geldes. Der Metallwert ist der Wert des in der Münze enthaltenen Metalls; er ist meist niedriger als der Nennwert.

2. Das Buchgeld

Buchgeld sind sofort verfügbare Konten bei Banken.

Wer mit Buchgeld (Giralgeld) zahlt, verschafft seinem Gläubiger zunächst nicht Banknoten oder Münzen, sondern eine **Forderung** gegen eine Bank. Manche zählen das Giralgeld zum Geld im engeren Sinn[40]). Der Unterschied zu diesem werde gewöhnlich in der „sofortigen Disponierbarkeit" des Geldes gesehen. Da jedoch über Buchgeld ebenso disponiert werden könne wie über Bargeld, sei es Geld im engeren Sinn.

---

[38]) Dazu *Ehrenzweig* II/1, 17; *Gschnitzer* in Klang IV/1, 372; *Mayrhofer,* Der Kauf mit Umtauschvorbehalt des Käufers, JBl 1972, 450 FN 34.

[39]) *Heermann,* Geld und Geldgeschäfte (2003); *Isele,* Geldschuld und bargeldloser Zahlungsverkehr, AcP 129, 129; *Jung,* Das privatrechtliche Wesen des Geldes (1926); *Mann,* Das Recht des Geldes (1960); *Nussbaum,* Das Geld in Theorie und Praxis des deutschen und ausländischen Rechts (1925); *Reinhardt,* Vom Wesen des Geldes und seiner Einfügung in die Güterordnung des Privatrechts, Boehmer-FS (1954) 60; *S. Simitis,* Bemerkungen zur rechtlichen Sonderstellung des Geldes, AcP 159, 406.

[40]) *Simitis,* AcP 159, 423 f; *M. Roth,* Individualleistung und Geldersatz im Rahmen der Interessenklage (1993) 5 ff.

Das Buchgeld ist aber insofern nicht sofort verfügbar, als ein weiterer Schuldner (die Bank) dazwischengeschaltet ist, wodurch für den Gläubiger ein zusätzliches Risiko, nämlich das Insolvenzrisiko dieses Schuldners, entsteht[41]). Buchgeld statt Geld muß deshalb als Leistung an Zahlungs Statt (§ 1414) angesehen werden, welche der Zustimmung des Gläubigers bedarf[42]). Ein solches Einverständnis ist meistens anzunehmen, jedenfalls dann, wenn der Gläubiger auf seinen Geschäftspapieren Konten anführt[43]) oder Zahlscheine zusendet. Wird auf ein anderes als das angeführte Konto des Gläubigers überwiesen, muß dieser die Zahlung nicht als schuldbefreiend anerkennen; im Falle einer solchen Weigerung hat jedoch der Schuldner ein Rückforderungsrecht[44]).

In manchen Fällen ist die Zahlung durch Buchgeld gesetzlich vorgesehen, zB für Gehaltszahlungen an Beamte (§ 7 Abs 4 GehaltsG).

3. Besonderheiten der Geldschuld

Die Geldschuld ist eine **Gattungsschuld**[45]) mit gewissen Besonderheiten. Sie ist gemäß § 905 Abs 2 im Zweifel eine **qualifizierte Schickschuld** (s unten S 39f). Geldmangel ist **keine Unmöglichkeit** der Leistung, weil der Schuldner persönlich mit seinem ganzen Vermögen haftet, das er zu Geld machen kann, und – wenn er auch kein Vermögen hat – immer die Möglichkeit besteht, daß er später zu einem solchen kommt[46]).

Eine in ausländischer Währung vereinbarte Leistung **(einfache Valuta- oder Fremdwährungsschuld)** kann auch in inländischem Geld bezahlt werden, wenn der Zahlungsort im Inland liegt, es sei denn, daß die Zahlung in ausländischer Währung ausdrücklich bedungen worden ist (§ 905a)[47]).

Damit erhält der Schuldner eine **facultas alternativa.** Macht er von der Ermächtigung Gebrauch, so ist die Schuld nach dem am Zahlungsort bestehenden Tageskurs umzurechnen. Bei Verzug kann der Gläubiger auch den Kurs des Fälligkeitstages wählen. Keine facultas alternativa steht zu, wenn **„Zahlung effektiv“** vereinbart wurde[48]).

Beim Einwechseln in- und ausländischer Währung wird die Valuta als Ware behandelt, die gekauft oder verkauft wird[49]).

---

41) So auch OGH in JBl 1979, 650; SZ 69/84; *Mayrhofer,* Schuldrecht I 44.

42) *Koziol,* Bankvertragsrecht I Rz 6/5ff mwN.

43) OGH in ÖBA 1988, 839 *(Koziol)*; ÖBA 1991, 525 *(Canaris)*; SZ 69/84; *Bydlinski* in Klang IV/2, 330ff.

44) OGH in SZ 38/102; ÖBA 2001, 332 *(P. Bydlinski)*.

45) So auch *Mayrhofer,* Schuldrecht I 45; dagegen *Larenz* I 167f; *K. Schmidt,* Geld und Geldschuld im Privatrecht, JuS 1984, 741; *Simitis,* AcP 159, 445; *M. Roth,* Individualleistung 11f.

46) Vgl OGH in EFSlg 24.755; SZ 52/188; SZ 54/4; JBl 1996, 580; *Mayrhofer,* Schuldrecht I 368; *Medicus,* „Geld muß man haben“, AcP 188, 489.

47) Näheres bei *Mayrhofer,* Schuldrecht I 50; *Stanzl* in Klang IV/1, 729; OGH in ÖBA 1989, 735 *(Schuhmacher)*. Zur Aufrechenbarkeit *Seiler,* Zur Kompensation beim Fremdwährungskreditgeschäft, ÖBA 1987, 618f; *Kerschner,* Aufrechnungsprobleme bei Bankgeschäften, ÖBA 1989, 266ff; OGH in SZ 74/50; SZ 74/178.

48) Dazu OGH in ÖBA 1989, 735 *(W. Schuhmacher)*; ZfRV 1994, 211 *(Hoyer)*.

49) Dazu *B. Koch,* Rechtsfragen des internationalen Devisenhandels, ÖBA 1985, 304ff mwN; aA *Kleiner,* Internationales Devisen-Schuldrecht (1985) 184, 190ff.

4. Geldentwertung und Wertsicherung[50])

Da der Gläubiger Geld zum Nennwert annehmen muß, erleidet er in Inflationszeiten (bei Kaufkraftschwund) Einbußen. Damit stellt sich die Frage, ob der Gläubiger ein Recht auf Erhöhung des Nominalbetrags hat, was meist unter dem Blickwinkel der sog Geschäftsgrundlage gesehen wird (s Band I S 161 ff). Von der Rsp wird allerdings eine **Aufwertung** der Schuld nur in wenigen Fällen zugelassen.

So ist bei Unterhaltsansprüchen[51]) jeweils jene Summe zu leisten, derer der Berechtigte zum Leben bedarf **(„Geldwertschuld“).** Im Gutachten SZ 5/53[52]) hat der OGH ausgesprochen, daß dem Gläubiger bei Verzug des Schuldners keine Entschädigung wegen Minderung der Kaufkraft gebührt[53]). Ein solcher Ersatz ist jedoch als entgangener Gewinn bei grobem Verschulden und bei jedem schuldhaften Verzug mit Pflichten aus einem Unternehmergeschäft zu leisten (§ 349 UGB).

Hat ein Schädiger – wie nach § 1332 – den Wert einer Sache zur Zeit der Beschädigung zu ersetzen **(„Sachwertschuld“),** so ist er in Geld zur Zeit des Urteils auszudrücken[54]). Bei der subjektiven Schadensberechnung (Interesseberechnung) ist ohnedies der Wert im Zeitpunkt der Schadensfeststellung (der Urteilsfällung) maßgebend. Enteignungsentschädigungen werden von der Rsp bei sehr rascher Geldwertveränderung valorisiert[55]).

Wertsicherungsklauseln[56]) sollen die Gläubiger vor dem inneren Geldwertschwund bewahren. Es sind dies Vereinbarungen, nach denen die geschuldete Summe durch einen „Faktor“, der den inneren Wert zur Grundlage hat, aufgewertet wird. Dies geschieht zB durch die Vereinba-

---

[50]) Dazu *Baur,* Die Anpassung langfristiger Verträge an veränderte Umstände, JBl 1987, 137; *Ertl,* Inflation, Privatrecht und Wertsicherung (1980); *Kötz/Reichert-Facilides,* Inflationsbewältigung im Zivil- und Arbeitsrecht (1976); *von Maydell,* Geldschuld und Geldwert (1974); *Schmalz,* Die Stabilität des Geldwertes als Problem des Privatrechts (1986); *K. Schmidt,* JuS 1984, 743 ff; *Fenyves,* Der Einfluß geänderter Verhältnisse auf Langzeitverträge, Gutachten für den 13. ÖJT (1997) Band II/1, 102 ff.

[51]) Vgl dazu *Stanzl* in Klang IV/1, 721 f; *Zankl* in Schwimann § 66 EheG Rz 46 f mwN.

[52]) Für diese Frage bleibt das Gutachten trotz OGH in JBl 1998, 312 (verst Senat) aufrecht.

[53]) Zum Kursverlust bei Fremdwährungsschuld OGH in SZ 64/129.

[54]) OGH in JBl 1953, 210; EvBl 1968/57. *Mayrhofer,* Schuldrecht I 48. Dagegen *Wahle,* Das Valorisationsproblem (1924); *Klang,* Geldentwertung und juristische Methode (1925) 20 ff; *Ertl,* Inflation 167 ff; *Koziol,* Haftpflichtrecht I Rz 10/24. Vgl auch *Reichert-Facilides,* Geldwertschwankungen und Privatrecht, JZ 1969, 617.

[55]) OGH in JBl 1978, 541.

[56]) Dazu ausführlich *Ertl,* Inflation 52 ff. Vgl auch *Rechberger,* Bestimmtheit der Forderung (§ 14 Abs 1 GBG, § 7 Abs 1 und § 54 Abs 1 Z 2 EO, § 3 Abs 1 lit b NO) und Wertsicherungsklausel, Wagner-FS (1987) 399; OGH in SZ 56/29; JBl 1988, 467 *(Pfersmann)* und dazu *Binder,* Pensionsvereinbarung und Wertsicherung, RdW 1989, 26. Vgl zu Wertsicherungsklauseln nach § 2 Abs 2 und Art III BauRG idF BGBl 1990/258 auch OGH in SZ 65/146; 66/139; 69/138. Die Aufnahme einer Wertsicherungsklausel in eine gerichtliche Entscheidung über den Unterhalt ist unzulässig (OGH in JBl 2000, 670).

rung, daß sich die Summe mit Steigen der Lebenshaltungskosten erhöhen soll. Heute sind die sog **Indexklauseln** am häufigsten.

Mit einer „Goldklausel“ wird bestimmt, daß nicht das Nominale, sondern jene Summe zu zahlen ist, für die im Fälligkeitszeitpunkt dieselbe Menge Goldes erhältlich ist wie derzeit für den vereinbarten Betrag[57]). Das Verbot von Goldklauseln wurde durch BGBl 1991/30 beseitigt[58]).

G. Zinsen[59])

1. Begriff

Zinsen sind Entgelt für die Nutzung eines Kapitals, sie werden in Prozenten des Kapitals pro Zeiteinheit berechnet.

Abweichend von dieser Definition werden allerdings die Verzugszinsen nicht als Entgelt für verlängerte Nutzung, sondern als Schadenersatz, von manchen auch als bereicherungsrechtlicher Anspruch, angesehen. Nach neuerer Ansicht enthält der Anspruch Elemente beider Grundlagen[60]). Gerade deshalb sei er weder vom Verschulden noch vom Nachweis eines Schadens abhängig.

Von den Zinsen ist der „Zins“ zu unterscheiden, der das Entgelt des Bestandnehmers für die Überlassung des Bestandobjektes darstellt.

Das ABGB rechnet die Zinsen zu den **„Nebengebühren“** (§ 912). Sie sind allerdings manchmal selbst Hauptleistung und teilen auch sonst nicht immer das Schicksal der Hauptsache: sie verjähren zB unabhängig von der Hauptforderung in drei Jahren (§ 1480)[61]), und der Gläubiger kann über sie selbständig verfügen.

Zur Verjährung des Anspruchs auf Rückforderung zuviel bezahlter Kreditzinsen s S 417 und Band I S 227 FN 18.

Die Pflicht zur Zahlung von Zinsen ergibt sich aus einem Vertrag oder aus dem Gesetz.

2. Zinsen als Entgelt

Die Höhe der vertraglichen Zinsen für die Überlassung von Kapital bestimmen die Parteien, eine Grenze bilden nur die Wucherbestimmungen (vor allem § 879 Abs 2 Z 4; § 7 WucherG[62]). Wurde über die Höhe

---

[57]) Vgl *Schubert* in Rummel §§ 988f Rz 4.

[58]) Vgl *Vonkilch,* Zur Sanierung von Goldklauseln in Baurechtsverträgen durch die BauRGNov 1990, JBl 1996, 741; OGH in SZ 68/80.

[59]) *Randa,* Zur Lehre von den Zinsen und der Konventionalstrafe (1869); *Kindler,* Gesetzliche Zinsansprüche im Zivil- und Handelsrecht (1996).

[60]) OGH in JBl 1998, 312 (verst Senat). Vgl zur Rechtsnatur des § 1333 *Wilburg,* Zur Lehre von der Vorteilsausgleichung, JherJB 82, 147f; *Jud,* Marginalien zum Ersatz aufgewendeter oder entgangener Zinsen, Ostheim-FS (1990) 115f; *Harrer* in Schwimann § 1333 Rz 2; *Gitschthaler,* Verzugsschaden und Verzugsbereicherung, ÖJZ 1984, 235; *G. Graf,* Zinsen, Bereicherung und Verjährung JBl 1990, 355ff.

[61]) OGH in ÖBA 2001, 660. Der Frist des § 1480 unterliegen auch die im Urteil für die Zukunft zugesprochenen Zinsen, vgl OGH in JBl 1996, 519 mwN, vgl auch Bd I S 230.

[62]) Zuletzt *Spitzer,* Die Pfandverwertung im Zivil- und Handelsrecht (2004) 56ff.

nichts vereinbart und ist auch gesetzlich nichts anderes bestimmt, beträgt der allgemeine gesetzliche Zinssatz 4% (§ 1000), im Wechsel- und Scheckrecht 6% (Art 48 f WechselG; Art 45 f ScheckG).

3. Verzugszinsen

Verzugszinsen gebühren als Folgen verspäteter Leistung. Auch sie richten sich primär nach der **Vereinbarung** (im Verbrauchergeschäft sind der Vereinbarung durch § 6 Abs 1 Z 13 KSchG Grenzen gesetzt).

Bei Fehlen einer Verzugszinsenvereinbarung gelten die gesetzlichen Regeln. Danach gebühren Verzugszinsen bei Geldforderungen[63]). Sie setzen **kein Verschulden** voraus, müssen also schon bei objektivem Verzug geleistet werden (§ 1333). Die Höhe der gesetzlichen Verzugszinsen beträgt grundsätzlich 4% (§ 1333 Abs 1).

Bei Geldforderungen aus zweiseitigen **Unternehmergeschäften**[64]) beträgt der gesetzliche Zinssatz seit dem ZinsRÄG[65]) acht Prozent über dem von der Europäischen Zentralbank festgelegten Basiszinssatz[66]) (§ 352 UGB). Dieser wird halbjährlich angepaßt und beträgt derzeit 1,97%[67]).

Der Schuldner muß einen über die Verzugszinsen hinausgehenden **sonstigen Schaden** ersetzen, wenn er ihn verschuldet hat, wobei leichte Fahrlässigkeit genügt[68]). Darunter fallen insb außergerichtliche Betreibungs- und Einbringungsmaßnahmen, wenn sie zweckentsprechend und notwendig waren und in einem angemessenen Verhältnis zur betriebenen Forderung stehen (§ 1333 Abs 2)[69]).

Bisher war die Rechtsnatur von Betreibungskosten[70]) strittig. Durch das ZinsRÄG wurde klargestellt, daß es sich dabei um einen materiell-rechtlichen Anspruch

---

[63]) Für Unterhaltsforderungen vgl OGH in AnwBl 1994, 709 *(Butschek)*.

[64]) Die §§ 1333 ff sind auch auf öffentlich-rechtliche Schuldverhältnisse anzuwenden (OGH in RdW 2001/697).

[65]) Zinsenrechts-Änderungsgesetz, BGBl I 2002/118, mit dem die Richtlinie zur Bekämpfung von Zahlungsverzug im Geschäftsverkehr (RL 2000/35/EG) umgesetzt wurde; in Kraft seit 1. 8. 2002. Siehe dazu *Dehn,* Das Zinsrechts-Änderungsgesetz, RdW 2002/486; *G. Graf,* Die Neuregelung der Rechtsfolgen des Zahlungsverzugs, wbl 2002, 437; *Spunda,* Änderungen durch das Zinsenrechts-Änderungsgesetz, ecolex 2002, 653.

[66]) Vgl *Dehn,* RdW 2002/486, 515; *G. Graf,* wbl 2002, 439; *Spunda,* ecolex 2002, 654.

[67]) Die aktuelle Höhe ist unter www.oenb.at („Zinssätze und Wechselkurse") abrufbar.

[68]) OGH in JBl 1998, 312 (verst Senat); dazu *Iro,* Verstärkter Senat: Keine Begrenzung des Verzugsschadens durch § 1333 ABGB, RdW 1998, 317; *Rebhahn,* Zinsen als Verzugsschaden, ÖBA 1999, 441; *Honsell,* Der Zinsschaden bei der Geldschuld, wbl 1999, 97; s a OGH in ecolex 1999, 166 *(B. Jud)*; JBl 1999, 470.

[69]) OGH in ecolex 2004, 175 (Rückwirkung); EvBl 2003/141; JBl 2004, 580; *Karollus/Lukas,* Inkassokosten als Verspätungsschaden, Mayer-FS (2004) 71; *Spunda,* ecolex 2002, 654. Vgl zu den Kosten eines Gutachtens OGH in JBl 2003, 857 *(Chvosta)*; zu jenen eines Rechtsanwalts ZVR 2004/68.

[70]) Vgl dazu auch § 6 Abs 1 Z 15 KSchG (S 419).

handelt, weil sie angeblich der Prozeßvermeidung und nicht – wie vorprozessuale Kosten – der Prozeßvorbereitung dienen[71]). Sie sind deshalb als Nebenforderung (§ 54 Abs 2 JN) geltend zu machen. Vgl zu den Betreibungskosten auch § 6 Abs 1 Z 15 KSchG[72]).

Verzugszinsen unterliegen seit dem Beitritt Österreichs zur EU nicht mehr der Umsatzsteuer[73]).

4. Wuchergrenze, Zinseszinsen

§ 1335 enthält eine Art „Wuchergrenze": Rückständige Zinsen können den Betrag der Hauptschuld nicht übersteigen (Verbot des **„ultra alterum tantum"**). Allerdings beginnt der Zinsenlauf wieder mit der gerichtlichen Geltendmachung des Rückstandes. Bei Geldforderungen gegen einen Unternehmer aus unternehmerischen Geschäften ist § 1335 nicht anzuwenden (§ 353 UGB)[74]).

Zinseszinsen betragen – mangels abweichender Vereinbarung – 4% und gebühren nur bei ausdrücklicher Vereinbarung und, wenn fällige Zinsen eingeklagt werden, vom Tage der Klagsbehändigung an (§ 1000 Abs 2)[75]).

H. Sicherstellung und Rechnungslegung als Leistungsinhalt

Sicherstellungspflichten ergeben sich aus einer **Vereinbarung** oder aus dem **Gesetz** (vgl zB §§ 343, 520, 834). Für die Art der Sicherheitsleistung enthält § 1373 eine Zweifelsregel. Danach ist in erster Linie ein Pfand zu bestellen. Nur wenn der Schuldner dazu außerstande ist, muß der Gläubiger auch einen tauglichen Bürgen annehmen.

Zur **Rechnungslegung** ist verpflichtet, wer **fremdes** oder **gemeinschaftliches** Vermögen verwaltet. Rechnungspflichtig sind der gesetzliche Vertreter (§§ 150, 229)[76]), der verwaltende Gesellschafter (§ 1198), der Gewalthaber (§ 1012)[77]), der Geschäftsführer ohne Auftrag (§ 1039), wer ohne Geschäftsführungsabsicht fremde Vermögenswerte nutzt (§ 1039 per analogiam)[78]) und der Gläubiger gegenüber dem Bürgen (§ 1366) und dem Pfandbesteller[79]).

---

[71]) *Spunda,* ecolex 2002, 654.

[72]) S dazu *G. Graf,* wbl 2002, 443.

[73]) *Pavlik,* Seit Österreichs EU-Beitritt unterliegen Verzugszinsen nicht mehr der Umsatzsteuer, ZIK 1995, 147; *Takacs,* Verzugszinsen und Umsatzsteuer, RdW 1995, 123; *Fucik,* Keine USt aus Zinsen! RZ 1995, 275; OGH in SZ 69/102 = ecolex 1996, 883 *(Staringer)*; RdW 1997, 593; ecolex 1998, 765.

[74]) *Dehn,* RdW 2002/486, 515f; *G. Graf,* wbl 2002, 445; *Spunda,* ecolex 2002, 655.

[75]) OGH in JBl 1998, 49.

[76]) Zur Befreiung der Eltern von der Rechnungslegungspflicht OGH in JBl 2000, 506.

[77]) Dazu gehört zB der Inkassomandatar (OGH in ecolex 2002, 86).

[78]) OGH in SZ 49/63; SZ 53/29; JBl 1995, 378; *Meissel,* Geschäftsführung ohne Auftrag (1993) 164ff. Vgl auch *Winkler von Mohrenfels,* Abgeleitete Informationspflichten im deutschen Zivilrecht (1986) 33ff.

[79]) Dazu *Avancini,* Der Auskunftsanspruch des Bürgen gegenüber dem Gläubiger, JBl 1985, 193; OGH in ÖBA 1992, 654 *(Jabornegg).*

Für die Verwendung fremder Patente, Marken und Urheberrechte sieht das Gesetz die Rechnungslegungspflicht ausdrücklich vor (§ 151 PatG; § 54f MSchG; § 87a UrhG)[80]). Vgl auch § 34 WEG.

Die Rechnungslegungspflicht kann sich aber auch aus einer ausdrücklichen Vereinbarung oder aus dem Sinn und Zweck eines Schuldverhältnisses ergeben[81]).

Da die Rechnungslegung nur „Hilfsfunktion" hat, ist sie nicht Voraussetzung der Geltendmachung von Ansprüchen gegen den Rechnungslegungspflichtigen.

Über den Offenbarungseid s Art XLII EGZPO, über die Pflicht zur Vorlage einer gemeinschaftlichen Urkunde Art XLIII EGZPO.

II. Leistungszeit

Leistungszeit (Fälligkeit) ist der Zeitpunkt, in dem der Schuldner die Leistung erbringen und der Gläubiger sie annehmen soll.

Die Fälligkeit kann von den Parteien **vereinbart** werden; zT greifen **gesetzliche** Fälligkeitsvorschriften ein (s die §§ 1418, 685; § 11 VersVG[1])). Hilfsweise richtet sie sich nach **Natur und Zweck der Leistung.** Läßt sich auch daraus nichts ableiten, so kann der Gläubiger die Leistung **sogleich,** also ohne unnötigen Aufschub fordern, dh fällig stellen (§ 904). Die Fälligstellung nennt man auch **Mahnung.**

Bestimmung der Fälligkeit nach Natur und Zweck der Leistung: Ist beim Darlehen die Zeit der Rückzahlung nicht bestimmt, so kann es nicht sofort nach der Hingabe zurückverlangt werden, vielmehr ist der Zweck der Darlehensgewährung zu beachten[2]). Beim Handkauf (zB Kauf im Laden) ist nach Natur und Zweck des Geschäftes die Leistung von beiden Seiten sofort zu erbringen.

Daß der Gläubiger die Leistung „ohne unnötigen Aufschub" fordern kann, heißt, daß er dem Schuldner eine nach Treu und Glauben zu bestimmende Zeit zur Vorbereitung geben muß.

Der Gläubiger hat kein Recht zur Fälligstellung, wenn der Verpflichtete die Erfüllungszeit „seiner Willkür", dh seinem freien Willen, vorbehalten hat. Hier muß der Gläubiger warten und sich allenfalls an die Erben des Schuldners halten. Nur bei persönlichen Verbindlichkeiten, die nicht vererblich sind, kann der Gläubiger die Fälligkeit vom Richter nach Billigkeit festsetzen lassen. Dies findet auch dann statt, wenn der Schuldner die Leistung „nach Möglichkeit oder Tunlichkeit" versprochen hat: „Wenn die Zeiten einmal besser sind"; „Wenn ich meine wirtschaftlichen Schwierigkeiten überwunden habe"[3]); „Wenn ich mir etwas erspart habe".

Die Parteien können die Fälligkeit nachträglich nur **einvernehmlich** ändern (§ 1413). Auch wenn sie den Fälligkeitstermin vorverlegen, hat

---

[80]) S dazu *Dittrich,* Zum Rechnungslegungsanspruch des Arbeitnehmers nach dem Urheberrechtsgesetz, Strasser-FS (1983) 139; OGH in SZ 55/145.

[81]) Vgl dazu OGH in SZ 46/112; JBl 1976, 372; ZAS 1984/28; JBl 1997, 537; *Mayrhofer,* Schuldrecht I 20f.

[1]) S dazu *M. Gruber,* Fälligkeit des Zahlungsanspruches gegen den Feuerversicherer, JBl 2003, 234; gegen diesen *Jabornegg,* Fälligkeit des Zahlungsanspruches gegen den Feuerversicherer kraft staatsanwaltschaftlicher Bestätigung? JBl 2003, 599.

[2]) OGH in JBl 1935, 232.

[3]) Vgl OGH in JBl 1982, 37.

der Schuldner im Zweifel kein Recht auf den Abzug von „Zwischenzinsen“. Verbraucher sind allerdings berechtigt, Kreditverbindlichkeiten **vorzeitig** zu erfüllen; zinsen- und laufzeitabhängige Kosten sind dann zu ermäßigen (§ 12a KSchG, s unten S 433, und § 33 Abs 8 BWG). Zu einer Vorverlegung der Fälligkeit kommt es manchmal auch auf Grund gesetzlicher Sonderbestimmungen. So werden mit Eröffnung des Konkurses über das Vermögen des Schuldners betagte (terminisierte) Forderungen sofort fällig (§ 14 KO).

Der Gläubiger kann schon am Anfang des Fälligkeitstages fordern, die Verzugsfolgen treten jedoch erst mit seinem Ablauf ein. Wenn der Schuldner bei Fälligkeit nicht zahlt, gerät er in den **Schuldner-** oder **Leistungsverzug.**

Nimmt der Gläubiger die ihm zur richtigen Zeit und ordnungsgemäß angebotene Leistung nicht an, so kommt er in den **Gläubiger-** oder **Annahmeverzug.** Dazu unten S 59ff.

Wird die Fälligkeit nachträglich hinausgeschoben, so nennt man dies **Stundung.** Bis zum neuen Termin kann die Leistung weder verlangt noch erbracht werden. Neben dieser die Fälligkeit ändernden Stundung gibt es die **„reine Stundung“,** bei der die Fälligkeit unverändert bleibt und der Gläubiger nur die Geltendmachung hinausschiebt[4]).

Während bei der fälligkeitsändernden Stundung der Schuldner nicht in Verzug gerät und auch die Verjährung nicht zu laufen beginnt (§ 1478), bleibt bei der reinen Stundung der Schuldner im Verzug, so daß er weiterhin leisten kann und Verzugszinsen zahlen muß.

Liegt im Ersuchen um Stundung zugleich ein Anerkenntnis, so wird die Verjährung unterbrochen, sonst zumindest gehemmt[5]).

Ob Stundung oder reine Stundung vereinbart ist, muß notfalls durch Auslegung geklärt werden. Eine nach Eintritt des Verzugs getroffene Vereinbarung ist im Zweifel reine Stundung, es sei denn, daß der Schuldner ein Entgelt geleistet hat (§ 915)[6]).

In Krisenzeiten werden manchmal die Fälligkeiten durch Gesetz hinausgeschoben („Zwangsstundung“, **Moratorium**).

Soweit nichts anderes bestimmt ist, gelten die Fälligkeitsregeln auch für die gesetzlichen Verbindlichkeiten.

ZB für die Fälligkeit des Anspruchs aus einer Bereicherung oder aus einer Geschäftsführung ohne Auftrag[7]).

III. Erfüllungsort (Leistungsort)

Literatur: *Döhmel,* Der Leistungsort bei Rückabwicklung von Verträgen (1996); *Köhler,* Der Leistungsort bei Rückgewährschuldverhältnissen, Heinrichs-FS (1998)

---

[4]) *Mayrhofer,* Schuldrecht I 83; OGH in EvBl 1957/318; JBl 1993, 456; vgl auch *Rummel,* ZAS 1984, 233. AM *Gschnitzer* in Klang IV/1, 352.

[5]) *Klang* in Klang VI 649f; *Mayrhofer,* Schuldrecht I 83f; OGH in wbl 1994, 205.

[6]) Vgl *Gschnitzer,* Schuldrecht AT 73f; OGH in EvBl 1957/318; ÖBA 1990, 639.

[7]) Vgl OGH in SZ 47/92.

367; *Leonhard,* Erfüllungsort und Schuldort (1907); *Oertmann,* Zur Lehre vom Leistungsort, SeuffBl 73, 385; *Schack,* Der Erfüllungsort im deutschen, ausländischen und internationalen Privat- und Zivilprozeßrecht (1985).

Erfüllungsort ist der Ort, an dem die Leistung vom Schuldner erbracht und vom Gläubiger angenommen werden soll.

Mit dem Erfüllungsort ist nicht bloß eine politische Gemeinde, sondern auch die Stelle (ein Haus, ein Lokal) gemeint, an der die Verbindlichkeit zu erfüllen ist.

Nach dem Erfüllungsort richten sich im Zweifel auch **Maß, Gewicht** und **Geldsorten** (§ 905 Abs 1 letzter Satz), er ist in bestimmten Fällen für die Gerichtszuständigkeit – zB nach § 88 JN – von Bedeutung **(sekundäre Rechtsfolgen).** Manchmal wird ein Erfüllungsort gerade deshalb gewählt, um sekundäre Rechtsfolgen herbeizuführen, zB ein ausländisches Recht anwendbar zu machen. Ob dann auch die tatsächliche Leistung am vereinbarten Ort erbracht werden soll, ist Auslegungsfrage.

Der Erfüllungsort ergibt sich aus der **Vereinbarung** oder aus **Natur und Zweck des Geschäftes**[1]).

Nach Natur und Zweck des Geschäftes ist ein Ladenkauf im Laden, ein Dienstvertrag meist im Betrieb des Unternehmers zu erfüllen.

Folgt der Erfüllungsort weder aus einer ausdrücklichen Vereinbarung noch aus Natur und Zweck des Geschäfts, so ist jener Ort Erfüllungsort, an dem der Schuldner zur Zeit der Entstehung der Verbindlichkeit seinen **Wohnsitz** oder seine **Geschäftsniederlassung** hatte (§ 905).

Auch ein Bürge hat im Zweifel an dem für ihn nach § 905 bestimmten Erfüllungsort zu leisten und nicht schlechthin an jenem des Hauptschuldners[2]).

Im Zweifel liegt daher eine **Holschuld** vor: Der Schuldner braucht die Leistung nur abholbereit zu machen. Die Parteien können aber auch eine **Bringschuld** vereinbaren, bei welcher der Schuldner am Wohnsitz des Gläubigers erfüllen muß. Schließlich kann ein Ort vereinbart werden, der weder der Wohnort des Schuldners noch des Gläubigers ist. Bei der **Schickschuld** bleibt zwar der Wohnsitz des Schuldners Erfüllungsort[3]), doch ist der Schuldner verpflichtet, die Leistung an den Gläubiger abzusenden. Er muß sie „in Marsch setzen". Damit geht in der Regel auch die Gefahr auf den Gläubiger über (s oben S 28). Im Zweifel, ob Bringschuld oder Schickschuld vorliegt, ist letztere anzunehmen[4]). Der wichtigste Fall der Schickschuld ist der Versendungskauf[5]).

Geldschulden sind **„qualifizierte Schickschulden".** Der Schuldner hat sie im Zweifel auf seine Gefahr und Kosten dem Gläubiger an dessen Wohnsitz (Niederlassung) zu übermachen (§ 905 Abs 2)[6]).

---

[1]) Vgl OGH in SZ 53/162; JBl 1982, 426; *Schack,* Erfüllungsort 54ff.
[2]) OGH in SZ 71/191 mwN.
[3]) Maßgebend ist der Wohnsitz beim Vertragsabschluß: OGH in SZ 71/129.
[4]) Vgl OGH in SZ 55/77 und 102.
[5]) S ausführlich *Rabl,* Die Gefahrtragung beim Kauf 110ff mwN.
[6]) Vgl *Rabl,* Der untreue Treuhänder (2002) 30f mwN.

Erfüllungsort ist auch hier der Wohnsitz oder die Niederlassung des Schuldners. Die Besonderheit gegenüber sonstigen Schickschulden liegt aber darin, daß sie der Schuldner nicht nur auf seine Kosten[7]) absenden muß, sondern auch die Gefahr des Ankommens trägt: Er muß nochmals zahlen, wenn das Geld unterwegs verloren geht. Eine Verspätung ist hingegen – wie bei der Schickschuld allgemein – Risiko des Gläubigers.

Ausdrückliche Vereinbarung oder Natur und Zweck der Leistung[8]) gehen der Zweifelsregel des § 905 Abs 2 vor. So müssen zB Gehaltszahlungen an Dienstnehmer am Fälligkeitstag schon auf deren Konto eingelangt sein[9]). Auch in der Vereinbarung der Kaufpreiszahlung an einen Treuhänder liegt eine Abbedingung des § 905 Abs 2[10]). Fraglich ist daher, wer in solchen Fällen das Veruntreuungsrisiko trägt. Die nunmehr hA tritt für eine Teilung des Schadens ein[11]).

Erwachsen aus einem Schuldverhältnis mehrere Ansprüche, so kann auch jeder einen eigenen Erfüllungsort haben[12]).

Der Schuldner hat am Erfüllungsort bei **Fälligkeit** zu leisten. Er muß zu diesem Zeitpunkt bei der Holschuld die Leistung bereitstellen, sie bei der Bringschuld am Erfüllungsort abliefern und bei der Schickschuld vom Erfüllungsort absenden[13]), widrigenfalls er in Verzug gerät.

IV. Leistung Zug um Zug

Literatur: *Bydlinski,* Die Einrede des nicht erfüllten Vertrages in Dauerschuldverhältnissen, Steinwenter-FS (1958) 140; *Demelius,* Aufschiebungsrecht des Schuldners wegen fälliger Gegenforderung bei Kaufverträgen mit mehreren Leistungspaaren, R. Schmidt-GedS (1966) 199; *Fulterer,* Anwendung und Auslegung des § 1052 ABGB bei Verträgen über Speziessachen, ÖJZ 1952, 399; *Iro,* Das Zug-um-Zug-Prinzip im Insolvenzverfahren, RdW 1985, 101; *Jabornegg,* Zurückbehaltungsrecht und Einrede des nicht erfüllten Vertrages (1982); *Larenz,* Das Zurückbehaltungsrecht im dreiseitigen Rechtsverhältnis, Michaelis-FS (1972) 193; *Oesterle,* Die Leistung Zug um Zug (1980); *Wahle,* Kaufrechtsstudien I: Setzt die Verurteilung zu einer Zug-um-Zug-Leistung Anbieten der Gegenleistung voraus? JBl 1965, 281; *Wimmer,* Die Einrede der Unsicherheit in Zielschuldverhältnissen, ÖJZ 1980, 449.

---

[7]) Dazu OGH in ZAS 1989/6 *(Eccher/Oberhofer)*; EvBl 1999/3.

[8]) So ist nach OGH in JBl 1998, 379 Erfüllungsort der Geldschuld beim Beherbergungsvertrag mit Feriengästen nach der Verkehrssitte der Ort der Beherbergung.

[9]) OGH in RdA 1992, 210 *(Oberhofer/Grömmer)*; wbl 1993, 325 mwN; zu Krankenversicherungsbeiträgen vgl VwGH in ZAS 1997/22 *(B. Jud)*. Spareinlagen sind jedoch Holschulden, OGH in SZ 69/65 = ecolex 1996, 853 *(Th. Rabl)*.

[10]) OGH in ÖBA 1995, 470 *(G. Graf)*; SZ 69/150; RdW 1997, 656; *Urbanek,* Die treuhändige Abwicklung von Liegenschaftskaufverträgen durch Notare und Treuhänder (1999) 115 ff.

[11]) OGH in EvBl 1998/176; EvBl 1999/205; ÖBA 2001, 409 *(Bollenberger)*; ecolex 2001, 665; SZ 74/114; *G. Graf,* Kreditfinanzierter Liegenschaftserwerb – Wer trägt das Risiko der Veruntreuung durch den Treuhänder? RdW 1991, 285; *derselbe,* Wer trägt das Veruntreuungsrisiko beim über einen Treuhänder abgewickelten Liegenschaftskauf? ÖBA 1997, 29 ff; *derselbe,* Vertrag und Vernunft (1997) 162 ff; *Bollenberger,* Das Veruntreuungsrisiko bei treuhändiger Abwicklung des Liegenschaftsverkehrs, ÖBA 2000, 847; *Rabl,* Der untreue Treuhänder 81 ff mwN; vgl auch *Turnher,* Grundfragen des Treuhandwesens (1994) 82 ff; kritisch *Urbanek,* Liegenschaftskaufverträge 175.

[12]) *Bettelheim* in Klang[1] II/2, 994; *Leonhard,* Erfüllungsort 113 ff.

[13]) Vgl *Koziol,* Zur Rechtzeitigkeit der Leistung bei Banküberweisungen, RdW 1985, 148; OGH in JBl 1985, 42 *(W. Berger)*; RdA 1992, 210 *(Oberhofer/Grömmer)*.

1. Grundsatz

Im synallagmatischen Schuldverhältnis haben die Parteien mangels anderer Vereinbarung ihre Leistungen **Zug um Zug** (gleichzeitiger Austausch von Leistung und Gegenleistung) zu erbringen.

Das ABGB sagt dies ausdrücklich für Tausch und Kauf (§§ 1052, 1062), doch gilt es auch für andere zweiseitig verbindliche Verträge[1]).

Das Zug-um-Zug-Prinzip vermeidet, daß ein Teil Gefahr läuft, wegen Zahlungsunfähigkeit oder Zahlungsunwilligkeit seines Partners seine Sache hinzugeben, aber kein Entgelt dafür zu erhalten.

2. Zurückbehaltungsrecht, Einrede

Das Zug-um-Zug-Prinzip führt zur **„Einrede des nicht erfüllten Vertrages":** Solange ein Partner seine Leistung noch nicht erbracht hat und sie auch nicht anbietet, kann der andere Teil seinem Leistungsbegehren die Einrede des nicht erfüllten Vertrages entgegensetzen und damit seine eigene Leistung zurückhalten.

Eine Zusendung per Nachnahme entspricht nicht dem Zug-um-Zug-Prinzip, weil dabei der Käufer vor Erhalt der Ware zahlen muß und zu deren Prüfung vor Übernahme nicht in der Lage ist[2]).

Entspricht die angebotene Leistung in Quantität oder Qualität nicht dem Vertrag, so kann sie der Gläubiger zurückweisen[3]) und die eigene Leistung zurückbehalten: **Einrede des nicht gehörig erfüllten Vertrages.**

Im allgemeinen muß ein Vertragsteil, der die Leistung des anderen verlangt, seine eigene Leistung **real anbieten.** Bloß wörtliches Angebot genügt aber bei Holschulden und wenn sich der andere Teil schon ernstlich geweigert hat, die Leistung entgegenzunehmen, s genauer unten S 60.

3. Einrede und Gewährleistung

Das Zurückbehaltungsrecht am Kaufpreis oder Werklohn steht dem Erwerber oder Werkbesteller auch dann zu, wenn er nach Ablieferung einer mangelhaften Sache oder eines mangelhaften Werkes die **Verbesserung** fordert. Nach der zu billigenden hM kann der Käufer oder Werkbesteller den **ganzen** Kaufpreis oder Werklohn zurückhalten und nicht bloß einen der Mangelhaftigkeit entsprechenden Teil[4]). Der Gläubiger soll da-

---

[1]) Vgl *Wahle* in Klang IV/2, 68f, 91f; *Jabornegg,* Zurückbehaltungsrecht 163ff; *denselben,* Kein Zurückbehaltungsrecht des Arbeitnehmers? Schwarz-FS (1991) 89; OGH in SZ 42/162; NZ 1980, 6; JBl 1995, 53 *(Apathy).*

[2]) OGH in SZ 48/106 mwN.

[3]) OGH in SZ 56/106; *Mayrhofer,* Schuldrecht I 354ff.

[4]) OGH in SZ 56/59; RdW 1987, 120 *(Iro)*; ecolex 1990, 677 *(Wilhelm)*; JBl 1990, 248 *(Rebhahn)* = ecolex 1990, 82 *(Wilhelm)*; RdW 1997, 449 *(Iro)*; ecolex 1998, 838 *(Wilhelm)*; RdW 1999, 134; *Wilhelm,* Baumängel: Das Zurückbehaltungsrecht bleibt eine scharfe Waffe, wbl 1987, 34; *Kurschel,* Die Gewährleistung beim Werkvertrag (1989) 86ff; *Karollus/Lukas,* JBl 2001, 682ff. Zur ÖNORM B 2110 vgl *Gölles,* ÖNORM B 2110: Bauleistungsübernahme und Mängelfolgen, ecolex 1996, 832; *derselbe,* Bauver-

durch in der Lage sein, auf den gewährleistungspflichtigen Schuldner **„Druck auszuüben“.**

In der Literatur wurde dies kritisiert[5]). Wenn die Leistung nicht zur Gänze ausgetauscht werden müsse und die Sache auch vor der Verbesserung brauchbar sei, genüge die Zurückbehaltung eines dem Mangel entsprechenden Teils der Gegenleistung oder zumindest ein Mehrfaches davon.

Der OGH verneint das Zurückbehaltungsrecht, wenn seine Ausübung Schikane wäre, was er bei einem krassen Mißverhältnis zwischen den Interessen des Gläubigers und des Schuldners annimmt[6]). Überdies könne sich aus dem Vertrag eine Beschränkung der Zurückbehaltung auf einen bestimmten Betrag ergeben[7]).

Das Zurückbehaltungsrecht setzt aber voraus, daß der Zurückbehaltende gegen den anderen ein **Recht auf Leistung** geltend macht[8]). Es genügt also nicht, wenn er aus der mangelhaften Erfüllung keinen Verbesserungsanspruch, sondern das Recht auf Wandlung oder Preisminderung ableitet, weil er in diesen Fällen nur sein Gestaltungsrecht auszuüben braucht und es keines Drucks auf den Schuldner bedarf.

Ebensowenig kann er die Einrede erheben, wenn er die angebotene Verbesserung ungerechtfertigt zurückweist[9]), von seinem Verbesserungsbegehren zurücktritt[10]), die Verbesserung von einem Dritten vornehmen läßt[11]) oder wenn sie unmöglich ist[12]).

Besteht eine vom Verkäufer zu erbringende Nebenleistung in der Übernahme einer Zahlungsverpflichtung für Kosten, die sonst den Käufer treffen würden, so kann dieser bei Lieferung ohne Erfüllung der Nebenleistungspflicht nicht die Zahlung des gesamten Kaufpreises verweigern, sondern lediglich die vom Verkäufer nicht getragenen Kosten davon abziehen[13]).

Die Einrede des nicht erfüllten Vertrages bezieht sich nur auf Pflichten, die im **Austauschverhältnis** stehen, also auf die Hauptpflichten und die „äquivalenten Nebenleistungspflichten“[14]), nicht aber auf die Schutz-

---

trags-ÖNORM B 2110 – Was ist neu ab 1. 3. 2002? ecolex 2002, 165; *Karasek,* ÖNORM B 2110 (2003) Rz 1015.

[5]) *Wahle* in Klang IV/2, 90f; *Koziol,* Die Grenzen des Zurückbehaltungsrechts bei nicht gehöriger Erfüllung, ÖJZ 1985, 743ff; *Angst,* Das Zurückbehaltungsrecht beim Werkvertrag, RZ 1992, 2. Vgl auch *Krejci,* Reform des Gewährleistungsrechtes (1994) 122ff.

[6]) OGH in JBl 1990, 248 *(Rebhahn)* = ecolex 1990, 82 *(Wilhelm)*; EvBl 1993/101. S hiezu auch *Mader,* Rechtsmißbrauch und unzulässige Rechtsausübung (1994) 225ff.

[7]) OGH in wbl 1987, 314 *(Wilhelm)*; ecolex 1990, 283. Vgl zum Ausschluß des Zurückbehaltungsrechts in AGB OGH in RdW 1999, 196; JBl 1999, 802.

[8]) *Koziol,* ÖJZ 1985, 737f; *Rabl,* Die Gefahrtragung beim Kauf (2002) 237ff mwN. Zum Wegfall des Interesses an der Leistung OGH in SZ 56/59; ecolex 1993, 83; MR 1993, 190; ecolex 1999, 822.

[9]) OGH in JBl 1990, 248 *(Rebhahn)* = ecolex 1990, 82 *(Wilhelm).* Vgl auch OGH in HS 14.789/4 (Verweigerung der nötigen Mitwirkung).

[10]) OGH in RdW 1997, 449 *(Iro).*

[11]) OGH in HS 27.604.

[12]) Dazu *Aicher* in Rummel § 1052 Rz 9; *Koziol,* ÖJZ 1985, 738 und 742; *Rabl,* Gefahrtragung 237ff mwN.

[13]) OGH in wbl 1987, 275.

[14]) Dies gilt nicht für (gesondert durchzusetzende) Nebenpflichten aus dem Arbeitsvertrag, da andernfalls die relativ zwingende Bestimmung des § 1154 Abs 3 ABGB umgangen wird (OGH in JBl 2001, 600).

pflichten, weil sie nicht um einer anderen Pflicht willen eingegangen worden sind und auf sie kein meßbarer Teil der Gegenleistung entfällt[15]).

Da sich das Zurückbehaltungsrecht nur auf Leistungen bezieht, die mit der geschuldeten im Austauschverhältnis stehen, gibt es auch (bis zur Bewirkung der geschuldeten Leistung) kein Zurückbehaltungsrecht an einer Falschlieferung. Deshalb kann die Leistung auch nicht wegen eines mit der Verbesserung unvermeidbar verbundenen und daher drohenden Mangelfolgeschadens zurückgehalten werden[16]).

4. Vorausleistung, Unsicherheitseinrede

Das Zug-um-Zug-Prinzip ist nicht zwingend. Daher kann ein Vertragspartner die Gefahr des entgeltslosen Verlustes seiner Leistung (das Kreditrisiko) freiwillig übernehmen, indem er sich zur **Vorausleistung** verpflichtet. Dann hat er keine Einrede des nicht erfüllten Vertrages. Aber selbst in diesem Fall setzt das Gesetz seinem Risiko Schranken:

Auch ein zur Vorausleistung Verpflichteter kann seine Leistung bis zur Bewirkung oder Sicherstellung[17]) *der Gegenleistung zurückhalten, wenn diese durch schlechte Vermögensverhältnisse des Partners gefährdet erscheint, die dem Vorleistungspflichtigen nicht schon bei Vertragsabschluß bekannt sein mußten (§ 1052 Satz 2)*[18]).

Auch diese sog **Unsicherheitseinrede** rechtfertigt aber nur die Zurückbehaltung, gibt jedoch dem Vorausleistungspflichtigen nicht das Recht, eine schon erbrachte Leistung wieder zurückzufordern[19]).

Die Berücksichtigung der nachträglichen Verschlechterung der Vermögensverhältnisse ist ein Fall der clausula rebus sic stantibus. Die Einrede steht allerdings auch dann zu, wenn die schlechten Vermögensverhältnisse schon zur Zeit des Vertragsabschlusses bestanden haben, aber dem Vorausleistungspflichtigen nicht erkennbar waren. § 1052 Satz 2 ist analog anzuwenden, wenn zu befürchten ist, daß der Nachleistungspflichtige ein Verhalten setzt, das die Leistung vereitelt oder doch gefährdet[20]).

Steht fest, daß ein Werk unverkennbar unbrauchbar ist, kann sich der gewährleistungspflichtige Werkunternehmer nicht auf eine vertraglich vereinbarte Vorleistungspflicht des Werkbestellers berufen[21]).

Die Unsicherheitseinrede kann nicht nur durch **Bewirkung** der Gegenleistung, sondern auch durch ihre **Sicherstellung** abgewendet werden (§ 1052 Satz 2), eine Möglichkeit, die bei der Einrede des nicht erfüllten Vertrages nicht besteht.

---

[15]) Vgl *Wahle* in Klang IV/2, 75ff; *Aicher* in Rummel § 1052 Rz 8; OGH in ecolex 1993, 304 mwN; SZ 61/15; aA *Jabornegg,* Zurückbehaltungsrecht 189.

[16]) OGH in ecolex 2005, 763 = RdW 2005/681.

[17]) Dazu *Jabornegg,* Zurückbehaltungsrecht 219ff; *B. Jud,* Zur Einfügung einer Bestimmung über die „Bauhandwerkersicherung" in das ABGB, RdW 1998, 252ff.

[18]) S dazu *Wimmer,* ÖJZ 1980, 452f; *Bollenberger,* Irrtum über die Zahlungsunfähigkeit (1995) 28ff. Zur analogen Anwendung im Falle anderer Gefährdungen *Mayrhofer,* Schuldrecht I 363.

[19]) Vgl OGH in SZ 58/117.

[20]) OGH in RdW 2001/11; *Binder* in Schwimann § 1052 Rz 86.

[21]) OGH in EvBl 2001/47.

Unter den Voraussetzungen des § 1052 Satz 2 kann zwar der Vorleistungspflichtige die Unsicherheitseinrede erheben (seine eigene Leistung zurückhalten), jedoch weder die Gegenleistung noch die Sicherheitsleistung (Zug um Zug) durch Klage fordern[22]). Zur Beendigung des Schwebezustandes wird aber dem Vorleistungspflichtigen das Recht einzuräumen sein, analog zu § 918 nach Setzung einer angemessenen Frist zur Sicherheitsleistung vom Vertrag zurückzutreten[23]).

Zur Unsicherheitseinrede im Konkurs vgl § 21 KO.

5. Zurückbehaltung nach § 471

Ist jemand zur Herausgabe einer Sache verpflichtet, so braucht er diese Pflicht nur **Zug um Zug** gegen Berichtigung seiner Forderungen wegen des auf die Sache gemachten **Aufwandes**[24]) oder des ihm durch diese Sache verursachten **Schadens**[25]) zu erfüllen. Bis dahin hat er ein Zurückbehaltungsrecht (§ 471).

Das Zurückbehaltungsrecht (Retentionsrecht) setzt zwar kein Vertragsverhältnis voraus, doch muß der Ersatzanspruch gegen den Herausgabeberechtigten begründet sein[26]).

Eigenmächtig oder listig entzogene, entlehnte, in Verwahrung oder in Bestand genommene Sachen sind kein Gegenstand der Zurückbehaltung (§ 1440 Satz 2).

Ist die Verwahrung, wie beim Werkvertrag, nur eine Nebenpflicht, so steht § 1440 dem Zurückbehaltungsrecht nicht entgegen[27]).

Wenn der Herausgabeberechtigte die Sache dem Retentionsberechtigten eigenmächtig entzieht, wird er diesem ersatzpflichtig[28]).

Während die §§ 1052, 471 nur ein Zurückbehaltungsrecht zur **Sicherung** der Gegenansprüche gewähren, hat das Zurückbehaltungsrecht nach den §§ 369–372 UGB auch den Zweck der Befriedigung.

Der Berechtigte kann den Verkauf der zurückbehaltenen Sache begehren und sich aus dem Erlös befriedigen[29]). Gleiches gilt für das bürgerlich-rechtliche Retentionsrecht im Konkurs des Eigentümers (§ 10 Abs 2 KO)[30]). Auch der Rechtsanwalt ist

---

[22]) OGH in SZ 44/167. *Mayrhofer,* Schuldrecht I 362f mwN. Anders *Jabornegg,* Zurückbehaltungsrecht 231ff; zustimmend *Apathy,* Schadenersatz und Rücktritt bei Annahmeverzug, JBl 1982, 573 FN 102.

[23]) *Wimmer,* ÖJZ 1980, 455ff; *B. Jud,* RdW 1998, 254ff.

[24]) Dazu OGH in SZ 55/50; JBl 1984, 256; EvBl 1993/76; JBl 1994, 171; SZ 67/82 = ecolex 1994, 618 *(Heid)*; SZ 69/41; *Jabornegg,* Zurückbehaltungsrecht 108ff. S zur Berechnung des Aufwandersatzes OGH in JBl 1998, 303 *(Meissel).*

[25]) S dazu *Jabornegg,* Zurückbehaltungsrecht 114ff, 206ff.

[26]) Zum Zurückbehaltungsrecht gegenüber Rechtsnachfolgern s OGH in JBl 2002, 789 (krit *Holzner*).

[27]) OGH in SZ 69/41; SZ 2002/57; vgl auch JBl 1998, 303 *(Meissel),* wo das Zurückbehaltungsrecht auch bei gemischten Verwahrungsverträgen bejaht wird.

[28]) OGH in JBl 1995, 53 *(Apathy).*

[29]) S dazu *Rabl,* Hinterlegung, Selbsthilfeverkauf und Preisgabe – Rechtsbehelfe im Annahmeverzug des Gläubigers, ÖJZ 1998, 688ff.

[30]) Dazu *Deixler-Hübner* in Konecny/Schubert § 10 KO Rz 31ff.

gem § 19 RAO berechtigt, sich aus Geldbeträgen zu befriedigen, die ihm von Dritten für seinen Mandanten übergeben wurden[31]); vgl dazu S 104 FN 18 und Band I S 386.

Das Zurückbehaltungsrecht nach § 1052 und anderen gesetzlichen Bestimmungen ist bei Verbrauchergeschäften zugunsten des Verbrauchers zwingend (§ 6 Abs 1 Z 6 und 7 KSchG).

4. Kapitel

Die Leistungsstörungen

I. Allgemeines

Leistungsstörungen sind Störungen bei der Erfüllung (Abwicklung) der Schuld.

Davon sind die Mängel in der Wurzel des Schuldverhältnisses zu unterscheiden, die seine Gültigkeit betreffen (zB Mangel der Geschäftsfähigkeit beim Vertragsabschluß, Willensmängel, ursprüngliche Unmöglichkeit, Unerlaubtheit usw). Manchmal überschneiden sich ursprünglicher Mangel und Leistungsstörung. Ist zB eine verkaufte Spezies schon ursprünglich mangelhaft, so kommen nach ihrer Übergabe sowohl eine Anfechtung des Vertrages wegen Irrtums als auch Gewährleistungsansprüche in Frage.

Leistungsstörungen sind das **Unmöglichwerden,** der **Verzug,** die **mangelhafte Leistung** und die **positive Vertragsverletzung.**

Im folgenden werden die Leistungsstörungen bei entgeltlichen Verträgen behandelt (§§ 918ff, 922ff, 1447)[1]).

II. Das Unmöglichwerden der Leistung

Literatur: *Beuthien,* Zweckerreichung und Zweckstörung im Schuldverhältnis (1969); *M. Binder,* Die Beendigung arbeitsvertraglicher Bindungen bei Eintritt dauernder Leistungsunmöglichkeit, Strasser-FS (1983) 271; *Bollenberger,* Das stellvertretende Commodum (1999); *Gsell,* Beschaffungsnotwendigkeit und Leistungspflicht (1998); *U. Huber,* Zur Auslegung des § 275 BGB, Gaul-FS (1997) 217; *derselbe,* Leistungsstörungen, Band I + II (1999); *Klang,* Unerschwinglichkeit der Leistung (1921); *Koller,* Die Risikozurechnung bei Vertragsstörungen in Austauschverträgen (1979); *derselbe,* Bewegliches System und Risikozurechnung bei der Abwicklung gegenseitiger Verträge, in Das Bewegliche System im geltenden und künftigen Recht (1986) 75; *Rabel,* Zur Lehre von der Unmöglichkeit der Leistung nach österreichischem Recht, FS zur Jahrhundertfeier des ABGB II (1911) 821; *derselbe,* Unmöglichkeit der Leistung, Bekker-FS (1907) 171; *Rabl,* Die Gefahrtragung beim Kauf (2002); *Reischauer,* Der Entlastungsbeweis des Schuldners (1975); *Schlesinger,* Die vorläufige und die endgültige Nichterfüllung, ZBl 1926, 1; *H. Stoll,* Die Lehre von den Leistungsstörungen (1936).

A. Begriff der nachträglichen Unmöglichkeit

Die Leistung ist unmöglich, wenn ihr ein dauerndes Hindernis entgegensteht.

---

[31]) OGH in RdW 2002/492; EvBl 2003/1; RdW 2005/307; JBl 2005, 456.

[1]) Vgl auch *Schauer,* Grundprinzipien des Leistungsstörungsrechts im ABGB, UN-Kaufrecht und in den PECL – eine vergleichende Skizze, Kramer-FS (2004) 627.

Eine Leistung kann schon beim Vertragsabschluß unmöglich sein (**ursprüngliche** Unmöglichkeit) oder erst nachher unmöglich werden (**nachträgliche** Unmöglichkeit).

Bei nur vorübergehenden nachträglichen Hindernissen liegt Verzug vor. Ob das Hindernis endgültig ist, ist eine Frage der Tatsachenfeststellung, oft aber auch ein Wertungsproblem[1]). Im Zweifel ist an der Möglichkeit der Leistung festzuhalten[2]).

Manche Leistungen können nur zu einem bestimmten Zeitpunkt erbracht werden, so daß eine Unmöglichkeit zu diesem Zeitpunkt zur endgültigen wird.

Die Unmöglichkeitsregeln gelten nur bis die Schuld **erfüllt** ist. Danach treffen Beeinträchtigungen des Leistungsgegenstandes nur noch den Gläubiger.

Ob die Leistung möglich oder unmöglich ist, hängt nicht davon ab, worauf eine Unmöglichkeit beruht, **objektive** und **subjektive** Unmöglichkeit werden gleich behandelt[3]).

Unmöglich wird die Leistung vor allem dann, wenn die geschuldete **Spezies** untergeht. Hingegen wird die Leistung nicht unmöglich, wenn bei der **Gattungsschuld** nur die vom Schuldner zur Erfüllung bereitgestellten oder vorgesehenen Sachen zugrundegehen. Solange aus der Gattung noch Sachen vorhanden sind, muß sie der Schuldner beschaffen und sie leisten **(„genus non perit")**[4]). Ab der Konkretisierung **(Konzentration)** wird allerdings die Gattung wie eine Spezies behandelt, so daß ihr Untergang den Schuldner befreit, obwohl die Nachbeschaffung der Gattung noch möglich wäre. Oben S 29.

Die Unmöglichkeit der Leistung kann auch darauf beruhen, daß der Schuldner die schon verkaufte Spezies nochmals verkauft **(Doppelverkauf).** An sich sind beide Kaufverträge gültig, Eigentümer wird jener Käufer, dem die Sache übergeben wird (§§ 430 und 440). Erfüllt also der Verkäufer den zweiten Vertrag, so wird der zweite Käufer Eigentümer. Die Verpflichtung aus dem ersten Kaufvertrag ist jedoch so lange als erfüllbar anzusehen, als der Schuldner die Sache – zB durch Kauf – **wiedererlangen** kann[5]). So lange wird der Schuldner zur Leistung verurteilt. Auf die Unerschwinglichkeit des Rückkaufs kann er sich nicht berufen, weil er den Verlust der Sache selbst verschuldet hat[6]).

---

[1]) So auch OGH in JBl 1983, 604; wobl 1992, 208 *(Call)*; vgl auch OGH in ecolex 1997, 942.

[2]) OGH in ecolex 1997, 942.

[3]) Vgl *Ehrenzweig* II/1, 348; *Pisko/Gschnitzer* in Klang VI 540; OGH in JBl 1983, 604.

[4]) Kritisch zur Terminologie: *Rabl,* Gefahrtragung 362ff; *derselbe,* Die Konzentration der Gattungsschuld, Welser-FS (2004) 833ff.

[5]) OGH in ecolex 1997, 250 *(Oberhammer)*.

[6]) *Pisko/Gschnitzer* in Klang VI 552; *Reischauer* in Rummel § 920 Rz 8; *Mayrhofer,* Schuldrecht I 398.

Manche Entscheidungen haben dem Verkäufer ohne Rücksicht auf die Chance der Wiedererlangung die Berufung auf die Unmöglichkeit versagt[7]). Der Käufer kann nach dieser Auffassung entweder zuwarten oder mit der Interessenklage Schadenersatz verlangen (§ 368 EO)[8]).

Ein Fall der Unmöglichkeit ist es auch, wenn der geschuldete Erfolg schon **ohne Zutun** des Schuldners eingetreten ist, und zwar durch einen Zufall, durch das Verhalten eines Dritten oder das Verhalten des Gläubigers selbst **(Zweckerreichung)**[9]). Dazu unten S 51.

A ruft einen Mechaniker, der einen defekten Motor reparieren soll. Bevor der Mechaniker ankommt, hat sich der Defekt „von selbst behoben"; oder er wurde vom Eigentümer oder einem zu Hilfe gerufenen Dritten beseitigt. Beim Werkvertrag löst dies besondere Folgen aus. S unten S 264.

Die Regeln der Unmöglichkeit gelten sinngemäß, wenn die Erfüllung **nachträglich unerlaubt** wird[10]).

Die Folgen der nachträglichen Unmöglichkeit hängen davon ab, ob dies vom Schuldner oder vom Gläubiger **verschuldet** wurde (von ihnen zu vertreten ist) oder ob sie **zufällig** eingetreten ist.

B. Vom Schuldner zu vertretendes Unmöglichwerden

Der bereits verkaufte Hund Quax wird vor der Übergabe vom Verkäufer nicht ordentlich beaufsichtigt, von einem Auto überfahren und getötet.

1. Fälle

Der Schuldner haftet, wenn er das Unmöglichwerden der Leistung verschuldet oder es sonst zu vertreten hat (§§ 920, 921).

Der Schuldner **verschuldet** die Unmöglichkeit, wenn er den Untergang der Leistung vorsätzlich oder fahrlässig herbeiführt[11]). Er hat sie außerdem **zu vertreten,** wenn sein Gehilfe den Untergang verschuldet hat (§ 1313 a) oder wenn die Sache während eines von ihm verschuldeten Verzugs durch Zufall untergeht[12]). Der Schuldner verschuldet aber auch dann den Untergang, wenn er keine geeigneten Maßnahmen setzt, um ihn zu verhindern. Konnte der Schuldner beim Vertragsabschluß den Untergang vorhersehen, ohne ihn **verhindern** zu können, so hatte er dies dem Gläubiger mitzuteilen, widrigenfalls er auf das Vertrauensinteresse haftet[13]).

---

[7]) Spruchrepertorium 48 neu (SZ 30/33); OGH in JBl 1987, 783 mwN; einschränkend JBl 1983, 604; HS 25.468.

[8]) *Reischauer* in Rummel § 920 Rz 10; dagegen *Bydlinski* in Klang IV/2, 114; OGH in JBl 1992, 517.

[9]) *Beuthien,* Zweckerreichung; *Köhler,* Unmöglichkeit und Geschäftsgrundlage bei Zweckstörungen im Schuldverhältnis (1971) 22ff, 67ff; *Larenz* I 312ff. Dagegen *Klein,* Untergang der Obligation durch Zweckerreichung (1905).

[10]) *Pisko/Gschnitzer* in Klang VI 558ff.

[11]) OGH in SZ 55/126 und 185.

[12]) Vgl OGH in SZ 69/425 (rechtliche Unmöglichkeit der Legatserfüllung im verschuldeten Schuldnerverzug).

[13]) Strittig. Für die Anwendung des § 920 *Gschnitzer* in Klang IV/1, 484; *Mayrhofer,* Schuldrecht I 392; vgl auch *Reischauer* in Rummel § 920 Rz 5 und 18.

2. Austauschanspruch – Differenzanspruch

Ist die Unmöglichkeit vom Schuldner zu vertreten, so hat der Gläubiger ein **Wahlrecht** (§§ 920 f)[14]). Er kann erstens seine eigene Leistung erbringen und vom Schuldner den Wert der untergegangenen Leistung (das Erfüllungsinteresse) verlangen. Es findet dann zwischen Gläubiger und Schuldner doch ein gewisser Austausch statt, bei welchem die untergegangene Sache durch ihren Wert „substituiert" wird **(„Austauschanspruch")**.

Der Gläubiger kann aber zweitens statt dessen vom Vertrag zurücktreten und das Erfüllungsinteresse verlangen. Der Rücktritt bedarf keiner Nachfristsetzung, weil sie sinnlos wäre. Bei der Berechnung des Interesses muß vom Wert, den die ausgebliebene Leistung für den Gläubiger hat, der Wert seiner unterbliebenen eigenen Leistung abgezogen werden **(„Differenzanspruch")**.

Austauschanspruch und Differenzanspruch führen zum selben Ergebnis, wenn die Leistung des Gläubigers, wie beim Kauf, in Geld besteht.

Der um € 500,– gekaufte und aus Verschulden des Schuldners zugrunde gegangene Hund Quax hätte für den Käufer einen Wert von € 600,– gehabt. Der Käufer kann entweder am Vertrag festhalten, € 500,– zahlen und das Erfüllungsinteresse in der Höhe von € 600,– fordern, oder vom Vertrag zurücktreten und € 100,– verlangen. Da Schadenersatzanspruch und Kaufpreisanspruch gegeneinander aufgerechnet werden können, ist das Ergebnis gleich.

Hingegen besteht zwischen beiden Berechnungsarten ein Unterschied, wenn der Gläubiger nicht Geld, sondern ebenfalls eine Sache schuldet, wie dies beim Tausch der Fall ist.

Der Gläubiger hätte nach dem Vertrag für den Hund nicht € 500,–, sondern die Kuh Bella (Wert € 500,–) leisten sollen. Nach dem Untergang von Quax kann er entweder die Kuh Bella gegen Zahlung von € 600,– (Erfüllungsinteresse) leisten oder vom Vertrag zurücktreten, die Kuh behalten und vom Schuldner Schadenersatz (€ 100,–) fordern.

Es gelten auch die Regeln über das stellvertretende commodum (unten S 50).

C. Zufälliges Unmöglichwerden

Der bereits verkaufte, aber noch nicht übergebene Hund Quax wird von einem unbekannten Auto überfahren und getötet.

1. „Zerfall" des Vertrages

Der zufällige Untergang der Leistung hebt die Verbindlichkeit des Schuldners auf (§ 1447; vgl auch §§ 880, 1048).

„Aufhebung der Verbindlichkeit" heißt Wegfall der Verpflichtung des Schuldners, er „wird frei". Wegen der Verknüpfung der beiden Verbindlichkeiten beim synallagmatischen Vertrag fällt auch die Gegenver-

---

[14]) S *Rabl*, Schadenersatz wegen Nichterfüllung (1998) 15 ff mwN.

bindlichkeit und damit der ganze Vertrag weg. Diese Wirkungen treten von selbst ein, es ist **keine Rücktrittserklärung** erforderlich[15]).

Die Aufrechterhaltung des Vertrages bis zu einer Rücktrittserklärung des Gläubigers hätte keinen Sinn, weil das Unmöglichwerden von niemandem zu vertreten ist, so daß kein Schadenersatz gebührt.

Allerdings sind wegen des Wegfalls des Titels bereits erbrachte Leistungen **zurückzuerstatten** oder zu **vergüten** (§ 1447 letzter Satz).

2. Folgen für Leistungsgefahr und Preisgefahr

Der zufällige Untergang hat Folgen für die Gefahrtragung, nämlich die Leistungsgefahr und die Preisgefahr (Gegenleistungsgefahr)[16]). Bei der **Leistungsgefahr** geht es darum, ob der Schuldner nochmals leisten muß, wenn die zur Erfüllung bereitgestellte Sache oder das hergestellte Werk vor der Übergabe zugrundegeht. Dies kommt von vornherein nicht in Betracht, wenn die Leistung gemäß § 1447 (zufällig) unmöglich geworden ist, wie beim Untergang einer „spezies" (§ 1447: „bestimmte Sache"). Der Gläubiger trägt insofern die Leistungsgefahr[17]).

Ist hingegen die Leistung weiterhin möglich (wie bei der Gattungsschuld), so muß sie auch erbracht werden, so daß der Schuldner die Leistungsgefahr trägt. Dies gilt allerdings nicht, wenn im Zeitpunkt der Einwirkung des Zufalls die Gefahr bereits auf den Gläubiger übergegangen war, was beim Annahmeverzug und beim Versendungskauf der Fall ist. S oben S 29.

Trägt der Gläubiger die Leistungsgefahr, stellt sich die Frage, ob er seine Gegenleistung erbringen muß, obwohl er vom Schuldner nichts dafür bekommt. Dies ist das Problem der **Preisgefahr** (Gegenleistungsgefahr), bei der es darum geht, wie sich das zufällige Unmöglichwerden einer Leistung auf die Gegenleistung auswirkt. Zäsur ist der Zeitpunkt der **bedungenen Übergabe** (Fälligkeit der Leistung). Wird die Leistung vor Fälligkeit unmöglich, so zerfällt der Vertrag, der Entgeltsanspruch entfällt und der Schuldner trägt die Preisgefahr, weil er mit seiner Sache auch den Anspruch auf die Gegenleistung verliert. Mit der Fälligkeit geht aber auch die Preisgefahr über. Wird also die Leistung nach diesem Zeitpunkt zufällig unmöglich, so befreit dies den Gläubiger nicht von der Gegenleistung; er muß sie erbringen, obwohl er die Leistung nicht erhält, und trägt somit die Preisgefahr. Die Preisgefahr geht allerdings nicht über, wenn der Schuldner mit der Leistung im Verzug ist.

Die Gefahrtragungsregeln dürfen zu Lasten eines Verbrauchers nicht abgeändert werden, da sonst § 9 KSchG unterlaufen würde[18]).

---

15) AA *Reischauer* in Rummel § 920 Rz 13.

16) Dazu umfassend *Rabl,* Gefahrtragung 1 ff.

17) Vgl *G. Graf,* Vertrag und Vernunft (1997) 157 ff; *Rabl,* Gefahrtragung 16 ff mwN.

18) *Perner,* ABGB-Gefahrtragungsregeln zugunsten von Verbrauchern zwingend, RdW 2005/674.

Besondere Gefahrtragungsbestimmungen für einzelne Vertragsarten, wie die §§ 1048, 1051, 1064 für Tausch und Kauf, führen zum gleichen Ergebnis. Einen besonderen Fall bildet der Versendungskauf, bei dem der Käufer idR bereits mit der Übergabe der Sache an den Transporteur mit der Preisgefahr belastet ist (§ 429), s oben S 29; ebenso weichen die Gefahrtragungsregeln der ÖNORM B 2110 von den allgemeinen Regeln des ABGB ab[19]).

3. Stellvertretendes commodum

Die eben dargelegten Regeln werden durch die Lehre vom stellvertretenden commodum eingeschränkt: Ist an die Stelle der untergegangenen Leistung **ein anderer Wert** in das Vermögen des Schuldners getreten, so ist der Gläubiger – statt sich auf den Zerfall des Geschäftes zu berufen – berechtigt, die **Herausgabe** dieses „stellvertretenden Vorteils" zu fordern; ein Recht, das mit § 1447 letzter Satz[20]), § 7[21]) und § 1041[22]) begründet wird.

Stellvertretendes commodum ist zB die Versicherungssumme, die der Schuldner für das abgebrannte Haus erhält, der Betrag, den ein dritter Schädiger für die Zerstörung der Sache leistet, oder die Summe, die der zweite Käufer dem untreuen Verkäufer zahlt[23]). Der Gläubiger kann unter Aufrechterhaltung des Vertrages diesen Vorteil herausverlangen.

Verlangt der Gläubiger das stellvertretende commodum, muß er aber auch seine **eigene Leistung** erbringen, so daß es – ähnlich wie nach § 920 – zu einem Austausch kommt, bei dem an die Stelle des untergegangenen Leistungsgegenstandes ein Surrogat tritt.

4. Unzumutbarkeit und Unerschwinglichkeit

Dem zufälligen Unmöglichwerden stellt man die Unzumutbarkeit und die wirtschaftliche Unerschwinglichkeit der Leistung gleich[24]).

Die Erfüllung ist dem Schuldner **unzumutbar,** wenn sie sein Leben gefährden oder – vor allem beim Dienstverhältnis – einen schweren Gewissenskonflikt verursachen würde[25]).

Die Erfüllung ist für den Schuldner **unerschwinglich,** wenn sie wegen Änderung der Umstände ganz außergewöhnlich hohe Kosten verursachen würde, so daß der Schuldner vom wirtschaftlichen Ruin bedroht wäre.

---

[19]) S dazu ausführlich *Wilhelm,* Beschädigung des Bauwerks vor Übernahme, ecolex 2000, 624; *Karasek,* ÖNORM B 2110 (2003) Rz 1031 ff.

[20]) *Mayrhofer,* Schuldrecht I 400.

[21]) *Pisko/Gschnitzer* in Klang VI 551.

[22]) *Bollenberger,* Stellvertretendes Commodum 103 ff und 139 ff mwN.

[23]) Zum Anspruchsumfang s *Bollenberger,* Stellvertretendes Commodum 237 ff mwN.

[24]) *Mayrhofer,* Schuldrecht I 396 ff; *Pisko/Gschnitzer* in Klang VI 541 ff. Vgl auch *Emmerich,* Das Recht der Leistungsstörungen³ (1991) 78 ff; *G. Graf,* Vertrag und Vernunft 126 ff.

[25]) Dazu *Grassl-Palten,* Gewissen contra Vertragstreue im Arbeitsverhältnis (1994) 55 ff.

Wegen eines Krieges im Erzeugerland steigt der Rohstoffpreis für ein vom Schuldner herzustellendes Produkt auf das Zwanzigfache dessen, was der Schuldner vom Gläubiger als Entgelt erhält. S auch bei der Geschäftsgrundlage (Bd I S 161ff).

D. Vom Gläubiger zu vertretendes Unmöglichwerden

Der vom Schuldner zu vertretenden und der zufälligen Unmöglichkeit wird das gesetzlich nicht geregelte vom Gläubiger zu vertretende Unmöglichwerden gegenübergestellt. In Anlehnung an die §§ 1155, 1168 und 1419 (Risikozurechnung nach der „Sphäre“) werden drei Fälle unterschieden:

Geht während eines **Annahmeverzugs** die Sache durch Zufall unter, so hat der Gläubiger, weil er die Preisgefahr trägt (§ 1419), das Entgelt zu entrichten, während der Schuldner frei wird.

Ebenso hat der Gläubiger das Unmöglichwerden zu vertreten, wenn er den vereinbarten **Erfolg** selbst **herbeiführt** und so die Erfüllung durch den Schuldner unmöglich macht[26]), oben S 47.

Schließlich wird es dem Gläubiger zugerechnet, wenn er durch sein Verhalten gegenüber dem **Leistungsgegenstand** die Erfüllung **unmöglich** macht. Der Gläubiger hat trotz Unterganges der Sache das vereinbarte Entgelt zu zahlen[27]).

Als der Käufer mit seinem Auto den Hund Quax abholen will, stößt er ihn zu Boden, so daß er stirbt.

Ist die Unmöglichkeit sowohl vom Schuldner als auch vom Gläubiger zu vertreten, so ist der daraus resultierende Schaden zu teilen[28]).

E. Nachträgliche Teilunmöglichkeit

Manchmal tritt Teilunmöglichkeit ein[29]). Sie kommt aber nur in Betracht, wenn die mögliche Leistung noch als Teil der geschuldeten angesehen werden kann[30]), sie also nicht qualitativ eine wesentliche Veränderung erfahren hat. Teilunmöglichkeit liegt vor, wenn bei einer teilbaren Leistung nur eine geringere Menge als die vereinbarte erbracht werden kann oder wenn die zu leistenden Sachen wegen einer Beschädigung nur mangelhaft geliefert werden können.

Hat der Gläubiger an dem noch möglichen Leistungsteil ein **Interesse,** so bleibt insofern der Erfüllungsanspruch aufrecht (§ 920). Hat er an

---

[26]) Vgl dazu *Köhler,* Unmöglichkeit 67ff, 77. OGH in RdW 1984, 139; JBl 1988, 590 *(Dellinger).*

[27]) *Gschnitzer,* Schuldrecht AT 107; *Mayrhofer,* Schuldrecht I 393; *Pisko/Gschnitzer* in Klang VI 556; *Reischauer* in Rummel § 1419 Rz 28.

[28]) *Rabl,* Gläubigerverzug und beiderseits zu vertretende Unmöglichkeit, JBl 1997, 497ff; vgl auch OGH in RdW 1998, 191. Für die Anwendbarkeit des § 1447 hingegen OGH in NZ 1996, 336. Zu beachten ist auch die Parallele zur „geteilten Gewährleistung“ (vgl dazu auf S 263f).

[29]) Dazu *Gschnitzer* in Klang IV/1, 487ff; *Pisko/Gschnitzer* in Klang VI 557f; *Rabl,* Gefahrtragung 185ff; vgl etwa OGH in EvBl 1974/162.

[30]) Vgl OGH in JBl 1988, 241; HS 24.498; ÖBA 1997, 198; SZ 69/226.

der Restleistung kein Interesse, so entfällt die Erfüllung und die teilweise Unmöglichkeit ist eine Gesamtunmöglichkeit.

Ist das Unmöglichwerden vom Schuldner zu vertreten, so gelten die §§ 920f, beruht es auf Zufall, so ist § 1447 entsprechend anzuwenden.

F. Die Kollision von Forderungsrechten bei beschränkten Gattungsschulden

Der Weinbauer W, der aus einer Rebe bisher jährlich 12.000l seiner weithin berühmten Weinsorte produziert hat, verkauft im Frühjahr von der nächsten Ernte 4000l an A, 3000l an B und 1000l an C. Wegen schlechter Witterung kann er dieses Jahr nur Trauben für 4000l ernten. Wem soll er leisten?

Bei der begrenzten Gattungsschuld kann nachträgliche Unmöglichkeit bewirken, daß der Schuldner nicht in der Lage ist, alle Gläubiger zu befriedigen. Leistete er einem Gläubiger die ganze versprochene Menge, so vereitelte er die Erfüllung gegenüber den anderen und würde dadurch schadenersatzpflichtig. Sachgerecht ist daher, alle Ansprüche **quotenmäßig** zu befriedigen. Die Gleichbehandlung der Gläubiger entspricht auch dem Konkursrecht[31]).

III. Verzug

Literatur: *Beuthien,* Zweckerreichung und Zweckstörung im Schuldverhältnis (1969); *Bydlinski,* Fälligkeit und Grundlagen des Entgeltsanspruches bei Störungen in der Erfüllung des Kaufes und Werkvertrages, JBl 1973, 281; *U. Huber,* Leistungsstörungen, Band I + II (1999); *Hüffer,* Leistungsstörungen durch Gläubigerhandeln (1976); *Heinrich Stoll,* Die Lehre von den Leistungsstörungen (1936); *Wahl,* Schuldnerverzug (1998).

A. Schuldnerverzug (Leistungsverzug)[1])

Der Schuldner gerät in Verzug, wenn er den Vertrag nicht zur gehörigen Zeit, am gehörigen Ort und auf die bedungene Weise erfüllt (§ 918 Abs 1).

Der Verzug ist das Unterbleiben der Leistung oder ein nicht vertragsgemäßes Anbot. Da zur Erfüllung der Fälligkeitstag zur Verfügung steht, tritt der Verzug erst mit dessen Ablauf ein (§ 903).

Ist am 1. Oktober zu leisten, so ist der Schuldner am 2. Oktober in Verzug. Bedarf es zur Fälligstellung einer Mahnung, so beginnt der Verzug mit dem auf den Zugang der Mahnung folgenden Tag (§ 1334).

---

[31]) Dazu *de Boor,* Die Kollision von Forderungsrechten (1928); *Zachmann,* Die Kollision von Forderungsrechten (1976). Kritisch *Rabl,* Gefahrtragung 410ff mwN.

[1]) *Adler,* Zur Lehre vom Leistungsverzug beim Kauf, ZHR 80, 1; *P. Bydlinski,* Fälligkeit und Grundlagen des Entgeltsanspruches bei Störungen in der Erfüllung des Kaufes und Werkvertrages, JBl 1973, 281; *Gitschthaler,* Verzugsschäden und Verzugsbereicherung, ÖJZ 1984, 233; *Oertmann,* Einrede und Leistungsverzug, ZHR 78, 1; *Wilhelm,* Festsetzung oder Gewährung der Nachfrist beim Rücktritt vom Vertrag? JBl 1976, 515.

Der **objektive** Verzug ist der Verzug an sich, wie immer er auch zustandegekommen sein mag. Der **subjektive** Verzug ist der vom Schuldner verschuldete. Das Gesetz (§§ 918ff) knüpft schon an den objektiven Verzug wesentliche Rechtsfolgen, die bei subjektivem Verzug eine Steigerung erfahren. Spricht man nur von „Verzug", so meint man den objektiven, der auch „Verzögerung" heißt. Der Verzug setzt immer voraus, daß die Leistung noch möglich ist, weil sonst die Unmöglichkeit vorliegt (s oben S 45ff).

1. Objektiver Verzug

a) Allgemeines

Der objektive Schuldnerverzug begründet ein **Wahlrecht** des Gläubigers: Er kann weiter auf der **Erfüllung** bestehen (seinen Vertragsanspruch geltend machen) oder unter Setzung einer angemessenen **Nachfrist** vom Vertrag **zurücktreten** (§ 918).

Er löst sich damit von einem objektiv unzuverlässigen Partner. Das Recht auf Rücktritt steht ihm aber nur zu, wenn er sich selbst vertragstreu verhält: Wer Erfüllung verlangt, muß erfüllungsbereit sein[2]).

Während des Verzugs trifft den Schuldner die **Preisgefahr**[3]). Dies ist eine – freilich selbstverständliche – Ausnahme von der Regel, daß die Gefahr mit dem Zeitpunkt der bedungenen Übergabe auf den Gläubiger übergeht.

Bei Verzug mit einer Geldschuld hat der Schuldner die gesetzlichen oder vereinbarten **Verzugszinsen** zu zahlen (oben S 35f).

Der Verzug **endet** durch gehöriges Anbot der Leistung[4]) oder durch eine Stundung, welche die Fälligkeit hinausschiebt (vgl oben S 38).

b) Der Rücktritt im einzelnen

Der Rücktritt muß unter gleichzeitiger Setzung einer **angemessenen Nachfrist** erfolgen.

„Ich trete zurück, wenn Sie nicht binnen 14 Tagen Ihre fällige Leistung erbringen." Der Gebrauch des Wortes „Rücktritt" ist allerdings nicht wesentlich. In der Erklärung muß nur der Wille des Gläubigers zum Ausdruck kommen, daß er nach Ablauf der Frist den Leistungsaustausch nicht mehr will[5]).

Die Nachfrist hat den Sinn, dem Schuldner nochmals eine **Chance** zu geben. Sie **entfällt** bei den Fixgeschäften (s dazu unten S 56f); ferner, wenn der Schuldner von vornherein die Leistung ernstlich und endgültig

---

[2]) OGH in JBl 2003, 240.

[3]) Vgl *Schilcher,* Die Preisgefahr beim Kauf, JBl 1964, 410; *Rabl,* Gefahrtragung 69ff mwN.

[4]) Nach Ansicht des OGH (ZVR 1991/18 mwN) bei Schickschulden erst durch Einlangen der Leistung.

[5]) Zum konkludenten Rücktritt vgl OGH in JBl 1992, 318.

verweigert[6]) oder offensichtlich nicht in der Lage ist, die Erfüllung innerhalb angemessener Frist nachzuholen[7]).

Nach dem Gesetz müssen Rücktrittserklärung und Nachfristsetzung eine **Einheit** bilden. Die Erklärung des Gläubigers, er verlange Erfüllung, behalte sich aber den Rücktritt vor, wurde nicht als hinreichend angesehen[8]).

Die Nachfrist muß **angemessen** sein; sie muß dem Schuldner eine Chance geben, die Leistung nachzuholen. Die Angemessenheit ist danach zu bestimmen, welche Zeit für die Vorbereitung und Durchführung der Leistung nötig ist und wie dringend sie der Gläubiger braucht. Die Nachfrist muß allerdings nicht so lang sein, daß sie es dem Schuldner ermöglicht, mit den Leistungsvorbereitungen erst zu beginnen, sondern nur so lang, daß er eine bereits begonnene Vorbereitung zu Ende führen kann[9]).

Bei **zu kurz** bemessener Nachfrist, kann der Schuldner Verlängerung begehren. Die Rücktrittserklärung hat allerdings keine Wirkung, wenn der Schuldner die Leistung in angemessener Frist erbringt[10]).

Das Gesetz verlangt die **„Setzung"** der Nachfrist. Der OGH hält es allerdings für ausreichend, daß der Gläubiger die Nachfrist durch Zuwarten tatsächlich **gewährt**[11]).

Vereinzelte Entscheidungen[12]) verstehen unter „tatsächlicher Gewährung" ein Zuwarten zwischen Verzug und Rücktrittserklärung. Die jüngere Rechtsprechung[13]) meint hingegen damit ein Zuwarten nach der Rücktrittserklärung. Dies ist besonders problematisch, weil dabei der Schuldner nicht weiß, daß er trotz Rücktrittserklärung noch die Möglichkeit hat, den Vertrag zu erfüllen[14]). Daher läßt die Judikatur das bloße Zuwarten nur dann genügen, wenn an der Annahmebereitschaft des Gläubigers kein Zweifel besteht[15]).

Tritt ein seine Pflicht zur Setzung einer Nachfrist offenbar nicht kennender Besteller ohne Setzung einer solchen vom Vertrag zurück, hat ihn der säumige Unternehmer auf seine Verpflichtung hinzuweisen und die geschuldete Leistung innerhalb angemessener Frist anzubieten[16]).

Hat der Gläubiger nach einem Schuldnerverzug weiterhin **Erfüllung begehrt,** so kann er dennoch zurücktreten, wenn der Schuldner mit der Erfüllung nochmals in Verzug gerät[17]).

---

[6]) *Gschnitzer* in Klang IV/1, 458; *Gernhuber,* Die endgültige Erfüllungsverweigerung, Medicus-FS (1999) 145ff. OGH in JBl 1986, 246; JBl 1992, 318; ÖBA 1995, 720; vgl auch JBl 1979, 203 *(Koziol).*

[7]) OGH in JBl 1988, 241 mwN.

[8]) OGH in JBl 1956, 151.

[9]) OGH in SZ 34/54; HS 4295 und 6333; vgl auch RdW 1999, 712.

[10]) OGH in SZ 24/332; JBl 1962, 96; vgl auch ecolex 1999, 16.

[11]) OGH in EvBl 1958/302; SZ 27/334; EvBl 1978/2.

[12]) ZB OGH in SZ 24/248; kritisch *Wilhelm,* JBl 1976, 521f.

[13]) ZB OGH in SZ 27/334; JBl 1974, 423 *(Wilhelm)*; JBl 1975, 262; RdW 1999, 713.

[14]) Ebenso *Wilhelm,* JBl 1974, 425f; *derselbe,* JBl 1976, 515; *Mayrhofer,* Schuldrecht I 379.

[15]) JBl 1988, 447; HS 27.493; JBl 1999, 527; OGH in RdW 2004/49.

[16]) OGH in SZ 60/287 und dazu *Reischauer* in Rummel § 918 Rz 15.

[17]) OGH in JBl 1996, 177; SZ 70/120.

Selbst nach Rechtskraft eines stattgebenden Leistungsurteils hat der Gläubiger die Möglichkeit, statt der Erfüllung das Interesse zu verlangen (§ 368 EO), wenn der Schuldner die Leistungsstörung zu vertreten hat[18]).

Nach Wirksamwerden des Rücktritts, besteht **kein Erfüllungsanspruch** mehr.

2. Subjektiver Verzug

Der vom Schuldner verschuldete Verzug löst außer den an den objektiven Verzug geknüpften Rechtsfolgen **Schadenersatzpflichten** aus[19]).

Besteht der Gläubiger weiter auf Erfüllung (§ 918 Variante 1), so kann er vom Schuldner den **Verspätungsschaden** begehren, dh jene Nachteile ersetzt verlangen, die ihm durch die Verspätung der Leistung entstanden sind. Macht der Gläubiger von seinem Rücktrittsrecht Gebrauch (§ 918 Variante 2), so kann er **Schadenersatz wegen Nichterfüllung** (Erfüllungsinteresse, positives Vertragsinteresse) fordern. Er ist dabei so zu stellen, wie er stünde, wenn ordnungsgemäß erfüllt worden wäre (§ 921)[20]).

3. Teilverzug

Bietet der Schuldner die Leistung unvollständig an, so kann der Gläubiger die vollständige **Erfüllung** verlangen oder unter Nachfristsetzung vom Vertrag zurücktreten. Ist dabei die Leistung **teilbar** und kann ihr ein entsprechender Teil der Gegenleistung zugeordnet werden, so hat er das Recht auf **Teilrücktritt.** Ist hingegen die Leistung auch nur auf einer Seite unteilbar, so steht ihm nur das Recht auf **Gesamtrücktritt** zu (§ 918 Abs 1 iVm § 918 Abs 2 und §§ 920 f)[21]).

Gerät beim **Sukzessivlieferungsvertrag** der Schuldner mit einer Teillieferung in Verzug, so kann der Gläubiger entweder nur bezüglich der verzögerten oder bezüglich aller noch ausständigen Teilleistungen zurücktreten (§ 918 Abs 2).

Der Gläubiger kann den Rücktritt auch bezüglich solcher Leistungen erklären, mit denen der Schuldner noch gar nicht in Verzug ist, weil er an einen vertragsbrüchigen Schuldner nicht gebunden sein soll[22]). Bezüglich der schon erbrachten Teilleistungen gibt es aber beim Sukzessivlieferungsvertrag keinen Rücktritt.

---

[18]) So die neuere Auffassung: OGH in JBl 1992, 318; SZ 70/120; *M. Roth,* Voraussetzungen einer Interessenklage, JBl 1992, 302; *dieselbe,* Individualleistung und Geldersatz im Rahmen der Interessenklage (1993) 98ff mwN.

[19]) Zum Verschulden bei unklarer Sach- und Rechtslage OGH in SZ 64/105.

[20]) Vgl etwa OGH in SZ 53/173; SZ 59/8; *Rabl,* Schadenersatz wegen Nichterfüllung (1998). Zur Anwendbarkeit des § 921 bei einvernehmlicher Vertragsauflösung s OGH in SZ 61/44; ÖBA 1989, 910 *(Fischer-Czermak).*

[21]) Vgl auch *Wilhelm,* Der Verzug mit der Verbesserung als Problem der Gesetzeskonkurrenz zwischen Gewährleistung und Nichterfüllung, JBl 1975, 190; ferner *Apathy,* Gewährleistung für bedungene Eigenschaften und den verabredeten Gebrauch, JBl 1975, 580; *Rabl,* Die Gefahrtragung beim Kauf (2002) 213ff mwN.

[22]) Vgl OGH in SZ 54/188.

§ 918 Abs 2 gilt sowohl für den echten als auch den unechten Sukzessivlieferungsvertrag (oben S 8).

§ 918 Abs 2 (Möglichkeit des Gesamtrücktritts bei Teilverzug) wird analog auf zwei getrennte Verträge angewendet, die in einem engen sachlichen Zusammenhang stehen, so daß der eine Geschäftsgrundlage des anderen ist. Verzug mit der Leistung aus einem Vertrag berechtigt auch zum Rücktritt vom anderen[23]).

4. Verzug mit Nebenleistungspflichten

Die Verzugsregeln gelten auch bei nicht rechtzeitiger Erfüllung **selbständiger Nebenleistungspflichten.**

Die Verletzung von **unselbständigen** Nebenleistungspflichten und von **Schutzpflichten** rechtfertigt weder einen vollständigen noch einen teilweisen Rücktritt vom Vertrag[24]), weil solche Pflichten nicht im Austauschverhältnis stehen.

Bei Verletzung unselbständiger Nebenleistungspflichten kann der Gläubiger allerdings zurücktreten, wenn durch die Pflichtverletzung sein Interesse an der Erfüllung weggefallen ist: Der Verkäufer einer Maschine verweigert die Einschulung des Personals.

Dem Gläubiger ist allerdings ein Rücktrittsrecht analog zu § 918 Abs 2 zuzugestehen, wenn die Pflichtverletzung das gegenseitige Vertrauensverhältnis so tief erschüttert hat, daß dem Gläubiger eine Bindung an den untreuen Teil **nicht** mehr **zuzumuten** ist[25]).

5. Der Verzug beim Fixgeschäft

Das Fixgeschäft ist ein Vertrag, in dem die Erfüllung zu einer fest bestimmten Zeit oder binnen einer fest bestimmten Frist „bei sonstigem Rücktritt“ bedungen wird (§ 919).

Es kommt also zur Terminisierung der Leistung noch die Vereinbarung hinzu, daß eine verspätete Erfüllung nicht mehr angenommen wird, der Gläubiger also schon beim Abschluß des Vertrags für den Fall einer Verspätung der Leistung den **Rücktritt** erklärt. Der **ausdrücklichen** Vereinbarung wird gleichgestellt, daß die **Natur** des Geschäftes oder der dem Verpflichteten bekannte **Zweck der Leistung** entnehmen läßt, daß der Gläubiger an einer verspäteten Leistung kein Interesse hat (§ 919 letzter Satz)[26]).

---

[23]) OGH in SZ 54/188; HS 10.788/32; vgl auch *Iro,* Leistungsstörungen bei gemeinsamer Anschaffung von Hardware und Software, RdW 1984, 266; ferner OGH in SZ 60/125.

[24]) OGH in SZ 57/175; aM *Schlesinger,* ZBl 1926, 732 ff. Vgl auch *Mahler-Hutter,* Sind Bergbahnunternehmen berechtigt, „Pistenrowdies“ die Zeitkarte zu entziehen? ZVR 1985, 131.

[25]) OGH in JBl 1999, 526.

[26]) Vgl dazu OGH in EvBl 1976/32; SZ 54/3 und 186; wbl 1987, 124.

Fixgeschäft ist die Bestellung eines Taxis zum Flughafen für 15 Uhr, die Bestellung eines Christbaumes für den Abend des 24. Dezember, die Verpflichtung, für den Ball am 27. Juni Lebkuchenherzen zu liefern oder die Verpflichtung, einen bestimmten Hochzeitszug zu filmen.

Der verspäteten kann eine zu früh erbrachte Leistung gleichzuhalten sein (zB bei Inseraten), wenn dadurch die Erfüllung zum richtigen Zeitpunkt ausgeschlossen wird[27]).

Das Fixgeschäft ist ein Fall des „zeitlichen Unmöglichwerdens".

Gerät beim Fixgeschäft der Schuldner in Verzug, so **„zerfällt"** der Vertrag von selbst, also **ohne** daß der Gläubiger eine **Nachfrist** setzen oder (nochmals) den **Rücktritt** erklären müßte.

War der Verzug **verschuldet,** so hat der Schuldner das Erfüllungsinteresse zu leisten.

Trotz Verstreichens des Termins kann der Gläubiger auf der **Erfüllung** bestehen, wenn er es dem Schuldner **unverzüglich** mitteilt, wodurch das Fixgeschäft zum einfachen Zeitgeschäft wird. Später ist ein solches Erfüllungsbegehren nicht mehr möglich. Voraussetzung ist überdies ein **relatives Fixgeschäft,** dh ein solches, bei dem die Erfüllung nach Fälligkeit dem Leistungsgegenstand nach überhaupt noch möglich ist, wie bei der Lieferung unverderblicher Sachen. Beim – gesetzlich nicht besonders geregelten – **„absoluten Fixgeschäft"** (Filmen eines Hochzeitszuges) bleibt es bei der Vertragsauflösung, weil die Leistung unmöglich geworden ist. Vgl § 22 KO.

6. Die Rechtsfolgen des Rücktritts[28])

a) Rückabwicklung

Durch den Rücktritt wird der Vertrag „rückwirkend" aufgehoben. Als Folge davon soll rechtlich möglichst jener Zustand hergestellt werden, wie er ohne den Vertragsabschluß bestünde.

Daher sind nach einem Rücktritt die empfangenen Leistungen wechselseitig zurückzustellen (§ 921 letzter Satz). Dies gilt ohne Rücksicht auf ein Verschulden[29]); es handelt sich um einen **Bereicherungsanspruch,** um einen Fall der condictio causa finita (§ 1435)[30]); vgl unten S 278.

Die Rückwirkung ist allerdings bloß **obligatorischer** (schuldrechtlicher), nicht sachenrechtlicher Natur[31]): jeder Teil hat einen schuldrechtlichen Anspruch auf Rückübertragung, übertragenes Eigentum fällt aber

[27]) OLG Wien in MR 1987, 218 *(Kurschel).*

[28]) *Kerschner,* Rückabwicklung gegenseitiger Verträge, JBl 2001, 756. Zum deutschen Recht: *Leser,* Der Rücktritt vom Vertrag (1975).

[29]) OGH in EvBl 1991/169; ecolex 2003, 907.

[30]) *Gschnitzer* in Klang IV/1, 496f; OGH in SZ 47/55; SZ 68/116 = ecolex 1996, 14 *(Wilhelm)*; ZfRV 1996, 161 *(Hoyer).* Die Beweislast für den Verzug und den rechtmäßigen Rücktritt trägt der Gläubiger (OGH in ecolex 2003, 907).

[31]) *Reischauer* in Rummel § 921 Rz 1; OGH in JBl 2003, 240. Vgl zur schuldrechtlichen Wirkung *Kerschner,* JBl 2001, 764f.

nicht von selbst an den Veräußerer zurück[32]). Man spricht von „bloß schuldrechtlicher ex-tunc-Wirkung".

Hingegen wirkt zB die Anfechtung wegen eines Willensmangels auch sachenrechtlich ex tunc. Es wird angenommen, daß der Titel für die Übereignung nicht entstanden ist, so daß der Überträger einer Sache diese sofort mit der rei vindicatio herausverlangen kann.

Ist die Rückstellung des Empfangenen nicht mehr möglich, wie bei geleisteten Handlungen, so hat der Empfänger eine dem erlangten Nutzen angemessene Vergütung zu leisten (§§ 1431, 921)[33]); auch für den Gebrauch der zurückzustellenden Sache[34]). Zur Herausgabepflicht bei Untergang s unten S 298 f.

Beim synallagmatischen Vertrag muß auch die Rückstellung der Leistungen **Zug um Zug** erfolgen[35]).

b) Ersatz des Nichterfüllungsschadens

Der Rücktritt vom Vertrag läßt den Anspruch auf Ersatz des durch **verschuldete** Nichterfüllung verursachten Schadens unberührt (§ 921 Satz 1). Der Schuldner muß also – Verschulden vorausgesetzt[36]) – das **positive Vertragsinteresse** leisten.

Ob mit dem Anspruch auf das Erfüllungsinteresse jener auf Ersatz des Vertrauensschadens (besonders der frustrierten Aufwendungen) konkurrieren kann[37]), ist fraglich und eher zu verneinen, weil die Vertragsverletzung den umfassenden Leistungsstörungstatbestand darstellt, neben dem sich Sanktionen für Irreführung erübrigen.

Der Gläubiger kann das Recht auf Schadenersatz mit dem **Differenzanspruch** geltend machen[38]).

Konkrete oder abstrakte Berechnung ist möglich[39]). Bei der konkreten Berechnung hat der Gläubiger den Abschluß eines Deckungsgeschäftes (eines Deckungskaufes oder Deckungsverkaufes) nachzuweisen. Er erhält dann den Unterschied zwischen

---

[32]) Dazu *Gschnitzer* in Klang IV/1, 538; *Hackl,* Dingliche oder obligatorische Wirkung der Vertragsaufhebung bei Irrtum, Rücktritt und Wandlung? ÖJZ 1977, 533; OGH in JBl 1986, 246; JBl 1987, 117.

[33]) Vgl *Harrer,* Rückabwicklungsprobleme beim fehlerhaften Kauf, JBl 1983, 244 f.

[34]) S dazu OGH in JBl 1992, 247; SZ 68/116 = ecolex 1996, 14 *(Wilhelm).*

[35]) Dazu *Jabornegg,* Zurückbehaltungsrecht und Einrede des nicht erfüllten Vertrages (1982) 168 f, 178 ff mwN.

[36]) Vgl zum Streik auch OGH in JBl 1989, 175 *(Humel).*

[37]) Dazu *Koziol,* Ersatz der getätigten Aufwendungen statt des Nichterfüllungsschadens? RdW 1993, 354; OGH in JBl 1996, 177.

[38]) Erfüllungsanspruch und Differenzanspruch schließen einander aus: OGH in SZ 61/179.

[39]) Vgl dazu OGH in SZ 52/188; SZ 55/185; JBl 1986, 371; RdW 1987, 49; SZ 69/11; ecolex 2005, 440 (Deckungsgeschäft bei Teilrücktritt); ecolex 2005, 441 *(Wilhelm)*; ferner *Wiedemann,* Thesen zum Schadenersatz wegen Nichterfüllung, Hübner-FS (1984) 719; *Bardo,* Die „abstrakte" Berechnung des Schadenersatzes wegen Nichterfüllung beim Kaufvertrag (1989); aA *Rabl,* Schadenersatz wegen Nichterfüllung 86 ff, der die konkrete Berechnung nur bei grobem Verschulden zuläßt.

dem Vorteil aus dem Deckungsgeschäft und dem versäumten Vorteil aus dem aufgehobenen Vertrag[40]). Beispiel: A mußte die Ware, die er vom vertragsuntreuen B um € 500,– gekauft hatte, nunmehr bei C um € 510,– einkaufen. Der konkret berechnete Schaden beträgt daher € 10,–. Der Gläubiger muß sich allerdings um den Abschluß eines günstigen Deckungsgeschäftes bemühen[41]) (Schadensminderungspflicht, s unten S 329). Die abstrakte Schadensberechnung gibt es bei Waren, die einen gemeinen Wert oder einen Markt- oder Börsenpreis haben (vgl § 1332 und § 376 Abs 1 UGB)[42]). Der Schaden errechnet sich aus der Differenz zwischen dem objektiven Wert und dem Preis, den der Rücktrittsberechtigte vom vertragsuntreuen Teil erhalten hätte oder an diesen hätte zahlen müssen. Beispiel: Der Rücktrittsberechtigte A hatte seine Ware dem B um € 500,– verkauft. Wenn der Marktpreis der Ware € 490,– beträgt, so kann A von B € 10,– fordern[43]).

Auch beim Ersatz des Nichterfüllungsschadens sind die §§ 1323 f und 1331 f anzuwenden, so daß entgangener Gewinn nur bei grobem Verschulden zu ersetzen ist[44]). Verletzt ein Unternehmer seine vertraglichen Pflichten gegenüber einem anderen Unternehmer, umfaßt der zu ersetzende Schaden stets auch den entgangenen Gewinn (§ 349 UGB).

Hat der Käufer die Ware vom Schuldner um € 500,– gekauft, während er sie nun zum Verkehrswert von € 510,– erwerben mußte, so kann er schon bei leichtem Verschulden des Schuldners € 10,– fordern. Trifft den Schuldner ein grobes Verschulden, so hat der Gläubiger das Recht auf € 30,–, wenn er die Ware um € 530,– hätte weiterverkaufen können; zur Abgrenzung des positiven Schadens vom entgangenen Gewinn s unten S 323 f.

B. Gläubigerverzug (Annahmeverzug)[45])

1. Begriff

Der Gläubiger gerät in Verzug, wenn er die vom Schuldner zur gehörigen Zeit, am gehörigen Ort und auf die bedungene Weise angebotene Leistung nicht annimmt.

Auf ein Verschulden des Gläubigers kommt es nicht an.

Der Gläubigerverzug setzt **Fälligkeit** der Schuld und **Anbot** der mangelfreien Leistung voraus[46]).

---

[40]) Erfordert das Deckungsgeschäft einen geringeren Aufwand, scheidet der Ersatzanspruch aus; über das Erfüllungsinteresse hinausgehende Aufwendungen, zB „Sowiesokosten", sind vom Differenzanspruch nicht umfaßt: OGH in RdW 1997, 71.

[41]) OGH in ÖBA 1991, 535; SZ 63/65.

[42]) Siehe dazu *Rabl,* Schadenersatz wegen Nichterfüllung 86 ff.

[43]) Schwierigkeiten ergeben sich beim Verkäuferschaden, wenn der objektive Einkaufs- und Verkaufswert der Ware differieren: s dazu *Rabl,* Schadenersatz wegen Nichterfüllung 118 ff.

[44]) *Gschnitzer* in Klang IV/1, 485; *Mayrhofer,* Schuldrecht I 405; *Wolff* in Klang VI 126.

[45]) *Adler,* Der Annahmeverzug des Käufers beim Handelskauf, ZHR 71, 449; *Apathy,* Schadenersatz und Rücktritt bei Annahmeverzug, JBl 1982, 561; *Oertmann,* Leistungsunmöglichkeit und Annahmeverzug, AcP 116, 1; *Rabl,* Gläubigerverzug und beiderseits zu vertretende Unmöglichkeit, JBl 1997, 488; *derselbe,* Hinterlegung, Selbsthilfeverkauf und Preisgabe – Rechtsbehelfe im Annahmeverzug des Gläubigers, ÖJZ 1998, 688; *Schey,* Begriff und Wesen der mora creditoris (1884).

[46]) OGH in RdW 1997, 531.

Das Angebot muß **„real"** erfolgen. **Wörtliches** Anbieten[47]) reicht aus, wenn sich der Gläubiger ernstlich weigert, die Leistung in Empfang zu nehmen, oder wenn er an der Leistungshandlung mitwirken muß und dies unterläßt. Verbalanbot genügt ferner bei der Holschuld[48]). Ist bei dieser der Leistungstermin kalendermäßig fixiert, so bedarf es nicht einmal eines Verbalanbotes[49]), sondern der Gläubiger kommt schon dadurch in Verzug, daß er die bereitgehaltene Leistung nicht abholt (§ 1334 per analogiam).

2. Gläubigerverzug als Obliegenheitsverletzung

Im allgemeinen kann der Schuldner den Gläubiger zur Annahme der Leistung **nicht zwingen,** dieser hat nur ein Recht auf sie[50]).

Der Gläubiger ist zur Abnahme nicht verpflichtet, weil der Schuldner den Vertrag gewöhnlich nur schließt, um die Gegenleistung zu erhalten. Diese kann er auch dann fordern, wenn der Gläubiger die Leistung ungerechtfertigt zurückweist.

Weil der Gläubiger zur Annahme nicht verpflichtet ist, löst sein Verzug auch nicht die Folgen der §§ 918ff aus. Er stellt nur eine Obliegenheitsverletzung dar[51]).

3. Gläubigerverzug als Pflichtverletzung

Der Schuldner hat allerdings ein Recht auf die Abnahme, wenn er (schon bei Vertragsabschluß) erkennbar an ihr ein Interesse hat, das über jenes am Erhalt der **Gegenleistung hinausgeht**[52]). Der Gläubigerverzug ist hier zugleich Schuldnerverzug.

Ein Künstler, der das Foyer eines Opernhauses gestaltet, will mit seinem Werk auch an die Öffentlichkeit treten. Beim Kauf eines Hauses auf Abbruch hat der Verkäufer ein Interesse am Freiwerden des Bauplatzes. Ganz allgemein ist eine Abnahmepflicht anzunehmen, wenn den Parteien beim Vertragsabschluß klar sein muß, daß die Nichtannahme den Schuldner erheblich schädigen würde[53]).

Der vertragstreue Teil kann entweder nach den §§ 918ff vorgehen oder es bei den Rechtsfolgen des § 1419 belassen (unten S 61f).

4. Zusammentreffen von Gläubiger- und Schuldnerverzug im Synallagma

Verletzt der Gläubiger durch den Annahmeverzug meist nur eine Obliegenheit, so gerät er beim synallagmatischen Geschäft **zugleich** in

---

47) Dazu *Gschnitzer* in Klang VI 389f; vgl auch *Emmerich,* Das Recht der Leistungsstörungen[3] (1991) 286ff.

48) Vgl OGH in SZ 69/65 = ecolex 1996, 853 *(Th. Rabl).*

49) *Gschnitzer,* Schuldrecht AT 96f.

50) OGH in JB 179 = GlUNF 3809; EvBl 1982/68; JBl 1985, 746 *(Wilhelm).*

51) Dazu *R. Schmidt,* Die Obliegenheiten (1953).

52) Vgl OGH in GlUNF 3809; EvBl 1982/68; JBl 1984, 380 *(Hoyer). Gschnitzer,* Schuldrecht AT 114f.

53) Vgl *Apathy,* JBl 1982, 576; OGH in JBl 1985, 746 *(Wilhelm).*

Schuldnerverzug, wenn er auch seine **eigene,** bereits fällige **Leistung verweigert**[54]).

Der Käufer lehnt die Übernahme der Kaufsache und die Zahlung des Kaufpreises ab.

Wiederum kann der vertragstreue Teil sowohl die Rechtsfolgen der §§ 918ff als auch jene des § 1419 geltend machen[55]).

5. Folgen des reinen Annahmeverzuges

Hat der Gläubiger gezögert, die Zahlung anzunehmen, so fallen die widrigen Folgen auf ihn (§ 1419).

Eine der „widrigen Folgen" ist der Übergang der **Preisgefahr.**

Die Gefahr geht ja im Zeitpunkt der „bedungenen Übergabe" (§ 1048), also bei Fälligkeit über. Das ist gerade beim Annahmeverzug von Bedeutung.

Geht also während des Gläubigerverzuges die Sache durch Zufall unter, so wird der Schuldner von seiner Leistungspflicht frei[56]), behält jedoch den Anspruch auf die Gegenleistung[57]).

Weiters wird ab Eintritt des Annahmeverzugs die vom Schuldner gegenüber der Sache geschuldete **Sorgfalt gemindert,** so daß er nur noch für grobe Fahrlässigkeit haftet[58]).

Dies ist im Gesetz nicht ausdrücklich bestimmt, entspricht aber gemeinrechtlicher Tradition. Aus § 1061 ergibt sich nur, daß der Verkäufer verpflichtet ist, die Sache bis zur Zeit der Übergabe sorgfältig zu verwahren, doch bleibt offen, für welche Sorgfalt er danach haftet.

Wenn daher die Sache nach Eintritt des Gläubigerverzuges aus leichtem Verschulden des Schuldners untergeht, so hat er dies nicht zu vertreten, der Nachteil trifft den Gläubiger[59]).

Als Folge des Gläubigerverzugs hat der Schuldner schließlich das Recht zur **Hinterlegung** bei Gericht, die ihn – falls sie gerechtfertigt ist – von seiner Schuld befreit (§ 1425)[60]). Dazu unten S 98f. Der Annahmeverzug allein bewirkt eine solche Befreiung nicht[61]).

Der Gläubigerverzug löst, weil er keinen Pflichtverstoß, sondern bloß eine Obliegenheitsverletzung darstellt, **keine Schadenersatzpflicht** gegenüber dem Schuldner aus. Dieser kann allerdings für **Aufwendun-**

---

[54]) Vgl OGH in SZ 54/3.

[55]) Zur eingeschränkten Möglichkeit einer Kombination vgl *Rabl,* JBl 1997, 490 mwN.

[56]) OGH in SZ 69/65 = ecolex 1996, 853 *(Th. Rabl).*

[57]) Vgl OGH in SZ 54/90; ausführlich *Rabl,* Gefahrtragung 64f und 392f.

[58]) *Gschnitzer* in Klang VI 392; *Mayrhofer,* Schuldrecht I 462; *Schey,* Mora Creditoris 120ff. OGH in GlUNF 5929; HS 6312; SZ 54/90. AA *Rabl,* JBl 1997, 490ff mwN.

[59]) *Pisko/Gschnitzer* in Klang VI 548. Dagegen *Bydlinski* in Klang IV/2, 348f; *Kerschner,* Der OGH auf dem Weg zur Saldotheorie? JBl 1988, 631; *derselbe,* RdA 1988, 502.

[60]) Dazu *Rabl,* ÖJZ 1998, 688ff.

[61]) OGH in SZ 54/90. Vgl auch *Apathy,* JBl 1982, 571ff.

gen, die er im Interesse des Gläubigers auf die Sache gemacht hat, nach den Regeln über die Geschäftsführung ohne Auftrag Vergütung fordern. S unten S 392ff.

Der Gläubiger gerät nicht nur in Verzug, wenn er die Leistung nicht annimmt, sondern auch dann, wenn er eine sonstige für die Erfüllung erforderliche **Mitwirkung** unterläßt.

Der Besteller verweigert dem Maler den Zutritt zur Wohnung; er kommt zum vereinbarten Termin nicht ins Spital, so daß die Operation nicht stattfinden kann. Der wahlberechtigte Gläubiger gibt die nötige Erklärung nicht ab (Bestimmung des Leistungsortes, Auswahl der Sache); er besorgt vereinbarungswidrig nicht die für die Erfüllung erforderlichen behördlichen Genehmigungen.

Auch die Mitwirkung kann der Schuldner nur klageweise durchsetzen, wenn er an der Erfüllung ein über die Gegenleistung hinausreichendes Interesse hat.

Der Gläubigerverzug **beendet** das Schuldverhältnis **nicht.** Der Schuldner hat also seinerseits ein Recht auf die Gegenleistung. Da er selbst gehörig anbietet, kann ihm der Gläubiger nicht den Einwand des nicht erfüllten Vertrages entgegenhalten.

Weil der Vertrag trotz des Annahmeverzugs aufrecht bleibt, muß der Schuldner an sich auch seine **Leistungsbereitschaft** erhalten[62]), was zu einem Schwebezustand führt.

Hat der Schuldner eine körperliche Sache zu leisten, so kann er diese gerichtlich hinterlegen und so das Vertragsverhältnis durch Erfüllung beenden (§ 1425), s unten S 98. Im übrigen muß unterschieden werden: Ist der Gläubiger mit der Ausübung eines Gestaltungsrechtes, zB mit der Spezifikation, in Verzug, so geht das Bestimmungsrecht nach angemessener Frist auf den Schuldner über (§ 906 Abs 2 ABGB; vgl oben S 30). Ebenso kann der Schuldner, soweit möglich, Mitwirkungshandlungen des Gläubigers, zB die Beistellung von Verpackungsmaterial, selbst setzen. § 1168 Abs 2 gibt dem Werkunternehmer bei Unterbleiben der Mitwirkung des Bestellers darüber hinaus das Recht, unter Setzung einer angemessenen Nachfrist vom Vertrag zurückzutreten. Diese Vorschrift ist analog auf alle Fälle zu erstrecken, in welchen den Schuldner die fortgesetzte Leistungsbereitschaft besonders belasten würde. Im Falle der Aufhebung des Vertrages behält der Unternehmer den gemäß § 1168 Abs 1 geminderten Entgeltsanspruch[63]).

Der Annahmeverzug **endet,** wenn der Gläubiger die Leistung **annimmt,** die Parteien einvernehmlich die **Fälligkeit** hinausschieben oder die Schuld aus einem anderen Grund **erlischt.**

6. Gläubigerverzug und Unmöglichkeit der Leistung

Die Abgrenzung zwischen Annahmeverzug und Unmöglichkeit bereitet Schwierigkeiten, weil die Verhinderung des Gläubigers sehr oft

---

[62]) S OGH in SZ 54/3; JBl 1988, 590 *(Dellinger)*; vgl auch *Apathy,* JBl 1982, 571ff; *Rabl,* JBl 1997, 490f.

[63]) *Ehrenzweig* II/1, 526; *Apathy,* JBl 1982, 568; OGH in EvBl 1971/161; EvBl 1972/331; RdA 1983, 27; ferner *Holzer,* Annahmeverzug des Arbeitgebers und Anrechnung anderweitig absichtlich versäumten Verdienstes, RdA 1983, 7.

auch ein Unmöglichkeitsfall ist. Die Rechtsfolgen von Annahmeverzug und Unmöglichkeit sind aber sehr verschieden.

Der Dienstnehmer kann die Leistung nicht erbringen, weil die Straße zur Fabrik vermurt oder diese abgebrannt ist. Der Lehrer kann den Schüler nicht unterrichten, weil dieser erkrankt ist. Der von einer Gruppe bestellte Bergführer muß wegen schlechter Witterung den Aufstieg unterlassen.

Die hA[64]) zieht zur Abgrenzung die in den §§ 1155 und 1168 zum Ausdruck kommende **Sphärentheorie** heran. Danach greifen die Regeln über den Annahmeverzug ein, wenn der Schuldner zur Leistung **bereit** ist, die der Leistung entgegenstehenden Hindernisse **vorübergehend** sind und **auf Seiten des Gläubigers** liegen. Kann auf Grund der eingetretenen Umstände die Leistung **überhaupt** nicht mehr erbracht werden, so gelten die Regeln über das Unmöglichwerden der Leistung.

IV. Leistungsstörungen bei Konkurs

Im Konkurs werden die Gläubiger eines überschuldeten Schuldners gleichmäßig (nach Quoten) befriedigt. Um dies zu ermöglichen, werden alle Forderungen fällig und zu Geld (§ 14 KO).

Bei gegenseitigen Verträgen hat der Masseverwalter ein Wahlrecht (§ 21 KO): Ist der Vertrag vom Gemeinschuldner und dem anderen Teil zur Zeit der Konkurseröffnung noch nicht oder noch nicht vollständig erfüllt, so kann der Masseverwalter entweder an Stelle des Gemeinschuldners erfüllen und auch vom anderen Teil Erfüllung fordern oder vom Vertrag zurücktreten[1]). Tritt er zurück, so erhält der andere Teil einen Schadenersatzanspruch, der allerdings nur quotenmäßig befriedigt wird[2]). Vgl auch § 20b AO.

V. Gewährleistung

Literatur: *Faber,* Handbuch zum neuen Gewährleistungsrecht (2001); *Fischer-Czermak,* Mobilienleasing – Rechtsnatur, Gewährleistung und Gefahrtragung (1995); *Flume,* Eigenschaftsirrtum und Kauf (1948); *M. Gruber,* Gewährleistung für bedungene Eigenschaften (1990); *B. Jud,* Schadenersatz bei mangelhafter Leistung (2003); *Kletečka,* Gewährleistung neu (2001); *Kurschel,* Die Gewährleistung beim Werkvertrag (1989); *Pisko,* Gewährleistungs-, Nichterfüllungs- und Irrtumsfolgen bei Lieferung mangelhafter Ware[2] (1926); *Puck,* Der Unternehmenskauf – Gewährleistung, Schaden-

---

[64]) *Gschnitzer* in Klang VI 391; vgl auch *Tomandl,* Der Lohnanspruch Arbeitswilliger im Arbeitskampf, AcP 164, 183. Vgl dagegen *Köhler,* Unmöglichkeit und Geschäftsgrundlage bei Zweckstörungen im Schuldverhältnis (1971) 22ff.

[1]) S dazu *Welser/Graff,* Zum Rücktrittsrecht des Masseverwalters gem § 21 KO im Konkurs eines ARGE-Partners, GesRZ 1984, 121; *Iro,* Das Zug-um-Zug-Prinzip im Insolvenzverfahren, RdW 1985, 101; *denselben,* Kein Wahlrecht des Masseverwalters nach § 21 KO beim Kauf unter Eigentumsvorbehalt? RdW 1989, 294; *Pitkowitz,* Wirkt der Rücktritt des Masseverwalters in § 21 KO ex tunc? ÖJZ 1990, 677; *Hock,* Zur Wirkung der Rücktrittserklärung des Masseverwalters, ÖJZ 1991, 297; *Kepplinger/Duursma,* Rücktritt des Masseverwalters im Konkurs des Werkunternehmers, ecolex 2001, 269; *Th. Rabl,* Rücktritt des Masseverwalters und Haftungsrücklass im Konkurs des Werkunternehmers, ecolex 2001, 518; OGH in wbl 1991, 403. Vgl zur Anwendbarkeit des § 21 KO im Konkurs einer Partei beim treuhändigen Liegenschaftsverkehr *Bollenberger,* Treuhändiger Liegenschaftsverkehr und Konkurs einer Partei, ÖBA 1994, 825.

[2]) Vgl dazu OGH in SZ 54/168.

ersatz und Irrtum (1995); *Rabel,* Zu den allgemeinen Bestimmungen über Nichterfüllung gegenseitiger Verträge (1937); *J. Stainer,* Die Gewährleistung beim Unternehmenskauf (1993); *Welser,* Gewährleistung und Schadenersatz, JBl 1976, 127; *derselbe,* Haftungsrechtliche Probleme der Bau-ARGE, in Krejci, Das Recht der Arbeitsgemeinschaften in der Bauwirtschaft (1979) 77; *derselbe,* Zwei Fragen des Gewährleistungsrechts, JBl 1982, 585; *derselbe,* Qualitätsmangel und Quantitätsmangel, Strasser-FS (1983) 919; *derselbe,* Gewährleistung und Schadenersatz: Vorrang und Kombination von Ansprüchen, Schadensberechnung, Frotz-FS (1993) 137; *derselbe,* Schadenersatz statt Gewährleistung (1994); *derselbe,* Der Entwurf für ein neues Gewährleistungsrecht, ecolex 1995, 11; *derselbe,* Die bevorstehende Reform des österreichischen Gewährleistungsrechts, Kaneti-FS (1996) 59; *derselbe,* Ein neues österreichisches Gewährleistungsrecht – Versuch eines Gesetzesentwurfes, Dittrich-FS (2000) 507; *derselbe,* Gewährleistungsreform – Konsequenzen für die Rechtsprechung, Krejci-FS (2001) 1319; *derselbe,* Das neue Gewährleistungsrecht, ecolex 2001, 420; *derselbe,* Mängel, Gewährleistung und Schadenersatz, in Straube/Aicher (Hrsg), Handbuch Bauvertrags- und Bauhaftungsrecht II, 6. Kapitel; *derselbe,* Die Verbrauchsgüterkauf-Richtlinie und ihre Umsetzung in Österreich und Deutschland, in Schlechtriem (Hrsg), Wandlungen des Schuldrechts, Schriften der Ernst-von-Caemmerer-Gedächtnisstiftung, Band 5 (2002) 83; *derselbe,* Reform des österreichischen Leistungsstörungsrechts, in Fischer-Czermak/Hopf/Schauer, Das ABGB auf dem Weg in das 3. Jahrtausend (2003) 63; *derselbe,* Die Schlechterfüllung der Nachbesserungsschuld, in *Koller,* 7. St. Galler Baurechtstagung 2006 (2006); *Welser/B. Jud,* Zur Reform des Gewährleistungsrechts – Die Europäische Richtlinie über Verbrauchsgüterkauf und ihre Bedeutung für ein neues Gewährleistungsrecht, 14. ÖJT Bd II/1 (2000); *dieselben,* Die neue Gewährleistung (2001).

A. Begriff der Gewährleistung

Gewährleistung ist die bei entgeltlichen Verträgen gesetzlich angeordnete Haftung des Schuldners für Mängel (Sach- und Rechtsmängel), welche die Leistung bei ihrer Erbringung aufweist.

Da die Gewährleistung **vom Gesetz** angeordnet ist, braucht sie nicht vereinbart zu werden. Voraussetzung ist ein **entgeltliches** Geschäft, bei Schenkungen gibt es keine Gewährleistung: „Einem geschenkten Gaul schaut man nicht ins Maul."

Das ABGB regelt in den §§ 922ff die Gewährleistung bei der entgeltlichen Überlassung von Sachen, vor allem beim **Kauf.** Diese Vorschriften sind aber allgemein auf die gegenseitigen Verträge anzuwenden, soweit das Gesetz nichts Besonderes bestimmt[1]). Gewisse Sondervorschriften finden sich allerdings beim Bestandvertrag (§ 1096), bei der Zession (§§ 1397ff) und beim beiderseitig unternehmensbezogenen Geschäft (§ 377 UGB). Hingegen verweist das Werkvertragsrecht für die Gewährleistung jetzt nur noch auf die Bestimmungen des Kaufvertrags. Zugunsten des Verbrauchers ist das Gewährleistungsrecht zwingend. Die §§ 8ff KSchG enthalten darüber hinaus einige Sonderregeln. Unten S 422ff.

[1]) Nach hA werden die §§ 922ff beim Geschäftsbesorgungsvertrag durch die §§ 1002ff verdrängt: *Strasser* in Rummel § 1004 Rz 6 und § 1009 Rz 9a; *Reischauer* in Rummel §§ 922f Rz 2; OGH in NZ 1994, 228. AM *Apathy* in Schwimann § 1004 Rz 4. Zur Gewährleistung für überlassene Arbeitskräfte s OGH in ecolex 2002, 88; dazu *Mazal,* Arbeitskräfteüberlassung und Gewährleistung, ecolex 2004, 385; vgl auch *Schrammel,* „Gewährleistung" für schlechte Dienste, Welser-FS (2004) 985.

Zur Umsetzung der EG-Richtlinie über den Verbrauchsgüterkauf (RL 99/44/EG) wurde das österreichische Gewährleistungsrecht durch das GewRÄG (BGBl I 2001/48) novelliert[2]). Eine ausführliche Darstellung des alten Gewährleistungsrechts, das auf alle vor dem 1. 1. 2002 abgeschlossene Verträge anzuwenden ist, findet sich in Band II der 11. Auflage S 60 ff, 237 ff, 379 ff mwN.

Die Gewährleistung soll Störungen der **subjektiven Äquivalenz** ausgleichen. Sie geht von der Überlegung aus, daß beim Vertragsabschluß jede Partei kalkuliert, was ihr die Leistung der anderen Seite „wert ist". Danach richtet sich die Höhe ihres eigenen Leistungsangebots. Entspricht die Gegenleistung wegen ihrer Mangelhaftigkeit nicht der Vereinbarung, so kommt das vorgestellte Verhältnis aus dem Gleichgewicht. Die Gewährleistung soll diese Störung rückgängig machen. Da es nur um das Gleichgewicht geht, ist **unerheblich,** ob der Mangel vom Schuldner **verursacht** und **verschuldet** wurde.

Der Gewährleistungsmangel muß bei der **Ablieferung** der Sache vorliegen (s unten S 77 f). Daher ist es gleichgültig, ob er schon **ursprünglich,** dh bei Abschluß des Vertrages, vorhanden war, oder erst **nachträglich** (zwischen Vertragsabschluß und Leistung) eingetreten ist[3]). Die Gewährleistung nimmt deshalb eine gewisse „Mittelstellung" zwischen den ursprünglichen Mangelhaftigkeiten des Vertrages und den Leistungsstörungen ein.

B. Verhältnis der Gewährleistung zur Nichterfüllung

Bei einem Verzug des Schuldners und beim Unmöglichwerden bleibt die Leistung aus; beim Verzug kann sie noch nachgeholt werden, beim Unmöglichwerden nicht. Oft wird aber die Leistung, zB die verkaufte Sache oder das bestellte Werk, in mangelhaftem Zustand angeboten. Der Gläubiger ist nicht genötigt, die mangelhafte Leistung anzunehmen; er kann sie **zurückweisen,** ohne daß es auf die Schwere des Mangels ankommt[4]). Es stehen ihm weiter die Rechte der §§ 918 ff aus Verzug und Unmöglichwerden zu.

Wird die Leistung dennoch vom Gläubiger übernommen, zB weil der Mangel nicht gleich erkennbar ist oder weil der Gläubiger die Sache dringend braucht, so wurde **mangelhaft geleistet.** Der Gläubiger kann deshalb die Rechte aus der Gewährleistung geltend machen. Gleichzeitig erhebt sich aber die Frage des Verhältnisses zwischen der Gewährleistung einerseits und den Rechten aus den §§ 918 ff (Verzug und Unmöglichwer-

[2]) S dazu ausführlich *Welser/B. Jud,* Reform.

[3]) *Gschnitzer* in Klang IV/1, 511 f. Vgl auch OGH in SZ 10/20.

[4]) OGH in SZ 63/197; differenzierend *Koziol,* Die Grenzen des Zurückbehaltungsrechts bei nicht gehöriger Erfüllung, ÖJZ 1985, 742 f; *Krejci,* Abnahmeobliegenheit trotz versteckter Baumängel, ecolex 1999, 816. Zum deutschen Recht *B. Jud,* Das Recht zur Zurückweisung im Kaufrecht, JuS 2004, 841 ff.

den) andererseits. Denn die mangelhafte Lieferung erfüllt fast immer auch einen Tatbestand der §§ 918 bis 921.

So spricht schon der Tatbestand des Verzugs (§ 918 Abs 1) selbst von der mangelhaften Leistung: der Schuldner gerät in Verzug, wenn er **„nicht auf die bedungene Weise"** leistet. Die mangelhafte Leistung stellt aber, sobald abgeliefert ist, auch den Gewährleistungsfall dar. Damit entsteht das Problem des Verhältnisses zwischen Gewährleistung (Schlechterfüllung) und Nichterfüllung. Es kann allerdings nicht durch die wahlweise Zulassung aller in Betracht kommenden Ansprüche gelöst werden, weil die Gewährleistung an kurze Fristen gebunden ist und ihr Zweck durch die Anwendung der Nichterfüllungsregeln unterlaufen würde. Die hM löst das Problem seit langem dadurch, daß sie die beiden Arten von Ansprüchen hintereinander ordnet, wobei die **„Ablieferung"** (Übergabe) der Leistung die Grenze bildet: sie ist die Zäsur zwischen den Rechten aus den §§ 918 bis 921 und den Rechten aus der Gewährleistung.

Ähnlich ist es im Verhältnis zwischen Unmöglichkeit und Gewährleistung. Weist die geleistete Sache einen unbehebbaren Mangel auf, so ist gleichzeitig der Tatbestand der teilweisen Unmöglichkeit und jener des Gewährleistungsrechts erfüllt. Auch hier ist nach der Ablieferung der Übernehmer auf die Rechte aus der Gewährleistung beschränkt.

Nichterfüllungsansprüche und Gewährleistungsbehelfe sind sich auch inhaltlich ähnlich: dem Rücktritt entspricht die Wandlung, dem Teilrücktritt die Preisminderung, dem Erfüllungsanspruch das Recht auf Verbesserung[5]).

Es gibt allerdings Fälle, die auch nach der Übergabe der Sache der Nichtlieferung (dem Verzug) näherstehen als der Gewährleistung. Hierher gehört die **Andersliefrung.**

Anderslieferung (Lieferung eines aliud) bedeutet, daß der Schuldner nicht nur mangelhaft, sondern überhaupt etwas anderes leistet als er schuldet[6]).

Bei der aliud-Lieferung wird daher der Schuldner so betrachtet, als hätte er gar nicht geleistet, er ist im **Schuldnerverzug**[7]).

Bei der Stückschuld stellt jede Leistung, die **nicht die** versprochene **Sache** ist, ein aliud dar[8]). Bei der Gattungsschuld ist die Grenzziehung zwischen mangelhafter Leistung und aliud schwieriger. Im Zweifel ent-

---

[5]) Ausführlich *Welser,* Reform des österreichischen Leistungsstörungsrechts 63.

[6]) *Von Caemmerer,* Falschlieferung, Martin Wolff-FS (1952) 3; *Fabricius,* Schlechtlieferung und Falschlieferung beim Kauf, JuS 1964, 1 und 46; *E. A. Kramer,* Die „aliud"-Lieferung im ABGB und HGB, ÖJZ 1972, 561; OGH in RZ 1973/151.

[7]) Vgl aber OGH in SZ 70/15 mwN.

[8]) Eine entstellende Neuinszenierung einer Operette betrachtete das LG Salzburg in JBl 2003, 587 = MR 2003, 391 (zust *M. Walter*) im Hinblick auf die gekauften Karten nicht als „aliud-Lieferung"; dagegen *Pfersmann/E. Schönherr,* Zur Salzburger „Fledermaus" 2001: Überraschende Irreführung des Publikums, welches auf eine das Werk weitgehend verändernde „Bearbeitung" nicht vorbereitet war – „Freiheit der Kunst" als Rechtfertigung? JBl 2003, 595. Vgl auch *Zöllner,* Opernregietheater und Vertragserfüllung, Welser-FS (2004) 1249; *Zechner,* Zur Aufklärungspflicht des Opernveranstalters, JBl 2005, 341.

scheiden der allgemeine Sprachgebrauch und die **Verkehrssitte** darüber, was die vereinbarte und was eine **andere Gattung** ist. Leistet der Schuldner statt Weißwein mittlerer Art und Güte Weißwein unterdurchschnittlicher Qualität, so liegt Schlechterfüllung vor und es finden die Regeln der Gewährleistung Anwendung. Leistet er statt Weißwein Rotwein, so ist das ein aliud.

Manche wollen die Abgrenzung analog zu § 378 UGB lösen. Danach liege Nichterfüllung mit den Folgen der §§ 918ff vor, wenn die gelieferte Ware von der Bestellung so erheblich abweicht, daß der Verkäufer die Genehmigung des Käufers als ausgeschlossen betrachten mußte[9]), andernfalls Schlechterfüllung mit den Folgen der Gewährleistung. Dies verlagert aber nur das Problem um eine Ebene. Denn es ist wiederum die Frage, wann der Verkäufer die Genehmigung als ausgeschlossen ansehen muß. Das Abstellen auf subjektive Elemente (Beurteilung des Käuferverhaltens durch den Verkäufer) macht die Abgrenzung unsicher. Die hM[10]) beschränkt daher § 378 UGB auf seinen unmittelbaren Anwendungsbereich. Er enthält nur eine Aussage darüber, wann bei einer „aliud"-Lieferung zu rügen ist: bei der „genehmigungsfähigen" aliud-Lieferung muß der Käufer gemäß § 377 UGB rügen, um sich die Ansprüche nach §§ 918ff zu erhalten, bei der „nicht genehmigungsfähigen" Lieferung bedarf es dieser Rüge nicht.

C. Arten der Mängel

1. Sachmängel

Sachmängel haften einer Sache körperlich an.

Der Übergeber leistet nach § 922 Abs 1 dafür Gewähr, daß die Sache dem **Vertrag entspricht.** Das Gesetz verweist damit auf die Pflicht des Übergebers zur vertragsgemäßen Leistung[11]). Nur der konkrete Vertrag kann darüber entscheiden, ob eine Leistung mangelhaft ist. Bleibt sie qualitativ oder quantitativ hinter dem Geschuldeten zurück, ist sie mangelhaft[12]).

Mangel ist deshalb jede Abweichung der Leistung vom geschuldeten Quantum und Quale[13]).

Nach § 922 haftet der Übergeber in erster Linie für die **bedungenen** und für die im Verkehr **gewöhnlich vorausgesetzten** Eigenschaften.

Die **Ausbedingung** kann ausdrücklich oder stillschweigend geschehen, doch ist sie nicht schon in jeder Äußerung des Übergebers über die verkaufte Sache zu sehen. Vielmehr ist zu fragen, ob die Parteien den Umstand in die vertragliche Verabredung miteinbeziehen wollten[14]).

---

[9]) *Bydlinski* in Klang IV/2, 163; *Mayrhofer,* Schuldrecht I 411; vgl zuletzt *Böhler,* Grundwertungen zur Mängelrüge (2000) 178ff; OGH in ecolex 2004, 787.

[10]) *Gschnitzer* in Klang IV/1, 451; *E. A. Kramer,* ÖJZ 1972, 567; OGH in JBl 1974, 264.

[11]) *Welser/B. Jud,* Gewährleistung §§ 922f Rz 16.

[12]) OGH in SZ 63/171 = ecolex 1991, 84 *(Wilhelm)*; SZ 68/105; SZ 73/159 = ecolex 2001, 373 *(Reidinger).*

[13]) *Rabel,* Die Haftung des Verkäufers wegen Mangels im Rechte (1902) 334.

[14]) *Gschnitzer* in Klang IV/1, 508; OGH in SZ 58/11; JBl 1987, 315; SZ 68/105; SZ 73/159 = ecolex 2001, 373 *(Reidinger).* Vgl ferner *M. Gruber,* Gewährleistung Rz 77ff.

Im Zweifel liegt aber in den Angaben des Verkäufers eines Hauses über die Anzahl von Räumen oder den Zinsertrag die Zusage einer Eigenschaft.

Ob eine Eigenschaft als **gewöhnlich vorausgesetzt** gilt, hängt davon ab, ob der Erwerber ihr Vorhandensein nach der Verkehrsauffassung erwarten kann[15]). So ist zB ein Auto mangelhaft, wenn der Motor nicht funktioniert. Bei einem Gebrauchtwagen gelten „Kratzer" idR nicht als Mangel, wohl aber bei einem fabriksneuen Fahrzeug.

Auf Grund der Verkehrserwartung liegt bei einer Textverarbeitungsanlage ein Mangel vor, wenn immer wieder Zeilensprünge auftreten[16]), wenn eine 1996 neu angeschaffte EDV-Anlage nicht „jahrtausendfest" ist[17]); wenn ein Auto nicht die nötige Verkehrs- oder Betriebssicherheit aufweist[18]); bei Lebensmitteln, wenn die empfohlene Aufbrauchsfrist abgelaufen ist[19]). Auch ohne besondere Abrede kann das Fehlen einer Betriebsanleitung für ein elektronisches Gerät einen Sachmangel darstellen[20]). Wurde bedungen, daß ein Kfz eine Höchstgeschwindigkeit von 180 km/h erreichen soll, ist es schon mangelhaft, wenn es nur 170 km/h „schafft".

Der Übergeber haftet nach § 922 ferner dafür, daß die Sache der **Beschreibung,** einer **Probe** oder einem **Muster** entspricht[21]) und daß sie der Natur des Geschäftes oder der getroffenen **Verabredung** gemäß verwendet werden kann.

Schließlich spielt für die Vertragsgemäßheit der Sache eine Rolle, was der Übernehmer auf Grund der über sie gemachten **öffentlichen Äußerungen** des Übergebers oder Herstellers, vor allem in der Werbung und in den der Sache beigefügten Angaben, erwarten kann[22]). Den Äußerungen des Herstellers werden jene des EWR-Importeurs und des „Anscheinsherstellers"[23]) gleichgestellt (§ 922 Abs 2). Auch die Haftung für Werbeaussagen und sonstige öffentliche Äußerungen ergibt sich daraus, daß sie in den Vertrag einbezogen wurden.

---

[15]) Über das Verhältnis der „gewöhnlich vorausgesetzten Eigenschaften" und der „Verkehrsauffassung" zum „Stand der Technik" *I. Welser,* Y2K – Das Jahr 2000 Problem (2000) 20 ff. Zu den gewöhnlich vorausgesetzten Eigenschaften einer Eigentumswohnung s OGH in SZ 73/160.

[16]) OGH in SZ 61/24.

[17]) *I. Welser,* Y2K 28.

[18]) OGH in JBl 1998, 652.

[19]) Strittig; dafür: *Iro,* Ist die Ware nach Ablauf der „empfohlenen Aufbrauchsfrist" mangelhaft? RdW 1987, 250; dagegen: *P. Madl,* Ablauf der „empfohlenen Aufbrauchsfrist"? – Ein Mangel trotz einwandfreier Qualität? RdW 1988, 191.

[20]) OGH in ecolex 1994, 754.

[21]) *Welser/B. Jud,* Gewährleistung §§ 922 f Rz 12. Zur bisherigen (entsprechenden) Rechtslage *Mayer-Maly* in Klang IV/2, 899 ff; *E. A. Kramer* in Straube, HGB, Art 8 Nr 17 Rz 1 ff.

[22]) Dazu *Welser/B. Jud,* Reform 42 und 47; *dieselben,* Gewährleistung §§ 922 f Rz 13 ff mwN; *Augenhofer,* Bedeutung von Werbeaussagen – sowohl des Verkäufers als auch des Herstellers – für die Begründung von Gewährleistungsrechten, JBl 2001, 82; *dieselbe,* Das neue Gewährleistungsrecht für Werbeaussagen (2002).

[23]) Das ist jener, der sich durch die Anbringung seines Namens, seiner Marke oder eines anderen Kennzeichens an der Sache als Hersteller bezeichnet (vgl auch § 3 PHG, dazu unten S 381 f).

So kann § 922 Abs 2 zur Anwendung kommen, wenn Äußerungen eines Herstellers über den Kraftstoffverbrauch eines Fahrzeugs, über die Kompatibilität einer Software mit einer bestimmten Hardware oder über den Energieverbrauch eines Elektrogerätes wesentlich von den tatsächlichen Gegebenheiten abweichen. Allgemein gehaltene Werbeaussagen, die noch nichts über die Qualität und die Eigenschaften eines Gutes aussagen, zB „schmeichelweich" für einen Weichspüler, sind gewährleistungsrechtlich nicht relevant. Ebenso führen offenkundig marktschreierische und nicht ernst gemeinte Angaben nicht zur Haftung[24]).

Öffentliche Äußerungen **binden** den Übergeber aber jedenfalls **nicht,** wenn er sie weder kannte noch kennen konnte, wenn sie beim Abschluß des Vertrages berichtigt waren oder wenn sie den Vertragsabschluß nicht beeinflußt haben konnten (§ 922 Abs 2 letzter Satz)[25]).

Nach allgemeinen Grundsätzen des Beweisrechts muß der Übernehmer den Mangel **beweisen**[26]). Dies schließt den Beweis des Vertragsinhaltes ein, weil sich die Mangelhaftigkeit aus der Abweichung vom Vertrag ergibt.

Die von § 922 Abs 1 und 2 für die vertragliche Vereinbarung für maßgebend erklärten Umstände sind Zweifelsregeln für den Inhalt der Vereinbarung und führen damit zu einer Beweiserleichterung für den Übernehmer. Dieser muß allerdings weiter beweisen, daß die tatsächliche Leistung vom Vertrag abweicht und daher mangelhaft ist[27]).

Wenngleich für die „Vertragsgemäßheit der Leistung" stillschweigend vorausgesetzte Eigenschaften und damit die allgemeine Beschaffenheit von Sachen eine wichtige Rolle spielen, kommt es letztlich immer auf die vertragliche Vereinbarung an. Ob eine Beschaffenheit auch wirklich als Gewährleistungsmangel anzusehen ist, kann nur für einen bestimmten Fall (auf Grund eines bestimmten Vertrages) gesagt werden, weil die Mangelhaftigkeit immer von der konkreten Vereinbarung abhängt **(konkreter Fehlerbegriff).** Wer zB alte Bücher kauft, kann sich nicht darüber beschweren, daß sie „Eselsohren" aufweisen, während dies bei neuen Büchern ein Mangel wäre[28]). Oft gibt die Höhe des Kaufpreises darüber Aufschluß, welche Eigenschaften die Parteien vorausgesetzt haben.

Die Gewährleistungsregeln gelten sowohl für **Stück-** als auch für **Gattungsschulden**[29]).

Bei den Gattungssachen gibt es sowohl **Qualitätsmängel** als auch **Quantitätsmängel**[30]). Ein Qualitätsmangel betrifft die Eigenschaft, ein Quantitätsmangel die Menge. Ein Qualitätsmangel ist es zB, wenn an

---

[24]) EB 422 BlgNR 21. GP 13.

[25]) *Welser,* ecolex 2001, 423.

[26]) Zu den Kosten der Mangelfeststellung ausführlich *I. Welser,* Teilweise oder vollständige Mangelhaftigkeit? Zur Reichweite der Verbesserungspflicht und Tragung der Kosten der Mangelfeststellung, Welser-FS (2004) 1170.

[27]) S dazu *Welser/B. Jud,* Gewährleistung §§ 922 f Rz 24 ff.

[28]) Zum Gebrauchtwagenkauf OGH in SZ 63/160; ZVR 1997/14.

[29]) *Schlesinger,* Vertragsverletzung und Gewährleistung, ZBl 1920, 276; OGH in JBl 1984, 203.

[30]) Dazu *Welser,* Qualitätsmangel und Quantitätsmangel, Strasser-FS (1983) 919.

Stelle der vereinbarten „I a-Ware" nur durchschnittliche oder unterdurchschnittliche Gattung geliefert wird; ein Quantitätsmangel ist es, wenn von der vereinbarten Quantität nur ein Teil geleistet wird (statt 10.000 Liter Heizöl nur 9.000 Liter).

Von diesem „echten" unterscheidet sich der **„unechte Quantitätsmangel"**, der in Wirklichkeit ein Qualitätsmangel ist. Er liegt vor, wenn eine bestimmte Sache mengenmäßig nicht der Vereinbarung entspricht[31]): Das verkaufte Schwein ist – entgegen der Vereinbarung – nicht 150 kg, sondern bloß 100 kg schwer; das verkaufte Lager enthält nicht 20.000, sondern nur 15.000 Stück Papierservietten[32]).

2. Rechtsmängel

Ein Rechtsmangel liegt vor, wenn der Veräußerer dem Erwerber nicht die rechtliche Position verschafft, die er ihm nach dem Vertrag verschaffen muß[33]).

So ist es ein Rechtsmangel, wenn jemand eine fremde Sache als die seinige veräußert und der Erwerber deshalb nicht Eigentümer wird.

Erwirbt der Käufer Eigentum kraft guten Glaubens (zB § 367), hat er wegen „Zweckerreichung" keinen Gewährleistungsanspruch[34]). Oben S 47.

Ein Rechtsmangel ist es auch, wenn auf der Sache **ungewöhnliche Lasten** (zB Dienstbarkeiten) haften, wenn eine **nicht existente** Sache oder ein nicht bestehendes Recht verkauft wird, wenn für ein veräußertes Haus keine oder nur eine widerrufliche Baubewilligung besteht[35]) oder wenn die als bestandfrei verkaufte Eigentumswohnung wegen der Mietrechte eines Dritten vom Käufer nicht bewohnt werden kann.

Ein Rechtsmangel kann vom Gewährleistungsberechtigten nicht erst geltend gemacht werden, wenn der Dritte, zB der Eigentümer der verkauften Sache, Ansprüche erhebt. Es genügt, daß der Rechtsmangel **unzweifelhaft** ist[36]). Umgekehrt begründet nicht schon die Erhebung beliebiger Ansprüche durch Dritte Gewährleistungsrechte gegen den Verkäufer. Der Anspruchserhebung muß zumindest eine überwiegend wahrscheinliche Berechtigung zugrunde liegen.

Der wegen eines Mangels im Recht von einem Dritten in Anspruch genommene Übernehmer muß dem Übergeber gem § 931 den Streit verkünden (vgl § 21 ZPO), sonst kann ihm der Übergeber sämtliche Einwendungen entgegenhalten, die er gegen den Dritten hätte geltend machen

---

[31]) *Welser,* Strasser-FS 923.

[32]) Vgl OGH in SZ 1/19.

[33]) OGH in SZ 67/231; vgl aber *Mayrhofer,* Schuldrecht I 430.

[34]) OGH in HS 24.381; HS 26.532.

[35]) OGH in SZ 67/231; vgl auch SZ 70/128; bbl 1999, 120.

[36]) *Gschnitzer,* Schuldrecht AT 159; *Mayrhofer,* Schuldrecht I 430f; *Rabel,* Die Haftung des Verkäufers wegen Mangels im Rechte (1902) 339ff. AA *Gschnitzer* in Klang IV/1, 542f. OGH in SZ 66/129; ecolex 2005, 761.

können; tritt der Übergeber trotz Streitverkündung dem Rechtsstreit nicht bei, kann er diese Einwendungen nicht mehr erheben[37]).

D. Rechtsfolgen

1. Das System der Gewährleistungsbehelfe

§ 932 nennt als Gewährleistungsbehelfe die **Verbesserung** (Nachbesserung oder Nachtrag des Fehlenden), den **Austausch** der Sache, eine angemessene **Minderung** des Entgelts (Preisminderung) und die **Aufhebung** des Vertrags (Wandlung)[38]). Diese Rechte stehen unabhängig von Art und Schwere des Mangels zu. Sie gelten auch für Werkverträge, da § 1167 auf sie verweist.

Eine gewisse Einschränkung ergibt sich allerdings aus der „Natur der Sache": Ist ein Mangel unbehebbar, so ist die Verbesserung unmöglich, so daß auch die Gewährleistungsbehelfe beschränkt sind. Dasselbe gilt für die Ersatzlieferung bei der Speziesschuld: der Anspruch scheitert an der Unmöglichkeit einer solchen Leistung[39]). Insofern kann – wie vor der Gewährleistungsreform – weiterhin zwischen behebbaren und unbehebbaren Mängeln unterschieden werden[40]).

Allerdings wurde in Anlehnung an die RL der neue Begriff des **„geringfügigen Mangels"** eingeführt, bei dessen Vorliegen die Wandlung ausgeschlossen ist (unten S 75f).

Vom neuen Gewährleistungsrecht unberührt bleibt das Recht des Übernehmers, die Einrede des nicht gehörig erfüllten Vertrages nach § 1052 Satz 1 zu erheben. Sie steht dem Gläubiger zu, wenn der Schuldner eine Leistung anbietet, die qualitativ oder quantitativ nicht dem Geschuldeten entspricht, aber auch dann, wenn der Gewährleistungsberechtigte nach Ablieferung einer mangelhaften Sache oder eines mangelhaften Werkes die Verbesserung fordert. S dazu oben S 41.

Statt der Gewährleistung kann der Übernehmer – Verschulden des Übergebers vorausgesetzt – Schadenersatz fordern (§ 933a unten S 87ff).

§ 932 Abs 2 und 4 bestimmen den **Vorrang der Verbesserung** und des **Austauschs.** Der Übergeber soll dadurch eine **„weitere Chance"** erhalten, den vertragsgemäßen Zustand herzustellen. Verbesserung und Austausch sind also die primären, Preisminderung und Wandlung die sekundären Behelfe.

Preisminderung oder **Wandlung** kann daher der Übernehmer nur fordern, wenn die Verbesserung und der Austausch nicht möglich sind, für den Übergeber mit einem unverhältnismäßigen Aufwand verbunden wären oder wenn er dem Verlangen des Übernehmers nicht oder nicht in

---

37) Zur Bindungswirkung des Vorprozesses s OGH in SZ 70/60 (verst Senat); *Reischauer* in Rummel § 931 Rz 1ff mwN. Vgl zum Regreß OGH in RdW 2002/402.

38) Inhaltlich bestehen zwischen den Gewährleistungsbehelfen des österreichischen Rechts und jenen der RL keine Unterschiede (EB 422 BlgNR 21. GP 16).

39) *Welser/B. Jud,* Gewährleistung § 932 Rz 9; *Kletečka,* Gewährleistung neu, § 932 Rz 4; *Reischauer,* JBl 2002, 141ff; unklar *Faber,* Handbuch 106 und 137. AA *B. Jud,* Schadenersatz 146ff, die den Austausch immer dann zulassen will, wenn der Schuldner eine gleichartige, wirtschaftlich gleichwertige Lage schaffen kann.

40) *Welser/B. Jud,* Gewährleistung § 932 Rz 8.

angemessener Frist nachkommt. Das ist der Fall, wenn der Übergeber untätig bleibt, aber auch, wenn seine Bemühungen um Verbesserung fehlschlagen. Ferner kann der Übernehmer die „sekundären Rechtsbehelfe" geltend machen, wenn die primären für ihn mit erheblichen Unannehmlichkeiten verbunden wären oder wenn ihm die Verbesserung oder der Austausch aus triftigen, in der Person des Übergebers liegenden Gründen nicht zumutbar ist[41]).

Primäre Gewährleistungsbehelfe

Verbesserung (Nachbesserung, Nachtrag), **Austausch**

Angemessene Frist, möglichst geringe Unannehmlichkeiten für Übernehmer

Unmöglichkeit

Unverhältnismäßig hoher Aufwand für Übergeber

Verweigerung der Verbesserung (des Austausches)

Verzug mit der Verbesserung (dem Austausch)

Erhebliche Unannehmlichkeiten für den Übernehmer

Unzumutbarkeit aus triftigem, beim Übergeber liegendem Grund

Sekundäre Gewährleistungsbehelfe

Preisminderung oder

– wenn der Mangel nicht geringfügig ist –

Wandlung

2. Verbesserung, Nachtrag des Fehlenden und Austausch

Ist der Mangel **behebbar,** so hat der Erwerber das Recht auf Verbesserung (Nachbesserung oder Nachtrag des Fehlenden) oder auf Austausch der Sache.

Die Verbesserungs-, Nachtrags- und Austauschansprüche sind die in Gestalt eines Gewährleistungsanspruchs erhalten gebliebenen **Erfüllungsansprüche**[42]). Austauschansprüche kommen nur bei Gattungsschulden in Betracht[43]).

---

[41]) EB 422 BlgNR 21. GP 16; *Welser/B. Jud,* Gewährleistung § 932 Rz 13; *B. Jud,* Schadenersatz 197ff.

[42]) So schon OGH in GlUNF 5492 und *M. Schuster-Bonnott,* Grundriß des Obligationenrechts[2] (1914) 26; ferner HHB zur 3. TN 174; s zuletzt *Welser/B. Jud,* Gewährleistung § 932 Rz 24. Aus der jüngeren Judikatur zB OGH in RdW 1997, 449 *(Iro)* mwN.

[43]) AA *B. Jud,* Schadenersatz 146ff; vgl Nw in FN 39.

Verbesserung und Nachtrag des Fehlenden sind am ursprünglichen **Erfüllungsort** zu leisten und unentgeltlich vorzunehmen. Der Übergeber kann also dafür kein zusätzliches Entgelt verlangen. Für das Verbrauchergeschäft wird dies in § 8 Abs 3 KSchG besonders klargestellt[44]), s unten S 424.

Dem Übernehmer steht nach § 932 zwischen **Verbesserung** und **Austausch** das **Wahlrecht** zu[45]). Der Übergeber kann dem gewählten Behelf allerdings entgegenhalten, daß die Verbesserung oder der Austausch **unmöglich** ist oder für ihn, verglichen mit der anderen Abhilfe, mit einem **unverhältnismäßig** hohen Aufwand verbunden wäre[46]).

Bei Prüfung der Unverhältnismäßigkeit ist der gesamte Aufwand mit anderen Umständen in Beziehung zu setzen. Das Gesetz nennt besonders den Wert der mangelfreien Sache, die Schwere des Mangels und die mit der anderen Abhilfe für den Übernehmer verbundenen Unannehmlichkeiten. Der Wert der Sache ist insofern relevant, als vor allem bei billigen Massenprodukten der Austausch im Vordergrund steht, bei teureren und hochwertigen aber die Verbesserung. Zu berücksichtigen sind nicht nur die „reinen Behebungskosten", also die Kosten der Tätigkeit, insbesondere der Arbeit, sondern alle Kosten, mit denen der Veräußerer durch die Maßnahme belastet wird. Daher sind zB Reise- und Transportkosten, die der Gewährleistungspflichtige auf Grund des Gesetzes zu tragen hat, in die Abwägung einzubeziehen. S auch § 8 KSchG[47]).

Ist für den Übergeber die Verbesserung der Sache unmöglich oder untunlich, so bleibt dem Übernehmer nur der Austauschanspruch. Ist umgekehrt der Austausch unmöglich oder untunlich, so hat der Übernehmer zunächst nur Anspruch auf Verbesserung. Sind beide primären Abhilfen (Verbesserung und Austausch) unmöglich oder untunlich, so kann der Übergeber die Herstellung des vertragsgemäßen Zustandes überhaupt verweigern und den Übernehmer auf die sekundären Behelfe verweisen.

Die Verbesserung oder der Austausch ist in angemessener **Frist** und mit möglichst **geringen Unannehmlichkeiten** für den Übernehmer zu bewirken, wobei die Art der Sache und der mit ihr verfolgte Zweck zu berücksichtigen sind (§ 932 Abs 3)[48]).

Das Gesetz enthält keine genaueren Angaben über die Länge der Frist: sie richtet sich nach den Umständen des Einzelfalles. Es bedarf keiner besonderen Fristsetzung durch den Übernehmer, der Übergeber muß nach dem Verbesserungsverlangen des Übernehmers von sich aus in angemessener Zeit Abhilfe schaffen[49]).

---

44) S dazu ausführlich *I. Welser,* Der Erfüllungsort für Verbesserungspflichten des Unternehmers nach § 8 KSchG, ÖJZ 2001, 746.

45) Ausführlich *B. Jud,* Schadenersatz 177ff; zum bisherigen Recht *Welser,* Zwei Fragen des Gewährleistungsrechts, JBl 1982, 587.

46) Ausführlich *Welser/B. Jud,* Gewährleistung § 932 Rz 18ff. Zur Unverhältnismäßigkeit im alten Recht OGH in JBl 2003, 521.

47) Dazu *I. Welser,* Der Erfüllungsort für Verbesserungspflichten des Unternehmers nach § 8 KSchG, ÖJZ 2001.

48) Dazu *Welser/B. Jud,* Gewährleistung § 932 Rz 26ff.

49) EB 422 BlgNR 21. GP 17; *Welser/B. Jud,* Gewährleistung § 932 Rz 24.

Der Übernehmer kann die Verbesserung oder den Austausch überhaupt **ablehnen** und Preisminderung oder – wenn es sich nicht um einen geringfügigen Mangel handelt – Wandlung begehren, wenn der Übergeber die Verbesserung (den Austausch) verweigert oder nicht in angemessener Frist vornimmt, wenn diese Abhilfen für den Übernehmer mit erheblichen Unannehmlichkeiten verbunden wären oder wenn sie ihm aus triftigen, in der Person des Übergebers liegenden Gründen unzumutbar sind.

Der Einwand der „erheblichen Unannehmlichkeiten" steht dem Übernehmer nur zum Schutz vor krassen Unbilligkeiten zu[50]). Beispiele: mit der Verbesserung oder dem Austausch verbundene Belastungen, zB umfangreiche Stemm- und Maurerarbeiten samt den damit einhergehenden Schmutz- und Lärmbelästigungen; Erfolglosigkeit des Verbesserungsversuches. Erhebliche Unannehmlichkeiten können aber auch darin bestehen, daß der Verkäufer seinen Sitz im schwer erreichbaren Ausland hat und ein Geldausgleich leichter abzuwickeln ist als eine Reparatur oder ein Austausch[51]). Bei den in der Person des Übergebers liegenden Gründen geht es um Fälle, in denen es dem Übernehmer nicht zu verdenken ist, daß er sich nicht mehr auf die Verbesserung der Sache durch den Veräußerer einlassen will. Zu solchen „triftigen Gründen" gehören zB sicherheitsrelevante Umstände (eine unzulängliche Reparatur an der Bremsanlage eines Kfz, die zu einem Bremsversagen geführt hat) und andere Fehler, die eine besondere Sorglosigkeit und Nachlässigkeit des Übergebers nahelegen[52]).

Strittig ist, ob der Übernehmer die Verbesserung selbst vornehmen (lassen) und vom gewährleistungspflichtigen Übergeber Geld verlangen kann[53]). Die konkreten Kosten einer Verbesserung können jedenfalls nicht als Preisminderung begehrt werden. Nach manchen kann der Übernehmer vom Übergeber den Betrag, den dieser sich durch die Nichtvornahme der Verbesserung erspart hat, nach § 1042 verlangen. Vorzuziehen ist eine analoge Anwendung von § 1168, nach dem sich ein Werkunternehmer bei Unterbleiben der Ausführung des Werkes dasjenige auf seinen Werklohnanspruch anrechnen lassen muß, was er sich „infolge Unterbleibens der Arbeit erspart" hat. In jedem Fall ist ein Anspruch des Übernehmers betraglich durch die Ersparnis des Übergebers begrenzt.

Die Verbesserung kann dem Gewährleistungsberechtigten, abgesehen von der Mangelbehebung, weitere **Vorteile** bringen, zB die Ersparnis

---

[50]) OGH 6 Ob 85/05a; 5 Ob 191/05g. Dazu *B. Jud,* Die Kaufrechts-RL und ihre Umsetzung in der österreichischen Rechtsprechung, GPR 2006, 72ff; *P. Bydlinski,* Gewährleistung am Beispiel eines Werkvertrags, ZAK 2006/188, 105.

[51]) *Welser/B. Jud,* Gewährleistung § 932 Rz 32f.

[52]) EB 422 BlgNR 21. GP 18.

[53]) Zu Recht dagegen: *Wilhelm,* JBl 1975, 113 FN 3a; *Rummel* in Rummel § 1042 Rz 1; *Kurschel,* Gewährleistung 82f; *Welser,* Schadenersatz 18f; *Krejci,* Reform 117f; *Welser/B. Jud,* Reform 100ff; *dieselben,* Gewährleistung § 932 Rz 12; vgl auch OGH in RdW 2001/160. AA *Gschnitzer* in Klang IV/1, 539; *Apathy,* Aufwendungen zur Schadensbeseitigung (1979) 41f; *Reischauer* in Rummel § 932 Rz 13; *derselbe,* JBl 2002, 151; *Koziol,* Der Ersatzanspruch des Gläubigers gemäß § 1042 ABGB bei Vornahme der dem Schuldner obliegenden Leistung, RdW 1994, 341; OGH in SZ 49/124; ÖBA 1990, 390; ecolex 1992, 557; *Kletečka,* Gewährleistung neu, § 933a Rz 6. Für eine analoge Anwendung des § 1168 *Bollenberger,* Das stellvertretende Commodum (1999) 225ff; *B. Jud,* Schadenersatz 119ff.

von Reparaturkosten oder die längere Lebensdauer der gelieferten Sache. Gewöhnlich braucht sich der Berechtigte solche Vorteile nicht anrechnen zu lassen[54]). Dies gilt besonders dann, wenn der Vorteil (etwa die längere Lebensdauer) nur auf der verspäteten Behebung des Mangels beruht[55]). Außergewöhnliche Vorteile, zB daß ein Werk nun durch eine Neukonstruktion mit verbesserter Technologie qualitativ höherwertig ist oder eine besonders lange Lebensdauer hat, sind allerdings vom Berechtigten zu vergüten[56]).

3. Wandlung und Preisminderung

Auf „zweiter Ebene" hat der Übernehmer die Rechte der Preisminderung und der Wandlung (§ 932 Abs 4).

Die „sekundären Behelfe" kommen zum Zuge: bei Unmöglichkeit der Herstellung, bei unverhältnismäßig hohem Aufwand für den Übergeber, bei Verweigerung der Verbesserung oder bei Verzug damit; ferner, wenn die Verbesserung nur mit erheblichen Unannehmlichkeiten für den Übernehmer möglich wäre oder wenn sie ihm aus triftigen, in der Person des Übergebers liegenden Gründen unzumutbar ist. S oben S 72 und 74.

Wandlung und Preisminderung sind **Gestaltungsrechte,** die gerichtlich durch **Klage oder Einrede** ausgeübt werden müssen (s unten S 79). Bei Einigung der Parteien erübrigt sich die gerichtliche Geltendmachung.

Der Gewährleistungsberechtigte kann zwischen Wandlung und Preisminderung **wählen.** Das Recht auf Wandlung besteht allerdings nur, wenn es sich „**nicht** um einen **geringfügigen Mangel** handelt" (§ 932 Abs 4).

Fraglich ist, nach welchen Kriterien die Geringfügigkeit zu bestimmen ist[57]). Der Begriff kann jedenfalls nicht mit dem des unerheblichen Mangels nach § 932 Abs 2 aF gleichgesetzt werden[58]), da dieser überhaupt keine Gewährleistung ausgelöst hat[59]), während bei einer geringfügigen Vertragswidrigkeit nur das Recht auf die Wandlung ausgeschlossen ist. Ob ein die Wandlung ausschließender geringfügiger Mangel vorliegt, ist nach der Rechtsprechung im Rahmen einer die Umstände des Einzelfalls be-

---

[54]) Generell ablehnend OGH in SZ 55/29; JBl 2003, 521; *Krejci,* Reform 108f; *B. Jud,* Vorteilsausgleich im Gewährleistungsrecht, JBl 2000, 6ff. Nach *Fenyves,* Vorteilsausgleichung im Gewährleistungsrecht? JBl 1999, 11, kann das Verbesserungsbegehren rechtsmißbräuchlich sein, wenn die Verbesserung dem Gläubiger außergewöhnliche Vorteile bringt.

[55]) Vgl OGH in JBl 2005, 312.

[56]) So *Kurschel,* Gewährleistung 74ff mwN; *Welser,* Schadenersatz 16f.

[57]) Zum Begriff des geringfügigen Mangels *B. Jud,* Die Rangordnung der Gewährleistungsbehelfe, in Jahrbuch der GesJZ (2001) 220ff; *dieselbe,* Schadenersatz 295ff; *Welser,* ecolex 2001, 424; *Krejci,* VersRdSch 2001, 210f; *Apathy,* JBl 2001, 479; *Faber,* Handbuch 131ff; *Bollenberger,* Das neue Wahlrecht zwischen Wandlung und Minderung, RdW 2002/636, 715f; *Reischauer,* JBl 2002, 142; *Kletečka,* Der geringfügige Mangel, RdW 2003/537, 616; *P. Bydlinski,* JBl 2005, 687ff.

[58]) *Welser/B. Jud,* Reform 88; *dieselben,* Gewährleistung § 932 Rz 37; EB 422 BlgNR 21. GP 19.

[59]) Vgl *Apathy,* Gewährleistung für bedungene Eigenschaften und den verabredeten Gebrauch, JBl 1975, 577; OGH in SZ 52/23; EvBl 1993/148.

rücksichtigenden Interessenabwägung zu prüfen[60]). Das Wandlungsrecht steht dem Übernehmer nicht zu, wenn die Auflösung des Vertrages angesichts des geltend gemachten Mangels „unverhältnismäßig“ wäre[61]).

Treten zB bei einem fabriksneuen Pkw Vibrationsgeräusche des Schaltknüppels ohne Funktionsbeeinträchtigung auf, ist dies ein geringfügiger Mangel, weil die Interessen des Käufers geringer wiegen als jene des Verkäufers, der durch eine Wandlung erhebliche wirtschaftliche Nachteile erleiden würde[62]). Kein geringfügiger Mangel ist es hingegen, daß die Heizung eines Autos im Winter nicht mehr als 20 Grad Celsius erreicht[63]).

Durch die Wandlung (actio redhibitoria) wird der Vertrag **aufgehoben**[64]). Sie wirkt wie ein Rücktritt schuldrechtlich ex tunc[65]): auf Grund des Vertrages vollzogene Übereignungsakte sind sachenrechtlich weiter wirksam, doch bestehen schuldrechtliche Ansprüche auf Rückübertragung[66]).

Schwierigkeiten ergeben sich, wenn die mangelhafte Sache nicht mehr zurückgegeben werden kann, weil sie zB veräußert, vernichtet, verarbeitet worden ist. Hat der Übernehmer nach Kenntnis vom Mangel eine Verfügung vorgenommen, welche die Rückstellung unmöglich macht, oder die Rückstellung sonst schuldhaft vereitelt, so kann er zwar wandeln[67]), muß aber Schadenersatz leisten. Zum zufälligen Untergang s unten S 298f.

Der Gewährleistungsberechtigte hat nach vollzogener Wandlung auch einen verschuldensunabhängigen Anspruch auf **Beseitigung** der mangelhaften Sache[68]).

Bei Mangelhaftigkeit eines Leistungsteils ist eine **Teilwandlung** möglich, wenn beide Partner auch über den mangelfreien Teil kontrahiert hätten (Analogie zu § 918 Abs 2 und § 920 Satz 2)[69]).

Die **Preisminderung** (Klage auf Herabsetzung des Kaufpreises, actio quanti minoris) ist ebenfalls ein Gestaltungsrecht, führt jedoch nicht zur Aufhebung des Vertrages, sondern zur **Herabsetzung** des Entgelts und

---

60) OGH in EvBl 2005/181 (krit *Rabl*); RdW 2005/816; ecolex 2006, 26; dazu *Proschak,* Neues zum „geringfügigen Mangel“ nach § 932 Abs 4 ABGB, ÖJZ 2005, 900; *Wilhelm,* ecolex 2006, 1; *B. Jud,* GPR 2006, 72ff; *Faber,* ZEuP 2006, Heft 3.

61) *Welser/B. Jud,* Gewährleistung § 932 Rz 37.

62) OGH in EvBl 2005/181 (krit *Rabl*).

63) OGH in RdW 2005/816.

64) Zum Problem des Wegfalls der Geschäftsgrundlage durch Wandlung s OGH in ecolex 2000, 104; kritisch dazu *Fischer-Czermak,* Wegfall der Geschäftsgrundlage beim Leasing, ecolex 2000, 97.

65) Für eine schuldrechtliche ex-nunc-Wirkung *Kerschner,* Rückabwicklung gegenseitiger Verträge, JBl 2001, 764f.

66) *Gschnitzer* in Klang IV/1, 538; *Mayrhofer,* Schuldrecht I 444; OGH in ÖBA 1995, 813 *(Iro).*

67) So *Ostheim,* Zum Anspruch auf Vertragsaufhebung bei Unmöglichkeit der Naturalrestitution, Wilburg-FS (1975) 307; *Kerschner,* Der OGH auf dem Weg zur Saldotheorie? JBl 1988, 546f; dagegen *Mayrhofer,* Schuldrecht I 445; OGH in SZ 42/180; HS 24.504; ecolex 1997, 344. Vgl auch *Bydlinski* in Klang IV/2, 700; *Gschnitzer* in Klang IV/1, 536f; *Harrer,* Rückabwicklungsprobleme beim fehlerhaften Kauf, JBl 1983, 247f; *Rabl,* Die Gefahrtragung beim Kauf (2002) 262ff.

68) *Kurschel,* Gewährleistung 49f.

69) *Kurschel,* Gewährleistung 54ff.

damit zu einer Änderung des Vertrages[70]). Das Preisminderungsrecht ist kein Schadenersatzanspruch, sondern eher mit der Umgestaltung des Vertrags nach § 872 verwandt. Es geht durch Untergang oder Veräußerung der Sache nicht verloren.

Die Preisminderung ist nach der **„relativen Berechnungsmethode“** vorzunehmen[71]), mit der das beim Vertragsabschluß zugrundegelegte Wertverhältnis zwischen Leistung und Gegenleistung aufrecht erhalten werden soll. Danach muß sich der vereinbarte Preis zum geminderten Preis so verhalten wie der objektive Wert der Sache ohne Mangel zum objektiven Wert der Sache mit Mangel **(P : p = W : w).** Die Preisminderung ergibt sich dann aus der Differenz zwischen P und p.

Die konkreten Kosten einer Verbesserung können nicht als Preisminderung begehrt werden (s oben S 74).

Statt der Gewährleistung kann der Käufer die Herausgabe eines vom Verkäufer wegen des Mangels erlangten Vorteils verlangen, zB die Versicherungssumme für einen Brandschaden am verkauften Haus[72]).

E. Maßgebender Zeitpunkt, Vermutung der Mangelhaftigkeit

Gewähr zu leisten ist nur für die bei der **Übergabe** (Ablieferung) der Sache vorhandenen Mängel (§ 924 Satz 1). Für Mängel, die erst danach auftreten (und bei der Übergabe auch nicht angelegt sind), haftet der Übergeber nicht[73]). Fällt der Übergang der Preisgefahr nicht mit der Ablieferung zusammen (zB beim Annahmeverzug), so ist der **Gefahrenübergang** maßgebend (§§ 1048 f)[74]).

Da der Schuldner Mängel bis zur Ablieferung beheben kann, gibt es bis dahin kein Recht auf Gewährleistung. Eine Ausnahme besteht bei unbehebbaren Mängeln, weil bei ihnen das Zuwarten sinnlos wäre[75]).

Oft sind Mängel, die sich bald nach der Übergabe zeigen, auf einen Fehler zurückzuführen, den die Sache schon bei der Übergabe hatte[76]). Daran knüpft § 924 Satz 2 an: Es wird **vermutet,** daß ein Mangel schon bei der Übergabe vorhanden war, wenn er innerhalb von **sechs Monaten** nach der Übergabe hervorkommt[77]).

---

[70]) S *Gschnitzer* in Klang IV/1, 538.

[71]) *Gschnitzer* in Klang IV/1, 538f; *Mayrhofer,* Schuldrecht I 421; *Rabl,* Gefahrtragung, 194ff mwN. OGH in SZ 26/120; JBl 1957, 454; SZ 54/88; SZ 62/185. Dagegen *Reischauer* in Rummel § 932 Rz 8. Zu Reformüberlegungen *Welser/B. Jud,* Reform 121ff mwN.

[72]) Vgl *Bollenberger,* Stellvertretendes Commodum 422ff mwN.

[73]) *Welser/B. Jud,* Gewährleistung § 932 Rz 3ff.

[74]) *Gschnitzer* in Klang IV/1, 511; *Mayrhofer,* Schuldrecht I 418; *Rabl,* Gefahrtragung 232ff mwN. OGH in JBl 1971, 305.

[75]) Vgl *Pisko,* Gewährleistung 43ff. Dagegen OGH in Judikat 228 = GlUNF 7446.

[76]) S OGH in ecolex 1990, 543; JBl 1990, 655.

[77]) EB 422 BlgNR 21. GP 14; *Welser/B. Jud,* Gewährleistung § 924 Rz 6; *P. Bydlinski,* JBl 2005, 681f.

Dem Übernehmer wird dadurch der oft – vor allem bei komplizierten technischen Geräten, wie Elektrogeräten, Kraftfahrzeugen und Computern – schwierige Beweis der Mangelhaftigkeit bei der Übergabe erspart.

Die Vermutung greift auch ein, wenn der Mangel erst nach Ablauf der sechs Monate, aber innerhalb der Gewährleistungsfrist gerichtlich geltend gemacht wird und bewiesen werden kann, daß er schon in den sechs Monaten nach der Übergabe aufgetreten ist[78]). Der Beweis für das Hervorkommen in der Sechsmonatsfrist trifft den Übernehmer[79]). Er wird daher im eigenen Interesse Mängel möglichst rasch nach ihrer Entdeckung dem Übergeber bekanntgeben.

Die **Vermutung** gilt allerdings **nicht,** wenn sie mit der **Art** der Sache oder des Mangels unvereinbar ist (§ 924 Satz 3)[80]). Damit sind Fehler gemeint, bei denen typisch anzunehmen ist, daß sie nicht bereits bei der Übergabe vorhanden waren, wie offenbare Gebrauchs- oder Abnützungserscheinungen.

Verkalkung eines Dampfbügeleisens, Abnützung von Bremsbelägen eines innerhalb kurzer Zeit intensiv benützten Pkws; Spuren einer offenkundigen Fehlbehandlung der Sache[81]).

Die Vermutung gilt an sich auch für gebrauchte Güter. Doch kann sie bei gebrauchten minderwertigen oder sehr kurzlebigen Waren mit der „Art der Sache" unvereinbar sein.

F. Besonderheiten bei Viehmängeln

Für Viehmängel gilt eine besondere Gewährleistungsfrist von **sechs Wochen** (§ 933 Abs 2), ferner bestehen Vermutungen über den Zeitpunkt des Vorliegens des Mangels (§§ 925 bis 927). § 932 a betrifft einstweilige Verfügungen über den gerichtlichen Verkauf von Tieren während des Rechtsstreites über die Aufhebung des Vertrages.

Die Sechswochenfrist beginnt bei Mängeln, für die eine Vermutungsfrist besteht, erst nach deren Ablauf.

Diese **Sondervorschriften** gelten nicht für Konsumenten, da die Verbrauchsgüterkauf-RL eine Einschränkung der Gewährleistungsrechte gegenüber Konsumenten nicht zuläßt (§ 9 KSchG), s unten S 424 f.

Gemäß § 925 wird durch Verordnung bestimmt, inwiefern die **Vermutung** eintritt, daß ein Tier schon **vor der Übergabe krank** war, wenn innerhalb bestimmter Fristen gewisse Krankheiten auftreten. Wenn also die in der Verordnung BGBl 1972/472 genannten Tiere innerhalb von Fristen, die zwischen 5 und 150 Tage ab der Übergabe betragen, von bestimmten Krankheiten befallen wurden, so wird vermutet, daß sie schon vor der Übergabe krank waren. Das Auftreten einer Krankheit ist

---

78) *B. Jud,* ÖJZ 1997, 444; *Welser/B. Jud,* Reform 77; *dieselben,* Gewährleistung § 924 Rz 7 f.

79) *Welser/B. Jud,* Gewährleistung § 924 Rz 8 mwN.

80) EB 422 BlgNR 21. GP 15; *Welser/B. Jud,* Gewährleistung § 924 Rz 9 f.

81) EB 422 BlgNR 21. GP 15.

vom Erwerber sogleich dem Veräußerer anzuzeigen; allenfalls kann auch ein gerichtliches Beweissicherungsverfahren durchgeführt werden (§ 926).

Fraglich ist, ob neben §§ 925ff auch die allgemeine Vermutungsfrist des § 924 gilt[82]). Für Krankheiten, die in der VO BGBl 1972/492 angeführt sind, werden nur die §§ 925ff gelten. Bei allen anderen Krankheiten wäre an sich § 924 anzuwenden, doch ist hier die generelle Vermutungsfrist von sechs Monaten mit der „Art des Mangels" unvereinbar[83]). § 924 ist daher auf Tierkrankheiten nicht anzuwenden, sondern nur auf sonstige Mängel eines Tieres.

G. Geltendmachung und Verjährungsfrist

Die Rechtsfolgen der Gewährleistung treten nicht schon mit dem Vorhandensein des Mangels ein, sie müssen vom Erwerber innerhalb der Gewährleistungsfrist durch **Klage** oder **Einrede** geltend gemacht werden[84]). Einseitige außergerichtliche Erklärung reicht nicht aus, eine vertragliche Einigung macht aber die gerichtliche Durchsetzung überflüssig.

Die Gewährleistungsfrist beträgt bei beweglichen Sachen **zwei Jahre,** bei unbeweglichen Sachen **drei Jahre** und bei Viehmängeln **sechs Wochen** (§ 933).

Die Dreijahresfrist gilt, „wenn es unbewegliche Sachen betrifft"[85]), was nicht nur bei der Veräußerung, sondern auch bei Arbeiten an solchen Sachen der Fall ist[86]), zB bei Maurer- oder Dachdeckerarbeiten, Verfliesungen, Installationen. Die Zweijahresfrist ist beim Kauf beweglicher Sachen auch dann anzuwenden, wenn sie dazu bestimmt sind, durch eine nicht mehr dem Veräußerer obliegende Tätigkeit Bestandteil einer unbeweglichen Sache zu werden[87]), wie beim Kauf von Ziegeln. Für die Gewährleistung werden auch Unternehmen zu den unbeweglichen Sachen gerechnet[88]).

---

[82]) Dazu ausführlich *Welser/B. Jud,* Gewährleistung §§ 925ff Rz 6ff.

[83]) *Fischer-Czermak,* Zwei Fragen zur Gewährleistungsreform, Krejci-FS (2001) 1177.

[84]) *Welser/B. Jud,* Gewährleistung § 933 Rz 13f. OGH in EvBl 1979/127. Nach OGH in ecolex 1992, 628 *(Wilhelm)* genügt eine Feststellungsklage. S auch OGH in JBl 1982, 38 *(Wilhelm)*; JBl 1997, 791 = ecolex 1997, 919 *(Wilhelm)*; ecolex 1997, 921; JBl 1999, 733 *(Riedler)*. AA *Reischauer* in Rummel § 933 Rz 1; *derselbe,* Ein Plädoyer für die Möglichkeit der außergerichtlichen Wandlung und Minderung (§ 933 ABGB) sowie die Einführung einer allgemeinen Regelung für die Verjährung von Bereicherungsansprüchen (Vorschlag eines § 1490a in Anlehnung an § 1489 ABGB), Welser-FS (2004) 901. Die Gewährleistungsrechte stellen – eben weil sie gerichtlich geltend gemacht werden müssen – keine tauglichen Oppositionsklagegründe dar, OGH in JBl 1997, 791 = ecolex 1997, 919 *(Wilhelm)*; ecolex 1999, 166.

[85]) Zur Problematik im allgemeinen und zu Abgrenzungsfragen s *Welser,* JBl 1982, 588ff; *Kurschel,* Gewährleistung 95.

[86]) Vgl OGH in JBl 1986, 448.

[87]) Vgl OGH in SZ 47/118.

[88]) *Hämmerle,* Zur rechtlichen Struktur des Unternehmens, JBl 1966, 445; *Puck,* Unternehmenskauf 110f. OGH in SZ 68/152 = ecolex 1996, 15 *(Puck)*. Vgl zum Unternehmenskauf auch *Egermann/Winkler,* Gewährleistung neu beim Unternehmenskauf, RdW 2002/191; *Kepplinger/Duursma,* Gewährleistung beim Unternehmenskauf, ZfRV 2001, 86; *Parschalk/Ph. Wahl,* Ausgewählte Fragen der Gewährleistung beim Unternehmenskauf, wbl 2003, 352.

Der Fristenlauf für Sachmängel beginnt mit der vollständigen[89]) **Ablieferung** der Sache. Auf den Zeitpunkt der Erkennbarkeit des Mangels kommt es nicht an[90]).

Das Gesetz hat den Ausdruck „Ablieferung" gewählt, um klarzustellen, daß nicht jede Übergabsart im Sinne der §§ 424ff den Lauf der Gewährleistungsfrist auslöst. Die Frist beginnt erst mit dem Zeitpunkt, in dem der Erwerber die Sache tatsächlich erhält.

Bei Abzahlungsgeschäften iSd § 16 KSchG können die Gewährleistungsbehelfe für Sachmängel bis zur Fälligkeit der letzten Teilzahlung durch Klage geltend gemacht werden. Die Einrede bleibt dem Verbraucher darüber hinaus erhalten, wenn er den Mangel bis zu diesem Zeitpunkt dem Verkäufer angezeigt hat (§ 23 KSchG), s unten S 434.

Es gibt allerdings Mängel, die bei der Ablieferung schon ihrer Natur nach nicht erkennbar, also zu diesem Zeitpunkt von **niemandem** feststellbar sind. Handelt es sich dabei um das Vorhandensein bestimmter zugesicherter Eigenschaften, so wird meist angenommen, daß die Parteien den Beginn des Fristenlaufes stillschweigend auf den Zeitpunkt der **Erkennbarkeit** des Mangels verlegt haben[91]). Dies gilt zB für die Zusicherung der Zuchttauglichkeit eines jüngeren Hengstes.

Bei **Rechtsmängeln** beginnt die zwei- oder dreijährige Frist allerdings nicht mit der Ablieferung der Sache, sondern erst mit dem Tag, an dem der Mangel dem Übernehmer bekannt wird. Soweit der Rechtsmangel auf die von dritten Personen geltend gemachten Ansprüche gestützt wird, ist erforderlich, daß die Berechtigung des Dritten **unzweifelhaft** ist, der Erwerber also damit rechnen muß, daß der Dritte mit der Durchsetzung seines Anspruchs erfolgreich sein würde[92]).

Bei **Viehmängeln** beträgt die Frist 6 Wochen. Sie beginnt mit der Ablieferung, bei Mängeln, für die eine Vermutungsfrist besteht (s oben S 78) erst nach deren Ablauf (§ 933 Abs 2).

Die Gewährleistungsfristen sind Verjährungsfristen (§ 933)[93]), sie sind daher nicht von Amts wegen, sondern bloß auf Einrede wahrzunehmen[94])

---

[89]) S OGH in JBl 1986, 245; JBl 1998, 577 *(Staudegger)* = ecolex 1998, 127 *(Wilhelm)*.

[90]) *Welser/B. Jud,* Gewährleistung § 933 Rz 4; *Kurschel,* Gewährleistung 97ff; OGH in JBl 1990, 648 *(Reischauer)* für unbewegliche Sachen (dazu *Iro,* Konkurrenz Gewährleistung – Erfüllungsinteresse beim Werkvertrag, RdW 1990, 146; *Kurschel,* Schadenersatz statt Gewährleistung, ecolex 1990, 276); ecolex 1991, 84 mwN (zustimmend *Wilhelm*); ecolex 1996, 853. AA *Mayrhofer,* Schuldrecht I 451; *Reischauer* in Rummel § 933 Rz 3a; *P. Bydlinski,* Zum Beginn des Fristenlaufs im Gewährleistungsrecht, RdW 1986, 237ff.

[91]) *Ehrenzweig* II/1, 230ff; *Gschnitzer* in Klang IV/1, 552f; *P. Bydlinski,* RdW 1986, 236f; OGH in SZ 17/89; HS 7341/51; SZ 55/151; JBl 1998, 577 *(Staudegger)* = ecolex 1998, 127 *(Wilhelm)*.

[92]) *Gschnitzer* in Klang IV/1, 553; vgl OGH in SZ 66/129.

[93]) Vor dem GewRÄG wurden die Gewährleistungsfristen als Präklusivfristen angesehen.

[94]) *Welser/B. Jud,* Gewährleistung § 933 Rz 18.

und können gehemmt oder unterbrochen werden. Nach Ablauf der Frist bleibt eine Naturalobligation bestehen[95]).

Nach § 1502 ist im voraus weder ein **Verzicht** auf die Verjährung noch ihre **Verlängerung** zulässig. § 933 Abs 1 letzter Satz bestimmt aber als lex specialis, daß die Gewährleistungsfrist auch verlängert werden kann, womit den praktischen Gegebenheiten Rechnung getragen werden soll[96]).

Daß außerhalb des Verbrauchergeschäftes die Gewährleistungsfrist innerhalb der Grenzen der §§ 864a und 879 auch verkürzt werden kann, versteht sich von selbst, doch hat das Gesetz auch dies ausdrücklich klargestellt (§ 933 Abs 1).

Für Verbesserungen hat der Veräußerer innerhalb einer neuen Frist Gewähr zu leisten[97]).

H. Rüge, außergerichtliche Anzeige des Mangels

Im österreichischen Recht besteht – ausgenommen beim beiderseitig unternehmensbezogenen Geschäft (§ 377 UGB) – grundsätzlich **keine Rügepflicht.** Das GewRÄG hat von der durch die RL eröffneten Möglichkeit, eine Rügepflicht einzuführen, keinen Gebrauch gemacht[98]).

Zur Rügeobliegenheit beim Reiseveranstaltungsvertrag (§ 31e Abs 2 KSchG) s S 266ff[99]). Eine Rügeobliegenheitsverletzung berührt aber nicht die Gewährleistungsrechte, sondern kann als Mitverschulden des Reisenden im Schadenersatzrecht angerechnet werden (§ 1304).

Ist der Kauf von Waren oder Wertpapieren[100]) für beide Vertragspartner ein Unternehmergeschäft, hat der Käufer die Ware zu untersuchen und einen Mangel innerhalb einer „angemessenen" Frist zu rügen (Mängelrüge; § 377 UGB). Unterläßt er dies, gilt die Ware als genehmigt und der Käufer verliert alle aus dem Mangel der Ware abgeleiteten Rechte[101]), also seine Gewährleistungsrechte, Schadenersatzansprüche wegen dieses Mangels und Rechte aus einem Irrtum über die Mangelfreiheit der Sache (§ 377 Abs 2 UGB)[102]). Die Unterlassung der Mängelrüge schadet allerdings nicht, wenn der Verkäufer den Mangel arglistig oder grob fahrlässig verschwiegen hat.

Dennoch hat die **außergerichtliche Anzeige** des Mangels eine gewisse Bedeutung. Nach § 933 bleibt nämlich dem Übernehmer die Geltendmachung des Mangels durch Einrede vorbehalten, wenn er ihn innerhalb der Gewährleistungsfrist dem Übergeber anzeigt. Der Übernehmer kann dann dem auf den Kaufpreis oder den Werklohn klagenden Übergeber immer die Einrede der Mangelhaftigkeit entgegenhalten, sie unter-

---

[95]) EB 422 BlgNR 21. GP 19. Zur Frage der Aufrechenbarkeit s *Welser/B. Jud,* Gewährleistung § 933 Rz 19.

[96]) EB 422 BlgNR 21. GP 19; *Welser/B. Jud,* Gewährleistung § 933 Rz 12.

[97]) OGH in SZ 47/118.

[98]) Dazu *Welser/B. Jud,* Reform 151f; *dieselben,* Gewährleistung § 933 Rz 20f.

[99]) Vgl dazu *Apathy,* Rügepflicht bei behebbaren Reisemängeln, RdW 2002/2.

[100]) Beim Kauf eines Unternehmens sind die §§ 377f UGB nicht anzuwenden (OGH in SZ 2002/38); ebensowenig bei Vorbereitungsgeschäften iSd § 1 Abs 3 KSchG (OGH in EvBl 2003/151).

[101]) OGH in ecolex 2004, 787; *Böhler,* Mängelrüge 228ff.

[102]) OGH in SZ 48/56; SZ 2002/144.

liegt nicht mehr der Befristung des § 933 Abs 1 **(Perpetuierung der Einrede)**[103]).

Dies bedeutet, daß der Erwerber mit der Einrede bis zur Beseitigung des Mangels die Abweisung der Kaufpreisklage erreicht oder durch das Preisminderungs- oder Wandlungsbegehren eine Herabsetzung oder Aufhebung der noch nicht erfüllten Kaufpreiszahlungspflicht erreichen kann. Nicht vertretbar erscheint es, dem Käufer durch Erhebung der Einrede das Recht zu geben, nach Ablauf der Gewährleistungsfrist den bereits geleisteten Kaufpreis ganz oder teilweise zurückzuverlangen[104]), weil dadurch das Erfordernis der gerichtlichen Geltendmachung in der Frist unterlaufen wird. Auch nach Ablauf der Gewährleistungsfrist muß der gesetzlich angeordnete Vorrang der Verbesserung beachtet werden: Der Übernehmer, der während der Frist den Mangel außergerichtlich angezeigt hat, kann auch nach Ablauf der Frist einredeweise nicht sofort Preisminderung oder Wandlung begehren[105]).

I. Ausschluß der Gewährleistung

Fallen die Mängel einer Sache in die Augen oder sind die auf der Sache haftenden Lasten aus den öffentlichen Büchern zu ersehen, so findet keine Gewährleistung statt (§ 928).

„Öffentliches Buch" ist zB das Grundbuch, nicht aber der Altlastenatlas[106]).

Mängel, die in die Augen fallen (offene Mängel)[107]) werden gewöhnlich schon bei der Preisvereinbarung berücksichtigt[108]), weshalb für sie nicht Gewähr zu leisten ist. Maßgebend für die Offenkundigkeit ist daher der Zeitpunkt des **Vertragsabschlusses**[109]). Daraus folgt auch, daß § 928 nur auf den Spezieskauf, nicht aber auf den Gattungskauf, und schon gar nicht auf den Werkvertrag anwendbar ist[110]).

Nur beim Spezieskauf haben die Parteien eine bestimmte Sache vor Augen, deren konkrete Beschaffenheit – einschließlich der offenkundigen Mangelhaftigkeit – den Preis bestimmt. Beim Gattungskauf hingegen hat der Verkäufer die Sache in der vereinbarten Qualität zu leisten, eine Offenkundigkeit konkreter Mängel kommt nicht in Betracht. Noch weniger gibt es „in die Augen fallende Mängel" beim Abschluß eines Werkvertrages, weil ja das Werk erst hergestellt werden muß, weshalb ein künftiger au-

---

103) OGH in ecolex 2003, 95.

104) So aber OGH in SZ 67/187.

105) Dazu *Welser/B. Jud,* Gewährleistung § 933 Rz 16.

106) *Zankl,* „Altlastenatlas" und Gewährleistungsausschluß, ecolex 1990, 609; differenzierend *Berger/Onz,* Altlastenhaftung (1990) 55; *P. Madl,* Ansprüche des Käufers einer altlastenbehafteten Liegenschaft, ecolex 1995, 705; *Pilgerstorfer,* Aufklärungspflicht und Gewährleistungsausschluss beim Kauf kontaminierter Grundstücke, ÖJZ 2001, 373.

107) Zur Offenkundigkeit, daß ein veräußertes Unternehmen „nur Verlustgeschäfte macht": OGH in ecolex 1996, 247 *(Puck)*; vgl auch *Puck,* Unternehmenskauf 101ff.

108) OGH in JBl 1992, 646.

109) Im MEntw 1995 und im MEntw 2000 war vorgesehen, die Relevanz des Zeitpunktes des Vertragsabschlusses ausdrücklich klarzustellen. Da es sich dabei um eine Fleißaufgabe gehandelt hätte, wurde von diesem Vorschlag wieder abgegangen. Der bisherige § 928 entspricht auch den Anforderungen der RL. S dazu *Welser/B. Jud,* Reform 55ff.

110) *Welser/B. Jud,* Gewährleistung § 928 Rz 5 mwN.

genfälliger, noch nicht bekannter Mangel bei der Vertragsgestaltung nicht berücksichtigt werden kann.

Trotz Offenkundigkeit haftet der Verkäufer, wenn er die fehlende Eigenschaft ausdrücklich **zugesichert**[111]) oder **arglistig** verschwiegen hat.

A verkauft B eine antike Vase. Während der Besichtigung versteht er es, den auffälligen Sprung der Vase mit der Hand abzudecken.

Arg a minori ad maius ist die Gewährleistung für Mängel auch ausgeschlossen, wenn der Mangel zwar nicht in die Augen fällt, aber dem Erwerber bei Vertragsabschluß **bekannt** ist[112]).

Auch wenn der Mangel in die Augen fällt, müssen **Schulden** und **Rückstände,** welche auf der Sache haften, stets vertreten werden. Unter Schulden sind zB Hypotheken und Pfandrechte an beweglichen Sachen, unter Rückständen Vermögensübertragungsgebühren und sonstige Steuern, Zölle und Einzelleistungen aus Reallasten und öffentlich-rechtliche Lasten, zB der Auftrag zur Sanierung einer Altlast[113]), zu verstehen. Das ABGB vermutet, daß der Erwerber zwar mit Servituten und fortlaufenden Lasten einverstanden ist, mit Pfandrechten und rückständigen Leistungen aber selbst dann nicht, wenn er sie kennt, weil nach der Verkehrsübung der Veräußerer im Zweifel die Sache lastenfrei zu machen hat **(Depurierungspflicht)**[114]). Auch die Lastenfreiheit ist innerhalb der Frist des § 933 geltend zu machen[115]).

Bei Käufen **„in Pausch und Bogen",** wenn also Sachen so wie sie stehen und liegen erworben werden, ist die Gewährleistung stark eingeschränkt (§ 930)[116]). Der Verkäufer haftet nur bei Zusicherung bestimmter Eigenschaften oder bei Arglist. § 930 gilt auch für das Verbrauchergeschäft.

§ 929 schließt die Gewährleistung aus, wenn der Übernehmer **wissentlich** eine fremde Sache kauft oder auf die Gewährleistung ausdrücklich **verzichtet**[117]).

---

[111]) Vgl OGH in ecolex 1995, 173; NZ 1998, 402.

[112]) Vgl *Gschnitzer* in Klang IV/1, 521; *Mayrhofer,* Schuldrecht I 434; *Welser/B. Jud,* Gewährleistung § 928 Rz 1; OGH in EvBl 1955/292; zweifelnd *Reischauer* in Rummel § 928 Rz 1.

[113]) OGH in RdW 1996, 307 = RdU 1996/91 *(W. Berger)*; RdU 1997/59 *(Kerschner)*; dazu *Wilhelm,* Über den Kauf altbelasteter Liegenschaften, ecolex 1997, 729.

[114]) Der Erwerber kann allerdings vom Veräußerer nur Zahlung der noch ausstehenden Verbindlichkeit an den Gläubiger, nicht an sich selbst, verlangen (OGH in JBl 2002, 112).

[115]) AA die hM: *Gschnitzer* in Klang IV/1, 524; *Mayrhofer,* Schuldrecht I 432; vgl auch OGH in SZ 53/107; JBl 1988, 445.

[116]) Dazu *Mayrhofer,* Schuldrecht I 435; *Rabl,* Gefahrtragung 241 ff.

[117]) OGH in EvBl 1976/20; JBl 1987, 383. Zu den Grenzen der Ausschlußklauseln *Kulka,* Die Gewährleistung als Mittel des Verbraucherschutzes, JBl 1974, 359ff; *P. Bydlinski,* Beschränkung und Ausschluß der Gewährleistung, JBl 1993, 559 und 631; *Welser,* Schadenersatz 75ff; *Pilgerstorfer,* ÖJZ 2001, 382; OGH in ecolex 1998, 120 *(Wilhelm)*; dazu *Urbanek,* Besichtigungsklauseln und Gewährleistungsverzicht, ecolex 1998, 119.

Gewährleistungsverzichte sind restriktiv auszulegen, so daß sie im Zweifel den Verzicht auf die Geltendmachung von Mangelfolgeschäden nicht umfassen[118]). Ein allgemeiner Gewährleistungsverzicht ist nicht auf Ansprüche aus der ausdrücklichen Zusicherung bestimmter Eigenschaften zu beziehen[119]).

Der Ausschluß jeglicher Gewährleistung in AGB wurde von der Rechtsprechung für sittenwidrig erklärt (§ 879)[120]).

Manchmal ist die Gewährleistung durch sondergesetzliche Vorschriften ausgeschlossen; s zB §§ 189 Abs 2 und 278 Abs 3 EO.

Auch ein **nachträglicher** Verzicht auf Gewährleistung ist möglich. Er kann uU in der Weiterbenützung einer Sache durch den Erwerber trotz Kenntnis eines Wandlungsgrundes liegen[121]).

Für **Verbrauchergeschäfte** ist das Gewährleistungsrecht des ABGB zugunsten des Verbrauchers **zwingend.** Gewährleistungsrechte des Verbrauchers können vor Kenntnis des Mangels nicht ausgeschlossen oder eingeschränkt werden (§ 9 Abs 1 KSchG). S unten S 424f.

Können aber die nach Leistungserbringung zustehenden Rechte des Verbrauchers wegen vorher entstandener Mängel nicht eingeschränkt werden, so muß dies erst recht für die vor Übergabe bestehenden Rechte wegen solcher Mängel gelten. Aus diesem Größenschluß aus § 9 KSchG läßt sich daher die Unzulässigkeit der vertraglichen Abänderung der Gefahrtragungsregeln zu Lasten des Verbrauchers ableiten[122]).

J. Der besondere Rückgriff in der Vertragskette[123])

Nach § 933b Abs 1 kann ein Unternehmer, der einem Verbraucher Gewähr geleistet hat, von seinem **Vormann** auch nach Ablauf der **Fristen** des § 933 die Gewährleistung fordern. Dasselbe gilt für frühere Übergeber im Verhältnis zu ihren Vormännern. Auch sie können nach Ablauf der Frist die Gewährleistung verlangen, wenn sie von ihrem Nachmann nach § 933b in Anspruch genommen wurden. Voraussetzung eines jeden Rückgriffs nach § 933b ist aber, daß das letzte Glied der Absatzkette **Verbraucher** und sein Vormann **Unternehmer** ist.

---

[118]) OGH in JBl 1987, 383; RdW 1996, 307.

[119]) OGH in SZ 49/124; SZ 53/37; SZ 55/2; RdW 1999, 17; *Apathy,* Gewährleistung für bedungene Eigenschaften und den verabredeten Gebrauch, JBl 1975, 575; *P. Bydlinski,* Beschränkung und Ausschluß der Gewährleistung, JBl 1993, 568f mwN.

[120]) Vgl OGH in RdW 1999, 196. S zu Gewährleistungsklauseln beim Leasing *Fischer-Czermak,* Mobilienleasing 195ff.

[121]) Vgl OGH in SZ 64/15; ecolex 1991, 683.

[122]) *Perner,* ABGB-Gefahrtragungsregeln zugunsten von Verbrauchern zwingend, RdW 2005/674.

[123]) *B. Jud,* Zum Händlerregress im Gewährleistungsrecht – Überlegungen zur Umsetzung des Art 4 der Richtlinie 1999/44/EG über den Verbrauchsgüterkauf, ÖJZ 2000, 661; *Welser/B. Jud,* Reform 158ff; *dieselben,* Gewährleistung § 933b Rz 4ff; *Schmidt-Kessel,* Der Rückgriff des Letztverkäufers, ÖJZ 2000, 668; *Augenhofer,* Skizzen zum Händlerregreß und zur „Drittklage“, Krejci-FS (2001) 1021; *B. Jud,* Regressrecht des Letztverkäufers, ZfRV 2001, 201; *P. Bydlinski,* JBl 2005, 692ff.

Innerhalb der Gewährleistungsfrist bleibt das Rechtsverhältnis zwischen den Gliedern der Absatzkette unverändert. Bei mangelhafter Erfüllung stehen jedem Vertragspartner gegen seinen Vormann die Gewährleistungsbehelfe der §§ 922 ff zu. Bei Verschulden kann auch Schadenersatz statt Gewährleistung (s unten S 88 ff) gefordert werden. Die Besonderheit des § 933 b liegt nur darin, daß die Gewährleistungsbehelfe auch nach Ablauf der Frist geltend gemacht werden können.

Inhaltlich entspricht der besondere Rückgriff den Gewährleistungsrechten. Der Letztverkäufer kann daher die Verbesserung, den Austausch, die Preisminderung oder die Wandlung verlangen, wobei auch im Regreßweg der Vorrang der Verbesserung (Austausch) zu beachten ist[124]). Im Rückgriffsweg ist der **Anspruch** aber mit der Höhe des **eigenen Aufwandes** beschränkt[125]).

Wegen der Beschränkung auf die Gewährleistungsrechte bekommt der Rückgriffsberechtigte nicht immer seinen ganzen Aufwand ersetzt[126]).

Der Rückgriff nach § 933 b ist nicht zwingend, die Parteien können daher ihre Verhältnisse vertraglich anders regeln und das Regreßrecht auch **ausschließen.**

Der Regreßanspruch wird durch § 933 b Abs 2 zeitlich beschränkt. Er ist innerhalb von **zwei Monaten** ab Erfüllung der eigenen Gewährleistungspflicht gerichtlich geltend zu machen. Darüber hinaus endet die Haftung eines Rückgriffspflichtigen jedenfalls **fünf Jahre** nach Erbringung seiner Leistung (zeitliche Limitierung).

Soweit der Rückgriff auf einem beiderseitig unternehmensbezogenen Geschäft beruht, ist die Rüge nach § 377 UGB (s S 81 f) Rückgriffsvoraussetzung.

K. Konkurrenz der Gewährleistung mit anderen Rechtsbehelfen

1. Irrtum

War die Sache schon beim Abschluß des Kaufvertrages mangelhaft, so kann ein Irrtum des Erwerbers darüber ein **Eigenschaftsirrtum** sein, der ihn unter den allgemeinen Voraussetzungen zur Anfechtung (§ 871) oder Anpassung (§ 872) berechtigt. Da Gewährleistung und Irrtum verschiedene Grundlagen haben (Äquivalenzstörung einerseits und Willensmangel andererseits) hat der Käufer zwischen beiden Behelfen die **Wahl**[127]).

---

124) *B. Jud,* ZfRV 2001, 209.

125) Ausführlich *Welser/B. Jud,* Gewährleistung § 933 b Rz 20 mwN.

126) *Welser/B. Jud,* Gewährleistung § 933 b Rz 25; *B. Jud,* ZfRV 2001, 210 ff; aA *Wilhelm,* Der Händlerregress an der Schnittstelle von Privat- und Gemeinschaftsrecht, ecolex 2003, 231.

127) *Gschnitzer* in Klang IV/1, 514 ff; *Mayrhofer,* Schuldrecht I 410; OGH in EvBl 1965/302; SZ 48/56; SZ 49/56; SZ 54/88; SZ 55/51. AA *E. A. Kramer,* Die Abgrenzung von Gewährleistung und Irrtumsanfechtung beim Kauf nach schweizerischem, deutschem und österreichischem Recht, JBl 1971, 301; *Honsell,* Aktuelle Probleme der Sachmängelhaftung, JBl 1989, 205 ff. Gegen diesen *Kerschner,* Probleme der Sachmängelhaftung. Oder: Das ABGB ist tot – Es lebe das BGB! JBl 1989, 541 f. Rechtsvergleichend zum Problem *Flesch,* Mängelhaftung und Beschaffenheitsirrtum beim Kauf (1994).

Praktisch kommt ein Eigenschaftsirrtum nur bei der Spezies in Betracht. Beim Gattungskauf steht beim Vertragsabschluß nicht fest, mit welcher konkreten Sache aus der Gattung erfüllt wird, weswegen eine Irrtumsanfechtung bei Lieferung einer mangelhaften Sache ausgeschlossen ist, wenn nicht über die ganze Gattung geirrt wird[128]). Der Vorteil des Irrtumsrechts liegt vor allem in der längeren Frist zur Geltendmachung (§ 1487) und darin, daß sich der Käufer vielleicht auf den Irrtum berufen kann, wenn die Gewährleistung ausgeschlossen ist[129]). Der gesetzlich angeordnete Vorrang der Verbesserung (oben S 71) kann über das Irrtumsrecht allerdings nicht unterlaufen werden, weil dem Übergeber das Recht zusteht, den Irrenden so zu stellen, wie er stünde, wenn seine irrige Vorstellung zutreffend gewesen wäre (Band I S 161), was im Ergebnis ein Verbesserungsrecht des Übergebers bedeutet[130]).

2. Nichterfüllung

Eine mangelhafte Leistung erfüllt gleichzeitig den Tatbestand des Schuldnerverzuges (oder der teilweisen Unmöglichkeit) und jenen der Gewährleistung. Dennoch hat der Erwerber zwischen diesen Behelfen kein Wahlrecht. Vielmehr können bis zur Annahme der Leistung **(Ablieferung)** nur die Nichterfüllungsansprüche (§§ 918 ff) und danach nur die Gewährleistungsansprüche (§§ 922 ff) geltend gemacht werden. S oben S 65 f. Zur Ausnahme beim Aliud s S 66 f.

3. Wucher, laesio enormis

Ob mit den Gewährleistungsansprüchen auch Ansprüche wegen Wuchers und wegen Verkürzung über die Hälfte konkurrieren können, ist umstritten, aber zu bejahen, weil sie an verschiedene Voraussetzungen geknüpft sind[131]).

Die Anfechtung des Vertrages wegen Wuchers setzt eine Reihe subjektiver und objektiver Tatbestandsmerkmale voraus, die Mangelhaftigkeit der Leistung gehört nicht notwendig dazu. S Bd I S 177 f. Ähnliches gilt für die laesio enormis. Wie der Wucher verlangt sie – bezogen auf den Zeitpunkt des Vertragsabschlusses[132]) – ein Mißverhältnis im Wert von Leistung und Gegenleistung. Dieses kann, muß aber nicht durch einen Mangel der Leistung begründet sein (s unten S 93 ff).

---

128) OGH in JBl 2003, 573.

129) OGH in EvBl 1965/302; SZ 41/33; JBl 1984, 200; *P. Bydlinski,* JBl 1993, 561 ff; *Flesch,* Mängelhaftung 115 ff. Vgl zur Wirkung einer auf Irrtum gestützten Klage auf die Gewährleistungsfrist OGH in SZ 68/152 = ecolex 1996, 15 *(Puck).*

130) *B. Jud,* Schadenersatz 76 ff.

131) *Gschnitzer* in Klang IV/1, 559; *Mayrhofer,* Schuldrecht I 458; *Zemen,* Kunstauktion und laesio enormis, ÖJZ 1997, 216; *Riedler,* Von laesio enormis, dinglich und obligatorisch wirkenden Vertragsaufhebungstatbeständen und Schadenersatzpflichten des Beklagten wegen eigener Prozessfehler des Klägers, JBl 2004, 219 ff; *Binder* in Schwimann § 934 Rz 7; OGH in SZ 8/74; SZ 20/3; JBl 2004, 252. AA *P. Bydlinski,* Die Stellung der laesio enormis im Vertragsrecht, JBl 1983, 414 ff; *derselbe,* Laesio enormis und Gewährleistung, RdW 2003/351, 430; krit *Reischauer* in Rummel § 934 Rz 15 in Hinblick auf die Umgehung der kürzeren Gewährleistungsfristen.

132) Vgl OGH in ecolex 1999, 15.

L. Gewährleistung und Schadenersatz

Literatur: *B. Jud,* Schadenersatz bei mangelhafter Leistung (2003); *Köpcke,* Typen der positiven Vertragsverletzung (1965); *E. A. Kramer,* Der Ersatz des Erfüllungsinteresses bei Sachmängelhaftung, RabelsZ 1972, 653; *Reischauer,* Das neue Gewährleistungsrecht und seine schadenersatzrechtlichen Folgen, JBl 2002, 137; *Schlesinger,* Die Lehre von den positiven Vertragsverletzungen und ihr Einfluß auf das österreichische Recht, ZBl 1926, 401; *derselbe,* Das Wesen der positiven Vertragsverletzungen, ZBl 1926, 721; *Staub,* Die positiven Vertragsverletzungen[2] (1913); *Stoll,* Abschied von der Lehre von der positiven Vertragsverletzung, AcP 136, 257; *Welser,* Gewährleistung und Schadenersatz, JBl 1976, 127; *derselbe,* Gewährleistung und Schadenersatz: Vorrang und Kombination von Ansprüchen, Schadensberechnung, Frotz-FS (1993) 137; *derselbe,* Schadenersatz statt Gewährleistung (1994); *derselbe,* Gewährleistungsreform – Konsequenzen für die Rechtsprechung, Krejci-FS (2001) 1319.

1. Positive Vertragsverletzung

1. Der Verkäufer liefert verdorbenes Viehfutter, so daß die Tiere des Käufers verenden.

2. Der Werkunternehmer führt eine Reparatur fachgemäß durch, läßt aber sein Werkzeug fallen und verletzt den Besteller.

Der Schuldner handelt auch vertragswidrig, wenn er Schutz- und Sorgfaltspflichten verletzt und dadurch sonstige Güter des Gläubigers schädigt[133]). Ein solches Verhalten wird **„positive Vertragsverletzung"** (positive Forderungsverletzung) genannt. Dazu oben S 6.

Der durch die positive Forderungsverletzung verursachte Schaden ist von jenem verschieden, der dem Gläubiger durch eine gänzliche oder teilweise Nichterbringung der Leistung oder ihre Unbrauchbarkeit entsteht[134]).

Der Wert des Viehfutters und damit der Schaden, der durch seine Nichtlieferung oder seine Wertlosigkeit entstünde, sind verschieden von dem Nachteil, der aus dem Verenden der Tiere erwächst. Der Schaden aus der Körperverletzung ist nicht mit dem Interesse identisch, das der Gläubiger an der Reparaturarbeit hat.

Die positive Vertragsverletzung besteht im Zuwiderhandeln gegen **„Schutzpflichten"**, welche die Rechtsgüter des Gläubigers vor Schäden bewahren sollen. Der Schaden an diesen Gütern kann dabei, wie im Beispiel 1, durch eine mangelhafte Leistung verursacht sein **(Mangelfolgeschaden),** er kann aber auch, wie im Beispiel 2, unter ordnungsgemäßer Erbringung der Hauptleistung, also durch eine reine Schutzpflichtverletzung, zugefügt werden **(Begleitschaden).**

Obwohl der Begriff der positiven Vertragsverletzung von manchen als unnötig abgelehnt wird[135]), ist er sinnvoll, weil er Fälle zusammenfaßt, die einer Ordnungs-

---

[133]) OGH in SZ 73/126.

[134]) *Gschnitzer* in Klang IV/1, 473. S auch OGH in SZ 64/9; SZ 67/146; SZ 67/211; EvBl 1997/2.

[135]) *Gschnitzer* in Klang IV/1, 472; *Wittwer,* Die positive Vertrags- oder Forderungsverletzung, ÖJZ 2004, 166ff; vgl auch *Schlesinger,* ZBl 1926, 401; *Reischauer,* Entlastungsbeweis 147ff, der sie in der Sache offensichtlich aber doch anerkennt.

gruppe zugehören und sich von den sonstigen Vertragsverletzungen (Unmöglichkeit, Verzug) unterscheiden[136]).

Die Haftung wegen positiver Vertragsverletzung führt zu Schadenersatzansprüchen **aus Vertrag** (§ 1295). Sie setzt ein **Verschulden** voraus[137]), der Schuldner haftet für seinen **Gehilfen** nach **§ 1313a**[138]). Weiters macht auch **fahrlässige Irreführung** haftbar[139]). Die **Beweislastumkehr** nach § 1298 (s unten S 320f) ist innerhalb der Zehnjahresfrist (s unten S 91f) anzuwenden.

2. Ersatz des Mangelschadens

Jahrzehntelang war hM, daß der in der Mangelhaftigkeit einer Leistung liegende Nachteil nur mit Gewährleistungs-, nicht aber mit Schadenersatzansprüchen geltend gemacht werden kann[140]). Unter dem Einfluß der hier vertretenen Auffassung[141]) ging jedoch der OGH im Jahre 1990 hievon ab und folgt nun der Ansicht, daß **statt Gewährleistung** auch **Schadenersatz** verlangt werden kann[142]).

Die Begründung für die Konkurrenz von Gewährleistung und Schadenersatz ist relativ einfach: Da der Übergeber zur ordnungsgemäßen Erfüllung verpflichtet ist, kann der Übernehmer bei schuldhafter Verletzung dieser Pflicht das Erfüllungsinteresse fordern. Er hat also zwischen den Rechten auf Gewährleistung und Schadenersatz die Wahl[143]). Die Veräußerung der mangelhaften Sache an einen Dritten steht dem Schadenersatzanspruch des Übernehmers nicht entgegen[144]).

Durch das GewRÄG wurde die Konkurrenz von Gewährleistung und Schadenersatz auch gesetzlich positiviert: § 933a Abs 1 bestimmt, daß der Gewährleistungsberechtigte **wegen** eines vom Übergeber verschuldeten **Mangels** auch Anspruch auf **Schadenersatz** hat.

Die Wendung „Hat der Übergeber den Mangel verschuldet" verweist zwar auf das schadenersatzrechtliche Verschuldenserfordernis, doch darf dieses nicht zu eng gesehen werden. Es geht nicht nur um Mängel, die der Übergeber schuldhaft herbeigeführt hat, sondern auch um solche, deren Beseitigung er vor der Übergabe schuldhaft unterlassen hat[145]).

---

136) Vgl auch *Schlesinger,* ZBl 1926, 721f; OGH in SZ 67/146.

137) Vgl dazu OGH in JBl 1979, 34; JBl 1985, 625 *(Iro)*; s aber MietSlg 34.139/19.

138) So auch OGH in SZ 57/16; JBl 1986, 101; JBl 1987, 104.

139) Dazu OGH in JBl 1991, 457.

140) Dazu *Welser,* Schadenersatz 1ff.

141) S *Welser,* JBl 1976, 127.

142) *Welser,* JBl 1976, 127; *derselbe,* Schadenersatz. Zum Werkvertrag OGH in JBl 1990, 648 *(Reischauer)* = JAP 1990/91, 158 *(Grassl-Palten)* und dazu *Iro,* RdW 1990, 146; *Kurschel,* ecolex 1990, 276; zum Kauf OGH in JBl 1990, 792 und dazu *Wilhelm,* Schadenersatz statt Gewährleistung auch beim Kauf, ecolex 1990, 461.

143) *Welser,* Natural- oder Geldersatz beim Werkvertrag, ecolex 1993, 233; OGH in ecolex 1991, 609 *(Wilhelm)*; JBl 1992, 245.

144) OGH in SZ 67/139; ecolex 1999, 257; RdW 2001/161; vgl auch JBl 2005, 579 *(Leitner)*; *Leitner,* Der verlagerte Mangelschaden, ecolex 2003, 392.

145) EB 422 BlgNR 21. GP 20; *Welser/B. Jud,* Gewährleistung § 933a Rz 6.

Nach § 933a Abs 2 kann der Übernehmer wegen des Mangels auch als Schadenersatz zunächst nur die **Verbesserung** oder den **Austausch** verlangen[146]). Das Gesetz harmonisiert damit Gewährleistungs- und Schadenersatzansprüche: Der Vorrang der schadenersatzrechtlichen Naturalrestitution in Gestalt von Verbesserung und Austausch mußte schon deshalb angeordnet werden, weil sonst der gewährleistungsrechtliche Vorrang der Verbesserung schadenersatzrechtlich leicht „unterlaufen" werden könnte.

Nach der alten Rechtslage folgte der Vorrang der Naturalrestitution nach richtiger Auffassung bereits aus § 1323. Demgegenüber gelangte die Rsp und ein Teil der Lit zu einem ähnlichen Ergebnis über die Schadensminderungsobliegenheit: s dazu die 11. Auflage S 81 mwN.

Durch die Neuregelung erhält der Übergeber wie bei der Gewährleistung (§ 932 Abs 2) auch im Schadenersatzrecht eine **weitere Chance** zur Erfüllung seiner Pflichten. Beim Mangelschaden sind daher die primären Rechtsbehelfe des Übernehmers nicht davon abhängig, ob er sich auf die (verschuldensunabhängige) Gewährleistung oder auf den (verschuldensabhängigen) Schadenersatz beruft[147]).

Auch wenn der Übernehmer Schadenersatz verlangt, ist er berechtigt, zwischen **Verbesserung** und **Austausch** zu **wählen.** Die dem Übergeber dagegen zustehenden Einwände sind dieselben wie bei der Gewährleistung.

Ein Recht auf Schadenersatz in **Geld** steht dem Übernehmer wegen des Mangels an der Sache nur unter den Voraussetzungen zu, unter denen er gewährleistungsrechtlich Preisminderung oder Wandlung verlangen kann, also wenn sowohl die Verbesserung als auch der Austausch unmöglich sind oder wenn der Übergeber zu Recht den Einwand des unverhältnismäßig hohen Aufwandes erhebt, wenn der Übergeber die Verbesserung oder den Austausch verweigert oder nicht in angemessener Frist vornimmt, wenn die Verbesserung und der Austausch für den Übernehmer mit erheblichen Unannehmlichkeiten verbunden wären oder wenn sie ihm aus triftigen, in der Person des Übergebers liegenden Gründen unzumutbar sind. S oben S 72ff. Zu ersetzen ist das **Erfüllungsinteresse**[148]).

Wenn ein ursprünglicher und unbehebbarer Mangel vorliegt, gebührt nur der Ersatz des Vertrauensschadens[149]). Hingegen haftet auch der Verkäufer einer Spezies auf das positive Vertragsinteresse, wenn er die Sache zwischen Vertragsabschluß und Übergabe schuldhaft beschädigt oder einen ursprünglichen, behebbaren Mangel nicht vor der Übergabe beseitigt; ferner wenn der Verkäufer der Spezies ihre Beschaffenheit ausdrücklich oder stillschweigend garantiert hat.

Die Zusicherung eines Verkäufers, es handle sich bei dem verkauften Gemälde um ein Original, ist als bloße Eigenschaftszusicherung zu verstehen und nicht als

---

146) Ausführlich *Welser,* Krejci-FS 1321ff; s schon *Welser,* JBl 1976, 133f.

147) EB 422 BlgNR 21. GP 20; *Welser/B. Jud,* Gewährleistung § 933a Rz 9.

148) Zur Berechnung *B. Jud,* Schadenersatz 222ff.

149) *Welser,* JBl 1976, 134; OGH in JBl 1980, 316; ecolex 1992, 628 *(Wilhelm)*; RdW 1999, 17; RdW 2004/57 (Verjährung). AA *B. Jud,* Schadenersatz 117f mwN.

Garantieerklärung, mit der eine Haftung auf das Erfüllungsinteresse übernommen wird[150]).

Das Erfüllungsinteresse in Geld kann entweder in Form des Ersatzes der **Mangelbehebungskosten**[151]) oder als **Wertdifferenz** (Differenz zwischen dem Wert der Leistung mit Mangel und ohne Mangel) oder durch **Rückerstattung** des Kaufpreises (Werklohnes) verlangt werden[152]).

Ohne überzeugende Begründung gewährt der OGH manchmal die Mangelbehebungskosten auch „abstrakt", dh auch dann, wenn der Gewährleistungsberechtigte den Mangel gar nicht beheben lassen will[153]), was zu einer Bereicherung des Gewährleistungsberechtigten führen kann. Aus dem Begriff des Schadens folgt nämlich, daß der Ersatz der fiktiven Kosten mit der Differenz zwischen dem Wert der beschädigten und der unbeschädigten Sache begrenzt ist[154]). Durch den Ersatz dieser Differenz wird der Geschädigte vermögensmäßig so gestellt, wie er stünde, wenn der Schuldner ordnungsgemäß erfüllt hätte.

Mit der Rückerstattung des Kaufpreises oder des Werklohnes erreicht der Gewährleistungsberechtigte eine Art „schadenersatzrechtliche Wandlung". Der Ersatzanspruch kann mit der Lehre vom frustrierten Aufwand begründet werden: der Verkäufer oder Werkunternehmer hat durch seine mangelhafte Leistung verursacht, daß der Kaufpreis oder Werklohn zu einem Vermögensnachteil, also zu einem Schaden wird[155]). Der Anspruch ist ausgeschlossen, wenn der Mangel bloß geringfügig ist, weil andernfalls die Ratio des § 932 Abs 4 umgangen werden könnte. Der Übergeber ist bei geringfügigen Mängeln auf die Geltendmachung der Wertdifferenz beschränkt[156]).

Wie bei der Wandlung hat der Gewährleistungsberechtigte, auch beim Schadenersatz, einen Anspruch auf Beseitigung der mangelhaften Sache oder des mangelhaften Werkes[157]).

Die Konkurrenz von Gewährleistungs- und Schadenersatzansprüchen darf zu **keiner Bereicherung** des Erwerbers führen. Der in der Mangelhaftigkeit der Sache liegende Nachteil kann daher nicht zugleich durch Verbesserung und Ersatz des Nichterfüllungsschadens liquidiert wer-

---

150) OGH in SZ 2003/31.

151) Zu den Voraussetzungen im einzelnen *Welser/B. Jud,* Gewährleistung § 933a Rz 21f mwN.

152) *Welser,* Schadenersatz statt Gewährleistung 33ff; aA *B. Jud,* Schadenersatz 274ff, nach der das Entgelt nur der Schadensberechnung im Rahmen einer Rentabilitätsvermutung zugrunde gelegt werden kann.

153) OGH in ecolex 1993, 377 *(Welser)*; JBl 1995, 791 = ecolex 1995, 551 *(Wilhelm)*; JBl 1996, 392; ecolex 1996, 910 (dazu *Iro,* Gewährleistung und Schadenersatz beim Kauf von Geschäftsanteilen, RdW 1996, 513); vgl auch OGH in RdU 1997/59 *(Kerschner)*. Anders OGH in SZ 67/101; JBl 2002, 796 (dazu krit *Schobel,* Hypothetische Verursachung, Aliud-Verbesserung und Schadensteilung, JBl 2002, 771ff). Ein abstrakter Mangelfolgeschaden (zB Verdienstentgang) wird in ecolex 2003, 514 (krit *Pilz*) jedoch nicht ersetzt.

154) *Welser,* Krejci-FS 1331f; *Welser/B. Jud,* Gewährleistung § 933a Rz 15 mwN; *B. Jud,* Schadenersatz 259ff.

155) *Welser/B. Jud,* Reform 124ff; *dieselben,* Gewährleistung § 933a Rz 20 mwN; aA *B. Jud,* Schadenersatz 274ff, nach der der Kaufpreis der Schadensberechnung im Wege der Rentabilitätsvermutung zugrunde zu legen ist.

156) *B. Jud,* Schadenersatz 295.

157) *Kurschel,* Gewährleistung 48ff; *Welser/B. Jud,* Gewährleistung § 933a Rz 21f mwN.

den[158]). Die Rsp läßt eine Kombination von Preisminderung und Ersatz der Verbesserungskosten zu, wenn der Mangel nur teilweise behebbar ist[159]).

Der Schadenersatzanspruch des § 933 a muß innerhalb der allgemeinen **Verjährungsfrist** erhoben werden. Er verjährt daher in drei Jahren ab Kenntnis von Schaden und Schädiger, spätestens nach dreißig Jahren (§ 1489).

Der Standpunkt des OGH, daß die Verjährung erst beginnen kann, wenn der Verkäufer oder Unternehmer die Verbesserung verweigert oder wenn ihr Mißlingen feststeht[160]), läßt sich nicht nachvollziehen. Der Schaden besteht bereits in der mangelhaften Leistung. Da Rechte ab dem Zeitpunkt verjähren, ab dem sie ausgeübt werden können (§ 1478) und sofort nach der Übergabe auch Schadenersatz statt Gewährleistung verlangt werden kann, muß ab diesem Zeitpunkt auch der Anspruch verjähren[161]). Die gegenteilige Auffassung ist mit § 933 a nicht vereinbar[162]).

In einem Verbesserungsversuch oder einer Verbesserungszusage des Übergebers kann ein nach § 1497 die Verjährung unterbrechendes Anerkenntnis liegen[163]). S auch unten S 115.

Die lange Verjährungsfrist beginnt (ohne Rücksicht auf die Kenntnis vom Schaden) mit der Übergabe der Sache zu laufen, weil sie als **zeitliche Haftungsschranke** zugunsten des Schädigers anzusehen ist. Da aber ohnedies der Schaden des Käufers oder Bestellers schon in der Mangelhaftigkeit der Sache oder des Werkes liegt, kann der Fristenlauf auch dann nicht anders beginnen, wenn man hiefür den Eintritt des Schadens fordert[164]).

Die Belastung des Verkäufers (Werkunternehmers) durch die lange Verjährungsfrist wird durch die Beweislastregeln abgeschwächt. § 933 a Abs 3 **befristet** die Beweislastumkehr des **§ 1298:** die Vermutung des § 1298, daß ein durch eine Vertragsverletzung beim Partner verursachter Schaden auch verschuldet ist, endet zehn Jahre ab Lieferung der Sache oder der Übergabe des Werkes. Daher obliegt nach **zehn Jahren** dem Übernehmer der Beweis des Verschuldens des Übergebers, wenn er aus

---

158) Dazu *Welser,* Frotz-FS 141 ff.

159) OGH in JBl 1995, 791 = ecolex 1995, 551 *(Wilhelm)*; RdW 1998, 606; ecolex 2000, 422 (krit *Rabl*) = RdW 2000/110; kritisch dazu *Rabl,* Der „teilweise behebbare" Qualitätsmangel, ecolex 2000, 270.

160) OGH in JBl 1992, 245; JBl 1996, 392; SZ 72/3; ecolex 2000, 794 (krit *Kletečka*); ecolex 2004, 703.

161) *I. Welser,* Schadenersatz statt Gewährleistung: Verjährungsbeginn, ecolex 1992, 85; *Welser,* Schadenersatz 84 ff; *derselbe,* Entscheidung des verstärkten Senates und Reform des Gewährleistungsrechts, ÖJZ 1993, 754 f; *Kletečka,* ecolex 1996, 235; *Welser/B. Jud,* Reform 149; OGH in ecolex 1996, 615 *(Puck)*; vgl aber *Bydlinski,* Schadensentstehung und Verjährungsbeginn im österreichischen Recht, Steffen-FS (1995) 74 FN 15.

162) *Welser,* Krejci-FS 1326 ff; *Welser/B. Jud,* Gewährleistung § 933 a Rz 28 ff mwN.

163) *I. Welser,* ecolex 1992, 85; *Welser,* Schadenersatz 86.

164) S dazu *Welser/B. Jud,* Gewährleistung § 933 a Rz 37 f mwN. Vgl auch *Rebhahn,* Zur neuen Regelung der Verjährung im BGB und zur langen Verjährung von Schadenersatzansprüchen, Welser-FS 849 ff.

der mangelhaften Leistung Schadenersatzansprüche ableiten will. Die Regelung gilt nicht nur für den Ersatz wegen der Mangelhaftigkeit selbst, sondern auch für Mangelfolgeschäden.

VI. Rechtsgeschäftliche Garantie

A. Garantiezusagen des Verkäufers

Die Gewährleistungsvorschriften sind nachgiebiges Recht, sie werden oft durch die Parteien abgeändert. Dies geschieht auch durch die sog Garantie[1]), deren Einzelheiten sich nach der Vereinbarung richten („Garantiezusage", **unechte Garantie**). Sie kann sich auf die Verlängerung der gesetzlichen Fristen beschränken, aber auch inhaltlich über die Gewährleistung hinausgehen, zB wenn der Veräußerer dafür einsteht, daß innerhalb des Garantiezeitraumes **keine Mängel auftreten;** es kommt dann nicht darauf an, ob der Mangel schon bei der Ablieferung vorhanden war[2]). Ein solcher Inhalt der Garantie ist auf Grund der Verkehrsüblichkeit im Zweifel anzunehmen[3]).

Manchmal ist zweifelhaft, wie sich die Garantiefrist zur allgemeinen Gewährleistungsfrist verhält, zB ob sie diese verlängert. Zweifel sind durch Auslegung zu klären[4]).

B. Garantie des Erzeugers

Von der „Garantiezusage" durch den Vertragspartner ist die echte Garantie (Garantievertrag, s S 152 ff) zu unterscheiden, durch die sich ein Dritter (meist der Hersteller) verpflichtet, für die Mangelfreiheit einer Sache einzustehen. Art, Inhalt und Dauer dieser Garantie richten sich nach der Vereinbarung[5]). Der Garantievertrag tritt neben das Veräußerungsgeschäft, daher besteht der Anspruch aus der Garantie auch neben der Gewährleistung. Die im Handel üblichen „Garantien" für Massenprodukte (Fernsehgeräte, Waschmaschinen, Kühlschränke, Kraftfahrzeuge) sind fast immer vom Erzeuger dieser Produkte abgegebene „echte Garantien".

Die Garantieerklärung findet sich meist auf der Verpackung der Ware oder auf einer eigenen Urkunde, die der Garant der Sache beilegt

---

[1]) Zu dieser *Reidinger,* Rechtsprobleme der Garantieabrede (1987) mwN; *derselbe,* Zum Verhältnis Garantie – Ersatzanspruch wegen Mangelfolgeschäden; zu Beginn und Dauer der Frist zur Geltendmachung, wbl 1988, 34; *derselbe,* Rechtsprobleme der Garantieabrede im Lichte des neuen Gewährleistungsrechtes, Welser-FS (2004) 889; *Wiedenbauer/Klauninger,* Eigenschaftszusagen & Garantien beim Unternehmenskauf, ecolex 2003, 397.

[2]) OGH in SZ 46/69; SZ 50/5; JBl 1991, 385; ecolex 2004/707.

[3]) Dazu *Reidinger,* Garantieabrede 32 ff; *Bydlinski,* Vertragliche Qualitätsgarantie im österreichischen Recht, RIW/AWD 1981, 150; *Mayrhofer,* Schuldrecht I 438.

[4]) Hiezu *Reidinger,* Garantieabrede 35 ff; vgl OGH in SZ 70/198.

[5]) *Koziol,* Der Garantievertrag (1981) 3 ff; *Reidinger,* Garantieabrede 54 ff. OGH in SZ 50/93; JBl 1986, 46 *(Reidinger)*; ÖBA 1988, 615 *(Jabornegg)*; wbl 1989, 345; JBl 1989, 37. Abweichend OGH in SZ 53/107 und 164; SZ 54/81.

und die der letzte Verkäufer dem Käufer als Bote übermittelt. Sie wird vom Käufer idR stillschweigend angenommen, ein Zugang der Annahmeerklärung wird nach der Verkehrssitte nicht erwartet (§ 864). Aus der **selbständigen Garantie** begünstigt wird gewöhnlich nur der letzte Käufer, nicht aber die Zwischenhändler.

Da der Anspruch aus dem Garantievertrag kein Gewährleistungsanspruch ist, bedarf es unter Unternehmern keiner Mängelrüge (§ 377 UGB)[6]).

Die zugunsten von **Verbrauchern** gegebene Garantie ist nun – nach der Umsetzung der RL über den Verbrauchsgüterkauf – in § 9b KSchG besonders geregelt. Dazu unten S 426f.

VII. Verkürzung über die Hälfte (laesio enormis)

Literatur: *P. Bydlinski,* Die Stellung der laesio enormis im Vertragsrecht, JBl 1983, 410; *derselbe,* Laesio enormis und Gewährleistung, RdW 2003/351; *Riedler,* Von laesio enormis, dinglich und obligatorisch wirkenden Vertragsaufhebungstatbeständen und Schadenersatzpflichten des Beklagten wegen eigener Prozessfehler des Klägers, JBl 2004, 215; *Zemen,* Kunstkauf und laesio enormis, ÖJZ 1989, 589; *derselbe,* Kunstauktion und laesio enormis, ÖJZ 1997, 213.

Hat bei zweiseitig verbindlichen Geschäften ein Teil nicht einmal die Hälfte dessen, was er dem andern gegeben hat, von diesem an dem gemeinen Werte erhalten, so räumt das Gesetz dem verletzten Teil das Recht ein, die Aufhebung und die Herstellung in den vorigen Stand zu fordern (§ 934).

Das Rechtsmittel der Verkürzung über die Hälfte beruht auf dem Gedanken der **objektiven Äquivalenz** von Leistung und Gegenleistung[1]). Obwohl die Vertragsparteien Leistung und Entgelt frei bestimmen und so über die Werte allein urteilen (subjektive Äquivalenz), soll eine Aufhebung des Vertrages möglich sein, wenn die objektiven Werte der beiden Leistungen außergewöhnlich „auseinanderklaffen". Voraussetzung ist eine Verkürzung **über** die Hälfte, zB ein Wertverhältnis 49 zu 100, ein Verhältnis von 50 zu 100 genügt nicht.

Die laesio enormis ist ein praktischer Behelf, da sie – anders als die Tatbestände des Wuchers oder der Willensmängel – nicht auf subjektiven Elementen aufbaut.

Die Aufhebung des Vertrages kann durch Parteienvereinbarung oder durch **gerichtliche** Entscheidung erfolgen[2]). Die Aufhebung des Vertrages wirkt schuldrechtlich ex tunc[3]), sachenrechtlich aber nur ex nunc[4]). Die Rückabwicklung erfolgt nach bereicherungsrechtlichen Grundsätzen.

---

[6]) OGH in SZ 47/138; *Böhler,* Grundwertungen zur Mängelrüge (2000) 148f.

[1]) Vgl zur Wertermittlung OGH in HS 26.545.

[2]) *Gschnitzer* in Klang IV/1, 561; *Mayrhofer,* Schuldrecht I 457; OGH in SZ 55/21; HS XXIV/7; JBl 1998, 41 *(Holzner).*

[3]) OGH in SZ 59/155; JBl 1998, 41 *(Holzner).*

[4]) *Reischauer* in Rummel § 934 Rz 8; OGH in SZ 55/21; JBl 2004, 252; aA *P. Bydlinski,* JBl 1983, 412, 417; *derselbe,* RdW 2003/351; *Riedler,* JBl 2004, 221f.

Die Werte der Leistungen sind für den Zeitpunkt des **Vertragsabschlusses** festzustellen[5]), weshalb die laesio enormis nicht zu den Leistungsstörungen im eigentlichen Sinn gehört. Nachträgliche Mängel sind nicht zu berücksichtigen[6]). Sie können aber nach § 1048 relevant sein („nachträgliche laesio enormis").

Durch das Rechtsmittel der Verkürzung über die Hälfte soll ein „inhaltlich ungerechter Vertrag" aufhebbar sein. Dafür relevant ist die Differenz zwischen den objektiven Werten von Leistung und Gegenleistung, **nicht** aber ihre **Gründe.** Sie kann entweder auf eine Fehlbewertung einer mangelfreien Leistung (Fehleinschätzung des Verkehrswertes) oder auf eine Fehleinschätzung der Beschaffenheit der Sache (Vorhandensein von Mängeln) zurückzuführen sein, die zu einer falschen Bewertung durch die Partei geführt hat. Für eine Verschiedenbehandlung der beiden Fälle besteht kein Grund[7]). Der Irrtum über den Wert ist jedoch nicht Tatbestandsvoraussetzung und daher auch kein Beweisthema[8]).

Macht der verkürzte Teil von der laesio enormis Gebrauch, hat der verkürzende Teil eine **facultas alternativa.** Er kann die Aufhebung des Vertrages dadurch abwenden, daß er dem Verkürzten die Differenz zwischen dem gemeinen Wert der von ihm und der vom Verkürzten erbrachten Leistung erbringt[9]).

War die Leistung des verkürzenden Teiles 49 und jene des verkürzten Teiles 100 wert, so muß der Verkürzende 51 aufzahlen, um die Vertragsaufhebung abzuwenden.

Auf das Rechtsmittel der laesio enormis kann im vorhinein **nicht verzichtet** werden (§ 935)[10]). Es findet allerdings keine Anwendung, wenn der Erwerber erklärt hat, die Sache zum vereinbarten Entgelt aus besonderer Vorliebe zu übernehmen[11]), wenn er ihren wahren Wert gekannt hat[12]), wenn die Parteien eine gemischte Schenkung schließen wollten oder wenn die Sache in einer gerichtlichen Versteigerung erworben wurde[13]).

Der Ausschluß setzt Kenntnis des Verkürzten vom wahren Wert voraus. Die bloße Erklärung, ihn zu kennen, erfüllt den Tatbestand nicht. Die bewußte Einlassung auf ein Verlustgeschäft schließt die laesio enormis nicht aus, wenn sich nachträglich

---

[5]) Vgl OGH in SZ 70/28; ecolex 1999, 15; JBl 2004, 252. Bei einer Option ist der Zeitpunkt der Ausübung des Optionsrechts maßgebend (OGH in SZ 74/152; RdW 2003/353).

[6]) OGH in ecolex 1999, 15; OGH in JBl 2004, 252; dazu *Riedler,* JBl 2004, 215; krit *P. Bydlinski,* RdW 2003/351; *Binder* in Schwimann § 934 Rz 7.

[7]) Richtig *Reischauer* in Rummel § 934 Rz 15; aA *P. Bydlinski,* JBl 1983, 413ff; *derselbe,* JBl 1993, 563.

[8]) Vgl *Reischauer* in Rummel § 934 Rz 8.

[9]) OGH in JBl 1993, 785; JBl 1994, 823; JBl 2004, 252.

[10]) Dazu *Krejci,* KSchG und ABGB, in Krejci, Handbuch 181ff; *Stölzle,* Die Neuregelung der laesio enormis durch das KSchG, AnwBl 1980, 66; *Mayer-Maly,* Renaissance der laesio enormis? Larenz-FS (1983) 398f.

[11]) S dazu OGH in JBl 1988, 449.

[12]) OGH in EvBl 2002/1; SZ 74/123.

[13]) Vgl dazu *Reischauer* in Rummel § 935 Rz 3; *Thaler,* Vertragsschluß bei Online-Auktionen, ecolex 2000, 569; *Zemen,* ÖJZ 1997, 214f.

eine noch größere Abweichung vom wahren Wert herausstellt, die zur Verkürzung über die Hälfte führt[14]).

§ 934 gilt zB auch für Bestandverträge[15]), Gesellschaftsverträge[16]) und Erbteilungsübereinkommen, nicht aber für Glücksverträge (§ 1268)[17]) und Vergleiche (§ 1386). Leibrentenverträge unterliegen § 934, weil das aleatorische Element in den Hintergrund tritt (s unten S 269 f)[18]). Vereinbarungen nach § 55 a Abs 2 EheG können nicht nach § 934 angefochten werden[19]).

Der Untergang der geleisteten Sache schließt das Rechtsmittel der Verkürzung über die Hälfte nicht aus.

Das Rechtsmittel der laesio enormis muß innerhalb von **drei Jahren** ab Vertragsabschluß gerichtlich geltend gemacht werden[20]) (§ 1487).

5. Kapitel

Das Erlöschen der Schuld

I. Erfüllung

Literatur: *Boehmer,* Der Erfüllungswille (1910); *Gernhuber,* Die Erfüllung und ihre Surrogate (1983); *Henke,* Die Leistung (1991); *Kretschmar,* Die Erfüllung (1906).

Erfüllung (Zahlung) ist die Leistung des Geschuldeten (§ 1412).

Damit die Erfüllung das Erlöschen der Schuld bewirkt, muß sie dem Vertrag entsprechen. Der Gläubiger kann **nicht** gezwungen werden, etwas **anderes** anzunehmen, als er zu fordern hat (§ 1413)[1]). Er ist ohne besondere Vereinbarung auch nicht zur Entgegennahme von **Teilleistungen** einer Leistung verpflichtet (§ 1415)[2]).

Die Erfüllung besteht oft in einem Rechtsgeschäft[3]). So muß bei der Erfüllung des Kaufvertrages das Eigentum übertragen werden, was nur durch Verfügungsgeschäft geschehen kann. Soweit rechtsgeschäftliche Handlungen nötig sind, müssen die Parteien auch geschäftsfähig sein. In anderen Fällen, wie zB bei der Herstellung eines tatsächlichen Erfolges (zB Garten pflegen, Bäume schneiden) genügt ein „reales Verhalten"[4]).

---

[14]) OGH in EvBl 2002/1.

[15]) OGH in SZ 59/155; SZ 64/183 mwN; JBl 1994, 823.

[16]) OGH in GesRZ 1977, 23.

[17]) S dazu OGH in SZ 50/144; SZ 74/123; *Mayrhofer,* Schuldrecht I 456.

[18]) Vgl OGH in RdW 2001/661.

[19]) OGH in RZ 1985/40.

[20]) OGH in SZ 70/28.

[1]) Vgl OGH in SZ 65/61; SZ 69/84. Zur Zahlung auf ein Konto des Gläubigers bei vereinbarter Barzahlung s oben S 28 FN 37. Keine Erfüllung der Geldschuld bei Überweisung auf ein Sperrkonto ohne Verfügungsbefugnis des Gläubigers (OGH in RdW 2000/439).

[2]) S aber *Reischauer* in Rummel § 1415 Rz 6; OGH in ZVR 1993/11. Das Recht, Teilzahlungen zurückzuweisen, findet seine Grenze im Schikaneverbot, OGH in SZ 66/156.

[3]) *Kretschmar,* Erfüllung; *Boehmer,* Erfüllungswille; *Gschnitzer* in Klang VI 368 f; *Bydlinski* in Klang IV/2, 159. Vgl aber OGH in ecolex 1994, 545; ecolex 2005, 442 *(Wilhelm).*

[4]) OGH in RdW 1989, 364; vgl auch SZ 67/48.

Ist die Leistung nicht vertragsgemäß, so kann sie der Gläubiger zurückweisen und Ansprüche wegen Nichterfüllung erheben. Er kann aber eine mangelhafte Sache auch annehmen und Gewährleistungsrechte geltend machen.

Hat der Schuldner gegenüber demselben Gläubiger **mehrere Verbindlichkeiten**[5]), so ist nach der **Tilgungsregel** des § 1415 jene als erfüllt anzusehen, die Gläubiger und Schuldner einvernehmlich bestimmen[6]). Ist die Absicht des Schuldners unklar oder ist der Gläubiger mit ihr nicht einverstanden[7]), so sind Zahlungen zuerst auf die Zinsen[8]) und dann auf das Kapital anzurechnen[9]). Von mehreren Kapitalien hat das fällige den Vorrang, bei mehreren fälligen ist jene Verbindlichkeit zu tilgen, die dem Schuldner „am beschwerlichsten fällt", zB die höher verzinste oder die pfandgesicherte Schuld (§ 1416)[10]). Trifft keiner dieser Gesichtspunkte zu, sind alle Schulden verhältnismäßig zu tilgen.

Die Tilgungsregel ist nicht auf Unterhaltsforderungen anzuwenden[11]). Hingegen gilt sie bei einer Aufrechnung gegen mehrere Forderungen[12]). § 1416 unterstehen auch öffentlich-rechtliche Schuldverhältnisse[13]). Die Widmung einer Zahlung durch die verpflichtete Partei im Exekutionsverfahren ist nicht möglich; das Geld ist nach §§ 283 ff EO zu verteilen[14]).

Erfüllung ist die Leistung an den **Gläubiger** (§ 1424)[15]), an dessen **Vertreter** oder an Dritte, an die der Schuldner kraft Ermächtigung durch den Gläubiger leisten kann[16]).

---

[5]) Zu Teilleistungen auf eine Forderung s OGH in JBl 1986, 385; zu Teilleistungen auf eine teilweise verjährte Forderung s OGH in EvBl 1997/147; zur Zahlung eines Schuldners mehrerer Gläubiger an einen gemeinsamen Empfänger s OGH in SZ 73/100.

[6]) Nach österreichischem Recht kann also der Schuldner nicht einseitig bestimmen, welche Schuld er zahlen will. Zur Unwirksamkeit einer Anrechnungsregelung in AGB s OGH in JBl 1987, 247; vgl auch ÖBA 1996, 631 *(Rummel)*.

[7]) Dazu OGH in SZ 51/24; ZAS 1991/3 *(Marhold)*; ÖBA 1995, 544.

[8]) Nicht jedoch auf bereits verjährte Zinsen, OGH in SZ 66/142.

[9]) AA OGH in ÖBA 1997, 214 im Anschluß an *Reischauer* in Rummel § 1416 Rz 21, für den Fall, daß mehrere Zinsen und mehrere Kapitalien fällig sind.

[10]) Werden alle Schulden gezahlt, kann § 1416 nicht zur Lösung der Frage, in welchem Ausmaß die Zahlung für den Regreß gegen Mitbürgen zu berücksichtigen ist, herangezogen werden (OGH in EvBl 1998/167). S zur Tilgungsregel bei Mietzinsrückständen OGH in SZ 2004/28; bei vorprozessual geleisteten Teilzahlungen OGH in SZ 2002/50.

[11]) OGH in RZ 1997, 250; SZ 73/100.

[12]) OGH in JBl 2005, 515.

[13]) VwGH in ZAS 1997, 58.

[14]) S dazu *Kepplinger/Duursma*, Möglichkeit zur Widmung einer Zahlung bei Einschreiten des Exekutors? ÖJZ 2000, 887.

[15]) Vgl auch OGH in SZ 54/47 (Abhebung von einem Konto durch einen Unbefugten); wbl 1987, 345 (Überbringersparbuch); SZ 68/114 (Anweisung im Konkurs des Anweisenden); EvBl 2001/28 (Sichtwechsel). Vgl auch *Eccher/Hagen*, Erfüllungswirkung im Überweisungsverkehr, ÖBA 2000, 115.

[16]) Dazu *Müller-Laube*, Die Empfangszuständigkeit im Zivilrecht (1978); OGH in RdA 1992, 210 *(Oberhofer/Grömmer)*; SZ 68/114.

Der Großhändler ermächtigt den Produzenten, direkt an den Einzelhändler zu liefern.

Ausnahmsweise wird ein **gutgläubig** leistender Schuldner auch durch Zahlung an einen Nichtgläubiger befreit (§§ 824, 1395).

Die Wirksamkeit der Erfüllung hängt ferner von der Geschäftsfähigkeit der Beteiligten ab: Die Zahlung **an** einen **Geschäftsunfähigen** ist nur soweit wirksam, als das Bezahlte noch vorhanden oder zum Nutzen des Empfängers verwendet worden ist (§ 1424)[17]).

Gleiches gilt, wenn eine nach §§ 187ff mit der Obsorge eines Minderjährigen betraute Person ohne Ermächtigung durch das Gericht eine € 10.000,– übersteigende Zahlung an den Minderjährigen annimmt (§ 234)[18]).

Die Leistung **durch** einen **Geschäftsunfähigen** ist nur wirksam, wenn die Schuld tatsächlich bestand und fällig war, sonst ist der gesetzliche Vertreter zur Rückforderung berechtigt.

Ist die Schuld höchstpersönlich, so muß auch der Schuldner persönlich leisten. Sonst kann er sich eines **Gehilfen** bedienen, dessen Leistung als solche des Schuldners gilt. Mit Zustimmung des Schuldners oder des Gläubigers können aber auch **Dritte** (im eigenen Namen) leisten (§ 1423)[19]). Gegen den Willen des Schuldners und des Gläubigers ist die Erfüllung durch einen Dritten nicht möglich.

Nur in einzelnen, gesetzlich geregelten Fällen hat der Gläubiger die Leistung von einem Außenstehenden auch dann anzunehmen, wenn dies weder seinem noch dem Willen des Schuldners entspricht (vgl das „ius offerendi", § 462)[20]).

Die Leistung durch den Schuldner führt zur **Tilgung** der Forderung, dh zu ihrem Untergang (Erlöschen). Dasselbe gilt in der Regel bei Zahlung durch Dritte. In diesem Fall gibt es allerdings auch die Möglichkeit der **Einlösung:** durch die Zahlung des Dritten geht die Forderung nicht unter, sondern auf ihn über, er wird neuer Gläubiger. Wichtigster Fall einer solchen Einlösung ist die Legalzession des § 1358: Wer eine Schuld bezahlt, für die er persönlich oder mit bestimmten Vermögensstücken haftet, „tritt in die Rechte des Gläubigers", die bezahlte Forderung geht nicht unter, sondern auf ihn über. S unten S 128ff. In anderen Fällen bedarf es zumindest eines vor der Zahlung gestellten Abtretungsbegehrens. S unten S 129f. Und schließlich kann sich der Gläubiger bereit erklären, die Forderung Zug um Zug dem zahlenden Dritten vertraglich abzutreten (§§ 1392ff). S unten S 116ff.

---

[17]) Dazu *Dullinger,* Die Geschäftsfähigkeit Minderjähriger, ÖJZ 1987, 38ff; OGH in SZ 60/119.

[18]) § 234 gilt weder für die Eltern, Großeltern oder Pflegeltern als gesetzliche Vertreter noch für den Jugendwohlfahrtsträger (§ 214 Abs 1).

[19]) Vgl dazu OGH in RdA 1981, 387 *(Spielbüchler)*; MietSlg 38.235; ÖBA 1992, 743 *(Apathy)*.

[20]) Dazu *P. Bydlinski,* Die Anfechtungs- und Auflösungsrechte des Zessionsschuldners, ÖJZ 1981, 456f. Vgl auch OGH in SZ 62/2.

Neben der Eintreibung der übergegangenen Forderung hat der Drittzahler manchmal noch andere „Regreßwege“, zB den Anspruch aus einem Auftragsvertrag, aus einer Geschäftsführung ohne Auftrag oder aus § 1042.

Bei der Erfüllung entstehen gewisse **„Gegenverbindlichkeiten“** des Gläubigers. So ist er verpflichtet, Zug um Zug auf seine Kosten eine **Quittung,** das ist eine schriftliche Bestätigung über die Erfüllung der Verbindlichkeit, auszustellen[21]). Sie kann auf der Rechnung oder auf einer anderen Urkunde gegeben werden. Ist ein **Schuldschein** vorhanden, so muß ihn der Gläubiger dem Schuldner zurückgeben (§ 1428). Teilzahlungen sind auf Verlangen des Schuldners auf dem Schuldschein zu vermerken.

Schuldschein und Quittung haben nur deklarative Bedeutung, können also durch den Beweis der Unrichtigkeit widerlegt werden[22]).

Der Schuldner hat kein Recht auf eine „Saldoquittung“, also eine Bestätigung darüber, daß der Gläubiger ihm gegenüber aus keinem anderen Rechtsgrund irgendeine Forderung hat.

II. Hinterlegung

Literatur: *Czyhlarz,* Die gerichtliche Deposition der Schuld, GrünhutsZ 6, 657; *Rabl,* Hinterlegung, Selbsthilfeverkauf und Preisgabe – Rechtsbehelfe im Annahmeverzug des Gläubigers, ÖJZ 1998, 688; *Reischauer,* Einige Gedanken zur Hinterlegung nach § 1425 ABGB, ÖJZ 2001, 453; *derselbe,* Hinterlegung zu Gunsten mehrerer (potentieller) Gläubiger bzw Forderungspfandgläubiger, JBl 2001, 541 und 614.

Ist der Schuldner an der Ablieferung der Leistung durch Umstände gehindert, die er nicht zu vertreten hat, so kann er die geschuldete Sache bei Gericht hinterlegen und wird dadurch von der Schuld befreit (§ 1425).

S dazu auch Art XVIII JN und §§ 284 bis 343 und 350 Geo.

Der Schuldner ist zur Hinterlegung berechtigt[1]), wenn der Gläubiger **unbekannt, abwesend** oder im **Annahmeverzug** ist[2]) oder wenn andere **wichtige Hinderungsgründe** für den Empfang der Leistung bestehen[3]), die dem Gläubiger zuzurechnen sind. Der Erlag ohne hinreichenden Hinterlegungsgrund befreit den Schuldner nicht[4]). Kein Erlagsgrund ist, daß

---

[21]) *Reischauer,* Zwei Fragen zur Löschungsquittung bzw Löschungserklärung: Kostentragung und Zug-um-Zug-Prinzip (§§ 469, 1369 und 1426 ABGB, § 39 GBG [iVm § 1425 ABGB]), NZ 2001, 362.

[22]) OGH in wbl 1989, 228; ÖBA 2001, 328 *(Apathy).*

[1]) Es trifft ihn keine Pflicht: OGH in SZ 34/4; JBl 1966, 35; *Rabl,* ÖJZ 1998, 690f mwN. Zu den Ausnahmen *Reischauer* in Rummel § 1425 Rz 12.

[2]) Vgl auch OGH in RdW 2002/269 (Auseinandersetzung über Annahmeverzug).

[3]) Zur Hinterlegung wegen mehrerer Forderungsprätendenten s OGH in SZ 27/59; SZ 30/79; RdW 1992, 207; ÖBA 1997, 469 *(Grassl-Palten)*; SZ 71/158; EvBl 2000/164; RdW 2000/193; RdW 2000/191 *(Iro)*; ÖBA 2004, 308; ÖBA 2004, 396; vgl auch OGH in SZ 74/121. S zu anderen Hinterlegungsgründen OGH in wobl 2003/161 *(Call)* (befürchtete Malversationen des Verwalters); NZ 1989, 16 (gerichtlicher Erlagsbeschluß); JBl 1987, 326 (Hinterlegung durch Drittschuldner im Exekutionsverfahren); MietSlg 38.236 (unklare Rechtslage als Erlagsgrund); RdW 1997, 200 und ecolex 2002, 245 (Hinterlegung durch Treuhänder). Vgl auch OGH in ÖBA 1991, 925 *(Harrer).*

[4]) *Reischauer,* ÖJZ 2001, 456ff. OGH in SZ 65/61; HS XXV/8; RdW 1997, 200.

der Schuldner nicht leisten will, weil er den Anspruch des Gläubigers bestreitet[5]).

Ist ein Haftpflichtversicherer mehreren geschädigten Dritten zugleich verantwortlich, so kann er sich seiner Pflicht zur Verteilung der Versicherungssumme gemäß § 156 Abs 3 VersVG nicht durch ihre Hinterlegung entziehen[6]).

Die Hinterlegung muß beim Gericht des **Erfüllungsortes** vorgenommen werden[7]), doch kann kein Gericht erster Instanz die Übernahme wegen Unzuständigkeit verweigern (Art XVIII EGJN). Eignet sich der Leistungsgegenstand nicht zum Erlag beim Gericht, muß ein Verwahrer bestellt werden[8]). Die Hinterlegung muß, wenn möglich, dem Gläubiger bekanntgegeben werden[9]).

Da die gerechtfertigte Hinterlegung der Leistung den Schuldner befreit, geht mit dem Erlag auch die Gefahr auf den Gläubiger über; das Eigentum jedoch erst mit Übergabe der hinterlegten Leistung an ihn[10]). Ob der Erlag gerechtfertigt war, muß notfalls im Prozeß geklärt werden[11]); dem Erlagsgericht obliegt nur die Pflicht, die Plausibilität des geltend gemachten Hinterlegungsgrundes zu prüfen.

Das Erlagsverfahren ist ein außerstreitiges Verfahren[12]). Der Schuldner kann die hinterlegte Leistung zurückverlangen, wenn er sich die Rücknahme vorbehalten hat[13]) oder wenn der Gläubiger zustimmt[14]). Weigert er sich, so ist der Rückforderungsanspruch im Prozeß durchzusetzen. Sobald der Gläubiger die Sache zu den Bedingungen des Schuldners angenommen hat oder der Erlag durch Urteil für gerechtfertigt erklärt worden ist, kommt eine Rücknahme nicht mehr in Frage[15]). Bei drohendem Verderben oder einer krassen Wertminderung der hinterlegten Sache hat das Gericht für ihre Verwertung (Versteigerung) zu sorgen[16]).

Von der Hinterlegung nach § 1425 ist die Hinterlegung beim Exekutionsgericht gem § 307 EO zu unterscheiden[17]).

III. Leistung an Zahlungs Statt (datio in solutum)

Literatur: *Berndorff,* Die Annahme an Erfüllungsstatt (1904); *Harder,* Die Leistung an Erfüllungs Statt (1976).

Leistung an Zahlungs Statt ist eine statt der vereinbarten Leistung einvernehmlich gegebene und genommene andere Leistung, die den Schuldner befreit.

---

[5]) OGH in NZ 2005, 15.

[6]) OGH in ZVR 1977/21, 75 und 138; *Selb,* Abandon bei nicht ausreichender Haftpflichtversicherungssumme, VersRdSch 1981, 16ff. Vgl aber *Bauerreiss,* Befriedigungspflicht und Abandonrecht des Haftpflichtversicherers, VersRdSch 1977, 337.

[7]) *Gschnitzer* in Klang VI 412; *Mayrhofer,* Schuldrecht I 585.

[8]) Zur „Hinterlegung" einer Wohnung vgl OGH in RZ 2001/20.

[9]) Dazu OGH in SZ 51/42.

[10]) OGH in ÖBA 2003, 456 *(Bollenberger).*

[11]) Dazu OGH in SZ 51/42; wbl 1987, 313; ÖBA 1988, 293; NZ 1992, 9; ÖBA 2004, 309.

[12]) Zur Parteistellung und Rechtsmittellegitimation s *Reischauer,* ÖJZ 2001, 454ff.

[13]) Vgl aber OGH in SZ 24/261.

[14]) OGH in ecolex 2003, 590. Vgl OGH in JBl 1992, 189.

[15]) Nachweise bei *Gschnitzer* in Klang VI 416.

[16]) OGH in SZ 72/30. Zu den Verwahrerpflichten vgl auch OGH in ZVR 1997/95.

[17]) OGH in EvBl 2004/171.

Gegen seinen Willen kann weder der Gläubiger gezwungen werden, etwas anderes anzunehmen, als er zu fordern hat, noch der Schuldner, etwas anderes zu leisten, als er versprochen hat (§ 1413). Mit Einverständnis beider Seiten kann jedoch etwas anderes zur Erfüllung gegeben werden (§ 1414).

Bei der Leistung an Zahlungs Statt wird die vertragliche **Hauptleistung** geändert. Zum Unterschied von der Novation ist aber diese Änderung mit der **gleichzeitigen** Leistung der anderen Sache verbunden. Mit den **Realverträgen** hat die Leistung an Zahlungs Statt das Zusammenfallen von Vereinbarung und Erfüllungshandlung gemeinsam, doch ist für die Leistung an Zahlungs Statt die **Änderung** einer bereits vorher begründeten Verbindlichkeit wesentlich, die durch die Leistung an Zahlungs Statt erlischt[1]).

§ 1414 kennt die Leistung an Zahlungs Statt nicht bloß bei Einverständnis von Gläubiger und Schuldner, sondern auch, wenn „die Zahlung selbst unmöglich ist". Dies ist ein Verweis auf die nach früherem Recht gegebene Möglichkeit, in der Zwangsvollstreckung auf eine andere Sache zu greifen, wenn die geschuldete nicht vorhanden war. Das heutige Exekutionsrecht kennt einen vergleichbaren Anspruch nur noch bei der Überweisung einer Forderung an Zahlungs Statt (§ 316 EO). § 1414 ist daher überholt; bei Unmöglichkeit der Leistung gelten die §§ 920, 1447.

Wegen der schuldbefreienden Wirkung gehen mit der Leistung nicht nur die Hauptverbindlichkeit, sondern auch die zu ihrer **Sicherung** bestehenden Rechte (Bürgschaften, Pfänder) unter. Leistet ein Bürge selbst an Zahlungs Statt, so geht die ursprüngliche Forderung des Gläubigers nach § 1358 auf ihn über[2]).

§ 1414 nennt die Leistung an Zahlungs Statt ein **entgeltliches** Geschäft[3]).

Der Gläubiger gibt seine Forderung auf die ursprüngliche Leistung auf und erhält dafür die andere Leistung. Das Geschäft ist sogar dann entgeltlich, wenn auf diese Weise ein Schenkungsversprechen erfüllt wird. Die Schenkung selbst wird freilich dadurch nicht entgeltlich; sie kann zB weiterhin widerrufen (§ 901) oder wegen Motivirrtums angefochten werden (§§ 947ff).

Daraus folgt vor allem, daß der Gläubiger die Rechtsbehelfe der **Gewährleistung** und der **laesio enormis** hat. Die Wandlung führt zum Aufleben der ursprünglichen Forderung[4]).

Ob bei einer durch Leistung an Zahlungs Statt erfüllten Schenkung Gewähr geleistet werden muß, ist strittig[5]).

Von der Leistung an Zahlungs Statt, die den Schuldner sofort befreit, ist die **Leistung zahlungshalber** zu unterscheiden. Die im Einverneh-

---

[1]) Zu den Unterschieden vgl *Harder,* Leistung 113ff. S aber auch *Reischauer* in Rummel § 1414 Rz 6f.

[2]) OGH in EvBl 1996/108.

[3]) Dazu *Gschnitzer* in Klang VI 376f. Kritisch *Harder,* Leistung 88f.

[4]) OGH in SZ 51/68; EFSlg 87.398.

[5]) Dafür *Gschnitzer* in Klang VI 376; *Mayrhofer,* Schuldrecht I 578; dagegen *Ehrenzweig* II/1, 325 FN 6. Vgl ferner *Harder,* Leistung 39ff, 181ff.

men zwischen den Parteien erbrachte andere Leistung ist hier nicht die Erfüllung, sondern ermöglicht es nur dem Gläubiger, sich daraus zu befriedigen. Soweit der Gläubiger diese Befriedigung erlangt, erlischt die Schuld. Die **Abtretung** einer Forderung zu Tilgungszwecken kann sowohl an Zahlungs Statt als auch zahlungshalber erfolgen.

Der Schuldner A zahlt seinem Gläubiger B den geschuldeten Betrag von € 200,– nicht bar, sondern zediert dem B die ihm gegen einen Dritten C zustehende Forderung von ebenfalls € 200,–. Ist dies eine Abtretung an Zahlungs Statt, so wird A bereits mit der Zession frei, und es kommt nicht darauf an, ob B bei C die Schuld eintreiben kann, weil dieser zB zahlungsunfähig ist. B ist auf Gewährleistungsrechte gegenüber A beschränkt (vgl S 123). Wurde hingegen bloß zahlungshalber zediert, so erlischt die Forderung des B gegen A nur insoweit, als B von C Zahlung erhält[6]). Das Recht auf Verzugszinsen hat B erst dann, wenn feststeht, daß er sich aus der zahlungshalber gegebenen Leistung nicht befriedigen kann[7]).

Ob an Zahlungs Statt oder zahlungshalber geleistet wurde, ist Auslegungsfrage; im Zweifel werden Wechsel und Scheck zahlungshalber[8]), körperliche Sachen hingegen an Zahlungs Statt gegeben.

IV. Die Aufrechnung (Kompensation)

Literatur: *Bötticher,* Die „Selbstexekution" im Wege der Aufrechnung und die Sicherungsfunktion des Aufrechnungsrechts, Schima-FS (1969) 95; *Dullinger,* Handbuch der Aufrechnung (1995); *Kegel,* Probleme der Aufrechnung (1936); *Kerschner,* Aufrechnungsprobleme bei Bankgeschäften, ÖBA 1989, 254; *Koch,* Die Gegenseitigkeit und deren Nachbildung durch Aufrechnungsvertrag, JBl 1989, 222; *Reiterer,* Die Aufrechnung (1976); *Swoboda,* Aufrechnung im medienrechtlichen Entschädigungsverfahren, ÖJZ 1995, 685; *Zimmermann,* Die Aufrechnung – Eine rechtsvergleichende Skizze zum Europäischen Vertragsrecht, Medicus-FS (1999) 707.

A schuldet B € 100,–, B schuldet aber seinerseits A € 100,–. Um ein unnötiges Hin- und Herschieben von Geld zu vermeiden, vereinbaren beide, daß sich die Forderungen gegenseitig aufheben sollen.

1. Begriff und Zweck der Aufrechnung

Aufrechnung ist die Aufhebung einer Forderung durch eine Gegenforderung.

Die Aufrechnung wirkt als Zahlung. Beide Forderungen werden, soweit sie sich decken, getilgt.

Die Kompensation hat verschiedene Zwecke. Vor allem befreit sich der Aufrechnende von seiner eigenen Schuld **(Befreiungszweck),** gleichzeitig erhält er für seine eigene Forderung Befriedigung **(Befriedigungszweck).**

Daher der Satz: „Wer aufrechnet, hebt ein und zahlt."

---

[6]) Der Zessionar muß sich ernstlich bemühen, die zedierte Forderung einzutreiben: OGH in JBl 1975, 603; vgl zum Akkreditiv OGH in SZ 69/128.

[7]) OGH in SZ 69/128.

[8]) *Gschnitzer* in Klang VI 378; *Reischauer* in Rummel § 1414 Rz 13; OGH in SZ 57/81; SZ 61/59; ÖBA 1991, 56 *(Gröll)*; ÖBA 1995, 225; ÖBA 1998, 304; RdW 2000/450; ÖBA 2005, 59. Vgl zum deutschen Recht *Schlechtriem/Schmidt-Kessel,* Schuldrecht Allgemeiner Teil[6] (2005) 186.

Durch die Verwirklichung dieser Zwecke erspart man sich das Hin- und Herschieben von Leistung und Gegenleistung, man verrechnet nur **(Verrechnungszweck).** Und schließlich gibt die Möglichkeit einer Kompensation einem Gläubiger auch Sicherheit: Solange sein Schuldner gegen ihn eine Forderung hat, braucht er die Uneinbringlichkeit der eigenen Forderung nicht zu fürchten, weil er notfalls gegen die schuldnerische Forderung aufrechnen kann **(Sicherungszweck).**

Wird gesagt, jemand rechne mit einer Forderung auf, so meint man die Forderung des Kompensierenden. Heißt es, es werde gegen eine Forderung aufgerechnet, so ist damit die Forderung des Aufrechnungsgegners, also die Schuld des Aufrechnenden gemeint.

2. Aufrechnungsvoraussetzungen

Erste Voraussetzung der Aufrechnung ist die **„Gegenseitigkeit"** der beteiligten Forderungen[1]), dh daß der Aufrechnende zugleich Gläubiger und Schuldner des Aufrechnungsgegners sein muß.

A kann nicht seine Schuld bei B dadurch tilgen, daß er mit einer Forderung aufrechnet, die er gegen C hat.

Hievon gibt es allerdings Ausnahmen. So kann nach einer Zession der Schuldner (debitor cessus) gegen den Neugläubiger mit allen Forderungen aufrechnen, die ihm gegen den Altgläubiger bis zur Verständigung von der Abtretung dem Grunde nach entstanden sind[2]), weil bei der Abtretung die Schuld inhaltlich gleich bleibt (vgl unten S 121). Der Benachrichtigungszeitpunkt ist maßgebend, weil bis dahin das Vertrauen des Schuldners, der im Hinblick auf den Sicherungsfonds dem Gläubiger kreditiert, schutzwürdig ist (Sicherungszweck). Bei der Zession künftiger Forderungen ist strittig, ob der Entstehungszeitpunkt der abgetretenen Forderung oder der Zeitpunkt der Verständigung des Schuldners von der Abtretung für dessen Aufrechnungsmöglichkeit maßgebend sein soll[3]).

Der **einverständlichen** Aufrechnung sind keine Grenzen gesetzt, soweit ihr nicht die zwingenden Normen wie jene über die Aufrechnung im Insolvenzverfahren (§§ 19, 20 KO und AO) entgegenstehen[4]): Die Par-

---

[1]) *Dullinger,* Zur Aufrechnung beim Vertrag zugunsten Dritter, JBl 1988, 154f; *Kollhosser,* Drittaufrechnung und Aufrechnung in Treuhandfällen, Lukes-FS (1989) 72; *Kerschner,* ÖBA 1989, 265ff; s auch OGH in wbl 1988, 87 *(Koch)*; JBl 1996, 580; RdW 1997, 531; SZ 73/145. Zur Aufrechnung gegenüber einer Gesamthandgläubigerschaft s OGH in JBl 2000, 511 (aA *Riedler*).

[2]) S dazu OGH in SZ 53/1; SZ 56/190; *Lukas,* Zession und Synallagma (2000) 206ff.

[3]) Für den Entstehungszeitpunkt: OGH in SZ 51/38; ÖBA 1988, 172 *(Griß-Reiterer)*; ÖBA 1997, 560; ÖBA 1999, 382; *Koch,* Nochmals zur Aufrechnung bei Zession künftiger Forderungen, ÖBA 1989, 1160; dagegen *Kerschner,* Zur Aufrechnung bei Zession künftiger Forderungen, ÖBA 1989, 557, der auf den Verständigungszeitpunkt abstellt; *derselbe,* Abermals: Zur Aufrechnung bei Zession künftiger Forderungen, ÖBA 1990, 524; *Dullinger,* Aufrechnung 9f; *Beig,* Die Aufrechnungsbefugnis des Abtretungsschuldners bei der Zession künftiger Forderungen, JBl 2006, 155.

[4]) S OGH in SZ 56/128; EvBl 1989/8; ecolex 1994, 677; SZ 67/169; SZ 69/236; ÖBA 1996, 487; ÖBA 1997, 548 *(Koziol)*; ÖBA 1998, 798 *(Bollenberger)*; JBl 1999, 815 *(Dullinger)*; EvBl 2000/192; SZ 73/145; JBl 2002, 532; RdW 2002/552; vgl auch *Pechmann,* Fälle der unzulässigen Aufrechnung mit Konkursforderungen (1995); *Schubert* in Konecny/Schubert §§ 19f KO Rz 1ff.

teien können beliebige Forderungen miteinander ausgleichen und so die gegenseitigen Verbindlichkeiten aufheben[5]).

Hingegen ist die **einseitige** Kompensation an eine Reihe von Voraussetzungen geknüpft:

Vor allem bedarf es einer **Aufrechnungserklärung**[6]): Ein Teil muß dem anderen kundtun, daß er die gegenseitigen Forderungen als ausgeglichen ansehen möchte. Er übt ein Gestaltungsrecht aus[7]).

Eine „automatische Aufrechnung", die von selbst eintritt, wenn sich Forderung und Gegenforderung aufrechenbar gegenüberstehen, gibt es – entgegen dem von § 1438 erweckten Anschein – nach hM nicht[8]), weil kein Grund besteht, den Parteien die Kompensation aufzuzwingen. Außerdem führte eine Aufrechnung ohne Erklärung zu Unsicherheiten.

Die Aufrechnungserklärung ist wirksam, wenn Forderung und Gegenforderung gültig, gleichartig und im Aufrechnungszeitpunkt fällig sind. Ferner darf kein besonderes Aufrechnungsverbot bestehen.

Die **Fälligkeit** richtet sich nach den allgemeinen Bestimmungen.

Die Forderung, gegen die aufgerechnet wird, muß daher nicht fällig sein, wenn der Aufrechnende zur vorzeitigen Zahlung berechtigt ist (so gemäß § 12a KSchG)[9]). Vgl auch § 14 Abs 2 KO.

Um bei einer Forderungsexekution gegen Forderungen des betreibenden Zessionars aufrechnen zu können, müssen die Gegenforderungen des Drittschuldners gegen den verpflichteten Zedenten diesen im Zeitpunkt der Pfändung der Forderung aufrechenbar gegenübergestanden sein[10]).

Gültig (richtig) heißt nicht bloß, daß die Forderungen wirksam entstanden sind, sondern auch, daß sie klagbar sind. Mit einer Forderung aus einer Naturalobligation kann der Gläubiger nicht aufrechnen[11]).

Der Schuldner kann jedoch eine natürliche Verbindlichkeit durch Aufrechnung tilgen, weil Naturalobligationen zahlbar sind. Schuldet also A aus einer Wette dem B € 100,– und hat umgekehrt B dem A aus einem Kaufvertrag denselben Betrag zu zahlen, so kann A aufrechnen, nicht aber B[12]).

---

[5]) Vgl OGH in SZ 51/67; EvBl 1979/130; wbl 1988, 203; RdW 1997, 531; *Berger,* Der Aufrechnungsvertrag (1996).

[6]) *Gschnitzer* in Klang VI 495f. Zur schlüssigen Erklärung: OGH in RdA 1989, 293 *(Eypeltauer)*; wobl 1991, 251. Nach *Ehrenzweig* II/1, 341f ist gerichtliche Geltendmachung nötig. Zur Wirkung der gerichtlichen Aufrechnungserklärung auf die Verjährung OGH in SZ 65/139.

[7]) Vgl dazu *Bötticher,* „Selbstexekution" 100f.

[8]) *Gschnitzer* in Klang VI 494; *Reiterer,* Aufrechnung 18ff; *Dullinger* in Rummel § 1438 Rz 11; OGH in JBl 1962, 324; JBl 1978, 262; SZ 51/38. AA *Faistenberger,* Selbsttätige Aufrechnung oder Erfordernis einer Aufrechnungserklärung? Gschnitzer-GedS (1969) 129.

[9]) Ebenso OGH in SZ 58/50.

[10]) OGH in EvBl 2001/60.

[11]) *Mayrhofer,* Schuldrecht I 595.

[12]) *Dullinger* in Rummel § 1439 Rz 1; OGH in SZ 71/; RdW 2001/17 (Zug-um-Zug-Forderung).

Gleichartig sind vor allem Geldschulden[13]), aber auch sonstige Schulden gleicher Gattung und Güte[14]).

Aufrechenbar sind also Forderungen auf Erdöl gegen Forderungen auf Erdöl derselben Art, Äpfel gegen gleichartige, nicht aber Äpfel gegen Erdöl. Mit der Forderung aus einem Sparbuch gegen eine Forderung der Bank kann nur bei Vorlage des Sparbuches aufgerechnet werden[15]). Im Konkurs werden alle Forderungen gegen die Masse zu Geld (§ 14 KO).

Nicht nötig ist, daß die Forderung und Gegenforderung aus demselben **Rechtsgrund** entstanden sind oder daß sie gleich hoch sind. Bei verschiedener Höhe wirkt die Kompensation soweit, als sich die Verbindlichkeiten decken. Ebensowenig ist nach heutigem Recht die Liquidität ein Erfordernis der Kompensation[16]).

Liquidität heißt, daß für den Beweis der Forderung des Aufrechnenden kein umständlicheres Beweisverfahren nötig ist als für den Beweis der Gegenforderung[17]). Die Liquidität hat allerdings eine gewisse Bedeutung im Prozeß (vgl § 391 Abs 3 ZPO).

3. Aufrechnungshindernisse

Die Aufrechnung ist bei Vorliegen bestimmter Gründe unzulässig **(Aufrechnungsverbote).** So sind eigenmächtig oder listig **entzogene, entlehnte,** in **Verwahrung** oder in **Bestand** genommene Sachen kein Gegenstand der Kompensation (§ 1440 Satz 2)[18]). Das Aufrechnungsverbot gilt allerdings nur **einseitig:** für den Dieb, den Verwahrer usw.

Daher kann der Dieb dem Bestohlenen, wenn dieser das Geld zurückverlangt, nicht eine Darlehensforderung compensando einwenden; dagegen kann der Bestohlene mit Ansprüchen aus dem Diebstahl aufrechnen, wenn der Dieb einen vertraglichen Anspruch auf Zahlung geltend macht[19]).

Über den gesetzlichen Tatbestand hinaus kann die Aufrechnung im Einzelfall ausgeschlossen sein, wenn der Mißbrauch des Aufrechnungsrechtes geradezu als Ver-

---

[13]) Gleichartig sind auch Forderungen, die in verschiedenen Währungen ausgedrückt sind, es sei denn, daß es sich um effektive Fremdwährungsschulden (s S 32) handelt (OGH in SZ 74/50; SZ 74/178).

[14]) Vgl OGH in SZ 54/153 und 169; JBl 1984, 204; RdA 1985, 37 *(A. Burgstaller).*

[15]) OGH in ÖBA 1998, 44 *(Dullinger)*; vgl dazu *Th. Rabl,* Zur Aufrechnung mit und gegen Sparguthaben, ecolex 1997, 745.

[16]) *Dullinger* in Rummel § 1439 Rz 6; OGH in JBl 1978, 262; SZ 63/201. Anders ist es hingegen bei Aufrechnung einer zivilrechtlichen Forderung gegen einen öffentlich-rechtlichen Anspruch, vgl VwGH in JBl 1995, 606.

[17]) *Ehrenzweig* II/1, 335.

[18]) OGH in RdA 1990, 361 *(Binder)*; SZ 62/45; vgl auch *Pielemeier,* Das Aufrechnungsverbot des § 393 BGB (1988) 80ff; *Dullinger,* Aufrechnung 103ff. Für eine einschränkende Auslegung des Kompensationsverbotes: *Iro,* Kommentar zu OGH in ZAS 1983/23. Zur Aufrechnung bei Überweisung zur Einziehung s OGH in JBl 1986, 51; JBl 1992, 722. Zu § 19 RAO s OGH in ÖBA 1993, 151 *(Dullinger)*; ecolex 1999, 260 *(Th. Rabl)*; EvBl 2003/1; JBl 2005, 456. Bei Unterhaltsforderungen vgl *Gitschthaler,* Zur Rückforderbarkeit zu Unrecht bezahlter Unterhaltsbeiträge, ÖJZ 1995, 656ff. Zum Mandats- und Treuhandvertrag OGH in JBl 1999, 659; SZ 74/137; SZ 2002/57; SZ 2003/146; zu den Ausnahmen davon s OGH in SZ 55/147.

[19]) S OGH in EvBl 1976/214.

trauensbruch zu werten ist[20]). So ist zB die Aufrechnung gegen den Rückforderungsanspruch einer nichtigen Kaution[21]) ebenso verboten wie gegen den Anspruch auf Rückzahlung einer verbotenen Ablöse iSd § 27 Abs 1 MRG[22]).

Gegen eine Forderung des Staates kann nur mit einer Forderung aufgerechnet werden, für die dieselbe Zahlstelle zuständig ist (§ 1441)[23]). Gegenüber **unpfändbaren** Forderungen ist in der Regel auch keine Aufrechnung zulässig, weil dadurch das Pfändungsverbot umgangen werden könnte (vgl § 293 Abs 3 EO)[24]).

Weitere Beschränkungen bestehen bei der Forderungsabtretung. Wurde eine Forderung mehrfach zediert, so kann der Schuldner nur mit jenen Gegenforderungen aufrechnen, welche er zur Zeit der Verständigung von der Abtretung gegen den ersten Inhaber des Forderungsrechtes hatte, und mit jenen gegen den letzten Inhaber, nicht hingegen mit den Forderungen gegen die „Zwischeninhaber" (§ 1442).

Aufrechnungsverbote können auch **vereinbart** werden[25]).

Beim Verbrauchergeschäft bestehen Einschränkungen: Ein dem Verbraucher auferlegtes Kompensationsverbot gilt nicht, soweit es für den Fall der Zahlungsunfähigkeit des Unternehmers gelten soll oder Forderungen betrifft, die im rechtlichen Zusammenhang mit der Verbindlichkeit des Verbrauchers stehen, die gerichtlich festgestellt oder vom Unternehmer anerkannt worden sind (§ 6 Abs 1 Z 8 KSchG)[26]).

4. Rückwirkung der Aufrechnungserklärung

§ 1438 erweckt den Eindruck, daß bei Vorliegen aller gesetzlichen Voraussetzungen die Kompensation von selbst eintritt („eo ipso"). Soweit sich die Forderungen ausgleichen, entstehe eine Aufhebung der Verbindlichkeiten, welche schon „für sich" die gegenseitige Zahlung bewirke. Die hM verlangt trotz dieses Gesetzeswortlauts eine Erklärung (s oben S 103). Wenn eine solche abgegeben wird, kommt es allerdings zu einer **Rückwirkung:** Die Kompensation wird auf den Zeitpunkt bezogen, in dem Forderung und Gegenforderung einander zum ersten Mal aufrechenbar gegenübergestanden sind[27]).

---

[20]) *Dullinger* in Rummel § 1440 Rz 7; OGH in SZ 62/45; JBl 2005, 316 *(Mader)*.

[21]) OGH in wbl 1991, 362.

[22]) SZ 69/192.

[23]) *Dullinger,* Aufrechnung 239ff; OGH in AnwBl 1991, 575 *(Arnold)*.

[24]) Dazu *Krejci,* Zur Kompensation von Entgeltforderungen des Arbeitnehmers mit Arbeitgeberansprüchen auf Schadenersatz, ZAS 1980, 170ff; OGH in SZ 56/70; ZAS 1984/26 *(Mazal)*; EvBl 1997/88; SZ 2002/121.

[25]) Zum schlüssig vereinbarten Aufrechnungsverbot zu Lasten der Bank beim Girovertrag: OGH in RdW 1987, 194; RdW 1993, 106; JBl 1993, 319; HS 25.706; SZ 67/169; SZ 69/236; *Iro,* Aufrechnungsverbot bei Girokonten? RdW 1987, 182; *Kerschner,* ÖBA 1989, 259ff; *Apathy,* Aufrechnungsverbot bei Girokonten? ÖBA 1995, 99. Zur Aufrechnung mit Spareinlagen OGH in ÖBA 1998, 44 *(Dullinger)*; *Th. Rabl,* ecolex 1997, 745. Zur Aufrechung gegen eine Garantie OGH in ÖBA 1999, 558 = ecolex 1999, 320 *(Wilhelm)*.

[26]) Zur analogen Anwendung s *Dullinger* in Rummel § 1440 Rz 31; *dieselbe,* Aufrechnung 142f; OGH in ecolex 1999, 760; ecolex 2004, 26.

[27]) *Gschnitzer* in Klang VI 494f; *Kerschner,* ÖBA 1989, 256; *Mayrhofer,* Schuldrecht I 610f; OGH in SZ 55/121; JBl 1989, 171; ZVR 1987/96; MietSlg 38.241; JBl 1999,

Man kann auch sagen, die Kompensation erfolge „automatisch" unter der Bedingung, daß sie nachträglich „erklärt" werde.

Dies hat vor allem zur Folge, daß die Kompensationserklärung noch wirkt, wenn zur Zeit ihrer Abgabe eine Forderung bereits **verjährt** ist[28]).

A hat bei B 2001 Installationsarbeiten verrichtet. Daraus ist ihm gegen B eine Forderung in der Höhe von € 100,– entstanden, die in 3 Jahren verjährt (§ 1486). Aus Vergeßlichkeit hat A bisher ihre Geltendmachung unterlassen. Im Jahre 2002 nimmt er bei B ein Darlehen in der Höhe von € 150,– auf, das 2003 zurückzuzahlen ist. B verlangt die Rückzahlung jedoch erst im Jahre 2005. Obwohl die Forderung des A bereits 2004 verjährt ist (und daher im Aufrechnungszeitpunkt – 2005 – unklagbar wäre), kann er damit kompensieren, weil die Aufrechnung auf das Jahr 2003 zurückwirkt, in welchem sich Forderung und Gegenforderung zum ersten Mal aufrechenbar gegenübergestanden sind: „Ipso iure compensatur, id est ex tunc compensatur." A muß daher nur € 50,– zahlen.

Die übrigen **allgemeinen** Voraussetzungen der Kompensation müssen aber auch bei der Abgabe der Aufrechnungserklärung gegeben sein. So kann zB nicht kompensiert werden, wenn zu diesem Zeitpunkt die Forderung, mit welcher aufgerechnet werden soll, schon berichtigt ist oder dem Aufrechnenden sonst nicht mehr zusteht; ebensowenig, wenn die Forderung, gegen welche aufgerechnet werden soll, schon getilgt ist[29]).

Ist unklar oder kommt keine Einigung darüber zustande, gegen welche von mehreren Forderungen aufgerechnet werden soll, so ist gemäß §§ 1415f vorzugehen. S oben S 96.

5. Kontokorrent

Zum gegenseitigen Ausgleich von Forderungen führt auch das Kontokorrent[30]). Dabei werden gegenseitige Ansprüche aus einer dauernden Geschäftsverbindung als unselbständige Posten einer **laufenden Rechnung** in regelmäßigen Zeitabschnitten abgerechnet (vgl § 355 UGB). Soweit sich die Summe der Forderungen auf der einen Seite mit der Summe der Forderungen auf der anderen Seite deckt, kommt es zur **Kompensation;** ein allfälliger Überschuß wird als **Saldo** bezeichnet. Bei einem beidseitig festgestellten Saldo handelt es sich um ein konstitutives Schuldaner-

---

815 *(Dullinger)*; RdW 2000/239. AA *Dullinger,* Aufrechnung 172ff. Vgl auch OGH in JBl 2005, 726 (Vertragsauflösung).

[28]) *Gschnitzer* in Klang VI 502; *Mayrhofer,* Schuldrecht I 595; OGH in JBl 1994, 181 *(Eypeltauer)*. Dagegen *P. Bydlinski,* Aufrechnung mit verjährten Forderungen, RZ 1991, 2; *derselbe,* Die Aufrechnung: Verjährung, Rückwirkung und § 414 Abs 3 HGB, RdW 1993, 238; *derselbe,* Die Aufrechnung mit verjährten Forderungen: Wirklich kein Änderungsbedarf? AcP 196, 276; *Eypeltauer,* Verjährung und Aufrechnung, JBl 1991, 137; *Dullinger,* Aufrechnung 183. Anderes gilt nach Ansicht des OGH in JBl 1987, 127 *(P. Bydlinski)*; RdW 1995, 476 bei Präklusion.

[29]) Ausnahmen bei *Dullinger* in Rummel § 1438 Rz 15.

[30]) Dazu *Canaris,* Funktion und Rechtsnatur des Kontokorrents, Hämmerle-FS (1972) 55; *Avancini,* Bankvertragsrecht I Rz 5/1 ff; *Dullinger,* Aufrechnung 265ff; OGH in SZ 51/38; SZ 59/226; ÖBA 1987, 420 *(Avancini)*; ÖBA 1990, 720.

kenntnis, das einen eigenständigen und einklagbaren Rechtsgrund bildet (§ 355 Abs 4 UGB). Die Aufrechnung findet nicht einzeln für die jeweiligen Forderungen und Gegenforderungen, sondern global zu den bestimmten Abrechnungsterminen statt. Ein Saldo wird auf die nächste Rechnungsperiode vorgetragen.

V. Vereinigung (Konfusion)

Literatur: *Kretschmar,* Die Theorie der Konfusion (1899); *Sachs,* Die Wirkungen der Konfusion (1898).

Sooft auf was immer für eine Art das Recht mit der Verbindlichkeit in einer Person vereinigt wird, erlöschen beide (§ 1445 Satz 1).

Niemand kann gegen sich selbst Forderungen haben und so sein eigener Schuldner sein. Vereinigen sich also Gläubiger- und Schuldnerstellung in einer Person, so geht die Forderung unter (§ 1445)[1]). Ausnahmen gibt es bei den **Inhaber-** und **Orderpapieren.** Befindet sich das Papier in der Hand des Schuldners, so „ruht“ die Forderung. Begibt der Schuldner das Papier an einen Dritten, so erlangt die Forderung wieder ihre Kraft.

Zur Konfusion kommt es vor allem durch die **erbrechtliche Universalsukzession,** also wenn der Gläubiger den Schuldner beerbt und umgekehrt.

Soweit allerdings der Gläubiger die Möglichkeit hat, das vom Schuldner übernommene Vermögen von seinem eigenen zu trennen, kommt es zu keiner Konfusion und die gegenseitigen Verbindlichkeiten bleiben aufrecht. So hat ein Gläubiger als der Erbe seines Schuldners das Recht, eine Nachlaßseparation zu verlangen (§ 812). Macht er davon Gebrauch, so kann er seine Forderung gegenüber dem Nachlaß geltend machen. Damit soll verhindert werden, daß ein Erbe als Gläubiger schlechter gestellt ist als die anderen Gläubiger, die sich aus dem Nachlaß befriedigen und ihn aufzehren können (s unten S 577ff).

§ 1445 schließt die Konfusion aus, „wenn **Verhältnisse** von ganz **verschiedener Art** eintreten“. So wird zB durch die Nachfolge des Schuldners in die Verlassenschaft seines Gläubigers an den Rechten der Erbschaftsgläubiger, der Miterben oder Legatare nichts geändert.

Das bedeutet, daß eine Forderung des Erblassers gegen den Erben zugunsten der Erbschaftsgläubiger in Anschlag gebracht wird.

Daß „durch die Beerbung des Schuldners und Bürgen in den Rechten des Gläubigers“ keine Veränderung eintritt (§ 1445 Satz 2), ist so zu verstehen, daß ein Gläubiger, der durch Erbfolge sein eigener Schuldner geworden ist, weiter auf einen Bürgen greifen kann, der für den Erblasser Sicherheit geleistet hat, wenn der Nachlaß nach bedingter Erbserklärung die Schuld nicht oder nicht vollständig deckt[2]).

---

[1]) OGH in SZ 64/93 (Erwerb des Bestandgegenstandes durch den Mieter). Zur Zession an einen von mehreren Mitschuldnern s OGH in SZ 73/207.

[2]) Zur Konfusion bei Treuhand des Bürgen: *Koziol,* Treuhänderischer Forderungserwerb durch den Bürgen, RdW 1987, 182.

Ein Untermietvertrag wird nicht dadurch hinfällig, daß der bisherige Hauptmieter und Untervermieter Eigentümer des Hauses oder der Eigentümer des Hauses Rechtsnachfolger des Hauptmieters wird. Dadurch endet zwar der Hauptmietvertrag, nicht aber das Untermietverhältnis[3]).

VI. Verzicht (Entsagung, Erlaß)

Literatur: *Koziol,* „Rückstehungserklärungen" von Ausgleichsgläubigern, RdW 1988, 342; *Migsch,* Der sogenannte Verzicht des Arbeitnehmers auf Ansprüche aus dem Arbeitsverhältnis, Strasser-FS (1983) 255; *Reichel,* Der Einforderungsverzicht, JherJB 85, 1; *Schwarz,* Verzichtslehre und Wissenserklärung im Arbeitsrecht, RdA 1984, 1; *Walsmann,* Der Verzicht (1912).

Der Gläubiger kann durch Vereinbarung mit dem Schuldner auf sein Recht verzichten und dadurch dessen Verbindlichkeit aufheben (§ 1444) [1]).

Der Verzicht kann entgeltlich oder unentgeltlich sein[2]). Auch bei **Unentgeltlichkeit** bedarf er der **Zustimmung** des Schuldners[3]); eine einseitige Willenserklärung reicht nicht aus.

Dieser Auffassung ist zu folgen, weil der Verzicht eine Zuwendung an den Schuldner ist und nach dem ABGB auch unentgeltliche Zuwendungen der Zustimmung des Empfängers bedürfen (vgl die §§ 882 Abs 1, 938). Außerhalb des Schuldrechts gibt es auch den einseitigen Rechtsverzicht, zB durch Dereliktion einer Sache.

Der Verzicht muß nicht in jener Form abgegeben werden, in der die Schuld begründet wurde **(kein contrarius actus).** Auch ein unentgeltlicher Schulderlaß ist nicht formbedürftig[4]). Er kann daher auch konkludent erfolgen[5]); daran sind allerdings strenge Anforderungen zu stellen[6]). Keinesfalls dürfen durch einen Verzicht Rechte Dritter beeinträchtigt werden[7]).

Verzichtbar sind nur Rechte[8]), vor allem schuldrechtliche **Ansprüche.** Unverzichtbar ist das Schuldverhältnis als Ganzes, weil es aus wech-

---

[3]) OGH in SZ 67/72 = ecolex 1994, 535 *(Hausmann)*; ecolex 1995, 25.

[1]) Zur Unverzichtbarkeit im Arbeitsvertragsrecht s *Köck,* Grenzen der Zulässigkeit des Verzichts auf schon entstandene Arbeitnehmeransprüche, ZAS 1986, 73 mwN.

[2]) Zur Auslegung eines unentgeltlichen Verzichts nach § 915 s OGH in JBl 1993, 583.

[3]) *Ehrenzweig* II/1, 354f; *Welser,* Zur rechtlichen Zulässigkeit des „gespaltenen" Haftpflichttarifs, ZVR 1973, 313. OGH in EvBl 1960/6; EvBl 1971/229. AM *Klang* in Klang VI 529f; *Reinl,* Bedarf der Verzicht der Annahme? ÖJZ 1970, 263. Differenzierend *Dullinger* in Rummel § 1444 Rz 3.

[4]) OGH in JBl 1975, 210; SZ 51/15; JBl 1981, 650; EFSlg 41.163; *Mayrhofer,* Schuldrecht I 626. Dagegen *Fenyves,* Die zivilrechtliche Anerkennung von Vereinbarungen zwischen Angehörigen, in Ruppe, Handbuch der Familienverträge[2] (1985) 77f; zweifelnd *Dullinger* in Rummel § 1444 Rz 8.

[5]) Vgl OGH in SZ 54/83; JBl 1982, 426; RdA 1988, 141 *(Kerschner)*; JBl 1989, 114 und 115; ÖBA 1992, 384; ecolex 1995, 258. Zum stillschweigenden Aufrechnungsverzicht OGH in wobl 1990, 143 *(Call).*

[6]) OGH in SZ 74/201.

[7]) OGH in SZ 68/222.

[8]) Dazu *von Tuhr* II/1, 266ff.

selseitigen Rechten und Pflichten besteht. Zu seiner Beseitigung bedarf es daher eines „Verzichts von beiden Seiten", also einer Auflösungsvereinbarung[9]).

VII. Zeitablauf, Kündigung

Literatur: *Beitzke,* Nichtigkeit, Auflösung und Umgestaltung von Dauerrechtsverhältnissen (1948); *Gernhuber,* Hinausgeschobene Dauerschulden – Das Schuldverhältnis vor dem Anfangstermin, Zöllner-FS (1998) 1119; *Gschnitzer,* Die Kündigung nach deutschem und österreichischem Recht, JherJB 78, 1; *Oetker,* Das Dauerschuldverhältnis und seine Beendigung (1994).

Rechte und Verbindlichkeiten enden durch **Zeitablauf,** wenn sie auf bestimmte Zeit beschränkt sind (§ 1449).

Ist ein Dauerschuldverhältnis nicht terminlich beschränkt, so kann es von beiden Seiten durch **Kündigung** gelöst werden.

Die Kündigung ist eine einseitige, empfangsbedürftige Willenserklärung, die das Schuldverhältnis durch ihre rechtsgestaltende Wirkung auflöst.

Die Voraussetzungen der Kündigung (Gründe, Termine, Fristen) ergeben sich aus dem Gesetz (zB dem MRG) oder aus der Vereinbarung.

Neben dieser „ordentlichen Kündigung" gibt es die „außerordentliche Kündigung", mit welcher jedes Dauerschuldverhältnis aus wichtigen Gründen mit sofortiger Wirkung aufgelöst wird. Hiezu oben S 9.

VIII. Tod

Der Tod des **Schuldners** führt nur bei **höchstpersönlichen** Schulden zum Erlöschen der Verbindlichkeit (zB bei der Vereinbarung von Dienstleistungen oder eines Auftragsverhältnisses). Bei anderen tritt der Erbe in die Leistungspflicht ein (§ 1448). Der Tod des **Gläubigers** berührt die Schuld nicht, die Forderung geht auf die Erben über. Auch hier gibt es jedoch auf Grund gesetzlicher Sonderregelung oder auf Grund einer von den Parteien getroffenen Vereinbarung Ausnahmen (vgl zB § 1022).

IX. Insolvenzverfahren

Literatur: *Deixler-Hübner,* Privatkonkurs[2] (1996); *Fink,* Der neue Privatkonkurs (1994); *Holzhammer,* Österreichisches Insolvenzrecht – Konkurs und Ausgleich[4] (1995); *Konecny/Schubert* (Hrsg), Kommentar zu den Insolvenzgesetzen (1997ff); *Mohr,* Privatkonkurs (1994); *Reich-Rohrwig/Zehetner,* Das neue Insolvenzrecht (1997).

Ein **Konkurs** befreit den Schuldner nicht von seinen Verbindlichkeiten. Die Gläubiger können zur Befriedigung ihrer nicht berichtigten Forderungen weiterhin auf das zur freien Verfügung bleibende oder nach der Konkursaufhebung erworbene Vermögen des Gemeinschuldners greifen (§ 60 Abs 1 KO).

---

[9]) Dazu OGH in SZ 61/44.

Der rechtskräftig bestätigte **Ausgleich** führt hingegen zu einem teilweisen Erlöschen der Verbindlichkeiten[1]). Der Schuldner braucht seinen Gläubigern den erlittenen Ausfall nicht zu ersetzen (§ 53 Abs 1 AO). Gleiches gilt für den im Konkurs geschlossenen **Zwangsausgleich** (§ 156 Abs 1 KO).

Die §§ 181 ff KO sehen darüber hinaus für **natürliche Personen** – auch für Unternehmer – Verfahren vor, die zu einer Schuldbefreiung führen **(Konkurs- und Schuldenregulierungsverfahren; „Privatkonkurs").**

Bei Verbrauchern muß zunächst ein außergerichtlicher Ausgleich versucht werden (§ 183 Abs 2 KO). Scheitert dieser, so kann ein Konkurs ohne Kostendeckung beantragt werden (§ 183 Abs 1 KO); dieser soll zu einem Zwangsausgleich führen, der auch dadurch erleichtert wird, daß an Gehaltsforderungen des Gemeinschuldners begründete gerichtliche Pfandrechte sofort und vertragliche Sicherungsrechte zwei Jahre nach Konkurseröffnung erlöschen (§ 12a KO). Wird kein Zwangsausgleich erreicht, soll ein Zahlungsplan eingreifen (§§ 193 ff KO). Dies ist ein Zwangsausgleich, der keine Mindestquoten enthält, der Einkommenslage des Schuldners entsprechen muß und bis zu sieben Jahren „läuft". Lehnen ihn die Gläubiger ab, so kann auch gegen ihren Willen ein Abschöpfungsverfahren eingeleitet werden, das zu einer Restschuldbefreiung redlicher Schuldner führen soll (§§ 199 ff KO).

Während des sieben Jahre dauernden Verfahrens hat sich der Schuldner zu bemühen, seine Verbindlichkeiten möglichst zu begleichen. Deckt der Schuldner hievon mindestens 10% ab, wird er von den restlichen Schulden befreit; gelingt ihm dies nicht, so ist ihm die Restschuldbefreiung nur nach Billigkeit, allenfalls unter Auferlegung weiterer Zahlungen, zu gewähren.

6. Kapitel

Umänderung der Rechte und Verbindlichkeiten

Eine Umänderung von Schuldverhältnissen kann durch Änderung ihres Inhaltes oder durch personelle Änderungen geschehen. Zu **inhaltlichen** Änderungen kommt es bei der Novation, der Schuldänderung, beim Vergleich und beim Anerkenntnis; zu **personellen** bei der Zession, bei der Schuldübernahme und der Vertragsübernahme.

I. Die Novation

Literatur: *P. Bydlinski,* Weitere Gedanken zur Novation, ÖJZ 1983, 484; *Hruza,* Zur Lehre von der Novation nach österreichischem Recht (1881); *Klein,* Vertragliche Änderung des Inhalts eines Schuldverhältnisses (1907); *Lukas,* Novation zugunsten des Bürgen? ÖZW 1995, 40; *Reischauer,* Gedanken zur Novation, JBl 1982, 393; *derselbe,* Nochmals zur Novation, ÖJZ 1984, 365.

Die Novation (der Neuerungsvertrag) ist die vertragliche Änderung des Rechtsgrundes oder des Hauptgegenstandes einer Schuld, so daß die alte Verbindlichkeit in eine neue übergeht (§ 1376) [1]).

---

[1]) Es bleibt jedoch eine Naturalobligation bestehen, die durch die bestellten Sicherheiten (Bürgschaften, Pfänder) weiterhin gesichert ist; s hiezu OGH in JBl 1991, 52.

[1]) S dazu OGH in SZ 44/179; SZ 63/64.

Änderung des **Rechtsgrundes** bedeutet, daß dieselbe Leistung aus einem anderen Titel geschuldet wird; so wenn ein Verwahrungsvertrag in einen Darlehensvertrag (§ 959), eine Leihe in eine Miete oder eine Schenkung auf den Todesfall in einen Übergabsvertrag[2]) umgewandelt wird. Eine Änderung des **Hauptgegenstandes** liegt nur vor, wenn der primäre Leistungsinhalt und nicht bloß Nebenleistungspflichten geändert werden (§§ 1376, 1379).

Änderung des Rechtsgrundes: A soll dem B € 1000,– als Kaufpreis für eine veräußerte Sache zahlen. Nach einiger Zeit vereinbaren die Parteien, daß A die € 1000,– bis auf weiteres als Darlehen behalten soll. Das einem Unternehmer gewährte Darlehen wird in eine Kommanditeinlage umgewandelt[3]).

Änderung des Hauptgegenstandes: A ist verpflichtet, dem B auf Grund eines Kaufes eine Kücheneinrichtung zu liefern. Nach einiger Zeit vereinbaren die Parteien, daß eine Schlafzimmereinrichtung geliefert werden soll. Ebenso liegt bei der Umwandlung eines Heimarbeitsvertrags in einen echten Arbeitsvertrag eine Novation vor[4]).

Von der Leistung an Zahlungs Statt unterscheidet sich der Neuerungsvertrag dadurch, daß er nicht in einer Leistungshandlung besteht, sondern nur die Verpflichtung verändert, die später erfüllt werden muß. Oben S 99ff.

Durch die Novation wird die alte Verbindlichkeit unter **gleichzeitiger** Begründung einer neuen aufgehoben. Die neue Verbindlichkeit entsteht jedoch nur dann, wenn die alte tatsächlich **bestanden** hat (§ 1376); die Ungültigkeit der früheren ergreift daher auch die neue Verbindlichkeit. Umgekehrt erlischt die alte Schuld nur, wenn die neue gültig **entsteht**[5]). Eine erfolgreiche Anfechtung des Neuerungsvertrages oder ein Rücktritt von diesem läßt die frühere Verbindlichkeit wieder aufleben[6]). Die beiden Verbindlichkeiten sind also nicht vollkommen voneinander unabhängig. Das zeigt sich auch darin, daß die gegen die alte Forderung bestehenden **Einreden** (zB Stundung, Verjährung) auch gegen die neue erhoben werden können. Aus dem Entstehen einer neuen Verbindlichkeit folgt aber, daß die mit der alten Verbindlichkeit verknüpften **Bürgschaften** und **Pfänder** erlöschen (§ 1378).

Sowohl bezüglich der Einreden als auch bezüglich der Sicherheiten sind auch andere Vereinbarungen möglich, zu Lasten der Bürgen und Pfandbesteller jedoch nur mit ihrer Zustimmung[7]).

Die „Vertragswiederholung“[8]) ist keine Novation, da es am Willen zur Umänderung der Verbindlichkeit fehlt[9]). Sie dient nur zur schriftlichen Fixierung oder deutli-

---

[2]) OGH in EvBl 1995/85.

[3]) S OGH in QuHGZ 1975/137.

[4]) OGH in EvBl 2002/23.

[5]) OGH in ecolex 1991, 17 *(Zankl)* mwN.

[6]) *Ertl* in Rummel § 1377 Rz 2; OGH in ecolex 1992, 231.

[7]) Dazu *P. Bydlinski,* ÖJZ 1983, 488f; *derselbe,* Novation und Weiterhaftung – Versuch eines Resümees, JBl 1986, 298; *Reischauer,* ÖJZ 1984, 367; OGH in ÖZW 1995, 55; dazu *Lukas,* ÖZW 1995, 43ff. Vgl auch OGH in ÖBA 1996, 471 *(P. Bydlinski).*

[8]) Dazu *Mayrhofer,* Schuldrecht I 634; *Reischauer,* JBl 1982, 405; OGH in RdA 1979, 122 *(Apathy).*

[9]) Allgemein zum „animus novandi“ OGH in wobl 1990, 100.

cheren Formulierung des Vereinbarten. Weicht die Vertragswiederholung vom ursprünglichen Vertrag ab, so kommt es darauf an, ob die Parteien diese Änderung beabsichtigt haben. Nur wenn dies der Fall war, gilt der neue Wortlaut.

II. Die Schuldänderung

Die Schuldänderung ist die vertragliche Änderung von Nebenbestimmungen eines Schuldverhältnisses, das als solches aufrecht bleibt (§ 1379).

Das alte Schuldverhältnis **besteht** also **weiter,** es wird nur umgestaltet.

Schuldänderung ist vor allem die Änderung der Leistungszeit oder des Leistungsortes, der geschuldeten Quantität, die Änderung der Höhe von Zinsen[1]), die Vereinbarung eines Rücktrittsrechtes oder einer Konventionalstrafe. Bestehen Zweifel, ob der Hauptgegenstand oder nur Nebenbestimmungen geändert werden, so ist der Fortbestand des alten Vertrages anzunehmen.

Weil das ursprüngliche Forderungsrecht erhalten bleibt, haften auch **Bürgen** und **Pfänder** weiter[2]).

Allerdings kann auch hier durch die Vertragsparteien die Position der Bürgen und Pfandbesteller ohne deren Zustimmung nicht verschlechtert werden. Sie haften also nicht für mehr als vor der Schuldänderung[3]).

III. Der Vergleich

Literatur: *Bork,* Der Vergleich (1988); *Ebel,* Berichtung, transactio und Vergleich (1978); *Hünerwadel,* Der außergerichtliche Vergleich (1989); *Rietsch,* Der besondere Voraussetzungstatbestand beim Vergleich (1906); *Schnorr von Carolsfeld,* Beiträge zur Lehre vom Vergleich (1929); *Schumacher,* Der Rücktritt vom gerichtlichen Vergleich – Ein Beitrag zur Dogmatik des Vergleichs, JBl 1996, 627.

A schuldet dem B € 1000,–. Im Laufe der Zeit hat er mit Zustimmung des Gläubigers (§ 1415) Teilzahlungen entrichtet, doch haben die Parteien über diese Zahlungen nur sehr nachlässig Buch geführt. A behauptet jetzt, er schulde nur noch € 300,–, während B glaubt, er bekomme noch € 500,–. In einem Vergleich einigen sie sich auf € 400,–.

Vergleich ist die unter beiderseitigem Nachgeben einverständliche Neufestlegung strittiger oder zweifelhafter Rechte (§ 1380).

Da der Vergleich im beiderseitigen Nachgeben besteht, ist er ein **zweiseitig verbindlicher, entgeltlicher** Vertrag. Der Erlaß einer unstreitigen und unzweifelhaften Schuld (§ 1381) oder das Anerkenntnis einer Schuld ohne Nachgeben der anderen Seite ist daher kein Vergleich[1]).

---

[1]) Vgl dazu OGH in JBl 2005, 722.

[2]) Vgl OGH in JBl 1992, 111; ÖBA 1994, 236; SZ 70/253; ÖBA 2002, 488 *(Hirsch)*; JBl 2005, 722.

[3]) *Wolff* in Klang VI 274.

[1]) Zur Beweislast s OGH in ecolex 1998, 689.

Es gibt strittige Rechtsverhältnisse, die aus Gründen des öffentlichen Interesses nicht durch einen Vergleich bereinigt werden können. So ist ein Vergleich über die Frage der Gültigkeit einer Ehe ungültig (§ 1382)[2]).

Ein Recht ist streitig (zweifelhaft), wenn die Parteien sich nicht darüber einigen können, ob oder wie weit es entstanden ist oder noch besteht. Durch den Vergleich wird diese Unsicherheit beseitigt; die Parteien stellen einvernehmlich fest, in welchem Umfang das Recht bestehen soll **(„Feststellungsvertrag")**[3]). Der Vergleich schafft einen neuen Rechtsgrund, wirkt also, soweit die Feststellung von der wahren Rechtslage abweicht, **„konstitutiv"**[4]). Einwendungen gegen die bisherigen Forderungen können gegen die festgestellte Verbindlichkeit nicht mehr erhoben werden **(Bereinigungswirkung).**

Diese Wirkung tritt freilich nur für die vom Vergleich erfaßten Punkte ein. Durch einen anläßlich der Auflösung eines Dauerschuldverhältnisses geschlossenen Vergleich werden aber iZw alle damit zusammenhängenden Forderungen bereinigt, auch wenn keine Generalklausel aufgenommen wird[5]). Allerdings umfaßt nicht einmal ein Vergleich, der sich auf alle Streitigkeiten zwischen den Parteien erstrecken soll (Generalvergleich), Forderungen und Verbindlichkeiten, an welche die Parteien nicht denken können[6]), aber auch nicht solche, die eine Seite der anderen geflissentlich verheimlicht hat (§ 1389)[7]).

Da der Vergleich die bisherige Unsicherheit **endgültig** beseitigen soll, bleibt er auch gültig, wenn sich später die wahre Rechtslage herausstellt.

Es würde daher im vorigen Beispiel dem A nichts nützen, wenn er nach Vergleichsabschluß Quittungen auffände, die eindeutig belegen, daß er schon € 700,– bezahlt hat.

Daher kann der Vergleich wegen eines **Irrtums** über den streitigen Sachverhalt, also über die nun **„verglichenen Punkte"**, nicht angefochten werden (§ 1387).

Wenn jedoch die Parteien gewisse Umstände beim Vergleichsabschluß als feststehend angenommen haben **(Vergleichsgrundlage)** und daher nicht der Streitbereinigung unterwerfen wollten, berechtigt ein Irrtum darüber bei Vorliegen der sonstigen Voraussetzungen (§§ 870ff) zur

---

[2]) Die Vergleichsfähigkeit ist auch Voraussetzung dafür, daß ein Streitfall von einem Schiedsgericht abgehandelt werden kann, OGH in SZ 66/90.

[3]) Vgl OGH in JBl 1955, 500.

[4]) Die Novationswirkung des Vergleichs umfaßt auch eine für das frühere Schuldverhältnis vereinbarte Schiedsklausel (OGH in JBl 2001, 179).

[5]) OGH in wbl 2002, 474; ecolex 2003, 543.

[6]) Dazu *Kletečka,* Unerkennbare Ansprüche bei Schadensregulierung durch Abfindungsvergleich, ecolex 1991, 5; *M. Steininger,* Sittenwidrigkeit von Abfindungsvergleichen mit Versicherungen, ecolex 1997, 917; OGH in SZ 60/148; JBl 1988, 380; RdA 1993, 243 *(Klein)*; RdW 1997, 69; ecolex 1998, 689; JBl 1998, 38 *(Kletečka)*; ZVR 1999/64; EvBl 2003/107 = ecolex 2003, 518 *(Kletečka)*; vgl auch OGH in RdW 1997, 219.

[7]) S OGH in MietSlg 35.262; JBl 1988, 380 und 396. Zur Umstandsklausel bei Unterhaltsvergleichen OGH in RZ 1991/72 mwN.

Anfechtung[8]). Ebenso ist ein beim Vergleichsabschluß unterlaufener **Erklärungsirrtum** relevant.

Ein Vergleich soll ja nicht einen Erklärungsirrtum aus der Welt schaffen, der erst beim Vergleichsabschluß entsteht (vgl die §§ 1385, 1388).

List und Drohung berechtigen auch zur Anfechtung, wenn sie sich auf verglichene Punkte beziehen[9]).

Ein Vergleich kann zwar wegen **Wuchers**[10]), **nicht** aber wegen **laesio enormis** angefochten werden (§ 1386). Weiters sind auf den Vergleich die §§ 917 ff anwendbar, so daß auch der Rücktritt nach § 918 in Betracht kommt[11]).

§ 1380 nennt den Vergleich einen Neuerungsvertrag[12]), weshalb eigentlich Bürgschaften und Pfänder wie bei der Novation erlöschen müßten. Im Gegensatz hiezu bestimmt aber § 1390, daß diese Sicherungsrechte insoweit weiterbestehen, als die Vergleichsverbindlichkeit nicht über die frühere Schuld hinausgeht.

Zum gerichtlichen Vergleich s § 204 ZPO[13]); er zieht nicht nur materiellrechtliche, sondern auch prozessuale Wirkungen nach sich[14]); wegen seiner Doppelnatur kann er als Prozeßhandlung unwirksam, als Rechtsgeschäft aber materiell wirksam sein und umgekehrt[15]).

IV. Das Anerkenntnis

Literatur: *Apathy,* Das Saldoanerkenntnis nach österreichischem Recht, ÖBA 1999, 679; *Hartl,* Das Anerkenntnis und seine Bedeutung für den Kraftfahrzeugschadenfall, ZVR 1964, 309; *Kerschner,* Anerkenntnis im Dienstnehmerhaftpflichtrecht, Strasser-FS (1993) 203; *Mänhardt,* Zwangsversicherung und privatautonome Schadensbereinigung nach Verkehrsunfällen, ZVR 1970, 113; *Schlesinger,* Über die Bedeutung des Schuldanerkenntnisses im österreichischen Zivilrecht, ZBl 1923, 321 und 449;

---

[8]) *Bork,* Vergleich 352 ff; *Ertl* in Rummel § 1385 Rz 1; *Hedemann,* Der Vergleichsirrtum (1903) 83; *Pfersche,* Die Irrtumslehre (1891) 212 f; *Reischauer,* Unterhalt für die Vergangenheit und materielle Rechtskraft, JBl 2000, 428; *Wolff* in Klang VI 279 f; OGH in SZ 39/57; SZ 47/102; RZ 1993/95 (Scheidungsvergleich); HS 24.699; SZ 67/31; RdW 1997, 452; RdW 2001/190; JBl 2004, 658. AA *Rietsch,* Zur Entstehung und Erklärung des § 1385, FS zur Jahrhundertfeier des ABGB II (1911) 977, 988 ff; *Hoyer,* Strafgerichtliche Verurteilung als „Geschäftsgrundlage" gerichtlichen Vergleiches? Fasching-FS (1988) 240. Differenzierend *Harrer/Heidinger* in Schwimann § 1385 Rz 5 ff.

[9]) So OGH in EvBl 1961/248; SZ 48/14; JBl 1990, 333. Für das Anerkenntnis: OGH in JBl 1975, 206; wbl 1990, 241.

[10]) OGH in JBl 1993, 581.

[11]) OGH in SZ 70/120; differenzierend *Schumacher,* JBl 1996, 631 f; vgl auch OGH in SZ 70/165.

[12]) Einschränkend OGH in EvBl 1984/75; HS 16.934/10; ÖBA 1989, 537 (Anerkenntnis).

[13]) Dazu *Fasching,* Lehrbuch des österreichischen Zivilprozeßrechts[2] (1990) 670 ff; *Schumacher,* JBl 1996, 629 f; OGH in SZ 70/120.

[14]) Vgl *Wilhelm,* Bedingter Widerruf eines gerichtlichen Vergleichs, ecolex 1994, 801.

[15]) OGH in JBl 2000, 797.

Unger, Zur Lehre vom Anerkennungsvertrag, JherJB 8, 179; *Zwirchmayr,* Das Schuldanerkenntnis nach Verkehrsunfällen, ÖJZ 1966, 281.

Das Anerkenntnis ist ein Feststellungsvertrag, mit dem Streitigkeiten oder Zweifel über den Bestand oder den Umfang eines Rechts durch einseitiges Nachgeben des Schuldners beseitigt werden.

Das Anerkenntnis ist nicht besonders gesetzlich geregelt, doch ist es ein **Vertrag,** der als Unterart des Vergleiches angesehen und im wesentlichen nach den für diesen bestehenden Regeln behandelt wird. Dies gilt vor allem für die Irrtumsanfechtung[1]).

Das Anerkenntnis unterscheidet sich vom Vergleich dadurch, daß nur eine Seite nachgibt[2]). Es stellt allerdings wie der Vergleich einen neuen, selbständigen Verpflichtungsgrund dar: Die anerkannte Forderung ist unabhängig davon, ob das früher zweifelhafte oder bestrittene Recht existiert hat **(konstitutive Wirkung)**[3]).

Da nach österreichischem Recht abstrakte Geschäfte grundsätzlich unzulässig sind (s Bd I S 118ff), ist ein konstitutives Anerkenntnis nur wirksam, wenn dadurch ein Streit oder Zweifel über das Bestehen eines bestimmten Rechts bereinigt werden soll[4]). ZB stellt die Zusage, einen Schaden „aus Kulanz" zu beheben, ein konstitutives Anerkenntnis dar[5]).

Vom echten **(konstitutiven)** Anerkenntnis unterscheidet sich das unechte **(deklarative)** Anerkenntnis, das eine bloße **Wissenserklärung** ist[6]) und keinen neuen Verpflichtungsgrund schafft. Der Schuldner gibt hier nur bekannt, daß das Recht des Gläubigers „seines Wissens" besteht[7]). Das deklarative Anerkenntnis ist daher im Rechtsstreit nur ein Beweisumstand zugunsten des Bestehens der Forderung, es ist aber durch andere Beweise widerlegbar. Es schafft keinen neuen Verpflichtungsgrund.

Für die **Unterbrechung der Verjährung** nach § 1497 genügt ein deklaratives Anerkenntnis[8]).

---

[1]) *Ertl* in Rummel § 1385 Rz 3; vgl auch OGH in EvBl 1979/45; ZVR 1980/44; JBl 1991, 791; wbl 1994, 310. Zur Anfechtbarkeit bei „Irrtumsvorbehalt" OGH in HS 10.708/13.

[2]) Vgl OGH in ZVR 1986/111; NZ 1992, 153.

[3]) Vgl OGH in JBl 1980, 39 *(Koziol)*; RdA 1982, 298 *(Apathy)*; VersRdSch 1988/128; ZVR 1993/10; JBl 1998, 643 *(Pfersmann)*; ecolex 1998, 126 *(Urbanek)*. Vgl auch *Schumacher,* Anerkenntnis des Versicherers: „Rechtliches Interesse" an der Haftungsfeststellung? ecolex 1998, 117.

[4]) *Schlesinger,* ZBl 1923, 449ff; *Bydlinski* in Klang IV/2, 399f; *Ertl,* Rechtsprechungsübersicht Versicherungsrecht 2001, ecolex 2002, 873f; OGH in ÖBA 1992, 743 *(Apathy)*; JBl 1998, 643 *(Pfersmann)*; SZ 74/1; SZ 74/77 = ecolex 2001, 672 *(Wilhelm)*; zur Wirkung eines Saldoanerkenntnisses bei einem Kontokorrentkredit OGH in SZ 74/80 = ecolex 2001, 602 *(Wilhelm)* (verst Senat); ÖBA 2001, 640 (verst Senat); s auch S 106f. Vgl auch OGH in ecolex 2002, 436.

[5]) OGH in EvBl 2005/76.

[6]) *Ehrenzweig* I/1, 359; *Larenz* II 487f; OGH in EvBl 1979/45; NZ 1992, 153.

[7]) OGH in JBl 2003, 310.

[8]) OGH in RdW 1985, 219; SZ 58/114; JBl 1988, 779 *(Hoyer)*; ecolex 2000, 649 *(Wilhelm)*; ecolex 2002, 882.

V. Die Forderungsabtretung (Zession)

Literatur: *Dörner,* Dynamische Relativität (1985); *Frießnegger,* Schutzverzicht des Zessionarschuldners (1999); *Iro,* Probleme der „Haftung des Zedenten", JBl 1977, 449; *Jud,* Wirksamkeitsvoraussetzungen für Forderungsabtretungen, in Hadding/Schneider, Die Forderungsabtretung, insbesondere zur Kreditsicherung, in der Bundesrepublik Deutschland und in ausländischen Rechtsordnungen (1986) 259ff; *Koziol,* Abtretung künftiger Forderungen und Konkurs des Zedenten, ÖBA 1998, 745; *Kundi,* Zession hypothekarisch gesicherter Forderungen (2003); *Löbl,* Studien zur Zessionslehre des österreichischen Rechts, ZBl 1929, 81 und 187; *derselbe,* Die Geltendmachung fremder Forderungsrechte im eigenen Namen, AcP 129, 257 und 130, 1; *Lukas,* Zession und Synallagma (2000); *Rudolf,* Einheitsrecht für internationale Forderungsabtretungen (2006); *Schwenzer,* Zession und sekundäre Gläubigerrechte, AcP 182, 214; *Spitzer,* Sicherungszession und Drittschuldnerverständigung bei Personenidentität. Bemerkungen zur Publizität anläßlich 4 Ob 100/04s, ÖBA 2005, 885; *derselbe,* Wirksamwerden der Sicherungszession bei Drittschuldnerverständigung, JBl 2005, 695; *E. Wagner,* Vertragliches Abtretungsverbot im System zivilrechtlicher Verfügungshindernisse (1994).

A. Allgemeines

Zession ist die Übertragung einer Forderung vom bisherigen Gläubiger (Zedenten) auf einen neuen Gläubiger (Zessionar) unter Aufrechterhaltung ihres Inhaltes (§ 1392).

Der Gläubigerwechsel verändert die **Rechtszuständigkeit,** während der Inhalt der Verpflichtung und der Schuldner gleichbleiben.

Gegenstand der Abtretung sind **veräußerliche Rechte**[1]), höchstpersönliche Ansprüche können nicht zediert werden (§ 1393).

Zu diesen gehören zB die Unterhaltsansprüche[2]) und im Zweifel die Rechte des Dienstgebers auf Arbeitsleistung (§ 1153). Ferner sind auf Grund ausdrücklicher Bestimmung das Wiederkaufsrecht (§ 1070), das Rückverkaufsrecht (§ 1071), das Vorkaufsrecht (§ 1074), die Mietzinsforderung aus Verträgen, die dem MRG unterliegen (§ 42 Abs 2 MRG)[3]), und die nach der EO unpfändbaren Forderungen (§ 293 Abs 2 EO) nicht abtretbar[4]). Unzulässig ist auch die Abtretung der Honorarforderung eines Rechtsanwalts[5])

---

[1]) Zur Abtretbarkeit von Rechten aus Bestandverhältnissen vgl etwa OGH in JBl 1974, 90 *(Bydlinski)*; *Mayrhofer,* ÖJZ 1973, 146 und 169; *P. Bydlinski,* Zur Abtretbarkeit der Rechte aus einem Mietverhältnis, JBl 1985, 730ff; aus Garantien OGH in ÖBA 1988, 390 *(P. Bydlinski)*; ÖBA 1989, 818 *(P. Bydlinski)*; RdW 1997, 391; *P. Bydlinski,* Die Übertragung der Rechte aus einer Bankgarantie, ZBB 1989, 155ff; aus Kreditverhältnissen *Koziol,* Die Übertragung der Rechte aus Kreditverträgen, Ostheim-FS (1990) 146f; aus Bürgschaften *P. Bydlinski,* Verjährung und Abtretbarkeit von Bürgschaftsansprüchen, ZIP 1989, 957ff. Zur Abtretung eines Klagsanspruchs *E. Wagner,* Rechtsprobleme der Fremdfinanzierung von Prozessen, JBl 2001, 437.

[2]) OGH in SZ 18/17. Anderes gilt für den Schadenersatzanspruch nach § 1327: OGH in wbl 1989, 378.

[3]) Dazu *Iro,* Die Abtretung der Hauptmietzinse nach § 42 Abs 2 MRG, ÖBA 1989, 1067; *Koziol,* ÖBA 1998, 755ff.

[4]) Vgl hiezu *Koziol,* Zur Reichweite gesetzlicher Abtretungs- und Verpfändungsverbote, RdW 1986, 262; ferner OGH in wbl 1988, 400.

[5]) OGH in SZ 73/144; *E. Gruber,* Abtretbarkeit der Honorarforderung eines Rechtsanwalts, RdW 1994, 38; *Apathy,* Abtretung von Bankforderungen und Bankgeheimnis, ÖBA 2006, 38ff. Vgl aber *Ertl,* Abtretung von Honorarforderungen und anwaltliche Schweigepflicht, Welser-FS (2004) 166.

oder Wirtschaftstreuhänders[6]) ohne Zustimmung des Mandanten wegen Verstoßes gegen die Verschwiegenheitspflicht.

Künftige Forderungen sind zedierbar (Vorausabtretung), wenn sie bestimmt oder bestimmbar sind, was zumindest die Umschreibung des Rechtsgrundes, aus dem sie entstehen sollen, voraussetzt[7]). Bei teilbaren Forderungen ist auch eine Teilabtretung zulässig[8]).

Keine Zession ist die Übertragung von **Sachenrechten,** zB des Eigentums. Sie folgt besonderen Regeln (§§ 424 ff). Fraglich ist, ob einzelne aus einem Sachenrecht erwachsende Ansprüche zediert werden können, zB die rei vindicatio ohne das zugrundeliegende Eigentum, was wegen der untrennbaren Verbindung zwischen Recht und Anspruch zu verneinen ist[9]).

Gestaltungsrechte (zB Kündigungsrechte, Rücktrittsrechte) können gewöhnlich nur mit Hauptrechten des Schuldverhältnisses übertragen werden, doch gibt es Ausnahmen; zB ist die getrennte Abtretung von Gewährleistungsrechten oder des Rechts auf Auszahlung eines Kreditbetrages[10]) möglich[11]).

Anderseits sind manche Gestaltungsrechte mit Forderungsrechten so eng verbunden, daß sie mit diesen ohne ausdrückliche Vereinbarung auf den Zessionar übergehen[12]).

Lohn- und **Gehaltsforderungen** sind zedierbar. Nach § 12 KSchG ist allerdings ihre Abtretung durch den Konsumenten zur Sicherung oder Befriedigung noch nicht fälliger Forderungen des Unternehmers (des Partners aus dem Verbrauchergeschäft) unzulässig (unten S 428 f).

B. Vertragliche Abtretungsverbote

Ein vertragliches Zessionsverbot ist die Vereinbarung zwischen Gläubiger und Schuldner, daß eine Forderung nicht abgetreten werden darf.

Abtretungsverbote sind für den Gläubiger nachteilig, weil er die Forderungen nicht verkaufen oder zur Sicherung zedieren kann. Hingegen sind sie für den Schuldner günstig, weil er nicht mit neuen Gläubigern zu rechnen braucht, die ihm „lästiger" fallen könnten als der alte. Die in den letzten Jahrzehnten in der Litera-

---

6) OGH in SZ 2002/129; ecolex 2005, 699.

7) *Ohmeyer,* Verfügung 163 ff; *Strasser,* Die Abtretung künftiger Forderungsrechte, Hämmerle-FS (1972) 397; *Wolff* in Klang VI 294; *Beig,* Vertragsänderung und Zession künftiger Forderungen, ÖBA 2004, 413. OGH in JBl 1975, 654; SZ 55/32; SZ 61/47; ÖBA 1999, 382; ÖBA 2005, 284.

8) OGH in SZ 60/46.

9) *Larenz* I 583.

10) OGH in ÖBA 2000, 806 *(Koziol).*

11) OGH in EvBl 1980/140; JBl 1989, 241; JBl 1995, 525; *P. Bydlinski,* Die Übertragung von Gestaltungsrechten (1986) 32 ff, 148 ff; *Czermak,* Zur Abtretung der Gewährleistungsrechte des Leasinggebers an den Leasingnehmer, wbl 1989, 87; *Fischer-Czermak,* Mobilienleasing (1995) 200 f.

12) S auch *Steinbeck,* Die Übertragbarkeit von Gestaltungsrechten (1994); *Lukas,* Zession 220 ff. OGH in wobl 1993, 137.

tur heftig diskutierte Frage der Zulässigkeit von Zessionsverboten hat nun der Gesetzgeber zugunsten der Kreditwirtschaft entschieden, die seit langem die Ungültigkeit von Zessionsverboten gefordert hat. Durch das ZessRÄG[13]) wurden daher die Gläubiger und die auf Zessionen als Sicherheit angewiesenen Kreditinstitute begünstigt.

1. Vereinbarung zwischen Unternehmern

Eine Vereinbarung, daß eine Geldforderung zwischen Unternehmern aus unternehmerischen Geschäften nicht abgetreten werden darf (Zessionsverbot zwischen Unternehmern), ist nur verbindlich, wenn sie im **einzelnen ausgehandelt** worden ist und den Gläubiger unter Berücksichtigung aller Umstände des Falles **nicht gröblich benachteiligt** (Inhaltskontrolle; § 1396a Abs 1). Damit wird das vertragliche Zessionsverbot[14]) weitgehend bedeutungslos.

Es fällt auf, daß die Ausnahmen an Tatbestandsvoraussetzungen geknüpft sind, die sonst nur zum Schutz der Konsumenten eingesetzt werden, wie „im einzelnen aushandeln" und „keine gröbliche Benachteiligung". Die Erfahrungen im Konsumentenschutzbereich zeigen, daß im täglichen Geschäftsverkehr das Aushandeln eine nicht einhaltbare Voraussetzung bildet und daß sich niemand auf das Merkmal der „nicht gröblichen Benachteiligung" verlassen will.

Die weitgehende Wirkungslosigkeit von Zessionsverboten wird durch § 1396a Abs 1 Satz 2 noch weiter gesichert. Sollte ein Zessionsverbot doch einmal gültig vereinbart sein, wirkt es nämlich nur **„relativ":** Es steht der Wirksamkeit einer Abtretung nicht entgegen. Sobald die Abtretung und der Zessionar dem Schuldner bekannt gemacht worden sind, kann dieser nicht mehr mit schuldbefreiender Wirkung an den Zedenten leisten, „es sei denn, daß ihm dabei nur **leichte Fahrlässigkeit** zur Last fällt". Der debitor cessus kann daher dem Zessionar das gültige Abtretungsverbot nicht entgegenhalten, sondern ist auf Schadenersatzansprüche gegen den Zedenten oder ein Rücktrittsrecht aus wichtigem Grund beschränkt (§ 1396a Abs 2).

Die Materialien[15]) erklären den Zweck dieser Bestimmung so: „Für den Sonderfall einer entgegen einem inter partes verbindlichen Zessionsverbot vorgenommenen Abtretung soll jedoch nach dem letzten Halbsatz des Abs 1 eine nach erfolgter Verständigung vorgenommene (irrtümliche) Zahlung des Schuldners an den Zedenten doch schuldbefreiend wirken, wenn dem Schuldner dabei nur leichte Fahrlässigkeit zur Last fällt. Damit wird dem Umstand Rechnung getragen, daß ein Schuldner, der ein Zessionsverbot wirksam vereinbart hat, mit einer von seinem Vertragspartner vereinbarungswidrig vorgenommenen Abtretung nicht rechnen muß."

---

[13]) Zessionsrechts-Änderungsgesetz (BGBl I 2005/51), in Kraft seit 1. 6. 2005. Siehe dazu *Lukas,* (Neu-)Regelung des Zessionsverbots, ÖBA 2005, 703; *Grünzweig,* Neue Regeln für vertragliche Zessionsverbote, RdW 2005, 398; *Beig,* Ende der absoluten Wirkung des Zessionsverbots bei Unternehmensgeschäften, ecolex 2005, 676.

[14]) Gesetzliche Zessionsverbote sind – ebenso wie Verpfändungsverbote – vom ZessRÄG nicht erfaßt (ErlRV 861 BlgNr 22. GP 6; *Lukas,* ÖBA 2005, 705).

[15]) ErlRV 861 BlgNr 22. GP 7.

Ob das eine sachlich richtige Regelung ist, mag dahinstehen. Dogmatisch ist sie nicht nachvollziehbar. Man denke: Ein Schuldner hat sich an das Gesetz gehalten und so (mühsam) die Wirksamkeit des Abtretungsverbots erreicht. Dennoch zediert der treulose Gläubiger die Forderung und verständigt davon den Schuldner. Wenn dieser nun entsprechend der ihm gegenüber **wirksamen** Vereinbarung (!) an den vertragswidrig handelnden Gläubiger **zahlt,** soll geprüft werden, ob ihm (dem vertragsgemäß Handelnden) ein Verschulden zur Last gelegt werden kann.

Schon bei grober „Fahrlässigkeit" wird er verantwortlich (und muß an den Zessionar nochmals zahlen). Hingegen wird der im vollen Bewußtsein des Zahlungsverbots handelnde Dritte (Zessionar) durch Gesetz von jeder Verantwortung freigestellt: „Hat der Zessionar das Zessionsverbot gekannt, kann er nicht wegen Verletzung fremder Forderungsrechte belangt werden (§ 1396a Abs 2 Satz 2)[16])". Es drängt sich die Frage auf, ob bei der Schaffung von Gesetzen die Ausgewogenheit keine Rolle mehr spielt.

2. Andere Zessionsverbote

§ 1396a gilt nicht für Geschäfte zwischen Unternehmern und Verbrauchern und solchen unter Verbrauchern. Für diese Fälle ist daher nach wie vor strittig, wie Zessionsverbote wirken. Nach herrschender[17]), aber umstrittener[18]) Meinung kommt Zessionsverboten (vor dem ZessRÄG) **„absolute Wirkung"** zu: eine damit im Widerspruch stehende Zession ist auch gegenüber dem Zessionar ungültig.

C. Rechtsgeschäftliche Abtretung

1. Zweiaktigkeit

Zur vertraglichen Abtretung bedarf es einer **Vereinbarung** zwischen dem Altgläubiger **(Zedenten)** und dem Neugläubiger **(Zessionar).**

Die Abtretung ist kein schuldrechtliches Grundgeschäft, sondern ein **kausales Verfügungsgeschäft,** das nur wirkt, wenn es auf einem gültigen **Titel** (Verpflichtungsgeschäft) beruht. Solche Verpflichtungsgeschäfte

---

[16]) ErlRV 861 BlgNr 22. GP 7; *Lukas,* ÖBA 2005, 708. Vgl aber OGH in JBl 2002, 182 (krit *Dullinger/Riedler*) = ÖBA 2001, 910 (krit *Karollus*); vgl dazu *Dullinger,* Bankhaftung bei Mehrfachzession, ÖBA 2003, 601.

[17]) OGH in SZ 57/8 (verst Senat); dazu *Iro,* OGH: Absolute Wirkung des vertraglichen Abtretungsverbotes, RdW 1984, 103; *Wilhelm,* Das Abtretungsverbot in der Entscheidung des verstärkten Senats, JBl 1984, 304; *Frotz,* Aktuelle Probleme des Kreditsicherungsrechts (1970) 226f; *Gschnitzer,* Schuldrecht AT 183; *Holzner,* JBl 1998, 496ff; *Lukas,* Zession 54ff; *Mayrhofer,* ÖJZ 1973, 169ff; *derselbe,* Schuldrecht I 478; *Spielbüchler* in Rummel § 364c Rz 16. Vgl allgemein *Holzner,* Weiterhin Drittwirksamkeit vertraglicher „Abtretungsverbote", JBl 1998, 495; *Mayrhofer,* Abtretung von Bestandrechten und Abtretungsverbot, ÖJZ 1973, 146 und 169.

[18]) Die Gegenmeinung vertreten: *Aicher,* Zur Wirkung des vertraglichen Zessionsverbotes, ÖJZ 1972, 309; *Hofmann,* Absolute Wirkung des Zessionsverbotes? ÖBA 1995, 919; *Hoyer,* Absolute Wirkung eines vertraglichen Zessionsverbotes? JBl 1972, 511; *Koziol,* Das vertragliche Abtretungsverbot, JBl 1980, 113; *Raber,* Zum vertraglichen Abtretungsverbot, JBl 1971, 441; *Strasser/Grillberger,* Zessionskredit 67.

sind zB der Forderungskauf, die Forderungsschenkung oder eine Sicherungsabrede.

Auf Grund des Titelgeschäftes nehmen Zedent und Zessionar die Abtretung (das Verfügungsgeschäft) vor. Da sie – abgesehen von der Sicherungszession, unten S 124ff – **keiner** bestimmten **Form** bedarf[19]), fallen Titelgeschäft und Abtretung meist **untrennbar** zusammen.

Es bedarf also gewöhnlich auch keines Übertragungsaktes nach § 427 durch Übergabe der Urkunde. Diese Bestimmung ist auf die Übertragung von Forderungen zu beschränken, bei denen die Geltendmachung des Rechts an den Besitz der Urkunde gebunden ist (Inhaber- und Orderpapiere). Forderungen aus Rektapapieren können hingegen durch bloße Willenseinigung übertragen werden[20]).

Formbedürftig kann allerdings das Grundgeschäft sein. Daher ist zB die Schenkung einer Forderung nur gültig, wenn sie mit einer **„wirklichen Übergabe"** (§ 943) verbunden wird oder durch Notariatsakt geschieht[21]). Da Forderungen nicht körperlich übergeben werden können, begnügen sich Lehre und Rechtsprechung mit der „symbolischen Übergabe" (§ 427): die Übergabe von Urkunden oder die Verständigung des debitor cessus genügen.

2. Verständigung des Schuldners

Die Zession bedarf weder der Verständigung noch der Zustimmung des Schuldners **(debitor cessus),** weil durch die Abtretung die Schuld inhaltlich **nicht verändert** wird, so daß der Schuldner daraus keine Nachteile haben kann (Verschlechterungsverbot; § 1394).

Geschützt ist allerdings nur die rechtliche Position des Schuldners; nur sie darf durch die Zession nicht beeinträchtigt werden. Daß der neue Gläubiger „mahnfreudiger" ist oder keine Stundung gewährt, hält das Gesetz nicht für relevant[22]).

Allerdings besteht die Gefahr, daß der Schuldner an den Altgläubiger und damit an einen Nichtgläubiger leistet. Zu seinen Gunsten besteht daher eine Gutglaubensschutzvorschrift: Er kann so lange mit **schuldbefreiender** Wirkung an den Zedenten zahlen, als ihm die Verständigung von der Abtretung nicht zugegangen ist (§§ 1395f)[23]). Die Benachrichtigung kann sowohl durch den Zedenten als auch den Zessionar erfol-

---

[19]) *Mayrhofer,* Schuldrecht I 480; OGH in ÖBA 1987, 53; ÖBA 1990, 55.

[20]) *Avancini,* Das Sparbuch im österreichischen Recht (1973) 91ff. Vgl auch *Roth,* Die Rechtsnatur des Sparbuchs nach neuem Recht, ÖBA 2001, 298; OGH in EvBl 1976/24; SZ 54/51.

[21]) *Ertl* in Rummel § 1392 Rz 2. OGH in JB 142 = GlUNF 650; SZ 52/176; SZ 54/51; EvBl 2003/135. Vgl auch OGH in JBl 2001, 313 (Übergabe durch Zeichen); s dazu *Karollus,* Anm zu OGH in ÖBA 1998, 395ff; *Lukas,* ÖBA 1999, 662; *Spitzer,* ÖBA 2005, 890. Zur Zession unter Ehegatten: OGH in JBl 1994, 832.

[22]) S dazu ausführlich *Markowetz,* Bereicherungsrechtliche Rückabwicklung im Rahmen der Forderungsabtretung, ÖJZ 2001, 587.

[23]) Zu den Voraussetzungen OGH in EvBl 1979/189; SZ 53/33; EvBl 1983/26; ÖBA 1989, 1128; ÖBA 2002, 402. Zweifel bei *Spitzer,* JBl 2005, 695, der zumindest bei der Sicherungszession für die Kenntnis eintritt.

gen[24]); im Zweifel muß der Schuldner Nachforschungen anstellen oder allenfalls die Leistung hinterlegen (§ 1425)[25]).

Da der Zedent die Forderung abgetreten hat, ist eine Zahlung an ihn eine solche an einen Nichtgläubiger, so daß – ohne die Vertrauensschutzvorschrift – der Schuldner vom Zessionar nochmals in Anspruch genommen werden könnte. Ob der Schuldner im nachhinein auf seinen Gutglaubensschutz „verzichten" und die Zahlung als rechtsgrundlos kondizieren kann, ist fraglich[26]).

Wurde die Forderung aus einem beiderseitig unternehmensbezogenen Geschäft trotz eines gültigen Abtretungsverbotes zediert, kann der Schuldner noch mit schuldbefreiender Wirkung an den Zedenten zahlen, wenn er zwar von der Zession verständigt wurde, von dieser aber leicht fahrlässig keine Kenntnis hat (§ 1396a Abs 1 Satz 2)[27]). S oben S 118f.

Ebenfalls aus Gründen des Vertrauensschutzes kann der Schuldner dem Neugläubiger alle **Einwendungen** entgegenhalten, die ihm bis zum Zeitpunkt seiner Verständigung von der Abtretung gegen den Altgläubiger (Zedenten) entstanden sind. Dies gilt auch für die Einrede der **Kompensation**[28]).

Der Schuldner einer Forderung aus einem beiderseitig unternehmensbezogenen Geschäft kann allerdings nicht einwenden, daß die Zession gegen ein wirksames vertragliches Abtretungsverbot verstößt (§ 1396a Abs 2).

Der Schuldner wird auch geschützt, wenn er durch den Gläubiger fälschlich von einer Zession benachrichtigt wird, die gar nicht (gültig) stattgefunden hat (Putativzession). Er kann dann schuldbefreiend an den vermeintlichen Neugläubiger zahlen[29]).

3. Verhältnis zwischen Zessionar und Schuldner

Da das Schuldverhältnis inhaltlich unverändert bleibt, kann der Schuldner (debitor cessus) dem Neugläubiger (Zessionar) gegenüber auch alle **Einwendungen** erheben, die ihm gegenüber dem Zedenten zustanden. Dies gilt auch für Rücktritts- und Anfechtungsrechte, die den Vertrag zwischen dem Schuldner und dem Zedenten betreffen[30]).

---

[24]) OGH in ecolex 2003, 752 (krit *Wilhelm*); *Ertl* in Rummel § 1395 Rz 2; *Spitzer*, ÖBA 2005, 888ff mwN; krit *Neumayr* in KBB §§ 1395–1396 Rz 2; *Wilhelm*, ecolex 2003, 752.

[25]) OGH in ÖBA 2002, 402; ÖBA 2005, 213; ecolex 2005, 207 *(Wilhelm)*.

[26]) Dafür *Karollus*, ÖJZ 1989, 210; *Altmeppen*, Disponibilität des Rechtsscheins (1993) 22ff; vgl auch *Frießnegger*, Schutzverzicht 18ff; dagegen *Reischauer*, Doppelzession, Bereicherung und unechte (angewandte) Geschäftsführung ohne Auftrag, ÖJZ 1987, 261ff.

[27]) ErlRV 861 BlgNr 22. GP 7; *Lukas*, ÖBA 2005, 708; krit *Grünzweig*, RdW 2005, 400.

[28]) Zur Aufrechnung bei der Zession künftiger Forderungen s oben S 102.

[29]) *Karollus*, Zum Schutz des Schuldners bei unrichtiger Abtretungsanzeige, ÖJZ 1992, 677; OGH in SZ 71/140.

[30]) *P. Bydlinski*, Die Anfechtungs- und Auflösungsrechte des Zessionsschuldners, ÖJZ 1981, 421 und 453; seine Ansicht teilweise widerrufend *derselbe*, Die rechtsvernichtenden Gestaltungsrechte des Schuldners nach Abtretung, RdW 2002/267;

Einwendungen aus dem Verhältnis zwischen Zedenten und Zessionar hat der Schuldner nur soweit, als damit die **Gläubigerstellung** des Zessionars in Frage gestellt wird. Auch dies darf er aber nur, wenn er damit nicht ein bloß dem Zedenten zustehendes Recht ausübt.

Der Schuldner kann also einwenden, daß der Zession kein Titel zugrunde liegt[31]), daß der Zedent den Vertrag wegen Irrtums angefochten hat oder daß die Zession bloß zum Schein vorgenommen wurde[32]). Hingegen kann er sich nicht auf ein vom Zedenten noch nicht ausgeübtes Rücktritts- oder Anfechtungsrecht berufen[33]), ebensowenig auf eine bloß relative Nichtigkeit der Abtretung[34]). Schließlich kann er nicht einwenden, daß die Zession gegen ein wirksames vertragliches Abtretungsverbot zwischen Unternehmern verstößt (§ 1396 a Abs 2).

Der debitor cessus verliert alle Einwendungen gegen den redlichen Zessionar, wenn er die Forderung ihm gegenüber **„für richtig erkannt"** (§ 1396 Satz 2), dh sie mit **konstitutiver Wirkung** anerkannt hat[35]).

Dieser Ansicht[36]) ist zu folgen, weil es keinen Grund gibt, von der allgemeinen Regel abzugehen. Nach anderer Auffassung[37]) soll für die Anerkennung nach § 1396 Satz 2 ein deklaratives Anerkenntnis ausreichen, das aber nur dann zum Einredeausschluß führt, wenn der Zessionar im Vertrauen auf die Erklärung Dispositionen getroffen hat[38]). Es soll überdies nur Einreden erfassen, die dem Schuldner bei Abgabe der Erklärung schon bekannt waren[39]).

Leistet der debitor cessus rechtsgrundlos an den Zessionar, erfolgt die Rückabwicklung nach bereicherungsrechtlichen Grundsätzen; Kondiktionsschuldner ist nach hL und Rsp der Zessionar[40]); vgl unten S 284 f.

Lukas, Zession 154 ff; OGH in JBl 1977, 204. AA *H. Köhler,* Forderungsabtretung und Ausübung von Gestaltungsrechten, JZ 1986, 516.

[31]) OGH in RdW 1983, 105; vgl aber *Ehrenzweig* II/1, 258 und *Wolff* in Klang VI 318.

[32]) OGH in SZ 71/154.

[33]) So auch OGH in ZVR 1985/88; JBl 1985, 297.

[34]) OGH in EvBl 1986/91.

[35]) *Popp,* Das Schuldanerkenntnis des Schuldners gegenüber dem Zessionar (2001).

[36]) *Wolff* in Klang VI 319; OGH in ÖBA 1992, 69 *(Rummel).*

[37]) *Bydlinski* in Klang IV/2, 398 ff; *Avancini,* Anerkennung einer abgetretenen Forderung, ÖBA 1989, 451; *Hügel,* Drittschuldneranerkenntnis und Einwendungsausschluß im Zessionsrecht, Frotz-FS (1993) 67; *Karollus,* ÖBA 1999, 328 ff. So im Ergebnis auch *Popp,* Das Schuldanerkenntnis des Schuldners gegenüber dem Zessionar, ÖBA 1999, 975; *derselbe,* Vertrauenshaftung wegen fehlender Zurechenbarkeit der Auskunft eines Dritten im rechtsgeschäftlichen Verkehr, ÖBA 2004, 112; *Lukas,* Zession 194 ff. OGH in SZ 70/24; ÖBA 1999, 382; SZ 71/154; SZ 2002/145; offen in OGH in ÖBA 1996, 69.

[38]) *Avancini,* ÖBA 1989, 466; *Hügel,* Frotz-FS 89 ff; *Popp,* ÖBA 1999, 980; vgl auch OGH in JBl 1986, 175; SZ 70/24.

[39]) Strittig ist, ob sich der Schuldner das Nichtkennen der Einrede vorwerfen lassen muß, dazu *Lukas,* Zession 197 ff mwN.

[40]) S zuletzt OGH in JBl 2001, 527; ÖBA 2005, 902; anders jedoch OGH in ecolex 2000, 572 *(Spunda)* = ÖBA 2001, 74 *(Lukas)*; s dazu *Faber,* Ungerechtfertigte Inanspruchnahme einer Bankgarantie, ÖBA 2003, 353; *Markowetz,* ÖJZ 2001, 583 ff; *Spunda,* Kondiktionsschuldner bei zedierter Garantieforderung, ÖBA 2004, 374.

4. Verhältnis zwischen Zedenten und Zessionar

Die Rechtsbeziehungen zwischen dem Zedenten und dem Zessionar richten sich nach dem zwischen ihnen bestehenden **Schuldverhältnis** (Kauf, Schenkung usw). Es bestehen allerdings besondere **Gewährleistungsregeln** (§§ 1397 ff), die den allgemeineren (§§ 922 ff) vorgehen, welche daher nur subsidiär anwendbar sind.

Auch die Gewährleistung bei der Zession ist dispositiv. Mangels anderer Vereinbarung haftet bei der unentgeltlichen Zession der Überträger nicht, bei **entgeltlicher** hingegen für die Richtigkeit und Einbringlichkeit der Forderung. Seine Haftung ist allerdings mit der Höhe des für die Forderung erhaltenen Entgelts beschränkt.

Haftung für die **Richtigkeit** bedeutet Einstehenmüssen für die im Titel vereinbarten rechtlichen Qualitäten der Forderung; die Haftung für die **Einbringlichkeit** ist eine solche für ihre tatsächliche Durchsetzbarkeit (va für die Zahlungsfähigkeit des Schuldners). Richtigkeit und Einbringlichkeit müssen bei der Abtretung gegeben sein, bei späterer Fälligkeit der Forderung im Fälligkeitszeitpunkt[41]).

Bei Verschulden des Zedenten können dem Zessionar auch **Schadenersatzansprüche** zustehen. Das Erfüllungsinteresse richtet sich nach dem Wert der abgetretenen Forderung, nicht nach dem Entgelt[42]).

Auf den Zessionar gehen auch ohne besondere Vereinbarung alle **Nebenrechte**[43]) über, die dem Zweck der Hauptforderung, ihrer Sicherung oder Durchsetzung dienen[44]).

Strittig ist, ob es bei Übertragung dinglicher Sicherungsrechte (Pfandrecht) eines Modus bedarf, oder ob die Übertragung eo ipso durch die Zession erfolgt[45]).

5. Gutgläubiger Erwerb von Forderungen

Der gutgläubige Erwerb einer dem Zedenten nicht zustehenden Forderung ist **unmöglich**[46]). § 367 kommt nicht zur Anwendung[47]), weil er sich nur auf körperliche Sachen bezieht[48]).

Zu einem gutgläubigen Erwerb kann es allerdings nach § 916 Abs 2 kommen, wenn eine bestehende Forderung einem gutgläubigen Dritten zum Schein abgetreten wird[49]); ebenso bei Zession einer getilgten, aber

---

[41]) Genaueres bei *Iro,* JBl 1977, 449.

[42]) OGH in SZ 64/178.

[43]) OGH in RdW 2005/363 (Aufrechnungsverbot).

[44]) OGH in SZ 60/46; RZ 1992/26.

[45]) *Ertl* in Rummel § 1394 Rz 4.

[46]) OGH in EvBl 1982/140.

[47]) *Ehrenzweig* II/1, 268; *Klang* in Klang II 222; *Wolff* in Klang VI 294; OGH in GlUNF 4114; SZ 41/16. AA *Wellspacher,* Das Vertrauen auf äußere Tatbestände (1906) 196; *Löbl,* ZBl 1929, 187 ff.

[48]) *Karner,* Gutgläubiger Mobiliarerwerb. Zum Spannungsverhältnis von Bestandschutz und Verkehrsinteresse (2006) 153 ff.

[49]) Dazu und zum Unterschied zur Abtretung einer nur zum Schein begründeten Forderung, einem Fall der Rechtsscheinhaftung, *Karner,* Mobiliarerwerb 153 ff.

noch im Grundbuch eingetragenen **Hypothekarforderung**[50]) an einen gutgläubigen Dritten und schließlich nach **wertpapierrechtlichen** Regeln (vgl Bd I S 332ff, vgl auch Bd I S 381f, 389f)[51]).

Tritt der Gläubiger sein Recht **mehrmals** ab (Doppelzession, Mehrfachzession), so erwirbt es nur der erste Zessionar, weil niemand mehr Rechte übertragen kann, als er selbst hat (§ 442), somit den weiteren Zessionaren nichts mehr übertragen werden kann[52]). Hat allerdings der Zedent den Schuldner nicht von der ersten, sondern von einer anderen Abtretung verständigt, so kann dieser an den ihm bekanntgegebenen Gläubiger mit schuldbefreiender Wirkung leisten (vgl § 1395: „sich mit ihm abfinden")[53]). Vgl auch oben S 121.

Der Erstzessionar, dessen Forderung durch die schuldbefreiende Zahlung erloschen ist, hat aber dann gegen den Zweitzessionar einen Bereicherungsanspruch nach § 1041[54]) und einen Schadenersatzanspruch, wenn den Zweitzessionar am Eingriff in das fremde Recht ein Verschulden trifft[55]).

6. Sonderformen der Zession

a) Die Sicherungszession

Die **Sicherungszession**[56]) ist eine Form der eigennützigen Treuhand (s Bd I S 218ff). Der Zessionar erwirbt die Forderung gegen den debitor cessus unter der obligatorischen Bindung, daß er sie nur bei Zahlungsverzug seines Schuldners (des Zedenten) einziehen und sich aus dem Erlös befriedigen soll.

Im Außenverhältnis steht dem Sicherungszessionar allerdings das Vollrecht zu, das auch keine Änderung durch den Konkurs des Zedenten erfährt. Der Sicherungszessionar ist zur Geltendmachung der abgetretenen Forderung legitimiert; innerhalb des

---

[50]) S dazu ausführlich *Kundi,* Zession 86ff.

[51]) Zum gutgläubigen Erwerb vom Scheinerben s unten S 539f und Bd I S 337.

[52]) S dazu OGH in SZ 54/104; SZ 55/170; JBl 1986, 235 *(Czermak).*

[53]) So auch OGH in SZ 52/110; ecolex 2003, 752 *(Wilhelm)*; vgl auch SZ 50/1.

[54]) *Welser/Czermak,* Zur Rechtsnatur des Factoring-Geschäftes, RdW 1985, 143f; *Reischauer,* ÖJZ 1987, 257ff; OGH in JBl 1986, 235 *(Czermak)*; ÖBA 1989, 188 *(Holzner).* AA OGH in SZ 52/110. Vgl zur bereicherungsrechtlichen Rückabwicklung bei Zahlung auf ein Bankkonto des Zedenten OGH in JBl 1996, 251 *(Apathy)* = ÖBA 1996, 135 *(Koziol)*; SZ 72/66 = ecolex 1999, 539 *(G. Graf)*; dazu *Dullinger/Rummel,* Zum Bereicherungsausgleich bei der stillen Zession, ÖBA 1998, 593.

[55]) *Reischauer,* Doppelzession und Schadenersatz, RZ 1987, 215 und 239. OGH in JBl 2002, 182 (krit *Dullinger/Riedler*) = ÖBA 2001, 910 (krit *Karollus*); dazu *Dullinger,* Bankhaftung bei Mehrfachzession, ÖBA 2003, 601.

[56]) *Apathy,* Die Forderungsabtretung, insbesondere zur Kreditsicherung, im österreichischen Recht, in Hadding/Schneider, Die Forderungsabtretung, insbesondere zur Kreditsicherung, in ausländischen Rechtsordnungen (1999) 509; *Karollus,* Aktuelle Probleme der Sicherungszession, ÖBA 1999, 327; *Strasser/Grillberger,* Probleme des Zessionskredites (1976). Zur Abgrenzung von der Zession zahlungshalber *Welser/Foglar-Deinhardstein,* Die Bedeutung von Sicherungszession, Kontokorrent und Anfechtung im Geschäftsverkehr der Banken, ÖZW 1976, 76f; *Grillberger,* Sicherungsabtretung und Abtretung zahlungshalber, JBl 1983, 574; OGH in JBl 1983, 595; zuletzt ÖBA 1999, 382.

Konkursverfahrens hat er jedoch nur die Rechte eines Absonderungsgläubigers gem § 10 Abs 3 KO[57]). Nach einer Rückzession der abgetretenen Forderung an den Sicherungszedenten zum Inkasso steht dem Sicherungszessionar im Konkurs des Zedenten allerdings ein Aussonderungsrecht zu[58]).

Da die Sicherungszession dieselben Zwecke wie eine Forderungsverpfändung verfolgt, sind zu ihrer Gültigkeit die Vorschriften der Pfandbestellung (Publizität) einzuhalten. Diese setzen die **Verständigung** des debitor cessus (Drittschuldnerverständigung) oder einen **Vermerk** in den Geschäftsbüchern des Sicherungszedenten voraus.

Die Publizität wird bei der Drittschuldnerverständigung dadurch gewährleistet, daß der Drittschuldner Kenntnis vom Gläubigerwechsel hat und Dritten (potentiellen Gläubigern des Zedenten) darüber Auskunft geben kann[59]). Nach hA genügt der Zugang der Abtretungsanzeige. Nach einer neueren Auffassung[60]) muß der debitor cessus positive Kenntnis von der Abtretung haben, da die Anwendung der rechtsgeschäftlichen Empfangstheorie im Hinblick auf die Publizitätsfunktion verfehlt ist.

Beim Buchvermerk können Dritte den Gläubigerwechsel bei einer Einsichtnahme in die Geschäftsbücher feststellen.

Der OGH hat in mehreren obiter dicta[61]) Zweifel daran geäußert, ob die Drittschuldnerverständigung bei buchführungspflichtigen Zedenten ein tauglicher Publizitätsakt ist[62]). Allerdings wurde bisher kein einschlägiger Fall entschieden. Die Drittschuldnerverständigung ist daher auch bei buchführungspflichtigen Zedenten ein tauglicher Publizitätsakt[63]). Der Drittschuldnerverständigung bedarf es jedenfalls, wenn der Zedent nicht buchführungspflichtig ist[64]). Problematisch ist der Buchvermerk bei der Sicherungszession künftiger Forderungen[65]). Vgl auch Bd I S 382.

---

[57]) OGH in SZ 74/105.

[58]) OGH in ÖBA 2000, 1096 *(Apathy)*.

[59]) Ausführlich *Spitzer,* ÖBA 2005, 886 ff.

[60]) *Spitzer,* JBl 2005, 695.

[61]) Vgl zuletzt die Übersicht bei *Spitzer,* ÖBA 2005, 886.

[62]) OGH in JBl 1998, 105 *(Michor)* = ÖBA 1998, 392 *(Karollus)* = ecolex 1998, 22 *(Michor, Wilhelm)*; ÖBA 1999, 382; dazu *Iro,* EDV-Buchhaltung: Anforderungen an den Zessionsvermerk, RdW 1998, 5; JBl 2002, 182 *(Dullinger/Riedler)* = ÖBA 2001, 910 *(Karollus)*; SZ 74/112; dazu *Riedler,* Vorrang, Ort, Inhalt und Umfang des Buchvermerks bei der Sicherungszession im Lichte der jüngsten OGH-Judikatur, JBl 2002, 194; *derselbe,* „Babylonische" Verwirrung um den Publizitätsakt bei der Sicherungszession? ÖBA 2003, 415. S auch *Zepke,* Kein wirksamer Zessionsvermerk bei Nichtaufscheinen in den OP-Listen? ZIK 1998, 19; *derselbe,* Buchvermerk für künftige Forderungen, ZIK 1999, 16; *Karollus,* ÖBA 1999, 331 f; *Teloni,* Buchvermerk und Zessionsprüfung in der Praxis, ÖBA 1999, 335; *Kajaba,* EDV-Buchvermerk und Sicherungszession, ecolex 2001, 734. Gegen einen elektronischen Sicherungsvermerk als Publizitätsform *Ertl,* Die Geheimpublizität der elektronischen Sicherungszession, JBl 2002, 197; krit *Lurger,* Die Zession im sachenrechtlichen Übertragungssystem des ABGB, Welser-FS (2004) 639.

[63]) *Karollus,* Anm zu OGH in ÖBA 1998, 395 ff; *Ertl,* JBl 2002, 197; *Spitzer,* ÖBA 2005, 886; *derselbe,* JBl 2005, 696 FN 3 mwN.

[64]) OGH in SZ 71/154 (dazu *Karollus,* ÖBA 1999, 327); ÖBA 2005, 284; *Riedler,* Gedankensplitter zur aktuellen Judikatur rund um Sicherungszessionen, ÖBA 2000, 585 f.

[65]) OGH in SZ 71/154; RdW 2003/158; *Zepke,* Zur Abtretung zukünftiger Forderungen, ÖBA 1997, 984; krit *Iro,* Sicherungsglobalzession und Drittschuldnerverständigung, RdW 1989, 357.

Bei mehrfacher Sicherungszession ist jene wirksam, für die der **erste Publizitätsakt** gesetzt wurde[66]).

b) Die Inkassozession

Bei der Inkassozession oder Abtretung zur Einziehung wird zwar der Zessionar Gläubiger, er ist aber verpflichtet, die eingehobene Leistung an den Zedenten **abzuführen.** Es handelt sich also um die Übertragung eines Vollrechtes unter obligatorischen Beschränkungen, somit wieder um eine **Treuhand**[67]). Daß damit die Forderung „wirtschaftlich" beim Zedenten bleibt, wird von Lehre und Rechtsprechung in mehrfacher Hinsicht berücksichtigt. So läßt man – wegen der Uneigennützigkeit der Treuhand – Einwendungen des Schuldners, die erst **nach Verständigung** von der Abtretung gegen den Zedenten entstehen, auch gegenüber dem Zessionar zu[68]). Außerdem wird dem Zedenten im Konkurs des Treuhänders ein **Aussonderungsrecht** zuerkannt[69]).

Die Inkassozession wird manchmal mißbräuchlich verwendet: Der Altgläubiger zediert an den Neugläubiger, um sich selbst im Prozeß gegen den debitor cessus die Stellung eines Zeugen zu verschaffen; oder er zediert eine bestrittene Forderung an eine mittellose Person, welche die Forderung ohne Prozeßkostenrisiko einklagt[70]).

c) Die stille Zession

Unter einer „stillen Zession" versteht man eine Abtretung, von welcher der Schuldner **nicht verständigt** wird[71]), um Zweifeln an der wirtschaftlichen Leistungskraft des Zedenten vorzubeugen. Häufig kommen dabei die Parteien überein, daß der Zedent die Forderung im eigenen Namen einzuziehen hat[72]). Solange der debitor cessus von der Abtretung nichts erfährt, ist dies auch rechtlich ohne weiteres möglich, weil die Zahlung nach § 1395 letzter Satz schuldbefreiend wirkt. Hat allerdings der Schuldner von der Zession Kenntnis, so ist die Erfassung der Rechtsfigur schwierig.

Manche[73]) meinen, der Zedent übertrage die Forderung nur im Innenverhältnis, während er nach außen Gläubiger bleibt. Eine bloß relative Abtretung ist jedoch nicht

---

[66]) Zum Verwendungsanspruch des „Scheinzessionars" (Zweitzessionar) bei der Sicherungszession s OGH in ÖBA 2004, 785 *(Koziol).*

[67]) OGH in RZ 1991/66 mwN. Zur Zulässigkeit der Inkassozession SZ 68/114. Vgl auch *Hasberger,* Mehrwertdienste und das Inkasso der Netzbetreiber, ÖJZ 2003, 838.

[68]) *Mayrhofer,* Schuldrecht I 487; aA *Wolff* in Klang VI 318.

[69]) *Klang* in Klang II 134; OGH in ÖBA 2000, 1096 *(Apathy).*

[70]) Vgl OGH in SZ 29/46; SZ 38/4; zur Zulässigkeit vgl RdW 2003/317. Vgl zur Prozeßfinanzierung *Klauser,* „Sammelklage" und Prozessfinanzierung gegen Erfolgsbeteiligung auf dem Prüfstand, ecolex 2002, 805.

[71]) Der OGH spricht von einer „nicht verständigten Abtretung": SZ 48/40; SZ 68/36.

[72]) Vgl OGH in SZ 45/82; SZ 48/40; RZ 1983/20; ÖBA 1990, 220 *(Grillberger).*

[73]) OGH in JBl 1970, 474 *(Bydlinski); Mayrhofer,* ÖJZ 1973, 149f; vgl auch *Gschnitzer,* Schuldrecht AT 179f.

möglich, da durch das Verfügungsgeschäft der Zessionar die volle Rechtszuständigkeit erwirbt[74]). Fraglich ist, ob die Figur der „Einziehungsermächtigung" eine Erklärung bietet. Man versteht darunter die vom Gläubiger einem Dritten eingeräumte Befugnis, eine Forderung im eigenen Namen geltend zu machen. Sie wird aber als selbständiges Institut zu Recht abgelehnt[75]), weil das Eintreibungsrecht das Wesen des Anspruchs ausmacht und von diesem nicht getrennt werden kann. Bei der stillen Zession ist die Einziehungsermächtigung auch nach der neueren Rsp unzulässig[76]).

d) Eskontierung offener Buchforderungen

Der Begriff der Eskontierung offener Buchforderungen ist juristisch unergiebig. Man versteht darunter den Forderungskauf, also den Erwerb einer Forderung, dem als Titel ein **Kaufvertrag** zugrunde liegt, aber auch die **Sicherungsabtretung.** Zu dieser vgl Bd I S 408 ff.

e) Die Globalzession

Oft werden viele Forderungen zugleich abgetreten. Eine solche „Globalzession" ist wirksam, wenn die zedierten Forderungen bestimmt, dh **individualisierbar** sind[77]). Das ist zB der Fall, wenn **alle** Forderungen eines Unternehmers abgetreten werden oder der **Rechtsgrund** der abgetretenen Ansprüche eindeutig feststeht[78]); zB „die Forderungen aus Warenlieferungen". Eine Globalzession aller Forderungen kann allerdings wegen Sittenwidrigkeit ungültig sein, wenn sie dem Zedenten jede Dispositionsfreiheit über sein wesentliches Vermögen nimmt.

f) Mantelzession

Im Gegensatz zur Globalzession erhält der Zessionar durch die Mantelzessionsabrede bloß einen schuldrechtlichen Anspruch (Verpflichtungsgeschäft) auf künftige Einzelabtretungen[79]); erst durch diese Verfügungsgeschäfte gehen die Forderungen über. Der Mantelzessi-

---

[74]) *Frotz,* Kreditsicherungsrecht 251; *Grillberger,* Zur Einziehung fremder Forderungen im eigenen Namen, ÖJZ 1978, 147f.

[75]) *Grillberger,* ÖJZ 1978, 141; *derselbe,* ÖBA 1990, 221; *Apathy,* ÖBA 1987, 57; *Lukas,* Zession 110ff; aA *Frotz,* Kreditsicherungsrecht 250f; *Koziol,* Rechtsfragen beim Factoring-Geschäft, QuHGZ 1972, 322f; *Kastner,* Die Treuhand im österreichischen Recht, Hämmerle-FS (1972) 172f.

[76]) OGH in SZ 68/36 (dazu *Iro,* Abschied von der „stillen Zession"? RdW 1995, 375); ecolex 1996, 744; SZ 69/57; SZ 71/115; aA noch OGH in ÖBA 1987, 55 *(Apathy).*

[77]) S zB OGH in ecolex 2001, 907.

[78]) *Fitz,* Globalzession als Kreditsicherung, ÖJZ 1973, 596f; *Koziol,* QuHGZ 1972, 319; OGH in JBl 1975, 654; SZ 55/170; ÖBA 1988, 284 *(Hügel)*; ÖBA 1997, 205 *(Koziol).* S ferner *Iro,* Sicherungsglobalzession und Drittschuldnerverständigung, RdW 1989, 357. Die Vorfinanzierung eines Prozesses kann nicht als Factoring angesehen werden; s dazu *E. Wagner,* Rechtsprobleme der Fremdfinanzierung von Prozessen, JBl 2001, 422f.

[79]) RIS-Justiz RS0032858, zB OGH in JBl 2002, 182 *(Dullinger/Riedler)* = ÖBA 2001, 910 *(Karollus).*

onsvertrag muß die künftig abzutretenden Forderungen genau umschreiben (Art, Umfang, Gattung), um dem Bestimmtheitserfordernis zu genügen[80]).

g) *Factoring*[81])

Factoring ist die Zession der in einem Geschäftsbetrieb entstehenden Forderungen für Warenlieferungen und Dienstleistungen durch den Unternehmer an einen „Factor“ (Zessionar). Nach der Ausgestaltung der Vereinbarung ist dies eine bloß treuhändige Abtretung **(Inkassozession)**, die den Zweck hat, dem Unternehmer die Mahnung und Eintreibung der Forderungen abzunehmen, oder ein **Forderungskauf**[82]). Übernimmt der Factor das Risiko der Zahlungsunfähigkeit des Schuldners (Delkredereübernahme), so spricht man auch vom **„echten Factoring“**, sonst vom „unechten Factoring“. In beiden Fällen hat das Geschäft Finanzierungsfunktion, wenn der Factor vor der Leistung durch den Schuldner den Unternehmer befriedigt.

D. Gesetzliche und notwendige Zession

Manchmal geht eine Forderung[83]) auf einen neuen Gläubiger von Gesetzes wegen (ex lege) über, so daß es keiner besonderen Abtretung bedarf (gesetzliche Zession, cessio legis, **Legalzession**). Am wichtigsten sind die Fälle des § 1358[84]): Wer eine fremde Schuld bezahlt, für die er **persönlich** (zB als Bürge) oder mit bestimmten **Vermögensstücken** (zB als Pfandbesteller) haftet, tritt in die Rechte des Gläubigers und kann die

---

[80]) OGH in ecolex 2001, 900 (krit *Kajaba*).

[81]) Dazu *Koziol*, QuHGZ 1972, 313; *Jud*, KSchG, Factoring und Leasing, in Krejci, Handbuch 504ff; *derselbe*, Neuere Rechtsentwicklung im Factoring-Geschäft, QuHGZ 1981, 45; *Czermak*, Zwei Rechtsfragen des Factoring, JBl 1984, 413; *Welser/Czermak*, RdW 1985, 130; *Iro*, Zur Kollision von Factoring und verlängertem Eigentumsvorbehalt, ÖBA 1990, 259; *Wilhelm*, Zur Doppelzession bei Factoring und verlängertem Eigentumsvorbehalt, ecolex 1990, 739; *Iro*, Zur Rechtsnatur des Factoring, RdW 1995, 52; *Fischer-Czermak*, Factoring: Rechtsnatur und Konkursanfechtung, ecolex 1995, 89; *Binder-Degenschild/Schandor*, Factoring – Praxis und Rechtsnatur in Österreich (2003); *Riss*, Der Konkurs des Zedenten beim Factoring, ÖBA 2006, 425. OGH in SZ 46/58; SZ 53/33; EvBl 1983/26; ÖBA 1994, 810; ecolex 1995, 22 *(Fischer-Czermak)* = ÖBA 1995, 216 *(Iro)*.

[82]) *Kamper*, Factoring (1981) 51ff; *Welser/Czermak*, RdW 1985, 130; *Iro*, Bankvertragsrecht II Rz 2/10ff; OGH in ÖBA 1994, 810; ecolex 2000, 113 *(Jaksch)*.

[83]) Zum teilweisen Übergang s OGH in SZ 64/178.

[84]) Vgl dazu auch *Kastner*, Ist § 1358 ABGB bei Regreßnahme eines Gesellschafters anwendbar, der die Schuld einer OHG bezahlt hat? GesRZ 1986, 1; *Bramerdorfer*, Der zivilrechtliche Regressanspruch des Steuerhaftenden gegenüber dem Steuerschuldner, JBl 2002, 82; *P. Bydlinski*, Rückgriff der Akkreditivbank kraft Legalzession (§ 1358), ÖBA 2002, 680; OGH in JBl 1986, 249 (Befriedigung des Anfechtungsgläubigers durch den Anfechtungsgegner); ÖBA 1988, 390 *(P. Bydlinski)*; JBl 1989, 440; SZ 69/40; SZ 70/135; ecolex 2000, 289 (krit *Zehetner*) = ÖBA 2000, 614 *(Koppensteiner)* (§ 10 Abs 3 GmbHG); EvBl 2003/2; EvBl 2004/71 (§ 35 MedG).

Forderung gegen den Schuldner geltend machen[85]), ohne daß es einer Einlösungserklärung bedarf[86]). S oben S 97.

Legalzessionsnormen finden sich auch im Versicherungsrecht, zB § 332 ASVG: Schädigt jemand eine sozialversicherte Person, so geht (im Schädigungszeitpunkt)[87]) die an sich dem Verletzten zustehende Ersatzforderung gegen den Schädiger auf den Sozialversicherungsträger über, soweit dieser Leistungen zu erbringen hat[88]). Ähnlich § 67 VersVG: Ersatzansprüche[89]) des Versicherungsnehmers gegen einen Dritten gehen auf den Versicherer über, soweit dieser dem Versicherungsnehmer den Schaden ersetzt (Übergang im Zeitpunkt der Leistung)[90]). Analog zu diesen Normen geht der Anspruch gegen den Schädiger auf die Rechtsanwaltskammer über, wenn diese dem Kind eines getöteten Mitglieds Leistungen erbringt[91]).

Der Ersatzanspruch nach § 1358 schließt den Verwendungsanspruch gemäß § 1042 (Aufwand für einen anderen; s unten S 290 ff) aus[92]).

Zwischen rechtsgeschäftlicher und gesetzlicher Abtretung steht die **notwendige Zession** des § 1422: Wer die Schuld eines anderen, für die er nicht persönlich oder mit bestimmten Vermögensgegenständen haftet, bezahlt, kann vor oder bei der Zahlung vom Gläubiger die Abtretung seiner Rechte verlangen[93]); diese Forderungseinlösung kann auch konkludent erfolgen[94]). Hat er dies getan und hat der Gläubiger die Zahlung angenommen, so wirkt dies als **Einlösung** der Forderung (§ 1422)[95]). S oben S 97.

Bei der gesetzlichen und notwendigen[96]) Zession ist die Gewährleistung eingeschränkt. Der Altgläubiger haftet für Richtigkeit und Ein-

---

[85]) Der Anspruch umfaßt auch die Zinsen: OGH in SZ 48/101.

[86]) OGH in ecolex 2001, 744 *(Wilhelm)*.

[87]) AA *Resch,* Der Zeitpunkt des Forderungsübergangs bei einer Legalzession gemäß § 332 ASVG, JBl 2002, 341; gegen diesen OGH in ecolex 2004, 175.

[88]) S dazu zB OGH in ZVR 1990/50; ZVR 1990/132 *(Welser)*; RdA 1996, 311 *(Grömmer/Oberhofer)*; SZ 68/222; EvBl 1998/111; ZVR 1999/95; RdW 2001/16; JBl 2003, 312 (Verjährung); EvBl 2002/145; ecolex 2004, 175 (Familienhaftungsprivileg); *Krejci* in Tomandl, System des österreichischen Sozialversicherungsrechts[7] (1994) 429 ff.

[89]) RIS-Justiz RS0080533.

[90]) Dazu *Schauer,* Einführung in das österreichische Versicherungsvertragsrecht[2] (1990) 235 ff; OGH in ecolex 1995, 632 *(Kletečka)*; JBl 1997, 100 *(Schauer)*; ecolex 2003, 839.

[91]) OGH in RdW 2000/191 *(Iro)*.

[92]) OGH in SZ 74/44; zur Schadensverlagerung und § 1042 s *Perner/Spitzer,* Unterhaltserhöhung nach Körperverletzung und Regress – Kein Problem des Bereicherungsrechts, EF-Z 2006, 36 ff.

[93]) Dazu OGH in JBl 1981, 93 *(Hoyer)*; vgl auch RdW 1985, 179 *(Iro)*; EvBl 1989/73; JBl 1995, 252. Zum Übergang einer Höchstbetragshypothek s OGH in ÖBA 1986, 410; JBl 1986, 512; JBl 1988, 379; NZ 1995, 41 *(Hoyer)*; NZ 1996, 157 *(Hoyer)*; ÖBA 1996, 805 *(Karollus)*.

[94]) OGH in JBl 2001, 720; ÖBA 2002, 573 *(Arnold)*; ÖBA 2002, 1006 *(Apathy)*.

[95]) Zur Abgrenzung gegenüber der vertraglichen Zession: *Zawischa,* Haftungsprobleme bei Ankaufsfinanzierung durch Kreditinstitute, ÖZW 1979, 42 ff; vgl *Tanzer/Weilinger,* Zur rechtlichen Konstruktion der österreichischen „Telecom" – Anleihe; ein Anwendungsfall der Einlösung gem §§ 1422 f ABGB, wbl 1995, 440 f. OGH in SZ 66/81; zur Verjährung OGH in JBl 1996, 518; zur Verbücherung des Gläubigerwechsels OGH in ecolex 2002, 349 *(Wilhelm)* = ÖBA 2002, 568 *(Koziol)* = NZ 2002, 212 *(Hoyer)*.

[96]) Näheres bei *Zawischa,* ÖZW 1979, 46 ff; vgl auch *Koziol,* Mangelhafte Leistung eines Dritten, Kramer-FS (2004) 565.

bringlichkeit der Forderung dem Neugläubiger nur im Falle des **Betruges** (§ 1423), zB wenn er das Bestehen des Anspruchs gegen den Schuldner arglistig vorspiegelt.

VI. Die Schuldübernahme

Literatur: *P. Bydlinski,* Die Übertragung von Gestaltungsrechten (1986); *Dörner,* Dynamische Relativität (1985); *Fenyves,* Erbenhaftung und Dauerschuldverhältnis (1982) 42ff; *Kohte,* Die Stellung des Schuldbeitritts zwischen Bürgschaft und Schuldübernahme, JZ 1990, 997; *Nörr,* Die Schuldübernahme, in Nörr/Scheyhing/Pöggeler, Sukzessionen (1999) 222ff; *Reichel,* Schuldmitübernahme (1909); *Strohal,* Schuldübernahme, JherJB 57, 231; *Westerkamp,* Bürgschaft und Schuldbeitritt (1908).

Während bei der Zession der Gläubiger wechselt, vollzieht sich bei der Schuldübernahme die Änderung auf der **Schuldnerseite.** Beim Schuldeintritt tritt ein neuer Schuldner an die Stelle des alten („privative Schuldübernahme"), beim Schuldbeitritt tritt der neue Schuldner an die Seite des alten („kumulative Schuldübernahme").

A. Schuldeintritt (privative Schuldübernahme)

Durch die befreiende oder privative Schuldübernahme (Schuldeintritt) wird der alte Schuldner entlassen, der neue tritt an seine Stelle (§ 1405).

Ein solcher Schuldnerwechsel birgt für den Gläubiger Gefahren in sich, weil der neue Schuldner „schlechter" (unzuverlässiger, weniger zahlungskräftig) als der alte sein kann. Eine privative Schuldübernahme ist daher nur mit **Zustimmung des Gläubigers** möglich[1]): dies geschieht entweder durch Vertrag zwischen Altschuldner und Neuschuldner mit Einwilligung des Gläubigers[2]) oder durch einen Vertrag zwischen Neuschuldner und Gläubiger zugunsten des Altschuldners (§§ 1405, 1406 Abs 1).

Die Veränderung bezieht sich nur auf die Person des Schuldners (§ 1407), während das Schuldverhältnis wie bei der Zession inhaltlich gleich bleibt. Daher kann ein Übernehmer dem Gläubiger neben seinen persönlichen Einwendungen auch alle **Einwendungen** des Altschuldners entgegensetzen[3]).

Bürgen und **Pfänder** haften nach einer befreienden Schuldübernahme nur weiter, wenn sie dem Schuldnerwechsel zugestimmt haben (§ 1407 Abs 2). Sie werden also durch den Eintritt des neuen Schuldners keinem höheren Haftungsrisiko ausgesetzt.

Wird nicht nur die Person des Schuldners ausgewechselt, sondern auch der **Hauptgegenstand** oder der **Rechtsgrund** der Forderung geändert, so treten gleichzeitig die Rechtsfolgen des Neuerungsvertrages ein (§ 1410), wodurch die Sicherheiten erlöschen[4]).

---

[1]) Diese kann auch im Vorhinein erteilt werden (OGH in EVBl 2001/173).

[2]) Vgl dazu *Voggenberger,* Die Überlegungsfrist des Gläubigers zur Einwilligung in die Schuldübernahme, JBl 1956, 1; OGH in RdW 1988, 295.

[3]) Dazu OGH in EvBl 1988/26.

[4]) S dazu OGH in SZ 55/132.

B. Schuldbeitritt (kumulative Schuldübernahme)

Bei der kumulativen Schuldübernahme (Schuldbeitritt) tritt der neue Schuldner neben den alten, beide schulden nun solidarisch.

Im Zweifel ist eine Schuldübernahme als Schuldbeitritt und nicht als Schuldeintritt zu verstehen (§ 1406 Abs 2).

Der Schuldbeitritt bringt für den Gläubiger keine Gefahren mit sich, er stellt ihn nur besser, weil ihm nun mehrere Personen zur Leistung verpflichtet sind. Deshalb braucht er der kumulativen Schuldübernahme **nicht zuzustimmen**[5]). Sie erfolgt durch Vertrag zwischen dem Beitretenden und dem Altschuldner[6]) oder durch Vertrag zwischen Beitretendem und Gläubiger. Zur Abgrenzung von der Bürgschaft unten S 148.

Der Schuldbeitritt ist **nicht formbedürftig.**

Das wird zT als bedenklich angesehen, wenn der Schuldbeitritt (wie eine Bürgschaft) der Sicherstellung einer materiell fremden Verbindlichkeit dient. In diesem Falle müsse § 1346 Abs 2 (Schriftlichkeit der Verpflichtungserklärung des Bürgen) angewendet werden[7]). Nach anderer Ansicht sind solche Schuldbeitritte überhaupt als formbedürftige Bürgschaften anzusehen[8]). Der OGH lehnt beide Auffassungen zu Recht ab[9]), weil das Gesetz zwischen den verschiedenen Geschäftstypen bewußt unterscheidet, so daß eine Vermengung unzulässig ist.

C. Gesetzlicher Schuldbeitritt[10])

In manchen Fällen erhält ein Gläubiger schon ex lege einen weiteren Schuldner. Der wichtigste Fall ist der gesetzliche Schuldbeitritt nach § 1409.

---

[5]) Erfolgt der Schuldbeitritt durch einen solchen Schuldnervertrag, steht jedoch dem Gläubiger ein Ablehnungsrecht zu, OHG in SZ 70/145.

[6]) Dies stellt nach Ansicht des OGH einen echten Vertrag zugunsten Dritter dar, SZ 70/145.

[7]) *Koziol,* Über den Anwendungsbereich des Bürgschaftsrechts, JBl 1964, 312; *P. Bydlinski,* ÖBA 1989, 435 und JBl 1990, 326; *Schett,* Die Abgrenzung von Bürgschaft und Schuldbeitritt und ihre Bedeutung, JAP 1991/92, 201. Für Formfreiheit: *Ohmeyer/Klang* in Klang VI 209; *Mayrhofer,* Schuldrecht I 519.

[8]) *Apathy,* ÖBA 1990, 557f. Hiezu *P. Bydlinski,* ÖBA 1991, 212.

[9]) JBl 1990, 322 *(P. Bydlinski)* = ÖBA 1990, 554 *(Apathy)*; ÖBA 1993, 819 *(P. Bydlinski)*; SZ 70/145.

[10]) *Bucher,* Unternehmensübergang und Altlasten, ecolex 1997, 646; *Paul Doralt/Koziol,* Zur Haftung des Betriebsnachfolgers eines in Konkurs geratenen Unternehmers für die Sozialversicherungsbeiträge, JBl 1982, 13; *Fenyves,* Zivilrechtliche Ordnungsfragen bei Unternehmensnachfolge: Haftung und Vertragsübernahme, in Ruppe, Rechtsprobleme der Unternehmenssanierung (1983) 149; *derselbe,* Die Schuldenhaftung des Unternehmenserwerbers, ecolex 1990, 137; *Foitik,* Unternehmensnachfolge von Todes wegen und unter Lebenden aus zivilrechtlicher Sicht, in Schweinhammer, Unternehmensnachfolge und Unternehmensübergabe (2005) 33f; *Frotz,* Einbringung und gesetzlicher Schuldbeitritt, Hempel-FS (1997) 24; *Klang,* § 1409 ABGB in der Rechtsübung, JBl 1948, 437; *Schwarz,* Erwerberhaftung und Grenzwert des Erwerbes, JBl 1967, 113; *Steinwenter,* Vermögensübernahme und Vertragsübernahme, ZBl 1934, 406; *Wellacher,* Die Schuldenhaftung des Übernehmers beim Übergange von Vermögen und Unternehmungen (1951); *Wilburg,* Abschied von § 419 BGB, Larenz-FS (1973) 661.

Der Erwerber[11]*) eines Vermögens oder Unternehmens*[12]*) haftet neben dem weiter haftenden Veräußerer für die zum Vermögen oder zum Unternehmen gehörigen Schulden*[13]*), die er bei der Übergabe kannte oder kennen mußte*[14]*). Die Haftung ist mit der Höhe der übernommenen Aktiven beschränkt (§ 1409).*

Ratio legis ist der Schutz der Gläubiger des Veräußerers gegen den Entzug ihres **Haftungsfonds.** Sie haben dem Schuldner im Vertrauen auf sein Vermögen oder auf das Vorhandensein des Unternehmens Kredit gewährt. § 1409 soll verhindern, daß sich diese Werte in Geld auflösen, das sich schneller verflüchtigt, so daß die Gefahr der Schädigung der Gläubiger besteht.

Man kann deshalb die Haftung nach § 1409 nicht schon verneinen, wenn der Veräußerer eine äquivalente Gegenleistung erhält[15]). Manche wollen sie wenigstens dann ausschließen, wenn die Gegenleistung den Gläubigern des Veräußerers „dieselbe Sicherheit" bietet wie die aufgegebene Sache (Tausch von Grundstücken)[16]). Solche Einschränkungen führen jedoch zu zahlreichen Unsicherheiten und Abgrenzungsschwierigkeiten und haben im Gesetz keine Grundlage. Nach der Judikatur entfällt die Haftung allerdings dann, wenn mit dem Kaufpreis im Auftrag des Veräußerers dessen Gläubiger befriedigt oder vom Veräußerer selbst Schulden getilgt werden[17]).

Sind mehrere Gläubiger vorhanden, entscheidet bei der Berichtigung der übernommenen Schulden das Zuvorkommen[18]).

Wird nur ein Vermögensbruchteil, ein Sondervermögen oder ein Teilunternehmen veräußert, so haftet der Erwerber nach § 1409[19]) nur mit einem entsprechenden Anteil[20]).

---

[11]) Dazu *Kastner,* Schuldübernahme bei Rückstellung von Unternehmungen, ÖJZ 1948, 342; *Klang,* JBl 1948, 438f; *Nowotny,* Handels- und gesellschaftsrechtliche Probleme der Unternehmensteilung, RdA 1989, 99ff; OGH in JBl 1977, 95.

[12]) Dazu *Riedler,* Der Vermögens- und Unternehmensbegriff des § 1409 ABGB, JBl 1992, 563 und 625; OGH in JBl 2002, 256 (Bauprojekt).

[13]) Dazu *Koziol,* Welchen Schulden tritt der Übernehmer eines Vermögens, Unternehmens oder Handelsgeschäftes bei? JBl 1967, 550; *Krejci,* Betriebsübergang und Arbeitsvertrag (1972) 138ff; OGH in JBl 1984, 439 *(Wilhelm)*; SZ 59/163; SZ 64/3; SZ 68/18 (Haftung für deliktische Schadensersatzschulden); ÖBA 1995, 475 (Haftung für bei der Übergabe bedingte oder betagte Schulden). Die Unterbrechung der Verjährung der Forderung wirkt auch gegen den Erwerber, OGH in EvBl 1997/160.

[14]) Vgl dazu OGH in SZ 47/80; GesRZ 1982, 321; SZ 74/63.

[15]) So aber *Eisemann,* Die Haftung aus Vermögensübernahme, AcP 176, 514ff; *Koziol,* Die Beeinträchtigung fremder Forderungsrechte (1967) 96ff; *derselbe,* JBl 1967, 553f.

[16]) Vgl *Wilburg,* Larenz-FS 665; *Riedler,* JBl 1992, 572.

[17]) OGH in SZ 24/88; JBl 1984, 436 *(Koziol)*; SZ 61/49 (dazu *Iro,* Die Haftung des Unternehmenserwerbers – einheitliche Rechtsprechung in Sicht? RdW 1988, 189); JBl 1994, 410; JBl 2000, 593. Vgl auch *Tiedtke,* Die Haftung des Vermögensübernehmers nach § 419 BGB, Jura 1986, 73.

[18]) OGH in SZ 44/170; RdW 2001/440.

[19]) OGH in JBl 1994, 410; ÖBA 1995, 475.

[20]) *Koziol,* Beeinträchtigung 94; *Ertl* in Rummel § 1409 Rz 6. AA OGH in SZ 25/266; SZ 44/170; vgl aber zuletzt RdA 2002, 315 *(Reissner)* = ZAS 2002, 146 (krit *Wagnest*).

Beim Kauf einer einzelnen Sache haftet der Erwerber analog zu § 1409 nur, wenn er beim Vertragsabschluß[21]) wußte oder wissen mußte, daß die Sache im wesentlichen das Vermögen des Veräußerers darstellt[22]). Den Erwerber treffen aber keine besonderen Nachforschungspflichten[23]).

Die Beschränkung der Haftung nach § 1409 ist nicht gegenständlich, sondern umfänglich (**Betragsbeschränkung,** Haftung „pro viribus"). Für das Kennen oder Kennenmüssen ist der Zeitpunkt der tatsächlichen **Übergabe** maßgebend.

Ist der Übernehmer ein naher Angehöriger des Veräußerers (§ 32 KO), so tritt eine Umkehr der Beweislast ein: der Übernehmer muß beweisen, daß er die Schulden bei der Übergabe weder kannte noch kennen mußte (§ 1409 Abs 2).

§ 1409 ist **zwingendes Recht** und kann daher durch Vereinbarung nicht abbedungen werden.

Eine vom Erwerber rechtsgeschäftlich übernommene Haftung für Schulden des Veräußerers wird gleich einer Zahlung haftungsmindernd angerechnet, wenn eine im Einverständnis mit dem Gläubiger erfolgte und den Veräußerer befreiende Schuldübernahme vorliegt[24]).

Im Unternehmensrecht gelten – unbeschadet der Haftung nach § 1409 – die **§§ 38ff UGB**[25]).

Wer ein unter Lebenden erworbenes Unternehmen unter Fortbestand der Unternehmensorganisation fortführt, übernimmt – sofern nichts anderes mit dem Veräußerer vereinbart wurde – alle unternehmensbezogenen Rechtsverhältnisse (mit Ausnahme der höchstpersönlichen) des Veräußerers. Die für unternehmensbezogene Verbindlichkeiten bestellten Sicherheiten bleiben aufrecht (§ 38 Abs 1 UGB), da die Übernahme von Gesetzes wegen stattfindet (Legalzession). Dem Dritten muß die Übernahme seines Vertragsverhältnisses mitgeteilt werden, er kann ihr jedoch binnen 3 Monaten widersprechen (§ 38 Abs 3 UGB).

Der Veräußerer haftet nur für jene Verbindlichkeiten, die innerhalb von 5 Jahren nach Unternehmensübergang fällig werden; sie verjähren binnen 3 Jahren (§ 39 UGB), weshalb der Veräußerer höchstens 8 Jahre lang in Anspruch genommen werden kann.

Wer ein Vermögen oder ein Unternehmen im Weg der **Zwangsvollstreckung,** des **Konkurses,** des **Ausgleichsverfahrens** oder der Überwachung des Schuldners durch Sachwalter der Gläubiger erwirbt, haftet weder nach § 1409 noch nach den §§ 38ff UGB (§ 1409a; § 38 Abs 5 UGB). Die Annahme ist notwendig, weil sonst solche Unternehmen unveräußerbar wären.

Die Haftung des Erwerbers für Abgabenverbindlichkeiten regelt § 14 BAO, jene für Sozialversicherungsbeiträge § 67 ASVG, jene für Arbeitnehmeransprüche § 6 AVRAG. Vgl ferner § 15 SpaltG, § 38 BSVG und § 25a BUAG.

---

21) OGH in JBl 1996, 589 *(Riedler)* mwN aus der gegenteiligen Vorjudikatur.

22) OGH in ÖBA 1991, 383; EFSlg 75.461; ÖBA 1995, 475; JBl 1996, 589 *(Riedler)*. Zur analogen Anwendung beim Erwerb einer Liegenschaft s OGH in RdW 2003/59.

23) *Riedler*, JBl 1992, 628; OGH in JBl 1996, 589 *(Riedler)*.

24) OGH in JBl 2000, 593.

25) Ausführlich *Krejci* in Krejci/Dehn, Das neue UGB (2005) 45ff.

D. Die „Hypothekenübernahme"

Der Erwerber einer mit einer Hypothek belasteten Liegenschaft wird jedenfalls **Realschuldner:** Er muß sich die Zwangsvollstreckung in die Liegenschaft gefallen lassen, wenn er die Forderung nicht bezahlen will **(Sachhaftung).**

Der Erwerber der Liegenschaft kann aber auch die persönliche Haftung übernehmen. Soll der Veräußerer aus dem Schuldverhältnis ausscheiden (privative Schuldübernahme), so muß nach allgemeinen Regeln (s oben S 130) der Gläubiger zustimmen.

Sinn des § 1408 ist es, die privative Schuldübernahme zu fördern und die Zustimmung hiezu zu erleichtern: Übernimmt bei Veräußerung einer Liegenschaft der Erwerber ein auf ihr haftendes Pfandrecht, so ist dies **im Zweifel** als Vereinbarung einer **Schuldübernahme** zu verstehen (§ 1408)[26]).

Fordert der Veräußerer nach vollzogener Übertragung des Eigentums den Gläubiger zur Annahme des neuen Schuldners schriftlich auf, so gilt seine Einwilligung als erteilt, wenn sie nicht binnen 6 Monaten verweigert wird (normierte Willenserklärung)[27]). Auf diese Wirkung muß allerdings in der Aufforderung ausdrücklich hingewiesen sein.

E. Erfüllungsübernahme

Erfüllungsübernahme ist das von einem Dritten dem Schuldner gegebene Versprechen, die Leistung an den Gläubiger zu bewirken (§ 1404)[28]).

Die Erfüllungsübernahme ist ein Vertrag zwischen dem Schuldner und dem Dritten, sie wirkt nur „im Innenverhältnis". Der Dritte haftet dem Schuldner dafür, daß ihn der Gläubiger nicht in Anspruch nimmt. Dem Gläubiger selbst erwachsen daraus keine Rechte[29]). Er muß allerdings die Leistung des Dritten annehmen (§ 1423).

Nach einer neueren Entscheidung kann der Schuldner dem Gläubiger den Anspruch gegen den Dritten (mangels eines Abtretungsverbots) zedieren[30]).

Die Erfüllungsübernahme ist **nicht formbedürftig**[31]).

Bei der befreienden Schuldübernahme haftet der Übernehmer, bis die Einwilligung des Gläubigers erfolgt oder, wenn sie verweigert wird, wie ein Erfüllungsübernehmer.

---

[26]) OGH in SZ 66/121.

[27]) S OGH in ÖBA 1988, 844.

[28]) Vgl OGH in ecolex 1996, 912.

[29]) OGH in ÖBA 1992, 743 *(Apathy)*; EvBl 1995/151; vgl auch OGH in RdW 1997, 719. Zur Erfüllungsübernahme eines Prozeßfinanzierungsunternehmens s *E. Wagner,* Rechtsprobleme der Fremdfinanzierung von Prozessen, JBl 2001, 422.

[30]) OGH in EvBl 2000/184.

[31]) OGH in SZ 69/18.

VII. Die Vertragsübernahme

Literatur: *Demelius,* Vertragsübernahme, JherJB 72, 241; *Gschnitzer,* Zur Vertragsübernahme, besonders beim Kreditverhältnis, Wilburg-FS (1965) 99; *Krejci,* Betriebsübergang und Arbeitsvertrag (1972) 172ff; *Nörr/Scheyhing/Pöggeler,* Sukzessionen (1999); *Pieper,* Vertragsübernahme und Vertragsbeitritt (1963); *Reischauer,* Kreditnehmerwechsel und Höchstbetragshypothek, JBl 1979, 298; *K. Schmidt,* Übergang von Vertragsverhältnissen nach §§ 25, 28 HGB? Medicus-FS (1999) 555.

Das ABGB kennt nur die Übertragung von Forderungen (Zession) und die Übernahme von Schulden (Schuldübernahme), nicht aber die Übertragung eines Schuldverhältnisses als **Ganzes.** Sie ist jedoch **zulässig,** wenn alle Beteiligten zustimmen[1]). Der Vertragsübernehmer übernimmt dabei alle **Verpflichtungen** und **Forderungen** und tritt in alle **Gestaltungsrechte** (zB Anfechtungsrechte, Kündigungsrechte) ohne Änderung des Schuldverhältnisses ein[2]).

Manchmal gibt ein Gesetz einem Vertragsteil das Recht, sogar ohne Zustimmung des anderen den Vertrag zu übertragen.

Ein solches Recht hat nach § 12 MRG der Mieter, nach § 13 BausparkassenG die Bausparkasse.

Neben der rechtsgeschäftlichen Vertragsübernahme gibt es auch den **kraft Gesetzes** wirkenden **Eintritt** in ein Rechtsverhältnis.

Wichtigster Fall ist der Eintritt bestimmter naher Angehöriger in das Mietverhältnis nach dem Tode des Mieters (§ 14 MRG). In ähnlicher Weise tritt der Erwerber der versicherten Sache in das Versicherungsverhältnis ein (§§ 69f VersVG). § 12a MRG sieht eine Übernahme des Mietvertrages bei Veräußerung des in gemieteten Räumen geführten Unternehmens vor. Nach § 3 AVRAG tritt der Erwerber eines Unternehmens, Betriebes oder Betriebsteiles als Arbeitgeber mit allen Rechten und Pflichten in die bestehenden Arbeitsverhältnisse ein[3]).

Ein Qualifikationswechsel liegt vor, wenn der Übernehmer eines Vertrages grundsätzlich anderen gesetzlichen Regelungen untersteht, als der bisherige Vertragspartner (zB UGB statt KSchG)[4]). Tritt ein Unternehmer an die Stelle eines Verbrauchers, bleibt der Vertrag unverändert aufrecht. Das bedeutet, daß ursprünglich gegenüber dem Verbraucher unwirksame Bestimmungen nicht nachträglich gültig werden. Tritt hingegen ein Verbraucher in ein beiderseitiges Unternehmergeschäft ein, fällt der Vertrag dadurch in den Anwendungsbereich des KSchG[5]). Das bedeutet, daß uU bisher gültige Vertragsklauseln ungültig werden[6]).

---

[1]) Vgl die Nw bei *Krejci,* Betriebsübergang 178ff; *Koziol,* Die Übertragung der Rechte aus Kreditverträgen, Ostheim-FS (1990) 137; ferner OGH in RdA 1982, 413 *(Bernat)*; JBl 1986, 131 *(Krejci)*; JBl 1988, 720; JBl 1990, 717; RdA 1991, 319 *(Geist)*; wbl 1992, 231; ecolex 1994, 226; SZ 66/166; JBl 1995, 525; JBl 1997, 169; RdW 2000/113; SZ 2003/49.

[2]) OGH in EVBl 2001/173; SZ 2003/49.

[3]) Dazu *Krejci,* Betriebsübertragung – Grundfragen des § 3 AVRAG (1996); *Kindel,* Betriebsübergang als Anwendungsproblem, ecolex 2002, 756.

[4]) S dazu *Krejci* in Rummel § 1 KSchG Rz 36ff; *Beig/Größ,* Sonderprivatrechtliche Anknüpfung bei Vertragsübernahmen, RdW 2003/458 mwN.

[5]) OGH in RdW 2002/71.

[6]) OGH in SZ 2003/109.

Beim **Vertragsbeitritt** ersetzt der Dritte den bisherigen Vertragspartner nicht, sondern übernimmt nur kumulativ alle Rechte und Pflichten. Der Beitritt bedarf der Zustimmung des Vertragspartners des bisherigen Vertragsteiles[7]).

7. Kapitel

Mehrheit von Berechtigten oder Verpflichteten

I. Gläubiger- und Schuldnermehrheit

Literatur: *K. Adler,* Über Zwecke und Wirkungen der Gesamtschuld, FS zur Jahrhundertfeier des ABGB II (1911) 881; *Dörner,* Dynamische Relativität (1985); *Ehmann,* Die Gesamtschuld (1972); *Frotz,* Dogmatische Fortschritte im Verständnis der Regreßmethoden bei Schuldnermehrheit? JZ 1964, 665; *Oberhammer,* Die Gesellschaft nach bürgerlichem Recht – eine Gesamthandgesellschaft? JBl 1997, 624; *Perner,* Gemeinschaftliche Forderungen (2004); *derselbe,* Zur Qualifikation von Forderungen einer Gesellschaft Bürgerlichen Rechts, NZ 2004, 101; *derselbe,* § 890 Satz 2 ABGB – ein Fall der Gesamthandforderung? JBl 2004, 609; *derselbe,* Die Haftung von Mitschuldnern bei Verletzung vertraglicher Verbindlichkeiten, JBl 2005, 629; *Riedler,* Gesamt- und Teilgläubigerschaft im österreichischen Recht (1998); *derselbe,* Gesellschafterkompetenz bei Forderungen einer Gesellschaft bürgerlichen Rechts (§ 1203 S 2 ABGB), JBl 1999, 638; *Rütten,* Mehrheit von Gläubigern (1989); *Selb,* Mehrheiten von Gläubigern und Schuldnern (1984); *Thiery,* Die Gesellschaft bürgerlichen Rechts als Unternehmer (1989); *Unger,* Passive Korrealität und Solidarität, JherJB 22, 207; *derselbe,* Das Wesen der Korrealobligation, JherJB 23, 106; *Welser,* Die Gesellschaft bürgerlichen Rechts als Gläubiger und Schuldner, GesRZ 1978, 141 und 1979, 15.

A. Begriffe

An einem Schuldverhältnis können sowohl auf Gläubiger- als auch auf Schuldnerseite mehrere Personen beteiligt sein. Dabei gibt es verschiedene Möglichkeiten. Die Rechte und Pflichten des Schuldverhältnisses können so geteilt sein, daß jeder nur einen Teil der ganzen Leistung zu erbringen hat oder nur einen Teil der ganzen Leistung fordern kann. Man spricht von einem **Teilschuldverhältnis** oder **geteilten Schuldverhältnis.** Es kann aber auch sein, daß jeder Schuldner die ganze Leistung schuldet oder jeder Gläubiger die ganze Leistung fordern darf. Dann erlischt die Verpflichtung aller Schuldner, wenn einer von ihnen erfüllt, und alle Gläubiger gelten als befriedigt, wenn einer von ihnen die Leistung erhält. Ein solches Verhältnis heißt bei Personenmehrheit auf Schuldnerseite **Solidarschuld** (Gesamtschuld), bei Mehrheit auf Gläubigerseite **Solidargläubigerschaft** (Gesamtgläubigerschaft).

Schließlich kann das Schuldverhältnis so gestaltet sein, daß alle Schuldner durch gemeinsames Handeln zu leisten haben oder alle Gläubiger gemeinsam fordern müssen. Dann hat man es mit einer **Gesamthandschuld** oder einer **Gesamthandforderung** zu tun.

---

[7]) *P. Bydlinski,* Übertragung 102f; *Larenz* I 619; *Pieper,* Vertragsübernahme 219.

B. Geteiltes Schuldverhältnis

Ist die Leistung teilbar[1]) *und sind mehrere Gläubiger oder Schuldner vorhanden, so entsteht mangels anderer Vereinbarung ein Teilschuldverhältnis (§§ 888f)*[2]).

Beim Teilschuldverhältnis haftet jeder Schuldner nur für seinen **Anteil,** jeder Gläubiger kann nur seinen Anteil fordern. Die Teilschulden oder Teilforderungen können sich unabhängig voneinander verändern und selbständig erlöschen. Die einzelnen Schuldverhältnisse haben eigentlich nur den **Entstehungsgrund** gemeinsam.

Meist entstehen Teilschuldverhältnisse dadurch, daß sich mehrere Personen zur Zahlung einer bestimmten Summe verpflichten.

Zur Ausnahme des § 348 UGB s unten C.

C. Gesamtschuldverhältnis

Bei der Gesamtschuld (Solidarschuld) schuldet jeder das Ganze, bei der Gesamtgläubigerschaft (Solidargläubigerschaft) kann jeder das Ganze fordern, insgesamt aber immer nur einmal.

Eine **Gesamtschuld** entsteht, wenn mehrere Personen zur Leistung einer unteilbaren Sache verpflichtet sind (§ 890 S 1)[3]), bei einem Schuldbeitritt (§ 1347), bei unbedingter Erbantrittserklärung mehrerer Erben (§ 820), in Fällen gemeinschaftlicher Schadenszufügung (§ 1302)[4]); ebenso haften die Gesellschafter einer OG solidarisch (§ 128 UGB). Bei teilbaren Leistungen muß die Solidarschuld besonders vereinbart werden (§ 891). Nur wenn sich mehrere Unternehmer gemeinschaftlich zu einer teilbaren Leistung verpflichten, haften sie iZw als Solidarschuldner (§ 348 UGB).

Bei der Solidarschuld bleibt es dem Gläubiger anheimgestellt, welchen Schuldner er in Anspruch nimmt[5]). Wenn ein Schuldner leistet, werden die übrigen frei, der Gläubiger erhält also die Leistung nur einmal (§ 893).

Die Verbindlichkeit lebt aber wieder auf, wenn der Zahlende seine Leistung kondiziert[6]).

Die praktisch seltene[7]) **Gesamtgläubigerschaft** (Gesamtforderung, Solidargläubigerschaft) entsteht dadurch, daß der Schuldner die Leistung mehreren Personen derart zusagt, daß jeder allein forderungsberechtigt

---

[1]) Zum Kriterium der (Un-)Teilbarkeit *Perner,* Gemeinschaftliche Forderungen 55ff.

[2]) Vgl dazu aber *Rummel,* Vertragsauslegung nach der Verkehrssitte (1972) 54ff; OGH in SZ 44/13; JBl 1981, 34; MietSlg 34.128; SZ 55/138; RZ 1985/44. Zur Teilgläubigerschaft *Riedler,* Gesamt- und Teilgläubigerschaft 233ff.

[3]) S OGH in wbl 1988, 29 und 164.

[4]) Die Grundsätze des § 1302 gelten auch für die Eingriffshaftung nach § 8 Abs 3 MRG (OGH in JBl 2001, 662).

[5]) Dazu OGH in ÖBA 1988, 844.

[6]) OGH in EvBl 1995/188.

[7]) *Gamerith* in Rummel § 892 Rz 1.

ist. Daher kann der Schuldner jedem Gläubiger die ganze Leistung allein erbringen. Wird der Schuldner von einem Gläubiger gerichtlich oder außergerichtlich[8]) belangt, so kann er nur noch diesem leisten (§ 892). Hat der Schuldner an einen Gläubiger gezahlt, so sind auch die übrigen befriedigt und können von ihm nichts mehr fordern.

Ein Fall einer vertraglich vereinbarten Gesamtgläubigerschaft ist das Gemeinschaftskonto („Oder-Konto"), bei dem jeder Kontoinhaber allein verfügungsberechtigt ist[9]).

Auch bei den Gesamtschuldverhältnissen besteht eine gewisse Unabhängigkeit der einzelnen Verpflichtungen. So wirken vertragliche Änderungen der Schuld in der Regel nur für und gegen die **Partner** der Vereinbarung, nicht aber für und gegen die anderen Mitschuldner oder Mitgläubiger (§ 894)[10]). Auch die Rechtsfolgen von Verschulden, Mahnung und Verzug treffen nur den schuldhaft Handelnden oder Säumigen, nicht aber die übrigen[11]).

Ein Solidarschuldner haftet auch für Nebenforderungen (Verzugszinsen, Eintreibungskosten), die durch den Verzug eines anderen Solidarschuldners entstanden sind[12]).

Str ist, ob bei der Sicherungszession einer Forderung aus einem Gesamtschuldverhältnis nur die Forderung gegenüber den in der Abtretungserklärung genannten oder gegenüber allen Solidarschuldnern übergeht[13]).

Die Gesamtschuldverhältnisse **erlöschen** durch die Erfüllung, die gegen alle Gläubiger und für alle Schuldner wirkt. Der Erfüllung steht die Hinterlegung oder die Aufrechnung[14]) gleich. Wird einem Gesamtschuldner vom Gläubiger die Schuld erlassen, so gilt dies im Zweifel nur für diesen (§ 894)[15]).

Ein Schulderlaß oder eine andere einem Schuldner vom Gläubiger eingeräumte Begünstigung (zB teilweiser Erlaß, Stundung) wirkt nur im „Außenverhältnis", kann aber die Rechte seiner Mitschuldner nicht schmälern. Werden sie vom Gläubiger belangt, so können sie sich beim Begünstigten ohne Rücksicht auf dessen Vereinbarung mit dem Gläubiger regressieren (§ 896)[16]).

---

[8]) S *Mayrhofer,* Schuldrecht I 96f; aA *Riedler,* Zahlungssperre der Bank bei Pfändung der Forderung eines Oder-Konten-Inhabers? ÖBA 1998, 511ff mwN; vgl OGH in ÖBA 1998, 716 *(Riedler)*; RdW 2003/384.

[9]) *Iro,* Bankvertragsrecht I Rz 4/85; *Gamerith* in Rummel § 892 Rz 4.

[10]) *Welser/Graff,* Zum Rücktrittsrecht des Masseverwalters gem § 21 KO im Konkurs eines ARGE-Partners, GesRZ 1984, 121ff; OGH in JBl 1987, 670.

[11]) *Perner,* JBl 2005, 629ff; OGH in SZ 57/120; ÖBA 1995, 392 (dazu *Iro,* Folgen des vertragswidrigen Entzuges des Leasingobjektes durch den Leasinggeber, RdW 1995, 249).

[12]) *Gamerith* in Rummel § 891 Rz 6; OGH in EvBl 2003/5.

[13]) Für eine Wirkung gegenüber allen Solidarschuldnern OGH in ÖBA 2001, 653 (zust *Böhler*); dagegen *Gschnitzer* in Klang IV/1, 309; zweifelnd *Mayrhofer,* Schuldrecht I 102.

[14]) OGH in ecolex 2002, 436.

[15]) *Koziol,* „Rückstehungserklärungen" von Ausgleichsgläubigern, RdW 1988, 344; dazu auch OGH in ZVR 1990/81.

[16]) Ob der „entlassene" Schuldner seine Regreßverpflichtung auf den Gläubiger überwälzen kann, ist durch Auslegung zu ermitteln: OGH in ÖBA 1996, 651.

Von der nachträglichen Befreiung ist die anfängliche Haftungsfreiheit zu unterscheiden. Ist ein Solidarschuldner auf Grund eines gesetzlichen Haftungsprivilegs (zB § 333 ASVG) oder einer vertraglichen Freizeichnung gegenüber dem Gläubiger von der Haftung von vornherein (ganz oder teilweise) befreit, ergibt sich aus dem konkreten Grund der Privilegierung, ob der verbliebene Schuldner dem Gläubiger Teilbefreiung einwenden kann, ob er nach Zahlung gegenüber dem „Privilegierten" rückgriffsberechtigt ist oder ob er die gesamte Schuld endgültig tragen muß[17]).

Aus den §§ 894, 896, 1360 und 1363 kann abgeleitet werden, daß dem Gläubiger der Eingriff in bestehende Rück- und Weitergriffslagen persönlich und dinglich Mithaftender verboten ist[18]).

Hat ein Gesamtgläubiger dem Schuldner die Schuld **erlassen,** so wirkt dieser Erlaß nur gegenüber dem verzichtenden Gläubiger, nicht jedoch gegenüber den anderen Mitgläubigern.

Die **Verjährung,** ihre Hemmung oder Unterbrechung, wirken ebenfalls nur für und gegen den einzelnen Schuldner oder Gläubiger[19]).

Hat bei der Gesamtschuld ein Schuldner die Leistung erbracht oder mehr als den von ihm im Innenverhältnis geschuldeten Teil bezahlt[20]), so steht ihm der **Rückgriff** (Regreß) gegen seine Mitschuldner zu. Das Regreßrecht hat in § 896 eine selbständige Grundlage und verjährt in dreißig Jahren nach der Zahlung[21]); es ist im allgemeinen kein Schadenersatzanspruch[22]) und besteht unabhängig davon, ob die Gesamtschuld auf einem gemeinsamen Rechtsgrund beruht[23]).

Nach anderer Ansicht[24]) beruht das Regreßrecht auf § 1358. Soweit der Schuldner mehr gezahlt habe, als der eigenen Verbindlichkeit im Innenverhältnis entspricht, gehe die bezahlte Hauptforderung auf ihn über. Er könne sie innerhalb ihrer Verjährungszeit geltend machen[25]).

Soweit Gesetz oder Vereinbarung nichts anderes bestimmen, trägt jeder Schuldner im Innenverhältnis die Schuld zu **gleichen Teilen**

---

[17]) S dazu ausführlich *Kletečka,* Solidarhaftung und Haftungsprivileg, ÖJZ 1993, 785 und 833; *Schoditsch,* Schädigermehrheit und gesetzliches Haftungsprivileg, JBl 2004, 557.

[18]) OGH in ÖBA 1996, 805 *(Karollus)*; *Hoyer,* Eingriff des Simultanhypothekargläubigers in die Rückgriffslage der Nachberechtigten macht haftbar, ecolex 1996, 158 mwN; s auch *Graf,* Überlegungen zum Schutz der nachrangigen Pfandgläubiger bei der Simultanhypothek, ÖBA 1989, 574 ff; RdW 2005/832.

[19]) S OGH in JBl 1979, 257; RdW 2004/409; vgl aber den praktisch bedeutenden gesetzlichen Schuldbeitritt des Kraftfahrzeughaftpflichtversicherers und § 27 Abs 2 KHVG; dazu zuletzt *Spitzer,* Neue Hemmung der Verjährung bei Verkehrsunfällen, ZVR 2005, 312 ff.

[20]) OGH in SZ 62/51; ÖBA 1999, 827 *(Riedler).*

[21]) OGH in SZ 60/55 mwN; ecolex 1996, 668; ecolex 1996, 746; RdW 2004/409.

[22]) OGH in SZ 38/182; SZ 60/55.

[23]) OGH in SZ 2004/81.

[24]) *Koziol,* Haftpflichtrecht I Rz 14/20 ff; vgl dazu auch *Ch. Huber,* Der Ersatzanspruch des Regreßgläubigers für im Vorprozeß getätigte Aufwendungen, ZVR 1986, 33; OGH in ecolex 1998, 307 mwN.

[25]) Zum Regreß von Prozeßkosten s *Pochmarski/Strauss,* Die Rechtsprechung des OGH zum Regress von Prozesskosten, JBl 2002, 353; *Gamerith* in Rummel § 896 Rz 10; OGH in EvBl 1965/442; SZ 70/241; JBl 2000, 36; ecolex 2000, 32; ecolex 2000, 102 *(Ch. Thaler).* Vgl auch OGH in ecolex 2001, 274 (Haftungsfreistellung im Innenverhältnis).

(§ 896)[26]). Der Regreßberechtigte kann von den Mitschuldnern die auf sie entfallenden Anteile fordern[27]). Sie haften im Regreß nicht solidarisch[28]). Sicherheiten (zB Pfandrechte) des Gläubigers gehen beim Rückgriff nach § 896 insoweit auf den zahlenden Mitschuldner über, als dieser über seinen internen Anteil hinaus leistet[29]).

Auch bei der Gesamtgläubigerschaft richtet sich das Verhältnis zwischen den Gläubigern nach dem Innenverhältnis. Im Zweifel gibt es aber unter ihnen keine Ausgleichspflicht (§ 895)[30]).

D. Gesamthandschuldverhältnis

Bei der Gesamthandschuld[31]) *können nur alle Schuldner gemeinsam leisten, bei der Gesamthandgläubigerschaft nur alle Gläubiger gemeinsam fordern.*

Eine **Gesamthandschuld** entsteht, wenn mehrere Personen eine nur **gemeinsam** erbringbare Leistung schulden[32]) oder wenn sie sich in anderen Fällen nur zur gemeinsamen Erbringung der Leistung verpflichten.

Eine **Gesamthandgläubigerschaft** entsteht durch die Vereinbarung, daß nur alle Gläubiger die Leistung gemeinsam verlangen können[33]) oder wenn mehreren Personen eine unteilbare Leistung geschuldet wird (§ 890 S 2)[34]). Ferner sind Forderungen einer Miteigentümergemeinschaft (§ 848)[35]) und einer Gesellschaft bürgerlichen Rechts[36]) Gesamthandforderungen.

---

[26]) Vgl OGH in SZ 66/162; zur Anwendung des § 896 bei der Gefährdungshaftung OGH in ecolex 1999, 14; zu solidarisch haftenden Geschäftsführern OGH in RdW 2001/9. Aus dem „besonderen Verhältnis" zwischen den Mitschuldnern kann sich ein Anspruch auf vollen Rückgriff ergeben: vgl *Gamerith* in Rummel § 896 Rz 6; OGH in ecolex 2000, 289 *(Zehetner)* = ÖBA 2000, 614 *(Koppensteiner)*.

[27]) Zum Regreß bei verschiedener Haftungshöhe gegenüber dem Geschädigten s OGH in EvBl 1975/44; RdW 2004/52.

[28]) *Gschnitzer* in Klang IV/1, 315; *Mayrhofer,* Schuldrecht I 109; OGH in SZ 27/35.

[29]) OGH in SZ 68/29; JBl 2001, 647; ÖBA 2003, 59.

[30]) OGH in SZ 67/129.

[31]) Zu dieser im Gesetz nicht explizit geregelten Schuldnermehrheit *Gschnitzer* in Klang IV/1, 287, 290ff; *Wellspacher,* Das Naturrecht und das ABGB, FS zur Jahrhundertfeier des ABGB I (1911) 194. Vgl auch *Perner,* JBl 2005, 635f, 640.

[32]) Vgl OGH in SZ 46/101; ZAS 1983/18 *(Selb)*.

[33]) Vgl OGH in JBl 1977, 317.

[34]) Dazu OGH in JBl 1984, 204; MietSlg 35.072 und 38.078; bbl 1999, 155. Unklar OGH in RZ 1983/2. S nun *Perner,* Gemeinschaftliche Forderungen; *denselben,* JBl 2004, 609ff. Vgl auch *Thoß,* Schadenersatzansprüche von Eigentümer und Anwartschaftsberechtigtem bei Verletzung des Vorbehaltsguts durch Dritte, JBl 2003, 289ff.

[35]) OGH in JBl 1986, 108 *(Selb)*; JBl 1991, 643; NZ 1996, 180; EvBl 1997/137; JBl 2000, 511 *(Riedler)*; SZ 72/191 (Erbengemeinschaft); aA *Riedler,* Gesamt- und Teilgläubigerschaft 247ff. Zu Miteigentümerforderungen vgl nun umfassend *Perner,* Gemeinschaftliche Forderungen 143ff; *denselben,* NZ 2004, 103ff; dagegen unzutreffend *Riedler,* JBl 2006, 337; dagegen wiederum *Perner,* JBl 2006, 400.

[36]) OGH in SZ 45/113; SZ 50/151; RZ 1983/53; EvBl 2000/84; *Welser,* GesRZ 1978, 146f; *derselbe,* Haftungsrechtliche Probleme der Bau-ARGE, in Krejci, Das

Vom Schuldner kann nur die Leistung **an alle** Gläubiger oder die gerichtliche Hinterlegung zugunsten aller Gläubiger verlangt werden[37]); zur Klage auf Leistung an alle ist allerdings jeder einzelne Gläubiger aktivlegitimiert (Einzelklagebefugnis)[38]). An den einzelnen Gläubiger braucht der Schuldner nur zu leisten, wenn die übrigen damit einverstanden sind oder wenn ihm der Gläubiger Sicherstellung leistet (§ 890)[39]).

II. Verträge zugunsten und zu Lasten Dritter

Literatur: *Bayer,* Der Vertrag zu Gunsten Dritter (1995); *Dniestrzanski,* Die Aufträge zugunsten Dritter (1904); *Große-Sender,* Bereicherungsrechtliche Rückabwicklung beim Vertrag zugunsten Dritter, ÖJZ 1999, 88; *Ehrenzweig,* Die sogenannten zweigliedrigen Verträge (1895); *Gernhuber,* Das Schuldverhältnis (1989) 464ff; *Habersack,* Vertragsfreiheit und Drittinteressen (1992); *Heilmann,* Der Vertrag zugunsten Dritter – ein schuldrechtliches Verfügungsgeschäft, ÖJZ 1970, 177; *Hellwig,* Verträge auf Leistung an Dritte (1899); *Kletečka,* Gehilfenmitverschulden beim Vertrag mit Schutzwirkung zugunsten Dritter, ecolex 1995, 323; *Krasnopolski,* Zur Lehre von den Verträgen zugunsten Dritter, GrünhutsZ 22, 577; *Papanikolaou,* Schlechterfüllung beim Vertrag zugunsten Dritter (1977); *Raab,* Austauschverträge mit Drittbeteiligung (1999); *Unger,* Die Verträge zu Gunsten Dritter (1869); *Welser,* Das Zivilrecht und das Dreiecksverhältnis zwischen Sozialversicherungsträger, Arzt und Patient, in Tomandl, Sozialversicherung: Grenzen der Leistungspflicht (1975) 115ff; *derselbe,* Zur rechtlichen Zulässigkeit des „gespaltenen" Haftpflichttarifs, ZVR 1973, 306.

Dritte können vertragliche Rechte haben, obwohl sie nicht Vertragsparteien sind. Dies gilt für den echten und den unechten Vertrag zugunsten Dritter (Vertrag auf Leistung an Dritte) und den Vertrag mit Schutzwirkung zugunsten Dritter. Unmöglich ist es hingegen, durch „Verträge zu Lasten Dritter" diese zu verpflichten.

A. Verträge zugunsten Dritter

Im Vertrag zugunsten Dritter verspricht der Schuldner dem Gläubiger (Versprechensempfänger), die Leistung einem Dritten (dem Begünstigten) zu erbringen (§ 881).

Soll nur der Versprechensempfänger das Recht haben, die Leistung an den Dritten zu fordern, so spricht man von einem **unechten** Vertrag zu-

---

Recht der Arbeitsgemeinschaften in der Bauwirtschaft (1979) 77ff, 81f FN 16; *Thiery,* Gesellschaft bürgerlichen Rechts 100ff; *Oberhammer,* JBl 1997, 633f; aA *Riedler,* JBl 1999, 641ff mwN. Für eine differenzierende Lösung jüngst *Perner,* NZ 2004, 102ff.

[37]) OGH in JBl 1991, 379 (Aufrechnung mit einer Gesamthandforderung).

[38]) *Perner,* Gemeinschaftliche Forderungen 78ff; *derselbe,* JBl 2004, 625f. Deshalb wendet sich *Perner* gegen die Bezeichnung dieser Gläubigermehrheit als „Gesamthandgläubigerschaft". Die Kritik am Begriff der Einzelklagebefugnis (*Apathy/Riedler* in Schwimann § 890 Rz 12) vermischt Klagebegehren und Aktivlegitimation.

[39]) Zur Sicherstellung: *Gschnitzer* in Klang IV/1, 288f; *Mayrhofer,* Schuldrecht I 89f; *Perner,* JBl 2004, 613ff; OGH in JBl 1977, 317; JBl 1980, 318; GesRZ 1987, 152; JBl 1990, 196; SZ 64/63. Anders *Ehrenzweig* II/1, 91; vgl auch OGH in NZ 1990, 18.

gunsten Dritter[1]); hat der Dritte selbst ein Forderungsrecht, so handelt es sich um einen **echten** Vertrag zugunsten Dritter[2]). Welcher Fall vorliegt, hängt von der Vereinbarung und ihrer Auslegung ab[3]). Im Zweifel ist ein echter Vertrag zugunsten Dritter anzunehmen, wenn die Leistung hauptsächlich ihm zum Vorteil gereichen soll (§ 881 Abs 2)[4]). Da sich niemand etwas zuwenden lassen muß, kann der Dritte das Forderungsrecht **zurückweisen** (§ 882).

Die Entstehung des Rechts bedarf aber weder einer Annahme durch den Dritten, noch seiner Benachrichtigung[5]).

Inhalt eines Vertrages zugunsten Dritter kann alles sein, was sich sonst für eine rechtsgeschäftliche Verpflichtung eignet, also auch die Verpflichtung zu einer Unterlassung[6]).

Begünstigungen Dritter sind besonders im Privatversicherungsrecht häufig[7]). So kann die Schadensversicherung als Vertrag zugunsten Dritter geschlossen werden („Versicherung für fremde Rechnung"). Es ergibt sich dann eine Rollenspaltung: Der Versicherungsnehmer bleibt als Vertragspartner alleiniger Prämienschuldner, die Rechte aus dem Versicherungsvertrag stehen aber dem Versicherten zu. Eine Art des Vertrages zugunsten Dritter ist ferner die Einräumung einer Bezugsberechtigung in der Lebens- und Unfallversicherung (s unten S 449f).

Auch der Geschäftsbesorgungsvertrag zwischen jener Bank, die einen Bankomaten aufstellt und der kontoführenden Bank des die Bankomatkarte nutzenden Kunden ist ein Vertrag zugunsten Dritter[8]).

Weil der Vertrag zugunsten Dritter „causa" der Leistung an den Dritten ist, erwirbt dieser die Begünstigung oder das Recht nur so, wie es sich aus dem Vertrag ergibt[9]). Der Schuldner steht daher nicht schlechter, als wenn er an einen Vertragspartner zu leisten hätte[10]). Er kann dem Dritten auch alle **Einwendungen** entgegensetzen, die ihm aus dem Vertrag mit seinem Vertragspartner zustehen, zB die Einrede der Zug-um-Zug-Leistung, des Irrtums oder der laesio enormis.

Eine **Aufrechnung** des Schuldners gegenüber dem Dritten ist allerdings nur mit Forderungen gegen ihn und solchen aus dem Vertrag möglich, gegenüber dem Versprechensempfänger überhaupt nur mit Forde-

---

[1]) Zur Erfüllungsübernahme als unechter Vertrag zugunsten Dritter: OGH in JBl 1988, 518; JBl 1996, 580. Vgl auch OGH in JBl 2002, 399 (Eigeninteresse eines Vertragspartners).

[2]) Zum Schuldbeitritt als echter Vertrag zugunsten Dritter OGH in SZ 70/145.

[3]) OGH in ecolex 2003, 751.

[4]) Vgl OGH in SZ 51/82; SZ 53/25; JBl 1987, 580. Zur Treuhand zugunsten Dritter s OGH in RdW 1989, 327; SZ 66/121; HS XXVI/5.

[5]) OGH in RdW 2000/49.

[6]) OGH in SZ 66/121; OGH in ecolex 2003, 751 *(Wilhelm)* (Unterlassung der Führung eines mehr als 30-minütigen Gesprächs durch einen Telephonsexanbieter).

[7]) Zur Berufshaftpflichtversicherung: OGH in JBl 1987, 585. Zur Transportversicherung: OGH in SZ 64/140.

[8]) *Fellner,* Die Bankomatkarte (2003) 26f.

[9]) EvBl 2003/63.

[10]) Er ist daher auch an eine Schiedsklausel gebunden, OGH in SZ 68/112 = ecolex 1995, 712 *(Feyl)*.

rungen aus dem Vertrag[11]), weil aus dessen Zweck ein Verzicht auf weitere Kompensationsmöglichkeiten abgeleitet werden muß[12]).

Auf das Verhältnis zwischen Versprechensempfänger und Drittem kann sich der Schuldner nicht berufen[13]).

Weist der Dritte die Leistung nicht zurück, so muß er gegenüber dem Schuldner die **Schutzpflichten** wahrnehmen.

B. Verträge mit Schutzwirkung zugunsten Dritter

Beim Vertrag mit Schutzwirkung zugunsten Dritter bestehen zwar nicht die Leistungspflichten, wohl aber die Schutz- und Sorgfaltspflichten auch gegenüber Dritten[14]).

Solche **Schutzpflichten** treffen den Schuldner gegenüber Personen, die „der Erfüllung nahestehen", durch sie besonders gefährdet sind und der Interessensphäre eines Partners angehören.

Ein Liegenschaftseigentümer schließt mit einem Bauunternehmer einen Vertrag über die Renovierung seines Hauses. Die Pflichten zu den Arbeiten am Haus bestehen nur gegenüber dem Hauseigentümer; nur dieser kann auf Leistung klagen. Wird aber zB bei den Arbeiten ein Familienmitglied des Eigentümers durch die Unvorsichtigkeit eines Gehilfen verletzt, so haftet der Bauunternehmer für das Verhalten dieses Gehilfen dem Geschädigten nicht bloß deliktisch, sondern aus Vertragsverletzung (§ 1313 a). Seine Haftung ist nicht anders, als wenn der Werkbesteller selbst geschädigt worden wäre; er kann daher dem Dritten auch das Mitverschulden des Bestellers entgegenhalten[15]).

Ein Vertrag mit Schutzwirkung zugunsten Dritter wird jedoch nicht angenommen, wenn der Dritte gegen einen der beiden Vertragspartner Ansprüche aus einem von ihm **selbst** geschlossenen Vertrag hat[16]).

Daher entfaltet zB der Vertrag zwischen einem Generalunternehmer und seinem Subunternehmer keine Schutzwirkung zugunsten des Auftraggebers[17]).

---

[11]) HM: *Rummel* in Rummel § 882 Rz 3; *Dullinger*, Zur Aufrechnung beim Vertrag zugunsten Dritter, JBl 1988, 152ff; OGH in NZ 1985, 15; wbl 1990, 55.

[12]) In diesem Sinne auch OGH in SZ 69/95.

[13]) *Gschnitzer* in Klang IV/1, 243; *Gernhuber*, Schuldverhältnis 494f.

[14]) *Bydlinski*, Vertragliche Sorgfaltspflichten zugunsten Dritter, JBl 1960, 359; *Welser*, Die Haftung für Rat, Auskunft und Gutachten (1983); *Dahm*, Die dogmatischen Grundlagen und tatbestandlichen Voraussetzungen des Vertrages mit Schutzwirkung für Dritte (1988); *Keitel*, Rechtsgrundlage und systematische Stellung des Vertrages mit Schutzwirkung für Dritte (1988); *Urban*, „Vertrag" mit Schutzwirkungen zugunsten Dritter und Drittschadensliquidation (1989); *Wilhelm*, Verträge mit Schutzwirkung zugunsten Dritter, ecolex 1991, 157; *A. Kaufmann*, Die Zurechnung fremden Verhaltens auf Geschädigtenseite beim Vertrag mit Schutzwirkung zugunsten Dritter, ÖJZ 2000, 546. OGH in SZ 46/121; SZ 48/23; JBl 1977, 146 *(Rummel)*; JBl 1978, 479; JBl 1979, 37.

[15]) OGH in JBl 1985, 622. AA *Kletečka*, Mitverschulden durch Gehilfenverhalten (1991) 77ff; *derselbe*, ecolex 1995, 323. OGH in ÖBA 1995, 314 (dazu *Wilhelm*, Eine falsche Überweisung und ihre Folgen, ecolex 1995, 313).

[16]) OGH in RdW 1999, 468; ecolex 2002, 426; ecolex 2002, 810; ecolex 2003, 515 *(Rabl)*; JBl 2005, 255; dazu *Schmaranzer*, Ausschluss des Vertrages mit Schutzwirkung zugunsten Dritter durch unmittelbare vertragliche Ansprüche? JBl 2005, 267.

[17]) OGH in ecolex 1997, 663 mwN. Zur Haftung eines Subunternehmers gegenüber einem anderen Subunternehmer: ecolex 1994, 13 *(Wilhelm)*.

Die im Gesetz nicht erwähnte Figur des Vertrages mit Schutzwirkung zugunsten Dritter wurde von der Lehre entwickelt und von der Rechtsprechung übernommen. Ähnlich wie das vorvertragliche Schuldverhältnis bezweckt sie eine Erweiterung **der vertraglichen Schadenersatzpflicht** über den Kreis der Vertragspartner hinaus, wobei es hauptsächlich um die Anwendung der für den Geschädigten günstigeren **Gehilfenhaftung** nach § 1313a geht. Es wird zB als willkürlich empfunden, daß bei einer Verletzung des Werkbestellers durch einen Gehilfen der Werkunternehmer nach § 1313a haftet, bei einer Schädigung des Kindes des Werkbestellers aber „nur“ nach § 1315. Hauptursache der Konstruktion des Vertrages mit Schutzwirkung ist also die Unzulänglichkeit der Deliktshaftung.

Schon die Anwendung des § 1313a auf deliktische Verkehrssicherungspflichten würde daher den Vertrag mit Schutzwirkung für die meisten Anwendungsfälle überflüssig machen.

Der **Geschädigte** kann den vertraglichen Schadenersatz **selbst** geltend machen[18]).

Weil von der Schutzwirkung zugunsten Dritter hauptsächlich deliktisch geschützte Güter betroffen sind, wurde die Rechtsfigur später überhaupt auf den Schutz solcher Güter eingeschränkt und das **„bloße Vermögen“** ausgenommen[19]).

Von dieser Ausnahme wurden aber wieder Gegenausnahmen gemacht, wenn die Hauptleistung „gerade einem Dritten zukommen soll, welcher der Interessensphäre des Vertragspartners angehört“[20]) oder „wenn die zu erbringende Leistung gerade dem Dritter zukommen soll“[21]), womit die Grenze zum echten und unechten Vertrag zugunsten Dritter vollends verschwimmt.

Anerkennt man überhaupt, daß vertragliche Schutzpflichten zugunsten der Güter eines Dritten wirken können, so besteht tatsächlich auch kein Grund, das **bloße Vermögen** hievon auszuschließen, weil sich vertragliche Pflichten auf alle Bereiche beziehen und daher auch das bloße Vermögen erfassen können[22]). Tatsächlich hat die Rechtsprechung bei Abfassung von Bestätigungen oder Erstellung von Gutachten wiederholt Dritte geschützt[23]).

---

[18]) Der begünstigte Dritte erhält gegenüber dem Schädiger die Stellung eines Vertragspartners (OGH in SZ 73/126).

[19]) *Koziol,* Haftpflichtrecht II 87f; *derselbe,* Schadenersatz für reine Vermögensschäden, JBl 2004, 274; OGH in SZ 51/169; JBl 1983, 205 *(Hügel)*; ÖBA 1986, 301 *(Koziol)*; SZ 61/64; JBl 1990, 801.

[20]) *Koziol,* Haftpflichtrecht II 88; *E. Artmann,* Die Haftung des Abschlussprüfers für Schäden Dritter, JBl 2000, 628; OGH in SZ 60/91 mwN; JBl 1991, 522; wbl 1993, 264. Zum Überweisungsauftrag: OGH in ÖBA 1991, 525 *(Canaris)*; JBl 1992, 713 *(Iro)*; SZ 69/229; ÖBA 1995, 314; SZ 72/89; zum Finanzierungsleasing OGH in ecolex 1995, 799.

[21]) OGH in SZ 43/236; RdW 1985, 306; SZ 60/2; JBl 2003, 379 = ecolex 2003, 169 *(Pilz)*; RdW 2003/256; SZ 2003/90; vgl auch *Spitzer,* Haftungsfalle (Un-)Ehelichkeitsvermutung, NZ 2004, 163f.

[22]) Ausführlich *Welser,* Haftung 84ff; diesem folgend *Spitzer,* NZ 2004, 163.

[23]) OGH in SZ 43/236; JBl 1965, 319; vgl auch JBl 1936, 300. Zu diesen E *Welser,* Haftung 81ff. S zuletzt OGH in SZ 69/258 (dazu *Harrer,* JBl 1997, 674; *Rummel,* JBl

Die Lehre von der Schutzwirkung ist einer Reihe von Einwänden ausgesetzt, zB daß sie allmählich alle Verträge zu solchen zugunsten Dritter mache und so zu einer – dem Deliktsrecht vorbehaltenen – **„Allwirkung“** komme; ferner daß sie Parteien, die keinen Drittschutz wollen oder an einen solchen zumindest nicht denken, den Willen hiezu einfach **unterstelle**[24]) und daß sie Vertragslücken sieht, wo keine sind, um sie mit dem gewünschten Ergebnis führen zu können[25]).

Die **Abgrenzung** des geschützten Personenkreises[26]) ist nicht überzeugend; sie mutet oft sogar willkürlich an.

So wurden vom OGH Besucher und Begleitpersonen von Krankenhauspatienten das eine Mal in den Schutzbereich des Vertrages zwischen dem Patienten und dem Krankenhaus einbezogen[27]), das andere Mal davon ausgeschlossen[28]). Beim Vertrag zwischen dem Mieter und dem Hauseigentümer soll die Einbeziehung der Angehörigen und Gäste in den Schutzbereich davon abhängen, ob sie sich kurz, länger oder dauernd in der Wohnung aufhalten[29]). Daher wurde ein Paketzusteller, der bei Glatteis im Hof des Hauses stürzte, vom vertraglichen Schutz ausgenommen[30]).

Dennoch arbeitet die Rechtsprechung nach wie vor mit der zweifelhaften Rechtsfigur: Ein Vertrag, mit dem ein Wohnungsrecht eingeräumt wird, entfalte Schutzwirkungen zugunsten des Pflegepersonals für die aus dem Wohnrecht Berechtigte[31]). Der Untermieter wird als geschützter Dritter angesehen, wenn im Hauptmietvertrag zwischen Eigentümer und Mieter die Untervermietung ausdrücklich vorgesehen ist[32]). Das Verhältnis zwischen Überweisungs- und Empfängerbank ist ein Vertrag mit Schutzwirkung zu Gunsten des Überweisenden und des Empfängers[33]). Der Vertrag zwischen einem Rechtsanwalt und seinem Mandanten entfaltet Schutzwirkungen zugunsten dessen Haftpflichtversicherer[34]).

1997, 676). Zur Haftung eines Abschlußprüfers s OGH in ÖBA 2002, 820 *(W. Doralt)*; dazu *Wilhelm,* OGH anerkennt Dritthaftung des Abschlussprüfers, ecolex 2002, 83; *P. Gruber,* Dritthaftung des Abschlussprüfers – die Rechtsprechung in Deutschland und Österreich, ÖJZ 2002, 879. Vgl auch S 353 ff.

[24]) *Lorenz,* Das Problem der Haftung für primäre Vermögensschäden bei der Erteilung einer unrichtigen Auskunft, Larenz-FS (1973) 592 ff; *Honsell,* Probleme der Haftung für Auskunft und Gutachten, JuS 1976, 626.

[25]) Nw bei *Lorenz,* Larenz-FS 616 FN 110.

[26]) Zu diesem: *Bydlinski,* JBl 1960, 362; *Koziol,* Haftpflichtrecht II 86; *Nowotny,* Dritthaftung des Wirtschaftsprüfers, RdW 1998, 387; *Schlechtriem,* Schutzpflichten und geschützte Personen, Medicus-FS (1999) 529; OGH in JBl 1985, 295; JBl 1986, 452; JBl 1987, 40; RZ 1990/102; SZ 64/15 und 76; RdA 1993, 314 *(Ritzberger-Moser)*; SZ 67/40; ÖBA 1995, 983 *(Kletečka)*; SZ 69/229; JBl 1997, 316; EvBl 1997/2; JBl 1998, 310; JBl 1998, 655 *(Dullinger)*; RdW 1998, 456; JBl 1999, 461; ecolex 1999, 760; JBl 2001, 525.

[27]) OGH in JBl 1985, 293.

[28]) OGH in JBl 1986, 452.

[29]) OGH in JBl 1998, 655 *(Dullinger)*; ecolex 2004, 174.

[30]) OGH in JBl 1998, 655 *(Dullinger)*.

[31]) OGH in JBl 2001, 524.

[32]) OGH in SZ 72/89; siehe zu dieser Entscheidung *Oberhammer,* Vertrag mit Schutzwirkung zugunsten Dritter und Rechtskrafterstreckung, JBl 2000, 58.

[33]) *Karollus/Riedler,* Pflicht der Überweisungs-/Zwischen- bzw Empfängerbank zum Konkordanzabgleich im beleglosen mehrgliedrigen Überweisungsverkehr, JBl 2000, 345.

[34]) OGH in JBl 2002, 585.

Ein weiteres Problem besteht darin, daß bei vertraglicher Grundlage die Parteien leicht klarstellen können, daß sie den Schutz Dritter nicht wollen und ihn so **ausschließen**[35]).

Haftungsausschlüsse zwischen den Parteien wurden ohne weiteres auf den Dritten bezogen[36]).

Heute wird deshalb die Haftung gegenüber dem Dritten vielfach auf eine **objektiv-rechtliche** Wirkung gestützt: der Dritte wird von Gesetzes wegen in den Schutzbereich des Verpflichtungsverhältnisses einbezogen[37]), ein Ausschluß solcher Pflichten wäre ein Vertrag zu Lasten Dritter. Der OGH ist nun dieser Auffassung gefolgt[38]).

Der Vertrag mit Schutzwirkung zugunsten Dritter wurde auch zur Begründung der **Produkthaftung** herangezogen. Unten S 378f.

C. Verträge zu Lasten Dritter

Verträge zu Lasten Dritter sind **nicht wirksam,** weil niemand einen anderen ohne dessen Einverständnis verpflichten kann.

Der Dritte muß also selbst zustimmen oder zur Abgabe der Willenserklärung eine Vollmacht erteilen.

Die Zusage der Leistung eines Dritten ist allerdings nicht schlechthin ungültig. Sie gilt als „Zusage der **Verwendung** bei dem Dritten" (§ 880a), also als ein Versprechen, sich um das Einverständnis des Dritten zu bemühen **(Bemühungszusage).**

Hat der Versprechende auch erklärt, für den Erfolg der Bemühung einzustehen, so haftet er bei Nichterfüllung durch den Dritten auf „volle Genugtuung". Es handelt sich um einen Fall der Garantie.

III. Die Bürgschaft

Literatur: *Bydlinski/Koziol,* Die persönlichen Sicherheiten im österreichischen Recht des 19. und 20. Jahrhunderts, in Les sûretés personelles III (1969) 355; *P. Bydlinski,* Die Bürgschaft im österreichischen und deutschen Handels-, Gesellschafts- und Wertpapierrecht (1991); *derselbe,* Die Kreditbürgschaft im Spiegel von aktueller Judikatur und Formularpraxis (2003); *Habel* in Hadding/Schneider, Recht der Kreditsicherheiten in europäischen Ländern, Teil VI: Österreich (1986) 87ff; *Koziol,* Über den Anwendungsbereich des Bürgschaftsrechts, JBl 1964, 306; *Ohmeyer,* Die Sorgfaltspflicht des Gläubigers gegenüber dem Bürgen, ZBl 1927, 161; *Th. Rabl,* Die Bürgschaft (2000); *Westerkamp,* Bürgschaft und Schuldbeitritt (1908).

---

[35]) *Welser,* Haftung 86.

[36]) Vgl OGH in SZ 51/169.

[37]) So zB *Lorenz,* Larenz-FS 618ff; *Honsell,* JuS 1976, 627; *Welser,* Haftung 87. Vgl auch *Honsell,* Die Haftung für Gutachten und Auskunft unter besonderer Berücksichtigung von Drittinteressen, Medicus-FS (1999) 211; *Picker,* Gutachterhaftung – Außervertragliche Einstandspflicht als innergesetzliche Rechtsfortbildung, Medicus-FS (1999) 397.

[38]) OGH in SZ 69/258 (dazu *Harrer,* JBl 1997, 674; *Rummel,* JBl 1997, 676).

A. Begriff

Die Bürgschaft ist ein Vertrag zwischen dem Gläubiger und dem Bürgen, in welchem sich dieser verpflichtet, den Gläubiger zu befriedigen, wenn der Schuldner nicht zahlt (§§ 1346ff).

Die Bürgschaft dient also der Sicherstellung einer Schuld. Weil sie zur unbegrenzten Haftung des Bürgen führt, ist sie eine **persönliche Sicherheit.**

Den Gläubiger treffen gegenüber dem Bürgen in contrahendo besondere **Sorgfaltspflichten.** Vor allem hat er ihn vor der Übernahme der Bürgschaft zu warnen, wenn er weiß, daß der Schuldner unmittelbar vor dem wirtschaftlichen Zusammenbruch steht, oder daß der zu besichernde Kredit nur zu einer Umschuldung verwendet werden soll[1]).

Da die Bürgschaft riskant ist, bedarf die Verpflichtungserklärung des Bürgen – nicht der ganze Bürgschaftsvertrag – zu seiner Warnung der **Schriftform** (§ 1346 Abs 2)[2]).

Sie kann nicht durch eine sichere elektronische Signatur ersetzt werden (§ 4 Abs 2 Z 4 SigG)[3]); strittig ist, ob eine Übermittlung per Telefax reicht[4]), s dazu Bd I S 186.

Die Bürgschaftserklärung muß nicht den vollen Inhalt der Bürgenhaftung angeben, es genügt, wenn aus der Urkunde ihre wesentlichen Merkmale hervorgehen[5]).

Zum Schutz des Ehegatten-Bürgen (§ 25a KSchG) s unten S 209, zur Sittenwidrigkeit einer Bürgschaft s unten S 156ff.

Bürgschaften werden regelmäßig durch Vertrag begründet. Daneben gibt es aber auch Fälle, in denen ein Gesetz direkt den Staat als Bürgen verpflichtet[6]).

B. Akzessorietät der Bürgschaftsverpflichtung

Da die Bürgschaft die **Einbringlichkeit** einer Hauptforderung sichern soll, ist sie von der Existenz dieser Forderung **abhängig** (akzesso-

---

[1]) RIS-Justiz RS0026805; OGH in ÖBA 1995, 909; ÖBA 1996, 893; JBl 2003, 577 (Irrtumsanfechtung); *Burghardt,* Aufklärungspflichten des Bürgschaftsgläubigers (1985).

[2]) *Th. Rabl,* Bürgschaft 1ff; OGH in JBl 1991, 193; ÖBA 1992, 83; ÖBA 1995, 390. Zur Unterfertigung eines Blanketts: OGH in wbl 1989, 19 *(Wilhelm)*; ÖBA 1989, 176 *(Iro)*; ecolex 1999, 549 *(Wilhelm)* = ÖBA 1998, 807. Zu Überlegungen de lege ferenda s *Bydlinski/Bydlinski,* Gesetzliche Formgebote für Rechtsgeschäfte auf dem Prüfstand (2001) 68ff.

[3]) Differenzierend *Bydlinski/Bydlinski,* Formgebote 31. Kritisch de lege ferenda *Jud/Högler-Prachner,* Die Gleichsetzung elektronischer Signaturen mit der eigenhändigen Unterschrift, ecolex 1999, 613f. Vgl auch *Öhlberger,* Die elektronische Signatur im österreichischen Recht: ein Überblick, in Schweighofer/Menzel/Kreuzbauer (Hrsg), Auf dem Weg zur ePerson (2001) 390.

[4]) Dagegen OGH in ÖBA 1996, 73 (krit *Rummel*); dafür ua *Rummel* in Rummel § 886 Rz 1.

[5]) OGH in ecolex 2000, 103 (krit *Th. Rabl)* = ÖBA 2000, 524 *(Riedler)*; ÖBA 2001, 477 *(P. Bydlinski)*; ÖBA 2004, 481 *(P. Bydlinski)*; *S. Haas,* Auslegung und (Bürgschafts-)Form: Die Andeutungstheorie im Wandel, ÖBA 2001, 875.

[6]) S *Mayrhofer,* Schuldrecht I 116f.

risch)[7]). Ist die Hauptschuld nicht gültig entstanden oder erlischt sie, so ist auch die Bürgschaft unwirksam oder fällt dahin (§ 1351).

Durch die dauernde Abhängigkeit von der Hauptschuld unterscheidet sich die Bürgschaft vom Schuldbeitritt, für welchen es genügt, daß die Hauptschuld beim Beitritt besteht[8]). Manchmal ist fraglich, welches der beiden Geschäfte vorliegt. Im Zweifel ist Schuldbeitritt anzunehmen, wenn der Interzedent am Grundgeschäft ein eigenes wirtschaftliches Interesse hat oder wenn er von vornherein weiß, daß der Schuldner seine Verpflichtung nicht erfüllen kann[9]).

Von der Akzessorietät besteht eine Ausnahme: Wer sich für einen **geschäftsunfähigen Hauptschuldner** verbürgt, wird, auch wenn ihm die Geschäftsunfähigkeit unbekannt war, wie ein ungeteilter Mitschuldner verpflichtet (§ 1352)[10]).

Daß der Bürge haftet, obwohl ihm die Geschäftsunfähigkeit des Hauptschuldners nicht bekannt war, ist bedenklich, weil damit der Schutz des Gläubigers auf Kosten des ebenso schutzwürdigen Bürgen verwirklicht wird. Nach dem Wortlaut des § 1352 haftet der Bürge sogar dann, wenn der Gläubiger von der Geschäftsunfähigkeit Kenntnis hatte.

Aus dem Akzessorietätsprinzip folgt, daß sich der Bürge nicht für mehr verbürgen kann, als der Hauptschuldner leisten muß, wohl aber für weniger (Verbürgung für einen Teil der Schuld; vgl § 1353)[11]).

Auch mehrere Teilbürgschaften für verschiedene, gegeneinander abgrenzbare Teile der Hauptschuld sind möglich[12]).

Da der Bürge nicht anders haftet als der Hauptschuldner, kann er dem Gläubiger alle **Einwendungen** des Schuldners entgegensetzen[13]).

C. Arten der Bürgschaft

Da sich der Bürge nur für den Fall verpflichtet, daß der Hauptschuldner nicht leistet, ist die Bürgschaftsschuld **subsidiär.** Deshalb kann der **gemeine** (gewöhnliche) **Bürge** gewöhnlich erst in Anspruch genom-

---

[7]) Teilweise anders bei Bürgschaft auf erstes Anfordern: *P. Bydlinski,* Moderne Kreditsicherheiten und zwingendes Recht, AcP 190, 168ff; vgl auch *Weth,* Bürgschaft und Garantie auf erstes Anfordern, AcP 189, 319ff; *Hadding,* Zum Rückforderungsanspruch bei einer „Bürgschaft auf erstes Anfordern", Welser-FS (2004) 253; OGH in ÖBA 1996, 221.

[8]) *Koziol,* JBl 1964, 306; ihm folgend *Ertl* in Rummel § 1405 Rz 3; s auch *Kothe,* Die Stellung des Schuldbeitritts zwischen Bürgschaft und Schuldübernahme, JZ 1990, 997; OGH in SZ 49/53; ÖBA 1991, 210 *(P. Bydlinski).*

[9]) Dazu OGH in JBl 1990, 322 *(P. Bydlinski)* = ÖBA 1990, 554 *(Apathy)*; ÖBA 1993, 819 *(P. Bydlinski)*; ÖBA 2001, 922; *Th. Rabl,* Bürgschaft 22ff.

[10]) Dazu auch *Koziol,* Die Rückabwicklung rechtsgrundloser Zahlungen eines Bürgen, ZBB 1989, 24.

[11]) *Gamerith,* Die Teilbürgschaft, ÖBA 1988, 760ff; OGH in ÖBA 1995, 544; ÖBA 1997, 862. Im Zweifel keine Haftung für Nebengebühren: OGH in ÖBA 1990, 217.

[12]) OGH in EvBl 2004/99.

[13]) *P. Bydlinski,* Einreden des Bürgen, ÖBA 1987, 690; *Th. Rabl,* Bürgschaft 97ff. OGH in ÖBA 1992, 660 *(P. Bydlinski)*; JBl 1993, 456; ÖBA 1996, 721; SZ 69/85.

men werden, wenn der Gläubiger den Hauptschuldner **gemahnt** hat und dieser dennoch nicht in angemessener Frist leistet[14]).

Die Mahnung entfällt, wenn der Hauptschuldner im Konkurs[15]) ist, da in solchen Fällen die Nichterfüllung schon feststeht, oder wenn der Schuldner unbekannten Aufenthaltes ist und daher nicht gemahnt werden kann (§ 1356).

Keiner Mahnung bedarf es, wenn sich jemand nicht als „gemeiner" Bürge, sondern als **„Bürge und Zahler"** (Solidarbürge) verpflichtet (§ 1357)[16]).

Der **Schadlosbürge** (Ausfallsbürge)[17]) verpflichtet sich nur für den Fall, daß der Gläubiger die Erfüllung durch den Hauptschuldner auch zwangsweise (durch Exekution) nicht durchsetzen kann[18]). Er haftet für den „Ausfall".

Zur Ausfallsbürgschaft geschiedener Ehegatten gemäß § 98 EheG s Bd I S 510f.

Der **Nachbürge** (Überbürge) verbürgt sich dem Gläubiger für den Bürgen[19]). Er haftet, wenn der Bürge nicht leistet, der im Verhältnis zu ihm Hauptschuldner ist.

Der **Rück-** oder **Entschädigungsbürge** verpflichtet sich gegenüber dem Bürgen, allen Schaden zu ersetzen, den dieser durch die Bürgschaft erleidet (§ 1348). Der Bürge kann jedoch vom Entschädigungsbürgen keinen Ersatz verlangen, wenn er sich den Schaden durch eigenes Verschulden zugezogen, zB mit dem Rückgriff gegenüber den Schuldner zu lange gezögert hat (§ 1362).

D. Rückgriff[20])

Gewöhnlich steht der Bürge zum Hauptschuldner in einer schuldrechtlichen Beziehung (Innenverhältnis), zB in einem **Auftragsverhältnis,** auf Grund dessen der Schuldner dem Bürgen zum Ersatz von Aufwendungen (Kosten[21]), Zinsen) verpflichtet ist (§ 1014). Fehlt eine solche

---

14) Dazu OGH in SZ 63/177.

15) Ebenso beim Ausgleich: *Mayrhofer,* Schuldrecht I 132 FN 20; *Gamerith* in Rummel § 1356 Rz 1; *Mader* in Schwimann § 1356 Rz 2; aA *Ohmeyer/Klang* in Klang VI 224. Zur Rechtstellung des Bürgen im Konkurs s *P. Bydlinski,* Der Bürge im Konkurs, ÖBA 2005, 97.

16) Vgl dazu *Ohmeyer,* Der Bürge und Zahler, GZ 1927, 33; OGH in EvBl 1990/51; ÖBA 1995, 723. Zur Abgrenzung von der Garantie: OGH in ÖBA 1998, 225 *(Apathy)*; ecolex 1998, 547. Zur rechtsmißbräuchlichen Inanspruchnahme des Bürgen und Zahlers statt des Schuldners: OGH in ÖBA 1992, 78 *(Mader).*

17) Dazu OGH in ÖBA 1989, 183; SZ 68/219.

18) Zur Aussichtslosigkeit von Eintreibungsmaßnahmen OGH in SZ 66/99; SZ 66/107; SZ 68/219.

19) Zur Besicherung der Bürgschaftsschuld durch Pfand: OGH in SZ 60/75.

20) *Baier,* Das Rückgriffsrecht des Bürgen und seine hypothekarische Sicherung, ÖJZ 1967, 538; *Koban,* Regreß des Bürgen und Pfandeigentümers (1904).

21) Vgl dazu *Ch. Huber,* Der Ersatzanspruch des Regreßgläubigers für im Vorprozeß getätigte Aufwendungen, ZVR 1986, 33.

Vereinbarung, können die Regeln der **Geschäftsführung ohne Auftrag** anwendbar sein.

Zahlt der Bürge ohne das Einverständnis des Hauptschuldners, so kann dieser dem Aufwandersatzanspruch entgegenhalten, daß ihm gegen den Gläubiger Einwendungen zugestanden wären (§ 1361).

Das Gesetz eröffnet aber dem Bürgen noch einen weiteren Regreßweg: Da er eine fremde Schuld bezahlt, für die er persönlich haftet, tritt er auf Grund der **Legalzession** des **§ 1358** in die Rechte des Gläubigers und kann vom Schuldner die Erfüllung fordern, s oben S 97, 128f. Die Zahlung des Bürgen bewirkt also nicht die Tilgung, sondern die **Einlösung** der Forderung. Der Gläubiger muß dem Bürgen alle vorhandenen Rechtsbehelfe[22]) und Sicherungsmittel (zB Pfänder) herausgeben[23]) und ist zur Auskunft verpflichtet[24]). Der Regreß kann durch Vereinbarung zwischen Bürgen und Schuldner ausgeschlossen oder hinausgeschoben sein; der Anspruch nach § 1358 besteht unabhängig davon, ob die Bürgschaft mit Willen des Schuldners zustande gekommen ist[25]). Bürge und Gläubiger können von § 1358 abweichende Vereinbarungen treffen, zB daß Forderung und Sicherungsrechte erst mit der vollständigen Befriedigung des Gläubigers übergehen[26]).

Der Rückgriff nach § 1358 steht dem Bürgen auch zu, wenn sich der Gläubiger bei ihm durch Exekution befriedigt hat[27]).

Eine Minderung seines Rückgriffs erleidet der Bürge beim Ausgleich oder Zwangsausgleich des Schuldners. Obwohl dieser durch den Ausgleich von einem Teil seiner Schuld befreit wird (§ 53 Abs 1 AO, § 156 Abs 1 KO)[28]), haftet der Bürge weiter für den vollen Betrag. Er muß daher zwar den Gläubigern den Ausfall zahlen, hat aber für diesen keinen Rückgriffsanspruch (§ 53 Abs 2 AO, § 156 Abs 2 KO). Im Konkurs des Schuldners behält hingegen der Bürge sein Rückgriffsrecht, da der Konkurs den Schuldner von seinen Verbindlichkeiten nicht befreit (s oben S 109f). Der Regreßanspruch wird allerdings auch nach Beendigung des Konkurses wegen Vermögenslosigkeit undurchsetzbar sein.

E. Sicherstellungsansprüche gegen den Hauptschuldner

Hat der Bürge die Bürgschaft mit Einwilligung des Schuldners übernommen **(Einverständnisbürge)** und zahlt der Schuldner nach **Fälligkeit** nicht, so kann der Bürge von ihm Sicherstellung seines Rückgriffsanspruches verlangen (§ 1364).

---

22) Dazu OGH in SZ 57/29; RZ 1987/2; ÖBA 1988, 390 *(P. Bydlinski).*

23) Zum Übergang der Sicherungsrechte bei der Wechselbürgschaft s OGH in SZ 2003/140.

24) S dazu *Avancini,* Der Auskunftsanspruch des Bürgen gegenüber dem Gläubiger, JBl 1985, 193; vgl auch OGH in SZ 59/74 mwN.

25) OGH in EvBl 2000/105.

26) S OGH in SZ 70/135; dazu *Th. Rabl,* Bürgschaft 139ff mwN.

27) Vgl OGH in SZ 69/40 mwN.

28) S aber OGH in JBl 1986, 126 und kritisch hiezu *H. Fink,* Neue Streitfragen um § 54 AO, JBl 1986, 80.

Wenn gegen den Schuldner die begründete Besorgnis der **Zahlungsunfähigkeit** oder der Entfernung aus dem Inland vorliegt, kann der Bürge auch dann die Sicherstellung der verbürgten Schuld fordern, wenn er die Bürgschaft ohne Einwilligung des Schuldners übernommen hat (§ 1365)[29]).

F. Mehrheit von Sicherungsrechten

Haben sich für dieselbe Schuld mehrere Personen verbürgt, so haften sie dem Gläubiger **solidarisch** (§ 1359). Hat ein Mitbürge den Gläubiger befriedigt, so steht ihm das Rückgriffsrecht gegen den Hauptschuldner zu. Hat er mehr gezahlt, als er nach dem Innenverhältnis mußte, so kann er – statt auf den Schuldner zu greifen – den Mehrbetrag von seinen **Mitbürgen** verlangen, auf die insoweit die durch Zahlung an den Gläubiger eingelöste Forderung gegen den Hauptschuldner übergeht (§§ 1359, 896)[30]). Diesen Regreß hat der zahlende Bürge auch dann, wenn der Mitbürge vom Gläubiger entlassen wurde, weil ein solcher Verzicht gegenüber den anderen Mitbürgen nicht wirkt (§ 1363)[31]).

Haftet für die Schuld neben dem Bürgen auch ein von einem Dritten gegebenes **Pfand,** so hat der Bürge nach älterer Auffassung ein Rückgriffsrecht in voller Höhe gegen den Pfandbesteller, während dem zahlenden Pfandbesteller gegenüber dem Bürgen kein Regreß zusteht[32]). Nach der neueren Ansicht ist § 1359 analog anzuwenden (im Zweifel Haftung auf die Hälfte)[33]).

Ob der Gläubiger den Bürgen oder den Pfandbesteller belangt und auf welchen von mehreren Bürgen er greift, steht in seinem Belieben.

---

[29]) So auch *Kerschner,* Irrtumsanfechtung insbesondere beim unentgeltlichen Geschäft (1984) 57f; aA *P. Bydlinski,* Die Übertragung von Gestaltungsrechten (1986) 93 FN 199; *Gamerith* in Rummel § 1365 Rz 3.

[30]) OGH in RdW 1998, 14. Zum Innenverhältnis bei mehreren Teilbürgschaften: *Gamerith,* ÖBA 1988, 769ff; *Mader,* Zum Rückgriffsanspruch nach § 1359 ABGB, JBl 1988, 287ff; *Reidinger,* Die Berechnung des internen Ausgleichs zwischen zwei Bestellern von Teilsicherheiten, JBl 1990, 73ff; *G. Graf,* Der interne Ausgleich zwischen mehreren Sicherungsgebern, ÖBA 1993, 356; *Bacher,* Ausgleichsansprüche zwischen mehreren Sicherern einer fremden Schuld (1994); OGH in ÖBA 1988, 390 *(P. Bydlinski)*; NZ 1994, 130; HS 26.493; ÖBA 1999, 154 *(Bacher)*; ÖBA 1999, 827 *(Riedler)* (dazu *Th. Rabl,* Ausgleich unter Mitbürgen – Gläubigerwillkür oder Gleichbehandlung? ecolex 1999, 532); ÖBA 1999, 827 *(Riedler).*

[31]) *Hoyer,* Der Rückgriffsanspruch zwischen Bürgen und Pfandbestellern, JBl 1987, 766; vgl auch OGH in SZ 56/21; ÖBA 1999, 154 *(Bacher).*

[32]) *Ehrenzweig* I/2, 514; *Koban,* Regreß 207ff; *Larenz* II 480f; OGH in ÖBA 1988, 719 *(Iro).*

[33]) *Bydlinski/Koziol,* Les sûretés personelles III 368f; *Mader,* JBl 1988, 293f; *Mayrhofer,* Schuldrecht I 145; *Schlechtriem,* Ausgleich zwischen mehreren Sicherern fremder Schuld, von Caemmerer-FS (1978) 1013; *Schulz,* Rückgriff und Weitergriff (1907) 62ff; ebenso nun OGH in SZ 57/114; SZ 60/266; SZ 61/91. Zur direkten Anwendung: *Hoyer,* JBl 1987, 768; *Reidinger,* JBl 1990, 79f.

G. Erlöschen der Bürgschaft

Die Bürgschaft erlischt wegen ihrer Akzessorietät mit der **Verbindlichkeit** (§ 1363)[34]); ferner mit dem Ablauf der **Zeit,** für die sich der Bürge verpflichtet hat, sowie mit der **Entlassung** des Bürgen durch den Gläubiger[35]). Außerdem endet sie **drei Jahre** nach dem Tode des Bürgen, wenn der Gläubiger innerhalb dieser Frist den Erben nicht gemahnt hat (§ 1367).

War die Schuld beim Tod des Bürgen nicht fällig, so läuft die Frist ab dem Fälligkeitstag. Die Dreijahresfrist gilt nicht, wenn die Bürgschaft durch Pfand gesichert ist (§ 1367).

Die Bürgschaftsverpflichtung kann aber auch durch Verjährung untergehen[36]), ferner wenn – bei Übernahme auf unbestimmte Zeit – der Bürgschaftsvertrag gekündigt wird[37]) oder wenn der Bürge den Gläubiger befriedigt.

Die Bürgschaftsschuld verjährt innerhalb von **30 Jahren.** Verjährt allerdings die einer kürzeren Frist unterliegende Hauptschuld, erlischt die Bürgschaftsschuld mit dieser[38]).

Ist der Gläubiger mit der Eintreibung säumig[39]), so erlischt zwar die Bürgschaftsverpflichtung nicht, doch wird der Gläubiger ersatzpflichtig, wenn der Bürge dadurch eine Beeinträchtigung seines Rückgriffs erleidet, zB weil der Schuldner inzwischen zahlungsunfähig wird (§ 1364); mit diesem Ersatzanspruch kann der Bürge gegen die Hauptforderung aufrechnen. Dies gilt auch für den Bürgen und Zahler[40]).

IV. Der Garantievertrag

Literatur: *Dohm,* Bankgarantien im internationalen Handel (1985); *B. Jud/Spitzer,* Die Bankgarantie im österreichischen Recht, in von Westphalen/B. Jud, Die

---

[34]) Zum Erlöschen bei Verjährung der Hauptschuld: ecolex 1998, 470 (kritisch *Th. Rabl* und *P. Bydlinski,* Verwirrendes zur Bürgschaftsverjährung, RdW 1999, 61). Zum Wiederaufleben: *Koziol,* Treuhänderischer Forderungserwerb durch den Bürgen, RdW 1987, 182. Vgl auch OGH in SZ 58/114. Vgl zur Bürgenkündigung *P. Bydlinski,* Wirksamkeit, Reichweite und Beendigung der Bürgenhaftung: Neue Entwicklungen in Österreich? Zugleich ein erster Versuch über die Bürgenkündigung, ÖBA 1999, 93; OGH in RdW 1999, 463.

[35]) Vgl dazu OGH in ÖBA 1998, 641.

[36]) Dazu OGH in SZ 54/82; *P. Bydlinski,* Verjährung und Abtretbarkeit von Bürgschaftsansprüchen, ZIP 1989, 953ff; *Mayrhofer,* Schuldrecht I 137.

[37]) OGH in ÖBA 1994, 239 und ecolex 1999, 619 *(Th. Rabl)* = ÖBA 1999, 822 *(F. Bydlinski)* mwN; *P. Bydlinski,* Wirksamkeit, Reichweite und Beendigung der Bürgenhaftung: Neue Entwicklungen in Österreich, ÖBA 1999, 104ff; *derselbe,* Die Kündigung der Bürgschaft, Schimansky-FS (1999) 299.

[38]) *Gamerith* in Rummel § 1363 Rz 3 mwN; OGH in SZ 54/82; ÖBA 1989, 622 *(P. Bydlinski).*

[39]) Vgl hiezu auch *Fitz,* Zur Haftung und Information des Bürgen bei Kreditprolongation, ÖBA 1994, 207, sowie OGH in ÖBA 1994, 236 und 239; RdW 2004/597.

[40]) *Zawischa,* Zur Sorgfaltspflicht des Gläubigers bei Schuldbeitritt und Bürgschaft, AnwBl 1978, 153; OGH in ÖBA 1987, 924; ÖBA 1990, 224; SZ 70/182 mwN; aA noch OGH in SZ 26/170.

Bankgarantie im internationalen Handelsverkehr[3] (2005) 312 ff; *Kleiner,* Bankgarantie[4] (1990); *Koziol,* Der Garantievertrag (1981); *St. Müller,* Die Bankgarantie im internationalen Wirtschaftsverkehr (1988).

Im Garantievertrag übernimmt der Garant gegenüber dem Begünstigten die Haftung für den noch ungewissen Erfolg eines Unternehmens oder für den durch ein Unternehmen entstehenden Schaden[1]).

Das ABGB kennt als Garantie nur die Zusage der Leistung eines Dritten (§ 880 a), der Anwendungsbereich der Garantie ist aber viel weiter.

Ein Rechtsanwalt verpflichtet sich, die Einverleibung einer Hypothek im 1. Rang zu erreichen[2]). Einem Interessenten wird garantiert, daß ein zu errichtendes Unternehmen jährlich einen bestimmten Gewinn abwirft[3]).

Wenn die Parteien nichts anderes vereinbaren, haftet der Garant für **volle Genugtuung** (§ 880 a); er muß also den erlittenen Schaden und den entgangenen Gewinn ersetzen (§ 1323), wenn der garantierte Erfolg nicht eintritt[4]). Dagegen kann von ihm die Erfüllung von Sach- oder Werkleistungsverpflichtungen nicht begehrt werden (§ 1350 per analogiam).

Vereitelt der Begünstigte schuldhaft den Eintritt des Erfolges, so haftet der Garant nicht (§ 1362 per analogiam)[5]).

A. Zweipersonale Garantie

Die Garantie ist **zweipersonal,** wenn die Verpflichtung des Garanten gegenüber dem Begünstigten ihren Grund allein in der Beziehung zwischen diesen Personen hat.

Der Hersteller garantiert dem Endabnehmer die Mangelfreiheit des Erzeugnisses. Eine Gemeinde garantiert einem Arzt, der sich in ihrem Gebiet niederlassen will, ein bestimmtes Einkommen[6]). Keine echte Garantie ist hingegen die vertragliche Änderung der Gewährleistungsrechte; dazu oben S 92 f.

B. Dreipersonale Garantie (Bankgarantie)

Die Garantie ist **dreipersonal,** wenn die Verpflichtung des Garanten gegenüber dem Begünstigten ihren Grund in der Beziehung des Garanten zu einem Dritten (Garantieauftraggeber) hat.

---

[1]) *Hämmerle/Wünsch,* Handelsrecht III 60; *Ohmeyer/Klang* in Klang VI 203; OGH in SZ 47/138; SZ 50/93; JBl 1989, 37; ÖBA 1999, 484 *(Rummel)* = ecolex 1999, 318 *(Wilhelm).*

[2]) OGH in ÖBA 1997, 636 *(Bollenberger).*

[3]) Zur seinerzeitigen „Scheckkarten-Garantie"OGH in SZ 53/36; ÖBA 1995, 64; ÖBA 1996, 391.

[4]) Vgl OGH in JBl 1986, 46 *(Reidinger)*; JBl 1989, 37; EvBl 1990/7.

[5]) *Ohmeyer/Klang* in Klang VI 203; OGH in SZ 26/81; NZ 1978, 158.

[6]) *Ohmeyer/Klang* in Klang VI 203.

Ein **Garant,** zB eine Bank (Bankgarantie)[7]) leistet Gewähr dafür, daß ein Garantiebegünstigter die Leistung erhält, die ihm ein Dritter (Garantieauftraggeber) schuldet[8]). Das Verhältnis zwischen **Garantieauftraggeber** und **Garantiebegünstigtem** heißt Valutaverhältnis; der Inhalt der in diesem Verhältnis geschuldeten Leistung kann beliebig sein (zB Geld, Lieferung, Werkherstellung). Die Bank verpflichtet sich gegenüber dem Garantieauftraggeber (Deckungsverhältnis), mit dem Begünstigten einen Garantievertrag abzuschließen; aus diesem schuldet sie dem Begünstigten allerdings idR nur die Zahlung von Geld.

Die dreipersonale Garantie ist regelmäßig **abstrakt,** so daß der Garant selbst dann zur Leistung verpflichtet ist, wenn die Grundverhältnisse (Valutaverhältnis, Deckungsverhältnis) nicht gültig sind[9]).

Der Garant kann gegenüber dem Begünstigten nur Einwendungen aus dem Garantievertrag erheben[10]); ferner solche, die ihm gegen den Begünstigten persönlich zustehen[11]).

Die Garantie verfolgt einerseits den Zweck, dem Begünstigten den Erhalt der Leistung des Dritten zu sichern **(Sicherungsfunktion).** Andererseits folgt aus ihrer Abstraktheit, daß der Begünstigte sofort Zahlung erhält, wenn er sie fordert. Allfällige Streitigkeiten über das Bestehen des Anspruchs können erst im Nachhinein ausgetragen werden. Die Garantie hat damit **„Bargeldfunktion",** weil der Begünstigte – wie bei der Zahlung mit Bargeld – die Leistung sofort erhält. So ist zB der Vermieter, der statt einer Bar-Kaution mit einer Bankgarantie einverstanden ist, wirtschaftlich gesehen in einer vergleichbaren Stellung. Häufig wird auch der Betrag, den ein Werkbesteller zur Sicherung seiner Gewährleistungsansprüche vom Werklohn einbehält (Haftrücklaß) durch eine vom Werkunternehmer beigebrachte Bankgarantie ersetzt.

Wegen der Abstraktheit der Garantie darf der Garant die Berechtigung des Anspruches des Begünstigten gegen den Auftraggeber nicht prüfen[12]), sondern muß „auf erstes Anfordern zahlen"[13]). Er kann allerdings Einwendungen erheben, die sich aus der Garantie selbst ergeben (zB Nichteintritt des Garantiefalls). Ferner den Einwand des Rechtsmiß-

---

[7]) S OGH in SZ 54/189; ÖBA 1995, 632; ÖBA 1996, 717 *(Koziol)*; ÖBA 1999, 484 *(Rummel)* = ecolex 1999, 318 *(Wilhelm)*.

[8]) *Koziol,* Bankvertragsrecht II Rz 3/1; *B. Jud/Spitzer,* Bankgarantie 386.

[9]) *Koziol,* Garantievertrag 21 ff; *B. Jud/Spitzer,* Bankgarantie 386, 396 ff; OGH in SZ 54/189; SZ 61/63; ÖBA 1988, 390 *(P. Bydlinski)*; ÖBA 1988, 615 *(Jabornegg)*; ÖBA 1997, 482; ÖBA 1999, 484 *(Rummel)* = ecolex 1999, 318 *(Wilhelm)*; ecolex 1999, 320 *(Wilhelm)*; ecolex 2000, 715. Vgl auch *Koziol,* Zur Zulässigkeit abstrakter Rückgarantien nach österreichischem Recht, ÖBA 1986, 443; OGH in ÖBA 1988, 1230; JBl 1995, 651 *(Mader)*. Zur Rückforderung bei Wegfall der garantierten Hauptschuld nach Zahlung s OGH in JBl 2003, 579.

[10]) OGH in ÖBA 1994, 320; ÖBA 1998, 229; OGH in RdW 2000/52.

[11]) RIS-Justiz RS0017236; zuletzt OGH in ÖBA 2005, 649.

[12]) *B. Jud/Spitzer,* Bankgarantie 397.

[13]) Dazu *Diwok,* Der Abruf von Bankgarantien auf erstes Anfordern, Frotz-FS (1993) 483.

brauchs, wenn die Inanspruchnahme durch den Begünstigten ganz offensichtlich jeder rechtlichen Grundlage entbehrt[14]).

So ist zB der Abruf eines Haftrücklasses für einen anderen als den vereinbarten Sicherungszweck rechtsmißbräuchlich[15]); nicht jedoch der Abruf einer noch nicht fälligen Bankgarantie, wenn mit dem Eintritt der Fälligkeit in absehbarer Zeit zu rechnen ist[16]).

Die Auslegung des Garantievertrags nach den §§ 914 f steht in einem gewissen Spannungsverhältnis zum Grundsatz der „formellen Garantiestrenge", nach welchem für die Auslegung nur der Text der Garantieerklärung maßgebend sein soll und andere Umstände nicht zu deren Auslegung herangezogen werden dürfen[17]). Eine allgemein gültige Auslegungsregel gibt es nicht.

Ein Unterschied zwischen dreipersonaler Garantie und Bürgschaft besteht darin, daß der Garantievertrag **nicht akzessorisch,** sondern abstrakt ist[18]); insofern ist die Rechtsstellung des Begünstigten im Vergleich zur Bürgschaft stärker[19]).

Der OGH vertritt nun die Auffassung, daß die Verwandtschaft von Sicherungsgarantien mit der Bürgschaft die analoge Anwendung der Bürgschaftsform rechtfertigt, so daß bei solchen Garantien die Verpflichtungserklärung des Garanten schriftlich sein muß[20]).

Ob eine Patronatserklärung im Einzelfall als unverbindliche Erklärung, Bürgschaft oder Bankgarantie anzusehen ist, ist durch Vertragsauslegung zu klären[21]).

---

[14]) OGH in SZ 50/66; ÖBA 1992, 573 *(Koziol)*; SZ 66/140; SZ 67/111 = ÖBA 1996, 64 (*Avancini* – zum Dokumentenakkreditiv); ÖBA 1997, 482; ÖBA 1998, 876 (*Riedler* mwN); ecolex 2000, 101 *(Th. Rabl)*; ÖBA 2003, 956; ÖBA 2004, 136; ÖBA 2005, 212; ecolex 2005, 686; ÖBA 2005, 902; *Mülbert,* Mißbrauch von Bankgarantien und einstweiliger Rechtsschutz (1985); *Canaris,* Einwendungsausschluß und Einwendungsdurchgriff bei Dokumentenakkreditiven und Außenhandelsgarantien, ÖBA 1987, 775 ff; *Koziol,* Bankvertragsrecht II Rz 3/101 ff; *Wilhelm,* ecolex 1997, 477; *B. Jud/Spitzer,* Bankgarantie 399 ff.

[15]) OGH in ÖBA 2005, 212.

[16]) OGH in SZ 66/140.

[17]) *B. Jud/Spitzer,* Bankgarantie 391 f; *Rummel,* Auslegung von Bankgarantien, ÖBA 2000, 210. RIS-Justiz RS0045922, insb ÖBA 2000, 322 *(Rummel)*; RS0033002, insb ecolex 2001, 904 *(Helmich)*; ecolex 2004, 361 *(Wilhelm)*; ecolex 2005, 762 *(Friedl)*; weiters OGH in ecolex 2000, 423 *(Thaler)* = ÖBA 2001, 402 *(Rummel)*; ÖBA 2000, 1099 *(Koch)*.

[18]) *Koziol,* Garantievertrag 7 ff mwN; *St. Müller,* Bankgarantie 44 ff; OGH in SZ 50/32 und 66; ÖBA 1991, 822 *(P. Bydlinski)*; JBl 1995, 651 *(Mader)*; ÖBA 2000, 322 *(Rummel)*; ecolex 2001, 526. Zu Abstufungen s OGH in ÖBA 1993, 985; ÖBA 1997, 191 *(Rummel)* = ecolex 1997, 157 *(Th. Rabl)*; ÖBA 2002, 249 *(Bollenberger)*.

[19]) OGH in ÖBA 2001, 477 *(P. Bydlinski)*.

[20]) OGH in ÖBA 1993, 146 *(Apathy)*; ÖBA 1995, 59 *(Schuhmacher)*; JBl 1995, 651 *(Mader)*; ecolex 2000, 715. Dagegen *Wilhelm,* Die neue Form der Garantie, ecolex 1993, 14.

[21]) OGH in JBl 1986, 173; *Avancini,* Rechtsprobleme bei Patronatserklärungen, ÖJZ 1983, 546; *Heiss/Müller,* Rechtsgrundlagen der Haftung aus Patronatserklärungen, RdW 1989, 290; *Hoffmann,* Die Patronatserklärung im deutschen und österreichischen

Von der angenommenen **Anweisung** (unten S 159) unterscheidet sich die Garantie durch ihren Zweck. Sie dient der Sicherung, die Anweisung hingegen der Erfüllung einer Verbindlichkeit[22]).

Hat der Garant die Leistung eines Schuldners garantiert und an den begünstigten Gläubiger gezahlt, so kann er bei Bestehen eines Auftrags im Deckungsverhältnis Aufwandersatz nach § 1014 fordern[23]); sonst hat er einen Regreßanspruch nach § 1358 gegen den Garantieauftraggeber[24]). Zur bereicherungsrechtlichen Rückabwicklung bei einer dreipersonalen Garantie s auch unten S 284.

V. Schutz von Interzedenten

Literatur: *P. Bydlinski,* Die Kreditbürgschaft im Spiegel von aktueller Judikatur und Formularpraxis (2003) 47ff, 111ff; *Eigner,* Zur Anwendung der Inhaltskontrolle von Haftungsverträgen und des Mäßigungsrechts nach § 25d KSchG bei Drittpfandbestellung, ÖBA 2003, 909; *Faber,* Das Mäßigungsrecht gemäß § 25d KSchG, ÖBA 2004, 527; *Goriany,* Aufklärungspflicht bei Interzessionen, JAP 2004/2005, 54; *S. Haas,* Zur Aufklärung des Interzedenten über die wirtschaftliche Lage des Hauptschuldners nach § 25c KSchG, JBl 2002, 538; *Th. Rabl,* Risiko Angehörigenbürgschaft: Schlaglichter aus Judikatur und KSchG-Novelle, ecolex 1996, 443; *derselbe,* Die Bürgschaft (2000) 58ff; *Rosenmayr,* Sittenwidrigkeit von Angehörigenbürgschaften. Übersicht zur Judikatur des OGH, ZIK 2004/238.

A. Allgemeines

Interzession ist die rechtsgeschäftliche Sicherung materiell fremder Schulden durch Übernahme persönlicher Haftung.

Zur Interzession gehören vor allem die Bürgschaft, die Garantie, der Schuldbeitritt, die Schuldübernahme, aber auch das gemeinsame Eingehen einer Verbindlichkeit aus Gründen der Sicherstellung[1]). Wer die Sicherheit leistet, heißt Interzedent.

Dem Interzedenten ist oft das Haftungsrisiko nicht voll bewußt. Besonders wenn der Hauptschuldner ein naher Angehöriger ist, werden unbedacht und unter einem gewissem Druck Zusicherungen gemacht, die später nicht erfüllt werden können, weil dem Interzedenten die entsprechende wirtschaftliche Leistungsfähigkeit fehlt. Dieser Problematik haben sich in den letzten Jahren sowohl die Rechtsprechung als auch die Gesetzgebung angenommen.

Die Rsp wendet diese Grundsätze nicht analog auf die Pfandbestellung an[2]).

Recht (1989); *S. Leitner,* Die Patronatserklärung, ÖBA 2002, 517; *Rummel,* Rechtsprobleme der Patronatserklärung, Doralt-FS (2004) 493. Zur Patronatserklärung nach § 10 Abs 3 FrG s OGH in SZ 73/36.

[22]) *Canaris,* Bankvertragsrecht Rz 1102.

[23]) Vgl dazu SZ 2002/58; ÖBA 2005, 649; *B. Jud/Spitzer,* Bankgarantie 388.

[24]) *Koziol,* Garantievertrag 74f; OGH in ÖBA 1997, 941 mwN.

[1]) S etwa *Ohmeyer/Klang* in Klang VI 199f und *Mayrhofer,* Schuldrecht I 112f.

[2]) OGH in JBl 2003, 47 (krit *Apathy*) = ÖBA 2002, 730 (krit *P. Bydlinski*); vgl aber OGH in ÖBA 2000, 811; *Eigner,* ÖBA 2003, 911ff; *B. Jud,* Konsumentenschutz in

B. Sittenwidrigkeit von Interzessionen mit Familienbezug[3])

Nach dem Vorbild des deutschen BGH[4]) hat der OGH in den letzten Jahren eine Rechtsprechung entwickelt, nach welcher Bürgschaften und Garantien, aber auch solidarische Haftungen als Mitschuldner[5]), die von nahen Angehörigen des Schuldners übernommen werden, bei krasser finanzieller („ruinöser") Überforderung des Interzedenten sittenwidrig sein können[6]). In sinngemäßer Anwendung der Wuchervoraussetzungen nach § 879 Abs 2 Z 4[7]) ist die Interzession – uU teilweise[8]) – **unwirksam,** wenn der Interzedent durch die übernommene Mithaftung **„überfordert"** wurde (krasses Mißverhältnis von Haftungsumfang und wirtschaftlicher Leistungsfähigkeit)[9]), die Umstände bei Zustandekommen der Haftungsvereinbarung zB wegen einer psychischen Zwangslage des Bürgen oder Verharmlosung des Haftungsrisikos durch den Gläubiger zu **mißbilligen** sind (Ausbeutungstatbestand)[10]) und beides dem Gläubiger **erkennbar** war[11]).

Die wirtschaftliche Überforderung allein reicht für die Sittenwidrigkeit nicht aus[12]); diese ist nur dann gegeben, wenn alle drei Tatbestandselemente erfüllt sind[13]).

Dieser „Sittenwidrigkeitskontrolle" unterliegen nicht nur Geschäfte mit Unternehmerbeteiligung, sondern auch solche unter Privaten[14]).

---

der Rechtsprechung, ÖJZ 2004, 247ff; *Rosenmayr,* ZIK 2004/238 FN 31. Zum Diskontvertrag OGH in ecolex 2000, 279 *(Thaler)* = ÖBA 2000, 914 *(Fitz)*; ÖBA 2003, 217; *Fruhstorfer,* Aufklärungspflichten von Banken beim Wechseldiskont, ÖBA 2000, 871.

[3]) *P. Bydlinski,* Die Sittenwidrigkeit von Haftungsverpflichtungen, ZIK 1995, 135; *G. Graf,* Verbesserter Schutz vor riskanten Bürgschaften. Überlegungen zu einem bemerkenswerten OGH-Urteil und einem aktuellen Gesetzesentwurf, ÖBA 1995, 776; *Marwan-Schlosser,* Sittenwidrigkeit der Haftungsübernahme durch mittellose Angehörige, RdW 1995, 373; *Th. Rabl,* Sittenwidrige Bürgschaften vermögensschwacher Angehöriger, ecolex 1998, 8; *Rehbein,* Bürgschaften mittelloser Angehöriger, ÖBA 1996, 25.

[4]) Ausgelöst durch das deutsche BVerfG in NJW 1994, 36 = WuB I F 1a–4.94 *(P. Bydlinski)* = ZIP 1993, 1775 *(Löwe)*; *Thoß,* BGH zur Angehörigenbürgschaft – Neues für Österreich? ÖBA 2003, 793.

[5]) OGH in ecolex 2001, 199 *(Th. Rabl).*

[6]) Erstmals OGH in JBl 1995, 651 *(Mader)*; weiters ÖBA 1998, 967 *(G. Graf)*; ecolex 1999, 263 und 460 *(Th. Rabl)*; ecolex 2000, 100 (Haftung eines Minderjährigen) uva (Nw bei *Th. Rabl,* Bürgschaft 60 FN 4). S auch Bd I S 181ff.

[7]) Dazu vor allem *G. Graf,* ÖBA 1995, 778ff. Krit *Th. Rabl,* ecolex 1998, 9f; *derselbe,* Bürgschaft 80ff.

[8]) OGH in SZ 73/79; ecolex 2000, 869.

[9]) OGH in ecolex 2000, 712.

[10]) OGH in JBl 1995, 651 *(Mader)*; JBl 1998, 36 und 778. S zu weiteren Kriterien iS eines beweglichen Systems *G. Graf,* ÖBA 1995, 778ff; *Th. Rabl,* Bürgschaft 62ff mwN.

[11]) Zur Erkennbarkeit s OGH in ÖBA 1999, 647 mwN.

[12]) OGH in ecolex 2000, 198 *(Th. Rabl)* = ÖBA 2000, 619 (krit *Graf*).

[13]) OGH in ecolex 2000, 281; ÖBA 2000, 922 und 924; ecolex 2003, 236.

[14]) Vgl OGH in ÖBA 1999, 830 = ecolex 1999, 460 *(Th. Rabl).*

C. Gesetzlicher Verbraucherschutz

Parallel zur Entwicklung in der Judikatur hat der Gesetzgeber auf die Gefahr ruinöser Sicherungszusagen reagiert. In das KSchG wurden eine besondere Aufklärungspflicht des unternehmerischen Gläubigers (§ 25c KSchG) und ein richterliches Mäßigungsrecht (§ 25d KSchG) aufgenommen (BGBl 1997/6).

Tritt ein Verbraucher einer materiell fremden[15]) Verbindlichkeit als Mitschuldner, Bürge oder Garant bei, so treffen einen Gläubiger, der Unternehmer ist, gewisse **Aufklärungspflichten:** Er hat den Interzedenten auf die **wirtschaftliche Lage** des Schuldners hinzuweisen, wenn er erkennt oder erkennen muß, daß dieser seine Verbindlichkeit nicht oder nicht vollständig erfüllen wird (§ 25c KSchG)[16]).

Grundsätzlich muß der Gläubiger den Interzedenten auch dann aufklären, wenn dieser über die finanzielle Situation des Hauptschuldners Bescheid weiß[17]). Die Aufklärungspflicht entfällt nur, wenn der Interzedent zur Gänze über die Finanzlage des Hauptschuldners unterrichtet ist[18]).

Verletzt der Unternehmer seine Aufklärungspflicht[19]), haftet der Konsument nur dann aus seiner Sicherstellungsverpflichtung, wenn er seine Verpflichtung – wenn auch nur in einem geringeren Umfang[20]) – auch nach vollständiger Information **übernommen hätte**[21]). Trifft dies nicht zu, kann der Interzedent eine bereits erbrachte Leistung gemäß § 1431 zurückfordern[22]). Die unterlassene Information ist außerdem eine Verwaltungsübertretung nach § 32 Abs 1 Z 1 lit c KSchG.

Wird der Kreditgeber selbst aktiv, um die Einbeziehung des Interzedenten in das Schuldverhältnis zu bewirken, so deutet dies nach stRsp prima facie darauf hin, daß der Gläubiger die Hauptschuld als nicht gesichert ansieht[23]). Dies ist aber nur für die nachträgliche Einbeziehung in ein Schuldverhältnis gerechtfertigt[24]).

Zur Informationspflicht über die Säumigkeit des Hauptschuldners (§ 25b Abs 2 KSchG) s unten S 208.

Ist die Interzession wirksam, so hat der Richter nach § 25d KSchG ein **Mäßigungsrecht** bis zum Erlaß der Schuld, wenn diese unter Berücksichtigung aller Umstände in einem unbilligen **Mißverhältnis** zur **Leistungsfähigkeit** des Interzedenten steht[25]) und dem Gläubiger bei Be-

---

[15]) OGH in ÖBA 2005, 51f (krit *P. Bydlinski*); ÖBA 2005, 910.

[16]) *G. Graf,* ÖBA 1995, 781f; *S. Haas,* JBl 2002, 538; *B. Jud,* ÖJZ 2004, 248; OGH in ecolex 2002, 170 und 246; ÖBA 2002, 501 *(Graf).*

[17]) OGH in ÖBA 2001, 166 *(Graf)*; ÖBA 2003, 620 *(P. Bydlinski).*

[18]) OGH in ecolex 2005, 910.

[19]) Zum Bankgeheimnis vgl *G. Graf,* ÖBA 1995, 782; *Goriany,* JAP 2004/2005, 55.

[20]) OGH in ecolex 2001, 44 (krit *Wilhelm*) = ÖBA 2001, 166 *(Graf).*

[21]) OGH in ÖBA 2001, 166 *(Graf)*; RdW 2002/76.

[22]) *Apathy* in Schwimann § 25c Rz 7; vgl auch *G. Graf,* ÖBA 1995, 782ff.

[23]) OGH in ÖBA 2003, 620 *(P. Bydlinski)*; ecolex 2004, 268 (krit *Kletečka*).

[24]) OGH in EvBl 2004/99; offenlassend OGH in ecolex 2004, 268 (krit *Kletečka*).

[25]) Dabei sind auch Umstände nach Vertragsschluß zu berücksichtigen: s *P. Bydlinski,* ZIK 1995, 140; aA *Th. Rabl,* Bürgschaft 68f mwN; *derselbe,* Verbraucherbürgschaft: Der OGH erstmals zu den §§ 25c, d KSchG, ecolex 2000, 271.

gründung der Verbindlichkeit die Tatsache, daß der Verbraucher bloß Interzedent ist, und die Umstände, die das Mißverhältnis begründet oder herbeigeführt haben, **erkennbar** waren[26]).

Solche Umstände sind beispielsweise: Interesse des Gläubigers an der Sicherstellung; Verschulden des Interzedenten am Entstehen des Mißverhältnisses; Nutzen der Leistung des Gläubigers für den Interzedenten; Leichtsinn, Zwangslage, Unerfahrenheit, Gemütsaufregung oder Abhängigkeit des Interzedenten vom Schuldner bei der Begründung der Verbindlichkeit.

§ 25d KSchG soll „unerträgliche Einzelfälle" erfassen (langfristiger wirtschaftlicher Ruin des Interzedenten), Interzessionen von wirtschaftlich leistungsschwachen Personen oder nahen Angehörigen aber nicht generell verhindern[27]).

VI. Die Anweisung (Assignation)

Literatur: *K. Adler,* Das Anweisungsrecht des ABGB, GrünhutsZ 40, 189; *H. Fink,* Anweisung auf Schuld und Anfechtung, ÖJZ 1985, 433; *Koziol,* Streckengeschäft und Anweisung, JBl 1977, 617; *derselbe,* Anweisung und Gläubigeranfechtung im Konkurs des Anweisenden, JBl 1985, 586; *Spielbüchler,* Der Dritte im Schuldverhältnis (1973); *derselbe,* Anweisung und Rechtsgrund, ÖBA 2002, 423; *derselbe,* Die Verpflichtung aus der Annahme einer Anweisung, JBl 2003, 825.

A schuldet dem C € 1000,–. Er weist seinen Geschäftsfreund B an, C diesen Betrag zu zahlen.

A. Wesen der Anweisung

Die Anweisung ist ein Rechtsgeschäft, bei dem der Anweisende den Angewiesenen ermächtigt, auf seine (des Anweisenden) Rechnung an den Anweisungsempfänger zu leisten.

Die Anweisung ist ein dreipersonales Schuldverhältnis. Die beteiligten Personen heißen **Anweisender** oder Assignant (im Beispiel A), **Angewiesener** oder Assignat (im Beispiel B) und **Anweisungsempfänger** oder Assignatar (im Beispiel C).

Die Anweisung enthält eine **doppelte Ermächtigung**[1]). Einerseits wird der Angewiesene ermächtigt, an den Anweisungsempfänger zu leisten. Der Angewiesene handelt hiebei zwar auf Rechnung des Anweisenden, jedoch im eigenen Namen, also nicht als direkter Stellvertreter.

Ermächtigung bedeutet, daß der Angewiesene auf Rechnung des Anweisenden handeln darf. Eine Verpflichtung entsteht nur bei der Anweisung auf Schuld.

Anderseits liegt in der Anweisung die Ermächtigung an den Anweisungsempfänger, die Leistung beim Angewiesenen als solche des Anweisenden, also auf dessen Rechnung, aber im eigenen Namen, zu empfangen.

---

[26]) OGH in ÖBA 2000, 527; JBl 2000, 794 mwN.
[27]) *Apathy* in Schwimann § 25d Rz 3 mwN.
[1]) Dazu OGH in ÖBA 1988, 926; JBl 1996, 51; ÖBA 1999, 650.

Die Anweisung ist ein **doppelter Auftrag,** wenn sich gegenüber dem Anweisenden der Angewiesene zur Leistung und der Anweisungsempfänger zur Geltendmachung der Anweisung verpflichtet.

Wegen der doppelten Ermächtigung werden durch die Erfüllung **zwei Leistungsakte** gesetzt: 1. Der Angewiesene erbringt mit der Zahlung an den Anweisungsempfänger eine Leistung an den Anweisenden. 2. Der Anweisende leistet durch den Angewiesenen an den Anweisungsempfänger.

Die Rechtsfigur der Anweisung liegt einer Reihe von bekannten Rechtsfiguren zugrunde. So sind Wechsel, Scheck und kaufmännische Anweisung besondere Formen der Anweisung.

Die Anweisung kann jeden beliebigen Inhalt haben, lautet aber meist auf Geld oder andere vertretbare Sachen.

B. Deckungsverhältnis – Valutaverhältnis – Einlösungsverhältnis

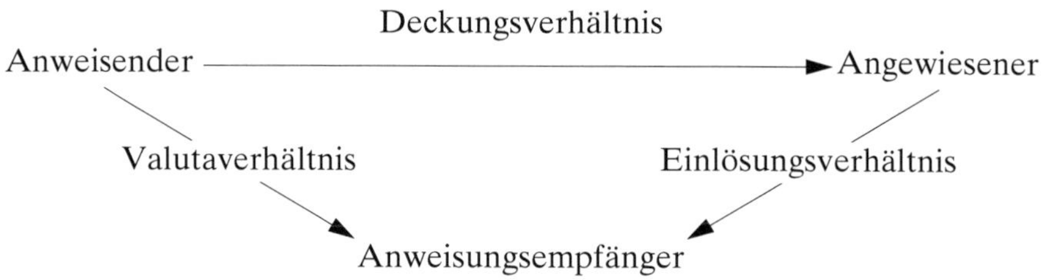

Das Verhältnis zwischen Anweisendem und Angewiesenem heißt Deckungsverhältnis, jenes zwischen Anweisendem und Anweisungsempfänger Valutaverhältnis. Das Verhältnis zwischen Angewiesenem und Empfänger wird Einlösungsverhältnis genannt.

Das **Deckungsverhältnis** rechtfertigt die Leistung des Angewiesenen gegenüber dem Anweisenden. Dieser rechtliche Grund kann sein, daß der Angewiesene dem Anweisenden die zu erbringende Leistung schon schuldet (Anweisung **auf Schuld**). Dann ist der Angewiesene gegenüber dem Anweisenden verpflichtet, der Anweisung Folge zu leisten (§ 1401)[2]). Hingegen muß er auch die Anweisung auf Schuld nicht gegenüber dem Anweisungsempfänger annehmen. Selbst wenn er eine Annahmeerklärung abgibt, wird er nicht schon dadurch von seiner Schuld gegenüber dem Anweisenden befreit, sondern erst durch seine Leistung. Die „Deckung“ muß aber nicht eine Schuld des Angewiesenen sein, sie kann auch in einer Schenkung des Angewiesenen an den Anweisenden oder in einer Kreditgewährung an ihn liegen (Anweisung **auf Kredit**). Besteht kein anderes Schuldverhältnis, so gelten zwischen Anweisendem und Angewiesenem die Vorschriften über den Auftrag. Es hängt also vom Deckungsverhältnis ab, ob der Angewiesene nach Zahlung einen

[2]) Zur Frage, ob der Angewiesene Änderungen seiner Verpflichtung dulden muß: *Koziol,* Das vertragliche Abtretungsverbot, JBl 1980, 122.

Anspruch auf Vergütung (Revalierungsanspruch) gegen den Anweisenden hat[3]).

Das **Valutaverhältnis** rechtfertigt die Leistung im Verhältnis zwischen Anweisendem und Anweisungsempfänger. Dieses Verhältnis ist überhaupt der Grund der Anweisung. Meist hat das Valutaverhältnis eine Schuld des Anweisenden gegenüber dem Empfänger zur Grundlage (Anweisung **zur Zahlung**). Die Anweisung wirkt jedoch im Zweifel nur **zahlungshalber;** dh daß der Anweisungsempfänger erst befriedigt wird, wenn er die Leistung erhält (§ 1401 Abs 3). Das Valutaverhältnis kann allerdings auch eine Kreditgewährung, zB die Einräumung eines Darlehens, zum Gegenstand haben. Die einzelnen Rechte und Pflichten der Parteien folgen dann aus diesem Grundverhältnis.

Bei einer mit Einverständnis des Anweisungsempfängers gemachten Anweisung treffen diesen gegenüber dem Anweisenden verschiedene Pflichten: Soll mit der Leistung eine Schuld bei ihm getilgt werden, so ist er verpflichtet, den Angewiesenen zur Leistung aufzufordern (§ 1401 Abs 1). Er muß überdies dem Anweisenden ohne Verzug Mitteilung machen, wenn er von der Anweisung keinen Gebrauch machen will oder wenn der Angewiesene ihm gegenüber die Annahme oder die Leistung verweigert (§ 1401 Abs 2).

Der Anweisungsempfänger hat kein Rückgriffsrecht gegen den Anweisenden, wenn der Angewiesene die Leistung verweigert. Erfolgt aber – wie gewöhnlich – die Anweisung nur zahlungshalber, so kann der Anweisungsempfänger ohnedies weiterhin seine Forderung aus dem Valutaverhältnis geltend machen[4]).

Vgl allerdings zum Rückgriff im Wechsel- und Scheckrecht die Art 43 ff WechselG und die Art 40 ff ScheckG.

Zwischen dem Angewiesenen und dem Anweisungsempfänger besteht an sich kein besonderes Schuldverhältnis. Sie werden nur durch den Einlösungsvorgang, das sog **Einlösungsverhältnis** (Abwicklungsverhältnis, Liquidationsverhältnis) miteinander verbunden. Der Angewiesene erbringt nur dem Anweisenden eine Leistung, indem er für ihn beim Anweisungsempfänger erfüllt. Dem Anweisungsempfänger wird nur vom Anweisenden geleistet, indem der Angewiesene für diesen und auf dessen Rechnung zahlt.

C. Annahme der Anweisung

Durch die Anweisung wird zwar der Angewiesene ermächtigt, an den Empfänger zu leisten; eine Pflicht zur Leistung besteht nur bei der Anweisung auf Schuld (§ 1401 Abs 1) und nur gegenüber dem Anweisenden.

---

[3]) Vgl OGH in EvBl 1978/91.

[4]) Dazu auch *Bichler,* Rechtliche Aspekte des Kreditkartengeschäftes, ÖBA 1986, 600.

Durch die Anweisung erhält der Anweisungsempfänger keinen Anspruch gegen den Angewiesenen. Ein solcher entsteht allerdings mit der **Annahme der Anweisung** durch den Angewiesenen und deren Zugang an den Anweisungsempfänger (§ 1400).

Annahme oder Akzept ist das einseitige Versprechen des Angewiesenen, dem Anweisungsempfänger Zahlung zu leisten. Die Annahme ist bis zu ihrem Zugang an den Empfänger widerruflich[5]).

Der Angewiesene ist zur Annahme der Anweisung **nicht verpflichtet.** Nimmt er sie jedoch an, so führt dies zu einem weitgehenden Einredenausschluß im Verhältnis zum Empfänger. Er kann ihm dann nur Einwendungen entgegensetzen, welche 1. die **Gültigkeit** der Annahme betreffen, 2. sich aus dem **Inhalt** der Anweisung oder 3. aus seinen **persönlichen Beziehungen** zum Empfänger ergeben (§ 1402). Einwendungen aus dem Deckungsverhältnis oder Valutaverhältnis stehen ihm nicht zu. Die Annahme erzeugt insoweit eine **„abstrakte Schuld“**[6]).

Der Angewiesene kann also einwenden, daß die Annahmeerklärung gefälscht oder daß er sie im Zustand der Geschäftsunfähigkeit abgegeben habe. Ein Einwand aus dem Inhalt der Anweisung ist zB, daß die Leistung nach der Anweisung selbst noch nicht fällig ist. Lautet die Anweisung „Zahlen Sie den Betrag, den ich dem C (Anweisungsempfänger) aus dem Kaufvertrag mit ihm schulde“ (sog titulierte Anweisung), so kann sich der Angewiesene darauf berufen, daß das Grundgeschäft (Kaufvertrag) ungültig ist. Aus dem persönlichen Verhältnis zum Empfänger kann der Angewiesene zB eine Forderung compensando einwenden.

Hingegen kann der Angewiesene dem Empfänger nicht entgegenhalten, daß er dem Anweisenden nichts schulde, daß dieser schon selbst an den Empfänger gezahlt habe oder daß der Empfänger dem Anweisenden schlechte Ware geliefert habe, weshalb ein Recht auf Wandlung oder Preisminderung besteht.

Die Annahme ist unwirksam, wenn ihr keine gültige Anweisung zugrunde liegt[7]).

Trotz Annahme der Anweisung gegenüber dem Empfänger kann der Angewiesene die Leistung verweigern, wenn weder ein gültiges Deckungsverhältnis noch ein gültiges Valutaverhältnis besteht[8]).

Meist wird dann auch die Anweisung ungültig sein. Soweit dies nicht der Fall ist, stünde dem Angewiesenen (auch) der Einwand der rechtsmißbräuchlichen Inanspruchnahme zu.

Zur bereicherungsrechtlichen Rückabwicklung s unten S 281 ff.

---

[5]) Die Einlösungszusage einer Bank auf Anfrage des Scheckinhabers ist eine Annahme der mit dem Scheck verbundenen bürgerlich-rechtlichen Anweisung. Das Akzeptverbot des § 4 ScheckG schließt eine außerscheckrechtliche Einlösungszusage der bezogenen Bank nicht aus: *Avancini,* Bankvertragsrecht I Rz 7/4; *Koziol,* ebendort Rz 7/91; OGH in ÖBA 1993, 408 *(Koch).* Vgl zur bedingten Einlösungszusage OGH in ÖBA 1999, 644 (zust *Rummel*); ecolex 2000, 719 *(Wilhelm)*; ablehnend *Schuhmacher,* Vertrauen in die Scheckeinlösungszusage? ÖBA 1999, 613.

[6]) Vgl dazu *Spielbüchler,* JBl 2003, 825.

[7]) Unstreitig: *Pisko,* Lehrbuch des Österreichischen Handelsrechts (1923) 315f, 336; *Wolff* in Klang VI 332; *Wilburg* in Klang VI 451; OGH in SZ 38/218.

[8]) *Spielbüchler,* Schuldverhältnis 49 ff; vgl auch *Mayrhofer,* Schuldrecht I 547 f.

D. Erlöschen der Anweisung

Die Anweisung erlischt durch den **Widerruf**[9]). Dieser ist allerdings gegenüber dem **Angewiesenen** unwirksam, sobald er die Anweisung gegenüber dem Empfänger angenommen oder ausgeführt hat (§ 1403 Abs 1)[10]). Leistet der Angewiesene trotz Widerrufs, so kann er Ansprüche auf Aufwandersatz gegenüber dem Anweisenden nicht mehr auf die Ermächtigung stützen, uU aber auf § 1042.

Ob der Anweisende die Ermächtigung gegenüber dem **Empfänger** widerrufen kann, richtet sich nach dem Valutaverhältnis. War nach diesem der Widerruf zulässig und macht der Empfänger trotz des Widerrufs durch den Anweisenden von der Anweisung Gebrauch, so haftet er dem Anweisenden. Bei Unzulässigkeit des Widerrufs wird der Anweisende dem Empfänger verantwortlich, wenn die Leistung an ihn ausbleibt.

E. Akkreditiv und Kassalieferschein

Die Leistung des Angewiesenen kann von einer Gegenleistung des Anweisungsempfängers abhängig gemacht werden. Erhält der Empfänger die Leistung vom Angewiesenen erst, wenn er die Erbringung seiner eigenen **Leistung nachweist,** so nennt man die Anweisung **„Akkreditiv"**[11]).

A weist die ausländische Bank B an, C den Kaufpreis auszuzahlen, sobald dieser durch das Frachtbrief-Doppel nachweist, daß er die Ware an A abgesendet hat.

Während beim Akkreditiv der Angewiesene Geld zu leisten hat, stellt der **Kassalieferschein** eine bedingte Warenanweisung dar. Der Angewiesene soll die Ware an den Empfänger nur unter der Bedingung ausfolgen, daß dieser zahlt.

Der Großhändler A weist seinen Lieferanten B an, 100.000 l Heizöl gegen Bezahlung des Kaufpreises („gegen Kassa") unmittelbar an den Abnehmer C auszuliefern.

F. Die Giroüberweisung

Die Giroüberweisung ist ein Sonderfall der Anweisung[12]). Auch sie besteht in einer doppelten Ermächtigung. Die erste Ermächtigung erteilt der Überweisende seiner Bank, die zweite dem Anweisungsempfänger.

---

[9]) Dazu OGH in ÖBA 1988, 935 *(St. Frotz)*; *Koziol,* Bankvertragsrecht I Rz 6/35 ff. Zur Wirkung der Konkurseröffnung: *Koziol,* Bankvertragsrecht I Rz 6/115 ff; *Wilhelm,* Banküberweisung nach Konkurseröffnung, ecolex 1997, 834; OGH in ÖBA 1997, 829 *(Koziol)*; JBl 1996, 51.

[10]) Vgl OGH in ÖBA 1988, 293; JBl 1994, 689; SZ 70/264.

[11]) Zu diesem *Avancini,* Bankvertragsrecht II Rz 4/1 ff; OGH in ÖBA 1996, 962; RdW 1998, 264. Vgl auch *Diwok,* Kondiktion der Akkreditivzahlung bei Dokumentenfälschung, ÖBA 2001, 360; *P. Bydlinski,* Rückgriff der Akkreditivbank kraft Legalzession (§ 1358), ÖBA 2002, 680.

[12]) OGH in ÖBA 1986, 301 *(Koziol)*; JBl 1994, 689; *Ertl* in Rummel § 1400 Rz 5; *Koziol,* Bankvertragsrecht I Rz 6/1 ff.

Dem Anweisungsempfänger wird die Ermächtigung von seiner eigenen Bank übermittelt, welche insoweit die Stellung eines Boten hat[13]).

Die Besonderheit der Giroüberweisung liegt darin, daß die angewiesene Bank keine Zahlung an den Empfänger leisten, sondern ihm durch die Gutschrift auf seinem Konto bloß eine Forderung (Buchgeld) verschaffen soll[14]). Die Gutschrift ist als Annahme der Anweisung zu verstehen, die eine abstrakte Verpflichtung begründet[15]). Dieses abstrakte Schuldversprechen wird spätestens mit Zugang an den Kunden wirksam[16]). Die Unwiderruflichkeit ist daher gegeben, wenn der Kunde den Kontostand in Erfahrung bringen und über das eingelangte Geld verfügen kann[17]).

---

[13]) OGH in ÖBA 2001, 472 *(Koch)*.

[14]) OGH in ÖBA 1990, 726; ÖBA 2004, 474 *(Bollenberger)*; *Eccher/Hagen,* Erfüllungswirkung im Überweisungsverkehr, ÖBA 2000, 115.

[15]) Dazu OGH in SZ 68/59 = ÖBA 1995, 900 *(Klicka)*.

[16]) OGH in SZ 2002/62 = ecolex 2002, 741 *(Helmich)*.

[17]) OGH in SZ 2004/51.

2. Teil

Schuldrecht, Besonderer Teil

Der besondere Teil des Schuldrechts behandelt die einzelnen Typen von Verträgen und gesetzlichen Schuldverhältnissen.

Die Typen der vertraglichen Schuldverhältnisse lassen sich zu Gruppen zusammenfassen. So gibt es **Veräußerungsverträge,** die eine Sache endgültig übertragen, wie Kauf, Tausch und Schenkung. Bei den **Gebrauchsüberlassungsverträgen** wird hingegen nur die Nutzung einer Sache auf Zeit überlassen. Dazu gehören Miete, Pacht und Leihe, aber auch das Darlehen, bei dem der Wert der Valuta auf Zeit hingegeben wird.

Eine Gruppe bilden die **Arbeitsverträge** im weitesten Sinn, bei denen eine Tätigkeit geschuldet wird. Der Arbeitsvertrag im engeren Sinn zeichnet sich durch die abhängige Stellung des Dienstnehmers aus. Beim Werkvertrag besteht nicht nur eine Pflicht zur Erbringung einer Arbeitsleistung, sondern auch zur Herstellung eines Erfolges. Beim freien Dienstvertrag wird zwar nur eine Tätigkeit geschuldet, doch ist der Dienstnehmer nicht an Weisungen gebunden.

Eine Mittelstellung zwischen den Gebrauchsüberlassungsverträgen und den Arbeitsverträgen nimmt der **Verwahrungsvertrag** ein (Überlassung von Raum für die Sache, Obhutspflichten). Inhalt des **Auftrages** ist eine rechtsgeschäftliche Tätigkeit. Die **Gesellschaftsverträge** zeichnen sich durch die Verfolgung eines gemeinsamen Zwecks durch alle Parteien aus. Zu einer einheitlichen Kategorie können auch die **Glücksverträge** zusammengefaßt werden, zB Spiel, Wette und Leibrentenvertrag.

Die ausführliche Darstellung des Dienstvertrages wird allerdings dem Arbeitsrecht, jene des Gesellschaftsvertrages dem Gesellschaftsrecht überlassen.

Zu den gesetzlichen (außervertraglichen) Schuldverhältnissen gehören die **Geschäftsführung ohne Auftrag,** die **Rechtsgemeinschaft** ohne vertragliche Grundlage (communio incidens), das Schuldverhältnis aus der **Gastaufnahme,** die **Gläubigeranfechtung** und als besonders wichtige Gruppen das **Bereicherungsrecht** und das **Schadenersatzrecht.**

Die Miteigentumsgemeinschaft wird in Bd I S 293ff erörtert.

1. Kapitel

Vertragliche Schuldverhältnisse

I. Der Kauf (§§ 1053ff)

Literatur: *K. Adler,* Kaufrechtliche Untersuchungen, GrünhutsZ 39, 510; *Mayer-Maly,* Dogmatik und Interessenwertung im Kaufrecht, ÖJZ 1973, 197; *Rabel,* Das

Recht des Warenkaufs I (1936), II (1958); *Rabl,* Die Gefahrtragung beim Kauf (2002); *G. Walter,* Kaufrecht (1987).

A. Begriff

Durch den Kaufvertrag verpflichtet sich der Verkäufer zur Übereignung und tatsächlichen Übergabe einer Sache und der Käufer zur Zahlung des Kaufpreises (§§ 1053, 1061f).

Im Kaufvertrag vereinbaren die Parteien **„Ware gegen Preis“.** Der Kaufvertrag ist ein bloßes Verpflichtungsgeschäft, also nur der Rechtsgrund **(Titel)** für die Übereignung. Der Käufer erwirbt zunächst nur ein Forderungsrecht auf die **Übertragung** des **Eigentums** und des **Besitzes.** Die Übereignung selbst setzt die Übergabe der Sache (§§ 380, 1053), bei Liegenschaften die Einverleibung im Grundbuch voraus (§ 431). Der Abschluß des Kaufvertrages und seine Erfüllung sind also auseinanderzuhalten. Beim **„Handkauf“** (zB beim Ladenkauf) fallen allerdings Kaufvertrag und Erfüllung praktisch zusammen. Daher haben hier manche Vorschriften, wie die Verzugsregeln, keinen Anwendungsbereich. Liegt äußerlich das Bild eines Handkaufs vor, so streitet die Vermutung auch für die beiderseitige Erfüllung, so daß beweispflichtig ist, wer die Nichterfüllung behauptet.

Der Kaufvertrag kommt durch Einigung über **Ware** und **Preis** zustande[1]). Weitere Vereinbarungen sind an sich nicht notwendig, weil das nachgiebige Recht eingreift. Andererseits reicht die bloße Festlegung des Vertragsinhaltes nicht aus, zum Zustandekommen des Vertrages ist auch der beiderseitige Abschlußwille erforderlich[2]). Dieser fehlt zB, wenn die Parteien einen Vertragspunkt der späteren Vereinbarung vorbehalten haben[3]). Der Kaufvertrag unterliegt nur ausnahmsweise einer bestimmten **Form.**

So sind zB Kaufverträge unter Ehegatten notariatsaktspflichtig (§ 1 NotAktsG), s Bd I S 187. Der Erbschaftskauf bedarf zu seiner Gültigkeit eines Notariatsaktes oder eines gerichtlichen Protokolls (§ 1278 Abs 2), unten S 581f. Von der Formbedürftigkeit des Titelgeschäftes sind die grundbücherlichen Formerfordernisse zu unterscheiden. So ist zur Einverleibung des Käufers eine verbücherungsfähige Urkunde nötig (s Bd I S 358f).

Gegenstand des Kaufes kann **jede Sache** sein; neben beweglichen und unbeweglichen körperlichen Sachen[4]) auch unkörperliche wie Forderungen und sonstige Rechte. Die Elektrizität wird zu den körperlichen

---

[1]) OGH in SZ 59/108; kritisch *Mayer-Maly,* ÖJZ 1973, 197. Vgl auch OGH in JBl 1978, 424; MietSlg 33.131; SZ 62/9.

[2]) Vgl OGH in JBl 1974, 146; SZ 54/112.

[3]) OGH in JBl 1976, 41; SZ 61/136.

[4]) Zur Überlassung fertiger Standardsoftware: OGH in JBl 1998, 577 *(Staudegger)* = ecolex 1998, 127 *(Wilhelm); Staudegger,* Rechtsfragen bei Individualsoftware (1995); *dieselbe,* Zur Qualifikation von Verträgen, die der Überlassung von Computersoftware dienen, JBl 1998, 604; vgl auch OGH in JBl 1997, 458 *(Staudegger).*

Sachen gerechnet[5]) (vgl § 15 Abs 1 KSchG). Auch Sachgesamtheiten können zum Inhalt eines Kaufes werden[6]). Allerdings darf nicht immer Kauf angenommen werden, wenn eine Sache im Sinne des § 285 gegen Geld getauscht wird, weil sonst anderen Vertragstypen der Anwendungsbereich entzogen würde. So ist der Austausch von Geld und Handlungen ein Dienst- oder Werkvertrag, die entgeltliche Überlassung des Gebrauches einer Sache Miete oder Pacht. In der Regel bezieht sich der Kaufvertrag auf körperliche Sachen, wobei Genus und Spezies in Betracht kommen (s zur Unterscheidung oben S 28f). Wirtschaftlich wichtiger ist der Gattungskauf.

Kauf ist auch die dauerhafte Überlassung einer auf Datenträgern verkörperten Standardsoftware gegen Zahlung eines einmaligen Entgelts[7]).

Auch künftige Sachen können verkauft werden, weil der Titel nicht mit der Übereignung zusammenfallen muß. Der Verkäufer einer Sache muß auch nicht ihr Eigentümer sein. Er kann sich das Recht daran später verschaffen oder vom Eigentümer eine Verfügungsermächtigung erhalten, wodurch er berechtigt wird, die fremde Sache im eigenen Namen zu übereignen (s unten S 210). Kann der Verkäufer dem Erwerber das Eigentum nicht verschaffen, so wird er gewährleistungspflichtig (oben S 70), bei Verschulden hat er auch Schadenersatz zu leisten.

Auch der Kauf vom Dieb ist gültig, wenn der Käufer vom Diebstahl nichts weiß. Der Vertrag zwischen Dieb und Hehler verstößt allerdings gegen das Strafgesetz (§ 164 StGB) und ist daher nichtig (§ 879)[8]).

Nach dem Gesetz muß der Kaufpreis in **„barem Gelde“** bestehen (§ 1054), was allerdings nicht zu eng verstanden werden darf. Auch unbare Zahlung **(Buchgeld)** wird nach der Verkehrsauffassung meist als hinreichend angesehen, ebenso steht die einvernehmliche Zahlung durch Wechsel oder in ausländischem Geld mit dem Wesen des Kaufvertrages nicht im Widerspruch[9]). Besteht die Gegenleistung allerdings nicht in Geld, sondern anderen Sachen, so liegt nicht Kauf, sondern Tausch vor.

Der Kaufpreis muß **bestimmt** oder objektiv **bestimmbar** sein (§ 1054)[10]).

Bestimmbarkeit[11]) ist gegeben, wenn die Parteien zum Markt- oder Börsepreis abschließen, von einem orts- oder geschäftsüblichen („kundenüblichen“) Preis ausgehen oder seine Bestimmung dem „billigen“ Ermessen eines Dritten überlassen (§§ 1056, 1058). Wird von diesem in der bedungenen Zeit nichts festgesetzt oder will – wenn keine Zeit bedungen ist – ein Teil vor der Preisbestimmung zurücktreten, so wird

---

[5]) Dazu *Bydlinski,* Energielieferung und Kaufrecht, Hämmerle-FS (1972) 31; *G. Plöchl,* Die elektrische Energie im Handelsrecht, Demelius-FS (1973) 415; und in Bd I S 243.

[6]) Zum Unternehmen: *Stainer,* Die Gewährleistung beim Unternehmenskauf (1993) 4ff; *Puck,* Der Unternehmenskauf (1995); OGH in ecolex 1996, 15 *(Puck);* ecolex 1996, 247 *(Puck);* RdW 1998, 539; RdW 2003/201.

[7]) OGH in SZ 70/202.

[8]) *Bydlinski* in Klang IV/2, 123. Vgl auch *Ehrenzweig* II/1, 161 und OGH in SZ 25/212.

[9]) *Wahle* in Klang IV/2, 23ff; *Mayer-Maly* in Klang IV/2, 237f.

[10]) OGH in SZ 60/178.

[11]) Ausführlich *Mayer-Maly* in Klang IV/2, 226ff, 249ff; vgl auch OGH in SZ 60/178; NZ 1991, 40 *(Hofmeister);* JBl 1991, 127; NZ 1998, 85 (zum Kaufobjekt).

im Zweifel der Kaufvertrag als nicht geschlossen angesehen (§ 1056)[12]). Das Preisbestimmungsrecht des Dritten (eines „Schiedsmannes") ist ein Gestaltungsrecht[13]). Die Ermächtigung des Dritten darf allerdings nicht als Recht zur Willkür verstanden werden; er hat einen „billigen Preis" festzulegen[14]). Innerhalb dieser Grenze kann die Preisbestimmung auch einem Vertragsteil überlassen werden[15]) (vgl schon oben S 27).

Im Zweifel ist ein vereinbarter Preis so zu verstehen, daß er auch die **Umsatzsteuer** umfaßt[16]).

Der Käufer hat neben dem vereinbarten Kaufpreis die Umsatzsteuer nur zu bezahlen wenn dies ausdrücklich vereinbart wurde oder wenn es einem Handelsbrauch entspricht[17]).

Bei Verstößen gegen gesetzliche Höchst- oder Mindestpreise ist die davon abweichende Vereinbarung ungültig. Es gilt der gesetzliche Preis (§ 917 a), der Restvertrag bleibt aufrecht.

Wer im Zweifel die Kosten der Übergabe zu tragen hat, regelt der durch die UGB-Reform in das ABGB eingefügte § 1063 a, der dem bisherigen Art 8 Nr 19 der 4. EVHGB[18]) entspricht. Der Verkäufer hat demnach die Kosten der Übergabe der verkauften Ware, insbesondere die Kosten des Messens und Wägens zu tragen, während dem Käufer die Kosten der Abnahme und der Versendung der Sache an einen anderen Ort als den Erfüllungsort zur Last fallen.

B. Rechte und Pflichten aus dem Kaufvertrag

Der Verkäufer hat die Sache bis zur Zeit der Übergabe sorgfältig zu verwahren und sie dem Käufer der Vereinbarung gemäß mit ihren Bestandteilen und mit allem Zugehöre zu rechter Zeit, am gehörigen Ort und in dem Zustand, in welchem sie sich beim Abschluß des Vertrages befunden hat, zum freien Besitz zu übertragen (§§ 1061, 1047).

Die Verpflichtung umfaßt die Übertragung des Besitzes und des Eigentums. Der Käufer leistet dafür den Kaufpreis.

Aus der Vereinbarung oder der Verkehrssitte können sich **Nebenpflichten** ergeben, zB zur Erteilung von Auskünften, insbesondere von

---

[12]) § 1056 ist auf andere Fälle der Leistungsbestimmung durch Dritte analog anzuwenden, OGH in SZ 64/92.

[13]) *Welser,* Widerrufsvorbehalt und Teilkündigungsvereinbarung bei entgeltwerten Leistungen des Arbeitgebers, RdA 1991, 5f; OGH in RdA 1988, 235 *(Mayer-Maly).*

[14]) Vgl OGH in JBl 1980, 151 *(Bydlinski);* JBl 1994, 252 *(Holzner);* SZ 69/168; *Welser,* RdA 1991, 5f.

[15]) *Gschnitzer,* Schuldrecht BT 30; *Mayer-Maly* in Klang IV/2, 257f; OGH in SZ 64/92. Vgl auch *Bürge,* Preisbestimmung durch einen Vertragspartner und die Tagespreisklausel, JBl 1989, 687.

[16]) OGH in JBl 1993, 107; HS 27.561. Vgl aber auch OGH in wobl 1991, 139 *(Würth).*

[17]) OGH in SZ 48/30; SZ 60/50.

[18]) Vgl *E. A. Kramer* in Straube, HGB Art 8 Nr 19 Rz 1, nach dem diese Bestimmung schon bisher im bürgerlichen Recht analog anzuwenden war; vgl auch *Kerschner* in Jabornegg, HGB, Art 8 Nr 19 Rz 2 und *Bydlinski* in Klang IV/2, 343, nach denen sich dies bereits aus „allgemeinen Grundsätzen" ergebe.

Gebrauchsanweisungen[19]), zum Hinweis auf Gefahren[20]), zur Übergabe von Urkunden (zB von Autopapieren beim Autokauf), die Pflicht zur Verpackung und Versendung oder zur Abgabe von Erklärungen vor Behörden. Siehe oben S 4f.

Insbesondere beim Verkauf einer schwierig zu handhabenden Maschine gilt die Nebenpflicht auf Ausfolgung einer Bedienungsanleitung als stillschweigend vereinbart. Der Verkäufer einer solchen Maschine hat gemäß § 1299 die für deren Bedienung und Wartung erforderlichen Kenntnisse zu besitzen und den Käufer entsprechend zu belehren. Diesbezüglich haftet er auch ohne die Voraussetzungen des § 1300 für eine etwaige Schädigung des Käufers[21]).

Sukzessivlieferungsverträge sind trotz ihrer Zugehörigkeit zu Dauerschuldverhältnissen inhaltlich oft Kaufverträge, und zwar unabhängig davon, ob die Teilleistungen insgesamt eine Einheit bilden (Kauf eines Kommentars in Lieferungen) oder eine gewisse Selbständigkeit aufweisen (Zeitungsabonnement). Ähnliches gilt für die **Zuleitungs-** und **Bezugsverträge,** zB solche über Wasser, Gas und Elektrizität[22]). Sie sind oft mit der Nebenpflicht verknüpft, die Zuleitungswege instandzuhalten und die Produktion weiter zu sichern. Der Kunde kann Zeitpunkt und Ausmaß der Leistung bestimmen (Recht auf Abruf)[23]). Auch sie sind also keine Ziel-, sondern Dauerschuldverhältnisse und damit „atypische Kaufverträge“ (vgl oben S 9).

Den **Kauf auf Abruf** gibt es allerdings auch sonst. Man bezeichnet damit Kaufverträge, bei welchen der Käufer das Recht hat, (innerhalb eines gewissen Zeitraumes) die Sachleistung fällig zu stellen. Ruft er nicht rechtzeitig ab, so wird dies als Annahmeverzug behandelt[24]).

Die Pflicht des Verkäufers, dem Käufer bei der Übergabe das Eigentum zu verschaffen, wird bei Vereinbarung eines **Eigentumsvorbehalts** durchbrochen, wie er bei Kreditgeschäften üblich ist. Der Käufer erwirbt dann durch die Kaufpreiszahlung aufschiebend bedingtes Eigentum (s Bd I S 410ff).

Der Eigentumsvorbehalt dient der Sicherung der Kaufpreisforderung. Der Verkäufer kann auf Grund seines dinglichen Rechtes die verkaufte Sache auch noch im Konkurs des Käufers herausverlangen (Aussonderung), s Bd I S 412f.

Bis zur Aufhebung des Art 8 Nr 21 EVHGB durch die UGB-Reform wurde in der Vereinbarung eines Eigentumsvorbehaltes die gleichzeitige Vereinbarung eines besonderen Rücktrittsrechtes wegen Zahlungsverzuges gesehen, das es dem Verkäufer ermöglicht, den Kaufvertrag aufzuheben und die Sache mit der Kondiktion oder Eigentumsklage herauszuverlangen[25]).

---

[19]) Vgl OGH in SZ 43/220; HS 25.380.

[20]) S OGH in SZ 52/74; JBl 1984, 41; HS 25.545; SZ 67/211; SZ 68/105. Vgl auch *Pilgerstorfer,* Aufklärungspflicht und Gewährleistungsausschluss beim Kauf kontaminierter Grundstücke, ÖJZ 2001, 373.

[21]) OGH in SZ 43/220.

[22]) Dazu *Bydlinski,* Hämmerle-FS 31.

[23]) Dazu OGH in SZ 51/99.

[24]) *Ehrenzweig* II/1, 410; *Gschnitzer* in Klang IV/1, 354.

[25]) Für das Bestehen eines gesetzlichen Rücktrittsrechts gemäß § 918 (mit Nachfristsetzung): *P. Bydlinski,* Eigentumsvorbehalt und Rücktrittsrecht, RdW 1984, 98;

Ware und Preis sind im Zweifel **Zug um Zug** zu leisten (§ 1052).

Während beim Kreditkauf der Verkäufer vorleistet, tut dies beim **Vorauszahlungskauf** (Pränumerationskauf) der Käufer. Insofern ist auch der Pränumerationskauf ein „Kreditkauf".

Entgegen § 1062 hat der Verkäufer kein Recht auf Abnahme, es sei denn, daß durch die Abnahme der gekauften Sache ein anderweitiges Recht des Verkäufers verwirklicht werden soll, wie beim Kauf eines Bauwerks auf Abbruch[26]). Siehe oben S 60.

C. Die Preisgefahr[27])

Die Preisgefahr regelt das wirtschaftliche Risiko eines zufälligen Unterganges der verkauften Sache zwischen Vertragsabschluß und Übergabe.

Die **Preisgefahr** beim Kauf wird nach den schon dargestellten Regeln verteilt (s S 49f): Zäsur ist der Zeitpunkt der **bedungenen Übergabe** (Fälligkeit), und wenn kein solcher Zeitpunkt vereinbart ist, jener der tatsächlichen Übergabe (§§ 1064, 1048–1051). Vor der Übergabe trägt also der Verkäufer die Preisgefahr, danach der Käufer.

Daß der Verkäufer die Preisgefahr trägt, heißt, daß er wegen des Verlustes seiner Sache auch keinen Anspruch auf den Kaufpreis hat. Daß der Käufer die Preisgefahr trägt, heißt, daß er den Kaufpreis zahlen muß, ohne die Leistung zu erhalten.

§ 1048 stellt dem tatsächlichen Untergang den Fall gleich, daß die Sache **mehr als die Hälfte** an Wert einbüßt oder durch Gesetz „außer Verkehr gesetzt" wird: „nachträgliche laesio enormis"[28]).

Beim **Schuldnerverzug** bleibt die Gefahr weiter beim Verkäufer. Für den Versendungskauf gilt die Sondervorschrift des § 429; vgl oben S 29 und Bd I S 269f.

Bei Gattungssachen setzt der Gefahrenübergang die **Konzentration** voraus. S dazu oben S 29.

Der Zeitpunkt der Übergabe ist auch beim Kauf unter Eigentumsvorbehalt für den Gefahrenübergang maßgebend[29]). Bei Liegenschaften kommt es für den Übergang der Gefahr nicht auf die bücherliche Eintragung, sondern auf die tatsächliche Übergabe an[30]).

---

derselbe, Nochmals: Zum Rücktrittsrecht des Vorbehaltsverkäufers, JBl 1985, 16; *derselbe,* Der Rücktritt vom Vorbehaltskauf, JZ 1986, 1028. Zur Nachfrist vgl auch *P. Bydlinski,* Rücktritt wegen Verzugs ohne Nachfrist? RdW 1998, 719f mwN gegen OGH in ÖBA 1998, 798 *(Bollenberger).*

[26]) OGH in JB (PlB) 179; SZ 43/6 uva.

[27]) *Schilcher,* Die Preisgefahr beim Kauf, JBl 1964, 395; *G. Graf,* Vertrag und Vernunft (1997) 157ff; zuletzt umfassend *Rabl,* Gefahrtragung 1ff.

[28]) Vgl OGH in JBl 1981, 652; SZ 68/119; SZ 69/181. Nach *Rabl,* Gefahrtragung 185ff, wurde dieser Bestimmung durch das gewährleistungsrechtliche Verhältnis zwischen Preisminderung und Wandlung nach § 932, das auch nachträgliche Verschlechterungen erfaßt, materiell derogiert.

[29]) *Bydlinski* in Klang IV/2, 496ff; *Frotz,* Kreditsicherungsrecht 162; *Rabl,* Gefahrtragung 90ff mwN.

[30]) *Wahle* in Klang IV/2, 52f.

Insgesamt beruht die Verteilung der Preisgefahr auf dem Gedanken, daß das wirtschaftliche Risiko denjenigen treffen soll, der wegen der tatsächlichen Innehabung den **Nutzen** aus der Sache hat (§ 1050) und sie wegen seines Naheverhältnisses vor **Gefahren schützen** kann[31]).

Daher ist fraglich, ob die Gefahr übergeht, wenn die Sache durch Besitzkonstitut übertragen wird[32]).

D. Nebenvereinbarungen

Kaufverträge werden oft durch Nebenvereinbarungen (Nebenabreden) ergänzt. Das Gesetz selbst regelt einige öfter vorkommende Nebenverträge (§§ 1067 ff): das Recht des Wiederkaufes, des Rückverkaufes, des Vorkaufes, des Kaufes auf die Probe und des Verkaufes mit Vorbehalt eines besseren Käufers.

1. Das Wiederkaufsrecht

Das Wiederkaufsrecht (§§ 1068–1070) ist das dem Verkäufer[33]) *eingeräumte Recht, die Sache zu einem bestimmten Preis*[34]) *zurückzukaufen*[35]). *Es kann nur bei Liegenschaftskäufen vereinbart werden.*

Das Wiederkaufsrecht ist ein höchstpersönliches Recht, das nicht vererblich[36]), nicht übertragbar[37]) und nicht pfändbar ist[38]).

Unternehmen werden für das Wiederkaufsrecht als unbeweglich behandelt[39]). Von den beweglichen Sachen ist nach hM[40]) vom Wiederkaufsrecht nur die Spezies auszunehmen (§ 1068: „eine verkaufte Sache"), bei der Gattungsschuld ist die Vereinbarung eines Wiederkaufsrechts zulässig, weil dadurch keine bestimmte Sache in ihrer Verkehrsfähigkeit beschränkt wird. An Rechten kann kein Wiederkaufsrecht begründet werden[41]).

Das Wiederkaufsrecht muß nicht im Kaufvertrag selbst, es kann auch nachträglich vereinbart werden[42]). Das Wiederkaufsrecht wird vom

---

[31]) Vgl dazu *Schilcher,* JBl 1964, 399 ff; *G. Graf,* Vertrag und Vernunft 157 ff; krit *Rabl,* Gefahrtragung 62 ff.

[32]) Vgl dazu *Ehrenzweig* II/1, 413; *Schilcher,* JBl 1964, 406 f; *Rabl,* Gefahrtragung 99 ff. OGH in JBl 1949, 69.

[33]) Bei ausdrücklicher Vereinbarung kann das Wiederkaufsrecht auch zu Gunsten eines Dritten eingeräumt werden, s hiezu OGH in SZ 2004/24.

[34]) Zur Frage der Aufwertung OGH in JBl 1979, 651; SZ 60/37. Zur Gefahrtragung *Rabl,* Gefahrtragung 321 ff mwN.

[35]) Zur Einräumung des Wiederkaufsrechts an eine juristische Person: *Thöni,* Die juristische Person als Wiederkaufsberechtigter, JBl 1989, 162; OGH in SZ 60/37; JBl 1988, 35 mwN.

[36]) OGH in JBl 2003, 854.

[37]) Für Veräußerlichkeit in bestimmten Grenzen *P. Bydlinski,* Die Übertragung von Gestaltungsrechten (1986) 228 ff.

[38]) OGH in NZ 1973, 100.

[39]) OGH in SZ 28/144.

[40]) *Ehrenzweig* II/1, 417; *Mayer-Maly* in Klang IV/2, 736; OGH in SZ 68/119; aA *Gschnitzer,* Schuldrecht BT 58.

[41]) OGH in NZ 2000, 333.

[42]) OGH in SZ 44/166.

Berechtigten durch die **Erklärung** ausgeübt, die Sache wieder zu kaufen. Nach hM tritt schon dadurch der Kaufvertrag in Wirksamkeit, weshalb das Wiederkaufsrecht als **Gestaltungsrecht** angesehen wird[43]).

Das Wiederkaufsrecht wirkt an sich nur gegenüber dem Vertragspartner und seinen Gesamtrechtsnachfolgern. Es kann allerdings durch Eintragung im Grundbuch verdinglicht werden. Bei Ausübung des Wiederkaufsrechts kann dann die Liegenschaft auch von dritten Personen herausverlangt werden.

Belastungen eines Wohnungseigentumsbewerbers mit Wiederkaufsrechten sind unwirksam (§ 38 Abs 1 Z 3 WEG)[44]).

2. Das Rückverkaufsrecht

Das Rückverkaufsrecht ist das vom Käufer ausbedungene Recht, die Sache dem Verkäufer wieder zurückzuverkaufen (§ 1071).

Auch dieses Recht ist unvererblich und nicht übertragbar, es kann sich nur auf Liegenschaften beziehen.

Lehre und Rsp tendieren dazu, die gesetzliche Beschränkung auf unbewegliche Sachen zu ignorieren, weil das Rückverkaufsrecht zu keiner Beschränkung der Verkehrsfähigkeit führe. Daher ist die Vereinbarung eines sog Flascheneinsatzes (unerklärlicherweise „Flaschenpfand" genannt) am besten als Rückverkaufsrecht zu verstehen[45]). Sogar bei der Speziesschuld wird ein Rückverkaufsrecht für möglich gehalten[46]).

3. Das Vorkaufsrecht

Wer eine Sache mit der Bedingung verkauft, daß ihm der Käufer, wenn er sie wieder verkaufen will, die Einlösung anbieten muß, der hat das Vorkaufsrecht (§§ 1072 bis 1079)[47]).

Das **Vorkaufsrecht** kann nicht nur als Nebenabrede zu einem Kaufvertrag, sondern auch **selbständig** ausbedungen werden[48]); es kann aber auch eine Nebenabrede zu einem anderen Vertrag bilden, wie einem Miet- oder Pachtvertrag[49]).

Im Zweifel erlischt es dann mit Ablauf des Bestandverhältnisses[50]).

---

[43]) Vgl *Ehrenzweig* II/1, 415f; *Mayer-Maly* in Klang IV/2, 720ff; *P. Bydlinski,* Übertragung 222; *Hubmer,* Einverleibung des Liegenschaftskäufers trotz ausgelöstem Wiederkaufsfall? JBl 2002, 224; OGH in NZ 1973, 100; SZ 2002/159.

[44]) Hiezu *Welser,* Das Wohnungseigentumsgesetz 1975, NZ 1975, 158f; s auch OGH in NZ 1987, 106 *(Hofmeister).*

[45]) Dazu *Zankl,* Zur Rechtsnatur des „Flaschenpfandes", JBl 1986, 493; vgl auch *Kosch,* Insolvenz und Flaschenpfandrecht, ZIK 1996, 49.

[46]) *Zankl,* JBl 1986, 497 FN 34; *P. Bydlinski,* Übertragung 223, 232; *Czermak,* Das Besitzkonstitut beim Sale-and-Lease-back-Verfahren, ÖBA 1987, 247; OGH in SZ 68/119; SZ 69/181.

[47]) *Faistenberger,* Das Vorkaufsrecht (1972); *Schurig,* Das Vorkaufsrecht im Privatrecht (1975).

[48]) Die selbständige und unentgeltliche Einräumung eines Vorkaufsrechtes ist keine Schenkung und damit nicht notariatsaktspflichtig; s OGH in SZ 2004/97 mwN.

[49]) Dazu *Faistenberger,* Vorkaufsrecht 15ff; OGH in EvBl 1991/88.

[50]) OGH in JBl 1974, 204 *(Rummel);* vgl auch OGH in wobl 1997/17; HS 26.631.

Auch das Vorkaufsrecht ist unvererblich[51]) und nicht übertragbar (§ 1074), kann sich aber auch auf **bewegliche** Sachen beziehen.

Vorkaufsrechte können nicht bloß vertraglich begründet werden, sondern auch auf Grund eines Gesetzes entstehen[52]).

Einem Vorkaufsrecht ähnlich sind auch das gesetzliche Eintrittsrecht nach § 6 BodenbeschaffungsG und die Anbotsverpflichtung gemäß § 8 StadterneuerungsG[53]).

Der das Vorkaufsrecht auslösende **Vorkaufsfall** ist jedenfalls der Abschluß eines Kaufvertrages mit einem Dritten; ob auch die Offerte eines Dritten, ist strittig, im Zweifel aber eher zu bejahen[54]).

Tritt der Vorkaufsfall ein, so muß der Belastete dem Berechtigten die Einlösung anbieten, der dann bei beweglichen Sachen binnen 24 Stunden, bei Liegenschaften binnen 30 Tagen die Sache **wirklich einlösen** kann[55]). Die Einlösung besteht in der Erklärung, die Sache zu kaufen bei gleichzeitigem realen Anbieten der Leistung (§§ 1075, 1077)[56]).

Mit dieser Erklärung übt der Berechtigte ein Gestaltungsrecht aus. Anzubieten ist der vereinbarte Vorkaufspreis oder – wenn kein solcher vereinbart ist – die vom Dritten gebotene Leistung.

Aber auch wenn der Verpflichtete die Einlösung nicht angeboten hat, kann der Berechtigte von ihm die Erfüllung verlangen, wenn sie noch möglich ist[57]).

Übt der Berechtigte das Vorkaufsrecht aus, so entsteht zwischen ihm und dem Verpflichteten ein **Kaufvertrag,** der inhaltlich dem Vertrag des Verpflichteten mit dem Dritten entspricht[58]).

Da der Verkäufer somit aus zwei Kaufverträgen verpflichtet wäre, würde er einem der Käufer schadenersatzpflichtig. Er muß deshalb den Vertrag mit dem Dritten unter der Bedingung schließen, daß der Vorkaufsberechtigte sein Gestaltungsrecht nicht ausübt[59]). Ohne eine solche Vereinbarung gilt § 430, wonach jener Eigentümer

---

[51]) Eine Überbindung auf den Rechtsnachfolger des Vorkaufsbelasteten ist hingegen zulässig, s hiezu OGH in JBl 2002, 458. Ein Vorkaufsrecht zugunsten einer juristischen Person erlischt nach dem OGH mit deren Untergang: NZ 1996, 251 (Verschmelzung – kritisch dazu *Hoyer,* NZ 1996, 220; *Grünwald,* Zum Schicksal kaufvertraglicher Nebenabreden bei Verschmelzungen, RdW 1996, 518).

[52]) Vgl hiezu *Bydlinski* in Klang IV/2, 804ff.

[53]) Zu diesen Gesetzen *Aicher,* Das Bodenbeschaffungsgesetz (1975) 26ff; *Brauner,* Das Stadterneuerungs- und das Bodenbeschaffungsgesetz (1974); *Bydlinski* in Klang IV/2, 806ff; *Korinek/Frotz/Wimmer,* Rechtsfragen der Stadterneuerung (1974).

[54]) Dafür *Ehrenzweig* II/1, 419; OGH in SZ 56/96; wobl 1992, 31. AA *Gschnitzer,* Schuldrecht BT 61; *Faistenberger,* Vorkaufsrecht 46ff; gegen diesen *Welser,* ZfRV 1971, 314.

[55]) Zum Beginn des Fristenlaufs: OGH in SZ 56/25; RdW 2000/111.

[56]) Dazu OGH in SZ 53/177; JBl 1983, 203; SZ 55/121; HS XXVI/2. Vgl auch *Mayerhausen,* Bedingter Vertragsabschluß zufolge des Vorkaufsrechtes? NZ 1981, 68.

[57]) *Ehrenzweig* II/1, 420ff; *Faistenberger,* Vorkaufsrecht 159ff; OGH in JBl 1977, 94; SZ 59/54. Zum Anspruch gegen den Dritten: OGH in JBl 1987, 318. Die ältere Judikatur gab bei Unterlassung der Einlösung einen Anspruch nur bei Verdinglichung: OGH in SZ 1/54; JBl 1974, 204 *(Rummel);* EvBl 1986/148.

[58]) S dazu auch OGH in SZ 64/24.

[59]) Nach *Mayer-Maly,* Bedingte und anfechtbare Vorkaufsfälle, Wagner-FS (1987) 287, genügt der bloße Hinweis auf die Existenz eines Vorkaufsrechts.

wird, dem die Sache übergeben wird; der andere ist auf Schadenersatzansprüche gegen den Verkäufer beschränkt. Gegen den anderen Käufer kann er nur bei Beeinträchtigung seines Forderungsrechtes vorgehen[60]).

Auch das Vorkaufsrecht kann durch Eintragung ins Grundbuch **verdinglicht** werden (§ 1073).

Bei Ausübung des Vorkaufsrechts kann dann die Sache auch vom Dritten herausverlangt werden, dem der Verpflichtete die Liegenschaft schon verkauft und übereignet hat (§ 1079). Da ein dingliches Vorkaufsrecht grundbücherlich als amtswegig zu beachtendes Veräußerungsverbot anzusehen ist[61]), hat dieses „Abforderungsrecht" nur Bedeutung, wenn das Grundbuchsgericht einen Fehler macht.

Der Vorkaufsberechtigte muß auch die vom Dritten gebotenen **Nebenleistungen**[62]), zB Dienstleistungen, erbringen. Ist er hiezu nicht imstande, so muß er ihren Schätzwert vergüten, wenn dieser Ausgleich dem Verkäufer zumutbar ist; anderenfalls kann das Vorkaufsrecht nicht ausgeübt werden (§ 1077).

Überwiegen auf Seite des Erwerbers die nicht in Geld bestehenden Leistungen[63]), so tritt der Vorkaufsfall nicht ein. Verträge und Vertragsbestimmungen, die lediglich zu dem Zweck vereinbart werden, einem Vorkaufsberechtigten die Ausübung seines Rechts unmöglich zu machen, sind sittenwidrig und damit nichtig[64]).

Ohne besondere Verabredung läßt sich das Vorkaufsrecht auf **andere Veräußerungsarten,** zB Schenkungen[65]), nicht ausdehnen (§ 1078)[66]).

Eine Schenkung berechtigt zur Einlösung, wenn für diesen Fall ein bestimmter oder bestimmbarer Vorkaufspreis vereinbart ist[67]).

Vereinbarungen von Vorkaufsrechten zwischen Wohnungseigentumsorganisatoren und Wohnungseigentumsbewerbern, welche diese belasten, sind unwirksam (§ 38 Abs 1 Z 3 WEG)[68]).

Auf ein Vormietrecht oder Vorpachtrecht sind die §§ 1072ff analog anzuwenden[69]).

---

[60]) OGH in JBl 1995, 526 *(Rummel).* Zur Haftung wegen Beeinträchtigung fremder Forderungsrechte s oben S 1f.

[61]) OGH in JB 68 = GlU 3896; EvBl 1991/88; SZ 67/44. Dagegen *Faistenberger,* Vorkaufsrecht 223ff.

[62]) Wurde vereinbart, daß der Drittkäufer die Kosten der Vertragserrichtung zu tragen hat, so hat auch der Vorkaufsberechtigte diese Kosten für seinen Vertrag mit dem Verkäufer – nicht jedoch für jenen des Drittkäufers – zu tragen, s dazu OGH in SZ 73/120; vgl auch OGH in RdW 2000/713 (Einlösungserklärung bei Schätzwert).

[63]) Dazu OGH in RdW 2004/668. Vgl auch *Hees,* Die vertragstypologische Bestimmung des Vorkaufsfalles (1991) 11ff.

[64]) OGH in ecolex 2001, 742 *(Wilhelm).*

[65]) Vgl OGH in SZ 49/46; EvBl 1991/23.

[66]) Dazu *Faistenberger,* Vorkaufsrecht 100ff; OGH in EvBl 1992/112; NZ 1995, 304 *(Hoyer);* SZ 70/50; SZ 71/60; ecolex 2001, 527 *(Thaler).*

[67]) OGH in SZ 55/57; NZ 1994, 192; s auch *Umlauft,* Die Preisbestimmung beim Vorkaufsrecht für alle Veräußerungsarten, Hofmeister-GedS (1996) 663ff.

[68]) Hiezu *Welser,* NZ 1975, 158ff.

[69]) OGH in MietSlg 24.110 (Vormietrecht); JBl 1994, 115; JBl 1996, 782 (*Mader* – Vorpachtrecht).

4. Kauf auf Probe, zur Probe, nach Probe und mit Umtauschvorbehalt

Der **Kauf auf Probe** ist ein Kaufvertrag, der unter der Bedingung der Genehmigung der Ware durch den Käufer geschlossen wird (§§ 1080–1082)[70]). Ob der Käufer genehmigt, steht in seinem Belieben (Wollensbedingung). Im Zweifel ist die Bedingung aufschiebend. Erteilt der Käufer bis zum Ablauf der Probezeit die Genehmigung nicht, so kommt der Vertrag nicht zustande. Ist allerdings die Sache schon dem Käufer übergeben, so gilt das Stillschweigen als Genehmigung (normierte Willenserklärung)[71]).

Wurde beim Kauf keine Probezeit vereinbart kann der Verkäufer dem Käufer eine angemessene Frist als Probezeit setzen (§ 1082).

Der **Kauf zur Probe** löst keine besonderen Rechtsfolgen aus. Er ist ein gewöhnlicher (unbedingter) Kaufvertrag, bei dem der Käufer unverbindlich in Aussicht stellt, bei Eignung der Ware eine weitere Quantität abzunehmen.

Beim **Kauf nach Probe** wird vereinbart, daß die jetzt verkaufte Ware „probegemäß" sein, dh qualitätsmäßig einer früher gekauften Sache entsprechen muß. Bei Abweichung von dieser Beschaffenheit entstehen Nichterfüllungs- oder Gewährleistungsansprüche[72]).

Der **Kauf mit Umtauschvorbehalt**[73]) ist zwar ein unbedingter Kauf, doch hat der Käufer das Recht, die Sache zurückzugeben und dafür eine andere zu erhalten. In der Regel ist die Wahl auf ein Sortiment oder eine Warengattung beschränkt.

5. Verkauf mit Vorbehalt eines besseren Käufers

Beim Verkauf mit Vorbehalt eines besseren Käufers (§§ 1083–1085) wird der Kaufvertrag unter der **Bedingung** geschlossen, daß sich innerhalb einer bestimmten Frist **kein besserer** Käufer findet.

Die Bedingung ist aufschiebend, wenn die Sache dem Käufer nicht übergeben wird, sonst auflösend. Ob ein anderer Käufer „besser ist", entscheidet allein der Verkäufer.

E. Besondere Arten des Kaufes

1. Der Kreditkauf[74])

Beim Kreditkauf (Kauf auf Borg) leistet der Verkäufer vor. Er übergibt die Sache, überträgt das Eigentum daran und kreditiert dem Käufer den Kaufpreis (§ 1063).

---

[70]) Zu Anwendungsfällen s *Beck-Mannagetta,* Der Prüfungskauf, ÖJZ 1984, 427; *Csoklich,* Können die Btx-Teilnahmebedingungen einen „Kauf auf Probe" verordnen? RdW 1986, 34; OGH in RdW 1994, 76.

[71]) Dazu OGH in RdW 1994, 76.

[72]) Vgl OGH in SZ 63/197; EvBl 1996/60.

[73]) Dazu *Mayrhofer,* Der Kauf mit Umtauschvorbehalt des Käufers, JBl 1972, 445.

[74]) *Barta,* „Stillschweigender" Kauf auf Borg? Herdlitczka-FS (1972) 11ff; *G. Graf/Schett,* Das Schicksal des Eigentumsvorbehalts beim Scheck-/Wechselverfahren, wbl 1997, 189ff.

Häufig behält sich allerdings der kreditierende Verkäufer das Eigentum an der Sache bis zur vollständigen Bezahlung vor (s oben S 169).

Die Kreditierung kann ausdrücklich oder stillschweigend geschehen. Die bloße Hingabe der Sache, zB in der Erwartung, die Gegenleistung werde unverzüglich erfolgen (§ 1052), ist aber noch keine Kreditierung[75]). Auch das Eigentum geht in solchen Fällen noch nicht über, weil nach der Absicht der Parteien (§ 914f) das Übereignungsgeschäft (Modus) durch die unverzügliche Entrichtung des Kaufpreises bedingt ist **(kurzfristiger Eigentumsvorbehalt)**[76]).

Allerdings kann nach den Umständen in der vorbehaltlosen Hingabe der Sache auch eine nachfolgende Kreditabrede liegen, insbesondere wenn ein solches Ersuchen des Käufers vorausgegangen ist.

Wesentliches Merkmal des Kreditkaufes ist das **Abgehen** vom **Zug-um-Zug-Prinzip** und damit die Vorausleistung des Verkäufers. Dieser hat daher nicht die Einrede des nicht erfüllten Vertrages (§§ 1052, 1062) und der Käufer kann vor Eintritt der Kaufpreisfälligkeit nicht in Verzug geraten. Trotz Kreditierung der Gegenleistung kann der Verkäufer allerdings seine Leistung zurückhalten, wenn ihm die „Unsicherheitseinrede" (§ 1052 Satz 2) zusteht. Hiezu oben S 43f.

Ohne Vereinbarung braucht der Käufer beim Kreditkauf bis zur Fälligkeit seiner Leistung keine besonderen Zinsen zu bezahlen; das Entgelt für das Hinausschieben der Leistung ist schon im Kaufpreis kalkuliert.

Eine besondere Art ist das **Abzahlungsgeschäft** (§§ 16ff KSchG). Hiezu unten S 431ff.

2. Der drittfinanzierte Kauf[77])

a) Begriff

Beim drittfinanzierten Kauf wird der Kaufpreis dem Käufer nicht vom Verkäufer, sondern von einem mit diesem zusammenarbeitenden Dritten kreditiert.

Die Verkäufer sind selbst oft wirtschaftlich nicht in der Lage, dem Käufer den Preis zu kreditieren, weshalb es zur Beteiligung Dritter kommt. Allerdings muß deshalb nicht immer ein „drittfinanzierter Kauf" vorliegen. So hat ein Käufer die Möglichkeit, für die Entrichtung des Kaufpreises bei einem Dritten ein Darlehen aufzunehmen, ohne daß er dies dem Verkäufer überhaupt sagt. Darlehensvertrag und Kaufver-

---

[75]) AA zT *Barta,* Herdlitczka-FS 11ff.

[76]) *Bettelheim* in Klang[1] II/2, 996; *Bydlinski,* Überflüssiger Eigentumsvorbehalt und schlüssige Argumentation, JBl 1977, 332. Gegen ihn *Spielbüchler,* Überflüssiger Eigentumsvorbehalt? JBl 1977, 296.

[77]) *Welser,* Anmerkungen zum Konsumentenschutzgesetz, JBl 1979, 459ff; *Zawischa,* Drittfinanzierung und Konsumentenschutzgesetz, QuHGZ 1980, 89; *Mayrhofer,* Die besonderen Vertragsarten des I. Hauptstücks des KSchG, in Krejci, Handbuch 476ff; *F. Hoyer,* Der Einwendungsdurchgriff beim drittfinanzierten Kauf (1999).

trag sind **voneinander unabhängig,** der Kaufvertrag ist kein Kreditgeschäft.

Für den eigentlichen „drittfinanzierten Kauf“ ist es notwendig, daß Kreditgeber („Finanzierer“) und Verkäufer miteinander **in Verbindung** stehen. In der Praxis kommen zwei Arten der Drittfinanzierung vor: die Abtretungskonstruktion (Absatzfinanzierung) und die Darlehenskonstruktion (Konsumfinanzierung).

Bei der **Abtretungskonstruktion** (Absatzfinanzierung) ist Kreditnehmer der **Verkäufer.** Er zediert auf Grund einer Rahmenvereinbarung dem Kreditgeber Zug um Zug gegen Auszahlung des kreditierten Betrages („Kaufpreises“) die Kaufpreisforderung[78]) und überträgt ihm das vorbehaltene Eigentum an der verkauften Sache[79]). Rechtsgrund der Zession ist eine Sicherungsabrede im Rahmen der Kreditgewährung des Finanzierers an den Verkäufer oder ein Kaufvertrag über die Forderung. An Stelle dieser rechtsgeschäftlichen Zession kommt auch die Einlösung (§ 1422) in Frage. Der Käufer wird von der Abtretung verständigt und kann somit nur noch wirksam an den Finanzierer zahlen, zu dem er im Verhältnis eines debitor cessus steht.

Bei der **Darlehenskonstruktion** (Konsumfinanzierung) ist Kreditnehmer der **Käufer.** Der Verkäufer verweist ihn an den Finanzierer, der dem Käufer den für die Bezahlung des Kaufpreises nötigen Kredit gewährt. Der Abschluß der Kreditvereinbarung zwischen dem **Käufer** und dem **Finanzierer** ist meist Bedingung oder zumindest Geschäftsgrundlage des Kaufvertrages[80]). Der Käufer erklärt sich damit einverstanden, daß der Verkäufer die Kaufpreisforderung an den Finanzierer abtritt und ihm das vorbehaltene Eigentum an der verkauften Sache überläßt, der Drittfinanzierer zahlt direkt an den Verkäufer[81]).

Beim – selten vorkommenden – Schecksystem besteht eine Verabredung zwischen dem Finanzierer und bestimmten Unternehmern, die sich verpflichten, vom Finanzierer ausgestellte „Schecks“, Anweisungen oder „Gutscheine“ zur Begleichung des Kaufpreises anzunehmen. Die „Schecks“ werden vom Finanzierer an Vertragspartner ausgegeben, die sich ihrerseits verpflichtet haben, das „Gutschein-Nominale“ an ihn zurückzuzahlen.

b) Einwendungen des Käufers

Die Drittfinanzierung führt zu einer Art **„Spaltung“** des Vertragsverhältnisses. Der Käufer hat die aus dem Kaufvertrag folgenden Rechte

---

[78]) Zum Übergang des Rücktrittsrechtes wegen Verzugs *P. Bydlinski,* Übertragung 141ff; *Czermak,* Zwei Rechtsfragen des Factoring, JBl 1984, 418ff.

[79]) Zur causa *Iro,* Die Übertragung des vorbehaltenen Eigentums beim drittfinanzierten Kauf und beim Factoring, Frotz-FS (1993) 101.

[80]) *Bydlinski* in Klang IV/2, 386; *Zawischa,* QuHGZ 1980, 93ff; *Koziol,* Bankvertragsrecht II Rz 1/102ff; OGH in ÖBA 1991, 759; JBl 1996, 518.

[81]) Zur Annahme einer Forderungseinlösung durch den Finanzierer s OGH in ecolex 2001, 526 *(Wilhelm).*

gegenüber dem Verkäufer, muß aber den „Kaufpreis", dh den zu dessen Berichtigung eingeräumten Kredit, an den Finanzierer zurückzahlen. Damit besteht die Gefahr, daß der Käufer Einreden, die er gegenüber einem – den Kaufpreis kreditierenden – Verkäufer hätte, gegen den Finanzierer nicht erheben kann. Dies gilt vor allem für die Darlehenskonstruktion, wenn sich der Finanzierer nicht auf die abgetretene Kaufpreisforderung, sondern auf die Forderung **aus** dem **Kreditvertrag** stützt.

Bei Anwendung der Abtretungskonstruktion oder wenn sich sonst der Kreditgeber auf die abgetretene Kaufpreisforderung beruft, hat der Käufer als debitor cessus ohnedies alle Einwendungen, die ihm gegen den Zedenten aus dem schon bei der Verständigung von der Abtretung bestehenden Grundverhältnis entstanden sind. Dementsprechend hat kein Problem mit dem „Einwendungsdurchgriff", wer eine selbständige Darlehensforderung des Finanzierers gegen den Käufer überhaupt leugnet und ihn auf die abgetretene (modifizierte) Kaufpreisforderung beschränkt[82]).

Deshalb bestimmt § 18 KSchG, daß sich der Verbraucher beim **Abzahlungsgeschäft** auf die für **solche Geschäfte** geltenden Sonderbestimmungen des KSchG auch **gegenüber** dem **Geldgeber** berufen kann, wenn die Verträge des Käufers (Kaufvertrag und Kreditvertrag) für Verkäufer und Geldgeber eine **wirtschaftliche Einheit** bilden (s unten S 434).

Wirtschaftliche Einheit ist anzunehmen, wenn Geldgeber und Unternehmer im Zusammenhang mit dem Abschluß der Verträge in eine Rechtsbeziehung treten oder wenn sie miteinander wegen derartiger Finanzierungen in ständiger Geschäftsverbindung stehen. Eine Vereinbarung, daß die Verträge dennoch unabhängig voneinander sein sollen, ist ungültig. Ist allerdings das Entgelt aus dem finanzierten Vertrag in Raten zu zahlen, so kann dessen Gültigkeit auch für den Fall vereinbart werden, daß der Kreditvertrag nicht zustande kommt, weil dadurch die wirtschaftliche Belastung des Kunden nicht größer wird[83]).

Die Einreden aus dem KSchG betreffen vor allem die Mindestanzahlung (§ 20), die Laufzeit (§ 21) und die Gewährleistung bis zur vollständigen Zahlung (§ 23).

Darüber hinaus kann aber bei Vorliegen der wirtschaftlichen Einheit der Verbraucher gegenüber dem Finanzierer **alle Einwendungen** erheben, die ihm **aus seinem Rechtsverhältnis zum Verkäufer** (aus dem Kaufvertrag) zustehen (§ 18 letzter Satz KSchG).

In Betracht kommen zB die Einreden aus der Gewährleistung und sonstige Einreden aus Nicht- oder Schlechterfüllung[84]).

Diese an sich nur für das Abzahlungsgeschäft geschaffenen Durchgriffsmöglichkeiten aus dem Vertrag mit dem Unternehmer werden von Lehre und Rsp auch auf **andere drittfinanzierte Verbrauchergeschäfte** erstreckt (analoge Anwendung des § 18 KSchG).

---

[82]) So *Bydlinski* in Klang IV/2, 420ff. Vgl auch OGH in RZ 1979/68; SZ 61/166.

[83]) So im Ergebnis auch OGH in JBl 1985, 427.

[84]) Unterliegt der Käufer einem Irrtum über einen als Sicherheit für den Kreditgeber abgeschlossenen Versicherungsvertrag, gibt es keinen Einwendungsdurchgriff, wenn der Irrtum für den Abschluß des Kauf- und Kreditvertrages nicht kausal war; s OGH in SZ 2004/57.

Dies gilt zB für Werkverträge oder Ausbildungsverträge[85]), nicht jedoch für Liegenschaftskäufe[86]) oder Risikogeschäfte[87]).

Schließlich gestattet für den Bereich der **Leistungsstörungen** (Verzug, Teilverzug, mangelhafte Leistung) **§ 26c KSchG** dem Konsumenten einen weiteren Einwendungsdurchgriff. Er ist an eine Reihe komplizierter Voraussetzungen geknüpft, gilt aber nicht nur für Abzahlungsgeschäfte, sondern für alle Geschäfte, bei denen ein Verbraucher zur Finanzierung des Bezugs von Waren oder Dienstleistungen von **dritter Seite** Kredit erhält. Der „Einwendungsdurchgriff" ist allerdings nur zulässig, wenn der Dritte, gegen den der Einwand erhoben werden soll, der **einzige** (ausschließliche) Kreditgeber ist. § 26c KSchG bestimmt ausdrücklich, daß die §§ 17–19 KSchG (Durchgriff bei Abzahlungsgeschäften) unberührt bleiben. Nach hM entspricht es aber dieser neuen Bestimmung, auch die **analoge** Anwendung des **§ 18 KSchG** (Durchgriff bei „anderen" drittfinanzierten Verbrauchergeschäften) weiterhin zuzulassen, so daß insofern eine Konkurrenz von Ansprüchen besteht[88]).

Umstritten ist der Einwendungsdurchgriff bei drittfinanzierten Käufen von **Unternehmern.** Da der tragende Gesichtspunkt des § 18 KSchG in der wirtschaftlichen Einheit von Kaufvertrag und Kreditvertrag liegt, ist § 18 KSchG auch in diesem Fall **analog** anzuwenden, so daß auch Unternehmern unter den beschriebenen Voraussetzungen die gegenüber dem Verkäufer bestehenden Einwendungen gegenüber den Drittfinanzierern zustehen[89]).

Manche wollen diese Problematik nur mit der Lehre von der Geschäftsgrundlage lösen[90]), die aber mit überaus großen Unsicherheiten behaftet ist und oft – besonders wegen der Vorhersehbarkeit von Einwendungen – keinen Durchgriff gestattet.

---

[85]) OGH in HS 10.987/4; SZ 60/129; *Reidinger,* Weitere Rechtsfragen drittfinanzierter Verträge, JBl 1987, 357.

[86]) Vgl aber OGH in RdW 2004/50.

[87]) Aus der reichhaltigen Literatur s zuletzt OGH in wbl 1994, 273 *(Hammerer)* = ÖBA 1994, 558 *(Apathy);* ÖBA 1995, 51 *(Apathy);* ÖBA 1995, 146 (*Koziol,* zu dieser E auch *G. Graf,* Interessenkonflikt und Aufklärungspflicht des Kreditgebers, ecolex 1994, 744 und *Wilhelm,* Aufklärungspflicht der Bank, Unwirksamkeit des Kreditvertrags und Rückabwicklung, ecolex 1994, 746); ÖBA 1995, 969 *(Jabornegg)* = ecolex 1995, 482 *(Wilhelm);* ÖBA 1996, 886; HS XXVI/7; *P. Bydlinski,* Drittfinanzierte Vermögensbeteiligung: „Trennungsklausel" wirksam? RdW 1990, 403. AA *G. Graf,* Einwendungsdurchgriff bei drittfinanzierter Vermögensanlage, ecolex 1990, 8; *derselbe,* Neues zur drittfinanzierten Vermögensanlage, ecolex 1991, 591; *Wilhelm,* Drittfinanzierte Vermögensanlage; Durchgriff auf die Bank? ecolex 1994, 449; *Reidinger,* Der Meinungsstreit zur Drittfinanzierung, JAP 1994/95, 166ff; *F. Hoyer,* Einwendungsdurchgriff bei finanzierter Vermögensanlage, ecolex 1995, 395.

[88]) *G. Graf,* Die Neuregelung des Verbraucherkredits in Österreich, ÖBA 1994, 16ff; *Kiendl/Schwarzenegger,* Der Einwendungsdurchgriff im KSchG nach der Novelle 1993, ÖBA 1994, 857; *F. Hoyer,* Einwendungsdurchgriff 99f. AA *Koziol,* Bankvertragsrecht II Rz 1/105.

[89]) *Welser,* JBl 1979, 460f; *Canaris,* ÖBA 1990, 885f; OGH in JBl 1986, 307 *(Reidinger);* SZ 61/166; ecolex 1993, 662 *(Koch);* ecolex 2003, 591 *(Wilhelm)* = ÖBA 2003, 948 (krit *Apathy*).

[90]) *Aicher* in Rummel § 1063 Rz 16 und 17a; *Koziol,* Einwendungsmöglichkeiten und Rückabwicklung bei Drittfinanzierung mit Einlösung der Kaufpreisforderung,

Außerhalb des Verbrauchergeschäftes kann jedenfalls der Finanzierer durch Vertrag mit dem Käufer die Zulässigkeit von Einwendungen aus dem Verhältnis mit dem Verkäufer vertraglich ausschließen[91]).

Sind Kaufvertrag und Kreditgeschäft **nicht** so eng miteinander verknüpft, daß sie eine **wirtschaftliche Einheit** bilden, so wirken auch die dem Käufer zustehenden Einreden aus dem Kaufvertrag nicht direkt gegen den Finanzierer. Allerdings gewährt § 19 KSchG auch in diesem Fall dem Verbraucher noch einen besonderen „Drittschutz", wenn der Verkäufer den Käufer zur Aufnahme eines Darlehens veranlaßt und hiebei mitwirkt (s dazu unten S 435).

3. Der Spezifikationskauf[92])

Spezifikationskauf ist der Kauf einer beweglichen Sache, bei welchem dem Käufer die nähere Bestimmung der Form, des Maßes oder ähnlicher Verhältnisse der Kaufsache vorbehalten ist (§ 1063 b).

Ein Teil der Lehre sieht in der Spezifikation eine besondere Art des Kaufvertrages[93]), doch handelt es sich einfach um einen Unterfall der **Wahlschuld** mit Wahlrecht des Käufers. Das Wahlrecht bezieht sich auf die Ware selbst, immer muß jedoch wenigstens die zu spezifizierende Menge oder deren Preis bestimmt sein.

Von anderen Kaufverträgen mit Wahlrecht unterscheidet sich der Spezifikationskauf dadurch, daß bereits bei Vertragsabschluß ein Kaufgegenstand vereinbart ist, der Käufer also nicht die Wahl zwischen mehreren deutlich unterschiedenen Waren oder Warengattungen hat[94]). Die Abgrenzung zum Gattungskauf liegt darin, daß bei diesem alle Merkmale der geschuldeten Sache bei Vertragsabschluß festgelegt sind, der Käufer also nur „die Wahl" hat, woher er die Gattung nehmen will. Ein Spezifikationskauf ist aber auch bei einer Speziesschuld denkbar.

Im Geschäftsverkehr kommen vor allem Formen- und Sortenspezifikationen vor. Die Ware ist jeweils nach Grundstoff und Menge bestimmt; der Käufer kann aber bei der Formenspezifikation die Formen, Abmessungen, Farben und ähnliche Eigenschaften festlegen; bei der Sortenspezifikation hat er die Wahl aus mehreren Sorten einer Gattung.

Die Preisvereinbarung geht manchmal dahin, daß auf einen festgelegten Grundpreis je nach gewählter Form oder Sorte eine bestimmte Aufzahlung zu leisten ist, möglich sind aber auch ein einheitlicher Gesamtpreis oder mehrere Preise im Hinblick auf die Spezifikationsvarianten.

ÖBA 1989, 208f. AA *Wilhelm,* Allgemeiner Einwendungsdurchgriff beim finanzierten Kauf, ecolex 1994, 83 und 380; gegen diesen *Koziol,* Allgemeiner Einwendungsdurchgriff beim finanzierten Kauf – Eine Antwort, RdW 1994, 139. Dagegen wiederum *Reidinger,* JAP 1994/95, 104f; vgl auch *Heidinger,* Die Schutz(un)würdigkeit des Verbrauchers bei drittfinanzierter Vermögensanlage, wbl 1994, 394; *F. Hoyer,* Einwendungsdurchgriff 47ff und 94ff.

[91]) *Aicher* in Rummel § 1063 Rz 17b; *Canaris,* ÖBA 1990, 886; s ferner *P. Bydlinski,* RdW 1990, 401; aA OGH in SZ 61/166 und zuletzt *F. Hoyer,* Einwendungsdurchgriff 76ff.

[92]) *Gschnitzer* in Klang IV/1, 371; *Wünsch,* Probleme des Spezifikationskaufes, Gschnitzer-GedS (1969) 477; *Nitsche,* Der Bestimmungsverzug beim Spezifikationskauf, in Wertung und Interessenausgleich im Recht (1975) 147; *Bydlinski* in Klang IV/2, 164; *E. Bydlinski,* Erfüllungsklage beim Spezifikationsverzug? ÖJZ 1990, 440.

[93]) *Wünsch,* Gschnitzer-GedS 484.

[94]) Vgl dazu OGH in JBl 1979, 94.

Spezifiziert der Käufer nicht rechtzeitig, so geriete er nach allgemeinen Regeln bloß in Annahmeverzug, womit dem Verkäufer jedoch nicht geholfen wäre, weil er mangels Bestimmtheit seine Leistung nicht hinterlegen und den Kaufpreis nicht fordern könnte. § 906 Abs 2 verpflichtet deshalb den Käufer zur Spezifikation; der Verzug mit der Bestimmung wird zugleich als Schuldnerverzug behandelt.

Der Verkäufer hat demnach die Wahl (unter Fristbestimmung) selbst zu **spezifizieren** oder nach Setzung einer Nachfrist (die wohl mit der Spezifikationsfrist identisch sein kann) vom Vertrag **zurückzutreten.** Bei Verschulden des Käufers hat der Verkäufer daneben das Recht auf **Schadenersatz.** Soweit der Kauf als Fixgeschäft zu qualifizieren ist (§ 919), entfällt sowohl für die Spezifikation als auch für die Auflösung des Vertrages die Nachfristsetzung. Wegen der Sonderregelung des § 906 Abs 2 wird ein klagbarer Anspruch des Verkäufers auf Vornahme der Spezifikation durch den Käufer zu verneinen sein[95]).

Will der Verkäufer selbst **spezifizieren,** so hat er die von ihm getroffene Bestimmung dem Käufer mitzuteilen und ihm zugleich eine angemessene Frist für eine andere Bestimmung zu setzen. Nimmt er sie nicht rechtzeitig vor, so ist die vom Verkäufer getroffene Bestimmung maßgebend. Der Verkäufer kann die Spezifikation nach freiem Ermessen treffen[96]), doch ist eine für den Käufer offensichtlich unbrauchbare Auswahl unzulässig[97]).

4. Der Hoffnungskauf (§ 1276)

Der Hoffnungskauf (emptio spei) ist ein **Glücksgeschäft.** Der Käufer übernimmt dabei die künftigen Nutzungen einer Sache in Pausch und Bogen. Es gebühren ihm alle ordentlich erzielten künftigen Nutzungen dieser Sache, er trägt aber auch die Gefahr der ganz vereitelten Erwartung und das Risiko einer minderen Quantität oder Qualität. Die laesio enormis ist ausgeschlossen (§ 1268).

Im Gegensatz zum Hoffnungskauf ist der Kauf einer erhofften Sache (emptio rei speratae; § 1275) ein normaler Kaufvertrag: Der Käufer erhält vom künftigen Ertrag ein festgelegtes Maß an Sachen zu einem bestimmten Preis.

5. Erbschaftskauf, gerichtlicher Verkauf

Zum Erbschaftskauf s im Erbrecht (unten S 581 f). Zu den gerichtlichen Verkäufen s § 1089 sowie die §§ 133 ff, 242 ff, 264 ff, 318, 332, 349 Abs 2 EO und § 119 KO.

---

95) Zur bisherigen (identen) Regelung des § 375 Abs 2 HGB s *Wünsch,* Gschnitzer-GedS 488f; *Nitsche* in Wertung und Interessenausgleich im Recht 159ff; *E. Bydlinski,* ÖJZ 1990, 444ff.

96) *Wünsch,* Gschnitzer-GedS 487; *Nitsche* in Wertung und Interessenausgleich im Recht 153.

97) *E. Bydlinski,* ÖJZ 1990, 447f.

F. Das UN-Kaufrecht

Literatur: *Bucher* (Hrsg), Wiener Kaufrecht (1991); *Czerwenka,* Rechtsanwendungsprobleme im internationalen Kaufrecht (1988); *Doralt* (Hrsg), Das UNCITRAL-Kaufrecht im Vergleich zum österreichischen Recht (1985); *Ebenroth,* Internationale Vertragsgestaltung im Spannungsverhältnis zwischen ABGB, IPR-Gesetz und UN-Kaufrecht, JBl 1986, 681; *Enderlein/Maskow/Strohbach,* Internationales Kaufrecht (1991); *Herber/Czerwenka,* Internationales Kaufrecht (1991); *Honsell* (Hrsg), Kommentar zum UN-Kaufrecht (1997); *Hoyer/Posch* (Hrsg), Das Einheitliche Wiener Kaufrecht (1992); *Karollus,* UN-Kaufrecht (1991); *Loewe,* Internationales Kaufrecht (1989); *Lurger,* Die neuere Rechtsprechungsentwicklung zum UN-Kaufrechtsübereinkommen, JBl 2002, 750; *Magnus,* Aktuelle Fragen des UN-Kaufrechts, ZEuP 1993, 79; *derselbe* in Staudinger, Wiener UN-Kaufrecht (1999); *Ofner,* UN-Kaufrecht, JAP 1990/91, 112; *Piltz,* Internationales Kaufrecht (1993); *Rudolf,* Aktuelle Rechtsprechung zum UN-Kaufrecht, ecolex 2004, 565; *Schlechtriem,* Einheitliches UN-Kaufrecht (1981); *derselbe,* Einheitliches Kaufrecht: Erfahrungen mit den Haager Kaufgesetzen – Folgerungen für das Wiener UN-Kaufrecht, RdW 1989, 41; *derselbe,* Internationales UN-Kaufrecht (1996); *Schlechtriem/Schwenzer* (Hrsg), Kommentar zum Einheitlichen UN-Kaufrecht^4 (2004); *Siehr,* Der internationale Anwendungsbereich des UN-Kaufrechts, RabelsZ 1988, 587; *Wilhelm,* UN-Kaufrecht (1993).

1. Allgemeines

Das Übereinkommen der Vereinten Nationen über Verträge über den internationalen Warenkauf wurde 1980 auf einer Konferenz in Wien geschlossen **(„Wiener Kaufrechtsabkommen“).** Es ist am 1. 1. 1989 für Österreich in Kraft getreten (BGBl 1988/96). Neben Österreich haben mehr als 60 Staaten das Abkommen übernommen[98]).

Das UN-Kaufrecht schafft selbst **materielles** Recht[99]) und verweist nicht bloß – wie das IPRG – auf nationale Sachnormen. Das Übereinkommen enthält **dispositives** Recht und kann daher von den Parteien abbedungen werden (Art 6)[100]).

2. Anwendungsbereich

Nach Art 1 Abs 1 lit a gilt das Übereinkommen für alle Kaufverträge[101]) über Waren zwischen Vertragsparteien, die ihre Niederlassung in **verschiedenen Vertragsstaaten** haben. Unter „Waren“ sind **bewegliche**

---

[98]) Der jeweils aktuelle Stand der Vertragsstaaten kann unter http://www.uncitral.org abgerufen werden.

[99]) OGH in SZ 72/109; RdW 2000/379. Zur Auslegung und Lückenfüllung nach Art 7 vgl *E. A. Kramer,* Uniforme Interpretation von Einheitsprivatrecht – mit besonderer Berücksichtigung von Art 7 UNKR, JBl 1996, 137 ff.

[100]) Dazu *Karollus,* UN-Kaufrecht: Hinweise für die Vertragspraxis, JBl 1993, 26 ff; *Czernich,* UN-Kaufrecht: Gestaltungsmöglichkeiten in der Vertragspraxis durch nachträgliche Rechtswahl, wbl 1997, 234 ff.

[101]) Zur Anwendbarkeit auf Kompensationsgeschäfte s *Lurger,* Die Anwendung des Wiener UNCITRAL-Kaufrechtsübereinkommens 1980 auf den internationalen Tauschvertrag und sonstige Gegengeschäfte, ZfRV 1991, 415.

Sachen zu verstehen. Ob nur körperliche Sachen darunterfallen oder etwa auch Software, ist strittig[102]).

Das Abkommen findet aber auch dann Anwendung, wenn die Regeln des IPR auf das Recht eines Vertragsstaates verweisen (Art 1 Abs 1 lit b)[103]) oder die Vertragsparteien (mittels Rechtswahl) die Anwendbarkeit des Rechts eines Vertragsstaates vereinbaren[104]). Hat ein Vertragspartner mehrere Niederlassungen, so ist jene mit der engsten Beziehung zum Vertrag und zu seiner Erfüllung entscheidend (Art 10 lit a). Falls eine Partei keine Niederlassung hat, ist ihr gewöhnlicher Aufenthalt maßgebend (Art 10 lit b).

Nach dem UN-Kaufrecht kommt es nicht darauf an, ob die Parteien Kaufleute sind (Art 1 Abs 3). Allerdings unterliegt der Ankauf von Waren für den **privaten** Gebrauch (persönlicher Gebrauch, Gebrauch in der Familie oder im Haushalt) **nicht** dem Übereinkommen (Art 2 lit a). Ausdrücklich ausgenommen ist ua auch der Erwerb von Wertpapieren, Zahlungsmitteln und elektrischer Energie (genauer Art 2 lit b–f).

Art 3 grenzt den Werklieferungsvertrag (zu diesem unten S 255), der unter das Abkommen fällt, vom Werkvertrag ab. Danach findet das UN-Kaufrecht keine Anwendung, wenn der Besteller einen wesentlichen Teil des Stoffes zur Verfügung stellt. Ebenso sind vom Übereinkommen Verträge ausgenommen, bei denen die Ausführung von Arbeiten oder anderen Dienstleistungen die Warenlieferung überwiegt[105]).

Das UN-Kaufrecht regelt nur den **Abschluß** von Kaufverträgen und die daraus entstehenden **Rechte** und **Pflichten** des Verkäufers und des Käufers[106]). Die Gültigkeit des Vertrages und seine Wirkung auf das Eigentum der verkauften Ware unterliegen hingegen weiterhin dem – kollisionsrechtlich berufenen – nationalen Recht (vgl Art 4). Nach diesem sind daher Geschäftsfähigkeit, Irrtumsfolgen[107]), Vertretungsmängel[108]) und Erlaubtheit des Vertrages zu beurteilen[109]).

---

[102]) Für ersteres *Hoyer,* Der Anwendungsbereich des UNCITRAL-Einheitsrechts, wbl 1988, 71; für letzteres *Karollus,* UN-Kaufrecht 21; *Diedrich,* Anwendbarkeit des Wiener Kaufrechts auf Softwareüberlassungsverträge, RIW 1993, 441; vgl auch *E. A. Kramer,* JBl 1996, 145.

[103]) S OGH in SZ 69/26 (dazu *Karollus* in RdW 1996, 197); JBl 1999, 54 *(Karollus)* = ecolex 1998, 692 *(Wilhelm)* = ZfRV 1999, 65 *(Posch);* vgl aber auch OGH in ZfRV 1996, 161 (kritisch *Hoyer*).

[104]) OGH in SZ 74/178; SZ 2003/175; aA *Lurger,* JBl 2002, 752 mwN.

[105]) Vgl OGH in ZfRV 1995, 159.

[106]) S OGH in ZfRV 1997, 156.

[107]) Auch in Konkurrenz zu den Leistungsstörungsregeln des UN-Kaufrechts: *Lessiak,* UNCITRAL-Kaufrechtsabkommen und Irrtumsanfechtung, JBl 1989, 487; *Neumayer,* Offene Fragen zur Anwendung des Abkommens der Vereinten Nationen über den internationalen Warenkauf, RIW 1994, 101f. Dagegen *Flesch,* Mängelhaftung und Beschaffenheitsirrtum beim Kauf (1994) 127ff mwN; *Heilmann,* Mängelgewährleistung im UN-Kaufrecht (1994) 146f. Differenzierend zuletzt *Gstoehl,* Das Verhältnis von Gewährleistung nach UN-Kaufrecht und Irrtumsanfechtung nach nationalem Recht, ZfRV 1998, 8f.

[108]) OGH in SZ 74/177 = ZfRV 2003/4 (krit *Petz*).

[109]) *Bydlinski,* Das allgemeine Vertragsrecht, in Doralt, UNCITRAL-Kaufrecht 84f. Der Begriff der Gültigkeit selbst ist jedenfalls nach nationalem Recht zu beurteilen: *Lessiak,* JBl 1989, 491ff.

Auch Formvorschriften können die Gültigkeit eines Rechtsgeschäftes beeinflussen; Art 11 bestimmt aber, daß die dem Abkommen unterliegenden Verträge formfrei sind. Die Vertragsstaaten können allerdings die Anwendung dieser Bestimmung ausschließen (Art 12), so daß sich dann die Form nach nationalem Recht richtet.

3. Vertragsabschluß[110])

Die Vorschriften über den Abschluß des Kaufvertrages stimmen weitgehend mit jenen des ABGB überein (s Bd I S 121 ff)[111]). Das Angebot kann allerdings nicht bloß bis zum Zugang, sondern bis zur Absendung der Annahmeerklärung des Empfängers **widerrufen** werden. Die Rücknahme ist ausgeschlossen, wenn im Offert dessen Unwiderruflichkeit zum Ausdruck kommt oder der Empfänger vernünftigerweise darauf vertrauen konnte und dementsprechend gehandelt hat (Art 16).

Enthält die Annahme **unwesentliche** Ergänzungen oder Abweichungen zum Anbot, kommt der Vertrag zustande, wenn der Anbietende das Fehlen der Übereinstimmung nicht **unverzüglich** beanstandet (Art 19 Abs 2). Ergänzungen oder Abweichungen, die Preis, Bezahlung, Qualität und Menge der Ware, Ort und Zeit der Lieferung, Umfang der Haftung oder die Beilegung von Streitigkeiten betreffen, werden aber als wesentlich angesehen (Art 19 Abs 3)[112]).

Nach Art 21 Abs 1 ist eine verspätete Annahme wirksam, wenn der Offerent unverzüglich den Annehmenden in diesem Sinne mündlich oder schriftlich unterrichtet. Nach dem ABGB wäre hingegen eine verspätete Annahme als Anbot zu werten, so daß der Vertrag erst mit Zugang der zweiten Erklärung des ursprünglichen Offerenten zustande käme. Art 21 Abs 2 enthält eine dem § 862a ABGB vergleichbare Regelung.

4. Materielles Kaufrecht

a) Vertragsverletzung

Das UN-Kaufrecht kennt nicht die Unterscheidung zwischen ursprünglicher und nachträglicher Unmöglichkeit der Leistung, Verzug, Gewährleistung und positiver Forderungsverletzung, sondern nur einen

---

[110]) Dazu *Bydlinski* in Doralt, UNCITRAL-Kaufrecht 60ff; *Stern,* Erklärungen im UNCITRAL-Kaufrecht (1990) 15ff. Zur Bestimmbarkeit des Preises: OGH in JBl 1995, 253 (*Karollus;* kritisch zu dieser E *Rummel,* Probleme des Dissenses beim Vertragsschluß, RZ 1996, 3f); vgl dazu auch *Hofmann,* Zur Auslegung des § 273 ZPO, RZ 1996, 9; zur Verwendung von AGB s OGH in SZ 2003/175; vgl auch *Janssen,* Kollidierende Allgemeine Geschäftsbedingungen im internationalen Kaufrecht, wbl 2002, 453; hiezu sowie zur Preisbestimmtheit und dem Schweigen auf ein abweichendes kaufmännisches Bestätigungsschreiben vgl *Kramer,* Konsensprobleme im Rahmen des UN-Kaufrechts, Welser-FS (2004) 539ff.

[111]) Siehe dazu *Bucher,* Preisvereinbarung als Voraussetzung der Vertragsgültigkeit beim Kauf, Melanges Riotet (1990) 371.

[112]) Art 19 Abs 3 stellt nach hA eine widerlegbare Auslegungsregel dar: OGH in JBl 1997, 592 mwN = ecolex 1997, 656 *(Wilhelm).*

einheitlichen Begriff der **Vertragsverletzung**[113]). Bestimmte Rechtsbehelfe stehen einer Partei nur zu, wenn eine **wesentliche** Vertragsverletzung vorliegt. Wesentlich ist eine Vertragsverletzung, wenn sie dazu führt, daß die Durchführung des Vertrages für den Gläubiger **nicht mehr von Interesse** ist und dies entweder von der vertragsbrüchigen Partei vorausgesehen wurde oder für eine vernünftige Partei **vorhersehbar** war (Art 25)[114]). Eine wesentliche Vertragsverletzung ist zB der Verzug bei einem Fixgeschäft[115]).

Wenn schon vor Fälligkeit der Leistung offensichtlich ist, daß eine Partei eine wesentliche Vertragsverletzung begehen wird, kann die andere den Vertrag aufheben. Unabhängig von der Wesentlichkeit der Vertragsverletzung gibt Art 71 einer Partei das Recht, die eigene Leistung zurückzuhalten, wenn sich nach Vertragsabschluß herausstellt, daß die Erfüllung der Gegenleistung unsicher ist.

b) Pflichten des Verkäufers

Der Verkäufer ist nach Art 30 verpflichtet, die Ware samt den sie betreffenden Dokumenten zu **liefern** und dem Käufer **Eigentum** zu verschaffen. Art 31 regelt den Erfüllungsort, Art 33 die Erfüllungszeit. Ergibt sich aus dem Vertrag weder ein Zeitpunkt noch ein Zeitraum für die Lieferung, hat der Verkäufer innerhalb **angemessener** Frist nach Vertragsabschluß zu leisten; zum Unterschied vom ABGB bedarf es zur Herbeiführung der Fälligkeit keiner Mahnung[116]). S oben S 37.

Der Verkäufer muß **vertragsgemäße** Ware liefern[117]). Dazu gehört auch, daß sie hinsichtlich Verpackung und Behältnis den Anforderungen des Vertrages entspricht (Art 35 Abs 1). Nach Art 35 Abs 3 haftet der Verkäufer aber nicht, wenn der Käufer bei Vertragsabschluß die Vertragswidrigkeit kannte oder darüber nicht in Unkenntnis sein konnte[118]) (zur vergleichbaren Bestimmung des § 928 ABGB s oben S 82f). Die vertragsgemäße Beschaffenheit der Ware ist gemäß Art 36 Abs 1 für den

---

[113]) *Welser,* Die Vertragsverletzung des Verkäufers und ihre Sanktion, in Doralt, UNCITRAL-Kaufrecht 116; *Honsell,* Die Vertragsverletzung des Verkäufers nach dem Wiener Kaufrecht, SJZ 1992, 345; *Petrikic,* Nacherfüllungsrecht 15f.

[114]) Hiezu *Schlechtriem* in Schlechtriem/Schwenzer, Kommentar, Art 25 Rz 11; *Musger,* Die wesentliche Vertragsverletzung (1989); *Aicher* in Hoyer/Posch, Wiener Kaufrecht 123ff; *Wilhelm,* UN-Kaufrecht 18ff; *Petrikic,* Nacherfüllungsrecht 17ff; zur Vertragsverletzung durch Nichteinhaltung öffentlich-rechtlicher Vorschriften s *Lurger,* JBl 2002, 757.

[115]) *Schlechtriem* in Schlechtriem/Schwenzer, Kommentar, Art 25 Rz 18; *U. Huber,* Die Haftung des Verkäufers für Verzug und Sachmängel nach dem Wiener Kaufrechtsübereinkommen, JBl 1989, 276.

[116]) *Welser* in Doralt, UNCITRAL-Kaufrecht 108.

[117]) Ausführlich hiezu *Heilmann,* Mängelgewährleistung 166ff. Mangels vertraglicher Leistungsbeschreibung hat die Ware den in Art 35 Abs 2 UN-K genannten Anforderungen entsprechend dem Standard des Exportlandes zu entsprechen (OGH in SZ 73/70). Besteht ein internationaler Handelsbrauch in Bezug auf bestimmte Eigenschaften, stellt dieser den Mindeststandard dar: s hiezu OGH in RdW 2003/424.

[118]) Zur Auslegung des Art 35 Abs 3: *Welser* in Doralt, UNCITRAL-Kaufrecht 109; *Schwenzer* in Schlechtriem/Schwenzer, Kommentar, Art 35 Rz 34ff.

Zeitpunkt des **Gefahrenüberganges** zu beurteilen[119]). Der Verkäufer hat auch dafür einzustehen, daß die Ware von **Rechten Dritter** frei ist (Art 41 f)[120]).

Wird die Ware nach dem Gefahrenübergang beschädigt oder zerstört, muß der Käufer den Kaufpreis zahlen, es sei denn, die Beschädigung oder der Untergang ist auf ein Verhalten des Verkäufers zurückzuführen (Art 66). Im einzelnen enthalten die Art 67 bis 69 genauere Regelungen über den Zeitpunkt des Gefahrenüberganges[121]), die im wesentlichen dem österreichischen Recht entsprechen[122]).

Bei Vertragsverletzung des Verkäufers kann der Käufer **Erfüllung** verlangen oder **Vertragsaufhebung**[123]) begehren (Art 46 bis 52). Als Unterfälle des Erfüllungsanspruches kennt das UN-Kaufrecht das Recht auf Ersatzlieferung und auf Nachbesserung, wenn die Ware nicht vertragsgemäß ist (Art 46 Abs 2 und 3)[124]). Sowohl das Recht auf Aufhebung als auch jenes auf Ersatzlieferung setzen grundsätzlich eine **wesentliche** Vertragsverletzung[125]) voraus (Art 49 Abs 1 lit a; Art 46 Abs 2).

Bei an sich unwesentlicher Vertragsverletzung kommt aber eine Vertragsaufhebung wegen Nichtlieferung in Betracht, wobei der Käufer dem Verkäufer hier allerdings eine angemessene Nachfrist setzen muß, außer dieser weigert sich, den Vertrag zu erfüllen (Art 49 Abs 1 lit b)[126]).

Wegen vertragswidriger Beschaffenheit der Ware oder zu geringer Quantität kann der Käufer auch den **Preis herabsetzen** (Art 50). Die Minderung erfolgt wie im österreichischen Recht nach der relativen Berechnungsmethode, wobei der Zeitpunkt der Lieferung maßgebend und eine Kaufpreisminderung auf Null möglich ist[127]).

Konkurrierend zu den Rechtsbehelfen der Art 46 bis 52 kann der Käufer **Schadenersatz** verlangen (Art 74 bis 77). Wie im österreichischen

---

[119]) Den Beweis, daß die Sache im maßgebenden Zeitpunkt fehlerhaft war, muß nach der Übergabe der Käufer führen: *Welser* in Doralt, UNCITRAL-Kaufrecht 110; s auch *Schwenzer* in Schlechtriem/Schwenzer, Kommentar, Art 35 Rz 49 ff; aA *Karollus,* UN-Kaufrecht 121; *Magnus* in Staudinger Art 36 Rz 25.

[120]) Hiezu *Langenecker,* UN-Einheitskaufrecht und Immaterialgüterrechte (1993).

[121]) Dazu *Geist,* Die Gefahrtragung nach dem UN-Übereinkommen über den internationalen Warenkauf, wbl 1988, 350 ff; *Welling,* Gefahrtragung im UN-Kaufrecht und deren Beeinflussung durch die INCOTERMS 2000; wbl 2001, 397; *Heilmann,* Mängelgewährleistung 220 ff; *Lindacher* in Hoyer/Posch, Wiener Kaufrecht 168 ff; *Posch* in Doralt, UNCITRAL-Kaufrecht 165 ff; *Rabl,* Gefahrtragung 105 ff.

[122]) *Posch,* Pflichten des Käufers, Rechtsbehelfe des Verkäufers, Gefahrenübergang und Schadenersatz, in Doralt, UNCITRAL-Kaufrecht 171 f.

[123]) Zu den Rechtsfolgen der einvernehmlichen Vertragsaufhebung s OGH in SZ 72/109; zur Formfreiheit der Aufhebungserklärung s OGH in ZfRV 2002/17.

[124]) Dazu *Petrikic,* Nacherfüllungsrecht 54 ff.

[125]) Dazu auch *Karollus,* UN-Kaufrecht: Vertragsaufhebung und Nacherfüllung bei Lieferung mangelhafter Ware, ZIP 1993, 490.

[126]) S etwa *Schlechtriem,* Fristsetzungen bei Leistungsstörungen im Einheitlichen UN-Kaufrecht (CISG) und der Einfluß des § 326 BGB, Trinkner-FS (1995) 321 ff.

[127]) *Welser* in Doralt, UNCITRAL-Kaufrecht 123; *Schlechtriem,* UN-Kaufrecht 70; OGH in ecolex 2005, 768 *(Wilhelm);* RdW 2005/817 (Leistungsverweigerung bei teilweiser Lieferung).

Recht beseitigt daher die Aufhebung des Vertrages nicht den Anspruch auf das Erfüllungsinteresse. Der Käufer kann aber selbstverständlich einen Nachteil nicht „doppelt liquidieren"[128]).

Bei vertragswidriger Leistung, also bei Rechts- oder Sachmängeln, aber auch bei Aliud- oder Minderlieferung[129]), läuft eine **relative Frist**[130]) zur Geltendmachung (Art 39 Abs 1, Art 43 Abs 1): Die Vertragswidrigkeit muß dem Verkäufer innerhalb angemessener Frist ab tatsächlicher oder möglicher Feststellung angezeigt werden[131]). Hat der Käufer für die Unterlassung der Rüge aber eine „vernünftige Entschuldigung"[132]), bleibt ihm das Recht auf Preisminderung und Ersatz des positiven Schadens (Art 44). Ein Sachmangel kann überdies nur geltend gemacht werden, wenn ihn der Käufer spätestens **zwei Jahre** nach Übergabe anzeigt, es sei denn, daß eine andere Frist vereinbart wurde (Art 39 Abs 2)[133]).

Da nach Art 38 eine Untersuchungsobliegenheit des Käufers besteht, hat die Zweijahresfrist im Ergebnis nur für verborgene Mängel Bedeutung.

Auf die Untersuchungs- und Rügepflicht des Käufers kann sich der Verkäufer jedoch nicht berufen, wenn die Vertragswidrigkeit der Ware auf Tatsachen beruht, die er kannte oder kennen mußte, aber dem Käufer nicht geoffenbart hat[134]).

c) Pflichten des Käufers

Der Käufer ist verpflichtet, den **Kaufpreis** zu zahlen und die Ware **anzunehmen** (Art 53)[135]). Wenn die Parteien nichts anderes vereinbaren, gilt das **Zug-um-Zug-Prinzip**[136]) (Art 58), doch muß der Käufer nicht zahlen, bevor er Gelegenheit hatte, die Ware zu untersuchen (Art 58 Abs 3).

Der Verkäufer kann bei einer Vertragsverletzung des Käufers nach Art 62 bis 65 vorgehen und **Erfüllung** verlangen oder den Vertrag **aufheben.** Diese Rechtsbehelfe entsprechen jenen des Käufers. Darüber hinaus kann der Verkäufer den Käufer auch auf Abnahme klagen, während nach hA zum österreichischen Recht die Annahme eine nicht erzwingbare Obliegenheit ist (s oben S 59f). Wie der Käufer kann der Verkäufer konkurrierend mit diesen Rechten Schadenersatz verlangen (Art 61 Abs 2).

---

[128]) *Welser* in Doralt, UNCITRAL-Kaufrecht 116.

[129]) *Welser* in Doralt, UNCITRAL-Kaufrecht 111.

[130]) S dazu OGH in RdW 2000/10; *Lurger,* JBl 2002, 754 mwN.

[131]) Ausführlich hiezu *Heilmann,* Mängelgewährleistung 284ff; *Resch,* Zur Rüge bei Sachmängeln nach UN-Kaufrecht, ÖJZ 1992, 470; *Lurger,* JBl 2002, 756; OGH in JBl 1999, 318 *(Karollus);* SZ 2002/1; zur Formfreiheit der Mängelrüge s OGH in ZfRV 2002/17. Der Käufer muß die Rüge rechtzeitig absenden, das Verlustrisiko trägt der Verkäufer: s OGH in RdW 2005/610.

[132]) S hiezu OGH in ecolex 2002, 588 *(Wilhelm).*

[133]) Vgl hiezu *Rudolf,* ecolex 2000, 566.

[134]) OGH in ecolex 2003, 676.

[135]) Zum Zurückweisungsrecht bei mangelhafter Ware s *Hager* in Schlechtriem/Schwenzer, Kommentar, Art 60 Rz 3; *Rudolf,* UN-Kaufrecht: Zurückweisung mangelhafter Ware? ecolex 1993, 149.

[136]) *Posch* in Doralt, UNCITRAL-Kaufrecht 157.

Bei einem Spezifikationskauf kann der Verkäufer auch die Spezifikation selbst vornehmen. Art 65 enthält diesbezüglich eine dem § 1063b vergleichbare Regelung (s oben S 180f).

d) Schadenersatz[137])

Das UN-Kaufrecht regelt nur die Ersatzpflicht für Sach- und Vermögensschäden wegen Vertragsverletzung, **nicht** aber für **Personenschäden** (Art 5). Der Schadenersatzanspruch nach dem UN-Kaufrecht ist **verschuldensunabhängig** („Garantiehaftung"), was aber durch die **Befreiungsgründe** des Art 79 gemildert wird. Der vertragswidrig handelnde Teil haftet nicht, wenn er beweist, daß die Nichterfüllung auf einem **außerhalb seines Einflußbereiches** liegenden Grund beruht, den er bei Vertragsabschluß vernünftigerweise nicht in Betracht ziehen, nicht vermeiden oder überwinden konnte. Bedient sich jemand zur Vertragserfüllung eines Dritten, müssen die Entlastungsvoraussetzungen sowohl bei diesem als auch bei der Vertragspartei selbst vorliegen[138]).

In die Organisation des Schuldners eingegliederte Hilfspersonen sind keine „Dritten" im Sinne des Art 79. Dem Schuldner steht hier nur der Befreiungsbeweis nach Abs 1 offen, der ihm aber kaum gelingen wird, weil es sich hier typisch um seinen Einflußbereich handelt[139]).

Nach Art 74 ist der gesamte Schaden, einschließlich des entgangenen Gewinns, zu ersetzen[140]). Allerdings hat die vertragsbrüchige Partei nur für den Schaden aufzukommen, den sie bei Vertragsabschluß als Folge der Vertragsverletzung **voraussehen** mußte. Die Einschränkung auf den voraussehbaren Schaden führt zu einer Art von Begrenzung der Schadenersatzpflicht, die dem österreichischen Recht fremd ist. In vielen Fällen wird man aber wegen der Voraussetzung der Adäquanz und des Rechtswidrigkeitszusammenhanges zum selben Ergebnis gelangen[141]). Art 77 bestimmt eine Schadensminderungspflicht des Geschädigten. Kommt er ihr nicht nach, so verliert er den Anspruch auf den nicht verhinderten Schaden (vgl § 1304).

Eine Vertragspartei, die mit der Zahlung eines Geldbetrages in Verzug gerät, hat gemäß Art 78 als Mindestersatz **Zinsen** zu zahlen; dies

---

[137]) *Welser* in Doralt, UNCITRAL-Kaufrecht 126ff; *Heilmann,* Mängelgewährleistung 549ff; *Keil,* Die Haftungsbefreiung des Schuldners im UN-Kaufrecht (1993); *Rummel* in Hoyer/Posch, Wiener Kaufrecht 177ff; *Ryffel,* Die Schadenersatzhaftung des Verkäufers nach dem Wiener Übereinkommen über internationale Warenkaufverträge (1992); *Czernich,* wbl 1997, 231f.

[138]) *Welser* in Doralt, UNCITRAL-Kaufrecht 130f; *Keil,* Haftungsbefreiung 148ff; *Rummel* in Hoyer/Posch, Wiener Kaufrecht 190.

[139]) *Welser* in Doralt, UNCITRAL-Kaufrecht 130f; *Schlechtriem,* UN-Kaufrecht 97 FN 431, 98; *Rummel* in Hoyer/Posch, Wiener Kaufrecht 189ff.

[140]) Zur Schadensberechnung s OGH in RdW 2000/379 (ohne Vertragsaufhebungserklärung); SZ 73/75; SZ 2002/1 (Schadenersatz bei Mängelbehebung durch den Käufer).

[141]) *Posch* in Doralt, UNCITRAL-Kaufrecht 181; *Rummel* in Hoyer/Posch, Wiener Kaufrecht 181f; vgl OGH in JBl 1986, 98, 101, 103 *(Koziol);* JBl 1989, 177 *(Wilhelm); Stoll,* Haftungsfolgen im bürgerlichen Recht (1993) 7ff.

selbst dann, wenn die Befreiungsgründe des Art 79 vorliegen. Die Höhe der Verzugszinsen richtet sich nach nationalem Recht[142]).

II. Der Tausch (§§ 1045 ff)

Literatur: *Lurger,* Handbuch der internationalen Tausch- und Gegengeschäftsverträge (1992).

Durch den Tauschvertrag verpflichten sich die Parteien, eine Sache gegen eine andere, also entgeltlich, zu überlassen (§ 1045).

Da das Geld unter den Sachbegriff fällt, wäre auch die Überlassung einer Sache gegen Geld ein Tausch; doch liegt dann Kauf vor (§§ 1046, 1053).

Der Kauf ist also nur eine Sonderform des Tausches. Daher gelten für **Kauf** und **Tausch** die **gleichen** Regeln. Auch der Tausch ist ein **Konsensualvertrag,** der mit der Einigung zwischen den Parteien zustande kommt. Die wirkliche Übergabe ist nicht zu seiner Errichtung, sondern nur zu seiner Erfüllung und zum Erwerb des Eigentums notwendig (§ 1045).

Es bestehen allerdings gewisse Unterschiede. So kommt zB bei Mängeln einer eingetauschten Sache keine Preisminderung in Betracht. Der Veräußerer der mangelhaften Sache ist statt dessen zu einer angemessenen Aufzahlung zu verhalten. Ferner kann ein Vorkaufsberechtigter im Zweifel sein Gestaltungsrecht nicht ausüben, wenn die Sache nicht verkauft, sondern getauscht wird (§ 1078; s oben S 174).

Manche Verträge sind aus **Elementen** von Kauf und Tausch zusammengesetzt: Eine Partei gibt eine Sache und erhält als Gegenleistung eine andere Sache und Geld. Dann ist mangels anderer Vereinbarung Kaufrecht anzuwenden, wenn innerhalb der zusammengesetzten Leistung der Wert des Geldes den Wert der Sache übersteigt oder diesem doch gleichkommt (§ 1055)[1]). Ist der Sachwert höher als der Geldwert, so gilt das Recht des Tausches **(Absorptionsprinzip).** Siehe S 14.

Bei Neuanschaffungen gibt oft der Käufer dem Verkäufer eine gebrauchte Sache **„in Zahlung“:** Ein Neuwagen wird gegen Geld und einen Gebrauchtwagen erworben. Ähnliche Vereinbarungen finden sich manchmal beim Erwerb von Haushaltsgeräten und Maschinen. In Lehre und Rsp wird diskutiert, ob in solchen Fällen ein einziges Geschäft (Kauf, Tausch) oder zwei Kaufverträge mit gegenseitiger Verrechnung der Preise („Doppelkauf“, „uneigentliches Baratto“) anzunehmen ist[2]).

Dies ist vor allem deshalb wichtig, weil sich im synallagmatischen Vertrag die Fehlerhaftigkeit einer Leistung direkt auf das ganze Schuldverhältnis auswirkt. S oben S 4. Nimmt man zwei Verträge an, so können Störungen in einem Verhältnis im an-

---

[142]) *Schlechtriem,* UN-Kaufrecht 94; *Magnus* in Staudinger Art 78 Rz 12ff mwN; aA *Corterier,* Zinsen in einheitlicher Rechtsanwendung, ZfRV 2003, 43.

[1]) Zur analogen Anwendung des § 1055 auf eine aus Geld und Arbeit bestehende Leistung vgl OGH in SZ 54/112.

[2]) *Wahle* in Klang IV/2, 21; zum deutschen Recht: *Behr,* Die Inzahlungnahme von Gebrauchtwagen als Beispiel der Entstehung eigenen Rechts für verkehrstypische Verträge, AcP 185, 401 mwN. Vgl im übrigen die folgenden FN.

deren nur soweit Rechtsfolgen auslösen, als die Verträge durch Bedingungen oder eine gemeinsame Geschäftsgrundlage verknüpft sind.

Ob einheitliches Geschäft oder Doppelkauf anzunehmen ist, hängt vom Inhalt der Vereinbarungen ab und ist notfalls durch Auslegung (§§ 914f) zu klären. **Doppelkauf** wird nur vorliegen, wenn die Parteien mit jeder der beiden Veräußerungen einen besonderen Umsatzzweck, eine für sich sinnvolle Absatzfunktion verbinden; andernfalls ist die Vereinbarung ein einheitlicher Kauf oder Tausch (§ 1055)[3]). Bei der üblichen „Inzahlungnahme" gebrauchter Sachen ist im Zweifel **ein Geschäft** anzunehmen, wenn ein einheitliches Umsatzziel angestrebt wird: die eine Veräußerung ist mit der anderen eng verknüpft und ohne sie nicht gewollt, so daß die Annahme zweier Verträge gekünstelt wäre[4]).

III. Die Schenkung (§§ 938ff)

Literatur: *Kulka,* Unentgeltlichkeit und Freigebigkeit, ÖJZ 1969, 477; *Obermayer,* Die Schenkung unter Auflage, NZ 1969, 178; *Rummel,* Schenkungen unter Ehegatten und Scheidung, JBl 1976, 626; *Scheffknecht,* Fragen um das negotium mixtum cum donatione, NZ 1956, 136; *Welser,* Zivilrechtliche Formgebote und Notariatsakt, in Rechberger (Hrsg), Formpflicht und Gestaltungsfreiheit (2002) 1ff.

A. Begriff

Die Schenkung ist ein Vertrag, durch den sich jemand verpflichtet, einem anderen eine Sache unentgeltlich zu überlassen (§ 938).

Als Vertrag bedarf die Schenkung der Zustimmung des Beschenkten, weil sich niemand Zuwendungen aufdrängen lassen muß.

Das gegenwärtige Vermögen kann zur Gänze verschenkt werden. Ein Vertrag, in dem das künftige Vermögen[1]) verschenkt wird, besteht aber nur insoweit, als er dessen Hälfte nicht übersteigt (§ 944). Die Veräußerbarkeit des ganzen künftigen Vermögens würde den Veräußerer „knebeln".

„Sache" ist im weiten Sinn des § 285 zu verstehen. Daher können zB auch Forderungen verschenkt werden. Die Regeln des Schenkungsvertrages sind allerdings unanwendbar, soweit für unentgeltliche Zuwendungen **besondere Vertragstypen** bestehen.

Die unentgeltliche Überlassung unvertretbarer Sachen zum Gebrauch ist eine Leihe, die Überlassung vertretbarer Sachen zum Gebrauch ein Darlehen[2]); Aufträge und Dienstverträge können unentgeltlich sein, sind aber deshalb noch nicht Schenkung. Der Schenkungsvertrag ist also der „Prototyp" des unentgeltlichen Geschäfts, aber nicht dessen einziger Fall.

---

[3]) *Oertmann,* Ehrenbergs Handbuch des gesamten Handelsrechts IV/2 (1918) 334f; *Bettelheim* in Klang[1] II/2, 942f; vgl auch *Herbst,* Zur Inzahlungnahme von Gebrauchtwagen, ÖJZ 1982, 480f.

[4]) *Mayer-Maly,* Dogmatik und Interessenwertung im Kaufrecht, ÖJZ 1973, 198f; OGH in JBl 1987, 318; SZ 70/234. AM *Mayer-Maly* in Klang IV/2, 245ff.

[1]) Vgl OGH in SZ 52/156.

[2]) Vgl OGH in JBl 1998, 367 *(Mandl).*

Abgrenzungsschwierigkeiten können auch zu anderen Geschäften entstehen, zB zu den Ehepakten[3]).

Der Grund der Schenkung (ihre „causa") liegt nicht im eigennützigen Austausch von Leistungen, sondern in der **Freigebigkeit** des Schenkenden[4]). Diese „Schenkungsabsicht" wird auch nicht dadurch ausgeschlossen, daß die Zuwendung eine Belohnung sein soll oder aus sittlicher Pflicht gemacht wird.

Die Rsp hat bei unentgeltlichen Zuwendungen aus sittlicher Pflicht den Schenkungscharakter geleugnet[5]); offensichtlich deshalb, um die Unwirksamkeit solcher Versprechen mangels Form zu verhindern. Das ABGB kennt aber selbst Schenkungen aus sittlicher Pflicht (§ 785 Abs 3), weshalb ihre Ausklammerung aus dem Begriff der Schenkung unzulässig ist[6]).

Manchmal wird bei einem **entgeltlichen** Geschäft von einer Seite ohne Zwang die Leistung nachträglich **erhöht.**

Ein Dienstgeber ändert nachträglich den Lohn oder erbringt freiwillige „Sozialleistungen".

In solchen Fällen handelt es sich meist nicht um eine unentgeltliche Zuwendung, sondern um eine Änderung der Gegenleistung, die im Austauschverhältnis steht[7]).

B. Formpflicht (Schenkungen ohne wirkliche Übergabe)

Schenkungen, die sofort erfüllt werden, sind nicht formbedürftig. Hingegen bedarf das bloße „Schenkungsversprechen", das ist ein Schenkungsvertrag[8]), bei dem die Sache nicht sofort übergeben wird – Schenkung **ohne wirkliche Übergabe** (§ 943) – des Notariatsaktes (§ 1 Abs 1 lit d NotAktsG). Damit sollen unüberlegte Schenkungsversprechen verhindert werden (Warnungszweck)[9]). Das Geschäft bedarf als Ganzes des Notariatsakts[10]).

Die Gefahr leichtfertigen Schenkens ist geringer, wenn die Sache aus der Hand gegeben und damit der Vermögensverlust für den Schenkenden sofort offenbar wird. Deshalb kann er die Sache auch nicht zurückfordern, wenn er das formungültige Schenkungsversprechen später erfüllt (§ 1432).

---

[3]) Dazu OGH in JBl 1973, 32 *(Bydlinski);* zu den Kriterien eines Ehepakts im übrigen *Welser,* Ehepakt, Erwerbsgesellschaft bürgerlichen Rechts und Formzwang, GesRZ 1976, 34.

[4]) S dazu auch *Pfersmann,* Anm zu OGH in JBl 1986, 526; OGH in NZ 1991, 10.

[5]) OGH in JBl 1966, 620; ecolex 1993, 86 *(Wilhelm).* Ebenso *Stanzl* in Klang IV/1, 588. Vgl dazu auch *Migsch,* Die sogenannte Pflichtschenkung, AcP 173, 46.

[6]) Zur Frage der Formlosigkeit solcher Zuwendungen *Bydlinski,* JBl 1978, 648.

[7]) Vgl *Welser,* Widerrufsvorbehalt und Teilkündigungsvereinbarung bei entgeltwerten Leistungen des Arbeitgebers, RdA 1991, 1.

[8]) Formpflicht nur für die Willenserklärung des Schenkenden: *P. Bydlinski,* Die Formpflicht bei der Schenkung ohne wirkliche Übergabe (§ 1 Abs 1 lit d NZwG), NZ 1991, 166; *Dehn,* Formnichtige Rechtsgeschäfte und ihre Erfüllung (1998) 60.

[9]) *Frankl,* Die Formerfordernisse der Schenkung (1883); *P. Bydlinski,* NZ 1991, 166.

[10]) *Welser,* Zivilrechtliche Formgebote und Notariatsakt 13ff. Ebenso *P. Bydlinski/ F. Bydlinski,* Formgebote 82.

Die Formpflicht gilt aber nur für die „obligatorische“ (verpflichtende), nicht aber für die „liberatorische“ (befreiende) Schenkung[11]), weshalb der unentgeltliche **Schulderlaß keiner Form** bedarf.

Die „wirkliche Übergabe“ ist ein sinnfälliger, nach außen hin **erkennbarer Akt,** aus dem der ernstliche Wille des Schenkenden hervorgeht, die Sache sofort und vorbehaltlos in den Besitz des Beschenkten zu übertragen[12]). Diese Voraussetzungen erfüllen die körperliche Übergabe, die Übergabe kurzer Hand und die Besitzanweisung[13]), nicht aber das Besitzkonstitut, da es keine äußere Veränderung bewirkt[14]).

Nach einigen Entscheidungen[15]) soll eine Schenkung ohne wirkliche Übergabe jedoch dann wirksam sein, wenn die Sache mittels Besitzkonstitut übergeben wurde und sich aus anderen Umständen (spätere Bekräftigung durch den vermeintlichen Geschenkgeber) ergebe, daß es sich hierbei um den wahren Willen des Geschenkgebers handle. Für eine solche Auslegung fehlt im Gesetz jedoch jeglicher Anhaltspunkt. Sie ist strikt abzulehnen[16]).

Die körperliche Übergabe reicht auch bei der Schenkung von Liegenschaften und Liegenschaftsanteilen aus[17]).

Wirkliche Übergabe sind auch die Einräumung von Mitgewahrsam (zB unter Ehegatten)[18]) oder die Einzahlung auf ein Bankkonto des Beschenkten[19]).

Ein mit Losungswort versehenes Sparbuch wird durch Übergabe und Mitteilung des Losungswortes wirklich übergeben[20]).

Die Schenkung von **Forderungen** bedarf einer Übergabe durch Zeichen (zB Übergabe von Urkunden, Verständigung des Schuldners[21]), Übergabe eines Sparkassenbuches)[22]).

---

[11]) Vgl SpR 15 alt; s oben S 108f.

[12]) OGH in JB 142 = GlUNF 650; ÖBA 1992, 746; wbl 1993, 95; EFSlg 75.382; SZ 70/194; ecolex 2002, 881 (Wertpapierdepot); JBl 2005, 648 (Mitzeichnungsbefugnis bei Wertpapierdepot, im Ergebnis zust *Wagner*).

[13]) OGH in EvBl 1982/137; SZ 54/51; JBl 1985, 672; SZ 70/194; EvBl 1995/148. Vgl auch *Schauer,* Zur Formpflicht der Vollmacht bei der Schenkung, NZ 1984, 189.

[14]) *Stanzl* in Klang IV/1, 612. Dazu zuletzt OGH in JBl 2003, 512.

[15]) OGH in JBl 1992, 792 (zust *Schwimann*) = NZ 1992, 230 (abl *Hofmeister*) = ecolex 1992, 161 (krit *Puck*); JBl 2002, 451 (abl *Wagner*).

[16]) *Welser/Rabl,* Der Fall Klimt (2005) 75ff.

[17]) OGH in NZ 1991, 11 und 109; JBl 1993, 312; NZ 1994, 284; SZ 70/194; NZ 2004, 245; vgl dazu *Dehn,* Formnichtige Rechtsgeschäfte 61ff. Nach der Rsp reicht auch die bloße bücherliche Übergabe aus: s zuletzt OGH in JBl 1999, 45 (kritisch *Hoyer* mwN); anders wenn sich der Geschenkgeber das Wohnrecht an der Liegenschaft vorbehält s OGH in EvBl 2005/133; vgl auch *Bittner,* Der Mythos von der wirklichen Übergabe von Liegenschaften, Hofmeister-GedS (1996) 74ff.

[18]) OGH in EvBl 1965/126; NZ 2004/57. AA zuletzt *Dehn,* Formnichtige Rechtsgeschäfte 63f mwN.

[19]) OGH in ÖBA 1992, 274 *(Iro).*

[20]) OGH in ÖBA 2004, 60.

[21]) Diese muß aufgrund des Warnzwecks des § 943 der Altgläubiger vornehmen; *Karollus,* Anm zu OGH in ÖBA 1998, 395ff; *Lukas,* Anm zu OLG in ÖBA 1999, 662; *Spitzer,* Sicherungszession und Drittschuldnerverständigung bei Wissenszurechnung, ÖBA 2005, 890.

[22]) OGH in JBl 1984, 378; ÖBA 1992, 746; wbl 1993, 95 (dazu *Puck,* ecolex 1993, 18); EvBl 1995/148; EFSlg 87.307; OGH in JBl 2001, 313 (wirkliche Übergabe im Treuhandverhältnis); vgl aber OGH in JBl 1999, 126 (Übergabe des Bausparbriefs reicht

Die Einräumung einer Zeichnungsberechtigung über ein besonderes Konto genügt hingegen nur dann, wenn damit der Beschenkte ausschließlich verfügungsberechtigt wird[23]). Schließlich wird eine wirkliche Übergabe bejaht, wenn der Beschenkte eine schriftliche Vollmacht zur Veräußerung einer Sache erhält, die mit der Vereinbarung verbunden wird, daß er sich den Erlös behalten dürfe[24]).

C. Willensmängel, Leistungsstörungen

Die Gültigkeit von Schenkungen richtet sich im allgemeinen nach den für Verträge überhaupt geltenden Bestimmungen. Allerdings können Schenkungen wegen **Motivirrtums** angefochten werden (§ 901)[25]); s Bd I S 154ff.

Die Vorschriften über Verzug, schuldhafte Nichterfüllung und Gewährleistung (§§ 918ff) sind nicht direkt anwendbar, da sie die Entgeltlichkeit des Vertrages voraussetzen (§ 917).

Bei **wissentlicher** Schenkung einer fremden Sache wird allerdings der Geschenkgeber ersatzpflichtig (§ 945). Gerät er schuldhaft in Verzug oder macht er die Erfüllung durch sein Verschulden unmöglich, so muß er dafür nach allgemeinen Regeln Ersatz leisten. Gewöhnlich wird allerdings angenommen, daß die Parteien die Haftung des Schenkenden für **leicht fahrlässiges** Verhalten ausschließen (§ 915)[26]). Diese Einschränkung gilt aber nicht für positive Forderungsverletzungen[27]). Die Haftung aus Delikt bleibt überhaupt unberührt.

D. Widerruf von Schenkungen

Ebenso wie entgeltliche Verträge, dürfen auch Schenkungen idR nicht widerrufen werden (§ 946). Das Gesetz macht eine Ausnahme für einige nach Vertragsabschluß eintretende Gründe[28]). Aus ihrer besonderen Regelung muß geschlossen werden, daß auch bei der Schenkung „Motivirrtümer über Zukünftiges" nicht allgemein beachtlich sind[29]).

Eine Schenkung kann wegen nachträglicher **„Dürftigkeit"** des Geschenkgebers widerrufen werden (§ 947)[30]). Mit Dürftigkeit ist gemeint, daß dem Geschenkgeber der nötige Unterhalt abgeht. Er hat dann im wesentlichen das Recht auf die „gesetzlichen Zinsen" vom geschenkten Be-

---

mangels Wertpapiereigenschaft nicht aus). Zur symbolischen Übergabe eines Werknutzungsrechts vgl OGH in MR 1995, 101 (*Walter* – „Oskar Werner").

[23]) OGH in EvBl 1973/143; EvBl 1982/137; ÖBA 1999, 911.

[24]) OGH in EvBl 1995/148.

[25]) Vgl hiezu *Stefula/Thunhart,* Der Motivirrtum beim Rechtsgeschäft unter Lebenden, NZ 2002, 193.

[26]) Vgl *Stanzl* in Klang IV/1, 618.

[27]) So auch OGH in SZ 50/137.

[28]) *Scheffknecht,* Der Widerruf im Schenkungsvertrag, NZ 1958, 129.

[29]) Dazu *Kerschner,* Irrtumsanfechtung insbesondere beim unentgeltlichen Geschäft (1984) 154ff.

[30]) Vgl hiezu *Umlauft,* Schenkungswiderruf wegen Dürftigkeit gemäß § 947 ABGB im Zusammenhang mit geleisteter Sozialhilfe, Weißmann-FS (2003) 963.

trag, doch bestehen gewisse weitere Einschränkungen. Ein ähnliches Recht haben nachgeborene Kinder des Geschenkgebers (§ 954).

Die Schenkung kann ferner widerrufen werden, wenn sich der Beschenkte gegen seinen Wohltäter „eines **groben Undankes** schuldig macht". Darunter ist eine gerichtlich strafbare Verletzung an Leib, Ehre, Freiheit oder Vermögen zu verstehen (§ 948)[31]).

„Gegen seinen Wohltäter" wird weit interpretiert, so daß Angriffe auf die Gefühlssphäre eingeschlossen sind[32]). Daher berechtigt zB die Verletzung naher Familienangehöriger zum Widerruf[33]). Andererseits meint aber § 948 nicht jede strafbare Handlung, sondern nur eine solche, die einen Mangel an dankbarer Gesinnung bekundet[34]).

Schon der Undank – und nicht erst der Widerruf der Schenkung – macht den Beschenkten zum unredlichen Besitzer (§ 949)[35]). Er hat deshalb für seine Aufwendungen kein Zurückbehaltungsrecht[36]).

Das Widerrufsrecht verjährt in 3 Jahren (§ 1487)[37]).

Widerrufsrechte **dritter** Personen bestehen, wenn durch eine Schenkung **Unterhaltsansprüche** uneinbringlich werden (§ 950)[38]).

Zum Schenkungswiderruf wegen **Verkürzung des Pflichtteils** s unten S 556ff.

Schenkungen eines Verlobten an den anderen Teil oder Schenkungen Dritter im Hinblick auf die **künftige Ehe** sind widerruflich, wenn die Ehe ohne Verschulden des Geschenkgebers nicht zustande kommt (§ 1247). Für Schenkungen unter Ehegatten gilt bei Auflösung der Ehe § 1266[39]).

E. Gemischte Schenkung, entgeltsfremde Geschäfte

Häufig kommen auch gemischte Schenkungen vor. Sie setzen voraus, daß die Parteien einen Teil der Leistung als geschenkt ansehen wollen (§ 935)[40]). Es muß also die Zuwendung aus Freigebigkeit von beiden Seiten gewollt sein. Daß die Leistung der einen Partei weniger Wert hat als die Leistung der anderen Partei rechtfertigt für sich allein nicht die Annahme einer gemischten Schenkung. Ein objektives Mißverhältnis im Wert von Leistung und Gegenleistung kann jedoch das Vorliegen einer gemischten Schenkung indizieren[41]).

---

[31]) Dazu OGH in NZ 1988, 13.

[32]) *Ehrenzweig* II/1, 371f; OGH in EFSlg 81.414. AA *Stanzl* in Klang IV/1, 621f.

[33]) Ebenso *Schubert* in Rummel § 948 Rz 1. AA *Kerschner,* Irrtumsanfechtung 154ff.

[34]) *Stanzl* in Klang IV/1, 620f, 623; OGH in EvBl 1974/39; EvBl 1976/33; JBl 1976, 262; NZ 1988, 13; EFSlg 75.386; EFSlg 75.388; EFSlg 78.460; EFSlg 81.412.

[35]) OGH in EvBl 1977/231.

[36]) OGH in JBl 1976, 262.

[37]) S OGH in SZ 51/25 und dazu *P. Bydlinski,* Ausübung und Verjährung des Schenkungswiderrufsrechts, ÖJZ 1982, 515.

[38]) Dazu OGH in JBl 1993, 314.

[39]) Dazu *Rummel,* Schenkungen unter Ehegatten und Scheidung, JBl 1976, 629f; OGH in EvBl 1986/22; NZ 1994, 61; NZ 1996, 65; NZ 1996, 268.

[40]) Vgl OGH in EvBl 1986/106; SZ 59/6; NZ 1989, 98; NZ 1995, 209; EvBl 1997/47.

[41]) OGH in SZ 70/107; ÖBA 2002/1063 *(Bollenberger).*

Da das Gesetz die gemischte Schenkung mit Ausnahme des Ausschlusses der laesio enormis nicht regelt, fragt es sich, welche Vorschriften im einzelnen darauf anzuwenden sind (vgl zum gemischten Vertrag schon oben S 14). Das Geschäft bildet meist eine untrennbare Einheit[42]), so daß man es nicht in einen Kauf und in eine Schenkung zerlegen kann. Vielmehr muß für jedes Problem die angemessenste Lösung gefunden werden: So wird meist die Schenkungsform anzuwenden sein, weil der Formzweck auch auf die teilweise Unentgeltlichkeit zutrifft[43]). Bei Mangelhaftigkeit der Leistung ist Preisminderung nur soweit zuzulassen, als der Minderungsbetrag den geschenkten Teil übersteigt[44]). Liegen Schenkungswiderrufsgründe vor, so erfaßt zwar der Widerruf das ganze Geschäft, doch kann der Beschenkte die Aufhebung des Geschäftes dadurch abwenden, daß er für den Schenkungsteil ein angemessenes Entgelt anbietet (facultas alternativa, analog zu § 934)[45]).

Von den unentgeltlichen Geschäften unterscheiden sich die **„entgeltsfremden Geschäfte“**[46]), die ebenfalls eine Mittelstellung zwischen den entgeltlichen und unentgeltlichen Geschäften einnehmen. Zum Unterschied von der gemischten Schenkung ist aber nicht ein Teil entgeltlich und ein anderer unentgeltlich, vielmehr ist das ganze (einheitliche) Geschäft so beschaffen, daß weder die Regeln der einen noch die Regeln der anderen Geschäftskategorie ihrem Zweck gerecht werden. Es muß daher im Einzelfall geprüft werden, welche Vorschriften anzuwenden sind. Zu den entgeltsfremden Verträgen gehören vor allem die **Sicherungsgeschäfte** (Bürgschaft, Pfandvertrag).

Zur Schenkung unter Auflage Bd I S 197 f, zur Schenkung auf den Todesfall unten S 541 ff.

IV. Der Verwahrungsvertrag (§§ 957 ff)

Literatur: *Edlbacher,* Der Gastwirtsbegriff des § 970 ABGB im Fremdenverkehr heute, ÖJZ 1967, 1; *Schey,* Die Obligationsverhältnisse I/2 (1895) 281 ff; *Sedlacek,* Über den Hinterlegungsvertrag, ZBl 1914, 488, 550 und 655; *Voggenberger,* Die Haftung des Schlafwagenunternehmers, JBl 1955, 209 und 239.

A. Die Verwahrung im engeren Sinn

1. Begriff des Verwahrungsvertrages

Verwahrung ist die Übernahme einer fremden Sache in Obsorge (§ 957).

---

[42]) Das verkennt die Trennungstheorie, nach der Kaufrecht anzuwenden ist, soweit Entgeltlichkeit gegeben ist, und Schenkungsrecht für den unentgeltlichen Teil gelten soll: *Stanzl* in Klang IV/1, 591 f; OGH in SZ 24/26; anders bereits OGH in SZ 52/36.

[43]) Ebenso *W. Berger,* Gesetzliche Formvorschriften für Rechtsgeschäfte nach österreichischem Recht, in Gutachten für die Fachveranstaltungen des 3. Österr. Notariatskongresses 1986 „175 Jahre ABGB“ (1986) 64; OGH in SZ 65/137. Nach *Ehrenzweig* II/1, 367 ist die Schenkungsform nur erforderlich, wenn das Geschäft überwiegend unentgeltlich ist. Ebenso OGH in SZ 50/101.

[44]) *Ehrenzweig* II/1, 367.

[45]) *Ehrenzweig* II/1, 367 f. So auch OGH in SZ 49/75; SZ 52/36.

[46]) S insbesondere *Gschnitzer* in Klang IV/1, 435 ff. Vgl aber *Kulka,* ÖJZ 1969, 477; *Kerschner,* Irrtumsanfechtung 97 ff.

Der Verwahrungsvertrag ist ein **Realvertrag,** der erst durch die tatsächliche Übergabe der Sache zustandekommt s Bd I S 185. Das Versprechen, eine dem Verwahrer noch nicht übergebene Sache zu verwahren, ist daher kein Verwahrungsvertrag, sondern ein Vorvertrag (§ 936)[1]). Die Verwahrung kann sich auf **bewegliche oder unbewegliche** Sachen beziehen und ist **entgeltlich** oder **unentgeltlich** (§ 969). Die Entgeltlichkeit kann sich auch aus der Art des Geschäftsbetriebes des Verwahrers ergeben. Unter den Verwahrungsvertrag fällt auch die Wartung und Pflege eines anvertrauten Tieres[2]).

Da die Obsorge für eine – bestimmte oder unbestimmte – Zeit übernommen wird, begründet der Verwahrungsvertrag ein **Dauerschuldverhältnis.**

Werden später die für den Verwahrungsvertrag charakteristischen Punkte geändert, so geht er in einen anderen Vertragstyp, zB in eine Leihe oder ein Darlehen über (§ 959; **Novation**). Dazu oben S 110f.

2. Rechte und Pflichten des Verwahrers

Der Verwahrer hat die Sache so sorgfältig **aufzubewahren,** daß sie weder Schaden erleidet noch verloren geht (§ 961). Da er hiefür alle nötigen Maßnahmen setzen muß, stecken im Verwahrungsvertrag auch Elemente eines Arbeitsvertrages. Das bloße Überlassen von Raum begründet keine Verwahrung, sondern Miete oder Leihe[3]).

Der Verwahrer haftet dem Hinterleger für jede **schuldhafte Verletzung** seiner Obsorgepflicht[4]), nicht aber für Zufall, und zwar selbst dann nicht, wenn er die verwahrte Sache unter Aufopferung seiner eigenen hätte retten können (§ 964). Hat der Verwahrer allerdings die Sache in Gebrauch genommen oder ohne Not und ohne Erlaubnis des Hinterlegers einem Dritten in Verwahrung gegeben oder die Rückstellung verzögert, so haftet er auch für jeden zufälligen Schaden, der **sonst nicht** eingetreten wäre (**casus mixtus;** § 965).

Der Anspruch wird durch ein Mitverschulden des Hinterlegers gemindert (§ 1304); zB bei Unterlassung der Aufklärung über den besonderen Wert der Sache, wenn dieser dem Verwahrer nicht erkennbar war[5]). Hat der Hinterleger den Verwahrer nicht darauf hingewiesen, daß sich in der Sache, zB einem Mantel, ungewöhnliche, wertvolle Dinge befinden, so entfällt der Anspruch ganz, weil im Zweifel nur die in einer Sache üblicherweise „enthaltenen" Gegenstände von der Verwahrung erfaßt sind[6]).

Der Verwahrer hat kein Recht zur Innehabung der Sache und zum Gebrauch, er ist daher nicht Rechtsbesitzer, sondern nur **Sachinhaber.**

---

[1]) Ebenso zB *Schubert* in Rummel § 957 Rz 1. AA *Reischauer* in Rummel § 936 Rz 1.

[2]) OGH in JBl 1974, 622; EvBl 1995/8.

[3]) Vgl OGH in RZ 2000/10.

[4]) Dies führt nach OGH in EvBl 1995/8 zum Verlust des Entgelts.

[5]) OGH in EvBl 1977/264.

[6]) OGH in JBl 1992, 713 *(Iro).*

3. Rechte und Pflichten des Hinterlegers

Der Hinterleger hat dem Verwahrer ein Entgelt zu zahlen, wenn ein solches vereinbart ist. Ferner muß er die auf die Sache gemachten nötigen und nützlichen Aufwendungen ersetzen (§§ 967, 969)[7]) und für jeden von ihm verschuldeten **Schaden** Ersatz leisten.

Der Hinterleger hat das Recht auf sorgfältige Verwahrung (oben 2.) und das Recht auf Auskünfte über Umstände, die sich auf die Sache beziehen.

4. Dauer und Ende des Verwahrungsverhältnisses, Rückstellung

Die Verwahrung endet mit der **vereinbarten** oder der sich aus den Umständen ergebenden Zeit. Fehlt eine Vereinbarung, so kann die Verwahrung von beiden Teilen nach Belieben **aufgekündigt** werden (§ 963)[8]).

Nach Ablauf der Verwahrungszeit ist die Sache vom Verwahrer in dem Zustand, in dem er sie übernommen hat, und mit allem Zuwachs **zurückzustellen** (§ 961). Ein Recht auf vorzeitige Rückgabe hat er nur, wenn er die Sache wegen eines unvorhergesehenen Umstands nicht mehr sicher oder ohne seinen Nachteil verwahren kann. Der Hinterleger hat hingegen allgemein das Recht auf vorzeitige Rücknahme, muß aber dem Verwahrer einen dadurch verursachten Schaden ersetzen (§ 962).

Der Verwahrer hat bei einer für mehrere Monate vereinbarten Aufbewahrung die Sache in seinem Lagerhaus „zu unterst" verwahrt und muß nun andere Verwahrstücke wegräumen.

Die wechselseitigen Forderungen des Verwahrers und Hinterlegers einer beweglichen Sache können aber nur binnen **30 Tagen** von der Zeit der Rückstellung geltend gemacht werden (Präklusion).

5. Besondere Arten der Verwahrung

Oft bestehen Verwahrungspflichten auf Grund besonderer Vereinbarung (auch auf Grund ergänzender Vertragsauslegung) oder aus gesetzlicher Anordnung als **Nebenpflichten** auch bei anderen Vertragstypen[9]), zB beim Kaufvertrag oder beim Werkvertrag, zB weil der Besteller dem Unternehmer Material übergibt, aus dem das Werk angefertigt werden soll. Dabei handelt es sich aber um keine besonderen Verwahrungsverträge.

Eine Sonderform des Verwahrungsvertrages ist hingegen der **Schrankfachvertrag** (Safevertrag), in welchem die Bank die Beistellung eines Raumes (Schrankfach) und seine Bewachung verspricht. Er ist da-

---

[7]) Dazu *Schubert* in Rummel § 967 Rz 2. Auch bei schuldhaft vereitelter Rückstellung: OGH in EvBl 1995/8.

[8]) Zum Tod einer Vertragspartei vgl *Fenyves,* Erbenhaftung und Dauerschuldverhältnis (1982) 322ff.

[9]) S OGH in SZ 49/37; SZ 52/70; SZ 64/62.

her ein gemischter Vertrag, bei dem allerdings die Elemente der Miete überwiegen[10]).

Vertretbare Sachen, insbesondere Geld oder Wertpapiere, können auf verschiedene Weise in Verwahrung gegeben werden. Wenn sie sich in einem verschlossenen Behältnis (Umschlag, Schachtel) befinden, ist dies ein gewöhnlicher Verwahrungsvertrag (**reguläres Depot,** depositum regulare). Daneben gibt es aber weitere Verwahrungsarten, die für Wertpapiere gesondert im DepotG 1969 idF BGBl I 1999/63 geregelt sind[11]): Beim **Summendepot** (§ 7 DepotG) muß der Verwahrer die hinterlegten Stücke gesondert aufbewahren, darf sie aber jederzeit durch andere derselben Art ersetzen, an denen der Hinterleger sofort Eigentum erlangt. Ist der Verwahrer berechtigt, Sachen derselben Art verschiedener Hinterleger zusammen aufzubewahren, so spricht man von **Sammelverwahrung** (§ 4 DepotG). Die Hinterleger sind Miteigentümer des Sammelbestandes. Mit dem Sammeldepot wird eine Gefahrenstreuung erreicht. Beim **unregelmäßigen Depot** (depositum irregulare)[12]) geht das Eigentum an den Wertpapieren oder an dem Geldbetrag auf den Verwahrer über; der Hinterleger hat nur ein obligatorisches Rückforderungsrecht. Das unregelmäßige Depot ist kein reiner Verwahrungsvertrag, sondern dem Darlehen ähnlich, mit dem es zT überhaupt gleichgesetzt wird[13]). Nach dem DepotG (§ 8 Abs 2) ist es als Darlehen anzusehen, sobald der Verwahrer Eigentum an den Wertpapieren erwirbt.

Ob unregelmäßige Verwahrung oder Darlehen anzunehmen ist, hängt davon ab, ob für den Vertrag das Geldbedürfnis des Empfängers oder das Verwahrungsinteresse des Gebers den Ausschlag gibt. Bei der Verwahrung bestimmt der Kunde, wieviel er einzahlt und kann das Hinterlegte jederzeit zurückfordern. Weitere Unterschiede in den Rechtsfolgen ergeben sich zB aus § 1440 (Aufrechnungsverbot für den Verwahrer) und aus § 1 Abs 1 lit b NotAktsG (Notariatsaktspflicht für Darlehensverträge unter Ehegatten).

B. Einbringung von Sachen bei Gastwirten (§§ 970 ff)

1. Wesen der Gastwirtehaftung

Gastwirte, die Fremde beherbergen, haften als Verwahrer für die von den aufgenommenen Gästen eingebrachten Sachen, sofern sie nicht beweisen, daß der Schaden weder durch sie oder einen ihrer Leute verschuldet noch durch fremde, in dem Hause aus- und eingehende Personen verursacht ist (§ 970 Abs 1).

---

[10]) *Ehrenzweig* II/1, 377; *Gschnitzer* in Klang IV/1, 18; *Koziol,* Bankvertragsrecht I Rz 11/2 f. Vgl auch OGH in SZ 50/25; SZ 57/102.

[11]) Dazu *Kastner/Mayer,* Zum neuen Depotgesetz, JBl 1970, 22; *Iro,* Bankvertragsrecht I Rz 10/30 ff.

[12]) Vgl zu rechtshistorischen Aspekten *Pieler,* Offene Verwahrung fremden Geldes und Zinsenzahlung, Welser-FS (2004) 797.

[13]) *Gschnitzer* in Klang IV/1, 640 f. AA *Ehrenzweig* II/1, 383 f; *Stanzl* in Klang IV/1, 706 f.

Die Gastwirtehaftung der §§ 970ff geht über die deliktische Haftung hinaus und ist teilweise sogar strenger als die Vertragshaftung. Sie wird mit der **„Gefahr des offenen Hauses“** begründet; dh daß eine große Zahl von Menschen ständig unkontrollierbar aus- und eingeht. Weil der Gast die Organisation des Betriebes nicht durchschauen kann, ist es für ihn schwer, den Verursacher zu finden.

Die Gastwirtehaftung knüpft an die **Einbringung** von Sachen an und setzt nach heute hM keinen Vertrag mit dem Wirt voraus[14]).

Haftung als Verwahrer bedeutet, daß der Unternehmer unabhängig vom Abschluß eines Verwahrungsvertrages nach den für diesen geltenden Regeln haftet[15]).

Es ist also eine Haftung unmittelbar auf Grund des **Gesetzes** (§ 859)[16]). Insofern besteht eine Verwandtschaft mit dem vorvertraglichen Schuldverhältnis. Die Ersatzpflicht beruht teilweise auf Verschulden, jedoch mit umgekehrter Beweislast, teilweise auf Gefährdung.

Die §§ 970ff verdrängen allerdings die **Vertragshaftung** nicht. Da außerdem eine **Deliktshaftung** nach § 1316 in Frage kommt[17]), kann sich der Gast uU auf drei Anspruchsgrundlagen stützen. Die Vertragshaftung und Deliktshaftung setzen allerdings Verschulden voraus, während dies für die Schadenersatzpflicht nach den §§ 970ff nur eingeschränkt gilt.

2. Beherbergungsbetriebe

Die Haftung trifft Gastwirte, die Fremde **beherbergen;** daher nicht Speiserestaurants und Kaffeehäuser[18]).

Die Inhaber solcher Betriebe werden allerdings vertraglich schadenersatzpflichtig, wenn sie mit dem Gast einen Verwahrungsvertrag schließen und die daraus folgenden Obsorgepflichten schuldhaft verletzen. In Betracht kommt zB das Abgeben von Kleidern an einer Garderobe. Das bloße Anbringen einer Kleiderablage kann gewöhnlich nicht als Anbot zum Abschluß eines Verwahrungsvertrages gewertet werden[19]). Zur Vermeidung von Streitigkeiten wird darauf oft auch ausdrücklich hingewiesen („Für Garderobe keine Haftung“). Eingebracht sind auch Sachen (zB ein Auto), die der Gast an eine vom Wirt oder dessen Leuten bezeichnete Stelle bringt, sofern diese in unmittelbarem Zusammenhang mit dem Gastgewerbebetrieb steht (Platz mit Aufschrift: „Parken nur für Gäste“)[20]).

Den Beherbergungswirten werden die Besitzer von **Badeanstalten** bezüglich der üblicherweise eingebrachten Sachen von Badegästen gleichgehalten. Auf die Schlafwagenbetriebsgesellschaften sind die Vor-

---

14) *Ehrenzweig* II/1, 385; *Gschnitzer* in Klang IV/1, 660f; OGH in EvBl 1976/21.

15) OGH in EvBl 1976/21; EvBl 1982/171.

16) OGH in SZ 48/97.

17) Zum Verhältnis zwischen den §§ 970ff und 1316 vgl *Schubert* in Rummel § 970 Rz 14 mwN.

18) Ebensowenig Krankenanstalten, dazu OGH in SZ 47/11.

19) Vgl OGH in SZ 41/14; EvBl 1980/91; *Gschnitzer* in Klang IV/1, 644; s aber auch OGH in SZ 37/151; EvBl 1969/197.

20) OGH in RdW 1998, 332.

schriften der §§ 970ff analog anzuwenden[21]); ebenso auf Privatzimmervermieter, die über eine größere Anzahl von Betten verfügen[22]), nicht jedoch auf Reiseveranstalter, weil diese keine Fremden beherbergen oder eine solche Beherbergung zumindest in den Hintergrund tritt[23]).

Unternehmer, die Stallungen und Aufbewahrungsräume **(Garagen)**[24]) halten, haften wie Gastwirte für die bei ihnen eingestellten Tiere und Fahrzeuge und die auf diesen befindlichen Sachen (§ 970 Abs 2 letzter Satz).

Ein Aufbewahrungsraum setzt abgeschlossene räumliche Verhältnisse voraus, die Schutz gegen Außeneinwirkungen bieten. Ein bewachter Parkplatz ist deshalb kein Aufbewahrungsraum[25]). Aber auch Parkgaragen (Parkhäuser) sind keine Aufbewahrungsräume iSd § 970 Abs 2. Der Garagen-Kurzparkvertrag ist daher ein reiner Mietvertrag über die Benützung des Abstellplatzes[26]).

3. Eingebrachte Sachen

„Eingebracht" sind Sachen, die dem Wirte oder einem seiner Leute **übergeben** oder an einen von ihnen angewiesenen oder hiezu **bestimmten Ort**[27]) gebracht werden. Die Haftung erstreckt sich auch auf Sachen, die zwar vom Gast eingebracht werden, ihm aber nicht gehören[28]). Der Gast hat den Anspruch des geschädigten Eigentümers gegen den Wirt geltend zu machen (Drittschadensliquidation).

Keine Haftung besteht für die Beschädigung und das Verschwinden von Sachen, die der Gast am Leibe trägt (Kleider, Brieftasche, Feuerzeug, Schlüssel)[29]). Die Verantwortlichkeit setzt aber ein, wenn sich der Gast von den Gegenständen trennt, sie zB in einen Schrank oder auf das Nachtkästchen legt[30]).

Die Haftung des Wirtes beginnt mit der Einbringung und endet mit dem Wegbringen der Sachen[31]).

4. Aufgenommene Gäste

Daß die Sachen von „aufgenommenen Gästen" eingebracht sein müssen, wird weit ausgelegt. Die hM läßt auch für Schäden während der

---

[21]) Dazu *Voggenberger,* JBl 1955, 209 und 239. AA *Edlbacher,* ÖJZ 1967, 4f.

[22]) OGH in SZ 51/158.

[23]) OGH in EvBl 2002/50.

[24]) OGH in SZ 52/54; SZ 54/181; SZ 55/52; ZVR 1999/12.

[25]) Im einzelnen vgl OGH in SZ 43/84; SZ 68/79 (Kurzparkgarage) = wobl 1995/105 *(Binder);* zur Frage auch EvBl 1976/21; SZ 54/181; SZ 55/52.

[26]) OGH in SZ 68/79.

[27]) Vgl dazu OGH in SZ 56/24; ZVR 1999/12.

[28]) *Ehrenzweig* II/1, 388; *Gschnitzer* in Klang IV/1, 664; OGH in SZ 20/173; JBl 1962, 321.

[29]) Ebenso *Schubert* in Rummel § 970 Rz 5. AA *Ehrenzweig* II/1, 388; *Gschnitzer* in Klang IV/1, 666; OGH in SZ 8/50.

[30]) *Schubert* in Rummel § 970 Rz 5.

[31]) Vgl den Fall in SZ 45/88.

Aufnahmeverhandlungen einstehen[32]). Dieser Bereich ist an sich auch vom vorvertraglichen Schuldverhältnis erfaßt, doch sind die §§ 970 ff leges speciales.

5. Haftungsausschluß, Schuldbegrenzungen

Die Gastwirte können sich von ihrer Schadenersatzpflicht nur befreien, wenn sie beweisen, daß der Schaden weder durch sie noch durch einen ihrer Leute **verschuldet** noch durch fremde, im Hause aus- und eingehende Personen **verursacht** wurde. Die Haftung für die eigenen Leute ist also eine Verschuldenshaftung, jene für fremde Personen eine Verursachungshaftung. In beiden Fällen trägt der Wirt die Beweislast[33]).

Unter den aus- und eingehenden Personen werden die Gäste und die Lieferanten des Wirtes sowie Einschleicher (zB Diebe) verstanden, nicht aber Räuber und Einbrecher[34]). Ob auch „Einsteiger" zu den aus- und eingehenden Personen gehören, ist strittig[35]). Auch für die Besucher des geschädigten Gastes ist der Wirt nicht verantwortlich. Naturkatastrophen, Brände usw sind nicht von den Personen des § 970 verursacht.

Da es für die Schadenersatzpflicht des Gastwirts auf die Art des Gehilfen nicht ankommt (§ 1313 a oder § 1315), spricht man von einer **„Leutehaftung"**.

Hat bei der Entstehung des Schadens ein Verschulden des Beschädigten **mitgewirkt,** so hat der Richter nach den Umständen zu entscheiden, ob und in welcher Höhe ein Ersatz gebührt (§§ 970 Abs 1, 1304)[36]).

Die **Ablehnung** der Haftung durch **Anschlag** ist wirkungslos (§ 970 a). Nach dem OGH ist es allerdings zulässig, daß der Gastwirt zur Hinterlegung von Wertgegenständen auffordert und für nicht abgegebene Sachen die Haftung ablehnt[37]).

Für die gesetzliche Haftung bestehen komplizierte Schuldbegrenzungen.

Keine Haftungsschranke gibt es, wenn der Schaden vom Gastwirt oder seinen Leuten verschuldet ist oder die Sachen dem Wirt (sonstigem Unternehmer) zur Aufbewahrung übergeben worden sind[38]). Im übrigen ist die **Haftung** mit € 1.100,– **beschränkt** (BGBl 1921/638 idF BGBl I 2001/98).

Diese Beschränkung gilt jedoch nicht für die Haftung von Unternehmern, die Stallungen und Aufbewahrungsräume halten, für die bei ihnen eingestellten Tiere und

---

32) *Gschnitzer* in Klang IV/1, 664; *Schubert* in Rummel § 970 Rz 4; OGH in SZ 22/70; vgl auch OGH in GlU 5189; GlU 5931.

33) Vgl aber OGH in SZ 56/24; SZ 57/20.

34) Vgl auch OGH in SZ 21/94; EvBl 1968/56; SZ 49/10; SZ 55/64.

35) Dafür: OGH in EvBl 1968/56; SZ 48/97; *Schubert* in Rummel § 970 Rz 8. Dagegen: *Koziol,* Haftpflichtrecht II 371.

36) Dazu OGH in SZ 51/158.

37) OGH in EvBl 1977/245; vgl auch OGH in EvBl 2002/50.

38) Vgl OGH in SZ 55/7; ZVR 1999/12.

Fahrzeuge und für die auf diesen befindlichen Sachen. Eine vertragliche Beschränkung ist allerdings auch hier zulässig[39]).

Für **Kostbarkeiten,** Geld und Wertpapiere haftet der Gastwirt nur bis zum Betrag von € 550,–, es sei denn, daß er sie in Kenntnis ihrer Beschaffenheit zur Aufbewahrung übernommen hat oder daß der Schaden von ihm selbst oder seinen Leuten verschuldet ist (§ 970 a).

6. Präklusion, Zurückbehaltungsrecht

Da die Gastwirte gemäß § 970 „als Verwahrer" haften, müssen Forderungen wegen Beschädigung der Sache innerhalb der Präklusivfrist von **30 Tagen** ab Zurückstellung geltend gemacht werden (§ 967).

Die Dreißigtagefrist gilt nicht für Schadenersatzansprüche wegen verschuldetem Untergang oder verschuldeter Beschädigung[40]).

Nach § 970b erlischt überdies der Ersatzanspruch aus der Gastaufnahme, wenn der Beschädigte nach Kenntnis vom Schaden dem Wirt nicht **unverzüglich Anzeige** erstattet[41]), es sei denn, daß die Sachen vom Wirt zur Aufbewahrung übernommen waren. Die Verjährungsvorschriften bleiben unberührt (§ 1489).

Zum Ausgleich für die strenge Haftung steht den Personen des § 970 das Recht zu, zur Sicherung ihrer Forderungen aus Beherbergung und Verpflegung sowie ihrer Auslagen für die Gäste die eingebrachten Sachen zurückzuhalten (§ 970 c)[42]). Dieses **Zurückbehaltungsrecht,** das kein Pfandrecht ist, wird auch auf jene Sachen erstreckt, die nicht dem Gast gehören[43]).

V. Die Leihe (§§ 971 ff)

Literatur: *Mayrhofer,* Zur Rechtsnatur der „Dauerleihe" an Museen und ähnliche Einrichtungen, NZ 1975, 86; *Schey,* Die Obligationsverhältnisse I/2 (1895) 187 ff.

A. Begriff des Leihvertrages

Leihe ist die unentgeltliche Überlassung des Gebrauches einer unvertretbaren (unverbrauchbaren) Sache (§ 971).

Die Leihe ist, wie der Verwahrungsvertrag, ein **Realvertrag.** Die Sache muß also dem Entlehner übergeben werden, sonst kommt höchstens

---

39) So auch *Schubert* in Rummel § 970 a Rz 2; *W. Doralt,* Der Garagierungsvertrag in der Umsatzsteuer, RdW 1984, 387; OGH in SZ 54/181; SZ 55/52; ZVR 1999/12. AA OGH in SZ 52/54.

40) OGH in SZ 69/245; EvBl 1927/34.

41) Der Rechtsverlust tritt jedoch nur bei schuldhafter Verzögerung ein, OGH in SZ 54/181.

42) Dazu *Jabornegg,* Zurückbehaltungsrecht und Einrede des nicht erfüllten Vertrages (1982) 196 ff; *Schubert* in Rummel § 970 c Rz 1.

43) *Schubert* in Rummel § 970 c Rz 2; OGH in SZ 35/126. Kritisch dazu *Rummel,* Gutgläubiger Erwerb von Retentionsrechten? JBl 1977, 526 f; ablehnend *Jabornegg,* Zurückbehaltungsrecht 203 f.

ein Vorvertrag zustande (§ 936). S Band I S 142f. Die verliehene Sache kann beweglich oder unbeweglich sein, sie muß auch nicht dem Verleiher gehören, im Eigentumsrecht tritt keine Veränderung ein.

Selbst Liegenschaftsteile (Wohn- und Geschäftsräume, Höfe, Gärten) können Gegenstände einer Leihe sein[1]).

Der Entlehner ist zum vertraglich bedungenen oder ordentlichen **Gebrauch** der Sache **befugt;** dieser ist ja gerade Zweck des Vertrages. Er muß sie aber nach Ablauf der Zeit dem Verleiher zurückgeben. Die Überlassung **vertretbarer** Sachen „zum Gebrauch" (mit Rückstellungsverpflichtung) ist keine Leihe, sondern ein Darlehen. Von der **Miete** unterscheidet sich die Leihe durch die Unentgeltlichkeit.

Nach der Judikatur steht es der Unentgeltlichkeit gleich, wenn nur ein Anerkennungszins oder ein so niedriges Entgelt zu entrichten ist, daß es gegenüber dem Wert der Benützung praktisch nicht ins Gewicht fällt[2]).

Die Leihe ist ein **Dauerschuldverhältnis,** der Entlehner hat wegen seines Gebrauchsrechtes **Rechtsbesitz** und genießt daher Besitzschutz[3]).

B. Bittleihe (Prekarium)

Hat der Entlehner kein festes Gebrauchsrecht, sondern ist der Verleiher **jederzeit** berechtigt, die Sache **zurückzufordern,** so entsteht eine Abart der Leihe, die Bittleihe (Prekarium)[4]). Auch sie ist entgegen dem Wortlaut des § 974 ein Vertrag[5]), weil zwischen den Parteien über den Gebrauch der Sache Einvernehmen herrscht und aus der Vertragsverletzung Ersatzansprüche entstehen können[6]). Daher finden auf das Prekarium auch weitgehend die Vorschriften der Leihe Anwendung. Der Prekarist ist aber wegen der jederzeitigen Widerruflichkeit des Gebrauchs **kein Rechtsbesitzer.** Die Bittleihe darf auch nicht dazu benützt werden, die zwingenden Bestimmungen des Mietrechts (zB den Kündigungsschutz) zu umgehen. Wird daher eine Wohnung gegen übliches Entgelt als „Prekarium" überlassen, so sind die zwingenden Vorschriften des MRG anzuwenden[7]).

Bittleihe ist nur anzunehmen, wenn Räume auf jederzeitigen Widerruf und unentgeltlich oder gegen ein gegenüber dem Wert der Benützung nicht ins Gewicht fallendes Entgelt (Anerkennungszins) überlassen worden sind. Die Vermutung spricht – außer bei freiwilliger Aufnahme Obdachloser auf deren Bitte[8]) – nicht für Bittleihe, sondern für Miete[9]).

---

1) OGH in EvBl 1980/113; EvBl 1987/134.
2) OGH in SZ 69/99; MietSlg 40.099.
3) Vgl dazu *Schubert* in Rummel § 972 Rz 2 mwN.
4) Dazu *Schubert* in Rummel § 974 Rz 1 ff mwN; OGH in ecolex 1994, 14.
5) So auch der OGH in SZ 54/43 mwN; wobl 1988, 17; JBl 1999, 47.
6) § 1313a ist aber auf den Prekaristen nicht anzuwenden: OGH in JBl 1999, 244.
7) So zum MG *Stanzl* in Klang IV/1, 685; OGH in MietSlg 2186, 8563; EvBl 1962/508; vgl auch OGH in MietSlg 33.145.
8) OGH in EvBl 1947/441.
9) OGH in MietSlg 25.106.

C. Rechte und Pflichten der Parteien

Wegen der Unentgeltlichkeit des Verhältnisses hat der Verleiher **nicht Gewähr** zu leisten, doch haftet er dem Entlehner unter denselben Voraussetzungen wie ein Geschenkgeber[10]), wird also bei wissentlicher unberechtigter Überlassung der Sache schadenersatzpflichtig. Wie der Geschenkgeber haftet allerdings auch der Verleiher für **positive Vertragsverletzung.** S oben S 193.

Der **Entlehner** hat dem Verleiher jeden durch sein **Verschulden** verursachten Schaden zu ersetzen[11]). Hat er die Sache an einen Dritten weitergegeben, nicht rechtzeitig zurückgestellt oder sonst vertragswidrig[12]) gebraucht, haftet er „wie ein Verwahrer" auch für den zufälligen Untergang der Sache, wenn der Schaden bei vertragsgemäßem Gebrauch nicht eingetreten wäre (§ 979). Überdies kann der Verleiher die Sache bei vertragswidrigem Gebrauch sofort zurückfordern (§§ 978f).

Wer von der vom Eigentümer eines Kfz eingeräumten Befugnis, das Fahrzeug kurzfristig zu verleihen, Gebrauch macht, hat mit der erforderlichen Sorgfalt vorzugehen, die Interessen des Eigentümers zu achten und diesen vor allfälligen Schädigungen zu bewahren. Er hat das Fahrzeug somit zurückzufordern, wenn der Entlehner es nicht ordentlich gebraucht. Unterläßt er die Rückforderung, so hat er objektiv eine Vertragsverletzung zu vertreten und gem § 1298 zu beweisen, daß ihn daran kein Verschulden trifft[13]).

Der Entlehner haftet dem Verleiher unabhängig davon, ob dieser auch Eigentümer der Sache ist[14]). Hat der Entlehner für ein verlorengegangenes Leihstück Ersatz geleistet und kommt es später wieder zum Vorschein, so muß er es dem Eigentümer herausgeben, wenn dieser bereit ist, den Ersatzbetrag zurückzuerstatten (§ 980).

Die mit dem Gebrauch der Sache verbundenen **gewöhnlichen Aufwendungen** trägt mangels anderer Vereinbarung der Entlehner. Der Aufwand, der auch ohne Leihe entstünde (zB die Grundsteuer), gehört jedoch nicht dazu[15]). Die Zahlung der auf eine Wohnung entfallenden Betriebskosten ist für sich allein noch kein Entgelt, so daß die Gebrauchsüberlassung Leihe bleibt und nicht zur Miete wird[16]). Werden **außerordentliche** Aufwendungen erforderlich, so kann der Entlehner die Sache hiezu dem Verleiher zurückstellen. Will er es nicht oder ist die

---

[10]) S dazu *Schubert* in Rummel § 971 Rz 6; OGH in SZ 50/137.

[11]) Zur Haftung für Schäden an einem Ersatzfahrzeug oder Vorführwagen vgl OGH in EvBl 2003/136 mwN. Im konkreten Fall bestand aber wohl kein Leihevertrag; das Fahrzeug wurde vom Kaufinteressaten probegefahren, die Überlassung fand in contrahendo statt.

[12]) Lenken des entliehenen Kfz in alkoholisiertem Zustand ist kein ordentlicher Gebrauch: OGH in SZ 61/259.

[13]) OGH in SZ 61/259.

[14]) OGH in SZ 60/157.

[15]) OGH in JBl 1987, 320.

[16]) OGH in JBl 1986, 187.

zeitweilige Rückstellung unmöglich, so muß er zwar die Kosten vorläufig tragen, sie werden ihm jedoch wie einem redlichen Besitzer ersetzt (§ 981)[17]).

Wird ein Kraftfahrzeug für mehrere Monate verliehen, so muß der Entlehner zB die Kosten für Benzin, Ölwechsel und ein gewöhnliches Service aus eigenem tragen. Hingegen geht eine durch das Alter des Fahrzeuges notwendig gewordene Erneuerung der Kupplung oder des Motors zu Lasten des Verleihers.

D. Dauer und Beendigung des Leihverhältnisses

Die Dauer der Leihe wird entweder ausdrücklich oder stillschweigend vereinbart oder sie ergibt sich aus Natur und Zweck des Vertrages, zB dem Bedarf des Entlehners[18]).

Während der Vertragsdauer kann der Verleiher die Sache mangels anderer Vereinbarung **nicht** einmal dann **zurückfordern,** wenn er sie selbst dringend benötigt (§ 976)[19]). Der Entlehner ist zwar zur vorzeitigen **Rückstellung berechtigt,** doch kann der Verleiher die Rücknahme ablehnen, wenn sie für ihn nachteilig ist, zB Verwahrungskosten verursacht (§ 977).

Die Ansprüche des Verleihers wegen Mißbrauchs oder Beschädigung der Sache oder wegen übertriebener Abnützung sowie jene des Entlehners wegen außerordentlicher Kosten müssen binnen **30 Tagen** ab Rückgabe geltend gemacht werden, sonst ist das Recht erloschen (Präklusion). Der vertragliche Anspruch auf Rückgabe der Sache verjährt in 30 Jahren.

VI. Das Darlehen (§§ 983ff) und andere Kreditgeschäfte

Literatur: *Canaris,* Bankvertragsrecht[2] (1981) Rz 1195ff; *Hopt/Mülbert,* Kreditrecht (1989); *Koziol,* Bankvertragsrecht II Rz 1/1ff; *Reifner,* Handbuch des Kreditrechts (1991); *Schey,* Die Obligationsverhältnisse I/1 (1890) 15ff.

A. Der Begriff des Kreditgeschäfts

Die Gemeinsamkeit aller Kreditgeschäfte liegt darin, daß sie auf die Verschaffung von Kapital (Kaufkraft) gerichtet sind[1]). Das ABGB kennt kein einheitliches Kreditgeschäft; es regelt nur das Darlehen (§§ 983ff) und den Kauf auf Borg (§ 1063).

In einem gewissen Sinn eine Kreditierung sind auch die **Stundung** und die **Übernahme der Haftung** für andere, um diesen die Kapitalauf-

---

17) Vgl dazu *Schubert* in Rummel § 981 Rz 1; OGH in JBl 1987, 320.

18) OGH in MietSlg 18.035; JBl 1991, 381. Zum Tod einer Vertragspartei vgl *Fenyves,* Erbenhaftung und Dauerschuldverhältnis (1982) 327f.

19) Einschränkend *Fenyves,* Erbenhaftung 257f.

1) *Canaris,* Bankvertragsrecht Rz 1195; *Schey,* Obligationsverhältnisse 18, 233; *Stanzl* in Klang IV/1, 693.

nahme bei Dritten zu ermöglichen. Im folgenden werden nur die auf Zuzählung von Geld gerichteten Verträge behandelt.

B. Das Darlehen als Realkontrakt

Das Darlehen ist die Hingabe vertretbarer Sachen in das Eigentum des Empfängers, der verpflichtet ist, die gleiche Menge gleicher Art und Güte zurückzugeben (§ 983).

Das Gesetz spricht von verbrauchbaren Sachen, doch sind damit vertretbare gemeint; gewöhnlich decken sich die Begriffe.

Der Darlehensvertrag ist ein **Realkontrakt** und kommt daher erst mit der Übergabe der Valuta zustande. S Band I S 185. Die Valuta besteht meist in Geld. Ihre **Zuzählung** kann (bar) an den Darlehensnehmer selbst oder an Dritte[2]), aber auch durch Anweisung (Wechsel, Giroüberweisung), durch Aufrechnung oder durch Novierung einer bestehenden Schuld erfolgen[3]).

Vorschüsse[4]), zB des Dienstgebers an den Dienstnehmer, sind meist keine Darlehen, sondern Vorauszahlungen auf künftig fällig werdende Forderungen.

Daher ist das Versprechen, ein Darlehen künftig zu gewähren, zwar verbindlich, jedoch nur ein Vorvertrag (§ 936).

Da der Darlehensnehmer an den übergebenen Sachen (an der Valuta) **Eigentum** erwirbt, kann er über sie nach Belieben verfügen, trägt aber auch das **Risiko** des Verlustes oder des Unterganges. Nach Ablauf der Zeit, die sich auch aus der Vereinbarung oder dem Zweck des Darlehens ergibt, hat der Empfänger dieselbe Menge, Gattung und Güte („tantundem eiusdem generis") **zurückzugeben.** Zur vorzeitigen Rückzahlung hat er kein Recht (§ 1413)[5]).

Zur davon abweichenden Regelung bei Verbraucherkrediten s D.

Das Darlehen kann entgeltlich oder unentgeltlich sein. Das **Entgelt** besteht in **Zinsen.** Dazu oben S 34 ff.

Zinsanpassungsklauseln sind jedenfalls dann zulässig, wenn sie in nachvollziehbarer Weise an Parameter gebunden werden, auf die der Unternehmer (die Bank) keinen meßbaren Einfluß hat[6]). Die zurückzuzahlende Darlehensvaluta kann wertgesichert sein. Dazu oben S 33 f. Wertsicherungsklauseln verstoßen grundsätzlich nicht gegen das Gesetz oder die guten Sitten, sondern sind nur insoweit unzulässig, als sie der Gesetzgeber ausdrücklich verboten hat. Eine Lebenshaltungsindexklausel ist zulässig[7]).

---

[2]) Vgl OGH in ÖBA 2005, 138.

[3]) Dazu OGH in SZ 52/147; ÖBA 1989, 741; *Koziol,* Bankvertragsrecht II Rz 1/7 ff.

[4]) Dazu *Schubert* in Rummel §§ 983 f Rz 7; OGH in EvBl 1991/169; SZ 64/70.

[5]) OGH in SZ 51/103.

[6]) OGH in ecolex 2001, 202.

[7]) OGH in NZ 1973, 79; MietSlg 39/42.

Als **Dauerschuldverhältnis**[8]) kann auch ein befristeter Darlehensvertrag aus **wichtigem Grund** (zB Nichtbestellung der versprochenen Sicherheit, Verschlechterung der Vermögensverhältnisse)[9]) jederzeit aufgelöst werden[10]). Oft wird ein Terminsverlust (oben S 24) für den Fall vereinbart, daß der Darlehensnehmer mit Rückzahlungen oder Zinsenzahlungen in Verzug gerät. Ist das Darlehen an keine bestimmte Zeit gebunden, kann der Vertrag jederzeit durch ordentliche Kündigung in angemessener Frist aufgelöst werden, soweit nicht der Zweck der Darlehensgewährung entgegensteht.

Ob der Darlehensnehmer für die Überlassung ein Entgelt **(Zinsen)** zu zahlen hat, richtet sich nach der Vereinbarung[11]).

C. Kreditverträge als Konsensualverträge

Auch wenn das ABGB nur den Realkontrakt des Darlehens kennt, ist auf Grund der Vertragsfreiheit auch der Abschluß eines Hauptvertrages als **Konsensualvertrag** (Krediteröffnungsvertrag, Kreditvertrag) möglich[12]).

Die Gültigkeit solcher Verträge wird allgemein anerkannt[13]). Sie geben dem Kreditnehmer das Recht, nach Bedarf Kredit bis zu einer **Höchstgrenze** in Anspruch zu nehmen.

Der Vertrag verpflichtet die Bank, den Kreditbetrag zur Verfügung zu halten und ihn nach Abruf durch den Kunden zu gewähren[14]). Das Abrufrecht ist ein einseitiges Gestaltungsrecht; der Krediteröffnungsvertrag ist daher eine Art Optionsvertrag. Der durch die Inanspruchnahme entstehende Auszahlungsanspruch ist abtretbar[15]), doch ändert eine Zession nichts an der Rückzahlungspflicht des Zedenten, wenn der Gläubiger einer privativen Schuldübernahme nicht zustimmt.

---

[8]) OGH in JBl 1984, 380; *Schubert* in Rummel Vor § 983 Rz 1. AA *Fenyves,* Erbenhaftung und Dauerschuldverhältnis (1982) 134ff.

[9]) OGH in HS 6.474; NZ 1983, 91; *J. Gruber,* Die deutsche Rechtsprechung zur Kündigung des Darlehensvertrages aus wichtigem Grund, ÖBA 1992, 1105f.

[10]) Vgl hiezu auch *G. Graf,* Kreditkündigung und Verjährung, ecolex 1990, 597.

[11]) Zu Zinsanpassungsklauseln s OGH in ÖBA 1987, 834; *Iro,* Einseitige Kreditzinsenanpassung durch die Bank, RdW 1985, 266; *A. Schwarz,* Der variable Zins (1989).

[12]) Vgl *Harrer-Hörzinger,* Zur Rechtsnatur des Darlehens, ÖJZ 1990, 623ff; *Koziol,* Bankvertragsrecht II Rz 1/3ff; *Kathrein,* Kodifikationsproblematik und -bedarf am Beispiel des Kreditvertrages, in Fischer-Czermak/Hopf/Schauer (Hrsg), Das ABGB auf dem Weg in das 3. Jahrtausend (2003) 171. Vgl auch OGH in SZ 66/75.

[13]) OGH in JBl 1981, 90; ÖBA 1993, 829; ÖBA 1995, 808; *Stauder,* Der bankgeschäftliche Krediteröffnungsvertrag (1968); *Koziol,* Bankvertragsrecht II Rz 1/3 und 73ff mwN.

[14]) Zur Kreditgewährung bei Zahlung an den Treuhänder s OGH in SZ 74/114.

[15]) *Ehrenzweig* II/1, 396f; *Koziol,* Die Übertragung der Rechte aus Kreditverträgen, Ostheim-FS (1990) 146f; OGH in ÖBA 1993, 829; ÖBA 2000, 806 *(Koziol).* AA *Gschnitzer,* Zur Vertragsübernahme, besonders beim Kreditverhältnis, Wilburg-FS (1965) 108ff; *Schubert* in Rummel Vor § 983 Rz 1; *Wegan,* Schuldnerwechsel bei einer Höchstbetragshypothek, Wilburg-FS (1965) 220ff.

D. Verbraucher- und Ehegattenkredite

1. Verbraucherkredite[16])

In Umsetzung einer EG-Richtlinie enthält das BankwesenG (BWG) in den §§ 33ff Sonderbestimmungen für Kredite von **Banken an Verbraucher** (§ 1 Abs 1 Z 2 KSchG).

Die Verbraucher sollen vor allem durch das Erfordernis der **Schriftlichkeit** und durch **Informationspflichten** geschützt werden. So hat der Kreditvertrag Angaben über die Gesamtbelastung, den effektiven Jahreszinssatz, allfällige Zinsengleitklauseln und die Anzahl, die Höhe sowie die Fälligkeitszeitpunkte der zurückzuzahlenden Teilbeträge zu enthalten. Dem Kreditnehmer ist einmal jährlich eine Kontomitteilung auszuhändigen, in der zumindest die Summe der geleisteten Zahlungen und der Belastungen, sowie die aushaftenden Salden enthalten sein müssen.

Abweichend von der allgemeinen Regel (§ 1413) räumt § 33 Abs 8 BWG dem Kreditnehmer das Recht zur **vorzeitigen Rückzahlung** ein.

Macht der Kreditnehmer davon Gebrauch, so hat die Bank die Gesamtbelastung um jenen Betrag an Zinsen und laufzeitabhängigen Kosten zu vermindern, der bei kontokorrentmäßiger Abrechnung der vorzeitigen Rückzahlung nicht anfällt.

Entsprechendes bestimmt § 12a KSchG allgemein für Kreditrückzahlungen des Verbrauchers. Gleichzeitig macht er eine Reihe von Ausnahmen (s § 12a Abs 2 Z 1 und Z 2 KSchG).

Verpflichtet sich ein Verbraucher gegenüber einem Unternehmer als **Solidarschuldner** für eine Kreditverbindlichkeit, so hat der Gläubiger jede Mahnung und sonstige Erklärung wegen einer **Säumigkeit** eines anderen Solidarschuldners auch anderen zuzustellen (§ 25b Abs 1 KSchG idF BGBl I 1997/6). Zuwiderhandeln wird mit einer Verwaltungsstrafe bestraft (§ 32 KSchG).

Der Unternehmer ist aber auch dann zur Verständigung über die Säumigkeit des Schuldners verpflichtet, wenn sich ein Konsument für eine Kreditschuld **verbürgt** oder deren Erfüllung **garantiert.** Unterläßt der Unternehmer die Verständigung, so haftet der Verbraucher nicht für die Zinsen und Kosten, die ab der Kenntnis des Gläubigers von der Säumigkeit des Hauptschuldners bis zu einem allfälligen eigenen Verzug des nicht verständigten Verbrauchers entstehen (§ 25b Abs 2 KSchG).

Zu den Verbraucherschutzbestimmungen bei Krediten zur Finanzierung bestimmter Geschäfte (Drittfinanzierung) s oben S 177ff und unten S 431ff.

---

[16]) *Canaris,* Das Informations- und das Inhaltsschrankenmodell beim Konsumentenkredit, ÖBA 1990, 882; *Koziol,* Bankvertragsrecht II Rz 1/142ff; *Reidinger,* Der Einfluß des EWR-Abkommens auf das Zivilrecht, JAP 1993/94, 248f; *G. Graf,* Die Neuregelung des Verbraucherkredits in Österreich, ÖBA 1994, 4; *Knobl,* Die Verbraucherkreditrichtlinie: Stand, Reformtendenzen und Umsetzung in Österreich, ÖBA 1995, 667; *Kellner,* Die gemäß § 33 Abs 8 BWG zulässigen Beschränkungen des Rechts auf vorzeitige Rückzahlung von Verbraucherkrediten, ÖBA 2006, 661.

2. Ehegattenkredite[17])

Gegenüber Ehegatten, die als Verbraucher **gemeinsam** einen Kredit aufnehmen, treffen Unternehmer, deren Unternehmensgegenstand die Gewährung oder Vermittlung von Krediten ist, besondere **Informationspflichten** (§ 25a KSchG).

Der Kreditgeber hat die Ehegatten durch Übergabe einer besonderen Urkunde zu belehren, daß bei solidarischer Haftung von jedem Schuldner in beliebiger Reihenfolge die volle Schuldtilgung verlangt werden kann, daß die Haftung auch bei Auflösung der Ehe aufrecht bleibt und daß das Gericht bei Scheidung die Haftung auf eine Ausfallsbürgschaft beschränken kann, was innerhalb eines Jahres nach der Scheidung beantragt werden muß.

Da die Belehrung der Information und nicht der Warnung dient[18]), führt ihre Unterlassung nicht zur Unwirksamkeit des Kreditvertrages, sondern nur zu einer Verwaltungsstrafe (§ 32 Abs 1 Z 1 lit c KSchG).

Zur Haftung für Kredite bei Scheidung (§ 98 EheG) s Bd I S 510f.

Gehen die Ehegatten die Verbindlichkeit **nicht** im **gemeinsamen Interesse** ein, ist also für einen der beiden die Schuld eine materiell **fremde Verbindlichkeit,** so kommen die Schutzbestimmungen der §§ 25c KSchG (Hinweis auf die wirtschaftliche Lage des Schuldners) und 25d KSchG (Mäßigungsrecht) zur Anwendung. Dazu oben S 158f.

Der Gläubiger besteht schon in den Vorgesprächen auf den Eintritt eines weiteren Schuldners[19]).

VII. Der Auftrag (§§ 1002ff)

Literatur: *Schey,* Die Obligationsverhältnisse I/3 (1907) 419ff.

A. Auftrag, Vollmacht, Ermächtigung

Der Auftrag ist ein Vertrag, durch den sich jemand verpflichtet, Geschäfte eines anderen auf dessen Rechnung zu besorgen (§§ 1002ff).

Die Geschäftsbesorgung ist eine solche im engeren Sinn, sie besteht in der Vornahme von **Rechtsgeschäften** oder **Rechtshandlungen** (zB Vertragsverhandlungen, Verwaltung eines Vermögens). Tatsächliche Handlungen (Reinigung des Gehsteiges, Beförderung von Sachen) fallen nicht unter den Begriff des Auftrages[1]), weil für sie besondere Ver-

---

[17]) *Gamerith,* Die Auswirkungen des § 31a Abs 2 und 3 KSchG auf die Solidarschuldner- und Bürgenhaftung, ÖBA 1988, 545; *M. Gruber,* Kredithaftung von Ehegatten, ÖBA 1991, 560.

[18]) *Koziol,* Bankvertragsrecht II Rz 1/79ff; abweichend *Apathy* in Schwimann § 25a KSchG Rz 8; *M. Gruber,* ÖBA 1991, 561; *Thunhart,* Informations- und Warnpflichten beim Konsumentenkredit in Österreich und den USA, ÖBA 2001, 843; *Kosesnik-Wehrle/Lehofer/Mayer,* KSchG² (2004) § 25a Rz 9.

[19]) EB 311 BlgNR 20. GP 25; *Kosesnik-Wehrle/Lehofer/Mayer,* KSchG² § 25c Rz 2.

[1]) *Ehrenzweig* II/1, 554; OGH in EvBl 1953/136. Anders bei Unentgeltlichkeit *Gschnitzer,* Schuldrecht BT 263. Zur Abgrenzung von anderen Vertragstypen vgl *Strasser* in Rummel § 1002 Rz 15ff; vgl auch OGH in RdW 2005/451 (ein gesetzwidriges Geschäft kann nicht Inhalt eines gültigen Auftrages sein).

tragstypen bestehen, meist unterliegen sie dem Werkvertragsrecht. Wenn allerdings mit der tatsächlichen Tätigkeit eine rechtsgeschäftliche verbunden ist, müssen die Vorschriften über den Auftragsvertrag beachtet werden[2]) (§ 1151 Abs 2). Besorgung auf Rechnung des Auftraggebers bedeutet, daß die Kosten und Vorteile des Geschäftes dem Auftraggeber zufallen.

Der Auftrag bedarf keiner bestimmten Form. Er führt – je nachdem, worauf er gerichtet ist – zu einem Ziel- oder Dauerschuldverhältnis.

Im ABGB sind Auftrag und **Vollmacht** in einem einheitlichen Vertragstyp, dem „Bevollmächtigungsvertrag" geregelt (§§ 1002 ff). Obwohl Vollmacht und Auftrag oft miteinander verbunden werden (der Beauftragte ist gleichzeitig bevollmächtigt) hält die hM beides auseinander: Der Auftrag begründet (im Innenverhältnis) die **Verpflichtung** des Beauftragten, für den Auftraggeber tätig zu werden, weshalb er seiner Zustimmung bedarf (Vertragsnatur des Auftrages). Hingegen betrifft die Vollmacht nur das Außenverhältnis zu Dritten, also die Frage, ob der Bevollmächtigte (Vertreter) für den Machtgeber (Vertretenen) durch Auftreten in dessen Namen unmittelbar rechtsgeschäftliche Wirkungen herbeiführen kann. Da die **Bevollmächtigung** nur eine Macht (ein **„Können"**) des Machthabers bewirkt, ihn aber nicht zum Handeln verpflichtet, kann sie durch **einseitige** Erklärung, also ohne Zustimmung des Bevollmächtigten, erteilt werden. Das rechtsgeschäftliche Handeln des Bevollmächtigten bindet den Vertretenen prinzipiell auch dann, wenn der Machthaber dem Auftrag zuwider gehandelt hat („Abstraktheit der Vollmacht").

Mit Auftrag und Vollmacht eng verwandt ist die gesetzlich nicht geregelte **Ermächtigung.** Sie betrifft nur das Innenverhältnis zwischen Machtgeber und Machthaber und bewirkt, daß dieser im eigenen Namen für den Machtgeber tätig werden darf, ohne hiezu verpflichtet zu sein. Daher kommt die Ermächtigung schon durch **einseitige** Willenserklärung zustande. Sie ist die Erlaubnis, im eigenen Namen für fremde Rechnung zu handeln. Ein wichtiger Fall ist die **Verfügungsermächtigung** (Veräußerungsermächtigung). Macht der Ermächtigte davon Gebrauch, so treten beim Ermächtigenden sogar unmittelbar Rechtswirkungen ein, obwohl nicht in seinem Namen gehandelt wurde (vgl hiezu Bd I S 327).

Das Gesetz bezeichnet den Auftraggeber (Vollmachtgeber) als Machtgeber, den Beauftragten (Bevollmächtigten) als Machthaber.

Gemäß § 1003 sind Personen, die zur Besorgung bestimmter Geschäfte **öffentlich bestellt** sind (zB Rechtsanwälte, Ziviltechniker) zwar nicht verpflichtet, einen Auftrag, der sich auf ihren Geschäftsbereich bezieht, zu übernehmen, sie müssen aber unverzüglich **antworten,** ob sie ihm entsprechen wollen oder nicht, widrigenfalls sie dem Auf-

---

[2]) Zur Rechtsnatur von Unternehmensberaterverträgen s OGH in JBl 2000, 441 *(Staudegger);* zu den Vertretungsbefugnissen des Unternehmensberaters s OGH in RdW 2003/618.

traggeber den durch die Verzögerung entstandenen Schaden ersetzen müssen.

Übernahmepflichten, die nach anderen Gesetzen bestehen, bleiben unberührt. Vgl zB die §§ 33ff NO.

Die im folgenden dargestellten Regeln des Auftragsrechts sind vielfach durch gesetzliche Berufsordnungen modifiziert. Dies gilt zB für Rechtsanwälte (RAO), Notare (NO), Wirtschaftstreuhänder (WTBO) uä. Für solche Berufe bestehen auch durch Gesetz oder Verordnung erlassene Tarife, die den Honoraranspruch regeln.

Der Auftrag kann entgeltlich oder unentgeltlich sein.

B. Pflichten des Beauftragten

Der Beauftragte hat das Geschäft dem Auftrag entsprechend **sorgfältig** auszuführen, dabei immer die **Interessen** des Auftraggebers zu wahren (§ 1009)[3]) und nötigenfalls dessen **Weisungen** einzuholen[4]).

Würde allerdings die genaue Befolgung einer Weisung des Auftraggebers diesen schädigen und ist wegen Gefahr im Verzug eine Rückfrage nicht möglich, so trifft den Beauftragten die Pflicht, selbständig im Interesse des Auftraggebers zu handeln[5]).

Soweit die Interessen des Auftraggebers es erfordern, hat er gegenüber Dritten die Verschwiegenheit zu wahren.

Den Beauftragten treffen somit gegenüber dem Auftraggeber umfassende Pflichten, die mit Schlagworten wie Geschäftsbesorgung, Interessenwahrung, Gehorsam, Treue und Verschwiegenheit zusammengefaßt werden.

Der Beauftragte hat den Auftrag **persönlich** auszuführen und darf ihn nur ausnahmsweise weitergeben[6]). Eine solche **„Substitution"** ist zulässig, wenn sie der Auftragnehmer **gestattet** oder wenn sie durch die Umstände **unvermeidlich** wird (§ 1010)[7]). Bei erlaubter Substitution haftet der Beauftragte nur für ein Verschulden bei der Auswahl[8]); bei unerlaubter Weitergabe wird er für jeden Schaden verantwortlich, der sonst nicht eingetreten wäre[9]).

---

[3]) Zu Sonderfällen solcher Pflichten zB *Fenyves,* Die Haftung des Immobilienverwalters, wobl 1992, 213. Vgl auch OGH in EvBl 1988/5; ÖBA 1991, 666 *(Avancini);* zu den Aufklärungs- und Informationspflichten des Notars vgl OGH in RdW 2001/301; RdW 2003/204; zu jenen des Rechtsanwaltes vgl OGH in AnwBl 1991, 51 *(Pritz);* RdW 2001/430; RdW 2002/342; JBl 2002, 585; zu den Pflichten der Bank im Überweisungsverkehr s OGH in ÖBA 2001, 960 *(Koch);* RdW 2003/252.

[4]) Vgl OGH in RdW 1983, 106; wbl 1987, 212.

[5]) *Ehrenzweig* II/1, 556; *Stanzl* in Klang IV/1, 822. Vgl auch OGH in ZAS 1985/7 *(Beck-Mannagetta).*

[6]) Vgl *Popp,* Das Heranziehen Dritter zur Erfüllung von Bankaufträgen, ÖBA 2003, 589.

[7]) Dazu *W. Hofer,* Substitution und Untervertretung, JBl 1980, 625.

[8]) Dazu OGH in AnwBl 1991, 116.

[9]) S OGH in SZ 69/115.

Substitution ist die gänzliche Weitergabe des Auftrags[10]). Der Erstbeauftragte löst sich damit aus seiner Verpflichtung und kann dem neuen Beauftragten keine Weisungen erteilen[11]). Davon unterscheidet sich der Einsatz eines Erfüllungsgehilfen, der den Weisungen des Geschäftsherrn untersteht. Er ist dem Beauftragten mangels anderer Vereinbarung erlaubt[12]). Dieser haftet aber dem Auftraggeber für jedes Verschulden des Gehilfen (§ 1313 a)[13]).

Insichgeschäft und **Doppelvertretung** sind gewöhnlich unzulässig, s Bd I S 215f.

Der Beauftragte **haftet,** wenn er die Ausführung des Geschäftes schuldhaft vereitelt[14]) oder sonst seine **Pflichten** schuldhaft verletzt. Insbesondere wird er schadenersatzpflichtig, wenn er den Auftrag überschreitet oder von Weisungen abweicht (§ 1012). Auch bei Unentgeltlichkeit des Auftrags ist im Zweifel für jedes Verschulden einzustehen[15]).

Der Beauftragte muß, da er auf Rechnung des Auftraggebers handelt, diesem jeden Vorteil **herausgeben**[16]) (§ 1009) und ihm zur gehörigen Zeit **Rechnung** legen[17]) (§ 1012).

Der Beauftragte darf ohne Willen des Auftraggebers in Rücksicht auf die Geschäftsverwaltung von Dritten keine Geschenke annehmen[18]). Sie werden zugunsten der öffentlichen Fürsorge eingezogen (§ 1013).

C. Pflichten des Auftraggebers

1. Entgelt, Aufwand, Vorschuß

Der Auftraggeber ist verpflichtet, dem Beauftragten das ausdrücklich oder stillschweigend – zB nach dem Stand des Beauftragten[19]) – vereinbarte (§ 1004) oder das gesetzlich gebührende (zB § 354 Abs 1 UGB)[20]) **Entgelt** (Honorar) zu zahlen; ihm die zur Besorgung des Geschäftes gemachten notwendigen und nützlichen **Aufwendungen**[21]) zu ersetzen sowie einen **Vorschuß** zur Bestreitung der Barauslagen zu leisten[22]) (§ 1014). Der Aufwandersatz gebührt auch dann, wenn der Auf-

---

[10]) Vgl dazu *Stanzl* in Klang IV/1, 825ff; *W. Hofer,* JBl 1980, 635f, 638f. Einschränkend OGH in SZ 69/115; *Strasser* in Rummel § 1010 Rz 4 (zur Abgrenzung vgl Rz 2ff).

[11]) Vgl OGH in ÖBA 2003, 381.

[12]) Vgl OGH in RdW 1998, 398.

[13]) Vgl OGH in ÖBA 2001, 328 *(Apathy).*

[14]) Vgl OGH in JBl 1997, 244.

[15]) *Stanzl* in Klang IV/1, 837.

[16]) S OGH in MietSlg 28.097; RdW 1984, 40; JBl 1987, 248; vgl auch OGH in JBl 1997, 244; RdW 2000/642.

[17]) OGH in JBl 1982, 330; JBl 1987, 174 *(Call);* RdW 1988, 385; RdW 2000/712 (Fälligkeit mit objektiv möglicher Rechnungslegung); RdW 2002/70 (Inkassogesellschaft). Zum Gebäudeverwalter s OGH in JBl 1987, 176; wobl 1992, 39 *(Call).*

[18]) Dazu *Krejci/Ruppe/Schick,* Unerlaubte Provisionen, Zuwendungen und Vorteile im Straf-, Privat- und Steuerrecht (1982) 54ff, 64ff.

[19]) OGH in AnwBl 1992, 326 *(Pritz)* und 678.

[20]) Vgl OGH in RdW 1985, 245.

[21]) Vgl OGH in JBl 1976, 588; SZ 63/92. S auch OGH in RdA 1991, 145 *(Egger).*

[22]) S auch OGH in SZ 58/158; SZ 64/70.

trag ohne Verschulden des Beauftragten erfolglos geblieben ist[23]). Bei vorzeitiger Beendigung des Verhältnisses durch Widerruf oder Zufall ist ein entsprechender Teil des Entgelts zu leisten. S unten D.

2. Schadenersatzpflichten

Der Auftraggeber haftet nach allgemeinen Regeln für den durch eine **schuldhafte** Vertragsverletzung dem Beauftragten zugefügten Schaden.

Darüber hinaus muß er dem Machthaber allen mit der Erfüllung des Auftrags verbundenen Schaden vergüten (§ 1014).

Jemand übernimmt es, mit bekannt gefährlichen Geschäftspartnern zu verhandeln und wird dabei verletzt.

Die hM versteht diese Ersatzpflicht als **verschuldensunabhängige Risikohaftung**[24]) für typische Gefahren des aufgetragenen Geschäftes, die so eng mit dem aufgetragenen Geschäft an sich verknüpft sind, daß sie der Auftraggeber tragen soll.

Der in § 1014 zum Ausdruck kommende Gedanke wird vielfach auf Fälle angewendet, in denen jemand seine Güter in fremdem Interesse Gefahren aussetzt. So stützt die Rsp auf § 1014 auch die Ersatzansprüche von Arbeitnehmern gegen den Arbeitgeber aus der zufälligen Beschädigung des eigenen, im Dienst verwendeten Kfz[25]) (s unten S 252). Zur Anwendung bei der Geschäftsführung ohne Auftrag s unten S 394.

Die Risikohaftung des § 1014 ist allerdings auf „auftragstypische Zufälle" beschränkt. Erleidet der Gewalthaber sonst zufällige, also **atypische** Schäden, so hat er nur beim unentgeltlichen Auftrag einen Ersatzanspruch. Dieser ist mit der Höhe des Betrages begrenzt, der ihm bei einem entgeltlichen Vertrag als Vergütung gebührt hätte (§ 1015).

D. Beendigung

Der Auftrag kann jederzeit durch **Widerruf** des Auftraggebers beendet werden (§ 1020), wenn er nicht unwiderruflich erteilt ist. Bei Widerruf vor Ausführung des Auftrages muß der Auftraggeber dem Beauftragten

---

[23]) Trifft den Auftragnehmer hingegen ein Verschulden an der Wertlosigkeit der Leistung hat er keinen Honoraranspruch, s dazu OGH in SZ 2002/46; zur Rückforderung des Honorars s OGH in JBl 2000, 590 *(Rummel).*

[24]) *Fitz,* Risikozurechnung bei Tätigkeit im fremden Interesse (1985); *Bydlinski,* Die Risikohaftung des Arbeitgebers (1986); *Beer,* Risikohaftung bei Verschulden des Arbeitnehmers, ecolex 1991, 44; *Tomandl,* Grundlagen und Grenzen der verschuldensunabhängigen Arbeitgeberhaftung, ZAS 1991, 37; *Oberhofer,* Der Ersatzanspruch bei Schäden wegen Tätigkeit in fremdem Interesse, ÖJZ 1994, 730; *derselbe,* Die Risikohaftung wegen Tätigkeit in fremdem Interesse als allgemeines Haftungsprinzip, JBl 1995, 217; *derselbe,* Außenhaftung des Arbeitnehmers (1996); *Faber,* Risikohaftung im Auftrags- und Arbeitsrecht (2001); *Neumayr,* Haftung für Sachschäden im Zusammenhang mit der Überlassung von Arbeitskräften (§ 7 öAÜG, § 1014 ABGB), Kramer-FS (2004) 757.

[25]) Zur Frage, wann dem Arbeitnehmer Ersatz für Körperschäden gebührt (vgl § 333 ASVG), s unten S 363.

die in der Zwischenzeit entstandenen Kosten und den erlittenen Schaden ersetzen und einen entsprechenden Teil des Honorars entrichten.

Da der Auftrag ein Vertrauensverhältnis voraussetzt, ist ein Widerruf aus wichtigem Grund sogar bei vereinbarter Unwiderruflichkeit jederzeit möglich[26]). Zur Unwiderruflichkeit s Bd I S 210f.

Der Beauftragte kann das Verhältnis jederzeit **kündigen** (§ 1021); er muß aber unaufschiebbare Geschäfte weiterführen, bis vom Machtgeber eine andere Verfügung getroffen werden kann (§ 1025) und den durch die vorzeitige Auflösung entstandenen Schaden ersetzen.

Der Auftrag erlischt weiters, wenn die Vollendung des Geschäfts durch Zufall vereitelt wird. Dem Beauftragten gebührt dann Ersatz wie bei vorzeitigem Widerruf.

In der Regel wird der Auftrag durch den **Tod** des Auftraggebers oder des Beauftragten[27]) beendet (§ 1022), s auch unten S 447. Auch beim Tod des Auftraggebers muß der Beauftragte unaufschiebbare Geschäfte weiterführen. Der Auftrag erlischt nicht durch den Tod des Auftraggebers, wenn sich die Vollmacht auch auf seinen Tod erstreckt[28]) oder wenn sich das angefangene Geschäft ohne offenbaren Nachteil der Erben nicht unterbrechen läßt.

Der Auftrag erlischt durch den **Konkurs** des Auftraggebers (§ 1024 Satz 1; § 26 Abs 1 KO)[29]), ob auch durch jenen des Beauftragten (§ 1024 Satz 2), ist strittig[30]).

Für einige Arten des Auftrages gelten besondere Regeln. Vgl insbesondere die Regelungen zum Handelsvertreter und Handelsmakler im Handelsrecht.

VIII. Der Trödelvertrag (§§ 1086ff)

Literatur: *R.-Ch. Pollak,* Rechtsfragen des Verkaufsauftrages (§§ 1086–1088 ABGB), JBl 1985, 646; *Schey,* Die Obligationsverhältnisse I/3 (1907), 488ff.

Beim Trödelvertrag (Verkaufsauftrag) übergibt der Eigentümer eine bewegliche Sache dem Übernehmer (Trödler), der sie innerhalb einer be-

---

[26]) Vgl *Stanzl* in Klang IV/1, 868; *Strasser* in Rummel §§ 1020ff Rz 4 mwN. Vgl auch oben S 9.

[27]) Wurden zwei Rechtsanwälte gemeinsam beauftragt, so beendet der Tod des einen mangels entsprechender Vereinbarung nicht den Auftrag des anderen: OGH in SZ 71/95.

[28]) Dazu OGH in JBl 1991, 244; SZ 64/13; ebenso wenn der Auftrag nach dem Vertrag eindeutig über den Tod des Auftraggebers fortdauern soll, s OGH in RdW 2002/535.

[29]) Vgl dazu auch *Koziol,* Der Überweisungsauftrag im Konkurs des Überweisenden, Schönherr-GedS (1986) 305; hingegen führt die inländische Konkurseröffnung nicht zum Erlöschen des Auftrages wenn sich dieser auf im Ausland befindliches Vermögen bezieht: s OGH in RdW 2002/506.

[30]) Dafür *Stanzl* in Klang IV/1, 876; *Strasser* in Rummel §§ 1020ff Rz 30; *Rabl,* § 1026 ABGB und Konkurs des Machthabers, NZ 1997, 309f; *Gamerith* in Bartsch/Pollak/Buchegger, Österreichisches Insolvenzrecht[4] I (2000) § 26 KO Rz 4 mwN; dagegen *Bartsch/Pollak,* Konkurs-, Ausgleichs-, Anfechtungsordnung[3] I (1937) 149; zweifelnd *Ehrenzweig* II/1, 563.

stimmten Frist zurückzugeben oder für sie den im voraus bestimmten Kaufpreis zu zahlen hat (§ 1086).

Der Verkaufsauftrag ist ein **Realvertrag,** er kommt mit Übergabe der Sache zustande. Siehe Bd I S 185.

Nach Verstreichen der Frist hat der Trödler kein Wahlrecht mehr, er wird **Eigentümer** und muß den **Kaufpreis** entrichten. Mit diesem Zeitpunkt oder dem früheren Eigentumserwerb eines Dritten geht auch die Preisgefahr über. Vorher trägt sie der Übergeber, so daß der Trödler den Preis nicht zu zahlen braucht, wenn die Sache durch Zufall untergeht[1]).

Betrifft die Vereinbarung eine unbewegliche Sache oder ist der Preis oder die Zahlungsfrist nicht bestimmt, so liegt kein Trödelvertrag, sondern ein Auftrag vor (§ 1088)[2]).

Der Trödler ist berechtigt, die Sache im **eigenen Namen** und auf **eigene Rechnung** zu veräußern. Der Dritte erwirbt also Eigentum, obwohl der Trödler (vor Ablauf der gesetzten Frist) selbst nicht Eigentümer ist. Dies ist eine oft zitierte Ausnahme von dem Grundsatz (§ 442), daß niemand mehr Rechte übertragen kann, als er selber hat („Nemo plus iuris transferre potest, quam ipse habet"). Die Verschaffung des Eigentums durch den Trödler beruht auf einer mit dem Verkaufsauftrag verbundenen **Verfügungsermächtigung.** S oben S 167.

Es ist daher irreführend, wenn § 1088 für den Eigentumserwerb des Dritten § 367 zitiert. Dieser hat nur dann Bedeutung, wenn der Trödler keine Verfügungsermächtigung erhalten hat oder sie überschreitet[3]).

Während des Laufes der Zeit ist der Übergeber an den Vertrag gebunden, er kann die Sache nicht zurückfordern. Der Trödler ist im Zweifel vor Ablauf der Frist nicht nur zur Weiterveräußerung, sondern auch zum „Selbsteintritt" berechtigt, den er durch Erklärung gegenüber dem Übergeber vollzieht[4]).

Vom Auftrag und vom Kommissionsgeschäft nach den §§ 383ff UGB unterscheidet sich der Trödelvertrag dadurch, daß der Trödler den vereinbarten Preis ohne Rücksicht darauf abzuliefern hat, ob er vom Dritten mehr oder weniger erhält oder gar nicht weiterverkauft[5]).

IX. Der Bestandvertrag (§§ 1090ff)

13. Auflage bearbeitet von Univ.-Prof. Dr. *Martin Schauer*

Literatur: Bundesministerium für Justiz (Hrsg), Erneuerung des Wohnrechts (2000); *Call,* Mietrecht und Wohnungseigentum (1983); *Hausmann/Vonkilch* (Hrsg),

---

[1]) Zweifelnd *Rabl,* Die Gefahrtragung beim Kauf (2002) 330f mwN.

[2]) Zum Verhältnis § 1088 – Bevollmächtigungsvertrag vgl OGH in EvBl 1975/194; RdW 1994, 102; JBl 1994, 617 = ecolex 1994, 13 *(Wilhelm); Pollak,* JBl 1985, 655f.

[3]) S dazu *Bydlinski,* Der Inhalt des guten Glaubens beim Erwerb vom Vertrauensmann des Eigentümers, JBl 1967, 356ff; *Frotz,* Aktuelle Probleme des Kreditsicherungsrechts (1970) 43ff.

[4]) *Pollak,* JBl 1985, 652f; vgl aber OGH in SZ 2/128.

[5]) S OGH in JBl 1994, 617 = ecolex 1994, 13 *(Wilhelm).*

Österreichisches Wohnrecht – Kommentar MRG und WEG (Loseblattausgabe 2002 ff); *Korinek/Krejci* (Hrsg), Handbuch zum Mietrechtsgesetz (1985); *Würth/Zingher/Kovanyi,* Miet- und Wohnrecht[21] (2004).

A. Begriffe und Abgrenzungen

Das ABGB faßt **Miete** und **Pacht** unter dem Begriff **Bestandvertrag** zusammen. Charakteristischer Geschäftsinhalt ist die **„Gebrauchsüberlassung gegen Entgelt"** (§ 1090). Als Konsensualvertrag kommt der Bestandvertrag, unabhängig von der Übergabe der Sache, durch Einigung über die Bestandsache und den Zins zustande (§ 1094). Gegenstand sind unverbrauchbare, bewegliche oder unbewegliche, körperliche oder unkörperliche Sachen (§ 1093), zB Autos, Bücher („Leihbücherei"), ganze Unternehmen, Jagd- und Fischereirechte; aber auch unselbständige Bestandteile, zB Wohnungen oder Autoabstellplätze[1]) oder Mauerflächen (zB für Werbezwecke). Der Zins muß wie der Kaufpreis bestimmbar sein (§ 1092)[2]).

Das Entgelt besteht allerdings nicht notwendigerweise ausschließlich in Geld. So wird bei der „Dienst-" oder „Naturalwohnung" für die Gebrauchsüberlassung ein Teil der Arbeitskraft geleistet[3]). S auch § 1 Abs 2 Z 2; § 28 MRG[4]).

Miete ist die entgeltliche Überlassung einer Sache zum bloßen Gebrauch; Pacht die entgeltliche Überlassung einer Sache zu Gebrauch und Fruchtbezug (Nutzung).

Diese Grenzziehung liegt auch dem ABGB zugrunde, obwohl sie dort nur unzulänglich zum Ausdruck kommt, vgl § 1091. Das ABGB behandelt **Miete und Pacht** meist gleich und sieht nur wenige Unterschiede vor: Nur bei Miete unbeweglicher Sachen ist die Zinsbefreiung wegen Unbrauchbarkeit unabdingbar (§ 1096 Abs 1); bei der Miete wird die Tragung von Lasten anders verteilt als bei der Pacht (§ 1099); vgl auch §§ 1101 und 1115. Weitaus wichtiger ist die Unterscheidung zwischen Miete und Pacht für die Anwendung der bestandrechtlichen Sondergesetze, insbesondere des MRG, weil diesem Gesetz nur Mietverträge, aber keine Pachtverträge unterliegen (dazu unten S 218).

Miete ist die Überlassung einer Wohnung, eines Fernsehgerätes, eines PKW; Pacht hingegen die Überlassung eines Unternehmens, eines Bauernhofes oder einer Arztpraxis. Weist ein Vertrag Elemente beider Typen auf, so entscheidet das Überwiegen (§ 1091 letzter Satz); es handelt sich dabei um einen Anwendungsfall der Absorptionstheorie (dazu oben S 14). Ein Vertrag kann auch die Elemente eines Bestandvertrags und eines anderen Vertragstypus aufweisen. So enthält beispielsweise der Mobilfunkvertrag die Elemente eines freien Dienstvertrags und eines Mietvertrags (hinsichtlich der Nutzung des Mobilfunknetzes)[5]).

---

[1]) *Sprung/König,* Bestimmbarkeit der Bestandsache und Garagen-Kurzparkvertrag, RdW 1986, 200; OGH in SZ 68/79; immolex 2000/99.

[2]) Dazu *Binder* in Schwimann, § 1092 Rz 66 ff mwN.

[3]) Zur Abgrenzung zwischen Dienstvertrag und Miete *Binder* in Schwimann, § 1090 Rz 47 ff; *Würth* in Rummel, § 1090 Rz 10 ff, §§ 1092–1094 Rz 17.

[4]) Zu diesem OGH in SZ 71/55.

[5]) OGH in JBl 2005, 735; vgl auch *Zankl,* Qualifikation und Dauer von Mobilfunkverträgen, ecolex 2005, 29.

Überläßt der Mieter oder Pächter einem anderen den Gebrauch am Bestandgegenstand, so besteht zwischen dem ersten und dem zweiten Bestandnehmer ein **Untermiet- oder Unterpachtverhältnis.**

Von der **Leihe** unterscheidet sich die Miete durch die Entgeltlichkeit[6]); ferner ist die Leihe ein Realvertrag. Ein unentgeltliches Gegenstück zur Pacht kennt das ABGB nicht; bei solchen Verträgen müssen neben den Regeln über die Pacht auch die Grundgedanken unentgeltlicher Geschäfte (Schenkung, Leihe) beachtet werden.

Der Unentgeltlichkeit schadet es allerdings nicht, wenn dem Verleiher die durch den Gebrauch verursachten Kosten ersetzt werden (vgl § 981) oder nur ein „Anerkennungszins" gezahlt wird[7]). Letzterer ist kein Entgelt, sondern wird zur Anerkennung des Eigentums des Verleihers entrichtet und verhindert so eine Ersitzung durch einen gutgläubigen Benützer. Der „Anerkennungszins" muß jedoch im Verhältnis zum ortsüblichen Zins sehr niedrig sein, sonst sind die bestandrechtlichen Regeln, insbesondere die zwingenden Bestimmungen des MRG, anzuwenden (Umgehungsgeschäft, vgl Bd I S 147 und S 175ff).

Strittig ist die Rechtsnatur der sog Abbauverträge, zB der entgeltlichen Überlassung von Grundstücken zur Gewinnung von Steinen, Schotter, Sand uä. Sie können nicht eindeutig den Bestandverhältnissen zugezählt werden, weil sie sich nicht auf Gebrauch oder Fruchterwerb beschränken, sondern im Laufe der Zeit zu einer Verminderung der Substanz der Liegenschaft führen. Es handelt sich um einen gemischten Vertrag, der ein Dauerschuldverhältnis erzeugt, auf welches je nach der zu beurteilenden Frage die pacht- oder die kaufrechtlichen Regeln anzuwenden sind[8]).

Wenn mehrere Miteigentümer einer Sache den Gebrauch „verteilen", liegt gewöhnlich eine Benützungsvereinbarung vor (hiezu in Bd I S 295f), doch kann ein Miteigentümer die gemeinsame Sache auch ganz oder teilweise mieten[9]).

B. Mieter- und Pächterschutz

Die bestandrechtlichen Regeln des ABGB wurden seit dem Ersten Weltkrieg durch Sondergesetze zugunsten der Mieter und Pächter unbeweglicher Sachen weitgehend verdrängt[10]): Sie gelten nur, wenn die Sondergesetze nicht anwendbar sind oder soweit diese keine Regelung enthalten; dann sind auf ein Mietverhältnis sowohl die Bestimmungen des MRG als auch jene des ABGB anzuwenden, zB § 1101.

1. Das MietrechtsG 1981

a) Allgemeines

Wichtigstes der heute geltenden Sondergesetze ist das MietrechtsG 1981 (MRG), das das frühere MietenG 1922 abgelöst hat. Es wurde bereits mehrfach novelliert, zuletzt vor allem durch die Mietrechtsnovelle

---

[6]) Vgl dazu *Binder* in Schwimann § 1090 Rz 34ff; vgl auch *Würth* in Rummel § 1090 Rz 9.

[7]) OGH in SZ 63/31; wobl 2006, 228 *(Prader);* vgl auch *Würth/Zingher/Kovanyi,* Miet- und Wohnrecht[21] § 1 MRG Rz 13.

[8]) OGH in JBl 1975, 145 *(Bydlinski);* MietSlg 48.150.

[9]) Zur Abgrenzung etwa *Binder* in Schwimann § 1090 Rz 16ff; vgl auch *Hoyer,* Aufkündigung von Bestandverhältnissen bei Miteigentum, wobl 1991, 152f mwN; OGH in SZ 69/90.

[10]) Vgl *Stampfer,* Die Anfänge des Mieterschutzes in Österreich (1995).

2001 (BGBl I 2001/161)[11]) und die Wohnrechtsnovelle 2006 (BGBl I 2006/124)[12]). Das MRG schützt den Mieter hauptsächlich auf zweifache Weise: Erstens durch sehr weitgehende Einschränkungen der Kündigung durch den Vermieter (**Bestandschutz;** §§ 29ff MRG). Zweitens durch Festlegung von **Mietzinsobergrenzen** (§§ 16ff; 26 MRG). Die Regeln des MRG zum Schutz des Mieters sind weitgehend **zwingend.**

Das MRG unterliegt häufigen Novellierungen und enthält daher viele und komplizierte Regeln, die den zeitlichen Geltungsbereich der einzelnen Bestimmungen festlegen (§§ 43ff, §§ 49aff, II. Abschnitt des 3. WÄG etc). Die folgende Darstellung beruht auf der geltenden Rechtslage. Bei älteren Mietverträgen muß aber immer geprüft werden, ob auch frühere Bestimmungen anzuwenden sind.

b) Anwendungsbereich

aa) Allgemeines

Das MRG regelt die Miete von Wohnungen, Wohnungsteilen und Geschäftsräumen aller Art samt den dazu gehörigen Haus- oder Grundflächen (Hausgärten, Abstell-, Lade- oder Parkflächen), sowie genossenschaftliche Nutzungsverträge über solche Objekte (§ 1 Abs 1 MRG)[13]).

Das MRG bezieht sich nur auf **Mietverträge,** nicht auf Pachtverträge[14]). Große praktische Bedeutung hat dabei die Abgrenzung zwischen Geschäftsraummiete und **Unternehmenspacht**[15]), da nur der Mieter den Schutz des MRG genießt. Während das Unternehmen eine fruchtbringende Gesamtsache ist, dient ein Raum nur dem Gebrauch. Wird eine „lebende Organisation“ überlassen, die einen „Ruf“, einen Kundenkreis, ein Warenlager, Forderungen usw besitzt, so ist Pacht anzunehmen. Sind hingegen nur körperliche Sachen vorhanden, zB das Inventar eines schon stillgelegten Betriebes, so liegt Miete vor. Ein wichtiges Indiz für Pacht ist nach der Rechtsprechung eine dem Pächter auferlegte Betriebspflicht[16]).

---

[11]) Dazu *Stabentheiner,* Die Mietrechtsnovelle 2001, wobl 2002, 1ff; *Vonkilch,* Die Neuerungen der MRG-Novelle 2001 und ihr Beitrag zur Konsolidierung des Mietrechts, immolex 2002, 39ff.

[12]) Ausführlich *Stabentheiner,* Die miet- und wohnungseigentumsrechtlichen Teile der Wohnrechtsnovelle 2006 (Teil 1), wobl 2006, 241ff.

[13]) Näher *T. Hausmann* in Hausmann/Vonkilch, Wohnrecht § 1 MRG Rz 44ff; vgl auch *Bernat,* Zum Geltungsbereich des Mietrechtsgesetzes (§ 1 MRG), in Korinek/Krejci, Handbuch 31; *Würth,* Zur Anwendbarkeit des Mietrechtsgesetzes, wobl 1989, 129; *H. Böhm/Schuster,* Probleme der Mietrechtsgeltung, wobl 1989, 1 und 30. Hinsichtlich der genossenschaftlichen Nutzungsverträge ist die Verzahnung mit dem WGG zu beachten.

[14]) S *Vonkilch,* Unterliegen Generalpachtverträge dem MRG? wobl 2003, 317ff.

[15]) Ausführlich *T. Hausmann* in Hausmann/Vonkilch, Wohnrecht § 1 MRG Rz 29ff; *Binder* in Schwimann § 1091 Rz 9ff; *Würth* in Rummel § 1091 Rz 2f; vgl auch *Degelsegger,* Geschäftsraummiete und Unternehmenspacht – eine Analyse im Spiegelbild der Rechtsprechung, wobl 1998, 5, 33; kritisch zu den Abgrenzungskriterien *Vonkilch,* Kündigungsschutz für Bestandverträge auf Bahnhöfen und Flughäfen, wobl 2004, 263ff.

[16]) OGH in wobl 2004, 285 *(Vonkilch);* SZ 2002/160 = wobl 2004, 346 *(Werkusch);* wobl 2005, 137 *(Lukas);* wobl 2005, 172 *(Hausmann);* wobl 2005, 205; vgl aber auch OGH in wobl 2004, 282 *(Vonkilch).*

Außerdem spricht es für Unternehmenspacht, wenn der Zins von der Höhe des Umsatzes abhängt[17]) oder die Konzession (Gewerbeberechtigung) mitüberlassen wird[18]).

Heftig umstritten ist die Beurteilung von Verträgen in Einkaufszentren. Während der OGH[19]) und Teile der Lehre[20]) den Vertrag zwischen dem Betreiber des Einkaufszentrums und dem Geschäftsinhaber als Pachtvertrag ansehen, nehmen andere einen Mietvertrag an, der dem MRG unterliegt[21]).

Das MRG erfaßt nur die **Raummiete**[22]). Diese liegt aber auch vor, wenn eine Liegenschaft samt Gebäude, das Wohn- oder Geschäftszwekken dient, vermietet wird[23]), soweit nicht die wirtschaftliche Bedeutung des Gebäudes deutlich nachrangig ist (wie zB bei einer Wärterhütte auf einem Parkplatz)[24]). Auf die reine Flächenmiete (Miete eines unbebauten Grundstücks) ist das MRG nicht anwendbar. Wird jedoch ein Grundstück zur Errichtung eines Wohn- oder Geschäftsraumsuperädifikates gemietet, so gilt das MRG analog[25]).

Räume, die zur Ausübung einer Freizeitbeschäftigung gemietet werden („Hobbyräume"), sind weder Wohnung noch Geschäftsräumlichkeiten; ihre Miete unterliegt nicht dem MRG[26]).

Die Unterscheidung von Geschäftsraum- und Wohnungsmiete hat vor allem für die Mietzinsobergrenzen, die Zulässigkeit von Befristungen und den Kündigungsschutz

---

[17]) OGH in wobl 2005, 172 *(Hausmann);* wobl 2005, 205; vgl aber auch OGH in SZ 62/191.

[18]) OGH in NZ 1993, 84.

[19]) Zuletzt OGH in wobl 2006, 55 (*Schauer*); zuvor ebenso SZ 70/184; SZ 73/180.

[20]) *Kletečka,* Der Pachtvertrag im Einkaufszentrum, immolex 2006, 6ff, 38ff; *B. Jud,* Bestandverträge in Einkaufszentren, wobl 2005, 121ff; *Karollus/Lukas,* Zur Qualifikation von Bestandverträgen in Einkaufszentren, wbl 2005, 341ff; *Oberhammer,* Bestandverträge in Einkaufszentren: Miete oder Pacht? wobl 2005, 293ff; *T. Hausmann* in Hausmann/Vonkilch, Wohnrecht § 1 Rz 39; vgl ferner mit zT anderer dogmatischer Begründung *Schauer,* wobl 2005, 56ff.

[21]) *Reich-Rohrwig,* Geschäftsraummiete, Unternehmenspacht und Bestandverhältnisse in Einkaufszentren, Koppensteiner-FS 629ff; *Vonkilch,* Bestandverträge in Einkaufszentren: Geschäftsraummiete oder Unternehmenspacht? wobl 2005, 105; *Iro,* Die Rechtsnatur von Bestandverträgen in Einkaufszentren, RdW 2005, 666ff; *Riss,* Einkaufszentren und die Absorptionstheorie, RdW 2006, 6ff; *Wilhelm,* Einkaufszentren: Pacht ohne Pachtobjekt, ecolex 2006, 15ff; *Iro/Riss,* Gebrauchsüberlassung in Einkaufszentren: Miete, Pacht oder Gesellschaft? RdW 2006, 415ff; vgl mit anderer dogmatischer Begründung auch *Fenyves,* Einkaufszentren, Privatautonomie und Vertrauensschutz, wobl 2006, 1ff.

[22]) Zur erforderlichen Umgrenzung s OGH in wobl 1991, 10 (*Call* und *Würth*) und 190; ecolex 2006/15 *(Rausch);* vgl auch immolex 2006/47 *(Pfiel).*

[23]) OGH in JBl 1985, 363; MietSlg 39.206.

[24]) Vgl OGH in wobl 1993, 54 *(Call).*

[25]) *Bydlinski,* Superädifikate und Kündigungsschutz, JBl 1984, 241ff; OGH in wobl 2006, 147 *(T. Hausmann);* SZ 2004/161 = wobl 2005, 308 *(Schauer);* wobl 2005, 312; aA *Holzner,* Gutgläubiger Rechtserwerb an Nebensachen, JBl 1994, 600ff*; Kletečka,* Die Analogie zum MRG beim Superädifikat, wobl 2001, 129; *Rechberger/Oberhammer,* Das Superädifikat, in Kletečka/Rechberger/Zitta, Bauen auf fremdem Grund[2] Rz 60; *Rechberger/C. Graf,* Das Superädifikat, immolex 2004, 261ff; *Pletzer,* Dauerbrenner: Superädifikat und Mietrecht, immolex 2005, 114ff.

[26]) OGH in JBl 1990, 48; wobl 1999, 157 *(Prader).*

Bedeutung (vgl §§ 16, 29, 30, auch 10 und 12–14 MRG); sie richtet sich nach dem Zweck des Vertrages, also der Parteiabsicht beim Vertragsabschluß[27]).

Über eine Reihe von Rechten aus dem MRG ist im Außerstreitverfahren zu entscheiden (§ 37 MRG)[28]). In manchen Gemeinden kann es zur Entlastung der Gerichte vor ihrer Anrufung zur Entscheidung durch **„Schlichtungsstellen"** kommen (§§ 39f MRG)[29]).

bb) Ausnahmen

§ 1 Abs 2 MRG nimmt einige **Mietverhältnisse** von der Anwendung des MRG **ganz** aus. Dazu zählen vor allem Vermietungen durch Beherbergungsbetriebe, Garagierungsunternehmen und Studentenwohnheime, weiters die Vermietung von Dienstwohnungen sowie Mietverträge, deren Befristung ein halbes Jahr nicht übersteigt.

Im einzelnen sind dies Vermietungen im Rahmen bestimmter Betriebe, zB Beherbergungs-[30]), Garagierungs-, Lagerhaus-[31]), Verkehrs-[32]) oder Flughafenunternehmen[33]), und bestimmter Heime, zB solchen für ledige oder betagte Menschen[34]), jugendliche Arbeitnehmer oder Studenten (Z 1 leg cit)[35]), sowie für die Vermietung von Wohnungen und Wohnräumen, die von einer karitativen oder humanitären Organisation im Rahmen sozialpädagogisch betreuten Wohnens vermietet werden (Z 1a). Die Ausnahme gilt ferner für Dienstwohnungen (Z 2 leg cit)[36]), für bestimmte kurzfristige Mietverträge, deren vereinbarte Dauer ein halbes Jahr nicht übersteigt (näher Z 3), sowie für Zweitwohnungen, die der Erholung oder Freizeitgestaltung dienen (Z 4 leg cit). Ausgenommen sind ferner Mietgegenstände in einem Gebäude, mit nicht mehr als zwei selbständigen Wohnungen oder Geschäftsräumlichkeiten („Ein- oder Zweiobjektegebäude"), wobei nachträglich geschaffene Dachbodenausbauten nicht zählen (Z 5)[37]).

---

[27]) Zur Abgrenzung *Würth/Zingher/Kovanyi,* Miet- und Wohnrecht[21] § 1 MRG Rz 34ff.

[28]) IdF WohnAußstrGBeglG (BGBl I 2003/113). Zur Anpassung an das neue AußStrG *Stabentheiner,* Das Wohnrechtliche Außerstreitbegleitgesetz, wobl 2004, 1ff, 33ff; *Würth,* Was ist neu am neuen wohnrechtlichen Außerstreitverfahren? wobl 2004, 319ff; *Domej,* Das wohnrechtliche Außerstreitverfahren nach der Außerstreitreform, wobl 2004, 327ff; vgl auch *M. Mohr* in Hausmann/Vonkilch, Wohnrecht § 37 Rz 1ff.

[29]) Vgl dazu *Mayr,* Die Entwicklung der wohnrechtlichen Schlichtungsstellen, wobl 2003, 349ff.

[30]) OGH in ÖJZ-LSK 1998/251; wobl 2001, 316.

[31]) OGH in wobl 2004, 98.

[32]) OGH in SZ 2004/6 = wobl 2004, 270; wobl 2004, 271.

[33]) Vgl dazu *Vonkilch,* wobl 2004, 251ff; *Kletečka,* immolex 2005, 6ff; OGH in wobl 2006, 87 (*Vonkilch*).

[34]) *Schauer,* Seniorenunterkünfte und MRG, wobl 1996, 52; *Barta/Ganner,* Zur Auflösung des Altenheimvertrages durch den Heimträger, wobl 1998, 93; *Rittler,* Behindertenheime und MRG, wobl 2006, 193ff; OGH in wobl 2004, 273 *(Vonkilch);* vgl aber auch OGH in wobl 2005, 229 *(Call).*

[35]) Vgl OGH in wobl 2006, 148.

[36]) OGH in RdA 1994, 156 *(Kürner);* wobl 1991, 59; RdW 1994, 359; JBl 1996, 605; wobl 1997, 186 (beide zu § 20 WGG); *Wolf,* Zur Kündigung von Dienstwohnungen, ecolex 1997, 790; zu den Rechtsfolgen der Veräußerung *Werkusch,* Zum Wechsel des Eigentümers einer Dienstwohnung iSv § 1 Abs 2 Z 2 MRG, wobl 2002, 33ff.

[37]) Vgl dazu *Pittl/Prader,* Mietrechtsnovelle 2001 – Spezielle Fragen des „Ein-oder-Zwei-Objekte-Hauses" und des Dachbodenausbaus, immolex 2002, 235ff.

Die aus dem MRG ausgenommenen Mietverhältnisse unterliegen, soweit keine anderen Schutzvorschriften eingreifen, ausschließlich dem ABGB. Diese Ausnahme besitzt vor allem bei Ein- oder Zweiobjektegebäuden (Z 5) weitreichende Bedeutung, weil in diesen Fällen auch auf Wohnungsmietverträge nur das Bestandvertragsrecht des ABGB anwendbar ist[38]). Ergänzende Schutzvorschriften bestehen jedoch bei Studentenheimen (Studentenheimgesetz, BGBl 1986/291) sowie bei Alten- und Pflegeheimen („Heimverträge": §§ 27bff KSchG).

Gemäß § 1 Abs 4 MRG gelten für bestimmte Mietgegenstände im wesentlichen **nur die §§ 29–36** (Bestandschutz) **und § 14** (Mietrecht im Todesfall), somit insbesondere nicht die Zinsregelungen. Darunter fallen Mietgegenstände, die **ohne öffentliche Mittel** auf Grund einer **nach dem 30. 6. 1953** erteilten Baubewilligung neu errichtet wurden; die in bestimmten, neu errichteten Dachbodenausbauten oder Zubauten gelegen sind (Z 2 und 2a)[39]); ferner Mietgegenstände, die im Wohnungseigentum stehen und in Gebäuden liegen, die auf Grund einer nach dem 8. 5. 1945 erteilten Baubewilligung neu errichtet wurden. Eine ähnliche Regelung enthält § 1 Abs 5 MRG für sog Wirtschaftsparks[40]).

Nur gewisse Bestimmungen des MRG gelten auch dann, wenn eine gemeinnützige Bauvereinigung von ihr errichtete Gebäude vermietet (§ 1 Abs 3 MRG)[41]).

2. Haupt- und Untermiete nach dem MRG

Die Bestimmungen des MRG gelten zum größten Teil nur für den **Hauptmieter.**

Hauptmieten sind die Verträge mit dem Eigentümer[42]) oder Fruchtnießer der Liegenschaft[43]), dem Mieter oder Pächter des ganzen Hauses und dem Wohnungseigentümer. Hauptmiete, und zwar mit allen Liegenschaftseigentümern, entsteht auch bei Vermietung durch einen Wohnungseigentumsbewerber[44]); doch geht mit der Begründung von Wohnungseigentum am Mietgegenstand die Rechtsstellung des Vermieters auf den Wohnungseigentümer über (§ 2 Abs 1 MRG; § 4 WEG)[45]).

In sonstigen Fällen begründet die **Weitergabe** des Gebrauches nur **Untermiete** (§ 2 Abs 2 MRG).

Gewisse Bestimmungen gelten sowohl für die Haupt- als auch für die Untermiete, zB § 27 (verbotene Abreden). Bestandschutz (§§ 29ff) genießt der Untermieter jedoch nur mit der Einschränkung, daß Untermiet-

---

[38]) Vgl dazu *Dirnbacher,* Renaissance des ABGB: Vollausnahmen gemäß § 1 Abs 2 Z 5 MRG, wobl 2003, 65ff.

[39]) Näher *Stabentheiner,* wobl 2006, 245f.

[40]) Zu diesem OGH in RdW 1999, 654; *Dirnbacher,* Gedanken zum Wirtschaftspark, wobl 1995, 78.

[41]) *Würth* in Rummel § 20 WGG Rz 3ff.

[42]) Zur Vermietung durch Miteigentümer s *Hoyer,* wobl 1991, 155ff.

[43]) Der Fruchtnießer einer Wohnung begründet hingegen nur Untermiete s *Iro,* wobl 1994, 126ff; *derselbe,* Vermietung durch den Leasingnehmer: Haupt- oder Untermiete? RdW 1996, 397. OGH in wobl 1991, 73 *(Würth);* EvBl 1992/41; RdW 1996, 406.

[44]) Zur früheren Rechtslage s OGH in EvBl 1991/189; RdW 1993, 109.

[45]) Zu den Rechtsfolgen des Vertragsübergangs *Vonkilch* in Hausmann/Vonkilch, Wohnrecht § 4 WEG Rz 6ff.

verträge in bestimmten Fällen erleichtert gekündigt werden können (vgl § 30 Abs 2 Z 12 MRG).

Überdies kann die Kündigung des Hauptmieters unmittelbar gegen den Untermieter vollstreckt werden (§ 568 ZPO). Dem Untermietzins setzt § 26 MRG eine großzügigere Obergrenze. Vermietet der Hauseigentümer einen Teil seiner eigenen Wohnung, so gilt dies zwar als Hauptmiete, doch ist die erweiterte Kündigungsmöglichkeit bei Untermiete nach § 30 Abs 2 Z 12 MRG anzuwenden („wirtschaftliche Untermiete")[46]).

Den weitgehenden Schutz des Hauptmieters sichert § 2 Abs 3 MRG gegen **Umgehung** ab[47]): Der Untermieter kann vom Vermieter verlangen, als Hauptmieter anerkannt zu werden, wenn der Hauptmietvertrag nur zum Zweck der Untervermietung durch den Hauptmieter und zur Umgehung der einem Hauptmieter nach dem MRG zustehenden Rechte geschlossen wurde.

3. Sonstige Bestandnehmerschutzgesetze

Das LandpachtG 1969 enthält zugunsten der Pächter von Grundstücken, die der landwirtschaftlichen Nutzung oder der Fischerei dienen, Bestimmungen über die Höhe des Zinses und die Vertragsdauer. Ähnlichen Schutz gewährt das KleingartenG 1959 den Pächtern von Grundstücken, die eine bestimmte Größe nicht überschreiten und der nichtgewerblichen Nutzung oder der Erholung gewidmet sind („Schrebergärten")[48]). Das SportstättenschutzG 1990 (BGBl 456) bietet einen Kündigungsschutz bei Mietverträgen über Grundflächen, die von Gebietskörperschaften vor 1986 zum Zweck der Sportausübung an gemeinnützig tätige Personen vermietet wurden[49]). Diese Gesetze werden im folgenden nicht dargestellt.

C. Pflichten des Bestandgebers

1. Nach ABGB

Der Vermieter oder Verpächter ist verpflichtet, die Sache dem Bestandnehmer in **brauchbarem Zustand** zu **übergeben**[50]) und in diesem Zustand zu **erhalten.** Der Pächter trägt allerdings die Kosten der Ausbesserungen der Wirtschaftsgebäude, soweit er sie mit den Mitteln des Pachtgutes bestreiten kann (§ 1096 Abs 2). Der Bestandgeber darf überdies den Bestandnehmer in der Ausübung seines Rechtes **nicht stören** (§ 1096 Satz 1) und hat auch Störungen durch Dritte zu unterbinden[51]). Bei nicht

---

46) *Würth* in Rummel § 30 MRG Rz 43 mwN; *T. Hausmann* in Hausmann/Vonkilch, Wohnrecht § 30 MRG Rz 94.

47) Dazu *Würth* in Rummel § 2 MRG Rz 9ff.

48) Vgl zu einzelnen Fragen *Hinghofer-Szalkay/Ortner,* Bauen im Kleingarten, wobl 2005, 325ff, 357ff.

49) Zu dieser sog lex Flugplatz Trausdorf *Grassl-Palten,* Das neue Sportstättenschutzgesetz, wobl 1990, 113; *Madl,* Einige Anmerkungen zum Sportstättenschutzgesetz, ecolex 1990, 538; OGH in wobl 1992, 185 *(Würth);* immolex 2005/119 *(Pfiel).*

50) Dazu OGH in JBl 1996, 177; MietSlg 42. 097; wobl 2004, 342 *(Vonkilch).*

51) Näher *Binder* in Schwimann § 1096 Rz 66ff; vgl auch OGH in JBl 1970, 523 (Bosheitsakte von Mitmietern); JBl 1991, 46 (Rechtsradikalismus im Haus); RdW 1997, 525 (Lärmbelästigung durch Lokalgäste); wobl 2001, 229.

gehöriger Erfüllung dieser Pflichten wird der Bestandnehmer **ex lege** ganz oder teilweise von seiner Pflicht zur **Zinszahlung befreit** (§ 1096 Satz 2)[52]). Auf diese Befreiung kann bei der Miete unbeweglicher Sachen im voraus nicht verzichtet werden (§ 1096 Abs 1 letzter Satz); im übrigen ist bei Verbrauchergeschäften ein Verzicht nur in den Grenzen des § 9 KSchG wirksam[53]).

Der Bestandnehmer muß sich freilich nicht mit der Zinsbefreiung begnügen, sondern kann auch Vertragserfüllung begehren (zB Herstellung eines gebrauchsfähigen Zustandes der Sache; Verschaffung behördlicher Bewilligungen[54]); Unterlassung von Störungen) oder den Vertrag auflösen (§ 1117). Bei Verschulden wird der Bestandgeber auch schadenersatzpflichtig[55]). Das Recht auf Mietzinsminderung erlischt jedoch, wenn der Bestandnehmer die Behebung der Mängel durch den Bestandgeber verhindert[56]).

Wird die Sache wegen außerordentlicher **Zufälle** wie Feuer, Krieg, Überschwemmung usw unbrauchbar, so ist der Bestandgeber nicht zur Wiederherstellung verpflichtet (§ 1104).

Die **Schutzpflichten**[57]) des Bestandgebers erstrecken sich auch auf Familienangehörige oder Untermieter des Bestandnehmers (vgl oben S 143 ff).

2. Besonderheiten des MRG

Auch nach § 3 MRG hat der Vermieter dafür zu sorgen, daß der **ortsübliche Standard** erhalten bleibt und erhebliche Gefahren für die **Gesundheit** der Bewohner beseitigt werden[58]). Er hat deshalb Arbeiten, die zur Erhaltung der **allgemeinen Teile** des Hauses und der gemeinsam benutzten Anlagen (zentrale Wärmeversorgung, Personenaufzüge, Waschküchen) erforderlich sind, vorzunehmen; ferner Umgestaltungen oder Neueinführungen auf Grund öffentlich-rechtlicher Verpflichtungen, zB

---

[52]) Zur Lärmbelästigung OGH in wobl 1991, 251; SZ 2003/18; vgl auch immolex 2006/70 *(Pfiel);* zu Gasrohrgebrechen wobl 1991, 55 *(Würth);* zum Umbau wobl 1992, 76; SZ 70/97; zur Räumungsexekution wobl 1993, 29; zur fehlenden baubehördlichen Benützungsbewilligung wobl 1993, 104; zu Besitzansprüchen Dritter AnwBl 1993, 347 *(Auer);* zu gesundheitsschädlicher Bleikonzentration im Trinkwasser OGH in wobl 2005, 122 *(Rosifka);* wobl 2006, 100 *(Riss);* zur vertragswidrigen Eröffnung eines Konkurrenzunternehmens im Einzugsgebiet des Bestandobjekts OGH (Verstärkter Senat) in SZ 2002/13 = wobl 2003, 243 *(Prader);* zum Verhältnis zur List vgl SZ 70/96; EvBl 1997/136 (Unmöglichkeit der Benützung ohne Beschädigung der Bestandsache reicht aus). Überblick über die weitere Rechtsprechung bei *Binder* in Schwimann § 1096 Rz 103.

[53]) Vgl *Apathy* in Schwimann § 9 KSchG Rz 1; *Riss,* Zur Abdingbarkeit der Erhaltungspflicht des Vermieters im Verbrauchergeschäft, wobl 2002, 347f.

[54]) OGH in wobl 1991, 164.

[55]) OGH in JBl 1993, 723; wobl 2001, 118; EvBl 2006/65.

[56]) OGH in wobl 2001, 150 *(Prader);* wobl 2005, 97 *(Prader).*

[57]) OGH in ZVR 1997/128; JBl 2000, 34; ecolex 2004/82.

[58]) Ausführlich *T. Hausmann* in Hausmann/Vonkilch, Wohnrecht § 3 MRG Rz 8ff; *Krejci,* Die mietvertraglichen Rechte und Pflichten nach den §§ 3–10 MRG, in Korinek/Krejci, Handbuch 179ff; zur Erweiterung durch die WRN 2006 *Stabentheiner,* wobl 2006, 249ff.

den Anschluß an die Kanalisierung; er hat weiters Maßnahmen zur Senkung des Energieverbrauches zu setzen. Die **einzelnen Mietgegenstände,** also insbesondere die Wohn- oder Geschäftsräume, muß der Vermieter nach dem MRG jedoch nur so weit erhalten, als es zur Behebung **ernster Schäden** des Hauses[59]), zur Beseitigung einer vom Mietgegenstand ausgehenden erheblichen Gesundheitsgefährdung oder zur Übergabe einer zu vermietenden Sache in brauchbarem Zustand erforderlich ist.

Die durch das MRG dem Vermieter auferlegten Pflichten gehen insofern über jene des ABGB hinaus, als er gemäß § 4 auch taxativ aufgezählte **nützliche Verbesserungen** durchzuführen hat, wenn sie im Hinblick auf den allgemeinen Erhaltungszustand des Hauses zweckmäßig erscheinen und ihre Kosten gedeckt sind (dazu gleich unten). Nützliche Verbesserungen des gesamten Hauses haben Vorrang vor Verbesserungen einzelner Mietgegenstände[60]).

Zu diesen Verbesserungen gehören die Neuerrichtung oder Umgestaltung von Versorgungsleitungen und Beheizungs-, Kanalisations- und Sanitäranlagen, von Aufzügen, Waschküchen oder Schutzräumen; Maßnahmen zur Schalldämmung; der Anschluß an ein Fernwärmeversorgungsnetz[61]); die Umgestaltung oder Zusammenlegung von Wohnungen in eine bessere Ausstattungskategorie (§§ 4 Abs 2; 5 MRG). Auch ein Behindertenaufzug muß, wenn dies zumutbar ist, selbst auf Antrag nur eines Mieters errichtet werden; der Antragsteller hat allerdings die Kosten zu tragen (§ 4 Abs 5 MRG). Nützliche Verbesserungen im Inneren eines Mietgegenstandes bedürfen der Zustimmung des Mieters (§ 4 Abs 4 MRG).

Für die Erhaltungs- und Verbesserungsarbeiten spielt die **Mietzinsreserve** (§ 20 Abs 2 MRG) eine Rolle. Man versteht darunter den Unterschiedsbetrag zwischen den Einnahmen und den Ausgaben eines Jahres. Die Erhaltungs- und Verbesserungsarbeiten sind aus den Mietzinsreserven der letzten 10 Jahre einschließlich allfälliger gewährter Zuschüsse zu decken (§§ 3 Abs 3; 4 Abs 3 MRG).

Reicht die Mietzinsreserve für Erhaltungsarbeiten nicht aus, so ist eigenes oder fremdes Kapital aufzuwenden, wenn dieses aus dem zu erwartenden Zins bis zu jenem Zeitpunkt, zu dem ähnliche Arbeiten wieder erforderlich werden, abgedeckt werden kann. Kreditkosten zählen dabei zu den Erhaltungskosten. Wenn auch auf diese Weise nicht alle Erhaltungsarbeiten finanzierbar sind, werden sie nach ihrer Dringlichkeit durchgeführt, wobei der Vermieter bestimmte Arbeiten ohne Rücksicht auf die Deckung der Kosten aus den Mietzinsen unverzüglich durchzuführen hat (§ 3 Abs 3 MRG).

Wenn die Kosten unmittelbar heranstehender oder schon vorgenommener Erhaltungsarbeiten oder bestimmter Sanierungsmaßnahmen

---

[59]) Zu Rohrleitungen vgl OGH in wobl 1991, 11 *(Call);* wobl 1991, 55 *(Würth);* zu Schimmelbildung s OGH in SZ 69/137; immolex 2002/45; vgl auch *Prader/Kuprian,* Erhaltungspflichten im Mietobjekt, immolex 2002, 9ff.

[60]) *Krejci* in Korinek/Krejci, Handbuch 199ff.

[61]) Zur Kündbarkeit des Fernwärmelieferungsvertrags gemäß § 15 KSchG *Schauer/Beig,* Zulässige Vertragsbindung bei Fernwärmelieferverträgen im Lichte des Verbraucherschutzrechts, wobl 2004, 133; *dieselben,* Nochmals: Zur zulässigen Vertragsbindung bei Fernwärmelieferverträgen, wobl 2005, 45; aA *Vonkilch,* Die Kündbarkeit von Wärmelieferungs-Einzelverträgen aus wohnrechtlicher Sicht, wobl 2005, 1ff.

nicht gedeckt werden können, ermöglichen die **§§ 18ff MRG** eine **vorübergehende Mietzinserhöhung,** über die das Gericht zu entscheiden hat[62]).

Nützliche Verbesserungen muß der Vermieter nur dann durchführen, wenn sie durch die Mietzinsreserven der letzten 10 Jahre einschließlich der Zuschüsse gedeckt sind oder wenn die Mehrheit der Mieter sich über den nicht gedeckten Teil der Kosten einigt sowie die verbleibende Minderheit nicht finanziell belastet und auch sonst nicht übermäßig beeinträchtigt wird (§ 4 Abs 3 MRG). Für die nützlichen Verbesserungen ist eine Erhöhung der Hauptmietzinse nicht vorgesehen.

Unterläßt der Vermieter die ihm obliegenden Arbeiten, so kann ihm auf Antrag von Hauptmietern oder der Gemeinde vom Gericht **der Auftrag zu deren Durchführung** erteilt werden (§ 6 MRG). Die Nichtbefolgung kann gerichtlich strafbar sein (§ 27 Abs 6 MRG, „Absiedelungsterror").

Nach dem MRG hat der Mieter Störungen wegen gewisser Erhaltungs- und Verbesserungsarbeiten oder Veränderungen anderer Mietgegenstände hinzunehmen (§ 8 Abs 2 MRG)[63]): So hat er das Betreten des Mietgegenstandes bei Vorliegen wichtiger Gründe zu gestatten, wobei aber seine berechtigten Interessen zu berücksichtigen sind. Er muß überdies die vorübergehende Benutzung und eine Veränderung seines Mietgegenstandes dulden. Alle Arbeiten sind unter möglichster Schonung des Mieters durchzuführen[64]). Für wesentliche Beeinträchtigungen ist ihm eine angemessene Entschädigung zu leisten[65]), die bei grober Fahrlässigkeit auch ideelle Schäden erfaßt (§ 8 Abs 3 MRG). Der schikanöse Mißbrauch der Duldungspflichten des Hauptmieters ist mit gerichtlicher Strafe bedroht (§ 27 Abs 7 MRG).

Anders als nach § 1104 hat der Vermieter nach dem MRG eine Wiederherstellung unbrauchbar gewordener Bestandgegenstände durchzuführen, soweit sie von Versicherungen gedeckt wird (§ 7 MRG)[66]). Auch dies kann gemäß § 6 MRG erzwungen werden.

D. Rechte und Pflichten des Bestandnehmers

1. Art und Umfang des Gebrauches

a) Nach ABGB

Der Mieter oder Pächter ist berechtigt, die Sache dem Vertrag gemäß zu gebrauchen (§ 1098); er muß jeden vertragswidrigen Gebrauch unterlassen und darf die übrigen Mieter nicht stören. Der Umfang des

---

[62]) Dazu OGH in MietSlg 41.285/16; wobl 1992, 155 *(Call);* wobl 1993, 134 *(Würth).*

[63]) OGH in MietSlg 41.208/20; wobl 1991, 34 *(Würth),* 60, 167; wobl 1992, 109, 123 *(Würth),* 200, 207; ecolex 1999, 544; wobl 1999, 398.

[64]) Dazu *Vonkilch* in Hausmann/Vonkilch, Wohnrecht § 8 MRG Rz 41; *Würth/Zingher/Kovanyi,* Miet- und Wohnrecht[21] § 8 MRG Rz 8.

[65]) S OGH in wobl 1992, 57 und 188 *(Würth);* ecolex 1995, 174; SZ 68/51; wobl 1997, 262 *(Hausmann);* ecolex 1998, 309; EvBl 1999/105; wobl 2002, 262 *(Vonkilch).*

[66]) Dazu zB OGH in MietSlg 40.263.

Gebrauchsrechtes richtet sich zunächst nach dem Vertrag und dessen Zweck, subsidiär nach dem Ortsgebrauch[67]).

Bei vertragswidrigem Gebrauch kann der Vermieter jedenfalls Unterlassung, bei Verschulden auch Schadenersatz (§ 1111) begehren. Zur Vertragsaufhebung ist er jedoch nur bei erheblich nachteiligem Gebrauch berechtigt (§ 1118 ABGB; § 30 Abs 2 Z 3 MRG).

b) Besonderheiten des MRG

Auch nach dem MRG ist der Hauptmieter berechtigt, den Mietgegenstand dem Vertrag gemäß zu gebrauchen und zu benützen (§ 8 Abs 1 MRG). Überdies muß der Vermieter eine beabsichtigte **Änderung** des Mietgegenstandes dulden, wenn sie dem Stand der Technik und der Übung des Verkehrs entspricht, einem wichtigen Interesse des Mieters dient, ihre einwandfreie Durchführung gewährleistet ist, der Mieter die Kosten trägt, keine Gefahr der Beeinträchtigung schutzwürdiger Interessen des Vermieters und anderer Mieter oder für die Sicherheit von Personen und Sachen besteht und keine Schädigung des Hauses erfolgt[68]).

Änderungen, die der Übung des Verkehrs entsprechen und wichtigen Interessen des Mieters dienen, sind nach § 9 Abs 2 MRG jedenfalls die Errichtung von Versorgungsleitungen sowie von Beheizungs- oder Sanitäranlagen; Maßnahmen zur Senkung des Energieverbrauches; Verbesserungen, die von einer Gebietskörperschaft aus öffentlichen Mitteln gefördert werden; Einleitung eines Fernsprechanschlusses und Anbringung von notwendigen Antennen. Bei anderen Änderungen kann der Vermieter seine Zustimmung von der Verpflichtung des Mieters, bei Vertragsbeendigung den früheren Zustand wiederherzustellen, abhängig machen (§ 9 Abs 3 MRG).

2. Instandhaltung, Verbesserung und Aufwandersatz

a) Nach ABGB

Nach § 1096 Abs 1 hat der Vermieter die Bestandsache in brauchbarem Zustand zu erhalten[69]). Werden Ausbesserungen nötig, die dem Bestandgeber obliegen, so ist der Bestandnehmer bei sonstiger Haftung verpflichtet, dies ohne Verzug **anzuzeigen** (§ 1097). Wenn der Bestandnehmer einen dem Bestandgeber obliegenden oder einen nützlichen Aufwand macht, so steht ihm nach den Regeln der Geschäftsführung ohne Auftrag Ersatz zu („angewandte Geschäftsführung"; vgl unten S 395f). Der Anspruch unterliegt einer Präklusivfrist von 6 Monaten ab Zurückstellung des Bestandgegenstandes (§ 1097).

b) Besonderheiten des MRG

Gemäß § 8 Abs 1 MRG hat der **Mieter** den Mietgegenstand und die für diesen bestimmten Einrichtungen, wie zB Versorgungsleitungen oder

[67]) OGH in EvBl 1976/127; vgl auch wobl 1997, 38; wobl 2002, 224 *(Dirnbacher)* zur Pflicht des Vermieters zur Ausfolgung eines zweiten Haustorschlüssels.

[68]) *Vonkilch* in Hausmann/Vonkilch, Wohnrecht § 9 MRG Rz 20ff; OGH in SZ 63/14; wobl 1992, 109.

[69]) Eingehend *Riss,* Die Erhaltungspflicht des Vermieters (2005).

Beheizungs- und Sanitäranlagen, so zu **warten** und – soweit es nicht um die vom Vermieter zu behebenden ernsten Schäden des Hauses oder um die Beseitigung einer erheblichen Gesundheitsgefährdung geht – so **instandzuhalten,** daß dem Vermieter und den anderen Mietern keine Nachteile drohen[70]).

§ 10 MRG gewährt dem Hauptmieter einer Wohnung, ohne weitergehende Ansprüche nach § 1097 auszuschließen, bei Vertragsbeendigung einen im voraus nicht verzichtbaren **Ersatzanspruch** für bestimmte, im Gesetz taxativ aufgezählte Aufwendungen.

Anders als § 1097 stellt § 10 MRG nicht auf die Nützlichkeit für den Vermieter ab. Die Höhe des Anspruches ist – wie nach § 331 – doppelt begrenzt durch den gegenwärtigen Wert der Verbesserung und den wirklich gemachten Aufwand. Hierbei werden die mit Rechnung belegten Aufwendungen um eine jährliche Abschreibung vermindert[71]). Hat der Mieter dem Vormieter oder dem Vermieter solche Aufwendungen abgegolten, werden diese Zahlungen wie eigene Aufwendungen behandelt (§ 10 Abs 1 MRG). Der Vermieter muß jedoch nichts ersetzen, wenn er berechtigt die Zustimmung zur Veränderung verweigert oder sich die spätere Wiederherstellung ausbedungen hat oder daran mangels Anzeige der Veränderung verhindert war (§ 10 Abs 2 MRG). Der Ersatzanspruch muß binnen bestimmter Zeit schriftlich geltend gemacht werden (§ 10 Abs 4 MRG)[72]); auf Form- und Inhaltsmängel des Begehrens muß der Vermieter den Mieter hinweisen (§ 10 Abs 4a MRG)[73]). Der Ersatzanspruch setzt überdies voraus, daß der Vermieter den Mietgegenstand verwertet[74]) oder ihm ein Mieter namhaft gemacht wird, der zur Befriedigung des Anspruches bereit ist (§ 10 Abs 5 MRG). Die Befriedigung des berechtigten Ersatzanspruchs des früheren Mieters durch einen neuen Mieter ist keine verbotene Ablöse (§ 27 Abs 1 Z 1 MRG).

3. Lasten, Abgaben und Betriebskosten

Nach dem **ABGB** hat Lasten und Abgaben bei der Pacht in der Regel der Pächter, bei der Miete hingegen der Vermieter zu tragen (§ 1099). Gemäß § 15 Abs 1 **MRG** gehört allerdings zu dem vom Mieter zu entrichtenden Mietzins für Hauptmieten auch ein verhältnismäßiger Anteil an den Betriebskosten, den laufenden öffentlichen Abgaben und den Kosten für Gemeinschaftsanlagen („besondere Aufwendungen", zB Aufzüge). Der Vermieter darf aber nur solche Kosten verrechnen, die bei vernünftiger Wirtschaftsführung üblicherweise aufgewendet werden[75]).

Was unter Betriebskosten und laufende Abgaben fällt, wird in § 21 MRG aufgezählt; die Verteilung der Betriebskosten von Gemeinschaftsanlagen regelt § 24 MRG[76]). Die Aufteilung der Gesamtkosten des Hauses auf die Mieter erfolgt gemäß

---

[70]) *Krejci* in Korinek/Krejci, Handbuch 230ff.
[71]) *Würth* in Rummel § 10 MRG Rz 5ff.
[72]) Zur Erfüllung der Formpflicht durch Telefax OGH SZ 2002/149 = wobl 2003, 262 *(Vonkilch).*
[73]) *Stabentheiner,* wobl 2006, 254.
[74]) Vgl dazu OGH in wobl 1997, 127 *(Hausmann).*
[75]) OGH in SZ 62/119; *E. M. Hausmann* in Hausmann/Vonkilch, Wohnrecht § 21 MRG Rz 8.
[76]) Zu Grünanlagen s OGH in SZ 66/67; vgl auch wobl 2000, 44.

§ 17 MRG nach dem Verhältnis der Nutzflächen der Mietgegenstände, soweit nicht für einzelne Aufwendungen schriftlich ein anderer Verteilungsschlüssel vereinbart wurde[77]) oder es um gemeinsame Wärmeversorgungsanlagen geht (§ 24 MRG). Verursacht ein Mieter unverhältnismäßig hohe Betriebskosten, so kann ihm das Übermaß allein auferlegt werden[78]). Unter Umständen kann auch von vornherein die Aufteilung einzelner Aufwendungen nach dem jeweiligen Verbrauch erfolgen (§§ 17 Abs 1a und 24 Abs 2a MRG). Besondere Regeln gelten nach dem Heizkostenabrechnungsgesetz (HeizKG, BGBl 1992/827) für die Aufteilung von Heiz- und Warmwasserkosten in Gebäuden mit mindestens vier Nutzungsobjekten, die durch eine gemeinsame Wärmeversorgungsanlage versorgt werden[79]).

4. Zins

a) Nach ABGB

Den Bestandnehmer trifft die Pflicht, die **Gegenleistung** für die Gebrauchsüberlassung, den „Zins", zu zahlen. Nach dem ABGB unterliegen Zinsvereinbarungen nur den allgemeinen Beschränkungen (§§ 934, 879 Abs 2 Z 4)[80]). Der Mietzins ist nach § 1100 bei mindestens einjähriger Bestandzeit halbjährlich, bei kürzeren Bestandzeiten nach deren Ablauf zu entrichten. Üblicherweise wird jedoch **monatliche** Zahlung **im voraus** vereinbart; dies ist auch in Zweifelsfällen auf Grund der Verkehrssitte als vereinbart anzunehmen.

Zur Sicherung des Bestandzinses hat der Vermieter einer unbeweglichen Sache ein **gesetzliches Pfandrecht** (vgl dazu Bd I S 386) an den Sachen, die in das Bestandobjekt eingebracht wurden und dem Mieter oder den mit ihm lebenden Familienmitgliedern gehören; ebenso der Verpächter am Vieh, den Wirtschaftsgeräten und Früchten, die sich auf dem Pachtgut befinden (§ 1101)[81]). Das Pfandrecht entsteht schon mit der **Einbringung** der Sachen und bedarf keines rechtsgeschäftlichen Begründungsaktes. Es erlischt, wenn die Sachen vor ihrer gerichtlichen Pfändung aus dem Bestandobjekt entfernt werden. Der Bestandgeber kann zwar die Wegschaffung der eingebrachten Stücke verhindern (sog Sperr- oder Perklusionsrecht); er muß sie aber wieder freigeben, wenn er nicht binnen drei Tagen um ihre gerichtliche Pfändung ansucht.

b) Besonderheiten des MRG

Das MRG schützt den **Hauptmieter** stärker: in den von § 16 Abs 1 MRG aufgezählten Fällen kann nur der nach Größe, Lage, Ausstattung usw **angemessene** Hauptmietzins vereinbart werden; er entspricht im we-

---

[77]) Dazu *E. M. Hausmann* in Hausmann/Vonkilch, Wohnrecht § 17 MRG Rz 20ff.

[78]) Dazu *Würth/Zingher/Kovanyi,* Miet- und Wohnrecht[21] § 17 MRG Rz 6; OGH in wobl 2003, 218.

[79]) Vgl dazu die Kommentierung des HeizKG von *Würth* in Rummel II/5; ferner *Horvath,* Heizkostenabrechnung (2003).

[80]) Zur Anwendung des § 934 auf Bestandverträge s OGH in JBl 2006, 39.

[81]) *Reckenzaun,* Das gesetzliche Bestandgeberpfandrecht (1989); OGH in JBl 1991, 257.

sentlichen dem durchschnittlichen Marktpreis für das betreffende Mietobjekt[82]).

Unter diese Regel fallen alle Vermietungen zu Geschäftszwecken. Ferner gilt sie für Wohnungen, die auf Grund einer nach dem 8. 5. 1945 erteilten Baubewilligung neu geschaffen wurden; die in Gebäuden liegen, an deren Erhaltung aus Gründen des Denkmalschutzes ein öffentliches Interesse besteht und für die der Vermieter nach dem 8. 5. 1945 erhebliche Eigenmittel aufgewendet hat[83]); und für Wohnungen der Ausstattungskategorie A oder B (vgl § 15a Abs 1 MRG) mit einer Nutzfläche von über 130 m² bei Neuvermietung innerhalb von sechs Monaten. Ein Jahr nach der Übergabe des Mietgegenstandes kann bei allen unbefristeten Verträgen ein angemessener Zins schriftlich vereinbart werden.

Für andere als die in § 16 Abs 1 MRG genannten Mietverhältnisse, also besonders für „Altbauwohnungen", kann der Mietzins nach dem sogenannten **Richtwertsystem** vereinbart werden[84]): Der BM für Justiz legt für jedes Bundesland unter Berücksichtigung der Bau- und Grundkosten den Richtwert je m² der „Normwohnung" fest (§§ 1, 3 RichtWG). Dies ist eine fiktive Wohnung in bestimmter Lage und mit Ausstattungsmerkmalen, die etwa jenen der Kategorie A entsprechen (vgl § 2 RichtWG und § 15a Abs 1 MRG). Der für eine konkrete Vermietung zulässige Zins ergibt sich aus Zu- und Abschlägen vom Richtwert, die durch einen Vergleich der Lage und Ausstattung der Wohnung mit dem Standard der Normwohnung bemessen werden (§ 16 Abs 2 MRG).

Als Richtwerte sind derzeit beispielsweise für Wien € 4,57, für Vorarlberg € 7,01 und für das Burgenland € 4,17 je m² festgelegt[85]).

Für Wohnungen der Kategorie D („Substandardwohnungen"; vgl § 15a Abs 1 Z 4 MRG) sieht § 16 Abs 5 und 6 MRG weiterhin einen festen Betrag je m² vor, der nach dem Verbraucherpreisindex valorisiert wird. Die in § 15a Abs 3 MRG angeführten Kategoriebeträge haben sonst vorwiegend nur noch für vor dem 1. 3. 1994 geschlossene Verträge Bedeutung.

Die auf den Zins entfallende Umsatzsteuer hat der Mieter zu tragen (§ 15 Abs 2 MRG).

Für **Untermietverhältnisse** bestimmt § 26 MRG, daß der Untermietzins den Hauptmietzins nicht um mehr als die Hälfte übersteigen darf.

Der Mietzins wird am 1. eines jeden Kalendermonats im Voraus fällig (§ 15 Abs 3 MRG).

Soweit Zinsvereinbarungen die Obergrenzen überschreiten, tritt **Teilunwirksamkeit** ein (vgl auch § 917a), die binnen 3 Jahren geltend zu machen ist[86]). Bei befristeten Mietverträgen endet die Frist frühestens

---

[82]) Genaueres bei *T. Hausmann* in Hausmann/Vonkilch, Wohnrecht § 16 Rz 18ff; vgl auch *Würth/Zingher/Kovanyi,* Miet- und Wohnrecht[21] § 16 Rz 8f.

[83]) OGH in JBl 1985, 359 und 360; EvBl 1985/68; wobl 1992, 202; wobl 2002, 48 *(Thunhart).*

[84]) Zu diesem *Stabentheiner,* Das Richtwertsystem, wobl 1994, 81.

[85]) Kundmachung des BMJ, BGBl II 2006/101.

[86]) Zu den entsprechenden Regeln in § 12a Abs 2 letzter Satz MRG und in § 16 Abs 9 MRG vgl *Stabentheiner,* wobl 2006, 263.

sechs Monate nach Auflösung des Mietverhältnisses (§§ 16 Abs 8, 26 Abs 4 MRG). Überhöhte Zahlungen können zurückgefordert werden; die Verjährungsfrist beträgt drei Jahre (§ 27 Abs 3 MRG); bei befristeten Mietverhältnissen zehn Jahre (§ 16 Abs 8 MRG).

Unternehmer können bei der Geschäftsraummiete eine Überschreitung des angemessenen Zinses nur geltend machen, wenn sie diese unverzüglich, spätestens aber bei Übergabe des Mietgegenstandes rügen[87]).

Zum Schutz des Mieters erklärt § 27 MRG Abreden für **ungültig,** die eine Leistung des Mieters für die Aufgabe des Mietgegenstandes durch den früheren Mieter **(„Ablöse")** oder sonst ohne gleichwertige Gegenleistung[88]), für den Verzicht des Vermieters auf die Geltendmachung eines Kündigungsgrundes oder solche Leistungen vorsehen, die gegen die guten Sitten verstoßen und mit dem Mietvertrag in keinem unmittelbaren Zusammenhang stehen[89]); der Restvertrag ist wirksam[90]), vgl Bd I S 182 f. Ferner sind Vereinbarungen von Provisionen für die Auftragsvermittlung an Professionisten oder eines offenbar übermäßigen Entgeltes für die Vermittlung einer Miete unwirksam. Verbotswidrig geleistete Zahlungen können, so wie die nach §§ 15–26 MRG unzulässigen Zahlungen (vor allem überhöhte Mieten), samt gesetzlichen Zinsen zurückgefordert werden (§ 27 Abs 3 MRG)[91]).

Eine Vorauszahlung des Mietzinses ist keine verbotene Ablöse im Sinne des § 27 MRG, sofern die Zulässigkeit der Zinshöhe (§ 16 MRG) überprüft werden kann, also der Zeitraum feststeht, für den die Vorauszahlung erfolgt[92]).

5. Weitergabe des Gebrauches

a) Nach ABGB

Mieter und Pächter sind berechtigt, die Bestandstücke in **Unterbestand** (Afterbestand) zu geben, wenn dies ohne Nachteile des Eigentümers geschehen kann und im Vertrag nicht ausdrücklich untersagt worden ist (§ 1098).

---

[87]) OGH in SZ 71/19; ecolex 1996, 856; RdW 1996, 358.

[88]) *Würth* in Rummel § 27 MRG Rz 3 ff; OGH in MietSlg 41.079/28 (unverzinsliche Kaution); SZ 69/243 und RdW 2000, 371 (durch den Sicherungszweck nicht gedeckte Kautionshöhe); SZ 68/174 (Investitionsablöse); SZ 66/28 (Investitionsablöse und Annuitätenüberwälzung); SZ 69/91 (Kosten einer Ersatzwohnung); ecolex 1995, 801 (*Hausmann* – Werkvertrag als Bedingung für den Abschluß eines Mietvertrags); RdW 1997, 531 (Kosten der Vertragserrichtung); wobl 1998, 108 (*Dirnbacher* – Weitergaberecht); wobl 1998, 301 (Weitergaberecht). Zur Analogie zu § 27 MRG s OGH in SZ 69/82.

[89]) OGH in SZ 68/148.

[90]) OGH in SZ 63/23.

[91]) Zum Verhältnis zu anderen Kondiktionsansprüchen *T. Hausmann* in Hausmann/Vonkilch, Wohnrecht § 27 MRG Rz 49 ff; vgl auch *Würth/Zingher/Kovanyi,* Miet- und Wohnrecht[21] § 27 MRG Rz 14.

[92]) OGH in SZ 69/97; wobl 1997, 97 *(Hausmann);* wobl 1997, 148 *(Hausmann);* wobl 1999, 95 *(Hausmann);* immolex 2000/46; immolex 2003/149.

Der Unterbestand begründet nur zwischen dem Hauptbestandnehmer und dem Unterbestandnehmer, nicht aber zwischen diesem und dem Hauptbestandgeber ein Rechtsverhältnis. Wird das Hauptbestandverhältnis aufgelöst, so wirkt der **Räumungstitel** auch gegen den Untermieter (§ 568 ZPO).

Mit dem Hauptmietverhältnis endet jedoch nicht notwendig das Untermietverhältnis[93]). Insbesondere können dem Untermieter gegen den Hauptmieter Ersatzansprüche wegen Nichterfüllung des Vertrages zustehen.

Hat der Hauptmieter den Bestandgegenstand **unzulässig untervermietet,** so kann der Vermieter nach ständiger – aber unrichtiger – Rechtsprechung nicht direkt gegen den Untermieter vorgehen, sondern nur vom Hauptmieter seine Entfernung und allenfalls Schadenersatz verlangen[94]). S dazu Bd I S 346. Macht allerdings der Untermieter von der Bestandsache einen erheblich nachteiligen Gebrauch, kann der Vermieter dem Hauptmieter kündigen (§ 1118; § 30 Abs 2 Z 3 MRG).

b) Besonderheiten des MRG

Das Recht des Hauptmieters eines Geschäftsraumes, das in diesem betriebene Unternehmen zu verpachten, ist allerdings unverzichtbar (§ 12a Abs 5 MRG). Auch sonst kann sich der Vermieter nur bei Vorliegen **wichtiger Gründe** auf ein vertragliches **Verbot** der Untervermietung **berufen,** zB gänzlicher Untervermietung, unverhältnismäßiger Höhe des in Aussicht genommenen Untermietzinses, großer Anzahl der Bewohner oder Gefahr der Störung des Hausfriedens durch den Untermieter (§ 11 MRG).

Das MRG weicht von den Begriffen des ABGB insoferne ab, als „Hauptmiete" nach § 2 MRG auch ein „nachgeschaltetes" Bestandverhältnis sein kann und „Untermiete", wie bei der Miete vom Wohnungsfruchtnießer, nicht unbedingt eine „vorgeschaltete" Hauptmiete voraussetzt.

6. Vertragsübernahme und Zinsanhebung

a) Nach ABGB

Ohne Zustimmung des Vermieters kann nach dem ABGB ein Dritter den Mietvertrag nicht übernehmen, s oben S 135. Eine Besonderheit besteht hingegen aufgrund der Handelsrechtsreform für unternehmensbezogene Mietverträge. Wird ein **Unternehmen** unter Lebenden **veräu-**

---

93) *Binder* in Schwimann § 1098 Rz 106ff; *Fenyves* in Korinek/Krejci, Handbuch 276f mwN; OGH in ecolex 1995, 25; JBl 1999, 736 *(Apathy)* = ecolex 1999, 684 *(Wilhelm);* wobl 2000, 23 *(Hausmann);* aA OGH in SZ 26/149; MietSlg 48.140/20; *Würth* in Rummel § 1112 Rz 8.

94) OGH in SZ 62/7; ecolex 1994, 14. Vgl auch *Ehrenzweig* II/1, 444; *Klang* in Klang V 59. Dagegen *Wilburg,* Die Abwehr unzulässiger Untermiete, ZBl 1936, 524, und *Spielbüchler,* Der Dritte im Schuldverhältnis (1973) 206ff. Zur Möglichkeit eines Verwendungsanspruchs s OGH in wobl 2004, 315.

ßert, so gehen die unternehmensbezogenen, nicht höchstpersönlichen Rechtsverhältnisse des Veräußerers auf den Erwerber über. Der Dritte kann den Vertragsübergang jedoch durch einen Widerspruch binnen dreier Monate nach Mitteilung abwenden (näher §§ 38f UGB; in Kraft ab 1. 1. 2007). Diese allgemeine Regel ist auch auf unternehmensbezogene Mietverträge, zB auf die Miete eines Kraftfahrzeugs oder eines Geschäftslokals[95]) anzuwenden.

Für die Geschäftsraummiete gelten die §§ 38f UGB jedoch nur, wenn nicht § 12a MRG auf den Vertrag anzuwenden ist (dazu sogleich).

b) Besonderheiten des MRG

aa) Wohnraummiete

Gemäß § 12 Abs 1 MRG kann der Hauptmieter, der die Wohnung verläßt, sein Mietrecht an **nahe Angehörige** (nicht den Lebensgefährten) abtreten, die mit ihm eine gewisse Zeit in dieser Wohnung im gemeinsamen Haushalt gewohnt haben[96]).

Die Angehörigen treten in das Mietverhältnis ein und sind, auch wenn dem Vermieter die Abtretung pflichtwidrig nicht angezeigt wird, zur Zahlung des Mietzinses verpflichtet (§ 12 Abs 2 MRG)[97]). Der Gesetzgeber ordnet also nicht bloß eine Zession des Mietrechts, sondern eine Übernahme des gesamten Vertragsverhältnisses an[98]). Bei manchen „Altverträgen" kann der Vermieter vom nahen Angehörigen einen höheren Mietzins verlangen (§ 46 Abs 2 MRG). Bei sogenannten „Seniorenwohnungen" ist in bestimmten Fällen die Weitergabe an Verwandte in absteigender Linie einschließlich der Wahlkinder ausgeschlossen (§ 12 Abs 3 MRG)[99]).

Der Hauptmieter einer Wohnung hat gemäß § 13 MRG nach mindestens fünfjähriger Vertragsdauer das Recht, im selben Gemeindegebiet mit einem Dritten die Wohnung zu **tauschen,** wenn dafür wichtige Gründe vorliegen und der Tausch dem Vermieter zumutbar ist.

Zum gesetzlichen Eintritt nach § 14 MRG bei Tod des Hauptmieters einer Wohnung s unten S 241. Zur Regelung der Mietrechte an der Ehewohnung nach Scheidung, Aufhebung oder Nichtigerklärung der Ehe vgl die §§ 87f EheG und dazu Bd I S 512f.

bb) Geschäftsraummiete

Wenn der Hauptmieter einer Geschäftsräumlichkeit sein Unternehmen zur Fortführung **veräußert,** tritt der Erwerber nach § 12a Abs 1

---

[95]) Dazu *Beig,* Wohnrechtliche Aspekte des neuen Unternehmensgesetzbuchs, wobl 2006, 39ff.

[96]) OGH in SZ 62/200; wobl 1991, 13 *(Würth);* wobl 1998, 46; wobl 1999, 202; zur Beteiligung eines Minderjährigen OGH in wobl 1998, 299 *(Dullinger);* JBl 2003, 53.

[97]) Vgl schon OGH in SZ 63/63.

[98]) S *Vonkilch* in Hausmann/Vonkilch, Wohnrecht § 12 MRG Rz 18ff; vgl bereits *Iro,* Die Übertragung des Mietrechts an Wohnungen, RZ 1983, 213.

[99]) Dazu *Stabentheiner,* wobl 2006, 255.

MRG ex lege in das Mietverhältnis ein[100]); der Vermieter darf jedoch den Mietzins auf den angemessenen Betrag erhöhen. Unter der Veräußerung ist die endgültige Überlassung im Wege der Singularsukzession zu verstehen[101]).

Veräußerer und Erwerber müssen zwar dem Vermieter die Unternehmensveräußerung anzeigen, doch berechtigt schon die Veräußerung den Vermieter zur Anhebung des Mietzinses, allerdings nur unter Berücksichtigung der Art der im Mietgegenstand ausgeübten Geschäftstätigkeit[102]). Diese Einschränkung gilt nicht, wenn der Unternehmenserwerber die Art der Geschäftstätigkeit ändert (§ 12a Abs 2 MRG). Die Anhebung erfolgt nur schrittweise, wenn der Unternehmenserwerber zum Kreis der gesetzlichen Erben des Veräußerers zählt (§ 12a Abs 4 MRG).

Der Vermieter kann den Zins auch dann auf den angemessenen Betrag erhöhen, wenn der Hauptmieter des Geschäftsraumes eine juristische Person oder eine unternehmerisch tätige eingetragene Personengesellschaft (OG, KG) ist und sich in ihr die rechtlichen oder wirtschaftlichen Einflußmöglichkeiten, etwa durch Veräußerung der Mehrheit der Anteile, **entscheidend ändern** (§ 12a Abs 3 MRG)[103]). Ferner ist eine Erhöhung des Mietzinses möglich, wenn der Mieter sein in den gemieteten Geschäftsräumlichkeiten betriebenes Unternehmen **verpachtet**[104]); die Mietzinserhöhung wirkt dann aber nur für die Dauer der Verpachtung (§ 12a Abs 5 MRG).

Beabsichtigt der Hauptmieter die Veräußerung oder die Verpachtung des Unternehmens, so kann er die Bestimmung des Hauptmietzinses durch das Gericht (die Gemeinde) beantragen. Die Entscheidung bindet alle Beteiligten, wenn die Veräußerung oder Verpachtung innerhalb eines Jahres ab ihrer Rechtskraft stattfindet (§ 12a Abs 8 MRG).

---

[100]) *Ostheim,* Unternehmensveräußerung und Mietzinserhöhung im 3. WÄG, wobl 1993, 200ff; *Schauer,* Geschäftsraummiete und Unternehmensübertragung, GesRZ 1994, 28f; *Reich-Rohrwig,* Mietzinserhöhung 35ff.

[101]) OGH (verst Senat) in wobl 2000, 169 *(Würth)* mwN; wobl 2005, 232; vgl auch *Vonkilch* in Hausmann/Vonkilch, § 12a MRG Rz 21ff.

[102]) OGH in wobl 1998, 16 *(Würth, Dirnbacher);* wobl 2001, 65; wobl 2002, 45 *(Vonkilch);* wobl 2003, 176 *(Größ);* wobl 2005, 20; wobl 2006, 150; ausführlich *Vonkilch* in Hausmann/Vonkilch, Wohnrecht § 12a MRG Rz 76ff; vgl auch *Würth/Zingher/Kovanyi,* Miet- und Wohnrecht[21] § 12 MRG Rz 27.

[103]) Aus der im einzelnen widersprüchlichen Rechtsprechung vgl OGH in wobl 1999, 88 *(Schauer);* wobl 2001, 317 *(Schauer);* SZ 2004/23; wobl 2005, 132 *(Schauer);* wobl 2005, 134 *(Vonkilch);* dazu *Vonkilch,* Mietzinsanhebung nach § 12a Abs 3 MRG: 5. Senat bricht mit herrschender Rechtsprechung! GesRZ 2004, 121; *Schauer,* § 12a Abs 3 MRG revisited: Alles zurück zum Start? wobl 2004, 229; *derselbe,* Neues zu § 12a Abs 3 MRG – Land unter in der Judikatur des 5. Senats, ecolex 2005, 26; Gesellschafterwechsel und Mietzinsanhebung – Neues vom OGH? RdW 2005, 149ff, 208ff; *M. Gruber,* Die entscheidende Änderung der „rechtlichen und wirtschaftlichen Einflußmöglichkeiten“ (§ 12a Abs 3 MRG) bei Personengesellschaften, wobl 2005, 149ff.

[104]) Vgl dazu *Vonkilch,* Zweifelsfragen rund um die Mietzinsanhebung bei Unternehmensverpachtung, wobl 2003, 257ff.

§ 12a MRG ist nach Ansicht der Rechtsprechung auf Mietverträge gemäß § 1 Abs 4 MRG nicht – auch nicht analog – anzuwenden[105]).

7. Rückstellung des Bestandgegenstandes

Bei Beendigung des Bestandverhältnisses hat der Bestandnehmer die Sache in dem **Zustand,** in dem er sie **erhalten** hat, dem Bestandgeber zurückzustellen (§ 1109).

Hat der Bestandnehmer Veränderungen vorgenommen, so trifft ihn die Pflicht zur Wiederherstellung des früheren Zustandes, die jedoch abbedungen werden kann[106]). Vgl auch § 9 Abs 3 MRG.

Verschlechterungen, die auf eine **gewöhnliche Abnützung** zurückzuführen sind, müssen nicht behoben werden. Für eine übermäßige Abnützung[107]) und für sonstige schuldhafte Beschädigungen der Sache hat der Bestandnehmer Ersatz zu leisten, wobei er auch für das Verschulden des Afterbestandnehmers haftet (§ 1111).

Der Anspruch unterliegt einer Präklusivfrist von einem Jahr ab Rückstellung der Bestandsache[108]).

Benützt der Bestandnehmer das Objekt nach der Vertragsbeendigung weiter, so hat er diesen Vorteil dem Bestandgeber zu vergüten[109]).

E. Gefahrtragung

Der Preisgefahr beim Kauf entspricht im Bestandrecht die Frage, wer das Risiko der **zufälligen Unbenützbarkeit** der Sache trägt. Sie ist so zu beantworten, daß jeder Vertragspartner jene Nachteile trägt, die sich aus seiner **Sphäre** ergeben: Wird die Bestandsache ganz oder teilweise unbenutzbar, so trifft dies den Bestandgeber; er verliert ganz oder teilweise den Anspruch auf den Zins (§§ 1104, 1105 Satz 1, § 1096); zur Abdingbarkeit siehe oben S 223. Ist hingegen der Bestandnehmer verhindert, die be-

---

[105]) OGH in SZ 74/36 = wobl 2001, 137 *(Vonkilch);* aA *Vonkilch* in Hausmann/Vonkilch, Wohnrecht § 12a MRG Rz 2; *derselbe,* Nochmals: Zur Lückenhaftigkeit von § 1 Abs 4 MRG im Hinblick auf die Anwendbarkeit von § 12a MRG im „Teilanwendungsbereich", immolex 2001, 106ff; *Kletečka,* Die Analogie zu § 12a MRG im Teilanwendungsbereich, ecolex 2001, 33ff; *H. Böhm,* Miete und Zeit (gleiches Mietrecht für alle?) wobl 2001, 29ff.

[106]) OGH in MietSlg 35.202; zum Wegnahmerecht des Bestandnehmers s OGH in SZ 69/201.

[107]) Dazu OGH in SZ 43/142; MietSlg 34.236.

[108]) Dazu OGH in ImmZ 1991, 454; SZ 64/91 und 157; EvBl 1999/48; vgl aber zum Anspruch auf Ersatz der Kosten wegen Beseitigung einer Kontaminierung OGH in ecolex 2002/214 *(Wilhelm);* dazu *Pilgerstorfer,* § 1111 ABGB und Bodenkontaminierung, ecolex 2003, 13ff.

[109]) *Kerschner,* Zur Höhe des Benützungsentgelts bei Nichtrückstellung der Bestandsache nach Vertragsende, JBl 1978, 411. OGH in wobl 1997, 274 *(Kerschner);* wobl 2001, 283 *(Kerschner);* zu einer Schadenersatzpflicht bei Räumungsverzug OGH in wobl 2004, 64.

nutzbare Sache zu gebrauchen, trägt er das Risiko und hat auch den Zins zu entrichten (§ 1107).

Hierher gehören zB berufliche Versetzung, Krankheit oder Freiheitsstrafe des Mieters. Auch bei Umsatzeinbußen aufgrund von Verkehrseinschränkungen oder stärkerer Konkurrenz bleibt der Bestandnehmer voll zahlungspflichtig[110]).

Die Gefahr des **Ertrages einer Pachtsache** trägt jedoch nach § 1105 überwiegend der Pächter: Er kann eine Minderung des Pachtzinses nur verlangen, wenn bei höchstens einjähriger Pacht die Erträgnisse durch außerordentliche Zufälle um mehr als die Hälfte ihres gewöhnlichen Ausmaßes gefallen sind. Das Gesetz nimmt an, daß sich bei länger dauernden Vertragsverhältnissen gute und schlechte Ernten ausgleichen.

F. Beendigung des Bestandverhältnisses

1. Befristete Bestandverhältnisse

a) Rechtslage nach ABGB

Bestandverträge können so befristet werden, daß sie durch bloßen **Zeitablauf** enden (§ 1113), ohne daß es einer Erklärung bedarf (unbedingter Endtermin). Es kann aber auch die Abgabe einer Kündigungserklärung vor Zeitablauf vereinbart werden (bedingter Endtermin). Eine einvernehmliche Erneuerung ist selbstverständlich möglich. Zu einer **stillschweigenden Erneuerung** („relocatio tacita") kommt es bei bedingtem Endtermin, wenn die Kündigung unterlassen wird; bei unbedingtem Endtermin, wenn der Bestandnehmer nach Fristablauf mit dem Gebrauch der Sache fortfährt und es der Bestandgeber dabei bewenden läßt (§ 1114, s auch oben Bd I S 104f). Der Vertrag wird im Zweifel zu den bisherigen Bedingungen erneuert, jedoch nur auf eine gewisse Zeit (§ 1115)[111]).

Vor Ablauf der Zeit kann das befristete Bestandverhältnis nur durch **Abstehen** vom Vertrag aus **wichtigem Grund** beendet werden („außerordentliche Kündigung"). Die Gründe der §§ 1117f ermöglichen die sofortige, dh fristlose Kündigung des Vertrages: Der **Bestandnehmer** kann den Vertrag auflösen, wenn das Bestandstück zum bedungenen Gebrauch untauglich ist[112]); wenn ein beträchtlicher Teil durch Zufall auf eine längere

---

[110]) Vgl OGH in JBl 1989, 381.

[111]) Zur berichtigenden Auslegung von Satz 3 Halbsatz 2 s OGH in JBl 1993, 584 *(Watzl);* vgl auch *Binder* in Schwimann § 1115 Rz 3; *Iro* in KBB, §§ 1113–1115 Rz 4.

[112]) Überblick bei *Binder* in Schwimann § 1117 Rz 6; zB OGH in JBl 1990, 375 (Errichtung einer Bitumenaufbereitungsanlage in unmittelbarer Nähe einer Erdbeerplantage). Vgl auch OGH in wobl 2001, 57 *(Dirnbacher):* Wegfall der Geschäftsgrundlage für den Bestandnehmer von Verkaufsflächen in einem Einkaufszentrum, wenn dieses im übrigen weitgehend leer steht (dazu auch *Kiesel,* Kann der Bestandvertrag mit dem Betreiber eines Einkaufszentrums wegen Leerstehungen vorzeitig aufgelöst werden? immolex 2003, 266ff); vgl ferner OGH in immolex 2005/81; immolex 2005/96 *(Iby);* immolex 2006/71 *(Oppolzer); Pittl,* Beeinträchtigung der Gebrauchsfähigkeit einer Geschäftsräumlichkeit wegen mangelnder Kundenfrequenz, immolex 2005, 198ff.

Zeit entzogen oder unbrauchbar wird; ferner wenn der gemietete Wohnraum gesundheitsschädlich ist[113]). Bei leicht behebbarer Gebrauchsverhinderung ist die sofortige Vertragsauflösung allerdings unzulässig[114]). Der **Bestandgeber** kann nach § 1118 den Mietvertrag vorzeitig außergerichtlich auflösen, wenn der Bestandnehmer einen erheblich nachteiligen Gebrauch von der Sache macht, wenn er den Zins trotz Einmahnung[115]) bis zum nächsten Zinstermin nicht zahlt oder wenn das vermietete Gebäude neu aufgeführt werden muß.

Erheblich nachteiliger Gebrauch ist eine wiederholte oder langandauernde, vertragswidrige Benutzung der Bestandsache, deren Nachteiligkeit dem Bestandnehmer bewußt sein mußte[116]). Zur Auflösung berechtigen Verletzungen der Substanz der Sache oder ein Verhalten im Haus, das wichtige Interessen des Bestandgebers oder anderer Mieter gefährdet[117]), zB die Lagerung leicht entflammbarer Flüssigkeiten[118]), die Einrichtung eines bordellähnlichen Barbetriebes[119]), die unzureichende Ausführung dem Mieter obliegender Reparaturen[120]) oder die grobe Vernachlässigung der Bestandsache[121]).

b) Besonderheiten des MRG[122])

Haupt- und Untermietverhältnisse über **Geschäftsräume** können **beliebig** befristet werden (§ 29 Abs 1 Z 3 lit a MRG). Bei **Wohnungen** ist nur mehr eine **Mindestfrist von drei Jahren** vorgesehen (§ 29 Abs 1 Z 3 lit b MRG). Wird der Haupt- oder Untermietvertrag wenigstens auf diese Zeit abgeschlossen oder um sie verlängert, bestehen auch für Wohnungsmieten keine weiteren Befristungsbeschränkungen mehr. In allen Fällen muß zur Wirksamkeit der Befristung ein **unbedingter Endtermin schriftlich** vereinbart werden. Eine Befristung auf ein halbes Jahr ist überdies bei den in § 1 Abs 2 Z 3 MRG genannten Mietverhältnissen möglich, da diese Verträge dem MRG nicht unterliegen.

Die Befristung nach § 29 Abs 1 Z 3 MRG bringt allerdings für den Vermieter den Nachteil mit sich, daß sich der höchstzulässige **Mietzins um 25% vermindert** (§§ 16 Abs 7 und 26 Abs 3 MRG). Die Befristung des Mietverhältnisses ist selbst dann bedeutsam, wenn die Voraussetzungen

---

113) Zu Schimmelbefall vgl OGH in wobl 1990, 12; immolex 2000/7 *(Kovanyi)*.

114) *Klang* in Klang V 120; *Würth* in Rummel § 1117 Rz 3. OGH in MietSlg 33.191; 41.129.

115) Zur Zugangsbedürftigkeit und den Inhaltserfordernissen der Mahnung s OGH in wobl 2005, 93 *(Dirnbacher)*; vgl auch immolex 2004/105 *(Iby)*. Die Mahnung kann auch durch Erhebung der Räumungsklage erfolgen, OGH in SZ 64/127. Bei Mitmietern ist Einmahnung gegenüber jedem erforderlich, OGH in SZ 57/120.

116) OGH in MietSlg 40.168; 42.128; vgl auch ecolex 1995, 718.

117) OGH in wobl 1992, 143 (Umbauten).

118) OGH in MietSlg 23.184.

119) OGH in RZ 1982/19. Zu § 30 Abs 2 Z 3 MRG s OGH in EvBl 1992/134; wobl 1997, 265.

120) OGH in MietSlg 24.167. Vgl auch OGH in wobl 1992, 76.

121) OGH in wobl 1991, 136 mwN.

122) *Stabentheiner,* wobl 2000, 198 ff; vgl auch *Prader/Kuprian,* Befristungen im MRG (1999).

des § 29 Abs 1 Z 3 MRG nicht vorliegen: Vor Ablauf der Zeit kann der Vertrag von **beiden** Teilen nur durch außerordentliche Kündigung aufgelöst werden[123]), daher auch vom Vermieter nicht bloß unter Berufung auf § 30 MRG (§ 29 Abs 1 Z 5 MRG, s gleich unten).

Der Mieter einer Wohnung hat allerdings das unbeschränkbare Recht, den befristeten Vertrag jedenfalls nach Ablauf eines Jahres der ursprünglich vereinbarten oder verlängerten Dauer zu kündigen (§ 29 Abs 2 MRG). § 29 Abs 3 MRG regelt die Erneuerung wirksam oder unwirksam befristeter Mietverträge.

Der Vertrag gilt als erneuert, wenn die Befristung schon ursprünglich unwirksam war oder die spätere Verlängerung die dreijährige Mindestfrist unterschreitet oder mangels Schriftlichkeit der Erneuerungsvereinbarung[124]) unwirksam wurde. In diesen Fällen gilt der Mietvertrag als auf unbestimmte Zeit erneuert und kann somit vom Vermieter nur mehr aus wichtigem Grund (§ 30 MRG) gekündigt werden. War hingegen die ursprüngliche Befristungsvereinbarung wirksam und benützt der Mieter das Objekt bei Vertragsende weiter, so wirkt die erstmalige Erneuerung des Vertrags nur für drei Jahre. Erst im Wiederholungsfall gilt der Vertrag als auf unbestimmte Zeit erneuert[125]).

Nach § 29 Abs 1 Z 4 und 5 MRG kann der Mieter den Vertrag aus allen Gründen des § 1117 vorzeitig auflösen, der Vermieter dagegen nur wegen nachteiligen Gebrauchs oder Zinszahlungsverzugs (s aber zur Entkräftung der Vertragsaufhebung durch Nachzahlung § 33 Abs 3 MRG)

2. Unbefristete Bestandverhältnisse

a) Rechtslage nach ABGB

Auch das unbefristete Bestandverhältnis kann aus wichtigem Grund fristlos durch außerordentliche Kündigung aufgelöst werden (§§ 1117f, s oben S 9). Sonst wird es durch die **ordentliche** Kündigung beendet, die weder auf Seiten des Bestandgebers noch des Bestandnehmers besondere Kündigungsgründe, jedoch die Einhaltung von **Fristen** zwischen Kündigungserklärung und Vertragsaufhebung voraussetzt. Überdies kann die Kündigung nur zu bestimmten **Terminen** erfolgen. Diese Fristen und Termine können von den Parteien festgelegt werden; ist das nicht der Fall, so sind sie in § 560 ZPO geregelt, der insofern § 1116 abgeändert hat.

b) Mieterschutz nach dem MRG

Nach dem MRG kann der **Vermieter nur aus wichtigem Grund** kündigen[126]). Diese Gründe zählt **§ 30 Abs 2** zwar nur demonstrativ auf, doch ist bei Heranziehung der Generalklausel des § 30 Abs 1 MRG größte Vorsicht geboten: Fehlende Tatbestandselemente des § 30 Abs 2 MRG

---

[123]) Vgl OGH in wobl 1991, 136 *(Call)* und 257.
[124]) OGH in JBl 1988, 450; JBl 1988, 452 *(Hanel);* JBl 1989, 177.
[125]) Dazu *Stabentheiner,* wobl 2006, 261.
[126]) *T. Hausmann* in Hausmann/Vonkilch, Wohnrecht § 30 MRG Rz 3ff.

dürfen nur durch gleich gewichtige Gründe ersetzt werden[127]). Vereinbarungen, die dem Vermieter ein über § 30 MRG hinausgehendes Kündigungsrecht einräumen, sind unwirksam (§ 30 Abs 3 MRG).

§ 30 Abs 2 Z 1–3 und 7 MRG betreffen **Vertragsverletzungen** des Mieters.

Dem Mieter kann gekündigt werden, wenn er mit der Bezahlung des Mietzinses in qualifizierten Rückstand gerät (s aber zur Möglichkeit der Aufhebung der Kündigung durch Nachzahlung § 33 Abs 2 MRG)[128]); wenn er Dienstleistungen verweigert, die als Mietzins zu erbringen sind; wenn er vom Mietgegenstand einen erheblich nachteiligen Gebrauch macht, durch grob ungehöriges Verhalten den Mitbewohnern das Zusammenleben verleidet oder sich gegenüber dem Vermieter oder einer im Haus wohnenden Person bestimmter strafbarer Handlungen schuldig macht. Das Verhalten der Mitbewohner steht jenem des Mieters gleich, wenn dieser die mögliche Abhilfe unterläßt[129]). Zum nachteiligen Gebrauch s auch oben S 236.

Im Anwendungsbereich des MRG stehen dem Vermieter die außergerichtliche Auflösung nach § 1118 Fall 1 und 2 und die gerichtliche Kündigung nach § 30 Abs 2 Z 1 und 3 wahlweise zur Verfügung. Die Notwendigkeit der Neuaufführung des Gebäudes berechtigt hingegen nur nach § 30 Abs 2 Z 14 oder 15 MRG zur Kündigung unter Ersatzbeschaffung[130]).

Dem Geschäftsraummieter kann überdies gekündigt werden, wenn die Räume nicht zu der vertraglich bedungenen oder einer gleichwertigen geschäftlichen Betätigung verwendet werden, es sei denn, der Mieter ist bloß wegen Urlaubs, Krankheit oder Kur abwesend (Z 7). Der Unterfall der völlig fehlenden Geschäftstätigkeit betrifft den mangelnden Bedarf des Mieters.

Die Z 4–6 handeln vom **mangelnden Bedarf** des Mieters.

Dem Wohnungsmieter kann gekündigt werden, wenn er die Wohnung zur Gänze weitergegeben hat und sie offenbar in naher Zeit weder für sich noch für eintrittsberechtigte Personen (§ 14 Abs 3 MRG) dringend benötigt (Z 4 Fall 1)[131]); wenn die Wohnung nach dem Tod des bisherigen Mieters nicht mehr einem dringenden Wohnbedürfnis eintrittsberechtigter Personen dient (Z 5); wenn die Wohnung nicht regelmäßig zur Befriedigung des dringenden Wohnbedürfnisses des Mieters oder der Eintrittsberechtigten verwendet wird und der Mieter nicht bloß zu Berufs-, Kur- oder Unterrichtszwecken abwesend ist (Z 6).

Wohnungs- und Geschäftsraummieter können gekündigt werden, wenn sie den Mietgegenstand durch gänzliche oder teilweise Überlassung an einen Dritten zu einem unverhältnismäßig hohen Entgelt verwerten (Z 4 Fall 2).

Dem Geschäftsraummieter kann nach Z 4 Fall 1 nur gekündigt werden, wenn bei der Weitergabe die Verwertung des Bestandgegenstandes, nicht des in diesem betriebenen Unternehmens, im Vordergrund steht[132]).

---

[127]) Näher *T. Hausmann* in Hausmann/Vonkilch, Wohnrecht § 30 MRG Rz 13; vgl auch *Würth/Zingher/Kovanyi,* Miet- und Wohnrecht[21] § 30 MRG Rz 6; OGH in SZ 63/31; EvBl 1992/123.

[128]) Dazu OGH in JBl 1991, 321; wobl 1992, 190; SZ 67/72; wobl 1997, 50 *(Dirnbacher);* ecolex 1998, 308; JBl 1999, 333.

[129]) Vgl zu allem *Würth* in Rummel § 30 MRG Rz 19.

[130]) Vgl OGH in SZ 62/36.

[131]) Dazu OGH in MietSlg 41.330/37; SZ 62/200; wobl 1991, 12 und 13 *(Würth);* wobl 1992, 129; SZ 69/230; RdW 1997, 593; wobl 2006, 117.

[132]) OGH in ecolex 1991, 620; wobl 1991, 141; wobl 1997, 195; wobl 1997, 267.

Die Z 8–11 betreffen den **Eigenbedarf** des Vermieters.

Der Vermieter kann kündigen, wenn er oder einer seiner Nachkommen am Mietgegenstand einen dringenden Eigenbedarf hat – wofür die Judikatur zum Teil bis in die jüngste Zeit eine Notstandslage verlangte[133]) – und ihm aus der Aufrechterhaltung des Mietverhältnisses ein unverhältnismäßig größerer Nachteil erwüchse als dem Mieter aus der Kündigung. Diese strenge Interessenabwägung entfällt bei Einfamilienhäusern oder bereits begründetem Wohnungseigentum (Z 8) und auch dann, wenn dem Mieter Ersatz beschafft wird (Z 9). Hat der Vermieter das Miethaus[134]) durch Rechtsgeschäft unter Lebenden erworben, so kann er ohne Ersatzbeschaffung nur dann kündigen, wenn der Erwerb bereits zehn Jahre zurückliegt (§ 30 Abs 3 MRG)[135]). Dies gilt allerdings nicht, wenn schon der Veräußerer wegen Eigenbedarfs des Erwerbers (seines Nachkommen) kündigen hätte können.

Eine Bedarfskündigung ist auch für Wohnungen vorgesehen, die als Dienstwohnung benötigt werden (Z 10)[136]); weiters, jedoch nur bei Ersatzbeschaffung, für Mietgegenstände, die für die öffentliche Verwaltung verwendet werden sollen (Z 11).

Nach Z 13 kann der Vermieter kündigen, wenn ein schriftlich als Kündigungsgrund **vereinbarter Umstand** eintritt, der für ihn als wichtig und bedeutsam anzusehen ist[137]).

Verabredeter Kündigungsgrund können zB die Verehelichung eines Kindes, die künftige Geschäftsausweitung[138]) oder der beabsichtigte Verkauf des Hauses sein[139]). Die Eröffnung des Konkurses über das Vermögen des Mieters kann hingegen idR nicht wirksam als Kündigungsgrund vereinbart werden[140]).

Die weiteren Kündigungsgründe der Z 14–16 setzen jeweils eine **Ersatzbeschaffung** voraus.

Der Vermieter kann kündigen, wenn das Haus abbruchreif ist (Z 14); wenn es abgetragen oder umgebaut werden soll und die Bezirksverwaltungsbehörde erkannt hat, daß der Neu- oder Umbau selbst unter Berücksichtigung schutzwürdiger Interessen der Mieter im öffentlichen Interesse liegt (Z 15); wenn der Hauptmieter einer Kategorie D-Wohnung eine Standardverbesserung verweigert (Z 16; s aber auch § 33 Abs 3 MRG).

---

[133]) OGH in MietSlg 41.355/19; wobl 1991, 16 *(Würth);* wobl 1993, 15; wobl 1994, 29; wobl 2000, 45 *(Dirnbacher);* kritisch *T. Hausmann* in Hausmann/Vonkilch, Wohnrecht § 30 MRG Rz 70ff; *Würth* in Rummel § 30 MRG Rz 35; vgl auch *Gimpel-Hinteregger,* „Notstand" und „Existenzgefährdung" – Die Rechtsprechung des OGH zum Kündigungsgrund des dringenden Eigenbedarfes nach § 30 Abs 2 Z 8 und 9 MRG, JBl 1988, 16ff; großzügiger jetzt aber OGH in immolex 2000/47; immolex 2001/178; immolex 2004/74; wobl 2005, 272.

[134]) Zur Anwendbarkeit beim Erwerb von Eigentumswohnungen vgl OGH in SZ 51/151; wobl 2000, 47 *(Prader).*

[135]) Dazu OGH in SZ 64/58; ÖJZ-LSK 1999/275; anders, wenn die Wohnung erst nach dem Erwerb vermietet wird, OGH in wobl 2003, 138; oder wenn der Rechtsvorgänger des Kündigenden bereits die Kündigung hätte geltend machen können, OGH in SZ 2004/21 = wobl 2005, 140 *(Prader).*

[136]) Vgl OGH in RdA 1985, 41 *(Hofmann-Wellenhof);* MietSlg 37.456.

[137]) Vgl die Übersicht über die Rechtsprechung bei *T. Hausmann* in Hausmann/Vonkilch, Wohnrecht § 30 MRG Rz 102.

[138]) OGH in wobl 1992, 21.

[139]) OGH in JBl 1992, 534; ImmZ 1991, 388.

[140]) OGH in JBl 1995, 594.

Wenn die Kündigung eine Ersatzbeschaffung erfordert, hat der Vermieter bei Geschäftsräumen einen nach Lage und Beschaffenheit angemessenen Ersatz, bei Wohnungen zwei entsprechende Wohnungen zur Auswahl anzubieten (§ 32 MRG).

Untermietverhältnisse können darüberhinaus gekündigt werden, wenn ihre Fortsetzung **wichtige Interessen des Untervermieters** verletzen würde, besonders wenn er den Mietgegenstand dringend benötigt oder ihm die Wohnungsgemeinschaft mit dem Untermieter nicht mehr zugemutet werden kann (Z 12)[141]).

Im Falle des Eigenbedarfes ist die Kündigung gegenüber jener eines Hauptmietverhältnisses erleichtert, weil keine Interessenabwägung vorzunehmen ist und auch kein Ersatz beschafft werden muß.

Gemäß § 33 Abs 1 MRG können Mietverträge vom Vermieter nur **gerichtlich** gekündigt werden. Für ihn gilt überdies die **Eventualmaxime:** In der Aufkündigung nicht angeführte Gründe können nicht mehr geltend gemacht werden. Der Mieter kann wahlweise **gerichtlich** oder **durch außergerichtliche schriftliche Erklärung** kündigen[142]).

Auflösungsvereinbarungen können, soferne der Mieter nicht unter Druck steht, freilich auch außergerichtlich getroffen werden[143]). Eine außergerichtliche Kündigungserklärung führt daher bei Annahme durch den anderen Teil zur Vertragsaufhebung[144]).

3. Allgemeine Endigungsgründe

Nach § 1112 wird der Bestandvertrag aufgelöst, wenn die **Bestandsache zugrundegeht,** es sei denn, die Wiederherstellung ist möglich und der Bestandgeber dazu verpflichtet[145]). Nach § 29 Abs 1 Z 2 MRG kommt es nicht zur Vertragsauflösung, soweit Versicherungsleistungen zur Wiederherstellung ausreichen.

Wenn der Bestandgegenstand nicht physisch zerstört ist, ist das Verhältnis von § 1112 (eo-ipso-Auflösung) zu § 1118 (Aufhebungsmöglichkeit bei Neuaufführung des Gebäudes) fraglich[146]). Ein verwaltungsbehördlicher Demolierungsauftrag bewirkt die Auflösung nach § 1112 nur dann, wenn feststeht, daß die Baugebrechen nicht beseitigt werden können oder vom Bestandgeber nicht beseitigt werden müssen[147]).

Durch den Tod eines Vertragspartners wird der Bestandvertrag nicht aufgehoben (§ 1116a; § 14 Abs 1 MRG). Beim **Tod des Mieters** einer Wohnung haben aber die Erben des Mieters und der Vermieter das

---

[141]) Dazu OGH in ecolex 1991, 455; wobl 2005, 50.
[142]) Dazu *Stabentheiner,* wobl 2006, 264.
[143]) *Binder* in Schwimann Vor § 1112 Rz 4.
[144]) Näher *Binder* in Schwimann vor § 1112 Rz 5.
[145]) OGH in wobl 1991, 250; wobl 1995, 12 *(Dirnbacher);* wobl 1997, 39 (Verlust der Vermietbarkeit durch behördliches Verbot).
[146]) Dazu *Binder* in Schwimann § 1118 Rz 139; vgl auch *Ehrenzweig* II/1, 474; *Klang* in Klang V 125f.
[147]) OGH in wobl 1994, 114 *(Würth).*

Recht, den Vertrag ohne Rücksicht auf die vereinbarte Dauer unter Einhaltung der gesetzlichen Fristen zu kündigen (§ 1116 a)[148]).

Gemäß § 14 Abs 2 MRG treten jedoch beim Tod des Hauptmieters einer Wohnung mit Ausschluß anderer zur Erbfolge berufener Personen bestimmte Angehörige ein, wenn sie nicht dem Vermieter binnen 14 Tagen die **Unterlassung** des **Eintrittes** bekanntgeben. Ein Verzicht auf das Eintrittsrecht vor dem Tod des Mieters ist nichtig[149]). Der Eintritt des Angehörigen kann den Vermieter zur Mietzinserhöhung berechtigen (§ 46 MRG).

Nach der taxativen Aufzählung des § 14 Abs 3 MRG[150]) sind der Ehegatte, der Lebensgefährte, Verwandte in gerader Linie und die Geschwister des bisherigen Mieters eintrittsberechtigt, sofern sie ein dringendes Wohnbedürfnis haben und schon bisher im gemeinsamen Haushalt[151]) mit dem Mieter in der Wohnung gewohnt haben. Hinsichtlich des Eintrittsrechts besteht keine Rangordnung: sind mehrere Eintrittsberechtigte vorhanden, treten sie gemeinsam in den Mietvertrag ein[152]). Bei sogenannten „Seniorenwohnungen" ist in bestimmten Fällen das Eintrittsrecht von Verwandten in absteigender Linie einschließlich der Wahlkinder ausgeschlossen[153]). Lebensgefährte ist, wer mit dem Mieter bis zu dessen Tod seit mindestens 3 Jahren oder seit dem gemeinsamen Bezug der Wohnung in einer wirtschaftlich gleich einer Ehe eingerichteten Haushaltsgemeinschaft gelebt hat (§ 14 Abs 3 MRG)[154]). Unter Lebensgefährten sind im Anschluß an die Judikatur des Europäischen Gerichtshofes für Menschenrechte[155]) auch gleichgeschlechtliche Lebensgefährten zu verstehen[156]).

Kommt es zu keinem Eintritt nach § 14 Abs 2 MRG, kann der Wohnungsvermieter der Verlassenschaft (den Erben) nach § 30 Abs 2 Z 5 MRG kündigen. Bei Geschäftsräumen berechtigt der Tod des Mieters den Vermieter dann zur Kündigung, wenn die Räume nicht zu einer gleichwertigen Geschäftstätigkeit weiterverwendet werden (vgl § 30 Abs 2 Z 7 MRG).

Beim Vermächtnis des Bestandrechts hat der Legatar nur einen Anspruch auf Übertragung gegen den Erben. Er tritt daher auch nicht ohne Zustimmung des Bestandgebers unmittelbar gemäß § 14 Abs 1 MRG in das Mietverhältnis ein[157]) (s unten S 436f).

Die Parteien können das Mietverhältnis ohne Rücksicht auf die vereinbarte Dauer **einvernehmlich** auflösen (Dissolutionsvereinbarung). S dazu auch oben S 240.

---

[148]) Dazu OGH in JBl 1992, 454.

[149]) Vgl *Würth* in Rummel § 14 MRG Rz 3 mwN.

[150]) OGH in EvBl 1994/167.

[151]) OGH in wobl 1993, 14 und 116; SZ 68/103; wobl 1998, 66 *(Dirnbacher);* wobl 1998, 137 *(Dirnbacher);* vgl aber auch EvBl 2000/89.

[152]) OGH in SZ 68/169.

[153]) Dazu *Stabentheiner,* wobl 2006, 255.

[154]) Näher *Würth* in Rummel § 14 MRG Rz 7*;* vgl auch OGH in EvBl 1994/167; wobl 1997, 144 *(Stabentheiner).*

[155]) EGMR (*Karner* gegen Österreich), ÖJZ 2004, 36.

[156]) So jüngst auch OGH in EF-Z 2006, 92; anders noch OGH in wobl 1997, 144 *(Stabentheiner).*

[157]) *Wilhelm,* Übergang des Bestandverhältnisses durch Vermächtnis? JBl 1972, 79; *derselbe,* Übergang des Bestandverhältnisses durch Vermächtnis – noch immer? JBl 1984, 610; OGH in MietSlg 41.113/30; ecolex 1991, 386 *(Reich-Rohrwig).*

Zur Auflösung des Bestandverhältnisses bei Veräußerung der Sache s gleich unten.

G. Das Verhältnis des Bestandnehmers zu Dritten

Der Bestandnehmer ist Rechtsbesitzer und kann daher gegen Dritte mit der **Besitzstörungs-** und der **Besitzentziehungsklage** vorgehen.

Der Bestandgeber bleibt Sachbesitzer und genießt als solcher Besitzschutz. Bei Konkurrenz zwischen Sachbesitz und Rechtsbesitz gebührt letzterem der Vorrang, vgl Bd I S 260.

Unabhängig von seinen Befugnissen als Besitzer hat der Bestandnehmer das Recht, bei Störungen durch Außenstehende **vom Bestandgeber** Abhilfe zu verlangen, der aus dem Vertrag verpflichtet ist, gegen den Dritten vorzugehen (vgl § 1096 und dazu oben S 222f).

Zu den Unterlassungs-, Schadenersatz- und Bereicherungsansprüchen des Bestandnehmers **gegen Dritte** s Bd I S 279f.

Veräußert der Bestandgeber die Sache, die der Bestandnehmer bereits **innehat,** so geht das Bestandverhältnis zwar auf den Erwerber über[158]), doch kann es dieser nach dem ABGB ohne Rücksicht auf eine vertragliche zeitliche Bindung innerhalb der gesetzlichen Frist aufkündigen (§ 1120)[159]): Durch die Veräußerung der Bestandsache werden die Verträge auf bestimmte Zeit in solche auf unbestimmte Zeit mit gesetzlicher Kündigungsfrist umgewandelt[160]). Erfolgt keine Aufkündigung, so bleibt der Erwerber an den bisherigen Vertrag samt Nebenabreden gebunden[161]).

Entsprechendes gilt für den Ersteher bei Zwangsversteigerung des Bestandgegenstandes (§ 1121)[162]) sowie für den Eigentümer bei Beendigung des Fruchtgenusses, wenn der Fruchtnießer die Sache vermietet hatte (§ 1120 analog)[163]). Auf Fälle der Universalsukzession kommt § 1120 hingegen nicht zur Anwendung[164]).

Gemäß § 1095, § 9 GBG kann ein Bestandvertrag als Belastung der überlassenen Liegenschaft **im Grundbuch einverleibt** werden. § 1095

---

[158]) Zum Zeitpunkt der Vertragsübernahme ausführlich *Binder* in Schwimann § 1120 Rz 33ff.

[159]) OGH in wobl 1991, 159; wobl 1992, 237 *(Würth);* JBl 1997, 169; EvBl 1998/4 (bei Untermiete); wobl 2001, 93 *(Vonkilch).*

[160]) HM, vgl *Klang* in Klang V 129f; *Würth* in Rummel § 1120 Rz 5; *Hoyer,* wobl 1991, 154. AA *P. Bydlinski,* Übertragung 183ff; offenlassend OGH in immolex 2003/91.

[161]) *Binder* in Schwimann § 1120 Rz 47; *Würth* in Rummel § 1120 Rz 6; OGH in MietSlg 33.209, 34.273; JBl 1986, 386 *(P. Huber).*

[162]) Dazu *Schaar,* Rechte und Pflichten des Erstehers bei exekutivem Liegenschaftserwerb (1993) 66ff; OGH in SZ 69/246.

[163]) Ausführlich *Binder* in Schwimann § 1120 Rz 22ff.

[164]) *Würth* in Rummel § 1120 Rz 2; vgl auch *Binder* in Schwimann § 1120 Rz 13. Zum Zusammentreffen von Einzel- und Gesamtrechtsnachfolge s OGH in SZ 65/68.

nennt ein solches Bestandrecht ein „dingliches Recht", doch erschöpfen sich seine Wirkungen darin, daß ein neuer Eigentümer der Liegenschaft das Mietrecht gegen sich gelten lassen muß, also wegen des Eigentumswechsels kein besonderes Kündigungsrecht erhält (§ 1120)[165]), und daß das Bestandrecht bei einer Versteigerung der belasteten Liegenschaft wie eine Dienstbarkeit zu behandeln ist (§ 1121; vgl § 150 EO). Nach der Judikatur ist allerdings arg § 1095 („auf die noch übrige Zeit gefallen lassen") die Verbücherung **unbefristeter** Bestandrechte **unzulässig**[166]). Die Eintragung von Bestandrechten auf unbestimmte Dauer ist aber dann möglich, wenn der Vermieter für eine bestimmte Zeit auf die Kündigung verzichtet hat[167]).

Auch Mietzinsvorauszahlungen, die für mehr als eine Zinszahlungsperiode hinaus geleistet wurden, können einem Erwerber oder einem Hypothekargläubiger nur entgegengehalten werden, wenn sie im Grundbuch ersichtlich gemacht worden sind (§ 1095).

Wurde hingegen das Bestandobjekt dem Mieter noch **nicht übergeben,** so entsteht zwischen ihm und dem Erwerber kein Rechtsverhältnis (arg „Bestandinhaber" in § 1120)[168]).

Nach § 2 Abs 1 MRG sind ab der Übergabe des Mietgegenstandes alle Rechtsnachfolger des Vermieters an Hauptmietverträge auch dann gebunden, wenn diese nicht im Grundbuch eingetragen sind. Ungewöhnliche Nebenabreden des Mietvertrages gelten für den neuen Eigentümer aber nur dann, wenn er sie kannte oder kennen mußte[169]). Diese Regelung bedeutet im Ergebnis einen Vertragseintritt des neuen Eigentümers und führt gemeinsam mit dem Kündigungsschutz (§ 30 MRG) zu einer dauerhaften Bindung des Erwerbers an den vom Veräußerer geschlossenen Vertrag.

Ein Bestandvertrag, der zur Entwertung einer in Exekution gezogenen Liegenschaft geschlossen wurde, kann sittenwidrig sein, so daß der Ersteher nicht an ihn gebunden ist[170]).

Nach alldem ist die Frage, ob im österreichischen Recht der Grundsatz **„Kauf bricht Miete"** gilt, verschieden zu beantworten. In allen Fällen kommt es darauf an, ob der Bestandgegenstand vor Abschluß des

---

165) Vgl OGH in wobl 1991, 123 *(Hoyer);* wobl 1999, 236.

166) OGH in SZ 32/124; SZ 33/68; aA *Dengler,* Der Bestandvertrag auf unbestimmte Dauer im Grundbuch, NZ 1950, 56.

167) OGH in SZ 70/193; *Schauer,* Zur Verbücherung von Bestandverträgen auf unbestimmte Zeit, Hofmeister-GedS (1996) 638f.

168) *Klang* in Klang V 128; vgl auch *Binder* in Schwimann § 1120 Rz 10ff; OGH in ZBl 1930/87; MietSlg 42.142/24.

169) Ausführlich *Fenyves* in Hausmann/Vonkilch, § 2 MRG Rz 30ff; vgl auch OGH in wobl 2003, 291 (Kautionsvereinbarung mit beträchtlicher Kautionshöhe).

170) Vgl OGH in ÖBA 1993, 665; JBl 1994, 683; immolex 2000/145; *Reidinger,* Inbestandgabe zur Erschwerung von Liegenschaftsexekutionen. Rechte des Erstehers, wobl 1991, 217; *denselben,* Inbestandgabe zur Erschwerung von Liegenschaftsexekutionen – aktuelle Rechtsprechung, wobl 1994, 110.

Kaufvertrages schon übergeben wurde. Ist dies nicht der Fall, so hat der Bestandnehmer von vornherein kein Recht gegen den Erwerber, so daß insofern der Mietvertrag „gebrochen wird". Bei Veräußerung nach Übergabe tritt zwar nach dem ABGB der Erwerber in den Vertrag ein, doch erhält er (außer bei verbücherten Verträgen) eine vorzeitige Kündigungsmöglichkeit, so daß die Bindung in seinem Belieben steht. Im Bereich des MRG ist nach Übergabe ein Wechsel des Bestandgebers hingegen kaum von Bedeutung. Kommt es zu einem „Bruch der Miete" durch den Kauf, so stehen dem Mieter Schadenersatzansprüche wegen Vertragsverletzung gegen den Veräußerer zu (vgl § 1120 Satz 2)[171]).

H. Das Leasing[172])

Leasinggeschäfte sind Verträge, die auf Überlassung des Gebrauchs und der Nutzung an Konsum- oder Investitionsgütern, zB Kraftfahrzeugen oder Maschinen, gerichtet sind, wodurch der mit dem Ankauf solcher Güter verbundene „Kapitalaufwand" entbehrlich werden soll.

Das Leasing ist eine Form der Investitionsfinanzierung, bei dem an die Stelle des Eigentumserwerbes an den Anlagegütern die bloße Gebrauchsüberlassung tritt.

Im einzelnen sind die – im Gesetz nicht geregelten – Leasingverträge verschieden ausgestaltet[173]). Beim **unmittelbaren** Leasing nimmt der Produzent oder Händler der Ware selbst das Leasinggeschäft vor, beim **mittelbaren** Leasing kauft eine eigene Leasinggesellschaft die Sache vom Produzenten und schließt mit dem Interessenten das Leasinggeschäft. Beim **Sale-and-lease-back**-Geschäft verkauft der Leasingnehmer ein ihm gehörendes Wirtschaftsgut an den Leasinggeber, um es sogleich wieder von diesem zu leasen[174]). Eine Variante davon, bei der zumeist aus steuerlichen Gründen ein Gut an einen ausländischen Investor veräußert und von diesem zurückgeleast wird, ist das **Cross-Border-Leasing.** Bei beweglichen Sachen spricht man von **Mobilienleasing,** bei unbeweglichen von **Immobilienleasing**[175]).

---

[171]) Vgl *Binder* in Schwimann § 1120 Rz 68ff; *Würth* in Rummel § 1120 Rz 9.

[172]) *Binder* in Schwimann § 1090 Rz 71ff; *Egger/Krejci* (Hrsg), Das Leasinggeschäft (1987); *Fischer-Czermak,* Mobilienleasing (1995); *Jud,* KSchG, Factoring und Leasing, in Krejci, Handbuch 516ff; *Nitsche,* Zur Rechtsnatur des Leasing, ÖJZ 1974, 29.

[173]) Dazu ausführlich *Nitsche,* ÖJZ 1974, 29ff; *Krejci* in Egger/Krejci, Leasinggeschäft 23ff: *Fischer-Czermak,* Mobilienleasing 71ff.

[174]) Dazu *Czermak,* Das Besitzkonstitut beim Sale-and-lease-back-Verfahren, ÖBA 1987, 232 mwN; *Fischer-Czermak,* Mobilienleasing 153ff; OGH in SZ 61/70; EvBl 1992/90; RdW 2003/546, 630.

[175]) Dazu *Würth* in Rummel § 1090 Rz 34f; *Csaky,* Der Immobilienleasingvertrag (1992); *Rainer,* Der Immobilienleasingvertrag, immolex 2005, 166ff; *Hofmeister,* Zivilrechtliche Fragen des Immobilienleasing, in Egger/Krejci, Leasinggeschäft 325; OGH in ÖBA 1987, 196 *(Iro);* immolex 2000/1; vgl auch *Pittl/Ess,* Zur Zulässigkeit des Räumungsbegehrens beim Immobilienleasing, wobl 2005, 185ff.

Während das sog **Operatingleasing** eine Miete im herkömmlichen Sinn ist[176]), kommt beim **Finanzierungsleasing** dem Leasinggeber wirtschaftlich die Funktion eines Kreditgebers zu[177]). Der Leasinggeber trägt die Kosten der Anschaffung des Leasinggutes, an dem er aber selbst kein Interesse hat, und bekommt diese samt den dabei auflaufenden Spesen, Gebühren, Refinanzierungskosten und einem Gewinnzuschlag vom Leasingnehmer entsprechend der Vereinbarung zur Gänze vergütet. Typisch für das Finanzierungsleasing ist ferner, daß der Leasingnehmer nach Übergabe der Sache die Gefahr ihres zufälligen Untergangs trägt[178]). Das kommt darin zum Ausdruck, daß der Leasingnehmer auch bei zufälliger Beschädigung der Sache die Leasingraten weiterzahlen und für die Reparaturkosten aufkommen muß[179]). Überdies entsprechen die Gewährleistungsrechte des Leasingnehmers beim Finanzierungsleasing jenen eines Käufers. Ansprüche des Leasingnehmers gegen den Leasinggeber wegen Mangelhaftigkeit der Sache werden zwar idR ausgeschlossen, doch wird dem Leasingnehmer das Recht eingeräumt, die dem Leasinggeber gegen den Lieferanten zustehenden Gewährleistungsrechte geltend zu machen[180]).

Überwiegend wird angenommen, daß die Wandlung des Kaufvertrages zwischen Lieferanten und Leasinggeber auch den Leasingvertrag beendet, weil damit dessen Geschäftsgrundlage wegfällt[181]). Die üblichen Vereinbarungen sehen allerdings das Gegenteil vor: Mängel des Leasinggegenstandes sollen den Leasingvertrag nicht berühren und der Leasingnehmer hat auch bei Unbrauchbarkeit das Leasingentgelt weiterzuzahlen[182]).

---

[176]) *Frotz,* Hämmerle-FS 104; *Nitsche,* ÖJZ 1974, 34; *W. Schuhmacher,* Kfz-Leasing und KonsumentenschutzG, ZVR 1979, 290; OGH in ÖBA 1987, 196 *(Iro);* ÖBA 1992, 924; SZ 69/171.

[177]) Vgl OGH in SZ 55/75; RdW 1985, 150; ÖBA 1987, 196 *(Iro)* und ÖBA 1989, 316 *(Iro);* EDV 1989, 50; SZ 64/73; vgl auch ecolex 1996, 254 *(Fischer-Czermak)* = ÖBA 1996, 639 *(Iro); Canaris,* Interessenlage, Grundprinzipien und Rechtsnatur des Finanzierungsleasing, AcP 190, 410.

[178]) OGH in JBl 1980, 259 *(Wilhelm);* SZ 64/73. Zur Gefahrtragung vor Übergabe RdW 1985, 371; ÖBA 1989, 316 *(Iro); Krejci,* Zur Lieferpflicht des Leasinggebers, GesRZ 1988, 1; ecolex 1995, 629 *(Fischer-Czermak).*

[179]) *W. Schuhmacher,* ZVR 1979, 297f; *Czermak,* ÖBA 1987, 240f; *Krejci,* Zur Gefahrtragung beim Leasinggeschäft, ÖJZ 1988, 129; *Fischer-Czermak,* Mobilienleasing 195. Zum Zurückbehaltungsrecht s OGH ecolex 1994, 618 *(Heid).*

[180]) S dazu OGH in SZ 52/34 und 157; SZ 53/128; JBl 1982, 38 *(Wilhelm);* SZ 61/238; EDV 1989, 50; JBl 1996, 657; *P. Bydlinski,* Übertragung 170ff; *Krejci,* Zur Gewährleistungspflicht des Leasinggebers, JBl 1988, 490; *Czermak,* Zur Abtretung der Gewährleistungsrechte des Leasinggebers an den Leasingnehmer, wbl 1989, 87; s auch *Fischer-Czermak/Weilinger,* Gewährleistung für geleaste EDV-Anlagen (Hard- und Software), EDV 1989, 84.

[181]) OGH in JBl 1980, 259 *(Wilhelm);* SZ 52/157; SZ 53/128; ÖBA 1989, 316 *(Iro);* SZ 61/238; ÖBA 1995, 813 *(Iro);* ecolex 1995, 628; ecolex 2000, 104; dazu *Fischer-Czermak,* Gewährleistung und Wegfall der Geschäftsgrundlage beim Leasing, ecolex 1995, 619; *Fischer-Czermak,* Wegfall der Geschäftsgrundlage beim Leasing, ecolex 2000, 97.

[182]) *E.-G. Koch,* Störungen beim Finanzierungsleasing (1981) 121; *P. Bydlinski,* Übertragung 173; *Krejci,* JBl 1988, 496f; *Czermak,* wbl 1989, 88f; *Fischer-Czermak,* Mobilienleasing 209f; *dieselbe,* ecolex 1995, 619.

Beim mittelbaren Finanzierungsleasing entfaltet der Vertrag zwischen Produzent (Händler) und Leasinggeber auch Schutzwirkungen zugunsten des Leasingnehmers[183]). Die jüngere Rechtsprechung bejaht nun auch deliktische Schadenersatzansprüche des Leasingnehmers, weil ein Fall bloßer Schadensüberwälzung (s unten S 333) vorliege[184]).

Innerhalb der Finanzierungsleasingverträge unterscheidet man Voll- und Teilamortisationsverträge (Restwertleasing). Während beim **Vollamortisationsvertrag** die vereinbarte Nutzungszeit idR der wirtschaftlichen Lebensdauer des Leasinggutes nahekommt (bis zu 90%) und schon das Leasingentgelt die Anschaffungs- sowie Finanzierungskosten und einen Gewinn des Leasinggebers abdeckt, wird beim **Teilamortisationsvertrag** der Gebrauchswert des Gutes durch die zeitlich relativ kurz bemessene Nutzung nicht annähernd ausgeschöpft und ist die Summe der Leasingraten geringer. Der Leasingnehmer hat hier allerdings dafür einzustehen, daß das Leasingobjekt zum vereinbarten Restwert verwertet werden kann[185]).

Ist vereinbart, daß der Leasingnehmer nach Ablauf der vertraglich bestimmten Nutzungszeit den Gegenstand erwerben kann, nähert sich der Leasingvertrag einem Ratenkauf. Es ist dann zu prüfen, ob die Vorschriften über Kaufverträge, insbesondere jene des KSchG über Abzahlungsgeschäfte, anzuwenden sind[186]).

I. Das Time-Sharing (Teilzeitnutzungsverträge)

„Time-Sharing" sind spezielle Vermarktungs- und Verwertungsformen für Ferienwohnungen, Ferienanlagen und Hotels. Der Kunde erwirbt das Recht, eine Ferienwohnung oder auch nur ein Hotelzimmer immer wieder für eine bestimmte Zeit ausschließlich zu benützen.

„Time-Sharing" kann in verschiedenen Erscheinungsformen auftreten, zB als Miteigentum oder Fruchtgenuß an einer Liegenschaft, Erwerb von Aktien an einem Unternehmen, das Eigentümer der Ferienimmobilien ist, Vereinssysteme und Treuhandmodelle oder auch Miet- oder Beherbergungsverträge.

Rechtsgrundlage ist das **Teilzeitnutzungsgesetz** (TNG)[187]), das im Umsetzung der Timesharing-Richtlinie (94/97/EG) erlassen wurde. Das

---

[183]) Zur Einbeziehung des bloßen Vermögens in den Schutzbereich OGH in SZ 64/15; ecolex 1995, 799.

[184]) OGH in JBl 1996, 114 *(Lukas);* dazu *Fischer-Czermak,* Schadenersatz nach Verkehrsunfällen mit Leasingfahrzeugen, ZVR 1997, 38.

[185]) Dazu *Apathy* in Schwimann § 17 KSchG Rz 2; *W. Schuhmacher,* ZVR 1979, 289; *Krejci* in Egger/Krejci, Leasinggeschäft 16ff; *Czermak,* ÖBA 1987, 236; *dieselbe,* Restwertabsicherung durch den Leasingnehmer bei vorzeitiger Vertragsauflösung, wbl 1987, 83; vgl auch OGH in wbl 1987, 93; ecolex 1991, 242 *(Fischer-Czermak).*

[186]) Dazu *Apathy* in Schwimann § 17 KSchG Rz 2; *Würth* in Rummel § 1090 Rz 31; *Fischer-Czermak,* Mobilienleasing 177ff; *dieselbe,* Finanzierungsleasingverträge: Abzahlungsgeschäfte nach dem KSchG? ecolex 1997, 331; vgl auch OGH in RdW 1986, 268; SZ 59/40.

[187]) *Stabentheiner,* Das Teilzeitnutzungsgesetz – Neue Regeln für Time-Sharing-Verträge, immolex 1997, 118; *derselbe;* Probleme bei der Umsetzung zivilrechtlicher

TNG gilt für Verbraucherverträge iSd § 1 KSchG, mit denen der Konsument ein **„Teilzeitnutzungsrecht"** erwirbt (§ 1 Abs 1 TNG). Günstigere Bestimmungen, wie sie sich zB aus dem MRG ergeben können, bleiben unberührt.

Teilzeitnutzungsrecht ist das für mindestens drei Jahre eingeräumte dingliche oder obligatorische Recht, eine Wohnung, ein zu Wohn- oder Beherbergungszwecken dienendes Gebäude oder einen Teil desselben (Nutzungsobjekt) während eines bestimmten Zeitraumes wiederkehrend zu benützen (§ 2 Abs 1 TNG). Es kann entweder an einem bestimmten oder an mehreren Nutzungsobjekten eingeräumt werden, aus denen der Berechtigte (immer wieder) ein Nutzungsobjekt auswählen kann („mittelbares" Time-Sharing).

Der Vertrag über den Erwerb eines Teilzeitnutzungsrechts gegen ein Gesamtentgelt wird als **Teilzeitnutzungsvertrag** bezeichnet. Die für den Erwerb und das Recht gewählte Rechtsform, die Rechtsform des Veräußerers und die das Nutzungsobjekt betreffenden Rechtsverhältnisse sind unerheblich (§ 2 Abs 2).

Das TNG regelt das Time-Sharing nicht umfassend. Es enthält auch keine Bestimmungen über die zivilrechtliche Einordnung von Time-Sharing-Verträgen oder über deren Zulässigkeit. Vielmehr soll der Schutz der Konsumenten vor möglichen Mißbräuchen durch eine umfassende **Informationspflicht** des „Veräußerers" (§ 3 TNG), durch **Formvorschriften** (§ 4 TNG) und durch die Einräumung besonderer **Rücktrittsrechte** (§ 6 TNG) gewährleistet werden. Zusätzlich sieht § 10 TNG zwei Varianten einer **grundbücherlichen Sicherung** der Erwerber von Teilzeitnutzungsrechten vor (Treuhänderhypothek oder Reallast), die allerdings nur fakultativ sind.

J. Bauträgervertragsgesetz[188])

Ein **Bauträgervertrag** ist ein Vertrag über den Erwerb des Eigentums, des Wohnungseigentums, des Baurechts, des Bestandrechts oder eines sonstigen Nutzungsrechts einschließlich Leasing an **zu errichtenden**

EU-Richtlinien am Beispiel der Time-Sharing-Richtlinie, JBl 1997, 65; *Heiss/Rudisch,* Anmerkungen zum neuen Teilzeitnutzungsgesetz, ecolex 1997, 238; *Fellner,* Time-Sharing in Österreich – Zur Kodifikation des Time-Sharings im Teilzeitnutzungsgesetz, NZ 1997, 276; *Hayböck,* Timesharing: Probleme des neuen Teilzeitnutzungsrechts, wbl 1997, 221; *Jesser/Kiendl,* Time-Sharing in Österreich – Die Umsetzung der EG-Richtlinie über Teilzeitnutzungsrechte, wobl 1997, 11, 67; *dieselben,* Das Teilzeitnutzungsgesetz, in Jesser/Kiendl/Schwarzenegger, Das neue Konsumentenschutzrecht (1997) 295ff; *Niederberger,* Time-Sharing im Verein, wobl 1999, 123.

188) *Böhm,* Das neue Bauträger-Vertragsrecht, immolex 1997, 50; *S. Bydlinski,* Bauträgervertragsgesetz (1997); *Degelsegger,* Das Bauträgervertragsgesetz – ein Überblick, wobl 1997, 1; *Engin-Deniz,* Bauträgervertragsgesetz[2] (1999); *Gartner,* Der Treuhänder nach Bauträgervertragsgesetz – Haftung und Risiken, immolex 2002, 265ff; *Kiendl,* Das Bauträgervertragsgesetz in Jesser/Kiendl/Schwarzenegger, Das neue Konsumentenschutzrecht (1997) 223ff; *Wilhelm/Pilz,* Zur Schadenersatzpflicht des Bauträgers für Baumängel, ecolex 2003, 401.

oder **durchgreifend zu erneuernden**[189]) Gebäuden, Wohnungen oder Geschäftsräumen (§ 2 Abs 1 Bauträgervertragsgesetz, BTVG). Bauträger ist, wer sich verpflichtet, dem Erwerber diese Rechte einzuräumen. Ein Bauträgervertrag liegt aber auch dann vor, wenn der Erwerber sein Recht zwar von einem Dritten erwirbt, dieser Vertrag aber mit der Errichtung oder durchgreifenden Erneuerung des Objekts eine wirtschaftliche Einheit bildet (§ 2 Abs 4 BTVG).

Das BTVG ist auf Bauträgerverträge anzuwenden, bei denen der Erwerber vor der Fertigstellung Zahlungen von mehr als € 145,–[190]) pro m² Nutzfläche zu leisten hat. Seine Vorschriften können nicht zum Nachteil des Erwerbers abbedungen werden, wenn dieser Verbraucher iSd KSchG ist. Für den Erwerber günstigere Vorschriften (vgl zB § 37 Abs 1 WEG) bleiben unberührt (§ 1 BTVG).

Wesentlicher Bestandteil des BTVG ist die Verpflichtung des Bauträgers, den Erwerber gegen den **Verlust** der von ihm auf Grund des Bauträgervertrages geleisteten **Zahlungen** zu sichern, wenn die Fertigstellung des Objekts aus welchen Gründen auch immer unterbleibt. Die Möglichkeiten einer ausreichenden Sicherung bestimmt das Gesetz (vgl §§ 7 ff BTVG). Der Erwerb des Eigentums, Wohnungseigentums oder Baurechts kann auch durch eine bücherliche Sicherstellung in Verbindung mit der Zahlung des vereinbarten Preises in Raten nach einem gesetzliche bestimmten Ratenplan gesichert werden (§§ 9 iVm 10 BTVG). Die Sicherungspflicht endet mit der tatsächlichen Übergabe des fertiggestellten Vertragsgegenstandes und der Sicherung der Erlangung der vereinbarten Rechtsstellung (§ 7 Abs 5 BTVG).

Das BTVG bestimmt weiters die inhaltlichen **Mindesterfordernisse** eines Bauträgervertrages (vgl § 4 BTVG). Dieser bedarf der Schriftform, doch kann sich der Erwerber auf einen Formmangel nur bis zum Ende der Sicherungspflicht berufen (§ 3 BTVG). Dem Erwerber werden weiters besondere gesetzliche Rücktrittsrechte eingeräumt, während die Zulässigkeit der Vereinbarung und Ausübung vertraglich vereinbarter Rücktrittsrechte des Bauträgers beschränkt wird (vgl §§ 5 und 6 BTVG).

Darüber hinaus ist der Bauträger in der Regel verpflichtet, spätestens bei Unterfertigung des Bauträgervertrages einen **Treuhänder** (zwingend ein Rechtsanwalt oder Notar) zu bestellen, der insbesondere die Pflicht hat, den Erwerber über das Geschäft rechtlich zu belehren und die Erfüllung der Sicherungspflicht des Bauträgers zu überwachen (vgl § 12 BTVG).

X. Der Dienstvertrag (§§ 1151 ff)

Literatur: *W. Schwarz/Löschnigg,* Arbeitsrecht[10] (2003); *Singer,* Befristete Arbeitsverhältnisse in Österreich und im EU-Bereich (1997); *Spielbüchler/Grillberger* in Floretta/Spielbüchler/Strasser, Arbeitsrecht[4] I (1998); *Steininger,* Die Auflösung des Arbeitsverhältnisses (1969); *Tomandl,* Wesensmerkmale des Arbeitsvertrages (1971); *Tomandl/Schrammel,* Arbeitsrecht II[5] (2004).

---

[189]) Zur durchgreifenden Erneuerung OGH in wobl 2006, 59 *(Pittl).*

[190]) Ab 1. 1. 2002 gem 2. Euro-JuBeG (Art 42, 1. Euro-UmstellungsG).

A. Begriff des Dienstvertrages

Die Bestimmungen des ABGB über den Dienstvertrag (§§ 1151 ff) haben an Bedeutung verloren, weil die meisten Dienstverträge durch arbeitsrechtliche Sondergesetze geregelt sind. Auf das ABGB muß zurückgegriffen werden, wenn besondere Vorschriften fehlen. Im folgenden werden nur einige Grundsätze des Dienstvertragsrechts dargestellt, seine ausführliche Erörterung bleibt dem Arbeitsrecht überlassen.

Im Dienstvertrag verpflichtet sich jemand einem anderen gegenüber auf bestimmte oder unbestimmte Zeit zu Arbeitsleistungen.

Der Dienstnehmer schuldet Arbeit, aber **keinen Erfolg**[1]). Der Dienstgeber **bestimmt** das **Verhalten** des Leistenden[2]), der regelmäßig in das Unternehmen des Leistungsempfängers **eingegliedert** wird[3]). Das wirtschaftliche Risiko für die Nützlichkeit der Arbeit trägt der Dienstgeber.

Die Dienste können verschieden sein. Sowohl die Verkäuferin im Schuhgeschäft als auch der Generaldirektor einer großen Bank[4]) sind Dienstnehmer.

Die Tätigkeiten des Dienstnehmers sind meist **tatsächlicher** Natur. Soweit damit eine Geschäftsbesorgung verbunden ist, gelten die Vorschriften über den Bevollmächtigungsvertrag (§ 1151 Abs 2).

Charakteristisch für den Dienstvertrag ist die Arbeit in **persönlicher Abhängigkeit**[5]). Persönlich abhängig ist, wer die versprochene Arbeit selbst zu verrichten hat[6]), ohne Arbeitsort, Arbeitszeit und arbeitsbezogenes Verhalten frei bestimmen zu können, vielmehr unter der Leitung und Aufsicht des Dienstgebers steht, dessen Weisungen er befolgen muß.

Zahlreiche arbeitsrechtliche Schutzbestimmungen versuchen, die **wirtschaftliche Schwäche** des persönlich abhängigen Arbeitnehmers gegenüber dem Arbeitgeber auszugleichen.

---

[1]) OGH in ZAS 1988/14 *(Schnorr);* RdA 1992, 49 *(Eypeltauer);* ZAS 1994/12 *(Reissner).*

[2]) *Spielbüchler* in Floretta/Spielbüchler/Strasser, Arbeitsrecht I 52f; OGH in RdA 1993, 284 *(Ernst).*

[3]) Vgl OGH in ArbSlg 8844; SZ 54/75; ZAS 1989/19 *(Schäffl).* Zur Qualifikation eines Ferialpraktikums ZAS 1997/1 *(Risak)* = RdW 1996, 408 *(Spitzl).*

[4]) Vgl hiezu *Heidinger/Holzer,* Die Rechtsstellung der leitenden Angestellten, RdW 1985, 77 mwN; *Schrammel,* Bestellung und Abberufung von GmbH-Geschäftsführern aus arbeitsrechtlicher Sicht, ecolex 1990, 697; *Weigl,* Organpersonen im Arbeitsrecht, in Achatz/Jabornegg/Karollus, Aktuelle Probleme im Grenzbereich von Arbeits-, Unternehmens- und Steuerrecht (1998) 66ff.

[5]) Dazu *Tomandl,* Wesensmerkmale 190; OGH in RdA 1981, 230 *(Schrammel);* RdA 1990, 353 *(Runggaldier);* RdW 1991, 300; ArbSlg 11.293; wbl 1997, 481; SZ 2003/145; JBl 2004, 465. Unzulässig ist, die (einheitliche) Tätigkeit des Arbeitnehmers in einen abhängigen und einen selbstständigen Teil zu zerlegen, und damit arbeitsrechtliche Schutzbestimmungen zu umgehen, s OGH in ÖJZ-LSK 2004/57.

[6]) Vgl dazu *Rebhahn,* Dienstnehmerbegriff und persönliche Abhängigkeit bei Vertretungsbefugnis, wbl 1998, 277ff mwN.

Eine Sonderstellung nimmt der **freie Dienstvertrag**[7]) ein. Auch der „freie“ Dienstnehmer schuldet keinen Erfolg, er ist aber in die fremde Betriebsorganisation nur locker eingegliedert und erbringt seine Leistung **„inhaltlich unabhängig“,** also ohne diesbezüglich an die Weisungen des Dienstgebers gebunden zu sein.

Freie Dienstverhältnisse[8]) begründen zB die Verträge mit einem gelegentlich ordinierenden Betriebsarzt, mit einem zur Betreuung von Hotelgästen eingesetzten Arzt, mit einem Fleischbeschau-Tierarzt, einer frei agierenden Zeitungsreporterin, mit einer Graphikerin und mit einem Reiseleiter[9]).

Bisher war der freie Dienstvertrag in den arbeitsrechtlichen Gesetzen weder definiert noch geregelt. Durch das BGBl I 2004/77 wurde nunmehr **§ 1164a** in das ABGB eingefügt, der für bestimmte freie Dienstverträge die Verpflichtung des Dienstgebers zur Aushändigung eines **Dienstzettels** normiert, jedoch keine weiteren inhaltlichen Regelungen enthält[10]). Soweit arbeitsrechtliche Normen nicht vom persönlichen Abhängigkeitsverhältnis des Arbeitnehmers ausgehen oder den Schutz des sozial Schwächeren verfolgen (zB § 1154b), sind sie daher auch auf freie Dienstverträge anwendbar. Die Bestimmungen über den Werkvertrag können auf den freien Dienstvertrag nicht generell angewendet werden, weil bei diesem kein Erfolg geschuldet wird; uU ist aber eine ergänzende Heranziehung möglich[11]).

Für den Abschluß des Dienstvertrages ist **keine Form** vorgeschrieben; es gilt der Grundsatz der Formfreiheit (§ 883). Hingegen ist die **Gestaltungsfreiheit** der Vertragspartner **eingeschränkt,** da zum Schutz des Arbeitnehmers gesetzliche Vorschriften bestehen, die zu seinem Nachteil nicht abgeändert werden können (vgl zB § 1164). Außerdem sehen die zwischen Arbeitgeber- und Arbeitnehmerverbänden vereinbarten Kollektivverträge zwingende Minimalbedingungen vor; die Parteien können im Einzelfall nur für den Dienstnehmer günstigere Vereinbarungen treffen **(„relativ zwingendes Recht“).**

Ausnahmsweise ist nicht nur die Inhaltsfreiheit, sondern auch die Abschlußfreiheit eingeschränkt (s zB das InvalideneinstellungsG und das BerufsausbildungsG).

Der Dienstnehmer ist zur Erbringung der vereinbarten Dienste verpflichtet. Er hat diese Dienstleistung grundsätzlich **selbst** zu erbringen, kann sie also nicht einer an-

---

[7]) *Strasser,* Abhängiger Arbeitsvertrag oder freier Dienstvertrag, RdA 1992, 93; *Schrammel,* Freier Dienstvertrag ohne Zukunft, ecolex 1997, 274; *Mazal,* Freier Dienstvertrag oder Werkvertrag? ecolex 1997, 277; *Schrammel,* Arbeitsvertrag versus freier Dienstvertrag, Bauer/Maier/Petrag-FS (2004) 25; OGH in RdA 1996, 303 *(Mazal);* ecolex 1997, 115; RdA 1998, 36 *(Mazal).*

[8]) Beispiele von *Spielbüchler* in Floretta/Spielbüchler/Strasser, Arbeitsrecht I 54.

[9]) Zum Gesellschaftsorgan RdA 1992, 124 *(Wachter);* SZ 69/103; ArbSlg 11.438; zum Notarzt RdA 1992, 294 *(Löschnigg);* zum Regisseur MR 1991, 242; zum Journalisten wbl 1996, 207; zum Präsident einer Arbeiterkammer wbl 1997, 32; zum Steuerberater SZ 68/21; zum Sprachlehrer RdW 1999, 673.

[10]) S hiezu *Risak,* Dienstzettelpflicht auch für freie Dienstnehmer, ZAS 2004, 201.

[11]) *Wachter,* Der sogenannte freie Dienstvertrag, RdA 1984, 405ff. S auch OGH in JBl 1992, 520 *(Apathy).*

deren Person übertragen[12]). Das Recht des Dienstgebers auf Erbringung der Arbeitsleistung ist nur mit Zustimmung des Dienstnehmers übertragbar (§ 1153)[13]).

Gemäß § 1153 ist der Dienstnehmer im Zweifel zur Erbringung der nach den Umständen angemessenen Leistung verpflichtet. Entspricht die tatsächliche Arbeit weder dem Versprechen noch der individuellen Leistungsfähigkeit des Arbeitnehmers, so stehen dem Dienstgeber arbeitsrechtliche Sanktionen zu (Entlassung, Kündigung)[14]). Das Gewährleistungsrecht des ABGB ist auf das Arbeitsverhältnis nicht direkt anwendbar. Bei grob fahrlässig erbrachten Minderleistungen ist jedoch eine Lohnkürzung als Alternative zur Entlassung zulässig[15]).

B. Entgelt

Der Dienstvertrag kann entgeltlich oder unentgeltlich sein[16]), doch ist im Zweifel ein **angemessenes Entgelt** geschuldet (§ 1152)[17]). Es ist, wenn nichts anderes vereinbart wird, im nachhinein zu leisten (§ 1154). Der Anspruch auf das Entgelt bleibt für einige Zeit selbst dann bestehen, wenn der Dienstnehmer wegen Krankheit oder sonstiger unverschuldeter Umstände seine Leistung nicht erbringen kann (§ 1154b; sog **Lohnfortzahlung;** Entgeltsfortzahlung)[18]).

Da der Dienstvertrag ein gegenseitiger Vertrag ist, hätte der Dienstnehmer in diesen Fällen eigentlich keinen Anspruch auf Entgelt, doch ist hier aus sozialen Gründen das Gegenseitigkeitsprinzips durchbrochen[19]).

Der Entgeltsanspruch besteht ferner (§ 1155), wenn der Dienstnehmer zur Leistung bereit ist, der Dienstgeber jedoch auf sie verzichtet[20]) oder sie aus anderen Gründen, die in seiner **Sphäre** liegen, nicht erbracht werden kann[21]) (zB Stromausfall in einem Betrieb). Der Dienstnehmer

---

[12]) Vgl zur Vertretbarkeit *Rebhahn,* wbl 1998, 277ff.

[13]) Zur Übertragbarkeit des Weisungsrechtes *P. Bydlinski,* Die Übertragung von Gestaltungsrechten (1986) 269ff.

[14]) Hiezu ausführlich *Schrammel,* „Gewährleistung" für schlechte Dienste? Welser-FS (2004) 990ff.

[15]) So *Schrammel,* Welser-FS (2004) 995.

[16]) S dazu *Wilhelm,* Entgeltliche und unentgeltliche Arbeitsverhältnisse, in Tomandl, Entgeltsprobleme aus arbeitsrechtlicher Sicht (1979) 1; OGH in JBl 1987, 802; RdA 1990, 210 *(Apathy).*

[17]) S OGH in ZAS 1991/2 *(Zeiler);* ZAS 1993/6 *(Andexlinger);* ArbSlg 11.388.

[18]) S hiezu *Drs,* Neues aus dem Arbeits- und Sozialrecht – Das Arbeitsrechtsänderungsgesetz 2000, RdW 2000, 479; *diesselbe,* Berechtigung des Entgeltfortzahlungsanspruches in Arbeits- oder Kalendertagen? RdW 2003, 645.

[19]) *Tomandl/Schrammel,* Arbeitsrecht II 137ff.

[20]) *Holzer,* Verschuldeter Annahmeverzug des Arbeitgebers und Anrechnung anderweitig absichtlich versäumten Verdienstes, RdA 1983, 10ff; *Schnitzer,* Gibt es nicht dennoch ein „Recht" auf Beschäftigung? wbl 1989, 360; OGH in RdW 1994, 255; RdW 1995, 269; vgl auch OGH in RdA 1999/49 *(Löschnigg).*

[21]) *Binder,* Die Beendigung arbeitsvertraglicher Bindungen bei Eintritt dauernder Leistungsunmöglichkeit, Strasser-FS (1983) 271ff; *Schnorr,* Entgeltsansprüche bei Nichtleistung der Arbeit, in Tomandl, Entgeltsprobleme aus arbeitsrechtlicher Sicht (1979) 21; *Rebhahn,* Zur Überwälzung des Wirtschaftsrisikos auf den Arbeitnehmer bei Arbeit auf Abruf, Schnorr-FS (1988) 225; *Picker,* Betriebsstillstand und Lohngefahrtragung, Hofmeister-GedS (1996) 549; s auch OGH in SZ 53/93; ZAS 1988/21 *(Schnorr);* RdA 1999/22 *(Löschnigg).*

muß sich jedoch anrechnen lassen, was er sich dadurch erspart oder durch anderweitige Verwendung erworben oder zu erwerben absichtlich versäumt hat[22]).

C. Wechselseitige Nebenpflichten

Neben der Pflicht zur Zahlung des Entgeltes treffen den **Dienstgeber** eine Reihe von **Fürsorgepflichten** (§ 1157; ArbeitnehmerschutzG 1994)[23]). Er hat darauf zu achten, daß Leben und Gesundheit des Dienstnehmers, seine Persönlichkeitsrechte und in gewisser Weise auch sein Vermögen soweit wie möglich geschützt werden. Das Dienstverhältnis erschöpft sich also nicht in der Erbringung von Arbeitsleistungen und der Zahlung des Entgelts, sondern enthält auch **personenrechtliche** Elemente.

Nach hA haftet der Dienstgeber in analoger Anwendung des § 1014 für den Sachschaden am Vermögen des Dienstnehmers, den dieser in Erfüllung seiner Arbeitspflicht erleidet (verschuldensunabhängige **Risikohaftung** wegen **typischer** Gefährlichkeit der Tätigkeit)[24]). Dazu auch oben S 213.

Auch dem **Dienstnehmer** obliegt eine Reihe von **Pflichten,** insbesondere **Treuepflichten**[25]). Er muß zB Betriebsgeheimnisse wahren

---

[22]) Dazu OGH in JBl 1976, 49; ZAS 1983/5 *(Schrammel);* RdW 1988, 357; RdW 1994, 255; ecolex 1994, 560 (Annahmeverzug); *Binder,* Vorteilsanrechnung im Arbeitsverhältnis, Schwarz-FS (1991) 35. Einschränkend neuerdings OGH in ZAS 1997/19 *(Risak).*

[23]) Dazu OGH in RdA 1991, 130 *(Apathy);* RdA 1992, 141 *(Löschnigg);* EvBl 1993/97; ZAS 1995/9 *(Aigner)* = RdA 1995, 491 *(Schwarz);* RdA 1996, 388 *(Jabornegg);* SZ 68/39 = AnwBl 1996, 248 *(Ziehensack);* RdM 1998/1.

[24]) Aus der reichhaltigen Judikatur: RdA 1996, 402 *(Kerschner);* ZAS 1997/12 *(Tomandl);* RdA 1997, 273 *(Kerschner);* RdA 1997, 478 *(Kerschner);* RdA 1998, 36 *(Kerschner);* ZVR 1999/121; wbl 2004, 390. S weiters mwN *Fitz,* Risikozurechnung bei Tätigkeit im fremden Interesse (1985) 162ff; *Bydlinski,* Die Risikohaftung des Arbeitgebers (1986); *Oberhofer,* Der Ersatzanspruch bei Schäden wegen Tätigkeit in fremdem Interesse, ÖJZ 1994, 730ff; *denselben,* Die Risikohaftung wegen Tätigkeit in fremdem Interesse als allgemeines Haftungsprinzip, JBl 1995, 225f; *denselben,* Außenhaftung des Arbeitnehmers (1996) 123ff; kritisch zu diesem *Kerschner,* Außenhaftung des Dienstnehmers und Regreß, Tomandl-FS (1998) 187. S auch *Neumayr,* Haftung für Sachschäden im Zusammenhang mit der Überlassung von Arbeitskräften (§ 7 öAÜG, § 1014 ABGB), Kramer-FS (2004) 757. Gegen die Analogie von § 1014 *Tomandl,* Grundlagen und Grenzen der verschuldensunabhängigen Arbeitgeberhaftung, ZAS 1991, 40ff mwN; *Tomandl/Schrammel,* Arbeitsrecht II 181ff. Zur Frage, wann dem Arbeitnehmer Ersatz für Körperschäden gebührt (vgl § 333 ASVG), s unten S 363.

[25]) Dazu ausführlich *E. A. Kramer,* Arbeitsvertragliche Verbindlichkeiten neben Lohnzahlung und Dienstleistung (1975); *Schwarz/Holzer,* Die Treuepflicht des Arbeitnehmers und ihre künftige Gestaltung (1976); *Tomandl* (Hrsg), Treue- und Fürsorgepflicht im Arbeitsrecht (1975); *Tomandl/Schrammel,* Arbeitsrecht II 192ff. Vgl auch OGH in RdW 1994, 316 *(Drs)* = RdA 1994, 508 *(Holzner)* = wbl 1994, 408 *(Grillberger);* ZAS 1996/23 *(Drs);* RdA 1997, 379 *(B. Schwarz).*

(Verschwiegenheitspflicht)[26]) und Schädigungen des Betriebes verhindern[27]).

D. Beendigung des Dienstverhältnisses

Das Dienstverhältnis endet wie alle Dauerschuldverhältnisse mit Ablauf der vereinbarten **Zeit,** sonst durch **Kündigung**[28]), **vorzeitige Auflösung**[29]) (Austritt des Dienstnehmers oder Entlassung durch den Dienstgeber) oder **Tod** des Arbeitnehmers. Arbeitsrechtliche Sondergesetze haben die Möglichkeit willkürlicher Kündigung des Arbeitnehmers durch den Arbeitgeber eingeschränkt (vgl besonders die Regeln des allgemeinen und besonderen **Kündigungs- und Entlassungsschutzes** des ArbeitsverfassungsG).

Anders als die Kündigung bedarf die vorzeitige Auflösung des Arbeitsverhältnisses (Entlassung) **wichtiger Gründe** (§ 1162), wie zB schwere, schuldhafte Verletzung der Dienstpflichten oder Arbeitsunfähigkeit. Die unbegründete oder schuldhafte Herbeiführung eines Auflösungsgrundes kann Schadenersatzansprüche auslösen. Pauschalierung des Ersatzes (Konventionalstrafe) ist innerhalb gewisser Grenzen möglich[30]).

Ein Entlassungsgrund muß unverzüglich geltend gemacht werden[31]). Auch die unrechtmäßige Entlassung löst das Dienstverhältnis mit sofortiger Wirkung auf. Dem Dienstnehmer ist jedoch Schadenersatz zu leisten (Schadenersatzprinzip)[32]).

E. Arbeitskräfteüberlassung

Die von der Praxis ausgebildete **Arbeitskräfteüberlassung**[33]) ist seit 1988 im AÜG geregelt. Dabei verpflichtet sich ein Dienstnehmer seinem

---

[26]) Dazu OGH in ÖBl 1992, 231; RdW 1993, 252; vgl auch RdA 1999/18 *(D. Weiß);* aus der Literatur vgl zuletzt *Artmann,* Verschwiegenheitspflicht ausgeschiedener Arbeitnehmer, in Achatz/Jabornegg/Karollus, Aktuelle Probleme im Grenzbereich von Arbeits-, Unternehmens- und Steuerrecht (1998) 51.

[27]) Dazu OGH in wbl 1991, 263; RdA 1994, 56 *(Riedler).*

[28]) Zu den Kündigungsmöglichkeiten bei Konkurs des Arbeitgebers s § 25 KO.

[29]) S *Wachter,* Die einvernehmliche Auflösung des Arbeitsverhältnisses, Floretta-FS (1983) 433ff; *Eichinger,* Gedanken zur vorzeitigen Auflösung des Arbeitsverhältnisses aus wichtigem Grund, 100 Jahre WU-Wien-FS (1998) 375ff. OGH in SZ 71/14; RdW 1999, 216.

[30]) OGH in ZAS 1984/15 *(Kohlmaier);* RdA 1984, 150 *(Steinbauer).*

[31]) OGH in RdA 1984, 233 *(Apathy);* RdA 1988, 456 *(Grassl-Palten);* RdA 1989, 114 *(Dirschmied);* RdW 1996, 178; RdW 1997, 296; RdW 1998, 26; ecolex 1999, 486; *Grassl-Palten,* Der Untergang des Entlassungsrechts, ZAS 1989, 1; *Gerlach,* Beweislastverteilung bei verspäteter Entlassung, RdW 1998, 469.

[32]) S *Grillberger* in Floretta/Spielbüchler/Strasser, Arbeitsrecht I 417; *Holzer,* Irrtumsanfechtung bei zeitwidriger Kündigung im Arbeitsverhältnis, JBl 1985, 82. AA *Marhold,* Die Wirkung ungerechtfertigter Entlassungen – Eine Kritik des sogenannten Schadenersatzprinzips, ZAS 1978, 5; *Tomandl/Schrammel,* Arbeitsrecht II 242ff.

[33]) Dazu *Grillberger,* Neuerungen durch das Arbeitskräfteüberlassungsgesetz, wbl 1988, 313; *Mazal,* Arbeitskräfteüberlassung (1988); *R. Müller,* Probleme des Leiharbeitsverhältnisses, Schnorr-FS (1988) 177; *B. Schwarz,* Ausgewählte Rechtsfragen

Dienstgeber („Überlasser", § 3 Abs 2 AÜG) gegenüber zur **Dienstleistung an Dritte** („Beschäftiger", § 3 Abs 3 AÜG), durch die jedoch das Dienstverhältnis zum Dienstgeber in seinem Bestand unberührt bleibt. Der Dienstnehmer wird dem **„Beschäftiger"** zur Arbeitsleistung überlassen, dessen **Weisungsrecht** unterstellt und zumindest organisatorisch in dessen Betrieb eingegliedert.

Mit der Arbeitskräfteüberlassung verwandt sind die sog Gruppenarbeitsverhältnisse. Der Gruppenleiter stellt Arbeitnehmer zur Verfügung, doch ist er selbst nicht selbständiger Unternehmer, sondern wird Dienstnehmer dessen, der die Arbeit benötigt[34]). Beispiele bieten die „Kapellmeisterverträge": Der Leiter einer Musikkapelle wird Dienstnehmer eines Unterhaltungsetablissements und bringt die Mitglieder seiner Gruppe mit, welche in kein unmittelbares Rechtsverhältnis zum Arbeitgeber treten[35]).

XI. Der Werkvertrag (§§ 1165ff)

Literatur: *Bettelheim,* Bemerkungen zu den Herrenhausbeschlüssen über den Dienst- und Werkvertrag nach der Novelle zum ABGB, JBl 1916, 88; *Dniestrzanski,* Das Wesen des Werklieferungsvertrages (1898); *Gauch,* Der Werkvertrag[4] (1996); *Jakobs,* Die Abnahme beim Werkvertrag, AcP 183, 145; *Kurschel,* Die Gewährleistung beim Werkvertrag (1989); *Müller-Foell,* Die Mitwirkung des Bestellers beim Werkvertrag (1982); *A. Schopf,* Wichtige Rechtsfragen der Bauwirtschaft (2000); *U. Schwartz,* Haftungsfragen aus dem Bauvertragsrecht (1994); *I. Welser,* Y2K – Das Jahr-2000-Problem (2000).

A. Begriff

Durch den Werkvertrag verpflichtet sich der Werkunternehmer gegenüber dem Werkbesteller zur Herstellung eines bestimmten Erfolges (§ 1151 Abs 1).

Der **Erfolg** kann sehr verschieden sein, er kann sich auf bewegliche und unbewegliche Sachen beziehen und körperlicher oder unkörperlicher Art sein.

Werkvertrag ist die Errichtung eines Gebäudes, die Herstellung von Druckwerken[1]), die Reparatur einer Sache, das Verfassen eines Dramas, ein Bühnenauftritt[2]), die Erstellung einer Bilanz[3]), die Erstellung eines Datenverarbeitungs-[4]), oder „Corporate-

---

aus dem Arbeitskräfteüberlassungsgesetz, RdA 1988, 428; *Geppert,* Arbeitskräfteüberlassungsgesetz (1989); *Leutner/B. Schwarz/Ziniel,* Arbeitskräfteüberlassungsgesetz (1989); *Gahleitner,* Arbeitskräfteüberlassung und Betriebsübergang, RdA 1994, 380; OGH in ZAS 1991/21 *(Andexlinger);* EvBl 1992/67; SZ 70/148. Zur Gewährleistung für überlassene Arbeitskräfte s OGH in ecolex 2002, 88; dazu *Mazal,* Arbeitskräfteüberlassung und Gewährleistung, ecolex 2004, 385.

[34]) Hiezu *Spielbüchler* in Floretta/Spielbüchler/Strasser, Arbeitsrecht I 159; *Petrovic,* Zur Einzelauflösung bei Gruppenarbeitsverträgen, ZAS 1985, 171.

[35]) OGH in ArbSlg 4995; vgl auch ZAS 1983/18 *(Selb).*

[1]) Dazu *Hartl/Reich-Rohrwig/Schlosser,* Der Druckvertrag im österreichischen Recht (1987).

[2]) OGH in SZ 66/174.

[3]) OGH in SZ 68/21.

[4]) OGH in EvBl 1985/79; *Staudegger,* Rechtsfragen bei Individualsoftware (1995) 36ff; *I. Welser,* Y2K 16 mwN.

Identity-Programms"[5]), der Transport von Personen oder Gütern[6]), ein Theaterbesuchsvertrag[7]), die Organisation einer Reise (hiezu unten S 266ff).

Der vom Werkunternehmer geschuldete Erfolg und die damit verbundenen Handlungen sind allerdings **tatsächlicher** Natur. Rechtshandlungen sind Inhalt eines Auftrages[8]).

Der Unterschied ist vor allem für die Beendigung des Rechtsverhältnisses bedeutungsvoll. Der Auftrag zur Geschäftsbesorgung kann jederzeit widerrufen werden (§ 1020), während bei Abbestellung des Werkes der Unternehmer den Entgeltsanspruch behält (§ 1168). Es gibt auch aus beiden Typen gemischte Verträge, dazu gehören manchmal die Verträge mit Architekten.

Der Werkvertrag begründet ein **Zielschuldverhältnis,** doch gibt es auch Dauerschuldverhältnisse mit werkvertragsähnlichem Inhalt, zB Wartungsverträge[9]).

Vor allem die Pflicht zur Herstellung eines Erfolges unterscheidet den Werkvertrag vom **Dienstvertrag.** Anders als ein Dienstnehmer schuldet der Werkunternehmer nicht nur eine Bemühung, sondern ein Ergebnis[10]). Die damit verbundene Arbeitsleistung ist ein bloßes Mittel und geht im Werkvertrag auf.

Die Grenze zum **Kaufvertrag** ist mitunter zweifelhaft, weil beide Vertragstypen auf „Lieferung" einer Sache gerichtet sein können. Schuldet jemand nur die Herstellung aus einem vom anderen beigestellten Material, so liegt ein Werkvertrag vor. Die Abgrenzung wird schwieriger, wenn der Hersteller auch das Material zur Verfügung stellt („Werklieferungsvertrag"). Nach § 1166 ist dann im Zweifel ein Kaufvertrag anzunehmen. Ist aber die Sache gerade für die **Bedürfnisse des Bestellers** und entsprechend seinen Wünschen anzufertigen, liegt das Schwergewicht auf der Herstellung, so daß der Vertrag zweifellos (§ 1166) ein Werkvertrag ist[11]).

Das deutsche BGB unterstellt in § 651 BGB (seit dem Schuldrechtsmodernisierungsgesetz [in Kraft seit 1. 1. 2002]) alle Verträge über die Lieferung noch herzustellender oder zu erzeugender beweglicher Sachen dem Kaufrecht, und zwar unabhängig davon, ob der Unternehmer den Stoff für das Werk zu beschaffen hat, ob der Inhalt seiner Leistungspflicht einen dem Werkvertrag zuzuordnenden Erfolg darstellt und ob es sich bei der herzustellenden Sache um eine vertretbare oder nicht vertretbare Sache handelt (§ 651 BGB). In Österreich muß die Entscheidung weiterhin an Hand der genannten Kriterien zwischen Werkvertrag und Kauf getroffen werden. Im Handelsrecht gilt besonderes: Gemäß § 381 Abs 2 UGB finden die Vorschriften über den Handels-

---

[5]) OGH in wbl 1993, 301.

[6]) Vgl OGH in SZ 64/9; ZVR 1996/78.

[7]) Vgl *Zöllner,* Opernregietheater und Vertragserfüllung, Welser-FS (2004) 1261; *Zechner,* Zur Aufklärungspflicht des Opernveranstalters, JBl 2005, 341 mwN.

[8]) Zur Rechtsnatur von Unternehmensberaterverträgen s OGH in JBl 2000, 441 *(Staudegger).*

[9]) Vgl auch OGH in EvBl 1987/176. Ein Mobilfunkvertrag ist kein Werkvertrag, sondern ein Mischvertrag sui generis: s OGH in JBl 2005, 735.

[10]) *Tomandl,* Wesensmerkmale des Arbeitsvertrages (1971) 112ff. Vgl auch OGH in SZ 47/47; EvBl 1976/179; wbl 1988, 91; ÖBl 1998, 22. Vgl auch *Mazal,* Freier Dienstvertrag oder Werkvertrag? ecolex 1997, 277.

[11]) OGH in EvBl 1992/155; EvBl 1993/178.

kauf auch Anwendung, wenn aus einem von dem Unternehmer zu beschaffenden Stoffe eine nicht vertretbare bewegliche Sache herzustellen ist[12]); vgl auch das UN-Kaufrecht oben S 183.

Stellt der Werkbesteller den Stoff bei, so bleibt er nach dem Zweck des Vertrages trotz dessen Verarbeitung sein Eigentümer[13]). Stammt der Stoff vom Unternehmer, so bedarf es bei der Ablieferung des Werkes einer **Eigentumsübertragung,** wenn das Material nicht ohnedies unselbständiger Bestandteil einer dem Besteller gehörenden Sache wurde (§§ 416f)[14]).

Strittig ist, ob zum Wesen des Werkvertrages die **Entgeltlichkeit** gehört. Die hM[15]) neigt zu dieser Auffassung und beruft sich auf § 1151 („gegen Entgelt"). § 1151 hat aber nur den typischen Fall vor Augen. Wer für den Werkvertrag Entgeltlichkeit verlangt, muß die unentgeltliche Herstellung tatsächlicher Erfolge zum Auftrag rechnen und Vorschriften anwenden, die an sich auf die Geschäftsbesorgung zugeschnitten sind (s oben S 209ff). Richtiger ist es wohl, die §§ 1165ff soweit wie möglich auch auf unentgeltliche Werkverträge anzuwenden.

Die Bestimmungen über die **Schutzpflichten** des Dienstgebers (§ 1157) gelten sinngemäß für den Werkvertrag (§ 1169)[16]).

B. Herstellungspflicht des Werkunternehmers

Der Werkunternehmer ist verpflichtet, das Werk persönlich auszuführen oder unter seiner **persönlichen Verantwortung** ausführen zu lassen (§ 1165). Er kann also zur Herstellung Erfüllungsgehilfen einsetzen, deren Fehler ihm allerdings zugerechnet werden (§ 1313a), und zwar ohne Rücksicht darauf, ob die Gehilfen seine Dienstnehmer oder wirtschaftlich selbständig und weisungsfrei[17]) sind. Nur bei besonderer Vereinbarung ist der Werkunternehmer zur höchstpersönlichen Herstellung verpflichtet, was idR bei künstlerischen Leistungen der Fall ist. Auch dann können aber einzelne Hilfsarbeiten von Gehilfen vorgenommen werden.

Mit der Herstellung größerer Werke werden oft **„Generalunternehmer"** betraut[18]). Sie übernehmen gegenüber dem Besteller die Herstellung des ganzen Werks im eigenen Namen, bedienen sich aber zur Erfül-

---

[12]) Vgl OGH in wbl 1991, 270; RdW 2002/134.

[13]) *Ehrenzweig* I/2, 214; *Klang* in Klang II 284; OGH in GlUNF 2488; EvBl 1966/335.

[14]) Vgl OGH in EvBl 1992/155; RdW 2000/186 (Aufzugsanlage) = ecolex 2000/142 *(Thaler);* JBl 2001, 250.

[15]) *Adler/Höller* in Klang V 167f; *Ehrenzweig* II/1, 516; *Gschnitzer,* Schuldrecht BT[1] 88, 98; *Krejci* in Rummel §§ 1165f Rz 100; OGH in JBl 1974, 624; anders nun *Gschnitzer,* Schuldrecht BT 231.

[16]) Dazu OGH in SZ 50/100; JBl 1986, 113; *Iro,* Haftung des Bauherrn wegen Verletzung seiner werkvertraglichen Fürsorgepflichten, RdW 1997, 263.

[17]) OGH in JBl 2004, 648 *(Lukas)* = ecolex 2004, 287 *(Wilhelm); Reischauer* in Rummel § 1313a Rz 9.

[18]) *Frotz,* Der Generalunternehmervertrag, in Aicher/Korinek, Rechtsfragen des nationalen und internationalen Industrieanlagenbaus (1991) 153.

lung aller oder einzelner Tätigkeiten weiterer Unternehmer **(„Subunternehmer“),** die sich dem Generalunternehmer gegenüber zur Leistung verpflichten, gegenüber dem Besteller aber Gehilfen des Generalunternehmers (§ 1313 a) sind[19]).

C. Werklohnzahlungspflicht des Bestellers

1. Bedungenes oder angemessenes Entgelt, Fälligkeit

Der Besteller hat das **bedungene** oder, wenn nichts anderes vereinbart ist, ein **angemessenes** Entgelt zu leisten (§ 1152)[20]). Unentgeltlichkeit muß ausdrücklich vereinbart sein.

Der Werklohn ist im Zweifel erst **nach Vollendung** des Werkes und dessen Prüfung[21]) zu zahlen (§ 1170), doch wird oft von dieser Regel abgewichen. Wenn Kreditierung nicht besonders vereinbart ist, müssen die Parteien Zug um Zug leisten (§ 1052). Wird das Werk in „Abteilungen“[22]) verrichtet oder sind Auslagen damit verbunden, die der Unternehmer nicht auf sich genommen hat, so kann er schon von Gesetzes wegen einen verhältnismäßigen Teil des Entgelts und den Ersatz der gemachten Auslagen vor Vollendung des Werkes fordern (§ 1170 Satz 2).

Steht der Werklohn nicht von vornherein fest (wie dies bei einer Pauschalierung der Fall ist), wird er erst mit Zugang der **Rechnung** an den Besteller fällig[23]). Allerdings beginnt die Werklohnforderung in jenem Zeitpunkt zu verjähren, in welchem dem Werkunternehmer die Rechnungslegung **möglich** ist (vgl § 1478: „an sich schon hätte ausgeübt werden können“)[24]). Hält der Besteller gemäß § 1052 das Entgelt zurück[25]), so verjährt der Werklohnanspruch ab dem Zeitpunkt, ab dem die Mängelbehebung objektiv möglich gewesen wäre[26]).

Dies gilt jedoch nicht, wenn der Unternehmer mangelfreie Leistung behauptet und seinen (vermeintlichen) Werklohnanspruch im Prozeß durchzusetzen versucht. Stellt sich dabei die Mangelhaftigkeit heraus, so muß der Unternehmer zwar binnen an-

---

[19]) OGH in JBl 1990, 587; ecolex 1990, 406 *(Wilhelm);* s auch ecolex 1994, 314. Zum Verhältnis zwischen General- und Subunternehmerverträgen s OGH in ecolex 2005, 907.

[20]) Zum angemessenen Werklohn bei nachträglich vereinbarten Mehrarbeiten s OGH in RdW 2000/188.

[21]) OGH in EvBl 2002/130.

[22]) Nach prozentuellem Fortschritt zu legende Teilrechnungen sind keine Rechnungen über „gewisse Abteilungen“ s OGH in EvBl 2004/186.

[23]) Vgl OGH in EvBl 1974/158; SZ 54/35; RdW 1994, 311 (Rechtsanwalt); bbl 1999, 199 *(Egglmeier);* JBl 2004, 714.

[24]) So auch OGH in EvBl 1981/157; s ferner wbl 1988, 205; HS 27.601; HS 27.607; EvBl 1998/168, ecolex 2002, 582 (Verjährung bei Abbestellung).

[25]) Dazu *Karollus/Lukas,* Das sogenannte Zurückbehaltungsrecht des Werkbestellers, JBl 2001, 677, 766; OGH in RdW 2005/681.

[26]) OGH in SZ 54/35; RdW 1996, 357; HS 27.607; vgl auch EvBl 1982/182; *Karollus/Lukas,* JBl 2001, 680.

gemessener Frist verbessern, kann aber danach seinen Werklohnanspruch geltend machen[27]), ohne dem Verjährungseinwand ausgesetzt zu sein. Hält der Besteller den Werklohn unberechtigt zurück, so verjährt der Anspruch ab dem Zeitpunkt, ab welchem dem Werkunternehmer die fehlende Berechtigung erkennbar ist.

Daß der Werklohn im Zweifel erst nach Vollendung des Werks zu entrichten ist, macht die Werklohnschuld nicht zu einer „Kreditverbindlichkeit“ im Sinne des § 98 EheG (dazu Bd I S 511).

Verspricht der Unternehmer die Herstellung des Werkes zu einem bestimmten Gesamtpreis **(Pauschale)**[28]), so muß er es ohne Rücksicht auf die notwendigen Arbeiten und Auslagen ausführen. Er trägt also die Gefahr des Mehraufwandes, hat aber auch den Vorteil, wenn der Aufwand hinter dem Preis zurückbleibt.

Der Werkunternehmer hat für seine Entgeltsforderung **kein gesetzliches Pfandrecht** an der hergestellten Sache, doch kann er die Einrede des nicht erfüllten Vertrages erheben (§ 1052) und hat an dem vom Werkbesteller beigestellten Material das Zurückbehaltungsrecht nach § 471, dem das Verbot des § 1440 nicht entgegensteht[29]).

2. Kostenvoranschlag

Ein Kostenvoranschlag ist eine **Aufstellung** der mit der Herstellung des Werkes verbundenen und vom Werkbesteller zu zahlenden Kosten (Materialien, Arbeitsaufwand). Mit einem Kostenvoranschlag ist meist die Bereitschaft verbunden, das Werk zu den angeführten Bedingungen herzustellen.

Angebote (Offerte) müssen nicht besonders honoriert werden. Hat aber der Kostenvoranschlag nicht ausschließlich Offertcharakter, so ist er im Zweifel entgeltlich, wenn er mit Vorarbeiten verbunden ist[30]). Ein Verbraucher hat allerdings für die Herstellung eines Kostenvoranschlages nur dann ein Entgelt zu zahlen, wenn er vorher auf die Zahlungspflicht hingewiesen worden ist (§ 5 Abs 1 KSchG).

Hat der Unternehmer für die Richtigkeit eines Voranschlages Gewähr geleistet **(„Kostenvoranschlag unter Garantie“),** so kann er auch bei unvorhergesehener Größe oder Kostspieligkeit der veranschlagten Arbeiten keine Erhöhung des Entgelts fordern (§ 1170a Abs 1). Bleibt der Aufwand aber hinter dem Preis zurück, so muß der Werkunternehmer das Entgelt anders als beim Pauschalpreis wohl herabsetzen[31]).

---

[27]) So ausdrücklich OGH in JBl 2004, 714. Vgl aber OGH in ecolex 2002, 510.

[28]) Dazu OGH in EvBl 1987/175 mwN; JBl 2005, 378 (Kalkulationsirrtum). S auch *Karasek,* Die Pauschalpreisvereinbarung in der Baupraxis, ecolex 1991, 235; *P. Längle,* Das Entgelt beim Bauvertrag (1999) 47ff; *Kerschner,* Vergütungsanspruch wegen Mehraufwandes beim Werkvertrag, Welser-FS (2004) 446ff.

[29]) Dazu *Wilhelm,* ecolex 1997, 641; *B. Jud,* Zur Einfügung einer Bestimmung über die „Bauhandwerkersicherung“ in das ABGB, RdW 1998, 248ff mwN.

[30]) Vgl OGH in SZ 30/63; *Hutter,* Der Kostenvoranschlag (1996) 22ff.

[31]) *Iro,* Die Höhe des Werklohnanspruchs bei Unterschreitung eines garantierten Kostenvoranschlages, RdW 1995, 291f. Anders allerdings zB *Hutter,* Kostenvoranschlag 133ff mwN.

Ob der Werkunternehmer auch bei einem Kostenvoranschlag unter Garantie die Abgeltung jener Mehrkosten begehren kann, die auf Umstände in der Bestellersphäre zurückzuführen sind (§ 1168), ist strittig[32]).

Beim **Kostenvoranschlag ohne Gewähr** muß der Besteller geringfügige Überschreitungen des Voranschlages hinnehmen, wenn sie unvermeidlich sind[33]). Wird eine **beträchtliche** Überschreitung unvermeidlich, so muß dies der Unternehmer dem Werkbesteller **anzeigen,** widrigenfalls er jeden Anspruch wegen der Mehrarbeiten verliert[34]). Auf die Gründe der Überschreitung kommt es nicht an[35]). Auch wenn der Besteller ihre Notwendigkeit vermuten kann, darf er bis zur Anzeige des Unternehmers annehmen, daß sich dieser an seinen Voranschlag gebunden erachtet[36]).

Zeigt der Unternehmer die drohende Überschreitung an, so hat der Besteller ein Wahlrecht. Er kann sich mit den Mehrkosten **einverstanden** erklären oder vom Vertrag **zurücktreten,** muß allerdings dem Unternehmer die bisher geleistete Arbeit vergüten (§ 1170a Abs 2).

Im Zweifel ist anzunehmen, daß ein Voranschlag ohne Gewähr gegeben wird („Kostenvoranschlag ohne Garantie")[37]).

Genau umgekehrt ist die Rechtslage beim Verbrauchergeschäft: Die Richtigkeit eines Kostenvoranschlages des Unternehmers gilt als gewährleistet, wenn das Gegenteil nicht ausdrücklich erklärt ist (§ 5 Abs 2 KSchG), s auch unten S 409.

3. Sicherstellung bei Bauverträgen

Zur Verkleinerung der Insolvenzrisiken im Bau- und Baunebengewerbe wurde durch die UGB-Reform (in Kraft ab 1. 1. 2007) eine **zwingende Sicherstellungspflicht** (§ 1170b) des Werkbestellers eingeführt[38]).

Ein Unternehmer, der die Herstellung oder Bearbeitung eines Bauwerkes, Bauwerkteiles oder einer Außenanlage zu einem Bauwerk über-

---

[32]) Dafür *Krejci* in Rummel § 1170a Rz 7; *derselbe,* Bauvertrag 90ff; OGH in SZ 58/41; wbl 1987, 219; vgl auch EvBl 1997/200. Dagegen OGH in EvBl 1987/176; *Rummel,* Strasser-FS 319ff; *Rebhahn* in Schwimann § 1168 Rz 46f; *Hutter,* Kostenvoranschlag 112ff. Differenzierend *Kerschner,* Welser-FS 446ff (Kalkulationsirrtum als Risiko des Werkunternehmers, es sei denn, es liegt ein „Irrtum über die Vergleichsgrundlage" vor). Zum Kalkulationsirrtum als Geschäftsirrtum (§ 871) vgl OGH in JBl 2005, 378 mwN.

[33]) Dazu OGH in JBl 1994, 179.

[34]) Dazu OGH in EvBl 1983/100; SZ 55/83; JBl 1992, 387; AnwBl 1993, 190; bbl 1999/132; JBl 2002, 108 (Schätzungsanschlag); *Kerschner,* Welser-FS 448. Einschränkend auf den Verlust der beträchtlichen, nicht aber der unbeträchtlichen Mehrkosten hingegen: *Hutter,* Kostenvoranschlag 152ff; diesem folgend *Rebhahn* in Schwimann § 1170a Rz 12; *Iro,* Entgeltshöhe bei Überschreitung der Kostenschätzung, RdW 1999, 57.

[35]) Einschränkend OGH in SZ 58/41.

[36]) OGH in JBl 1975, 322.

[37]) *Adler/Höller* in Klang V 421; *Ehrenzweig* II/1, 524; *Hutter,* Kostenvoranschlag 43ff mwN.

[38]) Vgl hiezu schon *B. Jud,* Zur Einführung einer Bestimmung über die „Bauhandwerkersicherung" in das ABGB, RdW 1998, 248; *dieselbe,* Sicherstellung bei Bauverträgen, ecolex 2004, 12.

nommen hat, hat gemäß § 1170b Abs 1 das Recht, vom Besteller eine Sicherstellung von höchstens 20% des vereinbarten Entgelts zu fordern. Bei innerhalb von drei Monaten zu erfüllenden Verträgen beträgt die Sicherstellung 40%.

Sicherstellung kann nur bei Werkverträgen verlangt werden (zB Errichtung, Planung oder Renovierung eines Hauses, Installations-, Grabungsarbeiten, nach den Gesetzesmaterialien aber auch bei der Bearbeitung eines Bauwerks, zB für Malerarbeiten oder die Planung einer Heizungsanlage). Bei gemischten Verträgen muß das werkvertragliche Element überwiegen.

Sicherheitsleistungen sind nur die im Gesetz genannten Vermögenswerte (Bargeld, Bareinlagen, Sparbücher, Bankgarantien und Versicherungen), die eine einfache und rasche Verwertung ermöglichen sollen.

Die Auswahl obliegt dem Sicherungsgeber, die Kosten der Sicherstellung hat der Sicherungsnehmer zu tragen, wodurch eine mutwillige Einforderung verhindert werden soll. Da der Besteller jedoch auf die Modalitäten der Sicherstellung keinen Einfluß hat, ist seine Kostenersatzpflicht mit jährlich 2% der Sicherungssumme beschränkt. Die Kostenersatzpflicht endet, wenn die Sicherstellung nur wegen nicht gerechtfertigter Einwendungen gegen den Entgeltanspruch aufrecht erhalten werden muß.

Die Sicherstellung ist binnen angemessener Frist zu leisten, widrigenfalls dem Werkunternehmer ein sofortiges Leistungsverweigerungsrecht zusteht. Darüber hinaus kann er unter Setzung einer Nachfrist den Vertrag aufheben (§ 1170b Abs 2, § 1168 Abs 2). Der Werkunternehmer behält seinen Entgeltsanspruch (§ 1168 Abs 2), muß sich aber alles anrechnen lassen, was er sich erspart hat (vgl § 1168 Abs 1).

Keine Sicherstellung gebührt dem Werkunternehmer, wenn sein Vertragspartner eine juristische Person des öffentlichen Rechts oder ein Verbraucher ist.

D. Gewährleistung und Schadenersatz

1. Allgemeines

Das GewRÄG hat die in § 1167 aF enthaltenen **Sondergewährleistungsbestimmungen** für Werkverträge abgeschafft (s oben S 64). Es kommen nun nur noch die **§§ 922 bis 933b zur Anwendung**[39]).

Auch für die Umschreibung der Eigenschaften des Werkes gelten die §§ 922f. Da der Werkunternehmer einen bestimmten **Erfolg** schuldet, kann er sich zB zur Abwendung seiner Gewährleistungspflicht nicht

[39]) Siehe Lit bei Gewährleistung. Vgl weiters *Welser,* Die Schlechterfüllung der Nachbesserungsschuld, in Koller (Hrsg), 7. St. Gallener Baurechtstagung, Tagungsbeiträge (2006) 81. Zum Schweizer Recht vgl *Koller,* Das Nachbesserungsrecht beim Werkvertrag[2] (1995).

darauf berufen, daß er bei der Herstellung die Regeln der Technik eingehalten hat[40]).

Eine Besonderheit der werkvertraglichen Gewährleistung sind die **Sowiesokosten.** Dabei geht es darum, ob der Werkunternehmer Ersatz der mit einer gewährleistungsrechtlichen Verbesserung verbundenen Mehrkosten verlangen kann, wenn die Herstellung eines mangelfreien Werks diese Kosten (Mehrkosten) von vornherein erfordert hätte[41]).

An und für sich ist der Unternehmer zur Lieferung eines mangelfreien Werkes verpflichtet, weshalb er bei Notwendigkeit einer Verbesserung auch kein zusätzliches Entgelt verlangen kann. Ob bei Vereinbarung eines Pauschalpreises für einen genau beschriebenen, aber minderwertigen Erfolg die Verbesserung zu einem qualitativ besseren Werk ohne Erstattung von Sowiesokosten vom Werkunternehmer vorgenommen werden muß, ist strittig[42]). Dies ist wohl unter folgenden Voraussetzungen zu bejahen: Es gibt Fälle, in denen die Verbesserung bei Beibehaltung des grundsätzlichen Charakters des bestellten Werkes nicht möglich ist, der Mangel also unbehebbar wäre. Will der Werkbesteller dennoch die Änderung, so verlangt er eine Umgestaltung des Vertrages. Soweit für eine solche Vertragsänderung schon ursprünglich mehr zu bezahlen gewesen wäre, muß der Käufer auch jetzt eine entsprechende Vergütung („Sowiesokosten") leisten. Ebenso hat der Werkbesteller die „Sowiesokosten" zu tragen wenn er – allenfalls über Warnung durch den Werkunternehmer – für bestimmte Vorrichtungen zu sorgen hatte und diese erst bei einer Mängelbehebung durch den Werkunternehmer vorgenommen werden[43]).

Hat der Werkbesteller vertraglich bestimmte Mitwirkungspflichten übernommen, so wird der Werkunternehmer nur gewährleistungspflichtig, wenn feststeht, daß der Werkbesteller alle geforderten Maßnahmen gesetzt hat oder deren teilweise Unterlassung für die Mangelhaftigkeit nicht kausal war[44]).

2. Warnpflichten des Werkunternehmers

Oft stammt der für ein Werk benötigte **Stoff** vom Werkbesteller. Ebenso kommt es vor, daß der Werkbesteller dem Unternehmer **Anweisungen** erteilt. Ist der Stoff untauglich oder sind die Anweisungen falsch, so kann sich das auf die Beschaffenheit des Werkes auswirken. Wer diese

---

[40]) *Kurschel,* Gewährleistung 23ff; *Wilhelm,* Von widersprüchlichen Werkverträgen, falschen Regeln der Technik, Behebung unbehebbarer Mängel und Sowiesokosten, Ostheim-FS (1990) 228f; *F. Bydlinski,* Vertragsrechtliche Grundfragen des Industrieanlagenbaus, in Aicher/Korinek, Rechtsfragen des nationalen und internationalen Industrieanlagenbaus (1991) 76ff mwN; *I. Welser,* Y2K 21ff; OGH in wbl 1989, 307 *(Wilhelm);* bbl 1998/130.

[41]) Vgl dazu *Kurschel,* Gewährleistung 72ff; *Wilhelm,* Ostheim-FS 233ff; *derselbe,* Behebung von Baumängeln gegen Ersatz der „Sowiesokosten", ecolex 1990, 402; *derselbe,* Vergütung von Zusatzleistungen zur Baumängelbehebung bei ÖNORMEN-Vertrag, ecolex 1990, 404; *I. Welser,* Y2K 56f; OGH in ecolex 1992, 316 *(Wilhelm);* JBl 1994, 174 *(M. Gruber)* = ecolex 1993, 518 *(Wilhelm);* bbl 1998/126 *(Egglmeier).* Zur Abgrenzung der Sowiesokosten vom Vorteilsausgleich *B. Jud,* Vorteilsausgleich im Gewährleistungsrecht, JBl 2000, 6f.

[42]) Dafür *Kurschel,* Gewährleistung 73f; dagegen *Wilhelm,* ecolex 1990, 403; *Rebhahn* in Schwimann § 1165 Rz 35, 37; differenzierend *Reischauer* in Rummel § 932 Rz 201ff.

[43]) OGH in ecolex 2001, 745.

[44]) OGH in ecolex 2001, 666.

„nachteiligen Wirkungen“ zu tragen hat, hängt davon ab, ob der Werkunternehmer Warnpflichten verletzt hat[45]).

Den Werkunternehmer trifft die Pflicht, den Besteller[46]) zu warnen, wenn der zu bearbeitende Stoff offenbar **untauglich** ist oder Anweisungen des Bestellers offenbar **unrichtig** sind (§ 1168 a)[47]). Dies gilt nach herrschender Rsp auch gegenüber einem sachkundigen Besteller[48]), den aber ein Mitverschulden treffen kann[49]).

Ist das herzustellende Werk für den vom Werkbesteller beabsichtigten und dem Werkunternehmer bekannten Zweck offenbar untauglich (so wenn in einer Hoteleingangshalle ein Parkettboden verlegt wird, der hoher Beanspruchung nicht gewachsen ist), muß der Werkunternehmer den Besteller warnen[50]).

Beschäftigt der Werkbesteller mehrere selbständige Werkunternehmer (wie bei der Errichtung eines Gebäudes), so ist er diesen gegenüber verpflichtet, die einzelnen Leistungen zu koordinieren und aufeinander abzustimmen[51]). Überantwortet er diese Aufgabe einem Dritten (zB Architekten), so muß er sich dessen Verschulden (zB Planungsfehler) nach § 1313 a zurechnen lassen[52]). Weitere Pflichten werden

---

[45]) Dazu zuletzt *I. Welser,* Mängel von Baustoff und Baugrund – „Jolly Joker“ jedes Bauprozesses, in Koller (Hrsg), 7. St. Gallener Baurechtstagung, Tagungsbeiträge (2006) 1 ff.

[46]) S hiezu OGH in RdW 2004/463 (Warnungsadressat); vgl auch *I. Welser* in Koller, 7. St. Gallener Baurechtstagung 1 ff.

[47]) Dazu *Iro,* ÖJZ 1983, 505 ff; *Wilhelm,* Ostheim-FS 229 ff; *Schachinger,* Die Bauverzögerung (1999) 100 ff; *Wilhelm,* Eine Studie zu Gefahr und Warnpflicht beim Werkmangel, Welser-FS (2004) 1185 ff; aus der Judikatur vgl OGH in JBl 1990, 656 *(Dullinger);* RdM 1997, 53; RdW 1997, 717; ecolex 1998, 26; ecolex 1998, 126; SZ 71/142; RdW 2004/52; ecolex 2005, 764 (keine Warnpflicht bei Offenkundigkeit). Überblick bei *I. Welser* in Straube/Aicher, Bauvertrags- und Bauhaftungsrecht II (2001) Kap 7; *A. Schopf,* Die Prüf- und Warnpflicht des Werkunternehmers[2] (1997). Zur Abgrenzung von Anweisung und bloßer Beschreibung des herzustellenden Werks: *Kurschel,* Gewährleistung 21 f; OGH in RdW 1999, 137. Zu den verschiedenen Rechtsfolgen bei unrichtiger Weisung/untauglichem Stoff s *Karasek,* Rechtsfolgen bei Verletzung der Prüf- und Warnpflicht, ecolex 2000, 620.

[48]) *Welser,* Schadenersatz statt Gewährleistung (1994) 45. OGH in SZ 58/7; wbl 1987, 120; HS 24.610; vgl aber SZ 45/75; RZ 1984/15.

[49]) OGH in JBl 1992, 114 *(Karollus);* JBl 1993, 521 *(Iro);* HS 25.592; ecolex 1995, 714; ecolex 1999, 393 (kritisch *Spunda*); ecolex 1999, 823 *(Wilhelm);* ecolex 2002, 190 *(Wilhelm);* ecolex 2005, 37; *Dullinger,* Mitverschulden von Gehilfen, JBl 1990, 95 f; *Welser,* Schadenersatz 44 ff; *Schachinger,* Bauverzögerung 120 f; *Sturm,* Anweisungsfehler und Bestellermitverschulden im Werkvertragsrecht, wbl 2000, 29; kritisch *Kletečka,* Mitverschulden durch Gehilfenverhalten (1991) 70 ff; ablehnend *Wilhelm,* Nachtrag zur Warnpflicht bei sachverständig beratenem Werkbesteller, ecolex 1998, 822; *derselbe,* Welser-FS 1195.

[50]) OGH in SZ 73/109; *Karasek,* ecolex 2000, 622; zur Irrtumsanfechtung vgl auch *Wilhelm,* Welser-FS 1193.

[51]) OGH in SZ 57/18; JBl 1992, 114; RdW 1997, 528; RdW 1999, 459; *Welser,* Schadenersatz 48 ff; vgl auch OGH in ecolex 2000, 794 *(Thaler);* ablehnend *Seebacher,* Zur angeblichen Koordinierungspflicht des Bauherrn, bbl 2001, 217.

[52]) S OGH in RdW 1999, 459. Anders bei Verletzung der Bauaufsicht, da diese lediglich im Interesse des Werkbestellers erfolgt (weshalb der Werkunternehmer bei ihrer Verletzung mangels Rechtswidrigkeitszusammenhanges kein seine Haftung minderndes Mitverschulden geltend machen kann) s OGH in RdW 1998, 67; ecolex 1998, 689; bbl 1999/46; RdW 1999, 459; ecolex 2000, 794 *(Thaler);* ecolex 2003, 238; ecolex 2004, 174.

Bauherrn durch das Bauarbeitenkoordinationsgesetz (BauKG, BGBl I 1999/37) auferlegt[53]).

Die Warnpflicht kann eine vorvertragliche Pflicht darstellen[54]), besteht aber auch dann, wenn sich die Mangelhaftigkeit des Stoffes erst während der Arbeit herausstellt[55]).

Der Unternehmer darf jedoch als Abhilfe nur solche Herstellungsmethoden anbieten, die für den vom Besteller beigestellten Stoff tauglich sind[56]). Der Umfang der Warnpflicht richtet sich zwar nach den Umständen des Einzelfalles; stets muß aber dem Besteller vor Augen geführt werden, welche Folgen die Nichtbefolgung nach sich ziehen könnte[57]).

Unterläßt der Unternehmer schuldhaft die gebotene Warnung, so haftet er für den dem Werkbesteller verursachten **Schaden**[58]).

Kann der Unternehmer trotz eines entsprechenden Fachwissens nicht erkennen, daß der vom Besteller gelieferte Stoff für eine der mehreren Arbeitsmethoden ungeeignet ist, so ist die Wahl der ungeeigneten Methode das Risiko des Werkbestellers[59]). Der Unternehmer hat keinen Ersatz zu leisten.

Darüber hinaus hat der Besteller auch **keinen Gewährleistungsanspruch,** wenn der von ihm beigestellte Stoff oder die von ihm erteilten Anweisungen zwar ungeeignet waren, aber der Werkunternehmer keine Warnpflicht verletzt hat[60]). Somit ist in solchen Fällen nicht nur der Schadenersatzanspruch, sondern auch der Gewährleistungsanspruch von einem **Verschulden** des Unternehmers abhängig. Hat nicht nur der Unternehmer die Warnpflicht verletzt, sondern trifft auch den Besteller an der Beistellung des untauglichen Stoffes oder an den unrichtigen Anweisungen ein Verschulden, so ist er im Gewährleistungsfall selbst beitragspflichtig **(„geteilte Gewährleistung")**[61]).

---

[53]) *Egglmeier-Schmolke,* Das Bauarbeitenkoordinationsgesetz, bbl 2000, 47; *Lukas/Resch,* Haftung für Arbeitsunfälle am Bau (2001). OGH in SZ 2003/158.

[54]) OGH in JBl 1987, 662; RdW 2000/108.

[55]) Dazu OGH in EvBl 1974/195; SZ 52/15.

[56]) *Kurschel,* Gewährleistung 21 FN 27; *Wilhelm,* Ostheim-FS 229; aA OGH in JBl 1982, 603.

[57]) OGH in ecolex 2005, 37 (krit *Friedl*); *I. Welser* in Koller, 7. St. Gallener Baurechtstagung 15.

[58]) *Wilhelm,* Welser-FS (2004) 1190.

[59]) OGH in SZ 54/128; vgl auch SZ 57/197; SZ 58/7; RdW 1996, 305; ecolex 1998, 626.

[60]) Dazu *I. Welser* in Koller, 7. St. Gallener Baurechtstagung 20. OGH in EvBl 1982/2; SZ 58/7; wbl 1989, 307 *(Wilhelm);* SZ 73/109; ecolex 2003, 672 (Gewährleistung für Mängel, die nicht auf die Fehlerhaftigkeit der Anweisung des Bestellers zurückgehen, krit hiezu *Wilhelm*); *Wilhelm,* Ostheim-FS 229ff.

[61]) *Iro,* ÖJZ 1983, 542; *Kurschel,* Gewährleistung 18ff; *I. Welser* in Straube/Aicher II 7.8.3.1. Gegen die Berücksichtigung eines Mitverschuldens OGH in RdW 1997, 528; RdW 1999, 137; *Wilhelm,* Welser-FS 1196, nach dem die Warnpflichtverletzung lediglich schadenersatzrechtliche (sowie uU irrtumsrechtliche) Folgen nach sich zieht.

Die Gewährleistungsreform hat in diesem Punkt keine Änderung gebracht. Die bisherige Rechtslage konnte auch im Verbrauchergeschäft ohne Verstoß gegen die Richtlinie beibehalten werden[62]).

E. Preisgefahr

Beim Werkvertrag stellt sich das Problem der Preisgefahr **zweifach.** Erstens ist zu klären, wer den wirtschaftlichen Nachteil trägt, wenn die Ausführung des Werkes durch **Zufall** unterbleibt. Bei jenen Verträgen, die auf einen realen Erfolg gerichtet sind, geht es zweitens darum, wen der zufällige Untergang des bereits hergestellten Werkes belastet.

Für die Zuordnung der Gefahr aus **Vereitelung** (Unterbleiben) der Ausführung entscheidet die Herkunft des Hindernisses (§ 1168, Sphärentheorie)[63]): Wurde die Ausführung durch Umstände verhindert, die auf **Seite des Bestellers** liegen[64]) oder lehnt der Besteller die Werkausführung ab („Abbestellung")[65]), so **behält** der Unternehmer den Anspruch auf das **Entgelt;** der Besteller trägt also die Preisgefahr. Der Unternehmer muß sich jedoch anrechnen lassen, was er sich wegen des Unterbleibens der Leistung erspart oder was er durch andere Verwendung erworben oder zu erwerben absichtlich versäumt hat[66]). Bei **Erschwerung** der Ausführung durch Umstände auf Seite des Bestellers hat der Unternehmer das Recht auf verhältnismäßige Erhöhung des Werklohns[67]).

Der Besteller muß den Werklohn zahlen, wenn sich beim Erscheinen des zur Behebung der Rohrverstopfung herbeigerufenen Installateurs herausstellt, daß sich die Verstopfung von selbst behoben hat.

Wer für den nächsten Tag einen Bergführer bestellt hat, muß diesen entlohnen, wenn er wegen Erkrankung oder Vorverlegung der Abreise den Berg nicht besteigen kann oder lieber zu Hause bleibt. Dasselbe gilt, wenn der Besteller sonstige Mitwirkungshandlungen unterläßt.

Für Verbrauchergeschäfte ist § 27a KSchG zu beachten. Dazu S 436f.

Wird hingegen das Werk durch Umstände vereitelt, die **nicht** auf **Seite des Bestellers** liegen, so verliert der Werkunternehmer seinen Ent-

---

[62]) Zur RL-Konformität *Welser/B. Jud,* Reform 63ff; *dieselben,* Gewährleistung § 928 Rz 5ff.

[63]) Da es sich nicht um zwingendes Recht handelt, steht es den Vertragsparteien jedoch frei diese Regelung abzubedingen, s OGH in SZ 74/107; s auch SZ 71/142.

[64]) Hiezu *Wilhelm,* Welser-FS 1190; OGH in SZ 47/149; SZ 60/220; JBl 1989, 650 *(Dullinger);* ecolex 1990, 212; HS 25.588; JBl 1995, 658 *(Karollus-Bruner);* ecolex 1998, 626; SZ 72/55; bbl 2000/171(krit *Egglmeier-Schmolke*).

[65]) Dazu OGH in SZ 64/71; wbl 1993, 301; HS 26.664; RdW 1999, 134; ecolex 2002, 810; SZ 2004/20 (Stornogebühr).

[66]) Dazu OGH in HS 14.854/13; SZ 64/71. Zur Anwendbarkeit dieser Regel bei Gläubigerverzug: OGH in JBl 1981, 594 *(Wilhelm);* ecolex 2000, 645 *(Wilhelm);* bei Vereitelung der Verbesserung: OGH in EvBl 1989/101.

[67]) OGH in HS 25.589; RdW 1998, 66; ZVR 1999/56; vgl auch *Krejci,* wbl 1988, 425; *denselben,* Die bauvertragliche Pflicht zur Baugrundrisikotragung, Fasching-FS 324f; *Thaler,* Rechtsprechungsübersicht Baugrundrisiko, ecolex 2001, 192 mwN.

geltsanspruch[68]). Weil er den Erfolg schuldet, gilt dies auch, wenn der hindernde Umstand zu einer „dritten Sphäre“ gehört.

Fällt der Schiunterricht wegen Erkrankung des Schilehrers aus, so erhält er kein Entgelt. Ebensowenig ist der Werklohn zu entrichten, wenn der Schihang wegen eines Tauwetters oder wegen Lawinengefahr unbenützbar ist. Ein Unternehmer, der für die Herstellung des Werkes auf elektrische Kraft angewiesen ist, trägt die Preisgefahr, wenn der Strom ausfällt, so daß das Werk bis zum vereinbarten Zeitpunkt nicht fertiggestellt werden kann[69]).

Die Gefahr für ein bereits **hergestelltes** Werk wird wie beim Kaufvertrag verteilt: Sie trifft bis zum Zeitpunkt der **bedungenen Übergabe** den Unternehmer, danach den Besteller. Ist kein Übergabszeitpunkt vereinbart, so entscheidet die tatsächliche Ablieferung; Annahmeverzug hat jedenfalls den Gefahrübergang zur Folge. Geht das Werk vorher zugrunde, so verliert der Unternehmer den Entgeltsanspruch; ein späterer Untergang befreit den Besteller nicht von seiner Pflicht zur Zahlung des Werklohns.

Diese Regeln erfahren eine gewisse Modifikation durch jene über den Untergang des beigestellten Stoffes und die Warnpflicht des Unternehmers. Den zufälligen Verlust des **Stoffes** trägt prinzipiell jener Teil, der ihn beigestellt hat (§ 1168a). Der Besteller trägt die Preisgefahr für das ganze Werk, wenn es wegen der Mangelhaftigkeit des von ihm beigestellten Stoffes oder wegen seiner unrichtigen Anweisungen untergegangen ist, und ihn der Unternehmer erfolglos vor der Ausführung gewarnt hat (s oben).

F. Beendigung

Der Werkvertrag begründet in der Regel ein Zielschuldverhältnis (oben A) und endet daher mit der **Erfüllung** (Herstellung des Werkes). Der **Tod** des Bestellers hat an sich auf die gegenseitigen Verbindlichkeiten keinen Einfluß, doch gilt § 1168 (oben E), wenn dadurch das Werk sinnlos geworden ist (Vereinbarung einer Ausbildung, eines Operationstermines). Der Tod des Unternehmers beendet den Vertrag, wenn es sich um höchstpersönliche Leistungen, zB die Anfertigung eines Gemäldes, handelt (§ 1171).

§ 1168 Abs 2 gewährt dem Werkunternehmer ein besonderes Rücktrittsrecht: Unterbleibt eine zur Ausführung des Werkes erforderliche **Mitwirkung des Bestellers,** so ist der Unternehmer berechtigt, ihm zur Nachholung eine angemessene Frist zu setzen mit der Erklärung, daß nach ihrem fruchtlosem Verstreichen der Vertrag als aufgehoben gelte.

Der Besteller erscheint nicht zu dem vereinbarten Phototermin. Der Werkbesteller bringt die Sache nicht zur vereinbarten Reparatur.

---

[68]) Vgl OGH in EvBl 1985/79; JBl 1986, 321; ecolex 2005, 528 (Nichteintreten zugesicherter Umstände).

[69]) *Welser,* Haftungsprobleme der Wintersportausübung, in Sprung/König, Das österreichische Schirecht (1977) 434f.

G. Reiseveranstaltungsvertrag

Literatur: *Apathy,* Das neue Reisevertragsrecht, RdW 1994, 234; *derselbe,* Reisevertragsrecht und Gewährleistungsreform, JBl 2001, 477; *Bläumauer,* Reiserecht (2006); *M. Bydlinski,* Reisevertragsrecht, in Schuhmacher, Verbraucherschutz in Österreich und in der EG (1992) 211; *Dessulemoustier-Bovekercke,* Die Regelung des Pauschalreisevertrages, JAP 1993/94, 251; *Fischer-Czermak,* Leistungsstörungen beim Reiseveranstaltungsvertrag, JBl 1997, 274; *Graziani/Weiss,* Reiserecht in Österreich (1995); *B. Jud,* Gewährleistung beim Reiseveranstaltungsvertrag, ecolex 2001, 430; *Mayrhofer,* Anmerkungen zur Umsetzung der EG-Pauschalreiserichtlinie in das KSchG, ZfRV 1995, 229; *Michitsch,* Reiserecht, Kommentar der §§ 31 bff KSchG (2004); *dieselbe,* Immaterieller Schadenersatz für entgangene Urlaubsfreude, ZVR 2004/63; *Peer,* Der Wegfall der Geschäftsgrundlage im Reisevertragsrecht, ZfRV 1994, 177; *Riedler,* Der Reisevertrag, ecolex 1994, 149; *derselbe,* Änderungen des KSchG durch das ZRÄG 2004 – insbesondere Ersatz entgangener Urlaubsfreude, RZ 2003, 266; *Saria* (Hrsg), Reise ins Ungewisse (2005); *Weiss,* Pauschalreisevertrag (1987); *derselbe,* Der Pauschalreisevertrag nach schweizerischem und österreichischem Recht, ÖJZ 1987, 738; *Zechner,* Reisevertragsrecht (1989).

Im Reiseveranstaltungsvertrag wird eine Gesamtheit von „Reiseleistungen" gegen ein einheitliches Entgelt zugesagt.

Da der Veranstalter nicht nur die Erbringung eines Werkes (Beförderung), sondern auch Dienstleistungen (Verpflegung, Betreuung, Führungen) und die Besorgung von Geschäften (Vermittlung von Leistungen anderer Unternehmer) verspricht, handelt es sich um einen **gemischten Vertrag**[70]), bei dem die Elemente des Werkvertrags im Vordergrund stehen[71]). Der Veranstalter verpflichtet sich selbst, die Leistungen zu erbringen[72]). Bedient er sich dabei anderer Unternehmer, so hat er für sie als Erfüllungsgehilfen gemäß § 1313 a einzustehen[73]).

In der Pflicht zur eigenverantwortlichen Erbringung liegt der Unterschied zum Reisevermittlungsvertrag. Der Vermittler hat nur für die Auswahl der Leistenden und für die nötige Information des Reisenden zu sorgen[74]). Ob ein Reisebüro Veranstalter oder Vermittler ist, hängt davon ab, wie ein redlicher Kunde sein Auftreten beim Vertragsabschluß verstehen kann[75]), wofür auch die Werbeaussagen (zB ein „Prospekt") Bedeutung haben.

Der Reiseveranstaltungsvertrag ist – in Umsetzung der EG-Richtlinie über Pauschalreisen (RL 90/314/EWG) – in den **§§ 31 b bis 31 f KSchG** geregelt. Da sich diese Bestimmungen im 3. Hauptstück des KSchG befinden, gelten sie **nicht nur für Verbraucherverträge;** sie sind zB auch auf Geschäftsreisen anzuwenden. Die §§ 31 bff KSchG erfassen Verträge, in denen mindestens **zwei** der aufgezählten Dienstleistungen (Beförderung;

[70]) *Weiss,* Pauschalreisevertrag 10; OGH in SZ 58/174, SZ 2002/130.

[71]) HM, dazu *Fischer-Czermak,* JBl 1997, 275 mwN.

[72]) *Krejci* in Rummel §§ 1165, 1166 Rz 55; OGH in SZ 55/71; SZ 66/69.

[73]) Vgl OGH in SZ 66/69; ZVR 1997/34; JBl 1998, 511; EvBl 2002/50.

[74]) Vgl OGH in RdW 1995, 382. Zu den Aufklärungspflichten des Vermittlers vgl OGH in RdW 1993, 106.

[75]) OGH in SZ 55/71; ZVR 1991/105; ecolex 1993, 670; SZ 66/69; RdW 2005/685 (Reisebüro als Erfüllungsgehilfe des Reiseveranstalters); *Fischer-Czermak,* JBl 1997, 275.

Unterbringung; andere touristische Dienstleistungen, die nicht bloß Nebenleistungen sind) zu einem **Gesamtentgelt** angeboten oder nach den Vorstellungen des Kunden zusammengestellt werden[76]). Veranstalter im Sinne des Gesetzes ist, wer nicht nur gelegentlich im eigenen Namen von ihm organisierte Reisen anbietet[77]).

Diese Regelung verdeutlicht zum Teil nur die schon nach allgemeinem Zivilrecht bestehenden Pflichten des Veranstalters, sie ist jedoch zugunsten der Reisenden zwingend (§ 31 f KSchG).

Durch § 31 c KSchG werden die Möglichkeiten des Veranstalters, sich bei Vertragsabschluß ein Recht auf spätere **Preisänderung**[78]) auszubedingen, eingeschränkt. Ist der Veranstalter befugt, vor der Abreise wesentliche Bestandteile des Vertrages[79]) zu ändern, so kann der Reisende wählen, ob er mit der Vertragsänderung einverstanden ist oder ob er ohne Zahlung einer Vertragsstrafe oder eines Reugeldes vom Vertrag zurücktreten will (§ 31 c Abs 2 KSchG). Tritt er zurück, so kann er statt der Rückabwicklung des Vertrages die Teilnahme an einer gleichwertigen Reise verlangen (§ 31 d KSchG)[80]). Der Reisende kann, wenn er am Antritt der Reise gehindert ist, das Vertragsverhältnis auf einen Dritten **übertragen,** wenn dieser alle Bedingungen für die Teilnahme erfüllt. Die Übertragung muß dem Reiseveranstalter binnen angemessener Frist vor der Abreise mitgeteilt werden. Reisender und Dritter haften solidarisch für Entgelt und Mehrkosten (§ 31 c Abs 3 KSchG).

Die Gewährleistungsbehelfe des Reisenden richten sich nach § 932, der durch die Sondergewährleistungsvorschrift des § 31 e KSchG ergänzt wird[81]). Nach § 31 e Abs 1 KSchG muß der Veranstalter auch bei unbehebbaren Mängeln „angemessene Vorkehrungen" treffen, sich also um eine Ersatzlösung bemühen oder für die Abreise sorgen, wenn die Ersatzlösung vom Reisenden aus triftigen Gründen nicht akzeptiert wird[82]). Nach § 31 e Abs 2 KSchG trifft den Reisenden eine Rügeobliegenheit: Er muß – wenn ihn der Veranstalter schriftlich auf diese Obliegenheit hingewiesen hat – auftretende Mängel einem Vertreter des Veranstalters unverzüglich mitteilen. Die Unterlassung der Mitteilung wird dem Reisenden als Mitverschulden angerechnet[83]).

---

[76]) Vgl hiezu EuGH in wbl 2002/211; *M. Karollus,* Entgangene Urlaubsfreude und „Reisen a la carte", Zwei EuGH-Entscheidungen zur Pauschalreise-RL, JBl 2002, 568.

[77]) Dazu *Apathy,* RdW 1994, 234; *Graziani/Weiss,* Reiserecht 69f; *Fischer-Czermak,* JBl 1997, 275.

[78]) Vgl OGH in EvBl 2005/189; s auch *Lindinger/Grobe,* Kerosinzuschläge, RdW 2004/590 mwN.

[79]) Hiezu OGH in RdW 2001/369 (Einzelfallbeurteilung).

[80]) Vgl dazu *Mayrhofer,* ZfRV 1995, 233; *Graziani/Weiss,* Reiserecht 106ff; *Fischer-Czermak,* JBl 1997, 277ff.

[81]) *Fischer-Czermak,* JBl 1997, 281; *B. Jud,* ecolex 2001, 430.

[82]) Dazu *Fischer-Czermak,* JBl 1997, 282f.

[83]) Hiezu *M. Bydlinski* in Schuhmacher, Verbraucherschutz 224ff; *Mayrhofer,* ZfRV 1995, 241; *Graziani/Weiss,* Reiserecht 91ff; *Fischer-Czermak,* JBl 1997, 283f.

Die Besonderheit bei Reisemängeln liegt darin, daß eine Verbesserung nach Ende der Reise regelmäßig nicht mehr in Betracht kommt[84]). Der Reisende kann aber auch dann, wenn er die Verbesserung eines Mangels während der Reise nicht verlangt hat, seinem Vertragspartner somit keine „zweite Chance“ eingeräumt hat (oben S 71 ff), nach dem Ende der Reise sofort die Preisminderung[85]) oder Wandlung[86]) fordern. Forderte man nämlich vom Reisenden unter Berufung auf den Vorrang der Verbesserung nach § 932 Abs 2, daß er dem Veranstalter eine zweite Chance einräumen müsse, so liefe dies im Ergebnis auf eine allgemeine Rügeobliegenheit hinaus, was § 31e Abs 2 KSchG widerspräche[87]).

Besondere Bedeutung hat der durch das ZivRÄG 2004 (BGBl I 2003/91, in Kraft seit 1. 1. 2004) neu geschaffene **§ 31e Abs 3 KSchG**[88]). Der Reisende hat, wenn der Reiseveranstalter[89]) einen erheblichen Teil[90]) der vertraglich vereinbarten Leistung nicht erbracht hat und dies auf einem dem Reiseveranstalter zurechenbaren Verschulden beruht[91]), einen Anspruch auf angemessenen Ersatz der **entgangenen Urlaubsfreude.**

Der Veranstalter hat einen erheblichen Teil der vertraglichen Leistung dann nicht erbracht, wenn die Reise entweder überhaupt nicht stattgefunden hat (zB infolge

---

[84]) Dazu *B. Jud,* ecolex 2001, 431; *Welser/B. Jud,* Gewährleistungsrecht § 932 Rz 46.

[85]) Vgl die Frankfurter Tabelle zur Reisepreisminderung (ua veröffentlicht in *Michitsch,* Reiserecht 167), die auch von österreichischen Gerichten als Orientierungshilfe zur Berechnung der Preisminderungsansprüche herangezogen wird, s *Schmidt,* Die aktuelle reiserechtliche Rechtsprechung des HG Wien unter besonderer Berücksichtigung des Ersatzes der entgangenen Urlaubsfreude in Saria, Reise ins Ungewisse 162.

[86]) Zum Wandlungsrecht bei Kumulierung von Reisemängeln s OGH in JBl 2005, 581.

[87]) Ausführlich *B. Jud,* ecolex 2001, 431 f; *Welser/B. Jud,* Gewährleistungsrecht § 932 Rz 47; aA *Apathy,* Rügepflicht bei behebbaren Reisemängeln, RdW 2002/2; hiezu sowie zur zeitlichen Beschränkung der Geltendmachung von Reisemängeln *Wukoschitz,* Gewährleistungsreform und Reiserecht, RdW 2001, 646.

[88]) Vgl EuGH Slg 2002, I-2631 *(Leitner),* in dem der EuGH aufgrund eines Vorlageantrages des LG Linz (LG Linz in JBl 2002, 600) klargestellt hat, daß Art 5 der Pauschalreise-Richtlinie dem Verbraucher ‚grundsätzlich‘ auch einen Anspruch auf Ersatz der entgangenen Urlaubsfreude verleiht. Da der österreichische Gesetzgeber dies bei der Umsetzung der Richtlinie nicht vorgesehen hat, war eine Anpassung erforderlich. Krit hiezu *Karner,* Verpatzter Urlaub und der EuGH, RdW 2002, 271; *B. Jud,* Schadenersatz für entgangene Urlaubsfreude, ecolex 2002, 307; *M Karollus,* JBl 2002, 569; *Cornides,* Immaterieller Schaden im Gemeinschaftsrecht, ÖJZ 2002, 821.

[89]) Die Novelle beschränkt sich auf Pauschalreisen (§ 31b KSchG); krit *B. Jud,* ecolex 2002, 307, 309; *P. Bydlinski,* Geld statt Urlaubsfreude nun auch in Österreich, JBl 2004, 67.

[90]) Krit bezüglich der Richtlinienkonformität der Einschränkung auf erhebliche Mängel *M. Karollus,* JBl 2002, 575; *Wukoschitz,* Schadenersatz wegen entgangener Urlaubsfreude, ecolex 2003, 893; *Michitsch,* ZVR 2004, 226.

[91]) Krit hiezu *Wukoschitz,* Der Ersatz für entgangene Urlaubsfreude nach § 31e KSchG, in Saria, Reise ins Ungewisse (2005) 150.

Überbuchung) oder wenn erhebliche Reisemängel aufgetreten sind[92]) und der Veranstalter oder seine ihm zurechenbaren Erfüllungsgehilfen (§ 1313 a) dies zumindest leicht fahrlässig verschuldet haben. Fälle von höherer Gewalt (vgl § 31 d Abs 2 Z 2 KSchG) fallen somit nicht in den Anwendungsbereich des § 31 e Abs 3 KSchG. Ein allfälliges Mitverschulden des Reisenden ist gemäß § 1304 entsprechend zu würdigen.

Die **Höhe** des Ersatzes richtet sich nach der Dauer und Schwere des Mangels, dem Grad des Verschuldens, dem vereinbarten Zweck der Reise und der Höhe des Reisepreises[93]).

§ 31 f KSchG bestimmt, daß § 6 Abs 1 Z 9 KSchG sowie § 9 KSchG auch im Pauschalreiserecht anwendbar sind, dh daß die Zulässigkeit von **Haftungsausschlüssen** beschränkt wird[94]). Weiters wird dem Reiseveranstalter die Möglichkeit eingeräumt, die Verjährungsfrist für Schadenersatz- und Gewährleistungsansprüche wegen Mängeln, die während der Reise festgestellt worden sind (vgl § 31 e Abs. 2 KSchG), auf ein Jahr zu verkürzen, sofern er dies mit dem Reisenden im Einzelnen ausgehandelt hat.

Entsteht im Reisegebiet nach Vertragsschluß auf Grund von Unruhen oder Terroranschlägen eine Gefahr, die eine Reise **nicht zumutbar** erscheinen läßt, kann sich der Reisende auf den Wegfall der Geschäftsgrundlage berufen (s zu dieser Bd I S 161 ff)[95]), wobei primär, so dies möglich ist, eine Anpassung des Reisevertrages (beispielsweise Umbuchung auf ein anderes Land) anzustreben ist[96]).

XII. Wette und Spiel (§§ 1270 ff)

A. Allgemeines

Wette und Spiel gehören zu den **Glücksverträgen** (§§ 1267, 1269). Vertragsgegenstand ist die Übernahme eines Risikos; das Gesetz spricht vom Versprechen und Annehmen der „Hoffnung eines noch ungewissen Vorteiles“.

Spiel und Wette werden als Glücksverträge im eigentlichen Sinne bezeichnet; bei ihnen ist der wirtschaftliche Zweck die Eingehung des Wagnisses[1]). Zu den Glücksverträgen im weiteren Sinne zählt § 1269 auch die Leibrenten- und Versiche-

---

[92]) EB 173 BglNR 22, GP 23. Vgl hiezu *P. Bydlinski,* JBl 2004, 66; *Riedler,* RZ 2003, 272.

[93]) Vgl hiezu EB 173 BglNR 22, GP 23; *Karner,* RdW 2002, 206.

[94]) OGH in SZ 2002/153. Krit zur Richtlinienkonformität *M. Karollus,* JBl 2002, 575.

[95]) Vgl OGH in SZ 72/95 (Terroranschläge); JBl 2005, 253 (9/11); RdW 2005/108 (Luftbeförderungsverträge); *Zechner,* Reisevertragsrecht Rz 343; *Wukoschitz,* Bombenterror auf Tourismusziele – Allgemeines Lebensrisiko des Reisenden oder Wegfall der Geschäftsgrundlage? RdW 1996, 399; *Pilz,* SARS: Rücktritt vom Pauschalreisevertrag, ecolex 2003, 327; *Jaksch-Ratajczak,* Zwischen Terror und SARS: Neues zum Wegfall der Geschäftsgrundlage im österreichischen Reiserecht, in Saria, Reise ins Ungewisse 129.

[96]) OGH in RdW 2002/198 (Terroranschläge).

[1]) *Wolff* in Klang V 982. Vgl auch OGH in ÖBA 1992, 944.

rungsverträge; sie verfolgen andere wirtschaftliche Zwecke, nämlich Versorgung und Risikostreuung.

Wette ist die Zusage einer Leistung für den Fall, daß sich eine Behauptung über ein beiden Parteien noch unbekanntes Ereignis als richtig erweist (§ 1270).

Nach § 1272 ist auch jedes **Spiel** eine Wette. Eine Unterscheidung zwischen Wette und Spiel ist tatsächlich nur schwer möglich[2]) und überdies meist bedeutungslos, weil auf beide Vertragstypen die gleichen Vorschriften anzuwenden sind[3]).

Bei der Wette haben die Parteien keinen Einfluß darauf, ob sich ihre Behauptungen als wahr erweisen. Beim Spiel ist ein Einfluß auf den Erfolg nicht ausgeschlossen; er hängt zT vom Können und von der Geschicklichkeit des Spielers ab. Setzen also zwei Engländer je eine mitgebrachte Schnecke auf den Tisch und soll jener gewinnen, dessen „Renntier" zuerst am anderen Ende der Tischplatte anlangt, so ist es ein Spiel, weil jeder durch die Beschaffenheit seiner Schnecke zum Ausgang der Sache beiträgt, von der Möglichkeit des „Anfeuerns" durch Zurufe ganz abgesehen. Hingegen ist der Vertrag, den Canning mit dem Herzog schloß, daß derjenige vom anderen 100 Pfund erhalten sollte, dem auf einem bestimmten Wege die meisten Katzen begegneten, eine Wette[4]).

Spiel und Wette können entgeltlich oder unentgeltlich sein (§ 1267), je nachdem, ob beide Partner oder nur ein Teil eine Leistung verspricht[5]) **(„ungleiche Wette").**

Auch die Abgrenzung von Wette und Spiel zu anderen Verträgen ist schwierig. Der OGH hat das Versprechen von S 10.000,– für den Nachweis, daß ein bestimmtes Fernsehgerät bei einem anderen Verkäufer am Ort billiger zu erwerben sei, als Werkvertrag qualifiziert[6]), obwohl eine Verpflichtung zu Nachforschungen fehlte. Wahrscheinlich lag eher eine „negative Auslobung" vor.

B. Rechtsfolgen

Soweit Spiel und Wette überhaupt **erlaubt** sind, begründen sie nur dann eine vollständige Verpflichtung, wenn der bedungene Preis nicht nur versprochen, sondern auch hinterlegt worden ist (§ 1271). Ohne Hinterlegung entsteht nur eine **Naturalobligation** (§ 1271)[7]). Wird also der Preis gezahlt, so kann er nicht zurückverlangt werden (§§ 1271, 1432). Haben die Parteien den „bedungenen Preis" bei einem Dritten hinterlegt, so kann ihn der Gewinner auch gerichtlich fordern. Das zu einem erlaubten Spiel gegebene Darlehen ist rückforderbar[8]).

---

[2]) Vgl dazu *W. Schwartz,* Strukturfragen und ausgewählte Probleme des österreichischen Glücksspielrechts (1998) 91ff mwN.

[3]) Dies gilt aber jedenfalls nur für das ABGB. Zum Glücksspielgesetz vgl *W. Schwartz,* Strukturfragen 91f.

[4]) Beispiele von *Thöl,* Verkehr mit Staatspapieren 270.

[5]) *Wolff* in Klang V 985.

[6]) OGH in SZ 47/42.

[7]) S OGH in SZ 53/74; SZ 58/184; SZ 59/173; vgl hiezu und zum folgenden *Grassl-Palten,* Zum Anwendungsbereich des § 1271 ABGB, F. Bydlinski-FS (2002) 153ff.

[8]) OGH in ecolex 1999, 819 mwN.

§ 1271 ist auch auf Termingeschäfte anzuwenden, bei denen die erkennbare Absicht der Parteien nicht auf tatsächliche Erfüllung des Vertrages, sondern nur auf die Erzielung der Differenz zwischen dem vereinbarten und dem am Stichtag tatsächlich geltenden Markt- oder Börsepreis gerichtet ist[9]). Der Einwand der Unklagbarkeit wird als „Differenzeinwand" bezeichnet. Dieser ist nach neuerer Rsp jedoch unzulässig, wenn das Differenzgeschäft wirtschaftlich begründet ist[10]). Die praktische Bedeutung des § 1271 für Termingeschäfte ist jedoch weggefallen, weil die Unzulässigkeit des Differenzeinwandes für Börse- und Bankgeschäfte nunmehr gesetzlich angeordnet ist (§ 28 BörseG und § 1 Abs 5 BWG)[11]).

Verbotene Spiele sind **ungültig** (§ 879) und erzeugen daher nicht einmal eine natürliche Verbindlichkeit[12]), so daß § 1432 nicht angewendet werden kann. Die gezahlte Wett- oder Spielschuld kann deshalb vom Verlierer wieder zurückgefordert werden[13]). Dies allein entspricht auch dem Verbotszweck, Vermögensnachteile durch das Spiel zu verhindern.

Der Rückforderung steht § 1174 Abs 1 nicht entgegen, weil die Leistung nicht „zur Bewirkung" der unerlaubten Handlung, sondern als „Einsatz" gegeben wurde. Unten S 279. Ein zum Zweck eines verbotenen Spiels gegebenes Darlehen kann hingegen nicht zurückverlangt werden (§ 1174 Abs 2); vgl dazu unten S 281.

Gewinne in den Staatslotterien (Klassenlotterie, Zahlenlotto) sind einklagbar (§ 1274; GlücksspielG 1989).

Buchmacherwetten aus Anlaß sportlicher Veranstaltungen, die aufgrund einer Bewilligung der Landesregierung zur gewerbsmäßigen Vermittlung derartiger Wetten abgeschlossen werden, sind „Staatslotterien" im Sinne des § 1274[14]).

Nach § 1268 ist bei allen Glücksverträgen das Rechtsmittel der **laesio enormis ausgeschlossen,** weil Risiken für den Glücksvertrag charakteristisch sind und von den Parteien bewußt übernommen werden[15]). Hingegen ist die Berufung auf Wucher möglich[16]).

---

[9]) OGH in SZ 56/77; SZ 69/261 (dazu *Hammerer,* Der Differenzeinwand bei Spekulationsgeschäften, ÖBA 1997, 415). S ferner *Honsell,* Der Differenzeinwand im Börsenterminhandel, Ostheim-FS (1990) 263; *Oppitz,* Der Differenzeinwand bei Swapverträgen, ÖBA 1991, 782; *Göth,* ÖTOB-Indexoptionsgeschäfte aus der Sicht des § 33 TP 17 GebG. Zugleich ein Beitrag zur zivilrechtlichen Natur des Differenzgeschäftes, ÖBA 1992, 701.

[10]) OGH in SZ 71/138; vgl bereits SZ 69/261 (dazu *Iro,* OGH: Wirtschaftlich begründete Differenzgeschäfte doch klagbar? RdW 1997, 123); s zuletzt *H. Gruber,* Der Differenzeinwand – Neues vom OGH und vom Gesetzgeber, ÖBA 1999, 851 und *Oppitz,* Haftung und Risken bei Geschäften mit (OTC-)Derivaten, ÖBA 1999, 951f.

[11]) Hiezu *B. Koch,* Der Differenzeinwand nach dem neuen Börsegesetz, ÖBA 1990, 24; *H. Gruber,* ÖBA 1999, 851.

[12]) Vgl dazu *Binder,* Privatrechtliche Aspekte der Spielsucht, ÖJZ 1998, 179 mwN.

[13]) *Gschnitzer,* Schuldrecht BT 346; *Wilburg* in Klang V 489ff; *Wolff* in Klang V 992f; *Binder* ÖJZ 1998, 180; OGH in SZ 69/69 (Pyramidenspiel) – dazu *Iro,* Pyramidenspiele sind verbotene Glücksspiele! RdW 1996, 297 und *Battlogg,* Die zivilrechtlichen Aspekte des Pyramidenspiels, ÖJZ 1998, 548ff.

[14]) OGH (verst Senat) in JBl 1999, 117 = ecolex 1999, 13 *(Wilhelm)* = JAP 1999/2000, 33 *(Reidinger).* Anders noch OGH in SZ 69/268 und SZ 70/187.

[15]) Vgl hiezu OGH in SZ 74/123.

[16]) OGH in JBl 1990, 802 *(Buchegger);* SZ 67/123.

XIII. Der Leibrentenvertrag (§§ 1284ff)

Im Leibrentenvertrag verspricht ein Teil eine Leistung gegen die Zusage einer Rente auf Lebensdauer (§ 1284).

Der Leibrentenvertrag ist ein **entgeltliches** Geschäft[1]). Unentgeltliche Leibrenten sind Schenkungen und unterliegen den dafür geltenden Bestimmungen[2]).

Vom Leibrentenvertrag ist das Ausgedinge zu unterscheiden. Vgl dazu in Bd I S 433f.

Der Leibrentenvertrag ist ein **Glücksvertrag**[3]) im weiteren Sinne (§ 1269), da beide Teile das Risiko auf sich nehmen, keine entsprechende Gegenleistung zu erhalten.

A übergibt seinen Grundbesitz und bedingt sich dafür eine monatliche Leibrente von € 1.500,– aus, stirbt aber schon nach 2 Monaten. Die achtzigjährige kränkliche B bedingt sich gegen Zahlung von € 60.000,– eine Leibrente von monatlich € 800,– aus; sie wird hundert Jahre alt.

Der Umfang der Rente muß **bestimmt** sein. Richtet sich die Höhe nach dem Bedarf des Berechtigten, so spricht man von einem Unterhaltsvertrag.

Die Unterscheidung ist für die Frage der Berücksichtigung einer Geldentwertung bedeutsam; vgl oben S 33f.

Die **Dauer** der Rente kann sich nach dem Leben des Berechtigten, des Verpflichteten oder eines Dritten richten (§ 1285). Im Zweifel ist aber die Lebenszeit des Rentenempfängers maßgebend[4]).

Die Rente kann auch für einen Dritten (zB die Witwe) ausbedungen werden; dann liegt ein Vertrag zugunsten Dritter vor.

Nach der jüngeren Judikatur ist trotz § 1268 eine Berufung auf die laesio enormis möglich, wenn schon beim Vertragsschluß feststeht, daß der Berechtigte auf Grund seines Alters weniger als die Hälfte des Wertes seiner Leistung vergütet erhalten wird[5]).

2. Kapitel

Gesetzliche Schuldverhältnisse

I. Das Bereicherungsrecht

Literatur: *Apathy,* Der Verwendungsanspruch (1988); *Beck-Mannagetta,* Überlegungen zur Geschichte des österreichischen Bereicherungsrechts, Wesener-FS (1992) 47; *von Caemmerer,* Bereicherung und unerlaubte Handlung, Rabel-FS I (1954) 333;

---

[1]) Vgl auch OGH in JBl 1972, 39; JBl 1988, 108; EvBl 1996/64.
[2]) *Ehrenzweig* II/1, 567.
[3]) Differenzierend OGH in ecolex 1991, 386 *(Reich-Rohrwig).*
[4]) *Ehrenzweig* II/1, 564.
[5]) Dazu OGH in NZ 1994, 206; SZ 67/99; HS 26.685; EFSlg 84.397; ecolex 1997, 924 *(Urbanek);* SZ 71/59; ecolex 1999, 621 *(Urbanek);* RdW 2001/661; krit *Pfersmann,* Bemerkenswertes aus der SZ 67/I, ÖJZ 1997, 57; vgl aber OGH in RdW 1995, 298.

Flessner, Bewegliches System und Bereicherungsrecht, in Das Bewegliche System im geltenden und künftigen Recht (1986) 159; *Kerschner,* Bereicherung im öffentlichen Recht (1983); *Köndgen,* Wandlungen im Bereicherungsrecht, Esser-FS (1975) 55; *D. König,* Ungerechtfertigte Bereicherung (1985); *Koppensteiner/Kramer,* Ungerechtfertigte Bereicherung² (1988); *Reuter/Martinek,* Ungerechtfertigte Bereicherung (1983); *Wellspacher,* Versio in rem (1900); *Wilburg,* Die Lehre von der ungerechtfertigten Bereicherung (1934); *derselbe,* Die „Subsidiarität" des Verwendungsanspruches, JBl 1992, 545.

A. Allgemeines

1. V zahlt dem B € 350,– in der Meinung, diesen Betrag als Restkaufpreis zu schulden. Der Kaufpreis ist aber schon zur Gänze bezahlt.

2. B verwertet ein Patent des V in der Meinung, dazu berechtigt zu sein.

Das Bereicherungsrecht soll ungerechtfertigte Vermögensverschiebungen rückgängig machen.

Hiezu erhält der Verkürzte (Entreicherte) einen schuldrechtlichen Anspruch auf Ausgleich, den **Bereicherungsanspruch.** Wann eine Vermögensverschiebung **ungerechtfertigt** (rechtsgrundlos) ist, kann nicht allgemein gesagt werden.

So wird zB eine „Bereicherung" durch einen gutgläubigen Erwerb nicht für ungerechtfertigt gehalten.

Vermögensverschiebungen sind jedenfalls dann **gerechtfertigt,** wenn sie in Erfüllung eines **gültigen Schuldverhältnisses** stattgefunden haben[1]).

Es ist daher unzulässig, Verträge mit Hilfe des Bereicherungsrechts zu „korrigieren"[2]). Wer ein ungünstiges Geschäft abgeschlossen hat (zB eine Sache, die 1000 wert ist, um 800 verkauft hat), kann seinen Nachteil nicht durch das Bereicherungsrecht ausgleichen (also nicht 200 mit einer Bereicherungsklage fordern). Der Vorteil des Käufers beruht auf freier Vereinbarung. Gültige Verträge rechtfertigen also die durch ihre Abwicklung entstehenden Veränderungen der beteiligten Vermögen.

1. Bereicherung und Schaden[3])

Bereicherungsansprüche sind auf die Herausgabe eines ungerechtfertigt erlangten, also rechtsgrundlosen **Vorteils** gerichtet und von einem **Schaden** des Entreicherten **unabhängig**[4]). Wer zB ohne Erlaubnis eine fremde Sache benützt und sich dadurch Aufwendungen erspart, muß diese Bereicherung auch dann herausgeben, wenn der Eigentümer selbst die Sache während der Benützungszeit ohnehin nicht gebraucht hat. Der Anspruch beruht allein auf der grundlosen Verlagerung des Nutzens.

---

[1]) Der Beweis für die Rechtsgrundlosigkeit obliegt dem Verkürzten, OGH in ÖBA 2004, 552.

[2]) S hiezu OGH in JBl 1993, 107; ZVR 1999/20; JBl 2000, 590 *(Rummel).*

[3]) Vgl *Koziol,* Die Bereicherung des Schädigers als schadenersatzrechtliches Zurechnungselement? Zur Auflockerung der Grenze zwischen Schadenersatz- und Bereicherungsrecht, Bydlinski-FS (2002) 175.

[4]) Dazu *Wilburg,* Bereicherung 97ff; *Larenz/Canaris* II/2, 128f. Für eine Trennung auch OGH in SZ 44/92; SZ 55/37; MietSlg 33.128.

Bereicherungsrecht und Schadenersatzrecht haben verschiedene Ausgangspunkte: Im Bereicherungsrecht geht es darum, daß der Belangte einen Vorteil herausgeben muß, der ihm nicht gebührt. Im Schadenersatzrecht kommt es hingegen auf den Nachteil an, den der Ersatzberechtigte (meist durch ein schuldhaftes, verbotenes Verhalten) erlitten hat[5]). Bereicherungs- und Schadenersatzansprüche können daher miteinander konkurrieren.

2. Arten der Vermögensverschiebung

Das ABGB kennt keinen einheitlichen Bereicherungstatbestand. Es enthält einzelne Regeln an verschiedenen Stellen (vgl zB §§ 877, 921, 1041 f, 1431 ff).

Es gibt zwei Arten von Bereicherungsansprüchen. Für die Unterscheidung kommt es darauf an, ob eine Vermögensverschiebung durch eine Leistung des Verkürzten (oben Beispiel 1) oder in sonstiger Weise (oben Beispiel 2) erfolgt[6]).

Der schuldrechtliche Anspruch auf Rückforderung der ungerechtfertigten Leistung heißt Kondiktion oder **Leistungskondiktion** (unten B.).

Wurde die Vermögensverschiebung nicht durch eine Leistung bewirkt, so ist zu prüfen, ob der Bereicherte den Vorteil ohne Befugnis aus einem **fremden Vermögensgut** gezogen hat. Das Rechtsgut ist fremd, wenn es von der Rechtsordnung einem anderen zugewiesen war[7]). Bildlich gesprochen, wirkt das Recht des Verkürzten an seinen Vermögenswerten (zB das Patentrecht oder das Eigentumsrecht) im Bereicherungsanspruch fort. Diese Fälle ungerechtfertigter Bereicherung werden vor allem von § 1041 geregelt. Hauptfall ist der Eingriff des Bereicherten in fremde Rechte (daher wird auch von „Eingriffskondiktionen" gesprochen), doch gehören dazu auch Vermögensverschiebungen durch Zufall oder durch Handlungen des Verkürzten, die keine Leistungen sind (vgl unten C).

B. Leistungskondiktionen

1. Voraussetzungen

Leistungskondiktionen sind schuldrechtliche Ansprüche zur Rückgängigmachung einer nicht gerechtfertigten Leistung.

Das ABGB enthält keine systematische Regelung der Kondiktionen. In den §§ 1431–1437 behandelt es eine Reihe von Fällen, in denen der Leistung ein rechtfertigender Grund fehlt oder später wegfällt; ähnliche Vorschriften finden sich in den §§ 877, 921, 1174 und in § 4 KSchG.

---

[5]) Vgl dazu OGH in JBl 1992, 720.

[6]) *Wilburg,* Bereicherung 12 ff.

[7]) *Wilburg,* Bereicherung 27 ff; *derselbe,* AcP 163, 348 f; *von Caemmerer,* Rabel-FS I 352 ff; *Stanzl* in Klang IV/1, 909.

Die Kondiktion hat der Leistende (Entreicherte, Verkürzte)[8]) gegen den Leistungsempfänger (Bereicherten)[9]). Wer Leistender und wer Leistungsempfänger ist, ist oft vollkommen klar.

Der Mechanikerlehrling repariert zwar das Auto des Werkbestellers, die Leistung ist trotzdem eine solche des Werkstätteninhabers und muß im Schuldverhältnis zwischen Werkbesteller und Werkstätteninhaber ihre Rechtfertigung finden.

Die Beteiligung mehrerer Personen am Bereicherungsvorgang kann aber die Bestimmung des Leistenden und des Empfängers schwierig machen. Maßgebend ist dann, wer auf Grund der von den Parteien **vorgestellten Zweckbeziehung**[10]) der Leistende und wer der Leistungsempfänger sein sollte, was vom Empfängerhorizont her zu beantworten ist[11]). Die Rückabwicklung der fehlgeschlagenen Leistung wird zwischen diesen Personen vorgenommen[12]).

Zur Feststellung der Leistungsbeziehung im dreipersonalen Verhältnis s unten S 281 ff.

Leistung ist eine **bewußte Vermögenszuwendung** an einen anderen zur Erreichung eines bestimmten **Zweckes**[13]). Sie kann in einem **Tun** (zB in einer Dienstleistung oder in der Lieferung von Sachen) oder in einem **Unterlassen** bestehen (zB dem Unterlassen einer Konkurrenz[14]) oder der Nichtannahme einer Erbschaft zugunsten des Nächstberufenen).

Leistungszweck ist die Erfüllung einer **Verbindlichkeit** (zB Kaufpreiszahlung) oder die Erlangung einer **Gegenleistung** (Pflege eines Schwerkranken in Erwartung einer Erbseinsetzung). Die Leistung findet ihre Rechtfertigung im Schuldverhältnis. Ebenso ist die Leistung gerechtfertigt, wenn die Parteien der zwischen ihnen bestehenden, rechtlich nicht bindenden „reinen Zweckvereinbarung" entsprechen.

B verspricht V, ihn gegen Zahlung einer bestimmten Summe zum Erben einzusetzen. Die Vereinbarung ist ungültig, weil sie gegen den Grundsatz der Testierfreiheit verstößt (unten S 480). Setzt aber B den V zum Erben ein, so kann dieser seine Leistung nicht zurückfordern, weil das Ziel der Vereinbarung erreicht ist.

---

[8]) Vgl OGH in SZ 24/204; JBl 1962, 35; SZ 54/28.

[9]) Zur Rückabwicklung bei mehreren Empfängern: OGH in EvBl 1993/190.

[10]) *Wilburg,* Bereicherung 113f; *Koziol,* JBl 1977, 625f. Vgl auch OGH in SZ 49/145; SZ 56/186; JBl 1985, 679 *(Wilhelm);* SZ 58/19; ÖBA 1987, 114 *(Koziol);* JBl 1988, 250 *(Karollus);* ÖBA 1998, 140; Kondiktion gegen den Geschäftsherrn, nicht gegen den Vertreter: OGH in ÖBA 2000, 426 *(Rummel);* JBl 2002, 459; zur Überweisung auf ein nicht autorisiertes Konto: OGH in ÖBA 2001, 332 *(P. Bydlinski);* zur Fehlüberweisung: ÖBA 2001, 553 *(Koziol).*

[11]) Dazu *Larenz/Canaris* II/2, 217 ff; OGH in ecolex 2004, 786 (*Helmich,* 780).

[12]) Zur Rückforderung von Subventionen *Wilhelm,* Anm zu OGH in ecolex 2003, 522.

[13]) *Reuter/Martinek,* Bereicherung 80ff; *Weitnauer,* Die Leistung, von Caemmerer-FS (1978) 255; vgl auch OGH in SZ 54/131. Für einen weiteren Leistungsbegriff *Spielbüchler,* Der Dritte im Schuldverhältnis (1973) 185ff; vgl auch *Kupisch,* Gesetzespositivismus im Bereicherungsrecht (1978) 58.

[14]) S OGH in wbl 1988, 436 und dazu *Kerschner,* Kondiktion unterlassener Konkurrenz, wbl 1988, 422.

Besteht hingegen das **Schuldverhältnis,** zu dessen Erfüllung geleistet wird, von Anfang an **nicht** oder fällt es später weg, so erreicht die Leistung nicht ihren Zweck; es fehlt ihr der rechtliche Grund[15]). Dasselbe gilt, wenn die nicht geschuldete, aber erwartete Gegenleistung ausbleibt, sich also die unverbindliche **Zweckvereinbarung nicht** verwirklicht.

Ausnahmsweise ist trotz Zweckverfehlung die Rückforderung **ausgeschlossen** („mangelnde Schutzwürdigkeit des Leistenden"). Dies gilt, wenn der Leistende weiß, daß er nichts schuldet (§ 1432). Ebensowenig kann das zu einem unerlaubten Zweck Gegebene zurückgefordert werden (§ 1174).

Die Leistungskondiktionen setzen zwar eine Leistung voraus, nicht aber, daß der Vermögensvorteil aus einem absolut geschützten Gut gegen dessen Zuweisungsgehalt gezogen wurde[16]). Daher kommt es auch nicht darauf an, wer Eigentümer der zugewendeten Sache war oder ist[17]). Rückforderungsgrund ist allein die „Fehlerhaftigkeit" (Rechtsgrundlosigkeit) der Leistung.

Auch der Dieb, der die gestohlene Sache verkauft, kann seine Leistung kondizieren, wenn sein Vertrag mit dem Erwerber, zB auf Grund einer Wandlung wegen Rechtsmangels, wegfällt.

War der Leistende auch Eigentümer der geleisteten Sache, so kann mit der Kondiktion die **Eigentumsklage** konkurrieren[18]).

V verkauft seine Sache an K und übergibt sie ihm. Ist der Kaufvertrag ungültig, so erwirbt K wegen der Kausalität des Erwerbes (Voraussetzung eines gültigen schuldrechtlichen Rechtsgrundes) nicht das Eigentum. V hat gegen ihn sowohl die Leistungskondiktion als auch die rei vindicatio. Hat die Vertragsauflösung allerdings keine Auswirkungen auf den Eigentumserwerb des Leistungsempfängers (ex nunc-Wirkung), so steht dem Übergeber nur die Leistungskondiktion zu.

2. Die einzelnen Kondiktionen

a) Die Rückforderung wegen irrtümlicher Zahlung einer Nichtschuld (condictio indebiti, § 1431)

V sendet B Waren in der Annahme, dieser habe sie bei ihm bestellt. B hatte sich aber nur unverbindlich erkundigt.

Der Fahrer des Geschenkgebers liefert drei Kisten Champagner irrtümlich nicht beim Beschenkten, sondern bei dessen Nachbarn ab, der sie für ein Überraschungsgeschenk hält.

Die Voraussetzungen der condictio indebiti sind einerseits das **Fehlen der Verbindlichkeit,** zu deren Erfüllung geleistet wurde, und anderer-

---

[15]) Vgl hiezu aber *Kupisch,* Leistungskondiktion bei Zweckverfehlung, JZ 1985, 101 und 163.

[16]) Dazu *Wilburg,* Bereicherung 49f. Vgl aber *Bälz,* Leistung – Rückgriff – Durchgriff, Gernhuber-FS (1993) 3.

[17]) Vgl OGH in SZ 54/156.

[18]) Details bei *Spielbüchler,* JBl 2001, 39f.

seits ein **Irrtum** des Leistenden über ihren Bestand[19]). Ob der Zuwendende seinen Irrtum verschuldet hat, ist unerheblich[20]).

Die Bezahlung einer bedingten oder noch ungewissen Forderung steht der Erfüllung einer Nichtschuld gleich (§ 1434). Hat der Leistende hingegen eine nur noch nicht fällige Schuld bezahlt, so hat er kein Rückforderungsrecht.

Eine Ausnahme wird allerdings zugunsten des geschäftsunfähigen Zahlers gemacht. Sein gesetzlicher Vertreter ist berechtigt, das Geleistete zurückzufordern (§ 1421). Davon ist der Fall des § 1424 zu unterscheiden, bei dem es um die Konsequenzen einer Leistung an (nicht: durch) den Geschäftsunfähigen geht. Dazu unten S 297.

Da Voraussetzung der Rückerstattung ein Irrtum des Leistenden ist, schließt § 1432 die Kondiktion aus, wenn der Zahlende **bewußt** eine Nichtschuld **zahlt.** Oft wird hier überhaupt eine Schenkung anzunehmen sein, zB eine solche aus sittlicher Pflicht. Bestehen bloß Zweifel über die Existenz der Verbindlichkeit oder wird nur „unter Vorbehalt" gezahlt, so ist die Rückforderung jedenfalls zulässig[21]), wenn sich der Mangel des Grundes herausstellt. Wollte allerdings der Zahlende mit der Leistung zugleich die strittige Schuld anerkennen, hat er kein Rückforderungsrecht.

Da **Naturalobligationen** zahlbar sind, kann das zu ihrer Erfüllung Hingegebene nicht zurückgefordert werden. Dies gilt vor allem für die Zahlung formungültiger[22]) und verjährter Schulden (§ 1432; vgl aber Bd I S 189 zu den Ehegattenverträgen).

Erbringt bei einer beiderseitigen Naturalobligation ein Teil seine Leistung in der Meinung, daß auch sein Partner erfüllen werde und wird er in dieser Hoffnung enttäuscht, so kann er nach manchen zwar nicht gem § 1431, wohl aber in Analogie zu § 1435 kondizieren, weil er im Hinblick auf einen nicht eingetretenen Erfolg (die Erbringung der Gegenleistung) gezahlt habe. Gegen diese Ansicht spricht allerdings, daß der Leistende auf jeden Fall eine – wenn auch nicht durchsetzbare – Verpflichtung erfüllt hat, so daß er nicht rechtsgrundlos geleistet hat.

Nicht geschäftsfähige Personen können auch dann kondizieren, wenn sie wissentlich eine Nichtschuld bezahlt oder eine Naturalobligation erfüllt haben (§ 1433).

b) Die condictio sine causa

§ 877 gewährt Bereicherungsansprüche, wenn die „Aufhebung eines Vertrages aus mangelnder Einwilligung verlangt" wird. Er hat seinem Wortlaut und seiner systematischen Stellung nach die **Anfechtung** eines

---

[19]) Zur Beweislast s OGH in JBl 1984, 495; wbl 1987, 312; ÖBA 1988, 86. Zur Analogie bei Rückforderung des vom Garanten Geleisteten durch den Garantieauftraggeber s OGH in ÖBA 1987, 505 *(Koziol).*

[20]) S OGH in SZ 53/130; MietSlg 33.246; wbl 1987, 312; ÖBA 1988, 86.

[21]) *Ehrenzweig* II/1, 735; *Wilburg* in Klang VI 456f.

[22]) Dazu ausführlich *Dehn,* Formnichtige Rechtsgeschäfte und ihre Erfüllung (1998) 157ff.

Rechtsgeschäfts wegen Irrtums, List oder Drohung im Auge[23]). Durch die rückwirkende Auflösung des Vertrages fällt der Rechtsgrund auch für die schon erbrachten Leistungen weg.

Auch wenn jemand eine Sache außerhalb einer rechtsgeschäftlichen Beziehung durch List oder Drohung an sich gebracht hat, kann sie bereicherungsrechtlich zurückverlangt werden. § 877 ist zwar nicht direkt anwendbar, weil ein Schuldverhältnis gar nicht in Aussicht genommen wurde, doch liegt eine rechtsgrundlose Hingabe vor, die eine Kondiktion rechtfertigt.

Im Gegensatz zu § 1431 setzt § 877 **nicht** notwendig einen **Irrtum** des Leistenden voraus. Er kann auch kondizieren, wenn er bei der Erfüllung sein Anfechtungsrecht kannte und daher wußte, daß er bei dessen Ausübung nicht leisten müßte.

Auch bei Nichtzustandekommen des Geschäfts wegen Dissenses stehen dem Leistenden Kondiktionsansprüche zu. Ob man sich hiefür auf § 877, § 1431 oder § 1435 berufen soll, ist strittig[24]), aber auch nicht weiter erheblich.

c) Die Rückforderung wegen nachträglichen Wegfalls des Leistungszweckes (condictio causa finita, § 1435)

§ 1435 gewährt die Kondiktion, wenn der zunächst vorhandene Leistungsgrund später wegfällt: Sachen, die als eine wahre Schuldigkeit gegeben worden sind, kann der Leistende zurückfordern, wenn der **rechtliche Grund,** sie zu behalten, **aufgehört** hat. Diese „condictio causa finita" kommt vor allem zur Anwendung, wenn Verträge durch Ausübung eines Gestaltungsrechts **aufgehoben** werden, das zwar den Vertrag rückwirkend beseitigt, aber am Eigentumserwerb nichts ändert (schuldrechtliche ex tunc-, sachenrechtliche ex nunc-Wirkung); so zB beim Rücktritt vom Vertrag wegen Verzugs (§ 918), seiner Aufhebung wegen nachträglicher Unmöglichkeit (§§ 920, 1447), bei Wandlung wegen Mangelhaftigkeit der Leistung (§ 932) und beim Rücktritt vom Haustürgeschäft (§ 4 KSchG). Ebenso ist bei Dauerschuldverhältnissen eine Vorleistung zurückzuerstatten, wenn ihr durch Kündigung des Vertrages der Rechtsgrund entzogen wird.

Rückforderung des vorausbezahlten Lohnes bei vorzeitiger Auflösung des Dienstverhältnisses[25]); Rückforderung des auf Grund eines Urteils Geleisteten, wenn der außerordentlichen Revision Folge gegeben wird[26]); Rückforderung eines nicht bestimmungsgemäß verwendeten Vorschusses[27]).

---

[23]) Für einen umfassenderen Anwendungsbereich *Rummel* in Rummel § 877 Rz 1 f mwN; OGH in JBl 1988, 250 *(Karollus);* vgl auch NZ 1997, 87. Gegen die condictio sine causa als eigenen Kondiktionstyp *Apathy/Riedler* in Schwimann § 877 Rz 3; gegen diese *F. Bydlinski,* Zöllner-FS 1037.

[24]) *Rummel,* Kondiktion bei verbotenen und sittenwidrigen Rechtsgeschäften, ÖJZ 1978, 255; *Gschnitzer* in Klang IV/1, 155.

[25]) OGH in GlUNF 3.038.

[26]) OGH in SZ 58/204; JBl 2005, 316 *(Mader).*

[27]) OGH in EvBl 1991/169.

d) Die Rückforderung wegen Nichteintritts des erwarteten Erfolges (condictio causa data causa non secuta)

In Analogie zu § 1435 gewähren Lehre und Rechtsprechung eine Kondiktion wegen Nichteintritts des erwarteten Erfolges (condictio causa data causa non secuta)[28]): Eine erkennbar zur Erreichung eines bestimmten Zweckes[29]) erbrachte und entgegengenommene Leistung kann zurückverlangt werden, wenn dieser **Zweck nicht erreicht** wird. Die Rückforderung ist allerdings ausgeschlossen, wenn dem Leistenden die Unerreichbarkeit von vornherein bekannt war (§ 1174 Abs 1 Satz 1)[30]).

Oft will der Leistende eine Gegenleistung erhalten, zu der sich der Empfänger nicht verbindlich verpflichten will oder kann: Erbringung einer Leistung in der Hoffnung, im Testament bedacht zu werden[31]); Bestellung eines Heiratsgutes in der Annahme, die Ehe würde zustande kommen; Leistungen in der Erwartung, geheiratet[32]) oder adoptiert zu werden, oder in der Annahme des Weiterbestandes der Lebensgemeinschaft[33]), der Ehe[34]), des ehelichen Zusammenwohnens[35]) oder des Dienstverhältnisses[36]).

Werden im Hinblick auf einen Zweck Arbeiten geleistet, die jenen eines Dienstnehmers entsprechen – zB Arbeit auf dem väterlichen Hof, in der Erwartung, diesen übertragen zu erhalten[37]) –, so gebührt die Kondiktion ohne Rücksicht auf den wirtschaftlichen Nutzen des Empfängers (§ 1152 per analogiam)[38]), es sei denn, daß der Leistende den Erfolg selbst vereitelt hat[39]).

Was allerdings wissentlich zur **Bewirkung** einer **unerlaubten Handlung** gegeben wurde, kann bei Nichteintritt des Erfolges **nicht zurückgefordert** werden (§ 1174 Abs 1 Satz 1). „Zur Bewirkung" heißt als Entgelt für die unerlaubte Tätigkeit. Damit ist nicht die Gegenleistung für eine Sache bei verbotenen Austauschgeschäften gemeint[40]).

---

[28]) *Rummel,* Wegfall des Rechtsgrundes und Zweckverfehlung als Gründe der Kondiktion nach § 1435 ABGB, JBl 1978, 449; *derselbe,* Schenkungen unter Ehegatten und Scheidung, JBl 1976, 626. OGH in JBl 1973, 159 *(Holzer);* ZAS 1973/22 *(Koziol);* JBl 1976, 648; SZ 53/71; SZ 61/76; JBl 1988, 320.

[29]) Dazu *Rummel* in Rummel § 1435 Rz 4.

[30]) OGH in EFSlg 87.415.

[31]) OGH in SZ 36/30; ZAS 1969/3 *(Rummel);* ZAS 1974/14 *(Aicher).*

[32]) Vgl OGH in SZ 40/15; SZ 42/94; SZ 62/5.

[33]) OGH in RZ 1966, 100; SZ 53/20; JBl 1988, 253; JBl 1991, 588; EFSlg 87.414. Vgl auch JBl 1973, 159 *(Holzer);* MietSlg 35.269.

[34]) OGH in SZ 48/59; MietSlg 27.243; SZ 53/71. Vgl auch *Joost,* Zuwendungen unter Ehegatten und Bereicherungsausgleich unter Ehegatten, JZ 1985, 10.

[35]) OGH in SZ 55/70.

[36]) Vgl OGH in ZAS 1974/13 *(E. A. Kramer).*

[37]) Vgl OGH in JBl 1981, 543.

[38]) Dazu *Bydlinski,* Lohn- und Kondiktionsansprüche aus zweckverfehlenden Arbeitsleistungen, Wilburg-FS (1965) 45; ebenso OGH in EvBl 1980/37; ZAS 1985/18 *(P. Bydlinski);* RdA 1986, 307 *(Apathy);* SZ 61/16. Vgl auch OGH in ZAS 1976/19 *(Fenyves).* Für eine weitergehende Analogie OGH in ecolex 1990, 747 *(Knötzl).*

[39]) OGH in SZ 63/91; JBl 1991, 250 und 588.

[40]) Dazu *Wilburg* in Klang V 477ff; *Iro,* Zivilrechtliche Probleme bei Verträgen mit Schwarzarbeitern, JBl 1987, 10f. OGH in ZfRV 1961, 18 *(Bydlinski);* zur Kondiktion gegen den Scheingeschäftsführer: OGH in JBl 2004, 107 *(Thunhart).*

Kauft also V von B unter Vorauszahlung des Preises Drogen, die dann B nicht liefert, so kann er den Kaufpreis zurückverlangen. Hingegen gibt es keine Kondiktion, wenn V den B dafür bezahlt, daß er den X verprügelt.

Das Gesetz verweigert die Rückforderung, damit für den Empfänger **kein Druck** zur Setzung der unerlaubten Handlung entsteht. Dagegen läßt sich allerdings sagen, daß auch der Empfänger den Vorteil nicht verdient.

Die Rückforderung ist auch ausgeschlossen, wenn eine verbotene Handlung als Vorleistung auf eine erwartete Gegenleistung gesetzt wird, die dann ausbleibt[41]). Aus dem Zweck des übertretenen Verbotes kann sich das Gegenteil ergeben.

Macht V dem B bei einem Einbruch die „Räuberleiter" in der Hoffnung, an der Beute beteiligt zu werden, so kann er seine „Leistung" nicht kondizieren, wenn ihm B nichts gibt.

e) Die Rückforderung bei Unmöglichkeit oder Unerlaubtheit

Ist das Geschäft wegen ursprünglicher **Unmöglichkeit** nach § 878 ungültig, so kann die erbrachte Gegenleistung bei Irrtum über die Gültigkeit des Vertrages nach § 1431 und sonst wegen Zweckverfehlung nach § 1435 zurückgefordert werden. Schlichte anfängliche Unmöglichkeit führt zu einem gültigen Vertrag, der gewandelt werden kann. Die Rückabwicklung erfolgt dann ebenfalls nach § 1435.

Ist ein Rechtsgeschäft wegen **Gesetz**- oder **Sittenwidrigkeit** nichtig (§ 879), so entscheidet über die Rückforderungsmöglichkeit der Zweck der die Ungültigkeit begründenden Norm[42]). Will das Verbotsgesetz nur die Entstehung durchsetzbarer Verpflichtungen verhindern, ohne eine tatsächlich vorgenommene Vermögensverschiebung zu mißbilligen, so begründet die Nichtigkeit für sich allein keinen Rückforderungsanspruch.

Bezweckt das Verbot allerdings den Schutz einer der beiden Parteien oder richtet es sich gegen den Leistungsaustausch an sich, so sind die Zuwendungen immer rückforderbar, also entgegen der allgemeinen Regel (§§ 1431 f) auch dann, wenn dem Leistenden die Ungültigkeit der Verpflichtung bekannt war[43]).

Es entspricht dem Zweck der Schutzbestimmung, daß der Bewucherte die bezahlten Zinsen[44]) und der durch Preisvorschriften geschützte Abnehmer den unzulässigen

---

[41]) *Ehrenzweig* II/1, 746; *Wilburg* in Klang V 480; s *F. Bydlinski,* Grundfragen der Unerlaubtheitskondiktion, entwickelt an einem exemplarischen Fall, Zöllner-FS (1998) 1029 ff.

[42]) So vor allem *Wilburg* in Klang V 462 ff; *Rummel,* ÖJZ 1978, 253; OGH in RdW 1984, 9; JBl 1986, 526 *(Pfersmann);* SZ 62/123; wobl 1990, 160 *(Call);* vgl auch *Iro,* JBl 1987, 111; *M. Bydlinski,* Wertsicherungsklausel im Baurechtsvertrag und Rückforderung, ÖJZ 1987, 11 ff. S aber *Gschnitzer,* Schuldrecht BT 405; OGH in SZ 5/33; JBl 1966, 364; JBl 1988, 250 *(Karollus).*

[43]) So im Ergebnis auch OGH in SZ 74/11 (§ 877).

[44]) Vgl dazu *Rummel,* ÖJZ 1978, 258.

„Überpreis“ zurückverlangen kann (so ausdrücklich § 27 Abs 3 MRG unter anderem für unzulässige Ablösen und Mietzinse).

Zum Zweck[45]) eines **verbotenen Spieles** gegebene Darlehen sind nicht kondizierbar (§ 1174 Abs 2). Ob dies nur dann gilt, wenn das Geld beim Spiel verlorengeht, ist strittig[46]).

f) Die condictio ob turpem vel iniustam causam

§ 1174 Abs 1 Satz 3 gewährt eine Kondiktion wegen Verwerflichkeit des Empfanges einer Leistung, wenn „zur **Verhinderung** einer unerlaubten Handlung demjenigen, der diese Handlung begehen wollte“, etwas gegeben wurde. Danach ist zB das dem Entführer gezahlte Lösegeld rückforderbar. Keine Voraussetzung ist, daß der Empfänger die Leistung verlangt hat oder daß er dem Zahlenden mit der unerlaubten Handlung gedroht hat. Daher sind auch Zuwendungen rückforderbar, die spontan gegeben werden, um einen Täter, dessen Pläne noch gar nicht an die Öffentlichkeit gedrungen sind, von seinem Vorhaben abzubringen.

Condictio ob turpem vel iniustam causam nennt man auch die Rückforderungsklage bei verbotenen oder sittenwidrigen Geschäften.

3. Die Rückabwicklung im Dreiecksverhältnis[47])

Die Schwierigkeit bei der Rückabwicklung im dreipersonalen Verhältnis besteht in der Ermittlung des Leistenden und des Leistungsempfängers, da derjenige, der eine Leistung tatsächlich erbringt, ebensowenig mit dem „juristisch Leistenden“ identisch sein muß, wie der tatsächliche Empfänger einer Leistung mit dem „juristischen Leistungsempfänger“. Die Feststellung der **juristischen Leistungsbeziehungen** ist auch deshalb wichtig, weil die Frage, gegen wen ein Anspruch zusteht, oft über die Verteilung des Insolvenzrisikos entscheidet.

Die Grundfrage für alle Dreieckskonstellationen ist also: Wer hat an wen geleistet?

a) Anweisung

A verkauft C 100.000 Tonnen Erdöl (Valutaverhältnis). A deckt sich durch Kaufvertrag bei B ein (Deckungsverhältnis) und weist diesen an, das Öl direkt an C zu lie-

---

[45]) Bedingter Vorsatz genügt nach OGH in SZ 59/117; ÖBA 1996, 394.

[46]) Auf den Fall des Verlustes einschränkend: *Wilburg* in Klang V 488f; *P. Bydlinski,* ZVR 1989, 250f; *Binder,* Privatrechtliche Aspekte der Spielsucht, ÖJZ 1998, 180f; OGH in SZ 54/157. AA OGH in SZ 59/117; JBl 1991, 524 *(Honsell).*

[47]) Zu den Dreiecksverhältnissen vgl *Canaris,* Larenz-FS 799; *Flume,* Der Bereicherungsausgleich in Mehrpersonenverhältnissen, AcP 199, 1; *Große-Sender,* Rückabwicklung in Dreipersonenverhältnissen, JAP 1996/97, 211 und JAP 1997/98, 18, 73, 163, 237; *Hassold,* Zur Leistung im Dreipersonenverhältnis (1981); *Hoyer,* Übermäßiger Abruf der Haftrücklaßgarantie und Konkurs des Werkunternehmers, wbl 1987, 227; *Koziol,* JBl 1977, 617; *denselben,* Der Garantievertrag (1981) 81ff; *Reuter/Martinek,* Bereicherung 385ff mwN; *Spielbüchler,* Schuldverhältnis 183ff; *denselben,* JBl 2001, 38; *Welser,* Vertretung ohne Vollmacht (1970) 242ff.

fern (Einlösungsverhältnis). Nach der Ablieferung stellt sich heraus, daß der Vertrag zwischen A und B (Variante 1) oder jener zwischen A und C (Variante 2) ungültig ist, daß beide Verträge ungültig sind (Variante 3) oder daß A bei Erteilung der Anweisung geschäftsunfähig war (Variante 4).

Leistet der Angewiesene B irrtümlich an C, obwohl die Verpflichtung gegenüber dem Anweisenden A nicht gültig zustande gekommen ist **(Ungültigkeit des Deckungsverhältnisses),** so fragt sich, von wem er kondizieren kann (Variante 1).

Dies hängt davon ab, auf welchen Rechtsgrund hin er leisten wollte. Der Rechtsgrund gibt Auskunft über die Person des Leistungsempfängers. Die Absicht des Leistenden (die Beziehung zum Rechtsgrund) ist – wie bei den rechtsgeschäftlichen Erklärungen – vom Empfängerhorizont aus festzustellen. Bei der Anweisung weiß auf Grund der doppelten Ermächtigung (oben 159) auch der Empfänger, daß der Angewiesene die Leistung nur wegen seines besonderen Verhältnisses zum Anweisenden erbringt.

Im Beispiel will B durch die Zuwendung an C erkennbar seinen mit A abgeschlossenen Kaufvertrag erfüllen, also diesem leisten. Die faktische Leistung des B an C ist daher rechtlich eine Leistung des B an A, gleichzeitig aber eine solche des A an C. Ist das Verhältnis zwischen dem Angewiesenen und dem Anweisenden ungültig, so hat der **Angewiesene** die Leistungskondiktion nur gegen den **Anweisenden,** nicht aber gegen den Anweisungsempfänger[48]), weil diesem in Erfüllung seines Kaufvertrages mit A geleistet wurde, so daß er nicht rechtsgrundlos bereichert ist.

Da C mangels einer Titelkette nicht derivativ Eigentum erwerben kann, steht B allerdings die rei vindicatio gegen C zu. Nach Verbrauch der Sache hat B einen Verwendungsanspruch. Beides gilt jedoch nicht, wenn das Deckungsverhältnis nur mit sachenrechtlicher ex nunc-Wirkung aufgelöst wird oder wenn C gutgläubig Eigentum erworben hat (analog § 367; dazu Bd I S 334).

Fehlt nur das die Leistung rechtfertigende Verhältnis zwischen A und C **(Ungültigkeit des Valutaverhältnisses),** so hat die Rückabwicklung zwischen den daran beteiligten Personen zu erfolgen[49]), weil A seine vermeintliche Verpflichtung durch B erfüllt hat und C die Leistung im Hinblick auf diese Beziehung in Empfang genommen hat (Variante 2). Der **Anweisende** hat also die Leistungskondiktion gegen den **Anweisungsempfänger.** Daß B an C geliefert hat, spielt keine Rolle, weil hiefür seine Beziehung zu A ausschlaggebend war. Da diese gültig ist, hat B keinen Rückforderungsanspruch.

Auch wenn der Rechtsgrund in **beiden Verhältnissen,** also sowohl zwischen A und B als auch zwischen A und C fehlt (Ungültigkeit des Deckungsverhältnisses und des Valutaverhältnisses), also ein „Doppelmangel“ vorliegt, kann die Rückabwicklung nur entsprechend den zugrundeliegenden Leistungsbeziehungen erfolgen (Variante 3): Der Angewie-

---

[48]) *Bydlinski* in Klang IV/2, 309; *Koziol,* JBl 1977, 623ff; *derselbe,* Bankvertragsrecht I Rz 6/84. AA *Spielbüchler,* Schuldverhältnis 184ff, 248; *derselbe,* JBl 2001, 40ff.

[49]) *Koziol,* JBl 1977, 629; *derselbe,* Bankvertragsrecht I Rz 6/85.

sene muß beim Anweisenden und der Anweisende wiederum beim Anweisungsempfänger kondizieren[50]).

Da C jedoch bei Ungültigkeit des Valutaverhältnisses mangels Titels nicht Eigentum erwerben kann, steht B gegen ihn die Eigentumsklage und nach Verbrauch der Sache der Verwendungsanspruch nach § 1041 zu[51]). Das gilt wiederum dann nicht, wenn sowohl das Deckungs- als auch das Valutaverhältnis bloß ex nunc weggefallen sind.

Ist die Anweisung des A – zB wegen dessen Geschäftsunfähigkeit – wirkungslos **(Ungültigkeit der Anweisung),** hat er eine solche nie abgegeben oder sie widerrufen (Variante 4)[52]), so kann ihm mangels einer gültigen Ermächtigung die Leistung des B an C auch nicht zugerechnet werden[53]). Daher hat dann der **Angewiesene** (B) selbst die Kondiktion gegen den **Anweisungsempfänger** (C)[54]).

Hat der Angewiesene die Anweisung gegenüber dem Anweisungsempfänger angenommen (s oben S 161), entsteht eine abstrakte Schuld des Angewiesenen. Soweit dieser deshalb dem Leistungsbegehren des Anweisungsempfängers keine Einreden entgegen halten kann, ist auch nach der Zahlung eine Rückforderung wegen ungerechtfertigter Bereicherung ausgeschlossen. Die Leistung ist gegenüber dem Empfänger durch die Abstraktheit der Schuld gerechtfertigt.

b) Verträge zugunsten Dritter[55])

Die Rückabwicklung fehlgeschlagener Leistungen beim (echten oder unechten) Vertrag zugunsten Dritter folgt den für die **Anweisung** geltenden Regeln. Ist also das Grundverhältnis zwischen dem begünstigten Dritten C und dem Versprechensempfänger A ungültig, so steht nur dem A eine Kondiktion gegen C zu. Die Ungültigkeit des

---

[50]) *Wilburg* in Klang VI 451; *Koziol,* JBl 1977, 626f; *derselbe,* Bankvertragsrecht I Rz 6/86; *Hassold,* Dreipersonenverhältnis 79ff; *Große-Sender,* JAP 1997/98, 75. Dagegen *Bydlinski* in Klang IV/2, 309f; *derselbe,* System 258f; *Ehrenzweig* II/1, 289; *Spielbüchler,* Schuldverhältnis 248ff; *derselbe,* Die Verpflichtung aus der Annahme einer Anweisung, JBl 2003, 826.

[51]) *Koziol,* JBl 1977, 627.

[52]) OGH in ÖBA 1988, 935 *(St. Frotz);* ÖBA 1997, 294 *(Apathy).*

[53]) S dazu OGH in SZ 54/2; 54/187; JBl 1983, 41 *(Koziol);* ÖBA 1997, 292 *(Apathy)* = ecolex 1997, 152 *(F. Hoyer, Wilhelm);* ÖBA 1997, 294 *(Apathy); G. Graf,* Bereicherungsausgleich bei ungültigem Kreditvertrag, ecolex 1994, 76; *Große-Sender,* JAP 1997/98, 237. Vgl auch OGH in ÖBA 1987, 114 *(Koziol)* und JBl 1985, 240 sowie ÖBA 1995, 314 (dazu *Wilhelm,* ecolex 1995, 313). Zur Zurechnung kraft Anscheins *Koziol,* Bankvertragsrecht I Rz 6/88ff.

[54]) Str ist, ob es sich um eine Leistungskondiktion oder um einen Anspruch nach § 1041 handelt: vgl dazu *Apathy,* Verwendungsanspruch 48ff; *Canaris,* Larenz-FS 821ff; *Koppensteiner/Kramer,* Bereicherung 31ff; *Welser,* Vertretung 243; *Wilburg* in Klang VI 451. OGH in JBl 1981, 324; JBl 1982, 372.

[55]) *Canaris,* Larenz-FS 829ff; *Hassold,* Dreipersonenverhältnis 241ff; *Koppensteiner/Kramer,* Bereicherung 45; *Große-Sender,* Bereicherungsrechtliche Rückabwicklung beim Vertrag zugunsten Dritter, ÖJZ 1999, 88ff mwN.

Verhältnisses zwischen A und B führt zu einer Kondiktion des Leistenden B gegen A.

c) Bürgschaft und Garantie

Der Bürge erfüllt gegenüber dem Gläubiger zwar eine von der Hauptschuld abhängige, aber doch eine eigene Verbindlichkeit. Ist die **Hauptschuld** ungültig, so ist wegen ihrer Akzessorietät auch die Bürgschaftsverpflichtung unwirksam, so daß der Bürge grundlos zahlt. Da der **Bürge** nach dem vermeintlichen Rechtsgrund (Bürgschaftsverpflichtung) als der Leistende anzusehen war, kann er auch selbst beim Gläubiger **kondizieren,** während dem vermeintlichen Hauptschuldner kein Bereicherungsanspruch zusteht[56]).

Bei der **Garantie** gibt es keinen vergleichbaren Fall, weil sie **nicht akzessorisch,** sondern abstrakt ist (s oben S 154), so daß der Garant selbst dann zur Leistung verpflichtet ist, wenn die Grundverhältnisse (Valutaverhältnis, Deckungsverhältnis) ungültig sind[57]). Die abstrakte Verpflichtung schließt daher auch die Rückforderung durch den Garanten aus. Kondiktionsgläubiger[58]) ist der Garantieauftraggeber[59]).

War der Garant nicht zur Zahlung verpflichtet, zB bei Unwirksamkeit oder Anfechtbarkeit des Garantievertrages, so kann er die von ihm erbrachte Leistung kondizieren[60]).

d) Zession

Von wem der debitor cessus das an den Zessionar Gezahlte zurückverlangen kann, wenn das Vertragsverhältnis zwischen dem **debitor**

---

[56]) *Koziol,* Die Rückabwicklung rechtsgrundloser Zahlungen eines Bürgen, ZBB 1989, 16; ihm folgend *Larenz/Canaris* II/2, 244f; aA noch *Canaris,* Larenz-FS 837f.

[57]) *Koziol,* Garantievertrag 21ff; *B. Jud/Spitzer* in Westphalen/B. Jud, Die Bankgarantie im internationalen Handelsverkehr[2] (2005) 386, 396ff; OGH in SZ 54/189; SZ 61/63; ÖBA 1988, 390 *(P. Bydlinski);* ÖBA 1988, 615 *(Jabornegg);* ÖBA 1997, 482; ÖBA 1999, 484 *(Rummel)* = ecolex 1999, 318 *(Wilhelm);* ecolex 1999, 320 *(Wilhelm);* ecolex 2000, 715. Zur Rückforderung bei Wegfall der garantierten Hauptschuld nach Zahlung s OGH in JBl 2003, 579.

[58]) Vgl *Faber,* Ungerechtfertigte Inanspruchnahme einer Bankgarantie, ÖBA 2003, 353 zu alternativen Anspruchsgrundlagen.

[59]) *Koziol,* Bankvertragsrecht II Rz 3/157; OGH in ÖBA 1987, 505 *(Koziol);* SZ 61/63; ÖBA 1991, 293; SZ 69/178; JBl 1999, 250 = ecolex 1999, 319 *(Wilhelm).* Zur Rückabwicklung bei Überschreitung des dem Garanten erteilten Auftrags s hingegen OGH in SZ 60/121; *G. Graf,* Übermäßige Inanspruchnahme der Garantie: Voraussetzungen der Rückforderung durch den Garanten, ecolex 1998, 15; *Wilhelm,* Unrechtmäßig gezogene Garantie – Rückforderungsanspruch der Garantin, ecolex 1998, 612. Zur Stellung des Garanten im Konkurs des Auftraggebers vgl *Wratzfeld,* Kondiktion einer zu Unrecht in Anspruch genommenen Garantie im Konkurs des Auftraggebers, ecolex 1998, 12; *Koziol,* Die Rückforderung bei ungerechtfertigter Inanspruchnahme der Garantie, ÖBA 1999, 249ff mwN; dagegen OGH in ecolex 2000, 33 *(Wilhelm);* JBl 2003, 579; *B. Jud/Spitzer* in Westphalen/B. Jud, Bankgarantie 416ff.

[60]) Vgl zuletzt OGH in ÖBA 2005, 899; ÖBA 2005, 902; *B. Jud/Spitzer* in Westphalen/B. Jud, Bankgarantie 416ff.

cessus und dem **Zedenten** ungültig ist oder wenn es durch Rücktritt oder Wandlung aufgehoben wird, ist strittig[61]). Da der **Zessionar** die Leistung erhalten hat, wird überwiegend er als Bereicherungsschuldner angesehen[62]).

e) Leistung an den Scheinvertreter (falsus procurator)[63])

Wird auf Grund eines mit einem Stellvertreter geschlossenen Geschäfts auch an diesen (für den Vertretenen als Empfänger) geleistet und ist das Geschäft wegen eines Vollmachtsmangels ungültig, so ist zu unterscheiden: War der Scheinvertreter wenigstens zum **Empfang** für den Vertretenen **berechtigt,** ist die Kondiktion (§ 1431) gegen den unwirksam Vertretenen zu richten[64]), sonst gegen den Scheinvertreter als den realen Empfänger der Leistung[65]).

Daneben können Ansprüche aus dem Eigentum (§ 366) und Verwendungsansprüche gegen den Scheinvertreter bestehen.

C. Der Verwendungsanspruch

1. Voraussetzungen

Wird eine Sache zum Nutzen eines anderen verwendet, kann sie der Eigentümer in Natur zurückfordern oder, wenn dies nicht mehr möglich ist, ihren Wert ersetzt verlangen (§ 1041).

§ 1041 gewährt dem **Eigentümer** (Entreicherten) einen Bereicherungsanspruch (Verwendungsanspruch) dafür, daß seine Sache ungerechtfertigt zum Nutzen eines anderen (des Bereicherten) verwendet worden ist. Der ungerechtfertigt aus dem fremden Gut gezogene Nutzen ist dem Entreicherten zu erstatten. Der Verwendungsanspruch dient so der **Rückführung** eines Vorteils, welcher – entgegen der von der Rechts-

---

[61]) S die Darstellung des Meinungsstandes bei *Rahmatian,* Der Bereicherungsausgleich in Zessionslagen (1996) 80ff und 117ff.

[62]) So zB *Karollus,* Bereicherungsausgleich bei Zahlung an den Zessionar – Die Rechtsprechung des BGH als Vorbild? JBl 1994, 573; *Rahmatian,* Bereicherungsausgleich 118; OGH in wbl 1987, 123 und dazu *Hanel,* Überzahlter Werklohn, Rückforderung vom Factor, wbl 1987, 118; mit Einschränkungen OGH in JBl 1981, 98 *(Kantner);* ÖBA 1988, 1225 *(Avancini);* JBl 2001, 527; aA *Markowetz,* Bereicherungsrechtliche Rückabwicklung im Rahmen der Forderungsabtretung, ÖJZ 2001, 581; *Spunda,* Kondiktionsschuldner bei zedierter Garantieforderung, ÖBA 2004, 374. Anderes soll bei der Zession des Zahlungsanspruchs aus einer abstrakten Garantie gelten, OGH in ÖBA 2001, 74 *(Lukas)* = ecolex 2000, 572 *(Spunda).* Anders *Canaris,* Larenz-FS 799; ebenso *Lorenz,* Abtretung einer Forderung aus mangelhaftem Kausalverhältnis: Von wem kondiziert der Schuldner? AcP 191, 279. Differenzierend *Holzner,* JBl 1995, 401ff, der eine Kondiktion gegen den Zessionar nur im Falle seiner Schlechtgläubigkeit zuläßt.

[63]) Dazu *Welser,* Vertretung 242ff.

[64]) S OGH in SZ 60/20; JBl 2000, 446 *(Rummel)* = ÖBA 2001, 158 *(Bydlinski)* = ecolex 2000, 498 *(Thaler).*

[65]) *Welser,* Vertretung 244; *F. Bydlinski,* System 254. Für eine Haftung aus § 1041 hingegen: *Rummel* in Rummel Vor § 1431 Rz 18.

ordnung vorgenommenen **Zuweisung** der Sache – nicht dem Berechtigten, sondern einem anderen zugeflossen ist. Unerheblich ist, ob der Vorteil durch ein verbotenes Verhalten erlangt wurde.

Sache ist im weiten Sinn des § 285 zu verstehen[66]). Darunter fallen körperliche Sachen, Forderungsrechte[67]), Namensrechte, Markenrechte[68]), Urheberrechte[69]), die Stimmen von Schauspielern (§ 16)[70]) und Arbeitsleistungen.

„Eigentümer" im Sinne des § 1041 ist jeder, dem ein Rechtsgut **zugeordnet** ist. Eine solche Zuweisung bewirken alle absoluten Rechte, wie die dinglichen Rechte, die Persönlichkeitsrechte[71]), die Immaterialgüterrechte, aber auch die Rechtszuständigkeit eines Gläubigers[72]). Die Rechtsprechung betrachtet sogar den „Bekanntheitsgrad" einer Person als Sache im Sinne des § 1041[73]). Der Besitz allein hat hingegen keine Zuordnungsfunktion. Soweit allerdings der Besitzer nach § 372 absolut geschützt wird (dazu in Bd I S 278 ff), ist er auch „Eigentümer" im Sinne des § 1041[74]).

Eine umfassende Zuweisung ergibt sich zB aus dem Eigentumsrecht[75]) und den Immaterialgüterrechten. Die beschränkten dinglichen Rechte ordnen dem Berechtigten hingegen ein Vermögensgut nur teilweise zu. So hat der Pfandgläubiger bloß die Verwertungsbefugnis und der Dienstbarkeitsberechtigte ein Nutzungsrecht.

Der Verwendungsanspruch setzt allerdings nicht unbedingt die Verletzung des Zuweisungsgehalts eines **absoluten** Rechts voraus; es genügt auch, daß die Rechtsordnung eine andere Vermögensposition schützt[76]).

---

[66]) Ein nicht ausgenützter Rangordnungsbeschluß ist keine Sache: OGH in JBl 2002, 247.

[67]) Vgl *Bydlinski,* Mißbräuchliche Verfügungen über Bankkonten und Verwendungsansprüche des Kontoberechtigten, QuHGZ 1981 (H 3) 51; OGH in SZ 67/79 (vgl dazu *Canaris,* ÖBA 1995, 75); JBl 1996, 251 *(Apathy)* = ÖBA 1996, 135 *(Koziol);* SZ 69/229; EvBl 1999/175; SZ 74/121; ecolex 2004, 702 (Doppelzession).

[68]) Dazu *Torggler,* Bereicherungsanspruch bei Mißbrauch von Unternehmenskennzeichen, JBl 1971, 1; OGH in SZ 49/63.

[69]) Vgl OGH in SZ 31/23; EvBl 1967/268; MR 1997, 41. Zum Werktitel: *Kletečka,* Unberechtigte Verwendung eines Werktitels, ecolex 1991, 525.

[70]) OGH in ecolex 2004, 193 *(Schumacher)* (Imitation der Stimmen der Darsteller der Serie „MA 2412").

[71]) Zum Recht am eigenen Bild s OGH in SZ 55/12; JBl 1989, 786 *(K. Nowakowski); K. Nowakowski,* Kein Verwendungsanspruch bei Eingriff in das Recht am eigenen Bild? ÖBl 1983, 97; *Polak,* Grenzen des Bildnisschutzes für Prominente, ecolex 1990, 742 f; *F. Mahr,* Der Verwendungsanspruch beim „Recht am eigenen Bild", MR 1995, 127.

[72]) Vgl nur SZ 74/121 mwN.

[73]) OGH in SZ 55/12; wbl 1991, 137; MR 1995, 109 *(M. Walter);* ÖBl 1998, 298; kritisch *K. Nowakowski,* ÖBl 1983, 97; *Polak,* ecolex 1990, 742 f.

[74]) S OGH in RZ 1971, 194; vgl auch JBl 1990, 453 (Verwendungsanspruch des Bestandnehmers).

[75]) Einschränkend OGH in MR 1989, 23 *(M. Walter).* Zum Miteigentum vgl OGH in SZ 58/10.

[76]) *Wilburg,* Bereicherung 44 ff. Vgl auch *Koziol,* Der Verwendungsanspruch bei Ausnützung fremder Kenntnisse und schöpferischer Leistungen, JBl 1978, 239; *Apathy,*

Verwendung ist jede dem Recht des Eigentümers **widersprechende Nutzung.** Sie kann im Gebrauch oder im Verbrauch des fremden Gutes, aber auch in einer Verfügung bestehen[77]), die mit der „Zuweisung" des Rechts im Widerspruch steht, oder in einem originären Eigentumserwerb.

Verheizen fremden Brennmaterials; Verwertung einer fremden Kundenkartei[78]); Veräußerung einer Sache durch den Entlehner bei Gutglaubenserwerb des Käufers (§ 367); Verwendung fremden Materials zur Ausbesserung eines Hauses (§ 416); Einziehung der ohne Verständigung des Schuldners abgetretenen Forderung durch den Altgläubiger (§ 1395); die Fälle der „abgeirrten Exekution": Ein Gläubiger greift im Wege der Zwangsvollstreckung auf Vermögenswerte, die nicht dem Schuldner, sondern Dritten gehören[79]).

Die Vermögensverschiebung kann auf das Verhalten des Bereicherten, des Entreicherten, eines Dritten oder auf einen Zufall zurückgehen[80]).

Der Bereicherte verwendet irrtümlich fremden Dünger. Der Verkürzte sät irrtümlich Saatgut auf fremdem Grund. Der Bauführer errichtet sein Haus versehentlich zum Teil auf dem Grund des Nachbarn (§ 418). Die Kuh des B frißt Gras des V.

Selbstverständlich besteht kein Verwendungsanspruch, wenn die Vermögensverschiebung durch einen **Vertrag** zwischen dem Verkürzten und dem Bereicherten[81]) oder durch das **Gesetz** gerechtfertigt ist.

Fraglich ist, ob bei originärem Eigentumserwerb dem bisherigen Eigentümer zumindest ein Verwendungsanspruch gegen den neuen Eigentümer zusteht. Dies ist für die Ersitzung ohne Rücksicht auf das Vorhandensein eines entgeltlichen Titels zu verneinen[82]). Ebensowenig stehen gegen gutgläubige Erwerber nach den §§ 367[83]), 371[84]), 824 und den grundbuchsrechtlichen Vorschriften Bereicherungsansprüche zu. Erwirbt hingegen der Nichtberechtigte die Sache ohne Rücksicht auf seinen guten Glauben, wie dies bei der Vermischung nach § 371, beim Bauen auf eigenem Grund mit fremden Materialien nach § 417 oder bei der Ausbesserung einer Hauptsache mit fremden Materialien nach § 416 der Fall ist, so ist die Vermögensverschiebung durch Bereicherungsansprüche auszugleichen.

Verwendungsanspruch 69ff; *Jabornegg,* Handelsvertreterrecht und Maklerrecht (1987) 186ff; *Wilhelm,* Bereicherungsansprüche wegen Ausnützens fremder Schöpfungen und Kenntnisse, ÖBl 1995, 149ff; OGH in wbl 1990, 340; JBl 1994, 538.

[77]) *Apathy,* Verwendungsanspruch 59ff.

[78]) Vgl OGH in SZ 55/37.

[79]) OGH in JBl 1973, 315; SZ 57/192; HS 24.555; vgl auch JBl 1988, 327 *(P. Böhm). Stanzl* in Klang IV/1, 916. Zur deutschen Diskussion vgl *Günther,* Abermals: Mobiliarzwangsvollstreckung in schuldnerfremde Sachen und Bereicherungsausgleich, AcP 178, 456; *Gerlach,* Ungerechtfertigte Zwangsvollstreckung und ungerechtfertigte Bereicherung (1986).

[80]) Zur fehlerhaften Verteilung des Meistbots an einen nachrangigen Hypothekargläubiger: OGH in ÖBA 2004, 784.

[81]) Dazu *Stanzl* in Klang IV/1, 909ff; *Wilburg,* JBl 1992, 549f; OGH in ecolex 2001, 275 *(Wihelm).*

[82]) *Wilburg,* Bereicherung 12f. Anders allerdings *Spielbüchler,* Schuldverhältnis 226.

[83]) S OGH in RdW 1999, 14 *(Schobel);* vgl dazu SZ 71/128; *Holzner,* JBl 1999, 547.

[84]) Dazu *Bydlinski,* QuHGZ 1981 (H 3) 51; OGH in ÖBA 1989, 428 *(Kerschner).*

2. Verhältnis zu anderen Ansprüchen

§ 1041 ordnet den Vorrang der Regeln über die **Geschäftsführung** ohne Auftrag vor dem Anspruch aus § 1041 an. Hat der Verkürzte das Vermögen in der Absicht verwendet, ein Geschäft des Bereicherten zu führen, so sind die §§ 1035–1040 anzuwenden[85]). Schließlich gehen innerhalb des Bereicherungsrechts die **Leistungskondiktionen** als leges speciales dem Verwendungsanspruch vor[86]). Dieser ist daher ein „**subsidiärer** Behelf"[87]).

Hingegen kann der **Verwendungsanspruch** mit dem **Schadenersatzanspruch** konkurrieren. Da diese Ansprüche verschiedene Voraussetzungen haben und daher zueinander nicht im Verhältnis der Spezialität stehen, kann der Berechtigte zwischen ihnen wählen. Oben S 274.

3. Dreipersonale Verhältnisse

a) Vertragsansprüche und § 1041, Versionsklage

V verkauft M Waren auf Kredit. M ist aber indirekter Stellvertreter des D, an den M die Ware weitergibt. Als sich die Mittellosigkeit des M herausstellt, will V auf D greifen.

Obwohl im Beispiel der Vorteil aus dem Geschäft D zugute kommt, hat V gegen ihn keinen vertraglichen Anspruch, weil das Geschäft zwischen V und M, nicht aber zwischen V und D geschlossen worden ist. Bei Zahlungsunfähigkeit der „eingeschalteten Mittelsperson" gewährten aber früher Lehre und Rechtsprechung dem „verkürzten" V einen Bereicherungsanspruch (§ 1041) gegen den „bereicherten" D **(„Versionsanspruch", actio de in rem verso)**[88]).

Als Begründung wurde ua angeführt, daß M meistens ein inhaltlich gleicher Anspruch gegen D zustehe (Befreiungsanspruch, Liberationsanspruch) und V die Möglichkeit habe, bei einer Exekution gegen M diesen Anspruch zu pfänden. Nach Überweisung des gepfändeten Anspruchs könne ihn V selbst gegen D geltend machen. Der Versionsanspruch führe also nur zu einer Abkürzung dieses komplizierten Weges.

Heute wird der Versionsanspruch überwiegend **abgelehnt**[89]), weil keine rechtsgrundlose Vermögensverschiebung vorliege. Im Beispiel gelange die Sache auf Grund des Kaufvertrages zwischen V und M an diesen und auf Grund des Auftragsverhältnisses zwischen M und D an ihn. V

---

[85]) S OGH in EvBl 1971/18; SZ 47/130.

[86]) Dazu *Stanzl* in Klang IV/1, 909; OGH in JBl 1968, 520; SZ 58/104; HS 24.716; SZ 69/229. Übersehen in SZ 52/9; MR 1994, 120 *(M. Walter)*; dazu auch *Wilhelm*, Nachahmung banaler Werbesprüche, ecolex 1994, 521; *derselbe*, ÖBl 1995, 148f.

[87]) So insbesondere *Stanzl* in Klang IV/1, 909ff; kritisch hiezu *Wilburg*, JBl 1992, 545.

[88]) *Wellspacher*, Versio in rem 133; OGH in JBl 1951, 329; SZ 25/13; EvBl 1963/124.

[89]) *Stanzl* in Klang IV/1, 912ff; OGH in JBl 1956, 17; JBl 1972, 152; JBl 1982, 429. Vgl auch *Wilburg*, Bereicherung 60ff; OGH in JBl 1988, 784; bbl 1999/272.

könne gegen D nicht vorgehen, weil dieser nicht in sein Eigentum eingegriffen habe. D erwerbe ja nicht von V, sondern von M. V sei deshalb auf seine vertraglichen Ansprüche gegen M zu verweisen. Er müsse sich das Entgelt bei demjenigen „holen", dem er Kredit gewährt und somit sein Vertrauen geschenkt habe.

Für einen an den „natürlichen Rechtsgrundsätzen" (§ 7) orientierten, unbefangenen Betrachter ist diese Ansicht schwer nachvollziehbar. Aus begrifflichen und konstruktiven Überlegungen wird ein Teil (V) um sein Vermögen gebracht, sehr zur Freude des D. Wegen der Einschaltung eines indirekten Stellvertreters ist seine Bereicherung durch V unangreifbar.

V hat nach der hM[90]) nicht einmal dann den Anspruch nach § 1041 gegen D, wenn die Vermögensverschiebung **unmittelbar** zwischen ihm und D erfolgt ist, V jedoch ein **vertraglicher** Anspruch gegen M zusteht.

D leiht M ein Kfz, das M beschädigt und daher dem V zum Reparieren gibt. Dieser hat wegen seines Aufwandes keinen Anspruch nach § 1041 gegen D, wenn M nicht in der Lage ist, den Werklohn zu bezahlen.

Die hA ist vor allem dann unbefriedigend, wenn V der Meinung sein konnte, er kontrahiere mit dem Eigentümer und sei deshalb durch das Zurückbehaltungsrecht nach § 471 (dazu in Bd I S 348ff) geschützt. Es ist nicht einzusehen, warum B den Vorteil der reparierten Sache entgeltlos erhalten soll, obwohl das Risiko der Beschädigung durch M viel eher ihm (als Eigentümer) zuzuordnen wäre als dem V[91]).

b) Verwendungsklage und Leistungskondiktion

Nur bei Ungültigkeit des Vertrages zwischen V und M kann V direkt gegen D vorgehen. Dann ist es auch möglich, daß dem Verkürzten wahlweise ein **Verwendungsanspruch** gegen D und eine **Leistungskondiktion** gegen M zusteht[92]). Der Vorrang der Leistungskondiktion vor dem Verwendungsanspruch gilt nur im zweipersonalen Verhältnis.

M kauft bei V Ziegel und ersucht um Lieferung an D, der sie in sein Haus einbaut. Ist der Kaufvertrag zwischen V und M ungültig, so wurde unmittelbar das Eigentum des V zum Nutzen des D verwendet, der somit der Klage nach § 1041 ausgesetzt ist. V hat aber zugleich rechtsgrundlos an M geleistet und hat deshalb gegen diesen eine Leistungskondiktion. Das Beispiel zeigt die verschiedene Natur von Verwendungsanspruch und Leistungskondiktion: Der Verwendungsanspruch richtet sich gegen beliebige Personen, die entgegen dem Zuweisungsgehalt des Rechts aus der Sache Nutzen gezogen haben, während die Leistungskondiktion nur gegen den Empfänger einer Leistung zusteht.

Aber auch gegen den **Bereicherten** kann gleichzeitig ein **Verwendungsanspruch** und eine **Leistungskondiktion** bestehen.

---

[90]) So *Stanzl* in Klang IV/1, 912ff; OGH in EvBl 1955/83; SZ 47/130; JBl 1992, 387; RdW 1999, 14 *(Schobel);* RdW 1999, 588. Ablehnend *Reidinger,* Zum Konflikt Werkunternehmer – Besteller – Eigentümer, JAP 1990/91, 210ff. Differenzierend *Apathy,* Verwendungsanspruch 90ff; gegen diesen *Rummel* in Rummel § 1041 Rz 10. Vgl auch *F. Bydlinski,* System 276ff.

[91]) So *Wilburg,* JBl 1992, 550ff; s auch OGH in ÖBA 1989, 82 *(Apathy)* = JBl 1989, 584 *(Kömürcü-Spielbüchler).*

[92]) So auch OGH in RdW 1999, 14 *(Schobel);* ecolex 1999, 541 (dazu *Wilhelm,* ecolex 1999, 533) = ÖBA 1999, 731 *(Apathy).*

Der Dieb verkauft die gestohlene Sache an K. Wenn dieser kein Eigentum erwirbt, kann der bestohlene Eigentümer, solange die Sache noch vorhanden ist, gegen ihn die rei vindicatio und, wenn die Sache verbraucht wurde, die Verwendungsklage erheben. Wird aber der Vertrag zwischen dem Dieb und K (zB wegen des Rechtsmangels) aufgehoben, so ist K auch der Leistungskondiktion des Diebes ausgesetzt[93]). Gibt K die Sache an den Eigentümer heraus, so wird er allerdings auch von seiner Pflicht gegenüber dem Dieb befreit[94]).

Zum Verwendungsanspruch des Erstzessionars, wenn der debitor cessus mit schuldbefreiender Wirkung an den Zweitzessionar geleistet hat, s oben S 124.

4. Aufwand für einen anderen (§ 1042)

Wer für einen anderen einen Aufwand macht, den dieser nach dem Gesetz selbst hätte machen müssen, hat das Recht, den Ersatz zu fordern (§ 1042).

V leistet dem minderjährigen Sohn des B Unterhalt, da B seiner Verpflichtung nicht nachkommt. V kann von B Ersatz verlangen[95]).

Der Anspruch nach § 1042 ist ein Unterfall der Verwendungsklage[96]) und setzt ein **dreipersonales** Verhältnis voraus. Der Verkürzte verwendet seine Güter zum Nutzen des eigentlich Verpflichteten. Die Besonderheit besteht darin, daß die Bereicherung durch eine **Leistung** eintritt, die allerdings nicht an den Bereicherten (eigentlich Verpflichteten), sondern an einen Dritten erfolgt[97]). Der Nutzen des Bereicherten liegt in der Befreiung von der durch den Verkürzten erfüllten Verbindlichkeit[98]). Der eigentlich Verpflichtete hat dem Aufwendenden zu ersetzen, was er sich erspart hat[99]).

Dies ist unzweifelhaft, wenn der Unterhalt im Bewußtsein geleistet wurde, für einen anderen einen Aufwand zu tätigen[100]). Hat hingegen der Verkürzte irrtümlich angenommen, selbst verpflichtet zu sein – weil zB dem Ehemann der Mutter unbekannt war, daß das Kind von einem anderen Mann abstammt –, so hat er nach der einen Ansicht gegen den Unterhaltsberechtigten eine Kondiktion wegen irrtümlicher Zahlung einer Nichtschuld[101]), während diesem weiterhin der Unterhaltsanspruch gegen den

---

[93]) Vgl *Wilburg* in Klang VI 488.

[94]) Vgl zum Fall auch *Wilburg* in Klang VI 488; *Müller-Laube,* Herausgabepflicht und Rückgewährschuld – Die Stellung des Besitzers im Verhältnis zum Eigentümer und Obligationsgläubiger, AcP 183, 240ff, mit teilweise abweichenden Lösungen.

[95]) Zum Umfang OGH in SZ 59/19.

[96]) AA *Rummel* in Rummel § 1042 Rz 1.

[97]) Übersehen von OGH in JBl 1989, 444 *(Wilhelm).*

[98]) Zuletzt ausf *Perner/Spitzer,* Unterhaltserhöhung nach Körperverletzung und Regress – kein Problem des Bereicherungsrechts, EF-Z 2006, 37ff, die zutreffend bei Schadensverlagerung einen Anspruch nach § 1042 verneinen.

[99]) *Koziol,* Der Ersatzanspruch des Gläubigers gemäß § 1042 ABGB bei Vornahme der dem Schuldner obliegenden Leistung, RdW 1994, 343.

[100]) Vgl OGH in RZ 1964, 117.

[101]) Dazu *Koziol,* Unterhaltsansprüche für die Vergangenheit und Regreßansprüche eines Drittzahlers, JBl 1978, 631ff. Zum deutschen Recht s *G. Raiser,* Die Rechte des Scheinvaters in bezug auf geleistete Unterhaltszahlungen, FamRZ 1986, 942.

wahren Schuldner zusteht. Nach anderer Auffassung[102]) hat der Verkürzte bei irrtümlicher Zahlung fremder Schulden die Wahl zwischen dem Anspruch nach § 1431 gegen den Leistungsempfänger und dem Anspruch nach § 1042 gegen den eigentlich Verpflichteten.

Der Bereicherte B kann durch den Aufwandersatzanspruch nach § 1042 nicht schlechter gestellt werden als er ohne den Aufwand stünde, er kann ihm daher auch alle Einwendungen entgegenhalten, die er im Grundverhältnis hatte[103]), dies gilt insbesondere für die Verjährung[104]).

Der **Aufwand** des Verkürzten kann in jeder vermögenswerten Leistung bestehen, zB in Geld, anderen körperlichen Sachen[105]) oder Arbeitsleistungen[106]). Er ist nur dann zu ersetzen, wenn ihn der andere **nach dem Gesetz** hätte machen müssen.

Die ältere Rechtsprechung gab den Anspruch nach § 1042 nur dann, wenn die getilgte Schuld unmittelbar auf dem Gesetz beruhte[107]), wie dies bei gesetzlichen Unterhaltspflichten der Fall ist, hingegen nicht bei Verbindlichkeiten aus Verträgen. Die jüngere Lehre und Rechtsprechung[108]) legen § 1042 weiter aus und beziehen vertragliche Pflichten mit ein. Zahlt also X die Kaufpreisschuld des Y, so kann er von diesem Ersatz fordern.

§ 1042 darf aber keinesfalls im zweipersonalen Verhältnis angewendet werden, weil sonst die Strukturen des Leistungsstörungsrechts umgangen werden könnten. Würde man zB dem Gläubiger erlauben, bei sich selbst die Verpflichtung des Schuldners zu erfüllen und von diesem den Ersatz zu fordern, könnte jeder Gläubiger ohne Nachfristsetzung und ohne Verschulden vom Schuldner den Aufwand fordern und so die §§ 918 bis 921 umgehen; er könnte jede Sachschuld in eine Geldschuld und Leistungspflichten mit kurzen Verjährungsfristen in solche mit dreißigjähriger Frist umwandeln[109]).

§ 1042 kommt nicht zur Anwendung, wenn der Aufwendende gegenüber dem gesetzlich Verpflichteten in **Schenkungsabsicht** gehandelt hat, diesen also unentgeltlich von einer Schuld befreien wollte. Ein solcher

---

[102]) *Auckenthaler,* Irrtümliche Zahlung fremder Schulden (1980) 59ff, 97ff; *Apathy* in Schwimann § 1042 Rz 5; *Reischauer,* Unterhalt für die Vergangenheit und materielle Rechtskraft, JBl 2000, 429.

[103]) OGH in SZ 74/124 (mangelnde Fälligkeit).

[104]) *Chr. Huber,* Die Verjährung von gesetzlichen Rückersatzansprüchen, JBl 1985, 467ff; 531ff; diesem folgend *Koziol,* Der Ersatzanspruch des Gläubigers gemäß § 1042 ABGB, RdW 1994, 341; diesen folgend OGH in JBl 2005, 654; dazu *Beclin,* Anm zu OGH in EF-Z 2006/9; *Perner/Spitzer,* EF-Z 2006, 37.

[105]) OGH in ZVR 1982/136.

[106]) OGH in SZ 43/175.

[107]) OGH in GlU 5177; GlUNF 7005; SZ 62/130.

[108]) *Stanzl* in Klang IV/1, 927f; *Ehrenzweig* II/1, 729f. OGH in JBl 1991, 127 mwN; SZ 69/40; einschränkend *Gschnitzer,* Schuldrecht BT 295f.

[109]) *Welser,* Schlechterfüllung der Nachbesserungsschuld, in Koller, 7. St. Galler Baurechtstagung 2006, 97f; vgl schon *denselben,* Schadenersatz statt Gewährleistung (1994) 18f.

Schenkungswille ist allerdings nicht zu vermuten[110]). Daher braucht der Leistende auch nicht besonders nachzuweisen, daß er „mit Verpflichtungswillen" („animus obligandi") gehandelt hat[111]).

Auch die Klage nach § 1042 scheidet aus, wenn der Aufwand durch ein vertragliches oder gesetzliches **Schuldverhältnis** zwischen dem Aufwendenden und dem Empfänger oder einem Dritten **gerechtfertigt** war[112]). Selbstverständlich gibt es keinen Ersatzanspruch, wenn der Aufwendende nur eine eigene Pflicht erfüllt hat[113]).

5. Der Anspruch aus Aufopferung (§ 1043)[114])

In Anlehnung an die römische lex Rhodia de iactu bestimmt § 1043, daß jemand, der in einem Notfall sein **Eigentum aufopfert,** um einen größeren Schaden von sich und anderen abzuwenden, von allen Begünstigten verhältnismäßig Entschädigung verlangen kann. Er erhält einen Ausgleich, weil sein Vermögen ohne rechtfertigenden Grund Dritten zugute gekommen ist.

Bei der lex Rhodia de iactu ging es darum, daß die Eigentümer aller von einem Schiff transportierten Sachen verhältnismäßig den Verlust zu tragen hatten, wenn einzelne Stücke ins Meer geworfen wurden, um das Schiff vor dem Untergang zu retten. Heute kann die Vorschrift zB im Straßenverkehr Bedeutung erlangen[115]): um das Leben eines Kindes zu retten, „verreißt" der Lenker sein Fahrzeug, das dadurch ins Schleudern gerät und beschädigt wird.

D. Inhalt und Umfang des Bereicherungsanspruchs

Bei der Ermittlung von Inhalt und Umfang des Bereicherungsanspruchs gelten für die Leistungskondiktion und den Verwendungsanspruch dieselben Grundsätze.

---

110) *Stanzl* in Klang IV/1, 925f; OGH in SZ 31/8; EvBl 1971/207; SZ 59/111. Zu Ausnahmen s OGH in SZ 57/121.

111) OGH in JBl 1989, 444 *(Wilhelm);* JBl 1989, 649; EFSlg 75.397; SZ 69/40; einschränkend bei Unterhalt JBl 1991, 309 *(Apathy).* Anders zB OGH in SZ 43/175; JBl 1973, 210; EvBl 1992/193.

112) Vgl *Steiner,* Zahlungsansprüche aus ärztlicher Behandlung gegen unterhaltspflichtige Dritte, JBl 1975, 410f; ausf zur bereicherungsrechtlichen Rechtfertigung durch familienrechtliche Verpflichtungen *Perner/Spitzer,* EF-Z 2006, 39ff; zur Verpflichtung des Staates durch Selbstbindungsgesetz (Bundesbetreuung von Flüchtlingen) *Wilhelm,* Anm zu OGH in migralex 2003, 74. OGH in SZ 51/164; SZ 52/79; ZVR 1993/113; SZ 69/40; JBl 1998, 252; SZ 74/131.

113) Vgl zuletzt für Pflegeleistungen naher Angehöriger nach Körperverletzung *Perner/Spitzer,* EF-Z 2006, 39ff.

114) *Wesener,* Von der Lex Rhodia de iactu zum § 1043 ABGB, J. Bärmann-FS (1975) 31; *Meissel,* Geschäftsführung ohne Auftrag (1993) 34ff; *Wünsch,* Gedanken zur großen Haverei und deren analoger Anwendung, Wesener-FS (1992) 531.

115) Vgl dazu *Canaris,* Notstand und „Selbstaufopferung" im Straßenverkehr, JZ 1963, 655; *Deutsch,* Die Selbstaufopferung im Straßenverkehr, AcP 165, 193; *Fitz,* Risikozurechnung bei Tätigkeit im fremden Interesse (1985) 128ff; *Frank,* Die Selbstaufopferung des Kraftfahrers im Straßenverkehr, JZ 1982, 737; *Konzen,* Aufopferung im Zivilrecht (1969). Ablehnend *Stanzl* in Klang IV/1, 936; OGH in ZVR 1960/16.

1. Herausgabe der Sache, angemessener Lohn

Der Verkürzte kann die Rückstellung seiner Sache oder Leistung verlangen[116]). Dieser Anspruch konkurriert mit der **Eigentumsklage,** wenn der Verkürzte trotz der Vermögensverschiebung Eigentümer geblieben ist[117]).

Bestand die Leistung in einer **Handlung,** so ist dafür ein „dem verschafften Nutzen **angemessener Lohn**" zu entrichten (§ 1431).

Sind Dienstleistungen zu kondizieren, so ist nach verbreiteter Auffassung das angemessene Entgelt vom Eintritt eines meßbaren Vermögensvorteils unabhängig, weil der Dienstnehmer ganz allgemein keinen Erfolg schuldet (§ 1152 per analogiam)[118]).

2. Ersatz des Wertes der Sache

Ist die Herausgabe der Sache **unmöglich** oder **untunlich** (§ 1323 per analogiam), weil sie zB verbraucht, wirksam veräußert oder untrennbar mit einer Hauptsache verbunden ist, gebührt dem Verkürzten Wertersatz. Der Bereicherte hat die aus der Sache erlangten Vorteile herauszugeben.

Diese Vorteile liegen in der bestimmungsgemäßen Verwendung der Sache[119]), in einem Erlös aus ihrer Veräußerung, im Erwerb des Eigentums oder in der Ersparnis von Auslagen, die zur Erlangung eines gleichen Stückes hätten getätigt werden müssen[120]). Auch persönliche und immaterielle Vorteile kommen in Betracht; zB die Förderung der Gesundheit oder die Erlangung eines Genusses[121]).

Bestimmungsgemäße Verwendung: Verheizen fremden Öls, Benutzung fremder Ziegel zum Hausbau. Veräußerungserlös: Verkauf der fremden Sache an einen Dritten, der gemäß § 367 Eigentum erwirbt.

Die Höhe des Wertersatzes hängt primär vom guten oder schlechten Glauben des Bereicherten ab[122]). Die Redlichkeit des Besitzes wird vermutet (§ 328).

---

[116]) Vgl *Ehrenzweig* II/1, 725.

[117]) Vgl OGH in SZ 57/44; SZ 65/5.

[118]) *Bydlinski,* Wilburg-FS 45. Vgl auch OGH in SZ 59/99; RdA 1987, 119 *(Spielbüchler);* RdA 1990, 210 *(Apathy);* SZ 63/12; JBl 1992, 39. S auch oben S 249.

[119]) OGH in SZ 2002/75; RdW 2003, 496 (kein Verwendungsanspruch, wenn objektiv kein Vorteil aus der Sache gezogen wurde).

[120]) Vgl OGH in JBl 1950, 38; SZ 47/130; SZ 65/5 = ecolex 1992, 476 *(Mohr);* ecolex 2002, 662 *(Wilhelm).*

[121]) *Ehrenzweig* II/1, 723; *Swoboda,* Bereicherung, Geschäftsführung ohne Auftrag, versio in rem (1919) 122.

[122]) Dazu *Bydlinski,* Zum Bereicherungsanspruch gegen den Unredlichen, JBl 1969, 252; *derselbe,* System 286; *Wilburg,* Bereicherung 128ff; *Apathy,* Redlicher oder unredlicher Besitzer, NZ 1989, 142ff; OGH in ZAS 1980/2 *(Gitter);* EvBl 1985/108; JBl 1986, 603; JBl 1990, 371 *(Rummel);* JBl 1992, 388; JBl 1996, 653 *(Karollus);* JBl 1998, 250. Dagegen *Kerschner,* Zur Höhe des Benützungsentgelts bei Nichtrückstellung der Bestandsache nach Vertragsende, JBl 1978, 417.

Der **redliche** Bereicherte ist besser gestellt. Verbraucht er die Sache, muß er in der Regel deren **Verkehrswert** ersetzen (§ 417), weil sein Nutzen dem objektiven Wert entsprechen wird[123]). Dieser bildet auch die Grenze für die Herausgabe des Erlöses, den der Bereicherte aus der Sache durch ihre Veräußerung gezogen hat[124]). Hat er unter dem gemeinen Wert verkauft, so braucht er nur das tatsächlich Erlangte herauszugeben[125]). Hat er die Sache wirksam verschenkt (vgl § 824), ist er insoweit bereichert, als er sich den Aufwand für ein Geschenk erspart hat[126]). Die Obergrenze für den Ersatzanspruch gegen den redlichen Bereicherungsschuldner ist aber stets der Verkehrswert.

Hat ein **unredlicher** Bereicherter eine Sache zu seinem Vorteil verwendet, zB fremde Ziegel in sein Haus eingebaut, so ist ihr Wert nach dem **höchsten** am Markt erzielbaren **Preis** zu bemessen (§ 417). Hat er sie veräußert, so muß er den Erlös herausgeben. Er haftet mindestens für den Verkehrswert, weil er als Unredlicher jedenfalls fahrlässig war (§ 335)[127]); hat er mehr als den Verkehrswert erzielt, schuldet er auch den über den Verkehrswert hinausgehenden Betrag.

Ist ein über dem Verkehrswert liegender Erlös nur durch besondere Aufwendungen oder Fähigkeiten des Bereicherten erzielt worden, kann er nicht ausschließlich dem Eigentümer der veräußerten Sache zugeordnet werden, sondern ist zwischen ihm und dem Veräußerer zu teilen[128]). Daher spricht auch § 335 von der Herausgabe des „durch den Besitz" erlangten Vorteils.

Bei **wissentlicher Inanspruchnahme** fremden Gutes ist unabhängig von einem konkreten Nutzen[129]) ein angemessenes Entgelt zu zahlen. Darum ist zB der Verkehrswert auch von jenem zu ersetzen, der bewußt eine fremde Sache verschenkt hat, ohne daß es darauf ankommt, ob er sich die Anschaffung einer anderen Sache erspart hat.

Der Anspruch auf den Ersatz des Wertes **bleibt bestehen,** wenn der zunächst eingetretene Nutzen später wegfällt (§ 1041 aE); dieses Risiko hat der Bereicherte zu tragen[130]).

B verkauft die fremde Sache, verliert aber das Geld. – B trägt allerdings das Risiko des Unterganges nicht, solange die Sache nicht zu seinem Vermögen gehört.

---

[123]) Vgl *Wilburg,* Bereicherung 133ff. Zum deutschen Recht: *Larenz,* Zur Bedeutung des „Wertersatzes" im Bereicherungsrecht, von Caemmerer-FS (1978) 209 mwN; *Bollenberger,* Das stellvertretende Commodum (1999) 259ff mwN.

[124]) *Bydlinski,* JBl 1969, 253. Differenzierend *Apathy,* Verwendungsanspruch 116f; *Bollenberger,* Stellvertretendes Commodum 319ff.

[125]) Differenzierend *F. Harrer,* Rückabwicklungsprobleme beim fehlerhaften Kauf, JBl 1983, 249; *P. Huber,* Bereicherung 118ff.

[126]) *Wilburg,* Bereicherung 126; *Stanzl* in Klang IV/1, 920f; OGH in SZ 54/131.

[127]) So im Ergebnis auch OGH in SZ 57/44; vgl auch JBl 1996, 653 *(Karollus).*

[128]) Dazu ausführlich *Bydlinski,* JBl 1969, 253ff; *Wilburg,* Bereicherung 128ff; *Bollenberger,* Stellvertretendes Commodum 322ff; OGH in SZ 70/48.

[129]) *Wilburg,* AcP 163, 356ff; OGH in SZ 65/5 = ecolex 1992, 476 *(Mohr);* JBl 1998, 250; JBl 1999, 458 *(Apathy).*

[130]) Vgl *Apathy,* Verwendungsanspruch 104ff; OGH in SZ 35/5; JBl 1977, 36; kritisch *Wilburg* in Klang VI 480; *P. Huber,* Bereicherung 173.

Kommt also der gutgläubige B grundlos in den Besitz einer Sache, ohne daß er Eigentümer wird, und geht sie durch Zufall unter (§ 1447), so wird er von der Verpflichtung zur Herausgabe oder Vergütung des Wertes befreit. Wird B hingegen Eigentümer oder tritt an die Stelle der Sache (wegen wirksamer Weiterveräußerung) ein Geldbetrag, so hat B auch das Risiko des Unterganges zu tragen. Der Nutzen ist mit dem Eigentumserwerb oder durch die Verfügungsmöglichkeit über das erlöste Geld eingetreten[131]), sein Wegfall berührt den Verwendungsanspruch nicht.

3. Benützungsentgelt

Hat der Bereicherte die fremde Sache benützt, so hat er sie nicht nur zurückzustellen, sondern auch den in ihrem Gebrauch liegenden Vorteil herauszugeben[132]).

Praktische Bedeutung hat dies bei der Verwendung fremder Marken, Patente oder Urheberrechte. Sondervorschriften sehen vor, daß für die unbefugte Benutzung solcher Immaterialgüterrechte – entsprechend der Lizenzgebühr – ein angemessenes Entgelt zu zahlen ist. Vgl § 86 UrhG, § 150 PatG, § 56 MSchG.

Die Höhe des Ersatzes für die Benützung einer fremden Sache hängt wieder von der Redlichkeit oder Unredlichkeit des Bereicherten ab[133]). Der **redliche** Benützer hat den Vorteil zu vergüten, der ihm nach seinen subjektiven Verhältnissen entstanden ist. Er orientiert sich in der Regel am gewöhnlichen Benützungsentgelt[134]), das zugleich die Obergrenze des Ersatzes bildet.

Der **unredliche** Benützer hat das höchste am Markt erzielbare Benützungsentgelt zu zahlen (§ 417 analog).

4. Herausgabe der Früchte

Ob der Bereicherte neben der Sache (und einem Entgelt für ihren Gebrauch) auch ihre Früchte herauszugeben hat, wird von § 1041 nicht geregelt, sondern ergibt sich unmittelbar aus **§§ 329 ff.** Für die Leistungskondiktionen verweist § 1437 ganz allgemein auf die Vorschriften über den redlichen und unredlichen Besitz (§§ 329 ff). Sie sind daher sinngemäß anzuwenden.

Der Versuch, die Verteilungsordnung der §§ 330 ff dadurch zu unterlaufen, daß man sie als „rein sachenrechtliche Vorschrift" versteht[135]), überzeugt nicht, weil Er-

---

[131]) Dazu *Wilburg,* Bereicherung 139 f. OGH in SZ 35/5. Differenzierend *P. Huber,* Bereicherung 170 ff, 215 ff; gegen diesen *Kerschner,* Anmerkungen zum österreichischen Bereicherungsrecht, JBl 1990, 571, 573.

[132]) Vgl OGH in JBl 1954, 120; RZ 1971, 194; JBl 1973, 257; SZ 58/104. OGH in SZ 64/47 (Zinsen als Nutzungsentgelt bei Geldsumme); JBl 1992, 247 und 456; ecolex 1993, 521; SZ 68/116 = ecolex 1996, 14 *(Wilhelm);* immolex 1998, 78 *(Pfiel).*

[133]) Vgl dazu auch *Apathy,* Das Recht des redlichen Besitzers an den Früchten, JBl 1978, 531 f; OGH in JBl 1998, 250. Anscheinend ohne Differenzierung OGH in JBl 1983, 486.

[134]) *Wilburg,* Bereicherung 133 ff; *Stanzl* in Klang IV/1, 917 f; OGH in JBl 1998, 250; JBl 1999, 458 *(Apathy).*

[135]) So *Apathy,* JBl 1978, 517. Vgl auch *Stanzl* in Klang IV/1, 918; *Spielbüchler,* Schuldverhältnis 219 f.

werb des Eigentums und Vorteil aus dem erworbenen Eigentum sinnvollerweise nicht getrennt werden sollten und dem Gesetz eine solche Absicht auch nicht zu unterstellen ist. Die §§ 330ff enthalten auch rein schuldrechtliche Anordnungen (vgl § 333); auch sonst ist bei der „Korrektur" sachenrechtlicher Vorschriften durch das Bereicherungsrecht Vorsicht geboten. Vgl auch die Gutglaubenserwerbvorschriften, oben S 287.

Dem **redlichen** Besitzer gehören alle aus der Sache entspringenden Früchte. Der **unredliche** ist hingegen verpflichtet, jeden Vorteil **herauszugeben** (§§ 330, 335). Ihm soll der Anreiz genommen werden, mit fremdem Gut zu spekulieren. Geht die Frucht allerdings auch auf **Aufwendungen** des unredlich Bereicherten zurück, so steht ihm dafür trotz seiner Unredlichkeit ein Anteil an den Früchten zu, der sich aus dem Verhältnis seines Beitrages zu jenem des Verkürzten ergibt[136]).

5. Nachteilsausgleich

Sind dem Bereicherten durch die ungerechtfertigte Vermögensverschiebung nicht nur Vorteile, sondern auch **Nachteile** entstanden, oder würde die Erfüllung der Rückgabepflicht weitere Nachteile bewirken, so ist nach manchen der Verwendungsanspruch zu mindern, „wenn der Bereicherte schutzwürdiger ist als der Verkürzte"[137]). Dies, wenn der Bereicherte redlich war, während der Verkürzte die Vermögensverschiebung sorglos verursacht hat[138]).

V hat irrtümlich auch den Weg des B asphaltiert. Den B würde jedoch die Vergütung dieser „aufgedrängten Bereicherung"[139]) wirtschaftlich gefährden.

In diese Kategorie gehören auch irrtümlich erbrachte Lohn-, Gehalts- und Unterhaltszahlungen. Wurden sie vom Empfänger gutgläubig verbraucht, muß er sie nicht zurückzahlen[140]).

---

136) *Wilburg,* Bereicherung 128ff; *G. Graf,* Zinsen, Bereicherung und Verjährung, JBl 1990, 351ff. Nur wenn der OGH in wobl 2001, 283 (krit *Kerschner*) = ecolex 2000, 498 *(Wilhelm)* davon ausgeht, ist es zutreffend, dem titellosen Mieter das Entgelt aus der Untervermietung (teilweise) zu belassen.

137) *Wilburg,* Bereicherung 141ff; *derselbe* in Klang VI 480; *P. Huber,* Bereicherung 197ff; OGH in JBl 1993, 592.

138) Dazu *Wilburg* in Klang VI 480 ff; *Zemen,* Der Schutz des Empfängers von rechtsgrundlosen, jedoch gutgläubig verbrauchten Leistungen, ZAS 1979, 163; *A. Stifter,* Der Übergenuß im öffentlich-rechtlichen und im vertraglichen Dienstverhältnis, RdA 1983, 340; *Ch. Huber,* Endgültige Zuweisung bei einstweiligem Unterhalt, JBl 1984, 182; *P. Huber,* Bereicherung 131 ff; OGH in SZ 56/179; SZ 61/218.

139) Dazu *Reimer,* Die aufgedrängte Bereicherung (1990); *Meissel,* Geschäftsführung 199ff. S auch *P. Huber,* Bereicherung 197ff, der auf die §§ 331f verweist; ebenso OGH in JBl 1994, 171; kritisch *Kerschner,* JBl 1990, 572f.

140) *Wachter,* Zur Nichtrückforderbarkeit irrtümlich bezahlten Arbeitsentgelts bei gutgläubigem Verbrauch, Strasser-FS (1983) 147ff; vgl OGH in SZ 11/86; RdA 1979, 197 *(Mayer-Maly);* ZAS 1983/9 *(Geppert)* = RdA 1983, 178 *(Wachter);* JBl 1984, 486; wbl 1987, 340; SZ 58/57; RdA 1989, 297 *(Mader);* zu dieser E auch *Löffler,* Rückzahlung irrtümlicher Mehrleistungen des Arbeitgebers, RdA 1988, 64; RdA 1993, 214 *(Wachter)* und 225 *(Trost);* RdA 1994, 138 *(Schnorr);* JBl 2001, 381; ecolex 2003, 117.

In den meisten Fällen ist die Berechtigung einer eigenen Kategorie des Nachteilsausgleichs zweifelhaft, da überhaupt von vornherein eine Bereicherung zu verneinen sein wird.

Nicht anzurechnen ist jedenfalls der **Preis,** den der Bereicherte für die Sache einem Dritten bezahlt hat. Dieser wirkt sich nicht auf die Höhe der Bereicherung aus (§ 333; vgl aber § 403).

6. Synallagmatische Schuldverhältnisse

Im synallagmatischen Schuldverhältnis gilt das **Zug-um-Zug-Prinzip** (§ 1052) auch bei der bereicherungsrechtlichen **Rückabwicklung**[141]), wenn also wegen ursprünglicher Ungültigkeit oder wegen nachträglichen Wegfalls der causa (Wandlung, Rücktritt) Leistungen zurückzustellen sind.

Die Rechtsprechung nimmt bei Rückabwicklung synallagmatischer Verträge wegen der „subjektiven Äquivalenz" der Leistungen an, daß sich die Früchte und Nutzungen bei redlichen Bereicherungsschuldnern gegenseitig „aufheben" und daher nicht zu vergüten sind[142]). Diese Auffassung ist grundsätzlich nicht gerechtfertigt, weil die durch die rechtsgrundlosen Leistungen bewirkten Vorteile sehr verschieden sein können.

7. Geschäftsunfähigkeit des Bereicherten

Wird (wegen Nichtigkeit des Titelgeschäfts wegen Geschäftsunfähigkeit) eine Nichtschuld an den Geschäftsunfähigen bezahlt, so kann die Leistung bei ihm nur kondiziert werden, wenn sie noch vorhanden oder zu seinem Vorteil verwendet worden ist[143]), nicht aber, wenn sie sinnlos von ihm ausgegeben wurde (§ 1424 per analogiam)[144]). Allfällige Nachteile seines Partners sind in analoger Anwendung des § 1310 zu berücksichtigen[145]).

Davon zu unterscheiden ist der direkte Anwendungsbereich des § 1424. Voraussetzung dafür sind das Bestehen eines gültigen Titels und die Zahlung an den Geschäftsunfähigen (statt an den gesetzlichen Vertreter). Hier kommt es nur zur Tilgung, wenn das Bezahlte noch wirklich vorhanden oder zum Nutzen des Empfängers verwendet worden ist. Dem

---

[141]) Dazu ausführlich *Jabornegg,* Zurückbehaltungsrecht und Einrede des nicht erfüllten Vertrages (1982) 168f, 178ff. Vgl auch OGH in JBl 1981, 256; JBl 1988, 172 *(P. Bydlinski);* JBl 1988, 250 *(Karollus);* SZ 67/187; ecolex 2004, 943 (dazu *Wilhelm,* Lebensgemeinschaft: Geschenke, Entgeltsleistungen und deren Rückerstattung, ecolex 2004, 917).

[142]) OGH in SZ 60/6; JBl 1988, 250 *(Karollus);* NZ 1996, 268; vgl auch SZ 61/162; SZ 70/69; SZ 71/162 (Rückabwicklung nach Enteignung). Berechtigte Kritik bei *Kerschner,* Rückabwicklung gegenseitiger Verträge, JBl 2001, 756. Anderes nimmt auch der OGH beim nichtigen Mietvertrag an: ecolex 1996, 855.

[143]) *Dullinger,* Die Geschäftsfähigkeit Minderjähriger, ÖJZ 1987, 40; OGH in SZ 55/166; SZ 60/119; JBl 1992, 39; immolex 1998, 78 *(Pfiel).*

[144]) S zum Grundfall des § 1424 oben S 97.

[145]) *Wilburg* in Klang VI 486.

Geschäftsunfähigen obliegt der Beweis, daß das nicht der Fall ist[146]). Dabei handelt es sich freilich um keine Frage des Bereicherungsrechts, sondern der Tilgungswirkung einer Leistung.

8. Zufälliger Untergang, Zwei Kondiktionen-Theorie, Saldo-Theorie

A verkauft dem B Bauholz, liefert es und erhält dafür den Kaufpreis. Kurze Zeit später stellt sich heraus, daß der Vertrag ungültig ist, so daß die beidseitig erbrachten Leistungen zurückgestellt werden müssen. In der Zwischenzeit wurde das Holz durch einen Brand auf der Baustelle zerstört, so daß es nicht mehr zurückgestellt werden kann.

Im synallagmatischen Schuldverhältnis gilt das **Zug-um-Zug-Prinzip** (§ 1052) auch bei der bereicherungsrechtlichen **Rückabwicklung,** wenn also wegen ursprünglicher Ungültigkeit oder wegen nachträglichen Wegfalls der causa (Wandlung, Rücktritt) Leistungen zurückzustellen sind. Fraglich ist allerdings, ob ein Teil auch dann berechtigt ist, seine Leistung zu kondizieren, wenn er selbst die erhaltene Leistung nicht mehr zurückstellen kann, weil sie bei ihm **zufällig** untergegangen ist.

Nach hM[147]) sind beide Kondiktionsansprüche voneinander unabhängig **(Zwei Kondiktionen-Theorie).** Der zufällige Untergang der Sache trifft den Herausgabeberechtigten, der Empfänger braucht auch nicht ihren Wert zu vergüten, wenn er die eigene Leistung zurückfordert.

Zum Teil wird immerhin eine Wertersatzpflicht angenommen, wenn sich der Leistungsempfänger durch die Verwendung der untergegangenen Sache etwas erspart hat, er also an Stelle der untergegangenen Sache auch andere Rechtsgüter eingesetzt hätte, die vom Zufall in gleicher Weise getroffen worden wären[148]).

Nach anderer Auffassung[149]), der zu folgen ist, trägt hingegen der Empfänger stets das Risiko des zufälligen Untergangs, weil sich die Sache in seiner **Sphäre** befunden hat, so daß er (zumindest in abstracto) die Gefahr **beherrschen** konnte. Er hat daher nur insoweit einen Anspruch gegen den Partner, als der Wert seiner Leistung jenen der untergegangenen Gegenleistung übersteigt **(„Saldo-Theorie“)**[150]).

Andere wollen gar zwischen sachenrechtlicher Ungültigkeit und schuldrechtlicher ex-tunc-Wirkung unterscheiden[151]). Dagegen spricht aber, daß die Ungültigkeits- und Aufhebungsregeln auf die hier zu lösende Problematik nicht zugeschnitten sind. Ob zB ein Titel mit schuldrechtlicher oder sachenrechtlicher Rückwirkung wegfällt, ist

---

[146]) OGH in SZ 2002/21; JBl 2005, 55.

[147]) Vgl zB *Wilburg* in Klang VI 485; *denselben,* AcP 163, 353ff; *Rummel,* ÖJZ 1978, 258; *Reischauer* in Rummel § 932 Rz 4; OGH in SZ 14/248; JBl 1976, 98; s auch SZ 60/6.

[148]) *Kerschner,* Der OGH auf dem Weg zur Saldotheorie? JBl 1988, 625ff, 629f.

[149]) Aus dem deutschen Recht: BGH in NJW 1998, 1951; NJW 1999, 1181. Dazu *Canaris,* Die Gegenleistungskondiktion, Lorenz-FS (1991) 19; *Lorenz* in Staudinger § 818 Rz 41ff mwN; *Reuter/Martinek,* Bereicherung 595ff.

[150]) *Honsell,* Aktuelle Probleme der Sachmängelhaftung, JBl 1989, 212f; OGH in JBl 1984, 200; RdW 1986, 173; JBl 1988, 581 und dazu *Kerschner,* JBl 1988, 541 und 624.

[151]) *Bydlinski* in Klang IV/2, 699f; *Aicher* in Rummel §§ 1048ff Rz 17.

oft eine konstruktive Entscheidung, aus der für diffizile Abwicklungsfragen nicht deduziert werden sollte[152]).

Vereitelt der Leistungsempfänger schuldhaft die Erfüllung seiner Rückstellungsverpflichtung, hat er nach allgemeinen Grundsätzen Ersatz zu leisten[153]).

II. Das Schadenersatzrecht

Literatur: *Apathy,* Aufwendungen zur Schadensbeseitigung (1979); *Brüggemeier,* Deliktsrecht (1986); *Bydlinski,* Probleme der Schadensverursachung (1964); *Deutsch,* Allgemeines Haftungsrecht² (1996); *Deutsch/Ahrens,* Deliktsrecht: unerlaubte Handlungen, Schadensersatz, Schmerzensgeld⁴ (2002); *Gottwald,* Schadenszurechnung und Schadensschätzung (1979); *Harrer,* Schadenersatzrecht (1999); *Honsell,* Schweizerisches Haftpflichtrecht⁴ (2005); *Ch. Huber,* Fragen der Schadensberechnung² (1995); *derselbe,* Das neue Schadensersatzrecht (2003); *Karollus,* Funktion und Dogmatik der Haftung aus Schutzgesetzverletzung (1992); *Kötz/Wagner,* Deliktsrecht¹⁰ (2005); *Koziol,* Österreichisches Haftpflichtrecht I³ (1997), II² (1984); *Lange/Schiemann,* Schadensersatz³ (2003); *Magnus,* Schaden und Ersatz (1987); *Mertens,* Der Begriff des Vermögensschadens im bürgerlichen Recht (1967); *Münzberg,* Verhalten und Erfolg als Grundlagen der Rechtswidrigkeit und Haftung (1966); *Neuner,* Interesse und Vermögensschaden, AcP 133, 277; *Oftinger/Stark,* Schweizerisches Haftpflichtrecht⁵ I (1995); *Roussos,* Schaden und Folgeschaden (1992); *Schiemann,* Argumente und Prinzipien bei der Fortbildung des Schadensrechts (1981); *Schilcher,* Theorie der sozialen Schadensverteilung (1977); *Stoll,* Haftungsfolgen im bürgerlichen Recht (1993); *Walter,* Gleichheitsgrundsatz und Schadenersatzrecht, ZVR 1979, 33; *Wilburg,* Die Elemente des Schadensrechts (1941).

1. A und B geraten im Wirtshaus in Streit; der erboste A sticht mit einem Messer auf B ein und verletzt ihn schwer. B muß in Spitalsbehandlung, kann längere Zeit nicht arbeiten und leidet unter starken Schmerzen.

2. A überprüft vor Antritt einer Fahrt gewissenhaft sein Auto; auf der Autobahn platzt ein Reifen, A verliert trotz schnellen Reagierens die Herrschaft über den Wagen und stößt mit dem Auto des B zusammen, das schwer beschädigt wird.

A. Allgemeiner Teil

1. Einleitung

Das Schadenersatzrecht (Haftpflichtrecht) regelt, wann ein Geschädigter für einen Schaden von jemand anderem Ersatz verlangen kann.

Der einmal eingetretene Schaden läßt sich als Verlust oder Nachteil als solcher nicht mehr ungeschehen machen. Er muß sich letztlich beim Geschädigten oder jemand anderem auswirken. Das Schadenersatzrecht beantwortet die Frage nach der Überwälzbarkeit des Schadens, es regelt die **Schadenstragung.**

Ein Schaden trifft an sich denjenigen, in dessen Vermögen oder Person er sich **ereignet** (§ 1311 Satz 1). Soll ihn ein anderer „tragen", ihn „er-

---

[152]) *F. Harrer,* JBl 1983, 238; diesem zustimmend *Mader* in Schwimann § 1437 Rz 25; ablehnend *Kerschner,* JBl 1988, 547 ff.

[153]) Vgl *Kerschner,* JBl 1988, 627 f.

setzen", so müssen dafür besondere **Gründe** vorliegen, die man auch „Zurechnungsgründe" nennt[1]).

Neben einem **Schaden** setzt eine Ersatzpflicht vor allem voraus, daß der Haftpflichtige mit dem schädigenden Ereignis in einem gewissen Zusammenhang steht: der Schaden muß von ihm oder von einer Person oder von einer Sache, für die er einzustehen hat, **verursacht** sein.

Gewöhnlich muß hinzukommen, daß der Schädiger sich nicht so verhalten hat, wie er sich hätte verhalten sollen und können. Der Verursacher muß also rechtswidrig und schuldhaft, dh persönlich vorwerfbar gehandelt haben. Er haftet also für sein Verschulden, weshalb man von **Verschuldenshaftung** spricht (Beispiel 1). Genauer gesagt kann es zur Verschuldenshaftung kommen, wenn jemand ein **Delikt** begeht, dh allgemein bestehenden Pflichten zuwiderhandelt (zB der Pflicht, fremdes Eigentum zu achten) oder wenn er einen **Vertrag verletzt,** wodurch er nur seinem Vertragspartner ersatzpflichtig werden kann. Zu diesen beiden Kategorien (Deliktshaftung und Vertragshaftung) siehe ausführlich unten S 337.

An die Stelle des Verschuldens tritt bei einer anderen Art der Haftung, der **Gefährdungshaftung,** die mit einer Tätigkeit, die das Gesetz erlauben will, verbundene besondere Gefahr. Hier spielt der Gedanke eine Rolle, daß derjenige, der sich zu seinem Nutzen einer gefährlichen Sache bedient, zum Ausgleich dafür auch die durch die Verwirklichung der Gefahr entstehenden Schäden tragen soll. Das geläufigste Beispiel ist die Verantwortlichkeit des Halters eines Kraftfahrzeuges für dessen Betriebsgefahr.

Es gibt Fälle in denen das Gesetz das für die Haftung erforderliche Verschulden eines Schadensverursachers „vermutet", so daß er der Ersatzpflicht nur entgeht, wenn er beweist, daß ihn kein Verschulden trifft (Beweislastumkehr)[2]). Diese Tatbestände nehmen eine Mittelstellung zwischen der einfachen Verschuldenshaftung und der Gefährdungshaftung ein. So haftet der Besitzer eines Gebäudes oder der Halter eines Tieres wegen der Gefährlichkeit dieser Sachen schon für bloß vermutetes Verschulden (§§ 1319, 1320). Entsprechendes gilt zB für den Gastwirt, der für die Gefahr des offenen Hauses einzustehen hat (§ 970), und den Halter eines Radionuklids (§ 9 Abs 2 AtomHG 1999).

Mit der Gefährdungshaftung ist die **Eingriffshaftung** verwandt[3]), die zB bei Schädigung in rechtfertigendem Notstand (§ 1306 a) und durch genehmigte Betriebe (§ 364 a, s Bd I S 287 f) zum Tragen kommt. Hier wird zwar dem Schädiger der Eingriff in fremde Güter gestattet, doch hat er für die verursachten Nachteile Ersatz zu leisten. Der Unterschied zur Gefährdungshaftung liegt darin, daß bei dieser nur eine abstrakte Gefähr-

---

[1]) So zB *Wilburg,* Elemente 1 ff.

[2]) „Kombination der Elemente Mangel und Gefährlichkeit": *Wilburg,* Elemente 29, 38.

[3]) Zu dieser *Rummel,* Ersatzansprüche bei summierten Immissionen (1969) 76 ff; *Rummel/Kerschner,* Umwelthaftung im Privatrecht (1991) 9 f.

dung, nicht jedoch ein bewußt für den anderen nachteiliger Eingriff erlaubt ist.

Ausnahmsweise spielt für die Ersatzpflicht auch das Moment der wirtschaftlichen **Zumutbarkeit** eine Rolle, so in § 1310 und § 1306a.

Eine Verpflichtung zum Schadenersatz kann sich schließlich daraus ergeben, daß jemand **verspricht,** einem anderen einen Schaden zu ersetzen, der auf was immer für eine Weise eintritt. Dies ist zB bei der **Vertragsversicherung** der Fall. Der Versicherer übernimmt es gegen Zahlung einer Prämie, dem Versicherungsnehmer gewisse Schäden zu ersetzen, die vielleicht eintreten. Der Schadenersatz folgt hier aus der rechtsgeschäftlichen Risikoübernahme und ist Leistung aus einem Vertrag[4]).

Primärer Zweck des Schadenersatzrechtes ist es, dem Geschädigten durch einen Ersatzanspruch einen Ausgleich für die erlittene Einbuße zu verschaffen. Diese **Ausgleichsfunktion**[5]) ist dem Haftungsrecht gemeinsam, gleichgültig auf welchen Gründen die Haftung beruht, zB auf Verschulden oder Gefährdung.

Neben dieser Funktion erfüllt das Schadenersatzrecht manchmal noch andere Aufgaben: So ist der Gedanke der **Prävention**[6]) bedeutsam. Durch die Androhung einer Ersatzpflicht soll ein Anreiz ausgeübt werden, durch sorgfältiges Verhalten Schädigungen zu vermeiden.

Im folgenden werden in einem allgemeinen Teil Fragen erörtert, die für das ganze Schadenersatzrecht oder doch große Teile davon relevant sind, zB was unter **„Schaden"** zu verstehen ist; von grundsätzlicher Bedeutung ist, wie schon erwähnt, die **Verursachung,** da zwischen dem haftbar machenden Ereignis und dem Schaden regelmäßig ein ursächlicher Zusammenhang bestehen muß. Für das größte Gebiet des Schadenersatzrechtes, nämlich die Verschuldenshaftung, sind ferner die Begriffe **Rechtswidrigkeit** und **Verschulden** zu klären; beide Elemente spielen für die Gefährdungshaftung keine Rolle, da es dort auf die Gefährlichkeit ankommt. Wiederum für alle Gebiete bedeutsam sind **Art und Umfang** des Schadenersatzes. Die einzelnen Haftungstatbestände werden im besonderen Teil behandelt.

In jüngster Zeit gibt es gewisse Bestrebungen zu einer Reform des Schadenersatzrechts. Im Juni 2005 hat eine Arbeitsgruppe einen Entwurf eines neuen österreichischen Schadenersatzrechts vorgestellt[7]), der eine breite Diskussion ausgelöst und auch viel Widerspruch erfahren hat. So wurde ein Arbeitskreis ins Leben gerufen, der sich kritisch mit diesem

---

[4]) Vgl auch *Ertl,* Zum Verhältnis zwischen Versicherungsrecht und Schadenersatzrecht, ecolex 2002, 868.

[5]) Dazu *Mertens,* Vermögensschaden 95ff; *Stoll,* Haftungsfolgen 147ff.

[6]) *Bydlinski,* Schadensverursachung 18; *Stoll,* Haftungsfolgen 209ff.

[7]) Vgl *Griss/Kathrein/Koziol* (Hrsg), Entwurf eines neuen österreichischen Schadenersatzrechts (2006).

Entwurf auseinandersetzt und eine Alternative vorlegen will[8]). Auch eine „Europäisierung des Schadenersatzrechts"[9]) wird diskutiert.

2. Schadenersatzanspruch – Unterlassungsanspruch – Beseitigungsanspruch

Schadenersatzansprüche können ihrem Wesen nach erst mit dem Eintritt des Schadens entstehen. Wem ein Schaden erst **droht,** ist allerdings nicht schutzlos: ihm stehen **Unterlassungsansprüche** gegen Personen zu, die ihn rechtswidrig gefährden; auf ein schuldhaftes Verhalten kommt es hier nicht an (s oben S 25f).

Daß der Unterlassungsanspruch im Gegensatz zum Schadenersatzanspruch kein Verschulden voraussetzt, erklärt sich daraus, daß er den möglichen Schadensverursacher weitaus weniger belastet als eine Ersatzpflicht[10]).

Unterlassungsansprüche setzen eine drohende Rechtsverletzung oder eine Wiederholungsgefahr voraus.

Sowohl vom Unterlassungs- als auch vom Schadenersatzanspruch unterscheidet sich der **Beseitigungsanspruch,** der auf die Rückgängigmachung der rechtswidrigen Inanspruchnahme einer fremden Rechtssphäre gerichtet ist[11]). Das österreichische Recht enthält keine allgemeine Vorschrift über Beseitigungsansprüche, anerkennt sie aber in einer Reihe von Einzelbestimmungen (§§ 339, 364, 523; §§ 82ff UrhG; § 148 PatG; § 15 UWG).

Der Beseitigungsanspruch ist kein Unterlassungsanspruch[12]), weil er auf ein **positives** Verhalten gerichtet ist: Der Grundeigentümer begehrt die Entfernung des von Dritten abgelagerten Schutts; der in seinem Na-

---

[8]) S die Beiträge in *Reischauer/Spielbüchler/Welser* (Hrsg), Reform des Schadenersatzrechts Band II, Zum Entwurf einer Arbeitsgruppe (2006).

[9]) Vgl *Koziol,* Ein europäisches Schadenersatzrecht – Wirklichkeit und Traum, JBl 2001, 29; *Schmidt-Kessel,* Reform des Schadenersatzrechts Band I, Europäische Vorgaben und Vorbilder (2006) mwN. Zur Reform in Deutschland durch das 2. Schadensersatzrechtsänderungsgesetz s *Ch. Huber,* Schadensersatzrecht.

[10]) S *Henckel,* Vorbeugender Rechtsschutz im Zivilrecht, AcP 174, 113. OGH in ecolex 1998, 124 *(Rubin); Hirsch,* Ist der Unterlassungsanspruch wirklich verschuldensunabhängig? JBl 1998, 541; *E. Wagner,* Gesetzliche Unterlassungsansprüche im Zivilrecht (2006) 225ff.

[11]) Dazu *Aicher,* Umweltschutz und Privatrecht, JBl 1979, 236; *Jabornegg,* Bürgerliches Recht und Umweltschutz (1985) 54ff; *Jabornegg/Strasser* und *Rummel* in Strasser, Privatrecht und Umweltschutz (1976) 47ff, 157f; *Jabornegg/Strasser,* Nachbarrechtliche Ansprüche als Instrument des Umweltschutzes (1978) 67ff; *Picker,* Der negatorische Beseitigungsanspruch (1972); *derselbe,* Zur Beseitigungshaftung nach § 1004 BGB – eine Apologie, Gernhuber-FS (1993) 315; *E. Wagner,* Unterlassungsansprüche 235ff.

[12]) *Henckel,* AcP 174, 99ff; s auch OGH in JBl 1997, 186; SZ 74/153. Vgl hingegen § 15 UWG sowie OGH in SZ 22/197; JBl 1990, 119. Eine analoge Anwendung des § 15 UWG (Beseitigungspflicht bei Unterlassungsanspruch) auf Unterlassungspflichten iVm § 1330 wird von der Rsp abgelehnt s OGH in SZ 2002/178 = MR 2003, 82 *(Rechberger);* RdW 2004/477; dazu *Klicka,* Zum Umfang der Unterlassungsexekution nach § 355 EO, wbl 2003, 260; *E. Wagner,* Unterlassungsansprüche 257ff.

mensrecht Verletzte verlangt die Vernichtung der unerlaubt angefertigten Visitenkarten. Zwar setzt sowohl der Schadenersatzanspruch als auch der Beseitigungsanspruch in der Regel einen rechtswidrigen Eingriff voraus, doch bestehen zwischen beiden auch wichtige Unterschiede: So ist der Beseitigungsanspruch von einem Verschulden des Störers unabhängig[13]) und richtet sich nicht auf den Ausgleich des ganzen durch eine Störung verursachten Nachteils, sondern nur auf die **Rückgängigmachung** eines Zustandes und damit die Ausschaltung der Störungsquelle[14]).

Auch wenn schadenersatzrechtliche Naturalrestitution gebührt (§ 1323), unterscheidet sich der Schadenersatzanspruch vom Beseitigungsanspruch. Wurde zB Schutt auf fremdem Grund abgelagert, so kann mit dem Beseitigungsanspruch nur dessen Entfernung, mit dem Schadenersatzanspruch auch die Wiederherstellung des beschädigten Bodens verlangt werden.

3. Der Schaden

Jemand beschädigt in einem Unternehmen eine Maschine, so daß sie repariert werden muß. Deshalb kommt es zu einem Produktionsausfall.

a) Vermögensschäden (positiver Schaden – entgangener Gewinn)

Schade heißt jeder Nachteil, welcher jemandem an Vermögen, Rechten oder seiner Person zugefügt wird. Davon unterscheidet sich der Entgang des Gewinnes, den jemand nach dem gewöhnlichen Lauf der Dinge zu erwarten hat (§ 1293).

Vermögensschäden sind Nachteile an **geldwerten Gütern,** sie sind „in Geld meßbar".

Die tatsächliche Veränderung am Vermögensgut selbst, zB der Bruch eines Bolzens einer Maschine, die Delle an einem Auto, wird als **realer Schaden** bezeichnet. Dieser Begriff wird vor allem bedeutsam, wenn der Schädiger Naturalherstellung schuldet, also den ohne die Schädigung bestehenden Zustand wiederherstellen muß. Dazu unten S 321 f. Der reale Schaden ist gewöhnlich in Geld meßbar und daher eine Art des Vermögensschadens.

§ 1293 umschreibt den Schaden als Nachteil, der jemandem „an Vermögen, Rechten oder seiner Person zugefügt worden ist" und unterscheidet davon den „Entgang des Gewinns", den jemand nach dem gewöhnlichen Lauf der Dinge zu erwarten hat. § 1323 führt diese Unterscheidung fort. Betrifft der Ersatz nur „den erlittenen Schaden", so heißt er **eigent-**

---

[13]) *Rummel,* ÖBA 1987, 419; *Kerschner,* Privatrechtlicher Umweltschutz bei sogenannten „Altlasten", RZ 1990, 28; *Reidinger,* Inbestandgabe zur Erschwerung von Liegenschaftsexekutionen – aktuelle Rechtsprechung, wobl 1994, 110. AA *Gschnitzer/Faistenberger/Barta/Call/Eccher,* Sachenrecht[2] (1985) 145; OGH in SZ 59/206; wobl 1990/71; SZ 73/40; vgl auch ÖBA 1994, 886 *(Karollus);* offen lassend OGH in ÖBA 1991, 213.

[14]) *Wilburg,* Elemente 263; *Jabornegg/Strasser,* Umweltschutz 150ff; *Rummel,* RdA 1980, 359.

liche Schadloshaltung, erfaßt er auch den entgangenen Gewinn wird er **volle Genugtuung** genannt.

Mit der erlittenen Beschädigung, die man auch **positiven Schaden** nennt, meint man im wesentlichen die Beschädigung oder Zerstörung eines schon vorhandenen Gutes. Man rechnet es aber auch zum positiven Schaden, wenn der Geschädigte wegen des schädigenden Ereignisses einen Aufwand tätigen muß (ihm entstehen zB Kreditkosten) oder mit Verbindlichkeiten belastet wird[15]). **Entgangener Gewinn** liegt hingegen vor, wenn eine Vermögensvermehrung verhindert, also eine Erwerbschance vernichtet wird. So führt der durch die Beschädigung einer Maschine verursachte Produktionsausfall zu einer Umsatzminderung; der gewinnbringende Verkauf einer Sache wird durch ihre Zerstörung verhindert. Positiver Schaden und entgangener Gewinn bilden zusammen das **„Interesse“.** Ob nur der positive Schaden ersetzt wird (eigentliche Schadloshaltung) oder auch der entgangene Gewinn, also das Interesse (volle Genugtuung), hängt nach § 1324 vom Verschuldensgrad beim Schädiger ab.

Die Abgrenzung zwischen positivem Schaden und entgangenem Gewinn bereitet große Schwierigkeiten, die darauf zurückzuführen sind, daß die Vereitelung einer relativ sicheren Erwerbschance auch als positiver Schaden angesehen wird. Nach hM[16]) kommt es für das Vorliegen eines positiven Schadens auch nicht darauf an, ob eine rechtlich gesicherte Position beeinträchtigt wurde[17]), sondern darauf, ob der Gewinn im Verkehr schon als sicher angesehen wurde.

Der Entgang einer Alterspension wegen Nichtanmeldung zur Sozialversicherung durch den Arbeitgeber wurde als positiver Schaden angesehen[18]); ebenso der Verlust einer zu erwartenden Prämienherabsetzung („Bonusverlust“)[19]). Ein positiver Schaden liegt auch vor, wenn der Pfandschuldner durch den Verzicht des Gläubigers auf eine andere Pfandhaftung sein Regreßrecht verliert[20]). Wird das Kraftfahrzeug eines Geschäftsmannes beschädigt, so ist nicht nur der Schaden am Fahrzeug, sondern auch der durch die Betriebsstörung entstandene Nachteil positiver Schaden, weil er im Verkehr bereits als selbstständiger Wert angesehen wird[21]). Ebenso ist der durch Beeinträchtigung der Arbeitskraft hervorgerufene Verdienstausfall positiver Schaden: Die Erwerbsfähigkeit ist ein selbständiges, gegenwärtiges Gut. Auch die künftigen Früchte einer Sache sind ein selbständiger Vermögenswert (§ 305)[22]).

---

[15]) Dazu *Apathy,* Aufwendungen 66; *Oberhofer,* Die entstandene Ersatzverpflichtung als Schadensbild, ÖJZ 1995, 180; OGH in ZVR 1972/193; JBl 1973, 85 *(Bydlinski);* ZVR 1973/35; SZ 53/107; ZVR 1982/137; JBl 1987, 723; wobl 1999, 26 *(Dirnbacher)* = ImmZ 1998, 398 *(Meinhart);* RdW 2002/401 (Kostenersatz); SZ 2004/36 (Domain-Grabbing-Streitbeilegungsverfahren). Das Entstehen einer Verbindlichkeit ist auch beim Vermögenslosen ein Vermögensschaden: OGH in SZ 71/108.

[16]) OGH in JBl 1993, 399; ÖBA 1996, 549 *(Rebhahn)* = ecolex 1996, 168 *(Graf);* ecolex 1996, 357 *(Wilhelm);* SZ 68/191; ecolex 1998, 392 *(Wilhelm)* = wbl 1999, 97 *(Honsell);* JBl 2004, 793 (Geldanlagegewinn); vgl aber JBl 1992, 392.

[17]) So aber *Koziol,* Haftpflichtrecht I Rz 2/38.

[18]) OGH in SZ 50/29.

[19]) *Welser,* Aktuelle Fragen der zivilrechtlichen Haftung aus Verkehrsunfällen, ZVR 1978, Sonderheft, 39.

[20]) OGH in ÖBA 1996, 805 *(Karollus).*

[21]) OGH in SZ 29/43; ZVR 1980/15.

[22]) Str, wie hier *Ehrenzweig* II/1, 67; *Mayrhofer,* Schuldrecht I 317; OGH in EvBl 1978/190.

b) Vermögensschaden und ideeller Schaden

Nicht jeder Schaden schlägt sich in einer Vermögensminderung nieder. Wenn eine Körperverletzung mit Schmerzen verbunden ist (§ 1325) oder eine Sache zerstört wird, zu der der Eigentümer eine besondere Beziehung hat (§ 1331), kann ein „nachteiliges Gefühl", ein „Gefühlsschaden" entstehen, der nicht in Geld meßbar ist und der ideeller oder **immaterieller Schaden** genannt wird[23]).

Bei manchen Schäden ist streitig, ob sie dem materiellen oder immateriellen Bereich zuzuordnen sind. Dies gilt zB für die **fiktiven Mietwagenkosten.** Wird ein Kfz beschädigt und benötigt[24]) der Eigentümer während der Reparatur einen Ersatzwagen, so kann er die hiefür getätigten Aufwendungen als Vermögensschaden geltend machen. Nimmt er keinen Mietwagen in Anspruch, so ist ihm zwar keine nachweisbare Vermögensminderung entstanden, er konnte aber seine Sache während der Reparaturzeit nicht gebrauchen. UU hat er sich auch „anders beholfen", was ihn Anstrengungen gekostet hat (Benützung eines Fahrrades, zu Fuß gehen). Manche geben ihm einen Anspruch auf „fiktive Mietwagenkosten"[25]), weil die Gebrauchsmöglichkeit einen Vermögenswert darstelle und es den Schädiger nichts angehe, daß der Geschädigte sein Recht auf Beistellung eines Ersatzwagens nicht genützt habe; oder weil ihm Annehmlichkeiten entgangen seien[26]). Nach der in Österreich hM[27]) ist hingegen die Gebrauchsmöglichkeit neben dem Substanzwert des Eigentums kein selbständiger Vermögenswert, so daß er auch nicht besonders zu ersetzen ist. Der Entgang von Annehmlichkeiten wiederum sei bloß ein ideeller Schaden.

In der Praxis stellt sich das Problem der (fiktiven) Mietwagenkosten eher selten, weil Privatpersonen meist beim Abschluß einer Kfz-Haftpflichtversicherung auf den Ersatz von Mietwagenkosten verzichten (Spalttarif; Verzicht im Voraus zugunsten Dritter)[28]).

---

[23]) Zu diesem *Strasser,* Der immaterielle Schaden im österreichischen Recht (1964); *Bydlinski,* Der Ersatz ideellen Schadens als sachliches und methodisches Problem, JBl 1965, 173 und 237; *derselbe,* Der immaterielle Schaden in der österreichischen Rechtsentwicklung, von Caemmerer-FS (1978) 785; *Karner,* Der Ersatz ideeller Schäden bei Körperverletzung (1999); *Karner/Koziol,* Der Ersatz ideellen Schadens im österreichischen Recht und seine Reform, 15. ÖJT, Band II/1 (2003); *Bydlinski,* Die „Umrechnung" immaterieller Schäden in Geld, Liber Amicorum Pierre Widmer (2003) 27.

[24]) Dazu OGH in ZVR 1979/304.

[25]) BGH in BGHZ 40, 345; BGHZ 98, 212.

[26]) *Wiese,* Der Ersatz des immateriellen Schadens (1964) 19; *E. A. Kramer,* Gebrauchsentbehrung und Verwendungsanspruch, ÖJZ 1972, 90. Vgl aber auch *Raber,* Gebrauchsentgang und gemeiner Wert, Hämmerle-FS (1972) 269.

[27]) *Bydlinski,* Der unbekannte objektive Schaden, JBl 1966, 440; *Mayer-Maly,* Schadenersatz für Gebrauchsentbehrung? ZVR 1967, 281; OGH in SZ 41/177; JBl 1994, 121; ecolex 1999, 463.

[28]) Dazu *Welser,* Zur rechtlichen Zulässigkeit des „gespaltenen" Haftpflichttarifs, ZVR 1973, 306. OGH in SZ 48/22.

Der Eigentümer erhält allerdings den Ersatz jener Aufwendungen, die durch den Ausfall des Kfz während der Reparaturzeit für diese Zeitspanne nutzlos geworden sind (Steuer, Versicherung, Garagenmiete): Ersatz **frustrierter Aufwendungen**[29]). Das schädigende Ereignis hat zwar diese Aufwendungen nicht verursacht (sie wurden schon vorher gemacht), es hat aber deren Nutzlosigkeit herbeigeführt, was ebenfalls eine Schadensverursachung darstellt oder einer solchen zumindest gleichzuhalten ist.

Der Schädiger hat zwar den Geschädigten nicht zur Zahlung der Steuer, der Versicherung oder der Garagenmiete veranlaßt, er hat aber verursacht, daß diese Zahlungen (für einen bestimmten Zeitraum) für den Geschädigten wertlos sind, was die Annahme eines Schadens rechtfertigt[30]).

In anderen Fällen ist die Judikatur allerdings inkonsequenterweise sehr restriktiv. So soll zB – wegen Vorliegens eines ideellen Schadens – kein Ersatz gebühren, wenn der Geschädigte wegen seiner Verletzung das gemietete Campingfahrzeug nicht nützen kann, aber weiter Miete zahlen muß[31]).

Strittig war auch der Ersatz des Verlustes oder der Beeinträchtigung von **Freizeit und Urlaub.** Der deutsche BGH[32]) hat gemeint, es liege ein Vermögensschaden vor, wenn durch das Fehlverhalten einer Zollbehörde der Koffer einer Reisenden zurückgehalten werde und diese wegen des Fehlens ihrer Kleider und anderer Utensilien die Seereise nicht voll genießen könne. Nach anderer Ansicht ist dies bloß ein ideeller Nachteil[33]), weil die Beeinträchtigung des Reisegenusses das Vermögen nicht berührt. Auf Grund europarechtlicher Vorgaben sieht nun der durch das ZivRÄG 2004 (BGBl I 2003/91) eingefügte § 31e Abs 3 KSchG einen Anspruch auf Ersatz entgangener Urlaubsfreude vor (s oben S 268f).

c) „Wrongful birth" und „wrongful life"[34])

Mit dem Ausdruck „wrongful birth" bezeichnet man die unerwünschte Geburt eines Kindes und die daran anknüpfende Frage, ob die

---

[29]) *Koziol,* Haftpflichtrecht I Rz 2/119ff; *Larenz,* Nutzlos gewordene Aufwendungen als erstattungsfähige Schäden, Festgabe Oftinger (1969) 151; ausf *Schobel,* Der Ersatz frustrierter Aufwendungen (2003). OGH in SZ 59/8.

[30]) *Welser,* Schadenersatz statt Gewährleistung (1994) 36.

[31]) OGH in SZ 60/102.

[32]) NJW 1956, 1234.

[33]) *Grunsky,* Entgangene Urlaubszeit als Vermögensschaden, NJW 1975, 611; *H. Honsell,* Die mißlungene Urlaubsreise, JuS 1976, 225ff; *W. Müller,* Schadenersatz aufgrund verdorbenen Urlaubs (1986); *W. Weiss,* Pauschalreisevertrag (1987) 129f; *derselbe,* Der Pauschalreisevertrag nach schweizerischem und österreichischem Recht, ÖJZ 1987, 749ff; *M. Bydlinski,* Schadenersatz bei „verpatztem" Urlaub? ZVR 1987, 354; *Iro,* Kein Geldersatz wegen Beeinträchtigung des Urlaubsgenusses? RdW 1989, 263; *Zechner,* Reisevertragsrecht (1989) 522; OGH in SZ 61/125; JBl 1989, 792 *(Siegl).*

[34]) Dazu *Harrer,* Zivilrechtliche Haftung für durchkreuzte Familienplanung (1989); *Wilhelm,* Die versäumte Abtreibung und die Grenzen des juristischen Denkens, ecolex 1999, 593; *Engel,* Haftung Dritter für die unerwünschte Geburt eines Kindes, ÖJZ 1999, 621; *Fenyves/Hirsch,* Zur Deckung der Ansprüche aus „wrongful life" und „wrongful birth" in der Arzthaftpflichtversicherung, RdM 2000, 10; *Bydlinski,* Das

Eltern für den entstehenden Unterhaltsaufwand von jenen Personen Schadenersatz fordern können, welche die unerwünschte Geburt „zu verantworten haben". In Betracht kommen vor allem Krankenhäuser, Ärzte und Apotheker.

Fehlschlagen von Sterilisationen[35]); mißlungene Abtreibungen[36]); irrtümliche Aushändigung eines Magenmittels statt der Antibabypille durch den Apotheker[37]).

Einigkeit besteht darin, daß das **Kind** selbst keinen Nachteil darstellt. Umstritten ist hingegen der Ersatz des verursachten Unterhaltsaufwandes.

In einer früheren E wurde das Schadenersatzbegehren eines Mannes abgewiesen, der von einer Frau über die Empfängnismöglichkeit getäuscht worden war[38]).

Der OGH hat entschieden, daß der behandelnde Arzt (die Krankenanstalt), der die **Aufklärung** der Mutter über eine schon vor der Geburt erkennbare schwere Behinderung ihres ungeborenen Kindes unterläßt und ihr dadurch die Möglichkeit nimmt, dieses Kind abtreiben zu lassen, den durch die Behinderung entstandenen **Mehrbedarf an Unterhalt** ersetzen muß. Ein Ersatzanspruch des behinderten Kindes selbst („wrongful life") wurde hingegen verneint[39]). Vor kurzem hat der OGH den Ersatz des **gesamten Unterhaltsaufwandes** für ein behindertes Kind bejaht, weil der Arzt die Mutter nicht ausreichend über die Risiken der Schwangerschaft aufgeklärt hatte[40]). Die auf reinem Kausalitätsdenken beruhende Entscheidung (bei Abtreibung gäbe es überhaupt keinen Unterhaltsaufwand) ist jedenfalls abzulehnen. Zuletzt befaßte sich der OGH mit einem Fall der mißlungenen Sterilisation und wiederholte, daß die Geburt eines gesunden, wenn auch unerwünschten Kindes, kein Schaden sei[41]).

Kind als Schadensursache im Österreichischen Recht, European Tort Law – Liber amicorum for Helmut Koziol (2000) 29; *Bernat,* Unerwünschtes Leben, unerwünschte Geburt und Arzthaftung: der österreichische „case of first impression" vor dem Hintergrund der anglo-amerikanischen Rechtsentwicklung, Krejci-FS (2001) 1041; *Hirsch,* Arzthaftung bei fehlgeschlagener Familienplanung (2002).

[35]) BGHZ 76, 249 und BGHZ 76, 259. OGH in RdM 1995, 69 *(Bernat).*

[36]) BGH in NJW 1985, 671.

[37]) OLG Celle in JZ 1978, 528. Vgl auch den Fall OGH in JBl 1991, 316 = JAP 1990/91, 232 *(Bernat):* medikamentöse Behandlung führt zu einer Verschiebung der Regelblutung.

[38]) OGH in SZ 67/17 (dazu *Lanczmann,* Unerwünschte Vaterschaft und Schadenersatz für Unterhaltsaufwand, JAP 1994/95, 192).

[39]) OGH in RdM 1999/23 *(Kopetzki); Hirsch,* Arzthaftung infolge unerwünschter Geburt eines Kindes, RdM 1999, 163; *Rebhahn,* Schadenersatz wegen der Geburt eines nicht gewünschten Kindes? JBl 2000, 265; *Bydlinski,* Liber amicorum for Helmut Koziol 29; *Schauer,* „Wrongful birth" in der Grundsatzentscheidung des OGH – Eine rechtsethische Betrachtung, RdM 2004, 18; OGH in JBl 2004, 311 *(Bernat)* = RdM 2004, 50 *(Kletečka).*

[40]) OGH in EF-Z 2006, 53 *(Bernat); Rebhahn,* Ersatz des vollen Unterhalts bei „wrongful birth"! Zak 2006, 206.

[41]) OGH in EF-Z 2006, 131 *(Leitner); Kletečka,* Erste Entscheidung des OGH zu „wrongful conception", Zak 2006, 343; *Wilhelm,* Just Birth – Wrongful decision, ecolex 2006, 793.

d) Nichterfüllungs- und Vertrauensschaden

Nur auf die vertragliche und die vertragsähnliche Haftung bezieht sich die Unterscheidung zwischen Nichterfüllungsschaden **(positivem Interesse)** und Vertrauensschaden **(negativem Interesse)**[42]).

Wer wegen Nichterfüllung einer vertraglichen Leistungsverpflichtung Ersatz zu leisten hat, muß den Zustand herstellen, der im Vermögen des Gläubigers bei **gehöriger Erfüllung** des Vertrages bestünde. Zu ersetzen ist also der auf Grund der ausgebliebenen Leistung entstandene Nichterfüllungsschaden[43]), das **positive** Vertragsinteresse.

Wer hingegen einen anderen dafür zu entschädigen hat, daß dieser (unrichtig) auf die Gültigkeit einer abgegebenen Erklärung oder auf das Zustandekommen eines Vertrages vertraut hat, muß den anderen so stellen, wie er **ohne das Vertrauen** (ohne den Irrtum) stünde. Typische Vertrauensschäden[44]) sind nutzlose Aufwendungen für die Vorbereitung oder Abwicklung eines dann nicht oder nicht gültig zustande gekommenen Vertrages wie Kosten und Spesen für die Vertragserrichtung, die für die Vertragsverhandlungen aufgelaufenen Reisekosten sowie die Kosten für die Vorbereitung der eigenen Leistung. Man spricht vom Ersatz des **negativen** Vertragsinteresses. Vertrauensschäden sind grundsätzlich nur bis zur Höhe des hypothetischen Erfüllungsinteresses zu ersetzen[45]).

Zum Vertrauensschaden gehören aber auch Nachteile wegen Versäumung anderer Abschlußgelegenheiten[46]): A kauft bei B eine Maschine und schlägt daher ein Angebot des C aus, der ihm eine vergleichbare Maschine zu einem günstigeren Preis verkaufen will. Da sich später die Ungültigkeit des Vertrages zwischen A und B herausstellt, möchte A die Maschine des C kaufen, doch ist diese nicht mehr verfügbar, so daß sich A bei D wesentlich teurer eindecken muß. A erleidet also aus der Versäumung des Geschäftes mit C einen Schaden, der an sich über das Erfüllungsinteresse sogar hinausgehen kann, doch wird hier die Begrenzung durch das hypothetische Erfüllungsinteresse wirksam.

Sowohl für den Ersatz des Vertrauens- als auch des Nichterfüllungsschadens gilt die Unterscheidung zwischen **erlittener Beschädigung** und **voller Genugtuung.** Daher ist in beiden Fällen ein entgangener Gewinn nur bei grobem Verschulden zu ersetzen[47]). S unten S 323f.

---

[42]) Dazu *Welser,* Vertretung ohne Vollmacht (1970) 127ff; *derselbe,* Vorvertragliche Pflichten in der Rechtsprechung des OGH, Wagner-FS (1987) 380f; *Koziol,* Ersatz der getätigten Aufwendungen statt des Nichterfüllungsschadens? RdW 1993, 354; *Rabl,* Schadenersatz wegen Nichterfüllung (1998) 3ff; OGH in EvBl 1977/228; JBl 1981, 537 *(Koziol);* JBl 1993, 516; SZ 70/166; RdW 1999, 336 (dazu *Schobel,* Kausalität contra Begrifflichkeit, RdW 1999, 325).

[43]) Vgl dazu *Rabl,* Schadenersatz wegen Nichterfüllung 15ff und 69ff. Zum Ersatz des Nichterfüllungsschaden im Vergaberecht vgl nunmehr § 338 BVerG 2006; s oben S 19f.

[44]) *Welser,* Vertretung 129f; *derselbe,* Wagner-FS 380.

[45]) Vgl *Welser,* Vertretung 138ff; *denselben,* Das Verschulden beim Vertragsschluß im österreichischen bürgerlichen Recht, ÖJZ 1973, 287ff; *Koziol,* RdW 1993, 354; aA *Gschnitzer* in Klang IV/1, 176; *derselbe,* Schuldrecht AT 9.

[46]) Ausführlich *Welser,* Vertretung 129ff; OGH in SZ 62/187; EvBl 1991/101.

[47]) *Welser,* Vertretung 131f; *Mayrhofer,* Schuldrecht I 257.

4. Die Verursachung (Kausalität)[48])

a) Bedingungstheorie (Äquivalenztheorie)

Die Verursachung ist – neben dem Schaden – die erste Haftungsvoraussetzung. Es ist zu prüfen, ob der potentiell Haftpflichtige den Schaden durch eigenes Verhalten (Handlung oder Unterlassung) verursacht hat oder ob Sachen oder Personen, für die er einstehen muß, ursächlich waren. Ein positives Verhalten (ein Umstand) ist für einen Erfolg ursächlich, wenn es ihn herbeigeführt, ihn bewirkt hat. Eine Unterlassung (die an sich im naturgesetzlichen Sinne nichts bewirkt) sieht man als ursächlich an, wenn ein entsprechendes positives Verhalten den eingetretenen Erfolg vermieden hätte. Daher ist jedes Verhalten oder jeder Umstand ursächlich, der für den Eintritt des Erfolgs (seine Vermeidung) notwendig war (gewesen wäre). Auf die Art des Umstandes kommt es nicht an, alle Bedingungen des Erfolgs sind „gleichwertig" (äquivalent), es gilt die **Äquivalenz-** oder **Bedingungstheorie,** die Lehre von der Gleichwertigkeit aller notwendigen Bedingungen: jede davon ist Ursache, vor allem wird zwischen Anlaß und Ursache nicht unterschieden.

Die Rechtswissenschaft bedient sich zur Feststellung der Kausalität einer bestimmten Methode, der Formel von der **conditio sine qua non**[49]). Sie fragt nicht, ob ein Tun oder Unterlassen den Erfolg bewirkt hat, sondern umgekehrt, ob der Erfolg (Schaden) auch **ohne** das zu prüfende Verhalten eingetreten wäre.

Ein Verhalten ist ursächlich für einen Erfolg, wenn es nicht weggedacht werden kann, ohne, daß dann der Erfolg entfiele.

Der Vorteil der Formel liegt darin, daß sie für Tun und Unterlassen einen einheitlichen Prüfungsvorgang erlaubt. Freilich führt sie genau genommen nur dann zu einem richtigen Ergebnis, wenn man die zu prüfende Kausalität schon kennt.

Der Nutzen dieser Formel ist höchst bescheiden. Sie stellt nämlich nicht die Verursachung fest, sondern setzt ihre Kenntnis voraus. Daher nützt sie nur dem etwas, der das zu Beweisende, nämlich die Ursächlichkeit einer bestimmten Person oder eines bestimmten Ereignisses, schon kennt. Ob A den B durch ein Getränk vergiftet hat und so für den Tod des B ursächlich ist, hängt nach der Formel von der conditio sine qua non davon ab, ob B auch dann tot umgefallen wäre, wenn ihm A kein Getränk gereicht hätte. Um diese Frage beantworten zu können, muß man aber schon wissen, ob Gift im Getränk war und ob es im Körper des B tödliche Wirkungen entfaltet hat. Wer aber das weiß, der weiß auch, daß A ursächlich war, er braucht keine Formel. Wer es aber nicht weiß, dem hilft auch die Formel nichts: er kann nicht sagen, ob B auch ohne das Verhalten des A tot wäre.

---

[48]) *Bydlinski,* Zum gegenwärtigen Stand der Kausalitätstheorie im Schadensrecht, JBl 1958, 1; *von Caemmerer,* Das Problem des Kausalzusammenhangs im Privatrecht (1956); *Rebhahn,* Staatshaftung wegen mangelnder Gefahrenabwehr (1997) 543 ff; *Traeger,* Der Kausalbegriff im Straf- und Zivilrecht (Neudruck 1929).

[49]) *Bydlinski,* Schadensverursachung 7 ff; *Rebhahn,* Staatshaftung 566 ff. Kritisch *Burgstaller,* Das Fahrlässigkeitsdelikt im Strafrecht (1974) 81 ff.

Somit gilt nach der Formel von der conditio sine qua non (Bedingungstheorie): Steht die Kausalität eines positiven Tuns in Frage, so wird geprüft, ob der Schaden entfällt, wenn man sich dieses Tun **wegdenkt.** Kommt eine Schädigung durch Unterlassen in Betracht, so ist zu fragen, ob der Schaden auch eingetreten wäre, wenn man sich das pflichtgemäße Verhalten **hinzudenkt**[50]). Wäre der Schaden dann ausgeblieben, ist die Unterlassung ursächlich.

Jemand wirft einen Stein in eine Fensterscheibe. Denkt man sich seine Handlung weg, so wäre die Scheibe noch ganz. Die Handlung ist also ursächlich für den Schaden. – Der Verkäufer liefert eine Sache, von der er weiß, daß sie feuergefährlich ist. Er unterläßt es aber, den Käufer zu warnen. Bei Benützung der Sache erleidet der Käufer einen Brandschaden. Wäre der Brand unterblieben, wenn der Verkäufer den Käufer gewarnt hätte, ist der Verkäufer für den eingetretenen Schaden ursächlich. Wie gerade dargelegt, sind allerdings die Fragen nur zu beantworten, wenn man schon weiß, ob die Zerstörung der Scheibe auf dem Steinwurf beruht und ob der Käufer bei entsprechender Warnung das Feuer vermieden hätte.

Nicht verursacht sind in der Regel die **„Vorhaltekosten“,** das sind Aufwendungen zur Verhinderung eines Schadens. Zu ersetzen sind nur die durch einen konkreten Täter verursachten Folgekosten.

Ein Warenhausinhaber installiert Fernsehüberwachungsanlagen und engagiert Detektive, die Ladendiebe erwischen sollen[51]). Die Kosten wären dem Geschädigten auch ohne das rechtswidrige Verhalten eines bestimmten Täters entstanden und sind daher von ihm nicht verursacht. Soweit allerdings gerade er durch sein Verhalten Kosten verursacht hat (Beobachtung, Verfolgung), hat er auch Ersatz zu leisten[52]).

Umstritten ist auch der Ersatz von Kosten einer **„Reservehaltung“.** Um bei Ausfall eines Wagens Ersatz bereit zu haben, halten Verkehrsunternehmen oft Reservefahrzeuge. Kommt es nun wegen der Beschädigung eines Fahrzeuges durch einen bestimmten Schädiger zum Einsatz des „Reservewagens“, so fragt es sich, ob der Schädiger die Kosten der Reservehaltung ersetzen muß. Er hat zwar nicht die Anschaffung, aber den Einsatz des Fahrzeuges verursacht. Nach der Judikatur hat er dem Verkehrsunternehmen die auf die Zeit des Einsatzes entfallenden „aliquoten Kosten“ aus dem Titel der Geschäftsführung ohne Auftrag zu ersetzen[53]).

---

[50]) OGH in SZ 56/181; JBl 1994, 338; RdW 2004/174; SZ 74/159; vgl auch RdW 2003/305.

[51]) *Welser,* Zur Ersetzbarkeit der Detektivkosten beim Warenhausdiebstahl, ÖJZ 1977, 645; *Thiele,* Ersatz von Detektivkosten, RdW 1999, 769; s auch OGH in JBl 1999, 49 *(Apathy).*

[52]) Zu den Kosten der Überwachung eines Ehestörers RIS Justiz RS0022943, zuletzt OGH in JBl 2002, 40 *(Bumberger).*

[53]) OGH in JBl 1973, 476 *(Koziol);* SZ 59/95; SZ 60/65; ZVR 1995/129; ecolex 1997, 81; *Koziol,* Die Schadensminderungspflicht, JBl 1972, 234; *Apathy,* Der Ersatz von Kosten eines Reservefahrzeuges, ZVR 1989, 257. Für eine schadenersatzrechtliche Lösung hingegen *Ch. Huber,* Betriebsreservekosten – Einordnung in das Schadenersatzrecht, ecolex 1997, 77ff; vgl bereits *denselben,* Schadensberechnung 200ff; *Fötschl,* Reservehaltungskosten und Geschäftsführung ohne Auftrag, ZVR 2003, 220. Für die Anwendung des § 1042: *Reischauer* in Rummel § 1323 Rz 11a.

b) Adäquanztheorie

Die Bedingungstheorie (Äquivalenztheorie) zieht die äußerste Grenze der Ursächlichkeit. Fehlt der „Bedingungszusammenhang", so kommt keine Ersatzpflicht in Betracht. Lehre und Rsp schränken aber die „juristische Kausalität" weiter ein. Der Schädiger soll nur für Schäden haften, die er adäquat herbeigeführt hat **(Adäquanztheorie)**[54]). Adäquanz (Adäquität) liegt vor, wenn die Ursache ihrer **allgemeinen Natur** nach für die Herbeiführung eines Erfolges wie des eingetretenen noch geeignet erscheint und der Erfolg nicht nur wegen einer ganz außergewöhnlichen Verkettung von Umständen eingetreten ist. Auch die Voraussetzung der Adäquanz dient der Haftungsbegrenzung.

Kein adäquater Kausalzusammenhang besteht zwischen der Beschädigung eines Strommastes durch ein Auto (dem dadurch ausgelösten Kurzschluß) und einem deshalb im Elektrizitätswerk wegen einer nicht einwandfrei funktionierenden Sicherung auftretenden Brand[55]).

Hingegen besteht ein adäquater Kausalzusammenhang zwischen dem unbeaufsichtigten Stehenlassen eines geladenen Gewehrs und den Schäden durch dessen unbefugte Benutzung[56]); zwischen einem Oberschenkelbruch und einem auf die eingeschränkte Bewegungsfreiheit zurückzuführenden Sturz[57]); zwischen der Gefährdung eines Kindes und der Verletzung des eingreifenden Retters[58]); zwischen einer schweren Verletzung mit Dauerfolgen und einem deshalb im Depressionszustand verübten Selbstmord[59]); zwischen einer schweren Verletzung mit Dauerfolgen und einer daraus resultierenden Drogenabhängigkeit[60]); zwischen einer Querschnittslähmung und dem selbstbestimmten Tod durch Behandlungsverweigerung[61]).

Die Adäquanztheorie ist eigentlich keine Kausalitätsformel, sondern ein zusätzliches Kriterium der Haftungsbegrenzung. Die innere Rechtfertigung der Adäquanz liegt darin, daß vollkommen unvorhersehbare Folgen vernünftigerweise nicht mehr als vom Menschen **beherrscht gedacht** werden können, weshalb sie auch einem Verursacher nicht mehr zugerechnet werden sollen[62]).

---

[54]) *Traeger,* Der Kausalbegriff im Straf- und Zivilrecht (Neudruck 1929); *Bydlinski,* Schadensverursachung 58ff; *Welser,* Der OGH und der Rechtswidrigkeitszusammenhang, ÖJZ 1975, 43; *derselbe,* Schutzgesetzverletzung, Verschulden und Beweislast, ZVR 1976, 8f; *E. A. Kramer,* Schutzgesetze und adäquate Kausalität, JZ 1976, 338; OGH in SZ 57/16; ZVR 1986/37; JBl 1986, 103; SZ 60/49; JBl 1989, 175 *(Humel);* ZVR 1989/130; SZ 68/191; 70/11; ZVR 1998/50; JBl 1999, 533; ZVR 2001/4; JBl 2001, 656; SZ 74/179 (dazu *Rummel,* Adäquanz bei Eingreifen eines Dritten in den Kausalverlauf, JBl 2002, 335); EvBl 2005/149.

[55]) OGH in SZ 58/128.

[56]) OGH in SZ 25/14.

[57]) OGH in EvBl 1961/379.

[58]) OGH in ZVR 1968/87.

[59]) OGH in JBl 1992, 255.

[60]) OGH in ZVR 1995/73.

[61]) OGH in ZVR 2004/37.

[62]) *Larenz,* Hegels Zurechnungslehre und der Begriff der objektiven Zurechnung (1927); *Bydlinski,* Schadensverursachung 60f.

5. Die Rechtswidrigkeit[63])

a) Begriff

Ein Verhalten (Handlung oder Unterlassung) ist rechtswidrig, wenn es gegen Gebote oder Verbote der Rechtsordnung oder gegen die guten Sitten verstößt. Für die Haftung aus Vertrag ist das vertragswidrige Verhalten rechtswidrig (§ 1295).

Das Urteil der Rechtswidrigkeit bezieht sich auf menschliches **Verhalten** (Verhaltensunrecht)[64]), nicht auf den nachteiligen Erfolg (Erfolgsunrecht); auch nicht auf Naturereignisse oder das Verhalten von Tieren, weil sich die Normen der Rechtsordnung nur an Menschen richten, nur sie sind „Normadressaten".

Frißt die Kuh Bella den Garten des Nachbarn kahl, so ist dies kein rechtswidriges Verhalten Bellas. Rechtswidrig kann aber der Eigentümer („Halter" der Kuh) handeln, wenn er ihre Beaufsichtigung unterläßt.

Die Rechtswidrigkeit des schädigenden Verhaltens (§ 1294) ist nach der Verursachung die zweite Voraussetzung der Verschuldenshaftung. Ein Tun oder Unterlassen kann aus verschiedenen Gründen rechtswidrig sein.

Zum einen stellt die Rechtsordnung oft besondere Gebote und Verbote für menschliches Verhalten auf: **konkrete Verhaltensnormen** (Schutzgesetze, § 1311 Satz 2), s unten S 338. Sie untersagen schon ein Verhalten, das nur **abstrakt** gefährlich ist; auf die wirkliche Gefährlichkeit im Zeitpunkt des Handelns kommt es nicht an. So wird zB in der Straßenverkehrsordnung das Rechtsfahren vorgeschrieben, Linksfahren ist daher rechtswidrig, auch wenn im Einzelfall dadurch niemand bedroht ist.

Das Gesetz enthält jedoch keinen abschließenden Katalog solcher ausdrücklicher Verhaltensnormen. Weitere Gebote und Verbote sind aus der gesamten Rechtsordnung abzuleiten. Generellen Schutz genießen jedenfalls die **absoluten Rechte**[65]), vor allem das Leben, die Gesundheit, die Freiheit und das Eigentum. Jeder hat sich so zu verhalten, daß möglichst keine Verletzung dieser absolut geschützten Güter eintritt. Welches Verhalten dabei noch erlaubt oder wegen seiner Gefährlichkeit schon verboten ist, richtet sich in erster Linie nach der **Verkehrsüblichkeit** und der allgemeinen sozialen **Erfahrung.** Aus der Tatsache der Schädigung eines absolut geschützten Guts kann meistens (aber nicht immer) abgeleitet werden, daß der Verursacher auch rechtswidrig gehandelt hat. Zumindest indiziert sie die Rechtswidrigkeit des Verhaltens, das zu diesem Erfolg geführt hat[66]).

---

[63]) *H. A. Fischer,* Die Rechtswidrigkeit (1911); *Münzberg,* Verhalten; *Welser,* Die Haftung für Rat, Auskunft und Gutachten (1983) 13ff; *Koziol,* Rechtswidrigkeit, bewegliches System und Rechtsangleichung, JBl 1998, 619.

[64]) Dazu vor allem *Münzberg,* Verhalten 53ff.

[65]) *Welser,* Haftungsprobleme der Wintersportausübung, in Sprung/König, Das österreichische Schirecht (1977) 420f; *derselbe,* Vertretung 49.

[66]) *Münzberg,* Verhalten 262f, 327ff; OGH in JBl 1992, 44; ZVR 1992/177; JBl 1995, 658 *(Karollus-Bruner);* JBl 2000, 588.

Daher ist das Schifahren auf Pisten[67]), ja selbst die Ausübung von Kampfsportarten[68]), trotz der Gefährlichkeit für andere Personen nicht unbedingt rechtswidrig, sondern nur, wenn die auf Grund der Erfahrung übliche Sorgfalt außer acht gelassen wurde.

Die Unterlassung der Abwendung eines Schadens macht nur ersatzpflichtig, wenn eine solche Tätigkeit nach den §§ 94 und 95 StGB geboten gewesen wäre oder wenn der Unterlassende sonst auf Grund besonderer gesetzlicher oder vertraglicher Pflichten hätte handeln müssen[69]).

Eine Typisierung und Verstärkung des Schutzes absoluter Güter erfolgt durch die **Verkehrssicherungspflichten**[70]): Jeder, der einen Verkehr eröffnet (zB auf Wegen oder in Gebäuden), muß im Rahmen des Zumutbaren die Verkehrsteilnehmer schützen und vor Gefahren warnen[71]). Darüber hinaus hat überhaupt jeder, der eine **Gefahrenquelle schafft** oder in seinem Bereich bestehen läßt, dafür zu sorgen, daß sie niemanden schädigt[72]).

Die Bedeutung der Verkehrssicherungspflichten liegt darin, daß einerseits die Unterlassung von Maßnahmen zur Schadensabwendung rechtswidrig ist, und anderseits schon Handlungen verboten werden, die bloß eine abstrakte Gefährdung fremder Güter mit sich bringen. Beispiele: Öffentliche Straßen müssen in ordnungsgemäßem Zustand gehalten werden (§ 1319a) und daher bei Glätte gestreut werden[73]); Schipisten müssen von ungewöhnlichen Hindernissen befreit werden[74]); Gänge und Treppen eines

---

[67]) *Welser,* Haftungsprobleme 439ff; *J. Pichler/Holzer,* Handbuch des österreichischen Skirechts (1987) 133ff; *Thöny,* Skirennen und Pistenbetrieb, ZVR 1996, 260; *Gschöpf,* Haftung bei Verstoß gegen Sportregeln (2000) 108ff. Vgl OGH in JBl 1984, 673; ZVR 1986/135; SZ 68/141; JBl 1998, 450; EvBl 2003/76.

[68]) *Gschöpf,* Sportregeln 85ff; *Kletečka,* Sport und Haftungsrecht in Studiengesellschaft für Wirtschaft und Recht (Hrsg), Sport und Recht (2005) 105. OGH in SZ 60/176; JBl 1988, 114; JBl 1996, 786 *(Sprung);* JBl 1997, 734 *(Apathy);* SZ 72/2 („parallele Sportausübung"); JBl 2005, 313; sportähnliche Betätigungen: ZVR 2001/95 (Balgerei); JBl 2005, 380 (Gerangel); vgl auch JBl 2003, 862 (Rollenspiel).

[69]) Dazu OGH in SZ 50/100; wbl 1994, 210; JBl 2000, 113 (§ 286 StGB als Schutzgesetz).

[70]) *Scheffenacker,* Die Verkehrssicherungspflicht, ZVR 1972, 97; OGH in SZ 49/154; ZVR 1989/28; JBl 1990, 113 und 458; JBl 1991, 586; RdU 1996/93 *(Riedler);* EvBl 2001/67; ZVR 2005/71 *(Hauenschild).* Zum deutschen Recht: *von Bar,* Verkehrspflichten (1980).

[71]) S OGH in ZVR 1995/130; vertragliche Nebenpflichten: ZVR 2000/93; ZVR 2000/94; ZVR 2004/103 *(Loacker);* RdW 2005/181, ZVR 2005/121 *(Hauenschild).*

[72]) OGH in SZ 60/190 und 256; EvBl 1994/8; ZVR 1996/11; ZVR 1997/17; RdW 1997, 73; ZVR 1998/91; ZVR 1998/143; ZVR 2001/58; JBl 2001, 525; RdW 2003/107.

[73]) OGH in ZVR 1973/185; EvBl 1990/44; ZVR 2000/29.

[74]) OGH in JBl 1973, 620; SZ 50/73; SZ 54/183; ZVR 1998/141; JBl 2001, 104 *(J. Pichler)* = ZVR 2000/95 *(König);* dazu *Reischauer,* Pistenrand- bzw Pistenumfeldsicherung – Sorgfaltsverletzung und Beweislast (§ 1298 ABGB), JBl 2001, 131; *Reindl/Stabentheiner,* Aussteigstellen von Schleppliften – Sicherungspflicht gegenüber „Pistenrückkehrern" und Variantenfahrern? ZVR 2002, 146; ZVR 2002/10 (Pflichten nach Ende des Skirennens). *Welser,* Haftungsprobleme 388ff; *König,* Pistensicherung jenseits des Pistenrands, ZVR 1986, 2; *Dittrich/Reindl/Stabentheiner,* Bergbeförderung, Pistenbetreuung, Wintersport – Verhaltenspflichten und Handlungsmöglichkeiten des Seilbahnunternehmers, ZVR 1996, 195; *J. Pichler,* Im Spannungsfeld zwischen Sicherungspflicht des Pistenerhalters und Eigenverantwortlichkeit des Pistenbenützers, Dittrich-FS (2000) 619; OGH in ZVR 1979/74 *(J. Pichler).*

Gebäudes müssen in gefahrlosem Zustand erhalten werden[75]); bei Fitneßanlagen müssen bei bestimmungsgemäßer Benützung Gefahren ausgeschaltet sein[76]).

Eine besondere Stellung nehmen die bloßen, reinen oder **primären Vermögensschäden** ein. Es sind dies nachteilige Veränderungen des Vermögens, die beim Geschädigten eintreten, ohne daß sie Folge der Verletzung eines absolut geschützten Rechtsguts dieses Geschädigten sind. Weil sie sofort im Gesamtvermögen des Geschädigten eintreten, nennt man sie eben auch „primäre Vermögensschäden". Hat ein körperlich Verletzter einen Verdienstausfall, so ist dieser Schaden eine Folge der Verletzung seines absolut geschützten Rechtsguts „Leben" und daher zu ersetzen. Entsprechendes gilt, wenn wegen eines fahrlässig herbeigeführten Brandes die Fabrikshalle eines Unternehmers zerstört wird und durch den damit verbundenen Produktionsausfall ein Gewinnentgang eintritt. Solche **Folgeschäden** sind ohne weiters zu ersetzen. Werden jedoch bei einem Straßenverkehrsunfall Arbeiter eines Unternehmers verletzt, der nun verschiedene Werkverträge nicht rechtzeitig erfüllen kann, so ist sowohl der Schaden des Unternehmers als auch der Schaden seiner Kunden ein primärer Vermögensschaden. Dasselbe gilt für den Schaden eines Gastwirts, bei dem die verletzten Arbeiter sonst täglich ihr Mittagessen einnehmen. Solche bloßen Vermögensschäden werden nur ausnahmsweise ersetzt[77]). So verbieten manchmal **Schutzgesetze** (§ 1311) die Zufügung solcher Schäden[78]); überdies wird für sie ein Schädiger bei **vorsätzlich sittenwidrigem** Verhalten ersatzpflichtig (§ 1295 Abs 2). Schließlich ist im Rahmen der **Vertragshaftung** und bei Verletzung sonstiger schuldrechtlicher Sonderbeziehungen auch für reine Vermögensschäden zu haften[79]). Dazu auch unten S 337f. Vgl ferner § 874 (bewußte Irreführung), § 1300 (wissentliche Erteilung eines falschen Rates), § 408 ZPO (mutwillige Prozeßführung).

Zulässig ist, daß jemand seinem geschäftlichen Konkurrenten durch erlaubten Wettbewerb einen (bloßen) Vermögensschaden zufügt.

b) Rechtfertigungsgründe

Ein an sich rechtswidriges Verhalten ist rechtmäßig, wenn dafür Rechtfertigungsgründe vorliegen.

---

[75]) OGH in EvBl 1974/248; ecolex 2004, 174.

[76]) OGH in JBl 1980, 590; ZVR 2002/49 (Fitneßcenter).

[77]) Dazu *Welser,* Vertretung 48ff; *derselbe,* Haftung 13ff; *Koziol,* Schadenersatz für reine Vermögensschäden, JBl 2004, 273; OGH in JBl 1993, 788; ÖBA 1994, 73 und 400; SZ 69/229; ÖBA 1996, 213.

[78]) *Welser,* Schutzgesetzverletzung, Verschulden und Beweislast, ZVR 1976, 1. S OGH in SZ 69/148; SZ 70/126. Zu § 25 GSpG: OGH in SZ 72/4 = ecolex 1999, 468 *(Spunda);* SZ 2002/125; ecolex 2005, 204 *(Leitner); Riss,* Schadenersatz bei Spielsucht – Nicht immer gewinnt die Bank, RdW 2005/2; *Vonkilch,* Rückforderung von Glücksspielverlusten nach dem „Ausspielungsbesteuerungsgesetz", ÖJZ 2006, 487.

[79]) *Welser,* Haftung 27f; OGH in SZ 57/196; JBl 1985, 38.

Der wichtigste Rechtfertigungsgrund ist die Notwehr (§ 19). Man versteht darunter die Abwehr eines **gegenwärtigen** oder **unmittelbar drohenden** rechtswidrigen **Angriffs** auf eigene oder fremde Rechtsgüter (Leben, Gesundheit, Freiheit, Eigentum) im erforderlichen Ausmaß (§ 3 StGB)[80]).

Eine Frau wehrt sich gegen einen Handtaschenräuber und fügt ihm mit einer Spray-Dose Augenverletzungen zu. Jemand schießt auf einen Fremden, der versucht, mit Gewalt in das Haus einzudringen[81]).

Im **Notstand**[82]) (§ 1306a) handelt hingegen, wer zur Abwehr einer unmittelbar drohenden Gefahr in die Rechtsgüter eines **unbeteiligten Dritten** eingreift, die Notstandshandlung richtet sich also nicht gegen einen Angreifer, sondern gegen Dritte, sie setzt nicht einmal notwendig einen Angriff voraus.

Jemand rettet sich vor einem wild gewordenen Hund auf das Auto eines Dritten, das dabei beschädigt wird. Ein dem Erfrieren naher Bergsteiger bricht in eine Almhütte ein.

Die Notstandshandlung ist nur dann nicht rechtswidrig[83]), wenn die **Interessen** des im Notstand Befindlichen jene des Geschädigten **überwiegen.** Andernfalls schließt der Notstand höchstens das **Verschulden** des Schädigers aus.

Wer in Notwehr Schaden zufügt, wird **nicht ersatzpflichtig.** Bei Schädigungen im Notstand kommt es zu einer **Billigkeitshaftung;** unten S 365.

Auch die **Selbsthilfe** kann ein sonst unzulässiges Verhalten rechtfertigen, wenn sie zur Durchsetzung eines eigenen Rechtes erfolgt und die behördliche Hilfe zu spät käme (vgl §§ 19, 344)[84]).

Ein Verhalten, das fremde Güter gefährdet oder verletzt und deshalb rechtswidrig wäre, kann durch die **Einwilligung** des Verletzten gerechtfertigt sein, wenn er über das Gut **verfügen** kann[85]).

Rechtfertigt die Einwilligung das Verhalten des Schädigers nicht, so kann sie doch den Ersatzanspruch nach § 1304 mindern, weil der Geschädigte selbst an der Schädigung mitgewirkt hat[86]).

Frei verfügbar sind die Vermögensrechte (vgl § 354). Hingegen ist das Recht auf Leben unverzichtbar (s § 77 StGB). Eine Einwilligung in

---

[80]) Dazu *Fuchs,* Grundfragen der Notwehr (1986); *Lewisch,* Altes und Neues zur Notwehr, JBl 1990, 772; *Piskernigg,* Die Selbsthilferegelung des ABGB (1999) 101ff; OGH in JBl 1990, 104; SZ 62/132.

[81]) Vgl auch OGH in EvBl 1974/148.

[82]) Dazu *Hohenecker,* Die Notstandsregelung des ABGB, JBl 1993, 363 und 440; OGH in SZ 61/270; SZ 74/168 (rechtfertigender Beweisnotstand).

[83]) AA *Hohenecker,* JBl 1993, 364ff.

[84]) Dazu OGH in SZ 64/137; SZ 69/214; *Piskernigg,* Selbsthilferegelung 211ff.

[85]) *Burgstaller,* Fahrlässigkeitsdelikt 158ff; *Zipf,* Einwilligung und Risikoübernahme im Strafrecht (1970) 22 und 32ff; *Resch,* Die Einwilligung des Geschädigten (1997). Vgl auch OGH in EvBl 1982/192.

[86]) Vgl auch OGH in RdA 1980, 27 *(Koziol); Resch,* Einwilligung 181ff.

die Gefährdung des Lebens hat rechtfertigende Wirkung, wenn dadurch ein anderer, schwerer und wahrscheinlicher Nachteil abgewendet werden soll; dies gilt besonders für riskante ärztliche Eingriffe. Zu diesen unten S 341 f. Die Einwilligung in eine Körperverletzung schließt nach § 90 Abs 1 StGB die Rechtswidrigkeit nur dann aus, wenn die Verletzung oder Gefährdung nicht gegen die guten Sitten verstößt.

Die Rechtsnatur der Einwilligung ist strittig. Da sie die Verfügung über ein Rechtsgut ist, halten sie viele für einen rechtsgeschäftlichen Akt[87]), so daß der Einwilligende vor allem geschäftsfähig sein muß.

6. Der Rechtswidrigkeitszusammenhang (Schutzzweck der Norm)

Wenn eine Norm ein Verhalten verbietet, sollen damit bestimmte Gefahren **verhindert** werden. Übertritt jemand die Verbotsnorm und verursacht er dadurch einen Schaden, so wird er ersatzpflichtig, wenn sich die dem Verbot zugrundeliegende **Gefahr realisiert** hat, nicht aber, wenn ein ganz anderer Schaden eingetreten ist; für die Ersatzpflicht fehlt dann der „Rechtswidrigkeitszusammenhang". Die Lehre vom Rechtswidrigkeitszusammenhang hat besondere Bedeutung bei den Schutzgesetzverletzungen (oben S 312).

Die Vorschrift, die das Lenken von Kraftfahrzeugen von einer Berechtigung („Führerschein") abhängig macht, hat den Zweck, die Gefährdung von Personen und Sachen durch nicht geeignete Lenker zu verhindern. Lenkt A ein Fahrzeug „ohne Führerschein" und verursacht er durch seine Ungeschicklichkeit einen Unfall, so tritt ein Schaden ein, den die Verbotsnorm verhindern will. Wird hingegen der Unfall während der Fahrt des Unbefugten durch einen Steinschlag oder einen Erdrutsch verursacht, so liegt der Schaden nicht im Schutzbereich der verletzten Norm[88]). Ebenso haben zB die Vorschriften über die behördliche Zulassung von Kfz nur den Zweck, Schäden durch Mängel des Fahrzeuges zu verhindern, nicht aber Schädigungen durch das Autofahren überhaupt[89]).

Auf Grund eines rechtswidrigen Verhaltens ist also nur für jene Schäden zu haften, welche die übertretene Verhaltensnorm nach ihrem **Schutzzweck** verhindern wollte[90]). Vom Schutzzweck erfaßt sind meist

---

[87]) *Kohte,* Die rechtfertigende Einwilligung, AcP 185, 105 mwN; *Resch,* Einwilligung 30ff; vgl auch OGH in SZ 50/161. Dagegen *Arzt,* Willensmängel bei der Einwilligung (1971); *Edlbacher,* Körperliche, besonders ärztliche Eingriffe an Minderjährigen aus zivilrechtlicher Sicht, ÖJZ 1982, 367; vgl auch *Engljähringer,* Ärztliche Aufklärungspflicht vor medizinischen Eingriffen (1996) 140ff; *Prutsch,* Die ärztliche Aufklärung (2004) 72ff.

[88]) Vgl OGH in ZVR 1957/58; ZVR 1966/151; JBl 1989, 177 *(Wilhelm).*

[89]) OGH in SZ 56/80.

[90]) *Bydlinski,* Schadensverursachung 63f; *Welser,* Der OGH und der Rechtswidrigkeitszusammenhang, ÖJZ 1975, 2; *derselbe,* Schutzgesetzverletzung, Verschulden und Beweislast, ZVR 1976, 1; *Karollus,* Schutzgesetzverletzung 337ff; *Rebhahn,* Staatshaftung 245ff. OGH in ständiger Rechtsprechung JBl 1987, 720; ZVR 1990/119 und 129; JBl 1993, 788; ZVR 1995/110; EvBl 1996/92; SZ 70/113; JBl 1998, 113; JBl 1999, 325 *(Pfersmann);* ZVR 2000/5; SZ 2002/158; EvBl 2003/63; SZ 2003/16 (kein Schmerzengeld für psychische Schäden wegen Ehebruchs); ecolex 2004, 607.

auch die Folgeschäden[91]). Überhaupt darf der Schutzzweck nicht zu eng verstanden werden. Es genügt allgemein, daß die übertretene Norm auch vor den eingetretenen Schäden schützen wollte[92]).

Der Schutzzweck hat auch in der Vertragshaftung Bedeutung, hier entscheidet der Zweck der **vertraglichen Pflichten** über den Umfang der zu ersetzenden Schäden[93]). Wieweit der Normzweck (Rechtswidrigkeitszusammenhang) reicht, ist **Auslegungsfrage** im Einzelfall[94]), so daß generelle Aussagen nur schwer möglich sind. Streitig ist, inwieweit Gewinne, die durch eine verbotene Tätigkeit erzielt worden wären, zu ersetzen sind[95]).

Der Schutzzweck der verletzten Norm ist ein selbständiges Abgrenzungskriterium neben der Kausalität und der Rechtswidrigkeit. In den obigen Beispielen ist zwar der Autolenker jeweils ursächlich, weil der Erfolg nicht eingetreten wäre, wenn man sich sein Verhalten (Fahren auf der Straße) wegdenkt. Der eingetretene Erfolg ist auch adäquat verursacht, weil entsprechende Schäden keine ganz außergewöhnlichen Folgen der ursächlichen Handlungen sind[96]). Schließlich hat sich der Lenker auch rechtswidrig verhalten. Die übertretene Norm war aber nicht dazu bestimmt, den eingetretenen Schaden zu verhindern.

Der Schutzzweck der Norm kann auch darüber entscheiden, **wessen** Schäden zu ersetzen sind, wenn auch diesbezüglich aus einzelnen Normen meist keine zuverlässigen Schlüsse gezogen werden können. Gewöhnlich sind nur jene Personen **ersatzberechtigt,** deren absolut geschützte Güter verletzt wurden, Personen, deren Schutz von einer konkreten Verhaltensnorm bezweckt wird oder denen gegenüber die verletzte Verpflichtung bestand.

Die Einbeziehung Dritter wird zB in den „Stromkabelfällen" diskutiert[97]): Der Täter beschädigt eine Stromleitung, die im Eigentum eines Versorgungsunternehmens steht; durch die Unterbrechung der Stromzufuhr erleidet ein Abnehmer Nachteile. Es ist davon auszugehen, daß jene Normen, die das Eigentum schützen, nicht auch jene Personen mitschützen wollen, die bloß in schuldrechtlichen Beziehungen zum Eigentümer stehen. Dies folgt schon aus dem Ausschluß des Ersatzes primärer Vermögensschäden.

---

[91]) So auch OGH in SZ 64/87.

[92]) *Welser,* ÖJZ 1975, 43 ff.

[93]) *Rabel,* Das Recht des Warenkaufs I (1936) 495 ff. OGH in JBl 1986, 98 und 101 *(Koziol);* JBl 1993, 394 und 396; RdW 1999, 584.

[94]) Dazu die Beispiele bei *Welser,* ÖJZ 1975, 4 ff. OGH in ZVR 1991/130 und ZVR 1992/7 (StVO); ÖBA 1993, 410 (Sperrung einer Spareinlage).

[95]) Dazu *F. Bydlinski,* Unerlaubte Vorteile als Schaden, Deutsch-FS (1999) 63; *Schauer,* Geheimnisbruch und Steuerschaden, RdW 2004/297.

[96]) Zum Verhältnis zwischen Rechtswidrigkeitszusammenhang und Adäquanz vgl *Welser,* ZVR 1976, 8 f; OGH in JBl 1998, 114.

[97]) *Posch,* Der ungeschützte Strombezieher als Fall des „mittelbaren Schadens" in der Rechtsprechung des OGH, JBl 1973, 564; *Welser,* ÖJZ 1975, 41 ff; *Taupitz,* Haftung für Energieleitungsstörungen durch Dritte (1981); *Bürge,* Die Kabelbruchfälle, JBl 1981, 57; *E. A. Kramer,* „Reine Vermögensschäden" als Folge von Stromkabelbeschädigungen, recht 1984, 128, *Danzl,* Mittelbare Schäden im Schadenersatzrecht, ZVR 2002, 366 ff. OGH in JBl 1973, 579 und 581; SZ 49/96; SZ 50/34; ZVR 1979/93; RZ 1982/68.

Problematisch ist der Rechtswidrigkeitszusammenhang auch bei den „Verfolgungsschäden". Ein Polizist stürzt bei der Verfolgung eines Einbrechers und verletzt sich[98]). Nach verbreiteter Meinung[99]) liegen die Schäden, die ein Retter bei der Beseitigung einer rechtswidrig geschaffenen Gefahrensituation erleidet, noch im Schutzbereich der verletzten Norm.

Eine besondere Problematik innerhalb der Lehre vom Schutzzweck bilden die Fälle des **rechtmäßigen Alternativverhaltens**[100]). Es geht darum, ob ein rechtswidrig handelnder Täter auch dann für den verursachten Schaden zu haften hat, wenn dieser auch bei rechtmäßigem Verhalten eingetreten wäre, wenn also die „Kausalität der Pflichtwidrigkeit" fehlt. Die Ersatzpflicht wird überwiegend verneint[101]).

Fährt A mit überhöhter Geschwindigkeit und torkelt ihm unvorhersehbar ein Betrunkener vor das Auto, so haftet er nicht, wenn er beweisen kann[102]), daß sich der Unfall bei Einhaltung der zulässigen Geschwindigkeit ebenso ereignet hätte. Die Lehre vom Verhaltensunrecht müßte hier eigentlich schon die Rechtswidrigkeit des Verhaltens verneinen.

Nach manchen[103]) befreit die Berufung auf ein zulässiges Alternativverhalten nicht von der Ersatzpflicht, wenn die verletzte Norm gerade die Einhaltung eines mit besonderen Sicherheitsgarantien ausgestatteten Verfahrens erzwingen wollte. Danach hat zB der Bund selbst dann zu haften, wenn Polizeibeamte jemanden ohne Haftbefehl festnehmen, die Haft jedoch auch vom zuständigen Richter verhängt worden wäre[104]).

7. Das Verschulden

a) Der Begriff

Verschulden ist die Vorwerfbarkeit rechtswidrigen Verhaltens.

Im Bereich der Verschuldenshaftung muß über die Rechtswidrigkeit des Verhaltens hinaus ein Verschulden des Täters vorliegen (vgl § 1295). Das Urteil der **Rechtswidrigkeit** bezieht sich auf ein Verhalten als sol-

---

[98]) Dazu *F. Wagner,* Zur Haftung aus Verfolgungsjagden, JBl 1984, 525; OGH in SZ 60/105.

[99]) *Burgstaller,* Fahrlässigkeitsdelikt 114f; *Welser,* ÖJZ 1975, 6. OGH in JBl 1979, 597; SZ 69/214; vgl auch ecolex 2000, 874 *(Wilhelm)* = SZ 73/82; EvBl 2005/149.

[100]) *Hanau,* Die Kausalität der Pflichtwidrigkeit (1971); *Welser,* ÖJZ 1975, 43ff; *Gotzler,* Rechtmäßiges Alternativverhalten im haftungsbegründenden Zurechnungszusammenhang (1977); *Burgstaller,* Fahrlässigkeitsdelikt 78f, 129ff; *P. Bydlinski,* Schadenersatzrechtliche Überlegungen anläßlich eines Verkehrsunfalls, ZVR 1984, 194ff und *Karollus,* Schutzgesetzverletzung 391ff nehmen ein eigenständiges Zurechnungsproblem an.

[101]) *Welser,* ÖJZ 1975, 43ff. Für eine Schadensteilung *Koziol,* Rechtmäßiges Alternativverhalten – Auflockerung starrer Lösungsansätze, Deutsch-FS (1999) 179.

[102]) Zu dieser Beweislastumkehr vgl *Welser,* ZVR 1976, 7f; OGH in JBl 1985, 548; VersRdSch 1990/219; JBl 1992, 391; SZ 68/205; ZVR 1999/97.

[103]) *Von Caemmerer,* Das Problem der überholenden Kausalität im Schadensersatzrecht (1962) 31f. Dagegen *Gotzler,* Alternativverhalten 94f, 121ff; *P. Bydlinski,* ZVR 1984, 196. OGH in SZ 64/23; s auch RZ 1995/55; JBl 1999, 672; SZ 72/129; SZ 72/184; SZ 73/103.

[104]) So auch OGH in SZ 54/108; SZ 59/141; RZ 1996/51; zur Unterbringung in einer geschlossenen Anstalt OGH in SZ 74/32 = RdM 2001, 145 *(Kopetzki).*

ches, es ist ein Urteil über die Tat, aber nicht über den Täter. Dieses erfolgt erst im Rahmen der Verschuldensprüfung. Hier ist zu fragen, ob dem Täter das verbotene Verhalten auch **persönlich vorwerfbar** ist.

Weil das Verschulden auf die Eigenart des Täters abstellt, kann diesem nur ein Vorwurf gemacht werden, wenn er nach seinen subjektiven Fähigkeiten[105]) in der Lage war, die Rechtswidrigkeit seines Verhaltens **einzusehen** und sich dieser Einsicht gemäß zu **verhalten.** Er muß also verschuldensfähig **(deliktsfähig)** sein. Die Deliktsfähigkeit tritt erst mit dem 14. Lebensjahr ein (§ 153). Der Deliktsfähige muß aber den Mangel der **durchschnittlichen** Sorgfalt vertreten, er wird ihm als Verschulden angerechnet: Nach § 1297 wird vermutet, daß jeder, der den Verstandesgebrauch besitzt, eines solchen Grades des Fleißes und der Aufmerksamkeit fähig sei, welcher bei gewöhnlichen Fähigkeiten angewendet werden kann. S unten b. Zur Deliktsfähigkeit ausführlich Bd I S 64f. Ausnahmsweise können nach § 1310 auch Deliktsunfähige haftbar werden.

b) Arten des Verschuldens (Verschuldensformen)

Die Verschuldensformen sind **Vorsatz** und **Fahrlässigkeit.** Das ABGB nennt den Vorsatz „böse Absicht" und die Fahrlässigkeit „Versehen" (§ 1294).

Vorsatz ist das bewußte und gewollte Herbeiführen eines Erfolges im Bewußtsein der Rechtswidrigkeit.

Wesentlich ist also, daß der Schaden „mit Wissen und Willen" herbeigeführt wird (§ 1294). Aber auch das Bewußtsein der Rechtswidrigkeit gehört im Zivilrecht zum Begriff des Vorsatzes („Vorsatztheorie").

Es gibt zwar mehrere Arten des Vorsatzes, doch lösen sie dieselben Rechtsfolgen aus (s aber § 1331). Der Täter kann in der Absicht handeln, den Erfolg herbeizuführen (dolus directus, dolus specialis), er kann mit dem sicheren Wissen handeln, daß der Erfolg eintreten wird (dolus principalis), er kann den Erfolg nur für möglich halten und sich mit der möglichen Verwirklichung abfinden (dolus eventualis). Die bewußte Fahrlässigkeit unterscheidet sich vom dolus eventualis dadurch, daß der fahrlässig handelnde Täter den Erfolg zwar für möglich hält, aber darauf vertraut, daß er nicht eintreten werde.

Fahrlässigkeit ist die Außerachtlassung der gehörigen Sorgfalt.

Der Schaden wird hier „aus schuldbarer Unwissenheit oder aus Mangel der gehörigen Aufmerksamkeit oder des gehörigen Fleißes verursacht" (§ 1294). Das Gesetz vermutet, daß jeder, der den Verstandesgebrauch besitzt, eines solchen Grades des Fleißes und der Aufmerksamkeit fähig ist, welcher bei gewöhnlichen Fähigkeiten angewendet werden kann. Wer diesen Grad des Fleißes oder der Aufmerksamkeit unterläßt,

---

[105]) OGH in EvBl 1970/294; JBl 1971, 249; SZ 49/47. Dagegen *E. A. Kramer,* Das Prinzip der objektiven Zurechnung im Delikts- und Vertragsrecht, AcP 171, 422; vgl auch *Lewisch,* Sorgfaltsmaßstäbe im Schadenersatz- und Strafrecht, ÖJZ 2000, 489.

macht sich eines Versehens schuldig (§ 1297). Für Deliktsfähige gilt also prinzipiell ein objektiver Maßstab. S oben S 319.

Fahrlässig handelt also, wer ein Verhalten für erlaubt hält, das erkennbar rechtswidrig ist; zB wer bei gehöriger Aufmerksamkeit den Eintritt des Schadens voraussehen hätte können usw[106]).

Nach dem Grad der Sorglosigkeit wird **grobe** und **leichte** Fahrlässigkeit unterschieden. Das Verhalten ist leicht fahrlässig, wenn es auf einem Fehler beruht, der **gelegentlich** auch einem sorgfältigen Menschen unterläuft. Grobe Fahrlässigkeit – nach der Terminologie des ABGB auch „auffallende Sorglosigkeit" – liegt hingegen vor, wenn die Sorgfaltswidrigkeit so schwer ist, daß sie einem ordentlichen Menschen **keinesfalls** unterläuft[107]). Zur Bedeutung der Unterscheidung s unten S 323f.

Vorsatz und grobe Fahrlässigkeit werden grobes Verschulden genannt, die leichte Fahrlässigkeit leichtes Verschulden. Bei der Dienstnehmerhaftung gibt es auch den Begriff der „entschuldbaren Fehlleistung", die eine besonders leichte Fahrlässigkeit darstellt. S unten S 361.

c) Beweislast

Der Beweis des Verschuldens obliegt nach § 1296 dem **Geschädigten.** Fügt jedoch ein Schuldner seinem Gläubiger durch Verletzung einer vertraglichen[108]) oder gesetzlichen[109]) Verbindlichkeit (§ 859) – also durch Verletzung bereits bestehender schuldrechtlicher **Sonderbeziehungen**[110]) – einen Schaden zu, so muß gemäß § 1298 der Schädiger beweisen, daß ihn daran **kein Verschulden** trifft **(Beweislastumkehr).** Der Beweis der Kausalität obliegt auch hier dem Geschädigten[111]); strittig ist, ob § 1298 auch die Beweislast für die objektive Sorgfaltswidrigkeit (als Grundlage des rechtswidrigen Verhaltens) umkehrt, was zu verneinen ist[112]).

---

[106]) Voraussehbarkeit als Verschuldensmerkmal und Adäquanz: OGH in EvBl 2000/41.

[107]) Vgl *Mayrhofer,* Schuldrecht I 297; OGH in JBl 1977, 648; RdA 1984, 227 *(Migsch);* SZ 56/166; JBl 1992, 648.

[108]) OGH in JBl 2000, 249 *(Stefula)*: auch bei unentgeltlichen Geschäften; aA *Reischauer,* Die Anwendbarkeit des § 1298 ABGB bei Verletzungen von Neben(leistungs)-, Schutz- und Sorgfaltspflichten, aufgezeigt anhand der Flugunfallentscheidung 2 Ob 300/97z, ÖJZ 2000, 543f.

[109]) S dazu OGH in ÖBA 1987, 925 *(Avancini).*

[110]) *Welser,* Schutzgesetzverletzung, Verschulden und Beweislast, ZVR 1976, 9f; *derselbe,* Vertretung 264ff; *derselbe,* Schadenersatz 63ff; *Reischauer,* Der Entlastungsbeweis des Schuldners (1975); *derselbe,* Neue Rechtsprechung und Lehre zu § 1298 ABGB, JBl 1998, 473 und 560.

[111]) OGH in NZ 1987, 42; JBl 1993, 316; JBl 1997, 587; ecolex 2001, 45; RdW 2005/545; ecolex 2005, 442; unklar OGH in JBl 1997, 585 (kritisch *Koziol*); bei ärztlichen Behandlungsfehlern abweichend SZ 63/90; JBl 1992, 522; ecolex 2000, 874; s dazu auch *Hofmann,* Qualitätsmangel bei der medizinischen Behandlung als Tatbestand der Rechtssprechung, RZ 1999, 82; *Juen,* Arzthaftungsrecht[2] (2005) 236ff.

[112]) *Welser,* Schadenersatz 63ff, 73; *Binder,* Zur Beweislast bei Vertragsverletzung, JBl 1990, 815. AA *Reischauer,* Entlastungsbeweis 116ff; *Koziol,* Haftpflichtrecht I Rz 16/28.

Durch die Novellierung[113]) des § 1298 (BGBl I 1997/6) hat das Gesetz die strittige Frage[114]) entschieden, ob sich die Beweislastumkehr nur auf das leichte oder auch auf das grobe Verschulden bezieht. Wie schon nach der bisherigen Judikatur gilt auch nach der neuen Fassung des § 1298 die Beweislastumkehr an sich nur für das leichte Verschulden, während die grobe Fahrlässigkeit (und den Vorsatz) weiterhin der Kläger beweisen muß. Nur wenn die Parteien die Haftung für leichtes Verschulden ausgeschlossen haben, muß nun der Schädiger den Mangel des (groben) Verschuldens beweisen[115]).

Überwiegend wird anerkannt, daß die Beweislastumkehr nicht nur für die vertraglichen, sondern auch für die **vertragsähnlichen** Pflichten gilt, also auch für die Schutz- und Sorgfaltspflichten („positive Forderungsverletzungen") und die Pflichten in contrahendo[116]).

Manche meinen, die Beweislastumkehr des § 1298 gelte nur für „Erfolgsverbindlichkeiten", wenn der geschuldete Erfolg ausbleibe[117]), nicht aber bei Sorgfaltsverbindlichkeiten, für welche § 1296 zur Anwendung komme.

§ 1298 wird auch bei der Verletzung von **Schutzgesetzen** (§ 1311) herangezogen[118]).

8. Art des Schadenersatzes

Nach § 1323 gilt der „Primat der **Naturalrestitution**", das Prinzip der Herstellung in Natur (Zurückversetzung in den vorigen Stand). Der Geschädigte ist „in Natur" so zu stellen, wie er ohne das schädigende Ereignis stünde. Diese reale Wiederherstellung wird vom Gesetz bevorzugt, weil sie am besten dem Ersatzgedanken entspricht[119]). Der Geschädigte

---

[113]) Dazu *B. Jud,* Neuregelung der Beweislast in § 1298 ABGB – eine „halbe Lösung"? ecolex 1997, 569.

[114]) Dazu *Welser,* Vertretung 270f; OGH in SZ 5/53; SZ 62/107; SZ 66/89; JBl 1995, 248 *(Apathy);* JBl 1996, 536; JBl 1997, 390; *Reischauer,* Entlastungsbeweis 196f.

[115]) Dazu *Rubin,* Das Ausmaß der Beweislastumkehr nach § 1298 (Diss Wien 2001).

[116]) *Raape,* Die Beweislast bei positiver Vertragsverletzung, AcP 147, 217; *Welser,* Schadenersatz 65f; OGH in JBl 1987, 104; JBl 1991, 453; JBl 1993, 389 *(Dullinger);* JBl 1993, 396; ÖBA 1993, 987; SZ 69/8. ZT anders *F. Bydlinski,* Zur Haftung der Dienstleistungsberufe in Österreich und nach dem EG-Richtlinienvorschlag, JBl 1992, 347ff (objektiver Mangel in der Sphäre des Schädigers). OGH in ecolex 1993, 733 *(Wilhelm);* wohl auch OGH in SZ 67/9; wobl 1995, 8 *(Call).*

[117]) *Reischauer* in Rummel § 1298 Rz 2ff; *derselbe,* Entlastungsbeweis 154ff; *derselbe,* JBl 1998, 473, 560; *derselbe,* ÖJZ 2000, 534; ihm folgend *Lukas,* Anwaltshaftung und Beweislast, JBl 1994, 62 mwN. Ebenso OGH in JBl 1990, 723 (dazu *Binder,* JBl 1990, 814; *Wilhelm,* Verwirrung um die Beweislastumkehr des § 1298 ABGB, ecolex 1990, 733); JBl 1994, 829; vgl auch JBl 2001, 104 *(J. Pichler)* = ZVR 2000/95 *(König,* dazu *Reischauer,* JBl 2001, 131; *Reindl,* ZVR 2002, 2); RdA 2003/40 *(Reischauer).* Vgl aber *Welser,* Schadenersatz 55ff; OGH in ÖBA 2001, 472 *(Koch).*

[118]) *Welser,* ZVR 1976, 9f; *Fucik,* Die (objektive) Beweislast, RZ 1990, 59; dagegen *Reischauer,* Entlastungsbeweis 188ff. Vgl auch OGH in JBl 1991, 580 *(Kerschner);* JBl 1993, 730; ÖBA 1996, 289 *(Graf);* SZ 69/147; ZVR 1998/3; ZVR 1999/99; RdW 2000/577; ZVR 2001/17.

[119]) OGH in SZ 68/101; *Ch. Huber,* Schadensberechnung 141ff.

kann sich nichts anderes wünschen als den Zustand ohne das schädigende Ereignis.

Eine gestohlene Sache muß zurückgegeben, eine beschädigte instandgesetzt werden (Reparatur eines Kraftfahrzeugs). Für zerstörte Sachen sind gleichartige und gleichwertige anzuschaffen (Lieferung des verbrannten Öls in gleicher Qualität). Man begnügt sich daher oft mit der Herstellung eines im wesentlichen gleichartigen und gleichwertigen Zustandes[120]).

Nur wenn die Naturalherstellung nicht möglich oder **„nicht tunlich"** ist, muß **Geldersatz** geleistet werden. Untunlichkeit ist vor allem gegeben, wenn die Wiederherstellung wegen der hohen Kosten unwirtschaftlich wäre. Bei Kfz-Schäden wird diesem Gedanken mit der Grenze des **„Totalschadens"** Rechnung getragen: die Reparatur kann nicht verlangt werden, wenn ihre Kosten den Wert, den die Sache im Schädigungszeitpunkt hatte („Zeitwert"), erheblich übersteigen[121]). Die Rechtsprechung ist in den letzten Jahrzehnten mit dem Zuspruch von Geldersatz überaus großzügig[122]), was auch allgemein als vernünftig angesehen wird, weshalb bei einer Schadenersatzreform wahrscheinlich der Primat der Naturalrestitution stark eingeschränkt, vielleicht sogar durch ein Wahlrecht des Geschädigten zwischen Herstellung und Geldersatz ersetzt werden sollte. Derzeit besteht allerdings ein solches Wahlrecht nicht, so daß es bedenklich ist, Untunlichkeit des Naturalersatzes schon dann anzunehmen, wenn der Geschädigte Geldersatz will. Wäre dies im Sinne des Gesetzes, hätte es nicht den Vorrang der Naturalrestitution anordnen müssen. Zum Sonderfall des Schadenersatzes statt Gewährleistung (§ 933 a) siehe oben S 88 ff.

Wird ein Tier verletzt, so gebühren die Kosten der (versuchten) Heilung auch dann, wenn sie den **Wert des Tieres** übersteigen, soweit sie auch ein verständiger Tierhalter in der Lage des Geschädigten aufgewendet hätte (§ 1332 a)[123]).

Bei Liegenschaften soll die Totalschadensgrenze höher liegen als bei beweglichen Sachen, weshalb die Naturalrestitution nur dann untunlich sei, wenn ein vernünftiger Mensch den Aufwand zur Schadensbehebung nicht getätigt hätte[124]).

Ist die Wiederherstellung an sich möglich und nur durch den Schädiger untunlich, so sind dem Geschädigten die zur Naturalrestitution

---

[120]) Vgl OGH in SZ 49/139; NZ 2005, 231.

[121]) OGH in ZVR 1987/38; SZ 68/101; *Thunhart,* Totalschadensberechnung bei Neuwagen – zugleich ein Beitrag zur subjektiven Schadensberechnung, ZVR 2001, 270; *Ch. Huber,* Aktuelle Fragen des Sachschadens, ÖJZ 2005, 161 und 211.

[122]) Vgl OGH in EvBl 2000/104 mwN.

[123]) Dazu *P. Bydlinski,* Das Tier, (k)eine Sache? RdW 1988, 158f; *Gimpel-Hinteregger,* Das Tier als Sache und Ersatz der Heilungskosten für ein verletztes Tier, ÖJZ 1989, 66ff; *G. Graf,* Tierschutz durch Zivilrecht, in Harrer/G. Graf, Tierschutz durch Recht (1994) 77ff; *Saria,* Tiere als Güter, ÖJZ 2001, 161. OGH in SZ 71/156.

[124]) OGH in SZ 68/101.

nötigen Aufwendungen zu ersetzen[125]), was wiederum zum Geldersatz führt.

9. Umfang des Ersatzes

a) Eigentliche Schadloshaltung – volle Genugtuung

§ 1323 unterscheidet zwischen der eigentlichen Schadloshaltung und der vollen Genugtuung. Bei der eigentlichen Schadloshaltung wird nur der erlittene Schaden **(positiver Schaden)** ersetzt, während die **volle Genugtuung auch** den **entgangenen Gewinn** umfaßt (Interesseersatz). S schon oben S 303f. Dem ABGB liegt daher ein „gegliederter Schadensbegriff" zugrunde[126]). Der Umfang des Ersatzes richtet sich nach dem Verschulden des Schädigers (§ 1324). S oben S 318ff und unter b.

Für unternehmensbezogene Geschäfte bestimmt § 349 UGB, daß unter Unternehmern bei jeder Art von Verschulden auch der entgangene Gewinn, also das Interesse, zu ersetzen ist.

b) Ersatz des positiven Schadens (erlittene Beschädigung)

Bei **leichtem Verschulden** (leichter Fahrlässigkeit) ist nur die **erlittene Beschädigung** (positiver Schaden) zu ersetzen.

Wird eine **Sache** zerstört, so ist der positive Schaden gemäß § 1332 nach ihrem gemeinen Wert zu bemessen[127]). Es kommt also nicht auf den Wert an, den die Sache gerade für den Geschädigten hat (subjektive Berechnung), sondern auf ihren Verkehrswert: abstrakte oder **objektive Schadensberechnung**[128]). Ausführlich unten S 352.

Der Schadenersatzanspruch tritt sozusagen an die Stelle des zerstörten Guts, das im Verkehr mit dem gemeinen Wert bemessen wird.

Zerstört A leicht fahrlässig die barocke Standuhr des B, so hat er deren objektiven (Markt-)Wert zu ersetzen. Daß B die Uhr am Tag darauf um den doppelten Betrag einem Liebhaber hätte verkaufen können, spielt keine Rolle. Auch daß B mehr als den objektiven Wert für den Ankauf der Uhr verwendet hat, bleibt außer Betracht.

---

125) *Apathy,* Aufwendungen 46ff; *derselbe,* Fragen des Ersatzes von Reparaturkosten nach der Beschädigung von Kraftfahrzeugen, ZVR 1981, 261f; *Ch. Huber,* Schadensberechnung 137ff; *derselbe,* ÖJZ 2005, 161 und 211; weitergehend *Reischauer,* Erfüllung oder Zurückversetzung in den vorigen Stand, JBl 1995, 754f; vgl auch OGH in JBl 1985, 41 *(Apathy);* JBl 1988, 249 und 319; EvBl 1989/103; JBl 1990, 718 *(Ch. Huber);* JBl 1990, 721; RdW 1997, 12. Zum Ersatz der Umsatzsteuer OGH in SZ 63/46.

126) Für eine Abkehr vom gegliederten Schadensbegriff *Welser,* Reform des österreichischen Leistungsstörungsrechts in Fischer-Czermak/Hopf/Schauer (Hrsg), Das ABGB auf dem Weg in das 3. Jahrtausend (2003) 75f.

127) Zu den Bewertungsmethoden bei Grundstücken s das LiegenschaftsbewertungsG 1992.

128) *Fröhlich,* Schadensbemessung und Schadensüberwälzung, ZBl 1931, 536; *Neuner,* AcP 133, 277; *Bydlinski,* Schadensverursachung 24ff; OGH in ZVR 1988/104; SZ 70/240. Für den Ersatz eines darüber hinausgehenden positiven Schadens OGH in ecolex 1993, 452.

Liegt hingegen der Nachteil im Entstehen eines **Aufwandes** oder einer Verbindlichkeit, kann man sich nicht am Sachwert orientieren, weshalb der dem Geschädigten entstandene konkrete Nachteil zu ersetzen ist[129]).

c) Volle Genugtuung (Interesseersatz)

Bei **grobem Verschulden** (Vorsatz oder grober Fahrlässigkeit) ist **volle Genugtuung** zu leisten. Der Schädiger hat also nicht nur die erlittene Beschädigung, sondern auch den entgangenen Gewinn zu ersetzen. Dies wird allgemein dahin verstanden, daß der Geschädigte unter Berücksichtigung seines **Gesamtvermögens** so zu stellen ist, wie er ohne das schädigende Ereignis stünde. Da somit die subjektiven Verhältnisse des Geschädigten maßgebend sind, spricht man auch von subjektiver oder **konkreter Schadensberechnung.** Der konkrete Schaden, das **„Interesse“,** wird mit Hilfe der **Differenzmethode** errechnet. Es besteht im Unterschied zwischen dem Vermögen des Geschädigten, wie es jetzt ist und wie es **ohne** das schädigende **Ereignis** wäre[130]).

Ein Gemälde hat einen Verkehrswert von € 8.000,–. Im Vermögen des Geschädigten ist es aber € 20.000,– wert, weil es Bestandteil einer Sammlung ist, die als Ganzes einen höheren Wert hat als die Summe der Einzelstücke.

A besitzt ein Pferd, dessen Marktpreis € 7.000,– beträgt. Das Tier hat aber im Vermögen des A einen Wert von € 10.000,–, weil der Pferdeliebhaber B bindend erklärt hat, diesen Preis zu zahlen.

Da der Vorwurf groben Verschuldens auch die leichte Fahrlässigkeit in sich schließt, kann der Geschädigte statt des Interesses auch den Sachwert fordern[131]).

d) Merkantiler Minderwert

Bei beweglichen Sachen, vor allem bei Kraftfahrzeugen, besteht die Problematik des „merkantilen Minderwertes“: Auch bei vollständiger Reparatur einer beschädigten Sache wird bei ihrem Verkauf oft ein im Vergleich zu unbeschädigten Sachen geringerer Wert erzielt, weil „der Verkehr“ der Wiederinstandsetzung „mißtraut“ (Möglichkeit eines zurückgebliebenen Defektes). Reparierte Sachen werden deshalb zu niedrigerem Preis gehandelt, sie haben einen **merkantilen Minderwert**[132]). Die

---

[129]) Vgl *Apathy,* Aufwendungen 93ff; OGH in ZVR 1983/189; wobl 1999, 26 *(Dirnbacher); Ch. Huber,* Schadensberechnung 194ff, 200f, 247ff.

[130]) *Mommsen,* Zur Lehre von dem Interesse (1855) 11ff; *Roussos,* Schaden 169ff; OGH in EvBl 1967/85; SZ 53/107; SZ 55/29; ÖBA 1996, 549 *(Rebhahn)* = ecolex 1996, 168 *(Graf);* SZ 69/11; JBl 2004, 114.

[131]) *Fröhlich,* ZBl 1931, 545; *Wilburg,* JherJB 82, 127; *Bydlinski,* Schadensverursachung 29; OGH in SZ 31/75.

[132]) Dazu *Reindl,* Der Ersatz des merkantilen Minderwertes, ZVR 1978 Sonderheft 70 mwN; *Apathy,* Merkantile Wertminderung unter besonderer Berücksichtigung der Bagatellschäden, ZVR 1988, 289; *Ch. Huber,* Der merkantile Minderwert beim Kfz-Schaden – ein vernachlässigbarer oder vernachlässigter Schadensposten?

Rsp gesteht neben den Reparaturkosten auch dafür Ersatz zu, wenn die Sache (das Kfz) bei der Beschädigung noch relativ neu war. Er wird „abstrakt“, dh ohne Rücksicht darauf vergütet, ob der Eigentümer die Sache verkaufen will.

e) Neu für alt

Bei Zerstörung gebrauchter Sachen besteht das Problem **„neu für alt“,** wenn sich der Geschädigte keine gleichartige Sache beschaffen kann, sondern eine neue anschaffen muß, deren Wert meist höher ist als jener der vernichteten Sache[133]).

Ein dem zerstörten, abgenützten Gebiß entsprechendes „gebrauchtes Gebiß“ ist nicht erhältlich; zumindest ist seine Verwendung dem Geschädigten nicht zumutbar. Ähnliches gilt zB für die Zerstörung gebrauchter Kleider.

Ersetzt man dem Geschädigten die vollen Kosten der Neuanschaffung, so bekommt er eigentlich mehr als er verloren hat. Ersetzt man ihm nur den Wert der alten Sache, muß er selbst die Differenz zum Neuwert aufbringen. Zur Lösung dieses Dilemmas wurden verschiedene Vorschläge gemacht. Bei nicht wertvollen Gebrauchsgegenständen des täglichen Lebens wird die Problematik von der Judikatur zu Recht **vernachlässigt.** Bei erheblichem Wert der Sache muß sich der Geschädigte aber von den Neuanschaffungskosten einen verhältnismäßigen Betrag abziehen lassen, wenn die neue Sache eine längere Lebensdauer hat und daher mehr wert ist als die zerstörte alte. Werden bei der Reparatur beschädigter Sachen neue Ersatzteile verwendet (zB neue Felgen für ein Kfz), so ist dies zu berücksichtigen, wenn dadurch der **Gesamtwert** der Sache gestiegen ist. S auch unten S 352.

f) Tilgung der verursachten Beleidigung

Nach § 1323 umfaßt die „volle Genugtuung“ nicht nur den Ersatz des erlittenen Schadens (positives Interesse) und des entgangenen Gewinns, sondern auch die „Tilgung der verursachten Beleidigung“[134]). Nach hM ist dies aber **nicht** als generelle Anordnung des Ersatzes **immaterieller Schäden** zu verstehen[135]). Dieser ist nur in Ausnahmefällen, nämlich bei besonderer gesetzlicher Anordnung, zu ersetzen[136]). Dies gilt vor

---

Welser-FS (2004) 303. OGH in ZVR 1977/298; ZVR 1983/280; ZVR 1990/49; ZVR 1995/129.

[133]) Dazu *Koziol,* Naturalersatz und Schadensberechnung beim Problem „neu für alt“, JBl 1965, 337. Vgl auch *Hirmann,* Entschädigungsausmessung bei Enteignung von Baulichkeiten unter Beachtung des Problems „neu für alt“, RZ 1986, 154; OGH in SZ 54/65; SZ 56/54 und 126; JBl 1987, 325; ecolex 2001, 604 *(Helmich);* RdW 2002/272; SZ 74/184.

[134]) Zum Begriff *Strasser,* Immaterieller Schaden 41 ff.

[135]) So aber zB *Bydlinski,* JBl 1965, 173 und 237.

[136]) OGH in JBl 1952, 465; EvBl 1962/161. Das gilt auch bei Vertragsverletzungen. Dazu *Braschos,* Der Ersatz immaterieller Schäden im Vertragsrecht (1979).

allem für das Schmerzengeld (§ 1325), für die Verletzung der geschlechtlichen Selbstbestimmung (§ 1328), für die erhebliche Verletzung der Privatsphäre (§ 1328a), für den Ersatz des Wertes der besonderen Vorliebe (§ 1331), für den Ersatz bei Freiheitsentziehung (§ 1329) und für den Ersatz entgangener Urlaubsfreude (§ 31e Abs 3 KSchG), zT auch für die Verhinderung des besseren Fortkommens (§ 1326), unten S 345f. Zum Trauerschaden s S 340.

10. Die Haftung mehrerer Schädiger[137])

1. A und B beschließen, C zu verprügeln; C wird schwer verletzt.
2. A und B leiten unabhängig voneinander die giftigen Abwässer ihrer beiden Fabriken in den benachbarten Fluß, in dem ein großes Fischsterben einsetzt.

Führen mehrere Personen **gemeinschaftlich und vorsätzlich** einen Schaden herbei – zB durch Zusammenwirken bei der Ausführung der Tat oder durch Anstiftung (§ 1301) –, so sind sie Mittäter und haften **solidarisch** (§ 1302)[138]).

Haben die Schädiger unabhängig voneinander oder nur **fahrlässig** gehandelt, so haftet, wenn die **Anteile sich bestimmen** lassen, jeder nur für den von ihm verursachten Schaden. Bei Unbestimmbarkeit der Anteile haftet jeder mit dem anderen solidarisch für das Ganze (§ 1302)[139]). Ein Anteil läßt sich auch dann nicht bestimmen, wenn das Verhalten eines Täters Ursache (notwendige Bedingung) für den ganzen Schaden war[140]). Das Gesetz begnügt sich also bei Unbestimmtheit der Verursachungsanteile mit der **Mitwirkung** an der Herbeiführung des **Gesamtschadens.**

Weitere Vorschriften für die Haftung mehrerer finden sich in Sondergesetzen. S § 5 Abs 2 und § 8 Abs 1 EKHG; § 18 AtomHG 1999; §§ 84, 99 AktG.

Hat ein Schädiger den Schaden ersetzt, so steht ihm nach § 896 ein – dem Aufwandersatzanspruch des § 1042 ähnliches[141]) – **Regreßrecht** gegen die Mithaftenden zu[142]). Der interne Ausgleich richtet sich nach der Kausalität (wenn sie geklärt ist) und der Schwere des Verschuldens[143])

---

[137]) Dazu *Bydlinski,* Mittäterschaft im Schadensrecht, AcP 158, 410; *Rummel,* Ersatzansprüche 17ff; *Kletečka,* Solidarhaftung und Haftungsprivileg, ÖJZ 1993, 785 und 833; *Schoditsch,* Schädigermehrheit und gesetzliches Haftungsprivileg, JBl 2004, 557; vgl auch *Perner,* Die Haftung von Mitschuldnern bei Verletzung vertraglicher Verbindlichkeiten, JBl 2005, 629.

[138]) Es genügt, wenn sich der Vorsatz auf eine Rechtsverletzung oder Schädigung richtet, s OGH in SZ 72/156 (Schwarzfahrt); EvBl 2004/58 (Aufpasser im Fluchtauto).

[139]) S hiezu OGH in JBl 1986, 579; JBl 1986, 787 *(Apathy);* SZ 60/55 und 91; ecolex 1995, 174 und 714; zum Regreß nach § 67 VersVG vgl ZVR 1997/14.

[140]) OGH in JBl 1989, 578; JBl 1997, 245 *(Dullinger).*

[141]) S auch OGH in ecolex 1993, 85 *(Wilhelm).*

[142]) *Selb,* Schadensbegriff und Regreßmethoden (1963); OGH in SZ 26/18, SZ 39/25, ZVR 1966/300; ecolex 2000, 501; ecolex 2000, 716 *(Thaler);* ecolex 2005, 907. Für die Ableitung aus § 1358: *Koziol,* Über den Anwendungsbereich des Bürgschaftsrechts, JBl 1964, 310f.

[143]) OGH in SZ 72/35.

(§ 1304; § 11 Abs 1 EKHG und § 19 AtomHG 1999). Im Zweifel ist nach Köpfen zu teilen.

Der Rückgriffsanspruch erfaßt nach der Rsp allerdings nicht die Prozeßkosten und die Verzugszinsen[144]); ist der Regreßschuldner dem Vorprozeß trotz Streitverkündigung nicht beigetreten, hat der Regreßberechtigte für Kosten und Zinsen einen Anspruch aus nützlicher Geschäftsführung ohne Auftrag (§ 1037)[145]).

11. Mitverantwortlichkeit des Geschädigten[146])

1. A und B tragen den Fernsehapparat des B. Da sie sich angeregt unterhalten, stolpern sie, der Apparat fällt zu Boden und wird beschädigt.

2. Die Gemeinde X sichert eine tiefe Baugrube nur mit einem Band ab. B geht Zeitung lesend auf der Straße und fällt in die Grube, wobei er sich schwer verletzt.

Wenn bei einer Beschädigung zugleich ein Verschulden von Seiten des Beschädigten mitwirkt, so trägt er mit dem Beschädiger den Schaden verhältnismäßig, und wenn sich das Verhältnis nicht bestimmen läßt, zu gleichen Teilen (§ 1304).

Hat nicht bloß der Schädiger, sondern auch der Beschädigte schuldhaft eine Bedingung für den Schadenseintritt gesetzt[147]), so gebührt ihm kein voller Ersatz; er muß einen Teil des Schadens **selbst** tragen (§ 1304). Dieser Teil richtet sich nach dem **Verhältnis** des Verschuldens des Schädigers zu dem des Geschädigten[148]).

Kindern und Unmündigen kann analog zu § 1310 ein Mitverschulden anzulasten sein[149]).

Bei gleichteiligem Verschulden oder wenn sich die Anteile nicht bestimmen lassen, verantworten Schädiger und Beschädigter den Scha-

---

144) OGH in EvBl 1975/44; ZVR 1983/72; JBl 1990, 44; SZ 68/186; dazu kritisch *Ch. Huber,* Der Ersatzanspruch des Regreßgläubigers für im Vorprozeß getätigte Aufwendungen, ZVR 1986, 33.

145) OGH in SZ 70/241; SZ 74/6; ecolex 2001, 668; vgl auch ecolex 2000, 102 (*Thaler,* vor Streitverkündigung); JBl 2001, 172 (§ 1041); RdW 2003/206. Zum Schadenersatz als Rechtsgrundlage s FN 343. Dazu *Pochmarski/Strauss,* Die Rechtsprechung des OGH zum Regress von Prozesskosten, JBl 2002, 353; *Fötschl,* Zur Ausgleichsfähigkeit von Kosten eines Vorprozesses, ÖJZ 2004, 781.

146) *Venzmer,* Mitverursachung und Mitverschulden im Schadensersatzrecht (1960); *Rother,* Haftungsbeschränkung im Schadensrecht (1965) 30ff; *Welser,* Schadenersatzrechtliche Grundfragen bei Berechnung des entgangenen Unterhaltes, JBl 1968, 342; *derselbe,* Vertretung 150ff; *Koziol,* Die Schadensminderungspflicht, JBl 1972, 225; *Jabornegg,* Probleme des Mitverschuldens bei Verkehrsunfällen, ZVR 1983, 196; *Resch,* Schadenersatz und Mitverschulden des Dienstnehmers bei Nichtanmeldung zur Sozialversicherung, JBl 1995, 24.

147) Dazu OGH in JBl 1993, 389 *(Dullinger);* ZVR 1993/122; EvBl 1998/24; RdW 2003/304 (fehlende Kausalität); zur Beweislastverteilung s SZ 72/8.

148) Vgl OGH in ZVR 1975/162; JBl 1987, 583; ZVR 1991/38; ZVR 1995/110. Zur Aufteilung bei Tätermehrheit OGH in JBl 1979, 263; ecolex 2001, 200; ZVR 2001/70; *Wimmer,* Schadensverteilung in Nebentäterfällen bei mitwirkender Schadensverantwortlichkeit des Geschädigten, ZVR 2000, 182.

149) StRsp, vgl OGH in SZ 60/224; ZVR 1991/76; JBl 1993, 660; ZVR 2001/5.

den zu **gleichen Teilen.** Trifft den Schädiger ein sehr schweres Verschulden, so bleibt ein leichtes Verschulden des Verletzten außer Betracht[150]).

Wenn die Rsp manchmal auf die Wichtigkeit der verletzten Vorschrift abstellt[151]), so meint sie wohl auch damit die Schwere des Verschuldens; die Rechtswidrigkeit ist nach heute hM nicht abstufbar[152]).

Das Mitverschulden ist **kein echtes** Verschulden, weil dieses ein rechtswidriges Verhalten voraussetzt, der sorglose Umgang mit eigenen Gütern jedoch nicht verboten ist[153]). Das Mitverschulden ist eine bloße **Obliegenheitsverletzung:** Wer in eigenen Belangen sorglos ist, muß den daraus folgenden Nachteil tragen. S oben S 7 und Bd I S 49f.

Von der Teilung des Schadens wegen eines Mitverschuldens ist die Kulpakompensation zu unterscheiden, die zu einem totalen Wegfall des Ersatzanspruchs führt. S dazu Bd I S 172.

Der Geschädigte muß sich nicht nur sein eigenes Verschulden, sondern auch jenes seiner **Gehilfen** zurechnen lassen, ohne daß zwischen Erfüllungs- und Besorgungsgehilfen unterschieden wird (Zurechnung des „Bewahrungsgehilfen")[154]). S auch § 7 Abs 2 EKHG; § 1a RHG; § 15 AtomHG; § 161 LuftFahrtG.

Nach aA ist im Deliktsbereich dem Geschädigten das Verhalten seines Gehilfen nur unter den Voraussetzungen des § 1315 zuzurechnen[155]).

Von einem Mitverschulden kann eigentlich nicht gesprochen werden, wenn die Haftung des Schädigers keine Verschuldens-, sondern eine Gefährdungshaftung darstellt. Hier steht Gefährdung gegen Verschulden. Dennoch wird auch in diesen Fällen die Mitverantwortung des Geschädigten berücksichtigt. Es wird die Größe der Gefährdung gegen das Mitverschulden des Geschädigten abgewogen[156]). S § 7 EKHG und § 11 PHG.

Das Nichtanlegen von Sicherheitsgurten in einem Kfz stellt – soweit hiezu eine gesetzliche Verpflichtung besteht – ein Mitverschulden an jenem Schaden dar, der

---

150) ZB OGH in ZVR 1985/21; VersRdSch 1990/211; ZVR 1994/118.

151) So zB OGH in ZVR 1990/106, 116 und 133; ZVR 1995/110.

152) *Jabornegg,* ZVR 1983, 196; aA *Koziol,* Haftpflichtrecht I Rz 4/18 mwN.

153) OGH in ZVR 1978/111; SZ 51/188; JBl 1981, 265; ZVR 1984/122; SZ 60/190; RZ 1989/75; SZ 64/126; JBl 2000, 732.

154) *Dullinger,* Mitverschulden von Gehilfen, JBl 1990, 20 und 91; OGH in SZ 64/140; vgl auch *Koziol,* Die Zurechnung des Gehilfenverhaltens im Rahmen des § 1304 ABGB, JBl 1997, 201.

155) *Kletečka,* Mitverschulden durch Gehilfenverhalten (1991) 28ff, 47f; *Bydlinski,* JBl 1961, 567; *Harrer* in Schwimann § 1304 Rz 28ff; *Karollus,* Gleichbehandlung von Schädiger und Geschädigtem bei der Zurechnung von Gehilfenverhalten, ÖJZ 1994, 257; vgl auch *Kaufmann,* Die Haftung des geschädigten Bauherrn für fremdes Verhalten (2000) 62ff; *derselbe,* Die Zurechnung fremden Verhaltens auf Geschädigtenseite beim Vertrag mit Schutzwirkung zugunsten Dritter, ÖJZ 2000, 546.

156) Vgl OGH in ZVR 1991/52.

durch das Anlegen vermieden worden wäre[157]). Kraft besonderer gesetzlicher Anordnung (BGBl 1976/352) werden jedoch bei Mißachtung der Gurtenanlegungspflicht nur Ansprüche auf das Schmerzengeld, nicht aber jene auf Ersatz der Heilungskosten, des Verdienstentganges und sonstiger Vermögensschäden gemindert[158]).

Auf § 1304 wird auch die **Schadensminderungspflicht** gestützt[159]). Darunter versteht man die Pflicht des Geschädigten, wenn möglich, dem unmittelbar drohenden Eintritt des Schadens oder seiner Vergrößerung entgegenzuwirken.

Löschen eines Brandes, ärztliche Behandlung nach Verletzung[160]); Absicherung eines beschädigten Hauses; Annahme einer zumutbaren Berufstätigkeit durch die Frau des getöteten Mannes (§ 1327), die bisher ausschließlich den Haushalt besorgt hat[161]).

Auch die Schadensminderungspflicht ist keine echte Rechtspflicht, sondern eine Obliegenheit, deren Verletzung zur Einschränkung des Ersatzes führt.

12. Vorteilsausgleich und Drittschaden

a) Das Problem des Vorteilsausgleichs

1. Der Reiter A überanstrengt entgegen dem Verbot des Eigentümers B dessen Rennpferd; B gewinnt zwar dadurch einen Preis, das Pferd geht jedoch ein.
2. A fügt dem B schuldhaft eine schwere Körperverletzung zu, so daß er mehrere Monate in Spitalspflege verbringen muß. B erspart sich dadurch erhebliche Kosten in der eigenen Haushaltsführung (Nahrungsmittel, Kosten für Beheizung und elektrischen Strom).
3. Der von A schwer verletzte B erhält von seinem reichen Freund C „zum Trost" € 10.000,–.
4. Der von A verletzte B erhält die Heilungskosten von der Sozialversicherung ersetzt.

Aufgabe des Schadenersatzrechts ist es, dem Geschädigten einen Ausgleich zu verschaffen. Er soll nicht mehr und nicht weniger als die erlittenen Nachteile ersetzt erhalten. Nun kommt es aber vor, daß dasselbe Ereignis dem Geschädigten neben Nachteilen auch **Vorteile** bringt (vgl §§ 1191 und 1312).

Wird der Schaden **konkret berechnet,** so ist die Berücksichtigung der Vorteile (Vorteilsausgleich, Vorteilsanrechnung) an sich **selbstverständ-**

---

[157]) Dazu *Lorenz/Liburnau,* Die Gurtenanlegepflicht, VersRdSch 1976, 301; *Messiner,* Schadensteilung bei Nichtbeachtung der Gurtenanlegepflicht, ZVR 1978, 140; *Welser,* ZVR 1978 Sonderheft 31 ff; OGH in SZ 51/104; ZVR 1988/154; ZVR 1991/44 ua.

[158]) Dazu auch *Apathy,* Zivilrechtliche Folgen der Nichtverwendung von Sicherheitsgurten, JBl 1985, 641.

[159]) Vgl dazu *Welser,* JBl 1968, 346 ff; *Koziol,* JBl 1972, 225; *Migsch,* Die Schadensminderung als Zurechnungsproblem, ZVR 1975, 1; *Korinek/Vonkilch,* Gewissen contra Schadensminderungspflicht, JBl 1997, 756; OGH in SZ 55/104; JBl 1990, 587; EvBl 1999/125; ZVR 1999/109; EvBl 2001/91; ZVR 2002/5; RdW 2005/541.

[160]) Dazu OGH in ZVR 1976/205; ZVR 1982/113; RdW 1990, 385; RdA 1993, 32 *(Oberbauer).*

[161]) *Welser,* JBl 1968, 354. Dagegen OGH in ZVR 1959/10; SZ 53/155.

lich. Mit der Differenzmethode wird ja die gesamte Vermögensentwicklung beim Geschädigten erfaßt und damit nicht nur negative Posten (Schäden), sondern auch die positiven (Vorteile) berücksichtigt[162]). Die „Differenz" besteht aus jener Summe, die sich durch Abzug des gegenwärtigen Vermögensstandes vom hypothetischen Vermögensstand ergibt (s oben S 324).

Hingegen ist der Vorteilsausgleich nach herrschender, allerdings fragwürdiger Ansicht ausgeschlossen, wenn der Schaden **objektiv-abstrakt** berechnet wird, weil dann der gemeine Wert des verletzten Gutes zu ersetzen sei, ohne daß es auf die übrigen Vermögensverhältnisse des Geschädigten ankäme[163]).

Demnach würde im Beispiel 1 beim Interesseersatz der Schadenersatzanspruch des Verletzten um das Preisgeld vermindert, nicht aber wenn nur der Wert des Pferdes ersetzt wird („objektive Schadensberechnung"). Ob diese nur aus begrifflichen Umschreibungen abgeleitete Verschiedenbehandlung auch inhaltlich gerechtfertigt ist, mag man allerdings bezweifeln, weil der Geschädigte auch bei „objektiver Berechnung" genau so in den Genuß des Vorteils gekommen ist wie beim Interessenersatz.

Die Behauptungs- und Beweislast für anrechenbare Vorteile trägt der Schädiger[164]).

Die Vorteilsanrechnung entlastet den Schädiger. In vielen Fällen ist es jedoch sachlich **nicht gerechtfertigt,** daß eine durch die schädigende Handlung ausgelöste Vermögensmehrung die Ersatzpflicht aufhebt oder mindert und so dem Schädiger zugute kommt.

Verletzt zB ein unvorsichtiger Autofahrer ein Kind, so wäre es unbillig, wenn er sich seiner Ersatzpflicht durch den Verweis auf die durch den Unfall ausgelösten besonderen Unterhaltsleistungen des Vaters (Vorteil des Kindes) entziehen könnte[165]). Wird ein Arbeitnehmer verletzt, so wäre es nicht gerechtfertigt, wenn sich der Schädiger darauf berufen könnte, daß der Verletzte keinen Verdienstausfall habe, weil der Arbeitgeber ohnedies den Lohn weiterzahlen müsse (sog Lohnfortzahlung, vgl § 1154b und das EntgeltfortzahlungsG 1974). Ebensowenig würde man es als billig empfinden, wenn freigiebige Zahlungen Dritter aus Anlaß des Schadensfalles (Beispiel 3) den Täter entlasteten.

Die hM[166]) ist deshalb der Auffassung, daß nicht alle von der schädigenden Handlung verursachten Vorteile („mechanisch") zugunsten des

---

[162]) *Oertmann,* Die Vorteilsausgleichung (1901) 59f; OGH in SZ 50/50; ZVR 1987/101; ZVR 1990/50. AA *Thiele,* Gedanken zur Vorteilsausgleichung, AcP 167, 197ff. Vgl *Henke,* Die Vorteilsausgleichung, Hagen-FS (1999) 371ff.

[163]) *Wilburg,* JherJB 82, 125ff; *Fröhlich,* ZBl 1931, 548ff; *Krejci,* Grundsatzfragen des Haftpflicht- und Regreßsystems im Recht der sozialen Sicherheit, in Reformen des Rechts, FS zur 200-Jahr-Feier der Rechtswissenschaftlichen Fakultät der Universität Graz (1979) 414; OGH in RdA 1980, 27 *(Koziol);* SZ 72/55 = ecolex 1999, 824 *(Spunda).*

[164]) RIS Justiz RS0036710; OGH in ZVR 2005/87 *(Weber).*

[165]) Vgl OGH in ZVR 1977/9; RZ 1984/1; ZVR 1987/9; vgl auch ZVR 2001/2.

[166]) *Wilburg,* JherJB 82, 76ff; *Cantzler,* Die Vorteilsausgleichung beim Schadensersatzanspruch, AcP 156, 56ff; *Selb,* Schadensbegriff; *derselbe,* Individualschaden und soziale Sicherung im Bereiche des ABGB und DBGB, ZfRV 1964, 195; *Eckmann,* Anrechnung von Drittleistungen beim Schadenersatz, ÖJZ 1986, 609; s auch OGH in JBl 1993, 725 *(Rummel).* Zum Vorteilsausgleich bei Mitverschulden des Geschädigten insbesondere *Welser,* JBl 1968, 346ff.

Schädigers berücksichtigt werden dürfen, sondern die Anrechnung mancher Vorteile auszuschließen ist **(verhinderter Vorteilsausgleich).**

Welche Vorteile anrechenbar sind und welche nicht, ist umstritten. Eine allgemeingültige Formel gibt es nicht. Die Berücksichtigung von Vorteilen kommt jedenfalls nur gegenüber sachlich und zeitlich kongruenten Schadenersatzansprüchen in Betracht[167]). Bei Zuwendungen von dritter Seite ist jeweils auf deren Sinn und Zweck abzustellen. Es ist zu fragen, wer durch sie begünstigt werden soll[168]).

Manche Vorteile sollen den **Geschädigten** besonders **begünstigen.** Der Verletzte soll dann sowohl den Vorteil als auch den Ersatz erhalten (Beispiel 3). In anderen Fällen ist aber mit einer Zuwendung nicht bezweckt, daß der Geschädigte mehr als seinen Schaden ersetzt bekommt. Dann wird eine Bereicherung des Verletzten meist dadurch verhindert, daß sein Anspruch gegen den Schädiger auf den Drittzahler **übergeht,** soweit dieser den Schaden deckt.

Beispiele bieten die Legalzessionsnormen des **§ 332 ASVG** und des **§ 67 VersVG** (hiezu oben S 129). Diese und ähnliche Vorschriften gehen zunächst von einer Verhinderung des Vorteilsausgleiches aus[169]). Der dadurch erhalten gebliebene Ersatzanspruch wird gesetzlich auf den Dritten (Versicherer) übergeleitet.

Würde das Gesetz Vorteilsausgleich annehmen, so hätte der Geschädigte nach der Drittzahlung gegenüber dem Schädiger keine Forderung mehr, so daß auch die Legalzession ins Leere ginge.

Nicht alle Fälle des verhinderten Vorteilsausgleichs sind gesetzlich so deutlich geregelt. Ausdrückliche Vorschriften fehlen zB für die **Unterhaltspflicht** und die **Lohnfortzahlung,** soweit nicht § 10 EntgeltfortzahlungsG eingreift[170]). § 332 ASVG, § 67 VersVG und ähnliche Bestimmungen können aber immerhin als Argument für die Verhinderung des Ausgleichs ins Treffen geführt werden. Schwieriger ist es, in den gesetzlich nicht ausdrücklich geregelten Fällen den Ersatzanspruch auf den Drittzahler (Unterhaltspflichtigen, Dienstgeber) überzuleiten[171]).

Hiefür wird von manchen § 1358 herangezogen[172]), weil der Schädiger wirtschaftlich den Nachteil zu tragen hatte und der Anspruch gegen den Unterhaltspflichtigen

---

167) OGH in EvBl 2001/56 (Umschulungskosten).

168) *Wilburg,* JherJB 82, 76ff. OGH in JBl 1991, 653; ZVR 1995/133; ZVR 1998/42.

169) OGH in EvBl 1993/68; SZ 68/222.

170) Zu diesem *Krejci,* Haftpflicht- und Regreßprobleme des neuen Entgeltfortzahlungsrechts, VersRdSch 1974, 192.

171) Dazu *W. Schuhmacher,* Schadenersatz und soziale Sicherheit, ÖJZ 1976, 477; vgl auch *Welser,* ÖJZ 1975, 37ff; *Ch. Huber,* Regreßprobleme bei irrtümlicher oder freiwilliger Leistung des Privat- bzw Sozialversicherers, VersRdSch 1986, 321 und 405; *M. Mohr,* Entgeltsfortzahlung und Drittschadensliquidation, ecolex 1993, 398; *Perner/Spitzer,* Unterhaltserhöhung nach Körperverletzung und Regress – kein Problem des Bereicherungsrechts, EF-Z 2006, 36. Vgl auch OGH in JBl 1997, 100 (kritisch *Schauer*).

172) *Steininger,* Schadenersatz bei Lohnfortzahlung, JBl 1959, 469. S weitere Nw unten S 334.

oder Dienstgeber nur der Sicherung des Geschädigten diente[173]). Andere nehmen an, der Drittzahler sei nur dann zur Leistung verpflichtet, wenn ihm der Geschädigte die erhalten gebliebene Forderung gegen den Schädiger rechtsgeschäftlich zediert[174]).

b) Das Drittschadensproblem

1. Der internationale Pop-Star B wird durch den unvorsichtigen Autofahrer A verletzt. C, der Veranstalter eines „Monsterkonzerts", muß dieses daher absagen und erleidet dadurch einen Gewinnausfall. Auch Buffetiers, Taxiunternehmen und Zeitungsverkäufer haben einen Schaden.

2. A zerstört schuldhaft die EDV-Anlage des B, die dieser schon an C verkauft, aber noch nicht übereignet hatte. Zur Zeit der Beschädigung war C im Annahmeverzug und hatte daher schon die Preisgefahr zu tragen.

3. B kauft als indirekter Stellvertreter des C bei A eine Maschine, der aber seine Leistungspflicht nicht erfüllt, so daß C einen Schaden erleidet.

Grundsätzlich sind nur Schäden an absolut geschützten Gütern und daraus beim selben Geschädigten eintretende Folgeschäden zu ersetzten, während bei anderen Personen eintretende (primäre) Vermögensschäden nicht ersetzt werden. Man spricht von einem „mittelbaren Schaden" und „mittelbaren Geschädigten"[175]). Die Gewährung von Schadenersatz an mittelbar Geschädigte würde Ersatzpflichten uferlos machen und den wirtschaftlichen Ruin des Schädigers zur Folge haben. Ausführlich oben S 317.

In allen drei Beispielen ist B unmittelbar verletzt, da sein Recht auf körperliche Unversehrtheit (Fall 1), sein Eigentumsrecht (Fall 2) und die ihm als Vertragspartner zustehenden Rechte (Fall 3) beeinträchtigt wurden. C ist stets mittelbar Geschädigter.

Auch mittelbar Geschädigte können aber Ersatz verlangen, wenn sich dies aus dem speziellen Zweck einer vom Schädiger übertretenen Verbotsnorm, aus dem sog Schutzzweck der Norm (dem „Rechtswidrigkeitszusammenhang") oder gesetzlichen Sonderbestimmungen ergibt. Eine gesetzliche Sonderbestimmung zum Schutz mittelbar Geschädigter ist zB § 1327, nach welchem den **Hinterbliebenen,** für deren Unterhalt der Getötete nach dem Gesetz zu sorgen hatte, das, was ihnen dadurch entgangen ist, ersetzt wird. Ohne diese besondere Vorschrift gingen sie als mittelbar Geschädigte leer aus. S unten S 346 f.

Daß nur dem unmittelbar Geschädigten Ersatzansprüche zustehen, würde jedoch manchmal zu merkwürdigen Konsequenzen führen. Vor allem in den Fällen, in denen das wirtschaftliche **Risiko** für eine Sache oder für eine Leistung nicht beim unmittelbar Angegriffenen liegt, sondern durch gesetzliche oder vertragliche Regelung auf einen Dritten **überwälzt** ist, käme es zu einer unbegründeten Befreiung des Schädigers:

---

[173]) *Perner/Spitzer,* EF-Z 2006, 36.

[174]) *Selb,* ZfRV 1964, 205.

[175]) Dazu *Welser,* ÖJZ 1975, 37 ff; *Danzl,* Mittelbare Schäden im Schadenersatzrecht, ZVR 2002, 363; OGH in JBl 1968, 35; JBl 1977, 649; JBl 1984, 262; JBl 1985, 231 *(Apathy);* ZVR 2004/47 (Kundenausfall auf Autobahnraststätte nach unfallbedingter Teilsperre). S auch *Thoss,* Schadenersatzansprüche von Eigentümer und Anwartschaftsberechtigtem bei Verletzung des Vorbehaltsguts durch Dritte, JBl 2003, 277.

Dem unmittelbar Geschädigten stünde zwar der Ersatzanspruch zu, doch hat er keinen Schaden, weil das Risiko eben der Dritte trägt. Dieser erleidet zwar den Schaden, hätte aber als mittelbar Geschädigter keinen Anspruch.

Im Beispiel 2 trägt C das Risiko, da ihn die Preisgefahr trifft; im Beispiel 3 trifft C der Nachteil der Nichterfüllung, da B auf Rechnung und damit auf Risiko des C handelt.

Das Problem wird teilweise entschärft, wenn man der Ansicht folgt, daß ein Geschädigter stets den **objektiv** berechneten Schaden ersetzt verlangen kann, da bei einer solchen Berechnung das sonstige Vermögen des Geschädigten und daher auch die Entlastung durch die Risikoregelung außer Betracht bleibt[176]). Oben S 323.

Eine Entlastung des Schädigers wäre jedoch auch sonst nicht sachgerecht, weil die Risikoverlagerung nur das Verhältnis zwischen den Vertragsparteien betrifft, aber nicht dazu bestimmt ist, einen möglichen Schädiger zu entlasten. Der dem mittelbar Geschädigten eingetretene Nachteil führt auch nicht zur Uferlosigkeit der Ersatzansprüche, es ist ja im Prinzip nur jener Nachteil, der ohne Risikoverlagerung beim unmittelbar Geschädigten selbst eingetreten wäre. Deshalb ist nach hL[177]) bei bloßer **Schadensüberwälzung** der Schaden des mittelbar Verletzten zu ersetzen[178]).

Die Rsp folgt dieser Auffassung in den Fällen des Überganges der **Preisgefahr**[179]), der **mittelbaren Stellvertretung**[180]) und vertraglicher **Schadenstragungsregelungen**[181]). Anders entschied der OGH[182]) lange Zeit in den **„Lohnfortzahlungsfällen"**; nunmehr[183]) hat er sich auch hier

---

[176]) *Fröhlich,* ZBl 1931, 548ff; *Wilburg,* JherJB 82, 125ff; *Koziol,* Eigentumsvorbehalt und Schadenersatz wegen Sachbeschädigung, JBl 1968, 500; *Hagen,* Die Drittschadensliquidation im Wandel der Rechtsdogmatik (1971) 185ff; *Bollenberger,* Drittschaden bei obligatorischer Gefahrverlagerung, JBl 1997, 295f; s auch OGH in ZVR 1997/104. AA *Reischauer* in Rummel § 1295 Rz 28; *Lukas,* Vom liquidierbaren Drittschaden, anzurechnenden Vorteilen und unechten Gesamtschulden, JBl 1996, 489.

[177]) *Von Caemmerer,* Das Problem des Drittschadenersatzes, ZHR 127, 254ff; *Wilburg,* JherJB 82, 55ff; *Tägert,* Die Geltendmachung des Drittschadens (1938) 35ff; *Lukas,* JBl 1996, 481 und 567; *Bollenberger,* JBl 1997, 284. Vgl aber *Peters,* Zum Problem der Drittschadensliquidation, AcP 180, 329; *Urban,* „Vertrag" mit Schutzwirkung zugunsten Dritter und Drittschadensliquidation (1989) 45ff.

[178]) Zur Höhe des Ersatzes s *Bollenberger,* JBl 1997, 284 (diesem folgend *Koziol,* Haftpflichtrecht I Rz 13/26) einerseits und *Lukas,* JBl 1996, 567ff andererseits jeweils mwN.

[179]) OGH in SZ 51/164.

[180]) OGH in SZ 46/31; SZ 69/266 (dazu *Csoklich,* RdW 1997, 188); RdW 2002/451.

[181]) OGH in JBl 1986, 468.

[182]) JBl 1978, 209.

[183]) OGH in SZ 67/52 = RdA 1995, 44 *(Ch. Klein)* = AnwBl 1994, 905 *(Berger);* ZVR 1995/62; SZ 69/27; SZ 69/223; ZVR 1998/16 (einschließlich Sozialversicherungsbeiträge); ZVR 1998/95; ZVR 1998/140; RdW 1998, 192 *(Iro);* vgl auch RdW 2000/191 *(Iro)* (Waisenrente von RA-Kammer)*;* ecolex 2000, 283 (nicht Urlaubsentschädigung); ZVR 2000/7 (nicht Vertretungskosten eines Hausbesorgers). Dazu *Sturm,* Anmerkung zur Judikaturänderung des OGH in den Lohnfortzahlungsfällen, RdW 1994, 302;

der Lehre angeschlossen: Muß bei einer durch Körperverletzung eingetretenen Arbeitsunfähigkeit des Dienstnehmers der Dienstgeber den Lohn weiterzahlen (§ 1154b; § 8 AngG), so hat der Schädiger den auf den Dienstgeber überwälzten Schaden des Dienstnehmers zu ersetzen, dessen Ersatzanspruch durch Legalzession (analog § 1358; § 10 EntgeltfortzahlungsG; § 67 VersVG) auf den Dienstgeber übergeleitet wird. Dasselbe gilt, wenn der durch eine Schädigung verursachte Pflegeaufwand (Heilungskosten iSd § 1325) von einem Unterhaltspflichtigen (Eltern, Ehegatten) gedeckt wird[184]).

13. Alternative, kumulative und überholende Kausalität

a) Alternative Kausalität

Bei einer Treibjagd wird ein Treiber durch einen Schuß schwer verletzt. Zwei Jäger hatten auf einen hinter dem Treiber laufenden Hasen geschossen. Es ist nicht feststellbar, welcher Jäger den Treiber getroffen und welcher knapp an ihm vorbeigeschossen hat.

Bei der alternativen Kausalität geht es darum, daß nur **einer** von mehreren Tätern den Erfolg verursacht haben kann, aber nicht feststellbar ist, ob es der eine („alter") oder der andere („alter") war. Um den Geschädigten trotz Bekanntseins aller möglichen Verursacher nicht – wegen Unbeweisbarkeit der Ursächlichkeit eines von ihnen – leer ausgehen zu lassen, nimmt die hM analog zu § 1302 eine **Solidarhaftung** der Täter an, wenn sie rechtswidrig, schuldhaft und „konkret" gefährlich gehandelt haben[185]) und deshalb qualifiziert tatverdächtig sind. Daß den Erfolg einer von mehreren Tätern verursacht hat, reicht also für die solidarische Haftung aller aus[186]). Es steht aber jedem der möglichen Verursacher der Beweis frei, daß sein Verhalten den Schaden nicht verursacht hat[187]).

Ein Haftpflichtiger, der den Schaden ersetzt, kann gegen die übrigen **Rückgriff** nehmen. Ist auch er nicht in der Lage, einem bestimmten Täter die Kausalität nachzuweisen, haften alle Beteiligten nach Köpfen.

Ein Teil der Lehre will die Regeln der alternativen Kausalität auch dann anwenden, wenn es nicht um die Ursächlichkeit mehrerer (qualifi-

---

Hohenecker, Die Ersatzfähigkeit der Lohnfortzahlung und ihre Grenzen, ecolex 1996, 446; *Ch. Huber,* Die Wende beim Lohnfortzahlungsschaden – Analyse und Ausblick, Dittrich-FS (2000) 411.

[184]) Ausführlich *Perner/Spitzer,* EF-Z 2006, 36.

[185]) *Bydlinski,* Haftung bei alternativer Kausalität, JBl 1959, 1; *derselbe,* Aktuelle Streitfragen um die alternative Kausalität, Beitzke-FS (1979) 3; *Welser,* ZfRV 1968, 38; *Rummel,* Ersatzansprüche 24f; *Rebhahn,* Staatshaftung 606ff; OGH in EvBl 1982/188; JBl 1986, 576 *(Deutsch);* SZ 63/185; EvBl 1994/13. AA *Wolff* in Klang VI 56; vgl auch OGH in JBl 1986, 787 *(Apathy); Reischauer,* Die Haftung wegen möglicher Kausalität am Beispiel eines Auffahrunfalles (§ 1302 ABGB), VersRdSch 1987, 208.

[186]) Zur analogen Anwendung der Grundsätze der alternativen Kausalität im Bereich der Gefährdungshaftung s OGH in JBl 1997, 529 *(Dullinger);* SZ 54/63; SZ 57/25.

[187]) OGH in ZVR 2002/37 (Raufhandel).

ziert handelnder) Täter geht, sondern nicht festgestellt werden kann, ob ein Erfolg von einem rechtswidrig und schuldhaft handelnden Täter oder von einem **zufälligen Ereignis** herbeigeführt wurde (alternative Kausalität mit Zufall)[188]).

Es läßt sich nicht aufklären, ob ein Spitalspatient wegen Unterlassung einer gebotenen Heilmaßnahme oder an einem nicht verhinderbaren Herzversagen gestorben ist.

Der Täter soll dann für einen Teil des Schadens haften, welcher der Wahrscheinlichkeit seiner Verursachung entspricht. Dieser Ansicht ist nicht zu folgen, weil sie das Haftungserfordernis der Kausalität generell auflöst[189]). Wann immer nämlich die Kausalität eines Täters nicht feststeht, ist der Zufall als zweiter möglicher (alternativer) Verursacher im Spiel. Daher müßte in **jedem** Fall, in dem die Verursachung durch einen Täter nur möglich aber nicht sicher ist, diesem ein Ersatz entsprechend der Wahrscheinlichkeit seiner Verursachung auferlegt werden, was mit dem allgemein geltenden Verursachungsprinzip (§ 1294) nicht in Einklang zu bringen ist.

b) Kumulative Kausalität

Der Fabrikant A will eine neue Gewebeart herstellen. Zur Produktion braucht er eine Maschine, die er bei B, und Rohmaterial, das er bei C bestellt hat. Die Produktion kann zum vorgesehenen Termin nicht aufgenommen werden, weil weder B noch C ihrer Lieferverpflichtung nachkommen. A erleidet dadurch einen Verdienstausfall. Gegen seinen Schadenersatzanspruch wendet B ein, derselbe Schaden wäre auch eingetreten, wenn er die Maschine rechtzeitig geliefert hätte, weil ja auch C säumig gewesen sei. C beruft sich für seine mangelnde Ursächlichkeit in gleicher Weise auf den Verzug des B.

Das Beispiel steht für Fälle, in denen mehrere Handlungen (oder Unterlassungen) gesetzt wurden, von denen **jede** einzelne den schädigenden Erfolg herbeigeführt hätte. Wendet man die Formel von der conditio sine qua non an, so wäre keiner der Handelnden für den Erfolg ursächlich, da dieser ja auch „ohne sein Verhalten" eingetreten wäre. Um dieses Ergebnis zu vermeiden, setzt sich die hM über die Lehre von der conditio sine qua non hinweg und läßt alle Täter **solidarisch** haften[190]). Dazu ausführlich oben S 326.

---

[188]) *Bydlinski,* Schadensverursachung 87f; *derselbe,* Haftungsgrund und Zufall als alternativ mögliche Schadensursachen, Frotz-FS (1993) 3; OGH in JBl 1990, 924 *(Holzer);* EvBl 1994/13; SZ 68/207; vgl aber auch JBl 1992, 522; JBl 1994, 540 *(Bollenberger);* JBl 1997, 392 *(Lukas).*

[189]) *Welser,* Zur solidarischen Schadenshaftung bei ungeklärter Verursachung im deutschen Recht, ZfRV 1968, 38ff; s auch *Reischauer* in Rummel § 1302 Rz 12; *Lukas,* JBl 1997, 396.

[190]) *Bydlinski,* Schadensverursachung 15ff; *Welser,* ZfRV 1968, 44; OGH in EvBl 1959/244; SZ 57/25 und 51; SZ 70/11; SZ 72/55 = ecolex 1999, 824 *(Spunda);* SZ 72/47. S auch *Leitner,* Kumulative Kausalität und Zufall – Kritik an 6 Ob 163/05x, ecolex 2006, 278; OGH in SZ 57/25; ecolex 2006, 283.

c) *Überholende Kausalität*

1. B stiehlt in der Villa des A ein Gemälde, vernichtet es aber später aus Angst vor Entdeckung. Kurz nach dem Diebstahl bricht in der Villa ein von C gelegter Brand aus, durch den die ganze Einrichtung vernichtet wird.

2. B fügt A schuldhaft eine Körperverletzung zu, die eine dauernde Knochenkrankheit (Arthrose) zur Folge hat. Wegen der persönlichen Veranlagung des A (Arthritis) wäre dieselbe Krankheit einige Zeit später auch ohne die Verletzung ausgebrochen.

In beiden Beispielen berufen sich die Schädiger auf die hypothetische spätere Ursache („Reserveursache"), um ihre eigene Ursächlichkeit zu bestreiten: Der Schaden wäre jeweils „auch sonst" eingetreten.

In den Fällen überholender Kausalität führt ein Ereignis (reale Ursache) einen Schaden (wirklich) herbei, den später ein anderes Ereignis ebenfalls verursacht hätte[191]). Der Schaden wäre daher „auch sonst" eingetreten, weil die **„hypothetische Ursache"** („Reserveursache") zum Tragen gekommen wäre. Es handelt sich um eine „zeitlich gedehnte kumulative Kausalität".

Die Formel von der conditio sine qua non verdeckt, daß die in Betracht kommenden Ursachen nicht gleichwertig sind. Denn die frühere Ursache hat den Schaden wirklich **herbeigeführt,** während ihn die spätere nur herbeigeführt **hätte,** wenn er nicht schon eingetreten gewesen wäre. Das spätere Ereignis konnte das Rechtsgut gar nicht mehr beeinträchtigen, weil es nicht mehr vorhanden oder doch schon beschädigt war.

Es ist daher der Auffassung zu folgen, daß jener haftet, der die nachteilige Veränderung real **herbeigeführt** hat[192]). In der Lehre wird zum Teil zwischen objektiver Schadensberechnung (Unerheblichkeit der Reserveursache) und Interesseersatz unterschieden[193]) und bei letzterer meist in Anlehnung an die Lösung bei der kumulativen Kausalität eine solidarische Haftung beider Täter angenommen[194]).

Bei Vorhandensein einer Schadensanlage, wie im Beispiel 2 **(„Anlageschäden"),** hat der Täter nur den durch die Vorverlegung des Schadenseintrittes entstehenden Nachteil zu ersetzen[195]).

---

[191]) Zu Fallgruppen *Kleewein,* Anmerkungen zum Problem der hypothetischen Kausalität, JAP 1991/92, 142.

[192]) Vgl OGH in SZ 10/272; EvBl 1959/244; SZ 39/172; JBl 1993, 663 *(Kleewein);* vgl auch OGH in ecolex 2002, 811 *(Urbanek/Urbanek)* und diff dazu *Riss,* Hypothetische Kausalität, objektive Berechnung bloßer Vermögensschäden und Ersatz verlorener Prozesschancen, JBl 2004, 423; vgl aber SZ 57/51.

[193]) *Bydlinski,* Schadensverursachung 26ff, 32ff; vgl auch *von Caemmerer,* Das Problem der überholenden Kausalität im Schadensersatzrecht (1962) 7; *Kleewein,* Hypothetische Kausalität und Schadensberechnung (1993) 87ff, 120f.

[194]) S vor allem *Bydlinski,* Schadensverursachung 65ff, 74f; *Koziol,* Haftpflichtrecht I Rz 3/74ff; *Schobel,* Hypothetische Verursachung, Aliud-Verbesserung und Schadensteilung, JBl 2002, 771 (zu OGH in JBl 2002, 796); *Riss,* JBl 2004, 423.

[195]) *Bydlinski,* Vergleichsverhandlungen und Verjährung; Anlageschäden und überholende Kausalität, JBl 1967, 135ff; *derselbe,* Schadensverursachung 99ff; *Ch. Huber,* JBl 1990, 721. OGH in JBl 1974, 318; ZVR 1978/165; ZVR 1979/99; SZ 69/199; JBl 1999, 246 *(Bumberger);* s auch OGH in JBl 1988, 649; JBl 2002, 720.

B. Besonderer Teil

1. Allgemeines

a) Generalklausel, Vertragshaftung, Deliktshaftung

Nach § 1295 Abs 1 ist „**jedermann berechtigt,** vom Beschädiger den Ersatz des Schadens zu fordern, welchen ihm dieser aus Verschulden zugefügt hat".

§ 1295 ist aber zu weit gefaßt. Ein Schädiger kann nicht den Schaden jedes Geschädigten ersetzen, den er schuldhaft verursacht hat, weil sonst die aus einem schädigenden Verhalten folgenden Ersatzpflichten endlos würden.

Bei der Umschreibung der Schadenersatzpflichten geht es ganz allgemein um eine Entscheidung im Spannungsfeld zwischen Handlungsfreiheit und Güterschutz[196]). Auf der einen Seite müssen Rechtsgüter wie Leben, Gesundheit, Eigentum usw umfassend gegen Verletzungen geschützt werden. Auf der anderen Seite trägt aber jede Handlung oder Unterlassung die Eignung zu irgendeiner Schädigung in sich, weshalb sich die dem einzelnen auferlegten Sorgfalts- und Schadenersatzpflichten in Grenzen halten müssen. Wären sie zu streng, hätte also der Handelnde bei jeder Fahrlässigkeit mit Schadenersatzansprüchen zu rechnen, die seinen wirtschaftlichen Ruin zur Folge haben könnten, würde dies seine Handlungsfreiheit in untragbarer Weise beschränken.

Seit Jahrhunderten werden Haftung aus **Vertrag (ex contractu)** und Haftung aus **Delikt (ex delicto)** unterschieden. Deliktshaftung ist die Haftung, die sich aus der Verletzung einer Verhaltenspflicht ergibt, die für **jedermann** und gegenüber jedermann besteht. **Vertragshaftung** bedeutet, daß ein Vertragspartner für die Vertragsverletzung dem **anderen Teil** Ersatz leisten muß (s oben S 6 bei den Sekundärpflichten).

Obwohl § 1295 Abs 1 diese überkommene Unterscheidung für bedeutungslos erklärt, ist sie auch im ABGB wichtig. Bei Vertragsverletzungen trifft jeden Partner die besondere **Gehilfenhaftung** (§ 1313a statt § 1315, vgl unten S 355ff), und der vertragsbrüchige Teil muß auch Schäden im **bloßen Vermögen** ersetzen. Schließlich gibt es Unterschiede in der **Beweislastverteilung:** Während der deliktisch Geschädigte das Verschulden des Schädigers beweisen muß (§ 1296), hat der vertragsbrüchige Schuldner zu beweisen, daß ihn an der Vertragsverletzung kein Verschulden trifft (§ 1298)[197]). S oben S 320f.

Die vertragliche Haftung ist daher für den Geschädigten wesentlich günstiger als die deliktische. Dies ist durch die engere Beziehung gerechtfertigt, die zwischen Vertragspartnern besteht, durch das gegenseitige Vertrauen der Parteien zueinander und dadurch, daß der vertragliche Kontakt letztlich von jeder Seite aus eigenem Interesse geknüpft wird[198]): Ein Teil nimmt den anderen zur Verfolgung eigener Interessen in Anspruch, er zieht aus dem Schuldverhältnis Vorteile. Außerdem kommt ein Vertragspartner im Rahmen des Schuldverhältnisses zu den Gütern des anderen öfter in ein

---

[196]) *Welser,* Vertretung 75.

[197]) Dazu *Reischauer,* Entlastungsbeweis; *derselbe,* Verschulden und Beweislast, ZVR 1978, 97 und 129; *derselbe,* JBl 1998, 473 und 560.

[198]) *Welser,* Vertretung 75ff.

Verhältnis, das für diese Güter gefährlich sein kann. All dies rechtfertigt gesteigerte Pflichten und eine gesteigerte Verantwortung.

Da diese Erwägungen weitgehend auch auf das vorvertragliche Schuldverhältnis zutreffen, gilt auch für dieses die Vertragshaftung[199]).

Für die Begründung der **deliktischen Rechtswidrigkeit** gibt es verschiedene Varianten (b).

b) Rechtswidrigkeit bei deliktischem Verhalten

Ein Delikt ist im Zivilrecht ein generell verbotenes Verhalten, ein Verstoß gegen **allgemeine Verhaltenspflichten,** es ist nicht auf ein strafbares Verhalten beschränkt. Für die Begründung der Rechtswidrigkeit bestehen im deliktischen Bereich eine Reihe von Möglichkeiten, die schon ausführlicher dargestellt wurden (oben 5.a). Eine dominierende Rolle nehmen dabei die **absoluten Rechte** ein, deren Gefährdung jedem verboten ist und deren Verletzung in Verbindung mit **§ 1295 Abs 1** Ersatzansprüche auslöst. Hiezu gehören vor allem das Leben, die Gesundheit, die Freiheit und das Eigentum. § 1295 Abs 1 kann aber darüber hinaus in Verbindung mit jeder anderen Gebots- oder Verbotsnorm Ersatzpflichten begründen.

Gewisse Verhaltensweisen sind so gefährlich oder werden so häufig gesetzt, daß sie der Gesetzgeber genauer umschreibt und verbietet. Dies geschieht durch die sog **Schutzgesetze,** die ein Verhalten ohne Rücksicht darauf verbieten, ob es in einem konkreten Fall nach den gerade vorliegenden Umständen gefährlich ist, sie sind also **abstrakte Gefährdungsverbote**[200]). Nach **§ 1311 Satz 2** haftet jemand, der ein Gesetz übertritt, das zufälligen Beschädigungen vorzubeugen sucht, für jeden Nachteil, der sonst nicht eingetreten wäre. Die Haftung nach § 1311 setzt jedenfalls Verschulden voraus[201]), doch muß es sich nicht auf den schädigenden Erfolg (Vorhersehbarkeit des „Eingriffs"), sondern nur auf die Übertretung der Norm beziehen[202]). Ein typisches „Schutzgesetz" ist die StVO, die genaue Verhaltensnormen (Gebots- oder Verbotsnormen) aufstellt, um eine Schädigung von Verkehrsteilnehmern zu verhindern. Schutzgesetze können nicht nur Gesetze im formellen Sinn sein, sondern auch Verordnungen; ob auch Bescheide, ist strittig[203]).

---

[199]) *Welser,* Vertretung 73ff; *derselbe,* ÖJZ 1973, 283ff. „Mischformen" zwischen Vertragshaftung und Deliktshaftung: *Koziol,* Delikt, Verletzung von Schuldverhältnissen und Zwischenbereich, JBl 1994, 209; *derselbe,* Schadenersatz für reine Vermögensschäden, JBl 2004, 273.

[200]) *Welser,* ZVR 1976, 3f; *derselbe* in Sprung/König, Das österreichische Schirecht 421; *Karollus,* Schutzgesetzverletzung 91ff mwN.

[201]) *Welser,* ZVR 1976, 2ff; OGH in ZVR 1976/292; ZVR 1985, 153; ZVR 2000/23. Dagegen *Brunner,* Die Zurechnung der Schadenersatzpflicht bei Verletzung eines „Schutzgesetzes" gem § 1311 ABGB, ÖJZ 1972, 117ff.

[202]) *Welser* in Sprung/König, Das österreichische Schirecht 421; *derselbe,* ZVR 1976, 2ff; *Karollus,* Schutzgesetzverletzung 263ff; *derselbe,* ZVR 1994, 129f mwN.

[203]) Dafür *Welser* in Sprung/König, Das österreichische Schirecht 422f; *Karollus,* Schutzgesetzverletzung 94ff mwN. Eine interne Arbeitsanweisung ist keine Schutznorm iSd § 1311: OGH in EvBl 2000/41. Zu Bauauflagen s OGH in SZ 2003/154.

Eine weitere allgemeine Bestimmung ist **§ 1295 Abs 2**[204]): „Auch wer in einer gegen die **guten Sitten** verstoßenden Weise **absichtlich Schaden** zufügt, ist dafür verantwortlich." Bei vorsätzlicher sittenwidriger Schädigung kommt es auf das betroffene Rechtsgut nicht an. Zu ersetzen ist jeder wie immer eingetretene, vom Vorsatz umfaßte Schaden, die Unterscheidung in unmittelbaren und mittelbaren Schaden spielt hier keine Rolle. Die Ersatzpflicht tritt auch bei schikanöser Rechtsausübung ein, dh wenn jemand sein Recht offenkundig nur zu dem Zweck ausübt, um andere zu schädigen.

Nach der neueren Judikatur liegt allerdings Schikane nicht nur dann vor, wenn die Schädigungsabsicht den einzigen Grund der Rechtsausübung bildet, sondern schon dann, wenn zwischen den vom Handelnden verfolgten und den beeinträchtigten Interessen eines anderen ein krasses Mißverhältnis besteht[205]). Diese Auffassung ist abzulehnen, weil Rechte uneingeschränkt gewährt oder begründet werden und nicht in jedem Einzelfall einer „Interessenbewertung" unterzogen werden dürfen. Die neue Formel „relativiert" unzulässig den Inhalt des subjektiven Rechts, weil sie seine Ausübbarkeit von einer Abwägung von Umständen im Einzelfall abhängig macht.

2. Haftung bei Verletzung der Person

a) Körperverletzung

aa) Allgemeines

Wer jemanden an seinem Körper verletzt, bestreitet die Heilungskosten des Verletzten, ersetzt ihm den entgangenen und künftig entgehenden Verdienst und bezahlt ihm ein angemessenes Schmerzengeld (§ 1325).

Die körperliche Integrität ist als absolutes Recht umfassend geschützt. § 1325 regelt vor allem den **Umfang** des Ersatzes. Er gilt nicht nur bei Schadenersatz aus Delikt, sondern auch, wenn die Körperverletzung aus einem vertragswidrigen Verhalten entstanden ist.

Körperverletzung ist jede Beeinträchtigung der körperlichen oder geistigen Unversehrtheit (Gesundheit)[206]).

---

[204]) Hiezu *Mader,* Rechtsmißbrauch und unzulässige Rechtsausübung (1994) 160ff; *derselbe,* Neuere Judikatur zum Rechtsmißbrauch, JBl 1998, 677; *Bydlinski,* Skizzen zum Verbot des Rechtsmißbrauchs im österreichischen Privatrecht, Krejci-FS (2001) 1079.

[205]) OGH in JBl 1990, 248 *(Rebhahn);* SZ 63/49; RdA 1994, 47 *(Binder);* RdW 1994, 102; JBl 1994, 471; SZ 70/137; JBl 1997, 452; JBl 2004, 239 *(Rummel);* aA OGH in ÖBA 1987, 413 *(Koziol);* JBl 1987, 240; zur Beweislast OGH in JBl 2003, 375; EvBl 2004/19. Vgl auch *Merz,* Vom Schikaneverbot zum Rechtsmißbrauch, ZfRV 1977, 162; *Koziol,* Die Grenzen des Zurückbehaltungsrechts bei nicht gehöriger Erfüllung, ÖJZ 1985, 741; *Wilhelm,* Baumängel: Das Zurückbehaltungsrecht bleibt eine scharfe Waffe, wbl 1987, 34; *Fenyves,* Vorteilsausgleich im Gewährleistungsrecht, JBl 1999, 11f.

[206]) Dazu *Danzl,* Die (psychische) Gesundheit als geschütztes Rechtsgut des § 1325 ABGB, ZVR 1990, 1; *Fucik/Hartl,* Schmerzengeld für seelische Schmerzen, RZ 1994, 148; *Karner,* Rechtsprechungswende bei Schock- und Fernwirkungsschäden Dritter? ZVR 1998, 182; *derselbe,* Ersatz ideeller Schäden 94ff; OGH in JBl 1989, 41; ZVR 1995/92; SZ 72/165; ZVR 2001/33 (nicht bloße Angstgefühle); EvBl 2004/58.

Da auch die geistige Gesundheit geschützt ist, ist die Herbeiführung einer psychischen Störung mit Krankheitswert eine Körperverletzung **(Schockschaden)**[207]). Besondere Bedeutung haben solche Schäden, wenn durch die Tötung eines Menschen bei dessen Angehörigen eine psychische Reaktion mit dem Wert einer Krankheit (zB eine Depression) herbeigeführt wird. Ihnen gebührt Ersatz nach § 1325.

Schadenersatzansprüche stehen zu, wenn der Schädiger im Hinblick auf die geistige Gesundheit des Hinterbliebenen gefährlich gehandelt hat. Ob das der Fall ist, ist eine schwer begründbare Wertungsentscheidung[208]). Es ist unerheblich, ob der Schockschaden durch das Miterleben des Todes oder der schweren Verletzung oder durch den Erhalt der Unfallnachricht verursacht wurde[209]). Die Rsp bezieht auch den Lebensgefährten in den Kreis der nahen Angehörigen ein[210]). Ersetzt wurde sogar ein Schockschaden, der durch das Miterleben des Todes eines fremden Unfallgegners ausgelöst wurde[211]).

Von den Schockschäden zu unterscheiden ist der in der jüngeren Rsp befürwortete Ersatz bloßer **Trauerschäden,** bei denen die Hinterbliebenen keine krankhafte psychische Beeinträchtigung, sondern „normale“ Trauer erleiden[212]). Der OGH spricht solchen Ersatz nur bei grobem Verschulden des Schädigers zu. Bei leichter Fahrlässigkeit und im Fall bloßer Gefährdungshaftung fehlt es laut OGH an der „erforderlichen Schwere der Zurechnungsgründe“[213]). Die Berechtigung der für den Ersatz von Trauerschäden vom OGH herangezogenen Analogie zu den §§ 1328, 1329, 1331 und § 213a ASVG ist zweifelhaft[214]).

---

207) OGH in ZVR 1995/46; ZVR 1997/75; zum Mitverschulden: ZVR 2004/105 *(Danzl);* ZVR 2005/47 *(Karner;* zu kosmetischer OP*);* vgl auch ZVR 2005/88 *(Griehser);* ZVR 2005/110 (*Kathrein;* zu § 333 ASVG). Dazu *Welser,* Der OGH und der Rechtswidrigkeitszusammenhang, ÖJZ 1975, 40f; *Karner,* ZVR 1998, 182; *derselbe,* Ersatz ideeller Schäden 101ff; *derselbe,* Schmerzengeld für Angehörige, ecolex 2001, 37; *Danzl,* Schmerzengeldansprüche für Angehörige der Opfer des Unglücks von Kaprun? ZVR 2000, 398; *Karner/Koziol,* Der Ersatz ideellen Schadens im österreichischen Recht und seine Reform, 15. ÖJT, Band II/1 74ff; *Danzl/Gutiérrez-Lobos/Müller,* Schmerzengeld^8 124ff; *Kath,* Schmerzengeld (2005) 105ff.

208) *Welser,* ÖJZ 1975, 41.

209) OGH in SZ 74/24 = ZVR 2001/52 *(Karner);* ZVR 2001/72; JBl 2004, 111; JBl 2004, 448; ZVR 2005/109 *(Danzl).*

210) OGH in ZVR 2002/96 *(Karner).*

211) OGH in JBl 2004, 176.

212) Dazu *Karner,* ZVR 1998, 182; *derselbe,* Ersatz ideeller Schäden 101ff; *Ch. Huber,* Antithesen zum Schmerzengeld ohne Schmerzen – Bemerkungen zur objektiv-abstrakten Schadensberechnung, ZVR 2000, 218; *Schobel,* Ersatzfähigkeit reiner Trauerschäden – Generelle Rechtsprechungswende bei immateriellen Schäden? RdW 2002/195.

213) OGH in ZVR 2001/73 *(Karner)* = ecolex 2001, 668 *(Helmich);* zu den Bemessungskriterien JBl 2004, 792; zu den Ersatzberechtigten ZVR 2005/73 *(Karner);* ZVR 2005/89 *(Danzl).* Für einen Ersatz auch bei leichter Fahrlässigkeit *Reischauer* in Rummel § 1325 Rz 5a.

214) Dazu *Reischauer* in Rummel § 1325 Rz 5a.

bb) Ärztliche Behandlung als Verletzung

Die ärztliche Behandlung wird als rechtswidriger Eingriff in die körperliche Unversehrtheit angesehen, wenn sie ohne **Einwilligung** des Kranken oder Verletzten geschieht und auch nicht durch einen **Notfall** geboten ist (§ 110 StGB)[215]). Eingriffe können Körperverletzungen sein, wenn sie fehlerhaft durchgeführt wurden, so daß sie den Gesundheitszustand des Patienten verschlechtern[216]), also die Behandlung fehlschlägt oder negative Nebenerscheinungen bewirkt. Außer für solche Kunstfehler können Ärzte und Krankenhäuser aber auch wegen eines Aufklärungsfehlers haftbar werden[217]).

Ein **Kunstfehler** (Behandlungsfehler)[218]) ist es, wenn der Arzt den Eingriff nicht nach den anerkannten Regeln der Medizin durchführt oder die erforderliche Behandlung überhaupt unterläßt[219]). An den vom Patienten zu erbringenden Kausalitätsbeweis stellt der OGH geringere Anforderungen[220]) als an sonstige Verursachungsbeweise. Dies gilt besonders, wenn die Kausalität einer Unterlassung in Frage steht.

Ein **Aufklärungsfehler** liegt vor, wenn der Arzt (das Krankenhaus) den Patienten nicht über Art und Folgen des ärztlichen Eingriffs und der Erkrankung, die Folgen der Unterlassung einer Behandlung und ihre Alternativen aufklärt[221]). Die Unterlassung der Aufklärung hat wichtige

---

[215]) Zur Einwilligung *Kletečka* in Aigner/Kletečka/Kletečka-Pulker/Memmer (Hrsg), Handbuch Medizinrecht für die Praxis (2005) I/131ff. Bei Minderjährigen s §§ 146c, d; *J. W. Steiner,* Geschäftsfähigkeit und Heilbehandlung, RdM 1994, 7; *Resch,* Einwilligung 120ff; OGH in SZ 69/199. Zu eigenmächtigen Eingriffen s § 146c Abs 3; OGH in JBl 1988, 238; *Zankl,* Eigenmächtige Heilbehandlung und Gefährdung des Kindeswohls, ÖJZ 1989, 299; *Barth,* Hat der Patient bei eigenmächtigen medizinischen Eingriffen Anspruch auf Ersatz seines Körper- und Gesundheitsschadens? RdM 1999, 110. Vgl § 8 Abs 3 KAKuG.

[216]) OGH in EvBl 1965/217.

[217]) Dazu *Welser,* Die Ärztehaftung im österreichischen Recht, Festvortrag anläßlich der 20. Österreichischen Orthopädentagung (1991); *Kletečka* in Aigner ua, Handbuch Medizinrecht II/12ff.

[218]) S hiezu *Holzer* in Holzer/Posch/Schick, Arzt- und Arzneimittelhaftung (1992) 41ff; *Voppichler,* Die Rechtsgrundlage zur Durchsetzung schadenersatzrechtlicher Ansprüche der Patienten auf Grund ärztlicher Fehlbehandlung, ÖJZ 1997, 93; *Stellamor/Steiner,* Handbuch des österreichischen Arztrechtes I (1999) 106; *Hofmann,* Qualitätsmängel bei der medizinischen Behandlung als Tatbestand in der Rechtsprechung, RZ 1999, 82; OGH in JBl 1987, 104; SZ 62/53; JBl 1992, 520 *(Apathy);* SZ 69/198.

[219]) Vgl OGH in JBl 1992, 522 und hiezu *Kleewein,* Zurechnungszusammenhang und Normadäquanz in der Arzthaftung, ÖJZ 1993, 161.

[220]) S OGH in JBl 1994, 540 *(Bollenberger);* JBl 1999, 246 *(Bumberger)* mwN. Dazu *Koziol,* Die Arzthaftung im geltenden und künftigen Recht, in Barta ua, Haftungsrechtliche Perspektiven der ärztlichen Behandlung (1997) 25f; *Juen,* Arzthaftungsrecht^2 (2005) 236ff.

[221]) *J. W. Steiner,* Die ärztliche Aufklärungspflicht nach österreichischem Recht, JBl 1982, 169; *Holzer* in Holzer/Posch/Schick, Arzthaftung 25ff; *Engljähringer,* Ärztlicher Behandlungsvertrag, ÖJZ 1993, 498ff; *dieselbe,* Aufklärungspflicht 15ff; *Pitzl/Huber,* Behandlungsaufklärung – Risikoaufklärung – Aufklärungsbögen, RdM 1996, 113; *Resch,* Zur Rechtsgrundlage der ärztlichen Aufklärungspflicht, RdM 1996, 170; *Dullinger,* Zur Beweislast für Verletzung/Erfüllung der ärztlichen Aufklärungspflicht,

schadenersatzrechtliche Konsequenzen, weil der OGH annimmt, daß der Patient ohne vollständige Aufklärung keine gültige Zustimmung zum ärztlichen Eingriff erteilen kann[222]). Ohne sie bleibt aber der Eingriff rechtswidrig (§ 110 StGB)[223]), weshalb der Arzt (die Krankenanstalt) für alle daraus resultierenden Schäden ersatzpflichtig wird, also auch dann haftet, wenn ihm **kein Kunstfehler** unterlaufen ist und sich nur das „Operationsrisiko" (Zufallsrisiko) verwirklicht hat[224]).

Zu den Pflichten des Arztes gehört es auch, Aufklärung und Behandlung zu **dokumentieren** (§ 10 KAKuG und § 51 ÄrzteG)[225]). Die Verletzung dieser Pflicht führt nach der Rsp zu einer weiteren Beweiserleichterung für den Geschädigten: ist eine Maßnahme nicht dokumentiert, so wird vermutet, daß sie auch nicht gesetzt worden ist[226]).

Das mit 1. 6. 2006 in Kraft getretene Patientenverfügungs-Gesetz (PatVG, BGBl I 2006/55) sieht erstmals klare Vorgaben für Willenserklärungen vor, mit denen jemand vorweg medizinische Behandlungen für den Fall ablehnen kann, daß er nicht mehr selbst darüber entscheiden kann (zB Beatmung, künstliche Ernährung). Das Gesetz unterscheidet verbindliche Erklärungen, an die sich der Arzt halten muß, und beachtliche **Patientenverfügungen,** die als eine Orientierungshilfe bei der Ermittlung des Willens des Patienten zu berücksichtigen sind. Verbindliche Patientenverfügungen dürfen nur nach umfassender ärztlicher Beratung vor einem Rechtsanwalt, Notar oder einem rechtskundigen Mitarbeiter der Patientenvertretungen errichtet werden und sind höchstens fünf Jahre gültig[227]).

cc) Heilungskosten

Heilungskosten[228]) sind alle Kosten zur **Besserung** des Gesundheitszustandes des Verletzten, auch wenn sie keinen Erfolg haben. Es sind dies

---

JBl 1998, 2; *Hofmann,* Die Aufklärungspflicht des Arztes im Lichte der Rechtsprechung des OGH, RZ 1998, 80; *Reischauer,* Ärztliche Aufklärungspflicht – Stellungnahme zur Rechtsprechung des OGH, RZ 1998, 266; *Prutsch,* Die ärztliche Aufklärung (2004); zur Beweislast OGH in SZ 72/183 = JBl 2000, 657 (kritisch *Jabornegg*).

[222]) Zum Umfang der Aufklärungspflicht s OGH in JBl 1991, 316; SZ 62/154; SZ 63/152; RdM 1994/20; RdM 1994, 27 *(Kopetzki);* RdM 1995/1 *(Kopetzki);* JBl 1995, 453 *(Steiner)* = RdM 1995/15 *(Kopetzki);* RdM 1996/11; SZ 69/199; RdM 1999/11 *(Kletečka);* JBl 2000, 169; SZ 2003/112 (Wechsel des vereinbarten Operateurs).

[223]) OGH in EvBl 1987/31; JBl 1983, 373 *(Holzer);* JBl 1992, 520 *(Apathy); Giesen,* Arzthaftungsrecht[4] (1995), 171 ff und 176 ff.

[224]) Vgl OGH in SZ 62/18; JBl 1995, 453 *(Steiner).*

[225]) OGH in SZ 2004/122.

[226]) OGH in SZ 67/9; SZ 68/207; RdM 1998/7; RdM 1999/12 mwN.

[227]) Dazu *Aigner,* Die Patientenverfügung, FamZ 2006, 66; *Barth,* Die Patientenverfügung und ihre praktischen Folgen für den behandelnden Arzt, FamZ 2006, 72; *Bernat,* Planungssicherheit am Lebensende? EF-Z 2006, 43, 74; *Kathrein,* Das Patientenverfügungs-Gesetz, ÖJZ 2006, 555; *Memmer,* Patientenverfügungen, FamZ 2006, 69.

[228]) Dazu *Ch. Huber,* Schadensberechnung 260 ff mwN; OGH in JBl 1986, 580; JBl 1989, 587 *(Reich-Rohrwig).* Zu den Pflegekosten OGH in ZVR 1988/14; ZVR 1989/129; ZVR 1998/128; SZ 71/146; ZVR 1999/109; ZVR 2001/106; ZVR 2001/108; ZVR

die Kosten der ärztlichen Behandlung, eines Krankenhaus- oder Kuraufenthaltes, Transportkosten, eine Operation, der Aufwand für Medikamente und andere Heilbehelfe, aber auch die Kosten für Besuche der nächsten Verwandten[229]) und der Pflegeaufwand. Jeder objektiv sinnvolle Aufwand ist zu ersetzen.

Oft wird ein Großteil der Pflegeleistungen von unterhaltspflichtigen Angehörigen (zB auf Grund der §§ 90, 140) erbracht. Diese Leistungen entlasten den Schädiger nicht (kein Vorteilsausgleich), der Unterhaltspflichtige hat Anspruch auf Ersatz[230]).

Ebenso muß der Schädiger den durch **vermehrte Bedürfnisse** (Rollstuhl, Behindertenfahrzeug uä) verursachten Aufwand tragen[231]). Der Geschädigte kann zur Beseitigung der Folgen seiner Verletzung auch eine kosmetische Operation durchführen lassen, doch sind ihm die Kosten hiefür nur zu ersetzen, wenn sie wirklich angefallen sind.

Der OGH sprach früher „abstrakte" oder „fiktive" Heilungskosten zu[232]), ist aber nun davon abgegangen[233]), so daß zB der Geschädigte die Kosten einer nicht durchgeführten kosmetischen Operation nicht mehr ersetzt erhält. Er kann allerdings einen Vorschuß auf die Heilungskosten begehren, wenn er die Behandlung ernstlich beabsichtigt[234]).

dd) Verdienstentgang

Verdienstentgang[235]) gebührt für die **Vergangenheit** (seit der Verletzung) und für die **Zukunft.** Der Ersatz umfaßt jeden Vermögensnachteil aus der Verringerung oder dem Entfall von Einkünften, auch aus dem Verlust beruflicher Aufstiegschancen. Obwohl es sich dabei im weiteren Sinn um einen „entgangenen Gewinn" handelt (§ 1293), genügt nach § 1325 leichtes Verschulden des Schädigers. Ersatz gebührt auch dafür,

---

2003/47 ua. Zum Ersatz privater Krankenbehandlungen OGH in ZVR 2004/38; RZ-EÜ 2005/164.

229) S OGH in SZ 62/116; EFSlg 81.523; ZVR 1998/42; EvBl 2002/190 (Lebensgefährtin); JBl 2003, 650 (Telephonkosten).

230) *Perner/Spitzer,* EF-Z 2006, 36; OGH in EvBl 2005/273 = EF-Z 2006/9 *(Beclin).*

231) Dazu *Ch. Huber,* Schadensberechnung 309ff; OGH in ZVR 1991/109; ZVR 1997/114; ZVR 1998/128; ZVR 2002/12 (behindertengerechter Kleinbus); JBl 2003, 650 (Anschaffung eines Computers); ecolex 2005, 839 (Taxikosten).

232) OGH in ZVR 1988/71; RZ 1992/35 mwN; kritisch hiezu schon *Apathy,* Fiktive Operationskosten, RZ 1986, 265; *Ch. Huber,* Schadensberechnung 266ff; *Reischauer,* Ersatz fiktiver Heilungskosten (§ 1325 ABGB)? VersRdSch 1992, 72.

233) OGH in SZ 70/220; dazu *Ch. Huber,* Abkehr von der Zuerkennung fiktiver Heilungskosten, ZVR 1998, 74.

234) OGH in SZ 70/220; dazu *Schwarzenegger/Thunhart,* Was kommt nach den fiktiven Heilungskosten? ÖJZ 2001, 673.

235) Dazu OGH in SZ 50/77; SZ 52/77; SZ 54/70; SZ 55/167; ZVR 1985/47; JBl 1987, 575; ZVR 1989/16; ZVR 2001/2; ZVR 2002/103; ZVR 2004/36; zu fiktiven Ersatzkraftkosten ZVR 1995/45; zum Ersatz unerlaubter Vorteile JBl 1999, 465; SZ 72/54 (dazu *Ch. Huber,* Der Erwerbsschaden des Schwarzarbeiters, ZVR 2000, 290); zur Verzögerung des Studiums JBl 2000, 729; zu den Mehrkosten aus der Weitergabe der Werksausführung ZVR 2004/48.

daß der Verletzte seine bisherige Tätigkeit im Haushalt nicht mehr ausüben kann und dafür Ersatzkräfte einstellen muß, auch wenn er dies im konkreten Fall nicht tut[236]). Der Ersatz ist nach dem OGH sogar dann zu leisten, wenn der Verletzte schon bisher die Haushaltstätigkeit durch eine Hilfskraft besorgen hat lassen[237]).

Der Verdienstentgang wird durch wiederkehrende Zahlungen, sog **Renten,** ersetzt[238]); nur aus wichtigen Gründen kann Abfindung in Kapital verlangt werden. Hiebei wird der Entgang gewöhnlich **konkret** berechnet, nämlich als wirklich eingetretenes oder künftiges Vermögensminus. Daneben kennt die Judikatur[239]) auch eine **„abstrakte Rente"**[240]), dh eine solche, die von einem nachweisbaren Verdienstentgang beim Verletzten unabhängig ist[241]).

Die abstrakte Rente soll die Minderung der Erwerbsfähigkeit „an sich" ausgleichen. Sie soll den Verletzten dafür entschädigen, daß er sich zur Erzielung des bisherigen Einkommens „mehr anstrengen muß" und daß er bei einer künftigen Verschlechterung des Arbeitsmarktes Wettbewerbsnachteile hat[242]). Abstrakte Renten sind gewöhnlich sehr niedrig. Der Verletzte hat die Wahl, ob er den Schaden abstrakt oder konkret berechnen will[243]). Eine Kumulierung ist nicht möglich[244]). Wie bei abstrakten Berechnungen überhaupt, kommt es auch bei der „abstrakten Rente" zu einem Schadenersatz ohne nachweisbaren Vermögensschaden.

ee) Schmerzengeld

Das Schmerzengeld ist der wichtigste Fall des Ersatzes **immateriellen Schadens.** Es soll eine „Genugtuung für alles Ungemach" sein, das der Verletzte in seiner Gefühlssphäre erlitten hat, den Gesamtkomplex der Schmerzen abgelten, die dadurch entstandenen Unlustgefühle ausgleichen und den Verletzten in die Lage versetzen, sich als Ausgleich für die Leiden und die ihm entzogene Lebensfreude auf **andere Weise** gewisse **Annehmlichkeiten** und Erleichterungen zu verschaffen[245]).

---

[236]) OGH in ZVR 1984/322 mwN; ZVR 2003/45.

[237]) OGH in ZVR 1999/1.

[238]) Zur nachträglichen Änderung der Verhältnisse OGH in SZ 2004/184.

[239]) StRsp, zB JBl 1964, 90; JBl 1966, 567; EvBl 1969/303; SZ 2003/106. Vgl aber auch ZVR 1976/17; ZVR 1988/56, JBl 2003, 242 *(W. Faber).*

[240]) Dazu *Steininger,* Minderung der Erwerbsfähigkeit ohne Verdienstentgang, Wilburg-FS (1965) 186ff; *W. Schuhmacher,* Die Beeinträchtigung der Erwerbsfähigkeit als Problem des Schadensbegriffs, ZAS 1977, 43; *Welser,* ZVR 1978 Sonderheft 34ff; *Wittwer,* Zum Comeback einer Rechtsfigur – Die abstrakte Rente lebt weiter! ZVR 2004, 51. Ablehnend *Reischauer* in Rummel § 1325 Rz 36.

[241]) S aber OGH in ZVR 1977/232.

[242]) Vgl OGH in ZVR 1975/167; ZVR 1993/165.

[243]) OGH in ZVR 1990/121. Dagegen OGH in EvBl 1971/179; ZVR 1982/140; ZVR 1983/284; ZVR 1985/11; ZVR 1987/81.

[244]) OGH in ZVR 1990/121; SZ 70/93.

[245]) Dazu OGH in ZVR 1989/90, 104 und 121; ZVR 1990/118 und 158; ZVR 1992/99; ZVR 2004/43. Vgl auch *Danzl/Gutiérrez-Lobos/Müller,* Das Schmerzengeld in medizinischer und juristischer Sicht[8] (2003) 66 und 114; *Kath,* Schmerzengeld (2005) 35ff; vgl auch *v. Bar,* Schmerzengeld in Europa, Deutsch-FS (1999) 27.

Nach neuerer, allerdings sehr problematischer Auffassung soll Schmerzengeld auch dann geleistet werden, wenn der Verletzte gar keine Schmerzen mehr empfinden konnte[246]). Es ist danach nicht nötig, daß er sie „mit klarem Bewußtsein erlebt und rational verarbeitet hat".

In der Praxis werden die Schmerzen durch „Tagessätze" abgegolten, die leichte, mittlere und schwere Schmerzen unterscheiden, und zT in den Oberlandesgerichtssprengeln in verschiedener Höhe zugesprochen werden[247]). Als Schmerzengeld wird ein Abfindungsbetrag geleistet[248]), nur ausnahmsweise kann eine Rente zugesprochen werden[249]).

Schmerzengeldansprüche sind nach neuerer Rsp sofort abtretbar, pfändbar und **vererblich,** sie müssen nicht vorher anerkannt oder gerichtlich geltend gemacht worden sein[250]).

Die Ausgleichsfunktion des Schmerzengeldes endet mit dem Tod, daher gebührt kein (vererbliches) Schmerzengeld für ein „verkürztes Leben"[251]).

ff) Verunstaltungsentschädigung

Ist der Geschädigte durch die Verletzung auf Dauer verunstaltet worden, so daß dadurch sein **besseres Fortkommen** verhindert werden kann, so gebührt ihm ein weiterer Ersatz (§ 1326; § 13 Z 5 EKHG)[252]). Dies kommt vor allem bei Personen weiblichen Geschlechts in Betracht. Der Ersatz für die „Verhinderung des besseren Fortkommens" umfaßt den **Vermögensschaden,** ob auch ein ideeller Schaden berücksichtigt

---

[246]) OGH in ZVR 1993/150; RdM 1995/22; ZVR 2000/54. *Karner,* Ersatz ideeller Schäden 123 ff; *Ch. Huber,* ZVR 2000, 218; *Danzl/Gutiérrez-Lobos/Müller,* Schmerzengeld[8], 98 ff.

[247]) Kritisch *Kossak,* „Schmerzengeld nach Tagessätzen", ZVR 2001, 227; zum bisher höchsten Zuspruch von 3 Mio Schilling (€ 218.018,50) s OGH in ZVR 2002/66 *(Danzl)* = ecolex 2002, 585 *(Helmich);* s auch ZVR 2004/113 *(Danzl).* Ob bei „ersparten Schmerzen" eine Vorteilsanrechnung in Betracht kommt ist str. Dazu OGH in ZVR 2002/94; ecolex 2004, 444 *(Helmich);* dafür *Reischauer* in Rummel § 1325 Rz 55; dagegen *Harrer* in Schwimann § 1325 Rz 84 f.

[248]) Zur (ausnahmsweisen) Zulässigkeit einer Nachklage s OGH in SZ 74/135.

[249]) RIS Justiz RS0031369; *Danzl/Gutiérrez-Lobos/Müller,* Schmerzengeld[8] 192 ff.

[250]) OGH in ecolex 1996, 913 *(Wilhelm)* = SZ 69/217. S auch S 448; so schon OGH in ZVR 1977/166 *(Moser);* anders noch OGH in JB 204; ZVR 1982/111; ZVR 1983/327; SZ 54/25; SZ 61/144; *Wolff* in Klang VI 136 f; *F. Berger,* Die Vererblichkeit des Schmerzengeldanspruches, ZVR 1961, 121.

[251]) OGH in ZVR 2005/61 *(Karner)*; vgl *Koziol,* Die Tötung im Schadenersatzrecht, Liber Amicorum Pierre Widmer (2003) 203.

[252]) *Holzer,* Bemerkungen zu § 1326 ABGB, JBl 1981, 239; *Apathy,* Historisches und Dogmatisches zur Entschädigung für die Verhinderung des besseren Fortkommens (§ 1326 ABGB, § 13 Z 5 AtomHG, § 13 Z 5 EKHG), Strasser-FS (1993) 1; OGH in ZVR 1989/74; RZ 1992/32; SZ 69/156 und 199; ZVR 1997/115; ZVR 1999/2; ZVR 2001/25; ZVR 2004/39.

werden kann, ist strittig[253]). Die Höhe der Entschädigung richtet sich nach Art und Umfang der Verunstaltung und der zu erwartenden Behinderung[254]).

b) Tötung

Erfolgt aus einer körperlichen Verletzung der Tod, so müssen nicht nur alle Kosten, sondern auch den Hinterbliebenen, für deren Unterhalt der Getötete nach dem Gesetze zu sorgen hatte, das, was ihnen dadurch entgangen ist, ersetzt werden (§ 1327).

Bei der Tötung eines Menschen müssen die Kosten einer versuchten Heilung und alle mit dem Tod verbundenen **Auslagen** ersetzt werden. Dazu gehört auch der Aufwand für das **Begräbnis** und die Errichtung eines Grabes. Den Ersatzanspruch für die Bestattungskosten hat jener, der sie tatsächlich getragen hat. Den nächsten Angehörigen gebührt auch Ersatz für die Trauerkleidung[255]).

Auch das Recht der Hinterbliebenen auf Ersatz des **entgangenen Unterhaltes** ist ein Schadenersatz- und kein Unterhaltsanspruch und verjährt daher in drei Jahren ab Kenntnis von Schaden und Schädiger (§ 1489). Anspruch haben nur die **gesetzlich** Unterhaltsberechtigten[256]). Zu vergüten sind aber auch Leistungen, die der Verstorbene nicht in Geld, sondern in natura erbracht hat, zB durch die Haushaltsführung oder die Kindererziehung[257]). Der Ersatz wird in Form einer **Rente** geleistet. Voraussetzung ist ein gesetzliches Verhältnis, kraft dessen der Getötete einmal unterhaltspflichtig werden konnte, nicht aber, daß er es bei seinem Tod schon war. Berechtigt sind zB die Kinder, der Ehegatte[258]) und die unterhaltsberechtigten Eltern. Keinen Anspruch haben Geschwister oder Lebensgefährten, und zwar auch dann nicht, wenn ihnen der Verstorbene die Unterhaltsleistung vertraglich zugesagt hatte[259]).

Zu ersetzen ist, was den Berechtigten „**dadurch entgangen** ist", also die tatsächliche Unterhaltsleistung, nicht jene, zu der der Getötete ver-

---

253) Dafür *Strasser,* Zum schadenersatzrechtlichen Schutz der Geschlechtssphäre, JBl 1965, 573; *Holzer,* JBl 1981, 241; *Karner,* Ersatz ideeller Schäden 219ff; dagegen OGH in ZVR 1963/20; ZVR 1972/82; EFSlg 72.197, der vom Ersatz eines „besonderen" Vermögensschadens spricht.

254) RIS Justiz RS0031311.

255) Zuletzt OGH in ZVR 1999/126.

256) Da den Hinterbliebenen der Anspruch ausdrücklich vom Gesetz eingeräumt wird, sind sie nach *E. A. Kramer,* Noch einmal: Zum Problem des „mittelbaren" Schadens, ZVR 1974, 131, unmittelbar Geschädigte. Dazu *Welser,* ÖJZ 1975, 45; *derselbe,* JBl 1968, 346ff.

257) Zur Bewertung s OGH in ecolex 2000, 282; ZVR 2000/33; ZVR 2002/62; ZVR 2003/79.

258) OGH in JBl 1990, 723; EvBl 1993/65; ZVR 1994/67; ecolex 1998, 551 *(Wilhelm).*

259) OGH in JBl 1992, 44; SZ 2002/110 (Lebensgefährte).

pflichtet war[260]) Die Untergrenze bildet der gesetzliche Unterhaltsanspruch, auch wenn der Getötete weniger geleistet hat[261]).

Der Anspruch der Unterhaltsberechtigten nach § 1327 wird allgemein als gesetzliche **Ausnahme** davon angesehen, daß **mittelbar Geschädigten** kein Ersatz gebührt. S oben S 332. Das Recht der Hinterbliebenen entsteht „originär", wird also nicht vom Verstorbenen auf sie übergeleitet[262]), weil dieser ein solches Recht gar nicht hatte, sondern selbst zur Unterhaltsleistung verpflichtet war. Doch wird der Ersatzanspruch nach **§ 1304** gemindert, wenn den Getöteten an seinem Tod ein Mitverschulden trifft[263]), weil dieses eher dem Unterhaltsberechtigten zuzurechnen ist als dem Schädiger (s § 7 EKHG).

c) Verletzung der geschlechtlichen Selbstbestimmung

Wer jemanden durch eine strafbare Handlung oder sonst durch Hinterlist, Drohung oder Mißbrauch eines Abhängigkeits- oder Autoritätsverhältnisses geschlechtlich mißbraucht, hat nach der Neufassung des § 1328[264]) nicht nur den dadurch verursachten **Vermögensschaden,** sondern auch den **immateriellen Schaden** zu ersetzen.

d) Verletzung der Privatsphäre

Das Recht auf Achtung der Privatsphäre ist ein absolut geschütztes Persönlichkeitsrecht (§ 16). Gegen (drohende) Eingriffe stehen daher Unterlassungs- und Beseitigungsansprüche zu.

Wer rechtswidrig und schuldhaft in die Privatsphäre eines Menschen **eingreift** oder Umstände, die die privaten Verhältnisse einer Person betreffen, **offenbart** oder **verwertet,** hat nach dem durch das ZivRÄG 2004 neu geschaffenen § 1328 a[265]) auch den dadurch entstandenen Schaden zu ersetzen.

---

260) Vgl OGH in SZ 53/155; SZ 59/166; JBl 1989, 181 *(Apathy);* JBl 1989, 729; ZVR 1990/86; JBl 1990, 240; ZVR 1994/129; ZVR 2001/23; zum künftigen Entgang OGH in ZVR 1999/70; zum ererbten Vermögen OGH in ZVR 1999/127; zur Wiederverheiratung *Apathy,* JBl 1983, 397; OGH in SZ 60/249; anders bei Gefährdungshaftung ZVR 2004/85; s S 375.

261) S OGH in JBl 2000, 115 *(Karollus-Bruner);* ZVR 2000/40.

262) So auch OGH in ZVR 1978/79; ZVR 1994/90; EF 78.555; vgl auch ZVR 2003/26.

263) *Kletečka,* Mitverschulden 83f; OGH in JBl 1957, 645; SZ 36/133; ZVR 1988/156.

264) BGBl I 1996/759; dazu OGH in SZ 72/7; *Beclin,* Zur Reform des Schadenersatzes beim sexuellen Mißbrauch (§ 1328 ABGB), JAP 1997/98, 191; *Karner,* Die Neuregelung des Ersatzes ideeller Schäden bei geschlechtlichem Mißbrauch, JBl 1997, 685. Zum B-GlBG und GlBG *H. Hopf,* Belästigungsschutz neu, RdW 2004/548.

265) BGBl I 2003/91 (anzuwenden auf Schäden, die nach dem 1. 1. 2004 verursacht wurden); dazu *Helmich,* Schadenersatz bei Eingriffen in die Privatsphäre, ecolex 2003, 888; *Lukas,* Schadenersatz bei Verletzung der Privatsphäre, RZ 2004, 33; vgl auch *Hinteregger,* Der Schutz der Privatsphäre durch das österreichische Schadenersatzrecht – de lege lata et de lege ferenda, Liber Amicorum Pierre Widmer (2003) 143; *Karner/Koziol,* Ersatz ideellen Schadens, 15. ÖJT, Band II/1 101ff.

Bei erheblicher Verletzung umfaßt der Ersatzanspruch auch immaterielle Schäden. Sonderbestimmungen, wie §§ 7 ff MedienG, § 33 DatenschutzG und §§ 77, 78, 87 Abs 2 UrhG, gehen als leges speciales gem § 1328a Abs 2 vor.

Anwendungsfälle sind zB illegale Telephonüberwachung, Öffnen fremder Post, Eindringen in private Computer oder Photographieren von Personen in Umkleidekabinen.

e) Freiheitsberaubung

§ 1329 regelt die Ersatzansprüche, wenn jemand durch gewaltsame Entführung, durch Privatgefangennehmung oder vorsätzlich durch einen widerrechtlichen Arrest seiner Freiheit beraubt wird. Da aber die Freiheit ein absolut geschütztes Rechtsgut ist, sind auch **andere,** von § 1329 nicht aufgezählte **Verletzungen der Freiheit** rechtswidrig[266]) und verpflichten den Schädiger bei jedem Grad des Verschuldens zum Ersatz[267]).

Wird der Arrest allerdings durch eine nicht öffentliche Anzeige an die Behörden herbeigeführt, so tritt die Ersatzpflicht gemäß § 1330 Abs 2 nur bei Vorsatz ein[268]).

Der Ersatzanspruch richtet sich auf die **Wiedergewährung** der Freiheit, wenn sie noch nicht erlangt wurde. Daneben ist bei leichter Fahrlässigkeit der positive Schaden zu ersetzen, zu dem vor allem der Verdienstentgang gehört. Hat der Schädiger grob fahrlässig oder vorsätzlich gehandelt – wovon § 1329 ausgeht – so besteht Anspruch auf volle Genugtuung, die hier auch den **ideellen Schaden** umfaßt[269]).

Nach hM kann der durch **hoheitliches Handeln** in seiner Freiheit Verletzte seine Ansprüche direkt auf Art 5 Abs 5 MRK stützen, der auch für **immaterielle** Schäden einen **verschuldensunabhängigen** Ersatzanspruch gewährt[270]). Wird jemand rechtswidrig **festgenommen** oder angehalten, hat er auch gemäß Art 7 BVG über den Schutz der persönlichen Freiheit (BGBl 1988/684) einen – ebenfalls verschuldensunabhängigen – Anspruch auf volle Genugtuung einschließlich des Ersatzes für ideelle Schäden.

---

[266]) OGH in JBl 1981, 206.

[267]) So auch OGH in JBl 1990, 794.

[268]) OGH in ZAS 1980/1 *(P. Böhm);* RdW 1987, 50.

[269]) *Bydlinski,* JBl 1965, 251; *derselbe,* v Caemmerer-FS 796 ff; *W. Berger,* Die zivilrechtlichen Folgen von Grundrechtsverletzungen in Österreich, EuGRZ 1983, 238 ff; *derselbe,* Auswirkungen der Europäischen Menschenrechtskonvention auf das österreichische Zivilrecht, JBl 1985, 147 ff; nach OGH nur bei Vorsatz: JBl 1975, 645 *(Strasser);* JBl 1980, 372 *(Koziol)* = RdA 1980, 387 *(Apathy);* JBl 1982, 263; JBl 1990, 456 und 794.

[270]) *B. Binder,* Der Haftentschädigungsanspruch, ZfV 1977, 124; OGH in SZ 55/18; SZ 63/223; SZ 68/102; RZ 1996/51; SZ 70/243; SZ 73/103; RZ 2005/23.

Nach dem **Strafrechtlichen Entschädigungsgesetz** 2005 (StEG 2005, BGBl I 2004/125)[271]) haftet der Bund verschuldensunabhängig für Schäden durch den Entzug der persönlichen Freiheit zum Zwecke der Strafrechtspflege oder durch eine strafgerichtliche Verurteilung bei gesetzwidriger oder ungerechtfertigter Haft. Nach § 5 Abs 2 StEG sind auch ideelle Schäden zu ersetzen.

f) Ehrenbeleidigung und Kreditschädigung

§ 1330 enthält zwei Tatbestände: die Ehrenbeleidigung und die Rufschädigung.

Die **Ehrenbeleidigung (§ 1330 Abs 1)** ist ein Angriff auf die **Würde** eines Menschen[272]), zB durch Beschimpfung, Kränkung und Verspottung.

„Er ist ein Esel.“ „Er hat einen miesen Charakter.“
Auf Grund von Autoaufklebern mit der Aufschrift „Wenn Schweine fliegen könnten, brauchten Bullen keine Hubschrauber“ oder „Helfen sie der Polizei, verprügeln sie sich selbst“ ist aber kein bestimmter Polizeibeamter als beleidigt anzusehen[273]).

Da es sich um eine herabsetzende Bewertung handelt, kann die Ehrenbeleidigung nicht durch einen „Wahrheitsbeweis“ gerechtfertigt werden. Zulässig ist eine angemessene **Kritik,** insbesondere eine solche an Künstlern und Kunstwerken.

Erlaubt ist zB die sorgfältig begründete Äußerung eines Theaterkritikers, eine bestimmte Sängerin gehöre von ihren stimmlichen Fähigkeiten her nicht auf die Opernbühne, sondern an die Kasse eines Selbstbedienungsladens[274]).

Ebenso ist eine sachliche Kritik an Politikern keine Ehrenbeleidigung. Die Grenze zwischen Kritik und Beleidigung ist allerdings oft fließend. Bei der Kritik an Politikern ist die Grenze der Zulässigkeit weiter, als bei Privatpersonen[275]).

Bringt allerdings eine Zeitung zum Ausdruck, daß sich ein Politiker und die Justiz zusammen wie Schweine verhalten, so ist der Tatbestand der Beleidigung erfüllt[276]).

Wegen der Ehrenbeleidigung gebührt der Ersatz des **Vermögensschadens** (des positiven Schadens und des entgangenen Gewinnes), jedoch kein Ersatz ideeller Schäden.

---

[271]) S *Lukasch/Schwab,* (Zuviel?) Neues zum StEG, RZ 2003, 147; *Felnhofer-Luksch,* Bemerkungen zum Entwurf für ein StEG 2004, ÖJZ 2003, 410; *Schantl,* Gesetzwidrige Haft ohne Anspruch auf Haftentschädigung? JBl 2005, 289; *Felnhofer-Luksch,* Bemerkungen zu Gernot Schantl, Gesetzwidrige Haft ohne Anspruch auf Haftentschädigung? JBl 2005, 400.

[272]) Zur Anwendung auf juristische Personen s OGH in ecolex 1997, 493 *(Wilhelm);* ÖBA 2004, 52. Zur Kollektivbeleidigung s OGH in SZ 72/39; SZ 73/117; *Helmich,* Richter der Schiedsrichter, ecolex 2001, 838. Zum Schutz der Ehre als postmortales Persönlichkeitsrecht s OGH in SZ 2002/107.

[273]) Bay ObLG 22. 12. 1989, Rreg 1 St 193/89; JZ 1990, 348.

[274]) OGH in JBl 1996, 111.

[275]) RIS Justiz RS0082182; OGH in SZ 74/117.

[276]) Hanseat. OLG Hamburg, 17. 1. 1985, NJW 1985, 1654.

Der Tatbestand der **Kreditschädigung** (Rufschädigung) liegt vor **(§ 1330 Abs 2),** wenn jemand **unwahre** Tatsachen[277]) verbreitet, die den Kredit, den Erwerb oder das Fortkommen eines anderen gefährden[278]). Hier handelt es sich also nicht um Werturteile wie nach § 1330 Abs 1, sondern um Umstände, die einem **Beweis** zugänglich sind, über deren Wahrheit oder Unwahrheit gestritten werden kann. Daß sie auch ehrenrührig sind, ist nicht erforderlich. Die Weitergabe wahrer Tatsachen ist zulässig, wenn keine besondere Schweigepflicht besteht[279]).

Einen „wirtschaftlichen Ruf" hat nicht nur eine physische Person, sondern auch eine juristische, ja sogar eine politische Partei[280]). Haftbar wird nicht nur, wer die unwahre Tatsache „erfindet", sondern auch, wer sie nur berichtet[281]). Voraussetzung ist jedoch immer ein Verschulden, also daß der Verbreiter der Tatsache ihre Unwahrheit **kannte** oder **kennen mußte.** Für das Kennenmüssen genügt nach hM leichte Fahrlässigkeit[282]).

Auch nach Abs 2 kann nur der Ersatz des **Vermögensschadens** verlangt werden. Daneben hat der Geschädigte auch das Recht auf den **Widerruf**[283]) und auf seine **Veröffentlichung**[284]).

Neben § 1330 Abs 2 gewähren Lehre und Rsp bei Wiederholungsgefahr und unmittelbar drohender Verletzung wegen unwahrer Tatsachenbehauptungen einen vom Verschulden unabhängigen Unterlassungsanspruch[285]) (oben S 302).

Strittig ist, ob Unterlassungsansprüche auch dann zustehen, wenn ein Organ „in Vollziehung der Gesetze" eine kreditschädigende Tatsache verbreitet (hoheitliche Kreditgefährdung). Der OGH verneint den Unterlassungsanspruch gegen das Organ nach

---

[277]) Zu diesem Begriff OGH in MR 1990, 183 *(Korn);* SZ 64/182; JBl 1993, 518 *(Koziol);* EvBl 1993/134; JBl 1994, 258; MR 1995, 97 *(Korn);* ecolex 1996, 254; MR 1998, 269 *(Korn)* (s *Iro,* Massentierhaltung: Vergleich „Tier-KZ" zulässig! RdW 1998, 525); ecolex 1998, 626 (zur Retorsionskritik); SZ 72/118; JBl 2000, 664; RdW 2005/206; MR 2004, 327.

[278]) Vgl dazu auch *Ostheim,* Kreditschädigung und Presserecht, ÖJZ 1974, 1; *Zeiler,* Persönlichkeitsschutz (1998) 13ff; OGH in SZ 63/1; MR 1993, 144 *(Neumayer).*

[279]) Vgl *Haybäck,* Können wahre Tatsachenbehauptungen Ehrenbeleidigungen iS des § 1330 Abs 1 ABGB sein? JBl 1994, 667 und 732; OGH in RdW 2000/339; SZ 74/204; zum Vorwurf einer bereits abgetanen gerichtlich strafbaren Handlung s § 113 StGB; OGH in SZ 73/181; MR 2004, 325.

[280]) OGH in JBl 1988, 174.

[281]) Vgl OGH in SZ 72/144 (Buchhändler muß die von ihm verbreiteten Bücher nicht überprüfen); zur Verbreitung im Internet: OGH in ecolex 2001, 437; zum E-Commerce-Gesetz s S 360.

[282]) EvBl 1978/99; SZ 60/93 und 138; SZ 61/205; JBl 1991, 796; *Wolff* in Klang VI 64; *Ostheim,* ÖJZ 1974, 3. Anders noch SZ 44/45.

[283]) Dazu OGH in MR 1997, 85 *(Korn);* SZ 70/267; SZ 2002/178 (zu § 15 UWG s FN 12).

[284]) Es besteht aber kein Anspruch auf „Ehrenerklärung", OGH in JBl 1998, 369. Mit der Urteilsveröffentlichung nach § 34 MedienG fällt das Rechtsschutzinteresse an einem Widerruf weg: OGH in SZ 2003/162; vgl auch MR 2004, 322.

[285]) OGH in ecolex 1995, 405 *(Rudolf);* SZ 69/28.

§ 1 Abs 1 Satz 2, § 9 Abs 5 AHG und gegen den Rechtsträger, weil nach § 1 Abs 1 Satz 3 AHG nur Geldersatz gebührt[286]). Dies stellt eine problematische Rechtsschutzlücke dar[287]).

In manchen Fällen sind die Voraussetzungen der Ehrenbeleidigung (Abs 1) und der Kreditschädigung (Abs 2) zugleich erfüllt, zB wenn jemand einen anderen wegen einer – in Wirklichkeit nicht stattgefundenen – bestimmten Äußerung als „Lügner" bezeichnet[288]). Dann kann der Geschädigte zwischen den Rechtsfolgen beider Tatbestände wählen[289]).

Die **Beweislast** trifft bei der Kreditschädigung nach allgemeinen Regeln den Kläger. Er muß nicht nur beweisen, daß der Beklagte die Äußerung gemacht hat, sondern auch, daß sie unwahr ist. Nur wenn gleichzeitig eine Ehrenbeleidigung vorliegt (Abs 1) oder gegen ein Strafgesetz verstoßen wurde, muß sich der Täter „entlasten"[290]).

Von der Verantwortung für Kreditschädigung besteht eine wesentliche **Ausnahme** (§ 1330 Abs 2, letzter Satz): Für eine nicht öffentlich[291]) vorgebrachte Mitteilung, deren Unwahrheit der Mitteilende nicht positiv kennt, haftet er nicht, wenn er oder der Empfänger an ihr ein berechtigtes Interesse hatte[292]). Die Ersatzpflicht setzt also hier das Wissen von der Unwahrheit der mitgeteilten Tatsache voraus.

Ein berechtigtes Interesse haben die Gläubiger, zB die Banken, an der Entwicklung der Vermögensverhältnisse ihres Schuldners; oder die Dienstnehmer an gewissen Vorkommnissen im Betrieb; oder die Vatikanische Glaubenskongregation an den Äußerungen des Leiters eines Seelsorgeamtes[293]).

Lehre und Rsp sehen in dieser Ausnahme einen **Rechtfertigungsgrund,** der auf den berechtigten Interessen des Mitteilenden oder des Empfängers beruht und auf andere Fälle analog angewendet werden kann. Daher sollen zB auch gegen bestimmte Personen gerichtete, im Ge-

---

[286]) OGH in ecolex 1990, 608 *(Kletečka);* ecolex 1996, 98 *(Wilhelm);* ecolex 1996, 597 *(Kletečka);* RdW 1998, 263; SZ 70/160, JBl 2000, 179 *(Kalb);* SZ 2004/54.

[287]) Dazu *Kletečka,* Schutz gegen „hoheitliche Kreditgefährdung"? ecolex 1993, 441.

[288]) OGH in JBl 1991, 724.

[289]) OGH in JBl 1991, 724; EvBl 1991/61; ecolex 1992, 696 *(Kletečka);* SZ 69/12; aA noch OGH in SZ 50/86; MR 1987, 131 *(Korn).*

[290]) OGH in JBl 1991, 724; wbl 1992, 377; wbl 1993, 97; JBl 1994, 258; ecolex 1995, 407 *(Rudolf).* Zur Beweislastverteilung allgemein *Kletečka,* Kreditschädigung und Wahrheitsbeweis, ecolex 1991, 310f; *Korn,* die „zivilrechtliche" Ehrenbeleidigung, MR 1991, 141f.

[291]) OGH in SZ 69/12 (dazu *Bammer,* Beleidigung und Privatsphäre, MR 1997, 199); EvBl 1997/159.

[292]) Zur Rechtfertigung bei Mandatsausübung OGH in JBl 1989, 245 und 246 *(Schmoller);* SZ 62/186; SZ 73/60; vgl auch SZ 67/10; *Kopetzki,* Berufliche Immunität und zivilrechtliche Haftung, Winkler-FS (1989) 91. Zum Rechtfertigungsgrund des § 6 Abs 2 Z 4 MedG *Berka* in Berka/Höhne/Noll/Polley, MedienG² (2005) § 6 Rz 45ff mwN.

[293]) OGH in SZ 60/138.

meinderat gemachte kreditschädigende Äußerungen eines Redners diesen nur bei Wissentlichkeit haftbar machen[294]).

In Nebengesetzen wird auch Geldersatz für erlittene Kränkung gewährt (vgl § 16 Abs 2 UWG)[295]). Den Inhaber von Massenmedien trifft wegen unrichtiger Veröffentlichungen sogar eine verschuldensunabhängige Haftung für die ideellen Nachteile (§§ 6, 7 MedienG)[296]).

3. Haftung für Sachschäden

Wenn bei der Zerstörung oder Beschädigung von Sachen nicht Natural-, sondern Geldersatz zu leisten ist, so gebührt ihr **gemeiner Wert** zur Zeit der Schädigung (§ 1332). Ebenso ist für die Wertminderung der Zeitpunkt der Schadenszufügung maßgebend. Bei grobem Verschulden (Vorsatz oder grober Fahrlässigkeit) ist auch der entgangene Gewinn, also das **Interesse,** zu ersetzen.

Der gemeine Wert ist meist der **Wiederbeschaffungswert**[297]). War die Sache bei ihrer Zerstörung schon verkauft, so ist der Ersatz nach dem (höheren) Kaufpreis zu bemessen, weil die Kaufpreisforderung im Verkehr schon als gesicherter Wert anzusehen war (positiver Schaden, oben S 304). Hat eine Sache keinen Verkehrswert, so sind gewöhnlich die Kosten ihrer Neuherstellung zu ersetzen[298]); allerdings abzüglich eines Selbstbehalts wegen ihres Alters oder ihrer Abnutzung. So zB bei Zerstörung einer alten Straßenbrücke[299]) oder einer alten Zahnbrücke[300]) (s auch oben bei „Neu für alt“, S 325).

Wurde der Schaden mit **qualifiziertem Vorsatz** (dolus coloratus), nämlich durch eine strafbare Handlung, aus Mutwillen oder Schadenfreude herbeigeführt, so ist der Wert der **besonderen Vorliebe** (Affektionsinteresse, Liebhaberwert) zu ersetzen (§ 1331). Dies ist einer der wenigen Fälle, in denen kraft gesetzlicher Anordnung immaterieller Schaden vergütet wird. S oben S 305. Das Affektionsinteresse liegt in der besonderen Gefühlsbeziehung des Geschädigten zur Sache, zB in seiner Liebe zu alten Familienphotos, während der Wert, den eine Sache in gewissen Kreisen, zB in Sammlerkreisen hat („Sammlerwert“), zum gemeinen Wert gehört.

---

[294]) OGH in JBl 1990, 378 = MR 1990, 20 *(Korn).*

[295]) Auch für juristische Personen OGH in wbl 1991, 136; SZ 68/177.

[296]) *Hanusch,* Kommentar zum Mediengesetz (1998) § 6 Rz 1; *Korn,* Das Entschädigungssystem, in Mayer, Persönlichkeitsschutz und Medienrecht (1999) 47ff; *Ch. Schumacher,* Medienberichterstattung und Schutz der Persönlichkeitsrechte (2001) 58ff und 140ff; *Matscher,* Medienfreiheit und Persönlichkeitsschutz iSd EMRK, RZ 2001, 238; *Anderl,* Das neue Mediengesetz, ecolex 2005, 701; *Berka/Höhne/Noll/Polley,* MedienG[2]. Zur Analogiefähigkeit dieser Regelung *Koziol,* Die Haftung für kreditschädigende Berichte in Massenmedien, JBl 1993, 613.

[297]) OGH in SZ 35/87; SZ 37/165; ZVR 1987/94; EvBl 1987/79; aA *Ch. Huber,* Schadensberechnung, 157ff; *Harrer* in Schwimann § 1332 Rz 2; OGH in ZVR 1976/230.

[298]) *Koziol,* Haftpflichtrecht I Rz 10/18 mwN; OGH in JBl 2004, 657 = ecolex 2004, 855 *(Leitner).*

[299]) OGH in JBl 1987, 325.

[300]) OGH in SZ 56/54.

4. Haftung des Sachverständigen[301])

Wer sich zu einem Amt, zu einer Kunst, zu einem Gewerbe oder Handwerk, also zu einer Tätigkeit als Sachverständiger, öffentlich bekennt, gibt dadurch zu erkennen, daß er sich den nötigen Fleiß und besondere Kenntnisse zutraut und muß daher ihren Mangel vertreten (§ 1299).

Für Sachverständige gilt – im Vergleich zum allgemeinen Verschuldensmaßstab des § 1297 – ein **strengerer Maßstab.** Sie müssen die durchschnittlichen Fähigkeiten ihres Berufsstandes haben, den Leistungsstandard der Berufsgruppe[302]), allerdings keine außergewöhnlichen Fähigkeiten innerhalb der Gruppe. Der Kreis der „Sachverständigen" ist überaus weit. Es gehören alle Tätigkeiten dazu, die ein besonderes Können oder Fachwissen voraussetzen.

Daher sind zB Sachverständige: die Ärzte, Rechtsanwälte[303]), Notare[304]), Wirtschaftstreuhänder, Masseverwalter[305]), Apotheker, Architekten, Baumeister, Bergführer[306]), Realitätenvermittler[307]), Unternehmensberater[308]), Abschlußprüfer[309]), Anlageberater[310]), alle Arten von Professionisten usw. Auch an die Autofahrer wird der Maßstab des § 1299 angelegt.

Inhalt des § 1299 ist die Anhebung des **Verschuldensmaßstabes**[311]), was zu einer Steigerung der Pflichten führt. § 1299 erweitert aber im übrigen die Haftung nicht über die allgemeinen Grundsätze hinaus und begründet daher – was in der älteren Rsp manchmal übersehen

---

[301]) *Welser,* Haftung; *derselbe,* Sachverständigenhaftung und Insolvenzverfahren, NZ 1984, 92; *Koziol,* Zur Haftung wegen fahrlässiger Anstiftung durch unrichtige Auskünfte, JBl 1988, 409; *F. Graf,* Anwaltshaftung (1991); *Iro,* Anwaltshaftung und Falschinformation durch den Klienten, RdW 1997, 520; *derselbe,* Sorgfaltspflichten des Steuerberaters, RdW 1997, 587; *Völkl/Völkl,* Die Haftung der rechtsberatenden Berufe im Spiegel der Rechtsprechung, ÖJZ 2006, 261.

[302]) Vgl zB OGH in SZ 54/13; vgl auch OGH in JBl 2004, 327.

[303]) Vgl *F. Graf,* Anwaltshaftung 134f; *Spitzer,* Haftungsfalle (Un-)Ehelichkeitsvermutung, NZ 2004, 161; *Benn-Ibler,* Anwaltshaftung, Verjährung, Welser-FS (2004) 55; zB OGH in RdW 2001/430; NZ 2001, 304; RdW 2005/366.

[304]) ZB OGH in ecolex 1995, 172; RdW 2001/301; RdW 2003/204; RdW 2005/753; zur Haftung des Vertragsverfassers OGH in NZ 2000, 236.

[305]) *Welser,* NZ 1984, 92; *Shamiyeh,* Die zivilrechtliche Haftung des Masseverwalters (1995) 153ff; zB OGH in RdW 2003/31.

[306]) OGH in ZVR 1994/125; zum Bergführer aus Gefälligkeit s OGH in JBl 2000, 305; dazu *Stabentheiner,* Zum Tourenführer aus Gefälligkeit, JBl 2000, 273.

[307]) ZB OGH in EvBl 2002/168.

[308]) OGH in JBl 2000, 441 *(Staudegger).*

[309]) Zur Haftung des Abschlußprüfers (gegenüber Dritten) s § 275 UGB; OGH in ÖBA 2002, 820 *(Walter Doralt);* SZ 73/157; ÖBA 2005, 355 *(Bartlmä).* Dazu *Walter Doralt,* Haftung der Abschlussprüfer (2005) mwN.

[310]) *Winternitz/Aigner,* Die Haftung des Anlageberaters für fehlerhafte Anlageberatung (2004). Zur Zulässigkeit einer Feststellungsklage bei zu befürchtenden Anlegerschäden: OGH in ecolex 2004, 102; *Wilhelm,* Feststellung der Haftung für ganz und gar künftige Schäden, ecolex 2004, 757; *Brand,* Feststellungsinteresse bei Anlageberatungsfehlern für künftige ungewisse Schäden? ecolex 2005, 905 mwN.

[311]) *Welser,* Haftung 23ff mwN; *Koziol,* JBl 1988, 411. OGH in JBl 1985, 625 *(Iro);* JBl 1993, 389; JBl 1997, 245 *(Dullinger);* JBl 1998, 652.

wurde[312]) – vor allem **keine** Haftung des Sachverständigen gegenüber **jedermann.** Vielmehr wird der Sachverständige den Geschädigten nur nach allgemeinen Regeln, also nur bei Verletzung vertraglicher oder deliktischer Pflichten, schadenersatzpflichtig.

Ein Sachverständiger wird nach § 1300 auch verantwortlich, wenn er in Angelegenheiten seiner Kunst oder Wissenschaft „gegen Belohnung" fahrlässig einen nachteiligen **Rat** erteilt. Dem Rat wird die **Auskunft** gleichgestellt[313]), ebenso Gutachten, Expertisen, Stellungnahmen uä. Die Worte „gegen Belohnung" werden von der hA sehr weit, nämlich als „im Rahmen eines Schuldverhältnisses" ausgelegt. Von der Haftung für leichte Fahrlässigkeit ausgeschlossen sind also die Ratschläge und Auskünfte, die aus **„reiner Gefälligkeit",** dh außerhalb eines Verpflichtungsverhältnisses erteilt werden. Die hA führt letztlich zu dem auch aus allgemeinen Grundsätzen folgenden Ergebnis, daß innerhalb **schuldrechtlicher Sonderbeziehungen** jede Partei – ohne Rücksicht auf die Sachverständigeneigenschaft und ein Entgelt[314]) – schon für fahrlässige Auskünfte, Mitteilungen und Ratschläge einstehen muß. Bei unentgeltlichen Verträgen kann allerdings eine Haftungsminderung eingreifen[315]).

Daher wird für jedes Verschulden gehaftet, wenn die Raterteilung als Haupt- oder Nebenleistung im Rahmen eines Schuldverhältnisses[316]) erfolgt, das nicht nur auf einem Vertrag, sondern auch direkt auf dem Gesetz beruhen kann, wie das vorvertragliche Schuldverhältnis[317]) oder jenes, das auf Grund des geschäftlichen Kontakts bei Erteilung einer Bankauskunft entsteht[318]). Auch sonstige rechtliche Sonderbeziehungen führen zur Haftung, zB jene aus einem öffentlich-rechtlichen Schuldverhältnis, weshalb auch Gerichte, Verwaltungsbehörden, Sozialversicherungsträger und gerichtlich bestellte Sachverständige verantwortlich werden können[319]).

Bei Erteilung von Rat und Auskunft außerhalb eines Schuldverhältnisses – also im „Deliktsbereich" – haftet der Rat- oder Auskunftgeber

---

[312]) S zB OGH in SZ 16/143; JBl 1937, 58; ÖBA 1962, 400. Richtig hingegen SZ 9/76; JBl 1936, 300; JBl 1965, 319; SZ 43/236.

[313]) Ausführlich *Welser,* Haftung 11f mwN.

[314]) OGH in SZ 68/60 mwN; differenzierend *C. Völkl,* § 1300 Satz 1 ABGB als Grundlage einer allgemeinen zivilrechtlichen Informationshaftung, ÖJZ 2006, 97.

[315]) *Welser,* Haftung 36; *Honsell,* Probleme der Haftung für Auskunft und Gutachten, JuS 1976, 621, 626.

[316]) Zur Haftung gegenüber einem vom Anfragenden geschädigten Dritten *Koziol,* JBl 1988, 409; OGH in JBl 1991, 249 *(Kerschner);* ecolex 1995, 402; ecolex 1995, 403 *(Wilhelm).* Vgl auch oben beim Vertrag mit Schutzwirkung zugunsten Dritter S 143.

[317]) *Welser,* Haftung 33ff; OGH in JBl 1981, 319 *(Koziol);* SZ 57/122 und 184; JBl 1985, 38; ÖBA 1988, 615 *(Jabornegg);* SZ 66/129; ÖBA 1998, 891. Vgl aber *Reischauer,* ZAS 1988, 78ff.

[318]) *Welser,* Zur Haftung der Banken für Bonitätsauskünfte, ÖBA 1982, 117; auch bei erstmaligem Kontakt, wenn der Rat nicht selbstlos erfolgte s OGH in ÖBA 2002, 937 *(Koziol);* ÖBA 2004, 881.

[319]) *Welser,* Haftung 77; *derselbe,* NZ 1984, 92ff; zur Haftung einer Arbeiterkammer OGH in JBl 2003, 449 *(Grillberger);* dazu *Naderhirn/Resch,* Sachverständigenhaftung der Arbeiterkammer für ihre Angestellten? RdW 2003/226.

nur für den Schaden, den er **wissentlich** durch die Erteilung des Rates oder der Auskunft herbeiführt (§ 1300 Satz 2)[320]), also nicht schon für fahrlässiges Verhalten. Nach hA gilt diese – im Vergleich zur allgemeinen Regel (§ 1294) – eingeschränkte Haftung nur für **reine Vermögensschäden**[321]). Sie ist Ausdruck des Grundsatzes, daß das bloße Vermögen nicht allgemein gegen Angriffe geschützt ist. S oben S 314. Wird hingegen durch den Rat oder die Auskunft ein absolut geschütztes Gut geschädigt, so ist bei jeder Art von Verschulden, also auch bei leichter Fahrlässigkeit, Ersatz zu leisten[322]).

Bei Auskünften, besonders bei Gutachten von Sachverständigen, spielt der Schutz **Dritter**[323]) eine besondere Rolle, weil sie oft durch die von anderen in Auftrag gegebenen Stellungnahmen zu einem Verhalten veranlaßt werden sollen. Der OGH hat ihnen bei Unrichtigkeit des Gutachtens ursprünglich unter den Voraussetzungen des Vertrages mit Schutzwirkung zugunsten Dritter Ersatz gewährt. Zuletzt wurde aber die Haftung richtiger auf die Verletzung objektiv-rechtlicher, vertragsähnlicher Pflichten gestützt. S oben S 146.

5. Haftung für Gehilfen[324])

Jeder hat grundsätzlich für das eigene, nicht aber für das fremde Verhalten einzustehen. Hievon bestehen jedoch wichtige Ausnahmen.

In den §§ 1313a und 1315 regelt das Gesetz die Haftung des Geschäftsherrn für seine Gehilfen. Sie hat große Bedeutung, weil Unternehmer meistens Gehilfen einsetzen und der Geschädigte bessere Chancen hat, einen Schadenersatzanspruch gegen den – wirtschaftlich stärkeren – Geschäftsherrn durchzusetzen als gegen den Gehilfen. Die Haftung des Geschäftsherrn geht verschieden weit, je nachdem, ob der unmittelbare Schädiger sein Erfüllungsgehilfe (§ 1313a) oder sein Besorgungsgehilfe war (§ 1315).

---

[320]) Bedingter Schädigungsvorsatz genügt: OGH in RdW 2001/367 (dazu *Schobel,* Auskunftshaftung, Vertragsfiktion und Eigenhaftung des Gehilfen, ÖBA 2001, 752). Keine Haftung besteht jedoch für die wissentlich falsche Auskunft über die Wahrscheinlichkeit einer Empfängnis, OGH in SZ 67/17; dazu *Lanczmann,* JAP 1994/95, 192.

[321]) *Welser,* Haftung 17f.

[322]) Dazu *Welser,* Vertretung 48f; *derselbe,* Haftung 10.

[323]) Zur Haftung des Gutachters gegenüber Dritten und deren Treugebern OGH in ÖBA 2001, 922 (dazu *Karner,* ÖBA 2001, 893). Zur Haftung des Sachverständigen im Zwangsversteigerungsverfahren gegenüber dem Ersteher OGH in SZ 73/96. Zur Haftung des Sachverständigen im Strafprozeß gegenüber Dritten OGH in JBl 2001, 227; gegenüber dem Verurteilten OGH in RdW 2003/58 (Bindungswirkung).

[324]) Dazu *Spiro,* Die Haftung für Erfüllungsgehilfen (1984); *derselbe,* Die Haftung für Erfüllungsgehilfen, JBl 1987, 341; zur Verantwortlichkeit für Links auf fremde Websites *Zankl,* Verantwortlichkeit für fremde Internetinhalte – Altes und Neues zur Gehilfenhaftung, JBl 2001, 409; s unten S 360.

a) Erfüllungsgehilfen

Wer einem andern zu einer Leistung verpflichtet ist, haftet ihm für das Verschulden seines gesetzlichen Vertreters sowie der Personen, deren er sich zur Erfüllung bedient, wie für sein eigenes (§ 1313 a).

Der Erfüllungsgehilfe wird vom Geschäftsherrn zur Erfüllung eines bereits bestehenden **Schuldverhältnisses** einsetzt[325]).

Meistens kommen Erfüllungsgehilfen bei der Erfüllung von Verträgen vor, doch gibt es auch andere Fälle. So ist auch Erfüllungsgehilfe, wer für seinen Geschäftsherrn einen Geschäftsabschluß vorbereitet[326]). Die besonderen Verbindlichkeiten ergeben sich hier aus dem – schon auf Grund des Gesetzes bestehenden – vorvertraglichen Schuldverhältnis (oben S 16ff). § 1313 a ist auch dann anwendbar, wenn eine öffentlich-rechtliche Sonderbeziehung zum Geschädigten, zB dem zu einer Amtshandlung Vorgeladenen, besteht[327]). Das Vollzugsorgan ist jedoch nicht Erfüllungsgehilfe des betreibenden Gläubigers[328]).

Auch selbständige Unternehmer und auf Grund ihrer Sachkunde selbständig arbeitende Personen können Erfüllungsgehilfen sein[329]). Ob die Haftung für Erfüllungsgehilfen ein Weisungsrecht des Geschäftsherrn voraussetzt, ist strittig[330]).

Auch der Werkunternehmer ist nicht verpflichtet, alle Rohstoffe oder alle Bestandteile selbst herzustellen. Eine Haftung des Werkunternehmers kommt nur in Frage, wenn er den von einem Dritten gelieferten Teil nicht ausreichend kontrolliert oder den Zulieferer nicht sorgfältig auswählt hat. Für das Verschulden der Zulieferer haftet der Werkunternehmer nur dann nach § 1313 a, wenn er gegenüber dem Werkbesteller selbst die Pflicht zur Herstellung der zugekauften Teile übernommen hat. Ob dies der Fall ist, richtet sich nach dem Vertrag, hilfsweise nach der ergänzenden Vertragsauslegung. Herstellungspflichten werden zu verneinen sein, wenn es in dem zu beurteilenden Fall üblich ist, Bestandteile nicht selbst herzustellen, sondern zuzukaufen[331]).

---

[325]) *M. Wilburg,* Haftung für Gehilfen, ZBl 1930, 650f; *Kletečka,* Der Anscheinserfüllungsgehilfe, JBl 1996, 87ff; OGH in JBl 1983, 255; JBl 1986, 789; SZ 68/106; JBl 1998, 718 *(Kleewein);* ZVR 2002/23; vgl auch OGH in JBl 1999, 244; RdW 2002/645. Zum Notariatssubstituten OGH in NZ 2002/127 *(Hoyer); Koziol,* Haftung der Notare für Substituten, Weißmann-FS (2003) 431; *Kletečka,* Haftet der Notar für seinen Substituten? Welser-FS (2004) 477.

[326]) *Welser,* Vertretung 80ff, 97, 99ff, 102ff; *F. Bydlinski,* Zur Haftung für Erfüllungsgehilfen im Vorbereitungsstadium, JBl 1995, 477 und 558; *Kletečka,* JBl 1996, 186ff. OGH in SZ 51/111; JBl 1991, 586; SZ 70/15; wbl 2002, 577.

[327]) OGH in JBl 1991, 479. Zur Frage, ob § 21 ScheckG eine entsprechende Sonderbeziehung begründet, OGH in ÖBA 1999, 300 *(Iro).*

[328]) OGH in JBl 1997, 386.

[329]) OGH in SZ 63/201; SZ 65/16; RdW 2001/366 (Subunternehmer); ÖBA 2001, 328 *(Apathy);* EvBl 2002/50 (Hotelbetreiber als Erfüllungsgehilfe des Reiseveranstalters).

[330]) Dafür OGH in SZ 65/16; SZ 69/115; vgl auch OGH in JBl 1996, 183 *(Kletečka);* dagegen *Reischauer* in Rummel § 1313 a Rz 9; *F. Bydlinski,* JBl 1995, 556f; *Markl/Pittl,* Ausgewählte Fragen der Erfüllungsgehilfenhaftung beim ärztlichen Behandlungsvertrag, ÖJZ 1997, 774f; OGH in RdM 2000/8 *(Kopetzki)* (vgl zur Haftung des Belegarztes auch OGH in SZ 72/164); JBl 2004, 648 *(Lukas)* = ecolex 2004, 608 *(Wilhelm).*

[331]) OGH in JBl 2004, 648 *(Lukas)* = ecolex 2004, 608 *(Wilhelm).*

In letzter Zeit hat sich die Ansicht durchgesetzt, daß der Geschäftsherr auch für jene Personen einzustehen hat, für die nur der Anschein der Gehilfenstellung besteht, also für **Anscheinserfüllungsgehilfen**[332]). Dies setzt allerdings voraus, daß der Anschein seine Grundlage im Verhalten des Geschäftsherrn hat.

Dem Erfüllungsgehilfen wird von § 1313a der **gesetzliche Vertreter** eines nicht Geschäftsfähigen gleichgestellt.

Da den Gehilfen selbst nicht die Pflichten aus dem Schuldverhältnis zwischen Geschäftsherrn und Geschädigtem treffen, ist unter dem Verschulden des Erfüllungsgehilfen ein Verhalten zu verstehen, das schuldhaft wäre, wenn es der Geschäftsherr selbst gesetzt hätte[333]).

Die Haftung des Geschäftsherrn ist damit zu **rechtfertigen**[334]), daß jener, der durch den Einsatz von Gehilfen seinen geschäftlichen Aktionsradius erweitert und somit Vorteile hat, auch in vollem Umfang das damit verbundene Risiko tragen muß. Der Gläubiger darf nicht dadurch schlechter gestellt werden, daß der Schuldner die Leistung nicht selbst, sondern durch einen Gehilfen erbringt.

Der Geschäftsherr haftet allerdings nur für schädigende Handlungen, die mit der Erfüllung in einem **inneren Zusammenhang** stehen[335]): Schäden **durch** die Erfüllung (Verletzung der Hauptleistungspflicht, Nebenpflicht oder Schutzpflicht). Hat der Gehilfe dem Gläubiger sonst (**„anläßlich“** der Erfüllung) Nachteile zugefügt, so wird der Geschäftsherr nicht nach § 1313a, sondern höchstens nach § 1315 verantwortlich.

Hat der Schuldner S die Reparatur eines Spiegels übernommen und läßt ihn der Gehilfe bei der Arbeit daran aus Versehen fallen, so haftet der Schuldner dem Gläubiger für das Verschulden des Gehilfen: die sorgfältige Behandlung des Spiegels war Bestandteil der Schuldnerverpflichtung. Benutzt hingegen der Gehilfe die Ablieferung des Spiegels, um eine „alte Rechnung“ zu begleichen und den Gläubiger zu verprügeln, so verletzt er damit keine Pflichten aus dem Werkvertrag. S haftet nicht nach § 1313a.

b) Besorgungsgehilfe (Verrichtungsgehilfe)

Wer sich einer untüchtigen oder wissentlich einer gefährlichen Person zur Besorgung seiner Angelegenheiten bedient, haftet für den Schaden, den sie in dieser Eigenschaft einem Dritten zufügt (§ 1315).

---

332) *Kletečka,* JBl 1996, 84; OGH in ecolex 1997, 151 *(Wilhelm);* ÖBA 1998, 556 *(Iro);* RdW 2005/757.

333) OGH in JBl 1992, 43; SZ 73/151 = ecolex 2001, 41 *(Wilhelm);* vgl auch SZ 2003/161.

334) Dazu *Welser,* Vertretung 79; *derselbe,* Selbstverschuldensprinzip und Repräsentantenhaftung, Ostheim-FS (1990) 622f; *Reischauer,* Zur Ratio der Erfüllungsgehilfenhaftung (§ 1313a), VersRdSch 1990, 46; OGH in VersRdSch 1987/90; SZ 60/133; JBl 1990, 656 *(Dullinger);* wobl 1995, 8 *(Call).*

335) Dazu *Ehrenzweig* II/1, 296; *Wilburg,* ZBl 1930, 660ff; *Koziol,* Zurechnung untreuer Bank-Mitarbeiter (2004) 35ff; OGH in SZ 51/55 und 108; JBl 1986, 101; JBl 1988, 650; EvBl 1991/44; SZ 63/201; ZVR 2000/102 (vorsätzliche unerlaubte Handlungen); JBl 2005, 256 *(Rummel)* = ZVR 2005/45 *(Hauenschild).*

Besorgungsgehilfe ist jeder, dessen sich ein Geschäftsherr zur Besorgung irgendwelcher **Angelegenheiten** bedient. Die Haftung für den Besorgungsgehilfen setzt daher **kein Schuldverhältnis** zwischen dem Geschäftsherrn und dem Geschädigten voraus. Die Verantwortlichkeit des Geschäftsherrn ist gegenüber Dritten geringer, weil sie mit ihm in keiner rechtsgeschäftlichen Beziehung stehen, die der Förderung seiner Interessen dient. Der Geschäftsherr haftet daher nicht für jedes Verschulden, sondern nur, wenn er sich einer untüchtigen oder wissentlich einer gefährlichen Person bedient.

Der Gehilfe ist **untüchtig,** wenn er zu der Tätigkeit, für die er eingesetzt ist, **überhaupt nicht** geeignet ist[336]). Es genügt also nicht, wenn er bei seiner Tätigkeit irgendeinen Fehler macht. Die Untüchtigkeit muß **„habituell"** sein (mangelnde Ausbildung, Veranlagung). Aus einem mehrmaligen gleichartigen Versagen ist meist auf die Untüchtigkeit zu schließen, doch kann sie auch schon durch einmaliges schweres Fehlverhalten erwiesen werden[337]). Das Gesetz verlangt hier keinen Nachweis des Verschuldens des Geschäftsherrn, weil es davon ausgeht, daß er die Untüchtigkeit jederzeit feststellen kann, weshalb man von einem „erstarrten Auswahlverschulden" spricht.

Während die Eigenschaft der Tüchtigkeit auf jene Angelegenheiten zu beziehen ist, die der Gehilfe besorgen soll, betrifft die **„Gefährlichkeit"** seine allgemeinen menschlichen Qualitäten.

Gefährlich ist der Installateurgehilfe, der stiehlt; der Malergehilfe, der Brände legt.

Der Geschäftsherr haftet nur, wenn ihm gerade die gefährlichen Eigenschaften des Gehilfen bekannt waren („wissentlich"). Das **Wissen** des Geschäftsherrn braucht aber nur diese **Gefährlichkeit** zu umfassen, nicht die konkrete Möglichkeit eines Schadenseintrittes. Hat der Geschäftsherr die Gefährlichkeit nicht gekannt, so haftet er nur, wenn ihn an der Schädigung selbst ein Verschulden trifft.

Die Haftung des Geschäftsherrn setzt aber voraus, daß sich gerade jene Gefährlichkeit realisiert hat, von welcher er Kenntnis hatte[338]). Er haftet daher nicht, wenn er einen vorbestraften Sprengstoffattentäter einstellt und dieser einen Diebstahl begeht.

Der Erzeuger von Chemikalien läßt den vom Apotheker bestellten Säureballon durch einen Gehilfen liefern. Dieser transportiert den Ballon ungeschickt und läßt ihn in der Apotheke fallen, so daß der Fußboden beschädigt wird. Der Lieferant haftet dem Apotheker, weil dieser sein Vertragspartner ist, gemäß § 1313a. Steckt der Gehilfe in einem unbeobachteten Augenblick in der Apotheke Kosmetika ein, so wird sein Geschäftsherr dem Apotheker nur nach § 1315 (2. Fall) haftbar, wenn ihm bekannt war, daß der Gehilfe kleptomanisch veranlagt ist.

---

[336]) OGH in SZ 22/110; EvBl 1974/109.

[337]) OGH in SZ 22/110; SZ 25/84; JBl 1971, 308; JBl 1978, 91 *(Koziol);* SZ 54/21; JBl 1986, 520. „Erstarrte culpa": *Gschnitzer,* Schuldrecht BT 185; OGH in ZVR 1970/70.

[338]) Vgl *Wilburg,* ZBl 1930, 724; OGH in JBl 1954, 201; ZVR 1985/44.

Die engen Haftungsvoraussetzungen des § 1315 sind allerdings durch andere gesetzliche Bestimmungen vielfach **durchbrochen**[339]). So bestimmt § 1319a, daß der Halter eines Weges dessen Benützern für jedes grobe Verschulden seiner Gehilfen einzustehen hat. Siehe S 367 ff. Ferner sehen neuere Gesetze über Gefährdungshaftungen eine erweiterte Gehilfenhaftung vor: der Inhaber der gefährlichen Sache haftet dem Geschädigten für jedes Verschulden seiner Gehilfen (§ 19 Abs 2 EKHG; § 17 AtomHG 1999; § 56 ForstG 1975; § 10 RohrleitungsG 1975). Nach dem älteren § 2 RHG muß der Unternehmer nur für das Verschulden leitender Personen einstehen.

Eine über § 1315 hinausgehende Haftung besteht ferner bei **juristischen Personen,** die deliktisch nicht nur für ihre verfassungsmäßigen Organe, sondern auch für sogenannte **Machthaber** einzustehen haben (s Bd I S 74). In letzter Zeit wird erwogen, diese „Repräsentantenhaftung" auf natürliche Personen zu erstrecken[340]).

c) Eigene Haftung des Gehilfen

Die Haftung des Geschäftsherrn nach den §§ 1313a, 1315 für die von Gehilfen verursachten Schäden schließt eine eigene Haftung des Gehilfen gegenüber dem Geschädigten nicht aus. Allerdings obliegen in den Fällen des § 1313a die Pflichten aus dem Schuldverhältnis nur dem Geschäftsherrn, nicht jedoch dem Gehilfen.

Der Vertrag zwischen dem Geschäftsherrn und dem Gehilfen entfaltet auch keine Schutzwirkung zugunsten des Gläubigers des Geschäftsherrn[341]).

Da also zwischen dem Gehilfen und dem Gläubiger des Geschäftsherrn keine schuldrechtliche Beziehung besteht, haftet ihm der Gehilfe nur, wenn sein Verhalten unabhängig von den Pflichten aus dem Schuldverhältnis rechtswidrig ist, etwa wegen Verletzung eines absoluten Rechts des Geschädigten, zB seiner Gesundheit oder seines Eigentums. Der Geschäftsherr haftet also vertraglich, der Gehilfe nur **deliktisch**[342]).

d) Regreß

Hat der Geschäftsherr den Schaden ersetzt, so kann er vom Gehilfen **Rückersatz** verlangen, wenn dieser durch die Schädigung seinen Vertrag

---

[339]) Zu Überlegungen de lege ferenda *Harrer,* JBl 1996, 23 f.

[340]) OGH in JBl 1998, 613; SZ 2002/116; ecolex 2004, 442; *Bydlinski,* System 217 f; vgl auch *Jabornegg,* GesRZ 1989, 16.

[341]) OGH in SZ 62/173; JBl 1994, 331 *(Karollus);* ecolex 1997, 663; ZVR 1999/98; ecolex 2002, 426; s aber SZ 64/144; *Stefula,* Haftung des Erfüllungsgehilfen nach vertraglichen Grundsätzen? RZ 2001, 216. Vgl oben S 143.

[342]) Vgl OGH in JBl 1980, 39 *(Koziol);* SZ 51/97; JBl 1990, 376; JBl 1992, 323; ZVR 1992/177; RdW 2004/466; JBl 2005, 256 *(Rummel)* = ZVR 2005/45 *(Hauenschild);* RdW 2005/361.

mit dem Geschäftsherrn schuldhaft verletzt hat (§ 1313)[343]). Im Anwendungsbereich des DHG gelten auch besondere Regreßregeln.

6. E-Commerce[344])

Für rechtswidrige Inhalte einer Website (zB für eine beleidigende Homepage) haftet ihr Betreiber **(Content-Provider)** nach allgemeinem Zivilrecht. Mit einer solchen Rechtsverletzung stehen oft noch andere Diensteanbieter, zB durch Speichern, Weiterleitung der Daten oder Ermöglichen des Internetzuganges, in Verbindung. Das E-Commerce-Gesetz (ECG) regelt unter anderem die deliktische Haftung der Anbieter solcher Dienste. Es enthält allerdings keine eigenen Haftungstatbestände, sondern nur Haftungsbefreiungsvoraussetzungen: Der Diensteanbieter haftet nach allgemeinem Zivilrecht (zB § 1330)[345]), ist aber ein Haftungsbefreiungstatbestand des ECG erfüllt, so wird nicht gehaftet.

Haftungsfrei sind der Access-Provider, der nur die Durchleitung von Daten übernimmt (§ 13 ECG) und Suchmaschinenbetreiber (§ 14 ECG). Dasselbe gilt auch für die kurzfristige Zwischenspeicherung von Daten (Caching; § 15 ECG). Auch wer Speicherplatz zur Verfügung stellt (Host-Provider) oder mittels eines elektronischen Verweises (Hyperlink) den Zugang zu fremden Informationen ermöglicht (Linksetzer) wird privilegiert: er haftet nicht, wenn ihm keine Umstände bewußt sind, aus denen eine rechtswidrige Tätigkeit oder Information offensichtlich wird (§§ 16, 17 ECG).

7. Dienstnehmerhaftung

a) Dienstnehmerhaftpflichtgesetz[346])

Das DHG 1965 behandelt den Ersatz von Schäden, die ein Dienstnehmer bei Ausführung seiner Arbeitsleistung[347]) dem **Dienstge-**

---

[343]) Zum Ersatz der Kosten eines Vorprozesses s OGH in SZ 74/119 = ecolex 2001, 906 *(Helmich);* vgl auch JBl 2002, 658; RdW 2003/206; RdW 2003/355; dazu *Pochmarski/Strauss,* JBl 2002, 365 ff.

[344]) *Zankl,* Verantwortlichkeit für fremde Internetinhalte, JBl 2001, 409; *derselbe,* Zivilrecht und E-Commerce, ÖJZ 2001, 542; *derselbe,* E-Commerce-Gesetz (2002); *Schanda,* Verantwortung und Haftung im Internet nach dem neuen E-Commerce-Gesetz, ecolex 2001, 920; *Laga/Sehrschön,* E-Commerce-Gesetz (2002); *Brenn,* E-Commerce-Gesetz (2002); s auch Bd I S 138.

[345]) S OGH in ecolex 2004, 530 (dazu *Zankl,* Online-Archiv: Dritte OGH-Entscheidung zum E-Commerce-Gesetz, ecolex 2004, 524); ecolex 2004, 701 *(Zankl);* RdW 2004/250; EvBl 2004/156.

[346]) *Dirschmied,* Dienstnehmerhaftpflichtgesetz (1992); *Oberhofer,* Außenhaftung des Arbeitnehmers (1996); *Kerschner,* Außenhaftung des Dienstnehmers und Regreß, Tomandl-FS (1998) 187; *derselbe,* Dienstnehmerhaftpflichtgesetz[2] (2004) mwN; *Stärker,* Zum Anwendungsbereich des Dienstnehmerhaftpflichtgesetzes, ecolex 2001, 850. Zur Arzthaftung und DHG: *Brodil,* Arzthaftung und Dienstnehmerhaftpflichtgesetz, RdM 1994, 50, 78; *derselbe,* Mäßigung der Haftung nach § 2 DHG im ärztlichen Bereich, RdM 1995, 34; *Voppichler,* ÖJZ 1997, 96 f.

[347]) Dazu OGH in RdA 1984, 227 *(Migsch);* RdW 1988, 206; VersRdSch 1990/197; JBl 1995, 471 *(Kerschner);* ecolex 1997, 597; ecolex 1997, 598; *Schrammel,* Haftungsmilderung „bei“ Erbringung der Dienstleistung, ZAS 1985, 203; *Oberhofer,* Der sachliche

ber[348]) oder einem **Dritten** zufügt. Es verdrängt die allgemeinen Vorschriften des ABGB.

Das DHG geht davon aus, daß es bei Tätigkeiten im Betrieb immer wieder zu Schäden kommen kann, die insgesamt unvermeidlich sind und daß wegen der fortschreitenden Technisierung die Gefahrenquellen immer mehr wachsen und schon als Folge geringer Fehlleistungen Schäden eintreten können. Ihre Abdeckung ist aber dem Dienstnehmer in der Regel ganz oder teilweise unzumutbar, während der Unternehmer eher in der Lage ist, das Risiko zu tragen, zumal er aus dem Einsatz des Dienstnehmers den verhältnismäßig größeren Vorteil zieht[349]).

Das DHG gilt nur für die Schlechterfüllung, nicht aber für die Nichterfüllung arbeitsvertraglicher Pflichten[350]).

Die Vorschriften des DHG sind auf **wirtschaftlich** unselbständige Personen anzuwenden, gleichgültig, ob sie in einem privatrechtlichen oder in einem öffentlich-rechtlichen Dienstverhältnis stehen. Ausgeschlossen sind allerdings Dienstnehmer, die als Organe handeln, also Hoheitsgewalt ausüben (§ 1 DHG). Für sie gelten das AHG und das OrgHG. Dazu unten S 385ff.

Die Haftung des Dienstnehmers für die bei Erbringung seiner Dienstleistung dem **Dienstgeber** zugefügten Schäden ist wesentlich eingeschränkt. So haftet der Dienstnehmer für eine **entschuldbare Fehlleistung** überhaupt nicht (§ 2 Abs 3 DHG).

Eine entschuldbare Fehlleistung ist „kein nennenswertes Verschulden", es ist der leichteste Grad von Fahrlässigkeit, für den nach den allgemeinen Vorschriften noch einzustehen wäre[351]).

Bei einem über eine entschuldbare Fehlleistung hinausgehenden **Versehen** (leichte oder grobe Fahrlässigkeit) kann das Gericht aus Gründen der Billigkeit und mit Rücksicht auf die besonderen Umstände den Ersatz **mäßigen**[352]). Bei einem minderen Grad des Versehens (leichter Fahrlässigkeit) ist auch ein vollständiger **Erlaß** möglich (§ 2 Abs 1 DHG idF BGBl 1983/169).

§ 2 Abs 2 DHG zählt die Gründe auf, die für eine Herabsetzung oder einen Entfall der Schadenersatzpflicht zu berücksichtigen sind: Grad der Ausbildung des Dienstnehmers, Ausmaß der mit der Tätigkeit verbundenen Verantwortung, Berücksichtigung des besonderen Wagnisses im Lohn, Schwere der Vorwerfbarkeit, Wahrscheinlichkeit eines Schadens („Schadensgeneigtheit" der Tätigkeit)[353]).

Anwendungsbereich des Sonderhaftungsrechts nach dem Dienstnehmerhaftpflichtgesetz, Schnorr-FS (1988) 196ff.

[348]) Zu diesem Begriff OGH in ZAS 1978/24 *(Koziol);* RdA 1993, 307 *(Oberhofer); Schrammel,* ZAS 1985, 208ff; zur Abgrenzung zwischen Drittschaden und Eigenschaden des Dienstgebers s OGH in ecolex 2003, 910.

[349]) *Kerschner,* DHG^2 Einleitung und § 1 Rz 1ff.

[350]) OGH in SZ 67/121; *Kerschner,* DHG^2 § 1 Rz 23f.

[351]) Vgl dazu *Mayer-Maly,* Die Wiederkehr der culpa levissima, AcP 163, 114; OGH in ZVR 1974/24; RdA 1986, 227.

[352]) *F. Adamovic,* Methodisches zur Mäßigung nach dem DHG sowie zur Anwendung des Beweglichen Systems, ÖJZ 1996, 695.

[353]) S OGH in ZAS 1990/2 *(Andexlinger);* RdA 1993, 281 *(Kerschner);* RdW 1995, 110.

Schädigt der Dienstnehmer einen **Dritten** und haftet dafür der Dienstgeber nach den §§ 1313a bis 1316, so **entfällt** nach § 4 DHG (idF BGBl 1983/169)[354]) der Rückgriffsanspruch überhaupt, wenn der Gehilfe den Schaden durch eine **entschuldbare Fehlleistung** verursacht hat. Hat der Gehilfe den Schaden **fahrlässig** zugefügt, so kann der Richter den Ersatz **mäßigen,** bei leichter Fahrlässigkeit auch ganz erlassen.

Hat der Gehilfe selbst dem Dritten den Schaden ersetzt, so kann er vom **Dienstgeber** Rückersatz fordern, wenn er nach den eben dargelegten Regeln vom Verschuldensgrad her dem Dienstgeber selbst einen solchen Schaden nicht ersetzen müßte (§ 3 DHG).

b) Besondere Haftungsvorschriften im ASVG

aa) Schädigung des Dienstnehmers durch den Dienstgeber[355])

Wird ein Dienstnehmer durch einen Arbeitsunfall oder eine Berufskrankheit geschädigt, die der Dienstgeber verursacht hat, so haftet dieser für **Körperschäden** nur bei Vorsatz (§ 333 Abs 1 ASVG, Dienstgeberhaftungsprivileg)[356]); Sachschäden sind nach allgemeinen Regeln bei jedem Verschulden zu ersetzen.

Ist der Dienstgeber eine juristische Person, eine OG oder KG, so ist das Verhalten der geschäftsführenden Organe oder der unbeschränkt haftenden Gesellschafter maßgebend (§ 335 Abs 1 ASVG idF BGBl 2006/131).

Die Einschränkung der Haftung für Körperschäden, die **„Haftungsprivileg"** des Dienstgebers genannt wird, beruht darauf, daß der Dienstgeber für die Sozialversicherung des Dienstnehmers Beiträge zu leisten hat und die gesetzliche Unfallversicherung als „Ablöse" der Unternehmerhaftpflicht gedacht ist[357]). Bei grobem Verschulden muß der Dienstgeber allerdings dem Sozialversicherungsträger alle von diesem dem Verletzten erbrachten Leistungen vergüten (§ 334 Abs 1 ASVG)[358]).

Die Haftungsbegünstigung kommt auch dem Vertreter des Unternehmers und dem **Aufseher im Betrieb** zu (§ 333 Abs 4 ASVG).

---

[354]) *Rainer,* Die Regreßansprüche im DHG, JBl 1980, 469; *Auckenthaler,* Der Regreß bei der Dienstnehmerhaftung, ZAS 1981, 174 und 208; OGH in RdA 1985, 307 *(Ch. Huber);* JBl 1987, 670; ZAS 1997, 111 *(Tomandl);* SZ 71/63.

[355]) *Bodendorfer,* Probleme des Dienstgeberhaftungsprivilegs, ZAS 1985, 43; *Holzer,* Dienstgeberhaftungsprivileg (§ 333 ASVG) und den Arbeitsunfällen gleichgestellte Unfälle (§ 176 ASVG), JBl 1982, 348; *Koziol,* Probleme aus dem Grenzbereich von Schadenersatz- und Sozialversicherungsrecht, RdA 1980, 371; *Lukas/Resch,* Haftung für Arbeitsunfälle am Bau (2001) 51ff; *Oberhofer,* Arbeitskollegen und Regreßhaftung gegenüber dem Sozialversicherungsträger als „Risikoschaden", DRdA 1995, 1.

[356]) Zum Umfang s OGH in EvBl 2005/88; zu Schmerzengeldansprüchen von Hinterbliebenen: OGH in ZVR 2005/110 *(Kathrein).*

[357]) Dazu *Gitter,* Schadensausgleich im Arbeitsunfallrecht (1969) 38ff, 238ff; *Schoditsch,* JBl 2004, 570ff. Zur Gemeinschaftsrechtskonformität RIS Justiz RS0112351; RS0117845.

[358]) Dazu OGH in SZ 62/206; RdW 2002/227.

Aufseher ist eine Person, der eine gewisse Selbständigkeit und Verantwortlichkeit für das Zusammenspiel persönlicher und technischer Kräfte übertragen ist[359]). Hingegen kommt es für die Eigenschaft als Aufseher nicht darauf an, ob sich ein Dienstnehmer, zB als Kranführer, in einer örtlich höheren Position befindet[360]).

Die Haftungsbefreiung tritt auch bei der verschuldensunabhängigen Risikohaftung des Arbeitgebers ein, welche durch analoge Anwendung der auftragsrechtlichen Risikohaftung (§ 1014) begründet wird (s S 213).

Besonderes gilt für Arbeitsunfälle mit Verkehrsmitteln, für deren Betrieb eine erhöhte Haftpflicht besteht. Dies ist vor allem bei Kraftfahrzeugen der Fall: Die Haftungsbefreiung gemäß § 333 Abs 1 ASVG entfällt, wenn der Personenschaden des Arbeitnehmers durch die Kfz-Haftpflichtversicherung gedeckt ist (§ 333 Abs 3 ASVG)[361]).

Besondere Schwierigkeiten bereitet dabei der Haftungsausschluß nach § 3 Z 3 EKHG, nach dem das EKHG nicht für beim Betrieb des Kraftfahrzeugs tätige Personen gilt. Ob diese sich auf § 1014 berufen können, so daß verschuldensunabhängig gehaftet wird, ist strittig[362]).

Der Dienstgeber haftet nach § 333 Abs 3 ASVG außer bei Vorsatz maximal bis zur Höhe der zur Verfügung stehenden Versicherungssumme.

§ 333 Abs 3 ASVG ist generell auf den Aufseher im Betrieb analog anzuwenden[363]) und nicht nur, wenn dieser der Halter des Kraftfahrzeuges ist[364]).

Den Dienstgebern sind die Träger von Einrichtungen gleichgestellt, in denen eine Ausbildung (Schulen, Universitäten) oder eine Rehabilitation oder eine Gesundheitsvorsorge erfolgt (§ 335 Abs 3 ASVG)[365]).

bb) Schädigung eines Dienstnehmers durch einen Arbeitskollegen[366])

Bei Schädigung eines Dienstnehmers durch einen anderen Dienstnehmer (außer durch einen „Aufseher im Betrieb") sind die allgemeinen

---

359) OGH in SZ 52/66; RdW 1986, 88; vgl auch SZ 70/236.

360) OGH in ARD 4141/10/90.

361) Dazu *Mazal,* Schmerzengeld für Dienstnehmer trotz Haftungsprivileg, ecolex 1990, 302; *Messiner,* Die Haftung des Kfz-Haftpflichtversicherers nach Arbeitsunfällen gem § 333 ASVG, ZVR 1990, 38; OGH in RdA 1994, 140 *(Apathy);* ZVR 1994/142; ZVR 1995/122; vgl auch EvBl 2005/111.

362) Bejahend OGH in ZVR 2004/16; abl OGH in SZ 2002/180. *Faber,* Haftung für Personenschäden eines als Kfz-Lenker eingesetzten Arbeitnehmers auf Grund § 1014 ABGB? JBl 2003, 669; *Helmich,* Arbeitsunfälle mit Kraftfahrzeugen, ecolex 2003, 901; *Vonkilch,* Haftpflicht für Kfz-Schäden von Dienstnehmern, Arbeitgeberprivileg und Haftpflichtversicherung nach der 48. ASVG-Novelle, ZVR 2004, 40; *Apathy,* Risikohaftung des Arbeitgebers für Personenschäden? JBl 2004, 746; *Kissich,* Risikohaftung des Arbeitgebers analog § 1014 ABGB auch für Personenschäden, ZVR 2005, 184.

363) OGH in RdW 1996, 174; JBl 2005, 114; *Neumayr* in Schwimann § 333 ASVG Rz 59 mwN.

364) So aber OGH in SZ 66/110.

365) Vgl hiezu OGH in ZAS 1985/24 *(Koziol).*

366) *Barta/Eccher,* Einige Fragen der Arbeitskollegenhaftung, ZAS 1977, 8; *Fabschitz,* Rechtspolitische Überlegungen zum Arbeitskameradenhaftungsprivileg, RdW 1990, 17; *Grillberger,* Die Haftung bei Arbeitsunfällen unter Arbeitskollegen, RdA 1974, 256; *Marhold,* Arbeitskollegenhaftung als Aufwandersatz, RdW 1990, 159; *Oberhofer,* DRdA 1995, 1.

Regeln anzuwenden. Besonderes gilt aber in den Fällen der **Legalzession.** Nach § 332 Abs 5 ASVG kann der **Sozialversicherungsträger** einen auf ihn übergegangenen Schadenersatzanspruch (§ 332 Abs 1 bis 4 ASVG) gegen einen Dienstnehmer, der zur Zeit der Schädigung im selben Betrieb wie der Verletzte beschäftigt war, nur geltend machen, wenn entweder der Dienstnehmer **grob schuldhaft** gehandelt hat oder der Versicherungsfall durch ein **Fahrzeug** verursacht wurde, für das eine Gefährdungshaftung besteht.

Soweit die Ansprüche des verletzten Dienstnehmers auf die Sozialversicherung übergehen, führt demnach die Einschränkung des Rückgriffs des Versicherungsträgers gegen den schädigenden Dienstnehmer zu dessen endgültiger **Haftungsbefreiung.** Dies gilt aber nicht für die von der Sozialversicherung ungedeckten Schäden: für Sachschäden und Schmerzengeld haftet der Schädiger dem Arbeitskollegen auch bei leichter Fahrlässigkeit[367]).

8. Haftung für schuldloses Verhalten

a) Deliktsunfähige

Unmündige (§ 153) und **Geisteskranke** haften grundsätzlich nicht für den von ihnen verursachten Schaden, da sie nicht die nötige Einsicht haben und ihnen daher **kein Verschulden** zur Last gelegt werden kann. Statt ihrer werden die **Aufsichtspflichtigen** haftbar, wenn der Schaden auf die schuldhafte Unterlassung der nötigen Obsorge[368]) zurückzuführen ist (§ 1309).

Unrichtig ist daher die auf Warnschildern aufgestellte Behauptung, daß „Eltern" (schlechthin) „für ihre Kinder haften".

§ 1310 sieht allerdings für Deliktsunfähige eine **Billigkeitshaftung** vor. Erhält der Geschädigte von den Aufsichtspersonen keinen Ersatz (zB weil sie kein Verschulden trifft oder weil sie zahlungsunfähig sind)[369]), so kann ausnahmsweise dem Deliktsunfähigen selbst eine Ersatzpflicht auferlegt werden, die von drei Faktoren abhängig ist, welche in die Gesamtabwägung über die Ersatzpflicht einzubeziehen sind: ob dem Beschädiger nicht dennoch ein **Verschulden** zur Last gelegt werden kann (auch Kinder sind in der Lage, gewisse Gefahren zu begreifen)[370]), ob der Beschädigte aus Rücksicht auf den Beschädiger die **Verteidigung** seiner Güter unterlassen hat, und schließlich, ob der Beschädiger oder der Beschädigte nach seinem **Vermögen** leichter imstande ist, den Schaden zu

---

[367]) OGH in wbl 1991, 263.

[368]) OGH in EvBl 1978/52; ZVR 1984/324; ZVR 1997/35 ua.

[369]) Zur Solidarhaftung bei Zahlungsunfähigkeit der Aufsichtsperson s OGH in SZ 68/110.

[370]) Vgl OGH in ZVR 1976/14; RZ 1982/67; ZVR 1983/215; ZVR 2000/4.

tragen (Tragfähigkeit)[371]). Der Richter hat alle Kriterien gemeinsam zu würdigen und kann auch Teilersatz anordnen.

Dem Geschädigten stehen – in Abweichung von § 1304 – weder gegen die Aufsichtspflichtigen noch gegen den Deliktsunfähigen Ersatzansprüche zu, wenn er das schädigende Verhalten geradezu **herausgefordert** hat (§ 1308)[372]).

b) Notstand

Schädigung im Notstand ist ein durch die Notlage bedingter Eingriff in die Rechtsgüter eines unbeteiligten **Dritten.** Oben S 315. Personen, die im Notstand handeln, trifft **kein Verschulden.**

§ 1306a sieht jedoch für Schädigungen im Notstand eine **Billigkeitshaftung** vor: Der Richter hat unter Berücksichtigung des Umstandes, ob der Beschädigte die **Abwehr** aus Rücksicht auf die dem anderen drohende Gefahr unterlassen hat, des Verhältnisses der Größe der **Beschädigung** zu dieser **Gefahr** und des Verhältnisses des **Vermögens** des Schädigers zu jenem des Beschädigten zu entscheiden, ob und in welchem Umfang Schadenersatz gebührt[373]).

Die drei Kriterien sind gleichzeitig zu würdigen. Die Unterlassung der Abwehr rechtfertigt den Ersatz, weil der Geschädigte dadurch freiwillig den Schädiger geschont hat. Die „Tragfähigkeit" („Verkraftbarkeit" des Schadens auf Grund der Vermögenslage) ist nach dem ABGB nur ausnahmsweise relevant (vgl aber schon oben a).

Kein Ersatz ist in den Fällen der **Sachwehr** zu leisten[374]): Die Abwehrhandlung richtet sich hier gegen jene Sache, von der die Notstandslage hervorgerufen wird. Dadurch ist die Notstandshandlung gerechtfertigt, solange nicht wesentlich höherwertige Güter als die zu rettenden verletzt werden.

Wird jemand von einem Hund angefallen und tötet er ihn, so gebührt für die Tötung kein Ersatz. Es handelt sich allerdings nicht um Notwehr, weil sich das Tier nicht rechtswidrig verhalten kann.

9. Haftung für Räume, Bauwerke, Wege, Tiere

a) Haftung des Wohnungsinhabers

Wird jemand durch das Herabfallen einer gefährlich aufgehängten oder gestellten Sache, oder durch Herauswerfen oder Herausgießen aus einer Wohnung beschädigt, so haftet der Wohnungsinhaber für den Schaden (§ 1318).

---

[371]) Dazu *Kerschner,* Freiwillige Haftpflichtversicherung als „Vermögen" iS des § 1310 ABGB? ÖJZ 1979, 282; *Rubin,* Billigkeitshaftung Deliktsunfähiger und Versicherungsschutz, in Koban/Rubin/Vonkilch (Hrsg), Aktuelle Entwicklungen im Versicherungsrecht (2005) 85. OGH in SZ 52/168; JBl 1982, 375; VersRdSch 1991, 385; SZ 69/156; JBl 1999, 604; JBl 1999, 807; ZVR 2001/82 (Subsidiarität der Tragfähigkeit).

[372]) OGH in ZVR 1994/149.

[373]) Dazu OGH in SZ 61/270.

[374]) *Hohenecker,* JBl 1993, 377 f.

Die Haftung des Wohnungsinhabers[375]) ist von einem **Verschulden unabhängig**[376]), sie trifft ihn, weil er die Gefahr hätte verhindern können und der Geschädigte den Schädiger nicht leicht feststellen kann[377]).

Wohnungsinhaber im Sinne des § 1318 ist, wer über den Raum die tatsächliche Verfügungsmacht hat, auf die Natur seiner Berechtigung kommt es nicht an.

Wohnung ist im weitesten Sinn zu verstehen, es kommen auch andere Räume, zB Lagerräume, Geschäftslokale und Garagen, in Betracht, nicht aber solche, die allgemein zugänglich und daher nicht beherrschbar sind, wie Passagen, öffentlich zugängliche Stiegenhäuser uä.

Die **aufgehängte** oder **aufgestellte** Sache muß sich nicht im Raum befinden. Daher wird zB auch für außen angebrachte Geschäftsschilder und Blumenkörbe gehaftet, ob auch für Fensterflügel ist fraglich (s unten S 367).

Das **Hinauswerfen** oder **Hinausgießen** einer Sache setzt nicht unbedingt menschliches Verhalten voraus.

Wirft daher ein in der Wohnung befindlicher Affe die Hauskatze zum Fenster hinaus, so haftet der Wohnungsinhaber[378]).

Hingegen haftet der Wohnungsinhaber nicht, wenn ein Mensch aus dem Fenster springt oder aus dem Fenster geworfen wird, weil ein Mensch keine Sache ist.

Seit langem wird § 1318 von der Judikatur auf die in der Wohnung befindlichen Flüssigkeiten, vor allem **Wasser,** angewendet. Der Wohnungsinhaber haftet daher verschuldensunabhängig, wenn wegen des Überlaufens einer Badewanne oder eines Defektes in den Armaturen Wasser in die Nachbarwohnung eindringt[379]).

b) Haftung für Bauwerke[380])

Wird durch Einsturz oder Ablösung von Teilen eines Gebäudes (Werkes) ein Schaden verursacht, so ist der Besitzer des Gebäudes zum Ersatz verpflichtet, wenn der Schaden die Folge der mangelhaften Beschaffenheit des Gebäudes ist und er nicht beweist, daß er alle zur Abwendung der Gefahr erforderliche Sorgfalt angewendet hat (§ 1319).

§ 1319 legt dem Besitzer[381]) eines Bauwerkes eine Haftung für Schäden auf, die durch Einsturz oder Ablösung[382]) entstanden sind. **„Werk“**

---

[375]) S dazu OGH in SZ 51/116; vgl auch JBl 1986, 180; MietSlg 47.148.

[376]) OGH in JBl 1989, 40; EvBl 1989/48.

[377]) OGH in JBl 1989, 40; vgl auch SZ 73/118; aA *Reischauer* in Rummel § 1318 Rz 2.

[378]) *Wolff* in Klang VI 105.

[379]) Vgl hiezu OGH in MietSlg 36.213; JBl 1987, 40; RZ 1992/29; MietSlg 47.148; EvBl 1999/105; ZVR 1999/23.

[380]) *Terlitza,* Die Bauwerkehaftung (§ 1319 ABGB) (2000); *derselbe,* Aktuelle Rechtsprechung zur Bauwerkehaftung (§ 1319 ABGB), immolex 2001, 150 und 184.

[381]) Dazu zuletzt etwa OGH in ZVR 1997/124; SZ 70/71; NZ 2001, 188; NZ 2003, 115; JBl 2005, 49.

[382]) OGH in ZVR 1997/147; JBl 2002, 463 = ecolex 2002, 348 *(Helmich).*

wird sehr weit verstanden, es ist darunter jeder künstliche Aufbau, aber auch eine „Grube" zu verstehen. Das Werk muß auch nicht gemauert sein.

Daher fallen unter § 1319 ein Baugerüst, ein Sendemast, ein Zaun, eine Schrankenanlage[383]), ja sogar Bäume und Mistgruben[384]).

Der Besitzer kann sich nur von der Haftung befreien, wenn er beweist, daß er alle notwendigen Vorkehrungen getroffen hat. Dies bedeutet im Verhältnis zur allgemeinen Regel des § 1296 eine Haftungsverschärfung durch **Beweislastumkehr.** Ob man dies als Verschuldenshaftung mit umgekehrter Beweislast[385]) oder als Gefährdungshaftung bezeichnet[386]), ist von sekundärer Bedeutung.

Die Grenzziehung zu § 1318 ist schwierig, jedoch wegen der verschiedenen Haftpflichtigen (Besitzer des Werkes – Wohnungsinhaber) notwendig[387]). Herabgefallene Gesimsteile, Verputz und Dachziegel werden unter § 1319 subsumiert[388]), Geschäftsschilder unter § 1318[389]), die Zuordnung von Fensterflügeln und Fensterscheiben ist fraglich[390]).

Auf Schädigung durch Dachlawinen ist nach der Lehre[391]) § 1319 analog anzuwenden; auch die Judikatur scheint sich diesem Standpunkt anzuschließen[392]).

c) Wegehalterhaftung[393])

Der Halter eines Weges haftet den Benützern[394]), *wenn durch den mangelhaften Zustand dieses Weges ein Schaden herbeigeführt wird und*

---

383) OGH in ZVR 2002/9; ZVR 2005/117.

384) OGH in ZVR 1978/111; SZ 53/143; JBl 1986, 523; SZ 59/121 (Bäume); EvBl 1994/8 (Stützmauer); ZVR 1997/124 (Imbißstand); ZVR 1997/147 (Kanaldeckel); RdW 2000/378 (Kamera auf Stativ); SZ 74/78 (Bäume; zum ForstG 1975 als lex specialis); ZVR 2002/21 (Bäume); ZVR 2003/20 (Absperrkette); RdW 2005/446 (Müllcontainer); *Gaisbauer,* Zur Haftung für Baumschäden durch Bruch gesunder Bäume und Äste, ZVR 1999, 220.

385) So OGH in EvBl 1983/63; SZ 61/132; vgl auch RdW 1999, 715; JBl 2000, 592; RdW 2000/378; RdW 2005/446.

386) *Ehrenzweig* II/1, 682; vgl ferner *Terlitza,* Bauwerkehaftung 279ff. OGH in SZ 2002/87.

387) Zu Abgrenzungsfragen *Terlitza,* Bauwerkehaftung 142ff und 298ff.

388) OGH in GlUNF 5956; GlUNF 6123; SZ 37/145; EvBl 1968/192; MietSlg 34.289.

389) OGH in GlUNF 5192; SZ 14/235.

390) Dazu *Reischauer* in Rummel § 1318 Rz 12 mwN.

391) *Jabornegg,* Die Dachlawine als Haftungsproblem, ZVR 1974, 321; *Ostheim,* JBl 1973, 578f.

392) OGH in JBl 1978, 543; vgl auch schon SZ 45/32; dagegen früher JBl 1965, 469.

393) *F. Bydlinski,* Verkehrssicherungspflichten des Wegehalters im Bergland, ZVR 1998, 326; *Kerschner,* Neuere Entwicklungen in der Wegehalterhaftung, ZVR 2003, 272; *Pichler,* Neue Rechtslage für Skipisten durch neuen § 1319a ABGB, ZVR 1976, 33; *Pirker,* Die Wegehalterhaftung im alpinen Gelände, ZVR 1991, 193; *Posch,* Marginalien zur Wegehaftung, JBl 1977, 281; *derselbe,* Die Folgen des § 1319a – Zur Rechtsprechung des OGH in Wegehaftungssachen, ZVR 1984, 257; *Reindl,* ZVR 1975, 353; *Welser* in Sprung/König, Das österreichische Schirecht 386ff.

394) Nicht (ohne Benützung) den Anrainern: OGH in SZ 55/179; zustimmend *Posch,* ZVR 1984, 261f.

der Halter selbst oder einer seiner Leute den Mangel vorsätzlich oder grob fahrlässig verschuldet hat (§ 1319a)[395]).

§ 1319a betrifft einen wichtigen Fall der Verletzung von Verkehrssicherungspflichten. Er weicht jedoch stark von den allgemeinen Grundsätzen ab, da der Wegehalter nur für **grobes Verschulden** einzustehen hat. Andererseits läßt § 1319a den Halter über § 1315 hinaus für „Leute", dh auch für Besorgungsgehilfen haften[396]).

Halter eines Weges ist, wer die Kosten seiner Errichtung und Erhaltung trägt und über ihn die Verfügungsmacht hat[397]). Der Halter ist für den ordnungsgemäßen Zustand des Weges verantwortlich.

Weg ist eine Landfläche, die von jedermann unter den gleichen Bedingungen für den Verkehr jeder Art oder für bestimmte Arten des Verkehrs benützt werden darf[398]), auch wenn sie nur für einen eingeschränkten Benützerkreis bestimmt ist (§ 1319a Abs 2). Zu einem Weg gehören auch die in seinem Zug befindlichen und dem Verkehr dienenden Anlagen, besonders Brücken, Stützmauern, Futtermauern, Durchlässe, Gräben und Pflanzungen. Wege in diesem Sinn sind auch Rodelbahnen[399]) und die Schipisten[400]).

Der Zustand des Weges ist **mangelhaft,** wenn wegen Vernachlässigung der Instandhaltung oder Bestreuung auf der Fläche unübliche Schäden eingetreten sind, wenn Gefahrenquellen nicht beseitigt werden oder Sicherungseinrichtungen fehlen[401]).

Ist der Schaden bei einer **unerlaubten** Benützung des Weges entstanden, so kann sich der Geschädigte auf den mangelhaften Zustand nicht berufen, wenn ihm die Unerlaubtheit erkennbar war[402]).

Ist der mangelhafte Zustand durch **Leute des Halters** verursacht worden, so haften auch sie selbst, aber ebenfalls nur für grobes Verschulden (§ 1319a Abs 3). Fraglich ist, ob diese Leute selbst die Verkehrssicherungspflichten treffen, so daß sie bei grobem Verschulden in eigener Per-

---

[395]) Dazu OGH in ZVR 1995/61; EvBl 2001/183.

[396]) Dazu *Reindl,* Verkehrssicherungspflicht auf Schipisten, ZVR 1975, 361f; *Posch,* JBl 1977, 281; *derselbe,* ZVR 1984, 258f; *Welser* in Sprung/König, Das österreichische Schirecht 397ff. VfGH in ZVR 1978/262 *(Wresounig);* OGH in JBl 1991, 652.

[397]) EB 856 BlgNR 13. GP 7; *J. Pichler,* ZVR 1976, 34; OGH in SZ 51/129; SZ 52/27; SZ 54/21 und 92; ZVR 1988/127; ZVR 1990/120; ZVR 1999/59; RdW 2000/300.

[398]) OGH in JBl 1998, 655 *(Dullinger);* ZVR 2002/10 (wegen Skirennens gesperrte Strecke); EvBl 2005/87; ZVR 2005/112 *(Hauenschild)* (Tankstellenareal, keine cic). § 1319a gilt gemäß § 176 Abs 4 ForstG auch „für die Haftung für den Zustand einer Forststraße oder eines sonstigen Weges im Wald", dazu OGH in SZ 74/78.

[399]) OGH in JBl 1991, 652; vgl auch OGH in SZ 69/287.

[400]) *Welser* in Sprung/König, Das österreichische Schirecht 388ff; *Pichler/Holzer,* Skirecht 48f; *Posch,* ZVR 1984, 262; *Reindl,* ZVR 1975, 361f; *derselbe,* ZVR 1982, 257; OGH in ZVR 1979/74 *(J. Pichler);* EvBl 1983/90; ZVR 1988/142 *(J. Pichler).*

[401]) Dazu OGH in ZVR 1986/11 und 106; ZVR 1987/8; ZVR 1989/131 und 132; JBl 1992, 648; JBl 1993, 112; ZVR 2000/61 (Aufstellen von Gefahrenzeichen).

[402]) Dazu OGH in SZ 60/189; SZ 68/145; ZVR 1995/61; ZVR 1998/22.

son verantwortlich werden[403]), oder ob sie nur nach allgemeinem Deliktsrecht haften.

Zu den Leuten gehören nicht selbständige Unternehmer[404]), die vom Halter beauftragt sind, den Weg instandzuhalten oder zu betreuen. Der Halter kann sich durch Betrauung solcher Unternehmer von der Haftung überhaupt befreien (Pflichtenübertragung). § 93 Abs 5 StVO, nach dem in einem solchen Fall der durch das Rechtsgeschäft Verpflichtete an die Stelle des Eigentümers tritt, ist analog anzuwenden[405]). Der Halter haftet allerdings für ein Auswahl- und Überwachungsverschulden[406]). Ob der selbständige Unternehmer nach den Vorschriften des § 1319a einzustehen hat oder nach allgemeinem Deliktsrecht haftet, ist strittig[407]).

§ 1319a ist eine **Deliktsnorm,** die eine weitergehende Haftung aus einem Schuldverhältnis nicht ausschließt[408]).

Eine Vertragshaftung kommt besonders für Schipisten[409]) und Mautstraßen in Frage. Gemäß § 15 BGBl 1992/826 galten allerdings für Bundesstraßen, deren Erhaltung den Bundesstraßengesellschaften übertragen wurde, die Haftungsbeschränkungen des § 1319a selbst dann, wenn Maut eingehoben wurde, so daß ein Benützungsvertrag zustande kam. Diese Bestimmung wurde allerdings vom VfGH als verfassungswidrig aufgehoben[410]). Auch für diese Mautstrecken gilt daher die stRsp, wonach der Mautstraßenerhalter[411]) auf Grund seines Vertrages mit dem Benützer für jedes Verschulden haftet[412]). Die Haftungseinschränkung auf grobe Fahrlässigkeit des § 1319a ABGB ist insofern unanwendbar. Ein Vertrag liegt zB dann vor, wenn der Straßenbenützer eine „Vignette“ gekauft hat[413]).

Bezüglich der in § 1319a Abs 2 genannten Anlagen (Brücken, Stützmauern usw) konkurriert die Wegehalterhaftung mit der **Haftung für Bauwerke** (§ 1319). Ist der Wegehalter zugleich Besitzer der Anlage und besteht kein besonderes Interesse des Wegehalters an der Anlage[414]), verdrängt die speziellere Norm des § 1319a jene des § 1319, weil sonst der Haftungsausschluß für leichtes Verschulden in § 1319a gegenstandslos würde[415]).

---

[403]) So die EB 856 BlgNR 13. GP 9: *Welser* in Sprung/König, Das österreichische Schirecht 401f.

[404]) OGH in SZ 52/33; ZVR 1982/162; ZVR 1988/128; *Welser* in Sprung/König, Das österreichische Schirecht 393ff. Vgl auch OGH in ZVR 1994/11.

[405]) *Welser* in Sprung/König, Das österreichische Schirecht 394f; *Reischauer* in Rummel § 1319a Rz 12.

[406]) OGH in ZVR 2002/63.

[407]) Für die Anwendbarkeit des § 1319a *Welser* in Sprung/König, Das österreichische Schirecht 393ff. AA die stRsp: OGH in SZ 62/145 mwN.

[408]) *Posch,* JBl 1977, 290f; *Welser* in Sprung/König, Das österreichische Schirecht 400; OGH in SZ 52/33 und 135; SZ 53/143; JBl 1986, 113 und 730; ZVR 1990/14; SZ 67/ 40; SZ 69/287; ZVR 1998/88; kritisch zur hM *Posch,* ZVR 1984, 260.

[409]) S auch OGH in ecolex 2004, 944 *(Schwarz)* = ZVR 2004/112 *(König).*

[410]) VfGH in ZVR 1997/91, BGBl 1997/57; dazu *Schwarzenegger,* Ist § 15 BG 29. 12. 1992 BGBl 826 verfassungswidrig? ZVR 1995, 258 mwN.

[411]) Zur rückwirkenden Haftung der ASFINAG OGH in ecolex 2002, 744.

[412]) OGH in SZ 74/25 = ecolex 2001, 531 *(Thaler);* ZVR 2001/90 *(Schwarzenegger);* dazu *Kerschner,* ZVR 2003, 272; vgl auch ecolex 2002, 812.

[413]) Kritisch *Kerschner,* ZVR 2003, 273.

[414]) OGH in JBl 2002, 463 = ecolex 2002, 348 *(Helmich);* vgl auch EvBl 2005/87.

[415]) OGH in SZ 70/71; RIS Justiz RS0107589; aA noch SZ 55/179; EvBl 1994/8. Zur Absperrung des Weges vgl OGH in JBl 1998, 715 *(Koziol).*

d) Haftung für Tiere

Bei Schädigungen durch ein Tier kommen eine Haftung dessen, der es dazu angetrieben, gereizt oder zu verwahren vernachlässigt hat und die Haftung des Tierhalters in Betracht (§ 1320).

Die Haftung dessen, der das Tier antreibt, reizt oder zu verwahren vernachlässigt, ist eine gewöhnliche **Verschuldenshaftung.**

Hingegen ist der **Tierhalter**[416]) schlechthin verantwortlich, wenn er nicht beweist, daß er für die erforderliche Verwahrung oder Beaufsichtigung des Tieres gesorgt hat. Tierhalter ist, wer über die Verwahrung und Beaufsichtigung des Tieres entscheidet. Dies muß nicht der Eigentümer sein.

Die Haftung des Tierhalters entfällt, wenn er beweisen kann, daß er für die erforderliche Verwahrung[417]) und Beaufsichtigung gesorgt hat **(Beweislastumkehr)**[418]). Ob es sich dabei um eine Verschuldenshaftung mit umgekehrter Beweislast[419]) oder um eine verschuldensunabhängige Haftung[420]) handelt, ist bedeutungslos.

Daß für den ersten Biß eines Tieres nicht gehaftet wird („Freibiß"[421])), trifft nicht zu. Bisheriges Wohlverhalten des Tieres indiziert zwar seine Gutmütigkeit, sagt aber nichts über die im Einzelfall erforderliche Sorgfalt.

Hat von mehreren Haltern keiner für die erforderliche Verwahrung gesorgt, so haften sie solidarisch[422]).

10. Haftung für gefährliche Sachen

a) *Eisenbahn- und Kraftfahrzeughaftpflichtgesetz (EKHG)*[423])

aa) Gefährdungshaftung

Das EKHG findet Anwendung, wenn durch einen Unfall[424]) *beim Betrieb*[425]) *einer Eisenbahn oder eines Kraftfahrzeuges ein Mensch getötet, an*

---

[416]) OGH in RZ 1992/32; zur Gehilfenhaftung vgl ZVR 1996/23.

[417]) Dazu OGH in EvBl 1995/57; ZVR 1995/2; JBl 1998, 114; ZVR 2002/67 *(Danzl);* JBl 2003, 381; *Oberhofer,* Tierhalterhaftung im ländlichen Bereich, ZVR 1996, 34 und 66.

[418]) Vgl OGH in JBl 1982, 494; ZVR 1982/266; SZ 58/56; JBl 1993, 315; ZVR 1993/162; SZ 65/106; ZVR 1995/85; SZ 69/264; SZ 70/113; ecolex 2003, 95 *(Wilhelm).*

[419]) OGH in SZ 45/126.

[420]) Vgl auch *Harrer,* JBl 1996, 21; OGH in JBl 1982, 150 *(Koziol);* SZ 69/162.

[421]) *Spitzer* in Welser, Fachwörterbuch (2005) 203 mwN.

[422]) OGH in SZ 55/62.

[423]) *Apathy,* EKHG (1992); *Veit,* Das Eisenbahn- und Kraftfahrzeug-Haftpflichtgesetz[5] (1992); *Danzl,* Das Eisenbahn- und Kraftfahrzeug-Haftpflichtgesetz[7] (2002); *Schauer* in Schwimann[3] EKHG.

[424]) Dazu OGH in ZVR 1989/94 *(Karollus);* ZVR 2003/46.

[425]) Dazu *Koziol,* Der Begriff „beim Betrieb des Kraftfahrzeugs", Hämmerle-FS (1972) 193; *Welser* in Sprung/König, Das österreichische Schirecht 413ff; *Kletečka,* Tauerntunnelkatastrophe: Haftung nach dem EKHG, ZVR 2001, 219; OGH in SZ 45/99; SZ 61/1; ZVR 1992/100; SZ 68/10 und 220; ZVR 1999/49; ZVR 2002/7; ZVR 2003/54; vgl zur mangelnden Adäquanz ZVR 1995/135; ZVR 1996/78; ZVR 2000/48.

seinem Körper oder seiner Gesundheit verletzt oder eine Sache beschädigt wird (§ 1 EKHG).

Die Haftung nach dem EKHG (BG vom 21. 1. 1959, BGBl 1959/48) beruht nicht auf einem verbotenen (schuldhaften) Verhalten, weil das Fahren mit einem Fahrzeug trotz seiner Gefährlichkeit und der Wahrscheinlichkeit von Unfällen wegen des **allgemeinen Interesses** an dieser Art von Verkehr erlaubt ist. Dem Halter wird aber als Ausgleich ohne Rücksicht auf ein Verschulden der Ersatz des Schadens auferlegt, wenn sich die mit der Sache verbundene Gefahr realisiert. Die Haftung nach dem EKHG ist also eine **Gefährdungshaftung.**

Der Begriff der **Eisenbahn** ist nach dem EisenbahnG 1957 und dem Seilbahngesetz 2003 (BGBl I 2003/103)[426]), der Begriff des **Kraftfahrzeuges** nach dem KraftfahrG 1967 zu bestimmen[427]). Auf Kraftfahrzeuge, die eine Geschwindigkeit von 10 km/h nicht überschreiten können, findet das EKHG keine Anwendung (§ 2 EKHG).

Nach § 1 EisenbahnG gehören zu den Eisenbahnen auch die Straßenbahnen (einschließlich der Hoch- und Untergrundbahnen) und bestimmte Seilbahnen.

Für den Anwendungsbereich des EKHG werden auch Schlepplifte als Eisenbahnen behandelt[428]); für den Zustand der Schleppspur haftet der Betriebsunternehmer allerdings nur bei Verschulden (§ 9 a EKHG)[429]).

Von der Eisenbahn oder von einem Kraftfahrzeug beförderte Sachen[430]) sind bei ihrer Beschädigung nur dann nach dem EKHG zu ersetzen, wenn sie ein Fahrgast als **Handgepäck** mit sich führt, andernfalls gelten nur die Bestimmungen des Beförderungsvertrages (§ 4 EKHG).

bb) Haftpflichtige Personen

Die Gefährdungshaftung trifft bei der Eisenbahn den **Betriebsunternehmer,** beim Kraftfahrzeug den **Halter.** Mehrere Betriebsunternehmer derselben Eisenbahn und mehrere Halter desselben Kraftfahrzeuges haften zur ungeteilten Hand (§ 5 EKHG).

Betriebsunternehmer ist, wer über den Bahnbetrieb die selbständige Verfügungsgewalt hat und ihn auf eigene Rechnung und Gefahr führt[431]). Als Halter ist anzusehen, wer über die Verwendung des Fahrzeuges bestimmt und es auf eigene Rechnung in Gebrauch hat, vor allem wer den Fahrer anstellt, die Betriebsmittel beschafft und die Reparaturen vornehmen läßt, ohne daß es darauf ankommt, ob er Eigentümer, Nießbrau-

---

[426]) Dazu *Morscher/Christ,* Das neue Seilbahngesetz 2003, ZVR 2004, 343.

[427]) OGH in ZVR 1986/6; JBl 1986, 525; ZVR 2000/36; ZVR 2000/63; EvBl 2002/191; ZVR 2005/30 *(Apathy).*

[428]) Dazu *Schauer* in Schwimann § 2 EKHG Rz 9.

[429]) OGH in ZVR 2000/73.

[430]) OGH in JBl 1980, 39 *(Koziol).*

[431]) OGH in SZ 70/222.

cher, Mieter oder Entleiher des Fahrzeuges ist[432]). Durch eine ganz kurze Überlassung wird jedoch keine Halterstellung begründet[433]).

Wird der Schaden durch mehrere Verkehrsmittel herbeigeführt, so haften alle Beteiligten solidarisch (§ 8 EKHG)[434]). Für jeden einzelnen Unternehmer oder Halter sind allerdings die Haftungshöchstbeträge zu beachten (vgl unten S 375).

Die Verpflichtung des Betriebsunternehmers oder Halters, für die Tötung oder Verletzung entgeltlich beförderter Personen Ersatz zu leisten, darf im vorhinein **nicht** ausgeschlossen oder **beschränkt** werden. Entgegenstehende Vereinbarungen sind nichtig (§ 10 EKHG).

Ist der Schaden durch einen Fahrer verursacht worden, der die Eisenbahn oder das Kraftfahrzeug ohne den Willen des Unternehmers oder Halters in Betrieb gesetzt hat, so haftet der **„Schwarzfahrer"** an deren Stelle. Der Betriebsunternehmer oder Halter bleibt aber **neben** dem Schwarzfahrer haftbar, wenn die Benutzung des Verkehrsmittels durch sein **Verschulden** oder das Verschulden der Personen ermöglicht worden ist, die mit seinem Willen beim Betrieb tätig waren (§ 6 EKHG)[435]).

Der Halter hat die Schwarzfahrt schon dann schuldhaft ermöglicht, wenn er den Zündschlüssel nicht abgezogen oder die Wagentüren nicht versperrt hat[436]).

Wird der Unfall von einer Person verursacht, die zwar für die Fahrt keine Erlaubnis hatte, der aber das Verkehrsmittel immerhin vom Unternehmer oder Halter zu bestimmten Zwecken überlassen war **(„angestellter Schwarzfahrer"),** so bleibt es bei der gewöhnlichen Halterhaftung. Der angestellte Schwarzfahrer selbst haftet allerdings nach bürgerlichem Recht, wobei ihm § 6 Abs 2 EKHG den Beweis auferlegt, daß ihn an der Schadensverursachung kein Verschulden trifft (Beweislastumkehr).

cc) Ausschluß der Haftung gegenüber bestimmten Personen

Gemäß § 3 EKHG ist die Haftung des Unternehmers oder Halters in zwei Fällen ausgeschlossen[437]):

1. wenn die getötete oder verletzte Person mit der Eisenbahn oder dem Kraftfahrzeug **ohne den Willen**[438]) des Unternehmers oder Halters befördert worden ist; es besteht also keine Haftung gegenüber einem **„Schwarzfahrer"** (§ 3 Z 1 und Z 2 EKHG).

---

432) OGH in ZVR 1979/23; SZ 54/119; JBl 1985, 551; ZVR 1987/57; ZVR 1994/142; ZVR 1995/63; SZ 69/1; SZ 2003/125; *Apathy,* Fragen der Haftung nach dem EKHG, JBl 1993, 70f.

433) OGH in ZVR 1991/90; SZ 69/1.

434) Außer bei Bestimmbarkeit der Anteile s OGH in ZVR 2000/55.

435) Dazu *Gaisbauer,* Zur Fahrerhaftung bei Schwarzfahrten, ÖJZ 1958, 412; *derselbe,* Zur Halterhaftung bei Schwarzfahrten, ÖJZ 1959, 169 und 197; OGH in ZVR 1990/110; ZVR 1992/69; SZ 69/136 und 172; EvBl 1997/79; ZVR 1997/143; zur unerlaubten Weitergabe des Kfz s ZVR 1997/79.

436) OGH in EvBl 1958/223; vgl ferner ZVR 1978/78; ZVR 1999/108; ZVR 2000/9.

437) Vgl zum Haftungsprivileg bei Schädigermehrheit *Schoditsch,* JBl 2004, 567f.

438) Hiezu OGH in ZVR 1994/53.

Im Fall des Betriebsunternehmers (Z 1) muß die Beförderung überdies ohne ein diesem zufließendes Entgelt[439]) erfolgt sein.

A versteckt sich in der Toilette eines Eisenbahnwaggons oder im Laderaum eines Kraftfahrzeuges. Wird der blinde Passagier geschädigt, so kann er keinen Ersatz fordern. Die Haftungsbefreiung gegenüber „Autostoppern“ wurde durch die Novelle BGBl I 2004/115 aufgehoben.

2. wenn die beförderte geschädigte Person **beim Betrieb** der Eisenbahn oder des Kraftfahrzeuges tätig war[440]).

Die Haftung ist hier deshalb ausgeschlossen, weil die Leistungen des Sozialversicherungsrechts eingreifen, die zT durch die Beiträge des Unternehmers oder Halters „erkauft“ wurden. S auch oben S 362.

Beim Betrieb tätig sind zB der Autolenker und der Straßenbahnschaffner. Nicht beim Betrieb tätig sind Bedienstete der Straßenbahn, die das öffentliche Verkehrsmittel nur benützen, um zu ihrem Dienstort zu kommen.

dd) Haftungsbefreiung bei unabwendbarem Ereignis

Die Haftung nach dem EKHG ist zwar eine Gefährdungshaftung, doch keine reine Erfolgshaftung: der Ersatz ist ausgeschlossen, wenn der Unfall durch ein unabwendbares Ereignis verursacht worden ist (§ 9 Abs 1 EKHG). Unabwendbar ist das Ereignis, wenn es trotz Anwendung aller erdenklichen **Sachkunde** und **Vorsicht** eingetreten ist[441]). Die Befreiung tritt allerdings **nicht** ein, wenn das Ereignis auf einen **Fehler** in der Beschaffenheit oder auf ein **Versagen** der Verrichtungen des Verkehrsmittels zurückgeht[442]).

Ein Fehler in der Beschaffenheit liegt vor, wenn die Bremsen unzureichend sind oder ungleich wirken oder ein Fenster so befestigt ist, daß ein anstoßender Fahrgast aus dem Fahrzeug fällt[443]). Die Verrichtungen des Fahrzeugs versagen, wenn die Wirkung von Scheibenbremsen durch Wasser, das von der Fahrbahn aufspritzt, stark herabgesetzt ist[444]) oder ohne äußere Einwirkung ein Reifen platzt[445]).

Nach § 9 Abs 2 EKHG gilt ein Ereignis insbesondere dann als unabwendbar, wenn es auf das Verhalten des **Geschädigten,** eines nicht beim Betrieb tätigen **Dritten** oder eines **Tieres** zurückzuführen ist, und Unternehmer und Halter sowie die bei dem Betrieb tätigen Personen jede nach den Umständen des Falles gebotene **Sorgfalt** beachtet haben. Selbst in einem solchen Fall wird jedoch gehaftet, wenn der Unfall unmittelbar auf eine sog **außergewöhnliche Betriebsgefahr** zurückzuführen ist, die durch

---

[439]) Hiezu OLG Wien in ZVR 2002/19 (nicht entwerteter Fahrschein).

[440]) Dazu *Apathy,* JBl 1993, 71 f; *derselbe* JBl 2004, 746; OGH in SZ 70/140; ZVR 2000/14; zur Beweislast s JBl 1998, 724.

[441]) Dazu OGH in ZVR 1960/53; ZVR 1992/12; JBl 1993, 660; ZVR 1995/30; SZ 68/143; ZVR 1996/78; JBl 1997, 734 *(Apathy);* ZVR 1998/1; ZVR 1999/54; ZVR 2000/35; JBl 2004, 725; zum Schlepplift OGH in ZVR 2002/104 (kritisch *Pichler*).

[442]) S OGH in JBl 2001, 242 *(Stefula/Thunhart);* ZVR 2005/34.

[443]) OGH in ZVR 1991/93.

[444]) Vgl OGH in JBl 1955, 450; s auch ZVR 1984/241.

[445]) OGH in ZVR 1990/89; zu weiteren Beispielen s OGH in EvBl 1996/58; ZVR 1997/32; ZVR 1998/79.

das Verhalten eines nicht beim Betrieb tätigen Dritten oder eines Tieres ausgelöst worden ist[446]). Die Bestimmung ist nicht nur umständlich, sondern auch schwer anwendbar, weil die Abgrenzung zwischen der „gewöhnlichen Betriebsgefahr", für die im Bereich des unabwendbaren Ereignisses nicht eingestanden wird, und der „außergewöhnlichen Betriebsgefahr", für die zu haften ist, kaum durchführbar ist.

Die Gesetzesmaterialien geben folgende Beispiele: Die Haftung entfällt, wenn ein Selbstmörder aus dem Zug springt[447]) oder ein Mörder einen anderen Fahrgast aus dem Waggon wirft, weil der Tod jeweils durch die „normale Betriebsgefahr des Zuges" verursacht worden ist. Hingegen sind die Fahrgäste des Zuges ersatzberechtigt, wenn sich ein Tier oder ein Selbstmörder auf das Gleis begeben hat und der Lokführer eine Schnellbremsung einleiten muß, so daß die Insassen des Zuges Schaden erleiden.

Nach der Rsp liegt außergewöhnliche Betriebsgefahr vor, wenn zu der schon im Betrieb liegenden gewöhnlichen Gefahr besondere Gefahrenmomente hinzutreten[448]), so wenn ein Fahrer wegen eines Insektenstiches in das Auge[449]) oder wegen des Verhaltens eines anderen Verkehrsteilnehmers[450]) das Fahrzeug verreißt oder wenn ein Lenker wegen des tätlichen Angriffes eines Fahrgastes den Autobus nicht mehr ordnungsgemäß steuern kann[451]). Ebenso wird unkontrolliertes Schleudern, eine Notbremsung oder das „Aufgeschobenwerden" eines stehenden Kfz auf ein anderes Kfz als Folge eines Auffahrunfalls zur außergewöhnlichen Betriebsgefahr gerechnet[452]).

ee) Mitverantwortung des Geschädigten

Hat bei der Entstehung des Schadens ein **Verschulden** des Geschädigten mitgewirkt, so ist § 1304 anzuwenden (§ 7 Abs 1 EKHG).

Dem Verschulden des Geschädigten steht im Falle der Tötung das Verschulden des Getöteten und im Falle der Beschädigung einer Sache das Verschulden desjenigen gleich, der die tatsächliche Gewalt über die Sache ausgeübt hat (§ 7 Abs 2 EKHG). Siehe oben S 328.

ff) Rückgriffs- und Ausgleichsansprüche

Wurde der Schaden durch mehrere Eisenbahnen oder Kraftfahrzeuge verursacht, so daß mehrere Unternehmer oder Halter haftbar sind, so ist der Rückgriff zwischen diesen Personen davon abhängig, inwieweit der Schaden vorwiegend von dem einen oder anderen Beteilig-

---

446) Dazu *Edlbacher,* Die „außergewöhnliche Betriebsgefahr" im Spiegel von Lehre und Rechtsprechung, ZVR 1989, 193; *Kletečka,* ZVR 2001, 223 ff; OGH in SZ 51/36; JBl 1988, 585; ZVR 1993/120; ZVR 1995/56; ZVR 2003/46; ZVR 2004/93; ZVR 2005/60; für den Schlepplift: OGH in ZVR 1993/111 und ZVR 1998/44. Zur Unterscheidung von höherer Gewalt s *Kletečka,* Hochwasser als höhere Gewalt nach § 26 Abs 4 WRG, in Rechberger-FS (2005) 270 ff.

447) Auch Sprung ohne Selbstmordabsicht OGH in JBl 2001, 242 *(Stefula/Thunhart).*

448) OGH in ZVR 1983/1; ZVR 1990/101; SZ 69/1; SZ 71/165; JBl 2001, 450 *(Bumberger);* ZVR 2002/38.

449) OGH in ZVR 1966/87.

450) OGH in ZVR 1993/125.

451) OGH in ZVR 1973/10.

452) OGH in ZVR 1982/280; ZVR 1983/203; ZVR 1991/40; ZVR 2001/62 *(Kletečka);* vgl *Kletečka,* ZVR 2001, 223 ff.

ten **verschuldet** oder durch außergewöhnliche Betriebsgefahr (§ 9 Abs 2 EKHG) oder überwiegende gewöhnliche **Betriebsgefahr** verursacht wurde[453]). Nach § 11 Abs 1 letzter Satz EKHG gelten diese Regeln auch für die gegenseitige Ersatzpflicht der Beteiligten, dh also für Schäden, die beim Betrieb des einen Verkehrsmittels dem anderen Verkehrsmittel zugefügt worden sind, und für gegenseitige Schädigungen der Verkehrsmittel[454]).

gg) Gegenstand des Ersatzes

Gegenstand und Umfang des Ersatzes sind in den §§ 12ff EKHG geregelt. Bei **Tötung** einer Person müssen die Kosten der versuchten Heilung, der Verdienstentgang, Kosten aus einer Vermehrung der Bedürfnisse, Schmerzengeld und die Kosten einer angemessenen Bestattung ersetzt werden. Den Ersatz der Bestattungskosten kann verlangen, wer sie zu tragen verpflichtet ist oder sie tatsächlich getragen hat. Anspruch auf Ersatz haben ferner die Unterhaltsberechtigten (vgl § 1327), s oben S 346.

Anders als nach § 1327 ist der Ersatzanspruch aber im Falle der bloßen Gefährdungshaftung nach dem RHG und dem EKHG mit dem gesetzlichen Unterhaltsanspruch begrenzt. Es besteht kein Anspruch auf den tatsächlich geleisteten höheren Unterhalt[455]).

Bei **Körperverletzung** sind die Heilungskosten, der Verdienstentgang, Kosten aus einer Vermehrung der Bedürfnisse[456]), Schmerzengeld und allenfalls der Schaden, der durch die Verhinderung des besseren Fortkommens entstanden ist, zu ersetzen. S § 1325, oben S 339f.

Werden Sachen beschädigt, so ist nach hA[457]) nur der **positive Schaden,** nicht auch der entgangene Gewinn zu ersetzen.

Die Gefährdungshaftung des EKHG wird durch **Haftungshöchstbeträge** begrenzt, deren Umfang sich nach der Art des Fahrzeuges und der Art des eingetretenen Schadens richtet (§§ 15f EKHG: Schuldbegrenzung, vgl oben S 11f).

hh) Haftung nach ABGB

Das EKHG läßt die Vorschriften des ABGB **unberührt** (§ 19 Abs 1 EKHG). Sind daher auch die allgemeinen Voraussetzungen eines Schadenersatzanspruchs erfüllt, so kann sich der Geschädigte **wahlweise** auf das EKHG oder das ABGB berufen. Der Anspruch kann nur auf das ABGB gestützt werden, wenn ein Schaden nach dem EKHG nicht ersetzt

---

[453]) Vgl hiezu OGH in ZVR 1988/73; ZVR 1990/101; ZVR 1993/120; ZVR 1994/153.
[454]) OGH in ZVR 1995/118; ZVR 1998/130; vgl auch ZVR 1999/36; ZVR 2001/70.
[455]) OGH in ZVR 2004/85.
[456]) Vgl OGH in ZVR 1974/164; ZVR 1982/67; RZ 1984/12.
[457]) *Schauer* in Schwimann § 14 EKHG Rz 21 mwN.

wird, weil er über die Haftungshöchstgrenze hinausgeht oder wenn ein Schädiger nach EKHG nicht haftet, weil er nicht Halter ist.

Wird Ersatz nach dem ABGB verlangt, so haftet der Unternehmer oder Halter abweichend von § 1315 für **jedes Verschulden** der Personen, die mit seinem Willen beim Betrieb tätig waren (§ 19 Abs 2 EKHG)[458]).

Kann der Geschädigte keinen Ersatz erlangen, zB weil der Schädiger nicht ermittelt werden kann (Fahrerflucht) oder trotz Versicherungspflicht kein Versicherungsvertrag bestand, besteht die Möglichkeit eines Ersatzes nach dem Verkehrsopferschutzgesetz (VerkOG)[459]).

b) Weitere Sondergesetze, Rechtsanalogie

Neben dem EKHG gibt es noch andere Sondergesetze, die eine Gefährdungshaftung anordnen.

Das **LuftfahrtG** (BGBl 1957/253 idF I 2006/88)[460]) regelt die Haftung für die durch Luftfahrzeuge verursachen Schäden an Personen und Sachen. Werden beförderte Personen (Passagiere) oder beförderte Sachen (Fracht, Gepäck) geschädigt, haftet der Beförderer (Vertragspartner des Geschädigten) verschuldensunabhängig und betraglich begrenzt (§§ 156ff LFG). Für darüber hinausgehende Personenschäden besteht eine Verschuldenshaftung mit Beweislastumkehr. Für Schäden Dritter sieht das Gesetz eine betraglich ebenfalls begrenzte Gefährdungshaftung des Halters vor (§§ 148ff LFG).

Für Kernanlagen und Kernmaterialien ordnet das **AtomHG** 1999 (BGBl I 1998/170)[461]) eine strenge Gefährdungshaftung an; für Schäden durch Radionuklide läßt es dagegen nur bei Verschulden haften, wobei allerdings eine Beweislastumkehr stattfindet.

§ 1 a **Reichshaftpflichtgesetz** (RHG)[462]) sieht eine verschuldensunabhängige Haftung für Anlagen zur Fortleitung oder Abgabe von Elektrizi-

---

[458]) Vgl dazu OGH in SZ 49/113; JBl 1978, 479; ZVR 1984/22; SZ 71/120; JBl 1999, 244; zur analogen Anwendung s ZVR 1997/80. Für das Verschulden eines angestellten Schwarzfahrers haftet der Halter nicht nach § 19 Abs 2 EKHG: OGH in ZVR 2005/84.

[459]) S *Hoza,* Fahrerflucht: Hindernisse am Weg zum Schadenersatz, ZVR 2003, 384.

[460]) Dazu *Aufner,* Das österreichische Luftfahrt-Haftpflichtrecht auf neuem Kurs, ZVR 2006, 349. S auch die EG-VO 2027/97 über die Haftung von Luftfahrtunternehmen bei Unfällen idF EG-VO 889/2002. *Kathrein,* Die Neuordnung der Luftfahrthaftung, Dittrich-FS (2000) 551; *Stefula,* Schadenersatz für Passagiere im Luftfahrtgesetz (2001); *Csoklich,* Neuerungen im internationalen Lufttransportrecht, RdW 2004/591. OGH in SZ 65/111; SZ 67/3; SZ 69/219.

[461]) *Menschick,* Ein neues Atomhaftpflichtgesetz für Österreich, RdU 1998, 55; *Kissich,* Der Ersatz für Nuklearschäden nach der „Convention on Supplementary Compensation for Nuclear Damage" und dem österreichischen AtomHG 1999, ÖJZ 1999, 661 und 718; *Hinteregger/Kissich,* Atomhaftungsgesetz 1999 (2004).

[462]) *Aicher,* Die Haftung der Energieversorgungsunternehmen für Versorgungsstörungen und sonstige Schäden, in Aicher, Rechtsfragen der öffentlichen Energieversorgung (1987) 199ff; OGH in SZ 60/98; SZ 66/128; EvBl 2002/145.

tät oder Gas vor, nicht aber für Anlagen, für die das **GaswirtschaftsG** (GWG) eine Haftung des Inhabers bestimmt. Die verschuldensunabhängige Haftung des Netzbetreibers ist nun in den §§ 34ff GWG geregelt[463]). Auch den Inhaber bestimmter Rohrleitungen trifft eine Gefährdungshaftung (**RohrleitungsG** 1975).

Weitere Beispiele bieten das **MineralrohstoffG** (MinroG, BGBl I 1999/38) im Hinblick auf Schäden, die durch eine Bergbautätigkeit verursacht werden[464]), die §§ 53ff **ForstG** 1975, die eine Gefährdungshaftung für Anlagen anordnen, von denen forstschädliche Luftverunreinigungen ausgehen, und das **GentechnikG** (GTG, BGBl 1994/510) für Personenschäden und Sachschäden, die durch Arbeiten mit gentechnisch veränderten Organismen (GVO) oder durch Freisetzung von GVO entstanden sind[465]). Die Schaffung eines eigenen UmwelthaftungsG wird seit längerem diskutiert[466]).

Lehre und Rsp halten diese in Sondergesetzen geregelten Tatbestände der Gefährdungshaftung nicht für ausreichend und nehmen daher in **Analogie** zu den geregelten Tatbeständen eine allgemeine verschuldensunabhängige Haftung für **gefährliche Anlagen** und **Sachen** an[467]).

Nicht zum Bereich der Gefährdungshaftung zählt die verschuldensunabhängige Haftung nach § 89e GOG (RGBl 1896/217 idF BGBl I 2004/128), der eine Haftung des Bundes für sämtliche durch ADV-Einsatz verursachte Schäden im Bereich der Ge-

---

[463]) Zur GWG-Novelle 2002 *Th. Rabl,* Neues Gaswirtschaftsgesetz: Haftung, Regress und andere Neuerungen, ecolex 2002, 418; *Schanda,* Energierecht³ (2003).

[464]) Dazu *Randl,* Die Neuordnung des Bergrechts durch das Mineralrohstoffgesetz, JAP 1998/99, 248; *Huber,* Das neue Mineralrohstoffgesetz, ecolex 1999, 502; *Weiß,* Wichtige Neuerungen durch das Mineralrohstoffgesetz, RdU 1999, 139, 2000, 8; *Zdesar,* Über Rechte an aufgelassenen Bergwerken, NZ 2001, 293.

[465]) Dazu *Welser,* Gentechnologie und schadenersatzrechtliche Haftung, in: Gentechnologie im österreichischen Recht (1991) 191; *Welser/Kletečka,* Die schadenersatzrechtliche Haftung für gentechnische Eingriffe am Menschen, Imago Hominis 1995, Band II/Nr 4, 285; *Kletečka,* Haftungsfragen der Gentechnologie, JAP 1996/97, 231; *derselbe,* Gentechnik: Gefährdungshaftung dringend erforderlich, ecolex 1997, 339; *derselbe,* Der Entwurf eines Gentechnikhaftungsgesetzes, ecolex 1997, 572; *Stabentheiner,* Die neue Gentechnikhaftung, ÖJZ 1998, 521.

[466]) S dazu *Rummel/Kerschner,* Umwelthaftung im Privatrecht (1991); *Gimpel-Hinteregger,* Umwelthaftungsreform (1992); *dieselbe,* Grundfragen der Umwelthaftung (1994); *Riedler,* Umwelthaftungsrecht in statu nascendi, RdU 1995, 8; *Kind,* Haftungsgrundlagen im Umweltrecht, RZ 1997, 74; s auch die RL über Umwelthaftung zur Vermeidung und Sanierung von Umweltschäden (RL 2004/35/EG) und *Hinteregger,* RL-Vorschlag zur Umwelthaftung, ecolex 2002, 301.

[467]) *Holeschofsky,* Richterliche Rechtsfortbildung im Bereich der Gefährdungshaftung, ZfRV 1985, 1; *Koziol,* Wilburg-FS 173; *derselbe,* Bewegliches System und Gefährdungshaftung, in Das Bewegliche System im geltenden und künftigen Recht (1986) 51; *derselbe,* Die Vereinheitlichung der Gefährdungshaftung in Europa, Michalek-FS (2005) 217; *Harrer,* JBl 1996, 20; *Zöllner,* Gefährdungshaftung wohin? Krejci-FS (2001) 1355; *Fischer-Czermak,* Der Entwurf einer Allgemeinen Gefährdungshaftung, NZ 2006, 1. OGH in SZ 46/36; JBl 1981, 371 *(Koziol);* JBl 1986, 525; JBl 1993, 113; SZ 68/180; ZVR 1999/51; SZ 73/118; ZVR 2005/30 *(Apathy).*

richtsbarkeit vorsieht. Vielmehr geht es um die Verantwortlichkeit für technische Hilfsmittel, die an Stelle von Gehilfen eingesetzt werden[468]).

11. Die Produkthaftung nach dem PHG[469])

1. Die bei einem Bau verwendeten „Porit-Kombiplatten" enthalten Kalziumchloride, welche die im Haus verlegten Kühl- und Heizungsrohre „zerfressen".
2. Teile einer explodierenden Sodawasserflasche verletzen Personen und beschädigen die Kücheneinrichtung.
3. Ein fehlerhaft hergestellter Aktenordner zerkratzt die Schreibtischplatte.

a) Begriff der Produkthaftung

Die Produkthaftung (Produzentenhaftpflicht, Erzeugerhaftung) ist die schadenersatzrechtliche Verantwortlichkeit des Herstellers für die Gefährlichkeit seiner Erzeugnisse.

Die Produkthaftung ist keine Haftung des Verkäufers einer Sache für ihre Mangelhaftigkeit (Minderbeschaffenheit), sondern die Haftung des Produzenten für die **Gefährlichkeit** der von ihm erzeugten Sache. Ähnlich wie bei der positiven Vertragsverletzung geht es um Schäden an bereits deliktisch **geschützten Gütern** wie Leben, Gesundheit und Eigentum.

Die Produzentenhaftung war bis 1988 nach allgemeinem Schadenersatzrecht zu beurteilen. Da zwischen dem Produzenten und dem Geschädigten idR kein Schuldverhältnis besteht – der Geschädigte ist nicht Eigentümer des Produkts oder er hat es von einem Händler gekauft – kam nur eine **deliktische** Verantwortung in Betracht, die aber meist daran scheiterte, daß den Hersteller selbst kein Verschulden traf und er für Gehilfen nur nach § 1315 einzustehen hatte. Überdies mußten die Haftungsvoraussetzungen vom Geschädigten bewiesen werden (s vor allem § 1296).

Um die Haftung des Produzenten auf eine Vertragsverletzung stützen zu können nahmen Lehre und Rsp an, der Vertrag zwischen Produzenten und Händler entfalte **Schutzwirkungen** zugunsten des Abneh-

---

[468]) Zur Verallgemeinerungsfähigkeit dieser Regelung s *Koziol,* ÖBA 1987, 3 (zu den Vorgängerbestimmungen: § 27 GUG, § 37 FBG und § 453a Z 6 ZPO).

[469]) *Welser/Rabl,* Produkthaftungsgesetz Kommentar² (2004); *Fitz/Grau/Reindl,* PHG-Produkthaftungsgesetz² (2004); *Eustacchio,* Produkthaftung (2002); *Preslmayr,* Handbuch der Produkthaftung² (2002); *Taschner/Frietsch,* Produkthaftungsgesetz und EG-Produkthaftungsrichtlinie² (1990). S auch *Welser,* Das neue Produkthaftungsgesetz, wbl 1988, 165; *derselbe,* Lücken und Tücken des Produkthaftungsgesetzes, wbl 1988, 281; *Sack,* Probleme des Produkthaftungsgesetzes unter Berücksichtigung der Produkthaftungs-Richtlinie der EG, JBl 1989, 615 und 695; *Posch,* Probleme „autonomer Rechtsanpassung" – dargestellt am Produkthaftungsgesetz, Ostheim-FS (1990) 665; *Rabl,* 13 Jahre Judikatur zum Produkthaftungsgesetz, ecolex 2001, 508; *Grau,* Produktfehler (2002); *Spitzer,* Vollharmonisierung des Produkthaftungsrechts, ecolex 2003, 141; *Welser,* Das österreichische Produkthaftungsgesetz in der Rechtsprechung, Kramer-FS (2004) 909; *Straube,* Die neuere Rechtsprechung des Europäischen Gerichtshofes zur Produkthaftungsrichtlinie und deren Auswirkungen auf nationales Recht, Kramer-FS 883.

mers[470]). Oben S 143 ff. Diesem stehen dann eigene vertragliche Ersatzansprüche gegen den Erzeuger zu, der für seine Gehilfen nach § 1313 a einzustehen hat und den auch die Beweislast für sein mangelndes Verschulden trifft (§ 1298). Bloße Vermögensschäden sind allerdings dennoch vom Produzenten idR nicht zu ersetzen[471]).

Trotz dieser Erweiterung wurde die Produzentenhaftung vielfach als **unzulänglich** empfunden[472]). So wurde darauf verwiesen, daß von der Schutzwirkung nur Abnehmer (Käufer), nicht aber Dritte („innocent bystander") erfaßt seien, daß bei schuldlosen Fehlproduktionen („Ausreißerschäden") kein Ersatzanspruch zustehe, obwohl dieses Risiko wirtschaftlich leichter vom Produzenten getragen werden könne als vom Verletzten, daß die Schutzwirkung vertraglich ausgeschlossen werden könne[473]), und daß bei ausländischen Waren die Erzeugerhaftung meist nicht durchsetzbar sei. Nach dem Vorbild der Richtlinie des Rates der EG vom 25. 7. 1985 (EWG 85/374) wurde daher durch das PHG 1988 eine **verschuldensunabhängige** Produkthaftung eingeführt. Ergänzt wird das PHG durch das Produktsicherheitsgesetz 2004 (BGBl I 2005/16). Durch die RL wurde die verschuldensunabhängige Produzentenhaftung „vollharmonisiert", Abweichungen durch nationale Rechtsordnungen hiervon sind **nicht zulässig**[474]), auch wenn sie für den Geschädigten günstiger sind. Die Produkthaftung ist ein Fall der Gefährdungshaftung[475]).

Von der Haftung des Erzeugers muß jene der **Händler** unterschieden werden. Ihre (vom Verschulden abhängige) Haftung nach ABGB kommt selten zum Tragen, weil der Händler die Fehlerhaftigkeit des Produkts nicht verursacht hat und sie meist auch nicht erkennen kann[476]). Nach dem PHG haftet ein Händler nur ausnahmsweise, nämlich wenn er seine „Benennungspflicht" verletzt (s unten d).

b) Umschreibung der Ersatzpflicht

Die vom Verschulden unabhängige Gefährdungshaftung des PHG können nicht nur Abnehmer der Ware, sondern auch Dritte in Anspruch nehmen. Ersetzt werden **Personen**- und **Sachschäden,** die durch **Fehler** verursacht wurden, welche das **Produkt** beim **Inverkehrbringen** durch den Haftpflichtigen aufgewiesen hat.

---

[470]) *Welser/Rabl,* PHG² Vorbem Rz 7 f. OGH in SZ 49/14; EvBl 1993/14.

[471]) OGH in SZ 51/169; ecolex 2003, 405 *(Rabl).*

[472]) *Welser/Rabl,* PHG² Vorbem Rz 10 ff.

[473]) OGH in SZ 51/169.

[474]) *Spitzer,* ecolex 2003, 141; *derselbe,* Der Unternehmer im PHG, JBl 2003, 414; *Rabl,* Lieferantenhaftung nach der Produkthaftungsrichtlinie, ecolex 2003, 296; *Straube,* Kramer-FS 883.

[475]) *Welser/Rabl,* PHG² Vorbem Rz 19 ff.

[476]) S dazu OGH in SZ 54/116; RdW 2003/256; RdW 2004/118; ecolex 2005, 688.Vgl aber OGH in JBl 2004, 648 *(Lukas)* = ecolex 2004, 608 *(Wilhelm).* Vgl auch *Wilhelm/Pilz,* Zur Schadenersatzpflicht des Bauträgers für Baumängel, ecolex 2003, 401.

Produkt ist jede **bewegliche körperliche** Sache, auch wenn sie Teil einer anderen beweglichen Sache oder mit einer unbeweglichen Sache verbunden ist, einschließlich Energie (§ 4 PHG)[477]).

An dieser Umschreibung zeigen sich die Inkonsequenzen der Haftung. Ein Konstrukteur, der beim Entwurf einer Brücke Fehler macht, ist nicht von der Erfolgshaftung betroffen, weil er keine bewegliche Sache herstellt. Wohl aber müssen die Lieferanten der Stahlteile verschuldensunabhängig einstehen, wenn diese Fehler aufweisen. Es ist nicht einzusehen, warum gerade die Körperlichkeit und die Beweglichkeit des Erzeugnisses die verschuldensunabhängige Haftung auslöst, während für ebenso gefährliche Dienstleistungen oder geistige Tätigkeiten nur bei Verschulden eingestanden wird.

Vor der Novellierung des § 4 PHG durch das BGBl I 1999/185 waren land- und forstwirtschaftliche Naturprodukte und Wild, solange sie noch keiner ersten Verarbeitung unterzogen worden waren[478]) und soweit sie keine veränderten Organismen im Sinne des GentechnikG waren, vom Produktbegriff ausgenommen. Diese Einschränkung gilt gemäß § 19a Abs 3 PHG nur noch für Produkte, die vor dem 1. Jänner 2000 in Verkehr gebracht worden sind.

c) Schaden (§ 1 PHG)

Gehaftet wird für Personen- und Sachschäden (§ 1 PHG). Der Umfang des Ersatzes von **Personenschäden** richtet sich nach den §§ 1325ff. **Sachschäden** werden nur soweit ersetzt, als sie an vom Produkt **verschiedenen** körperlichen Sachen eintreten. Daher ist auch nicht der Schaden zu ersetzen, der als Folge des Produktfehlers am Produkt selbst entsteht („Weiterfresserschaden"), und zwar auch dann nicht, wenn ein funktionell abgrenzbarer Einzelteil andere Teile des Gesamtprodukts zerstört.

Strittig ist, ob ein „Weiterfresserschaden" zu ersetzen ist, wenn ein von einem Teilhersteller (§ 3 PHG) stammendes fehlerhaftes Produkt (Teilprodukt) bei der Herstellung eines anderen Produktes verwendet wird, also Teil des Endprodukts wird, und dann dieses Endprodukt beschädigt. Hier könnte gesagt werden, durch den Teil (Produkt) sei eine vom Produkt verschiedene körperliche Sache (Endprodukt) beschädigt worden, so daß hiefür der Teilhersteller hafte: Wegen eines Risses des von einem Teilhersteller stammenden Kühlerschlauchs geht der Motor des Kfz wegen Überhitzung zugrunde. Aus den in der Literatur[479]) ausführlich dargelegten Gründen hat der OGH[480]) die Haftung des Teilherstellers für die am Endprodukt herbeigeführten Schäden mit Recht abgelehnt.

Seit dem Beitritt Österreichs zum EWR und der damit verbundenen Anpassung des PHG an die EG-RL durch das BG vom 11. Februar 1993

---

[477]) Dazu *Welser,* Blitzschlag und Produkthaftung, ecolex 1990, 465; *derselbe,* Kramer-FS 912; *Welser/Rabl,* PHG² § 5 Rz 41f. OGH in SZ 70/65. Zur Computersoftware: *Horwath,* Software – ein Produkt, ecolex 2000, 784; *Welser/Rabl,* PHG² § 4 Rz 11.

[478]) S dazu *Koziol,* Zur Produkthaftung für landwirtschaftliche Erzeugnisse, RdW 1988, 154; *Welser/Rabl,* PHG² § 4 Rz 20ff.

[479]) *Welser,* wbl 1988, 283; *Welser/Rabl,* PHG² § 1 Rz 24; ebenso *Kresbach,* Produkthaftung für „Weiterfresserschäden"? ecolex 1990, 470f. *Preslmayr,* Handbuch² 14. AA *Sack,* Die Anwendbarkeit des Produkthaftungsgesetzes auf sog „Weiterfresserschäden", wbl 1989, 8; *Terlitza,* Die Haftung für Weiterfresserschäden, Posch-FS (1996) 458ff; *Eustacchio,* Produkthaftung 76ff.

[480]) OGH in SZ 67/22; EvBl 1999/126.

(BGBl 1993/95) muß auch der Umfang des zu ersetzenden Sachschadens **richtlinienkonform** interpretiert werden. Mit Art 9 lit b gibt die Richtlinie dem nationalen Recht den Begriff des Sachschadens vor. Während bei Körperschäden alle Folgen mit Ausnahme des immateriellen Schadens zu ersetzen sind, ist der zu ersetzende Sachschaden restriktiv als „**Beschädigung** oder **Zerstörung** einer anderen Sache als des fehlerhaften Produktes“ umschrieben. Andere Schäden sind nicht zu ersetzen[481]). Daher muß sich der Ersatz des Sachschadens nun ohne Zweifel auf den Ersatz der **Wiederherstellungskosten** (samt der anfallenden Nebenkosten) oder den Wert der zerstörten Sache beschränken. Maßgebend ist der vom Geschädigten zu zahlende Einkaufspreis. **Entgangener Gewinn** und **entgangene Nutzungen** sind nicht zu ersetzen, schon gar nicht primäre (reine) Vermögensschäden[482]).

Durch § 2 Z 1 PHG wird der Ersatz von Sachschäden sehr eingeschränkt, weil Schäden ausgenommen sind, die ein Unternehmer erlitten hat, der die Sache überwiegend in seinem Unternehmen verwendet hat: Ausschluß des Ersatzes an **unternehmerisch genutzten Sachen**[483]).

Ferner sieht das Gesetz bei Sachschäden eine **Selbstbeteiligung** des Geschädigten vor (§ 2 PHG). Sie beträgt pro Schadensereignis € 500,–[484]). Ansprüche auf Ersatz dieses Betrags müssen auf das Deliktsrecht oder auf den Vertrag mit Schutzwirkung zugunsten Dritter gestützt werden. Haftungshöchstbeträge kennt das PHG nicht.

Trifft den Geschädigten oder seine Gehilfen ein **Mitverschulden,** so ist der Ersatz entsprechend zu mindern (§ 11 PHG).

d) Haftpflichtige Personen

Den Schadenersatz hat zu leisten (§ 1 Abs 1 PHG): 1. der Unternehmer, der das Produkt **hergestellt** und in den Verkehr gebracht hat, 2. der Unternehmer, der es zum Vertrieb in den Europäischen Wirtschaftsraum **eingeführt** und hier in den Verkehr gebracht hat **(„Importeur“)**[485]). S auch § 17 PHG.

---

[481]) Vgl bereits *Welser,* wbl 1988, 282; *Welser/Rabl,* PHG² § 1 Rz 35; aA *Fitz/Grau* in Fitz/Grau/Reindl, Produkthaftung² § 1 Rz 24 ff.

[482]) *Welser/Rabl,* PHG² § 1 Rz 31 ff. OGH in ecolex 1999, 314 *(Rabl);* bbl 1999/229 *(Egglmeier);* ecolex 2003, 405 *(Rabl).* Zur bloßen Schadensverlagerung *Leitner,* Schadensverlagerung und Produkthaftung, ecolex 2001, 511; OGH in ecolex 2005, 535 *(Leitner).*

[483]) Dazu OGH in EvBl 1999/126; ecolex 2003, 405 *(Rabl);* zur Richtlinienwidrigkeit ausf *Spitzer,* JBl 2003, 431 ff.

[484]) Ab 1. 1. 2002 gem 2. Euro-JuBeG (Art 73, 1. Euro-UmstellungsG).

[485]) Hiezu *Welser/Rabl,* PHG² § 1 Rz 43 ff; *Welser,* Der zwei- und dreifache Importeur, ecolex 1992, 471; *Perner,* Haften Cargounternehmen als Importeure nach dem PHG? ZVR 2006, 88. OGH in JBl 1995, 456; JBl 1997, 779 *(Riedler)* = ZfRV 1997, 209 *(Posch);* JBl 1999, 471 *(Riedler).*

Nach der hA kommt es für die Importeurseigenschaft nicht darauf an, wer die Einfuhr tatsächlich besorgt: Importeur ist vielmehr jener, der als erster Unternehmer in der Vertriebskette seinen Sitz im Europäischen Wirtschaftsraum hat[486]).

Der Begriff des **Unternehmers** ist nach neuerer, zutreffender Ansicht und entgegen den Gesetzesmaterialien nicht einfach jener des KSchG, sondern richtlinienautonom zu interpretieren[487]). Unternehmer ist daher, wer das Produkt entweder mit Gewinnerzielungsabsicht oder zumindest im Rahmen seiner beruflichen Tätigkeit hergestellt hat[488]).

Hersteller ist, wer das Endprodukt, einen Grundstoff oder ein Teilprodukt erzeugt hat, aber auch, wer als Hersteller auftritt, indem er seinen Namen, seine Marke oder ein anderes Erkennungszeichen auf dem Produkt anbringt. Letzterer heißt „Als-Ob-Hersteller" oder **„Anscheinsproduzent"**[489]). Er haftet neben dem tatsächlichen Hersteller und kann sich durch dessen Benennung nicht befreien[490]).

Handelsketten und Warenhäuser veräußern oft Artikel unter eigenem Namen, ohne auf die tatsächliche Herkunft hinzuweisen. Eine Marke ist allerdings nicht als Herstellerkennzeichen anzusehen, wenn sie bloß den „Vertrieb" anzeigt (Handelsmarke).

An die Stelle der Haftung des Produzenten oder Importeurs tritt allerdings eine Schadenersatzpflicht des Händlers (Lieferanten), wenn der Erzeuger oder Importeur nicht feststellbar ist und der Händler die **„Benennungspflicht"** verletzt (§ 1 Abs 2 PHG)[491]). Dies ist der Fall, wenn er dem Geschädigten nicht in angemessener Frist den Hersteller (bei eingeführten Produkten den Importeur) oder denjenigen nennt, der ihm das Produkt geliefert hat. Für den Beginn der Frist genügt es, wenn der Geschädigte vom Händler Ersatz fordert und sich dabei erkennbar auf das PHG stützt[492]). Der Ersatzanspruch aus der Verletzung der Benennungspflicht ist vom Verschulden und sogar der objektiven Möglichkeit ihrer

---

[486]) S *Fitz/Grau* in Fitz/Grau/Reindl, Produkthaftung² § 1 Rz 60; *Perner,* ZVR 2006, 88; vgl *Welser/Rabl,* PHG² § 1 Rz 43ff. OGH in JBl 1995, 456.

[487]) So ausf *Spitzer,* JBl 2003, 414; diesem folgend *Welser/Rabl,* PHG² § 1 Rz 1–8ff; 48; *Fitz/Grau* in Fitz/Grau/Reindl, Produkthaftung² § 1 Rz 36ff; *Posch* in Schwimann § 1 PHG Rz 16.

[488]) Zur richtlinienkonformen Interpretation *Spitzer,* JBl 2003, 422ff; *Welser/Rabl,* PHG² § 1 Rz 7; *Fitz/Grau* in Fitz/Grau/Reindl, Produkthaftung² § 1 Rz 36ff.

[489]) Dazu *Andréewitch,* Zur Haftung des Quasi-Herstellers im Produkthaftungsgesetz, RdW 1990, 247; *Preslmayr,* Der Scheinhersteller im Produkthaftungsgesetz, ecolex 1991, 149; *Rabl,* Die Haftung des Scheinherstellers nach dem PHG, ecolex 2001, 662.

[490]) *Welser/Rabl,* PHG² § 3 Rz 25ff. OGH in EvBl 1999/126; ecolex 2001, 671 *(Rabl)* = ZfRV 2002, 149 *(Posch).*

[491]) S dazu ausführlich *Rabl,* Die Haftung des Händlers nach dem Produkthaftungsgesetz, JBl 1999, 490; *Welser,* Kramer-FS 910. Vgl weiters OGH in JBl 1993, 253; JBl 1999, 471 *(Riedler);* EvBl 2005/109 = ecolex 2005, 447 *(Leitner).*

[492]) *Welser/Rabl,* PHG² § 1 Rz 61; *Rabl,* Der Beginn der Frist für die Bekanntgabe des Herstellers nach 1 Abs 2 PHG, ecolex 1998, 758; OGH in SZ 68/33; SZ 69/17; SZ 72/141; ecolex 2002, 20; ZVR 2005/57 *(Hauenschild).*

Erfüllung unabhängig[493]). Eine verspätete Nennung befreit den Händler nicht[494]).

Hat ein Haftpflichtiger Ersatz geleistet, so kommt ein **Rückgriff** gegen denjenigen in Betracht, der den Fehler in erster Linie zu verantworten hat (s § 12 PHG)[495]).

e) Verursachung durch Produktfehler (§ 5 PHG)

Der nach dem PHG zu ersetzende Schaden muß durch einen Produktfehler verursacht sein. Ein Produkt ist fehlerhaft, wenn es nicht die **Sicherheit** bietet, die man unter Berücksichtigung aller Umstände zu erwarten berechtigt ist[496]). Die Erwartungen orientieren sich an der **Darbietung** der Sache[497]), dem **Gebrauch,** mit dem billigerweise gerechnet werden kann, und dem **Zeitpunkt,** zu dem sie in den Verkehr gebracht worden ist (§ 5 PHG).

Nach hA erfaßt die Definition des § 5 PHG alle Fehler, die von Lehre und Rsp dem Erzeuger zugerechnet werden: **Konstruktionsfehler**[498]), also Fehler in der Planung, **Produktionsfehler**[499]), also solche bei der Ausführung einschließlich der „Ausreißer", und **Instruktionsfehler**[500]), worunter man die Unterlassung von Hinweisen auf gefährliche Eigenschaften versteht. Kein Produktfehler ist es, wenn die versprochene

[493]) *Rabl,* JBl 1999, 439 mwN.

[494]) *Rabl,* JBl 1999, 513f mwN; vgl auch *Welser/Rabl,* PHG^2 § 1 Rz 71ff. Anders aber die hA, wonach die Befreiung eintritt, wenn der Geschädigte durch die Verspätung keinen Nachteil erleidet: so *Welser,* PHG § 1 Rz 26; OGH in SZ 72/141; ecolex 2002, 20. Noch weitergehend *Zankl,* Produkthaftung nach Ablauf der Benennungsfrist (§ 1 Abs 2 PHG), wbl 1989, 416; *Harrer,* Die Haftung des Händlers bei nachträglicher Feststellung des Herstellers (§ 1 Abs 2 PHG), RdW 1990, 104.

[495]) Dazu OGH in SZ 69/17; SZ 70/5; SZ 72/209 (Regreß des Endherstellers gegenüber dem Teilhersteller); auf Grund ABGB: OGH in SZ 2004/81.

[496]) Dazu *Welser/Rabl,* PHG^2 § 5 Rz 1ff; *Welser,* ecolex 1990, 465; *Posch,* Probleme der Arzneimittelhaftung, in Holzer/Posch/Schick, Arzt- und Arzneimittelhaftung in Österreich (1992) 144ff; *Grau,* Produktfehler 116ff; OGH in JBl 1994, 183; ecolex 2003, 335 *(Rabl)* = RdW 2003/306 *(Eustacchio).* Raucherschäden: *Leitner,* Zum Ersatz von Raucherschäden nach österreichischem Recht, ÖJZ 2004, 93; *Davani,* Die Haftung der Tabakindustrie für Gesundheitsschäden von Rauchern (2004).

[497]) Dazu OGH in JBl 1993, 524 *(Posch);* ecolex 1996, 166; ZVR 1999/42; ecolex 1999, 315 *(Wilhelm);* ecolex 2000, 39; *Iro,* Schädliche Nebenwirkungen von Medikamenten und Produkthaftung, RdW 1997, 642.

[498]) Zu diesem OGH in SZ 73/78.

[499]) Zu diesem OGH in ecolex 1995, 798; JBl 1996, 188; ZVR 1998/19; ZVR 2001/36; RdW 2002/347 *(Eustacchio);* ecolex 2003, 98 *(Rabl).*

[500]) Zu diesem OGH in SZ 67/105; SZ 70/61; ZVR 2000/58; ecolex 2001, 41 *(Wilhelm)* = SZ 73/151; ecolex 2001, 523 *(Thaler);* ecolex 2001, 671 *(Rabl)* = ZfRV 2002, 149 *(Posch);* ecolex 2003, 99 *(Rabl);* JBl 2003, 249; ecolex 2003, 335 *(Rabl)* = RdW 2003/306 *(Eustacchio)* (Billigprodukt); ecolex 2003, 515 *(Rabl);* ecolex 2004, 448 (/211) *(Rabl);* ecolex 2004, 448 (/212) *(Rabl);* RdW 2005/305 *(Eustacchio);* RdW 2005/306 *(Eustacchio);* ZVR 2005/57 *(Hauenschild).*

Lieferung überhaupt ausbleibt[501]), also ein Produzent oder Importeur bloß im Verzug ist.

Neben der Haftung nach dem PHG besteht auf Grund des allgemeinen Deliktsrechts die sog **Produktbeobachtungspflicht** als Verschuldenshaftung: der Produzent hat seine Erzeugnisse im Auge zu behalten und die Erwerber zu warnen, wenn sich später gefährliche Eigenschaften herausstellen, wobei auch ein Rückruf in Betracht kommt[502]).

Streitig ist, ob die **Wirkungslosigkeit** von Produkten ein Produktfehler ist; ob also nach dem PHG für den Brandschaden Ersatz zu leisten ist, wenn der Feuerlöscher nicht funktioniert, oder für die verdorbene Ernte, wenn das Unkrautvertilgungsmittel wegen Resistenz des Unkrauts keinen Erfolg hat. Richtiger Ansicht nach ist dies zu verneinen, weil eine solche Haftung auf eine (verschuldensunabhängige) Garantie für die Beschaffenheit der Leistung hinausliefe, die dem österreichischen Recht fremd ist[503]).

f) Inverkehrbringen (§ 6 PHG)

Jede Haftung nach dem PHG setzt das Inverkehrbringen[504]) der Sache voraus. Ein Produkt ist in den Verkehr gebracht, sobald es der Unternehmer, gleich auf Grund welchen Titels, **einem anderen** in dessen Verfügungsmacht oder zu dessen Gebrauch übergeben hat. Die **Versendung** an den Abnehmer genügt (§ 6 PHG).

Maßgebend ist, daß der Hersteller die tatsächliche Verfügung über das Produkt verliert, es endgültig die Fabrik verläßt (sog Werktorprinzip)[505]). Nicht im Verkehr sind Sachen, solange sie sich im Unternehmensbereich befinden, also noch im Produktionsvorgang, beim Test oder bei der Kontrolle.

Behauptet der Hersteller oder Importeur, die Sache nicht in den Verkehr gebracht oder nicht als Unternehmer gehandelt zu haben, so obliegt ihm der Beweis (§ 7 Abs 1 PHG). Er wird allerdings schon dann

---

[501]) *Welser/Rabl,* PHG² § 5 Rz 1.

[502]) Dazu *Welser/Rabl,* PHG² Vorbem Rz 5 und § 5 Rz 57 ff; *Schmidt-Salzer/Hollmann,* Kommentar EG-Richtlinie Produkthaftung (1986) Rz 254 ff zu Art 6; *Linder,* Produktbeobachtung, Rückruf und Versicherungsschutz, wbl 2004, 449. OGH in EvBl 1971/186; ecolex 2001, 523 *(Pilz).*

[503]) *Welser/Rabl,* PHG² § 5 Rz 43 ff; *Taschner/Frietsch,* Produkthaftung, Rz 29 f zu Art 6; *Preslmayr,* Handbuch² 73 ff. AA *Sack,* JBl 1989, 615; *P. Bydlinski,* Bemerkungen zu aktueller Produkthaftungsliteratur, ZVR 1989, 34; *Musger,* Zur Anwendung des PHG auf wirkungslose Produkte, wbl 1990, 289; *Fitz/Grau* in Fitz/Grau/Reindl, Produkthaftung² § 5 Rz 126 ff.

[504]) Dazu insbesondere *Siegl,* Zur Übergangsbestimmung des § 19 PHG und zum Begriff des „Inverkehrbringens" (§ 6 PHG), wbl 1989, 179; *Welser/Rabl,* PHG² § 6 Rz 10 ff mwN. OGH in ecolex 2003, 100 *(Rabl).*

[505]) Vgl jedoch EuGH Slg 2001, I-3569 und die daraus folgenden Erweiterungen bei *Welser/Rabl,* PHG² § 6 Rz 7 f und 17; *Rabl,* GRP 2004, 74 ff; s auch bereits *Posch,* „Inverkehrbringen eines Produkts" nach der EuGH Entscheidung Veedfald gegen Arhus, wbl 2001, 411.

von der Haftung befreit, wenn er als wahrscheinlich dartut, daß das Produkt im Zeitpunkt des Inverkehrbringens noch nicht fehlerhaft war (§ 7 Abs 2 PHG)[506]).

g) Haftungsausschluß und Freizeichnung (§§ 8f PHG)

Die Ersatzpflicht wird vor allem durch den Nachweis ausgeschlossen, daß die Eigenschaften des Produktes nach dem Stand der **Wissenschaft und Technik** zur Zeit des Inverkehrbringens nicht als Fehler erkannt werden konnten (§ 8 PHG). Es besteht also keine Haftung für das „Entwicklungsrisiko“[507]). Dies bedeutet, daß die Forschung im Sinne eines technischen Fortschritts auch neue Techniken und neue Produkte entwickeln kann, die vielleicht mit derzeit noch unbekannten und auch nicht erkennbaren Gefahren verbunden sind, für welche der Produzent nicht die Gefahr trägt. Nach Ansicht der Richtlinie (und damit des österreichischen Gesetzes) wäre eine Haftung für das Entwicklungsrisiko fortschrittsfeindlich.

Von den gesetzlichen Ausschlüssen ist die vertragliche **Freizeichnung** zu unterscheiden. Die auf dem PHG beruhende Ersatzpflicht kann im voraus weder ausgeschlossen noch beschränkt werden (§ 9 PHG).

h) Zeitliche Beschränkung der Haftung (§ 13 PHG)

Auch Schadenersatzansprüche nach dem PHG verjähren auf Grund der allgemeinen Regel des § 1489 in **drei Jahren** ab Kenntnis des Geschädigten von Schaden und Schädiger. Darüber hinaus kann aber nach § 13 PHG ein Unternehmer **zehn Jahre** nach dem **Inverkehrbringen** des Produkts durch ihn nicht mehr in Anspruch genommen werden.

i) Pflicht zur Deckungsvorsorge (§ 16 PHG)

Hersteller und Importeure sind verpflichtet dafür Vorsorge zu treffen, daß Ersatzansprüche nach dem PHG befriedigt werden können, zB durch Abschluß einer Haftpflichtversicherung.

12. Amtshaftung, Organhaftung, Staatshaftung

a) Amtshaftungsgesetz (AHG)[508])

Gemäß § 1 AHG haften die Rechtsträger nach den Bestimmungen des bürgerlichen Rechts für den Schaden am Vermögen oder an der Person,

---

[506]) Dazu OGH in ZVR 1998/19; ZVR 1999/45; RdW 2002/347 *(Eustacchio);* ecolex 2003, 98 *(Rabl).*

[507]) *Welser/Rabl,* PHG² § 8 Rz 10ff; *Taschner/Frietsch,* Produkthaftung, Rz 34ff zu Art 7; *Sack,* JBl 1989, 695; *Grau,* Produktfehler 148ff. OGH in JBl 1996, 188; SZ 70/61 und 65; ZVR 2001/36 (Erkennbarkeit bejaht); ecolex 2003, 98 *(Rabl).*

[508]) Dazu *Chvosta,* Amtshaftungsanspruch auf Ersatz des Rettungsaufwands gegen rechtswidrige Bescheide, ÖJZ 2002, 539; *Kucsko-Stadlmayer* in Korinek/Holoubek, Österreichisches Bundesverfassungsrecht (1999) Art 23 B-VG Rz 23ff; *dieselbe,* Amts-

den die als ihre Organe handelnden Personen in Vollziehung der Gesetze durch ein rechtswidriges Verhalten wem immer schuldhaft zufügen[509]).

Das AHG 1949 regelt in Ausführung des Art 23 B-VG die Haftung der sog Rechtsträger für Schädigungen im Bereich der **Hoheitsverwaltung.** Es gilt sowohl für richterliche[510]) als auch für verwaltungsbehördliche[511]) Organe.

Rechtsträger sind der Bund, die Länder, die Bezirke, die Gemeinden, sonstige Körperschaften des öffentlichen Rechts[512]) und die Träger der Sozialversicherung.

Abweichend vom Grundsatz der Naturalrestitution (§ 1323) ist der Ersatz nur **in Geld** zu leisten[513]). Für entgangenen Gewinn haftet auch der Rechtsträger nur bei grobem Verschulden des Organs (§ 1324)[514]).

Das **Organ** selbst haftet dem Geschädigten nicht (§ 1 Abs 1 und § 9 Abs 5 AHG)[515]).

Mit dem Rechtsträger, dessen Aufgaben erfüllt werden, haftet zur ungeteilten Hand der „organisatorische Rechtsträger"; das ist jener, als dessen Organ die handelnde Person gewählt, ernannt oder sonstwie bestellt worden ist (§ 1 Abs 3 AHG idF BGBl 1989/343)[516]), und der mit dem Rechtsträger, für den gehandelt wird, nicht identisch sein muß. So vollzieht zB der Bezirkshauptmann im Rahmen der mittelbaren Bundesverwaltung Bundesrecht, obwohl er organisatorisch dem Land zugeordnet ist. Hat der organisatorische Rechtsträger Schadenersatz geleistet, so kann er von dem Rechtsträger, für den das Organ tätig geworden ist, Rückersatz verlangen.

---

haftung für Universitätsorgane, Welser-FS (2004) 597; *I. Meier,* Prozeßkosten und Amtshaftung, JBl 1979, 617; *Pirker/Kleewein,* Amtshaftung wegen unterbliebener Gefahrenabwehr, ÖJZ 1995, 521; *Rebhahn,* Staatshaftung 84ff; *Schragel,* Kommentar zum Amtshaftungsgesetz[3] (2003); *derselbe,* Verbesserter Zugang zur Amtshaftung? ÖJZ 1988, 577; *Welser,* Öffentlichrechtliches und Privatrechtliches aus Anlaß einer Amtshaftungsklage, JBl 1975, 225.

[509]) Zu Unterlassungs- und Widerrufsklagen im Bereich des AHG: OGH in SZ 61/88; *Kletečka,* ecolex 1990, 608.

[510]) S OGH in SZ 63/223 (strafgerichtliche Verurteilung); SZ 64/45 (Konkurseröffnung); SZ 65/125 (Setzung eines Ablehnungsgrundes); ecolex 1996, 167 *(Wilhelm)* (Verwahrung von Gerichtssiegeln); JBl 1997, 49 (Unternehmensfortführung im Konkurs); ecolex 1998, 689 (Unkenntnis der Testiervorschriften); ecolex 1999, 258 *(Wilhelm)* (Abweichen der Unterinstanz von stRsp des OGH); SZ 71/139 (unrichtige oder unterlassene Rechts(mittel)belehrung); JBl 2002, 308 (Bemessung der Belohnung eines Sachwalters); JBl 2004, 506 (mangelnde Überwachung des Rechtsanwaltes eines Minderjährigen durch das Pflegschaftsgericht).

[511]) S OGH in SZ 71/182; SZ 73/150; RdW 2000/650; SZ 2004/75.

[512]) Wassergenossenschaften sind keine Rechtsträger iSd AHG OGH in SZ 73/57.

[513]) OGH in SZ 62/98; ZfRV 2003, 78; zum Umfang des Ersatzes OGH in SZ 73/35 („hoheitliche Kreditschädigung"); JBl 2002, 390 *(Kerschner)* (Folgeschäden).

[514]) Dazu OGH in SZ 63/106; JBl 1993, 399; SZ 68/191; ÖBA 1996, 549 *(Rebhahn)* = ecolex 1996, 168 *(Graf);* JBl 2004, 793.

[515]) Dazu OGH in SZ 68/220; 69/49; 72/130; zur „hoheitlichen Rufschädigung" s OGH in ecolex 1990, 607 *(Kletečka);* ecolex 1996, 98 *(Wilhelm);* ecolex 1996, 597 *(Kletečka);* RdW 1998, 263; SZ 2004/54; *Kletečka,* ecolex 1993, 441.

[516]) Dazu *Schragel,* AHG[3] Rz 22. OGH in JBl 1993, 320 *(Rebhahn);* SZ 69/15 und 133; zur Einwendung einer Gegenforderung s OGH in ZVR 2005/18 *(Rihs).*

Die Amtshaftung setzt nicht voraus, daß der Kläger durch das rechtswidrige Verhalten des Organs in einem subjektiven Recht verletzt worden ist, es genügt, daß die übertretene Norm den Schutz des Geschädigten bezweckt, was eine Frage des **Rechtswidrigkeitszusammenhanges** darstellt[517]).

Die Organe müssen **„in Vollziehung der Gesetze"**[518]), also in hoheitlicher Funktion tätig geworden sein[519]). Der gerichtlich bestellte Sachverständige ist kein Organ iSd § 1 Abs 2 AHG[520]).

Auch private Personen können mit der Vollziehung hoheitlicher Aufgaben betraut werden und damit prinzipiell Organe im Sinne des § 1 Abs 2 AHG sein[521]).

Wird die Besorgung hoheitlicher Aufgaben auf eine juristische Person des Privatrechts übertragen, gilt als Organ des Rechtsträgers jene physische Person, die das Verhalten namens der juristischen Person für den bestellten Rechtsträger gesetzt hat[522]). Die Haftung des Rechtsträgers nach AHG schließt eine vertragliche Haftung des mit hoheitlichen Aufgaben beliehenen Unternehmens gegenüber dem Geschädigten nicht aus[523]).

Bei Schädigungen im Rahmen der Privatwirtschaftsverwaltung gelten die für juristische Personen allgemein bestehenden Bestimmungen[524]).

---

517) *Welser,* JBl 1975, 232ff; OGH in JBl 1991, 180 *(Rebhahn);* SZ 63/166; SZ 65/125; JBl 1993, 788; SZ 67/40; JBl 1994, 695; SZ 72/129; JBl 2000, 320; SZ 73/34; SZ 73/90 (dazu *Karner,* Amtshaftungsansprüche des Kreditnehmers bei unrichtiger Baulandbestätigung, ÖBA 2001, 235); SZ 2002/28; JBl 2000, 530. Kritisch *Balthasar,* Das subjektive (öffentliche) Recht im Amtshaftungsverfahren, ÖJZ 1998, 321.

518) Zu Unterlassungen s OGH in JBl 1992, 649 *(Apathy);* JBl 1993, 320 *(Rebhahn);* JBl 1993, 532 *(Kerschner);* JBl 1994, 263; SZ 68/156; SZ 70/95; EvBl 2001/19; RdW 2005/752. Zum Bankprüfer *Rebhahn,* Amtshaftung für „Bankprüfer" – Wohltat oder Irrweg? ÖBA 2004, 267; *Raschauer,* Bankenaufsicht, Amtshaftung und Beihilfenverbot, ÖJZ 2005, 1; OGH in SZ 2003/28; vgl auch OGH in ÖBA 2003, 302 (dazu *Wilhelm,* Riegerbank-Anleihen – Lehrstück für Kridatare, ecolex 2003, 17). Zum Masseverwalter s *Shamiyeh,* Haftung 33ff mwN. Zum Sachwalter s OGH in SZ 74/179.

519) Vgl dazu zB OGH in SZ 48/17; SZ 60/156 und 236; EvBl 1988/30; JBl 1989, 655; JBl 1990, 50; ecolex 1990, 607 *(Kletečka);* SZ 68/60 und 134; EvBl 1996/80; SZ 69/132; SZ 70/241; EvBl 2000/164 (Parteienförderung ist Privatwirtschaftsverwaltung); SZ 74/56 (Benennung von Verkehrsflächen); SZ 2004/54 (Tätigkeit des Volksanwaltes).

520) *Welser,* Haftung 78f. OGH in JBl 2001, 788 *(Rummel).* Hingegen wird für den Amtssachverständigen einer Verwaltungsbehörde nach dem AHG gehaftet: OGH in EvBl 1972/315.

521) Dazu *Mader* in Schwimann § 1 AHG Rz 6; *Schragel* AHG³ Rz 28ff. ZB OGH in SZ 68/220 (Transportbegleitung); SZ 74/55 (Kesselprüfstelle); SZ 2003/9 („Pickerl" gem § 57a KFG).

522) RIS Justiz RS0088920.

523) OGH SZ 74/55 (Kesselprüfstelle); vgl hingegen OGH in JBl 2005, 387 zur Unzulässigkeit des Rechtswegs (§ 9 Abs 5 AHG) gegen physische Personen; dazu *Schragel,* AHG³ Rz 252; *Rebhahn,* ÖBA 2004, 267; *Mader* in Schwimann § 9 AHG Rz 14.

524) *Mader* in Schwimann Vor § 1 AHG Rz 29; OGH in SZ 68/60. AA *Eccher,* Amtshaftung und Privatwirtschaftsverwaltung, JBl 1983, 473ff und wohl auch *Öhlinger,* Der Anwendungsbereich des Amtshaftungsgesetzes, in Aicher, Haftung 124f.

Die Gesetzgebung („legislatives Unrecht") ist vom AHG nicht erfaßt[525]), wohl aber die Verordnungssetzung.

Der Geschädigte kann nur Ersatz verlangen, wenn er – sofern dies möglich war – zuerst Abhilfe im **Rechtsmittelweg** gesucht hat (§ 2 Abs 2 AHG)[526]). Aus den Erkenntnissen der **Höchstgerichte** können überhaupt keine Ersatzansprüche abgeleitet werden (§ 2 Abs 3 AHG), weil ein solcher Schadenersatz auf eine Überprüfung höchstgerichtlicher Entscheidungen durch Untergerichte hinausliefe[527]). Vgl aber unten S 390f.

Die unbegründete Ansicht, daß der Ersatzanspruch nach dem AHG nur ein subsidiärer Behelf sei und daher nicht in Betracht komme, wenn das Organ selbst (zB nach dem EKHG oder nach § 1319[528])) oder ein Dritter dem Geschädigten hafte[529]), wird heute nicht mehr vertreten[530]).

Hat der Rechtsträger dem Geschädigten den Schaden ersetzt, so kann er nur dann vom Organ **Rückersatz** fordern, wenn es vorsätzlich oder **grob fahrlässig** gehandelt hat (§ 3 Abs 1 AHG). Im Falle grober Fahrlässigkeit kann das Gericht aus Gründen der Billigkeit den Rückersatz mäßigen (§ 3 Abs 2 AHG idF BGBl 1984/537). Der Regreß ist ausgeschlossen, wenn das Organ auf Weisung eines Vorgesetzten gehandelt hat, es sei denn, es hätte die Weisung eines offenbar unzuständigen Vorgesetzten befolgt oder durch die Befolgung der Weisung gegen strafgesetzliche Vorschriften verstoßen (§ 4 AHG).

Das **Polizeibefugnis-EntschädigungsG** (BGBl 1988/735) gewährt einen **verschuldensunabhängigen** Anspruch gegen den Bund, wenn Organe des öffentlichen Sicherheitsdienstes bei der Ausübung von Zwangsbefugnissen durch die im WaffengebrauchsG genannten Maßnahmen unmittelbar einen Schaden verursachen[531]). Unter Zwangsbefugnissen ist jede Anwendung physischer Gewalt zu verstehen[532]). Der Bund haftet aber nur, wenn der Zwang in seinem Vollzugsbereich ausgeübt und nicht

---

[525]) OGH in JBl 2005, 184: die vorbereitende legistische Tätigkeit eines Ministers ist der Gesetzgebung zuzuordnen; dazu *Wilhelm,* Vorsätzliche Verfassungswidrigkeit, ecolex 2005, 1.

[526]) Dazu *Schragel,* AHG[3] Rz 181ff; *Mader* in Schwimann § 2 AHG Rz 2ff jeweils mwN; *Vrba/Zechner,* Zum Begriff des Rechtsmittels nach § 2 Abs 2 AHG und die Rettungspflicht nach § 1304 ABGB, ÖJZ 1981, 589 und 622.

[527]) Hiezu OGH in JBl 1994, 185; SZ 68/102 und 191; ecolex 1997, 573 *(Th. Rabl);* SZ 70/260; ecolex 1998, 627 *(Th. Rabl);* vgl auch RdW 2004/670 (dazu *Steinwendner,* Risikofreudiger VwGH provoziert Amtshaftung, ecolex 2005, 107).

[528]) Zur Konkurrenz von Amtshaftungsansprüchen mit Gefährdungshaftung s OGH in SZ 2002/87; ZVR 2005/86 *(Rihs).*

[529]) So OGH in SZ 43/167 und 216.

[530]) S *Matscher,* Zur sogenannten Subsidiarität der Amtshaftung, JBl 1974, 545 und 602; OGH in SZ 52/119; SZ 54/12; vgl auch *Berger,* EuGRZ 1983, 235.

[531]) Zum Umfang des Ersatzes s OGH in SZ 2002/88 = ecolex 2003, 173 *(Leitner).*

[532]) *Schauer,* Zivilrechtliche Probleme des Polizeibefugnis-Entschädigungsgesetzes, JBl 1989, 763.

durch ein rechtswidriges Verhalten des Geschädigten ausgelöst worden ist.

Lag die schädigende Maßnahme im überwiegenden Interesse des Geschädigten, so ist der Ersatzanspruch bei Sachschäden ausgeschlossen, bei Personenschäden nach Billigkeit zu mäßigen (§ 2 Abs 2 Satz 2 PBEG idF BGBl 1996/201).

Zur verschuldensunabhängigen Haftung des Bundes nach dem StEG 2005 s oben S 349.

b) Organhaftpflichtgesetz[533])

Ein Polizist unterläßt fahrlässig die Ergänzung des Motoröls eines Streifenwagens, so daß es zu einem „Kolbenreiber" kommt. Ein Beamter vernichtet wichtige Formulare, weil er sie für überholt hält.

Das OrgHG 1967 regelt die Ersatzpflicht für Schäden, welche die Organe in Vollziehung der Gesetze, also in Ausübung **hoheitlicher** Tätigkeit, ihrem **Rechtsträger** zufügen (§ 1 OrgHG).

Rechtsträger sind der Bund, die Länder, die Bezirke, die Gemeindeverbände, die Gemeinden, die Träger der Sozialversicherung und sonstige Körperschaften oder Anstalten des öffentlichen Rechts.

Organe sind alle physischen Personen, die in Vollziehung der Gesetze (Gerichtsbarkeit oder Verwaltung) handeln, gleichviel, ob sie dauernd oder vorübergehend oder für den einzelnen Fall bestellt sind, ob sie gewählte, ernannte oder sonstwie bestellte Organe sind und ob ihr Verhältnis zum Rechtsträger nach öffentlichem oder nach privatem Recht zu beurteilen ist.

Ein Ersatzanspruch ist **ausgeschlossen,** wenn der Rechtsträger den Schaden durch ein Rechtsmittel oder eine andere gesetzlich begründete Maßnahme hätte abwenden können. Hat das Organ den Schaden in Befolgung einer Weisung zugefügt, so wird es nur dann ersatzpflichtig, wenn die Weisung von einem offenbar unzuständigen Vorgesetzten erteilt wurde oder ihre Befolgung gegen das Strafgesetz verstoßen hat. Ein Höchstgericht kann für seine Entscheidungen nicht verantwortlich gemacht werden (§ 2 OrgHG).

Das Organ ist von der Haftung befreit, wenn es den Schaden durch eine **entschuldbare Fehlleistung** verursacht hat. Bei einem darüber hinausgehenden **Versehen** (leichter oder grober Fahrlässigkeit) kann das Gericht aus Gründen der Billigkeit den Ersatz **mäßigen** oder, sofern der Schaden durch einen minderen Grad des Versehens (leichte Fahrlässigkeit) zugefügt worden ist, auch ganz **erlassen.** § 2 Abs 2 DHG ist sinngemäß anzuwenden (§ 3 OrgHG idF BGBl 1984/537)[534]).

Der Schaden ist immer in **Geld** zu ersetzen (§ 1 Abs 1 OrgHG).

---

[533]) *Ent,* Die Organhaftpflicht (1969); *F. M. Adamovic,* Zur Organhaftung: Bindung an Disziplinarerkenntnis – Haftung eines Beamten in Vollziehung der Gesetze? ÖJZ 2005, 481.

[534]) Vgl OGH in EvBl 1979/53; JBl 2004, 327. Zur Unterscheidung vom Regreßanspruch nach AHG: OGH in SZ 70/104.

c) *Staatshaftung*[535])

Der EuGH verpflichtet die Mitgliedstaaten der EU in ständiger Rechtsprechung[536]) zum Ersatz der Schäden, die jemandem durch Verstöße gegen das **Gemeinschaftsrecht** entstehen[537]) und die dem Staat zuzurechnen sind **(Staatshaftung).** Obwohl der EG-Vertrag den Staatshaftungsanspruch nicht ausdrücklich vorsieht, handelt es sich dabei nach Ansicht des EuGH um einen **allgemeinen Rechtsgrundsatz** des primären Gemeinschaftsrechtes, der dem einzelnen einen unmittelbar auf Gemeinschaftsrecht basierenden Anspruch gewährt.

Die Haftung des Staates wegen Verletzung von Gemeinschaftsrecht setzt zunächst einen unmittelbaren **Kausalzusammenhang** zwischen dem Verstoß des Staates und dem eingetretenen Schaden sowie die Rechtswidrigkeit des ursächlichen Verhaltens voraus[538]). Staatshaftung kommt sowohl bei der Verletzung von primärem als auch sekundärem Gemeinschaftsrecht in Betracht und bedeutet daher eine Haftung des Staates für legislatives oder administratives Unrecht. Der Staat handelt daher **rechtswidrig,** wenn er eine EG-Richtlinie nicht, zu spät oder mangelhaft umsetzt oder nationale Gesetze oder Verordnungen erläßt (oder aufrecht erhält), die dem Gemeinschaftsrecht widersprechen. Auch die Tätigkeit der innerstaatlichen Höchstgerichte kann Gegenstand der Staatshaftung sein („judikatives Unrecht")[539]), weil es nicht darauf ankommt, welches staat-

---

[535]) *Eilmannsberger,* Rechtsfolgen und subjektives Recht im Gemeinschaftsrecht (1996); *Frischhut/Ranacher,* Die Unterscheidung zwischen legislativem und administrativem Unrecht in Staatshaftungssachen, ÖJZ 2005, 241; *B. Jud,* Blockade am Brenner, ecolex 2000, 538; *dieselbe,* Staatshaftung für judikatives Unrecht, ecolex 2003, 385; *Längle,* Der Staatshaftungsanspruch (1999); *Lengauer,* Haftung eines Mitgliedstaates für die Verletzung von EG-Recht, ÖJZ 1997, 81; ÖJK (Hrsg), Staatshaftung (2004); *Rebhahn,* Staatshaftung nach dem Recht der Europäischen Gemeinschaften, JBl 1996, 749; *derselbe,* Staatshaftung wegen mangelnder Gefahrenabwehr (1997) 61ff; *Schermaier,* Der Gemeinschaftsrechtliche Staatshaftungsanspruch (1999); *Schoißwohl,* Staatshaftung wegen Gemeinschaftsrechtsverletzung: Anspruchsgrundlage und materielle Voraussetzungen (2002); *Schwarzenegger,* Die Staatshaftung für unterlassene Richtlinienumsetzung nach der Rechtsprechung des EuGH und das österreichische Haftungsrecht, Posch-FS (1996) 363; *derselbe,* Ausgewählte Probleme der Staatshaftung nach Gemeinschaftsrecht, JBl 2001, 161; *derselbe,* Staatshaftung – Gemeinschaftsrechtliche Vorgaben und ihre Auswirkungen auf nationales Recht (2001); *Spunda,* Neues zur Staatshaftung wegen mangelhafter RL-Umsetzung, ecolex 2000, 495.

[536]) EuGH Slg 1991, I-5357 *(Francovich);* Slg 1996, I-1029 *(Brasserie du pêcheur, Factortame III);* Slg 1996, I-5063 *(Denkavit);* Slg 2000, I-5123 *(Haim),* Slg 2000, I-5291 *(Bergaderm und Goupil).* Vgl die Österreich betreffenden Urteile des EuGH Slg 1999, I-3099 *(Konle);* Slg 1999, I-3499 *(Rechberger);* Slg 2003, I-5659 *(Schmidberger);* Slg 2004, I 1477 *(Rieser Internationale Transporte;* dazu *B. Jud,* Vorabentscheidungsersuchen des OGH in Sachen Brennermaut, ecolex 2002, 712; *Schoißwohl,* EuGH: Rückerstattung gemeinschaftswidriger Mautgebühren, ecolex 2004, 422).

[537]) Kein Gemeinschaftsrechtsverstoß: OGH in ecolex 2003, 216 *(B. Jud).*

[538]) Zur mangelnden Kausalität OGH in SZ 74/15 = ZfRV 2002, 26 *(Schwarzenegger).*

[539]) Vgl auch *Mader* in Schwimann Vor § 1 AHG Rz 20. So EuGH in Slg 2003, I-10239 *(Köbler)* = ZfRV 2003, 228 *(Schwarzenegger);* dazu *B. Jud,* ecolex 2003, 385;

liche Organ gegen das Gemeinschaftsrecht verstößt. Auch der Bereich der Privatwirtschaftverwaltung ist erfaßt.

Voraussetzung der Haftung ist weiters, daß die verletzte Rechtsnorm die Zuerkennung **individueller Rechte** mit bestimmbarem Inhalt bezweckt. Ob dies der Fall ist, muß wie im innerstaatlichen Recht nach dem Schutzzweck der übertretenen Norm beurteilt werden. Die Haftung setzt zwar kein Verschulden des dem Staat zuzurechnenden Organs voraus, doch muß der Verstoß **„hinreichend qualifiziert"** sein[540]). Dabei können auch subjektive Gesichtspunkte berücksichtigt werden, zB die Entschuldbarkeit eines Rechtsirrtums[541]).

Das österreichische Recht enthält keine ausdrückliche gesetzliche Regelung für die Geltendmachung von EU-Staatshaftungsansprüchen[542]), doch sind sie auch **ohne Umsetzungsakt** unmittelbar durchsetzbar[543]). Zuständig sind in Österreich die ordentlichen Gerichte[544]) oder der VfGH im Rahmen der Kausalgerichtsbarkeit (Art 137 B-VG) für „legislatives Unrecht", wenn die anspruchsbegründenden Handlungen oder Unterlassungen nicht einem hoheitlich tätig gewordenen Vollzugsorgan, sondern unmittelbar dem Gesetzgeber zuzuordnen sind[545]). Darüber hinaus ist der VfGH in Fragen der Haftung wegen gemeinschaftswidrigen höchstgerichtlichen Entscheidungen zuständig[546]).

Die Folgen der verursachten Schäden sind im Rahmen des **nationalen Haftungsrechtes** zu beheben, doch darf dieses den vom EuGH entwickelten Grundsätzen nicht widersprechen[547]).

Die Haftung des Staates wegen Verletzung des Gemeinschaftsrechtes geht – zB bei der Haftung für legislatives und „judikatives" Unrecht – über die Schadenersatzpflicht nach dem AHG hinaus.

Wilhelm, Staatshaftung für judikatives Unrecht oder Saturnalien des Schadenersatzes, ecolex 2003, 733; *Dobrowz,* Rechtssache Köbler – Neues zur Staatshaftung in Österreich, wbl 2003, 566; *Heller,* Die Haftung des Staates für den Verstoß seiner Höchstgerichte gegen Gemeinschaftsrecht, Michalek-FS (2005) 139.

[540]) Dazu OGH in ZfRV 2004, 188 *(Ofner)* (Maut; s dazu auch OGH in ZVR 2004/94).

[541]) Vgl *Schoißwohl,* Grundlagen des Rechtswidrigkeitsurteils in der Staatshaftung wegen Gemeinschaftsrechtsverletzung, ecolex 2000, 334ff mwN.

[542]) *Dossi,* Geltendmachung der EU-Staatshaftung in Österreich: die Praxis in einem System unvollständiger Rechtsgrundlagen, ecolex 2000, 337.

[543]) Vgl *Mader* in Schwimann Vor § 1 AHG Rz 23.

[544]) Vgl OGH in ecolex 2000, 276 *(Längle);* SZ 73/101 = ecolex 2001, 99 *(B. Jud).*

[545]) Zur Zuständigkeit VfGH in JBl 2001, 441 (Brennermaut); ecolex 2003, 957 (Rundfunkmonopol); OGH in ecolex 2005, 211. *Burgstaller,* Staatshaftung – Zuständigkeit der Zivilgerichte oder des VfGH, ecolex 2001, 878; *Koziol,* Der Rechtsweg bei Staatshaftungsansprüchen, ZfV 2001/1563; *Schwarzenegger,* Zur Gerichtszuständigkeit in Staatshaftungssachen, ZfRV 2002, 185; *Korinek,* Zur Zuständigkeit zur Geltendmachung von Staatshaftungsansprüchen aus Gemeinschaftsrecht, Weißmann-FS (2003) 419; *Frischhut/Ranacher,* ÖJZ 2005, 241.

[546]) VfGH in JBl 2004, 303 (dazu *Wilhelm,* Staatshaftung: Gerichtszuständigkeit nach Verletzungs-Dignität, ecolex 2003, 809).

[547]) Haftung des Landes für Unrecht des Landesgesetzgebers OGH in SZ 73/123 = ecolex 2001, 100 *(B. Jud)* (dazu *Schwarzenegger,* JBl 2001, 161). Zur Verjährung OGH in EvBl 2005/73.

III. Die Geschäftsführung ohne Auftrag (§§ 1035ff)

Literatur: *Kötz,* Geschäftsführung ohne Auftrag aus rechtsökonomischer Sicht, Großfeld-FS (1999) 583ff; *Meissel,* Geschäftsführung ohne Auftrag (1993); *Schey,* Die rechtliche Natur der Geschäftsführung ohne Auftrag nach dem österreichischen ABGB, Zitelmann-FS (1913); *J. Schmid,* Die Geschäftsführung ohne Auftrag (1992); *Swoboda,* Bereicherung, Geschäftsführung ohne Auftrag, versio in rem (1919); *derselbe,* Bevollmächtigungsvertrag und Auftrag, Geschäftsführung ohne Auftrag, versio in rem (1932); *Wittmann,* Begriff und Funktionen der Geschäftsführung ohne Auftrag (1981); *Wollschläger,* Die Geschäftsführung ohne Auftrag (1976).

Während der Hauseigentümer H verreist ist, bricht in seinem Haus ein Feuer aus. Der Nachbar N bemerkt dies, versucht den Brand zu löschen, verständigt die Feuerwehr und trägt alle Kosten.

A. Begriff

Geschäftsführung ohne Auftrag ist die eigenmächtige Besorgung der Angelegenheiten eines anderen in der Absicht, dessen Interessen zu fördern[1]).

Das **geführte Geschäft** (die Angelegenheit des anderen) kann in rein tatsächlichen Handlungen (Abdichten eines Daches gegen Regen, Absägen eines über einen Weg hängenden Astes) oder in Rechtshandlungen bestehen, wie dem Bezahlen einer Stromrechnung zur Abwendung einer Exekution. Die Identität des „anderen" muß der Geschäftsführer nicht kennen.

Die Besorgung fremder Geschäfte ist **eigenmächtig,** wenn der Geschäftsführer weder durch den Willen des „Betroffenen" (des Geschäftsherrn) noch auf Grund des Gesetzes oder eines behördlichen Auftrages befugt ist. Müssen im Namen des Geschäftsherrn rechtsgeschäftliche Akte gesetzt werden, kann der Geschäftsführer gegenüber dem Dritten als falsus procurator handeln oder mit ihm ein durch die Genehmigung des Geschäftsherrn bedingtes Geschäft schließen.

Zum Begriff der Geschäftsführung gehört die **Geschäftsführungsabsicht** (animus rem alteri gerendi), also die Absicht, im Interesse eines anderen tätig zu werden[2]). Daß der Geschäftsführer eigene und fremde Interessen gemeinsam verfolgt, schließt die Anwendung der Geschäftsführungsregeln nicht aus[3]). Hingegen liegt keine eigentliche Geschäftsführung vor, wenn der Handelnde nur seine eigenen Interessen fördern will (s aber unten 5).

A räumt vom Grundstück des Nachbarn Abfälle weg, weil sie ihn „optisch" stören.

Mangels Geschäftsführungsabsicht ist auch kein Geschäftsführer, wer **irrtümlich** ein fremdes Geschäft als sein **eigenes** führt. Ihm stehen allenfalls Bereicherungsansprüche zu.

[1]) Vgl *Ehrenzweig* II/1, 715; *Stanzl* in Klang IV/1, 890ff; OGH in SZ 60/235.

[2]) Ausführlich *Meissel,* Geschäftsführung 58ff, 79ff. Vgl auch OGH in SZ 47/130; RdW 1990, 322; SZ 60/65.

[3]) S aber OGH in RdW 2003/206.

Soweit der Geschäftsführer nur tatsächliche Tätigkeiten verrichtet, braucht er nicht geschäftsfähig zu sein. Für den Abschluß von Rechtsgeschäften bedarf es der nötigen Geschäftsfähigkeit; soweit er als Stellvertreter auftritt, genügt die beschränkte Geschäftsfähigkeit (s Bd I S 201). Seine Haftung für Schäden richtet sich nach den allgemeinen Regeln. Da der Geschäftsherr selbst nicht handelt, braucht er auch nicht geschäftsfähig zu sein[4]).

Das Gesetz steht der Geschäftsführung ohne Auftrag zurückhaltend gegenüber. In der Regel solle sich „**niemand** in das Geschäft eines anderen **mengen**" (§ 1035). Wer fremde Geschäfte zum Nutzen eines anderen übernehmen will, soll sich um dessen Einwilligung bewerben (§ 1037). Eine positivere Einstellung hat das ABGB allerdings gegenüber der Geschäftsführung in Notfällen.

B. Arten der Geschäftsführung

1. Die Geschäftsführung im Notfall

Ein Geschäftsführer wird im Notfall tätig, wenn er ein fremdes Geschäft zur Abwendung eines bevorstehenden Schadens besorgt (§ 1036)[5]).

Die Tätigkeit des Geschäftsführers ist nur gerechtfertigt, wenn der Schaden **unmittelbar droht** und der Geschäftsführer nicht rechtzeitig die Zustimmung des Geschäftsherrn einholen konnte[6]). Der Geschäftsherr hat dem Geschäftsführer den **notwendigen** und **zweckmäßigen** Aufwand zu ersetzen, und zwar auch dann, wenn die Bemühung **ohne Erfolg** geblieben ist[7]). Dem Geschäftsführer wird das Risiko des Fehlschlagens abgenommen, damit er sich nicht von dringenden Maßnahmen abschrecken läßt.

N entdeckt die verletzte Katze seines verreisten Nachbarn E. Er bringt sie zum Tierarzt, der sie operiert. N kann von E auch Aufwandersatz fordern, wenn das Tier die Operation nicht überlebt.

Für von vornherein aussichtslose Aufwendungen, gebührt kein Ersatz, sie können nicht als „zweckmäßig" angesehen werden.

Ob dem Geschäftsführer nur ein Anspruch auf Ersatz seiner Auslagen oder auch eine Entlohnung für **Zeitverlust** gebührt, ist strittig[8]). Nach hA[9]) kommt es darauf an, ob der Geschäftsführer die Tätigkeit in Ausübung seines Berufes oder Gewerbes gesetzt hat. Daher hat zB ein praktischer Arzt, der in Ausübung seines Dienstes einen Bewußtlosen

---

[4]) Vgl *Schey,* Zitelmann-FS 26f; *Stanzl* in Klang IV/1, 893.

[5]) S dazu OGH in RdA 1996, 311 *(Grömmer/Oberhofer)* = ÖZW 1997, 14 *(Fitz).*

[6]) OGH in EvBl 1982/83; SZ 54/176; SZ 57/161; JBl 2000, 36.

[7]) OGH in JBl 1984, 256; SZ 72/47.

[8]) Dafür *Ehrenzweig* II/1, 719; *Stanzl* in Klang IV/1, 898; *Meissel,* Geschäftsführung 196f. Dagegen zB OGH in GlU 15.731; GlUNF 2950.

[9]) *Schey,* Zitelmann-FS 32f; *Stanzl* in Klang IV/1, 898f; *J. Schmid,* Geschäftsführung 177ff; OGH in SZ 47/98; SZ 51/7; SZ 54/176; JBl 1984, 256; NZ 1997, 290.

medizinisch versorgt, einen Entgeltsanspruch, nicht aber ein freiwilliger Helfer, der Wiederbelebungsversuche vornimmt. Tatsächlich werden Privatpersonen meist ohnedies nicht in der Erwartung eines Entgeltes tätig sein[10]).

Der Geschäftsführer hat wie der Beauftragte (§ 1014) ein Recht auf Ersatz des mit der Ausführung des Geschäftes verbundenen Schadens[11]).

2. Die nützliche Geschäftsführung

Eine Geschäftsführung ist nützlich, wenn der Geschäftsführer zwar ohne Notfall, aber zum klaren und überwiegenden Vorteil des Geschäftsherrn gehandelt hat (§ 1037).

Klar und **überwiegend** ist ein Vorteil, wenn er nicht nur objektiv (als nachweisbare Wertvermehrung) eingetreten ist, sondern wenn er auch **subjektiv** dem Willen des Geschäftsherrn entspricht[12]). Hat daher zB der Geschäftsführer werterhöhende Änderungen vorgenommen, die die Sache gerade für ihren Eigentümer (den Geschäftsherrn) unbrauchbar machen, so kann er keinen Ersatz fordern, sondern muß die Sache auf eigene Kosten in den vorigen Stand zurückversetzen oder sonst Schadenersatz leisten (§ 1038). Ob der Geschäftsführer auch Anspruch auf Vergütung für den Zeitaufwand hat, ist bei der nützlichen Geschäftsführung noch zweifelhafter als bei der notwendigen[13]).

Der Anspruch auf Ersatz ist zweifach begrenzt. Der Geschäftsführer kann nur die **wirklich** getätigten Aufwendungen, aber auch diese nur soweit fordern, als sie zum Vorteil des Geschäftsherrn noch **fortwirken.** Für fruchtlos gebliebenen Aufwand gebührt kein Ersatz.

Ob die nützliche Geschäftsführung Eingriffe des Geschäftsführers in die Rechtsgüter des Geschäftsherrn rechtfertigt, ist strittig.

3. Die unnütze und unerlaubte Geschäftsführung

Die Geschäftsführung ist unnütz, wenn der Geschäftsführer nicht zum klaren und überwiegenden Vorteil des Geschäftsherrn (§ 1038) oder gar gegen dessen ausdrücklichen Willen gehandelt hat (§ 1040).

In den Fällen der unnützen und unerlaubten Geschäftsführung gebührt **kein Aufwandersatz.** Der Geschäftsführer muß den vorigen Stand

---

[10]) S *Meissel,* Geschäftsführung 197.

[11]) *Stanzl* in Klang IV/1, 900; *Fitz,* Risikozurechnung bei Tätigkeit im fremden Interesse (1985) 96ff; diff *Maurer,* Die Haftung für Schäden von Rettungskräften (2001) 36ff; OGH in RdA 1996, 311 *(Grömmer/Oberhofer)* = ÖZW 1997, 14 *(Fitz);* SZ 70/113. AA *Ehrenzweig* II/1, 718.

[12]) *Stanzl* in Klang IV/1, 901f; OGH in SZ 57/71 und 167; SZ 60/100; JBl 1988, 718; vgl auch JBl 1986, 581; RdW 1997, 404; ZVR 2000/47; zum Prozeßkostenregreß *Pochmarski/Strauss,* Die Rechtsprechung des OGH zum Regress von Prozesskosten, JBl 2002, 353; *Fötschl,* Zur Ausgleichsfähigkeit von Kosten eines Vorprozesses, ÖJZ 2004, 781; siehe oben S 327.

[13]) Vgl OGH in NZ 1997, 290.

wiederherstellen und jeden **Schaden** ersetzen, der ohne die Einmischung nicht entstanden wäre (§ 1311 Satz 2 Fall 3). Einen getätigten Aufwand darf er in Natur zurücknehmen, soweit dies möglich ist. Sinn des § 1040 ist nur die Vermeidung eines Schadens des Geschäftsherrn durch eine aufgedrängte Geschäftsführung, nicht aber seine Bereicherung[14]).

4. Nebenpflichten

Ein Geschäftsführer muß ein angefangenes Geschäft bis zur Vollendung **fortsetzen** (§ 1039); dies gilt allerdings nicht für unnütze und verbotene Geschäfte. Bei der notwendigen Geschäftsführung besteht schon nach § 1312 keine Fortsetzungspflicht[15]). Aber auch bei der Geschäftsführung zum Nutzen eines anderen ist die Fortsetzungspflicht nur so zu verstehen, daß der Geschäftsführer den Schaden nicht durch den Abbruch der Tätigkeit vergrößern darf.

Alle Geschäftsführer haben „gleich einem Bevollmächtigten" (§ 1039) dem Geschäftsherrn **Rechnung** zu legen[16]) und jeden erlangten Vorteil herauszugeben[17]). Der Geschäftsherr ist vom Handeln in seinem Interesse möglichst bald zu verständigen; seinen Anweisungen ist Folge zu leisten.

5. Angewandte und unechte Geschäftsführung

Von **„angewandter Geschäftsführung"** spricht man, wenn das Gesetz selbst (an anderer Stelle) jemanden – ohne Rücksicht auf dessen Absicht – als Geschäftsführer behandelt und auf die §§ 1035 ff verweist. Dies gilt zB für die §§ 336, 418, 517, 1097.

Nach verbreiteter Auffassung sind aber die Geschäftsführungsregeln auch anzuwenden, wenn jemand fremde Geschäfte in der Absicht führt, den Nutzen sich selbst zuzuwenden. Man spricht von **„unechter Geschäftsführung"**.

Ein Verwahrer legt das fremde Geld gewinnbringend an, um selbst die Zinsen zu kassieren.

Hier fehlt zwar ein wesentliches Merkmal der Geschäftsführung, nämlich die Absicht, im Interesse eines anderen tätig zu sein, doch wird dem „Geschäftsherrn" gestattet, den Unredlichen wegen seiner verbotenen Tätigkeit als Geschäftsführer zu **behandeln** und von ihm die Abrechnung, die Herausgabe des erzielten Nutzens und Schadenersatz zu verlangen. Der Unredliche kann das Fehlen des Geschäftsführungswillens nicht

---

[14]) OGH in ÖBA 2001, 332 *(P. Bydlinski).*
[15]) Vgl OGH in SZ 54/176.
[16]) Vgl OGH in SZ 53/29; vgl auch OGH in SZ 71/162.
[17]) OGH in wbl 1993, 260.

einwenden, weil sich niemand auf die eigene Unredlichkeit berufen darf[18]).

Eine andere Meinung hält den animus rem alteri gerendi für eine unverzichtbare Voraussetzung der Geschäftsführung und verweist den „Geschäftsherrn" auf das Bereicherungsrecht. Nur die Vollendungs- und Rechnungslegungspflicht sei zu bejahen[19]).

IV. Die Gläubigeranfechtung

Literatur: *Bartsch/Pollak,* Konkurs-, Ausgleichs-, Anfechtungsordnung, Einführungsverordnung und Geschäftsaufsichtsgesetz³ I (1937) 153 ff, II (1937) 539 ff; *Bartsch/Pollak/Buchegger,* Österreichisches Insolvenzrecht⁴ I (2000); *Albert Ehrenzweig,* Kommentar zur Anfechtungsordnung (1916); *Gerhardt,* Die systematische Einordnung der Gläubigeranfechtung (1969); *König,* Die Anfechtung nach der Konkursordnung³ (2003); *Koziol,* Grundlagen und Streitfragen der Gläubigeranfechtung (1991); *Paulus,* Sinn und Formen der Gläubigeranfechtung, AcP 155, 277; *Rebernig,* Konkursanfechtung des Kontokorrentkredites (1998); *Widhalm,* Kontokorrentkredit und Konkursanfechtung (2001).

1. Der überschuldete S möchte seinen Gläubigern entkommen. Er verkauft seine wertvolle Gemäldesammlung dem F, den er in den Plan einweiht, und flüchtet ins Ausland.

2. Der verschuldete S schenkt seinen „letzten Wertgegenstand", einen Brillantring, seinem Freund F, da er ihn diesem eher gönnt als seinen Gläubigern. F kennt die Vermögensverhältnisse des S nicht.

A. Gläubigerschutz durch Anfechtung

Verfügungen eines Schuldners können seine Gläubiger **benachteiligen,** wenn sie sein Vermögen, das für die Gläubiger den **Haftungsfonds** bildet, **verringern.** Der Schuldner schmälert sein Vermögen unmittelbar, wenn er es verschenkt, und mittelbar, wenn er Sachen in Geld umsetzt, um es auszugeben, verschwinden zu lassen oder damit zu entkommen. Einen Schutz gegen solche Malversationen gewähren neben § 1409[1]) die Anfechtungsordnung und die §§ 27 ff der Konkursordnung: Die Gläubiger können unter bestimmten Voraussetzungen die sie benachteiligenden Rechtshandlungen **anfechten.** Die Anfechtung erfolgt durch Klage.

Von der Anfechtung betroffen sind aber nicht nur Rechtshandlungen wie Rechtsgeschäfte und andere Willenserklärungen, sondern auch die Unterlassung solcher Erklärungen (§ 7 AnfO, § 36 KO).

---

[18]) *Ehrenzweig* II/1, 716; *Stanzl* in Klang IV/1, 894; *Reischauer,* Doppelzession, Bereicherung und unechte (angewandte) Geschäftsführung ohne Auftrag, ÖJZ 1987, 264 ff. Ebenso OGH in wbl 1993, 260 mwN.

[19]) *Bydlinski,* Zum Bereicherungsanspruch gegen den Unredlichen, JBl 1969, 256 f; *Meissel,* Geschäftsführung 166 f, unter Berufung auf § 837 Satz 3; zustimmend *Bollenberger,* Stellvertretendes Commodum 333 f. OGH in JBl 1969, 272.

[1]) Zum Verhältnis dieser Bestimmung zur Gläubigeranfechtung s OGH in ÖBA 1990, 222.

Die Anfechtungsklage[2]) richtet sich nicht gegen den Schuldner, sondern gegen den Erwerber des Vermögens. Ihre Wirkung besteht darin, daß der siegreiche Gläubiger – unbeschadet der **Gültigkeit** des Geschäftes zwischen dem Schuldner und dem Begünstigten – weiterhin auf die veräußerten Vermögenswerte greifen kann, um für seine Forderung Befriedigung zu erlangen. Die Rechtshandlung ist also nur den Gläubigern gegenüber ungültig, somit **„relativ unwirksam"**.

Nach erfolgreicher Anfechtung muß der Erwerber bei der Einzelanfechtung (nach der Anfechtungsordnung) die Zwangsvollstreckung in den veräußerten Vermögenswert dulden; bei der Konkursanfechtung hat er das Erlangte an die Masse herauszugeben (§ 39 KO). Umgekehrt kann der Anfechtungsgegner die Zurückstellung seiner Leistung aus der Konkursmasse verlangen (§ 41 KO)[3]).

B. Anfechtungsklage

1. Allgemeine Voraussetzungen

Rechtshandlungen, die das Vermögen eines Schuldners betreffen, können zum Zweck der Befriedigung eines Gläubigers angefochten und diesem gegenüber als unwirksam erklärt werden (§ 1 AnfO).

Die Anfechtung ist zulässig, wenn ihre allgemeinen Voraussetzungen und ein gesetzlicher Anfechtungstatbestand vorliegen.

Allgemeine Voraussetzung der Anfechtung ist, daß das schuldnerische Vermögen **nicht ausreicht,** um die Forderungen aller Gläubiger zu befriedigen.

Dies ist der Fall, wenn der Schuldner in Konkurs fällt oder die Zwangsvollstreckung in das verbleibende Vermögen nicht zur vollen Befriedigung des Gläubigers geführt hat oder anzunehmen ist, daß sie nicht zur Befriedigung führen würde.

Die Anfechtung ist ferner nur zulässig, wenn sie **befriedigungstauglich** ist[4]), dh zu einer Vergrößerung des haftenden Vermögens führt. Diese Voraussetzung fehlt zB bei der Anfechtung der Veräußerung einer mit Pfandrechten überlasteten Liegenschaft. Die Anfechtung ist schließlich nur wegen **Geldforderungen** möglich.

Als **Anfechtungstatbestände** kennen die AnfO und die KO die Absichtsanfechtung, die Schenkungsanfechtung und die Anfechtung wegen Vermögensverschleuderung. Im Konkurs kommen die Anfechtung wegen Begünstigung und wegen Kennenmüssens der Zahlungsunfähigkeit hinzu.

---

[2]) *Konecny,* Zum Klagebegehren und zum Inhalt der Anfechtungsklagen im Konkurs, ÖBA 1987, 311.

[3]) *Karollus,* Konkursanfechtung: Muß der Anfechtungsgegner vorleisten? ÖBA 1988, 123; *Koziol,* Gedanken zum „nachteiligen Rechtsgeschäft" im Sinne des § 31 KO und zu den Ansprüchen des Anfechtungsgegners gemäß § 41 KO, ÖBA 1988, 1079.

[4]) S beispielsweise OGH in ÖBA 1992, 582; ÖBA 1993, 664 und 927; ÖBA 1994, 486; ÖBA 1997, 71; ÖBA 1998, 313; ÖBA 1998, 798 *(Bollenberger);* ÖBA 2000, 329 *(Bollenberger).*

2. Die Anfechtungstatbestände

Die **Absichtsanfechtung** (§ 2 Z 1–3 AnfO, § 28 Z 1–3 KO)[5]) ist möglich, wenn die nachteilige Rechtshandlung vom Schuldner in der Absicht vorgenommen wurde, die Gläubiger zu schädigen, und dies dem Erwerber bekannt war oder bekannt sein mußte, also fahrlässig nicht bekannt war (Beispiel 1). Handelt ein gesetzlicher Vertreter für den Anfechtungsgegner, ist die Kenntnis des gesetzlichen Vertreters maßgebend[6]).

Die Rechtshandlungen müssen in den letzten zehn Jahren (Z 1) oder in den letzten zwei Jahren (Z 2 und 3) vorgenommen worden sein.

Die Absichtsanfechtung ist auch dann zulässig, wenn der Gläubiger auf die ihm vom Schuldner erbrachte Leistung einen durchsetzbaren Anspruch hatte[7]).

Die **Schenkungsanfechtung** (§ 3 AnfO, § 29 KO) setzt voraus, daß der Schuldner dem Dritten unentgeltliche Zuwendungen[8]) gemacht hat.

Die Gläubiger werden hier als schutzwürdiger angesehen als der Beschenkte, weil er die Sache ohne Gegenleistung erhalten hat (Beispiel 2).

Die Rechtshandlung muß in den letzten zwei Jahren vor der Anfechtung (oder der Konkurseröffnung) vorgenommen worden sein.

Die vom Schuldner eingegangenen Kauf-, Tausch- und Lieferungsverträge sind anfechtbar, wenn der andere Teil in dem Geschäft eine die Gläubiger benachteiligende **Vermögensverschleuderung** erkannt hat oder erkennen hätte müssen (§ 2 Z 4 AnfO, § 28 Z 4 KO).

Die Verträge müssen im letzten Jahr vor der Anfechtung (Konkurseröffnung) abgeschlossen worden sein.

3. Besondere Anfechtungstatbestände im Konkurs[9])

Anfechtbar wegen **Begünstigung** (§ 30 Abs 1 Z 1 KO) ist eine nach Eintritt der Zahlungsunfähigkeit oder nach dem Antrag auf Konkurseröffnung oder in den letzten 60 Tagen vorher vorgenommene Sicherstel-

---

[5]) *A. Burgstaller,* Zur Absichtsanfechtung, ÖJZ 1979, 148; *Koziol,* Gläubigeranfechtung 12ff, 81ff; *Widhalm,* Die Absichtsanfechtung (§ 28 KO) in der Rechtsprechung, ecolex 2000, 787; OGH in SZ 68/29; SZ 69/22; ÖBA 1995, 380 und 383 *(Fink);* JBl 1998, 595; ÖBA 1998, 979; ÖBA 2000, 1104 und 1107. Vgl auch *Koziol,* Widerrechtliche Handlungen als anfechtbare Rechtshandlungen im Sinne der §§ 1 AnfO, 27 KO? ZIK 1997, 134.

[6]) Zu Ausnahmen OGH in SZ 73/203.

[7]) OGH in ÖBA 1991, 826 *(Koziol);* ÖBA 1994, 637 *(Paul Doralt);* ÖBA 1995, 383 *(Fink).*

[8]) Vgl OGH in JBl 1986, 323; SZ 61/110; ÖBA 1990, 471; ÖBA 1993, 71 und 832; ÖBA 1998, 979; ÖBA 2001, 831; ÖBA 2002, 814 *(Bollenberger),* SZ 74/158 (dazu *Schumacher,* Die Anfechtung der nachehelichen Vermögensaufteilung, ÖBA 2003, 288).

[9]) S *König,* Anfechtung[3] Rz 8/1ff und *Koziol/Bollenberger* in Bartsch/Pollak/Buchegger, Insolvenzrecht I § 31 Rz 1ff jeweils mwN.

lung oder Befriedigung eines Gläubigers, wenn er eine Sicherstellung oder Befriedigung erlangt hat, die er nicht oder nicht in der Art oder nicht in der Zeit zu beanspruchen hatte (Anfechtung wegen **„inkongruenter Deckung“**)[10]).

Die Anfechtung ist ausgeschlossen, wenn der Gläubiger durch die Rechtshandlung nicht begünstigt worden ist, zB weil er durch ein Absonderungsrecht gesichert war und daher ohnedies volle Befriedigung erlangt hätte.

Nicht der Anfechtung unterliegen auch Zug-um-Zug-Geschäfte, das sind voll entgeltliche Geschäfte, die neu eingegangen und sofort abgewickelt werden[11]).

Wegen Begünstigung ist aber auch eine Sicherstellung oder Befriedigung anfechtbar, die der Schuldner in der Absicht vorgenommen hat, bestimmte Gläubiger vor den anderen zu **begünstigen,** wenn diese Absicht den begünstigten Gläubigern bekannt war oder bekannt sein mußte (§ 30 Abs 1 Z 3 KO)[12]).

Bei nahen Angehörigen ist die Beweislast für das Kennen oder Kennenmüssen umgekehrt (§ 30 Abs 1 Z 2 KO). Der Angehörigenbegriff für nicht natürliche Personen wurde durch die Gerichtsgebühren- und Insolvenzrechts-Novelle 2006 (GIN, BGBl I 2006/8) neu gefaßt (s § 32 Abs 2 KO).

Anfechtbar sind auch nach Eintritt der **Zahlungsunfähigkeit** oder nach dem Antrag auf Konkurseröffnung vorgenommene Rechtshandlungen, durch die ein Konkursgläubiger Sicherstellung oder Befriedigung erlangt[13]) und alle vom Gemeinschuldner mit anderen Personen eingegangenen, für die Gläubiger nachteiligen Rechtsgeschäfte, wenn dem anderen Teil die Zahlungsunfähigkeit oder der Eröffnungsantrag bekannt war oder **bekannt sein mußte** (§ 31 Abs 1 Z 2 KO)[14]). Ausgenommen sind die Zug-um-Zug-Geschäfte.

Bei nahen Angehörigen des Gemeinschuldners ist die Beweislast für die Kenntnis (das Kennenmüssen) der Zahlungsunfähigkeit (des Eröffnungsantrages) umgekehrt.

---

[10]) *Foglar-Deinhardstein/Welser,* Die Bedeutung von Sicherungszession, Kontokorrent und Anfechtung im Geschäftsverkehr der Banken, ÖZW 1976, 78ff; OGH in ÖBA 1991, 215 *(Schumacher);* ÖBA 1993, 734; ÖBA 1996, 645; ÖBA 1997, 205 *(Koziol);* ÖBA 1997, 489; SZ 71/74; ÖBA 1991, 286 *(Fink)* und 921 *(Pfersmann);* JBl 1997, 540 *(König)* = ÖBA 1998, 47 *(Bollenberger);* ecolex 1999, 691 (Zession zahlungshalber); ÖBA 2000, 152 *(Bollenberger)* (Kontokorrentkredit); JBl 2000, 450.

[11]) *Foglar-Deinhardstein/Welser,* ÖZW 1976, 79f; *Fink,* Anweisung auf Schuld und Anfechtung, ÖJZ 1985, 441f; *derselbe,* Zahlung von Leasingraten als Zug-um-Zug-Geschäft, ÖBA 1992, 809. OGH in ÖBA 1995, 899 *(Schumacher);* ÖBA 1996, 385 *(Bollenberger).*

[12]) ZB OGH in EvBl 2004/202 (bei Zahlung durch Dritte).

[13]) *Fischer-Czermak,* Factoring: Rechtsnatur und Konkursanfechtung, ecolex 1995, 89; *Kiendl,* Die Anfechtung von Sicherstellungen „wegen Kenntnis der Zahlungsunfähigkeit“ (§ 31 Abs 1 Z 2 1. Fall KO), ÖJZ 1995, 97; *Koziol/Bollenberger* in Bartsch/Pollak/Buchegger, Insolvenzrecht I § 31 Rz 11 mwN; *Rebernigg,* Konkursanfechtung Rz 88ff; OGH in JBl 1990, 666; ÖBA 1992, 838; ÖBA 1995, 216 *(Iro);* ÖBA 1996, 78 *(Fink);* ecolex 2000, 113 *(Jaksch-Ratajczak)* (Factoring); ÖBA 2000, 238 *(Schumacher).*

[14]) Dazu OGH in ÖBA 2004, 220 *(Bartlmä).*

Nach der Judikatur genügt es für die Anfechtung, wenn dem Anfechtungsgegner bei Abschluß des Rechtsgeschäfts auch nur ein mittelbarer Nachteil für die Gläubiger objektiv erkennbar war und sich das Geschäft auch tatsächlich nachteilig ausgewirkt hat[15]).

[15]) OGH in ÖBA 1989, 1008 *(Paul Doralt);* ecolex 1995, 22 *(Fischer-Czermak)* = ÖBA 1995, 216 *(Iro);* SZ 69/262; ÖBA 1998, 798 *(Bollenberger);* ÖBA 1999, 472 und 477; SZ 71/209 (Anfechtung einer Anweisung); SZ 73/182 (zu dieser E *Widhalm,* Die Anfechtung des Kontokorrentkredites nach der Entscheidung 6 Ob 110/00w, ecolex 2001, 369). AA *Koziol,* Gläubigeranfechtung 89ff mwN; *Paul Doralt,* Zur Gläubigeranfechtung wegen mittelbar nachteiliger Rechtsgeschäfte, ÖBA 1995, 113; *Weissel,* Die mittelbare Nachteiligkeit von Kreditgeschäften nach § 31 KO, ÖBA 1992, 630; *Bollenberger,* Anfechtung von Finanzierungsgeschäften gemäß § 31 Abs 1 Z 2 Fall 2 KO, ÖBA 1999, 409 mwN; *derselbe,* Der erforderliche Zusammenhang zwischen Haftungsgrund und Haftungsumfang beim revolvierenden Kredit als nachteiliges Rechtsgeschäft (§ 31 Abs 1 Z 2 Fall 2 KO), ÖBA 2005, 683 (zu OGH in ÖBA 2005, 714).

Anhang

Das Konsumentenschutzgesetz

Literatur: *Bydlinski,* Die Kontrolle allgemeiner Geschäftsbedingungen nach dem österreichischen Konsumentenschutzgesetz, Meier-Hayoz-FS (1982) 65; *Deixler-Hübner,* Konsumentenschutz[2] (1997); *Fenyves,* Die Auswirkungen des Konsumentenschutzgesetzes auf das Recht der Vertragsversicherung, VersRdSch 1979, 336; *Graf,* Jetzt schlägts aber (fast) 13! ecolex-script 2003/24; *Iro,* OGH: Unwirksame Klauseln in den Allgemeinen Geschäftsbedingungen der Banken, RdW 2003, 66; *B. Jud,* Konsumentenschutz in der Rechtsprechung, ÖJZ 2004, 241; *Kalss/Lurger,* Rücktrittsrechte (2001); *Kiendl,* Die Richtlinie des Rates über mißbräuchliche Klauseln in Verbraucherverträgen und ihre Auswirkung auf das österreichische Recht, JBl 1995, 87; *dieselbe,* Unfaire Klauseln in Verbraucherverträgen (1997); *Kosesnik-Wehrle/Lehofer/Mayer/Langer,* Konsumentenschutzgesetz[2] (2004); *Koziol,* Verbraucherschutz als Selbstzweck oder als Mittel sachgerechter Interessenwahrung? Mayrhofer-FS (2002) 101; *Krejci* (Hrsg), Handbuch zum Konsumentenschutzgesetz (1981); *derselbe,* Konsumentenschutzgesetz (1986); *derselbe,* Zehn Jahre Konsumentenschutzgesetz, Ostheim-FS (1990) 161; *derselbe,* Ist das Verbraucherrecht ein Rechtsgebiet? Mayrhofer-FS 121; *Krejci/Schilcher/Steininger,* Konsumentenschutzgesetz, ABGB und Verfahrensrecht (1978); *Kühnberg,* Die konsumentenschutzrechtliche Verbandsklage (2006); *Leitner,* Das Transparenzgebot (2005); *Lurger,* Integration des Verbraucherrechts in das ABGB? in Fischer-Czermak/Hopf/Schauer (Hrsg), Das ABGB auf dem Weg in das 3. Jahrtausend (2003) 111; *Lurger/Augenhofer,* Österreichisches und Europäisches Konsumentenschutzrecht (2005); *Schuhmacher* (Hrsg), Verbraucherschutz in Österreich und in der EG (1992); *Welser,* Anmerkungen zum Konsumentenschutzgesetz, JBl 1979, 449; *derselbe,* Die Beschränkung der Vertragsfreiheit beim Konsumentengeschäft, JBl 1980, 1 und 72; *derselbe,* Das Konsumentenschutzgesetz in der Rechtsprechung, Schönherr-GedS (1986) 325.

I. Allgemeines

Das Konsumentenschutzgesetz (BG vom 8. 3. 1979, BGBl 1979/140)[1]) hat zT das ABGB novelliert und damit Bestimmungen eingeführt, die für Rechtsgeschäfte zwischen beliebigen Personen gelten (§§ 864 Abs 2, 864a, 871 Abs 2, 873, 879 Abs 3, 917a, 935 und 1298). Sie wurden oben im systematischen Zusammenhang dargestellt. Andere wichtige Bestimmungen wurden nicht in das ABGB eingefügt, sondern finden sich im KSchG selbst. Die meisten Vorschriften des KSchG beziehen sich aber nur auf Rechtsgeschäfte zwischen Unternehmern und Verbrauchern (Konsumenten), auf die **„Verbraucherverträge“.** Sie sind nun im Zusammenhang darzustellen.

Ziel des KSchG ist es, dem Verbraucher gegenüber dem Unternehmer besonderen Schutz zu gewähren[2]). Es entspricht damit einem ge-

---

[1]) Vgl *Reindl,* Entstehung und Konzeption des KSchG, in Krejci, Handbuch 71ff.

[2]) S dazu *W. Schuhmacher,* Der Konsumentenschutzgedanke in der österreichischen Rechtsordnung, in Krejci, Handbuch 1ff.

rechtfertigten Bedürfnis. Zwar billigt die Rechtsordnung grundsätzlich jedem das gleiche Maß an Privatautonomie zu, so daß es theoretisch Sache des Verbrauchers ist, wenn er sich mit ungünstigen Vertragsbestimmungen einverstanden erklärt. Doch führen mangelnde Rechtskenntnisse, wirtschaftliche Unterlegenheit, psychologische Hindernisse und das unübersehbare Warenangebot dazu, daß ein Konsument seine Interessen nicht genügend wahrnehmen und daher die Vertragsfreiheit nicht richtig nützen kann. Zwischen Unternehmer und Verbraucher besteht also eine gewisse **„Ungleichgewichtslage"**[3]), die das Gesetz ausgleichen will.

Zum Schutz des Verbrauchers trifft das KSchG zahlreiche Regelungen, die zugunsten des Konsumenten **zwingend** sind. Vor allem Vertragsbestimmungen, die **zum Nachteil** des Verbrauchers vom I. Hauptstück des KSchG abweichen, sind **unwirksam (§ 2 Abs 2 KSchG).**

Manche in das KSchG aufgenommenen Rechtssätze gehen auf die Judikatur zu § 879 und andere Bestimmungen des ABGB zurück. Zur Vermeidung der Gefahr, daß die Rsp aus der Aufnahme einer Regel in das I. Hauptstück des KSchG den Schluß zieht, daß außerhalb des Rechts der Verbraucherverträge etwas anderes gilt, bestimmt § 2 Abs 1 KSchG, daß das Hauptstück über das Verbrauchergeschäft Regelungen unberührt lasse, nach denen die hier vorgesehenen Rechtsfolgen in anderen Fällen eintreten. Dies versteht sich aber von selbst, § 2 Abs 1 KSchG ist daher irreführend.

Seit dem Beitritt Österreichs zur EU hat es zehn Novellen zum KSchG gegeben, die vor allem der Anpassung des nationalen Rechts an die Verbraucherschutzrichtlinien der EU gedient haben.

So wurde zB durch die Novelle 1997 (BGBl I 1997/6) vor allem die Vertragsklausel-RL 93/13/EWG, mit der Novelle 1999 (BGBl I 1999/185) die Fernabsatz-RL 97/7/EG und mit dem GewRÄG 2001 (BGBl I 2001/48) die Verbrauchsgüterkauf-RL 99/44/EG (auch) im KSchG umgesetzt. Zuletzt wurde das KSchG durch das ZivRÄG 2004 (BGBl I 2003/91), das Heimvertragsgesetz (BGBl I 2004/12) und das Fern-Finanzdienstleistungs-Gesetz (BGBl I 2004/62) novelliert.

II. Das Verbrauchergeschäft

Verbraucherverträge (Konsumentenverträge) sind Rechtsgeschäfte zwischen jemandem, für den das Geschäft zum Betrieb seines Unternehmens gehört, und jemandem, auf den das nicht zutrifft (§ 1 KSchG)[4]).

Für die Verbrauchergeschäfte gelten die **zwingenden** Vorschriften des I. Hauptstücks des KSchG.

Zum Begriff des Verbrauchergeschäftes gehört, daß auf der einen Seite ein Unternehmer und auf der anderen Seite ein Nichtunternehmer

---

[3]) Dazu *Welser,* JBl 1980, 1f.

[4]) Dazu *Schilcher,* Die Regeln über das Verbrauchergeschäft und das ABGB, in Krejci/Schilcher/Steininger, Konsumentenschutzgesetz 58ff; *Welser,* JBl 1980, 1ff. Zur Beweislast für die Unternehmer- und Verbrauchereigenschaft: OGH in EvBl 1989/116; ZfRV 1990, 121 *(Hoyer);* ecolex 1990, 678.

Partei[5]) ist. Geschäfte zwischen Unternehmern[6]) und solche zwischen Nichtunternehmern sind nicht erfaßt.

Wird ein Vertrag zwischen Unternehmern (Verbrauchern) geschlossen und in der Folge auf einer Seite von einem Verbraucher (Unternehmer) übernommen, so gelten nach dem OGH ab der Vertragsübernahme die Regeln des KSchG, da die Anwendbarkeit des KSchG nicht das Vorliegen einer typischen Ungleichgewichtslage bei Vertragsabschluß, sondern die Beteiligung von Verbrauchern und Unternehmern bei Rechtsgeschäften voraussetzt[7]). Hingegen bleibt ein zwischen Unternehmern abgeschlossenes Rechtsgeschäft auch dann vom Anwendungsbereich des KSchG ausgeschlossen, wenn ein Vertragsteil in der Folge seine Unternehmenstätigkeit einstellt[8]).

Die Voraussetzungen für die Anwendbarkeit des KSchG hat der Verbraucher zu beweisen[9]).

Da es nur auf die „Eigenschaften" als „Unternehmer" und „Nichtunternehmer" ankommt, verwirklicht das Gesetz seinen Schutz nur schematisch, auf die individuellen wirtschaftlichen Gegebenheiten oder Fähigkeiten der Beteiligten nimmt es keine Rücksicht[10]). So finden die Schutzbestimmungen keine Anwendung, wenn dem übermächtigen Weltkonzern der unbeholfene kleine Detaillist gegenübersteht. Der Rechtsanwalt wird als Konsument geschützt, wenn er in privaten Angelegenheiten mit einem rechtsunkundigen Kleinunternehmer kontrahiert. Das KSchG findet auch dann Anwendung, wenn der Konsument beim Vertragsabschluß mit dem Unternehmer anwaltlich vertreten ist[11]).

Auch Verträge über Liegenschaften können dem KSchG unterliegen[12]).

Gesetzlich definiert wird nur das **Unternehmen.** Es ist jede auf Dauer angelegte, organisierte, selbständige wirtschaftliche Tätigkeit, mag sie auch nicht auf Gewinn gerichtet sein. Juristische Personen des öffentlichen Rechts gelten immer als Unternehmer (§ 1 Abs 2 letzter Satz KSchG)[13]).

---

[5]) S OGH in JBl 1982, 313 *(Iro)*; EvBl 1992/51.

[6]) *Welser,* Zum Geltungsbereich des I. Hauptstückes des KSchG, in Krejci, Handbuch 196; ihm folgend OGH in SZ 55/51.

[7]) OGH in RdW 2002/74; SZ 2003/109; dazu *Beig/Größ,* Sonderprivatrechtliche Anknüpfung bei Vertragsübernahmen, RdW 2004/458.

[8]) OGH in RdW 2005/755.

[9]) OGH in JBl 1992, 796.

[10]) So *Welser,* JBl 1980, 2; *Krejci,* Grundfragen zum Geltungsbereich des I. Hauptstückes des KSchG, in Krejci, Handbuch 226ff; OGH in SZ 55/51 ; SZ 56/159; JBl 2002, 123 (Gründungsgeschäfte ehemaliger Unternehmer); EvBl 2001/28. Hingegen ist der GmbH-Alleingesellschafter, der eine Bürgschaft für die Schulden der GmbH übernimmt, nicht als Verbraucher anzusehen, s OGH in JBl 2002, 526 (krit *Karollus*); krit *B. Jud,* ÖJZ 2004, 242; zustimmend *P. Bydlinski/Haas,* Besonderheiten bei Haftungsübernahmen eines geschäftsführenden Alleingesellschafters für Schulden „seiner" GmbH? ÖBA 2003, 11.

[11]) *Welser,* JBl 1980, 3; ihm folgend OGH in JBl 1982, 313 *(Iro)*; SZ 56/159.

[12]) Dazu *Fischer-Czermak,* Das Konsumentenschutzgesetz und der Liegenschaftsverkehr, NZ 1991, 115; OGH in EvBl 2005/132.

[13]) Dazu OGH in EvBl 1992/51.

Der Unternehmensbegriff des KSchG entspricht jenem des mit 1. 1. 2007 in Kraft getretenen UGB. Dadurch wird die Diskrepanz zwischen dem Unternehmer- und dem Kaufmannsbegriff des HGB beseitigt. Unternehmer sind zB auch Rechtsanwälte[14]), Land- und Forstwirte[15]), Finanzberater[16]), ja uU sogar Eigentümer von Miethäusern[17]) und Wohnungseigentümergemeinschaften, wenn sie professionell organisiert sind und in Ausübung wirtschaftlicher Tätigkeit Dritten auf dem Markt Leistungen anbieten[18]). Trotzdem gibt es in Österreich keinen einheitlichen Unternehmerbegriff; so entspricht der haftpflichtige „Unternehmer" im PHG nicht dem Begriff des KSchG[19]).

Die **Zugehörigkeit** eines Rechtsgeschäfts zum Betrieb des Unternehmens ist zu vermuten (§ 344 UGB analog)[20]). Geschäfte, die natürliche Personen[21]) vor Aufnahme des Betriebes ihres Unternehmens zur Schaffung der Voraussetzungen dafür tätigen, sind noch nicht betriebszugehörig (§ 1 Abs 3 KSchG)[22]).

Gedacht ist daran, daß der künftige Unternehmer Geschäftsräume mietet, Maschinen und sonstige Betriebsmittel anschafft oder ein Unternehmen pachtet. § 1 Abs 3 KSchG ist ua deshalb bedeutsam, weil durch die Zurechnung zum Verbrauchergeschäft die Rücktrittsregelung (§§ 3ff KSchG) anwendbar ist.

Vom Anwendungsbereich des KSchG ausgenommen sind Verträge zwischen Arbeitnehmern und Arbeitgebern (§ 1 Abs 4 KSchG)[23]).

Juristische Personen des Privatrechts, zB ideelle Vereine, sind nur dann Unternehmer, wenn sie eine unternehmerische Tätigkeit iSd § 1 Abs 2 KSchG ausüben. Ist dies nicht der Fall, bleibt den Mitgliedern der Schutz des KSchG versagt.

Nach dem mit BGBl I 1999/185 eingeführten § 1 Abs 5 KSchG finden die Bestimmungen des I. und II. Hauptstückes auch auf den Beitritt zu und die **Mitgliedschaft bei Vereinen** Anwendung, wenn diese von ihren Mitgliedern Beiträge verlangen, ihnen aber nur eingeschränkte Mitgliedschaftsrechte einräumen[24]). Beitritte und Mitgliedschaften zu Vereinen, die rein geschäftlichen Zwecken dienen, sind nicht erfaßt.

---

[14]) OGH in SZ 54/74.

[15]) OGH in SZ 55/157; SZ 63/134.

[16]) OGH in EvBl 1989/116.

[17]) OGH in SZ 53/103; JBl 1992, 796.

[18]) OGH in SZ 2003/88 = wobl 2003/183 *(Schauer); Schauer,* Wohnungseigentümergemeinschaft und KSchG, wobl 2000, 220; aA *Prader,* Wohnungseigentümergemeinschaft – Verbraucher oder Unternehmer? RdW 2000/234; *Freiberger,* KSchG: Eigentümergemeinschaft nach WEG: Verbraucher oder Unternehmer? RdW 2004/103.

[19]) *Spitzer,* Der Unternehmer im PHG, JBl 2003, 414; *Welser/Rabl,* PHG² § 1 Rz 7.

[20]) OGH in SZ 63/134.

[21]) Gesellschaften kommt dieses Privileg bereits nach dem Wortlaut des § 1 Abs 3 KSchG nicht zu, s OGH in ecolex 1998, 691 (GmbH); ÖBA 2003, 948 (*Apathy*, OEG).

[22]) Näheres bei *Welser,* JBl 1980, 3ff; *Längle,* Gründungsgeschäfte werdender Unternehmer im Spannungsfeld zwischen HGB und KSchG, Krejci-FS (2001) 227. Vgl auch OGH in SZ 68/66; JBl 1998, 60; ecolex 2002, 880; EvBl 2003/151.

[23]) Dazu *Binder,* Der arbeitsrechtliche Bezug des Konsumentenschutzgesetzes, Mayrhofer-FS (2002) 17.

[24]) Kritisch *Saria,* Vereinsmitgliedschaft und KSchG, RdW 2000/183.

III. Das Rücktrittsrecht beim Haustürgeschäft[25])

A. Allgemeines

Der Verbraucher hat ein Rücktrittsrecht, wenn er seine auf den Vertragsabschluß gerichteten Erklärungen nicht in den vom Unternehmer für seine geschäftlichen Zwecke dauernd benützten Räumen abgegeben hat (§ 3 Abs 1 KSchG).

Das Rücktrittsrecht ist ein Ausgleich dafür, daß der Verbraucher oft den „Überredungskünsten“ und dem „psychologischen Druck“ des Partners ausgeliefert ist.

In den Geschäftsräumen des Unternehmers ist die Gefahr unüberlegter Abschlüsse geringer, weil der Verbraucher nicht von unerwarteten Anträgen überrascht wird und er vor dem Besuch beim Unternehmer die Möglichkeit hat, andere Warenangebote zu prüfen. Den dauernd benützten Geschäftsräumen werden die auf einer Messe oder einem Markt benutzten Stände gleichgestellt. Umgekehrt nimmt das Gesetz wieder die psychologische Ausnahmesituation an, wenn der Unternehmer den Verbraucher durch Werbe- oder Ausflugsfahrten[26]) oder durch „persönliches, individuelles Ansprechen auf der Straße“ in seine Geschäftsräume gebracht hat (§ 3 Abs 2 idF BGBl 1984/456).

Der Rücktritt ist **ausgeschlossen,** wenn der Verbraucher selbst die geschäftliche Verbindung **angebahnt hat**[27]), oder wenn dem Zustandekommen des Vertrages **keine Besprechungen** vorausgegangen sind (§ 3 Abs 3 KSchG).

Der Verbraucher bahnt die geschäftliche Verbindung an, wenn er eine vorgedruckte Karte absendet, die durch eine Postwurfsendung an ihn gelangt ist und in der um den Besuch eines Vertreters gebeten wird; ferner bahnt er das Geschäft an, wenn er auf eine Annonce des Unternehmers reagiert[28]), selbst ein Inserat aufgibt[29]), in einem allgemein gehaltenen Anruf des Unternehmers von sich aus Interesse an einem ganz bestimmten Geschäft bekundet[30]) oder neugierig in einer Hotelhalle ausgestellte Waren näher betrachtet, auch wenn der Unternehmer zuerst das Wort an ihn richtet und das zum Verkauf führende Gespräch einleitet[31]). Vgl aber unten VI.

Auch die Anbahnung durch den Verbraucher führt nur dann zum Ausschluß des Rücktritts, wenn der tatsächlich abgeschlossene Vertrag noch jenen Geschäftszwecken zugeordnet werden kann, derentwegen die Anbahnung erfolgte und der Vertragspartner derselbe ist[32]). So besteht

---

[25]) Dazu *Schilcher,* Das Rücktrittsrecht des Verbrauchers nach § 3 KSchG, in Krejci, Handbuch 271ff; *W. Schuhmacher,* Verbraucherschutz bei Vertragsanbahnung (1983) 360ff; *Tangl,* Konsumentenschutz bei Haustürgeschäften, ZfRV 1997, 99; *Kalss/Lurger,* JBl 1998, 89, 153, 219.

[26]) Dazu OGH in RdW 1994, 104.

[27]) Dazu OGH in SZ 44/163; SZ 55/96 und 183; EvBl 1984/98; JBl 1985, 354; SZ 57/152; ecolex 1996, 93; EvBl 1998/205; ecolex 1999, 14.

[28]) OGH in RZ 1967, 74; SZ 55/183.

[29]) *Fischer-Czermak,* NZ 1991, 118; anders OGH in JBl 2001, 389.

[30]) OGH in EvBl 2002/132.

[31]) OGH in SZ 71/125; krit hiezu *Pfersmann,* ÖJZ 2001, 244.

[32]) Das Rücktrittsrecht geht nur dann verloren, wenn der Verbraucher die geschäftliche Verbindung gerade mit jenem Unternehmer angebahnt hat, mit dem er dann den Vertrag schließt. Kontrahiert er mit einem anderen – ihm vom ersten Unter-

das Rücktrittsrecht, wenn der zum Abschluß einer Hausratsversicherung herbeigerufene Versicherungsvertreter den Kauf eines PKW vermittelt.

Hat der Konsument die geschäftliche Verbindung nicht selbst angebahnt, so bestünde dem Wortlaut nach das Rücktrittsrecht auch dann, wenn er seine Willenserklärung erst nach einer reichlich bemessenen – zB wochenlangen – Frist abgibt, die ihm eine gründliche Überlegung ermöglicht hat. Damit schießt das Gesetz über das Ziel hinaus[33]). Beispiel: Ein Vertreter stellt unaufgefordert dem Verbraucher in seinen Wohnräumen ein Angebot, der Verbraucher nimmt es schriftlich nach drei Wochen an. Da keine Überrumpelungsgefahr besteht, hat er kein Rücktrittsrecht[34]).

Aus anderen Gründen – **Üblichkeit** und **Geringfügigkeit** des Geschäftes – ist der Rücktritt bei sofort zu erfüllenden Geschäften ausgeschlossen, die üblicherweise außerhalb von Geschäftsräumen geschlossen werden und bei denen das Entgelt € 15,– nicht übersteigt. Dasselbe gilt, wenn das Unternehmen seiner Natur nach nicht in ständigen Geschäftsräumen betrieben wird und das Entgelt nicht mehr als € 45,– beträgt.

Beispiele: Kauf einer Zeitung auf der Straße, Abschluß eines Vertrages mit einem Taxiunternehmer.

Hat der Unternehmer gegen bestimmte **gewerberechtliche Vorschriften** (§§ 54, 57 und 59 GewO 1994) verstoßen, steht dem Verbraucher das Rücktrittsrecht in jedem Fall (unabhängig von Anbahnung, Besprechungen, Üblichkeit und Geringfügigkeit) zu (§ 3 Abs 5 KSchG idF BGBl 2002/111).

Rücktrittsrechte bei Haustürgeschäften gewähren auch die § 54 Abs 3 GewO[35]), § 30a KSchG (dazu unten S 438f), § 12 WAG und § 4 der VO über Ausübungsvorschriften für Partnervermittler (BGBl 1987/434).

B. Befristung des Rücktrittsrechts

Hat der Verbraucher das **Angebot** gestellt, so kann er es – in Abweichung von den Regeln über die Bindungswirkung – bis zum Zustandekommen des Vertrages **widerrufen.** Der Rücktritt vom bereits abgeschlossenen **Vertrag** ist hingegen an Fristen gebunden. Wurde dem Verbraucher eine Urkunde ausgefolgt, die Name und Anschrift des Unter-

---

nehmer vorgestellten – Unternehmer, hat er den Vertrag somit nicht angebahnt, vgl OGH in EvBl 2005/132.

[33]) Vgl *Doralt/Koziol,* Stellungnahme 12ff; *Mayrhofer,* Abzahlungsgeschäft 153ff; *Schilcher* in Krejci, Handbuch 289, 291ff; OGH in SZ 65/37.

[34]) Rücktrittsrecht, obwohl keine Besprechungen stattgefunden haben: *Iro,* Vertragsschluß per Fax und Rücktrittsrecht nach § 3 KSchG, RdW 1993, 2. Zum Rücktritt von einem per Telefax geschlossenen Vertrag vgl weiters OGH in SZ 65/37 (Liegenschaftskauf); aA OGH in RdW 2004/672, krit hiezu *Vonkilch,* Rücktritt nach § 3 KSchG beim Fernabsatz von Finanzdienstleistungen, RdW 2004/664; ferner *Schopper,* Zum Rücktrittsrecht nach § 3 KSchG beim Vertragsabschluß per Telefax – Richtungswechsel in der Rsp des OGH, ÖBA 2005, 35.

[35]) Dazu *Krejci,* Der Vertragsrücktritt nach § 54 Abs 3 und § 60 GewO, ÖZW 1976, 97; OGH in EvBl 1991/45.

nehmers, die zur Identifizierung des Vertrags notwendigen Angaben sowie eine Belehrung[36]) über das Rücktrittsrecht enthält, so ist dieses binnen **einer Woche** auszuüben. Die Frist beginnt mit der Ausfolgung der Urkunde, frühestens jedoch mit dem Vertragsabschluß.

Wurde keine Urkunde übergeben, steht dem Verbraucher das Rücktrittsrecht somit unbefristet zu[37]); bei Versicherungsverträgen erlischt es jedoch spätestens einen Monat nach dem Zustandekommen des Vertrags (§ 3 Abs 1 KSchG idF des ZivRÄG 2004 [BGBl I 2003/91][38])).

Über die Pflicht zur Ausstellung von Ratenbriefen s unten S 432 und zur Ausstellung einer sonstigen Vertragsurkunde s unten S 435.

C. Ausübung des Rücktrittsrechts

Der Rücktritt bedarf der **Schriftform** (§ 3 Abs 4 KSchG). Es genügt aber, daß der Verbraucher ein Schriftstück, das seine Vertragserklärung oder die des Unternehmers enthält, diesem mit einem Vermerk **zurückstellt,** der erkennen läßt, daß der Konsument den Abschluß des Vertrages oder seine Aufrechterhaltung ablehnt.

Auf die Form des § 3 Abs 4 KSchG kommt es wohl dann nicht an, wenn der Unternehmer erklärt, er sei mit dem Rücktritt einverstanden[39]). Fraglich ist, ob es auch ausreicht, wenn der Verbraucher dem Unternehmer selbst die Vertragsurkunde zurückstellt und mündlich unmißverständlich seinen Rücktritt erklärt.

Die Rücktrittsfrist ist gewahrt, wenn die Erklärung rechtzeitig **abgesendet** wird. Nach der allgemeinen Regel (vgl § 862 a) wäre der Zugang entscheidend.

Die Beweislast für das Vorliegen der Voraussetzungen des Rücktrittsrechts trägt – mit Ausnahme der Ausschlußgründe des § 3 Abs 3 KSchG[40]) – der Verbraucher[41]).

D. Folgen des Rücktritts[42])

Die Folgen des Rücktritts regelt § 4 KSchG. Der Unternehmer hat die empfangene **Leistung** samt gesetzlichen Zinsen **zurückzuerstatten** und dem Verbraucher die auf die Sache gemachten notwendigen und nützlichen **Aufwendungen** zu ersetzen. Der Verbraucher hat seinerseits Zug um Zug die empfangenen Leistungen zurückzustellen und ein ange-

---

[36]) Dazu OGH in SZ 54/132; ÖBl 1983, 132.

[37]) Zur europarechtlichen Determinierung s *Spitzer,* EuGH zum Verhältnis zwischen Verbraucherkredit-RL und Haustürgeschäfte-RL, ecolex 2002, 398.

[38]) Dazu *Riedler,* Änderungen des KSchG durch das ZRÄG 2004, RZ 2003, 266 mwN; zur (teilweisen) Rückwirkung dieser Rechtsänderung s *Vonkilch,* RdW 2004/710.

[39]) So auch OGH in EvBl 2002/132.

[40]) Diese hat der Unternehmer zu behaupten und beweisen, s OGH in JBl 2001, 389; EvBl 2002/132.

[41]) S dazu OGH in JBl 2005, 182 mwN.

[42]) Dazu *Rummel,* Bereicherungsrechtliche Probleme des KSchG, in Krejci, Handbuch 315; *Schilcher* in Krejci, Handbuch 297 ff; *Welser,* JBl 1980, 454 f.

messenes **Benützungsentgelt**[43]) zu zahlen, das auch eine Entschädigung für die Wertminderung der Sache enthält. Ist die Rückstellung der Sache unmöglich oder untunlich, so hat der Verbraucher ihren Wert nur so weit zu vergüten, als er einen klaren und überwiegenden Vorteil erlangt hat.

Diese Rücktrittsfolgen weichen von den allgemeinen Regeln ab. Nach § 331 hätte selbst der redliche Besitzer den Anspruch auf Ersatz der Aufwendungen nur nach ihrem „gegenwärtigen Wert". § 4 KSchG differenziert aber darüber hinaus überhaupt nicht zwischen redlichen und unredlichen Verbrauchern, was sich auch für den Ersatzanspruch bei Unmöglichkeit oder Untunlichkeit der Rückgabe auswirkt. Die vom Gesetz vorgenommene Beschränkung auf den subjektiven Vorteil ist sachlich nur beim redlichen Besitzer gerechtfertigt. Das KSchG räumt dem Verbraucher so überdies die Möglichkeit ein, das Risiko des zufälligen Unterganges der Sache willkürlich auf den Unternehmer zu überwälzen, indem er nach ihrem Untergang den Rücktritt erklärt.

Neben diesen Rückabwicklungsansprüchen kommen Schadenersatzansprüche in Betracht, zB wegen schuldhafter Herbeiführung der Unmöglichkeit der Rückgabe der Sache oder ihrer Beschädigung (vgl oben S 57ff und S 76).

IV. Rücktrittsrecht wegen Nichteintritts „maßgeblicher Umstände"

Der Verbraucher kann von seiner Offerte oder dem Vertrag zurücktreten, wenn maßgebliche Umstände, die der Unternehmer als wahrscheinlich dargestellt hat, nicht eintreten (§ 3a KSchG).

Der mit BGBl I 1997/6 eingeführte § 3a KSchG gewährt dem Verbraucher unabhängig vom Vorliegen eines Haustürgeschäfts ein Rücktrittsrecht, wenn für seine Einwilligung maßgebliche Umstände **nicht** oder nur in erheblich geringerem Ausmaß **eintreten.** Voraussetzung ist aber, daß der Unternehmer diese Umstände im Zuge der Vertragsverhandlungen als **wahrscheinlich dargestellt** hat[44]) und der Verbraucher ihren Entfall nicht selbst veranlaßt hat (Abs 1).

Nach der **abschließenden** Aufzählung[45]) des § 3a Abs 2 KSchG berechtigt aber nicht jede enttäuschte Hoffnung zum Rücktritt. In Betracht kommen nur eine notwendige Mitwirkung oder Zustimmung eines Dritten (Z 1), steuerliche Vorteile (Z 2), öffentliche Förderungen (Z 3)[46]) und die Aussicht auf einen Kredit (Z 4). Vgl auch Bd I S 148.

Mit § 3a KSchG werden bestimmte Motivirrtümer des Verbrauchers auch dann erfaßt, wenn eine Vertragsaufhebung wegen Fehlens oder Wegfalls der Geschäftsgrundlage (zu dieser Bd I S 161ff) nicht möglich ist[47]). Handelt es sich um ein Haustürgeschäft, kann der Konsument zwischen dem Rücktritt nach § 3 KSchG und jenem nach

[43]) *Welser,* JBl 1979, 454; *Rummel* in Krejci, Handbuch 319ff.
[44]) Bloße Hinweise reichen nicht aus, s OGH in RdW 2005/365.
[45]) EB 311 BlgNR 20. GP 18.
[46]) Vgl *Kalss/Lurger,* JBl 1998, 159.
[47]) EB 311 BlgNR 20. GP 17f.

§ 3a KSchG wählen[48]). Maßgeblich sind nur solche Umstände, die für die Erklärung des Konsumenten kausal waren[49]). Der teilweise Nichteintritt eines Vorteils ist erheblich, wenn er zu einer Erhöhung des Preises um ca 10% führt[50]).

Die Rücktrittsfrist beträgt **eine Woche** und beginnt zu laufen, sobald für den Verbraucher der Nichteintritt des Vorteils erkennbar wird und er über das Rücktrittsrecht schriftlich belehrt wurde. Dieses erlischt aber jedenfalls **einen Monat** nach vollständiger beiderseitiger Erfüllung des Vertrages, bei Bank- und Versicherungsverträgen mit einer ein Jahr übersteigenden Vertragsdauer spätestens einen Monat nach Vertragsabschluß (§ 3a Abs 3 KSchG). Die Rücktrittserklärung hat **schriftlich** zu erfolgen (§§ 3a Abs 5 iVm 3 Abs 4 KSchG). Der Rücktritt löst dieselben Folgen aus wie jener beim Haustürgeschäft (§ 4 Abs 1 KSchG).

Der Rücktritt ist bei **Kenntnis** oder **fahrlässiger Unkenntnis** des Verbrauchers vom Nichteintritt der „maßgeblichen Umstände" ausgeschlossen (§ 3a Abs 4 Z 1 KSchG). Das Rücktrittsrecht kann auch vorweg abbedungen werden, wenn der Ausschluß im einzelnen ausgehandelt wird (Z 2)[51]). Ferner kann der Unternehmer den Rücktritt dadurch abwenden, daß er dem Verbraucher eine angemessene **Vertragsanpassung** anbietet (Z 3).

Zum Rücktrittsrecht bei Immobiliengeschäften s unten S 438f; zu jenem nach § 5 BTVG (BGBl I 1997/7) s oben S 248; zu jenem nach § 6 TNG (BGBl I 1997/32) s oben S 247.

V. Kostenvoranschläge[52])

Für die Erstellung eines Kostenvoranschlages hat der Verbraucher nur dann ein **Entgelt** zu leisten, wenn er vorher darauf hingewiesen worden ist (§ 5 Abs 1 KSchG).

Die Judikatur unterscheidet im allgemeinen zwischen Offerten und Kostenvoranschlägen. Während erstere unentgeltlich sind, kann für letztere im Zweifel ein Entgelt gefordert werden. Vgl oben S 258f.

Im Gegensatz zu § 1170a gilt die **Richtigkeit** des dem Vertrag zugrundegelegten Kostenvoranschlages des Unternehmers als gewährleistet, wenn das Gegenteil nicht ausdrücklich erklärt ist[53]) (§ 5 Abs 2 KSchG).

---

[48]) *Mottl,* Änderungen des Konsumentenschutzgesetzes – Auswirkungen auf den Immobilienbereich, immolex 1997, 142; *Apathy* in Schwimann § 3a KSchG Rz 2.

[49]) *Mottl,* immolex 1997, 142; *Kalss/Lurger,* JBl 1998, 159.

[50]) EB 311 BlgNR 20. GP 18.

[51]) S dazu unten S 419ff.

[52]) *Schilcher,* Allgemeine Bestimmungen über Verbrauchergeschäfte, in Krejci, Handbuch 409ff; *W. Schuhmacher,* Verbraucherschutz 167ff, 174; *Hutter,* Der Kostenvoranschlag (1996) 189ff.

[53]) Keine Richtigkeitsgarantie des Unternehmers liegt bei der Bezeichnung als „vorläufige Auftragssumme" vor, s OGH in RdW 2005/450.

VI. Vertragsabschlüsse im Fernabsatz[54])

A. Anwendungsbereich

Mit dem Fernabsatz-Gesetz (BGBl I 1999/185), das am 1. 6. 2000 in Kraft getreten ist, wurden in Umsetzung der RL 97/7/EG über den Verbraucherschutz bei Vertragsabschlüssen im Fernabsatz[55]) die §§ 5a bis 5 i, § 13a Abs 1, § 31a und § 32 Abs 1 Z 7 in das KSchG eingefügt. Inhaltlich werden vor allem für Unternehmer beim Abschluß von Verträgen „im Distanzweg" spezielle Informationspflichten festgelegt und dem Verbraucher ein besonderes Rücktrittsrecht gewährt[56]).

Die Regelungen gelten für Verträge, die unter **ausschließlicher** Verwendung von **Fernkommunikationsmitteln** geschlossen werden, ohne daß hiezu die körperliche Anwesenheit der Vertragsparteien erforderlich ist (§ 5a KSchG). Solche Fernkommunikationsmittel sind zB elektronische Medien, Telephon oder Fax, aber auch Katalog- und Postwurfsendungen. Voraussetzung ist, daß der Unternehmer für diese Art von Vertragsabschlüssen über ein **„organisiertes Vertriebs- oder Dienstleistungssystem"** verfügt, also zB für sein Unternehmen eine Telephonzentrale oder eine Homepage installiert hat oder regelmäßig Kataloge an potentielle Kunden versendet.

Ausgenommen sind Verträge über Finanzdienstleistungen, Verträge über „Rechte an Immobilien" (mit Ausnahme von Mietrechten), der Automatenkauf und Versteigerungen[57]) (§ 5b KSchG).

Für Finanzdienstleistungsverträge („jede Bankdienstleistung sowie jede Dienstleistung im Zusammenhang mit einer Kreditgewährung, Versicherung, Altersversorgung von Einzelpersonen, Geldanlage oder Zahlung", § 3 FernFinG), die im Fernabsatz mit Verbrauchern geschlossen werden, gilt seit 1. 10. 2004 das Fern-Finanzdienstleistungs-Gesetz (BGBl I 2004/62), das ua umfassende Informationspflichten der Anbieter (§§ 5, 7 Abs 1 FernFinG) sowie ein 14-tägiges Rücktrittsrecht des Verbrauchers (§ 8 Abs 2 FernFinG) vorsieht[58]).

---

[54]) Dazu *Zankl,* Kommentar und Handbuch zum E-Commerce-Gesetz (2002) mwN; *Hahn/Wilmer,* Handbuch des Fernabsatzrechts (2005).

[55]) Dazu *P. Madl,* Vertragsabschluß im Internet, ecolex 1996, 79; *Kilches,* Fernabsatzrichtlinie – Europäisches Electronic Commerce Grundgesetz? MR 1997, 276; *M. Mohr,* Elektronischer Kauf – Verbraucherschutz im Fernabsatz, ecolex 1999, 247. S zu weiteren Entwicklungen beim E-commerce auf europäischer Ebene: *Brenn,* Der elektronische Geschäftsverkehr, ÖJZ 1999, 481 mwN.

[56]) *M. Mohr,* KSchG-Novelle 1999 – Verbraucherschutz im Fernabsatz, ecolex 1999, 755.

[57]) Zu Online-Auktionen (eBay etc) vgl *Anderl,* Versteigerung bleibt Versteigerung – Kein Rücktrittsrecht bei Online-Auktionen, RdW 2005/439; aA *Besenböck/Bitriol,* Zum Ersten, zum Zweiten – Rücktritt! ecolex 2005, 104; *Schummer/Weinberger,* Zum Rücktrittsrecht bei „Online Auktionen", JBl 2005, 765; *Hahn/Wilmer,* Handbuch 103 ff.

[58]) Näheres bei *Hadding,* Die Fernabsatzrichtlinie für Finanzdienstleistungen, ÖBA 2001, 105; *Lachmair,* Was bringt die neue Fernabsatz-Richtlinie der EU betreffend Finanzdienstleistungen für Verbraucher? RdW 2003/151; *Brandl/Hohensinger,* Finanzdienstleistungen im Fernabsatz, ÖBA 2003, 52; *Zankl,* Fern-Finanzdienstleistungs-Gesetz, ecolex 2004, 601; *Fletzberger/Schopper* (Hrsg), Fernabsatz von Finanzdienstleistungen (2004); *Krassnigg,* Das Fern-Finanzdienstleistungs-Gesetz und seine Auswirkung auf den Bankensektor, ÖJZ 2005, 134; *Gruber,* Das Fern-Finanzdienstleistungs-Gesetz, wbl 2005, 53; *Hahn/Wilmer,* Handbuch 109 ff.

B. Informationspflichten

§ 5c KSchG verpflichtet den Unternehmer zu einer **umfassenden Information** über seine **Person**[59]) (Z 1), die wesentlichen Eigenschaften der **Ware** (Z 2), den **Preis** (Z 3), allfällige Lieferkosten (Z 4), die Einzelheiten der Zahlung und Lieferung (Z 5), das Bestehen von Rücktrittsrechten (Z 6), die Kosten des Einsatzes des Fernkommunikationsmittels (Z 7), die Gültigkeitsdauer des Angebotes (Z 8) sowie die Mindestlaufzeit des Vertrages, wenn dieser eine dauernde oder wiederkehrende Leistung zum Inhalt hat (Z 9).

„Angebote" auf Web-Seiten und Katalog- oder Postwurfsendungen sind idR nicht als Angebot iSd § 861 zu verstehen, sondern als **Aufforderung** zur Stellung eines Angebotes. Das Angebot des Verbrauchers nimmt der Unternehmer im Regelfall durch **„tatsächliches Entsprechen"** iSd § 864 Abs 1 an[60]). Nach § 5c Abs 1 KSchG muß der Verbraucher vor Abgabe seiner als Anbot zu deutenden Vertragserklärung über diese Informationen verfügen, so daß der Unternehmer die Informationen bereits in den Werbeaussendungen geben muß[61]).

Die Information muß in einer für den Verbraucher verständlichen Sprache gegeben werden (§ 5c Abs 2 KSchG). § 5c Abs 1 und 2 KSchG finden auf „Hauslieferungen" und „Freizeitdienstleistungen" keine Anwendung (§ 5c Abs 4 KSchG).

Zum Schutz des Verbrauchers vor aggressiven Vertriebsmethoden und zum Schutz seiner Privatsphäre verpflichtet § 5c Abs 3 KSchG den Unternehmer, bei **Telephongesprächen** seine Identität und den geschäftlichen Zweck seines Anrufes am Beginn des Gespräches bekanntzugeben, damit sich der Verbraucher überlegen kann, ob er das Gespräch fortsetzen will[62]).

§ 5c Abs 3 KSchG gilt für alle Arten von Telephonaten, also grundsätzlich auch dann, wenn der Verbraucher angerufen hat[63]). Die Verletzung der Offenlegungspflicht kann verwaltungsstrafrechtliche Folgen nach sich ziehen (§ 32 Abs 1 KSchG).

Weiters ist der Unternehmer verpflichtet, „rechtzeitig während der Erfüllung des Vertrages" diese Informationen in einer **dauerhaften Form** zur Verfügung zu stellen (§ 5d KSchG, Bestätigungspflicht).

---

[59]) Die Angabe eines Postfaches, Firmenschlagwortes oder einer Gemeinde stellt keine „ladungsfähige Adresse" iSd § 5c Abs 1 Z 1 KSchG dar, s dazu OGH in EvBl 2004/37.

[60]) Vgl *Brenn,* Zivilrechtliche Rahmenbedingungen für den rechtsgeschäftlichen Verkehr im Internet, ÖJZ 1997, 653; *Fallenböck/Haberler,* Rechtsfragen bei Verbrauchergeschäften im Internet (Online-Retailing), RdW 1999, 505 mwN.

[61]) *M. Mohr,* ecolex 1999, 756; zu Informationspflichten im M-Commerce vgl *Haberler,* Rechtssicherheit im Mobile-Commerce, wbl 2003, 301.

[62]) Zur Auskunftspflicht eines Telephonauskunftsdienstes s OGH in SZ 2003/52.

[63]) EB 1998 BlgNR 20. GP 23; OGH in SZ 2003/52; aA *Zankl,* Rücktritt von Verträgen im Fernabsatz, ecolex 2000, 416.

C. Rücktrittsrecht

Der Verbraucher kann innerhalb von sieben Werktagen nach **Erhalt** der bestellten Ware oder nach **Abschluß** des Vertrages über eine Dienstleistung ohne Angabe von Gründen von dem im Fernabsatz geschlossenen Vertrag zurücktreten (§ 5e KSchG)[64]).

Die Rücktrittsfrist verlängert sich auf maximal drei Monate, wenn der Unternehmer seinen Informations- und Bestätigungspflichten nicht nachkommt[65]). Das Rücktrittsrecht ist **ausgeschlossen** bei Verträgen über Waren, die eigens für den Verbraucher angefertigt werden, bei „kurzlebigen“ Waren oder solchen, die üblicherweise sofort konsumiert werden (zB Zeitungen), bei Verträgen mit spekulativem Charakter und bei Dienstleistungsverträgen, wenn der Unternehmer mit der Ausführung vereinbarungsgemäß innerhalb von sieben Werktagen ab Vertragsabschluß begonnen hat (§ 5f KSchG).

D. Die Folgen des Rücktritts

Die Folgen des Rücktritts sind jenen des § 4 KSchG ähnlich. Es kommt daher zur Rückabwicklung der beiderseitigen Leistungen Zug um Zug (§ 5g Abs 1 KSchG). Der Unternehmer hat dem Verbraucher die geleistete Zahlung[66]) und die auf die Sache gemachten nützlichen Aufwendungen zu ersetzen.

Abweichend von § 4 Abs 1 Z 1 KSchG nennt § 5g Abs 1 Z 1 KSchG den Anspruch des Konsumenten auf Erstattung der gesetzlichen Zinsen nicht. Dennoch wird dieser Anspruch auch hier zu bejahen sein, weil nicht einzusehen ist, warum der Konsument im Verhältnis zu den Regeln des ABGB schlechter gestellt werden soll[67]).

Der Verbraucher hat die empfangene Leistung **zurückzustellen** und dem Unternehmer ein angemessenes **Entgelt** für die Benützung einschließlich einer Entschädigung für die damit verbundene Minderung des gemeinen Wertes zu zahlen.

Vgl die Kritik zu dieser Regelung wegen des Abweichens vom ABGB oben S 408.

Wurde der Vertrag drittfinanziert und liegen die Voraussetzungen des § 18 KSchG vor, so gilt der Rücktritt **auch** für den **Kreditvertrag;** einer

---

[64]) Vgl zur Regelung in der Fernabsatz-RL *Kalss/Lurger,* JBl 1998, 89ff, 153ff, 219ff; *Heinrichs,* Das Widerrufsrecht nach der RL 97/7/EG über den Verbraucherschutz bei Vertragsabschlüssen im Fernabsatz, Medicus-FS (1999) 177.

[65]) Vgl *M. Mohr,* ecolex 1999, 756; *Zankl,* ecolex 2000, 417.

[66]) Entgegen § 905 Abs 1 Satz 1 und § 4 KSchG trägt also der Kondiktionschuldner (Unternehmer) das Übermittlungsrisiko, s hiezu *Apathy,* Der Rücktritt des Verbrauchers vom Fernabsatzvertrag, Kramer-FS 437; *Hahn/Wilmer,* Handbuch 74.

[67]) So *Zankl,* ecolex 2000, 417; *Apathy,* Kramer-FS (2004) 441, nach dem der Unternehmer jedoch beweisen kann, daß er einen geringeren Nutzen als die gesetzlichen Zinsen lukriert hat.

ausdrücklichen Erklärung des Verbrauchers bedarf es für die Auflösung des Kredites nicht (§ 5h KSchG)[68]).

E. Fälligkeit

Nach § 5i KSchG hat der Unternehmer die Bestellung des Verbrauchers mangels gegenteiliger Vereinbarung spätestens **nach 30 Tagen** auszuführen, es sei denn, daß er das Angebot des Verbrauchers nicht annimmt (Abs 1). Kann der Unternehmer eine Bestellung nicht ausführen, weil die Ware nicht verfügbar ist, so hat er dies dem Verbraucher **unverzüglich mitzuteilen** und eine bereits geleistete Zahlung zu erstatten. Gleiches gilt, wenn der Unternehmer das Angebot des Verbrauchers nicht annimmt (Abs 2).

Welche Rechtsfolge bei Unterlassung der Mitteilung der Nichtannahme eintritt, ist strittig: ZT wird die Ansicht vertreten, daß die Unterlassung Schadenersatzpflichten des Unternehmers auslöst[69]). Richtiger Ansicht nach ist aber das Schweigen des Unternehmers als Zustimmung zu werten, weil § 5i KSchG eine Pflicht zum Widerspruch normiert (vgl Bd I S 101 ff), so daß der Vertrag zustande kommt[70]).

Ist die Ware nicht verfügbar, räumt § 5i Abs 2 KSchG dem Unternehmer ein Rücktrittsrecht vom bereits geschlossenen Vertrag ein[71]). Dies entspricht dem Fall, daß der Unternehmer das Angebot gar nicht angenommen hat.

F. Mißbrauch von Zahlungskarten im Fernabsatz

Bei Verträgen im Fernabsatz werden oft „Zahlungskarten" (Kreditkarten, Kundenkarten) verwendet, weshalb § 31 a KSchG einen besonderen Schutz gewährt.

Wenn bei einem Vertragsabschluß im Fernabsatz eine **Zahlungskarte** oder deren **Daten mißbräuchlich** verwendet werden, so kann der berechtigte Karteninhaber vom Aussteller der Karte verlangen, daß eine Buchung oder Zahlung **rückgängig** gemacht oder erstattet wird[72]). Ob den Schaden aus der mißbräuchlichen Verwendung der Karte das Kreditunternehmen oder der Unternehmer zu tragen hat, sagt § 31a KSchG nicht[73]).

---

[68]) Kritisch hiezu *Zankl,* ecolex 2000, 417; zur Rückabwicklung *Apathy,* Kramer-FS 443.

[69]) So *Zankl,* Neue Fälligkeitsregeln und Informationspflichten im Internet (Fernabsatz), ecolex 2000, 350.

[70]) Vgl auch *P. Madl,* ecolex 1996, 81.

[71]) Vgl EB 1998 BlgNR 20. GP 30; aA *Zankl,* ecolex 2000, 351, der zur Vermeidung von Wertungswidersprüchen für eine teleologische Reduktion des § 5i KSchG eintritt.

[72]) Krit hiezu und für eine Anwendung der Mitverschuldensregeln (§ 1304) wenn der Karteninhaber gegen vom Kartenaussteller aufgestellte Sicherheitsvorschriften verstößt: *Neubauer,* Bargeldloser Zahlungsverkehr und Fernabsatzgesetz, ecolex 2000, 708.

[73]) *M. Mohr,* ecolex 1999, 248; vgl auch *Körber,* Die zivilrechtliche Haftung bei Mißbrauch von Kreditkarten im Internet nach österreichischem Recht, ÖBA 2004, 745.

§ 31a KSchG gilt unabhängig von der Verbrauchereigenschaft des Karteninhabers, ist aber nur zugunsten von Verbrauchern zwingendes Recht.

VII. Gewinnzusagen

Unternehmer, die Gewinnzusagen oder andere vergleichbare Mitteilungen an bestimmte Verbraucher senden und durch die Gestaltung der Zusendung den Eindruck erwecken, daß der Verbraucher einen **Preis** gewonnen habe, haben diesen Preis zu leisten (§ 5j KSchG)[74]).

Maßstab für die Beurteilung der Mitteilung ist der verständige Durchschnittsverbraucher; es reicht aus, wenn er bei durchschnittlicher Aufmerksamkeit einen Gewinn ernstlich für möglich hält[75]), auch wenn er noch keine konkrete Vorstellung über Art und Höhe des Gewinnes hat[76]). Entscheidend ist die abstrakte Eignung zur Irreführung; das subjektive Verständnis eines konkreten Verbrauchers[77]) schadet ebensowenig wie die nach akribischer Prüfung später gewonnene Erkenntnis[78]) oder nachträgliche Aufklärung über den wahren Erklärungswert der „Gewinnzusage“[79]).

Der Preis kann **gerichtlich eingefordert** werden, die Verknüpfung der Gewinnzusage mit einer Warenbestellung bzw der Anbahnung eines Warenkaufes ist nicht Voraussetzung für die Klagbarkeit des Gewinns[80]).

Zweck der Klagbarkeit solcher Zusagen ist es, einer Praxis entgegenzuwirken, bei der Verbraucher in persönlich an sie adressierten Zusendungen von „Gewinnen“ verständigt werden, bei denen sich später herausstellt, daß der Gewinn noch von weiteren Voraussetzungen abhängt (zB Kauf von Waren) oder viel geringer ist, als es scheint. Die Rechtsprechung ist sehr konsumentenfreundlich. Der Unternehmer muß die für ihn ungünstigste, vernünftigerweise in Betracht kommende Auslegung gegen sich gelten lassen[81]). Da im Vordergrund das Unterbinden verpönter Werbemethoden steht, werden solche Zusendungen vom Anwendungsbereich der Regelung ausgenommen,

---

[74]) § 5j KSchG ist verfassungskonform, entspricht insbesondere auch dem Gleichheitssatz, s ua OGH in ecolex 2003, 673; wbl 2003/336; RdW 2005/818; VfGH in RdW 2005/686.

[75]) OGH in SZ 74/103; SZ 2003/20; ecolex 2002, 586; wbl 2003/336; *Faber,* Gewinnzusagen und verständige Verbraucher, wbl 2003, 553.

[76]) OGH in ecolex 2004, 531; RdW 2004/184; vgl auch RdW 2004/474.

[77]) S *Faber,* wbl 2003, 560. Vgl auch OGH in RdW 2005/549.

[78]) OGH in SZ 2003/20; SZ 2003/75; vgl auch ecolex 2004, 531; RdW 2004/184.

[79]) OGH in ecolex 2003, 910.

[80]) OGH in ecolex 2002, 586; SZ 2003/75; ecolex 2003, 910. Nach dem EuGH macht es jedoch für die Beurteilung der gerichtlichen Zuständigkeit bei (EU-)grenzüberschreitenden Sachverhalten einen Unterschied, ob eine Bestellung erfolgt ist oder nicht, s EuGH in wbl 2002/236; wbl 2005/49; krit hiezu *Brenn,* Irreführende Gewinnzusagen – Kein Verbrauchergerichtsstand ohne Bestellung? ÖJZ 2005, 698; *McGuire,* Internationale Zuständigkeit für „isolierte Gewinnzusagen“, ecolex 2005, 489. Zur Rechtsnatur s EuGH in wbl 2005/49; ähnlich *Brenn,* ÖJZ 2005, 698; anders *Fenyves,* Zur Deckung von Ansprüchen nach § 5j KSchG in der Rechtsschutzversicherung, VR 2003, 89 mwN.

[81]) OGH in SZ 2003/20; SZ 2003/75; ecolex 2004, 531.

die „schon von vornherein keine Zweifel offen lassen, daß der Gewinner eines Preisausschreibens erst in einer Ziehung oder auf andere Weise ermittelt werden muß". Früher waren solche Gewinnzusagen nicht klagbar (§§ 1271 f), allenfalls kam ein Schadenersatzanspruch (Ersatz des Vertrauensschadens) in Betracht[82]).

VIII. Unzulässige Vertragsbestandteile

Von zentraler Bedeutung ist der Katalog des § 6 KSchG über unzulässige Vertragsbestandteile **(Klauselkatalog).** Er unterscheidet zwei Arten von Klauseln: Abs 1 enthält eine demonstrative Aufzählung (arg „besonders") von Klauseln, die im Sinne des § 879 **ungültig** sind. Bei den in Abs 2 angeführten Klauseln kann der Unternehmer beweisen, daß sie im einzelnen „**ausgehandelt** worden sind", und dadurch ihre Ungültigkeit abwenden. Auch die Aufzählung des Abs 2 ist bloß demonstrativ.

Neben der Ungültigkeit kann die Verwendung unzulässiger Klauseln auch Schadenersatzpflichten nach sich ziehen[83]).

A. Die Vertragsbestimmungen des § 6 Abs 1 KSchG

Die in § 6 Abs 1 KSchG aufgezählten Vertragsbestimmungen sind für den Verbraucher im Sinne des § 879 nicht verbindlich.

Besonders in § 6 Abs 1 KSchG zeigt sich der Ansatzpunkt des Gesetzgebers, daß beim Verbrauchervertrag die **übermächtige Position** des Unternehmers typisch die Freiheit des Willensentschlusses beim Verbraucher beschränkt. Deshalb erklärt § 6 Abs 1 KSchG ohne weitere Interessenabwägungen bestimmte Vertragsklauseln schlechthin für **ungültig.** Der restliche Vertrag bleibt aufrecht (s Bd I S 181 ff).

§ 6 Abs 1 KSchG hat über die Verbraucherverträge hinaus Bedeutung, weil er erkennen läßt, welche Regelungen der Gesetzgeber für ungültig erachtet, wenn ungleich starke Vertragspartner einander gegenüberstehen. Die Bestimmung liefert daher ganz allgemein Anhaltspunkte für die Auslegung des Begriffes der „guten Sitten"[84]).

Unwirksam sind Vertragsbestimmungen, nach denen sich der Unternehmer eine unangemessen lange oder unbestimmte **Frist** ausbedingt, während deren er einen **Vertragsantrag** des Verbrauchers annehmen oder ablehnen kann oder während deren der Verbraucher an den **Vertrag gebunden** ist **(Z 1).** Vgl Bd I S 124.

Diese Bestimmung erfaßt nicht nur die Vereinbarung einer langen oder unbestimmten Bindung des Verbrauchers an seinen Antrag – diese Deutung könnte der Wortlaut („ausbedingt") nahelegen –, sondern auch den Fall, daß der Unternehmer bloß eine Offerte entgegennimmt[85]). Beschränkt wird ferner die Möglichkeit einer langfristigen Bindung an Verträge. Dies ist für jene Fälle berechtigt, in denen der Verbraucher trotz Nichterfüllung durch den Unternehmer langfristig an den Vertrag gebunden

---

[82]) OGH in EvBl 1998/124.
[83]) Vgl hiezu ausführlich Bd I S 137.
[84]) So auch OGH in SZ 53/103.
[85]) Dazu *Welser,* JBl 1980, 9 f.

sein soll. Bei Dauerschuldverhältnissen ist dagegen ohnedies eine Auflösung aus wichtigen Gründen jederzeit möglich[86]). § 15 KSchG sieht für Verträge über wiederkehrende Leistungen noch weitere Auflösungsmöglichkeiten vor[87]).

Nach **Z 2** sind Vereinbarungen ungültig, nach denen ein bestimmtes **Verhalten** des Verbrauchers als Abgabe oder Nichtabgabe einer **Erklärung gilt,** außer der Verbraucher wird bei Fristbeginn auf die Bedeutung seines Verhaltens besonders hingewiesen und hat eine angemessene Frist zur Abgabe einer ausdrücklichen Erklärung[88]).

Vom Verbot werden Klauseln nicht erfaßt, die einem Verhalten des Verbrauchers nur jene Bedeutung beilegen, die ihm nach dem Gesetz, zB nach den §§ 863f, 1114, ohnehin zukommt[89]). Die von Z 2 betroffenen Vereinbarungen sind nur dann gültig, wenn sich der Unternehmer durch sie zugleich verpflichtet, den Verbraucher rechtzeitig hinzuweisen; das bloß tatsächliche Hinweisen reicht nicht aus[90]). Durch die bloße Vereinbarung einer bestimmten Vertragsdauer mit anschließender Widerrufsmöglichkeit des Verbrauchers bei sonstiger Vertragsverlängerung wird das Erfordernis einer Fristsetzung nach § 6 Abs 1 Z 2 KSchG nicht erfüllt[91]).

Nach **Z 3** kann nicht vereinbart werden, daß eine für den Verbraucher bedeutsame Erklärung des Unternehmers als zugegangen gilt, obwohl sie nicht zugegangen ist **(Zugangsfiktion)**[92]). Ferner darf dem Verbraucher für Erklärungen oder Anzeigen an den Unternehmer keine strengere **Form** als die Schriftform auferlegt werden[93]); die Vereinbarung besonderer **Zugangserfordernisse** zu seinen Lasten ist ungültig **(Z 4).**

Eine Vereinbarung, wonach der Unternehmer für seine Leistung ein **höheres** als das bei Vertragsabschluß bestimmte **Entgelt** begehren kann, ist nur dann wirksam, wenn die für die Erhöhung maßgebenden Umstände im Vertrag umschrieben und sachlich gerechtfertigt sind, ihr Eintritt nicht vom Willen des Unternehmers abhängt und der Vertrag unter

---

[86]) Vgl OGH in RdW 1999, 22.

[87]) Zum Verhältnis von § 6 Abs 1 Z 1 KSchG zu § 15 KSchG s *Mayrhofer,* Überlange rechtsgeschäftliche Bindung des Verbrauchers, Welser-FS 695.

[88]) Dazu OGH in ImmZ 1992, 170. Zur analogen Anwendung des § 6 Abs 1 Z 2 KSchG s *Jabornegg/Geist,* Verbraucherschutz bei Verlängerungsverträgen und in der Kraftfahrzeughaftpflichtversicherung, VersRdSch 1993, 285; *Grassl,* Verlängerungsklauseln in AVB und Konsumentenschutz, RdW 1998, 241.

[89]) *Fenyves,* VersRdSch 1979, 352; *Welser,* JBl 1980, 73; OGH in JBl 1982, 313 *(Iro).* Vgl auch *Bernat,* Gilt § 6 Abs 1 Z 2 KSchG für Vergleichsanbote des Versicherers? VersRdSch 1982, 155.

[90]) *Welser,* JBl 1980, 73f; OGH in EvBl 1987/107; aA *Ch. Nowotny,* Versicherungsdauer und Konsumentenschutzgesetz, RdW 1987, 364; *Krejci* in Rummel § 6 KSchG Rz 44; differenzierend *Geist,* Verlängerungsklauseln in Konsumentenversicherungsverträgen, RdW 1988, 189.

[91]) OGH in EvBl 1987/107.

[92]) Dazu OGH in SZ 69/280; ecolex 2001, 202; SZ 2002/153 (krit *Iro,* RdW 2003, 68).

[93]) Hiezu OGH in ImmZ 1992, 170; zum Zugang von E-Mails an die vom Verbraucher bekannt gegebene Adresse s *Tichy,* Zugang elektronischer Willenserklärungen, Verbraucherschutz und E-Commerce-Gesetz, RdW 2001, 518; *Vonkilch,* Zum wirksamen Zugang von sicher signierten E-Mails, RdW 2001, 599.

den für die Entgeltänderung vereinbarten Voraussetzungen auch eine Verpflichtung[94]) zur Entgeltsenkung vorsieht **(Z 5)**[95]).

Aus § 6 Abs 2 Z 4 KSchG muß allerdings geschlossen werden, daß Preiserhöhungen innerhalb der ersten zwei Monate nach Vertragsabschluß überdies nur dann möglich sind, wenn sie im einzelnen ausgehandelt wurden. Sie können also nicht – auch nicht innerhalb der Grenzen des § 6 Abs 1 Z 5 KSchG – in AGB oder Formularverträgen vorgesehen werden.

§ 6 Abs 1 Z 5 KSchG ist neben Preisgleitklauseln auch auf Zinsengleit- und Zinsenanpassungsklauseln anwendbar und hat in diesem Zusammenhang besondere Bedeutung erlangt[96]). Der bereicherungsrechtliche Rückforderungsanspruch zuviel gezahlter Zinsen verjährt innerhalb von 30 Jahren[97]). Daneben besteht eine Schadenersatzpflicht der Bank[98]).

Nach **Z 6 und 7** können das Leistungsverweigerungsrecht gemäß § 1052 und sonstige nach dem Gesetz bestehende **Zurückbehaltungsrechte** des Konsumenten weder ausgeschlossen noch eingeschränkt werden[99]).

Zulässig ist jedoch die Vereinbarung, daß der Verbraucher zur Vorleistung verpflichtet ist[100]).

Z 8 erklärt Verbote für unzulässig, mit denen die **Aufrechnungsmöglichkeit** des Verbrauchers für den Fall der Zahlungsunfähigkeit des Unternehmers eingeschränkt oder ausgeschlossen werden soll[101]). Der Auf-

---

[94]) Dazu OGH in SZ 74/52 = ecolex 2001, 438 *(Th. Rabl)* = ÖBA 2001, 645 *(Koziol)*.

[95]) Vgl *Fenyves/Rubin,* Vereinbarung von Preisänderungen bei Dauerschuldverhältnissen und KSchG, ÖBA 2004, 347; *Graf,* Welche Preisänderungsklauseln sind in Verbraucherverträgen wirksam? wbl 2005, 197; s auch OGH in SZ 74/150 = ecolex 2002, 19 *(Wilhelm)*; JBl 2003, 936; JBl 2005, 102.

[96]) Vgl *Koitz/Arko,* Zinsgleitklauseln bei Verbraucherkrediten, ÖBA 1998, 10. OGH in ecolex 2003, 237 (krit *Leitner*) ebenso krit *Iro,* OGH: Auch einseitige Rundungsklauseln ohne Kumulierungseffekt unwirksam? RdW 2005/294; OGH in ÖBA 2003, 373 (krit *Iro*) = ecolex 2003/136 *(Leitner)*; RdW 2005/182; ÖBA 2005, 207, krit hiezu *Madl,* Aufrundung des gleitenden Zinssatzes stets unzulässig? ÖBA 2005, 163. Zu den Rechtsfolgen (Vertragsergänzung) nach Wegfall der ungültigen Zinsenklausel s OGH in ecolex 2005, 532 *(Klauser)*; ecolex 2005, 909; aA *Vonkilch,* Zum Verhältnis von kleinem Transparenzgebot, Teilnichtigkeit und ergänzender Vertragsauslegung, RdW 2005/440 mwN.

[97]) S hiezu Bd I S 227 FN 18.

[98]) S OGH in JBl 2005, 443 (krit *Lukas*); EvBl 2005/140; ÖBA 2005, 554 (krit *Apathy*); ecolex 2005, 532; ebenso *Leitner,* Preis- und Zinsgleitklauseln, ecolex 2003, 660; *derselbe,* Schadenersatz im Zinsenstreit, ÖJZ 2005, 321; *Riss,* Zur Verjährung schadenersatzrechtlicher Ansprüche auf Rückzahlung überhöhter Kreditzinsen, ÖBA 2005, 790. Zum Verjährungsbeginn vgl auch *Dullinger,* Welser-FS 133; krit hiezu *Wilhelm,* Zum Beginn der Schadenersatz-Verjährung, ecolex 2005, 417.

[99]) Dazu OGH in JBl 1999, 802; *Karollus/Lukas,* Das sogenannte Zurückbehaltungsrecht des Werkbestellers, JBl 2001, 691.

[100]) Dazu *Welser,* JBl 1980, 75f.

[101]) OGH in ecolex 1999, 760; ecolex 2002, 85 (allgemeines Aufrechnungsverbot). Zur analogen Anwendung im bürgerlichen Recht s auch *Rummel* in Rummel § 1440 Rz 29; *Dullinger,* Handbuch der Aufrechnung (1995) 142f mwN; vgl auch OGH in ecolex 2004, 26.

rechnungsausschluß ist außerdem für Gegenforderungen unwirksam, die im rechtlichen Zusammenhang mit der Verbindlichkeit des Verbrauchers stehen, die gerichtlich festgestellt oder die vom Unternehmer anerkannt worden sind. Früher wurden solche Verbote für gültig gehalten[102]).

Nach **Z 9** ist der **Ausschluß** oder die **Einschränkung** der **Schadenersatzpflicht** des Unternehmers für **Personenschäden** überhaupt **ungültig**[103]); bei sonstigen Schäden ist der Ausschluß oder die Beschränkung[104]) der Haftung für **grob schuldhaftes** Verhalten unzulässig[105]).

Letzteres war die bisherige Tendenz der Rechtsprechung zu Haftungsausschlüssen in AGB (s Bd I S 129ff). Nun ist der Ausschluß der Haftung für grobes Verschulden auch nicht durch individuelle Vereinbarung möglich. Daß Z 9 idF BGBl I 1997/6 den Haftungsausschluß für Personenschäden nicht generell, sondern nur bei Verbrauchergeschäften für ungültig erklärt, ist auf Kritik gestoßen[106]). Die Rechtsprechung leitet aber aus § 332 ASVG ab, daß ein vor der Schädigung abgegebener Verzicht auf Schadenersatzansprüche dem Sozialversicherungsträger gegenüber unwirksam ist und dieser daher die auf ihn übergegangenen Ersatzforderungen gegen den Schädiger geltend machen kann[107]). Folgt man dieser Auffassung, ist der Haftungsausschluß für leicht fahrlässig herbeigeführte Personenschäden hinsichtlich des Großteils der Ansprüche auch außerhalb des Anwendungsbereichs des KSchG im Ergebnis wirkungslos[108]).

Aus § 6 Abs 1 Z 9 KSchG kann nicht die generelle Zulässigkeit einer Haftungsfreizeichnung für leicht fahrlässig zugefügte Vermögensschäden gefolgert werden. Solche Haftungsfreizeichnungen können gröblich benachteiligend iSd § 879 Abs 3 und damit unwirksam sein[109]).

Zum Verhältnis der Z 9 zu § 6 Abs 2 Z 5 KSchG unten S 420.

Unwirksam ist ferner die Vereinbarung, mit der der Unternehmer selbst oder eine seinem Einflußbereich unterliegende Person ermächtigt wird, darüber zu **entscheiden,** ob seine Leistungen der Vereinbarung entsprechen **(Z 10).**

Nach **Z 11** kann die gesetzliche **Beweislastverteilung** zu Lasten des Verbrauchers nicht verschoben werden[110]).

Klauseln, nach denen eine Sache, die der Unternehmer zur Bearbeitung übernommen hat, in unangemessen kurzer Frist **verfällt,** sind unwirksam **(Z 12).**

---

[102]) Vgl OGH in SZ 27/197; EvBl 1962/184; SZ 41/68; SZ 43/7. *Gschnitzer* in Klang VI 511.

[103]) OGH in ZVR 1999/37; SZ 2003/115; *Wukoschitz,* RdW 1997, 265; vgl auch *Kiendl,* Haftungsfreizeichnung für Personenschäden in Verbraucherverträgen, ZfRV 1994, 138; *dieselbe,* Unfaire Klauseln 205ff.

[104]) Dies wurde durch BGBl I 1997/6 klargestellt; so schon *Welser* in Krejci, Handbuch 364; *Krejci* in Rummel § 6 KSchG Rz 129ff; aA noch OGH in RdW 1995, 297. Kritisch dazu *Koziol,* Unwirksamkeit von Haftungsbeschränkungen nach KSchG: Gefährdung des „Spalttarifs“, RdW 1997, 117; *derselbe,* Haftpflichtrecht I Rz 18/8.

[105]) Vgl zB OGH in ecolex 1996, 167.

[106]) *Koziol,* Haftpflichtrecht I Rz 18/7, 18/14 und 18/23.

[107]) OGH in SZ 68/222.

[108]) Für AGB im Ergebnis schon OGH in ZVR 1999/37.

[109]) OGH in SZ 2002/153 (zustimmend *Graf,* ecolex-script 2003/24, 4).

[110]) Vgl zB OGH in ÖBA 1990, 1008 *(Schauer);* ecolex 1996, 167.

Die Bestimmung ist vor allem wegen des daraus zu ziehenden Umkehrschlusses bedenklich: Offenbar ist – auch in AGB – die Vereinbarung zulässig, daß Sachen in angemessener Zeit verfallen.

Z 13 schützt den Verbraucher vor unverhältnismäßig hohen Verzugszinsen. Die für den Fall des Verzuges des Verbrauchers vereinbarten Zinsen dürfen den bei vertragsgemäßer Zahlung vereinbarten **Zinssatz nicht um mehr als 5%** pro Jahr übersteigen. Damit soll ein angemessenes Verhältnis zwischen den Verzugszinsen und den Vertragszinsen erreicht werden. Eine absolute Höchstgrenze für Verzugszinsen ist aber nicht vorgesehen. Z 13 findet sowohl auf die Überlassung finanzieller Mittel gegen Entgelt (also vor allem Bankgeschäfte) als auch auf Ratenkäufe Anwendung[111]), nicht aber auf die in einem Vergleich erst nach Eintritt des Verzuges getroffenen Ratenzahlungsvereinbarungen. Ein Verstoß gegen Z 13 führt zur Teilunwirksamkeit der Verzugszinsenvereinbarung; nur die Vereinbarung des „überschießenden Teiles" ist ungültig.

Z 14 erklärt einen im vorhinein vereinbarten **Verzicht** auf die Geltendmachung eines **Irrtums** (§ 871) oder des Fehlens oder Wegfalls der **Geschäftsgrundlage** für unzulässig[112]). Die Einschränkung[113]) der irrtumsrechtlichen Anfechtung ist ebenso ausgeschlossen wie eine Vereinbarung, nach welcher der Verbraucher auf die Vertragsanpassung wegen unwesentlichen Irrtums beschränkt werden soll. Die Abgrenzung zwischen wesentlichem und unwesentlichem Irrtum bleibt unberührt[114]).

Z 15 wendet sich gegen Mißbräuche bei der Eintreibung von Forderungen. Die vom Schuldner als Folge seines Verzuges zu tragenden Kosten des Gläubigers, wie zB Mahnspesen oder die Kosten eines Rechtsanwaltes oder Inkassobüros, sollen zu der betriebenen Forderung in einem angemessenen Verhältnis stehen. Daher sind Vereinbarungen ungültig, nach denen sich der Konsument nach Eintritt des Verzuges zur Zahlung von **Betreibungs-** oder **Einbringungskosten** verpflichtet, sofern diese Kosten in der Vereinbarung nicht gesondert und **aufgeschlüsselt** ausgewiesen sind oder soweit sie zur zweckentsprechenden Betreibung oder Eintreibung der Forderung **nicht notwendig** waren (vgl § 41 Abs 1 ZPO).

B. Die Vertragsbestimmungen des § 6 Abs 2 KSchG

Die in § 6 Abs 2 KSchG aufgezählten Vertragsbestimmungen sind für den Verbraucher nicht verbindlich, wenn der Unternehmer nicht beweist, daß sie im einzelnen ausgehandelt worden sind.

Die Vorschrift betrifft Klauseln, deren sachliche Unangemessenheit für sich allein nicht zur Ungültigkeit führt. Eine Klausel ist nur dann un-

---

111) EB 311 BlgNR 20. GP 21.

112) Zum (unwirksamen) Ausschluß sämtlicher Einwendungen aus einem Vertrag mit einem Mehrwertnummerdienstanbieter (Sexhotline) gegenüber dem Telephonnetzbetreiber, der daraus Rechte geltend macht s OGH in SZ 2003/60; ecolex 2005, 906.

113) Kritisch dazu *Wukoschitz,* RdW 1997, 266.

114) *Apathy* in Schwimann § 6 KSchG Rz 49f.

gültig, wenn sie nicht **im einzelnen** ausgehandelt worden ist, womit vor allem Bestimmungen in AGB oder Formularen gemeint sind. Daß eine Klausel ausgehandelt worden ist, muß der Unternehmer **beweisen.**

Der Begriff des „Aushandelns" bereitet Schwierigkeiten. Nötig ist wohl, daß die einzelnen Bedingungen erörtert wurden und der Verbraucher auf die Formulierung Einfluß nehmen konnte[115]).

Unwirksam sind nach § 6 Abs 2 KSchG Bestimmungen, nach denen der Unternehmer ohne sachliche Rechtfertigung[116]) vom Vertrag **zurücktreten** kann **(Z 1)** oder ihm das Recht eingeräumt wird, seine **Pflichten** oder den gesamten Vertrag mit schuldbefreiender Wirkung einem Dritten, der im Vertrag nicht namentlich genannt ist, zu **überbinden (Z 2).**

Die Vereinbarung einer Substitutionsmöglichkeit ist jedoch zulässig, wenn sie durch gesetzliche Bestimmungen gedeckt ist; vgl § 1010 Fall 2 und § 14 RAO[117]).

Ungültig sind ferner Klauseln, die es dem Unternehmer gestatten, seine Leistung einseitig **zu ändern** – außer dies ist dem Verbraucher zumutbar – **(Z 3)**[118]) oder für seine innerhalb von zwei Monaten nach Vertragsabschluß zu erbringende Leistung ein **höheres** als das vertraglich bestimmte Entgelt zu fordern **(Z 4)**[119]).

Für Leistungen, die innerhalb von zwei Monaten nach Vertragsabschluß zu erbringen sind, muß also die Erhöhungsmöglichkeit, die auch hier nur im Rahmen des § 6 Abs 1 Z 5 KSchG zulässig ist, individuell ausgehandelt worden sein, für später fällige Leistungen sind hingegen nur die Voraussetzungen des § 6 Abs 1 Z 5 zu beachten.

Der besonderen Vereinbarung bedarf es weiters, wenn die Pflicht des Unternehmers zum Ersatz eines Schadens **an einer Sache,** die er zur **Bearbeitung** übernommen hat, ausgeschlossen oder beschränkt wird **(Z 5).**

Das Verhältnis dieser Vorschrift zu § 6 Abs 1 Z 9 KSchG ist relativ unklar, doch ist folgendes gemeint: Die Schadenersatzpflicht für grobes Verschulden ist zwingendes Recht, sie kann unter keinen Umständen ausgeschlossen werden (§ 6 Abs 1 Z 9 KSchG). Die Haftung für leichte Fahrlässigkeit kann der Unternehmer im allgemeinen sogar in AGB abbedingen. Er braucht es nicht „auszuhandeln". Dies gilt jedoch nicht für die Beschädigung von Sachen, die der Unternehmer zur Bearbeitung übernommen hat. Die Haftung für leichte Fahrlässigkeit kann in diesem Fall nur durch ausgehandelte Vertragsbestimmungen beseitigt oder beschränkt werden (§ 6 Abs 2 Z 5 KSchG)[120]).

---

115) Dazu *Fitz,* Allgemeine Geschäftsbedingungen – individuelle Abreden, in Krejci, Handbuch 249ff; *Welser,* JBl 1980, 8.

116) Vgl OGH in SZ 2002/154; ecolex 2002, 86 *(Leitner).*

117) Dazu *Hofer,* Substitution und Untervertretung, JBl 1980, 625; *Welser,* JBl 1980, 77f. S auch OGH in SZ 2002/153 (krit *Iro,* RdW 2003, 69).

118) Vgl dazu *Koziol,* Zur Wirksamkeit der „Fakultativklausel", RdW 1986, 327; s auch OGH in RdW 1988, 289; ecolex 1995, 26; SZ 72/12; JBl 2002, 178.

119) Zur Anwendung auf Leasingverträge: *Krejci,* Anpassungsklauseln in Leasingverträgen, Schnorr-FS (1988) 663ff.

120) Vgl auch OGH in SZ 69/245.

Z 6 betrifft Vertragsbestimmungen, mit denen Ansprüche des Verbrauchers auf ein **Angeld** (§ 908) **eingeschränkt** oder ausgeschlossen werden. Will also der Unternehmer seine Verpflichtung zur Rückgabe des doppelten Angeldes bei schuldhafter Nichterfüllung abbedingen, so muß er dies einzeln aushandeln.

Gemäß **Z 7** (eingeführt durch das ZivRÄG 2004, BGBl I 2003/91) müssen weiters **Schiedsklauseln,** nach denen ein Rechtsstreit zwischen einem Unternehmer und einem Verbraucher durch einen oder mehrere Schiedsrichter entschieden werden soll, mit dem Verbraucher einzeln ausgehandelt werden[121]).

C. Das Transparenzgebot des § 6 Abs 3 KSchG

Eine in AGB oder Vertragsformblättern enthaltene Vertragsbestimmung ist unwirksam, wenn sie unklar oder unverständlich abgefaßt ist (§ 6 Abs 3 KSchG).

Das **„Transparenzgebot"** wurde in Umsetzung der RL 93/13/EWG über mißbräuchliche Vertragsklauseln ins österreichische Recht eingeführt[122]). Es geht dabei nicht um die Angemessenheit des Inhaltes von AGB (zB § 879 Abs 3), der Kunde soll vielmehr durch die Gestaltung in die Lage versetzt werden, den Inhalt der Bedingungen möglichst leicht zu erfassen (Informationsmodell). Unverständliche Klauseln nach § 6 Abs 3 KSchG sind nicht mit unverständlichen Verträgen iSd § 869 gleichzusetzen.

„Unverständlich" im Sinne des § 869 ist eine Vertragsbestimmung nur dann, wenn ihr mit den Regeln der Auslegung kein Inhalt zugemessen werden kann. „Unklar und unverständlich" im Sinne von § 6 Abs 3 KSchG ist eine Klausel bereits, wenn der typische Durchschnittskunde Inhalt und Tragweite der Klausel nicht „durchschauen" kann[123]). Während § 869 „absolut unverständliche" Bestimmungen meint, hat § 6 Abs 3 KSchG „schwer verständliche" Klauseln vor Augen. Zum Verhältnis des § 6 Abs 3 KSchG zu § 915 ABGB s Band I S 109f.

§ 6 Abs 3 KSchG soll intransparent gestalteten AGB entgegenwirken. Er untersagt aber nicht komplizierte AGB-Inhalte schlechthin, sondern stellt lediglich Anforderungen an die Darstellungen des Klauselin-

[121]) Siehe EB 173 BlgNR 22. GP 17; *Riedler,* RZ 2003, 268.

[122]) EB 311 BlgNR 20. GP 24; dazu *Kiendl,* JBl 1995, 96ff; *St. Korinek,* Das Transparenzgebot des § 6 Abs 3 KSchG, JBl 1999, 150.

[123]) *G. Graf,* Die EU-Vorgaben auf dem Gebiet des Verbraucherschutzes, in Koppensteiner, Österreichisches und europäisches Wirtschaftsprivatrecht, Teil 8/I (1997) 19 ff; *derselbe,* Auswirkungen des Transparenzgebots, ecolex 1999, 8; *St. Korinek,* JBl 1999, 158 f; *Schilcher,* Das Transparenzgebot im Vertragsrecht, in *Aicher/Holoubek* (Hrsg), Der Schutz von Verbraucherinteressen: Ausgestaltung im öffentlichen Recht und im Privatrecht (2000) 114; *Leitner,* Unklarheiten im Vertragsrecht, ecolex 2002, 12; *derselbe,* Transparenzgebot 56 ff.

haltes. Eine Klausel, die zwar kompliziert ist, aber nicht besser dargestellt werden kann, widerspricht daher nicht § 6 Abs 3 KSchG[124]).

Die Intransparenz kann sich aus Verweisungen, mangelhafter Gliederung und unübersichtlichem Aufbau, Unleserlichkeit, Unbestimmtheit für den Kunden, der Verwendung von Abkürzungen, Fremd- und Fachsprachen oder der sonstigen komplizierten Darstellung ergeben[125]). Auch sprachlich verständliche Klauseln können intransparent sein, wenn sie ihre konkreten Rechtsfolgen und ihre wirtschaftliche Tragweite verschleiern[126]).

Entgegen dem Wortlaut des § 6 Abs 3 KSchG bleiben intransparente Klauseln aufrecht, die den Kunden im Vergleich zum dispositiven Recht begünstigen[127]). Sie können aber einen Schadenersatzanspruch wegen Verletzung von vertraglichen Schutz- und Sorgfaltspflichten auslösen (vgl § 9b Abs 4 KSchG).

Klauseln, mit denen Unternehmer ihre Rechte „soweit gesetzlich zulässig" ausdehnen, widersprechen dem Transparenzgebot ebenso wie die geltungserhaltende Reduktion unzulässiger Klauseln (s Band I S 183f), weil sie den Konsumenten den Inhalt und die Tragweite der Klausel nicht erkennen lassen.

IX. Mäßigung von Angeld und Reugeld

Ist ein Unternehmer zur Einbehaltung oder Rückforderung des **Angeldes** berechtigt oder ist ein Verbraucher einem Unternehmer gegenüber zur Zahlung eines **Reugeldes** verpflichtet, so kann es der Richter wie eine Vertragsstrafe nach **§ 1336 Abs 2 mäßigen** (§ 7 KSchG).

X. Gewährleistung[128])

Die RL 99/44/EG über den Verbrauchsgüterkauf wollte den gewährleistungsrechtlichen **Schutz der Verbraucher** wesentlich verstärken. Die meisten Bestimmungen der RL wurden in Österreich allerdings als allgemeines Gewährleistungsrecht eingeführt (s oben S 63ff). In das KSchG selbst wurden nur Bestimmungen aufgenommen, deren Einfügung in das ABGB systemwidrig oder sachlich nicht gerechtfertigt gewesen wäre. Dies gilt für die Änderung der §§ 8 (Erfüllungsort) und 9 (zwingender Charakter) sowie für die neu eingefügten §§ 9a (Gewährleistung bei Montage) und 9b (vertragliche Garantie).

---

[124]) *Leitner,* Transparenzgebot 52f, 71.

[125]) Vgl zu den einzelnen Fallgruppen: *Leitner,* Erscheinungsformen intransparenter AGB-Gestaltung, RdW 2003, 125; *derselbe,* Transparenzgebot 87 ff mwN; OGH in ÖBA 2001/977 (*Koziol*) = ecolex 2001/147 (*Th. Rabl*). S auch OGH in SZ 2002/153.

[126]) *St. Korinek,* JBl 1999, 162; *Leitner,* Transparenzgebot 75 ff, 92f; OGH in ÖBA 2001/977 *(Koziol)* = ecolex 2001/147 *(Th. Rabl)*; ÖBA 2003/1090. Zur sich aus dem Transparenzgebot ergebenden Aufklärungspflicht siehe *G. Graf,* Sechs Jahre § 6 Abs 3 KSchG, Mayer-FS (2004) 22f; krit *Koziol,* Verbraucherschutz als Selbstzweck oder als Mittel sachgerechter Interessenwahrung? Mayrhofer-FS (2002) 110.

[127]) *G. Graf,* ecolex 1999, 9 FN 8; *Welser/B. Jud,* Gewährleistung § 9b Rz 12; *Leitner,* ecolex 2002, 13; *derselbe,* Transparenzgebot 55, 96 ff.

[128]) Dazu *Welser/B. Jud,* Die neue Gewährleistung (2001); *Kletečka,* Gewährleistung neu (2001).

Am wichtigsten ist die Anordnung des KSchG, daß das ganze Gewährleistungsrecht des ABGB und die Sonderbestimmungen des KSchG zugunsten des Verbrauchers **zwingend** sind (§ 9 Abs 1 KSchG)[129]). Dies gilt nicht nur für Kaufverträge, sondern für alle entgeltlichen Verbrauchergeschäfte, vor allem für Werkverträge.

A. Erfüllungsort der Verbesserung, des Austauschs und des Nachtrags (§ 8 KSchG)

Ein Unternehmer, der zur Verbesserung (Nachtrag des Fehlenden) oder zum Austausch[130]) verpflichtet ist (§ 932), muß diese Pflicht gegenüber dem Konsumenten an dem Ort erfüllen, an dem die Sache übergeben worden ist **(Übergabsort).** Hat aber der Unternehmer die Sache vertragsgemäß nach einem im Inland gelegenen Ort befördert oder versendet, so tritt dieser Ort **(Bestimmungs- oder Destinationsort)** an die Stelle des Übergabsortes (§ 8 Abs 1 Z 1 KSchG).

Der Verbraucher kann aber statt dessen verlangen, daß der Unternehmer die Verbesserung (den Nachtrag) an dem inländischen Ort vornimmt, an dem sich die Sache gewöhnlich befindet **(Aufenthaltsort),** wenn dieser für den Unternehmer **nicht überraschend** sein mußte und die Beförderung der Sache zum Unternehmer wegen deren Beschaffenheit untunlich ist, besonders, weil sie sperrig, gewichtig oder durch Einbau unbeweglich geworden ist (§ 8 Abs 1 Z 2 KSchG).

Die Bestimmung des gewöhnlichen Aufenthaltsortes ist besonders bei Sachen schwierig, deren Nutzung mit dauernden Ortsveränderungen verbunden ist, zB bei einem Auto oder Gegenständen, die man ständig mit sich führt, wie Rasierapparate, Schreibgeräte oder Handys. Für solche Sachen wird der Ort maßgebend sein, an dem sie verwahrt, gewartet oder an den sie immer wieder zurückgebracht werden[131]).

Die „Überraschung" kann nicht Gegenstand einer subjektiven Überprüfung beim konkreten Unternehmer sein, das Kriterium dient nur der objektiven Umschreibung des örtlichen Haftungsbereiches, der sich an einem vernünftigen „gewährleistungsrechtlichen Einzugsgebiet" zu orientieren hat[132]).

Mit der Beförderung meint das Gesetz den Transport durch den Verbraucher selbst.

---

[129]) Aus einem Größenschluß aus § 9 KSchG folgt, daß auch die Gefahrtragungsregeln des ABGB zugunsten des Verbrauchers relativ zwingend sind. Näheres bei *Perner,* ABGB-Gefahrtragungsregeln zugunsten von Verbrauchern zwingend, RdW 2005, 590; s S 49, 84.

[130]) § 8 KSchG aF erwähnte den Austausch nicht. Eine Änderung der Rechtslage hat sich diesbezüglich durch die Neufassung aber nicht ergeben: vgl *Kathrein,* Gewährleistung im Verbrauchergeschäft, ecolex 2001, 426.

[131]) *I. Welser,* Der Erfüllungsort für Verbesserungspflichten des Unternehmers nach § 8 KSchG, ÖJZ 2001, 749; *Welser/B. Jud,* Gewährleistung § 8 KSchG Rz 4.

[132]) *I. Welser,* ÖJZ 2001, 750.

Der Unternehmer kann verlangen, daß ihm der Verbraucher, wenn es für diesen tunlich ist, die Sache **übersendet**[133]). Er hat jedoch die Gefahr der Übersendung zu tragen (§ 8 Abs 2 KSchG).

Der Unternehmer wird ein solches Versendungsbegehren meist dann stellen, wenn die Verbesserung am Destinationsort (§ 8 Abs 1 Z 1 KSchG) oder am Aufenthaltsort (§ 8 Abs 1 Z 2 KSchG) vorzunehmen ist.

Der neue Abs 3 beschäftigt sich mit der Kostentragung. Danach hat der Unternehmer die **notwendigen Kosten** der Verbesserung oder des Austauschs, insb Versand-, Arbeits- und Materialkosten, zu tragen.

Daß den Unternehmer die mit der Durchführung der Verbesserung oder des Austauschs verbundenen Arbeits- und Materialkosten belasten, versteht sich von selbst und gilt auch außerhalb des 1. Hauptstücks des KSchG. Die Kosten der Versendung muß jedoch der Unternehmer nur dann tragen, wenn sich dies aus allgemeinen Grundsätzen oder aus § 8 Abs 1 Z 1 und 2 KSchG ergibt[134]). Zunächst muß also der nach diesen Bestimmungen relevante Erfüllungsort festgelegt werden. Möchte der Unternehmer an einem anderen Ort verbessern, so kann er zwar die Übersendung der Sache an diesen Ort verlangen (§ 8 Abs 2 KSchG), muß jedoch hiefür die Kosten tragen (§ 8 Abs 3 KSchG). Hingegen darf aus § 8 Abs 3 KSchG nicht abgeleitet werden, daß der Konsument die Sache ohne Verlangen des Unternehmers oder gar gegen dessen Willen zum Unternehmer oder an einen dritten Ort bringen und dafür vom Unternehmer Kostenersatz fordern kann. Dies würde das System des § 8 KSchG zerstören, der mit der Bestimmung des Erfüllungsortes in Abs 1 Z 1 und 2 implizit auch eine Transportkostenregelung trifft[135]).

Nach § 932 Abs 2 kann der Übergeber dem Verbesserungs- oder Austauschbegehren entgegenhalten, daß diese Behelfe mit einem unverhältnismäßig hohen Aufwand verbunden wären (oben S 72 ff). Dieser Aufwand kann auch auf den mit der Verbesserung verbundenen Anreise- und Transportkosten beruhen, so daß diese bei der Beurteilung der Frage zu berücksichtigen sind, ob der Übernehmer überhaupt einen Anspruch auf Verbesserung oder Austausch hat oder ob er einen sekundären Rechtsbehelf wählen muß[136]).

Auch nach der nunmehrigen Rechtslage muß der Unternehmer die Verbesserung (den Austausch) am Erfüllungsort nicht persönlich vornehmen. Er kann **Erfüllungsgehilfen** (zB am Ort der Verbesserung ansässige Unternehmer) einsetzen, für die er allerdings gemäß § 1313 a haftet.

B. Beschränkung der Gewährleistungsansprüche (§ 9 KSchG)

Gewährleistungsrechte des Verbrauchers (§§ 922 bis 933) können **vor Kenntnis** des Mangels **weder eingeschränkt** noch ausgeschlossen werden. Damit hat das Gewährleistungsrecht beim Verbrauchergeschäft – wie schon bisher – **zwingenden Charakter** (§ 9 KSchG).

Bei vertraglicher Verlängerung der Gewährleistungsfrist ist § 9 KSchG auf den Verlängerungszeitraum nicht anzuwenden[137]), so daß dann von den §§ 922 ff abgewichen werden kann.

---

[133]) Vgl *Welser,* JBl 1979, 456.

[134]) Zum folgenden *Welser/B. Jud,* Gewährleistung § 8 KSchG Rz 12.

[135]) *Welser/B. Jud,* Gewährleistung § 8 KSchG Rz 12; aA *Kathrein,* ecolex 2001, 426; vgl zur RL auch *Faber,* Zur Richtlinie bezüglich Verbrauchsgüterkauf und Garantien für Verbrauchsgüter, JBl 1999, 427 FN 106.

[136]) *Welser/B. Jud,* Gewährleistung § 8 KSchG Rz 15; *I. Welser,* ÖJZ 2001, 747.

[137]) S zum bisherigen Recht OGH in EvBl 1990/112.

Nach Kenntnis des Mangels sind Vereinbarungen über die Gewährleistung sowie Verzichte auf Rechte aus der Gewährleistung zulässig. Allerdings sind an einen Verzicht strenge Anforderungen zu stellen[138]).

Vertragsparteien haben die Möglichkeit, Eigenschaften und Beschaffenheit der Sache oder des Werkes verbindlich zu umschreiben **(Leistungsbeschreibung).** Werden auf diese Weise geringe Anforderungen an die Qualität der Leistung gestellt, so können auch Gewährleistungsansprüche nur in einem bescheidenen Umfang entstehen. Es besteht daher die Gefahr, daß Einschränkungen und Ausschlüsse der Gewährleistung in Leistungsbeschreibungen „versteckt" werden[139]). Deshalb wirkt eine Leistungsbeschreibung nur dann „haftungsreduzierend", wenn sie die Beschaffenheit der Sache so offenlegt, daß der Verbraucher die Tragweite erkennt. Dies erfordert eine **konkrete** Beschreibung der Minderbeschaffenheit, allgemein gehaltene Klauseln genügen nicht[140]).

Daher sind allgemeine Vertragsklauseln, nach denen „bei den gekauften Waren mit Mängeln jeder Art zu rechnen ist", unzulässige Gewährleistungsausschlüsse.

Zwingend ist beim Verbrauchergeschäft auch die Gewährleistungsfrist des ABGB. Eine Ausnahme sieht § 9 Abs 1 Satz 2 KSchG für die Veräußerung **gebrauchter** beweglicher **Sachen** vor, bei welchen die Parteien die Gewährleistungsfrist auf **ein Jahr** verkürzen können, wenn sie dies im einzelnen aushandeln (§ 6 Abs 2 KSchG)[141]).

Die Ausnahme ist nicht auf den Erwerb von Kunstgegenständen, Antiquitäten udgl anzuwenden[142]). Eine Sonderregelung gilt für gebrauchte Kraftfahrzeuge. Bei ihnen ist die Verkürzung der Gewährleistungsfrist auf ein Jahr nur wirksam, wenn seit dem Tag der ersten Zulassung mehr als ein Jahr vergangen ist (§ 9 Abs 1 Satz 3 KSchG).

Die Vorschriften des ABGB über **Tiermängel** (§§ 925 bis 927, 933 Abs 2) sind auf den Erwerb durch Verbraucher nicht anzuwenden (§ 9 Abs 2 KSchG)[143]). S oben S 78f.

C. Gewährleistung bei Montage (§ 9a KSchG)

Ein Unternehmer, der nach dem Vertrag zur Montage verpflichtet ist, haftet auch für einen dabei durch sein unsachgemäßes Verhalten **an der Sache** verursachten Mangel. Dasselbe gilt, wenn die Sache zur Mon-

---

[138]) S *Kathrein,* ecolex 2001, 427.

[139]) Vgl *Welser/B. Jud,* Zur Reform des Gewährleistungsrechts – Die Europäische Richtlinie über den Verbrauchsgüterkauf und ihre Bedeutung für ein neues Gewährleistungsrecht, 14. ÖJT Bd II/1 (2000), 61f.

[140]) *Fenyves,* KSchG und Gewährleistung, in Krejci, Handbuch 397ff; *Welser* in Schönherr-GedS 334; *Welser/B. Jud,* Gewährleistung § 9 KSchG Rz 2; vgl auch *Faber,* JBl 1999, 426; *Kathrein,* ecolex 2001, 428.

[141]) Dazu ausführlich *Welser/B. Jud,* Gewährleistung § 9 KSchG Rz 6ff.

[142]) S *Kathrein,* ecolex 2001, 428.

[143]) Dazu *Fischer-Czermak,* Zwei Fragen zur Gewährleistungsreform, Krejci-FS (2001) 1177; zu Ausnahmen *Welser/B. Jud,* Gewährleistung § 9 KSchG Rz 14.

tage durch den Verbraucher bestimmt war und die unsachgemäße Montage auf einem Fehler der **Montageanleitung** beruht[144]).

Die Gewährleistungspflicht des **Unternehmers** für eine mangelhafte Montage als solche ergibt sich schon aus allgemeinen Grundsätzen. Es handelt sich dabei um eine werkvertragliche Gewährleistungspflicht. Etwas anders liegt der Fall, wenn die verkaufte Sache übergeben und vom Verkäufer nachträglich montiert wird. Die Beschädigung einer bereits übergebenen Sache wäre nach allgemeinen Grundsätzen als Folge der mangelhaften Montage, also als **Mangelfolgeschaden** zu qualifizieren, dessen Ersatz ein Verschulden des Übergebers voraussetzt. Nach dem nunmehrigen Verbraucherrecht hat der Übergeber dafür verschuldensunabhängig einzustehen[145]).

Über das bisherige Recht geht aber auch die Haftung für Fehler der Montageanleitung hinaus. Gegenstand des Kaufvertrages sind an sich nur bestimmte Bestandteile (zB Bretter und Schrauben) einer Sache, die erst durch den Verbraucher mit Hilfe einer Montageanleitung zusammengebaut werden. Mangelhaft ist nach § 9a KSchG nur die Montageanleitung. Dem Gesetz geht es jedoch um die Gewährleistung für Mängel an der erworbenen Sache als **Folge** der **unrichtigen Montageanleitung**[146]). Sie könnten nach bisherigem Recht nur als Mangelfolgeschaden oder Schäden aus der Verletzung vertraglicher Aufklärungs- und Informationspflichten angesehen werden, die zu einer Schadenersatzpflicht des Verkäufers führen. Die RL und in ihrer Umsetzung § 9a KSchG behandelt sie dennoch als **Gewährleistungsfälle,** was im österreichischen Recht eine Systemwidrigkeit darstellt.

D. Vertragliche Garantie (§ 9b KSchG)

Neben die gesetzliche Gewährleistung treten oft vertragliche Garantien. Hiezu oben S 92f. Zum Schutz der Konsumenten sieht die Verbrauchsgüterkauf-RL dafür Regeln vor, die in § 9b KSchG umgesetzt wurden. Sie gelten nur für Verbrauchergeschäfte.

Verpflichtet sich ein Unternehmer gegenüber einem Verbraucher für den Fall der Mangelhaftigkeit der Sache, diese zu verbessern, auszutauschen, den Kaufpreis zu erstatten oder sonst Abhilfe zu schaffen (Garantie), so hat er auch auf die **gesetzliche Gewährleistungspflicht** und darauf hinzuweisen, daß sie durch die Garantie nicht eingeschränkt wird (§ 9b Abs 1 KSchG)[147]).

---

144) Dazu ausführlich *Welser/B. Jud,* Gewährleistung § 9a KSchG Rz 1ff mwN; für eine analoge Anwendung auf das allgemeine Gewährleistungsrecht *Krejci,* Konsumentenschutz und Gewährleistung, Mayer-FS (2004) 133.

145) S *Welser,* Der Vorschlag einer EU-Richtlinie über den Verbrauchsgüterkauf, Hempel-FS (1997) 326.

146) Sog „IKEA-Klausel", s *Welser/B. Jud,* Reform 69; *Kathrein,* ecolex 2001, 429.

147) Vgl *Ofner,* Informationspflichten des Garanten gemäß Art 6 Abs 2 der Verbrauchsgüterkaufrichtlinie und § 9b KSchG, Welser-FS (2004) 790.

Verschiedene Untersuchungen in Europa haben gezeigt, daß bei Garantien die Gefahr der Irreführung des Verbrauchers besteht, weil zB der Eindruck entsteht, daß die Garantie die Haftung für mangelhafte Leistung erschöpfend regelt.

Der Unternehmer ist an die Zusage in der **Garantieerklärung** und an den in der **Werbung** bekanntgemachten Inhalt der Garantie gebunden.

Dies ist – wie beim gewährleistungsrechtlichen Mangelbegriff – so zu verstehen, daß die Werbeaussagen verbindlich sind, soweit sie dem Vertrag zwischen Garanten und Verbraucher stillschweigend zugrundegelegt wurden[148]).

Eine vom Übergeber (Verkäufer) gewährte Garantie muß dem Verbraucher gegenüber der Gewährleistung einen Vorteil bringen, da sie sonst wertlos ist. Eine Schmälerung der Gewährleistungsrechte ist schon auf Grund des § 9 KSchG unzulässig. Bietet die Garantie des Übergebers weniger als die gesetzliche Gewährleistung, kann dies schadenersatzrechtliche Folgen haben (§ 9b Abs 4 KSchG). Soweit ein Dritter (zB der Hersteller) eine Garantieerklärung abgibt, kann er auch weniger bieten als die gesetzliche Gewährleistung, weil er ja dem Verbraucher gegenüber gewährleistungsrechtlich nicht verpflichtet ist[149]).

Die Garantieerklärung hat den Namen und die Anschrift des Garanten sowie in einfacher und verständlicher Form den Inhalt der Garantie, vor allem ihre Dauer und ihre räumliche Geltung und die sonstigen für ihre Inanspruchnahme nötigen Angaben zu enthalten.

Die Garantie ist dem Verbraucher auf sein Verlangen schriftlich oder auf einem anderen für ihn verfügbaren dauerhaften Datenträger[150]) bekanntzugeben.

Ein Verstoß des Garanten gegen § 9b KSchG berührt die **Gültigkeit** der Garantie **nicht.**

Wäre bei Verletzung einer Vorschrift die Garantie ungültig, würde sich dies zu Lasten des Verbrauchers auswirken[151]). Der Garant haftet allerdings dem Verbraucher für den durch den Verstoß verschuldeten Schaden (§ 9b Abs 4 KSchG).

Hat zB der Unternehmer auf das Bestehen der gesetzlichen Gewährleistung nicht hingewiesen und damit seine Informationspflicht verletzt, so hat er dem Konsumenten den Schaden zu ersetzen, der daraus entsteht, daß er mangels eigener Gesetzeskenntnis die Geltendmachung von Ansprüchen versäumt hat.

XI. Umfang der Vertretungsmacht, Wirksamkeit mündlicher Erklärungen

Die von einem Unternehmer erteilte **Vollmacht** erstreckt sich im Verkehr mit Verbrauchern auf alle Rechtshandlungen, die derartige Geschäfte **gewöhnlich** mit sich bringen (§ 10 Abs 1 KSchG)[152]). Besondere gesetzliche Regeln über den Umfang der Vollmacht (zB jene über die Prokura) bleiben unberührt[153]).

---

148) *Welser/B. Jud,* Gewährleistung § 9b KSchG Rz 5; vgl aber EB 422 BlgNR 21. GP 25; *Kathrein,* ecolex 2001, 429.

149) *Welser/B. Jud,* Gewährleistung § 9b KSchG Rz 7.

150) Dazu *Kathrein,* ecolex 2001, 430; *Welser/B. Jud,* Gewährleistung § 9b KSchG Rz 11.

151) *Welser/B. Jud,* Reform 165.

152) Vgl hiezu OGH in JBl 2005, 50.

153) Vgl OGH in wbl 1989, 160; SZ 62/121; ecolex 2000, 871 *(Wilhelm).*

Eine **Beschränkung** der Vertretungsmacht ist dem Verbraucher gegenüber nur wirksam, wenn sie ihm beim Vertragsabschluß **bewußt** war. War dem Verbraucher die Beschränkung der Vollmacht **grob fahrlässig** nicht bekannt, so kommt der Vertrag zustande, doch kann der Unternehmer unverzüglich nach Kenntnis von der Überschreitung und den Umständen, aus denen die grobe Fahrlässigkeit abzuleiten ist, vom Vertrag **zurücktreten** (§ 10 KSchG).

§ 10 KSchG bricht mit den Grundsätzen des Vertrauensschutzes im Vollmachtsrecht. Nach diesen wird nur ein gutgläubiger Vertragspartner geschützt, so daß dem Vertrauenden schon leichte Fahrlässigkeit schadet: das Geschäft ist wegen Vollmachtsmangels nichtig. Nach § 10 KSchG wird hingegen der Vertrauenstatbestand nur durch ein positives Wissen des Konsumenten vom Vollmachtsmangel zerstört. Diese Systemwidrigkeit macht § 10 Abs 2 KSchG auf einem Umweg teilweise wieder rückgängig: die grobe Fahrlässigkeit des Konsumenten steht zwar dem Vertragsabschluß nicht entgegen, führt aber zu einem Rücktrittsrecht des Unternehmers.

§ 10 KSchG schützt dem Wortlaut nach nur das Vertrauen auf den Umfang einer bestehenden Vollmacht, hilft dem Konsumenten also bloß bei Vollmachtsüberschreitung, nicht aber bei Handeln (eines Gehilfen) ohne Vollmacht[154]).

Nach § 10 Abs 3 KSchG kann die Gültigkeit **formloser Erklärungen** des Unternehmers oder seiner Vertreter zum Nachteil des Verbrauchers vertraglich nicht ausgeschlossen werden. Die Vertragsklausel „mündliche oder telephonische Absprachen haben keine Gültigkeit“ widerspricht daher § 10 Abs 3 KSchG[155]).

Soweit es sich um die mündlichen Erklärungen des Unternehmers handelt, stimmt § 10 Abs 3 KSchG mit den allgemeinen Grundsätzen überein (Bd I S 190f). Hinsichtlich der formlosen Erklärungen der Vertreter ist sie hingegen problematisch: Wird einem Vertreter nur gestattet, schriftliche Vereinbarungen zu treffen, so liegt darin eine Beschränkung der Vollmacht (Bd I S 190f). Sollten nach § 10 Abs 3 KSchG die mündlichen Erklärungen des Vertreters selbst dann gültig sein, wenn der Konsument weiß, daß der Vertreter zu ihrer Abgabe nicht befugt ist, so würde dies nicht nur den Bestimmungen des ABGB, sondern auch § 10 Abs 1 und 2 KSchG widersprechen. Nach hM ist § 10 Abs 3 KSchG nur auf jene Fälle anzuwenden, in denen die Zusagen des Vertreters sachlich von seiner Vollmacht gedeckt sind und nur die Schriftform fehlt[156]).

XII. Verbot der Gehaltsabtretung[157])

Lohn- und Gehaltsforderungen sind an sich wie andere Forderungen zedierbar. § 12 KSchG verbietet jedoch ihre Abtretung durch einen Ver-

---

154) S OGH in EvBl 1982/85; zur Verhandlungsvollmacht s ecolex 1996, 451.

155) OGH in EvBl 1987/107. Zu formlosen Erklärungen des Verbrauchers s OGH in SZ 2002/153, dazu *Iro,* RdW 2003, 67; krit *Graf,* ecolex-script 2003/24, 3.

156) *Welser,* JBl 1979, 459; *Fenyves,* VersRdSch 1979, 356; *Rummel,* Probleme der gewillkürten Schriftform, JBl 1980, 244f.

157) *Welser,* JBl 1979, 459; *Spitzl,* Verwertung verpfändeter Entgeltsansprüche, ecolex 1994, 630; *Apathy,* Die Forderungsabtretung, insbesondere zur Kreditsicherung im österreichischen Recht, in Hadding/Schneider, Die Forderungsabtretung (1999) 524f.

braucher an einen Unternehmer zur **Sicherung oder Befriedigung** von dessen noch nicht fälligen[158]) Forderungen.

Das Gesetz erklärt nicht die Verpfändung[159]), sondern nur die Sicherungszession für unzulässig, weil sie den Unternehmer ohne weiteres zur Eintreibung der Forderung berechtigt, so daß der Verbraucher auf Rückforderungsansprüche verwiesen ist. Für die Untersagung der Abtretung zur Befriedigung geben die Materialien keine Begründung.

Ob allerdings die entgegen dem Verbot vorgenommenen Abtretungen ungültig sind, sagt das Gesetz nicht ausdrücklich. § 12 Abs 2 KSchG geht davon aus, daß die auf Grund der Zession vorgenommene Zahlung des Dienstgebers an den Unternehmer die Lohn- oder Gehaltsforderung zum Erlöschen bringen kann, und gibt für diesen Fall dem Verbraucher einen Rückforderungsanspruch gegenüber dem Unternehmer: Hat der Dienstgeber des Verbrauchers auf Grund einer verbotenen Abtretung an den Unternehmer mit der Wirkung gezahlt, daß er von der Lohnforderung des Verbrauchers **befreit** worden ist, so hat dieser gegen den Unternehmer den **Anspruch auf Erstattung.** Dieser entfällt, wenn der Verbraucher durch die Abtretung oder die Bezahlung der Lohnforderung von einer Schuld befreit worden ist, wofür allerdings den Unternehmer die Beweislast trifft. Wenn das Gesetz die Befreiung durch die Abtretung kennt, setzt es offenbar die **Gültigkeit** der Zession voraus[160]).

Die Konstruktion entspricht wohl am ehesten jener des – hier nicht näher erörterten – § 11 KSchG: Die Sicherung durch Inhaber- oder Orderwechsel ist verboten, doch bleibt das Wertpapier im Interesse der Verkehrssicherheit gültig (vgl schon § 13 RatG), während der Konsument einen Revalierungsanspruch gegen den Unternehmer erhält, wenn er das Papier einlöst[161]). Bei der Sicherungszession besteht freilich kein gleichartiges Verkehrsschutzbedürfnis.

XIII. Terminsverlust[162])

Der Unternehmer kann dem Verbraucher gegenüber einen (allenfalls vereinbarten) Terminsverlust (s oben S 24) nur geltend machen, wenn er selbst seine Leistung bereits erbracht hat, der Verbraucher mit mindestens einer Zahlung **sechs Wochen** im Verzug ist und der Unter-

---

[158]) Zu fälligen Lohnforderungen s *Holzner,* Weiterhin: Drittwirksamkeit vertraglicher „Abtretungsverbote", JBl 1998, 503f.

[159]) Zur Analogie s OGH in ecolex 1998, 24 *(Wilhelm);* vgl auch ÖBA 1994, 807; ÖBA 2002, 63; *Koziol,* Analoge Anwendung des § 12 Abs 1 KSchG auf Gehaltsverpfändungen? ÖBA 1994, 92; *M. Mohr,* Der Arbeitnehmer als Verbraucher, ecolex 1994, 415; *Spitzer,* Die Pfandverwertung im Zivil- und Handelsrecht (2004) 61.

[160]) *Welser,* JBl 1979, 459; ihm folgend *Schilcher* in Krejci, Handbuch 456f; *Holzner,* JBl 1998, 503; *Reischauer,* JBl 2001, 549; *Spitzer,* Pfandverwertung 63f.

[161]) OGH in RdW 1988, 90.

[162]) *Schilcher* in Krejci, Handbuch 457ff; *Iro,* Terminsverlustklauseln in Leasing-Verträgen, RdW 1986, 265; *Lenneis,* Zum Thema Terminverlustklauseln in Leasingverträgen, RdW 1987, 7; *G. Graf,* Probleme der vorzeitigen Kündigung von Konsumentenkrediten durch den Kreditgeber, ÖBA 1989, 960ff; OGH in wbl 1988, 61; JBl 1992, 395; SZ 67/21; ecolex 1995, 26; RdW 1996, 207; ecolex 1998, 691; ecolex 1999, 466.

nehmer den Verbraucher unter **Androhung** des Terminsverlustes und unter Setzung einer **Nachfrist** von zwei Wochen erfolglos gemahnt hat (§ 13 KSchG).

Eine Klage, mit welcher der Terminsverlust geltend gemacht wird, kann die Mahnung nicht ersetzen[163]). Ihrer bedarf es nicht, wenn der Verbraucher erklärt, daß er die Erfüllung des Vertrages verweigere[164]), oder die Erfüllung aus sonstigen Gründen als geradezu ausgeschlossen erscheint[165]).

XIV. Verbraucherverträge mit Auslandsbezug

Damit der Schutz der Verbraucher bei Verträgen mit Auslandsbezug nicht dadurch ausgehöhlt wird, daß das Recht eines Landes, das nicht Mitglied des EWR ist, als das auf den Vertrag anzuwendende Recht gewählt wird, **beschränkt** § 13a KSchG die Wirksamkeit der **Rechtswahl.** Vgl auch Art 5 EVÜ.

XV. Verträge über wiederkehrende Leistungen[166])

Bei Verträgen über wiederkehrende Leistungen besteht gemäß § 15 KSchG zugunsten des Verbrauchers eine – verglichen mit den allgemeinen Regeln – erweiterte **Kündigungsmöglichkeit.** Sie erfaßt alle auf **unbestimmte** Zeit oder für länger als **ein Jahr** geschlossenen Verträge, durch die sich der Unternehmer zu wiederkehrenden Lieferungen beweglicher körperlicher Sachen (einschließlich Energie) oder zu wiederholten Werkleistungen und der Verbraucher zu wiederholten Geldzahlungen verpflichtet.

Bei gemischten Verträgen besteht ein Kündigungsrecht nach § 15 KSchG nur wenn werk- oder kaufvertragliche Elemente eine nicht bloß untergeordnete Rolle spielen. Auf andere Dauerschuldverhältnisse wie Verwaltungsverträge[167]), Timesharing-Verträge[168]), Mobilfunkverträge und freie Dienstverträge[169]) ist § 15 KSchG nicht (analog) anwendbar.

Der Verbraucher kann solche Rechtsverhältnisse unter Einhaltung einer zweimonatigen Frist zum Ablauf des ersten Jahres, danach zum Ablauf eines jeden Halbjahres kündigen.

Unter § 15 KSchG fallen also nicht nur Dauer-, sondern auch **Zielschuldverhältnisse,** bei denen die Partner die Leistungen in Teilen zu er-

---

[163]) OGH in ÖBA 1997, 560; ecolex 2000, 791.

[164]) OGH in SZ 54/173; ÖBA 1991, 136; SZ 69/280; ÖBA 1995, 473; *Apathy* in Schwimann § 13 KSchG Rz 2.

[165]) OGH in ÖBA 1994, 558 *(Apathy)* = ecolex 1994, 460 *(Wilhelm)* = wbl 1994, 273 *(Hammerer);* RdW 2005, 485 (Behauptung der Nichtigkeit des Grundgeschäftes).

[166]) *Mayrhofer,* Die besonderen Vertragsarten des I. Hauptstückes des KSchG, in Krejci, Handbuch 469ff.

[167]) OGH in RdW 2001, 144.

[168]) OGH in RdW 2002, 84.

[169]) OGH in JBl 2005, 735 mwN.

bringen haben, wie zB bei der allmählichen Lieferung eines Lexikons in mehreren Bänden.

In diesem Fall ist die besondere Kündigungsmöglichkeit fragwürdig, weil für den Veräußerer der Rest der unteilbaren Leistung meist wertlos wird, er jedoch für diesen Teil der Leistung nichts erhält. Überdies beruhen günstige Bezugsbedingungen oft auf der langfristigen Bindung. Bei Lieferung von Sachen, die in ihrer Gesamtheit eine unteilbare Leistung bilden und deren Umfang und Preis schon bei Vertragsabschluß bestimmt sind, kann zumindest der erste Kündigungstermin bis zum Ablauf des zweiten Jahres hinausgeschoben und die Kündigungsfrist auf höchstens sechs Monate verlängert werden (§ 15 Abs 2 KSchG idF BGBl 1984/456).

Erfordert die Erfüllung eines Schuldverhältnisses erhebliche **Aufwendungen** des Unternehmers und hat er dies dem Verbraucher spätestens beim Vertragsabschluß konkret[170]) **bekanntgegeben,** so können abweichend von diesen Regeln für die Kündigung angemessene Termine und Fristen vereinbart werden (§ 15 Abs 3 KSchG).

Aufwendungen für die Zuleitung von elektrischer Energie oder von Gas in Erwartung eines langfristigen Bezuges.

XVI. Abzahlungsgeschäfte

A. Anwendungsbereich

Besondere Regeln (§§ 16ff KSchG) schützen den Konsumenten beim Abzahlungsgeschäft (Ratenkauf).

Das Abzahlungsgeschäft ist ein Kauf mit **stufenweiser Kreditierung.** Es bringt dem Käufer den Vorteil, in den Genuß der Sache zu kommen, ohne sofort den ganzen Kaufpreis aufbringen zu müssen – er kann das Sparen „nachholen". Andererseits ist das Risiko des Verkäufers geringer, wenn er Anzahlung und Teilleistungen erhält, als wenn er den ganzen Kaufpreis auf längere Zeit kreditieren müßte. Die **Gefahr** der Ratengeschäfte liegt allerdings darin, daß sich wirtschaftlich schwache Kunden zu Abschlüssen verlocken lassen, die zur Überschuldung führen. In der Eindämmung solcher Gefahren besteht der Hauptzweck der Schutzbestimmungen, die wirtschaftlich ungesunde Abschlüsse verhindern wollen und auch sonst dem unüberlegten Käufer zu Hilfe kommen wollen.

Abzahlungsgeschäfte sind Kaufverträge über bewegliche körperliche Sachen[171]) mit einem **Barzahlungspreis** bis zu € 25.000,– bei denen der Unternehmer die Sache vor vollständiger Bezahlung des Kaufpreises dem Verbraucher zu **übergeben** und dieser das Entgelt – abgesehen von der Anzahlung – in mindestens **zwei Teilzahlungen** zu entrichten hat.

Ursprünglich war das Gesamtentgelt, also der kreditierte Betrag zuzüglich Zinsen und Kosten maßgebend. Mit BGBl I 1997/6 wurde auf den Barzahlungspreis abgestellt,

[170]) Bloße Globalhinweise sind nicht ausreichend, s OGH in JBl 2003, 936; SZ 2004/66; *Rainer,* Energielieferverträge – Kündigung durch Verbraucher, immolex 2005, 161.

[171]) Zur Anwendung des § 16 KSchG auf Softwareverträge: *M. Gruber,* Softwarekauf als Abzahlungsgeschäft? EDV 1990, 94.

so daß nunmehr alle Abzahlungsgeschäfte den §§ 18ff KSchG unterliegen, bei denen der kreditierte Betrag selbst € 25.000,– nicht übersteigt (vgl § 16 Abs 3 KSchG).

Das Geschäft ist auch dann als Abzahlungsgeschäft zu behandeln, wenn bei Vertragsabschluß über die Höhe des Entgelts keine Klarheit besteht, es sei denn, daß feststeht, es werde € 25.000,– übersteigen.

Erstreckt sich ein Kaufvertrag auf mehrere Sachen, so ist für die Ermittlung der Entgeltsgrenze der Preis jeder einzelnen Ware maßgebend.

Allerdings sind die Preise für Hauptsache und Zubehör wegen der engen wirtschaftlichen Verknüpfung zusammenzurechnen. Dasselbe gilt für mehrere Sachen einer Gesamtsache (§ 302)[172]).

B. Informationspflichten

Über das Abzahlungsgeschäft ist ein **Ratenbrief** auszustellen (§ 24 KSchG), der eine Reihe von Angaben enthalten muß.

Es sind dies Name, Beruf und gewöhnlicher Aufenthalt der Vertragspartner; Tag und Ort von Antrag oder Annahme des Verbrauchers; Gegenstand des Geschäftes; der Barzahlungspreis; das Gesamtentgelt und die Höhe des sich daraus ergebenden effektiven Jahreszinssatzes (§ 33 Abs 4 BWG); die Höhe der Anzahlung; Zahl, Höhe und Fälligkeit der Zahlungen; Tag der Übergabe der Sache; die Erklärung, ob und wieviele Wechsel zur Sicherung der Teilzahlungsforderungen übergeben und ob sonstige Sicherheiten vereinbart worden sind. Bei Haustürgeschäften ist durch die Wiedergabe des § 3 KSchG auf die Rücktrittsmöglichkeit des Verbrauchers hinzuweisen.

Der Unternehmer hat nach der Unterfertigung des Ratenbriefes durch den Verbraucher diesem unverzüglich eine **Abschrift** auszufolgen. Die Nichteinhaltung der Vorschriften über den Ratenbrief ist mit Strafe bedroht (§ 32 Abs 1 KSchG); sie berührt allerdings die Gültigkeit des Vertrages nicht.

Für Abzahlungsgeschäfte im Handel mit Druckwerken gelten die Vorschriften über den Ratenbrief nur dann, wenn ein Haustürgeschäft vorliegt (§ 25 Abs 1 KSchG). Bei drittfinanzierten Geschäften, die unter § 18 KSchG fallen, haben der Unternehmer und der Geldgeber gesonderte Urkunden zu errichten, die zusammen den Ratenbrief bilden (§ 25 Abs 2 KSchG). In den Fällen des § 19 KSchG ist nur der Vertrag zwischen Unternehmer und Verbraucher schriftlich festzuhalten, der auch Betrag und Laufzeit des vorgesehenen Darlehens zu enthalten hat.

Weitere Informationspflichten für Gewerbetreibende gegenüber Verbrauchern enthält die auf Grund des § 73 Abs 4 GewO ergangene **Verbraucherkreditverordnung** (BGBl II 1999/260), die am 1. 1. 2000 in Kraft getreten ist.

Sie gilt für Verbraucherkreditverträge, bei denen ein Gewerbetreibender einem Verbraucher einen Kredit in Form eines Zahlungsaufschubes, eines Finanzierungsleasingvertrages oder einer sonstigen Finanzierungshilfe gewährt. Der Vertrag bedarf der Schriftform und hat ua die Gesamtbelastung, den effektiven Jahreszinssatz, den Verzugszinssatz und die Anzahl, die Höhe und die Fälligkeit der Teilzahlungen anzugeben. Jede Änderung des effektiven Jahreszinssatzes ist dem Verbraucher schriftlich bekanntzugeben und der Kreditvertrag ist anzupassen. Bei der Werbung mit Verbraucherkreditverträgen ist der Jahreszinssatz, allenfalls an Hand repräsentativer Beispiele, anzugeben.

---

[172]) OGH in EvBl 1975/123.

Zu den Informationspflichten beim Ehegattenkredit und bei Kreditverbindlichkeiten solidarisch haftender Verbraucher (§§ 25a, 25b KSchG), s oben S 208f.

Zum Schutz von Interzedenten (§§ 25c, 25d KSchG) s oben S 156ff.

C. Zahlungspflichten, Mindestanzahlung

Zur Verhinderung leichtfertiger Zahlungsversprechen muß der Konsument spätestens bei Übergabe der Kaufsache die gesetzlich festgelegte **Mindestanzahlung** leisten (§ 20 KSchG).

Sie beträgt bis zu einem Kaufpreis von € 220,– 10%, wenn der Kaufpreis € 220,– übersteigt, mindestens 20% des ganzen Kaufpreises. Dies wurde durch BGBl I 1997/6 gesetzlich klargestellt[173]).

Wird als Anzahlung eine bewegliche körperliche Sache gegeben, so ist ihr **gemeiner Wert** und nicht ein vom Unternehmer willkürlich festgelegter Preis anzurechnen.

Übergibt der Unternehmer die Sache ohne Mindestanzahlung, so hat er keinen Anspruch auf den der nicht geleisteten Anzahlung entsprechenden Kaufpreis[174]).

Der Verbraucher hat die aushaftenden Teilzahlungsforderungen binnen **5 Jahren** ab Übergabe der Sache zu tilgen. Ist eine längere Tilgungsfrist vereinbart, so verliert der Verkäufer zwar nicht die darauf entfallenden Raten, hat jedoch keinen Anspruch auf den Teil der **Zinsen** und sonstigen **Zuschläge,** der bei ihrer gleichmäßigen Aufteilung auf die gesamte Tilgungsfrist nach dem Ablauf von 5 Jahren zu zahlen wäre (§ 21 KSchG)[175]).

Der Käufer hat das Recht seine Verbindlichkeit **vorzeitig** zu erfüllen; macht er von dieser Möglichkeit Gebrauch, so sind die Kreditkosten entsprechend zu **ermäßigen** (§ 12a KSchG)[176]).

Kommt der Erwerber seinen Zahlungspflichten nicht nach, so hat der Verkäufer das Recht, vom Vertrag zurückzutreten, wenn er sich dies vorbehalten hat (vgl oben S 53ff). Statt dessen kann er – innerhalb der gesetzlichen Schranken (§ 13 KSchG) – einen ausbedungenen Terminsverlust geltend machen, so daß der Käufer den gesamten Kaufpreisrest sofort zu begleichen hat. Oft wird vereinbart, daß der Verkäufer bei Nichterfüllung dem Käufer die Sache entziehen und freihändig verkaufen kann. In dieser Vorgangsweise liegt im Zweifel ein Rücktritt vom Vertrag, der zur Rückabwicklung der erbrachten Leistungen führt[177]). Für drittfinanzierte Käufe nach § 18 KSchG bestimmt allerdings § 22 Abs 1 KSchG das Gegenteil: Die Geltendmachung dieser Rechte ist nicht als Rücktritt anzusehen, wenn die Voraussetzungen des Terminsverlustes vor-

---

[173]) EB 311 BlgNR 20. GP 25; so schon OGH in JBl 1982, 90 *(Mayrhofer).*

[174]) Zur Realofferte s *Mayrhofer* in Krejci, Handbuch 485f; zum Kauf auf Probe s OGH in JBl 1982, 90 *(Mayrhofer).*

[175]) Krit zur Effizienz dieser Sanktion *Mayrhofer,* Welser-FS 704.

[176]) Hiezu *Karner,* Der Anwendungsbereich des § 12a KSchG, RdW 1994, 166.

[177]) Vgl dazu *Mayrhofer,* Abzahlungsgeschäft 177f, 202; OGH in JBl 1986, 307 *(Reidinger).*

liegen und dem Verbraucher mindestens der gemeine Wert der Sache angerechnet wird.

§ 22 Abs 2 KSchG regelt entgegen der Überschrift des § 22 KSchG keine Folgen der Nichterfüllung des Vertrages durch den Verbraucher, sondern ergänzt die in § 4 KSchG geregelte generelle Rückabwicklung (s oben S 407) für drittfinanzierte „Haustürgeschäfte“ iSd § 3 KSchG dahingehend, daß der Verbraucher die von ihm dem Verkäufer geleisteten Zahlungen samt Zinsen sowie die auf die Sache gemachten Aufwendungen auch vom Finanzierer zurückfordern kann. An der Verpflichtung des Verbrauchers, dem Verkäufer die Sache(n) zurückzustellen und ein angemessenes Benützungsentgelt zu zahlen, ändert sich hingegen nichts.

D. Gewährleistung

§ 23 KSchG verlängert zugunsten des Verbrauchers die Gewährleistungsfrist für Sachmängel: Solange der Kaufpreis **nicht vollständig** bezahlt ist, kann der Anspruch bis zur Fälligkeit der letzten Teilzahlung **durch Klage** geltend gemacht werden[178]). Die Geltendmachung durch Einrede bleibt dem Verbraucher darüber hinaus vorbehalten, wenn er den Mangel bis dahin angezeigt hat.

Damit wird vermieden, daß der Schuldner gegen die Mangelhaftigkeit der Sache nichts unternehmen kann, obwohl er noch Raten zahlen muß.

E. Gleichgestellte Geschäfte

Die Bestimmungen über Abzahlungsgeschäfte gelten auch für andere Rechtsgeschäfte als Kaufverträge, wenn die Beteiligten damit den gleichen **wirtschaftlichen Zweck** verfolgen wie mit einem Abzahlungsgeschäft und die sonstigen Voraussetzungen des § 16 KSchG erfüllt sind (§ 17 KSchG)[179]).

Beim **drittfinanzierten** Kauf (dazu oben S 176ff) sind die Bestimmungen über Abzahlungsgeschäfte ganz oder teilweise auch auf das Verhältnis zwischen Verbraucher und Geldgeber anzuwenden, wenn die Verträge des Verbrauchers mit dem Unternehmer und dem Geldgeber eine **wirtschaftliche Einheit** bilden, der Verbraucher den Kredit in Teilbeträgen zurückzuzahlen hat und der Barzahlungspreis € 25.000,– nicht übersteigt[180]). Der Verbraucher kann hier auch die Befriedigung des Geldgebers verweigern, soweit ihm Einwendungen aus seinem Rechtsverhältnis zum Unternehmer gegen diesen zustehen (§ 18 KSchG).

---

[178]) Zum Verhältnis des § 23 KSchG zu § 9 Satz 2 KSchG s *Reidinger,* Rechtsprobleme der Garantieabrede im Lichte des neuen Gewährleistungsrechtes, Welser-FS (2004) 894.

[179]) S dazu *W. Schuhmacher,* Kfz-Leasing und KonsumentenschutzG, ZVR 1979, 291ff; *Mayrhofer* in Krejci, Handbuch 475f; *Fischer-Czermak,* Mobilienleasing (1995) 177ff; *dieselbe,* Finanzierungsleasingverträge: Abzahlungsgeschäfte nach dem KSchG? ecolex 1997, 331.

[180]) Zur Finanzierung risikoträchtiger Beteiligungen s aber OGH in ÖBA 1994, 558 *(Apathy);* ÖBA 1995, 51 *(Apathy);* ÖBA 1995, 146 *(Koziol);* ÖBA 1995, 473; ÖBA 1995, 969 *(Jabornegg);* ÖBA 1996, 228; RdW 1996, 306; ÖBA 1998, 720; *Heidinger,* Die Schutz(un)würdigkeit des Verbrauchers bei drittfinanzierter Vermögensanlage, wbl 1994, 393.

Die Anwendung der Regeln über das Abzahlungsgeschäft im Verhältnis zwischen Finanzierer und Käufer hat in mehrfacher Hinsicht Bedeutung: Da der Verbraucher die Mindestanzahlung jedenfalls aus eigenen Mitteln leisten muß, und zwar dem Unternehmer oder dem Geldgeber (§ 20 Abs 1 KSchG), verliert auch ein Geldgeber den der Mindestanzahlung entsprechenden Darlehensteil, wenn er diesen finanziert hat. Die Laufzeit des Kredites darf ebenfalls 5 Jahre nicht übersteigen (§ 21 KSchG). Auch im Verhältnis zwischen Finanzierer und Käufer gilt die verlängerte Gewährleistungsfrist des § 23 KSchG[181]). Ferner ist eine Urkunde über das Kreditgeschäft zu errichten, die mit jener über den Kaufvertrag zusammen den Ratenbrief bildet (§§ 25 Abs 2, 24 KSchG).

§ 18 KSchG ist über den Kaufvertrag hinaus auf andere drittfinanzierte Verträge analog anzuwenden, jedoch nur dann, wenn ein Verbraucher dem „Aufspaltungsrisiko“ auf Gläubigerseite in gleicher Weise ausgesetzt ist wie beim drittfinanzierten Kauf (oben S 178)[182]).

Sind Kaufvertrag und Kreditgeschäft nicht so eng miteinander verknüpft, daß sie eine wirtschaftliche Einheit bilden, so ist es auch nicht gerechtfertigt, das Finanzierungsgeschäft den Regeln über den Ratenkauf zu unterwerfen und dem Konsumenten die Einreden aus dem Kaufvertrag auch dem Geldgeber gegenüber einzuräumen. § 19 KSchG gewährt dem Verbraucher aber dennoch einen besonderen Schutz gegen den Veräußerer, wenn dieser im Zusammenhang mit dem Vertragsabschluß den Konsumenten **veranlaßt,** zur Zahlung des Entgelts ein **Darlehen aufzunehmen.** In diesen Fällen wird der Kaufvertrag, der an sich ein Bargeschäft ist, wegen der Teilzahlungsvereinbarung mit dem Dritten sinngemäß den Regeln über den echten drittfinanzierten Abzahlungskauf (§§ 18–25 KSchG) unterstellt[183]).

Die wichtigste Konsequenz dieser Konstruktion enthält § 19 Z 3 KSchG. Im Verhältnis zwischen **Verkäufer** und **Käufer** wird so vorgegangen, als bestünde die von § 18 KSchG vorausgesetzte wirtschaftliche Einheit zwischen **Unternehmer** und **Drittfinanzierer.** Entstehen Einwendungen aus dem Kaufvertrag, die der Käufer dem Finanzierer unter dieser Voraussetzung entgegenhalten könnte, so muß ihn der Unternehmer **schuldrechtlich** so stellen, wie wenn diese rechtliche Möglichkeit wirklich bestünde. Hat der Verbraucher dem Darlehensgeber Zahlungen zu leisten, zu denen er nicht verpflichtet wäre, wenn der Darlehensvertrag ein Rechtsgeschäft nach § 18 KSchG wäre, so hat der Unternehmer den Verbraucher von der Pflicht zur Zahlung dieser Beträge an den Geldgeber zu befreien und dem Verbraucher bereits gezahlte Beträge zu vergüten.

XVII. Lieferungen im Handel mit Druckwerken

Verträge im Handel mit Druckwerken müssen **schriftlich** errichtet werden, wenn sie 1. den Verkäufer zu **wiederholten** Lieferungen und

[181]) OGH in ÖBA 1988, 81 *(P. Bydlinski).*

[182]) *Kiendl/Schwarzenegger,* Der Einwendungsdurchgriff im KSchG nach der Novelle 1993, ÖBA 1994, 853.

[183]) Dazu *Mayrhofer* in Krejci, Handbuch 481 ff.

den Käufer zu wiederholten Geldzahlungen verpflichten, sie 2. als **Haustürgeschäft** geschlossen werden und wenn 3. der **Gesamtpreis** (wenn ein solcher noch nicht errechenbar ist, der innerhalb eines Jahres zu leistende Kaufpreis) € 25.000,– nicht übersteigt (§§ 26 Abs 1, 26b KSchG).

Die Vertragsurkunde muß die Namen, den gewöhnlichen Aufenthalt und den Beruf der Parteien, den Tag und Ort der Willenserklärung des Verbrauchers, den Gegenstand des Vertrages, die Höhe und die Fälligkeit der Zahlungen und eine Belehrung über das Rücktrittsrecht nach § 3 KSchG enthalten. Der Unternehmer hat dem Verbraucher eine Abschrift auszufolgen (§ 26 Abs 2 und 3 KSchG). Die Nichteinhaltung dieser Bestimmungen stellt eine Verwaltungsübertretung dar (§ 32 KSchG). Die Gültigkeit des Geschäfts über nichtperiodische Druckschriften ist kraft besonderer gesetzlicher Anordnung (§ 26 Abs 4 KSchG) von der Errichtung der Vertragsurkunde unabhängig. Ob daraus e contrario geschlossen werden muß, daß Verträge über periodische Druckschriften zu ihrer Gültigkeit der Schriftform bedürfen, ist zweifelhaft, jedoch eher zu verneinen.

Übernimmt bei Verträgen über periodische Druckschriften ein **dritter Unternehmer** die Erfüllung des Vertrages, so hat auch er dem Verbraucher eine Urkunde zu übersenden, welche die Angaben des § 26 Abs 2 KSchG enthält. Die Rücktrittsfrist des § 3 KSchG beginnt in diesem Falle erst nach Erhalt dieser Urkunde (§ 26a Abs 1 KSchG).

Für Druckschriften, die mindestens sechsmal wöchentlich erscheinen (Tageszeitungen), gilt § 26a Abs 1 KSchG nicht (§ 26a Abs 2 KSchG).

XVIII. Verträge über die Wohnraumsanierung

§ 26d KSchG sieht für Verträge über die Wohnraumsanierung, die als **Haustürgeschäfte** iSd § 3 KSchG geschlossen werden, zwingend die **Schriftform** vor. Die Vertragsurkunde hat neben allgemeinen Angaben (vgl die Bestimmungen des Ratenbriefes, § 24 Abs 1 KSchG) auch eine nähere Umschreibung des **Leistungsgegenstandes** (Angabe des Herstellers und der Type) zu enthalten. Damit soll einer Praxis entgegengewirkt werden, nach der häufig die Lieferung eines Markenproduktes in Aussicht gestellt wird, tatsächlich aber ein weniger bekanntes oder beliebtes Erzeugnis geliefert wird[184]).

Der Begriff der Wohnraumsanierung umfaßt sowohl Innenarbeiten als auch Erhaltungs- und Verbesserungsarbeiten an Wohnräumen oder Wohngebäuden.

XIX. Werkvertrag

§ 27a KSchG ergänzt § 1168 Abs 1 für das Verbrauchergeschäft:

Ist die Ausführung des Werkes aus Gründen unterblieben, die auf **Seite des Bestellers** liegen, und verlangt der Unternehmer des-

---

[184]) EB 311 BlgNR 20. GP 30; *Mottl,* immolex 1997, 180.

halb das vereinbarte Entgelt[185]) (§ 1168 Abs 1), so hat er dem Verbraucher die **Gründe** dafür mitzuteilen, daß er sich wegen Unterbleibens der Leistung weder etwas erspart hat, noch durch anderweitige Verwendung etwas erworben hat (§ 27a KSchG). Nach allgemeinen Regeln ist für die Ersparnis oder den sonstigen Erwerb des Unternehmers (seine Unterlassung) der Besteller beweispflichtig. § 27a KSchG erleichtert ihm diesen Beweis, bewirkt aber keine Beweislastumkehr.

XX. Heimverträge

Die durch das Heimvertragsgesetz (BGBl I 2004/12) in das KSchG eingefügten §§ 27b bis 27i KSchG[186]) (in Kraft seit 1. 7. 2004) regeln bestimmte Aspekte der Verträge zwischen den Trägern und den Bewohnern von Altenheimen, Pflegeheimen und anderen Einrichtungen, deren Hauptzweck die dauernde oder auch nur vorübergehende Unterkunft, Betreuung und Pflege von Menschen ist (§ 27b KSchG)[187]). Ziel der Regelungen ist einerseits die Schaffung klarer und transparenter Rechtsverhältnisse, andererseits die Verbesserung des rechtlichen Schutzes der Bewohner vor benachteiligenden Vertragsgestaltungen.

So sind Informationspflichten des Heimträgers über ihr Leistungsspektrum (§ 27c KSchG) und der zwingende Mindestinhalt des schriftlichen Heimvertrages (§ 27d KSchG) festgelegt, um sicherzustellen, daß die Heimbewohner und ihre Angehörigen beim Abschluß des Heimvertrages über ihre Rechte und die Ausstattung des Heimes informiert sind (§§ 27cff KSchG). Der Heimbewohner hat das Recht jederzeit eine Vertrauensperson namhaft zu machen, die der Heimträger in wichtigen zivilrechtlichen Angelegenheiten zu verständigen hat (§ 27e KSchG). Bei Mängeln der Leistungen des Heimträgers[188]) sowie bei einer länger als drei Tage dauernden Abwesenheit des Heimbewohners (zB Krankenhaus, Urlaube mit Angehörigen) ist das Entgelt entsprechend zu mindern (§ 27f KSchG). Ablösezahlungen, unangemessene Verfallsklauseln und überhöhte Kautionen sind unzulässig (§ 27g KSchG). Die Kündigung des Vertrages durch den Heimträger ist nur aus wichtigen Gründen zulässig (§ 27i KSchG).

---

185) S hiezu OGH in SZ 2004/20 (Stornogebühr).

186) S hiezu EB 202 BlgNR 22. GP; *Barth/Engel,* Heimrecht (2004); *dieselben,* Das neue Heimvertragsrecht, ÖJZ 2004, 581; *Laimer/Russegger/Thiele,* Heimvertrags- und Heimaufenthaltsgesetz (2004); *Kathrein,* Heimverträge, Welser-FS (2004) 425.

187) Auf Verträge über die Pflege und Erziehung von Minderjährigen in Heimen und anderen Einrichtungen sind die Bestimmungen ebensowenig anzuwenden wie auf Verträge über die Aufnahme, Pflege und Betreuung von Pfleglingen in Krankenanstalten, vgl § 27b KSchG.

188) Nach den Materialien führen nur solche Beeinträchtigungen der Leistung zu einem gewährleistungsrechtlichen (und damit verschuldensunabhängigen) Anspruch auf Preisminderung, die über längere Zeit oder mehrfach vorkommen oder schon einmalig zu einer schweren Beeinträchtigung des Bewohners führen, s EB 202 BlgNR 22. GP.

XXI. Vorauszahlungskäufe[189])

Der Vorauszahlungskauf ist in gewissem Sinn das **Gegenstück** zum **Ratenkauf.** Während bei diesem der Käufer die Sache erhält und danach in Raten den Kaufpreis zahlt, entrichtet beim Vorauszahlungskauf der Erwerber die Raten im voraus und erhält die Sache nach vollständiger Entrichtung des Preises.

Beim Vorauszahlungskauf bestehen nicht dieselben Gefahren wie beim Ratengeschäft. Vor allem wird der Käufer nicht durch die sofortige Konsummöglichkeit zum Kreditgeschäft angereizt. Kritik wurde allerdings daran geübt, daß es meist nicht um den Kauf bestimmter Einzelstücke, sondern um das „Ansparen“ von Beträgen geht, die letztlich in Waren umgesetzt werden (zB zum Ankauf einer „Ausstattung“). Der Käufer hat noch gar keinen konkreten Bedarf oder doch keine genaue Vorstellung von dem, was er künftig erwerben soll. Er erhält daher oft Dinge, die er nicht verwenden kann. Die Kalkulation des Verbrauchers wird erschwert, wenn der Preis der Sache erst mit dem Ende der Ansparzeit feststeht. Solchen Bedenken hat das KSchG Rechnung getragen.

§ 27 KSchG definiert den Vorauszahlungskauf als einen Vertrag über die Lieferung einer beweglichen körperlichen Sache, mit dem sich der Verbraucher verpflichtet, den **Kaufpreis** in Teilbeträgen **vorauszuzahlen.** Solange ein solcher Vertrag nicht beidseitig vollständig erfüllt ist, kann der Käufer jederzeit **zurücktreten,** wenn die Ware bloß durch Erklärung der Vertragspartner bestimmbar oder der Preis nicht nach den Preisverhältnissen zur Zeit der Vertragsschließung festgelegt ist[190]). Für die Zurückstellung bereits erbrachter Leistungen gilt § 4 KSchG.

XXII. Immobiliengeschäfte

§ 30a KSchG gewährt dem Verbraucher bei Immobiliengeschäften ein über §§ 3ff KSchG hinausgehendes **Rücktrittsrecht**[191]), wenn er sein Anbot oder seine Annahme am Tag der **erstmaligen Besichtigung**[192]) abgegeben hat. § 30a KSchG erfaßt alle Verträge, die auf den Erwerb des Bestand-, Gebrauchs-, Nutzungs- oder Eigentumsrechts an einer Wohnung, einem Einfamilienwohnhaus oder einer Liegenschaft, die zur Errichtung eines Einfamilienwohnhauses geeignet ist, gerichtet sind[193]).

Voraussetzung des Rücktritts ist, daß der Erwerb der Deckung eines **dringenden Wohnbedürfnisses** des Verbrauchers oder eines nahen Angehörigen dienen soll (Abs 1). Das Rücktrittsrecht bezweckt den Schutz vor

---

189) *Mayrhofer* in Krejci, Handbuch 499ff.

190) Dazu OGH in SZ 73/147.

191) Dazu *S. Bydlinski,* Das neue Maklergesetz im Überblick, ecolex 1996, 588f; *Weigand,* Das neue Maklerrecht im Überblick, JAP 1996/97, 110; *Kiendl,* Unfaire Klauseln 157ff.

192) S dazu OGH in EvBl 2003/3 (Besichtigung durch den präsumptiven Erwerber).

193) Offenbar auf Grund eines Redaktionsversehens ist der erste Satz des § 30a KSchG unvollständig geblieben.

Übereilung[194]). Da es in das III. Hauptstück des KSchG aufgenommen wurde, kommt es auch dann zum Tragen, wenn das Geschäft zwischen zwei Konsumenten abgeschlossen wird[195]). Anders als beim Haustürgeschäft schadet es auch nicht, wenn der Erwerber den Vertrag selbst angebahnt hat.

Diese Regelung erscheint vor allem deshalb problematisch, weil der Vertragspartner oft nicht erkennen kann, ob das Vertragsobjekt der Befriedigung eines dringenden Wohnbedürfnisses dienen soll.

Der Rücktritt ist binnen einer Woche zu erklären. Der Verbraucher kann auch von einem im Zusammenhang mit dem Immobiliengeschäft geschlossenen **Maklervertrag** zurücktreten. Auf die Rücktrittserklärung ist § 3 Abs 4 KSchG anzuwenden (§ 30a Abs 2 KSchG).

Der Beginn des Fristenlaufes setzt voraus, daß der Verbraucher eine „Zweitschrift" seiner Erklärung und eine schriftliche Belehrung über das Rücktrittsrecht erhalten hat. Unabhängig davon erlischt das Rücktrittsrecht aber einen Monat nach dem Tag der erstmaligen Besichtigung (§ 30a Abs 3 KSchG).

Die Pflicht zur Zahlung eines Angelds, Reugelds oder einer Anzahlung vor Ablauf der Rücktrittsfrist kann nicht wirksam vereinbart werden (§ 30a Abs 4 KSchG).

XXIII. Maklervertrag

Die §§ 30b, 30c und 31 KSchG enthalten besondere, zum Teil vom MaklerG (BGBl 1996/262) abweichende Bestimmungen über Maklerverträge mit Verbrauchern. Dem Immobilienmakler schreibt § 30b KSchG schriftlich zu erfüllende **Aufklärungspflichten**[196]) vor. § 30c KSchG legt **zeitliche Schranken** für Alleinvermittlungsaufträge fest, wenn bestimmte Immobiliengeschäfte vermittelt werden sollen. Manche Vereinbarungen (zB Alleinvermittlungsaufträge) müssen **ausdrücklich** und **schriftlich** erfolgen (§ 31 Abs 1 KSchG). Gewisse Bestimmungen des MaklerG sind zugunsten von Verbrauchern zwingend (§ 31 Abs 2 KSchG).

Nach dem Wortlaut des § 31 Abs 1 KSchG und seiner systematischen Einordnung ins III. Hauptstück müßten die darin enthaltenen Formvorschriften auch dann gelten, wenn ein Unternehmer mit einem Makler kontrahiert. Aus den Materialien ergibt sich aber, daß auch diese Vorschriften nur für die von Verbrauchern abgeschlossene Maklerverträge gelten[197]).

---

[194]) *Kalss/Lurger,* JBl 1998, 154.

[195]) *Mottl,* immolex 1997, 181.

[196]) Zu den Folgen der Verletzung des § 30b KSchG s OGH in SZ 71/177; SZ 73/134 = wobl 2002/73 *(Vonkilch)*; ecolex 2002, 745 (Haftung auf Vertrauensschaden). Bei fehlendem Hinweis auf ein wirtschaftliches Naheverhältnis besteht kein Provisionsanspruch s OGH in ecolex 2001, 604 *(Helmich)*; RdW 2004/673; bei sonstigen Pflichtverletzungen kommt es zu einer Minderung des Provisionsanspruches s OGH in RdW 2004/63. Vgl auch OGH in ecolex 2001, 441 (spätere Aufklärung); EvBl 2002/168 (Informationspflichten, Baubewilligung).

[197]) EB 2 BlgNR 20. GP 40.

3. Teil

Erbrecht

1. Kapitel

Begriff und Wesen der Erbfolge

I. Grundbegriffe

Mit dem Tode[1]) erlischt die Persönlichkeit. Was ist aber das Schicksal der Rechte des Verstorbenen, und wem obliegen nunmehr seine Pflichten? Manche davon enden mit dem Tode. Viele aus der Familienzugehörigkeit folgende Verhältnisse gehen auf andere Personen über; dafür finden sich Regeln im Familienrecht.

Stirbt ein Elternteil, der gemeinsam mit dem anderen Elternteil die Obsorge für das Kind ausgeübt hat, so muß der andere allein für das Kind sorgen; sind beide Eltern verstorben, so bestimmt das Gericht, ob und auf welches Großelternpaar oder Pflegeelternpaar (vgl §§ 186, 186a) die Rechte und Pflichten übergehen (§ 145 Abs 1). Können weder ein Elternteil, noch Großeltern oder Pflegeeltern mit der Obsorge betraut werden, so hat das Gericht eine andere geeignete Person mit der Obsorge zu betrauen (§ 187).

Der Verstorbene läßt aber meist auch materielle Güter und Verbindlichkeiten zurück. *Die Nachfolge in diese Aktiven und Passiven regelt das Erbrecht.* Es ermöglicht den Übergang des Vermögens einer verstorbenen physischen Person, eines **„Erblassers“**, auf lebende Personen. Alles, was vererbt werden kann, heißt zusammen **„Nachlaß“** oder **„Verlassenschaft“** (§ 531).

Juristische Personen können nicht sterben und daher auch nichts vererben. Bei ihnen stellt sich bloß die Frage, wem allfälliges Vermögen nach ihrer Auflösung zufallen soll (vgl dazu Bd I S 66ff). Hingegen kann man juristische Personen ohne weiteres zu Erben einsetzen oder sonst letztwillig bedenken. Ein gesetzliches Erbrecht haben sie nicht, weil dieses auf Ehe und Verwandtschaft beruht. Das Heimfallsrecht des Staates ist kein gesetzliches Erbrecht. Dazu unten S 532.

Erbrecht im objektiven Sinn ist die Summe der Normen, welche das Schicksal des Nachlasses regeln. **Erbrecht im subjektiven Sinn** ist die Befugnis, den Nachlaß ganz oder zu einem nach Quoten bestimmten Teil in Besitz zu nehmen. Es ist ein absolutes und somit gegen jedermann durchsetzbares Erwerbsrecht (§ 532), das mit dem Tode des Erblassers entsteht (§ 536) und veräußerlich und vererblich ist.

---

[1]) S hiezu *Ruscher,* Die Bestimmung des Todeszeitpunktes aus erbrechtlicher Sicht (1989).

Wenn § 308 und § 532 das Erbrecht „dinglich" nennen, so ist dies im Sinne von „absolut" zu verstehen. Zum dinglichen Recht im engeren Sinne fehlt es an der unmittelbaren Sachherrschaft. Vgl Band I S 240.

Zur Veräußerung s beim Erbschaftskauf (unten S 581); zur Vererblichkeit s bei der Transmission (unten S 461).

Der zum Erwerb Berechtigte heißt **Erbe,** der Nachlaß von ihm her gesehen **Erbschaft** (§ 532). Der Erbe wird **Universalsukzessor** (Gesamtrechtsnachfolger) des Erblassers: Er erwirbt durch einen einzigen Akt (die Einantwortung; s unten S 573f) den ganzen Nachlaß oder einen quotenmäßig bestimmten Teil davon und tritt damit in alle Rechte und Pflichten des Erblassers ein.

Keine Erben im eigentlichen Sinn sind Personen, die kein Recht auf die ganze Erbschaft oder eine Quote davon haben, sondern auf Grund des letzten Willens des Erblassers oder auf Grund des Gesetzes einzelne Ansprüche auf gewisse Vermögensstücke oder Werte erheben können. Zu ihnen gehören vor allem die **Vermächtnisnehmer** (Legatare). Sie haben nur das Recht, einzelne Sachen zu fordern. Ihr Anspruch ist nicht absoluter, sondern schuldrechtlicher Natur (Forderung gegen den Nachlaß oder den Erben). Sie werden nicht Universalsukzessoren, sondern nur **Singularsukzessoren,** s unten S 534f. Ihr Titel richtet sich auf den Erwerb von Sachen, die ihnen erst durch besondere Akte (Modus) übertragen werden müssen. Legatare haften den Gläubigern des Erblassers nicht. Bloß schuldrechtlichen Charakter haben auch Ansprüche der **Pflichtteilsberechtigten** (Noterben). S unten S 545.

II. Sozialpolitische Bedeutung[1])

Meist erhalten den Nachlaß die Kinder des Erblassers oder seine sonstigen Verwandten, sein Ehegatte oder andere ihm nahestehende Personen. Die Möglichkeit, Vermögen von Todes wegen weiterzugeben, sichert auch die Versorgung bedürftiger Angehöriger. Darüber hinaus fördert sie die Bildung und **Vermehrung von Vermögen,** vor allem in der Hand ein und derselben Familie.

Gerade diese Konsequenz war oft Angriffsziel sozialistischen Denkens. Wer das Privateigentum an sich ablehnt, muß umso mehr seine durch den Erbgang ermöglichte **„Verlängerung"** über den Tod hinaus bekämpfen. Es ist auch nicht zu leugnen, daß das Erbrecht gesellschaftliche Ungleichheiten verfestigen kann.

Es ist meist einfacher, vom Vater ererbtes Vermögen zu verwalten und zu mehren, als solches aus eigener Kraft zu schaffen. Die „Startchancen" des Kindes aus armer Familie sind daher schlechter. Dies gilt allerdings schon zu Lebzeiten des Erblassers. In manchen Fällen ermöglicht das ererbte Kapital den Erben überhaupt den Müßiggang.

---

[1]) Dazu *Kralik,* Erbrecht 2ff; *Lange/Kuchinke,* Erbrecht 2ff; vgl auch *Freisitzer,* Die Ausgestaltung des österreichischen Erbrechtes und die Rolle der Empirischen Sozialforschung, Wilburg-FS (1975) 101.

Generationen „zehren" von der Tüchtigkeit und dem Fleiß des „Urahns", der ein Unternehmen aufgebaut hat oder dem eine bahnbrechende Erfindung geglückt ist.

Auf der anderen Seite stellt das Erbrecht volkswirtschaftlich gesehen oft einen **Anreiz zur Produktivität** dar. Die Aussicht, nichts weitergeben zu können, würde manchen Tüchtigen dazu verleiten, seine Arbeitskraft nur so weit einzusetzen, als es der eigene Bedarf erfordert. Die Möglichkeit, auch für Kinder, Enkel oder sonstige Verwandte Vorsorge zu treffen, fördert vielfach die Einsatzfreude. Bei der persönlichen Habe kommt noch das Gefühlsmoment hinzu. Der Erblasser will jene Sachen, die seine „engste Umgebung" gebildet haben, seinen Angehörigen und Freunden hinterlassen. Selbst die ehemaligen kommunistischen Staaten des Ostblocks ließen ein solches eingeschränktes Erbrecht zu[2]), da es die Gesellschaftsordnung nicht grundlegend beeinflußt. Allgemein behindern **Erbschaftssteuern,** die teils sehr hoch sind, die Vermögensanhäufung durch die Erbfolge.

Der Staat partizipiert – abgesehen von sonstigen Abgaben – in regelmäßigen Abständen an jedem Vermögen durch die Erbschaftssteuer.

Wie beim Eigentum geht es also auch beim Erbrecht nicht um eine schrankenlose Bejahung oder völlige Ablehnung, sondern um eine gesellschaftspolitisch zweckentsprechende Ausgestaltung.

Der Zusammenhang zwischen **Privateigentum und Erbrecht** ist evident[3]). Gäbe es kein Eigentum, könnte nichts vererbt werden. Läßt man Privateigentum zu, so kann man zwar die Vererblichkeit einschränken, aber nur bis zu einer gewissen Grenze. Die Unvererblichkeit würde nämlich durch Geschäfte unter Lebenden umgangen: Der Erblasser nähme die Vermögensübertragung noch zu seinen Lebzeiten vor. Solange also die freie Verfügung über Privateigentum (zu Lebzeiten) möglich ist, wäre die Abschaffung des Erbrechts relativ wirkungslos.

III. Systeme des Erbrechtes

Wer soll das Vermögen des Erblassers erhalten? Seit jeher gibt es hiefür zwei grundsätzliche Möglichkeiten. Nach dem Prinzip der **Familienerbfolge** soll der Nachlaß der Familie, also den Verwandten, vor allem den Kindern, und dem Ehegatten des Erblassers zufallen. Die Rechtfertigung hiefür liegt in der Abstammung und im Zusammenleben, oft auch im gemeinsamen Wirtschaften. Der Erblasser hat auch vielfach selbst sein Vermögen von der Familie erhalten (zB im Erbweg), die nahen Angehörigen haben manchmal durch Mitarbeit zur Vermehrung beigetragen. Konsequent weitergedacht, führten diese Erwägungen überhaupt zu ei-

---

[2]) Vgl *Ferid/Firsching,* Internationales Erbrecht VI idF der 21. Lf (1984) UdSSR RdNr 79f.

[3]) S *Mayer-Maly,* Der grundrechtliche Schutz des Erbrechts, Adamovic-FS (1992) 430.

ner Bindung des Vermögens zugunsten der Familie, der Erblasser dürfte von Todes wegen nicht oder nur zugunsten von Familienangehörigen verfügen.

Das alte deutsche Recht hat diesen Gedanken in die Form der ihm eigentümlichen Rechtssprichwörter gegossen: „Wer will wohl und selig sterben, laß sein Gut den rechten Erben", dh seinen nahen Angehörigen.

Das Prinzip der **Testierfreiheit** will dem Erblasser auch von Todes wegen die Verfügung über sein Vermögen lassen. Er soll selbst bestimmen, an wen es gelangen soll. Dieses System muß allerdings für den Fall Vorsorge treffen, daß der Verstorbene nichts verfügt hat, also eine „gesetzliche Erbfolge" vorsehen. Obwohl sich diese am Prinzip der Familienerbfolge orientieren wird, erscheint sie unter dem Blickwinkel der Testierfreiheit bloß als „Notlösung", die dem vermuteten Willen des durchschnittlichen Erblassers gerecht werden soll.

Das österreichische Recht hat sich weder dem einen noch dem anderen Prinzip bedingungslos angeschlossen, sondern eine „mittlere Lösung" gewählt, bei der das **Pflichtteilsrecht** den Ausgleich herstellt. Stirbt der Erblasser ohne Hinterlassung einer letztwilligen Anordnung, so fällt seine Habe an die vom Gesetz bestimmten Erben (gesetzliche Erbfolge). Errichtet der Erblasser einen letzten Willen, so muß er allerdings seine nächsten Angehörigen (sie stammen aus dem Kreis der gesetzlichen Erben) bedenken. Er muß ihnen einen Bruchteil (die Hälfte, ein Drittel) dessen zukommen lassen, was sie nach der gesetzlichen Erbfolge erhielten. Diesen Wert nennt man Pflichtteil, die berechtigten Personen heißen Noterben oder Pflichtteilsberechtigte. Der Erblasser kann ihnen den Pflichtteil nur aus bestimmten, schwerwiegenden Gründen entziehen (sie „enterben"). Bedenkt der Erblasser die Noterben nicht, obwohl kein Enterbungsgrund vorliegt, so erhalten sie einen Anspruch auf Auszahlung des ihnen gebührenden Wertes in Geld. Sie können diesen „Pflichtteilsanspruch" gegen den Nachlaß oder den Erben durchsetzen.

IV. Erbgang

Vor dem Tode des Erblassers hat niemand ein **Erbrecht.** Auch Personen, die mit Gründen auf eine Erbschaft hoffen (zB die gesetzlichen Erben), haben nicht mehr als eine **„Erbaussicht",** eine „Erbanwartschaft"[1]), die der Erblasser bis zu seinem Tod durch eine letztwillige Verfügung vernichten kann. Auch ein bereits in einer letztwilligen Verfügung berufener Erbe kann sich seines Erbrechts nicht sicher sein, weil die Erklärung des letzten Willens abänderbar ist und erst beim Tod des Erblassers wirksam wird. Eine gewisse Bindung tritt allerdings beim Erbvertrag ein; dazu unten S 522.

[1]) *Eckebrecht,* Die Rechtsstellung des erbrechtlichen Anwärters vor und nach dem Erbfall (1992); *Kletečka,* Ersatz- und Nacherbschaft (1999) 84 mwN.

Rechtsgeschäfte über eine bloß erhoffte Erbschaft sind nichtig (§ 879 Abs 2 Z 3 vgl Bd I S 177).

Der Erwerb der Erbschaft durch den Erben vollzieht sich schrittweise, im wesentlichen in drei Stadien. Erstes Stadium ist der **Erbanfall.** Dieser findet meist beim Tod des Erblassers statt (sog **„Erbfall“**), bei suspensiv bedingter Einsetzung aber erst beim Bedingungseintritt. Eine Erbschaft fällt dem Erben an, wenn er gültig berufen ist, beim Anfall noch lebt und erbfähig ist.

Der berufene Erbe darf sich nicht eigenmächtig in den Besitz der Erbschaft setzen. Er erlangt sie erst nach einem gerichtlichen Verfahren, der **Verlassenschaftsabhandlung.** In dieser muß er sich entscheiden, ob er die Erbschaft annehmen will oder nicht: **„Erbantrittserklärung“** oder **„Entschlagung“.** Nimmt er an und weist er sein Erbrecht gehörig nach, so überläßt ihm das Gericht den Nachlaß: **„Einantwortung“.**

An jedes Stadium des Verfahrens sind besondere Rechtsfolgen geknüpft. Mit der Einantwortung wird regelmäßig das Vermögen des Verstorbenen mit jenem des Erben zu einer Einheit verschmolzen **(Universalsukzession).**

2. Kapitel

Der Nachlaß

I. Allgemeines

In den alten Rechten setzte der Erbe in umfassender Weise die Persönlichkeit des Erblassers fort. Er war vor allem Nachfolger im kultischen und religiösen Bereich, der Übergang der irdischen Güter wurde bloß als damit verbundene Konsequenz angesehen. Nach heutiger Auffassung ist die Persönlichkeit des Verstorbenen nicht fortsetzbar. Rechte und Pflichten, die „bloß in persönlichen Verhältnissen gegründet sind“ (§ 531), erlöschen mit dem Tod. Die **vermögenswerten Rechte und Pflichten** bilden – soweit sie vererblich sind[1]) – den Nachlaß. Bei Rechten spricht man von „aktiver“, bei Pflichten von „passiver“ Vererblichkeit. Im einzelnen ist zwischen öffentlich-rechtlichen und privatrechtlichen Rechten und Pflichten zu unterscheiden.

II. Öffentlich-rechtliche Rechte und Pflichten

Öffentlich-rechtliche Rechte und Pflichten sind regelmäßig an die Person gebunden. Sie gehen mit ihrem Tod unter[1]).

---

[1]) Vgl dazu *Kralik,* Erbrecht 8ff; *Welser* in Rummel § 531 Rz 1ff.

[1]) Für grundsätzliche Vererblichkeit allerdings *Kralik,* Erbrecht 11f; vgl auch *Eccher* in Schwimann § 531 Rz 24f.

So sind zB das **Wahlrecht,** das Recht, **akademische Grade und Auszeichnungen** zu führen und einen bestimmten **Beruf** auszuüben, unvererblich.

Besonderes gilt für gewerbliche Betriebe. Nach den §§ 8 und 41 ff GewO können der überlebende Ehegatte sowie – allerdings nur bis zur Vollendung des 24. Lebensjahres – die Kinder des Erblassers und Erben, auf die mehr als die Hälfte des Gewerbebetriebes übergegangen ist, den ererbten Betrieb gewerberechtlich fortführen[2]) („Witwen- und Deszendentenfortbetrieb"). Als öffentlich-rechtliche Befugnis ist die Gewerbeberechtigung kein Gegenstand der Abhandlung[3]). Ebensowenig sind aus dem Fortbetriebsrecht privatrechtliche Ansprüche auf das Unternehmen abzuleiten[4]). Über sein Schicksal entscheidet das Erbrecht[5]).

Vererblich sind Ansprüche aus der **Sozialversicherung,** soweit sie auf Geld gerichtet sind, wenn sie nicht gemäß § 107a ASVG auf die nahen Angehörigen übergehen[6]).

Ein anhängiges Verfahren kann daher auch nach dem Tode des Erblassers fortgesetzt werden[7]). Auch bereits angefallene, aber nicht flüssig gemachte Teilbeträge eines Ruhegenusses gehören in den Nachlaß[8]).

Anderseits haftet der Erbe für die zu Lebzeiten des Erblassers entstandenen sozialversicherungsrechtlichen Beitragsschulden[9]).

Steuerschulden sind nicht an die Person gebunden (§ 19 BAO). **Strafen** sind grundsätzlich unvererblich. Ähnlich wie § 14 Abs 2 VStG und § 173 FinStrG bestimmt § 411 StPO ausdrücklich, daß mit dem Tod des Verurteilten die Verbindlichkeit zur Zahlung von **Geldstrafen** erlischt, soweit sie noch nicht vollzogen worden sind[10]).

III. Privatrechtliche Rechte und Pflichten

A. Allgemeines

Die vermögensrechtlichen Rechte und Pflichten sind im allgemeinen vererblich.

Dies gilt vor allem für die **dinglichen** Rechte, den **Besitz,** für **Forderungen** und **Verbindlichkeiten** (s § 548), aber etwa auch für das Urheber-

---

[2]) Vgl *Foitik* in Schweinhammer, Unternehmensnachfolge und Unternehmensübergabe (2005) 11 ff.

[3]) OGH in SZ 20/38; EvBl 1967/84.

[4]) OGH in EvBl 1958/197.

[5]) OGH in EvBl 1967/84.

[6]) *Spielbüchler,* Die Vererbung sozialversicherungsrechtlicher Geldleistungsansprüche, RdA 1971, 39; *Schrammel* in Tomandl, System des österreichischen Sozialversicherungsrechts idF 12. ErgLf (1999) 2.1.1.3.3.; *Müller,* Tod, Anspruchsübergang und Verfahrensfortsetzung im Sozialversicherungsrecht, RdA 1990, 320; OGH in SZ 61/203.

[7]) OLG Wien in RdA 1972, 91 *(Weißgram); Müller,* RdA 1990, 325 f; s auch *Nott,* Die Fortsetzung des Leistungsverfahrens durch Angehörige, SoSi 1966, 218; *Spielbüchler,* RdA 1971, 33.

[8]) VwGH in JBl 1953, 667.

[9]) OGH in SZ 42/29.

[10]) Entsprechendes gilt nach § 389 Abs 3 StPO für die Kosten des Strafverfahrens.

recht (§ 23 UrhG)[1]), zT auch für die Rechtsstellung aus Dauerschuldverhältnissen[2]).

Bestandrechte sind vererblich (§ 1116a)[3]). Nach § 14 Abs 2 MRG treten jedoch die nahen Angehörigen, die mit dem Verstorbenen im gemeinsamen Haushalt gelebt haben, in dessen Mietvertrag ein[4]) und verdrängen die Erben[5]) (vgl oben S 241)[6]); die so erworbenen Mietrechte sind keine Verlassenschaftsaktiva und daher bei der Pflichtteilsermittlung nicht zu berücksichtigen[7]).

Auch ein Unternehmen kann zum Nachlaß gehören[8]), wenn es nicht höchstpersönlicher Art ist, wie zB eine Rechtsanwaltskanzlei[9]).

Die **Persönlichkeitsrechte** und die **Familienrechte** sind **unvererblich.** So erlöschen die Beziehungen zwischen Ehegatten und jene zwischen Eltern und Kindern mit dem Tod.

Weiters sind unvererblich: Veräußerungs- und Belastungsverbote (§ 364c, s Bd I S 290f), Wiederkaufs-, Rückverkaufs- und Vorkaufsrechte (§§ 1070f, 1074), im Zweifel auch die persönlichen Dienstbarkeiten (§ 529).

Auftrag und **Vollmacht** erlöschen durch den Tod des Machtgebers oder Machthabers (§ 1022; s oben S 214), nicht jedoch die Prokura (§ 52 Abs 3 UGB) und die Prozeßvollmacht (§ 35 Abs 1 ZPO).

Diese Regeln sind dispositiv, so daß auch Auftrag und Vollmacht über den Tod des Geschäftsherrn hinaus erstreckbar sind. Werden durch solche Aufträge und Vollmachten letztwillige Verfügungen getroffen, so bedarf es der Testamentsform. Nach dem Tod des Geschäftsherrn besorgt der Machthaber die Geschäfte der Verlassenschaft, ab der Einantwortung die Geschäfte des Erben[10]) und ist an seine Weisungen gebunden. Der Erbe kann auch das Mandat widerrufen. Zur Verwaltung des Nachlasses durch einen vom Erblasser bestimmten Kurator unten S 572, zum Testamentsvollstrecker unten S 512.

Zur Vererbung des Erbrechtes und sonstiger erbrechtlicher Ansprüche s unten S 461.

---

[1]) Details bei *Thiele/Waß,* Urheberrecht post mortem – Rechtsnachfolge bei Werkschöpfern, NZ 2002, 97.

[2]) Dazu *Fenyves,* Erbenhaftung und Dauerschuldverhältnis (1982); *derselbe,* Haftung der Erben für langdauernde Verbindlichkeiten, in 175 Jahre ABGB III/2 (1987) 7; *Steininger,* Erbenhaftung beim Dauerschuldverhältnis, Wilburg-FS (1975) 372f.

[3]) S dazu *Skibbe,* Gesamtrechtsnachfolge in das Mietverhältnis, Lübtow-FS (1991) 247.

[4]) Vgl aber die durch die Wohnrechtsnovelle 2006 geschaffene Ausnahmebestimmung für „Seniorenwohnungen", § 14 Abs 3 letzter Satz MRG.

[5]) Zum Schicksal von Mietzinsvorauszahlungen, Baukostenbeiträgen usw s *Vonkilch,* Mietzinsvorauszahlungen, Baukostenbeiträge und wohnrechtliche Sondererbfolge, NZ 2000, 321, 328; diesem folgend OGH in ecolex 2002, 746 *(Wilhelm)* = wobl 2003, 248 *(Vonkilch).*

[6]) Zur Vererblichkeit eines vereinbarten Rechts des Mieters, einen Nachmieter namhaft zu machen (Präsentationsrecht) s OGH in EvBl 1992/113.

[7]) OGH in SZ 71/189.

[8]) *Pisko,* Das Unternehmen als Gegenstand des Rechtsverkehrs (1907) 92ff; OGH in EvBl 1967/84.

[9]) *Ehrenzweig* II/2, 358 FN 7.

[10]) OGH in JBl 1991, 520.

B. Unterhalt

Das **Recht auf Unterhalt** ist unvererblich.

Aber auch die **Unterhaltspflicht** geht gewöhnlich nicht auf die Erben über. Beim Tod des Erblassers bereits fällige Leistungen belasten allerdings den Nachlaß[11]). Die Pflicht zur Bestellung eines Heiratsgutes oder einer Ausstattung ist vererblich, wenn der Anspruch noch bei Lebzeiten des Dotierungspflichtigen zugesagt oder gerichtlich geltend gemacht wurde[12]).

Besonderes gilt für die **gesetzlichen Unterhaltsansprüche** der Kinder (§§ 142, 166) und des Ehegatten (§ 796). Die Pflicht der Eltern gegenüber den Kindern geht – unabhängig von der Art der Erbantrittserklärung – nur bis zum Wert der Verlassenschaft[13]) auf die Erben über.

Das Kind muß sich in diesen Anspruch alles einrechnen lassen, was es nach dem Erblasser durch eine vertragliche oder letztwillige Zuwendung, als gesetzlichen Erbteil, als Pflichtteil oder durch eine öffentlich- oder privatrechtliche Leistung erhält. Reicht der Wert der Verlassenschaft nicht aus, um dem Kind den geschuldeten Unterhalt bis zum voraussichtlichen Eintritt der Selbsterhaltungsfähigkeit zu sichern, so mindert sich der Anspruch des Kindes.

Zum noch komplizierteren Anspruch des Ehegatten s unten S 473.

Unterhaltspflichten aus einer **Scheidung** sind mit gewissen Modifikationen vererblich, nicht aber die Beitragspflicht nach § 68 EheG, s § 78 Abs 3 EheG[14]).

C. Schadenersatzansprüche

Schadenersatzansprüche sind aktiv und passiv **vererblich. Schmerzengeldansprüche** (§ 1325) gingen nach der älteren Rechtsprechung nur über, wenn sie bei Lebzeiten des Erblassers vertraglich anerkannt oder gerichtlich geltend gemacht worden sind[15]). Davon ist der OGH im Anschluß an die zu Recht kritische Literatur[16]) abgegangen und bejaht die Vererblichkeit ohne weitere Voraussetzungen[17]), Ansprüche nach § 12 EKHG waren schon immer vererblich[18]).

---

[11]) OGH in SZ 27/247.

[12]) OGH in SZ 27/247; SZ 41/38; *F. Bydlinski,* Vorzeitige Gewährung von Heiratsgut oder Ausstattung und Tod des Dotierungspflichtigen, JBl 1985, 82; *Welser* in Rummel § 531 Rz 8.

[13]) Dazu OGH in SZ 54/107; JBl 2001, 511.

[14]) Krit de lege ferenda *Fischer-Czermak,* Zum Unterhalt nach Scheidung bei gleichem und ohne Verschulden, NZ 2001, 257 ff.

[15]) OGH in JBl 1965, 33 (ablehnend *Gschnitzer*); SZ 54/25; EvBl 1985/124; SZ 61/144; EFSlg 66.338.

[16]) Vgl zB *F. Berger,* Die Vererblichkeit des Schmerzengeldanspruches, ZVR 1961, 121; *Jelinek,* Die Persönlichkeit des Verletzten und das Entstehen des Schmerzengeldanspruchs, JBl 1977, 19.

[17]) OGH in SZ 69/217 = ecolex 1996, 913 *(Wilhelm),* s auch oben S 344.

[18]) *Jelinek,* JBl 1977, 10; vgl ferner OGH in JBl 1977, 33; SZ 54/25.

Auch Beseitigungsansprüche sind grundsätzlich vererblich, wenn sie schon vermögensrechtlich konkretisiert sind[19]).

D. Ansprüche aus Dienstverträgen

Die **Rechte** des Dienstgebers aus dem Dienstvertrag sind **vererblich**[20]), doch werden dem Dienstnehmer zT Auflösungsmöglichkeiten zugestanden[21]). Allerdings erlöschen Rechte auf Leistungen, die nur die Person des Dienstgebers betreffen, zB Krankenpflege oder Unterricht.

Die **Pflichten** des Dienstnehmers **erlöschen** mit seinem Tod.

Bereits erworbene Urlaubsansprüche werden mit dem Tod des Angestellten zu Geldansprüchen (§ 10 Abs 5 UrlaubsG idF BGBl I 2002/89)[22]), die vom Erben geltend gemacht werden können[23]). Abfertigungsansprüche nach § 23 Abs 6 AngG fallen nicht in den Nachlaß, sondern gebühren originär den gesetzlichen Erben[24]).

Zum Werkvertrag s §§ 1165, 1171.

E. Privatversicherungsverhältnisse

Einzelne, beim Tod des Erblassers schon **entstandene Ansprüche** und **Verpflichtungen** aus einem Privatversicherungsverhältnis fallen in den Nachlaß, unterscheiden sich also insoweit nicht von anderen vermögenswerten Rechten und Pflichten[25]). Ansprüche aus **Lebens-** und **Unfallversicherungen** können kraft des Versicherungsvertrages unmittelbar dem Begünstigten **(Bezugsberechtigten)** zustehen (zB dem Ehegatten oder den Kindern), **ohne** daß sie den **Erbweg** gehen[26]).

Die Bezugsberechtigung gibt es bei der Lebensversicherung und bei der Unfallversicherung. Sie stellt einen Fall des Vertrages zugunsten Dritter dar: der Versicherungsnehmer kann bestimmen, daß bei seinem Ableben die Versicherungssumme die von ihm genannte bezugsberechtigte Person erhält. Wird die Bezugsberechtigung unwiderruflich eingeräumt, so kann sie der Versicherungsnehmer nicht ändern, ist sie widerruflich, was im Zweifel anzunehmen ist (§ 166 Abs 1 VersVG), so kann sie der Versicherungsnehmer aufheben oder eine andere bezugsberechtigte Person nennen. Nach neuerer Rechtsprechung ist die Einräumung oder Änderung der Bezugsberechtigung nicht nur durch Geschäft unter Lebenden, sondern auch durch eine letztwillige Verfü-

---

[19]) OGH in SZ 73/176.

[20]) *Welser* in Rummel § 531 Rz 9.

[21]) *Krejci,* Betriebsübergang und Arbeitsvertrag (1972) 164ff; *Fenyves,* Der Einfluß des Todes auf das Versicherungsverhältnis, zugleich ein Beitrag zur Problematik der Auflösung von Dauerschuldverhältnissen, in Wertung und Interessenausgleich im Recht, Wilburg-FS (1975) 86f; *derselbe,* Erbenhaftung 300ff; *Jabornegg/Resch,* Das rechtliche Schicksal von Arbeitsverhältnissen zwischen nahen Angehörigen beim Tod des Arbeitgebers, RdA 1995, 220.

[22]) S zur alten Rechtslage OGH in ZAS 1970/7 *(Haslinger)* = ZAS 1970/11 *(Koziol).*

[23]) OGH in JBl 1969, 100; SZ 42/34.

[24]) OGH in SZ 25/231; RdA 1997, 17 (kritisch *Binder* zur entsprechenden Behandlung von Urlaubsansprüchen).

[25]) Dazu *Preslmayr,* Versicherung und Nachlaß, JBl 1961, 402.

[26]) OGH in NZ 1988, 331 *(Zankl);* JBl 1997, 46 *(Eccher);* vgl aber *Kralik,* Erbrecht 19f; *Eccher,* Antizipierte Erbfolge (1980) 129ff.

gung möglich[27]). Durch die Bezugsberechtigung können die Begünstigten beim Tod des Versicherungsnehmers ihre Rechte direkt ausüben; die Versicherungssumme fällt nicht in den Nachlaß[28]). Es kommt nicht darauf an, ob die bezugsberechtigte Person auch Erbe oder Vermächtnisnehmer ist[29]). Das VersVG fördert damit die Absicht des Erblassers, für ihm nahestehende Personen eine Vorsorge zu treffen, die nicht durch Ansprüche von Verlassenschaftsgläubigern bedroht ist. Das ist aber nicht bloß wegen der allfälligen Benachteiligung von Gläubigern, sondern auch deswegen problematisch, weil der Erblasser durch formlose Erklärungen (Abschluß von Versicherungsverträgen) Zuwendungen von Todes wegen schaffen kann. Eine Anfechtung solcher Geschäfte durch die Gläubiger und Pflichtteilsberechtigten wird zuzulassen sein (§§ 1ff AnfO, § 951)[30]).

Mangels gegenteiliger Anordnung des Versicherungsnehmers kann der Bezugsberechtigte seinen Anspruch nicht vererben[31]).

Ob ein Versicherungsverhältnis **als Ganzes vererblich** ist, hängt vom Weiterbestehen der versicherten Gefahr ab. Stirbt zB in der Personenversicherung die Person, in welcher das Risiko läuft, so hat sich die versicherte Gefahr verwirklicht oder sie kann nicht mehr eintreten, so daß eine Vererbung undenkbar ist. Bei der Haftpflichtversicherung kommt es darauf an, ob der Erbe auch in die Gefahr eintritt. Die Berechtigung aus der Sachversicherung (zB Feuerversicherung, Einbruchdiebstahlsversicherung, Kaskoversicherung usw) ist prinzipiell vererblich[32]).

F. Gesellschafterrechte[33])

Die Stellung als Gesellschafter einer **Gesellschaft bürgerlichen Rechts**[34]) ist nach § 1207 nicht vererblich, es sei denn, daß die Gesellschaft

---

27) Vgl OGH in JBl 1985, 559 *(Zankl);* JBl 1987, 46; JBl 1997, 46 *(Eccher).* Zur Problematik ferner *Wrabetz,* Auslegungsbedürftige Bezugsrechtsregelungen in der Lebensversicherung bei Auflösung der Ehe, Lübtow-FS (1991) 239; *Schauer,* Das österreichische Versicherungsvertragsrecht[3] (1995) 470.

28) Zur Nachlaßzugehörigkeit der Inhaberpolizze OGH in NZ 1987, 98 *(Zankl);* zur Inventarisierung *Schumacher,* Inventarisierung der Lebensversicherung? NZ 1997, 381ff; OGH in JBl 1997, 46 *(Eccher);* NZ 2000, 116; zu Überbringer-Polizzen OGH in NZ 2003, 340; vgl zu dieser E *Zankl,* Entwicklungen im Erbrecht, in Welser-FS (2004) 1242.

29) S *Zankl,* Lebensversicherung und Nachlaß, NZ 1985, 83; OGH in JBl 1997, 46 *(Eccher).*

30) *A. Ehrenzweig,* Kommentar zur Anfechtungsordnung (1916) 160ff; s auch unten S 559.

31) *Zankl,* Lebensversicherung und Nachlaß, NZ 1985, 85f; *Welser* in Rummel § 531 Rz 10; *Schauer,* Versicherungsvertragsrecht[3], 470; OGH in SZ 49/41. Nach einer anderen Ansicht hängt die Vererblichkeit von der Unwiderruflichkeit der Bezugsberechtigung ab: s *Albert Ehrenzweig,* Österreichisches Versicherungsvertragsrecht (1952) 411; *Eccher* in Schwimann § 531 Rz 33; so auch jüngst OGH in NZ 2000, 218.

32) *Fenyves* in Wilburg-FS 43ff.

33) Zusammenfassende Darstellung bei *Welser* in Rummel Anh zu § 531; *Eccher* in Schwimann § 531 Rz 40ff; zu den Personenhandelsgesellschaften *Schauer,* Rechtsprobleme der erbrechtlichen Nachfolge bei Personenhandelsgesellschaften (1999).

34) *Kastner/Doralt/Nowotny,* Gesellschaftsrecht 71; zur Wirkung der Nachfolgeklausel vgl *Steininger,* Wilburg-FS 383 und *Grillberger* in Rummel § 1208 Rz 3; *Jabornegg/Resch* in Schwimann § 1208 Rz 1ff.

ein Handelsgeschäft betreibt. Nach § 1208 kann jedoch im Gesellschaftsvertrag der Eintritt der Erben vorgesehen sein. Wer eintritt, bestimmt sich nach den Regeln des Erbrechts. Diese setzen aber eine entsprechende gesellschaftsrechtliche Regelung voraus. Daher kann zB der Erblasser nicht allein durch seine letztwillige Verfügung die Vererbung des Rechts begründen.

Die **OHG** wird mit dem Tode des Gesellschafters **aufgelöst,** wenn sich nicht aus dem Gesellschaftsvertrag etwas anderes ergibt (§ 131 Z 4 HGB)[35]). Damit wird aber die OHG nicht beendet. Sie tritt bloß aus dem Zustand der werbenden in jenen einer abzuwickelnden Gesellschaft, deren Abwickler die Gesellschafter sind[36]), einschließlich des ruhenden Nachlasses oder der Erben.

Wiederum muß eine von § 131 Z 4 HGB abweichende Regelung schon im Gesellschaftsvertrag enthalten sein. Sie kann vom Erblasser nicht einseitig verfügt und abgeändert werden. Der Gesellschaftsvertrag kann aber nur die Möglichkeit der Vererbung vorsehen[37]), nicht jedoch den Erben bestimmen. Die Auswahl trifft der Erblasser oder es tritt gesetzliche Erbfolge ein[38]).

Der Gesellschaftsvertrag kann auch eine Eintrittsklausel vorsehen, nach der ein Dritter an die Stelle des Erblassers treten kann. Der Dritte erwirbt nicht von Todes wegen, sondern unter Lebenden auf Grund des Gesellschaftsvertrages[39]).

Auch nach der UGB-Reform wird eine OG durch den Tod eines Gesellschafters aufgelöst (§ 131 Z 4 UGB). Die übrigen Gesellschafter können jedoch den Fortbestand der Gesellschaft beschließen (§ 141 UGB)[40]).

Bei der **KG** gelten für die Rechtsnachfolge nach dem Komplementär die Regeln der OHG/OG (§ 161 Abs 2 HGB/UGB)[41]). Der Tod eines Kommanditisten löst die Gesellschaft nicht auf (§ 177 HGB/UGB), sein Anteil ist vererblich, doch kann der Gesellschaftsvertrag Abweichendes vorsehen[42]). Auf die EEG sind die Regeln der OHG oder der KG anzuwenden[43]),

---

[35]) *Kastner/Doralt/Nowotny,* Gesellschaftsrecht 123ff; *Koppensteiner* in Straube § 131 Rz 14; *Jabornegg* in Jabornegg § 131 Rz 38ff; *Schauer,* Erbrechtliche Nachfolge in Personenhandelsgesellschaften, in Kalss/Schauer, Unternehmensnachfolge (2001) 111f; 138ff.

[36]) OGH in SZ 26/297; SZ 52/169; *Schauer,* Personenhandelsgesellschaften 649ff.

[37]) *Schauer* in Kalss/Schauer, Unternehmensnachfolge 124ff.

[38]) Vgl *Hämmerle/Wünsch,* Handelsrecht II 224ff; *Kastner/Doralt/Nowotny,* Gesellschaftsrecht 123ff; *Kralik,* Erbrecht 20f; *Schauer,* Personenhandelsgesellschaften 184ff.

[39]) *Schauer* in Kalss/Schauer, Unternehmensnachfolge 143ff.

[40]) Vgl *Reich-Rohrwig/V. Schneider,* Wesentliche Neuerungen im Recht der Personengesellschaften nach dem UGB, ecolex 2006, 391; *Krejci,* UGB: Zur OG, KG und GesBR, ÖJZ 2006, 61.

[41]) Hiezu OGH in RZ 1989/25.

[42]) *Kastner/Doralt/Nowotny,* Gesellschaftsrecht 156; *Koppensteiner* in Straube § 177 Rz 3; *Jabornegg* in Jabornegg § 177 Rz 6; OGH in RdW 1998, 402; *Schauer* in Kalss/Schauer, Unternehmensnachfolge 123.

[43]) EEG wurden durch das UGB abgeschafft, da in OG und KG Unternehmer aller Art und Größe erfaßt werden. Vor dem 1. 1. 2007 entstandene OEG und KEG gelten grundsätzlich ab 1. 1. 2007 als OG und KG.

je nachdem, ob es sich um eine offene Erwerbsgesellschaft oder eine Kommandit-Erwerbsgesellschaft handelt (§ 4 EGG)[44]).

Die **stille Gesellschaft** wird durch den Tod des Geschäftsinhabers beendet, wenn der Gesellschaftsvertrag nichts anderes bestimmt, nicht aber durch den Tod des stillen Gesellschafters (§ 184 Abs 2 HGB/UGB)[45]).

Mitgliedschaftsrechte an einer **AG** und an einer **GmbH** (§ 76 Abs 1 GmbHG) sind vererblich[46]).

Die Mitgliedschaft in einer **Genossenschaft** mit unbeschränkter Haftung ist unvererblich; bei den übrigen Haftungsformen geht sie auf die Erben über[47]).

G. Leichnam, Grabstätte

Ob der **Leichnam** eine Sache ist, ist strittig[48]), doch handelt es sich nur um eine Konstruktionsfrage. Nachdem auch Tiere vom Sachbegriff ausgenommen sind (§ 285 a), kann auch der Leichnam nicht gut eine „gewöhnliche Sache" sein. Über sein Schicksal, insbesondere die Beisetzung und sonstige „Totenpflege", entscheidet im Rahmen der öffentlich-rechtlichen Vorschriften und der guten Sitten der Erblasser selbst[49]), dessen Wille auch aus den Umständen geschlossen oder hypothetisch ermittelt werden kann[50]). Soweit eine solche Anordnung nicht vorliegt, ist der Wille der nahen Angehörigen, und zwar ohne Rücksicht auf ihre Erbenstellung, maßgebend[51]).

Das Recht zur **Obduktion** ist weitgehend vom öffentlichen Recht geregelt und besteht insbesondere bei Tod in einer öffentlichen Krankenanstalt (§ 25 KAKuG)[52]) oder für Zwecke der Strafrechtspflege (§§ 127 ff StPO). Nach § 62 a KAKuG ist es zulässig, Verstorbenen einzelne Organe zu entnehmen, um durch ihre **Transplantation** das Leben eines anderen zu retten oder seine Gesundheit wiederherzustellen, außer es liegt eine

---

[44]) *Krejci,* Erwerbsgesellschaftengesetz (1991) § 4 Rz 2 ff.

[45]) Vgl *Kastner/Doralt/Nowotny,* Gesellschaftsrecht 173; *Koppensteiner* in Straube §§ 184 f Rz 5–7; *Rebhahn* in Jabornegg § 185 Rz 2 f.

[46]) Zu Gestaltungsmöglichkeiten *Kalss,* Kapitalgesellschaftsrecht und Unternehmensnachfolge, in Kalss/Schauer, Unternehmensnachfolge 61 f.

[47]) *Keinert,* Österreichisches Genossenschaftsrecht (1998) Rz 659 ff; *Kastner/Doralt/Notwotny,* Gesellschaftsrecht 474.

[48]) Dafür zB *Klang* in Klang II 2; *Edlbacher,* Die Entnahme von Leichenteilen zu medizinischen Zwecken aus zivilrechtlicher Sicht, ÖJZ 1965, 449 ff; dagegen *Gschnitzer/Faistenberger,* Erbrecht 6; dazu auch *Wilhelm,* Duell um eine Leiche, ecolex 1994, 73; *Binder,* Das rechtliche Fortleben des menschlichen Körpers nach dem Tode, JAP 1998/99, 228.

[49]) *Edlbacher,* ÖJZ 1965, 453.

[50]) OGH in SZ 45/133.

[51]) OGH in SZ 13/127; JBl 2000, 110.

[52]) *Edlbacher,* ÖJZ 1965, 452; *Kopetzki,* Organgewinnung zu Zwecken der Transplantation (1988) 108 ff; *Schwamberger,* Obduktion in Krankenanstalten, RdM 1998, 77.

Erklärung des Verstorbenen vor, in der er eine Organspende ausdrücklich ablehnt[53]).

Benützungsrechte an einer Grabstätte sind zwar nicht Gegenstand der Verlassenschaftsabhandlung, gehen aber von Todes wegen über. Primär entscheiden darüber die Friedhofsordnungen, die meist auch einseitige Verfügungen des Erblassers zulassen. Subsidiär sind Pietätsrücksichten maßgebend[54]).

3. Kapitel
Die Berufung zur Erbfolge

I. Allgemeines

Nicht jeder Beliebige kann einen Nachlaß für sich in Anspruch nehmen. Um Erbe zu werden, muß man einen rechtlichen Grund haben, man muß dazu „berufen sein". Erste Voraussetzung des Erbrechtes ist also das Vorhandensein eines Berufungsgrundes oder Titels (unten II.).

Der Erbe muß aber – von wenigen Ausnahmen abgesehen – auch die Entstehung seines Rechtes, dessen „Anfall", erleben (unten III.).

Manche Personen sind aus besonderen, in ihrer Person liegenden Gründen von der Erbfolge ausgeschlossen, es fehlt ihnen die Erbfähigkeit, die für jeden erbrechtlichen Erwerb gefordert wird (unten IV.).

Ein bereits gültig angefallenes Erbrecht kann beim Tod des berufenen Erben auch weitervererbt werden, man spricht von „Transmission" (unten V.).

Hat allerdings jemand durch einen Vertrag mit dem Erblasser auf sein Erbrecht verzichtet, so fällt ihm dieses auch dann nicht an, wenn die sonstigen Voraussetzungen vorliegen (unten VI.).

II. Die Berufungsgründe (Delationsgründe)

Literatur: *Bolla,* Beiträge zur Lehre vom Zusammentreffen mehrerer Berufungsgründe im Erbrecht, ÖJZ 1947, 88.

Die Berechtigung zur Erbfolge erhält man durch die Berufung (Delation). Es gibt **drei Berufungsgründe** („Titel"): das Testament, den Erbvertrag und das Gesetz (§ 533).

Testament und **Erbvertrag** beruhen auf dem Willen des Erblassers. Auch das Erbrecht gibt dem einzelnen die Möglichkeit freier rechtsgeschäftlicher Gestaltung („Privatautonomie", s Bd I S 94ff). Wie jemand zu Lebzeiten über das eigene Vermögen bestimmen kann, so kann er auch von Todes wegen über seinen Nachlaß verfügen. Für eine solche „gewillkürte Erbfolge" stehen dem Erblasser das Testament und in manchen Fällen auch der Erbvertrag zu Gebote.

---

53) Dazu ausführlich *Kopetzki,* Organgewinnung; s auch *Kalchschmid,* Die Organtransplantation (1997).

54) OGH in EvBl 1966/470.

Die Bestimmung des Erben durch Erbvertrag ist selten, zumal der Kreis der abschlußberechtigten Vertragspartner sehr eng ist; viel häufiger regelt der Erblasser die Erbfolge durch Testament. Die vertragliche Bindung ist allerdings die stärkere: der Berufungsgrund des Erbvertrages geht der testamentarischen Erbseinsetzung vor[1]). Beide Arten der gewillkürten Erbfolge sind durch das Pflichtteilsrecht beschränkt (vgl schon oben S 444).

Nur soweit der Erblasser keine Verfügung getroffen hat, kommt es zur Berufung auf Grund des Gesetzes. Die **gesetzliche Erbfolge** ist daher nachgiebiges Recht.

Nach der „Stärke" der Berufungsgründe ergibt sich somit folgende Ordnung: Erbvertrag, Testament, Gesetz. Gerade umgekehrt ist die Reihung nach der praktischen Häufigkeit[2]). Meistens wird der Erbe nach dem Gesetz berufen, weniger oft durch Testament und verhältnismäßig selten durch Erbvertrag.

Mehrere Berufungsgründe können auch **nebeneinander bestehen** (§ 534). Hat zB der Erblasser durch Testament nur über die Hälfte des Nachlasses verfügt und die andere Hälfte „frei gelassen", so erben testamentarische und gesetzliche Erben nebeneinander. Bei Errichtung eines Erbvertrages kommt es sogar notwendig zu einer gemischten Erbfolge (§ 1253), s unten S 522.

Der Erbe kann für denselben Anteil nur durch einen Titel berufen werden, s unten S 567 f, jedoch durch verschiedene Titel für verschiedene Anteile, zB zum gesetzlichen Erben als Ehegatte und Verwandter, oder Berufung zu verschiedenen Anteilen durch mehrere Testamente (§ 713). In solchen Fällen kann der Erbe die angefallenen Rechte ausnahmsweise verschieden behandeln, zB einen Anteil annehmen und den anderen ausschlagen; s unten S 567 (§ 808).

III. Erleben des Anfalls

A. Allgemeines

Erbanfall heißt **Entstehung des Erbrechts.** Da es vor dem Tod des Erblassers kein Erbrecht, sondern nur eine Erbsaussicht gibt (s oben S 444), kann auch das Erbrecht nicht früher anfallen. Anfall mit dem Tod, also beim **„Erbfall",** ist die Regel. Nur bei **aufschiebend bedingter Berufung** fällt das Recht erst beim Bedingungseintritt an. Der Erbe muß den Erbanfall **erleben,** sonst erwirbt er kein Erbrecht und kann es auch nicht anderen weitergeben (Ausschluß der Transmission, unten S 461).

Ausnahmen vom Erfordernis des Erlebens des Anfalls bestehen zugunsten letztwillig oder gesetzlich berufener **Ungeborener**[1]). Dem bereits gezeugten Ungeborenen fällt die Erbschaft gemäß § 22 unter der Bedin-

---

[1]) Zum Verhältnis zur Schenkung auf den Todesfall *Fischer-Czermak,* Verträge auf den Todesfall zwischen Ehegatten und Scheidung, NZ 2001, 7ff.

[2]) *Gschnitzer/Faistenberger,* Erbrecht 12.

[1]) Zur Problematik (nach BGB) *E. Wolf,* Das Erbrecht des ungeborenen Kindes, Lübtow-FS (1991) 195.

gung seiner Lebendgeburt wie einem Geborenen an. Bis zur Geburt ist mit der Verlassenschaftsabhandlung innezuhalten. Die Berufung von Personen, die beim Tod des Erblassers noch **nicht gezeugt sind,** ist innerhalb der Schranken der §§ 611 ff als Nacherbeneinsetzung möglich (s unten S 516 ff).

Bei Todeserklärung des Erben oder Erblassers wird vermutet, daß der Verschollene in dem im Beschluß festgestellten Zeitpunkt gestorben ist (§ 9 Abs 1 TEG). Ist nicht beweisbar, daß von mehreren gestorbenen oder für tot erklärten Personen eine die andere überlebt hat, so wird ohne Rücksicht darauf, ob sie in gemeinsamer Gefahr umgekommen sind, ihr gleichzeitiger Tod vermutet, so daß keiner den anderen beerben kann[2]): Kommorientenpräsumtion (§ 11 TEG).

Auch die zum Erben berufene **juristische Person** muß beim Erbfall existent sein, sonst ist der Anfall vereitelt. Die Bedenkung einer künftigen juristischen Person ist in Analogie zu § 22 wirksam, wenn sie sich beim Erbfall im Gründungsstadium befindet[3]), ferner wenn sie vom Erblasser letztwillig als Stiftung errichtet wird[4]).

Die Regeln über das Erleben des Erbanfalls gelten sinngemäß für den Erwerb sonstiger erbrechtlicher Berechtigungen, zB für den Erwerb von Vermächtnissen oder von Pflichtteilsansprüchen.

B. Erbberechtigung bei künstlicher Insemination und In-vitro-Fertilisation

Eine künstliche Insemination oder eine extra-korporale Befruchtung ist nach § 2 Abs 1 FMedG zwar nur in aufrechter Ehe oder eheähnlicher Lebensgemeinschaft zulässig, kann aber in der Praxis auch nach dem Tod des Samenspenders (der Spenderin der Eizelle) vorkommen. In diesem Fall war das später geborene Kind beim Erbfall noch **nicht einmal gezeugt.** Unter der Voraussetzung, daß es als Kind des Samenspenders (der Spenderin der Eizelle) gilt, ist aber ein Erbrecht zu bejahen[5]). Wer bei künstlicher Insemination als Vater oder bei extra-korporaler Befruchtung als Mutter anzusehen ist: s Bd I S 519. Gegenüber sonstigen Verwandten, zB dem Großvater, hängt freilich das gesetzliche Erbrecht davon ab, daß das Kind beim Tod des Erblassers schon gezeugt ist, weil in

[2]) Das gilt auch für den gleichzeitigen Tod von Versicherungsnehmer und Bezugsberechtigten, s OGH in NZ 2000, 218.

[3]) *Kralik,* Erbrecht 33; aA offenbar *Weiß* in Klang III 74.

[4]) *Kralik,* Erbrecht 33 f; *Weiß* in Klang III 86 f.

[5]) Ausführlich *Leipold,* Erbrechtliche Aspekte der künstlichen Befruchtung und der künstlichen Verlängerung des Lebens, Kralik-FS (1986) 471 ff; *Fischer-Czermak,* Das Erbrecht des Kindes nach artifizieller Insemination, NZ 1999, 262; s auch *Memmer,* Rechtsfragen im Gefolge medizinisch assistierter Fortpflanzung post mortem vel divortium, JBl 1992, 365 f; dagegen *Bernat,* Zivilrechtliche Fragen um die künstliche Humanreproduktion, in Bernat, Lebensbeginn durch Menschenhand (1985) 156 f; *Britting,* Die postmortale Insemination als Problem des Zivilrechts (1989) 151 ff; für das dt Recht umfassend: *Mansees,* Das Erbrecht des Kindes nach künstlicher Befruchtung (1991).

dieser Hinsicht zu einem erst nach dem Tod des Großvaters auf natürlichem Weg gezeugten Kind kein Unterschied besteht.

Bei der Verlassenschaftsabhandlung können Probleme entstehen, wenn vor dem Tod des Erblassers zwar schon die extra-korporale Befruchtung erfolgt ist, die Implantation des Embryos aber noch nicht abgesehen werden kann. Auch wenn man bereits die in vitro befruchtete Eizelle als nasciturus im Sinn des § 22 ansieht[6]), wird in diesem Fall die Verlassenschaftsabhandlung fortzusetzen sein[7]). Das Erbrecht des Kindes steht unter der Bedingung seiner (Lebend-)Geburt. Erst mit dieser fällt ihm die Erbschaft an. Der eingeantwortete Erbe hat die Stellung eines befreiten Vorerben[8]).

IV. Die Erbfähigkeit

Literatur: *B. Jud,* § 540 ABGB – Erbunwürdigkeit und Tod des Erblassers, NZ 2006, 70; *Primetshofer,* Feierliches Armutsgelübde und staatliche Erbfähigkeit, ArchKirchR 1974, 274; *Schilcher,* Erbrecht und bewegliches System, JBl 1977, 57; *Schneider,* Die rechtliche Stellung der Lebensgefährten, ÖJZ 1965, 174; *Steinwenter,* Erbrechtliche Miszellen, JBl 1955, 157; *Welser,* Die Sittenwidrigkeit des Testaments zugunsten des Ehebruchspartners, JBl 1973, 1.

A. Begriff

Die Erbfähigkeit ist die erbrechtliche Erwerbsfähigkeit.

Die Erbfähigkeit ist Voraussetzung **jeden Erwerbes** von Todes wegen, also auch des Erwerbes des Pflichtteilsanspruches und eines Vermächtnisses. Sie muß nach § 545 beim **Erbanfall** gegeben sein. Ihr nachträglicher Erwerb hilft nicht, ihr nachträglicher Verlust schadet nicht.

S allerdings den Fall der nachträglich eintretenden Erbunwürdigkeit, unten S 457ff.

Erbfähig ist grundsätzlich **jedes Rechtssubjekt,** auch juristische Personen (§ 26; s auch § 559 aE).

Absolut erbunfähige Personen können aus niemandes Nachlaß etwas erben, **relativ erbunfähige** Personen sind von der Erbschaft nach bestimmten Personen ausgeschlossen.

B. Absolute Erbunfähigkeit

Nach § 538 ist absolut erbunfähig, wer „dem Recht etwas zu erwerben überhaupt entsagt" hat. In Verbindung mit verschiedenen Hofdekreten waren danach **Ordenspersonen,** die das **feierliche Gelübde** der Armut

---

[6]) Vgl zB *Steiner,* Ausgewählte Rechtsfragen der Insemination und Fertilisation, ÖJZ 1987, 513 mwN; *Bernat,* Rechtsfragen medizinisch assistierter Zeugung (1989) 159f; *derselbe,* Rechtsfragen in Zusammenhang mit der Kryokonservierung humaner Gameten und Embryonen, RZ 1989, 53.

[7]) Zustimmend *Memmer,* JBl 1992, 366.

[8]) *Fischer-Czermak,* NZ 1999, 263.

abgelegt haben, absolut erbunfähig[1]). Das Reskript der Päpstlichen Religiosenkongregation vom 8. 7. 1974 (Kundmachung in BGBl 1976/50) hat in Österreich für den vermögensrechtlichen Bereich Personen mit feierlichen Gelübden jenen mit einfachen Gelübden gleichgestellt. Nach hM wurde schon dadurch die Erbunfähigkeit und die Testierunfähigkeit der Ordensangehörigen mit feierlichen Gelübden beseitigt[2]). Überdies hat das 1. BRBG (BGBl 1999/191) die einschlägigen Hofdekrete ausdrücklich aufgehoben, was wohl als eine Beseitigung der Ausnahme zu verstehen ist[3]). Ordenspersonen sind also nach österreichischem Recht **generell erbfähig.**

Nach § 539 „bestimmen die politischen Vorschriften, inwiefern geistliche Gemeinden erbfähig sind". Die zu Lasten der kirchlichen juristischen Personen bestehenden Beschränkungen wurden jedoch schon durch das Konkordat 1855 (Patent RGBl 1855/195) aufgehoben und wurden auch seitdem nicht wieder eingeführt.

Ausländer sind gemäß § 33 in Österreich absolut erbunfähig, wenn Österreicher im Heimatstaat dieser Ausländer erbunfähig sind und sie damit schlechter gestellt sind als die Staatsangehörigen dieses ausländischen Staates (Vergeltungsrecht oder **Retorsion**).

C. Relative Erbunfähigkeit

1. Erbunwürdigkeit

Die Erbunwürdigkeit ist eine schon von Gesetzes wegen wirkende, relative Erbunfähigkeit, für welche die Rücksichtnahme auf den vermuteten Willen des Erblassers charakteristisch ist[4]):

Es ist anzunehmen, daß der Erblasser Personen, die ihm gegenüber schwere **Verfehlungen** begangen oder Angriffe auf seinen **letzten Willen** unternommen haben, bei Kenntnis dieser Umstände vom Erbrecht ausgeschlossen hätte. Die Erbunwürdigkeit schließt daher den Unwürdigen nicht bloß vom Erbrecht, sondern auch vom Pflichtteilsrecht[5]) und vom Vermächtnis aus[6]). Sie stellt überdies einen Enterbungsgrund dar, s unten S 561.

Das Erbrecht fällt dem Unwürdigen nicht an. Dem unwürdigen Pflichtteilsberechtigten gebührt jedoch der notwendige Unterhalt, s unten S 561.

Die Erbunwürdigkeit wirkt von **Gesetzes wegen,** eines Aktes des Erblassers bedarf es nicht. Sie soll ja auch dann zum Tragen kommen, wenn der Erblasser selbst keine Verfügung treffen konnte, weil er zB von der Verfehlung nichts wußte oder weil sie nach seinem Tod gesetzt wurde. Die Erbunwürdigkeit kann von jedem geltend gemacht werden,

---

[1]) Dazu *Weiß* in Klang III 83.
[2]) S dazu die 11. Auflage und die Nw unten S 484 FN 15.
[3]) *Kletečka,* Die Erbfähigkeit von Religiosen, NZ 1999, 284.
[4]) *Ehrenzweig* II/2, 371.
[5]) OGH in EvBl 1957/20.
[6]) OGH in EvBl 1959/217.

der am Wegfall des Unwürdigen ein rechtliches Interesse hat. Die Erbunwürdigkeitsgründe der §§ 540–542 können durch Analogie erweitert werden[7]).

Da sich der Unwürdige gegen den Erblasser vergangen hat, steht es diesem frei, von der Verfehlung abzusehen: die **Verzeihung** beseitigt die Erbunwürdigkeit[8]). Sie ist eine Willensmitteilung (vgl Bd I S 99)[9]), bedarf keiner Form und kann daher auch konkludent erfolgen.

Ist der Enterbungsgrund nach dem Tode des Erblassers gesetzt worden (s unten S 561), so gibt es keine Verzeihung.

Wäre der Erbunwürdige auf Grund des Gesetzes berufen gewesen, so fällt die Erbschaft seinen Nachkommen an, die „über den **unwürdigen** Vorfahren **hinweg** erben“ (§ 541). Die Deszendenten erben kraft Eintrittsrechtes[10]), s unten S 467. Sie erhalten aber durch § 541 keine besondere Erbberechtigung und sind daher nur dann zur Erbfolge berufen, wenn sie nach der Parentelenordnung zum Zuge kommen. Daher können zB die aus erster Ehe stammenden Söhne eines erbunwürdigen Mannes den Nachlaß seiner zweiten Frau auch nicht unter Berufung auf § 541 erwerben[11]).

Erbunwürdig ist erstens, wer **gegen** den **Erblasser** eine gerichtlich strafbare Handlung gesetzt hat, die nur vorsätzlich begangen werden kann und mit mehr als einjähriger Freiheitsstrafe bedroht ist; ferner, wer seine aus dem Rechtsverhältnis zwischen Eltern und Kindern sich ergebenden Pflichten dem Erblasser gegenüber gröblich vernachlässigt hat (§ 540). Dies setzt Schuldfähigkeit des Täters voraus[12]).

Nach der Lehre ist strafbare Handlung gegen den Erblasser auch eine solche, die bloß sein Gefühlsleben schwer verletzt, zB die Tötung seines Kindes[13]), während nach der Judikatur das Delikt im strafrechtlichen Sinne gegen den Erblasser begangen sein muß. Es genügt nicht, daß auch ein Recht des Erblassers verletzt wurde[14]), so daß eine strafbare Handlung gegen den Vater des Erblassers diesem gegenüber keine Erbunwürdigkeit begründet[15]). Nach hA sind strafbare Handlungen gegen den Erblasser nur zu seinen Lebzeiten möglich[16]).

Erbunwürdig ist zweitens, wer einen **Angriff** auf den **wahren Willen** des Erblassers unternommen hat, also den Erblasser zur Erklärung des

---

[7]) OGH in JBl 1954, 174; dagegen OGH in NZ 1969, 105.

[8]) *Ehrenzweig* II/2, 374 FN 37; *Weiß* in Klang III 109; OGH in SZ 11/42; anders für § 542 *Kralik,* Erbrecht 39.

[9]) Dagegen *Weiß* in Klang III 100f.

[10]) Vgl zuletzt *Zemen,* Das erbrechtliche Eintrittsrecht in der jüngeren Rechtsentwicklung, JBl 2004, 357.

[11]) OGH in NZ 1971, 26.

[12]) OGH in JBl 1994, 536.

[13]) *Ehrenzweig* II/2, 372; *Steinwenter,* JBl 1955, 159; aA *Weiß* in Klang III 99.

[14]) OGH in SZ 24/21; JBl 1954, 174; EvBl 1959/217.

[15]) OGH in SZ 24/21.

[16]) *Ehrenzweig* II/2, 372; *Weiß* in Klang III 99; OGH in GlU 15.149; aA *B. Jud,* NZ 2006, 70.

letzten Willens gezwungen[17]) oder betrügerischerweise verleitet, an der Erklärung oder Abänderung des letzten Willens gehindert[18]) oder einen von ihm bereits errichteten letzten Willen unterdrückt hat (§ 542)[19]). Die Aufzählung des § 542 ist nicht taxativ[20]). Daher gilt dasselbe für die Unterschiebung und Verfälschung eines letzten Willens[21]), ja überhaupt für jede Handlung und Unterlassung, die in der Absicht geschieht, den Willen des Erblassers zu vereiteln, wie die Errichtung eines Testaments durch jemanden, der sich als Erblasser ausgibt[22]).

Nach ständiger Rechtsprechung tritt die Erbunwürdigkeit nicht ein, wenn der Täter mit der Fälschung bloß den wahren Willen des Erblassers verwirklichen wollte[23]) oder wenn er mit der Fälschung keinen Versuch der Irreführung gemacht hat[24]). Besonders die erste Ausnahme ist fragwürdig, weil sie den Tätern vielerlei Ausflüchte ermöglicht und das Risiko der Testamentsfälscher wesentlich herabsetzt.

Der Angriff auf den Willen des Erblassers kann auch nach seinem Tod erfolgen. § 545 (Erbfähigkeit beim Tod des Erblassers) ist nicht anzuwenden[25]).

Eine Fälschung kann schon deshalb kein Erbrecht begründen, weil sie kein letzter Wille des Erblassers ist, so daß es insoweit der Erbunwürdigkeit als Ausschlußgrund gar nicht bedarf. Die Erbunwürdigkeit beseitigt in diesem Fall aber ein gesetzliches Erbrecht und ein Pflichtteilsrecht des Täters oder seine Berechtigung aus einem anderen, echten Testament.

Wer den letzten Willen des Erblassers zu vereiteln versucht hat, muß auch den daraus dritten Personen entstandenen **Schaden** ersetzen (§ 542).

2. Inkapazität

Personen, die des Ehebruchs oder der Blutschande gerichtlich geständig oder überwiesen sind, werden im Verhältnis zueinander vom Erbrecht aus einer Erklärung des letzten Willens ausgeschlossen (§ 543).

Diese sog **Inkapazität** ist keine eigentliche Erbunwürdigkeit, weil sie den Betroffenen nicht von jedem Erbrecht, sondern nur von einem Erwerb auf Grund eines **letzten Willens** ausschließt und weil sie der Erblasser nicht verzeihen kann[26]).

Zum Unterschied von der Erbunwürdigkeit ist Gesetzeszweck nicht die Verwirklichung eines vermuteten Erblasserwillens, sondern die Sanktionierung der öffentlichen

---

[17]) OGH in SZ 22/134.

[18]) OGH in JBl 1917, 201.

[19]) Dazu genügt schon der Versuch: OGH in EvBl 2000/12 (offenlassend, ob „tätige Reue" die Erbunwürdigkeit wieder beseitigt).

[20]) So auch OGH in SZ 57/95; NZ 1985, 13. Vgl auch oben bei FN 7.

[21]) *Steinwenter,* JBl 1955, 160; OGH in JBl 1954, 174; SZ 57/147.

[22]) S *Puccini/Forzano,* Gianni Schicchi; dazu *Welser,* Gianni Schicchi und das Recht, Grammophon ist kein Vorname (1985) 131.

[23]) OGH in SZ 24/38; SZ 57/95. Dagegen *Kralik,* Erbrecht 39.

[24]) OGH in JBl 1954, 174.

[25]) OGH in GlUNF 4407; aA GlU 15.149.

[26]) Dazu und zum folgenden *Welser,* JBl 1973, 1.

Sittlichkeit. Es soll verhindert werden, daß unsittliches Verhalten zum Motiv letztwilliger Zuwendungen wird, daß der Erblasser mit einer solchen Zuwendung jemanden für ein unsittliches Verhalten „belohnt". Da diese ratio legis nur auf letztwillige Verfügungen zutrifft, führt die Inkapazität nur zum Verlust der Fähigkeit, aus dem letzten Willen (Testament, Kodizill) etwas zu erlangen, also zum Ausschluß von der letztwilligen Zuwendung, während die gesetzliche Erbfolge und das Pflichtteilsrecht unberührt bleiben. Dies kann besonders beim Ausschlußgrund der Blutschande Bedeutung haben, weil diese eine enge Verwandtschaft voraussetzt.

Beim Ehebruch ist unerheblich, ob die Ehe des Erblassers oder jene des Bedachten gebrochen wurde, und ob der **Ehebruch** „materiell ausgenützt wurde"[27]) oder ob die Zuwendung, zB eine solche an die Lebensgefährtin, ein Entgelt für geleistete Dienste sein soll[28]).

Durch die Beseitigung der Strafbarkeit des Ehebruchs wurde der Tatbestand des § 543 nicht aufgehoben, weil er die Strafbarkeit nie vorausgesetzt hat.

Blutschande ist der Vollzug des Geschlechtsverkehrs mit Verwandten in auf- oder absteigender Linie und unter Geschwistern (§ 211 StGB).

Nach hM muß die **gerichtliche Feststellung,** also das gerichtliche Geständnis oder der Beweis[29]), zu Lebzeiten des Erblassers erfolgt sein[30]), weil dieser nicht nach seinem Tod durch Erörterungen seines Privatlebens verunglimpft werden soll[31]). Die Feststellung kann in einem Zivil- oder Strafverfahren geschehen. Eine eigene Klage zur Feststellung des Ausschlusses vom Erbrecht gibt es jedoch zu Lebzeiten des Erblassers nicht[32]), weil die Erbfähigkeit erst nach dem Tode des Erblassers beurteilt werden kann und vorher kein Rechtsverhältnis oder Recht besteht, das einer Feststellung zugänglich wäre (§ 228 ZPO).

Der von § 543 verfügte Ausschluß vom Erbrecht wegen Ehebruchs ist problematisch, weil er der heutigen differenzierenden Moralauffassung nicht mehr entspricht. Wurde der Ehebruch einmal gerichtlich festgestellt, so kann der Erblasser seine Lebensgefährtin auch dann nicht einsetzen, wenn sie ihm Jahrzehnte in Not und Krankheit die Treue gehalten hat. Das Erbe fällt vielleicht einer Ehefrau zu, die den Anlaß zur faktischen Aufhebung der Ehegemeinschaft gegeben hat und ihrerseits in einer eheähnlichen Beziehung lebt. Umgekehrt können die betrogene Ehefrau und ihre Kinder nicht verhindern, daß das Erbe des Mannes die eingesetzte „Gelegenheitsfreundin" erhält, wenn es der Erblasser verstanden hat, Seitensprünge geschickt zu verbergen.

Soweit es um die Sexualsphäre geht, ist § 543 gegenüber § 879 **lex specialis,** so daß seine Tatbestandsmerkmale nicht durch Berufung auf die Generalklausel umgangen werden können[33]). Da die Inkapazität die Ver-

---

[27]) OGH in EvBl 1970/19.
[28]) OGH in EvBl 1970/19.
[29]) OGH in SZ 42/144; vgl auch SZ 45/142.
[30]) OGH in SZ 32/125; EvBl 1961/141; *Welser,* JBl 1973, 4.
[31]) OGH in SZ 32/125; SZ 33/29.
[32]) Unrichtig OGH in SZ 47/36; vgl auch SZ 52/171.
[33]) OGH in JBl 1966, 254; *Welser,* JBl 1973, 12f; aA *Schilcher,* JBl 1977, 65ff; *Steinwenter,* JBl 1955, 160; *Steininger,* JBl 1967, 540ff und *Kralik,* Erbrecht 116.

letzung der öffentlichen Sittlichkeit sanktionieren will, kann sie **nicht** durch **Verzeihung** des beleidigten Ehegatten beseitigt werden[34]). Sie wird aber getilgt, wenn die Ehebrecher nach Auflösung der hindernden Ehe geheiratet haben[35]), und zwar auch dann, wenn der letzte Wille aus der Zeit vor der Heirat stammt[36]).

Ob die bloße Auflösung der Ehe die Inkapazität beseitigt, ist zweifelhaft[37]). Keinesfalls sollte aber Unwürdigkeit angenommen werden, wenn die letztwillige Verfügung zugunsten des ehebrecherischen Lebensgefährten erst nach der Ehescheidung errichtet wurde[38]).

V. Transmission

Stirbt der Berufene nach dem Anfall, so geht das Erbrecht „wie andere frei vererbliche Rechte" auf seine Erben über (§§ 537, 809).

Das **Erbrecht** ist also auch selbst **vererblich.** Man nennt dies „Transmission".

Die Vererbung des Erbrechts ist nur zwischen dem Anfall und der Einantwortung möglich, weil vor dem Anfall kein Erbrecht besteht und nach der Einantwortung dem Recht entsprochen ist: der Erbe hat erhalten, worauf er Anspruch hatte. Ein fideikommissarischer Substitut (Nacherbe) kann im Zweifel sein Recht vererben, wenn er betagt (mit Anfangstermin) oder unter auflösender Bedingung berufen ist, weil ihm dann das Recht schon beim Tod des Erblassers anfällt. Hingegen gibt es bei aufschiebend bedingter Berufung vor Eintritt der Bedingung auch keine Transmission.

Die Vererbung des Rechtes bei Tod des Erben (Transmittenten) vor Abgabe einer Erbantrittserklärung („Übernahme der Erbschaft") ist Transmission im engeren Sinne, bei Tod nach einer Erbantrittserklärung hingegen Transmission im weiteren Sinne[1]). Die Unterscheidung hat Bedeutung, wenn der Erblasser einen **Ersatzerben** ernannt hat: Schon aus der Tatsache einer Ersatzerbenberufung muß abgeleitet werden, daß der Ersatzerbe grundsätzlich der Transmission vorgeht, die Ersatzerbenberufung wäre ja sonst sinnlos. Da anderseits mangels anderer Anordnung des Erblassers die Ersatzerbschaft erlischt, wenn der Erstberufene die Erbschaft **angetreten hat** (§ 615 Abs 1), ist nach einer solchen Antretung die Transmission vom Erstberufenen auf seine eigenen Erben möglich (§§ 809, 537)[2]).

Da der Transmissar kein unmittelbares Erbrecht gegenüber dem Erblasser hat, setzt die Transmission nach hM eine zweifache Erbfähigkeit voraus: Der Transmittent

---

[34]) OGH in SZ 32/125; EvBl 1961/141.

[35]) *Ehrenzweig* II/2, 375; *Welser,* JBl 1973, 11; diesem folgend *Samek,* Das österreichische Pflichtteilsrecht (2004) 18f; OGH in SZ 28/136. AA *Kralik,* Erbrecht 41.

[36]) Unklar OGH in SZ 28/136.

[37]) *Welser,* JBl 1973, 11ff.

[38]) Gegenteilig OGH in EvBl 1970/19.

[1]) *Kralik,* Erbrecht 59; *Weiß* in Klang III 75.

[2]) *Ehrenzweig* II/2, 457; *Weiß* in Klang III 76ff; *Kralik,* Erbrecht 181; *Kletečka,* Ersatz- und Nacherbschaft (1999) 55ff; OGH in SZ 42/93.

muß gegenüber dem Erblasser, der Transmissar gegenüber dem Transmittenten erbfähig sein, ob auch gegenüber dem Erblasser, ist strittig, aber eher zu bejahen[3]).

Gegenstand der Transmission ist das Erbrecht, gleichgültig, auf welchem Titel es beruht, doch sind auch die Rechte der **Legatare** und der **Noterben** vererblich.

Ob der Pflichtteilsanspruch vor dem Tod des Noterben schon geltend gemacht war, ist unerheblich[4]).

VI. Der Erbverzicht

Literatur: *Brunner,* Erbserklärung und Erbverzicht, NZ 1979, 96; *Deinlein,* Verfügung über den Pflichtteil, NZ 1956, 100, 114, 131, 150, 163; *Hofmann-Wellenhof,* Erbverzicht und Ausschlagung der Erbschaft aus zivilrechtlicher Sicht, NZ 1984, 17; *Koziol,* Gläubigeranfechtung bei Unterlassung der Geltendmachung des Pflichtteils und bei Erbverzicht, JBl 1974, 402; *Kuchinke,* Der Erbverzicht zugunsten eines Dritten, Kralik-FS (1986) 451; *Rabl,* Die Stellvertretung beim Erbverzicht, NZ 2002, 105; *Stöckl,* Der Erbverzicht, ÖJZ 1955, 186; *Welser,* Erbverzicht und Schenkung auf den Todesfall, NZ 1991, 84.

Der Erbverzicht (§ 551) ist der Verzicht auf ein künftiges Erbrecht durch Vertrag[1]) *zwischen dem Berechtigten und dem Erblasser.*

Der Erbverzicht bezieht sich auf ein künftiges Recht, weil es vor dem Tod des Erblassers kein Erbrecht gibt (s oben S 444). Er kann sich auf bestimmte oder auf alle Berufungsgründe beziehen, zB nur auf das gesetzliche[2]) oder testamentarische Erbrecht.

Der Verzicht bedarf der **Form** des Notariatsaktes oder des gerichtlichen Protokolls[3]). Er stellt die einzige Möglichkeit der wirksamen Verfügung über ein **künftiges** Erbrecht dar. So sind Veräußerungen des Erbrechts zu Lebzeiten des Erblassers nichtig (§ 879 Abs 2 Z 3).

Der Verzicht **beseitigt** den **Berufungsgrund,** so daß der Anfall vereitelt wird. Die Erbschaft fällt dem nächstberufenen Erben zu. Entgegen dem Wortlaut des § 538 bewirkt jedoch der Verzicht keine Erbunfähigkeit. Daher ist die spätere Bedenkung des Verzichtenden durch den Erblasser wirksam[4]).

Aus dem Vertragscharakter folgt, daß der Erbverzicht nicht einseitig widerruflich ist; und zwar auch dann nicht, wenn auf Seite eines unentgeltlich Verzichtenden

---

[3]) *Weiß* in Klang III 77f; *Welser* in Rummel § 537 Rz 5; anders *Ehrenzweig* II/2, 376; differenzierend *Kralik,* Erbrecht 59f.

[4]) OGH in EvBl 1967/235; EvBl 1972/317; SZ 45/36; SZ 57/11; aA NZ 1960, 59.

[1]) Vgl dazu *Pfaff/Hofmann,* Exkurse über österreichisches allgemeines bürgerliches Recht I (1877) 33ff.

[2]) S OGH in NZ 1987, 70.

[3]) Zur Stellvertretung beim Verzicht auf Seiten des Erblassers *Rabl,* NZ 2002, 105f.

[4]) OGH in JBl 1966, 616; NZ 2004, 23 (Setzen auf den Pflichtteil gibt nicht auch das Recht zur Schenkungsanrechnung).

Gründe für einen Schenkungswiderruf nach den §§ 947ff bestehen[5]). Eine einvernehmliche Aufhebung des Verzichtsvertrages ist möglich, sie bedarf keiner besonderen Form[6]).

Verzichtsverträge werden häufig gegen **Abfindung** geschlossen[7]). Darin liegt eine vorweggenommene Erbfolgeregelung.

Der Verzicht kann aber auch andere Gründe haben, zB daß der Verzichtende Personen, die sonst nicht zur Erbschaft gelangen könnten, etwas zuwenden will. Schließlich wird manchmal auf das Erbrecht verzichtet, um eine ausdrückliche Enterbung durch den Erblasser, die mit einer Erörterung des Enterbungsgrundes verbunden sein müßte, zu vermeiden.

Verzichtsverträge, die mit anderen Personen als dem Erblasser – entgeltlich oder unentgeltlich – geschlossen werden, sind ungültig (§ 879 Abs 2 Z 3)[8]). Der Verzichtende hat auch keine Möglichkeit im Vertrag mit dem Erblasser den Nachlaß unmittelbar jemand anderem zuzuwenden.

Auch der „Verzicht zugunsten eines Dritten" kann diesen nur insofern begünstigen, als er dadurch wegen eines bereits vorhandenen oder neu entstehenden Berufungsgrundes mehr erhält (§§ 560ff, 733, 767)[9]). Allerdings ist ein bedingter Verzicht möglich. Es kann deshalb auch vereinbart sein, daß der Verzicht nur wirkt, wenn der freiwerdende Teil einer bestimmten Person zufällt. Eine solche Bedingung ist anzunehmen, wenn der Verzichtsvertrag keine Abfindung vorsieht und der Begünstigte darin genannt ist[10]).

Auch sonstige Zweifel über Umfang und Inhalt des Erbverzichts müssen durch **Auslegung** beseitigt werden; dabei sind trotz Formbedürftigkeit des Verzichts auch mündliche Äußerungen der Parteien zu berücksichtigen[11]).

Die Regeln des Erbverzichts gelten entsprechend für den Verzicht auf den **Pflichtteil**[12]) und auf das **Vermächtnis.** Vor allem ist auch in solchen Fällen die gesetzliche Form einzuhalten[13]).

Der – vom Gesetz nicht ausdrücklich geregelte – Verzicht auf den Pflichtteil ist wichtiger als jener auf den Erbteil, weil der Erblasser bei der Bestimmung des Erben ohnehin frei ist und er den gesetzlichen Erben ihr Erbrecht einseitig entziehen kann. Nur Pflichtteilsberechtigte hindern den Erblasser an der freien Verteilung des Nachlasses. Er muß sie daher zu einem Verzicht veranlassen, wenn er sie letztwillig nicht bedenken will; oft geschieht dies gegen die schon erwähnte „Abfindung". In der Praxis erstreckt sich der Verzicht meist auf Erb- und Pflichtteil.

Ein bloßer Verzicht auf das Erbrecht erfaßt im Zweifel nicht bloß den gesetzlichen Erbteil, sondern auch den Pflichtteil, weil er ein gesetzli-

---

[5]) *Weiß* in Klang III 185.

[6]) OGH in EvBl 1950/114; kritisch *Kralik,* Erbrecht 48.

[7]) Zur Frage der Entgeltlichkeit s *Hofmann-Wellenhof,* NZ 1984, 18f mwN; *Welser,* NZ 1991, 85; vgl auch OGH in NZ 1986, 158; NZ 2002, 302 = EvBl 2002/202.

[8]) OGH in NZ 1992, 70.

[9]) S *B. Jud,* Der Erbschaftskauf (1998) 96ff mwN. AA offenbar *Stöckl,* ÖJZ 1955, 188.

[10]) *Deinlein,* NZ 1956, 105. S auch OGH in JBl 1991, 726.

[11]) Dazu OGH in JBl 1991, 726.

[12]) OGH in EFSlg 54.122.

[13]) OGH in EvBl 1972/269. Zum Verzicht auf das Anerbenrecht SZ 70/211.

ches Erbrecht voraussetzt[14]). Wird hingegen auf den Pflichtteil verzichtet, so berührt dies im Zweifel das gesetzliche Erbrecht nicht.

Der Verzicht auf den Pflichtteil soll dem Erblasser freie Hand geben. Macht dieser von der Freiheit keinen Gebrauch, so hat sich der angestrebte Zweck nicht verwirklicht und der Verzichtende nimmt an der Erbfolge teil.

Wenn sich aus dem Vertrag nichts anderes ergibt, wirkt der Verzicht auch zu Lasten der **Nachkommen** des Verzichtenden (§ 551)[15]). Ein Vorfahr kann also durch den Verzicht auch über das gesetzliche Erbrecht und damit über den Pflichtteil seines Nachfahren verfügen. § 551 ist daher Ausdruck des Grundsatzes der „materiellen Repräsentation". S unten S 467.

Die Wirkung auf die Nachkommen wurde von den Anhängern der „formellen Repräsentation" heftig kritisiert. Sie nehmen an, daß beim Repräsentanten das Recht neu entsteht, so daß der Vorfahr nicht darüber verfügen kann. Anderseits ist die Wirkung zu Lasten der Eintrittsberechtigten sinnvoll, weil sonst beim Verzicht auf den Pflichtteil an die Stelle des Verzichtenden sofort der Repräsentant treten würde, so daß der Erblasser trotz des Verzichts über den Nachlaß nicht frei verfügen könnte. Manche wollen die Zweifelsregel des § 551 letzter Satz nur anwenden, wenn der Verzicht gegen Abfindung erfolgt, weil nicht anzunehmen sei, daß der Verzichtende die Abfindung und sein Nachkomme den Pflichtteil erhalten soll. Die grundsätzliche Problematik der „Verfügung über das fremde Recht" wird aber auch durch diese Auffassung nicht entschärft.

Auch wenn sich der Verzicht zu Lasten der minderjährigen Kinder des Verzichtenden auswirkt, bedarf er nicht der Zustimmung des anderen Elternteils und der Genehmigung des Gerichts nach § 154 Abs 3, weil der Verzichtende eine Erklärung im eigenen Namen und nicht eine solche im Namen des Kindes abgibt[16]).

Der Erbverzicht unterscheidet sich von der **Ausschlagung** einer Erbschaft (s unten S 570f). Er ist ein zweiseitiges Rechtsgeschäft, erfolgt gegenüber dem Erblasser zu dessen Lebzeiten und bedarf der Notariatsaktsform; er verhindert den Erbanfall. Die Erbsentschlagung setzt den Anfall voraus und ist eine einseitige, unwiderrufliche Erklärung gegenüber dem Gericht im Zuge des Abhandlungsverfahrens.

Vom Verzicht auf das Erbrecht ist auch jener auf allfällige obligatorische Ansprüche gegen den Erben **nach dem Tod** des Erblassers zu unterscheiden, zB der Verzicht auf Vermächtnisforderungen und Pflichtteilsansprüche[17]). Solche Verträge sind nach allgemeinen schuldrechtlichen Regeln zu beurteilen[18]). So ist zB der Verzicht des Legatars ein normaler **Schulderlaß,** der auch bei Unentgeltlichkeit keiner Form bedarf[19]).

---

[14]) Vgl *Zemen,* Der Kreis der Pflichtteilsberechtigten, ÖJZ 1987, 235.

[15]) Dazu *Zemen,* Zu den Wirkungen des Erbverzichtes auf die Nachkommen, JBl 1990, 500; *derselbe,* Das erbrechtliche Eintrittsrecht in der jüngeren Rechtsentwicklung, JBl 2004, 359f.

[16]) OGH in NZ 1990, 231; *Zankl,* Der Erbverzicht zum Nachteil minderjähriger Nachkommen, NZ 1990, 5.

[17]) S dazu OGH in SZ 58/18 mwN.

[18]) OGH in NZ 1992, 130.

[19]) OGH in NZ 1977, 124.

4. Kapitel

Die gesetzliche Erbfolge

I. Allgemeines

Der wichtigste Berufungsgrund ist das Gesetz. Es bestimmt genau, welche Personen den Nachlaß erhalten sollen und zu welchen Anteilen. Die testamentarische (und die erbvertragliche) Berufung hat allerdings vor der gesetzlichen den Vorrang.

Die gesetzliche Erbfolge (Intestaterbfolge) tritt ein, wenn der Erblasser keinen Erbvertrag und kein Testament errichtet hat, wenn sich die letztwillige Berufung nicht auf den ganzen Nachlaß bezieht, wenn sie ungültig ist (§ 727) oder wenn die vom Erblasser gültig berufenen Erben die Erbschaft „nicht erlangen".

Dies ist der Fall, wenn die eingesetzten Personen den Erblasser nicht überleben, erbunfähig sind, nach der Einsetzung auf die Erbschaft verzichten oder sie ausschlagen. § 727 nennt auch den Fall der „nicht gehörigen Bedenkung" der Noterben, doch trifft dies nicht zu, weil der Pflichtteilsberechtigte bloß eine Geldforderung hat (s dazu unten S 545).

Gesetzlich, testamentarisch und erbvertraglich berufene Personen können **nebeneinander** erben (§ 534), was nach römischem Recht unmöglich war („Nemo pro parte testatus pro parte intestatus decedere potest"). S oben S 454.

Nach der gesetzlichen Erbfolge erhalten den Nachlaß die nächsten Angehörigen, nämlich die **Verwandten** und – wenn vorhanden – der **Ehegatte** des Erblassers. Das seit 1. 1. 1991 geltende ErbRÄG 1989 hat die unehelichen Verwandten den ehelichen gleichgestellt (s § 730)[1]).

Das Erbrecht setzt die festgestellte **Abstammung** (Verwandtschaft) voraus. Sie steht einerseits dann fest, wenn das Kind ehelich ist (§ 138) und damit – unabhängig von der wirklichen Abstammung – als Kind des Ehemannes anzusehen ist; andererseits wenn die Vaterschaft in der rechtlich relevanten Form, also durch Urteil oder Anerkenntnis (§§ 163 ff)[2]), festgestellt wurde[3]).

Die Feststellung der Abstammung kann seit dem FamErbRÄG 2004 auch nach dem Tod des Erblassers unbegrenzt erfolgen[4]), da mit dem DNA-Beweis zuverlässige Erkenntnisse gewonnen werden können. Nach dem Tod richtet sich die Feststellung gegen die Rechtsnachfolger (§ 138 a). Durch die Möglichkeit einer unbegrenzten Feststellung der Va-

---

[1]) Hiezu *Welser,* Die Erbrechtsreform 1989, NZ 1990, 137.

[2]) Vgl etwa *Rosenmayr,* Änderungen im Abstammungsrecht durch das FamErbRÄG 2004, NZ 2004, 360.

[3]) *Welser* in Rummel § 730 Rz 4; OGH in JBl 1994, 172.

[4]) *Fischer-Czermak,* Neueste Änderungen im Abstammungs- und Eherecht, JBl 2005, 11 f. Dies war aus familienrechtlicher Sicht schon früher möglich, eine erbrechtliche Wirksamkeit wurde durch § 730 Abs 2 ausgeschlossen; zu diesem *Schauer,* Zum Anwendungsbereich des § 730 Abs 2 ABGB, NZ 1993, 73.

terschaft hat der Gesetzgeber ein erhebliches Problem geschaffen. Völlig unklar bleibt nämlich, wie sich die nachträgliche Feststellung zu den erbrechtlichen Verjährungsfristen verhält.

Bis zum 31. 12. 2004 mußte für das Bestehen des Erbrechts die Verwandtschaft (Abstammung) schon zu Lebzeiten des Erblassers feststehen oder gerichtlich geltend gemacht worden sein (§ 730 Abs 2 aF)[5]). Bei Ungeborenen genügte es, daß die Abstammung innerhalb eines Jahres nach der Geburt feststand oder gerichtlich geltend gemacht wurde (§ 730 Abs 2 Satz 2). Diese Ausnahme galt analog, wenn das Kind beim Tod des Erblassers bereits geboren war[6]).

II. Allgemeine Erbfolgeordnung

Literatur: *Ferrari-Hofmann-Wellenhof,* Zum gesetzlichen Erbrecht der Verwandten seit dem Erbrechtsänderungsgesetz 1989, NZ 1991, 245; *Fischer-Czermak,* Neueste Änderungen im Abstammungs- und Erbrecht, JBl 2005, 2; *Paliege,* Neues im österreichischen Erbrecht, ZfRV 1991, 169; *Schauer,* Neues Erbrecht ab 1991, RdW 1990, 70; *derselbe,* Zum Anwendungsbereich des § 730 Abs 2, NZ 1993, 73; *Spitzer,* Verlust des Ehegattenerbrechts durch Eröffnung des Scheidungsverfahrens, JBl 2003, 837; *Welser,* Neue Rechenaufgaben vom Gesetzgeber, NZ 1978, 161; *derselbe,* Die Erbrechtsreform 1989, NZ 1990, 137; *Zemen,* Das gesetzliche Erbrecht der leiblichen Aszendenz neben Wahleltern, JBl 1975, 337; *derselbe,* Die gesetzliche Erbfolge nach der Familienrechtsreform (1981); *derselbe,* Der Kreis der Pflichtteilsberechtigten, ÖJZ 1987, 231.

A. Gesetzliche Erbfolge unter Verwandten

1. Parentelensystem

Die Verwandten erben nach dem **Parentelensystem** (§§ 730 ff). Eine Parentel wird von einem Stammhaupt und seinen Nachkommen oder einem Stammelternpaar und seinen Nachkommen gebildet. Alle Parentelen, deren Häupter dem Erblasser gleich nahe stehen, bilden in der Terminologie des ABGB eine Linie[1]). In der Literatur wird der Begriff „Parentel" meist synonym für „Linie" verwendet[2]). Die Ordnung nach Parentelen beruft nicht immer die gradnächsten Verwandten. Der Verwandtschaftsgrad hat nur innerhalb der Parentel Bedeutung, weil in dieser ein Verwandter die eigenen Abkömmlinge ausschließt.

Die Parentelen kommen **nacheinander** zum Zuge, so daß die zweite Parentel nur erben kann, wenn aus der ersten niemand zur Erbschaft gelangt usw.

Ist jemand mit dem Erblasser mehrfach verwandt, so erhält er uU auch mehrere Portionen (§ 750). Diese können verschieden behandelt, also auch teils angenommen, teils ausgeschlagen werden. S unten S 567.

---

[5]) *Welser* in Rummel § 730 Rz 3 ff; *Schauer,* NZ 1993, 73; *Tschugguel/Kleiß,* Kinder ohne Erbrecht, NZ 2001, 389; *Spitzer,* Haftungsfalle (Un-)Ehelichkeitsvermutung, NZ 2004, 161.

[6]) *Schauer,* NZ 1993, 74; diesem folgend OGH in JBl 1995, 319; NZ 1998, 180.

[1]) *Ehrenzweig* II/2, 383.

[2]) *Gschnitzer/Faistenberger,* Erbrecht 14; *Pfaff/Hofmann,* Kommentar II 690 f; *Stubenrauch,* Kommentar I 910; *Unger,* Erbrecht 133 ff.

2. Die erste Linie (Parentel), Repräsentation

Die erste Parentel besteht aus den Abkömmlingen (Deszendenten) des Erblassers, also seinen Kindern und Kindeskindern.

Leben noch alle **Söhne und Töchter** und sind sie erbfähig, so wird die Erbschaft unter ihnen nach Köpfen geteilt (§ 732).

Fällt einem Kind die Erbschaft nicht an, so erhalten den Anteil seine Nachkommen, die es „repräsentieren“: **Repräsentationsrecht,** Eintrittsrecht (§ 733).

Repräsentations-, Vorstellungs- oder Eintrittsrecht ist das Recht eines Erbprätendenten, an Stelle seines nicht erbenden Vorfahren dessen Anteil zu erben.

Die grundlegende Bedeutung der Rechtsfigur ergibt sich vor allem aus den §§ 733, 736 und 739. Das Eintrittsrecht gibt es nur in den ersten **drei Linien;** in der dritten Linie entfällt es, wenn der Erblasser einen erbberechtigten Gatten hinterläßt; in der zweiten wird es dann eingeschränkt.

Man unterscheidet zwischen materieller und formeller Repräsentation. **Materielle Repräsentation** ist eine Art derivative Ableitung des Rechts vom Vormann. Bei der **formellen Repräsentation** entsteht das Recht beim Nachmann neu, die Existenz des Vormannes schließt den Eintritt nicht aus; die Berechtigung des Vormannes bestimmt aber immerhin den Umfang des Erbteils. Die übrigen Erbberechtigungen werden durch einen Eintritt nicht berührt, während der Ausschluß der Repräsentation den Anteil sonstiger Berechtigter vergrößern kann. Ob nach österreichischem Recht materielle oder formelle Repräsentation stattfindet, ist seit jeher umstritten, doch gilt diesbezüglich keine allgemeine Regel[3]). So geht § 551 eindeutig von der materiellen Repräsentation aus (oben S 464), während zB § 541 Ausdruck der formellen Repräsentation ist (oben S 458).

Grundfall der Repräsentation ist natürlich der Vortod eines gesetzlich Erbberechtigten, doch können auch Erbunwürdigkeit (§ 541) oder Erbverzicht (§ 551) zur Repräsentation führen; für die Enterbung[4]) gilt dasselbe wie für die Erbunwürdigkeit. Ob die Erbsentschlagung Repräsentation nach sich zieht, ist streitig (s unten S 570f).

Die Repräsentation findet nur innerhalb **derselben Linie** statt, nur der **Aszendent** wird durch den Deszendenten ersetzt, nicht umgekehrt. Daher wird zB der Vater des Erblassers nicht durch seinen Vater (den Großvater des Erblassers) repräsentiert (kein „Schoßfall“). Der Großvater gehört zur dritten Linie und kann erst dann erben, wenn aus der zweiten Linie niemand zum Zuge kommt.

Mehrere Eintrittsberechtigte erben zusammen das, was dem Vorfahren zugefallen wäre, den sie „vorstellen“, es kommt so zu einem Erbrecht **„nach Stämmen“.** Die Kinder oder die an ihre Stelle tretenden Nachkom-

[3]) Zuletzt zu diesem Problemkreis *Zemen,* Das erbrechtliche Eintrittsrecht in der jüngeren Rechtsentwicklung, JBl 2004, 356.

[4]) Nach *Rabl,* Die Folgen einer Enterbung für die gesetzliche Erbfolge, NZ 2003, 258 sind die Nachkommen des Enterbten im Zweifel auch bei Eintritt der gesetzlichen Erbfolge auf den Pflichtteil verwiesen; gegen diesen *Zemen,* JBl 2004, 358.

men bilden jeweils einen Stamm, der einen Kopfteil erhält. Dieser ist innerhalb eines Stammes so aufzuteilen wie in der ersten Generation: Sind alle Kindeskinder erbberechtigt, so erben sie nach Köpfen, sonst kommt es wieder zum Eintritt.

Hinterläßt der Erblasser E alle seine Kinder, nämlich A, B und C, so erhält jedes von ihnen einen Kopfteil. Allenfalls vorhandene Kindeskinder erben nicht. Ist hingegen A verstorben und hatte er seinerseits vier Kinder, so erben B und C je ein Drittel, während die Kinder des A (Enkel des E) je ein Zwölftel erhalten.

Ist eines der vier Kinder des A vorverstorben und hinterläßt es seinerseits zwei Kinder, so erben diese Urenkel des E je ein Vierundzwanzigstel der Erbschaft. Sind A, B und C vor E gestorben und hinterläßt A vier Kinder, B drei Kinder und C ein Kind, so erbt das eine Kind des C ebensoviel wie die drei Kinder des B zusammen und die vier Kinder des A (ein Drittel).

Kann ein Stamm von niemandem repräsentiert werden, so wächst der frei werdende Anteil den übrigen Stämmen zu.

Leben zB von der gesamten Nachkommenschaft des E nur sein Sohn B und sein Enkel X (Sohn des C), so erhält jeder von ihnen die Hälfte. Lebt nur noch X, so erbt er den ganzen Nachlaß.

3. Die Folgelinien (Folgeparentelen)

Die zweite Parentel besteht aus den Eltern des Erblassers und ihren Nachkommen (§ 735).

Sie gelangt nur zum Zuge, wenn aus der ersten Parentel niemand Erbe wird. Leben noch beide **Eltern,** so erhalten sie je die Hälfte der Erbschaft. Ein weggefallener Elternteil wird von seinen Nachkommen repräsentiert, die nicht notwendig auch Kinder des überlebenden Elternteils sein müssen (§ 736).

Es kommt nicht darauf an, daß die Eintretenden ehelich geboren sind[5]).

Die **Nachkommen** erben nach Stämmen. Hat ein vorverstorbener Elternteil keine lebende Deszendenz, so gelangt seine Erbportion an den zweiten Elternteil, und wenn auch dieser vorverstorben ist, an seine Nachkommen (§ 737).

Der Erblasser E hinterläßt keine Deszendenz. Aus der Ehe seiner Eltern V und M stammen neben dem Erblasser noch die Kinder A und B. In einer früheren Ehe des Vaters V wurde C geboren, der somit ein Halbbruder des E ist. Leben V und M im Zeitpunkt des Todes des E, so erhalten sie je die Hälfte seines Nachlasses. Ist V vor E gestorben, so haben A, B und C Anspruch auf jene Hälfte, die V erhalten hätte. Daher bekommt M eine Hälfte, A, B und C erhalten je ein Sechstel. Ist hingegen M vorverstorben, so kommt eine Hälfte der Erbschaft an V und je ein Viertel an A und B, während C nichts erhält. Sind V und M vor E gestorben, so erhalten A und B aus dem mütterlichen Stamm je ein Viertel, aus dem väterlichen Stamm zusammen mit C je ein Sechstel.

Ist auch die zweite Linie erschöpft, so wird die dritte Parentel berufen.

Die dritte Parentel besteht aus den zwei Großelternpaaren des Erblassers und ihren Nachkommen.

---

[5]) So aber der nicht richtiggestellte Wortlaut des § 736 Satz 3. Dazu *Ferrari-Hofmann-Wellenhof,* NZ 1991, 246.

Jeder **Großelternteil** erhält ein Viertel. Vorverstorbene Großeltern werden von ihren Abkömmlingen nach Stämmen repräsentiert. Hinterläßt ein vorverstorbener Großelternteil keine Nachkommen, so fällt sein Anteil an den mit ihm verbundenen Großelternteil oder, wenn auch dieser vorverstorben ist, an seine Deszendenten. Sind auch solche nicht vorhanden, gelangen die freien Portionen an das andere Großelternpaar (§§ 739ff), so daß jeder von ihnen die Hälfte des Nachlasses erhält. Ein vorverstorbener Teil wird wieder von den nach ihm eintrittsberechtigten Personen repräsentiert. Sind solche nicht vorhanden, erhält den ganzen Nachlaß der vierte Großelternteil, der allenfalls wiederum durch seine Nachkommen repräsentiert wird.

E hinterläßt nur den Großvater mütterlicherseits A und seine Großeltern väterlicherseits C und D. A erhält die Hälfte, C und D erlangen je ein Viertel des Nachlasses. Wäre noch ein Onkel X (Sohn der verstorbenen Großmutter B) am Leben, so erhielten A, X, C und D je ein Viertel.

Sind in der dritten Linie keine Erben vorhanden, so gelangt der Nachlaß an die vierte Parentel.

Die vierte Parentel besteht aus den Urgroßeltern des Erblassers und ihren Nachkommen.

Von der vierten Linie erben jedoch nur noch die acht **Urgroßelternteile,** während ihre Nachkommen von der Erbschaft ausgeschlossen sind (Erbrechtsgrenze), es gibt also in der vierten Linie **keine Repräsentation.**

Ist ein Urgroßelternteil vorverstorben, so fällt sein Achtel an den mit ihm verbundenen Urgroßelternteil. Lebt auch dieser nicht mehr, so gelangt das freigewordene Viertel an das zunächst verbundene Urgroßelternpaar. Es bleibt also vom Erblasser her gesehen auf der väterlichen oder mütterlichen „Seite". Erst wenn auch ein solches Paar nicht mehr vorhanden ist, erben die beiden anderen Paare (die „andere Seite"). Sind einzelne Urgroßeltern vorverstorben, so gelten diese Regeln entsprechend.

Da die Nachkommen der Urgroßeltern kein Repräsentationsrecht besitzen, ist das gesetzliche Erbrecht manchmal nicht „gegenseitig". So beerbt der Großneffe den Großonkel, während der Großonkel dem Großneffen gegenüber kein gesetzliches Erbrecht hat.

B. Gesetzliches Erbrecht bei Adoption[6])

Da durch die Adoption zwischen dem Annehmenden und seinen Nachkommen einerseits und dem Wahlkind und seinen bei der Annahme minderjährigen Nachkommen andererseits ein Verhältnis wie bei Abstammung entsteht (§ 182), beerben sich diese Personen wie Verwandte.

Zwischen dem Wahlkind (seinen Nachkommen) und den übrigen Verwandten des Annehmenden entsteht keine Verwandtschaft, weshalb zwischen ihnen auch kein wechselseitiges gesetzliches Erbrecht besteht[7]).

---

[6]) Dazu ausführlich *Zemen,* JBl 1975, 337ff.

[7]) Die Regelung ist verfassungsrechtlich unbedenklich: OGH in EvBl 1994/117; VfGH in ÖJZ 1995, 277.

Trotz der Annahme an Kindes Statt bleibt das Erbrecht zwischen dem Wahlkind und seinen **leiblichen Verwandten aufrecht** (§ 182b Abs 1). Allerdings gehen beim Tod des Wahlkindes die Wahleltern den leiblichen Eltern vor (§ 182b Abs 2). Hat nur eine Person allein adoptiert, so hat sie vor dem entsprechenden leiblichen Elternteil Vorrang (§ 182b Abs 2). Entgegen dem – insoweit überholten – Wortlaut des § 182b Abs 2 ist dabei auch im Verhältnis zum Vater nicht die eheliche, sondern bloß die leibliche Abstammung maßgebend[8]).

Das Ehepaar A und B hat E, den Sohn von V und M, adoptiert. Stirbt E und hat er Nachkommen, so erben diese. Hinterläßt E keine Nachkommenschaft, so fällt der Nachlaß an A und B oder an die sie repräsentierenden Nachkommen. Ist jedoch in der zweiten Parentel der Wahlverwandtschaft kein Erbe vorhanden, so erben V und M. Wurde E nur von der Wahlmutter B an Kindes Statt angenommen und stirbt er ohne Nachkommenschaft, so erben V und B je zur Hälfte.

Nach dem Adoptivkind gibt es in der Wahlparentelenordnung mangels Verwandtschaft (§ 182) **keine dritte** und **vierte Linie,** so daß die natürliche Parentel zum Zuge kommt. Sterben Nachkommen des Angenommenen, auf welche sich die Adoptionswirkungen erstrecken, so gelten die eben dargelegten Regeln für die Konkurrenz der dritten oder vierten Linie der Wahlparentel mit den natürlichen Parentelen[9]).

Unklar ist, wieweit die §§ 735–737 über die gesetzliche Erbfolge in der zweiten Linie sonst durch das Vorhandensein von Wahleltern modifiziert werden[10]). Hat ein Wahlelternpaar angenommen und fällt ein Elternteil weg, ohne Nachkommenschaft zu hinterlassen, so wird wegen der von § 182 Abs 1 angeordneten Gleichstellung Zuwachs an den anderen Wahlelternteil oder dessen Nachkommen stattfinden. Erst wenn so niemand Erbe wird, kommen die leiblichen Eltern und ihre Nachkommen zum Zuge.

Besondere Probleme ergeben sich bei der Einzelannahme, weil hier der Nachlaß geteilt und je eine Hälfte dem Einzelannehmenden und dem nicht verdrängten leiblichen Elternteil zufällt. Wird der Adoptivelternteil nicht Erbe (und wird er nicht repräsentiert), so ist seine Hälfte zur Vermeidung von Kaduzität dem leiblichen Elternteil zuzuweisen. Wird umgekehrt aus der Parentel des leiblichen Elternteils niemand Erbe, so ist fraglich, ob Zuwachs an den Einzelannehmenden oder an den verdrängten leiblichen Elternteil eintritt.

C. Das Ehegattenerbrecht

1. Erbteil

Der Ehegatte, der mit dem Erblasser bei dessen Tod in aufrechter Ehe lebt, hat ein gesetzliches Erbrecht, dessen Umfang davon abhängt, mit welchen Verwandten er konkurriert (§ 757).

---

[8]) *Ferrari-Hofmann-Wellenhof,* NZ 1991, 247f.

[9]) *Schwimann,* Das österreichische Adoptionsrecht nach seiner Reform, FamRZ 1973, 353; *Zemen,* JBl 1975, 340.

[10]) Hiezu ausführlich *Zemen,* JBl 1975, 348; *derselbe,* Gesetzliche Erbfolge 145f; ferner *Koziol,* Entschuldbare Fehlleistungen des Gesetzgebers? JBl 1976, 171; *Kralik,* Erbrecht 78f.

Die Erbportion des Ehegatten beeinflußt auf diese Weise das Erbrecht der Verwandten nach den §§ 730ff. An sie kann nur verteilt werden, was nach Abzug der Ehegattenquote übrig bleibt.

Neben der **ersten Linie,** also den Kindern des Erblassers und ihren Nachkommen, erbt der Ehegatte **ein Drittel,** neben der **zweiten Linie,** also den Eltern des Erblassers und ihren Kindern (Geschwister des Erblassers), oder neben der dritten Linie, also neben Großeltern, erbt der Ehegatte **zwei Drittel** des Nachlasses. Sind aber neben Großeltern Nachkommen verstorbener Großeltern vorhanden, so erhält der Ehegatte außerdem jenen Teil, der sonst kraft Repräsentationsrechtes auf diese Nachkommen entfiele. Dasselbe gilt seit der Reform durch das FamErbRÄG 2004 für jene Erbteile, die den Nachkommen verstorbener Geschwister zufallen würden. Sind weder Erben aus der ersten Linie, noch Eltern oder Geschwister noch Großeltern vorhanden, so erbt der Ehegatte den **ganzen Nachlaß.**

Stirbt der Erblasser und hinterläßt er neben seiner Ehegattin seine Mutter und seinen Neffen, Sohn seiner vorverstorbenen Schwester, erhält seine Ehegattin 2/3 nach § 757 Satz 1. Ein Sechstel erbt die Mutter des Erblassers (§ 735 S 1). Das Sechstel, das der Neffe als Repräsentant des Vaters des Erblassers und der Schwester des Erblassers erhalten würde, erhält zusätzlich die Ehegattin (§ 735 Satz 3).

Der Ehegatte erhält also mehr, wenn vorverstorbene Großelternteile oder Geschwister Nachkommen hinterlassen haben. Dies ist auf den ersten Blick merkwürdig[11]), jedoch eine Konsequenz daraus, daß bei Vorhandensein eines Ehegatten die **Parentelenordnung verkürzt** wird und das gesetzliche Erbrecht damit früher endet.

In den gesetzlichen Erbteil muß sich ein Gatte alles einrechnen lassen, was er vom Erblasser auf Grund von Ehepakten oder aus einem Erbvertrag erhält (dazu S 531f).

2. Vorausvermächtnis[12])

Unabhängig davon, ob der Ehegatte zum Erben berufen ist, erhält er das gesetzliche Vorausvermächtnis. Es hat **pflichtteilsähnlichen** Charakter[13]) und kann ihm vom Erblasser nur durch eine rechtmäßige Enterbung entzogen werden (§ 758). Es ist daher auch vor allen anderen Vermächtnissen ungekürzt zu entrichten und hat auch gegenüber sonstigen Pflichtteilsansprüchen und den Unterhaltsansprüchen Vorrang (§ 783).

---

[11]) *Ehrenzweig* II/2, 391; *Gschnitzer/Faistenberger,* Erbrecht 19.

[12]) *Welser,* NZ 1990, 141; *Zankl,* Die Stellung des Ehegatten nach dem Erbrechtsänderungsgesetz, in Harrer/Zitta, Familie und Recht (1992) 547; *Eccher,* Zum neuen Wohnrecht des überlebenden Ehegatten, wobl 1991, 1; *Adensamer,* Erbrechtsänderungsgesetz 1989, ÖA 1991, 6; *Watzl,* Das Vorausvermächtnis des Wohnrechts, JBl 1992, 613; *Zankl,* Das gesetzliche Vorausvermächtnis des Ehegatten (1996); *derselbe,* Das Wohnrecht des überlebenden Ehegatten gemäß § 758 ABGB, immolex 1997, 145.

[13]) *Welser,* NZ 1978, 164.

Das Vorausvermächtnis gebührt „voraus", dh daß es in einen allfälligen Erbteil nicht einzurechnen ist[14]), doch könnte der Erblasser etwas anderes anordnen[15]).

Das Vorausvermächtnis umfaßt die zum ehelichen Haushalt gehörenden beweglichen Sachen und das Recht, in der Ehewohnung weiter zu wohnen.

Als Vermächtnisnehmer erhält der Ehegatte nur eine **Forderung** gegen den Nachlaß, nach der Einantwortung gegen den Erben.

Zweck des Vorausvermächtnisses ist es, dem überlebenden Gatten seinen unmittelbaren Lebensbereich zu lassen. Hiezu erhält er das Recht auf die zum ehelichen Haushalt gehörenden **beweglichen Sachen,** soweit sie zur Fortführung des **Haushaltes** entsprechend den bisherigen Lebensverhältnissen erforderlich sind. Über diese Sachen kann der Erblasser zwar unter Lebenden, nicht aber von Todes wegen verfügen. Gemeint sind vor allem Möbel, Teppiche, Bilder uä, soweit sie nicht bloß als Wertanlage angeschafft wurden. Sachen, die in erster Linie der Berufsausübung des Erblassers dienten, gehören nicht dazu.

Das **Wohnrecht** kann sich nur auf eine Wohnung beziehen, in der die Ehegatten beim Tod des Erblassers gewohnt haben[16]). Es vervollständigt den durch Sonderbestimmungen (§ 14 MRG, § 14 WEG und § 20 Abs 4 WGG) dem überlebenden Ehegatten gewährten wohnrechtlichen Schutz. Es besteht aber nur dann, wenn der hinterbliebene Gatte nicht auf andere Weise ein gleichartiges Recht erwirbt, zB durch das Testament des Erblassers oder auf Grund der erwähnten Sonderbestimmungen[17]). Der Anspruch besteht nur, wenn ihn der Erbe mit den Mitteln des Nachlasses befriedigen kann, zB wenn die Ehegatten in einem Haus des Erblassers gewohnt haben, das nun zum Nachlaß gehört. Das Recht ist vom Bedarf unabhängig und erlischt bei einer Wiederverehelichung nicht[18]).

Auch das Vermächtnis des Wohnrechts ist Damnationslegat und nicht Vindikationslegat[19]), dh daß der Ehegatte nicht eo ipso ein Recht auf Wohnen erhält, sondern

---

[14]) *Ostheim,* Zur erbrechtlichen Stellung des Ehegatten nach dem BG 15. 6. 1978 BGBl 280, in Ostheim, Schwerpunkte der Familienrechtsreform 1977/1978 (1979) 58; *Zankl,* Vorausvermächtnis 134 ff mwN; aA *Migsch,* Persönliche Ehewirkungen, gesetzlicher Güterstand und Ehegattenerbrecht, in Floretta, Das neue Ehe- und Kindschaftsrecht (1979) 55, 60. Kritisch de lege ferenda *Zankl,* Vorausvermächtnis 102 ff; *derselbe,* Rechtsvergleichende Gedanken zu einer Reform der Anrechnung, NZ 1998, 38.

[15]) *Ostheim* in Ostheim, Familienrechtsreform 58.

[16]) Siehe aber OGH in SZ 2004/5 (gemeinsames Wohnen als Lebensgefährten, Hochzeit unmittelbar vor dem Tod eines Lebensgefährten im Krankenhaus).

[17]) OGH in JBl 1992, 646; NZ 1994, 83; JBl 1995, 319; AnwBl 1997, 952 *(Zankl);* SZ 70/122; NZ 1998, 60 *(Zankl);* Im Erbweg entstandenes Miteigentum an der Wohneinheit soll nach *Jaksch-Ratajczak,* Miteigentumsgemeinschaft und Wohnrecht nach § 758 ABGB, NZ 2001, 421 nicht genügen, so daß § 758 anwendbar bleibt; das Vorausvermächtnis hindert dann die Teilungsklage, OGH in NZ 2005, 199 *(Mondel).*

[18]) *Welser,* NZ 1990, 142; *Zankl,* Vorausvermächtnis 242 ff mwN; für das Erlöschen: *Schauer,* RdW 1990, 72.

[19]) *Welser,* NZ 1990, 142; vgl auch OGH in NZ 1998, 60 *(Zankl);* SZ 72/174 = ecolex 2000, 644 *(Zankl);* AA *Eccher,* wobl 1991, 3; *Zankl* in Harrer/Zitta, Familie und Recht 549 f; *derselbe,* Vorausvermächtnis 148 ff mwN.

nur ein Recht auf dessen Einräumung. Es wird sofort fällig[20]). Das vom Belasteten einzuräumende Recht muß nicht dinglich sein[21]), es orientiert sich an den bisherigen Wohnverhältnissen der Ehegatten, wobei die Umstände beim Tod des Erblassers maßgebend sind[22]).

Verpflichtet zur Entrichtung des Vorausvermächtnisses ist gewöhnlich der Erbe[23]). Das Vorausvermächtnis kann die Rechte Dritter, zB jene der Gläubiger des Erblassers, nicht schmälern.

3. Unterhaltsansprüche

Der Ehegatte hat, solange er sich nicht wieder verehelicht, gegen die Erben einen Anspruch auf Unterhalt wie bei bestehender Ehe.

In diesen Anspruch ist allerdings alles **einzurechnen,** was der Ehegatte nach dem Erblasser durch vertragliche oder letztwillige Zuwendung, als gesetzlichen Erbteil, als Pflichtteil, durch öffentlich-rechtliche oder privatrechtliche Leistung erhält; ebenso eigenes Vermögen des Ehegatten oder Erträgnisse einer von ihm tatsächlich ausgeübten oder einer solchen Erwerbstätigkeit, die von ihm den Umständen nach erwartet werden kann (§ 796)[24]).

Die Unterhaltsschuld ist nicht jene des Erblassers, sondern entsteht neu als erbrechtlicher Anspruch gegen den Erben[25]). Daher ist sie auch nicht durch die hypothetische Entwicklung der Leistungsfähigkeit des Erblassers begrenzt[26]).

Der geschiedene Ehegatte hat keinen Anspruch nach § 796 (s unten 4.); dem vom Noterbrecht ausgeschlossenen Gatten gebührt nur der Unterhalt gemäß § 795, s unten S 561.

Der Anspruch richtet sich auf Zahlung einer **Geldrente**[27]) und besteht nur **„bis zum Wert der Verlassenschaft“**[28]).

Der Erbe haftet also ohne Rücksicht auf die Art seiner Erbantrittserklärung dem Unterhaltsberechtigten nur wie ein Vorbehaltserbe[29]).

Der Unterhaltsanspruch geht keinesfalls zu Lasten der Nachlaßgläubiger, sie sind vorweg zu befriedigen. Der Berechtigte hat vor den Vermächtnisnehmern Vorrang (§ 691)[30]), während er den Pflichtteilsberechtigten nachgeht (unten S 551).

---

[20]) OGH in EvBl 2005/31.

[21]) *Welser,* NZ 1990, 137 ff; OGH in NZ 1994, 83; zum obligatorischen Wohnrecht nach § 758 in der Zwangsversteigerung der Liegenschaft OGH in SZ 74/72 = immolex 2001/155 *(Zankl).*

[22]) OGH in NZ 2002, 240, wo der Witwe durch eine Benützungsregelung die Benutzung einiger Räume entzogen werden sollte.

[23]) *Welser* in Rummel § 758 Rz 13; OGH in NZ 1994, 83; NZ 1998, 60 *(Zankl).*

[24]) Zur Berechnung des Unterhaltsanspruchs OGH in NZ 1986, 161.

[25]) Zu den zahlreichen Streitfragen ausführlich *Welser* in Rummel § 796 Rz 1 ff.

[26]) OGH in NZ 1988, 107.

[27]) OGH in SZ 54/145; JBl 1984, 552; SZ 60/246.

[28]) Dazu OGH in SZ 54/107.

[29]) OGH in SZ 60/246.

[30]) So auch *Ostheim* in Ostheim, Familienrechtsreform 71.

4. Einfluß der Scheidung

Das Ehegattenerbrecht und alle damit im Zusammenhang stehenden gesetzlichen Ansprüche setzen den Bestand der Ehe beim Tod des Erblassers voraus. Geschiedene Ehegatten haben **kein Erbrecht**[31]).

Dies ergibt sich schon daraus, daß der Geschiedene beim Erbanfall nicht mehr Ehegatte ist, wird aber von § 1266 letzter Satz noch ausdrücklich für die „Ehetrennung" (nunmehr Scheidung) angeordnet. Nach § 759 Abs 1 (e contrario) behält ein ohne Verschulden geschiedener Gatte sein gesetzliches Erbrecht, doch bezieht sich dies nur auf die vor Inkrafttreten des EheG „von Tisch und Bett" geschiedenen Ehen.

Ein aus einer Scheidung gegen den Erblasser folgender **Unterhaltsanspruch** richtet sich nach seinem Tod gegen die Erben. Er wird jedoch auf Klage oder Einrede des Erben[32]) auf einen Betrag herabgesetzt, der bei Berücksichtigung der Verhältnisse des Erben und der Ertragsfähigkeit des Nachlasses der **Billigkeit** entspricht (§ 78 Abs 1 und 2 EheG). Die Einrechnungsregel des § 796 ist analog anzuwenden[33]). Eine nach § 68 EheG einem Ehegatten auferlegte Beitragspflicht erlischt mit dem Tode des Verpflichteten (§ 78 Abs 3 EheG)[34]).

War die Ehe beim Tod des Erblassers noch nicht geschieden, wird jedoch gemäß § 759 Abs 2[35]) festgestellt, daß das Scheidungsbegehren gerechtfertigt und der überlebende Gatte als schuldig anzusehen wäre, so verliert er sein gesetzliches Erbrecht[36]). In der jüngeren Lehre wird zutreffend eine analoge Anwendung des § 759 Abs 2 auf alle Scheidungsverfahren befürwortet[37]). Das Erbrecht erlischt daher bereits mit Eröffnung des Scheidungsverfahrens, wenn die Ehe geschieden worden wäre.

Das Gesetz trifft keine Anordnung für letztwillige Begünstigungen (Erbseinsetzungen, Legate) im Scheidungsfall. Andere Erbprätendenten werden auf die Irrtumsanfechtung der Verfügung verwiesen. De lege ferenda erschiene es einleuchtender, wenn die Scheidung auf alle Berufungsgründe dieselbe Auswirkung hätte[38]).

Das Schicksal von Erbverträgen bestimmt sich im Scheidungsfall nach § 1266. Nach § 1266 ABGB erlöschen Erbverträge als Ehepakte grundsätzlich durch die Scheidung. Nur wenn der Begünstigte schuldlos oder minder schuldig ist, bleibt ihm das Recht aus dem Erbvertrag erhalten.

---

[31]) Zum Zeitpunkt des Wirksamwerdens der Ehescheidung OGH in NZ 2003, 353; dagegen *Böhm/Fuchs,* Zum Eintritt der Rechtskraft und der zivilrechtlichen Wirkungen des Ehescheidungsbeschlusses ÖJZ 2002, 631; *Spitzer,* JBl 2003, 837.

[32]) OGH in JBl 1992, 705.

[33]) OGH in SZ 55/54.

[34]) Dazu OGH in EvBl 1989/66.

[35]) Zur Entstehungsgeschichte ausf *Spitzer,* JBl 2003, 841 ff.

[36]) Zur Vermeidung einer Ungleichbehandlung gegenüber einem zu Lebzeiten geschiedenen Überlebenden treten *Holzner,* Ehevermögen bei Scheidung und bei Tod, Unvereinbarkeit zweier Auseinandersetzungsmodelle (1998) und *Spitzer,* JBl 2003, 849, für eine analoge Anwendung der §§ 81 ff EheG bei Geltendmachung des § 759 Abs 2 ein. Dasselbe muß für § 68 a EheG gelten (so *Spitzer,* JBl 2003, 849).

[37]) *Spitzer,* JBl 2003, 837, 845 ff; diesem folgend *Eccher* in Schwimann § 759 Rz 3; vgl auch *Apathy* in KBB § 759 Rz 2; *Hopf/Kathrein,* Eherecht[2] (2005) § 759 Anm 2.

[38]) *Spitzer,* JBl 2003, 842 FN 30 rechtsvergleichend mwN.

5. Wohnungseigentum im Todesfall[39])

Die Rechtsnachfolge beim Wohnungseigentum richtet sich nach allgemeinem Erbrecht[40]). Sonderregeln gelten aber, wenn der Erblasser nicht allein, sondern gemeinsam mit einer anderen Person Wohnungseigentümer war.

Seit dem WEG 2002 können zwei beliebige natürliche Personen gemeinsam „Eigentümerpartner" einer Eigentumswohnung sein, dh daß ihnen der für das Wohnungseigentum erforderliche Mindestanteil (§ 2 Abs 9 WEG) gemeinsam (zu gleichen Teilen) zusteht. Beide Partner sind damit auch Miteigentümer (Eigentümerpartner) eines Miteigentumsanteils (an der Liegenschaft).

Im WEG 1975 konnte Wohnungseigentum nur einem Berechtigten ungeteilt zustehen. Nur für Ehegatten machte das Gesetz eine Ausnahme (§ 2 Abs 1, § 9 WEG 1975), sie konnten jeder Eigentümer eines halben „Mindestanteils" sein. Bei Auflösung der Ehe, zB durch Tod, mußte auch das bisherige gemeinsame Eigentum aufgehoben werden (§§ 10, 11 WEG 1975). Seit 1. 7. 2002 sind auf Ehegattenwohnungseigentum die Regeln über die Eigentümerpartnerschaft anzuwenden.

Die Notwendigkeit erbrechtlicher Sondervorschriften für Eigentümerpartner ergibt sich daraus, daß dem Überlebenden kein „fremder" Partner aufgezwungen[41]), sondern ihm die Gelegenheit zum Erwerb des Anteils des Verstorbenen gegeben werden soll. Auf Todesfälle nach dem 30. 9. 2006 ist § 14 WEG idF WRN 2006 anzuwenden[42]):

Für die nach dem Tod eines Partners eintretenden Rechtsfolgen kommt es danach primär auf die **Parteienvereinbarung** an[43]). Da die Eigentümerpartnerschaft nicht mehr auf Ehegatten beschränkt ist, spricht nichts dagegen, Vereinbarungen zu Lebzeiten über die Rechtsnachfolge von Todes wegen zwischen den Eigentümerpartnern zuzulassen (§ 14 Abs 5 WEG), in denen für die Nachfolge in einen Hälfteanteil eine dritte

---

[39]) *Welser,* Das Wohnungseigentumsgesetz 1975, NZ 1975, 150; *Faistenberger/Barta/Call,* Kommentar zum Wohnungseigentumsgesetz 1975 (1976) 227; *Zingher,* Das gemeinsame Wohnungseigentum von Ehegatten, ÖJZ 1976, 225; *Kralik,* Die Eigentumswohnung von Ehegatten in der Verlassenschaftsabhandlung, NZ 1978, 166; *Kletečka,* Die Eigentümerpartnerschaft im Todesfall. Die lex lata und ein Vorschlag für eine Novellierung, NZ 2004, 225; *Spitzer,* § 14 WEG neu: Tod des Eigentümerpartners, ecolex 2006, 818.

[40]) Allerdings kann Wohnungseigentum auch im Erbfall maximal zwei natürlichen Personen je zur Hälfte zustehen, nicht aber mehr als zwei Miterben oder zu verschiedenen Quoten (§ 12 Abs 1 WEG): OGH in immolex-LS 2005/58. Mehrere Erben könnten eine Erwerbsgesellschaft gründen, die dann den gesamten (§ 1 Abs 10 WEG e contrario) Mindestanteil erwirbt, sonst müßte ein den Voraussetzungen des § 1 Abs 10 WEG entsprechendes Erbteilungsübereinkommen geschlossen werden, um die Versteigerung nach § 12 Abs 2 WEG zu verhindern.

[41]) Vgl auch *Vonkilch,* Sanierungsbedarf beim WEG 2002, wobl 2004, 87.

[42]) BGBl I 2006/124; zur Neufassung *Spitzer,* ecolex 2006, 818.

[43]) Ausführlich *Fischer-Czermak,* Vereinbarungen nach § 14 Abs 2 und 5 WEG, Welser-FS (2004) 189.

Person vorgesehen wird[44]), die beim Erbfall einen Anspruch auf Übereignung erwirbt[45]). Eine solche Vereinbarung muß vor einem Notar oder Rechtsanwalt (§ 10 Abs 4 RAO) abgeschlossen werden[46]). Einseitige Verfügungen sind nicht gültig, da der Überlebende keinen neuen Partner aufgezwungen bekommen soll (vgl § 13 Abs 3 WEG).

Nimmt der Begünstigte den Hälfteanteil nicht an, geht der Anteil unmittelbar ins Eigentum des überlebenden Partners über (§ 14 Abs 5 Z 2 WEG).

Stirbt ein Eigentümerpartner ohne Hinterlassung einer solchen Vereinbarung, **wächst** dem anderen der halbe Mindestanteil im Zeitpunkt des Todes des Verstorbenen **zu** (§ 14 Abs 1 Z 1 WEG). Dabei handelt es sich um eine wohnungseigentumsrechtliche Anwachsung sui generis[47]) und keinen erbrechtlichen Erwerb, so daß es zB nicht auf die Erbfähigkeit ankommt und das Anwachsungsrecht auch nicht durch Enterbung entzogen werden kann[48]).

Da durch die Anwachsung die anderen Erben und Pflichtteilsberechtigten des verstorbenen Eigentümerpartners, aber auch seine Gläubiger, nicht benachteiligt werden sollen, muß der Anwachsungsberechtigte gem § 14 Abs 2 WEG – ähnlich wie der Anerbe im AnerbenG – einen **Übernahmspreis** für den Hälfteanteil in die Verlassenschaft zahlen. Wirtschaftlich wird der Anteil dabei aus der Verlassenschaft „herausgekauft". Der Übernahmspreis beträgt die Hälfte des Verkehrswertes des Mindestanteils und des damit verbundenen gemeinsamen Wohnungseigentums (also der Wert des zu übernehmenden Hälfteanteils).

Die Zahlungspflicht des Überlebenden kann durch letztwillige Verfügung (liberatorisches Legat) oder durch eine (liberatorische) Schenkung auf den Todesfall erlassen werden (§ 14 Abs 4 WEG). Die Rechtsposition der Gläubiger und Pflichtteilsberechtigten wird dadurch nach allgemeinen erbrechtlichen Regeln nicht gefährdet[49]).

Besonderes gilt, wenn der überlebende Eigentümerpartner oder der durch die Vereinbarung bestimmte Dritte selbst ein **Pflichtteilsberechtigter** ist, dem die Wohnung zur Befriedigung eines dringenden **Wohnbedürfnisses** dient.

Er muß den Übernahmspreis nicht bezahlen. Er ist freilich verpflichtet, einen geminderten Übernahmspreis zu zahlen, nämlich nicht die Hälfte, sondern nur ein Viertel des Verkehrswerts des Mindestanteils,

---

[44]) *Markl,* Zur „Vereinbarung" zwischen Eigentümerpartnern gemäß § 14 Abs 4 WEG 2002, wobl 2004, 202.

[45]) Dieser Anspruch ergibt sich entgegen *Markl,* wobl 2004, 202, direkt aus der Vereinbarung nach § 14 Abs 4 WEG; vgl *Fischer-Czermak,* Welser-FS 190ff.

[46]) Vgl *Spitzer,* ecolex 2006, 819.

[47]) Der Erwerb nach § 10 WEG 1975 wurde früher als einziger Fall des Vindikationslegats im ABGB verstanden; krit zur Abkehr *Markl,* Die Eigentümerpartnerschaft – §§ 13–14 WEG 2002, wobl 2002, 129ff.

[48]) *Kletečka,* NZ 2004, 225.

[49]) Vgl zur früheren Gefährdung der Gläubiger *Kletečka,* NZ 2004, 228.

wenn außer ihm noch andere Pflichtteilsberechtigte vorhanden sind. Wenn zwar kein anderer Pflichtteilsberechtiger vorhanden ist, aber der Nachlaß ohne Zahlung überschuldet wäre, hat der Übernehmer die Nachlaßverbindlichkeiten bis zur Höhe eines Viertels des Verkehrswerts des Mindestanteils abzudecken[50]).

Der überlebende Eigentümerpartner muß den freigewordenen Hälfteanteil allerdings nicht übernehmen. Er kann innerhalb angemessener Frist darauf **verzichten.**

Verzichtet der Partner, so ist der gesamte Mindestanteil und das damit verbundene Wohnungseigentum öffentlich feilzubieten (§ 14 Abs 1 Z 3 WEG). Der überlebende Teil verliert also auch seinen Anteil am Mindestanteil, ist aber dafür zu entschädigen.

Will der überlebende Partner den Anteil zwar nicht selbst, will er aber auch nicht darauf verzichten, kann er gemeinsam mit den Erben des Verstorbenen unter Zustimmung der Pflichtteilsberechtigten eine **Vereinbarung** schließen, wonach der halbe Mindestanteil (§ 14 Abs 1 Z 2 WEG) einer anderen Person zukommt.

Die Vereinbarung schließt entgegen dem Gesetzeswortlaut wohl der Nachlaß mit dem ausgewählten Dritten ab[51]). Die Erben vertreten dabei den Nachlaß. Gegenstand ist die Übertragung des Hälfteanteils des Verstorbenen[52]). Der überlebende Partner muß zustimmen, weil ihm kein Fremder aufgezwungen werden soll.

III. Gesetzliche Sondererbfolge

Literatur: *Edlbacher,* Das Anerbengesetz (1961); *derselbe,* Die Bestimmung des Anerben, ÖJZ 1980, 631; *derselbe,* Anerbenrechtliche Miszellen, NZ 1983, 99; *Fellner,* Zur Novellierung des Anerbengesetzes, NZ 1990, 292; *Kathrein,* Anerbenrecht (1990); *Kind,* Anerbenrecht im Wandel der Zeit, ÖJZ 2003, 741; *Kralik,* Zum Anwendungsbereich des Anerbengesetzes, NZ 1994, 49; *Zemen,* Der überlebende Ehegatte als Anerbe, NZ 1983, 145 und 161; *derselbe,* Zur Bestimmung des Anerben nach den Höfegesetzen von Kärnten und Tirol, NZ 2005, 353.

A. Anerbenrecht

Eine von der allgemeinen gesetzlichen Erbfolge abweichende Regelung gibt es im bäuerlichen Anerbenrecht. Rechtsquelle ist vor allem das **AnerbenG 1958,** das 1989 auch für Vorarlberg in Geltung gesetzt wurde. In Kärnten und Tirol sind besondere **Höferechte** in Kraft (Kärntner ErbhöfeG 1990; Tiroler HöfeG 1900 idF BGBl I 2003/112).

Das Anerbenrecht dient seiner eigenen Zielsetzung nach „der Sicherung eines wirtschaftlich gesunden und leistungsfähigen Bauernstandes". Es soll die **Zerstückelung** des „Erbhofes" und die Entstehung von **Zwergwirtschaften verhindern** und durch Ausschluß der Zivilteilung das Bau-

[50]) *Spitzer,* ecolex 2006, 819.
[51]) So zutreffend *Spitzer,* ecolex 2006, 820f.
[52]) *Spitzer,* ecolex 2006, 820; aA *Gantner* in Hausmann/Vonkilch § 14 WEG Rz 21.

erngut der Stammfamilie erhalten[1]). Erste Voraussetzung ist das Vorhandensein eines „Erbhofes".

Erbhöfe sind mit einer Hofstelle versehene land- und forstwirtschaftliche Betriebe[2]), die im Eigentum einer natürlichen Person, von Ehegatten oder eines Elternteils und eines Kindes stehen und einen Durchschnittsertrag haben, der zur angemessenen Erhaltung von zwei erwachsenen Personen ausreicht, jedoch das Zwanzigfache dieses Ausmaßes[3]) nicht übersteigt (§ 1 AnerbenG).

Ähnlich das Kärntner ErbhöfeG; nach dem Tiroler HöfeG ist die Eintragung in die Höfeabteilung des Grundbuches entscheidend.

Die Art der Bewirtschaftung steht dem Eigentümer frei, die Eigenschaft als Anerbenhof geht nicht dadurch verloren, daß der Eigentümer nicht den ganzen Betrieb selbst bewirtschaftet oder ihn verpachtet[4]).

Aus den möglichen Erben wird ein **„Anerbe"** bestimmt[5]), der den Hof[6]) erhält und die „weichenden" Erben in Geld abfinden muß (§ 3 AnerbenG, § 15 Tiroler HöfeG, § 6 Kärntner ErbhöfeG[7]).

Stand der Erbhof im Eigentum von Ehegatten (§ 4 AnerbenG) oder eines Elternteils und eines Kindes (§ 4a AnerbenG), so ist der überlebende Teil Anerbe. Im übrigen gelten für seine Ermittlung komplizierte Regeln (s insbesondere § 3 AnerbenG).

War zB der Erblasser Alleineigentümer des Hofes, so haben Kinder, die zur Land- oder Forstwirtschaft erzogen wurden, den Vorrang. Deszendenten des Erblassers gehen dem überlebenden Ehegatten vor, wenn sie auf dem Erbhof aufgewachsen sind. Landwirtschaftlich ausgebildete und nicht anderweitig versorgte Miterben haben vor den für einen anderen Beruf erzogenen oder anderweitig versorgten Erben Vorrang[8]). Bleiben nach diesen Regeln mehrere Miterben übrig, so entscheidet nach dem in der Gegend geltenden Brauch das Ältesten- oder das Jüngstenrecht[9]). Ohne Bedeutung ist es, ob es sich um eheliche oder uneheliche Abkömmlinge oder um Wahlkinder handelt.

Der Anerbe kann allerdings nicht zur Übernahme des Hofes gezwungen werden. Will er lieber **„weichender Erbe"** sein, so kommt der

---

[1]) Zur aus diesem Telos folgenden internationalprivatrechtlichen Sonderanknüpfung OGH in SZ 2003/44.

[2]) Überwiegend forstwirtschaftliche Besitzungen können die Erbhofqualität begründen, wenn ein Teil des Gesamtbetriebes landwirtschaftlich geführt wird: *Kralik,* Zum Anwendungsbereich des Anerbengesetzes, NZ 1994, 49; *Kind,* ÖJZ 2003, 743; aA *Rechberger/Oberhammer,* Zur Erbhofqualität überwiegend forstwirtschaftlich genutzter Großgrundbesitzungen, NZ 1993, 249; zur Berücksichtigung hinzugepachteter Flächen: OGH in JBl 1994, 759; zur Beurteilung „gemischter Höfe" nach dem Kärntner Erbhöfegesetz s OGH in EvBl 1994/178.

[3]) Zur Bemessung der Ertragsfähigkeit vgl OGH in SZ 59/187; SZ 69/143; EvBl 1997/77.

[4]) OGH in EvBl 1978/86; *Kralik,* Erbrecht 372.

[5]) Zur Zulässigkeit von 2-Personen Erbhöfen *Zemen,* Der Anerbe im Parentelensystem, JBl 2005, 27.

[6]) Samt den Erträgen seit dem Tod des Erblassers: OGH in SZ 60/53.

[7]) Zu den Rangregeln in Kärnten und Tirol ausf *Zemen,* NZ 2005, 353.

[8]) Dazu *Edlbacher,* ÖJZ 1980, 631; *Kralik,* Erbrecht 378ff; OGH in SZ 49/27.

[9]) S diese bei *Dittrich/Tades,* ABGB MGA[36] II 108f.

Nächstberufene zum Zuge. Bei einer Weigerung aller als Anerben in Betracht kommender Personen sind die Erbteilungsregeln des AnerbenG unanwendbar[10]).

Der Anerbe muß die Miterben in Geld abfinden. Zur Vermeidung von Belastungen, die den Anerben an der wirtschaftlichen Führung des Gutes behindern könnten, hat das Verlassenschaftsgericht bei der Berechnung der Erbteile nicht den wahren Wert des Hofes, sondern einen begünstigten **Übernahmspreis** zugrunde zu legen. Dieser ist so zu bestimmen, **„daß der Anerbe wohl bestehen kann"**[11]).

Der Übernahmspreis wird vom Erben in den Nachlaß eingezahlt und dann nach den Regeln der allgemeinen gesetzlichen Erbfolge an alle Erben – also auch an den Anerben – verteilt. Wirtschaftlich gesehen „kauft" der Übernehmer den Hof, der aus dem Nachlaß ausscheidet[12]). Die Begünstigung des Anerben liegt in der Berechnung des Übernahmswertes.

Darüber hinaus können dem Anerben günstige Zahlungsmodalitäten eingeräumt werden. Die Auszahlung kann in Raten erfolgen; die Ansprüche der Miterben sind hypothekarisch sicherzustellen[13]).

Neben dem Recht auf die Abfindung haben die weichenden Erben verschiedene Ansprüche auf Versorgung. Der überlebende Ehegatte, der nicht Anerbe ist, hat das Recht auf angemessenen Unterhalt auf Lebenszeit (Ausgedinge)[14]).

Das AnerbenG enthält auch Vorkehrungen gegen den Mißbrauch der erbrechtlichen Begünstigung durch den Anerben. Veräußert er innerhalb von zehn Jahren nach dem Tod des Erblassers den Erbhof[15]), so hat er jenen Betrag herauszugeben, um den der bei Verkauf des Hofes erzielbare Erlös den inneren Wert des seinerzeitigen Übernahmspreises übersteigt. Dieser Mehrbetrag ist an die Erben zu verteilen: **Nachtragserbteilung** (§ 18 AnerbenG).

Da das Anerbenrecht gesetzliches Erbrecht ist, kann der Erblasser davon abweichen. Allerdings sind auch bei **gewillkürter** Erbfolge in der Regel die Bestimmungen des Anerbengesetzes – mit Ausnahme jener über die gesetzliche Erbfolge – anzuwenden, wenn der Erblasser dies nicht ausdrücklich oder stillschweigend ausgeschlossen hat (§§ 8, 11 AnerbenG)[16]). Nach dem Tiroler HöfeG ist eine Teilung der Erbhöfe jedenfalls ausgeschlossen.

Die Anwendung des AnerbenG bei gewillkürter Erbfolge bringt zB dem Hofübernehmer den Vorteil, daß die Pflichtteile vom Übernahmspreis errechnet werden.

---

[10]) OGH in SZ 57/165.

[11]) Dazu *Edlbacher,* NZ 1983, 100f; *H. Posch,* Praktische Erfahrung mit dem Anerbenrecht, NZ 2001, 321ff; OGH in SZ 45/40; SZ 45/89; SZ 63/214; JBl 1997, 250; vgl auch SZ 26/64.

[12]) Ein ähnliches Konzept verfolgt zT § 14 WEG; *Spitzer,* § 14 WEG neu: Tod des Eigentümerpartners, ecolex 2006, 818.

[13]) Vgl OGH in SZ 41/102; EvBl 1998/133.

[14]) Vgl aber für Tirol OGH in SZ 54/145.

[15]) Vgl OGH in SZ 34/191; NZ 1999, 52.

[16]) Vgl dazu auch OGH in EvBl 1975/207; JBl 1990, 109.

B. Gesetzliches Erbrecht nach Geistlichen

Auf Grund verschiedener Hofdekrete und Hofkanzleidekrete bestanden für die gesetzliche Erbfolge nach bestimmten Geistlichen eigene Bestimmungen[17]). Sie wurden durch das 1. BRBG (BGBl I 1999/191) mit Wirkung 1. 1. 2000 aufgehoben, so daß es nun zur **allgemeinen** gesetzlichen Erbfolge kommt.

5. Kapitel

Die letztwilligen Verfügungen im allgemeinen

I. Allgemeines

Die gesetzliche Erbfolgeordnung kann vom Erblasser durch Rechtsgeschäfte von Todes wegen geändert werden, ist also dispositives Recht.

Es gibt einseitige und zweiseitige Rechtsgeschäfte von Todes wegen. Das einseitige Rechtsgeschäft heißt **letztwillige Verfügung,** das zweiseitige **Erbvertrag.** S unten S 522ff. Keine letztwilligen Verfügungen sind entgeltliche Vereinbarungen über Vermögensbestandteile, die erst mit dem Tod eines Vertragspartners wirksam werden sollen[1]).

Letztwillige Verfügungen sind formgebundene, einseitige, nicht empfangsbedürftige, jederzeit widerrufliche Anordnungen des Erblassers über seinen Nachlaß (§ 552).

Wer eine letztwillige Verfügung errichtet, heißt **Testator.** Enthält die Verfügung eine Erbseinsetzung, so wird sie **Testament** genannt, sonst **Kodizill** (§ 553).

Soweit das Gesetz nichts anderes bestimmt, sind auf Kodizille die Vorschriften über Testamente anzuwenden.

Dies gilt vor allem für die Gültigkeit, die Auslegung und den Widerruf. In den §§ 713f werden allerdings Testament und Kodizill verschieden behandelt, s unten S 510.

Die Freiheit, einen letzten Willen zu errichten, nennt man **Testierfreiheit.** Sie ist zwingenden Rechtes, der Erblasser kann darauf nicht verzichten. Vgl auch § 716.

Geschäfte von Todes wegen sind höchstpersönliche Rechtsgeschäfte. Es gibt dabei **keine** gesetzliche oder gewillkürte **Stellvertretung.** Der Erblasser kann auch nicht die Bestimmung des Erben einem Dritten überlassen (§ 564).

Alle Geschäfte von Todes wegen lassen dem Erblasser die **Verfügungsfreiheit unter Lebenden.** Wie die gesetzlichen Erben erhalten auch die Testamentserben nur den Nachlaß, also dasjenige, was im Zeitpunkt des Todes vorhanden ist.

---

[17]) Vgl dazu die 10. Auflage Bd II S 315f.

[1]) OGH in NZ 1994, 231 mwN.

II. Gültigkeitserfordernisse einer letztwilligen Verfügung

Literatur: *Abraham,* Der Begriff der Testierfähigkeit, NZ 1993, 25; *Cholewa,* Die Anerkennung formwidriger Testamente, NZ 1950, 12, 26; *Ehn,* Der Animus Testandi, NZ 1975, 166; *B. Jud,* Testierabsicht, Form und Konversion, NZ 2001, 10; *Knütel,* Zur sogenannten Erfüllungs- und Nichterfüllungsfiktion bei der Bedingung, JBl 1976, 613; *Kralik,* Das Testamentum ruptum und das Pflichtteilsrecht des unehelichen Kindes, JBl 1973, 541; *Pohl,* „Unbewußte Vorstellungen" als erbrechtlicher Anfechtungsgrund? (1976); *Reinl,* Gedanken zur Frage der Testierfähigkeit, JBl 1978, 587; *Spitzer,* Änderungen im Erbrecht durch das KindRÄG 2001, NZ 2003, 353; *derselbe,* Neues zu letztwilligen Verfügungen, NZ 2006, 77; *Welser,* Die kassatorische Klausel, Demelius-FS (1973) 491; *derselbe,* Gegenständlich beschränkte (partielle) Testierunfähigkeit, NZ 1987, 169.

Die Regeln der allgemeinen Rechtsgeschäftslehre finden auf letztwillige Verfügungen nur soweit Anwendung, als das Erbrecht nichts anderes bestimmt. Besonderes gilt vor allem für die Testierfähigkeit und die Testierabsicht, die Willensmängel, die Möglichkeit und Erlaubtheit und die Form.

A. Testierfähigkeit

Testierfähigkeit ist die zur Errichtung oder Aufhebung letztwilliger Verfügungen erforderliche Geschäftsfähigkeit.

Die Testierfähigkeit muß beim **Testierakt,** aber auch nur bei diesem, vorhanden sein.

Später eintretende Hindernisse berühren die Gültigkeit der Verfügung nicht (§ 575); ein ohne Testierfähigkeit errichteter letzter Wille bleibt ungültig, wenn der Erblasser später testierfähig wird (§ 576).

Wie die Geschäftsfähigkeit überhaupt, kann auch die Testierfähigkeit aus Gründen des Alters oder der psychischen Verfassung ganz fehlen (Mangel der Testierfähigkeit) oder eingeschränkt sein (beschränkte Testierfähigkeit)[1]).

1. Alter

Voll testierfähig sind Personen über 18 Jahren im Vollbesitz ihrer geistigen Kräfte (§ 569).

Mündige Minderjährige (ab Vollendung des vierzehnten Lebensjahres) sind **beschränkt testierfähig.** Es besteht für sie zwar keine inhaltliche, aber eine formelle Schranke: Sie können über ihr ganzes Vermögen verfügen, der letzte Wille muß aber **mündlich** vor **Gericht** oder **Notar** errichtet werden.

Das Gericht muß sich durch eine angemessene Erforschung zu überzeugen suchen, daß die Erklärung des letzten Willens frei und mit Überlegung geschehe[2]). Die

---

[1]) Gegen diesen Begriff *Sperl,* Zum Begriff und zur Problematik der Testierfähigkeit, JBl 1975, 449f, und für den Anwendungsbereich des § 568: *Edlbacher,* Ein paar allgemeine Anmerkungen zum Sachwalterschaftsgesetz, ÖJZ 1985, 165.

[2]) Näheres bei *Spitzer,* NZ 2003, 353.

Erklärung muß in ein Protokoll aufgenommen und dasjenige, was sich aus der Erforschung ergeben hat, beigerückt werden (§ 569 Satz 2; § 568 Satz 2 und 3)[3]).

2. Geisteszustand

Geisteskranke, Geistesschwache und andere Personen, die den Gebrauch der **Vernunft** nicht haben **oder im Bewußtsein** gestört sind, können keine gültige letztwillige Anordnung errichten (§ 566).

Testierunfähigkeit bewirken zB auch kurzzeitige schwere Beeinträchtigungen der Erkenntnis- und Willenstätigkeit, wie jene durch Alkohol, Nervengifte, Schock uä.

Nach der Rechtsprechung genügen für die Testierfähigkeit geringere Voraussetzungen als für die allgemeine Geschäftsfähigkeit. Die Judikatur fordert meist nur, daß dem Erblasser der Testiervorgang und der Inhalt der Verfügung bewußt sind[4]). Allerdings wird man mindestens eine dem **mündigen Minderjährigen** entsprechende Einsichtsfähigkeit verlangen müssen[5]).

Geistige Störungen, die sich nur in bestimmter Hinsicht auswirken, schließen die Testierfähigkeit aus, wenn der Testierakt zu dem von der Krankheit tangierten Bereich gehört **(„partielle Testierunfähigkeit")**[6]). Die Störung muß für den Inhalt der letztwilligen Verfügung nicht kausal gewesen sein, es genügt schon die qualifizierte Möglichkeit der Beeinflussung[7]).

Die letztwillige Verfügung ist gültig, wenn sie in einem lichten Augenblick **(lucidum intervallum)** getroffen wurde (§ 567).

Die Beweislast für die Testierunfähigkeit trifft jenen, der die Geisteskrankheit oder Bewußtseinsstörung behauptet. Ist aber der Erblasser im allgemeinen geistesgestört, so muß das lucidum intervallum erwiesen werden (§ 567)[8]).

3. Sachwalterschaft

Psychisch Kranke oder geistig Behinderte, denen ein Sachwalter bestellt worden ist (dazu Bd I S 60ff), können, wenn das Gericht dies im

---

[3]) Die Aufnahme der Erklärung über die Prüfung der Testierfähigkeit in das Protokoll ist eine Gültigkeitsvoraussetzung: OGH in NZ 2000, 147; zur Nachholung der Beirückung auch aus strafrechtlicher Sicht *Schick/Gurmann,* (Eigen-)Änderung einer Urkunde durch Vornahme einer nachträglichen Beirückung gem §§ 568f ABGB, NZ 2005, 1.

[4]) OGH in SZ 34/198; SZ 52/173; SZ 56/180; ebenso *Weiß* in Klang III 263; kritisch *Abraham,* NZ 1993, 25.

[5]) Zustimmend *Abraham,* NZ 1993, 31; für strenge Anforderungen auch *Reinl,* JBl 1978, 587; OGH in SZ 52/173; NZ 1986, 203; NZ 1989, 212 *(G. Graf).*

[6]) *Welser* in Rummel § 566 Rz 5; OGH in NZ 1989, 212 *(G. Graf).*

[7]) *Welser,* NZ 1987, 170ff ; diesem folgend OGH in SZ 63/116.

[8]) Ebenso *Sperl,* JBl 1975, 451f; vgl auch OGH in JBl 1961, 322; SZ 51/8.

Sachwalterbestellungsbeschluß anordnet, nur **mündlich vor Gericht oder Notar** testieren (§ 568).

Bis zum FamErbRÄG 2004 führte jede Sachwalterbestellung ipso iure auch zur Beschränkung der Testamentsformen. Die Starrheit dieser Regelung wurde zu Recht gerügt, unterlagen doch auch Personen der Beschränkung, die einen Sachwalter aus Gründen erhalten haben, welche die Testierfähigkeit nicht berühren, wie zB die Unfähigkeit zur Vermögensverwaltung oder zur gerichtlichen Durchsetzung einzelner Ansprüche[9]).

Gibt es keine solche Anordnung, können – ausreichende Testierfähigkeit im konkreten Einzelfall vorausgesetzt – letztwillige Verfügungen in allen zur Verfügung stehenden Formen errichtet werden[10]).

Für Sachwalterbestellungen vor dem 1. 1. 2005 gilt generell die Beschränkung auf Testamente vor Gericht oder Notar. Wird ein Beschluß aus dieser Zeit nunmehr abgeändert und keine Anordnung der Beschränkung der Testamentsformen aufgenommen, stehen der Schutzperson alle Testamentsformen offen[11]).

Ordnet das Gericht die Beschränkung der Testamentsformen an, folgt daraus nicht, daß eine vor Notar oder Gericht errichtete Verfügung schlechthin gültig ist. Die besondere Form ersetzt nämlich nicht die zur Errichtung eines letzten Willens unbedingt nötige **Einsichtsfähigkeit**[12]). Gericht oder Notar[13]) haben sich bei der Errichtung des letzten Willens durch eine angemessene Erforschung zu überzeugen zu suchen, daß die Erklärung frei und mit Überlegung geschieht und das Ergebnis dieser Prüfung in das Protokoll aufzunehmen. Fehlt dem Testator tatsächlich auch die für eine solche Verfügung notwendige Einsichtsfähigkeit, dürfen Gericht oder Notar die Aufnahme der Verfügung zwar nicht ablehnen, die Verfügung ist aber dennoch ungültig.

§ 34 Abs 2 NO untersagt aber an sich dem Notar, „mit solchen Personen eine Amtshandlung vorzunehmen, rücksichtlich deren er weiß oder mit Grund annehmen muß, daß sie wegen Minderjährigkeit oder aus einem anderen Grunde zu dem vorzunehmenden Rechtsgeschäfte unfähig seien". § 70 NO iVm § 569 ABGB iVm § 568 ABGB ist lex specialis zu diesem Grundsatz[14]).

Der gerichtlich angeordnete Formzwang besteht auch in lichten Augenblicken oder nach Wiederherstellung der Gesundheit, bis der Sachwalter seines Amtes enthoben ist.

---

[9]) Vgl *Schauer,* Anmerkungen zum neuen Sachwalterrecht, NZ 1983, 53; *Steinbauer,* Die Handlungsfähigkeit geistig Behinderter nach dem neuen Sachwalterrecht, ÖJZ 1985, 390f; *Tschugguel,* Letztwillige Verfügungen und Sachwalterschaft, in Weißmann-FS (2003) 940f; *Spitzer,* NZ 2003, 354.

[10]) *Spitzer,* NZ 2006, 78.

[11]) Zu den Übergangsbestimmungen (Art IV § 8 FamErbRÄG) *Spitzer,* NZ 2006, 78.

[12]) *Schauer,* NZ 1983, 55; *Spitzer,* NZ 2006,78.

[13]) Die Erforschungspflicht trifft beide. Dazu *Spitzer,* NZ 2003, 354; *derselbe,* NZ 2006, 78 FN 4; *Eccher* in Schwimann § 568 Rz 6.

[14]) *Schauer,* Anmerkungen zum neuen Sachwalterrecht, NZ 1983, 53f; *Spitzer,* NZ 2003, 354 FN 6; *derselbe,* NZ 2006, 78.

4. Ordenspersonen

Nach § 573 sind Ordenspersonen[15]), welche die **feierlichen Gelübde** abgelegt haben, testierunfähig, doch ist diese Vorschrift nicht mehr anwendbar.

B. Testierabsicht

Letztwillige Verfügungen sind Willenserklärungen und setzen daher einen Rechtsfolgewillen voraus, den man hier **Testierabsicht** (animus testandi) oder Testierwillen nennt.

Zur Testierabsicht gehört das **Bewußtsein,** jetzt eine letztwillige Verfügung zu errichten. Ob diese Voraussetzung erfüllt ist, muß auf Grund sämtlicher Umstände beurteilt werden. Briefliche Erklärungen, die der Form des eigenhändigen Testaments (§ 578) entsprechen, sind daher nur letzter Wille, wenn sie der Erblasser als Anordnung gemeint hat[16]). Die Testierabsicht muß in der Verfügung nicht selbst zum Ausdruck kommen, die Andeutungstheorie gilt diesbezgl nicht.

Wer aus einer Urkunde des Erblassers Rechte ableitet, muß nachweisen, daß sie den Charakter einer letztwilligen Verfügung hat[17]).

Der Testierwille fehlt bei der allgemeinen Aussage des Erblassers, daß Lebensgefährten einander ohnedies beerben, so daß eine Verfügung nicht notwendig sei[18]), oder bei der gelegentlichen Äußerung, sein Vermögen werde einmal einer bestimmten Person zufallen[19]); ebenso bei der Mitteilung an den Rechtsanwalt, was Inhalt des zu errichtenden Testaments sein soll[20]).

Hingegen kann auch eine bloß „vorläufige Anordnung" oder ein „Entwurf" eine gültige Erklärung sein, wenn der Erblasser den Willen hatte, sie bis zu einer anderen Regelung gelten zu lassen[21]). Der animus testandi wird auch nicht dadurch ausgeschlossen, daß der Erblasser im Testament ankündigt, dieses später zu ändern[22]).

Nach § 565 muß der Wille des Erblassers mit „Überlegung" erklärt werden, doch ist dies nicht wörtlich zu nehmen. Auch voreilig getroffene Verfügungen sind gültig[23]).

---

[15]) Näheres bei *Melichar,* Ordenseintritt und vermögensrechtliche Rechts- und Handlungsfähigkeit nach kanonischem und österreichischem Recht, NZ 1955, 17, 38; *Pree,* Die Hintergründe der vermögensrechtlichen Sonderbehandlung von Klerikern und Ordensleuten im österreichischen bürgerlichen Recht, ArchKirchR 1975, 100; *Primetshofer,* Feierliches Armutsgelübde und staatliche Erbfähigkeit, ArchKirchR 1974, 274; *derselbe,* Das Ordensrecht[3] (1988), 149f; OGH in SZ 2/50.

[16]) *B. Jud,* NZ 2001, 13ff, dieser folgend OGH in NZ 2003, 308 *(B. Jud)* = EvBl 2003/98; vgl aber *Stagl,* Der Wortlaut als Grenze der Auslegung von Testamenten[2] (2005) 73.

[17]) OGH in NZ 1991, 315. Zu weiteren Beweislastfragen *Ehn,* NZ 1975, 166f und *Keinert,* Revisionsfragen beim außergerichtlichen mündlichen Testament, in Buchegger/Holzhammer, Beiträge zum Zivilprozeßrecht II (1986) 33.

[18]) OGH in NZ 1969, 126.

[19]) OGH in RZ 1967, 90; vgl auch SZ 62/60.

[20]) Vgl *Ehrenzweig* II/2, 413.

[21]) OGH in GlU 13.887; SZ 24/31; vgl auch SZ 18/46.

[22]) OGH in NZ 1986, 70.

[23]) *Ehrenzweig* II/2, 413.

C. Freiheit von Willensmängeln

Das Fehlen eines Erklärungsempfängers (s oben S 493) erlaubt es, Willensmängel stärker zu berücksichtigen als bei Geschäften unter Lebenden.

1. List, Zwang

List und Zwang (§ 565) machen die Verfügung ohne Rücksicht auf ihren Urheber **anfechtbar.** Es ist auch unerheblich, ob der Drohende berechtigt war, dem Erblasser das Übel zuzufügen[24]).

Daher ist ein Testament ungültig, wenn die hilflose Erblasserin ihre Pflegerin deshalb eingesetzt hat, weil diese erklärte, sie werde sie sonst verlassen[25]).

Von List und Zwang müssen bloße **Ratschläge,** Schmeicheleien und Zudringlichkeiten unterschieden werden, denen der Erblasser ausweichen kann[26]).

2. Irrtum

Nach § 570 macht jeder „wesentliche" Irrtum des Erblassers die letztwillige Verfügung „ungültig", ohne daß es weiterer Voraussetzungen, wie sie zB § 871 aufstellt, bedarf. Der Irrtum ist **wesentlich,** „wenn der Erblasser die Person, die er bedenken oder den Gegenstand, den er vermachen wollte, **verfehlt hat**". Damit ist ein Erklärungs- oder Inhaltsirrtum gemeint, der den Erblasser bei Kenntnis der Sachlage von der Verfügung **abgehalten hätte**[27]). Worauf er zurückgeht, ist unerheblich. Unwesentliche Irrtümer sind solche, die sich nur auf die Nebenumstände einer Anordnung beziehen, wie eine Befristung oder einen Termin. In solchen Fällen wird die Verfügung im Sinne des wahren Willens des Erblassers verstanden, wenn es ihr **Wortlaut** zuläßt. Die Berücksichtigung eines vom Wortlaut nicht mehr gedeckten Willens widerspräche Sinn und Zweck des Formgebots und ist deshalb unzulässig[28]).

Der Irrtum ist ursächlich, wenn der Erblasser seine Geschwister nur einsetzt, weil er sie für pflichtteilsberechtigt hält[29]); oder wenn er nur deshalb neuerlich testiert, weil er die Einsetzung seines außerehelichen Kindes im ersten Testament für ungültig hält[30]); oder wenn er das erste Testament in der Meinung widerruft, die zweite Verfü-

---

[24]) *Weiß* in Klang III 261 mwN.

[25]) OGH in SZ 22/134.

[26]) OGH in NZ 1932, 90; *Weiß* in Klang III 261.

[27]) S *Kralik,* Erbrecht 107.

[28]) *Kralik,* Erbrecht 107. *Kerschner,* Irrtumsanfechtung insbesondere beim unentgeltlichen Geschäft (1984) 137ff, läßt sogar Erweiterungen zu. Gegen die Analogie *Ehrenzweig* II/2, 414; *Steinwenter,* ZBl 1937, 10; zum Verhältnis zur Andeutungstheorie zuletzt *Stagl,* Auslegung 78ff.

[29]) OGH in GlU 3940.

[30]) OGH in GlU 2734.

gung sei gültig[31]). Hingegen fehlt die Kausalität des Irrtums bei Einsetzung der wegen Ungültigkeit der Ehe bloß vermeintlichen Ehefrau[32]).

§ 572 erklärt auch den **Motivirrtum** für erheblich: „Auch wenn der von dem Erblasser angegebene Beweggrund falsch befunden wird, bleibt die Verfügung gültig, es wäre denn erweislich, daß der Wille des Erblassers einzig und allein auf diesem irrigen Beweggrunde beruht habe."

„Einzig und allein" heißt, daß der Irrtum kausal sein muß[33]).

§ 572 setzt entgegen seinem Wortlaut nicht voraus, daß der Beweggrund „in der Verfügung angegeben ist". Auch ein nicht angeführtes, ja sogar ein vom angeführten abweichendes Motiv ist relevant[34]). Es kommt nur darauf an, daß Motiv und Irrtum erweislich sind[35]). Daher ist zB Anfechtung möglich, wenn der Erblasser das irrige Motiv unerwähnt gelassen hat, um die Ehre des Bedachten zu schonen.

Auch Motivirrtümer über **Zukünftiges** sind beachtlich[36]), soweit sie nicht in Sondertatbeständen typisiert sind (vgl die §§ 616f, 777, 781)[37]).

Hat E seine Frau zur Erbin eingesetzt, so ist das Testament anfechtbar, wenn sie ihn später verläßt und mit einem Freund lebt, wenn die Kenntnis dieses Umstandes den E von seiner Verfügung abgehalten hätte.

Der Irrtum des Erblassers ist **unerheblich,** wenn anzunehmen ist, daß die Aufrechterhaltung der Verfügung noch eher dem Willen des Erblassers entspricht als ihr Wegfall[38]).

E nimmt irrtümlich an, den Sohn seines Freundes nicht einsetzen zu können, weil er vorbestraft ist, und bedenkt daher den Freund selbst. Nach einer Anfechtung der Verfügung würde der Nachlaß nicht an den Sohn des Freundes, sondern an die gesetzlichen Erben fallen.

3. Falsa demonstratio und Erklärungsirrtum

Der Anwendungsbereich der Irrtumsregeln wird durch § 571 eingeschränkt, der die **„falsa demonstratio"** („Fehlbezeichnung") für unbeachtlich erklärt. Man versteht darunter Fälle des Erklärungsirrtums, in denen der Erblasser die von ihm gemeinten Personen oder Sachen im Glauben, sie richtig zu bezeichnen, **falsch benennt.** Wenn man weiß, was der Testator wirklich gewollt hat, ist die Verfügung in dem von ihm gemeinten Sinn gültig.

Es schadet also nicht, wenn der Erblasser seine „Kusine Marion" und seinen „Vetter Franz" bedacht hat, während die Eingesetzten Nichte und Neffe sind. Ebensowenig berührt es die Gültigkeit der Verfügung, wenn der Erblasser das von einem hol-

---

[31]) *Ehrenzweig* II/2, 470.

[32]) OGH in GlU 15.173.

[33]) *Pfaff/Hofmann,* Kommentar II 119; *Ehrenzweig* II/2, 415; aA *Weiß* in Klang III 286ff; OGH in SZ 52/173.

[34]) *Ehrenzweig* II/2, 415; *Kralik,* Erbrecht 106.

[35]) *Weiß* in Klang III 286.

[36]) *Weiß* in Klang III 288; *Kerschner,* Irrtumsanfechtung 152ff.

[37]) *Kralik,* JBl 1973, 543f; vgl auch OGH in JBl 1955, 359. Zum Problem auch *Pohl,* „Unbewußte Vorstellungen".

[38]) *Ehrenzweig* II/2, 415; *Steinwenter,* ZBl 1937, 12; *Weiß* in Klang III 222.

ländischen Maler geschaffene Gemälde als seinen „Kremser Schmidt“ vererbt, weil er irrtümlich der Meinung war, das Bild stamme von diesem Meister.

§ 571 ist die einzige Bestimmung des ABGB, die ausdrücklich von der Fehlbezeichnung spricht. Allerdings kann aus § 914 (Absicht der Parteien) dasselbe abgeleitet werden: Auch Geschäfte unter Lebenden sind gültig, wenn die Parteien bloß einen falschen Ausdruck gewählt haben (vgl Bd I S 150).

Die Grenzziehung zwischen der falsa demonstratio und einem **Erklärungsirrtum** ist oft schwierig. Fehlbezeichnung ist anzunehmen, wenn der vom Erblasser verwendete Ausdruck nach seiner subjektiven Vorstellung das Gewollte ausdrückt, er also die Bezeichnung willentlich, wenn auch fälschlich wählt. Hingegen handelt es sich um Fälle eines Erklärungsirrtums (§ 570), wenn der Erblasser unwillkürlich etwas anderes erklärt, als er erklären wollte, indem er sich zB verschreibt, verspricht oder die letztwillige Verfügung durch den Schreiber entstellt wird[39]). Falsa demonstratio scheidet überhaupt aus, wenn sich der Irrtum gar nicht auf die eigentliche Erklärung, sondern auf sonstige Umstände bezieht.

Setzt der Erblasser einer Person, deren Tod ihm bekannt ist, ein Legat aus, weil er meint, daß dieses (auf Grund des Gesetzes) ihren Kindern zufallen werde, so liegt in der Benennung des Verstorbenen keine unrichtige Bezeichnung der Kinder[40]). Weiß der Erblasser, daß ihm nur eine Haushälfte gehört, spricht er aber von „seinem Haus“, so ist dies falsa demonstratio. Meint er, das Haus stehe in seinem Alleineigentum und will er es je zur Hälfte seinen beiden Töchtern hinterlassen, so liegt Motivirrtum vor, wenn die eine Hälfte schon einer Tochter gehört[41]).

4. Irrtümliche Übergehung von Noterben

Besondere Vorschriften gelten für die irrtümliche Übergehung von pflichtteilsberechtigten Kindern (§§ 777 f). Sie greifen ein, wenn erwiesen werden kann, daß die Übergehung nur daher rühre, daß dem Erblasser das **Dasein** dieser Kinder **unbekannt** war.

War dem Erblasser das Dasein des Kindes bekannt, so wird absichtliche Übergehung vermutet, so daß das Kind auf den Pflichtteil beschränkt ist (§ 776). Auch dieser entfällt, wenn der Erbe einen Enterbungsgrund nachweist (§ 782).

Hat der Erblasser **eines** von mehreren Kindern übergangen, weil ihm sein Dasein unbekannt war, so braucht sich der Übergangene nicht mit dem Pflichtteil zu begnügen, sondern kann so viel fordern wie das am mindesten bedachte Kind[42]). Es kommt also zu einer **Korrektur** des letz-

---

[39]) *Ehrenzweig* II/2, 414. Abweichend *Kerschner,* Irrtumsanfechtung 137 ff; *Kralik,* Erbrecht 105 FN 18.

[40]) *Pfaff/Hofmann,* Kommentar II 115; *Steinwenter,* ZBl 1937, 10; vgl aber OGH in GlU 2632.

[41]) Unrichtig OGH in SZ 37/136.

[42]) *Kralik,* Erbrecht 112, beschränkt den Übergangenen auf den gesetzlichen Erbteil. Dagegen *Rabl,* § 777 ABGB und die Anpassung einer letztwilligen Verfügung, NZ 1996, 50.

ten Willens[43]), die Belastung muß von allen Erben und Legataren, nicht jedoch vom Ehegatten mit dem gesetzlichen Vorausvermächtnis, getragen werden (§ 783)[44]).

Dem Erblasser ist das Dasein des Kindes nur bekannt, wenn er bei Errichtung des letzten Willens seine physische Existenz und das familienrechtliche Verhältnis zu ihm kennt. Daher ist ihm das Dasein unbekannt, wenn er von der Geburt des Kindes nichts weiß, es für verstorben hält oder meint, es sei nicht das leibliche Kind seines Sohnes[45]); ebenso, wenn er das Kind erst später adoptiert[46]).

Hat der Erblasser sein **einziges** Kind übergangen, weil ihm sein Dasein unbekannt war, oder erhält ein kinderloser Erblasser nach Erklärung seines letzten Willens ein Kind, für das keine Vorsehung getroffen ist, so wird der letzte Wille, abgesehen von gewissen Vermächtnissen, entkräftet (§ 778): **„testamentum ruptum".**

Den ersten Fall – „Dasein unbekannt" – nennt man „Präterition", den zweiten – „Nachgeburt" – „Agnation". Der Ausdruck „testamentum ruptum" stammt aus dem römischen Recht und bezeichnete ursprünglich nur den ersten Fall: „Adgnatus postumus rumpitur testamentum".

Der Erblasser erhält ein Kind nicht bloß durch Geburt, sondern auch durch Adoption[47]).

„Vorsehung treffen" heißt, das Kind im letzten Willen erwähnen[48]); eine materielle Zuwendung ist nicht erforderlich, doch muß der Erblasser die Erwähnung in dem Bewußtsein vorgenommen haben, daß es sich um sein Kind handelt. Daher ist keine Vorsorge getroffen, wenn der Erblasser sein Pflegekind bedenkt und sich erst später entschließt, es zu adoptieren[49]).

Während § 777 und § 778, 1. Variante (Präterition) bloß Sonderfälle des Irrtums über Gegenwärtiges sind, trägt das Gesetz in § 778, 2. Variante (Agnation) einer **künftigen Entwicklung** Rechnung, so daß eine Geschäftsgrundlagenproblematik vorliegt, die freilich auch irrtumsrechtlich gesehen werden kann[50]). Daher bleibt es in allen Fällen der §§ 777, 778 bei der Verfügung des Erblassers, wenn er bei Errichtung des letzten Willens die Geburt des Kindes vorausgesehen, also gar nicht geirrt hat, oder wenn er bei Kenntnis der Sachlage ebenso verfügt hätte, also der Irrtum nicht kausal war[51]).

Das Testament bleibt deshalb gültig, wenn die Erblasserin bei der letztwilligen Verfügung von ihrer Schwangerschaft oder der Erblasser von der Schwangerschaft sei-

---

[43]) Zum Kodizill OGH in SZ 73/5.

[44]) Zu Einzelfragen s *Rabl,* NZ 1996, 49ff.

[45]) OGH in SZ 45/130.

[46]) OGH in GlU 1974.

[47]) *Ehrenzweig* II/2, 416; *Weiß* in Klang III 883; OGH in SZ 43/74; JBl 1975, 40 *(Kralik).*

[48]) *Weiß* in Klang III 881; OGH in SZ 41/22.

[49]) OGH in SZ 40/74; SZ 46/44.

[50]) Für ersteres *Weiß* in Klang III 881, für letzteres OGH in SZ 56/64; *Kralik,* JBl 1973, 543; gegen diesen noch OGH in JBl 1975, 40 *(Kralik).*

[51]) *Kralik,* JBl 1973, 547; OGH in JBl 1975, 427 *(Eccher);* SZ 56/64.

ner Frau wußte[52]) und dennoch keine Vorsehung getroffen hat. Ebenso wurde durch die Einführung des Pflichtteilsrechtes des außerehelichen Kindes noch nicht der Tatbestand des § 778 erfüllt[53]). Vielmehr kommt es auch hier auf den hypothetisch zu ermittelnden Erblasserwillen an[54]). Das Testament wird auch nicht ungültig, wenn zwar dem Erblasser seine Vaterschaft zum Kind bekannt war, ihre rechtsverbindliche Feststellung aber erst nach seinem Tod erfolgt ist[55]). Die bloße Unterlassung einer neuen letztwilligen Verfügung nach der Geburt eines Kindes läßt für sich allein auf keine Übergehungsabsicht schließen[56]).

Stirbt der Noterbe vor dem Erblasser, so behält die Verfügung ihre Kraft.

Hat der Erblasser zwei oder mehrere Kinder irrtümlich übergangen, so ist § 778 anzuwenden, wenn keine anderen Kinder vorhanden sind, sonst § 777.

Ein irrtümlich übergangener **Ehegatte** oder **Aszendent** fällt nicht unter §§ 777f. Er kann aber den Pflichtteil fordern (§ 781) oder das Testament wegen Irrtums anfechten[57]).

5. Scheingeschäft, Mentalreservation

Ein **Scheingeschäft** ist bei der letztwilligen Verfügung nicht möglich, weil hiefür Voraussetzung wäre, daß eine Willenserklärung „einem anderen gegenüber mit dessen Einverständnis zum Schein abgegeben wird" (§ 916 Abs 1), was bei einseitigen Willenserklärungen undenkbar ist[58]).

Die **Mentalreservation** ist an sich beachtlich, weil bei einseitigen Rechtsgeschäften der Berücksichtigung des wahren Willens kein Vertrauensschutz entgegensteht[59]). Praktische Fälle sind aber kaum bekannt.

Ein Erblasser hatte in Tschechien nur deshalb einen Italiener zum Erben eingesetzt, weil die tschechischen Behörden einem Deutschen, den der Erblasser bedenken wollte, den Nachlaß vorenthalten hätten. Der Italiener verweigerte die Herausgabe des Vermögens. Der OGH[60]) sprach von einem „Scheingeschäft", doch waren nicht einmal die Voraussetzungen der Mentalreservation erfüllt, weil die Verfügung als solche vom Erblasser gewollt war.

D. Möglichkeit und Erlaubtheit

Soweit das Erbrecht über Möglichkeit und Erlaubtheit nichts Besonderes bestimmt, gelten die §§ 878 und 879.

---

52) AA *Ehrenzweig* II/2, 416; *Weiß* in Klang III 875; OGH in GlU 1245 und 16.014.

53) *Ent,* Das Recht des unehelichen Kindes, ÖJZ 1972, 277; *Kralik,* JBl 1973, 555; OGH in JBl 1975, 427 (im wesentlichen zustimmend *Eccher*); OGH in JBl 1991, 788.

54) *Kralik,* JBl 1973, 547; *Eccher,* JBl 1975, 429.

55) OGH in SZ 56/64.

56) OGH in SZ 58/141.

57) *Kralik,* Erbrecht 112f.

58) Daher terminologisch verfehlt OGH in SZ 27/74.

59) *K. Wolff,* Mentalreservation, JherJB 81, 189; aA OGH in JBl 1954, 434 (zustimmend *Gschnitzer*); *Steinwenter,* ZBl 1937, 13; *derselbe,* JBl 1955, 161.

60) OGH in SZ 27/74.

„Vertrag" in den §§ 878f ist im Sinne von „Rechtsgeschäft" zu verstehen.

§ 543 ist nur insoweit lex specialis, als Sachverhalte unter dem Blickwinkel ehebrecherischer oder blutschänderischer Verhältnisse zu beurteilen sind (oben S 460); im übrigen kommt bei sittlich anstößigen Verfügungen § 879 zur Anwendung[61]).

1. Bedingungen und Befristungen[62])

Das Gesetz enthält ausführliche Vorschriften über **unmögliche** und **unerlaubte** Bedingungen, die zT von den bei Geschäften unter Lebenden geltenden abweichen; für Befristungen gilt Entsprechendes.

Die Bedingung ist unmöglich, wenn sie objektiv unerfüllbar ist. Auf Mögliches gerichtet ist die Bedingung der Verschaffung eines Miteigentumsanteils[63]) oder des gleichzeitigen Ablebens von Ehegatten[64]).

Letztwillige Anordnungen, die unter einer **aufschiebenden** unmöglichen oder unerlaubten Bedingung stehen, sind **ungültig** (§ 698). Ist offenkundig, daß ein in der letztwilligen Verfügung angeordneter Anfangstermin nie kommen kann, so wird er wie eine unmögliche Bedingung behandelt. Nur wenn sich der Erblasser vermutlich bloß in der Berechnung der Zeit geirrt hat, wird diese nach dem wahrscheinlichen Willen des Erblassers bestimmt (§ 706).

Lassen sich die Anordnungen des letzten Willens trennen, so entfällt nur die unter der unmöglichen (unerlaubten) Bedingung getroffene Verfügung.

Eine **auflösende** unmögliche oder unerlaubte Bedingung vernichtet die Verfügung nicht, sie ist als **nicht beigesetzt** anzusehen (§ 698). Dasselbe gilt für unverständliche Vorschriften (§ 697).

Nach § 803 kann der Erblasser dem Erben die Errichtung eines Inventars nicht verbieten. Bedingungen und Belastungen, welche den Pflichtteil beschränken, sind ungültig, wenn sie der Noterbe nicht gelten lassen will (§ 774). Zur Bedingung, die auf den Willen eines Dritten abstellt, s unten S 498.

Unwirksam ist auch die dem Bedachten gesetzte Bedingung, nach Erreichung der Volljährigkeit **nicht** zu **heiraten**[65]). Sie muß nur von einer verwitweten Person, die schon mindestens ein Kind hat, erfüllt werden (§ 700). Dies gilt analog für geschiedene Personen[66]).

---

[61]) *Welser,* Die Sittenwidrigkeit des Testaments zugunsten des Ehebruchspartners, JBl 1973, 12; zum Problem auch *Thielmann,* Sittenwidrige Verfügungen von Todes wegen (1973).

[62]) Dazu *Caspar,* Die rechtliche Stellung des auflösend befristeten und auflösend bedingten Erben (1992); *Kletečka,* Ersatz- und Nacherbschaft (1999).

[63]) OGH in SZ 46/34.

[64]) OGH in RZ 1968, 139.

[65]) Dazu *Karollus,* Die testamentarische Nichtverehelichungsklausel, NZ 1988, 293.

[66]) *Weiß* in Klang III 676; *Kralik,* Erbrecht 118 FN 20.

Nach dem HfD JGS 1844/807 konnte aber der Erblasser den Genuß der Erbschaft, eines Erbteiles oder Legates seiner Frau oder einer dritten Person so zuwenden, daß er mit dem Zeitpunkt der Verehelichung terminisiert war, wenn damit bloß eine Versorgung und keine sittenwidrige Bindung an die Ehelosigkeit bezweckt wurde[67]). Obwohl die Bestimmung schon dem Wortlaut nach („oder einer dritten Person") nicht bloß Frauen erfaßte und obwohl sich seit ihrer Erlassung die gesellschaftlichen und rechtlichen Verhältnisse geändert hatten, weigerte sich der OGH gleichheitswidrig, das HfD auf die Versorgung von Männern anzuwenden[68]). Nun wurde zwar das HfD durch das 1. BRBG aufgehoben, seine Grundsätze können aber weiter für § 700 als Auslegungsmaxime gelten.

Die Bedingung, eine bestimmte Person nicht zu heiraten oder sich vor Erreichung der Volljährigkeit nicht zu verehelichen, ist gültig (§ 700 letzter Satz).

Daraus läßt sich der Schluß ziehen, daß die Auferlegung der Ehelosigkeit für eine angemessene Zeit auch sonst zulässig ist, wenn sie sachlich begründet und dem Beschwerten zumutbar ist[69]).

Unwirksam ist der **Widerrufsverzicht** (§ 716). Dazu unten S 509.

2. Kassatorische Klausel

Die Kassatorische Klausel (Bestreitungsverbot) ist das vom Erblasser dem Erben oder Legatar unter Androhung der Entziehung eines Vorteils auferlegte Verbot, den letzten Willen zu bestreiten.

Das Bestreitungsverbot ist **ungültig,** soweit es die Bekämpfung der **Echtheit** oder die Ermittlung des **Sinnes** der Verfügung verbietet (§ 720).

Die Ausnahme ergibt sich daraus, daß sich die Bestreitung der Echtheit und die Klarstellung des Sinnes nicht gegen den Willen des Erblassers richten, sondern seiner Verwirklichung dienen. Aus § 720 darf allerdings nicht e contrario geschlossen werden, daß alle übrigen Strafklauseln wirksam sind[70]). Es ist vielmehr zunächst die Klausel selbst zu interpretieren, dh ihre Tragweite nach dem Willen des Erblassers festzustellen. Die Auslegung wird idR ergeben, daß der Erblasser nicht Personen bestrafen wollte, die in guter Absicht einen Willensmangel geltend machen, um die vermeintlich ungewollte Verfügung zu beseitigen. Mutwillige Bekämpfungen werden hingegen von der Sanktion erfaßt sein. Abgesehen davon sind Klauseln, die zur Umgehung zwingender Normen (zB der Formvorschriften oder des § 543) aufgestellt wurden, wirkungslos. Auch eine gültige Klausel hindert den Bedachten nicht am Versuch der Bestreitung. Führt diese (auch) zum Wegfall der Klausel, so gibt es keine Sanktion. Wird zugleich die Erbseinsetzung beseitigt, so tritt die gesetzliche Erbfolge ein. Bleibt hingegen die zu Unrecht bekämpfte Klausel aufrecht – und erfaßt sie den Bestreitungsfall –, so verliert der Bestreitende die Zuwendung und ist auf allfällige Pflichtteilsansprüche beschränkt.

E. Einhaltung der Form

Über den Formzwang s unten S 501 ff.

---

[67]) Dazu *Pfaff/Hofmann,* Kommentar II 586 FN 26; *Ehrenzweig* II/2, 449.
[68]) OGH in SZ 47/63. Gegen diesen auch *Kralik,* Erbrecht 118 FN 21.
[69]) *Weiß* in Klang III 674.
[70]) Dazu ausführlich *Welser,* Demelius-FS 491.

F. Folgen der Mangelhaftigkeit

Das ABGB bestimmt als Folge der Mangelhaftigkeit die **„Ungültigkeit“** der letztwilligen Verfügung (§§ 566, 570, 601, 698). Diese ist jedoch bloß eine **„relative Nichtigkeit“** (Anfechtbarkeit; s Bd I S 182). Bis zur Geltendmachung des Mangels bleibt die Verfügung aufrecht.

Eine Verfügung, die allerdings nicht einmal dem Inhalt und der **äußeren Form** nach eine letztwillige Verfügung darstellt, kann niemals zur Einantwortung führen.

So muß wohl § 177 AußStrG verstanden werden, nach dem eine Einantwortung nur stattfinden kann, wenn die Erben und ihre Quoten „feststehen“. Früher ergab sich dies schon aus § 123 AußStrG aF [71]).

Anfechtungsberechtigt ist jeder, der vom Wegfall der letztwilligen Erklärung einen Vorteil hat, zB etwas erhält oder von einer Last befreit wird.

Der Erblasser hat erklärt, er wolle seinen Freund X bedenken, habe aber Y zum Erben eingesetzt, weil X in den letzten Jahren dauernd gegen ihn intrigiert habe. Erweist sich später, daß sich der Erblasser geirrt hat und X gar nicht intrigiert hatte, so ist dieser nicht anfechtungsberechtigt, weil er aus dem Dahinfallen des Testamentes keinen Nutzen zöge. Anders wäre es, wenn bei Ungültigkeit der Verfügung X als gesetzlicher Erbe zum Zuge käme.

Anfechtungsgegner ist der in der Verfügung Bedachte.

Die Ungültigkeit muß sich nicht auf die ganze letztwillige Verfügung erstrecken. Der mangelfreie Teil bleibt aufrecht, es sei denn, daß dies dem Willen des Erblassers widerspricht. Unten III. A.

G. Konversion (Umdeutung)[72])

Ist ein Rechtsgeschäft unwirksam, weil Gültigkeitsvoraussetzungen fehlen, so wird es als ein anderes Geschäft angesehen, dessen Voraussetzungen es erfüllt, wenn dies eher dem Willen des Erblassers entspricht als die Ungültigkeit.

Formungültige schriftliche Testamente[73]) oder Kodizille[74]), die vor dem 1. 1. 2005 errichtet wurden, sind daher als mündliche Anordnungen gültig, wenn drei gleichzeitig anwesende Zeugen den Inhalt des letzten Willens aus dem Munde des Erblassers gehört haben[75]). Es ist nicht nötig, daß er (auch) ein mündliches Testament gewollt[76]),

---

[71]) *Weiß* in Klang III 351; *Hummel,* Die Beurteilung der Gültigkeit eines Testamentes im Abhandlungsverfahren, NZ 1955, 113; *Welser,* Demelius-FS 507; OGH in SZ 39/168; EvBl 1974/121; SZ 59/164; NZ 1995, 132; NZ 1995, 278; NZ 1996, 298; SZ 67/8; SZ 69/161.

[72]) Dazu *O. Fischer,* Konversion unwirksamer Rechtsgeschäfte, Wach-FS I (1913) 170; *Siller,* Konversion, AcP 138, 144; *M. Binder,* Zur Konversion von Rechtsgeschäften (1982).

[73]) OGH in EvBl 1957/127; SZ 56/187.

[74]) OGH in SZ 22/210.

[75]) *Ehrenzweig* II/2, 436f; *Kralik,* Erbrecht 136; OGH in SZ 9/152; SZ 26/244; EvBl 1957/127. Die Bestätigung einer fremden Erklärung genügt nach *M. Binder,* Konversion 144ff.

noch ein Hindernis, daß er eine schriftliche Verfügung beabsichtigt hat[77]); es genügt, daß er überhaupt eine Verfügung treffen wollte[78]). Seit der Abschaffung des mündlichen Testamentes kommt eine Konversion nicht mehr in Betracht[79]), dadurch ist der häufigste Konversionsfall weggefallen (s unten S 506). Fehlt zum Erbvertrag eines pflegebefohlenen Ehegatten die Zustimmung des Gerichtes, so ist das Geschäft als Testament anzusehen, wenn es dessen Gültigkeitsvoraussetzungen erfüllt (§ 1250).

Das dem Erben auferlegte **Verbot,** über den Nachlaß letztwillig zu verfügen, oder das **Gebot,** den Nachlaß einer bestimmten Person zu hinterlassen, ist wegen der unzulässigen Einschränkung der Testierfreiheit des Erben unwirksam; es ist in eine Nacherbschaft umzudeuten (§ 610, gesetzliche Konversion, s dazu unten S 517 f).

Als Erbseinsetzung oder Legate ungültige Verfügungen können manchmal in **Auflagen** umgedeutet werden.

Bestimmt der Erblasser, daß seine Lieblingskater Mützchen und Fredi als Vermächtnisnehmer den lebenslangen Unterhalt bekommen sollen, so ist die Verfügung nicht schlechthin ungültig, sondern als Auflage an den Erben zu verstehen.

III. Auslegung

Literatur: *Keuk,* Der Erblasserwille post testamentum und die Auslegung des Testamentes (1965); *Stagl,* Der Wortlaut als Grenze der Auslegung von Testamenten[2] (2005). s auch Literatur zu II.

A. Wahrer Wille des Erblassers

Der Erblasser muß seinen Willen „bestimmt" erklären (§ 565). Undeutliche Äußerungen sind aber nicht schlechthin ungültig. Vielmehr ist ihr Sinn durch Auslegung zu ermitteln. Da es bei den letztwilligen Verfügungen keinen Erklärungsempfänger gibt (s oben S 485), hat sich die Auslegung weit mehr am **subjektiven Willen** des Erklärenden zu orientieren als bei Geschäften unter Lebenden, bei denen der Vertrauensschutz im Vordergrund steht[1]).

Für die Erbverträge gelten die Regeln der Vertragsauslegung, weil hier nur als vereinbart anzusehen ist, was von beiden Teilen gewollt war.

Das ABGB enthält für die letztwilligen Verfügungen – anders als für das Vertragsrecht (§ 914) – keine allgemeine Auslegungsvorschrift, dafür eine große Anzahl von Sonderregeln (vgl zB die §§ 558, 582, 655 ff).

Der für das Vermächtnisrecht aufgestellte Grundsatz des § 655 gilt aber allgemein. Danach ist für die Auslegung einer Erklärung ihr **Wort-**

---

[76]) OGH in SZ 22/210.

[77]) *Ehrenzweig* II/2, 436; *M. Binder,* Konversion 143 f; OGH in SZ 26/244; EvBl 1963/374.

[78]) OGH in JBl 1950, 165.

[79]) *Fischer-Czermak,* Neueste Änderungen im Abstammungs- und Erbrecht, JBl 2005, 11; *Spitzer,* Neues zu letztwilligen Verfügungen, NZ 2006, 78.

[1]) Vgl auch OGH in SZ 38/221; NZ 1997, 365.

laut maßgebend, es sei denn, daß der Erblasser mit gewissen Ausdrücken einen ihm eigenen Sinn zu verbinden gewohnt war.

Schulbeispiel ist, daß ein Erblasser unter der „Bibliothek" seinen Weinkeller versteht. Eine Verfügung, in welcher er seinen „Hasen" bedacht hat, ist gültig, wenn er mit dieser Bezeichnung immer seine Frau gemeint hat. Der Erblasser hat dabei nicht geirrt und sich – zum Unterschied von der falsa demonstratio – auch nicht im Ausdruck vergriffen.

Ist die Zuwendung durch eine „Eheschließung" bedingt, so kann darunter auch bloß jene vor dem Priester gemeint sein[2]).

Aus § 655 und anderen Vorschriften ist zu schließen, daß das Ziel der Auslegung letztwilliger Verfügungen die Erforschung des **wahren Willens** des Erblassers ist[3]). Hiebei sind sonstige mündliche und schriftliche Äußerungen des Erblassers heranzuziehen[4]), aber auch andere in Betracht kommende Beweismittel[5]). Im Zweifel sind die Umstände bei der Errichtung des letzten Willens maßgebend. Auch besondere gesetzliche Auslegungsregeln und Vermutungen weichen dem wahren Willen des Erblassers[6]).

Vermacht also der Erblasser „seine Hausanteile" und kommen zu diesen später weitere hinzu, so sind sie im Zweifel von der Verfügung nicht erfaßt[7]). Nachträglichen Veränderungen ist jedoch Rechnung zu tragen, wenn dies dem hypothetischen Willen des Erblassers entspricht. Es ist so auszulegen, wie dieser bei Kenntnis der Veränderung entschieden hätte[8]). Hat der Erblasser, der zur Zeit der Errichtung des Testamentes in einer Mietwohnung lebte, seiner Ehefrau die Mietrechte vermacht und wohnte er zur Zeit seines Todes in einem eigenen Haus, so hat die Witwe darauf Anspruch, in diesem Haus so gestellt zu werden, als wären die Gatten bis zum Tode des Erblassers in der Mietwohnung geblieben[9]). Gebraucht der Erblasser die Wendung „alle sich vorfindenden Sachen", so meint er damit offensichtlich alle zur Zeit seines Todes vorhandenen[10]). Kein Zweifel besteht, wenn der Erblasser „den Pflichtteil" vermacht, weil darunter allgemein das beim Tod des Erblassers von Gesetzes wegen dem Noterben Gebührende verstanden wird.

Der Auslegung unterliegt auch, ob der Erblasser überhaupt einen Erben einsetzen wollte[11]).

Der Absicht des Testators darf aber nur gefolgt werden, wenn sie noch irgendeinen **Anhaltspunkt im Wortlaut** des letzten Willens selbst

---

[2]) OGH in JBl 1971, 41.

[3]) OGH in NZ 2001, 204 (der Erblasser wollte seine Freundin möglichst begünstigen, er setzte daher seine Ehefrau auf den Pflichtteil und enterbte seinen Bruder, wodurch gemäß § 762 der Pflichtteil der Ehefrau anstieg. Der OGH gab der Absicht, der Freundin möglichst viel zukommen zu lassen, den Vorzug).

[4]) OGH in SZ 38/221; JBl 1965, 264; EvBl 1980/59; NZ 1989, 266; NZ 1992, 296.

[5]) Vgl OGH in JBl 1990, 581 *(Eccher);* OGH in NZ 1991, 36.

[6]) S dazu *G. Graf,* Letztwilliges Veräußerungsverbot und fideikommissarische Substitution, AnwBl 1996, 222.

[7]) OGH in GlU 11.777.

[8]) *Welser* in Rummel §§ 552f Rz 8; OGH in JBl 1990, 581 *(Eccher);* vgl aber auch OGH in NZ 1996, 88.

[9]) OGH in ZBl 1934/352.

[10]) OGH in GlU 1317.

[11]) OGH in JBl 1992, 587.

findet (Andeutungstheorie)[12]), weil sonst die Formvorschriften umgangen würden[13]). Insbesondere darf die Auslegung nicht dem völlig eindeutigen Text des letzten Willens widersprechen[14]).

Die Wortinterpretation ist allerdings keine bloße Buchstabenauslegung. So sind zB durch den Wortlaut auch Schlüsse „gedeckt", die direkt aus ihm gezogen werden können.

Die Testamentsbestimmung lautet: „Wenn ich auch eine fideikommissarische Substitution nicht rechtlich verpflichtend anordnen kann, bitte ich doch den Vorerben und alle übrigen Erben, meinen letzten Willen zu respektieren und das meinem Sohn vermachte Unternehmen nach seinem Tod auf meine Tochter überzuleiten." Stellt sich nach dem Tod des Erblassers heraus, daß er nur irrtümlich der Meinung war, er könne die Zuwendung an den Sohn wegen dessen Pflichtteilsberechtigung nicht mit einer fideikommissarischen Substitution belasten, während in Wirklichkeit der Pflichtteil auch sonst gedeckt war, so ist die Anordnung als verbindlich zu verstehen.

B. Favor testamenti, Teilungültigkeit

Im Zweifel muß eine letztwillige Verfügung so ausgelegt werden, daß sie **aufrecht** bleiben kann (vgl § 655 letzter Halbsatz): „favor testamenti"[15]). Dazu kann auch auf den hypothetischen Erblasserwillen rekurriert werden, wenn das Auslegungsergebnis im Wortlaut zumindest angedeutet ist[16]).

Daher macht auch inhaltliche Unvollständigkeit das Testament nicht ungültig, wenn die Absicht des Erblassers zu ermitteln ist[17]) oder wenn sonst die Aufrechterhaltung eher dem erblasserischen Willen entspricht[18]).

Hat der Erblasser im Testament die Festlegung der Erbteile einer späteren Verfügung vorbehalten, die er nicht getroffen hat, so sind die Erben zu gleichen Teilen bedacht[19]).

Ferner ist im Zweifel anzunehmen, daß die Unwirksamkeit einer einzelnen Verfügung **nicht** die Ungültigkeit **der übrigen** zur Folge hat[20]).

Die Ungültigkeit der Erbseinsetzung berührt die Gültigkeit der übrigen Anordnungen nicht[21]).

---

[12]) OGH in SZ 22/5; SZ 38/221; EvBl 1980/59; NZ 1984, 130; NZ 1989, 266; NZ 1996, 88; NZ 2000, 44 = ecolex 1999/105 = RdW 1999, 68; grundlegend *B. Jud,* NZ 2001, 14 ff mwN.

[13]) OGH in JBl 1965, 264; SZ 47/18; NZ 1992, 296.

[14]) OGH in SZ 25/203; JBl 1991, 244.

[15]) OGH in SZ 46/34; NZ 1997, 365; kritisch zum „favor testamenti": *Schilcher,* Erbrecht und bewegliches System, JBl 1977, 57; vgl auch *Aicher,* ZAS 1976, 199. Zum dt Recht *Werner,* Die benigna interpretatio des § 2084 BGB, Lübtow-FS (1991) 265.

[16]) OGH in NZ 2000, 44; NZ 2004, 23; vgl auch *Stagl,* Auslegung[2] 59 ff.

[17]) Vgl OGH in GlU 11.741; NZ 1992, 152.

[18]) OGH in GlU 11.741.

[19]) *Ehrenzweig* II/2, 418; vgl aber *Pfaff/Hofmann,* Kommentar II 66.

[20]) *Kralik,* Erbrecht 124; *Weiß* in Klang III 219 f; OGH in NZ 1986, 85.

[21]) *Zeiller,* Commentar II/1, 488 f; vgl OGH in RZ 1961, 166; *Unger,* Erbrecht 99 f.

Die Ungültigkeit einer Anordnung führt allerdings zur Ungültigkeit der anderen, wenn der Erblasser zwischen ihnen einen unlösbaren Zusammenhang hergestellt hat[22]).

C. Einzelne Auslegungsregeln

Setzt der Erblasser sein eigenes Kind ein und stirbt es vor ihm unter Hinterlassung von Nachkommen, so treten diese mit Stillschweigen übergangenen Abstämmlinge an die Stelle des Kindes (§ 779 Abs 1): **„Stillschweigende Ersatzerbenberufung".** § 779 ist analog bei der Erbunwürdigkeit und bei der Erbsentschlagung eines eingesetzten Kindes anzuwenden[23]). Er gilt allerdings nur für die Nachkommen des Erblassers[24]), nur bei der **gewillkürten** Erbfolge und weicht als gesetzliche Vermutung einem anderen Erblasserwillen[25]).

Ähnliches bestimmt § 681 für das Vermächtnis: Unter dem Worte **„Kinder"** werden, wenn der Erblasser die Kinder **eines anderen** bedenkt, nur die Söhne und Töchter, wenn er aber seine **eigenen** Kinder einsetzt, auch die an deren Stelle tretenden Nachkommen verstanden, die beim Tod des Erblassers schon gezeugt waren.

Bei § 779 kommt es nur auf die Einsetzung eines eigenen Kindes an, bei § 681 auf die Interpretation des Wortes „Kind".

Hat der Erblasser **„die Verwandten"** bedacht, so sind darunter jene zu verstehen, die nach der gesetzlichen Erbfolge die nächsten wären (§ 682).

Zu den Auslegungsregeln über die Bestimmung der **Erbteile** s unten S 524ff.

6. Kapitel

Das Testament

I. Erbseinsetzung

Das Testament ist eine letztwillige Verfügung, die eine Erbseinsetzung enthält (§ 553).

Der Bedachte ist Erbe, wenn er den **ganzen Nachlaß** oder einen **quotenmäßig** bestimmten Teil erhalten soll (§§ 554ff). Andere Zuwendungen sind Legate, obwohl auch sie meist in Testamenten und nur selten in Kodizillen angeordnet sind. Die Unterscheidung zwischen Erbseinsetzung und Vermächtnis ist allerdings dem durchschnittlichen Erblasser fremd[1]), es ist deshalb durch **Auslegung** zu ermitteln, was er gemeint hat. Im Zwei-

---

[22]) OGH in SZ 36/156; *Unger,* Erbrecht 100 Anm 2.
[23]) *Czermak,* Erlöschen der Substitution nach § 617 ABGB, NZ 1986, 7.
[24]) So auch OGH in SZ 61/227.
[25]) S *Kletečka,* Ersatz- und Nacherbschaft (1999) 22ff.
[1]) *Gschnitzer/Faistenberger,* Erbrecht 91.

fel ist eine letztwillige Verfügung, die ihrem Inhalt nach die Auslegung als Testament zuläßt, solange als solches zu behandeln, bis bewiesen wird, daß der Erblasser keine Erbseinsetzung gewollt hat[2]).

Für die Unterscheidung zwischen Erbseinsetzung und Legat ist wichtig, ob der Erblasser den Bedachten zum Universalsukzessor[3]) oder zum Einzelrechtsnachfolger machen wollte; ob er eine unmittelbare Herrschaft über das Nachlaßvermögen erhalten sollte[4]). Zuwendung einer bestimmten Summe ist im Zweifel Vermächtnis, auch wenn der Erblasser den Begünstigten „meinen Erben" nennt[5]). Die Aufzählung einzelner körperlicher Sachen oder Forderungen spricht für das Legat[6]), und zwar auch dann, wenn das Zugedachte den größten Teil der Verlassenschaft ausmacht, ja den Nachlaß aufzehrt (§ 690). Doch ist in solchen Fällen oft Erbseinsetzung gewollt[7]); vor allem, wenn mit den vermachten Stücken das Verhältnis quotenmäßiger Nachlaßteilung zum Ausdruck gebracht wird[8]). Besaß der Erblasser zur Zeit der Anordnung wesentlich mehr als die vermachten Einzelstücke, so spricht dies eher für ein Legat[9]). Ist aber aus der Vollständigkeit der Aufzählung zu vermuten, daß der Erblasser sein ganzes Hab und Gut einem Bedachten zuwenden wollte, so liegt Erbseinsetzung vor[10]), s § 556 Satz 2. Die Wendungen „Mein Testament" oder „Ich vermache mein Vermögen" indizieren eine Erbenberufung[11]). Wer aber als „Erbe" eines Briefmarkenalbums eingesetzt wurde, ist bloß Legatar.

Ein **„negatives Testament"** ist eine letztwillige Verfügung, die niemanden zum Erben einsetzt, sondern nur gesetzliche Erben ganz oder teilweise ausschließt. Nach der Legaldefinition des § 553 ist es ein **Kodizill**[12]).

Ob der Ausschluß des Erben auch auf seine Deszendenten zu beziehen ist[13]), muß durch Auslegung geklärt werden; ebenso, ob der Ausschluß gelten soll, wenn die gleichzeitig verfügte Erbseinsetzung ungültig ist[14]).

Das Testament muß mindestens eine Erbseinsetzung enthalten, doch kann der Erblasser auch mehrere Erben ernennen und weitere Anordnungen treffen.

Weiterer Inhalt des Testamentes können zB sein: die Ernennung von Ersatz- oder Nacherben, die Aussetzung von Vermächtnissen, die Anordnung von Bedingungen, Befristungen und Auflagen, Erbteilungsvorschriften, Begräbnisanordnungen, die Ein-

---

[2]) OGH in NZ 1994, 229; NZ 2000, 375.
[3]) OGH in EvBl 1951/35.
[4]) OGH in EvBl 1951/35; NZ 1984, 130.
[5]) OGH in GlU 1529.
[6]) OGH in JBl 1961, 189; NZ 2000, 375.
[7]) OGH in EvBl 1969/94; NZ 1972, 62; NZ 1989, 266; NZ 1994, 229; SZ 69/161; NZ 2000, 375.
[8]) OGH in EvBl 1973/314; zur Einsetzung auf Quoten bei gleichzeitiger Zuweisung einzelner Sachen, die den angeordneten Erbquoten zuwiderläuft, *Welser,* Berufung zu Erbquoten und Zuweisung einzelner Sachen, in Rechberger-FS (2005) 709; vgl aber *Apathy,* Teilungsanordnung und Erbeinsetzung, JBl 2006, 137.
[9]) OGH in NZ 1977, 121.
[10]) OGH in NZ 1978, 208; NZ 1990, 175.
[11]) OGH in NZ 1994, 229.
[12]) OGH in SZ 62/131; aA *Kralik,* Erbrecht 89.
[13]) Dafür *Ehrenzweig* II/2, 381; OGH in SZ 13/239; aA *Weiß* in Klang III 213.
[14]) OGH in JBl 1990, 51; *Eccher* in Schwimann § 553 Rz 3.

setzung von Testamentsvollstreckern und Bestimmungen über die Anrechnung von Vorempfängen.

II. Bestimmung des Erben

Der Erblasser muß den Erben **selbst** bestimmen und darf seine Benennung nicht einem Dritten überlassen (§ 564)[1]).

Ungültig ist auch die Verfügung, daß den Anteil des Erben ein Dritter bestimmen soll, oder der Vorerbe jenen des Nacherben (s unten S 517), oder der Richter jenen der gesetzlichen Erben[2]). Die unwirksame Klausel gilt als nicht beigesetzt. Ordnet also der Erblasser an, drei Erben sollten den Nachlaß zu den von einem Dritten zu bestimmenden Anteilen erhalten, so erben sie nach der gesetzlichen Verteilungsregel des § 555 zu gleichen Teilen[3]).

Es genügt, wenn der Erbe **bestimmbar** ist[4]).

Daher ist gültig die Einsetzung des „dann residierenden Bischofs von Zara"[5]) oder die Bedenkung einer Person, bei welcher der Erblasser zur Zeit des Todes bleibenden Aufenthalt hat[6]), oder jener Person, die den Erblasser „bis zur letzten Stunde gepflegt hat"[7]). Auch die Einsetzung jenes Verwandten, „der sich um das Begräbnis kümmert", ist genügend bestimmt[8]). Es schadet auch nicht, daß der Erbe erst nach dem Erbfall bestimmbar wird.

Zulässig ist, daß der Erblasser dem **Dritten** die Auswahl des Erben unter mehreren Personen nach **sachlichen Gesichtspunkten** überträgt.

„Die Bibliothek erhält jener meiner Söhne, der nach dem Urteil meines Freundes Helmut der beste Jurist ist"[9]).

Wirksam ist auch die Berufung von Erben unter einer Bedingung, die vom Verhalten Dritter abhängt, wenn der Dritte nicht direkt über die Erbseinsetzung entscheidet, sondern sein Verhalten für den Bedingungseintritt bloß **mittelbar** bedeutsam ist[10]).

Demnach ist die Verfügung: „Peter soll mein Erbe sein, wenn sein Bruder Paul damit einverstanden ist", ungültig, dagegen die Verfügung: „Peter soll mein Erbe sein, wenn er es in seiner Firma zum Vorstandsmitglied bringt", gültig. Wegen der direkten Bestimmungsmöglichkeit wohl ungültig: „Peter soll mein Erbe sein, wenn ihn Paul als Geschäftsführer anstellt". Die Bedingung, daß der Legatar die Zuwendung verliert, wenn er ohne Zustimmung des Erben eine Lebensgemeinschaft eingeht, ist nicht nur wegen der Einschaltung des Dritten an sich[11]), sondern auch wegen der persönlichen Bindung des Bedachten bedenklich (§ 879).

---

1) Dazu *Kletečka,* Die materielle Höchstpersönlichkeit letztwilliger Verfügungen, JBl 1999, 277.
2) OGH in GlU 13.067.
3) OGH in GlU 12.366.
4) Dazu *Kralik,* Erbrecht 91 ff; OGH in EvBl 1980/59.
5) OGH in GlU 7498.
6) OGH in GlU 3002.
7) OGH in EvBl 1980/59.
8) OGH in SZ 58/179.
9) S *Ehrenzweig* II/2, 407 f; einschränkend *Kralik,* Erbrecht 94.
10) *Weiß* in Klang III 259; *Kletečka,* Ersatz- und Nacherbschaft 157 f mwN.
11) So OGH in SZ 47/63; *Kralik,* Erbrecht 93. Zum Problem vgl auch *Unger,* Erbrecht 64 Anm 4; *Gschnitzer* in Klang III 652.

Trifft die vom Erblasser gewählte Bezeichnung auf **mehrere** Personen zu, so ist durch Auslegung zu ermitteln, wer gemeint ist. Im Zweifel ist jener Erbe, der dem Erblasser am nächsten steht.

Hat E seinen Freund „den Bankdirektor" eingesetzt, und haben mehrere Freunde des Erblassers diesen Beruf, so ist jener Erbe, mit dem der Testator wöchentlich Sport betrieb und nicht jener, den er bloß gelegentlich traf. Die Einsetzung des „Johannes" ist gültig und im Zweifel auf jenen Mann zu beziehen, mit dem die Erblasserin im gemeinsamen Haushalt lebte[12]). Finden sich für den wahren Willen des Erblassers keine Anhaltspunkte, so ist der Nachlaß unter den möglichen Bedachten zu teilen[13]).

Die bloße **Bejahung** eines Vorschlages durch den Erblasser genügt nicht (§ 565). Die Verfügung ist allerdings gültig, wenn er die Richtigkeit der Formulierung eines auf seinem Willen beruhenden Vorschlages bejaht[14]), oder wenn er mündlich vor drei Zeugen den ihm mitgeteilten Inhalt seines nicht greifbaren Testamentes bestätigt[15]).

Für das Vermächtnisrecht s außerdem § 651.

III. Willensbeschränkungen

Literatur: *Faistenberger,* Zur Geltung des § 703 ABGB, Herdlitzcka-FS (1972) 77; *Knütel,* Zur sogenannten Erfüllungs- und Nichterfüllungsfiktion bei der Bedingung, JBl 1976, 613; *M. Steiner,* Fideikommissarische Substitution und Auflage, NZ 1955, 132; *Rabl,* Die Nichterfüllung letztwilliger Auflagen, NZ 1998, 97.

Das ABGB gibt dem Erblasser das Recht, seinen letzten Willen durch Nebenbestimmungen einzuschränken. Dies geschieht durch Bedingung, Befristung und Auflage.

A. Bedingungen, Befristungen

Setzt der Erblasser eine Bedingung, so hängt die Entstehung oder die Aufhebung des Rechtes von einem **ungewissen Ereignis** ab. Bei ungewissem Rechtserwerb spricht man von **aufschiebender** Bedingung **(Suspensivbedingung),** bei ungewissem Rechtsverlust von **auflösender** Bedingung **(Resolutivbedingung).** Genaueres s Band I S 193 ff.

Letztwillige Zuwendungen, die von einer **aufschiebenden** Bedingung abhängen, erwirbt der Bedachte erst, wenn die Bedingung genau erfüllt wurde (§ 699).

Daher ist unerheblich, ob der bedingt Berechtigte oder ein Dritter um ihre Herbeiführung redlich bemüht war, auf den Grund des Nichteintrittes kommt es nicht an[1]). Anders bei der Auflage, unten B.

---

[12]) OGH in GlU 7491.

[13]) *Ehrenzweig* II/2, 423; OGH in EvBl 1980/59; NZ 1992, 69.

[14]) OGH in SZ 39/20.

[15]) OGH in EvBl 1963/374.

[1]) OGH in GlU 2666; GlU 15.660.

Daher erwirbt der Minderjährige im Zweifel auch dann nicht, wenn der Ausfall auf einem Versagen seines gesetzlichen Vertreters beruht[2]).

Ist die Bedingung schon zu Lebzeiten des Erblassers erfüllt worden, so muß sie nach seinem Tod **nochmals** gesetzt werden, wenn sie in einer wiederholbaren Handlung des Begünstigten besteht, zB im Malen eines Bildes.

Der **Erbanfall** erfolgt bei aufschiebender Bedingung erst mit ihrem Eintritt; die Erbfähigkeit ist nach diesem Zeitpunkt zu beurteilen (§ 703). Die aufschiebende Befristung schiebt hingegen den Anfall nicht hinaus; er tritt mit dem Tod des Erblassers ein. Stirbt der befristet eingesetzte Erbe nach dem Erbanfall, aber vor Eintritt des Anfangstermins, so geht das Recht auf seine Erben über (§ 705).

Bei **auflösenden** Bedingungen oder Befristungen erhält der Erbe den Nachlaß und verliert ihn bei Eintritt des ungewissen Ereignisses oder des Termins.

Negative aufschiebende Bedingungen sind in positive Resolutivbedingungen **umzudeuten,** wenn sonst der Erbe vor seinem Tod nicht in den Genuß des Nachlasses gelangen könnte[3]).

Hat daher der Erblasser verfügt, daß sein Freund Erbe werden soll, wenn er niemals straffällig wird, so erhält er sofort den Nachlaß und verliert ihn, wenn er sich strafbar macht. Als auflösende Bedingung ist die Anordnung anzusehen, daß jemand Erbe wird, wenn er sich – dh solange er sich – um die Pflege des Grabes kümmert[4]). Hingegen besteht kein Anlaß zur Umdeutung, wenn der Erblasser eine negative Bedingung setzt, deren Eintritt der Bedachte ohne weiteres erleben kann: „Sollte mein Bruder kinderlos sterben, so erhält meine Schwester den Nachlaß“[5]).

Sowohl bei bedingter als auch bei betagter Einsetzung gelten die Regeln über die Substitution (§§ 707f), s unten S 514ff. Über unmögliche und unerlaubte Bedingungen s oben S 490f. Zur „Erfüllungsfiktion“ s Bd I S 169f.

B. Auflage

Der Erblasser kann Erben und Legatare durch eine Auflage (einen Modus) belasten. Das ABGB spricht von einem **„Auftrag“** (§§ 709ff). S auch Bd I S 197f.

Auflage ist die einer letztwilligen Verfügung oder einem unentgeltlichen Geschäft hinzugefügte Nebenbestimmung, durch die ein Zuwendungsempfänger zu einem Verhalten verpflichtet wird.

Die letztwillig verfügte Auflage bedarf der **Testamentsform.** Sie dient besonderen Interessen des Erblassers (zB wie die von Schopenhauer verlangte lebenslängliche Verpflegung seines Pudels[6]) oder die Er-

---

[2]) OGH in JBl 1877, 303.
[3]) Vgl auch *Unger,* Erbrecht 78f Anm 23; *Kralik,* Erbrecht 261f.
[4]) OGH in SZ 58/179.
[5]) Unrichtig *Ehrenzweig* II/2, 466.
[6]) *Ehrenzweig* II/2, 452.

haltung des Grabes des Erblassers) oder begünstigt Dritte, die Öffentlichkeit oder den Beschwerten selbst (modus simplex).

Beispiele: „Der Erbe hat mein Grab zu pflegen und jährlich eine Seelenmesse lesen zu lassen." – „Mein Kater Mützchen muß bis an sein Lebensende gut gepflegt werden." – „Der Schloßpark ist im Sommer dem Publikum zu öffnen." – „Adam darf aus dem Erbgut nichts seiner Freundin Eva schenken" (negative Auflage).

Anders als die Bedingung ist die Auflage durch Klage **erzwingbar,** wenn ein Auflageberechtigter vorhanden ist[7]). Dies darf jedoch bei der letztwilligen Verfügung nicht der Begünstigte sein[8]), sonst läge ein Vermächtnis vor[9]).

Für die Erhebung der Klage in Betracht kommen ein Testamentsvollstrecker oder der Erbe (§ 817)[10]), wenn er nicht selbst durch die Auflage beschwert ist; außerdem gewisse öffentliche Institutionen, wenn sie zur Wahrung der Interessen des Begünstigten berufen sind.

Somit ist für die Abgrenzung zum **Vermächtnis** entscheidend, ob der Erblasser dem Begünstigten eine Durchsetzungsmöglichkeit einräumen wollte.

Die Nichterfüllung der Auflage wirkt als **auflösende Bedingung** (§ 709). Der Verlust der Zuwendung tritt allerdings nur im Zweifel ein, also nicht, wenn dies über die Absicht des Erblassers hinausginge[11]). Für das Vorliegen einer solchen Absicht ist der Belastete beweispflichtig[12]).

Während Bedingungen genau erfüllt werden müssen (oben S 499), genügt bei der Auflage eine annähernde Erfüllung, wenn die genaue Befolgung unmöglich ist. Ist auch diese nicht möglich, so fällt die Auflage weg, wenn den Belasteten an der Nichterfüllung kein Verschulden trifft (§ 710)[13]).

C. Unverbindlicher Wunsch

Nicht jede im letzten Willen des Erblassers enthaltene Äußerung ist eine rechtlich bindende Anordnung. Sie kann auch Rat, Wunsch oder Bitte sein (§ 711).

IV. Die Testamentsformen

Literatur: *Dehn,* Formnichtige Rechtsgeschäfte und ihre Erfüllung (1998); *B. Jud,* Der Erbschaftskauf (1998); *Keinert,* Revisionsfragen beim außergerichtlichen mündlichen Testament, in Buchegger/Holzhammer, Beiträge zum Zivilprozeßrecht II (1986) 33; *Klingstedt,* Das testamentum mysticum und dessen Formgebundenheit, NZ

---

[7]) HM; aA nur *Rabl,* Die Nichterfüllung letztwilliger Auflagen, NZ 1998, 101ff.

[8]) *Ehrenzweig* II/2, 452; OGH in EvBl 1974/260.

[9]) OGH in JBl 1967, 371; EvBl 1974/260; NZ 1977, 78; NZ 1998, 109.

[10]) Vgl OGH in SZ 60/225.

[11]) *Ehrenzweig* II/2, 453. Genaueres bei *Rabl,* NZ 1998, 98 und 103ff.

[12]) S bereits *Rabl,* NZ 1998, 98. Verbreitet wird jedoch zu Unrecht auch hier eine Zweifelsregel zugunsten des Belasteten angenommen: s OGH in JBl 1993, 310; *Bydlinski,* Letztwillige Verwaltungsanordnungen, JBl 1981, 78; *Sprung/Fink,* Letztwillig angeordnete Nachlaßverwaltung im österreichischen Recht, JBl 1996, 205 mwN.

[13]) Vgl zum unerfüllbaren Verschaffungssublegat OGH in SZ 72/197.

1955, 177; *Silberer,* Über fremdsprachige Testamente, NZ 1951, 108; *Sperl,* Die zweiaktigen Testamentsformen, JBl 1972, 545; *Spitzer,* Neues zu letztwilligen Verfügungen, NZ 2006, 77; *Steinwenter,* Der Wille des Erblassers, ZBl 1937, 1; *Stöckl,* Das Handzeichen, NZ 1951, 120.

A. Allgemeines

Letztwillige Verfügungen sind in den meisten Rechtsordnungen an strenge Formen gebunden. Sie sollen dem Testator die Bedeutung seiner Erklärung bewußt machen, so daß er sie mit Überlegung trifft **(Warnfunktion),** und Streitigkeiten nach seinem Tod möglichst verhindern **(Beweisfunktion).**

Formlose Willenserklärungen sind nach dem Tode des Erblassers schwerer nachweisbar, zumal auf eigenen Vorteil bedachte Personen vielfach den Willen des Erblassers entstellt wiedergeben.

Das ABGB kennt eine Reihe von Testamentsformen, die unter verschiedenen Gesichtspunkten eingeteilt werden. Es gibt schriftliche und mündliche, private und öffentliche, ordentliche und außerordentliche Formen.

Sieht man vom mündlichen Testament ab, das nur noch in Notfällen errichtet werden kann, sind alle Testamentsformen **gleichwertig.** Dies gilt auch für die Aufhebung eines letzten Willens, so daß kein „contrarius actus" erforderlich ist und zB das fremdhändige Testament auch eigenhändig aufgehoben werden kann.

Die Form gehört zum **objektiven Tatbestand** der letztwilligen Verfügung. Sie muß daher nicht gewollt, sondern bloß erfüllt sein[1]). Formvorschriften sind **zwingend.** Werden die Formgebote nicht erfüllt, so ist die Verfügung auch dann ungültig, wenn sie dem eindeutig erwiesenen Willen des Erblassers entspricht[2]).

Beim privaten Testament zieht jeder Verstoß gegen eine Formvorschrift Ungültigkeit nach sich, wenn das Gesetz nicht ausdrücklich das Gegenteil anordnet (s zB § 578 Satz 2). Inwieweit Mangelhaftigkeiten bei öffentlichen Testamenten Nichtigkeit begründen, ist fraglich.

Bloße Ordnungsvorschriften, deren Verletzung keine Ungültigkeit zur Folge hat, sind zB die Eintragung des Protokolls im Geschäftsregister (§ 112 NO) und im Verzeichnis gemäß § 116 lit a NO sowie die Mitteilung des Namens des Erblassers an das von der Österreichischen Notariatskammer geführte Zentrale Testamentsregister.

Das formungültige Testament ist nach hM wirksam, wenn es von allen Beteiligten, also auch von den gesetzlichen Erben[3]), **anerkannt** wird[4]).

---

[1]) OGH in SZ 9/152; JBl 1950, 165; NZ 1987, 70; SZ 72/16.

[2]) OGH in JBl 1965, 264; NZ 1992, 296.

[3]) OGH in JBl 2002, 242 mwN.

[4]) Dazu *Kralik,* Erbrecht 129f; *Fenzl,* Das formungültige Testament, ÖJZ 1947, 306; *Lohse,* Das Kompromiß-Testament, NZ 1949, 27; *Cholewa,* Die Anerkennung formwidriger Testamente, NZ 1950, 12, 26; *Weiß* in Klang III 353ff; OGH in JBl 1948, 388; JBl 1987, 111.

Die Rechtsnatur dieser „Anerkennung" ist strittig. Nach einer Ansicht heilt sie den Titel, so daß er der Abhandlung zugrundezulegen ist[5]), nach der wohl richtigen Gegenmeinung bleibt der letzte Wille ungültig, der Anerkennungsvertrag entfaltet zwischen den Beteiligten bloß schuldrechtliche Wirkungen[6]).

B. Private Testamente

1. Das eigenhändige Testament

Das eigenhändige („holographe") Testament (§ 578) ist die gebräuchlichste Testamentsform. Zu seiner Gültigkeit verlangt das Gesetz, daß die Verfügung vom Erblasser eigenhändig **geschrieben** (Text) und eigenhändig **unterschrieben** wird. Das eigenhändige Schreiben soll die Feststellung der Identität des Verfassers erleichtern. Die Unterfertigung eines maschingeschriebenen Aufsatzes oder einer von fremder Hand geschriebenen Urkunde reicht nicht aus.

Hingegen ist ein stenographisches Testament immer noch „eigenhändig" geschrieben[7]).

Textträger und Schreibmaterial sind gleichgültig, ebenso die Sprache. Die Beisetzung von Ort und Datum der Errichtung ist – insbesondere im Hinblick auf das Vorhandensein einer früheren Verfügung – „rätlich" (§ 578), aber kein Gültigkeitserfordernis.

Der Erblasser muß mit seinem **Namen** unterfertigen, doch genügen auch der Vorname[8]) oder sonst übliche Bezeichnungen, zB „Eure Mutter"[9]). Die Unterschrift muß auf der Urkunde selbst, und zwar am Ende des Aufsatzes stehen[10]). Es gilt nur der von ihr gedeckte Text. Daher sind Nachträge durch neuerliche Unterschrift abzuschließen[11]).

Briefliche Erklärungen, die § 578 entsprechen, sind letzter Wille, wenn sie von einem animus testandi (s oben S 484) des Erblassers getragen sind[12]). Zur Verbindung von eigenhändigen und fremdhändigen Anordnungen s unten S 505.

Der Vorteil des eigenhändigen Testamentes liegt in der Einfachheit seiner Errichtung und in der leichten Abänderbarkeit[13]), sein Nachteil in der Gefahr der Unterdrückung, vor allem durch die gesetzlichen Erben.

---

[5]) *Ehrenzweig* II/2, 426; OGH in SZ 7/297; JBl 1948, 388.

[6]) *Lohse,* NZ 1949, 27; *Weiß* in Klang III 354; *Kralik,* Erbrecht 129f; differenzierend *B. Jud,* Erbschaftskauf 113.

[7]) Vgl OGH in SZ 15/91.

[8]) OGH in GlUNF 1211; *Kralik,* Erbrecht 131; zu Initialen OGH in NZ 2005, 174 = EvBl 2005/93.

[9]) OGH in EvBl 1955/102.

[10]) Vgl aber OGH in EvBl 2004/163, nach dem die Unterfertigung des Umschlags, in dem eine Verfügung verwahrt wird, genügt, wenn der Umschlag Teil der Verfügung ist.

[11]) OGH in EvBl 1964/160.

[12]) *Welser* in Rummel § 578 Rz 1; OGH in NZ 1997, 365.

[13]) Zu seiner Problematik *Burkart,* Das eigenhändige Testament nach § 2247 BGB – Seine Problematik und seine Zukunft, Lübtow-FS (1991) 253.

2. Das fremdhändige Testament

Das fremdhändige („allographe") Testament (§§ 579–581) besteht aus der Niederschrift (Aufsatz), der Unterschrift des Erblassers und jener dreier fähiger Zeugen samt dem gesetzlichen Zusatz sowie der Erklärung des Erblassers vor den Zeugen, daß dies sein letzter Wille sei („Bekräftigung").

Der schriftliche **Aufsatz** kann beliebig zustande kommen. Der Erblasser muß ihn **unterschreiben.**

Die Worte „Mein letzter Wille" sind keine Unterschrift[14]). Unterstützung durch Führung der Hand bei der Unterschrift schadet nicht[15]), ebensowenig deren Unleserlichkeit[16]). Nach überwiegender Auffassung kann die Unterschrift des Erblassers vor oder nach den Zeugenunterschriften gesetzt werden[17]).

Die **Bekräftigung** (nuncupatio, Bestätigung) hat vor drei Zeugen zu erfolgen, von denen mindestens zwei gleichzeitig anwesend sein müssen. Sie ist nur wirksam, wenn dabei die Originalurkunde vorliegt[18]). Das Erfordernis der „Ausdrücklichkeit" (§ 579) heißt nur, daß die Zeugen den Aufsatz ohne Zweifel für den letzten Willen des Erblassers halten dürfen. Verbale Bestätigung ist nicht zu fordern[19]).

Die Bekräftigung muß von den Zeugen gehört werden[20]); der Nachweis, daß dies der Fall war, kann aber mit allen prozessualen Beweismitteln geführt werden[21]).

Die Zeugen müssen auf der Urkunde selbst und nicht etwa auf dem Umschlag mit einem **Zusatz unterschreiben,** der auf ihre Zeugeneigenschaft hinweist; er ist Gültigkeitserfordernis[22]).

Damit soll einerseits eine Verwechslung der Zeugen mit dem Erblasser verhindert werden; anderseits fällt es Testamentsfälschern schwerer, Personen Unterschriften herauszulocken, die sie als Zeugenunterschriften ausgeben könnten.

Die Zeugen müssen nicht in Gegenwart des Erblassers, aber jedenfalls vor seinem Tode unterschreiben, da sonst im Todeszeitpunkt kein gültiges Testament vorliegt[23]). Der Auffassung, daß das fremdhändige und das öffentliche mündliche Testament „zweiaktige Formen" seien[24]), bei welchen zwischen der Erklärung des letzten Willens und dem Testament zu unterscheiden sei, ist entgegenzuhalten, daß die Form nicht von der Willenserklärung getrennt werden kann, deren Schutz sie dient[25]).

---

14) *Kralik,* Erbrecht 131; OGH in GlU 6337.
15) OGH in SZ 24/130.
16) OGH in SZ 24/130.
17) *Kralik,* Erbrecht 135; OGH in SZ 39/20; aA *Weiß* in Klang III 310.
18) *Kralik,* Erbrecht 134.
19) OGH in SZ 39/20; JBl 1984, 36; *Kralik,* Erbrecht 134.
20) *Eccher* in Schwimann § 579 Rz 3; aA OGH in SZ 39/20.
21) So auch OGH in SZ 30/66 und SZ 39/20.
22) Vgl aber die gegenteilige Entscheidung zur Unterschrift des Erblassers in FN 10.
23) *Ehrenzweig* II/2, 434; *Weiß* in Klang III 314. AA *Kralik,* Erbrecht 136, der im übrigen einen zeitlichen und örtlichen Zusammenhang zwischen Testierakt und Zeugenunterschrift fordert. So nun auch OGH in EvBl 1999/123, der die Möglichkeit einer Zeugenunterschrift nach dem Tod aber offenläßt.
24) *Sperl,* JBl 1972, 545.
25) So auch OGH in EvBl 1999/123.

Die Zeugen müssen den Inhalt des Testamentes nicht kennen.

Nachträgliche fremdhändige Änderungen der Verfügung bedürfen wieder der Form des § 579[26]). Eigenhändige Veränderungen sind als bloße Streichungen auch ohne Unterschrift gültig[27]). Eigenhändige Ergänzungen gelten hingegen nur, wenn die Voraussetzungen des holographen Testaments (§ 578) erfüllt sind. Überdies müssen die eigenhändig geschriebenen Teile einen Sinn ergeben[28]).

Dies ist aber zu bejahen, wenn der Erblasser den Namen des Universalerben streicht, durch einen anderen ersetzt und dabei unter Hinzufügung seiner Unterschrift den Zusatz macht: „Berichtigt am . . .“. Der Standpunkt, daß die neuen Teile, völlig isoliert betrachtet (für sich allein), einen Sinn ergeben müssen[29]), ist unerträglicher Formalismus.

Verweist der Erblasser in seiner Verfügung auf ein anderes Schriftstück, so sind die darin enthaltenen Anordnungen nur gültig, wenn das Schriftstück den Erfordernissen eines letzten Willens entspricht: **„testamentum mysticum“** (§ 582)[30]). Das Testament ist daher ungültig, wenn der Erblasser bezüglich des Erben auf das Testament seiner Frau verweist[31]).

Kann der Testator **nicht schreiben** oder nicht **lesen,** so müssen weitere Formgebote beachtet werden.

Kann er nicht schreiben, so muß er in Gegenwart aller drei Zeugen sein Handzeichen unter die Urkunde setzen. Zur Beweiserleichterung ist es „vorsichtig“, wenn ein Zeuge den Namen des Erblassers beisetzt (§ 580).

Kann der Erblasser nicht lesen, so muß er den Aufsatz von einem der drei Zeugen, welcher aber nicht der Schreiber[32]) der Verfügung sein darf, in Gegenwart der beiden anderen, die den Inhalt eingesehen haben, vorlesen lassen und bekräftigen, daß er seinem Willen entspricht (§ 581). Die Formvorschrift gilt nur für das fremdhändige, nicht aber für das eigenhändige Testament eines Blinden[33]).

Das fremdhändige Testament ist schwerer zu unterdrücken als das eigenhändige. Die relativ komplizierten Formerfordernisse bergen allerdings zahlreiche Gefahren der Unwirksamkeit in sich.

3. Nottestamente

Seit dem FamErbRÄG 2004 kennt das ABGB eine allgemeine Notform. Bis zu dieser Novelle gab es kein allgemeines Testament für Notfälle, sondern nur das Schiffs- und Seuchentestament[34]).

---

26) OGH in SZ 43/74. AA *Kralik,* Erbrecht 135.
27) OGH in SZ 47/18. AA *Weiß* in Klang III 310.
28) *Ehrenzweig* II/2, 427.
29) OGH in SZ 47/18.
30) Dazu *Klingstedt,* NZ 1955, 177.
31) OGH in NZ 1992, 296.
32) Zu diesem Begriff OGH in SZ 60/241.
33) OGH in SZ 53/72.
34) Diese alten Notformen (§§ 597–599 aF) wurden als „totes Recht“ abgeschafft; vgl dazu noch *Welser* in Rummel §§ 597–600; Vorauflage S 467 f.

Beim Nottestament kann der Erblasser mündlich oder schriftlich unter Beiziehung zweier fähiger Zeugen testieren, wenn unmittelbar die Gefahr droht, daß er stirbt oder die Fähigkeit zu testieren verliert, bevor er seinen letzten Willen auf andere Weise zu erklären vermag.

Die Begünstigung besteht in der Reduktion der Zeugen auf zwei und der Zulassung **mündlicher** Verfügungen.

Diese Begünstigung steht nach dem klaren Gesetzeswortlaut (§§ 568; 569) auch beschränkt testierfähigen Minderjährigen und unter Sachwalterschaft stehenden Personen zu. In beiden Fällen wird in Anbetracht der Gefahrensituation die Testierfähigkeit besonders zu prüfen sein[35]).

Das Nottestament ist nicht nur dann gültig, wenn die Gefahr wirklich bestand, sondern auch, wenn sie „objektiv nachvollziehbar" zu befürchten war[36]).

Wurde das Nottestament gültig errichtet, hat es dieselbe Kraft wie ordentliche Testamente, vor allem hebt es im Zweifel frühere Verfügungen auf (§ 713). § 597 Abs 1 S 2 sieht allerdings eine zeitliche Einschränkung der Wirksamkeit vor. **Drei Monate** nach Wegfall der Gefahr verliert das Nottestament seine Gültigkeit, frühere Verfügungen leben nicht wieder auf. Anordnungen der älteren Verfügung, die durch gleiche Anordnungen im Nottestament bestätigt wurden, bleiben aber auch nach Wegfall des Nottestaments aufrecht[37]).

Das Nottestament ist nun die einzig zulässige private, mündliche Testamentsform[38]). Als ordentliche Testamentsform sind mündliche Verfügungen nicht mehr zulässig. Mündliche Testamente begegneten großem Mißtrauen, weil es bei Zusammenwirken von drei Personen relativ einfach war, dem Erblasser einen letzten Willen unterzuschieben, weshalb sie das FamErbRÄG 2004 abgeschafft hat. Bis zum 31. 12. 2004 gültig errichtete Verfügungen gelten aber weiter.

Ein mündliches Nottestament muß auf Verlangen eines jeden, dem daran gelegen ist, durch die übereinstimmenden Aussagen der zwei Zeugen bestätigt werden, andernfalls die Verfügung ungültig ist (§ 597 Abs 2).

C. Öffentliche Testamente

Öffentliche Testamente können vor Gericht oder Notar durch mündliche Erklärung oder durch Übergabe einer Urkunde errichtet werden (§§ 587–590, §§ 70ff NO).

Beim **gerichtlichen** Testament müssen der örtlich zuständige Richter[39]) und eine zweite beeidete Gerichtsperson, zB ein Schriftführer,

---

[35]) *Spitzer,* NZ 2006, 82.

[36]) Ausf *Spitzer,* NZ 2006, 78ff; vgl auch *Fischer-Czermak,* Neueste Änderungen im Abstammungs- und Erbrecht, JBl 2005, 11.

[37]) *Spitzer,* NZ 2006, 81f.

[38]) Zu den Anforderungen an Testierabsicht und Zeugeneigenschaft beim mündlichen Testament (§ 585 aF) OGH in SZ 2002/31.

[39]) Zur Ausnahme gemäß § 33 JN: OGH in JBl 1977, 596.

mitwirken. Die zweite Gerichtsperson kann durch zwei Zeugen ersetzt werden.

Das Gericht hat sich über die Identität des Testators Klarheit zu verschaffen und Zweifel an der Testierfähigkeit im Protokoll zu vermerken, darf aber die Aufnahme des letzten Willens nicht verweigern[40]). Die Gültigkeit der Willenserklärung kann letztlich nur im Erbrechts- oder Erbschaftsprozeß geklärt werden[41]).

Beim **schriftlichen** Testament muß der Erblasser die Urkunde persönlich überbringen und erklären, daß sie seinen letzten Willen enthalte. Die Urkunde muß nicht eigenhändig geschrieben, wohl aber unterschrieben sein (§ 587). Der Erblasser ist auf das Erfordernis der eigenhändigen Unterschrift hinzuweisen.

Über die Entgegennahme des letzten Willens ist ein Protokoll aufzunehmen und der Aufsatz gegen Ausstellung des Empfangscheines gerichtlich zu hinterlegen.

Bei einer **mündlichen** letztwilligen Erklärung nimmt das Gericht den letzten Willen zu Protokoll und hinterlegt es (§§ 587 f).

Beim **notariellen** Testament[42]) bedarf es der Mitwirkung zweier Notare oder eines Notars und zweier Zeugen.

Anders als Gerichte können Notare auch schriftliche private Verfügungen in Verwahrung nehmen (§ 104 NO). Ebenso kann ein Notar bei einer privaten Anordnung Zeuge sein.

V. Das gemeinschaftliche Testament

Im gemeinschaftlichen Testament setzen zwei Ehegatten einander oder dritte Personen zu Erben ein (§ 1248).

Das gemeinschaftliche Testament kann nur von Ehegatten oder von Brautleuten unter der Bedingung ihrer Verehelichung[1]) errichtet werden.

Obwohl das gemeinschaftliche Testament im 28. Hauptstück des ABGB geregelt ist und oft in Verbindung mit Erbverträgen und anderen Ehepakten errichtet wird, ist es selbst **kein Ehepakt,** weil ihm der Vertragscharakter fehlt. Es unterliegt daher auch nicht der für Ehepakte geltenden Form[2]). Die beiden Erblasser haben jedoch die Testamentsform einzuhalten.

Diese bereitet beim privaten fremdhändigen und beim öffentlichen schriftlichen Testament keine Schwierigkeiten. Streitig ist, ob auch die mündliche Form ausreicht (öffentliches Testament, Nottestament), da hier die Einheitlichkeit der Erklärung zweifelhaft ist[3]). Für das holographe Testament ist erforderlich, daß jeder seinen Text schreibt und unterschreibt[4]).

---

[40]) *Sperl,* JBl 1972, 545.

[41]) OGH in EvBl 1968/89.

[42]) Umfassend *Schauer,* Was ist ein notarielles Testament? in Welser-FS (2004) 919.

[1]) *Weiß* in Klang V 891; vgl auch OGH in EvBl 1967/346; SZ 55/143.

[2]) OGH in GlU 7049.

[3]) Vgl *Weiß* in Klang V 889; *Kralik,* Erbrecht 141.

[4]) OGH in SZ 10/327; *Kralik,* Erbrecht 141; *Weiß* in Klang V 888.

Das gemeinschaftliche Testament ist bloß **gemeinsam,** wenn es dritte Personen bedenkt, **wechselseitig,** wenn die Gatten einander einsetzen, und **wechselbezüglich**[5]), wenn eine Verfügung nur unter der Bedingung gilt, daß auch jene des Partners wirksam ist (zB nicht widerrufen wird). Wechselbezüglichkeit ist nicht zu vermuten (§ 1248 Satz 2).

Jeder Teil hat das Recht, seine Anordnung einseitig zu **widerrufen**[6]).

Ob bei Auflösung einer Ehe auch ein gemeinschaftliches Testament dahinfällt, muß der Auslegung überlassen werden. Jedenfalls bleibt jedem Ehegatten die Möglichkeit des Widerrufes.

VI. Beschaffenheit der Zeugen

Bei den meisten Testamentsformen braucht man Zeugen. Sie haben dem Testament überhaupt seinen Namen gegeben (testis = Zeuge).

Die Testamentszeugen sind Geschäftszeugen, dh Personen, die einem rechtlichen Vorgang zugezogen werden, damit sie ihn später bestätigen können. Davon unterscheiden sich die Zufallszeugen, die über zufällig gemachte Wahrnehmungen Aussagen machen, zB Zeugen eines Verkehrsunfalls.

Fähige Testamentszeugen sind grundsätzlich Personen über **achtzehn Jahren** (§ 591).

Absolut unfähig, dh von jeder Zeugenschaft ausgeschlossen, sind daher Personen unter achtzehn Jahren; ferner Personen, denen wegen einer Behinderung die Fähigkeit fehlt, der jeweiligen Testamentsform entsprechend den letzten Willen des Erblassers zu bezeugen (§ 591).

Relativ unfähig, dh für die Bezeugung einer bestimmten Verfügung untauglich, sind Personen, welche die Sprache des Erblassers nicht verstehen, und die „befangenen Zeugen".

Die „Sprache des Erblassers" ist jene, in der er ein mündliches (zulässiges) Testament errichtet oder das schriftliche bekräftigt[1]).

Befangen sind der Bedachte, sein Ehegatte[2]), seine Eltern, seine Kinder und Geschwister und mit ihm im selben Grad verschwägerte Personen[3]) sowie seine „besoldeten Hausgenossen" (§ 594). Der Lebensgefährte des Bedachten ist daher tauglicher Zeuge[4]).

Unter den Begriff der Kinder fallen auch uneheliche und Wahlkinder, unter jenen der Geschwister auch Halbgeschwister. Besoldete Hausgenossen sind alle im Haushalt des Bedachten gegen Entgelt Beschäftigten, allerdings nur dann, wenn sie auch dort wohnen[5]). Gesetzliche Vertreter sind als solche nicht ausgeschlossen, also auch nicht

---

[5]) Dazu *Kuchinke,* Beeinträchtigende Anordnung des an seine Verfügung gebundenen Erblassers, Lübtow-FS (1991) 283.

[6]) Vgl OGH in JBl 1965, 264.

[1]) *Ehrenzweig* II/2, 430.

[2]) Allerdings nicht der Geschiedene: OGH in NZ 1993, 82.

[3]) Hiezu OGH in JBl 1990, 51.

[4]) OGH in SZ 2003/46; krit *Wilhelm,* Lebensgefährtin des Bedachten fähige Testamentszeugin! ecolex 2003, 569.

[5]) OGH in SZ 42/101.

der Vormund, wenn er nicht in einem Verwandtschaftsverhältnis des § 594 steht. Die organmäßigen Vertreter einer bedachten juristischen Person sind nach der Judikatur taugliche Zeugen, weil die Aufzählung des § 594 taxativ sei[6]).

Die Befangenheit bezieht sich nur auf **begünstigende** Anordnungen, nicht aber auf Belastungen[7]). Kommt daher der eingesetzte Erbe als solcher wegen seiner untauglichen Zeugenschaft nicht zum Zuge, so muß er die von ihm bezeugte Last übernehmen, wenn er gesetzlicher Erbe wird.

Die Ungültigkeit der Verfügung erfaßt nur die Zuwendung, auf die sich die Befangenheit **bezieht**[8]). Sie ist überhaupt gültig, wenn noch andere Zeugen in ausreichender Zahl vorhanden sind[9]). Daher kann der Erblasser jeden Zeugen bedenken, wenn jede Zuwendung nur einen Zeugen begünstigt und der Erblasser nicht drei, sondern vier Zeugen beizieht, so daß jeweils die drei nicht Bedachten die Zuwendung an den vierten bezeugen können.

Beim schriftlichen Testament kann der Schreiber des letzten Willens auch Zeuge sein (§ 581), doch gelten die für Zeugen bestehenden Beschränkungen auch für ihn (§ 595).

VII. Der Widerruf letztwilliger Verfügungen

Literatur: *Kralik,* Zur Zurückstellung und Kundmachung notarieller Testamente, Wagner-FS (1987) 235; *Rabl,* Altes Testament – neues Testament. Die Konkurrenz letztwilliger Verfügungen (2001); *Staufer,* Widerruf eines öffentlichen Testamentes durch Zurücknahme der Urkunde, NZ 1949, 120; *derselbe,* Nochmals über den Widerruf eines öffentlichen Testaments, NZ 1950, 62.

A. Allgemeines

Die freie Widerruflichkeit gehört zum Wesen der letztwilligen Verfügung.

Der einer letztwilligen Verfügung angehängte „Beisatz", daß jede spätere Anordnung überhaupt oder, wenn sie nicht mit einem bestimmten Merkmal bezeichnet ist, nichtig sein solle **(„derogatorische Klausel")**, gilt als nicht beigesetzt (§ 716).

Der Widerruf geschieht ausdrücklich (unten B), durch bloße Errichtung einer neuen Verfügung (C) oder stillschweigend durch Einwirkung auf die Urkunde (D). Bei Vermächtnissen gibt es auch den „vermuteten Widerruf" (E). Eine besondere Situation entsteht bei der Zurücknahme

---

[6]) OGH in SZ 52/148; NZ 1993, 82; vgl zum taxativen Charakter auch OGH in JBl 2003, 851; s auch *Kralik,* Erbrecht 144; dagegen *Wilhelm,* Mündliches Testament, Zeugnisfähigkeit, religiöse Gesellschaften, ecolex 2002, 713.

[7]) OGH in NZ 2004, 149 (wo allerdings die Bestellung eines Testamentsvollstreckers neben einer ungültigen Erbseinsetzung ebenfalls für unwirksam gehalten wurde, da beide Verfügungen in unlösbarem Zusammenhang standen).

[8]) OGH in JBl 1990, 51.

[9]) JB 55.

eines schriftlichen öffentlichen Testaments (F). In einem Sonderfall kommt es sogar zum Wiederaufleben eines früheren Testaments (G).

Der Widerruf setzt **Testierfähigkeit** voraus (§ 718). Personen, die nur vor Gericht oder Notar testieren können, müssen auch für den Widerruf diese Form einhalten[1]). S oben S 482f. Auch sonst gelten für den Widerruf die Vorschriften über letztwillige Erklärungen, zB die Irrtumsregeln.

Nach einer neueren Auffassung[2]) muß der Erblasser den Bedachten vom Widerruf der letztwilligen Verfügung informieren, wenn er die Zuwendung als sicher hingestellt und vom Bedachten eine Leistung erhalten hat (zB Mitwirkung im Erwerb), die auf dessen Erwerbshoffnung schließen läßt. Die schuldhafte Verletzung dieser Pflicht begründe eine Haftung des Erben auf den Vertrauensschaden („culpa in testando“).

B. Ausdrücklicher Widerruf

Der ausdrückliche Widerruf besteht in der Erklärung des Erblassers, daß eine bestimmte oder alle früheren Verfügungen aufgehoben seien. Es bedarf hiezu keiner besonderen Wortwahl, doch muß die **Testamentsform** eingehalten werden. Nicht nötig ist, daß der Widerruf in jener Form vorgenommen wird, in der die Verfügung errichtet wurde[3]).

C. Errichtung einer neuen letztwilligen Verfügung

Ein Widerruf liegt aber vielfach schon in der Errichtung einer neuen letztwilligen Verfügung, ohne daß die ältere ausdrücklich aufgehoben wird. Hier hat die Unterscheidung zwischen Testament und Kodizill eine wesentliche Bedeutung[4]).

Nimmt ein neues **Testament** auf das ältere nicht Bezug, so wird dieses im Zweifel ganz aufgehoben, also auch in jenen Teilen, die mit der jüngeren Verfügung in Einklang zu bringen wären (§ 713).

Ein späteres **Kodizill** hebt frühere Kodizille oder in Testamenten enthaltene Vermächtnisse nicht schon durch seine Errichtung auf, sondern nur soweit, als sie mit ihm unvereinbar sind (§ 714). Die im früheren Testament enthaltene Erbseinsetzung wird vom späteren Kodizill nicht berührt, doch können darin dem Erben neue Lasten auferlegt werden[5]).

Für die Wirkung eines späteren **Testamentes** auf ein früheres **Kodizill** besteht keine gesetzliche Zweifelsregel. Die hM tendiert zu seiner

---

[1]) *Welser* in Rummel § 718 Rz 4. AA für den stillschweigenden Widerruf *Kralik,* Wagner-FS 243.

[2]) *Zankl,* Culpa in testando bei Widerruf und Formungültigkeit letztwilliger Verfügungen, NZ 1995, 265; *derselbe,* Das gesetzliche Vorausvermächtnis des Ehegatten (1996) 169ff.

[3]) OGH in NZ 1977, 121; SZ 56/43.

[4]) Dazu ausführlich *Rabl,* Altes Testament – neues Testament 5ff mwN.

[5]) *Pfaff/Hofmann,* Kommentar II 635.

Aufhebung, wenn es ein testamentarisches Kodizill war, dh zu einem durch das neue Testament aufgehobenen älteren Testament gehörte, hingegen zum Weiterbestand, wenn es als Intestatkodizill die gesetzliche Erbfolge ergänzte oder noch die testamentarische Ernennung eines Erben erwarten ließ[6]).

Ist unklar, welches Testament oder Kodizill **später** errichtet wurde, so gelten beide Verfügungen, soweit sie nebeneinander bestehen können (§ 715)[7]).

Auch einander widersprechende Verfügungen können „nebeneinander bestehen", wenn eine ideelle Teilung möglich ist: Ist in einem Testament A und im anderen B als Alleinerbe eingesetzt, so erben sie je zur Hälfte[8]).

D. Einwirkung auf die Urkunde

Wer in seinem Testamente oder Kodizille die Unterschrift durchschneidet, sie durchstreicht oder den ganzen Inhalt auslöscht, „vertilgt es" (§ 721). Dieser **stillschweigende** Widerruf ist nur beim schriftlichen Testament möglich[9]). Er unterscheidet sich von den anderen Aufhebungsarten durch die Form, ist aber ebenfalls eine Willenserklärung und setzt daher Testierfähigkeit voraus.

Die Aufzählung der **Vernichtungshandlungen** ist nicht erschöpfend. Es genügt jede Einwirkung auf die Urkunde, die auf einen endgültigen Aufhebungswillen schließen läßt, daher auch Zerreißen, Verbrennen der Urkunde, Durchstreichen von Textstellen oder der nötigen Zeugenunterschriften[10]).

Schreibt der Erblasser quer über den Text oder an den Rand der Urkunde „ungültig" [11]), so ist fraglich, ob dies zur Aufhebung reicht. Der ausdrückliche Widerruf bedürfte der eigenhändigen Unterschrift. Wenn aber das Gesetz schon das Durchstreichen einer Unterschrift genügen läßt, muß umso mehr die Erklärung „ungültig" zur Vernichtung des Testamentes führen.

Der Erblasser kann auch in einem fremdhändigen Testament ohne Zuziehung von Zeugen Streichungen vornehmen[12]).

Wenn von mehreren gleichlautenden Urkunden nur eine „vertilgt worden ist", so ist daraus auf keinen Widerruf des Testaments zu schließen (§ 721)[13]).

---

[6]) *Ehrenzweig* II/2, 474 mwN; vgl auch OGH in SZ 40/23; NZ 1993, 265. Für die Aufhebung in beiden Fällen *Kralik,* Erbrecht 148.

[7]) Dazu *Rabl,* Mehrere letztwillige Verfügungen unbekannter zeitlicher Reihenfolge, NZ 2001, 48ff; *derselbe,* Altes Testament – neues Testament 58ff.

[8]) *Kralik,* Erbrecht 149; *Rabl,* NZ 2001, 48f; *derselbe,* Altes Testament – neues Testament 70ff; OGH in SZ 72/179.

[9]) OGH in SZ 56/43; vgl aber auch NZ 1999, 348. Näheres *Kralik,* Wagner-FS 237.

[10]) *Weiß* in Klang III 722; OGH in SZ 56/43.

[11]) *Ehrenzweig* II/2, 472f; vgl aber OGH in GlU 7569.

[12]) OGH in SZ 47/18.

[13]) Vgl auch OGH in JBl 1994, 42.

Der **zufällige** Untergang einer Testamentsurkunde hindert die Wirksamkeit der Verfügung nicht. Wer sich auf sie beruft, muß allerdings den Zufall und den Inhalt der Urkunde beweisen (§ 722)[14]).

E. Vermuteter Widerruf

Für Legate gelten zwar die allgemeinen Widerrufsregeln, doch kennt hier das Gesetz überdies den „vermuteten Widerruf": Vermächtnisse sind als widerrufen anzusehen, wenn der Erblasser die vermachte Forderung eingetrieben oder die vermachte Sache veräußert hat, ferner, wenn die Sache mit Willen des Erblassers umgewandelt worden ist. Genaueres s in den §§ 724f.

F. Zurücknahme öffentlicher Testamente

Auch öffentliche Testamente sind in **beliebiger** Testamentsform widerruflich.

Davon unterscheidet sich die bloße **Zurücknahme** des schriftlichen öffentlichen Testamentes. Sie kann durch den Erblasser persönlich oder durch einen mit beglaubigter Vollmacht ausgestatteten Stellvertreter erfolgen (§ 74 NO, analog für das gerichtliche Testament). Durch die Rücknahme verliert das Testament den Charakter einer öffentlichen Urkunde. Ein Schriftstück, welches auch die Erfordernisse eines privaten schriftlichen Testamentes erfüllt, gilt als solches weiter, wenn in der Rücknahme kein konkludenter Widerruf liegt[15]).

G. Wiederaufleben

Hat der Erblasser eine spätere Anordnung **vernichtet,** die **frühere** schriftliche Anordnung aber **unversehrt** gelassen, so kommt die frühere wieder zur Kraft[16]). Eine mündliche Anordnung lebt hingegen nicht wieder auf (§ 723).

Nach hM gilt allerdings dieses „Wiederaufleben" – arg „vernichtet" – nur bei „stillschweigendem Widerruf" der zweiten Verfügung (Einwirkung auf die Urkunde), nicht aber für den ausdrücklichen[17]).

VIII. Der Testamentsvollstrecker

Literatur: *F. Bydlinski,* Letztwillige Verwaltungsanordnungen, JBl 1981, 72; *Dengler,* Das Klagerecht des Testamentsvollstreckers, NZ 1978, 106; *Ehn,* Der Testa-

[14]) Dazu OGH in SZ 23/389; EvBl 1958/18; SZ 55/4 und 136; EvBl 1983/62; NZ 1999, 348.

[15]) Vgl auch *Weiß* in Klang III 715f. Anders *Kralik,* Wagner-FS 237, und *Rabl,* Altes Testament – neues Testament 102f.

[16]) Dies gilt nicht für das Außerkrafttreten von Nottestamenten durch Zeitablauf (§ 597), *Spitzer,* Neues zu letztwilligen Verfügungen, NZ 2006, 81.

[17]) *Ehrenzweig* II/2, 475; *Weiß* in Klang III 726; OGH in SZ 62/11. Ausführlich zu § 723 zuletzt *Rabl,* Altes Testament – neues Testament 82ff.

mentsvollstrecker, NZ 1977, 36; *Grüll,* Testamentsvollstrecker und Abhandlungspfleger, NZ 1956, 38; *Iro,* Ist der Testamentsvollstrecker in der Einantwortungsurkunde einzutragen? NZ 1977, 18; *Lenhoff,* Der Abhandlungspfleger, JBl 1913, 328; *Rappaport,* Zum Problem des Testamentsvollstreckers im österreichischen Recht, ZBl 1928, 770; *Sprung/Fink,* Letztwillig angeordnete Nachlaßverwaltung im österreichischen Recht, JBl 1996, 205; *Zankl,* Testamentsvollstreckung und Nachlaßverwaltung, NZ 1998, 71; *derselbe,* Verwaltungs- und schadenersatzrechtliche Aspekte der Testamentsvollstreckung, JBl 1998, 293.

Der Erblasser kann einen Testamentsvollstrecker (Willensvollstrecker, Vollzieher des letzten Willens, Exekutor) bestimmen, doch steht es diesem frei, das Amt zu übernehmen. Übernimmt er es, so hat er „als ein Machthaber des Erblassers" entweder dessen Anordnungen selbst zu vollziehen oder deren Vollziehung durch die Erben zu betreiben (§ 816).

Der Testamentsvollstrecker wird also nicht vom Gericht bestellt, sondern vom Erblasser in einem formgültigen letzten Willen oder einem Erbvertrag ernannt. Eine formlose Erklärung genügt nicht[1]).

Die Rechte und Pflichten eines Testamentsvollstreckers sind strittig[2]). Wenn der Erblasser nichts anderes bestimmt, hat er nur die Durchführung des letzten Willens durch die Erben zu **überwachen** und zu **betreiben** und durch Anrufung des Gerichtes den widerstreitenden Willen der Erben zu brechen[3]). Direkte Verwaltungsrechte hat aber der Exekutor nicht[4]), er vertritt weder den Nachlaß[5]) noch die Erben[6]).

Der Testamentsvollstrecker hat vor allem für jene Anordnungen des Erblassers Bedeutung, deren Erfüllung vom Gericht nicht überwacht wird. So kann er vom Bedachten die Befolgung der Auflagen verlangen und hiezu auch den Klageweg beschreiten, er ist insoweit **„Auflageberechtigter".** S oben S 501.

Der Testamentsvollstrecker ist jedenfalls zur Einberufung der Verlassenschaftsgläubiger zu laden (§ 174 AußStrG). Soweit seine Agenden betroffen sind, ist er Beteiligter im Verlassenschaftsverfahren[7]). Für seine Eintragung in die Einantwortungsurkunde besteht allerdings keine gesetzliche Grundlage[8]).

Im Zweifel bekommt er für seine Tätigkeit kein Entgelt, außer es gilt nach seinem Berufsstand als bedungen (§ 1004)[9]).

Der Erblasser kann den Testamentsvollstrecker auch mit genau umschriebenen Akten der Nachlaßverwaltung oder überhaupt mit der Verwaltung und Vertretung des Nachlasses betrauen[10]). Dann ist er vom Verlassenschaftsgericht zum **Nachlaßverwalter** zu bestellen. Aber auch ohne

---

[1]) *Kralik,* Erbrecht 272. AA zB *Ehrenzweig* II/2, 477; *Grüll,* NZ 1956, 39.
[2]) Ausführlich *F. Bydlinski,* JBl 1981, 72.
[3]) OGH in SZ 40/70; vgl auch EvBl 1990/20.
[4]) OGH in EvBl 1957/73; NZ 2002, 334 = ecolex 2002, 741.
[5]) Vgl OGH in EvBl 1957/73; *Kralik,* Erbrecht 273.
[6]) *Welser* in Rummel § 816 Rz 13 mwN.
[7]) OGH in SZ 43/58; SZ 69/263.
[8]) *Iro,* NZ 1977, 18.
[9]) OGH in EvBl 1990/20.
[10]) *F. Bydlinski,* JBl 1981, 74; aA *Kralik,* Erbrecht 273.

solche Anordnung kann ihn das Verlassenschaftsgericht zum Nachlaßkurator ernennen[11]). In beiden Fällen gelten die Regeln über die Verlassenschaftskuratel, s unten S 572f.

Der Testamentsvollstrecker kann aber vom Erblasser auch mit Aufgaben betraut werden, die über die Beendigung des Abhandlungsverfahrens hinausreichen.

Manche nehmen an, daß die Erben die Anordnung des Erblassers ohne weiteres widerrufen können[12]). Dies überzeugt nicht, weil der Erblasser seinen Erben ganz allgemein weitgehende Beschränkungen auferlegen kann, zB durch Teilungsanordnungen, Aufgriffsrechte, fideikommissarische Substitutionen, Veräußerungs- und Belastungsverbote uä[13]). Auf jeden Fall hat er die Möglichkeit, die Verwaltungsanordnung durch Bedingungen und Auflagen abzusichern.

Die Rechtsfigur des **Abhandlungspflegers** ist dem österreichischen Recht unbekannt[14]).

Die Abhandlungspflege ist Aufgabe des Verlassenschaftsgerichtes und des Gerichtskommissärs. Die Übertragung solcher Agenden durch den Erblasser an einen Dritten als „Abhandlungspfleger" ist ungültig[15]). Der Erblasser kann darüber hinaus auch nicht einen Abhandlungspfleger als Vertreter eigenberechtigter Erben ernennen[16]).

Insgesamt ist die Figur des Testamentsvollstreckers im österreichischen Recht fast bedeutungslos, weil – im Gegensatz zu anderen Rechtsordnungen – die Abhandlungspflege dem Gericht vorbehalten ist, das sie unter Mitwirkung des Gerichtskommissärs wahrnimmt.

Der Gerichtskommissär ist ein bestimmter Notar, der im Außerstreitverfahren Amtshandlungen für das Gericht zu besorgen hat. Insb erledigt er mit dem Gericht die Verlassenschaftsabhandlung (Todesfallaufnahme, Versiegelung, Einholung von Auskünften über den Nachlaß, Nachforschung nach letztwilligen Verfügungen, Erstellung des Inventars, Entgegennahme der Erbserklärungen).

Für eine vom Erblasser ausgehende Beauftragung eines Dritten, wie dies der Testamentsvollstrecker ist, bleibt daher kein Raum.

7. Kapitel
Die Substitution

I. Begriff

Das ABGB faßt unter dem Begriff Nacherbschaft (Substitution) im weiteren Sinn zwei Fälle zusammen. Der Erblasser kann bestimmen, daß

---

[11]) OGH in SZ 40/70.

[12]) *F. Bydlinski,* JBl 1981, 72; *Sprung/Fink,* JBl 1996, 205ff; OGH in JBl 1993, 310; NZ 1998, 79.

[13]) Ebenso *Zankl,* NZ 1998, 72f; *derselbe,* JBl 1998, 293.

[14]) *Kralik,* Erbrecht 274f; *Sprung/Fink,* JBl 1996, 208f; OGH in SZ 13/112; SZ 16/189.

[15]) OGH in SZ 13/112.

[16]) OGH in SZ 16/189; *F. Bydlinski,* JBl 1981, 78.

ein anderer Erbe sein soll, wenn der Ersteingesetzte (Institut) die Erbschaft nicht erlangt: **Ersatzerbschaft,** gemeine Substitution, Vulgarsubstitution (§§ 604 ff). Er kann aber auch anordnen, daß der zweite Erbe nach dem ersten zur Erbschaft gelangen soll: **Nacherbschaft** im engeren Sinn, fideikommissarische Substitution (§§ 608 ff). Die fideikommissarische Substitution begreift stillschweigend eine gemeine in sich (§ 608 letzter Satz).

Für Substitutionen besteht eine besondere **Auslegungsregel:** „Ist eine Substitution zweifelhaft ausgedrückt, so ist sie auf eine solche Art auszulegen, wodurch die Freiheit des Erben, über sein Eigentum zu verfügen, am mindesten eingeschränkt wird" (§ 614).

Demnach ist im Zweifelsfall eher gemeine als fideikommissarische Substitution anzunehmen[1]); eher befreite als volle Nacherbschaft (s unten S 521). § 614 gilt entsprechend, wenn Unsicherheit darüber besteht, ob überhaupt eine Substitution angeordnet ist[2]).

Die Substitution kann sich auf den ganzen Nachlaß oder Teile davon erstrecken.

Die beiden Fälle der Substitution können auch miteinander verbunden werden. So kann der Erblasser einem Ersatzerben einen fideikommissarischen Substituten bestimmen oder einem Nacherben einen Ersatzerben substituieren[3]).

Die Regeln der Substitution sind auch auf **Vermächtnisse** anwendbar (§ 652)[4]).

II. Ersatzerbschaft

Literatur: *Bolla,* Probleme bei der fideikommissarischen Substitution, NZ 1950, 182; *Kostner,* Die Vorerbennachfolge, NZ 1949, 123; *Kletečka,* Ersatz- und Nacherbschaft (1999).

Der Ersatzerbe tritt an die Stelle des eingesetzten Erben (§ 604).

Er kommt zum Zuge, wenn der Ersteingesetzte nicht erben kann (zB vorverstorben oder erbunwürdig ist) oder nicht erben will (die Erbschaft ausschlägt).

Hat der Erblasser von den beiden Möglichkeiten nur eine erwähnt, so soll die andere ausgeschlossen sein (§ 605). Diese Zweifelsregel ist lebensfremd, weil einem Erblasser so scharfsinnige Unterscheidungen fremd sind. Die Auslegung des Testaments wird daher oft etwas anderes ergeben.

Die Erbschaft fällt auch dem Ersatzerben mit dem Tode des Erblassers an. Dies gilt auch bei Erbsentschlagung des Ersteingesetzten[1]).

---

[1]) OGH in RZ 1963, 14.

[2]) OGH in SZ 27/25; NZ 1985, 26; *Kletečka,* Ersatz- und Nacherbschaft (1999) 135 f; *Welser/Rabl,* Der Fall Klimt (2005) 39 f.

[3]) OGH in NZ 1977, 120; EvBl 1978/97; SZ 54/48; vgl auch EvBl 1989/90.

[4]) Zu Besonderheiten bei Ersatz- und Nachlegaten s *Kletečka,* Nacherbschaft 126 ff, 277 ff.

[1]) *Kralik,* Erbrecht 182 f; dagegen *Pfaff/Hofmann,* Kommentar II 223.

Der Ersatzerbe ist nach dem Ersteingesetzten der zunächst Berufene. Er verhindert die Anwachsung und geht den gesetzlichen Erben, dem außerordentlichen Erbrecht der Legatare und dem Heimfallsrecht des Staates vor. Die Substitution **erlischt** aber, sobald der Ersteingesetzte die Erbschaft **angetreten** hat (§ 615 Abs 1). Zum Verhältnis Ersatzerbschaft und Transmission s oben S 461.

Den Ersatzerben treffen im Zweifel die dem Ersteingesetzten auferlegten **Lasten** (§ 606), nicht aber die dem Ersteingesetzten gestellten Bedingungen (§ 702).

Der Erblasser kann beliebig viele Ersatzerben ernennen. Die Erbschaft fällt jeweils dem Nächstberufenen an. Für ungeborene Ersatzerben ist ein Kurator zu bestellen[2]).

Eine **„stillschweigende Substitution"** nimmt das Gesetz in § 779 Abs 1 an: Die Nachkommen eines letztwillig bedachten Kindes des Erblassers gelten als Ersatzerben, s oben S 496.

III. Nacherbschaft (fideikommissarische Substitution)

Literatur: *Bolla,* Probleme bei der fideikommissarischen Substitution, NZ 1950, 182; *P. Bydlinski,* Offene Fragen der Substitution auf den Überrest, NZ 1988, 241; *Kletečka,* Ersatz- und Nacherbschaft (1999); *derselbe,* Die Drittwirkung des Nacherbrechts, NZ 2001, 21; *Kostner,* Die Vorerbennachfolge, NZ 1949, 123; *Lanz,* Von der Schenkung auf den Todesfall, der Begründung einer fideikommissarischen Substitution unter Lebenden und des zeitlich befristeten Eigentums, NZ 1951, 114; *Rabl,* Der unbekannte Nacherbe, NZ 2003, 264; *M. Steiner,* Fideikommissarische Substitution und Auflage, NZ 1955, 132.

A. Allgemeines

Der Nacherbe soll bei Eintritt des Substitutionsfalles nach dem Vorerben den Nachlaß erhalten (§ 608).

„A soll Erbe sein, nach seinem Tod aber B." – „A soll bis zur Volljährigkeit seiner Kinder Erbe sein, danach die Kinder."

Das ABGB beschränkt die Nacherbeneinsetzung, um langfristige Vermögensbindungen zu verhindern. Der Erblasser kann zwar aus seinen **„Zeitgenossen"** (das sind bei der Testamentserrichtung schon Geborene) unbegrenzt viele Nacherben hintereinander einsetzen. Werden aber keine Zeitgenossen substituiert, so ist die Substitution bei beweglichen Sachen auf zwei, bei unbeweglichen Sachen auf einen Nacherben beschränkt (§ 612)[1]).

---

[2]) OGH in NZ 1977, 120.

[1]) S *Kletečka,* Nacherbschaft 180ff; anders *Kralik,* Erbrecht 187; *Egglmeier,* Zur Zulässigkeit auflösend bedingter Übereignung im österreichischen Recht, NZ 1997, 36. Zu den Gradgrenzen bei Unternehmen und Gesellschaftsanteilen *Schauer,* Rechtsprobleme der erbrechtlichen Nachfolge bei Personenhandelsgesellschaften (1999) 426ff; zur analogen Anwendung auf als Grunddienstbarkeiten bestellte Fruchtgenußrechte OGH in SZ 74/95.

Aus dem Zweck der Norm, die Bindung des Vermögens zeitlich zu begrenzen, ergibt sich, daß juristische Personen keine Zeitgenossen sind[2]). Zeitgenossen des Erblassers, die mit solchen Personen, die es nicht sind, zusammen zu Nacherben berufen werden, sind nach § 612 nicht als Grad zu zählen[3]).

Es werden aber nur jene Substituten gezählt, die wirklich zur Erbschaft gelangen (§ 612).

Auch die Bestellung eines Substituten ist die **Berufung eines Erben.** Sie kann daher nur vom Erblasser vorgenommen werden und muß ausreichend bestimmt sein (s S 498f). Deshalb kann der Erblasser die Einsetzung des Nacherben nicht dem Vorerben überlassen[4]). Die Rechtsprechung nimmt bei solchen Verfügungen allerdings eine Konversion an. Sie deutet sie als Auflage, das Vermögen jemand anderem zu hinterlassen[5]). Obwohl dann der Begünstigte – anders als ein Erbe – kein subjektives Recht auf den Nachlaß hat[6]) (s auch S 500f), umgeht diese Auffassung doch das Bestimmtheitsgebot des § 564.

Die Substitution kann sich nur auf das **vom Erblasser** herstammende Vermögen beziehen, nicht auf den ganzen Nachlaß des Vorerben (s § 609)[7]).

Pflichtteile dürfen durch die Substitution nicht beschränkt werden (§ 774), s unten S 594.

Die fideikommissarische Substitution **erlischt,** wenn keiner der berufenen Nacherben mehr übrig oder die Bedingung vereitelt ist (§ 615). Zu weiteren Erlöschensgründen s die §§ 616f.

§ 617 bestimmt, daß die einem Kind zu einer Zeit, zu der es selbst noch keinen Nachkommen hatte, gemachte Substitution erlischt, wenn es erbfähige Nachkommen hinterläßt[8]); es werden also nicht etwa diese Nachkommen zu Nacherben berufen. Zu den Kindern zählen auch Adoptivkinder[9]). § 617 ist jedoch bloß eine Auslegungsregel[10]).

B. Konstruktive Nacherbfolge

Die Regeln der fideikommissarischen Substitution gelten auch, wenn ohne ausdrückliche Anordnung einer Nacherbschaft Erben **bedingt** oder **betagt** eingesetzt sind oder der Erblasser dem Erben verboten hat, über den Nachlaß zu testieren (§§ 707, 708, 610): „konstruktive Nacherb-

---

[2]) Vgl dazu *Pfaff/Hofmann,* Kommentar II 240; *Kletečka,* Nacherbschaft 180; nunmehr auch *Eccher* in Schwimann §§ 611, 612 Rz 1; OGH in SZ 38/65.

[3]) OGH in SZ 15/202.

[4]) *Welser* in Rummel §§ 564, 565 Rz 2.

[5]) OGH in EvBl 1961/1; NZ 1977, 78; NZ 1987, 130; RZ 1988/21; NZ 1994, 115. Für eine Umdeutung in ein Nachlegat *Kletečka,* Die materielle Höchstpersönlichkeit letztwilliger Verfügungen, JBl 1999, 284ff.

[6]) OGH in NZ 1994, 115.

[7]) Zuletzt *Welser/Rabl,* Der Fall Klimt (2005) 43.

[8]) Hiezu *Czermak,* Erlöschen der Substitution nach § 617 ABGB, NZ 1986, 1; *Kralik,* Zum Erlöschen der Substitution nach § 617 ABGB, Ostheim-FS (1990) 149.

[9]) *Czermak,* NZ 1986, 3f; aA *Kletečka,* Nacherbschaft 125.

[10]) OGH in SZ 60/7.

folge". Dasselbe gilt für das **Gebot** an den Erben, in bestimmter Weise zu testieren[11]). Auch hier gilt aber die Substitution nur für das vom Erblasser selbst stammende Vermögen[12]).

Ist der Testamentserbe unter aufschiebender Bedingung oder zu einem Anfangstermin berufen, so sind die gesetzlichen Erben des Erblassers seine Vorerben. Ist dem Eingesetzten ein Endtermin gesetzt oder ist seine Stellung auflösend bedingt, so sind die gesetzlichen Erben des Erblassers Nacherben[13]). Im Falle eines Testierverbots sind die gesetzlichen Erben des Bedachten Nacherben.

Die Einsetzung von nicht Gezeugten gilt als solche unter der Bedingung ihrer Geburt. Bis dahin steht das Erbrecht, wenn nichts anderes bestimmt ist, den gesetzlichen Erben zu. Die Schranken des § 612 sind auch hier zu beachten[14]).

Ein unter Lebenden oder von Todes wegen begründetes Veräußerungsverbot (s Bd I S 290f) gilt nicht als Testierverbot (§ 610) und führt daher nicht zur fideikommissarischen Substitution. Im Einzelfall kann allerdings ein Veräußerungsverbot in eine Nacherbschaft umzudeuten sein[15]).

C. Anfall des Nacherbrechtes

Dem fideikommissarischen Substituten fällt die Erbschaft mit dem **Tode** des Erblassers an, wenn er terminisiert berufen ist (§ 705), hingegen mit dem Eintritt der **Bedingung,** wenn er suspensiv bedingt berufen ist (§ 703).

Befristung: Nach dem Tode meines Bruders soll mein Freund Erbe sein (§§ 705, 615 Abs 2). Bedingung: Wenn mein Bruder kinderlos sterben sollte, soll mein Freund Erbe sein (§ 703). Die Substitution ist auch aufschiebend bedingt, wenn nach dem Ableben des Vorerben die Erbschaft „an dessen dann vorhandenen ehelichen Nachkommen" fallen soll[16]).

Somit kann der befristet eingesetzte Substitut sein Recht sofort **vererben**[17]), der bedingt Eingesetzte erst dann, wenn er den Nacherbfall erlebt hat.

Nach dem Substitutionsfall (Nacherbfall) ist das Abhandlungsverfahren nach dem Erblasser wieder aufzunehmen[18]).

Ist Nacherbfall der Tod des Vorerben, so finden zwei getrennte Nachlaßverfahren statt: das wieder aufgenommene nach dem Erblasser und die Abhandlung nach dem

---

[11]) OGH in EvBl 1961/38; EvBl 1988/117; vgl auch NZ 1987, 130.

[12]) *Welser,* Das Legat einer fremden Sache, NZ 1994, 203; *Kletečka,* Das Nachlegat der Sache des Erben, NZ 1999, 68; *Welser/Rabl,* Der Fall Klimt 43f; vgl aber OGH in NZ 1998, 146 (kritisch *B. Jud*); NZ 1999, 91.

[13]) *Handl* in Klang II/1, 256; diesem folgend *Rabl,* NZ 2003, 270ff; vgl auch § 2104 BGB.

[14]) So auch das (inzwischen aufgehobene) HfD JGS 1845/888.

[15]) Vgl *G. Graf,* Letztwilliges Veräußerungsverbot und fideikommissarische Substitution, AnwBl 1996, 222; *Kletečka,* Nacherbschaft 142ff.

[16]) OGH in NZ 1991, 31.

[17]) Vgl OGH in NZ 2002, 330, wo der Erbe des Nacherben allerdings ein uneheliches Kind gewesen wäre, das zur Zeit des Todes des Nacherben noch kein Erbrecht hatte.

[18]) Vgl OGH in NZ 1977, 120; NZ 1990, 301; EFSlg 66.236; *Weiß* in Klang III 370; *Kletečka,* Nacherbschaft 310ff.

Vorerben. Die Substitutionsmasse fällt nicht in den Nachlaß des Vorerben und bleibt daher bei der Pflichtteilsermittlung nach ihm außer Betracht[19]).

D. Die Rechtsstellung des Vor- und Nacherben

Der Vorerbe wird mit der Einantwortung **Eigentümer** des Nachlasses, doch ist sein Recht durch den Nacherbfall auflösend bedingt oder befristet.

Dem Vorerben ist unter der Beschränkung durch die fideikommissarische Substitution einzuantworten (§ 178 Abs 2 Z 1 AußStrG). Es ist nicht mehr ausdrücklich vorgesehen, daß der Substitut, soweit er bereits bekannt ist, bezeichnet werden muß[20]), allerdings sollte an der bisherigen Praxis der ausdrücklichen Nennung festgehalten werden.

Der Vorerbe kann die Erbschaft unbeschränkt nutzen. Weil er sie aber später an den Nacherben herausgeben muß, hat er die **Substanz** zu schonen. Seine Rechtsstellung ist ähnlich der eines **Fruchtnießers,** daher finden weitgehend die Vorschriften über den usus fructus Anwendung (§ 613)[21]).

Da dem Vorerben der Ertrag der Substitutionsmasse gehört, fällt dieser in sein frei vererbliches Vermögen. Ein auf einer Liegenschaft gefundener Schatz wächst dagegen dem gebundenen Nachlaß zu; da der Vorerbe aber auch dessen Eigentümer ist, braucht er ihn nicht vorzeitig herauszugeben, sondern kann ihn nutzen.

Aufwendungen, die einem Fruchtnießer obliegen (zB solche nach § 513), hat der Vorerbe aus seinem freien Vermögen zu bestreiten; solche, die den Eigentümer treffen (§§ 514 f), hat er auf Kosten der Substitutionsmasse zu tätigen[22]).

Insgesamt ist das Eigentumsrecht zwischen Vorerben und Nacherben funktionell **geteilt.** Beide zusammen haben die Rechte eines freien Eigentümers[23]). Sie können daher gemeinsam die Substitution aufheben[24]), und der Vorerbe kann mit Zustimmung des Nacherben über die Substitutionsmasse verfügen.

Die fideikommissarische Substitution begreift ein **Veräußerungs- und Belastungsverbot** in sich, für das die Schranken des § 364 c nicht gel-

---

[19]) *Kralik,* Erbrecht 289. Zur konstruktiven Nacherbfolge vgl OGH in NZ 1997, 151; zu dieser E kritisch *Kletečka,* Konstruktive Nacherbfolge und Pflichtteilsberechnung, NZ 1997, 137.

[20]) Vgl § 174 Abs 2 Z 3 AußStrG aF; OGH in NZ 1993, 259.

[21]) Vgl dazu OGH in SZ 61/9; EFSlg 87.182. Zur Rechtsstellung des Vorerben bei Personengesellschaftsanteilen *Schauer,* Rechtsprobleme 439 ff.

[22]) Zur Erbschaftssteuer: OGH in NZ 1992, 233.

[23]) JB 209; OGH in JBl 1974, 523; NZ 1995, 187; EFSlg 87.182. AA *Kralik,* Erbrecht 189 f.

[24]) OGH in NZ 2001, 446. Eine solche Aufhebungsvereinbarung ist kein formpflichtiger Erbschaftskauf: *Welser,* Erbschaftskauf und fideikommissarische Substitution, NZ 2006, 67.

ten. Die den Nacherben beeinträchtigende Verfügung ist auch gegenüber Dritten ungültig[25]). Sie können allerdings analog zu §§ 367 und 456 **gutgläubig** erwerben[26]).

Wirksam sind aber Veräußerungen und Belastungen zur Erfüllung von Nachlaßverbindlichkeiten[27]) oder solche zur Vermeidung von Schäden für das Substitutionsgut[28]).

Strittig ist, ob der Vorerbe das Substitutionsgut veräußern oder belasten kann, wenn dabei die Substitutionsbindung aufrechterhalten wird, wie bei einer bücherlichen Eintragung „unter Aufrechterhaltung des Substitutionsbandes“. Die herrschende Rechtsprechung verneint dies mit Recht, weil Gefahren für das Substitutionsgut entstehen können[29]). Eine Eintragung der erwähnten Art ist auch grundbücherlich nicht vorgesehen.

E. Sicherung des gebundenen Vermögens

Beim Tod des Erblassers ist von Amts wegen ein **Inventar** zu errichten (§ 165 Abs 1 Z 4 AußStrG). Die Kosten trägt die Verlassenschaft (§ 168 Abs 3 AußStrG).

Bei unbeweglichen Gütern war vor der Reform des AußStrG von Amts wegen die Anmerkung der fideikommissarischen Substitution im öffentlichen Buch, das **„Substitutionsband“**, zu veranlassen (§ 158 AußStrG aF)[30]). Die ersatzlose Aufhebung der Norm wirft die Frage auf, ob die Eintragung des Substitutionsbandes auch in Hinkunft stattzufinden hat, was aus Gründen der Rechtssicherheit jedenfalls zu befürworten ist und von den Gerichten offenbar auch so gehandhabt wird[31]).

Sind beim Erbanfall noch nicht Geborene oder noch nicht Gezeugte als Substituten berufen („Nacherben sollen alle Kinder des Vorerben sein“), so hat das Abhandlungsgericht im Rahmen der Vertretungsvorsorge von Amts wegen einen **Substitutionskurator** (Posteritätskurator) zu bestellen, der ihre Interessen zu vertreten hat (§ 156 Abs 2 iVm § 5 Z 2 lit a AußStrG)[32]).

---

[25]) OGH in SZ 38/58; NZ 1974, 56; *Kletečka,* Nacherbschaft 250f und 269ff; *derselbe,* NZ 2001 21ff. AA *Kralik,* Erbrecht 190f und *Umlauft,* Zur Frage der Verbücherungsfähigkeit von Besitznachfolgerechten, NZ 1985, 223 FN 4.

[26]) S *Kletečka,* Nacherbschaft 232ff; *derselbe,* NZ 2001 25; zum Teil (Vertrauensmann) aA *Apathy,* Hofmeister-GedS 29f; *derselbe* in KBB § 613 Rz 4.

[27]) *Ehrenzweig* II/2, 461f; *Weiß* in Klang III 409ff; OGH in SZ 46/28; NZ 2003, 336.

[28]) OGH in RZ 1961, 182.

[29]) OGH in SZ 21/22; SZ 41/97. Anders die hL: *Weiß* in Klang III 409; *Lanz,* NZ 1951, 114; *derselbe,* Anregungen zur Ergänzung und Richtigstellung unseres ABGB, NZ 1953, 185; s auch *Ehrenzweig* II/2, 461f.

[30]) JB 214.

[31]) Vgl auch *Spitzer* in Welser, Fachwörterbuch (2005) 515.

[32]) OGH in NZ 1972, 95; SZ 48/98; NZ 1996, 183 *(Kletečka);* NZ 1996, 245; vgl auch RdM 1997/25 *(Bernat).*

Der Posteritätskurator hat kein Recht zur Verwaltung oder Vertretung der Substitutionsmasse[33]), hat aber Parteistellung als Vertreter der Nacherben vor Gericht[34]).

F. Substitution auf den Überrest

Bei der fideikommissarischen Substitution auf den Überrest kann der Vorerbe über das Substitutionsgut unter Lebenden, nicht aber von Todes wegen frei verfügen.

Die Substitution auf den Überrest (befreite Vorerbschaft oder fideicommissum eius, quod supererit) ist im Gesetz nicht geregelt, wird aber allgemein als zulässig angesehen. Der Nacherbe bekommt dabei nur dasjenige, was beim Tod des Vorerben **noch übrig** ist[35]). Sein Recht kann der Substitut grundsätzlich erst ab dem Nacherbfall verteidigen[36]).

Die Auslegungsregel des § 614 gilt auch bei Zweifeln darüber, ob eine volle Substitution oder eine solche auf den Überrest gemeint ist[37]). S oben S 515f.

Allerdings ist nicht jede vom Erblasser ausgedrückte fideikommissarische Substitution ohne Zusatz eine solche auf den Überrest. § 614 kann nur zur Anwendung kommen, wenn Zweifel bestehen.

Obgleich der Vorerbe Nachlaßstücke sogar verschenken darf, ist eine **arglistige Schmälerung** des Substitutionsgutes zum Schaden des Nacherben unzulässig. Dieser kann Unterlassung und nach Eintritt des Nacherbfalls Schadenersatz verlangen (§ 1295 Abs 2)[38]).

Auch bei befreiter Vorerbschaft hat das Verlassenschaftsgericht bei sonstiger Nichtigkeit[39]) des Verfahrens von Amts wegen ein Inventar zu errichten[40]). Ist ein Substitutionsband eingetragen[41]), steht es der Veräußerung der belasteten Liegenschaft nicht entgegen.

Die Mitwirkung des Abhandlungsgerichtes erschöpft sich in der Ausstellung eines Amtszeugnisses nach § 186 AußStrG, daß gegen die Verfügungsberechtigung des Vorerben abhandlungsbehördlich kein Hindernis besteht[42]).

Sonstige Sicherungen finden bei der Substitution auf den Überrest nicht statt[43]).

---

[33]) OGH in EvBl 1978/97.

[34]) OGH in JBl 2005, 43.

[35]) Vgl OGH in SZ 61/82.

[36]) *Welser,* Befreite Vorerbschaft und „Löschungsklage" des Nacherben, NZ 1993, 140; *Kletečka,* Nacherbschaft 276f; OGH in NZ 1994, 255.

[37]) OGH in ZBl 1935/150; EvBl 1961/38; EvBl 1988/117; NZ 1990, 151; *Pfaff/Hofmann,* Kommentar II 257; aA *Weiß* in Klang III 438.

[38]) *Kralik,* Erbrecht 196; *Welser,* NZ 1993, 142 mwN.

[39]) OGH in SZ 16/201.

[40]) OGH in SZ 16/201; SZ 24/227.

[41]) *Ehrenzweig* II/2, 470; *Weiß* in Klang III 430; *Welser,* NZ 1993, 142; OGH in NZ 1971, 124; SZ 61/82; aA *Kletečka,* Nacherbschaft 275f; *Schauer,* Rechtsprobleme 464f.

[42]) OGH in NZ 1971, 124.

[43]) OGH in EvBl 1970/375.

8. Kapitel

Der Erbvertrag

I. Begriff

Der Erbvertrag ist ein zweiseitiges Rechtsgeschäft zwischen dem Erblasser und dem Erben, durch das dieser unwiderruflich zur Erbschaft berufen wird (§§ 602, 1249ff).

Erbverträge sind Ehepakte und können nur zwischen **Ehegatten** abgeschlossen werden. Verträge zwischen Brautleuten kommen unter der aufschiebenden Bedingung der nachfolgenden Heirat zustande[1]).

Der Vertragserbe hat den **stärksten** Berufungsgrund, er geht allen übrigen Erben vor. Der Vertrag bindet den Erblasser; einer einvernehmlichen Aufhebung steht allerdings nichts im Wege (§ 1254).

Im Erbvertrag setzt entweder ein Gatte **den anderen** oder es setzen beide **einander** zu Erben ein. Daneben ist die Bedenkung Dritter zulässig, doch sind solche Verfügungen als einfache letztwillige Anordnungen anzusehen und daher einseitig widerruflich[2]).

Zum Teil wird die Auffassung vertreten, daß die Parteien – mit beiderseitiger Bindung – auch dritte Personen zu Vertragserben einsetzen können, weil das ABGB Verträge zugunsten Dritter kenne[3]). Wäre dies richtig, so wäre unverständlich, warum der Erblasser nicht mit dem Dritten selbst kontrahieren kann.

II. Gültigkeitsvoraussetzungen

Der Erbvertrag ist weder ein rein obligatorischer Vertrag noch ein Testament, er nimmt eine **Mittelstellung** ein[1]). Zu seiner Gültigkeit[2]) müssen grundsätzlich die Voraussetzungen beider Geschäftskategorien eingehalten werden.

Aus dem **Vertragscharakter** folgt, daß die Parteien die für den Abschluß von Verträgen nötige Geschäftsfähigkeit haben müssen. Da es sich um einen Ehepakt handelt, ist die Form des **Notariatsaktes** einzuhalten (§ 1 NotAktsG)[3]). Ebenso sind Willensbeschränkungen (Bedingungen, Befristungen, Auflagen) nach den Regeln des Vertragsrechtes zu beurteilen (§ 1251).

Aus dem Charakter als **letztwilliges Geschäft** ergibt sich, daß der einsetzende Teil im Zeitpunkt der Errichtung testierfähig und der einge-

---

[1]) So auch das inzwischen aufgehobene HfD JGS 1817/1340.
[2]) OGH in SZ 23/339; EFSlg 17.959; SZ 58/141.
[3]) *Weiß* in Klang V 906; *Gschnitzer* in Klang IV/1, 234; *Kralik,* Erbrecht 156.
[1]) Vgl *Ehrenzweig* II/2, 482f.
[2]) Dazu *Veit,* Die Anfechtung von Erbverträgen (1991).
[3]) Vgl zur bloßen Beurkundung durch einen deutschen Notar *Leopold/Koland/Caspary,* Die Gültigkeit eines Erbvertrages nach österreichischem Recht bei Beurkundung durch einen deutschen Notar, NZ 2005, 193.

setzte Teil im Zeitpunkt des Erbanfalles erbfähig sein muß, und daß die (schriftliche) Testamentsform gewahrt werden muß (§ 1249).

Wegen des Charakters als Geschäft auf den Todesfall und als Ehepakt können Erbverträge nur in Gestalt des **Notariatsaktes** unter Zuziehung eines weiteren Notars oder **zweier Zeugen** errichtet werden.

III. Inhalt und Wirkung

Literatur: *B. Jud,* Schenkung auf den Todesfall und Berechnung des „freien Viertels" beim Erbvertrag, NZ 1999, 268; *Welser,* Neue Rechenaufgaben vom Gesetzgeber, NZ 1978, 161.

Für den Inhalt des Erbvertrages gilt Testamentsrecht.

So für die Möglichkeit und Erlaubtheit, die Zulässigkeit von Substitutionen und die Anordnung einer Erbteilung. Pflichtteilsansprüche bleiben unberührt.

§ 1253 verfügt allerdings eine besondere Inhaltsschranke: Der Erbvertrag muß dem Erblasser mindestens ein **„reines Viertel"** des Nachlasses zu seiner freien Verfügung lassen, so daß sich der Vertrag nur auf drei Viertel erstrecken kann; darüber hinausgehende Bindungen sind ungültig. Das Viertel muß von Belastungen durch **Schulden** und **Pflichtteile frei** sein. Der Pflichtteil eines durch den Erbvertrag begünstigten Ehegatten wirkt allerdings nicht als solche Last.

Das Noterbrecht des Ehegatten ist bei der Errechnung des freien Viertels nicht zu berücksichtigen, weil es die Verfügungsfreiheit des Erblassers nicht beeinträchtigt. In analoger Anwendung der §§ 774, 787 und 757 Abs 2 ist nämlich die erbvertragliche Zuwendung zur Gänze auf den Gattenpflichtteil anzurechnen. Dieser kann nun niemals die drei Viertel erreichen, die für den Erblasser im Erbvertrag verfügbar sind. Deckt die erbvertragliche Zuwendung den Pflichtteil, so bleibt dem Erblasser das freie Viertel ungeschmälert; deckt sie den Pflichtteil nicht, so vermehrt die Differenz zwischen der tatsächlichen erbvertraglichen Zuwendung und den erbvertraglich möglichen drei Vierteln das letztwillig frei verfügbare Vermögen des Erblassers. Diese Differenz ist immer größer als der Pflichtteilsergänzungsanspruch des Gatten, so daß das Viertel wiederum unbelastet bleibt[1]).

Zur **Berechnung** des frei verfügbaren Nachlasses sind zunächst von den Aktiven die Schulden abzuziehen, und zwar die Erblasser- und Erbgangschulden (s unten S 574f), jedoch unter Ausschluß von Verbindlichkeiten, die aus dem letzten Willen des Erblassers herrühren (zB von Vermächtnissen).

Nach der hA[2]), der beizupflichten ist, wird der durch die Schulden geminderte Nachlaß um die Pflichtteilsansprüche verringert. Der Erblasser kann im Erbvertrag über drei Viertel der Restsumme verfügen. Für diese Lösung spricht die Gleichstellung von Schulden und Pflichtteilsansprüchen in § 1253.

---

[1]) *Welser,* NZ 1978, 166 FN 46; *B. Jud,* NZ 1999, 271.

[2]) *Ehrenzweig* II/2, 485f; *Weiß* in Klang V 936f; *M. Bydlinski* in Rummel § 1253 Rz 3; aA *Kralik,* Erbrecht 158f; *Zemen,* Erbvertrag, reines Viertel und Pflichtteilsansprüche, NZ 1988, 29; *B. Jud,* NZ 1999, 274ff.

Der Erblasser hinterläßt als Pflichtteilsberechtigte seine Frau und seinen Vater. Der Nachlaß beträgt nach Abzug der Schulden € 9.000,–. Davon ist zunächst der Pflichtteil des Vaters in der Höhe von € 1.000,– (1/3 × 1/3 × 9.000,–) abzuziehen. Von den verbleibenden € 8.000,– wird das freie Viertel berechnet (€ 2.000,–) und subtrahiert. Der Rest in Höhe von € 6.000,– ist vertraglich verfügbar.

Über den vom Erbvertrag nicht erfaßten Teil kann der Erblasser letztwillig frei bestimmen. Er kann ihn testamentarisch auch dem Vertragserben zuwenden, doch ist eine solche Anordnung einseitig widerruflich[3]). Die erbvertragliche Vereinbarung, daß der Partner den ganzen Nachlaß erhalten soll, darf jedoch nicht als testamentarische Hinterlassung des Viertels aufgefaßt werden (§ 1253 letzter Satz): gesetzlicher **Ausschluß der Konversion.** Hat der Erblasser über das freie Viertel nicht verfügt, so erhalten es die gesetzlichen Erben.

Auch der Erbvertrag hindert den Erblasser nicht, über sein Vermögen **unter Lebenden** zu verfügen (§ 1252)[4]). Der Vertragserbe erhält also nur, was beim Tod des Erblassers vorhanden ist.

Als Ehepakt **erlischt** der Erbvertrag mit der Scheidung, Aufhebung oder Nichtigerklärung der Ehe (vgl Bd I S 482 f). Dem schuldlos geschiedenen bleibt jedoch gegenüber dem schuldigen Teil das Recht aus dem Erbvertrag **vorbehalten** (§ 1266), wenn der Bestand der Ehe nicht zur Bedingung des Erbvertrages gemacht wurde[5]). Entsprechendes gilt bei Aufhebung und Nichtigerklärung der Ehe (§§ 42, 31 EheG). Die Bestimmung des § 1266 ist analog auf die Schenkung auf den Todesfall anzuwenden[6]).

Werden Noterben irrtümlich übergangen, kann der Erbvertrag sowohl nach Vertragsrecht angefochten als auch analog zu den §§ 777 f entkräftet werden[7]).

9. Kapitel

Bestimmung der Erbteile

I. Die Erbschaftsverteilung im allgemeinen

Literatur: *Apathy,* Teilungsanordnung und Erbeinsetzung, JBl 2006, 137; *Welser,* Berufung zu Erbquoten und Zuweisung einzelner Sachen, in Rechberger-FS (2005) 709; *Zemen,* Die gesetzliche Erbfolge nach der Familienrechtsreform (1981).

Sind mehrere zur Erbfolge berufen, so erhebt sich die Frage nach dem Umfang ihrer Rechte. Bei der **gesetzlichen** Erbfolge ergibt sich die Quote aus den §§ 732–758, bei der **gewillkürten** aus dem Willen des Erblassers. Für Zweifelsfälle enthalten die §§ 554 ff Auslegungsregeln.

---

[3]) Ebenso die Einräumung eines Aufgriffsrechts: OGH in SZ 59/187; NZ 1993, 103; vgl dazu *K. Grabenwarter,* Ist der Erbvertrag ein Auslaufmodell, ecolex 1996, 591.

[4]) Anders bei der Schenkung auf den Todesfall *Fischer-Czermak,* Verträge auf den Todesfall zwischen Ehegatten und Scheidung, NZ 2001, 7 ff.

[5]) *Fischer-Czermak,* NZ 2001, 6 f.

[6]) *Fischer-Czermak,* NZ 2001, 3 ff.

[7]) OGH in SZ 59/71.

Hat der Erblasser ohne nähere Bestimmung einen einzigen Erben eingesetzt, so erhält dieser den ganzen Nachlaß (§ 554). Hat er mehrere Erben ohne Teilungsanordnung eingesetzt, so erben sie zu gleichen Teilen (§ 555). Gehören aber einige Erben zu einem Stamm, so wird wie bei der gesetzlichen Erbfolge geteilt (§ 559). Hat der Erblasser mehrere Erben auf bestimmte Teile eingesetzt, die nicht die gesamte Erbschaft erschöpfen, so wird der Rest nicht auf diese testamentarischen Erben verteilt, sondern fällt den gesetzlichen Erben zu (§ 556). Unterläuft dem Erblasser ein Rechenfehler, so entscheiden die beabsichtigten Relationen über die Verteilung (§ 558 Satz 3). Personengruppen, zB „die Schüler", oder juristische Personen werden nur einmal gezählt (§ 559).

Ein Sonderproblem ist die Einsetzung auf Quoten bei gleichzeitiger Zuweisung einzelner Sachen, wenn die Werte der zugewiesenen Sachen den Quoten nicht entsprechen und nicht genug übrig bleibt, um die wertmäßige Verteilung nach Quoten zu verwirklichen. Es sind dann entweder die Wertzuwendungen oder die Quoten zu berichtigen[1]).

II. Die Anwachsung

Literatur: *Bolla,* Beiträge zur Lehre vom Zusammentreffen mehrerer Berufungsgründe im Erbrecht, ÖJZ 1947, 88; *Nitsche,* Akkreszenz und Erbrecht, GesRZ 1994, 97; *Welser,* Einsetzung auf bestimmte Teile und gesetzliches Erbrecht, NZ 1997, 345.

Setzt der Erblasser mehrere Erben ein und gelangen einzelne von ihnen nicht zur Erbschaft, so entscheidet sein Wille, wer ihren Teil erhält. Hat er nichts anderes verfügt, so kann es zur Anwachsung kommen (s die §§ 560ff).

Anwachsung (Akkreszenz, Zuwachs) ist die Erweiterung des Erbteiles eines eingesetzten Erben um den Erbteil eines anderen eingesetzten Erben, der nicht zur Erbschaft gelangt.

Zum Teil versteht man unter Anwachsung auch die Erweiterung des gesetzlichen Erbteils wegen Ausfalls eines in derselben Linie Erbberechtigten[1]), doch gelten hiefür nicht die §§ 560ff, sondern die besonderen Regeln der §§ 733f.

Der Eingesetzte kann vor oder nach dem Tode des Erblassers, ja bis zur Rechtskraft der Einantwortung wegfallen.

Der Grund des Wegfalls ist gleichgültig: Vortod, Erbunfähigkeit, Erbunwürdigkeit, Erbverzicht oder Erbsentschlagung.

Die Anwachsung wird durch das Vorhandensein eines **Substituten** oder eines **Transmissars** ausgeschlossen, da dann kein Anteil frei wird.

Der Erblasser kann jedoch das Gegenteil anordnen. Dies ist zu vermuten, wenn er mehrere Erben zu gleichen Teilen einsetzt und für alle denselben Ersatzerben bestimmt[2]).

Die Anwachsungsberechtigten schließen ihrerseits die gesetzlichen Erben aus.

---

[1]) Zum Verhältnis der beiden Anordnungen *Welser* in Rechberger-FS 709; gegen diesen *Apathy,* JBl 2006, 137.

[1]) *Ehrenzweig* II/2, 422; *Bolla,* ÖJZ 1947, 90; *Weiß* in Klang III 247, 249.

[2]) *Weiß* in Klang III 362; OGH in SZ 42/22.

Die Anwachsung wirkt auf den **Anfall** zurück. Sie tritt **von selbst** ein, so daß es keiner zweiten Erbantrittserklärung bedarf[3]). Allerdings hat der Anwachsungsberechtigte das Recht, den Zuwachs **auszuschlagen**[4]). Dann tritt die gesetzliche Erbfolge ein.

Mit den Anwachsungsregeln möchte das Gesetz dem „vermuteten Willen" des Erblassers entsprechen. Es nimmt dabei an, daß der Erblasser einen bestimmt zugewendeten Teil zugleich als Höchstanteil versteht[5]). Deshalb sollen im Zweifel nur solche Erben anwachsungsberechtigt sein, die **ohne Bestimmung von Teilen** (Nennung einer genauen Quote) eingesetzt sind, während die auf bestimmte Teile eingesetzten Erben nichts dazuerhalten. Sind alle Erben zu bestimmten Teilen eingesetzt, so fällt ein freiwerdender Teil an die **gesetzlichen** Erben.

Eine Erbseinsetzung „zu je ein Drittel-Anteil" ist eine solche mit Bestimmung von Teilen, so daß bei Wegfall eines Testamentserben der Zuwachs ausgeschlossen ist[6]).

Diese Anwachsungsregeln werden nur selten dem Willen des Erblassers gerecht[7]), da es oft Zufall ist, welche Wendung er gebraucht.

Nach den §§ 560, 562 ist es sogar ein Unterschied, ob der Erblasser seine beiden Kinder „zu gleichen Teilen" oder „je auf die Hälfte des Nachlasses" einsetzt. Kann einer davon nicht erben, so müßte im ersten Fall Akkreszenz eintreten, während im zweiten Fall die Hälfte an die gesetzlichen Erben fällt.

Die **Auslegung** des Testaments hat vor diesen Vermutungen Vorrang[8]).

Ist ein eingesetzter Erbe auch gesetzlicher Erbe, so erhält er von dem erledigten Teil auch dann seine Quote, wenn er im Testament auf einen bestimmten Teil eingesetzt ist[9]).

Die Anwachsungsregeln sind entsprechend bei **Vermächtnissen** anzuwenden (§ 689).

III. Die Anrechnung auf den Erbteil

Literatur: *Bolla,* Die erbrechtliche Anrechnung innerhalb des Vermögensrechtes zwischen Eltern und Kindern, ÖJZ 1951, 289; *Fischer-Czermak,* Die erbrechtliche Anrechnung und ihre Unzulänglichkeiten, NZ 1998, 2; *Migsch,* Persönliche Rechtswirkungen, gesetzlicher Güterstand und Ehegattenerbrecht, in Floretta, Das neue Ehe- und Kindschaftsrecht (1979) 17; *Ostheim,* Zur erbrechtlichen Stellung des Ehegatten nach dem BG 15. 6. 1978, BGBl 280, in Ostheim, Schwerpunkte der Familienrechtsreform 1977/1978 (1979) 57; *Rabl,* Die historische Entwicklung der Anrechnung von Vorempfängen und Vorschüssen auf den Pflichtteil seit den Vorentwürfen zum ABGB,

---

[3]) So auch OGH in NZ 1992, 252.

[4]) *Zeiller,* Commentar II/2, 433; *Ehrenzweig* II/2, 422; Gegenmeinungen bei *Weiß* in Klang III 249.

[5]) *Ehrenzweig* II/2, 421; *Welser,* NZ 1997, 345.

[6]) OGH in JBl 1992, 385.

[7]) Vgl *Weiß* in Klang III 247 f; OGH in SZ 57/157.

[8]) OGH in JBl 1992, 385; NZ 2001, 384; *Welser,* NZ 1997, 346.

[9]) Ausführlich *Welser,* NZ 1997, 345; OGH in NZ 1997, 363; *Kralik,* Erbrecht 178.

NZ 1998, 7; *derselbe,* Die Auswirkungen eines Fruchtgenußvorbehalts auf die Schenkungsanrechnung, NZ 1999, 291; *Schauer,* Rechtsprobleme bei der Anrechnung im Erbrecht, JBl 1980, 449; *derselbe,* Die Bewertung von Vorempfang und Schenkungen bei der Pflichtteilsansrechnung, NZ 1998, 23; *Scheffknecht,* Wertgrundlagen der Kollation, NZ 1968, 129; *Umlauft,* Gedanken zur Änderung der gesetzlichen Bestimmungen über die Anrechnung im Erbrecht, NZ 1998, 48; *derselbe,* Die Anrechnung von Schenkungen und Vorempfängen im Erb- und Pflichtteilsrecht (2001); *Welser,* Neue Rechenaufgaben vom Gesetzgeber, NZ 1978, 161; *Zankl,* Rechtsvergleichende Gedanken zu einer Reform der Anrechnung, NZ 1998, 35. S ferner die Lit zur Anrechnung auf den Pflichtteil.

A. Begriff der Anrechnung

Anrechnung ist die Berücksichtigung einer Leistung aus dem Vermögen des Erblassers bei der Ermittlung des Erb- oder Pflichtteils.

Die Anrechnung oder Einrechnung kommt in zwei Arten vor. Die erste besteht in der Berücksichtigung eines **aus dem Nachlaß** dem Empfänger zukommenden Vermögenswertes bei der Ermittlung eines aus diesem Nachlaß gebührenden Erb- oder Pflichtteils. Hier wird dem Nachlaß nichts hinzugeschlagen, sondern nur vom gebührenden Teil der anzurechnende Wert **abgezogen.**

Anwendungsfälle sind § 757 Abs 2 und § 787 Abs 1, s ferner die §§ 142 und 796.

Bedeutsamer ist die zweite Art der Anrechnung. Sie besteht in der Berücksichtigung einer vom Erblasser **unter Lebenden** gemachten Zuwendung bei der Ermittlung des Erb- oder Pflichtteiles.

Bei der Erbfolge gibt es die Anrechnung von Vorempfängen und Vorschüssen, s unten C; im Pflichtteilsrecht überdies die Anrechnung von Schenkungen, s unten S 556ff.

Bei der Anrechnung zum Erbteil kommt eine solche zu Lasten der **Kinder** und eine solche zu Lasten des **Ehegatten** in Betracht.

Im folgenden geht es um die Anrechnung beim **Erbteil.** Zur Anrechnung beim Pflichtteil s unten S 553ff.

B. Regelung durch den Erblasser

Der Erblasser kann bei jeder Art von Erbfolge die Anrechnung **frei regeln,** also die Berücksichtigung von Zuwendungen zugunsten und zu Lasten beliebiger Erben anordnen oder erlassen, weil er überhaupt über Erbeinsetzungen frei bestimmen kann.

Bei der **gewillkürten Erbfolge** kommt es nur zur Anrechnung, wenn sie der Erblasser verfügt (§ 790). Das Gesetz nimmt an, daß ein Erblasser, der den Vermögensübergang ordnet, auch bedenkt, ob er einen Ausgleich durch Anrechnung will.

Bei der **gesetzlichen Erbfolge** sind gewisse Zuwendungen von Gesetzes wegen anzurechnen, s unten C und D. Der Erblasser kann jedoch die Anrechnung erlassen oder weitere Anrechnungen anordnen.

Die Anordnung und der Erlaß der Anrechnung sind Verfügungen über den Nachlaß und bedürfen deshalb der **Form** letztwilliger Erklärungen[1]).

Soweit es den Pflichtteil betrifft, sind die Anrechnungsvorschriften zwingend, s unten S 553ff.

C. Die Anrechnung auf den gesetzlichen Erbteil der Kinder

1. Zweck, Anrechnungsposten

Die §§ 790ff ordnen die Berücksichtigung gewisser Zuwendungen an, die der Erblasser unter Lebenden gemacht hat. Sinn dieser Anrechnung ist es, eine vom Erblasser vermutlich nicht beabsichtigte **Ungleichbehandlung** der Kinder zu vermeiden. Manche von ihnen erhalten von den Eltern schon zu deren Lebzeiten größere Vermögenswerte, die als Abschlag auf die künftige Erbschaft anzusehen sind. Dadurch benachteiligte Kinder sollen durch einen größeren Erbteil entschädigt werden. Da die Anrechnung dem Ausgleich des Vermögensüberganges von den Eltern an die Kinder dient, findet sie nur zugunsten und zu Lasten von **Deszendenten** statt[2]).

Auf Grund des Verweises von § 790 auf § 788 sind die in dieser Bestimmung erwähnten **Vorempfänge** anzurechnen: das Heiratsgut[3]), die Ausstattung, das zum Antritt eines Amtes oder Gewerbes Gegebene und das vom Erblasser zur Bezahlung von Schulden eines volljährigen Kindes Aufgewendete. S dazu unten S 554. Darüber hinaus sind alle vom Erblasser unter Lebenden als **Vorschuß** geleisteten Zahlungen anzurechnen[4]).

Die Anrechnung findet nur statt, wenn sie ein Kind **verlangt,** wirkt aber dann zugunsten und zu Lasten aller Kinder.

Repräsentationsberechtigte müssen sich auch die Zuwendungen an den Vorfahren anrechnen lassen (§ 790 letzter Satz).

2. Anrechnungsmethode

Nach § 793 soll so angerechnet werden, daß jedes benachteiligte Kind einen dem anzurechnenden Wert entsprechenden Teil vorweg erhält und der Rest des Nachlasses nach der gesetzlichen Erbfolge verteilt wird. Die hA[5]) berechnet hingegen nach der Methode, die der **OGH in JB**

---

[1]) *Bolla,* ÖJZ 1951, 290; *Schauer,* JBl 1980, 452f; *Kralik,* Erbrecht 341; aA *Ehrenzweig* II/2, 512; *Weiß* in Klang III 937ff, anders aber 215; *Eccher* in Schwimann §§ 791, 792 Rz 3; GlUNF 36.039.

[2]) *Welser,* NZ 1978, 162; *Kralik,* Erbrecht 341; für die Miteinbeziehung des Ehegatten *Umlauft,* Anrechnung 83ff.

[3]) *Umlauft,* Anrechnung 21ff.

[4]) *Welser,* NZ 1978, 162; zustimmend *Migsch* in Floretta, Ehe und Kindschaftsrecht 54 und offenbar auch *Ostheim* in Ostheim, Familienrechtsreform 60.

[5]) *Unger,* Erbrecht 209; *Ehrenzweig* II/2, 514.

114[6]) für die Anrechnung beim Pflichtteil entwickelt hat: Zunächst werden die zu berücksichtigenden Empfänge dem Nachlaß rechnerisch hinzugeschlagen, davon die Werte der Erbteile ermittelt und von diesen anrechnungspflichtige Empfänge abgezogen[7]).

Der Erblasser E hinterläßt nur seine Kinder A und B; der Nachlaß beträgt € 18.000,–; der Vorempfang des B € 6.000,–; A erhält die Hälfte des um den Vorausempfang vergrößerten Nachlasses, also € 12.000,–. B muß sich den Vorempfang anrechnen lassen und bekommt daher nur € 6.000,–.

Die durch die Anrechnung bezweckte Umverteilung erfolgt nur mit den **Mitteln des Nachlasses.** Der anrechnungspflichtige Erbe kann nicht dazu verhalten werden, etwas zurückzugeben (§ 793 aE)[8]). Reicht der Nachlaß zum Ausgleich der Vorempfänge nicht aus, müssen sich die Erben eine verhältnismäßige Kürzung gefallen lassen.

3. Bewertung

§ 794 bestimmt, daß bei der Anrechnung **unbewegliche** Sachen nach dem Zeitpunkt des Empfanges, **bewegliche** dagegen nach dem Zeitpunkt des Erbanfalles bewertet werden. Diese „prinzipienwidrige und unpassende Bestimmung“[9]) hat Lehre und Rechtsprechung vor erhebliche Schwierigkeiten gestellt. Dies gilt schon bezüglich der Unterscheidung zwischen beweglichen und unbeweglichen Sachen. Da der Wert der unter Lebenden zugewendeten Liegenschaften bis zum Tod des Erblassers wesentlich steigen kann, ist es eine grobe Ungerechtigkeit gegenüber dem Anrechnungsberechtigten, wenn die Liegenschaften, die er aus dem Nachlaß erhält, mit dem Gegenwartswert, jene des Vorempfängers aber mit dem Wert der Vergangenheit eingesetzt werden, der oft nur symbolischen Charakter hat.

Die unterschiedliche Behandlung von beweglichen und unbeweglichen Sachen beruht auf der Annahme, daß nur bei den beweglichen eine erhebliche Wertminderung durch Abnützung eintritt und daß für diese der Ausgleichspflichtige keinen Ersatz leisten soll[10]). Das Gesetz nimmt weiter (auch auf viele Jahre hinaus) eine Geldwertstabilität an, die in Wirklichkeit nicht besteht.

Die Lehre empfiehlt eine Bewertung, die auf den Zustand der beweglichen oder unbeweglichen Sache im Zeitpunkt des Empfanges abstellt, jedoch den Gegenwartswert einsetzt[11]). Die Judikatur hat auf ver-

---

[6]) Auch veröffentlicht in GlU 9872.

[7]) *Ehrenzweig* II/2, 514; *Weiß* in Klang III 949; OGH in SZ 39/198; SZ 70/107; s zuletzt *Rabl,* NZ 1998, 12ff.

[8]) *Bolla,* ÖJZ 1951, 289.

[9]) *Unger,* Erbrecht 211 Anm 7.

[10]) *Zeiller,* Commentar II/2, 822f.

[11]) *Scheffknecht,* NZ 1968, 134; *Sperl,* Vorempfang, Schenkung unter Lebenden und Pflichtteilsberechnung, Reimer-FS (1976) 96; *Ertl,* Inflation, Privatrecht und Wertsicherung (1980) 215 unter Berufung auf *Ehrenzweig* II/2, 516ff; vgl auch OGH in SZ 57/7; NZ 1986, 277.

schiedene Weise versucht, § 794 zu „entschärfen"[12]). Zwar werden unbewegliche Sachen mit dem Wert zum Zeitpunkt des Empfanges, also nach dem damaligen Preis eingesetzt, doch sollen auch seinerzeit unbekannte „Realisierungs- und Gewinnchancen" zu berücksichtigen sein[13]). Im Falle einer Geldentwertung wird der Empfang aufgewertet, wenn die **Gleichstellung** der Kinder den Ausgleich erfordert[14]).

Dies geschieht zT durch Valorisierung unter Heranziehung einer geeigneten Aufwertungsbasis[15]), zT durch Zugrundelegung des im Verlassenschaftsverfahren festgestellten Schätzwertes[16]), der sich am Wert ähnlicher Liegenschaften orientiert[17]).

Im Ergebnis werden damit unbewegliche Sachen weitgehend wie bewegliche zum Zeitpunkt des Erbanfalls bewertet[18]), so daß eine – durchaus zu billigende – Gesetzeskorrektur durch die Rechtsprechung vorliegt[19]).

Die „berichtigende Auslegung" bezieht sich allerdings nur auf den Zeitraum zwischen Empfang und Anfall. Eine Aufwertung auf den Zeitpunkt des Schlusses der mündlichen Streitverhandlung im Prozeß findet nicht statt[20]).

Bei einem Unternehmen sind nicht seine beweglichen und unbeweglichen Bestandteile getrennt zu schätzen[21]), sondern das Unternehmen ist als einheitliches Ganzes zu bewerten[22]).

Die Bewertung von **Barempfängen** ist von § 794 nicht ausdrücklich geregelt, doch sollten sie nach Ansicht der Redaktoren mit dem Nominale eingesetzt werden. Von der ratio legis her ist bei erheblichen Veränderungen des inneren Geldwertes eine **Aufwertung** auf den Zeitpunkt des Erbanfalles geboten[23]).

Wurde das Geld zur Anschaffung einer bestimmten Sache gegeben und wurde diese auch erworben, so sind die Regeln über die Bewertung von Sachen und nicht jene über den Empfang baren Geldes anzuwenden[24]).

Ob der Untergang von Sachen zwischen Empfang und Erbanfall von der Anrechnungspflicht befreit, ist strittig[25]), wird aber zu verneinen sein.

---

[12]) Vgl dazu *Schauer,* NZ 1998, 26 und *Rabl,* NZ 1999, 293f mwN.

[13]) OGH in SZ 35/40; JBl 1975, 208; SZ 57/90; SZ 59/6; NZ 1986, 277. Kritisch *Rabl,* NZ 1999, 295ff.

[14]) OGH in JBl 1956, 339; EvBl 1965/381; SZ 39/198.

[15]) OGH in EvBl 1965/381.

[16]) OGH in SZ 39/198; vgl auch NZ 1986, 277; NZ 1988, 281.

[17]) OGH in JBl 1975, 208; SZ 57/90.

[18]) Abweichend *Kralik,* Erbrecht 298f. Vgl auch *Scheffknecht,* NZ 1968, 129.

[19]) *Rabl,* NZ 1999, 293ff läßt hingegen bei Liegenschaften nur eine Berücksichtigung der zwischenzeitigen Geldentwertung zu. So auch de lege ferenda *Schauer,* NZ 1998, 32ff.

[20]) OGH in NZ 1994, 234.

[21]) So aber OGH in JBl 1975, 208.

[22]) *Welser* in Rummel § 794 Rz 7; *Binder,* wbl 1992, 383f.

[23]) OGH in JBl 1956, 403 *(Steinwenter);* EvBl 1962/469; JBl 1992, 709.

[24]) OGH in JBl 1992, 709.

[25]) *Weiß* in Klang III 951f; *Ehrenzweig* II/2, 517 mwN.

4. Verhältnis zu Dritten

Die Anrechnung verändert **nicht die Erbquoten,** sondern bloß die Werte, welche die Erben aus dem Nachlaß erhalten[26]). Sie berührt also nur das Verhältnis zwischen den Kindern, hat aber auf die Rechtsstellung Dritter keinen Einfluß. Daher ist zB für den gesetzlichen **Erbteil des Ehegatten** der tatsächlich vorhandene Nachlaß maßgebend.

E hinterläßt seine Ehegattin G und seine Kinder A und B. Der reine Nachlaß beträgt € 30.000,–, der Vorempfang des A € 4.000,–, jener des B € 2.000,–. Der gesetzliche Erbteil der Witwe ist, da sich die Anrechnung weder zu ihren Gunsten noch zu ihren Lasten auswirkt, vom reinen Nachlaß zu berechnen, sie erhält also € 10.000,– (ein Drittel von € 30.000,–). Zu den verbleibenden € 20.000,– sind die Vorempfänge zu addieren, was € 26.000,– ergibt. Hievon entfallen auf A und B je € 13.000,–, wovon sich jeder seinen Vorempfang abziehen lassen muß. Daher erhält A € 9.000,– und B € 11.000,–.

Ebensowenig wird die Haftung **gegenüber den Erbschaftsgläubigern** berührt. Nimmt also ein Erbe, der den ihm zukommenden Wert schon als Vorempfang erhalten hat, die Erbschaft an, so haftet er den Erbschaftsgläubigern, nach der abgegebenen Erbantrittserklärung und seiner Quote, obwohl er aus der Verlassenschaft nichts erhält.

Da jedoch den Vorempfänger keine Rückerstattungspflicht trifft (§ 793 aE), trägt er die Schuld im Innenverhältnis mit jener Quote, die sich aus dem Verhältnis des ihm jetzt tatsächlich zukommenden Wertes zum reinen Nachlaß ergibt.

D. Die Anrechnung auf den Erbteil des Ehegatten

Wenn der Erblasser **nichts anderes** anordnet, muß sich ein Ehegatte auf Verlangen eines Miterben auf den gesetzlichen Erbteil anrechnen lassen, was er beim Tod des Erblassers auf Grund von **Ehepakten** oder aus einem **Erbvertrag** erhält (§ 757 Abs 2).

Sinn dieser Bestimmung ist es, eine vom Erblasser nicht gewollte „doppelte Versorgung" zu vermeiden.

Vermächtnisse sind hingegen nur abzurechnen, wenn dies der Erblasser anordnet, sonst ist zu vermuten, daß sie neben dem gesetzlichen Erbteil gebühren, weil sie keinen Abfindungscharakter haben. Das Vorausvermächtnis ist bei der gesetzlichen Erbfolge nicht zu berücksichtigen[27]) (s oben S 471 ff), der Ehegatte erhält es im Zweifel zum Erbteil dazu.

Zuwendungen unter **Lebenden** bleiben außer Betracht. Ferner ist der Ehegatte bei der gesetzlichen Erbfolge in den Ausgleich zwischen den Kindern nicht einzubeziehen.

Die Anrechnungsmethode ist strittig. Die Regeln des JB 114 passen nicht[28]), weil die anzurechnenden Werte im Nachlaß vorhanden sind, so

---

[26]) *Ehrenzweig* II/2, 518.

[27]) Vgl EB 136 BlgNR 14. GP 15; JA 1916 BlgNR 14. GP 5.

[28]) Für diese aber *Weiß* in Klang III 776; *Ehrenzweig* II/2, 513f mit einer Ausnahme für die erbvertragliche Zuwendung.

daß keine Hinzurechnung stattfindet[29]). Daher sind nach Verteilung der Werte an die Miterben vom Anteil des Ehegatten die anrechnungspflichtigen Empfänge einfach **abzuziehen.**

10. Kapitel
Das Heimfallsrecht des Staates

Literatur: *Apathy,* Heimfall und Transmission, JBl 1990, 399ff; *Deixler-Hübner,* Das Heimfallsrecht an Nachlässen, in Buchegger/Holzhammer, Beiträge zum Zivilprozeß III (1989) 1; *Ferrari-Hofmann-Wellenhof,* Die Erbschaftsklage (1991); *Rabl,* Verwendungsanspruch gegen den Fiskus – ist der Heimfall gegenüber dem wahren Erben gerechtfertigt? NZ 1997, 141ff; *E. Swoboda,* Transmission beim Heimfall hinfällig? JBl 1990, 298ff; *Windisch,* Zur Durchsetzbarkeit des staatlichen Heimfallsrechtes gegen behauptete Erbrechte, Finanzprokuratur-FS (1995) 309ff.

Gibt es keine Erbberechtigten oder treten die Berechtigten die Erbschaft nicht an, so „fällt die Verlassenschaft als ein erbloses Gut dem Staate anheim": Heimfallsrecht, Kaduzität (§ 760).

Der Staat, das ist die Republik Österreich (Bund), kommt also nur zum Zuge, wenn weder der Eingesetzte noch ein Ersatzerbe zur Erbschaft gelangen, keine Transmission stattfindet, keine Anwachsung möglich ist, auf Grund des Gesetzes niemand berufen wird und keine Legatare die Erbschaft antreten (§ 726)[30]).

Es gibt auch teilweisen Heimfall (Partialkaduzität); zB wenn nur einer von mehreren bestimmt eingesetzten Erben die Erbschaft ausschlägt und den freigewordenen Anteil auch sonst niemand antreten will.

Die Rechtsnatur des Heimfallsrechtes ist strittig. Nach hM ist es kein Erbrecht, sondern ein spezifisches **Recht auf Aneignung** des reinen Überschusses eines erblosen Nachlasses, das zur Gesamtrechtsnachfolge führt und auch sonst einem gesetzlichen Erbrecht ähnlich ist[31]). Es entfallen aber Erbantrittserklärung und Einantwortung. Ferner ist **Transmission** (von einem erblosen Erben) an den Fiskus **ausgeschlossen**[32]).

Das ist vielleicht überhaupt der wichtigste Unterschied zum Erbrecht. Bsp: E_1 stirbt, die Erbschaft fällt E_2 an. Noch vor der Einantwortung stirbt E_2 und hinterläßt keinerlei Erben, so daß der Nachlaß kaduk wird. Mit diesem Heimfall geht jedoch nicht das Erbrecht nach E_1 auf den Staat über. Vielmehr ist zu fragen, wer nun nächstberufener Erbe nach E_1 ist. Nur wenn niemand berufen wird, kann auch dieser Nachlaß (direkt) dem Staate heimfallen. Hätte E_2 Erben hinterlassen, würden sie durch Transmission auch Erben nach E_1 werden.

---

29) *Pfaff/Hofmann,* Kommentar II 752; *Schauer,* JBl 1980, 449 FN 3. Besonders liegt der Fall bei der Gütergemeinschaft auf den Todesfall: *Fischer-Czermak,* NZ 1998, 3.

30) *Ehrenzweig* II/2, 403.

31) *Ehrenzweig* II/2, 404; OGH in NZ 1985, 132; JBl 1989, 779; NZ 2002, 282; s auch *Windisch,* Finanzprokuratur-FS 310f.

32) OGH in JB 138; JBl 1967, 261; NZ 1985, 132; *Apathy,* JBl 1990, 399; aA *Kralik,* Erbrecht 60; *E. Swoboda,* JBl 1990, 298.

Der Staat kann sein Heimfallsrecht erst geltend machen, wenn das Ediktalverfahren nach § 158 AußStrG erfolglos geblieben ist (§ 184 AußStrG)[33]). Er kann die Übernahme des Nachlasses auch ablehnen[34]). Das heimfallende Vermögen ist von Amts wegen zu **inventarisieren** (§ 165 Abs 1 Z 5 AußStrG). Daher haftet der Staat den Gläubigern wie ein bedingt erbantrittserklärter Erbe, Gläubigerkonvokation ist zulässig (s unten S 577).

Der Staat kann sein Recht in Analogie zur Erbschaftsklage mit der **Heimfälligkeitsklage** verfolgen[35]). Das Urteil hat den Heimfall festzustellen, das Ärar kann vom Besitzer der Nachlaßsachen ihre Herausgabe verlangen[36]).

Ein zu Unrecht übergangener Erbe kann die Erbschaftsklage erheben. Muß der Staat den Nachlaß herausgeben, so ist er wie ein Scheinerbe zu behandeln[37]). Das inzwischen aufgehobene HfD vom 12. 10. 1835, JGS 90/1835, bestimmte überdies, daß hiebei der Staat als redlicher Besitzer anzusehen sei.

Gutgläubige Erwerber von Nachlaßstücken sind analog zu § 824 geschützt[38]).

11. Kapitel

Das Vermächtnis (Legat)

I. Allgemeines

Literatur: *Eccher,* Antizipierte Erbfolge (1980); *Schiffner,* Der Vermächtnisbegriff (1873); *derselbe,* Die gesetzlichen Vermächtnisse (1895).

Vermächtnis (Legat) ist eine letztwillige Zuwendung, die nicht in der Hinterlassung eines Erbteils besteht (§§ 535, 647).

Neben dem letztwillig angeordneten Vermächtnis ist in Analogie zum Erbvertrag zwischen Ehegatten auch der Vermächtnisvertrag zulässig[1]), für den die §§ 1249 ff sinngemäß gelten[2]). Unmittelbar auf dem Gesetz beruht hingegen der „Voraus" des Ehegatten (§ 758), s oben S 471 ff.

---

33) Ausführlich *Welser* in Rummel § 760 Rz 4 ff; OGH in JBl 2001, 326.

34) OGH in SZ 27/201; SZ 59/150; JBl 1997, 241 *(Auckenthaler);* aA *Kralik,* Erbrecht 86.

35) *Kralik,* Erbrecht 338; *Ferrari-Hofmann-Wellenhof,* Erbschaftsklage 124, 195; OGH in SZ 37/30 und JBl 1989, 779; aA *Weiß* in Klang III 1070.

36) OGH in SZ 37/30.

37) *Rabl,* NZ 1997, 142 f gegen OGH in JBl 1997, 241 (zustimmend *Auckenthaler*), der zu Unrecht ein auflösend bedingtes Eigentum annimmt.

38) *Ehrenzweig* II/2, 406.

1) *Pfaff/Hofmann,* Kommentar II 393 FN 1; *Kralik,* Erbrecht 155 f; *M. Bydlinski* in Rummel § 1249 Rz 2; vgl aber *Krasnopolski/Kafka,* Erbrecht 168 f; *Weiß* in Klang V 910.

2) Vgl *Zankl,* Schenkung auf den Todesfall, Vermächtnisvertrag und „reines Viertel", NZ 1997, 312, der an der Beschränkung auf die Ehegatten zweifelt.

Das Vermächtnis muß dem Bedachten irgendeinen von ihm durchsetzbaren **Vorteil** bringen, er muß aber nicht in Geld meßbar sein[3]). S auch unten S 538.

Vermächtnisse können in Testamenten, Kodizillen und in Erbverträgen angeordnet werden. Ihre Gültigkeit und ihre Auslegung richten sich nach den Vorschriften über letztwillige Verfügungen.

Ebenso gelten die für letztwillige Verfügungen bestehenden Auslegungsregeln.

Zu besonderen Auslegungsregeln für Vermächtnisse s die §§ 655–683.

Ob der Erblasser Erbseinsetzung oder Vermächtnis gewollt hat, ist oft zweifelhaft, s oben S 497. Anders als der Erbe wird der Vermächtnisnehmer nicht Universalsukzessor, sondern nur Einzelrechtsnachfolger.

Der Legatar muß den **Anfall** erleben und zu diesem Zeitpunkt **erbfähig** sein. S oben 454 ff.

II. Damnationslegat, Vindikationslegat

Das Vermächtnis ist gewöhnlich Damnationslegat.

Diese Bezeichnung stammt aus dem römischen Recht. Der Erblasser erteilte an den Erben den Erfüllungsbefehl: „Heres meus damnas esto" (Mein Erbe soll verpflichtet sein).

Der Vermächtnisnehmer erhält durch die letztwillige Verfügung – beim „Voraus" durch das Gesetz – einen Titel, der ihm einen **schuldrechtlichen Anspruch** auf Leistung gewährt[1]). Zum sachenrechtlichen Erwerb bedarf es des Verfügungsgeschäftes (§ 684 Satz 2). Bis dieses vorgenommen wird, gehört die Sache zum Nachlaß, nach der Einantwortung dem Erben.

Die tatsächliche Übergabe entfällt, wenn die Sache noch vom Erblasser dem Vermächtnisnehmer, zB zur Verwahrung, überlassen wurde, so daß eine Übergabe kurzer Hand genügt („traditio brevi manu", Bd I S 234).

Eine echte „Vorauserfüllung" eines Vermächtnisses durch den Erblasser ist hingegen unmöglich, weil zu seinen Lebzeiten der Titel noch nicht wirksam ist[2]).

Der Vermächtnisnehmer wird **Einzelrechtsnachfolger** des Erblassers, wenn er Sachen oder Rechte des Erblassers erhält, nicht aber, wenn der Erbe die Sache erst beschaffen muß.

---

[3]) OGH in EvBl 1974/260; SZ 45/13; *Kralik,* Erbrecht 216. Zur Wertsicherung von Vermächtnissen s *Zankl,* Letztwillige Wertsicherungen im österreichischen und deutschen Recht, NZ 1998, 193.

[1]) Vgl dazu OGH in SZ 59/219; NZ 1988, 137.

[2]) S dazu *Ehrenzweig,* Die Schenkung auf den Todesfall, FS zur Jahrhundertfeier des ABGB II (1911) 674 f; OGH in NZ 1992, 69; *Schauer,* Rechtsprobleme der erbrechtlichen Nachfolge bei Personenhandelsgesellschaften (1999) 121 ff; *Zankl,* Antizipierte Vermächtniserfüllung, NZ 1999, 314, jeweils mwN.

Der Vermächtnisnehmer ist selbst Gläubiger und **haftet** anderen Gläubigern **nicht** für die mit der Erbschaft verbundenen Schulden. Es kann allerdings zu einer **Kürzung** der Legate kommen[3]). Zwei Fälle sind zu unterscheiden. Erstens hat ein bedingt erbantrittserklärter Erbe gemäß § 692 das Recht zur verhältnismäßigen Kürzung, wenn die Vermächtnisse den nach Berichtigung der Nachlaßverbindlichkeiten verbleibenden Nachlaßrest **übersteigen.** Zweitens kann der Erbe die Legate nach § 783 kürzen, wenn der Erblasser einem Noterben den gebührenden **Pflichtteil** nicht zugewendet hat. Dasselbe gilt nach hA auch für Schenkungen auf den Todesfall[4]). Dieses Kürzungsrecht steht auch dem unbedingt erbantrittserklärten Erben zu, weil das Gesetz vermutet, daß die Belastung durch den Pflichtteilsanspruch nicht vom Erben allein, sondern verhältnismäßig von allen Begünstigten, also auch von den Legataren, getragen werden soll („materielle Beitragspflicht der Legatare“)[5]). Die Kürzung erfolgt im Verhältnis des Wertes der Erbteile und Legate zueinander.

Die Forderungen der Nachlaßgläubiger, der Unterhaltsberechtigten und der Noterben gehen den Vermächtnisnehmern jedenfalls vor (§§ 783ff, 142, 166, 796)[6]). Das Vorausvermächtnis hat selbst Pflichtteilsfunktion und genießt sogar vor den (übrigen) Pflichtteilen Vorrang. Wenn der Rest des Nachlasses nicht zur Begleichung aller Vermächtnisse ausreicht, wird das Legat des Unterhaltes vor allen anderen ungekürzt entrichtet (§ 691).

Beim **Vindikationslegat** wird der Vermächtnisnehmer mit dem Anfall Eigentümer der vermachten Sache, er hat also sofort die „rei vindicatio“. Diese Art des Vermächtnisses ist dem österreichischen Recht unbekannt. Auch der gesetzliche Voraus ist ein Damnationslegat (oben S 472f).

Das Vindikationslegat des § 10 WEG 1975 wurde abgeschafft. § 14 WEG sieht nunmehr eine Anwachsung sui generis vor.

III. Berechtigte und Beschwerte

Das Vermächtnis **begünstigt** meist einen Nichterben, doch können auch zugunsten der Erben Legate ausgesetzt sein, und zwar als Vorausvermächtnis oder Hineinvermächtnis.

Das **Vorausvermächtnis** (Prälegat) gewährt dem Erben neben seinem Erbteil ein Forderungsrecht als Legatar. Es gebührt, wie schon sein Name sagt, „voraus“, dh ohne Anrechnung auf den Erbteil. Zu seiner Be-

---

[3]) *Zemen,* Zur Kürzung der Vermächtnisse nach § 783 ABGB, ÖJZ 1985, 68; OGH in NZ 1990, 300.

[4]) OGH in NZ 2002, 94; dagegen jüngst *Rabl,* Die Schenkung auf den Todesfall im Pflichtteilsrecht, NZ 2005, 129.

[5]) *Welser* in Rummel § 783 Rz 3; *Zemen,* ÖJZ 1985, 68f; OGH in NZ 1992, 271; vgl auch NZ 1994, 234; NZ 1996, 88; SZ 65/73; JBl 1997, 166.

[6]) Vgl dazu OGH in EvBl 1983/158; JBl 1990, 583; JBl 2001, 511.

richtigung haben alle Erben, also auch die Prälegatare selbst, verhältnismäßig beizutragen[1]).

Ist der Vorausvermächtnisnehmer der einzige Erbe, so kann er gegen sich selbst kein Forderungsrecht haben, zumal er ohnedies den ganzen Nachlaß erhält. Die Anordnung des Vermächtnisses kann dennoch im Verhältnis zu Dritten eine gewisse Bedeutung haben. So braucht der Erbe bei Unzulänglichkeit des Nachlasses diesen nicht restlos an die Legatare herauszugeben (§ 690), sondern kann sich nach Kürzung aller Vermächtnisse selbst einen entsprechenden Teil zurückbehalten. Das wichtigste Vorausvermächtnis ist der gesetzliche Voraus des Ehegatten (§ 758), s oben S 471 ff.

Vermächtnisse an einen Erben sind jedoch im Zweifel nicht Voraus-, sondern **Hineinvermächtnisse,** dh auf den Erbteil anzurechnen, so daß bei einer Mehrheit von Erben in Wirklichkeit nur eine Teilungsanordnung vorliegt[2]).

Ein **Mitvermächtnis** steht mehreren Personen geteilt oder ungeteilt zu. In einem solchen Fall ist auch unter Vermächtnisnehmern Anwachsung möglich (§ 689), s oben S 525 f.

Der Erblasser kann auch **Ersatz**- und **Nachlegatare** ernennen (§ 652)[3]). S oben S 515 f.

Wie ein Vorerbe hat der Vorlegatar nur die Stellung eines zeitlich beschränkten Eigentümers, die im wesentlichen der eines Fruchtnießers entspricht. Mit dem Eintritt des Substitutionsfalles erhält der Nachlegatar das unbeschränkte Vollrecht an der Sache[4]).

Das Vermächtnis ist vom **Erben** zu erfüllen, er ist damit **beschwert.** Mehrere Erben haben mangels anderer Anordnung des Erblassers nach ihrer Quote beizutragen (§ 649).

Wird die gesamte Erbschaft durch die Vermächtnisse erschöpft, so kann der Erbe eine seinen Bemühungen angemessene Belohnung fordern oder beim Gericht um die Bestellung eines Kurators zur Verwaltung des Nachlasses ansuchen (§ 690).

Der Erblasser kann auch einen Legatar mit einem Vermächtnis belasten (§ 649). Dieses **Untervermächtnis** (Sublegat) erzeugt ein Forderungsrecht des Sublegatars gegen den Hauptvermächtnisnehmer.

Erwirbt der Hauptlegatar das Vermächtnis nicht, so hat das Untervermächtnis jener zu entrichten, dem das Vermächtnis zufällt. Dies ist der Ersatzvermächtnisnehmer, wenn ein solcher berufen ist, sonst der Erbe, weil dann das Vermächtnis im Nachlaß bleibt. Der Erbe hat jedoch eine facultas alternativa: statt das Untervermächtnis zu leisten, kann er das Hauptvermächtnis dem Sublegatar überlassen (§ 650). Dem Hauptlegatar steht dieses „Abandon-Recht" nicht zu.

Das Vermächtnis ist am Fälligkeitstag in dem **Zustand** zu leisten, in dem es sich beim Tod des Erblassers befunden hat.

---

[1]) OGH in JBl 1967, 371.

[2]) OGH in JBl 1953, 236; *Ehrenzweig* II/2, 538; dagegen *Kralik,* Erbrecht 208; *Eccher* in Schwimann § 648 Rz 3; *Zankl,* Das gesetzliche Vorausvermächtnis des Ehegatten (1996) 136.

[3]) S OGH in NZ 1988, 137; JBl 1990, 111.

[4]) OGH in JBl 1988, 712; EvBl 1992/13.

Der Vermächtnisschuldner haftet für die schuldhafte Verletzung seiner Pflichten. Er ist aber zB von der Haftung frei, wenn er über die vermachte Sache gutgläubig verfügt, sie veräußert oder zerstört[5]). Der gute Glaube fällt weg, sobald der Belastete an der Rechtmäßigkeit seines Besitzes zweifeln muß[6]). Ein an die Stelle eines ausgeschiedenen Vermögensgegenstandes tretendes Surrogat („stellvertretendes Commodum") hat er dem Vermächtnisnehmer herauszugeben[7]).

IV. Erwerb des Vermächtnisses

Literatur: *Staufer,* Probleme des Rechtsverhältnisses zwischen Erben und Vermächtnisnehmern, NZ 1962, 33.

Das Recht des Legatars entsteht zwar mit dem Anfall, es wird jedoch erst mit dem Zahlungstag fällig. Der Legatar braucht nur den Anfallstag zu erleben.

Obwohl § 689 von der Annahme des Vermächtnisses spricht, bedarf es zu seinem Erwerb keiner besonderen Erklärung[1]).

Allerdings steht dem Vermächtnisnehmer eine ausdrückliche Annahme oder Ausschlagung frei. Nimmt der Legatar das Vermächtnis nicht in Anspruch, so fällt es dem Ersatzvermächtnisnehmer zu, wenn der Erblasser einen solchen bestimmt hat. Gibt es keinen Ersatzvermächtnisnehmer, so kann es beim Mitvermächtnis zur Anwachsung kommen. Ist auch diese nicht möglich, so bleibt das erledigte Vermächtnis in der Erbschaftsmasse, s oben S 525f.

Anfallstag (dies legati cedens) ist der Todestag des Erblassers (§ 684), beim aufschiebend bedingten Vermächtnis der Eintritt der Bedingung (§ 699). Das Vermächtnis wird mit dem Anfall zur Gänze erworben; das gilt auch für Rentenvermächtnisse[2]).

Den **Zahlungstag** (dies legati veniens) bestimmt der Erblasser. Hat er nichts angeordnet, so wird das Vermächtnis **ein Jahr** nach seinem Anfall fällig. Bestimmte begünstigte Legate wie das Vermächtnis einzelner Verlassenschaftsstücke, kleine Belohnungen der Bediensteten und gemeinnützige Vermächtnisse, können allerdings **sofort** gefordert werden (§ 685); ebenso das Unterhaltsvermächtnis (§ 687).

Beim Vermächtnis **einzelner Verlassenschaftsstücke** gebühren dem Legatar ab dem Tod des Erblassers auch alle Nutzungen und Früchte[3]). Umgekehrt treffen ihn ab diesem Zeitpunkt auch alle auf der Sache haftenden Lasten und ihr zufälliger Untergang (§ 686)[4]). Zinsen sind bei Geldlegaten ab Fälligkeit zu leisten.

---

[5]) Für eine Analogie zu den §§ 326f und 824: *Kralik,* Erbrecht 240; diesem folgend OGH in NZ 1992, 294.

[6]) OGH in NZ 1992, 294.

[7]) S auch *Bollenberger,* Das stellvertretende Commodum (1999) 421f.

[1]) *Kralik,* Erbrecht 236; OGH in JBl 1991, 112. AA *Faistenberger,* Das Vorkaufsrecht (1967) 283.

[2]) *Ehrenzweig* II/2, 539.

[3]) Dazu *Staufer,* NZ 1962, 33.

[4]) Die Lasten müssen auf die vermachte Sache bezogen sein, OGH in EvBl 2002/211 = ecolex 2002, 880 (krit *Wilhelm*).

V. Gegenstand des Vermächtnisses

Literatur: *Eccher,* Antizipierte Erbfolge (1980); *Kletečka,* Das Nachlegat der Sache des Erben, NZ 1999, 66; *Schragl,* Hypotheken- und Schuldübernahme durch den Legatar? NZ 1952, 38; *Welser,* Das Legat einer fremden Sache, NZ 1994, 197.

Gegenstand eines Vermächtnisses kann alles sein, was im Verkehr steht und den Inhalt einer selbständigen Schuldforderung bilden kann, also vor allem körperliche Sachen und Rechte[1]). Das **Speziesvermächtnis** wird vom Erblasser durch individuelle Merkmale umschrieben; das **Gattungsvermächtnis** durch generelle Merkmale (s oben S 28f).

Das Gattungsvermächtnis muß der Erbe iZw ohne Rücksicht darauf leisten, ob die Gattung im Nachlaß vorhanden ist, es trifft ihn also eine Verschaffungspflicht (echtes Gattungsvermächtnis). Das gilt vor allem für das Geldlegat (§ 658 letzter Satz).

Vermacht der Erblasser eine Gattungssache nur aus seinem Eigentum, so begründet dies eine der Speziesschuld angenäherte begrenzte Gattungsschuld (unechtes Gattungsvermächtnis). Hier ist das Vermächtnis wirkungslos, wenn sich die Gattung im Nachlaß nicht findet.

Hat der Erblasser dem Legatar die eine oder die andere Sache, insbesondere eine von mehreren Sachen einer gewissen Gattung vermacht, so steht das **Wahlrecht** im Zweifel dem Erben zu (§§ 656, 906). Er muß aber ein solches Stück wählen, das der Legatar auch gebrauchen kann (§ 656).

Nach schuldrechtlichen Regeln ist hingegen iZw „Gattung mittlerer Art und Güte" zu liefern (s oben S 28).

Hat der Vermächtnisnehmer das Wahlrecht, so darf er auch die beste Sache nehmen. Der Erblasser kann die Auswahl auch einem Dritten überlassen.

Ist die Bestimmung durch diesen unmöglich, so hat sie das Gericht mit Rücksicht auf den Stand und das Bedürfnis des Legatars vorzunehmen (§ 659).

Der Erblasser kann auch ein **„Verschaffungsvermächtnis"** anordnen[2]). Dann muß der Erbe die vermachte Sache anschaffen. Ohne eine solche Anordnung ist jedoch das Vermächtnis einer Spezies, die weder dem Erblasser noch dem Beschwerten gehört, wirkungslos (§ 662).

Überraschend ist, daß der Erblasser (außer einem Verschaffungsvermächtnis) auch wirksam ein Vermächtnis anordnen kann, das sich auf eine Sache des Erben bezieht. Eine dem Erben gehörige Sache ist also im Sinne des § 662 nicht „fremd". Es verstieße allerdings gegen die Testierfreiheit des Erben, wenn ihn der Erblasser verpflichten könnte, bei seinem Tod eine Sache aus seinem freien Vermögen einem Dritten zu hinterlassen[3]). Gültig ist also die Anordnung eines Vermächtnisses aus dem Vermögen

---

[1]) ZB Geschäftsanteile einer GmbH: OGH in SZ 59/219; JBl 1991, 112.

[2]) Dazu *Weiß* in Klang III 564ff.

[3]) *Welser/Rabl,* Der Fall Klimt (2005) 45ff; *Welser,* Der Fall Klimt/Bloch-Bauer, ÖJZ 2005, 693f; *Rabl,* Der Fall Klimt/Boch-Bauer, NZ 2005, 261; dagegen *Krejci,* Zum Fall Klimt/Bloch-Bauer, ÖJZ 2005, 742; dagegen wiederum *Welser,* Krejcis „Klimt-Streit" und das Erbrecht – Eine Erwiderung. ÖJZ 2005, 822.

des Erben nur dann, wenn es beim Tod des Erblassers, nicht aber beim Tod des Erben selbst zu entrichten ist. Stammt die Sache vom Erblasser selbst, so handelt es sich um ein fideikommissarisches Vermächtnis (§ 652), das auch in diesem Fall wirksam ist.

Forderungen können auf verschiedene Weise Gegenstand eines Vermächtnisses sein. Das **Forderungsvermächtnis** (legatum nominis, § 664) verpflichtet den Beschwerten zur Abtretung der vermachten Forderung. Das gilt auch beim Vermächtnis einer Geldforderung, der Erbe muß die Forderung nur abtreten, aber nicht die geschuldete Summe herausgeben; sonst würde dem Erben ein Insolvenzrisiko (des Drittschuldners) aufgebürdet, das der Erblasser gerade dem Legatar aufbürden wollte[4]).

Ein Forderungsvermächtnis ist zB das Legat des Bestandrechts. Es gibt dem Vermächtnisnehmer nur einen Anspruch auf Übertragung gegen den Erben. Der Legatar tritt daher nicht unmittelbar und nicht ohne Zustimmung des Vermieters in das Bestandverhältnis ein[5]). Wird ein Unternehmen vermacht, so erwirbt der Legatar die damit verbundenen Hauptmietrechte allerdings gemäß § 12a Abs 1 MRG[6]).

Durch das **Befreiungsvermächtnis** (legatum liberationis, § 663) soll der Legatar von einer Verbindlichkeit befreit werden. Auch in diesem Fall bewirkt das Vermächtnis aber nicht eo ipso die Befreiung beim Tod des Erblassers, sondern verpflichtet bloß den Erben zum Erlaß[7]).

Das **Schuldvermächtnis** (legatum debiti, § 665) ist das Vermächtnis dessen, was der Erblasser dem Legatar bereits schuldet. Es ist nur sinnvoll, wenn es – verglichen mit dem bereits bestehenden Schuldverhältnis – die Stellung des Gläubigers (und nunmehrigen Vermächtnisnehmers) verbessert, zB durch Vorverlegung der Fälligkeit oder den Verzicht auf Gegenrechte.

VI. Schutz des Legatsanspruches

Der Vermächtnisnehmer kann seine Forderung, sobald sie fällig ist, ohne Rücksicht auf den Stand des Verlassenschaftsverfahrens, also auch vor einer Erbantrittserklärung oder während eines Erbrechtsstreites, mit der **Vermächtnisklage** (Legatsklage) durchsetzen[1]).

Das Verlassenschaftsgericht kann keine Streitigkeiten über die Gültigkeit eines Legates entscheiden, ein solcher Beschluß wäre nichtig[2]).

---

[4]) OGH in NZ 2002, 206; anderes gilt, wenn der Schuldner die Forderung schon beglichen hat.

[5]) *Wilhelm,* Übergang des Bestandverhältnisses durch Vermächtnis? JBl 1972, 79; *derselbe,* Übergang des Bestandverhältnisses durch Vermächtnis – noch immer? JBl 1984, 594; *Welser* in Rummel § 664 Rz 6; ebenso nun OGH in JBl 1987, 449; MietSlg 41.113/30; ecolex 1991, 386 *(Reich-Rohrwig);* wobl 1999/8.

[6]) OGH in SZ 61/240 (noch zu § 12 Abs 3 MRG). Zur Frage, ob durch das 3. WÄG diesbezüglich eine Änderung eingetreten ist: *Ostheim,* Unternehmensveräußerung und Mietzinserhöhung im 3. WÄG, wobl 1993, 216.

[7]) *Kralik,* Erbrecht 228.

[1]) OGH in JBl 1969, 666.

[2]) OGH in SZ 42/69; NZ 1988, 137.

Die Legatsklage ist vor der Einantwortung gegen den Nachlaß, danach gegen den Erben zu richten[3]), sie ist schuldrechtliche Singularklage.

Während des Nachlaßverfahrens kann der Legatar die **Nachlaßseparation** verlangen (§ 812), s unten S 577f. Vor der Einantwortung ist zu prüfen, ob die Legatare vom Anfall verständigt sind (§ 817, § 176 Abs 1 AußStrG).

Eine Sicherheitsleistung ist nur für Ansprüche Pflegebefohlener vorgesehen (§ 176 Abs 2 AußStrG)[4]). Anders als nach früherer Rechtslage (§§ 158ff AußStrG aF) gibt es keine Sicherstellung gemeinnütziger Vermächtnisse mehr.

VII. Das außerordentliche Erbrecht der Legatare

Wenn sonst niemand den Nachlaß erwirbt, beruft das Gesetz – zur Vermeidung der Kaduzität – die Vermächtnisnehmer zu Erben (§ 726). Sie erhalten den Nachlaß **im Verhältnis** der Werte ihrer Legate. Eine Erbantrittserklärung ohne Angabe der Quote bedeutet nach der Judikatur die Inanspruchnahme dieses verhältnismäßigen Erbrechts[1]). § 726 setzt allerdings ein gültiges Legat voraus, weil sonst keine Zuwendung vorliegt; ein ausdrücklich oder kraft gesetzlicher Vorschrift (§ 661) widerrufenes genügt nicht[2]).

Dem außerordentlichen Erbrecht der Vermächtnisnehmer gehen die eingesetzten Erben, die Substituten, die Transmissare, die Anwachsungsberechtigten und die gesetzlichen Erben vor. Umgekehrt kommen die Legatare vor dem Heimfallsrecht des Staates zum Zuge[3]).

Die Legatare werden **wie Testamentserben** behandelt. Sie müssen daher auch die „übrigen Verfügungen" des Erblassers befolgen. Dies sind Vermächtnisse und Auflagen (§§ 650, 709), nicht aber Bedingungen (§ 702).

Das außerordentliche Erbrecht haben auch Vor- und Nachlegatare[4]). Es gilt analog für Erben, die auf **bestimmte Teile** eingesetzt sind und denen deshalb gemäß § 562 kein Anteil zuwachsen kann[5]). Treffen solche Erben mit Legataren zusammen, so gehen sie diesen nicht vor[6]), sondern teilen mit ihnen nach dem Verhältnis der zugewendeten Werte[7]).

---

[3]) OGH in SZ 48/86; EvBl 1986/11; JBl 1996, 580.

[4]) Dazu *Knoll,* Einiges zum neuen Verlassenschaftsverfahren, RZ 2005, 2ff.

[1]) OGH in NZ 1992, 131.

[2]) AA OGH in JBl 1991, 724, weil für das außerordentliche Erbrecht ein „Naheverhältnis zum Erblasser" ausreiche. Vgl auch OGH in SZ 71/83.

[3]) Vgl OGH in JBl 1988, 712.

[4]) OGH in EvBl 1992/13; ausführlich *Kletečka,* Ersatz- und Nacherbschaft (1999) 281ff.

[5]) *Pfaff/Hofmann,* Kommentar II 673; *Ehrenzweig* II/2, 481; anders hingegen OGH in EvBl 1961/292 und offensichtlich auch *Weiß* in Klang III 796.

[6]) So aber *Pfaff/Hofmann,* Kommentar II 673; *Kralik,* Erbrecht 84.

[7]) *Ehrenzweig* II/2, 481.

Die Legatare müssen als Erben eine Erbantrittserklärung abgeben (§ 159 Abs 1 Z 2 AußStrG)[8]). Sie können aber die Erbschaft auch ausschlagen und vom heimfallsberechtigten Staat die Auszahlung der Legate verlangen[9]).

12. Kapitel
Schenkung auf den Todesfall und verwandte Geschäfte

I. Schenkung auf den Todesfall

Literatur: *Apathy,* Der Auftrag auf den Todesfall, JBl 1976, 393; *Binder,* Zum Erfordernis des Widerrufsverzichts bei der Schenkung auf den Todesfall, Welser-FS (2004) 77ff; *Dehn,* Formnichtige Rechtsgeschäfte und ihre Erfüllung (1998); *Eccher,* Antizipierte Erbfolge (1980); *Ehrenzweig,* Die Schenkung auf den Todesfall, FS zur Jahrhundertfeier des ABGB II (1911) 624; *Grabenwarter,* Schenkung auf den Todesfall und Abhandlungspflege, ÖJZ 1988, 558; *B. Jud,* Schenkung auf den Todesfall und Berechnung des „freien Viertels" beim Erbvertrag, NZ 1999, 268; *dieselbe,* Die bedingte Schenkung auf den Todesfall, NZ 2004, 321; *Rabl,* Die Schenkung auf den Todesfall im Pflichtteilsrecht, NZ 2005, 129; *Trenker,* Die Schenkung auf den Todesfall, NZ 1969, 100; *Welser,* Neue Rechenaufgaben vom Gesetzgeber, NZ 1978, 161; *derselbe,* Erbverzicht und Schenkung auf den Todesfall, NZ 1991, 84; *derselbe,* Schenkung auf den Todesfall – Widerrufsverzicht und Bedingung, NZ 2005, 161; *Zankl,* Schenkung auf den Todesfall, Vermächtnisvertrag und „reines Viertel", NZ 1997, 311; *derselbe,* Vertrag und Treuhand zugunsten Dritter auf den Todesfall, NZ 1998, 225.

Wer eine Sache für den Fall seines Todes „verschenkt", meint damit oft einfach ein Vermächtnis. Wie jede letztwillige Verfügung wirkt die Anordnung nur, wenn die Testamentsform eingehalten wird: Eine Schenkung, deren Erfüllung erst nach dem Tode des Schenkenden erfolgen soll, ist mit Beobachtung der vorgeschriebenen Förmlichkeiten als ein **Vermächtnis** gültig (§ 956)[1]). S auch § 603.

Als Vermächtnis ist die Anordnung frei widerruflich. Zum Vermächtnisvertrag s oben S 533.

Daneben gibt es die echte **Schenkung auf den Todesfall,** die als Vertrag den Erblasser bindet (§ 956 Satz 2)[2]). Sie ist nur unter drei Voraussetzungen gültig: Aus dem Vertragscharakter folgt, daß der Beschenkte das Versprechen dem Erblasser gegenüber **annehmen** muß. Der Erblasser muß ferner ausdrücklich auf das für Vermächtnisse charakteristische Widerrufsrecht **verzichten**[3]) und schließlich muß die Form

---

[8]) OGH in NZ 2005, 173.

[9]) *Unger,* Erbrecht 112; *Ehrenzweig* II/2, 481; *Gschnitzer/Faistenberger,* Erbrecht 26.

[1]) Zum Vermächtnis mit vorweggenommener Übergabe: OGH in NZ 1992, 69. Zur Umdeutung einer formnichtigen Schenkung unter Lebenden in ein Vermächtnis s *B. Jud,* Testierabsicht, Form und Konversion, NZ 2001, 17ff.

[2]) Nach *Zankl,* NZ 1997, 312ff muß analog zu § 1253 das reine Viertel freibleiben. Diesem folgend *B. Jud,* NZ 1999, 278f.

[3]) Statt des Widerrufsverzichts läßt der OGH auch ein Veräußerungs- und Belastungsverbot genügen, da die Warn- und Beweisfunktion des Widerrufsverzichts dadurch hinreichend erfüllt wird, OGH in JBl 2000, 48. In jüngerer Zeit hat sich *B. Jud,* NZ 2004, 351 mit beachtlichen historischen Argumenten gegen das Erfor-

des **Notariatsaktes** eingehalten werden (§ 956 Satz 2; § 1 Abs 1 lit d NotAktsG)[4]).

Die Schenkung auf den Todesfall ist eine bloß mit dem Tod des Erblassers (als Anfang) terminisierte Schenkung[5]). Daher braucht der Beschenkte den Erbfall **nicht zu erleben,** er kann sein Recht vererben (§ 705). Bedingungen können vereinbart werden, sie dürfen aber nicht den Widerrufsverzicht entwerten. Unzulässig sind daher etwa Potestativbedingungen, deren Herbeiführung allein im Belieben des Erblassers steht[6]).

Die Schenkung auf den Todesfall entspricht der deutschrechtlichen donatio post obitum (Terminisierung) und nicht der römischen donatio mortis causa (Überlebensbedingung). Eine besonders vereinbarte Überlebensbedingung steht aber mit dem Geschäft nicht im Widerspruch[7]).

Die Rechtsnatur der Schenkung auf den Todesfall ist umstritten[8]). Manche betrachten sie als befristete Schenkung unter Lebenden und den Beschenkten als Gläubiger des Erblassers[9]). Nach richtiger Ansicht nimmt sie jedoch eine **Mittelstellung** zwischen den Geschäften unter Lebenden und jenen von Todes wegen ein. Vereinfachend, aber treffend gesagt, ist sie bei Lebzeiten des Erblassers als Vertrag, nach seinem Tode aber als Vermächtnis zu behandeln[10]). Die Schenkung auf den Todesfall ist daher in das Inventar als Aktivum aufzunehmen[11]) und nicht gleichzeitig als Passivum auszuweisen[12]).

Die Schenkung auf den Todesfall entfaltet ihre Wirkung erst mit dem Tod des Erblassers[13]). Insofern ist sie – was sie von jeder anderen

---

dernis des Widerrufsverzichts gewendet; dagegen *Binder* in Welser-FS 77 ff; *Welser,* NZ 2005, 161; der OGH geht weiterhin vom Erfordernis des Widerrufsverzichts aus, hat die Auseinandersetzung in der Lit freilich nicht zur Kenntnis genommen, 8 Ob 107/05 a.

[4]) Die Formvorschriften sind auch auf gemischte Schenkungen auf den Todesfall anzuwenden: OGH in NZ 1996, 205; EvBl 1997/47.

[5]) *Weiß* in Klang III 190; *Eccher,* Antizipierte Erbfolge 125 ff; vgl OGH in EvBl 1972/184; SZ 59/9.

[6]) *Binder* in Welser-FS 85 ff; *Welser,* NZ 2005, 164 ff.

[7]) OGH in JBl 1985, 290 mwN; aA *Kralik,* Erbrecht 168.

[8]) Vgl dazu *Ehrenzweig* II/2, 565 f; *Gschnitzer/Faistenberger,* Erbrecht 98; *Kralik,* Erbrecht 165 ff; *Schauer,* Rechtsprobleme 118 ff mwN; *Rabl,* NZ 2005, 129.

[9]) *Weiß* in Klang III 190; *Eccher,* Antizipierte Erbfolge 125 ff; *Kralik,* Erbrecht 168.

[10]) *Ehrenzweig* II/2, 565; dagegen zuletzt *Rabl,* NZ 2005, 129; wohl auch *Apathy* in KBB § 785 Rz 2.

[11]) OGH in NZ 1986, 210 *(Czermak); Rabl,* Das Nachlaßinventar – Inhalt und Zweck, NZ 1999, 136 ff.

[12]) *Czermak,* NZ 1986, 211; *Welser* in Rummel § 802 Rz 12; aA OGH in SZ 59/9; NZ 1991, 249; SZ 65/68; EfSlg 70.467.

[13]) Es kann daher auch künftiges Vermögen verschenkt werden, das erst zwischen Abschluß des Vertrages und Tod erworben wird, OGH in NZ 2003, 147 *(Mondel),* dabei ist allerdings § 944 Abs 2 zu beachten; *Zankl,* NZ 1997, 311 erwägt eine analoge Anwendung des § 1253 über das freie Viertel beim Erbvertrag.

Schenkung unterscheidet – ein Geschäft **von Todes wegen**[14]). Der Erblasser **bleibt Eigentümer** bis zu seinem Tod, der Begünstigte kann sein Recht erst danach durchsetzen. Dies wird vernachlässigt, wenn man die Schenkung auf den Todesfall wie eine Schenkung unter Lebenden behandelt[15]).

Wäre die Schenkung auf den Todesfall eine solche nach § 785, so könnte der Erblasser durch ein erst mit seinem Tod wirkendes Geschäft relativ einfach die Pflichtteile vereiteln. Er müßte hiezu nur zwei Jahre vor seinem Tod sein Vermögen an nicht pflichtteilsberechtigte Personen auf den Todesfall verschenken (§ 785 Abs 3)[16]). Bis dahin bliebe er Eigentümer.

Der Beschenkte hat zu Lebzeiten gegen den Erblasser **Unterlassungsansprüche,** wenn er Handlungen setzt, welche die geschuldete Leistung beeinträchtigen können[17]). Hat der Erblasser die Erfüllung durch Veräußerung der Sache vereitelt, kann der Beschenkte von den **Erben** Schadenersatz verlangen[18]). Der Erwerber der Sache wird ersatzpflichtig, wenn er den Geschenkgeber zum Vertragsbruch verleitet hat.

Vor dem Tod des Erblassers hat der Beschenkte noch keinen Schaden, weshalb er auch zu Lebzeiten des Erblassers keinen Ersatzanspruch erheben kann.

Ein Sonderproblem ist das rechtliche Schicksal von Schenkungen auf den Todesfall zwischen Ehegatten im Falle der Scheidung. Der für Erbverträge geltende § 1266 ist analog anzuwenden, so daß eine Schenkung auf den Todesfall vom schuldlosen, minder oder gleich schuldigen Ehegatten widerrufen werden kann[19]).

II. Übergabe auf den Todesfall

Literatur: S zu I.

Bei der Übergabe auf den Todesfall überläßt der Erblasser jemandem eine Sache mit dem Zusatz, daß sie der Empfänger **nach dem Tode** des Erblassers **behalten** könne[1]). Der Empfänger ist also zu Lebzeiten des Erblassers meist Entlehner oder Prekarist.

Sowohl für das Vermächtnis als auch für die Schenkung auf den Todesfall fehlt die Form, so daß die Übergabe auf den Todesfall ungültig ist.

---

[14]) OGH in NZ 2003, 147 *(Mondel),* der daher die Anwendbarkeit des § 31 Abs 3 BWG (Verfügung ohne Losungswort) bejaht; vgl aber aus grundverkehrsrechtlicher Sicht OGH in NZ 2000, 317.

[15]) Dazu *Welser,* NZ 1978, 165 f; s auch *Schauer,* Rechtsprobleme 117 ff.

[16]) *Welser,* NZ 1978, 166; ihm folgend OGH in JBl 1981, 593; EvBl 1987/198; SZ 68/201; NZ 1996, 276; SZ 69/108; SZ 70/107; vgl aber *Schauer,* Rechtsprobleme der erbrechtlichen Nachfolge bei Personenhandelsgesellschaften (1999) 128 und zuletzt *Rabl,* NZ 2005, 135 mwN, der die Frist des § 785 Abs 3 erst mit dem Erbfall beginnen läßt.

[17]) *Kurschel,* Folgen des Zuwiderhandelns gegen einen Schenkungsvertrag auf den Todesfall, NZ 1986, 97; OGH in SZ 49/75.

[18]) Zur Vorteilsherausgabe s *Bollenberger,* Das stellvertretende Commodum (1999) 421.

[19]) *Fischer-Czermak,* Verträge auf den Todesfall zwischen Ehegatten und Scheidung, NZ 2001, 3 ff.

[1]) OGH in GlUNF 15.547.

Mehrfach wurde versucht, solche Zuwendungen „zu retten“; so durch die These, es handle sich um ein formungültiges Legat, das „vorweg“ durch den Erblasser erfüllt werde, so daß der Formmangel gemäß § 1432 geheilt sei[2]). Dabei wird übersehen, daß vor dem Tod des Erblassers keine Erfüllungshandlung gesetzt werden kann, weil der Titel noch nicht wirksam ist. Ebensowenig tragfähig ist die Behauptung, es handle sich um eine Schenkung unter Lebenden, die bei Unwiderruflichkeit und sofortiger Übergabe wirksam sei[3]). Sie übersieht, daß das Eigentum erst beim Tod des Erblassers übergehen soll, so daß keine vollständige Erfüllung unter Lebenden vorliegt.

III. Der Auftrag auf den Todesfall

Literatur: S zu I.

Ein Erblasser übergibt eine Sache einem Dritten mit dem Auftrag, sie nach seinem (des Erblassers) Tod einem **Begünstigten herauszugeben**[1]).

Ein Pfarrer, der zu einer lebensgefährlichen Operation nach Wien muß, übergibt seinem Amtsbruder ein Sparbuch mit dem Auftrag, es der Haushälterin zu übergeben, wenn er nicht lebend zurückkehrt[2]).

Rechtsnatur und Wirkungen eines solchen „Auftrages auf den Todesfall“ sind strittig[3]). Aus § 1022 scheint sich seine Gültigkeit zu ergeben, weil danach eine Vollmacht, die sich „auf den Sterbefall des Gewaltgebers erstreckt“, dessen Tod überdauert. Träfe dies zu, so könnte ein Erblasser durch Bestellung von Bevollmächtigten die Vorschriften über letztwillige Verfügungen und das Verlassenschaftsverfahren umgehen. Der Auftrag auf den Todesfall kann aber dem Begünstigten ohnehin kein Recht verschaffen, weil der Auftrag **keinen Titel** für einen **Rechtserwerb** enthält, sondern nur dazu bestimmt ist, die Zuwendung durchzuführen[4]). Der Erwerbsgrund selbst könnte nur in einem Vermächtnis oder in einer Schenkung auf den Todesfall liegen, wofür aber die Form fehlt[5]).

Ähnliche Einwände bestehen gegen die Meinung, der Auftrag auf den Todesfall sei ein gültiger Vertrag zwischen dem Erblasser und dem Beauftragten zugunsten des Dritten[6]), der einen Anspruch gegen den Beauftragten und die Erben des Übergebers habe. Schließlich ist die Vorwegerfüllungsthese auch hier verfehlt[7]).

---

[2]) *Ehrenzweig,* ABGB-FS II 674f; *Stanzl* in Klang IV/1, 633; *Eccher,* Antizipierte Erbfolge 86ff. Dagegen *Apathy,* JBl 1976, 409 und ihm folgend OGH in SZ 56/79; JBl 1986, 185 *(Pfersmann);* s zuletzt auch *Dehn,* Formnichtige Rechtsgeschäfte 190ff.

[3]) *Apathy,* JBl 1976, 404; OGH in ecolex 2002, 809.

[1]) *Ehrenzweig* II/2, 569.

[2]) OGH in GlUNF 5327.

[3]) *Apathy,* JBl 1976, 393ff; *Dehn,* Formnichtige Rechtsgeschäfte 194ff; OGH in SZ 53/135; zuletzt ÖBA 1999, 911. Zur Treuhandkonstruktion: *Zankl,* NZ 1998, 227ff.

[4]) *Ehrenzweig,* ABGB-FS II 678. Vgl auch OGH in JBl 1984, 609.

[5]) OGH in JBl 1991, 244 und 312 *(Eccher).*

[6]) *Gschnitzer* in Klang IV/1, 233; vgl auch *Hellwig,* Verträge 355f.

[7]) *Apathy,* JBl 1976, 400ff; *Kralik,* Erbrecht 171; OGH in SZ 53/135; JBl 1984, 609. AA *Ehrenzweig,* ABGB-FS II 678; *derselbe* II/2, 569.

13. Kapitel

Das Pflichtteilsrecht

I. Allgemeines

Das Pflichtteilsrecht sichert dem Pflichtteilsberechtigten (dem „Noterben") einen **Mindestanteil** am Wert des Nachlasses (S 444). Es hindert den Erblasser daran, über sein ganzes Vermögen letztwillig zu verfügen, **beschränkt** also seine **Testierfreiheit**[1]).

Nach dem ABGB besteht ein „materielles Noterbrecht": Der Erblasser muß die Noterben „bedenken", also ihnen etwas hinterlassen. Bei einem „formellen Noterbrecht" genügt es, daß der Testator seiner Noterben „gedenkt" (sie erwähnt), um klarzustellen, daß er sie nicht irrtümlich übergangen hat.

Der Erblasser kann dem Noterben den Pflichtteil ausdrücklich hinterlassen oder, soweit es die Deckung der Pflichtteile erfordert, die gesetzliche Erbfolge eintreten lassen (§ 774).

Gewöhnlich hat das Pflichtteilsrecht bei der **testamentarischen Erbfolge** Bedeutung, wenn der Erblasser ein Testament errichtet und darin die Pflichtteilsberechtigten zu kurz kommen. Sie gehen dann „gegen den letzten Willen" des Erblassers mit der Pflichtteilsklage vor. Mit dieser Klage kann freilich der Noterbe das Testament nicht ungültig machen. Der Erbe muß ihm allerdings den Pflichtteil auszahlen. Bei Eintritt der **gesetzlichen Erbfolge** entstehen grundsätzlich keine Pflichtteilsansprüche, weil die Pflichtteilsberechtigten ohnedies zu den gesetzlichen Erben gehören. Dennoch können sie sich auch als solche auf ihr Pflichtteilsrecht berufen, was vor allem sinnvoll ist, wenn anrechenbare Schenkungen an Dritte vorliegen (§ 785), deren Herausgabe sie zwar nicht als gesetzliche Erben, wohl aber als Pflichtteilsberechtigte fordern können (§ 951)[2]).

Hat der Erblasser den Pflichtteil nicht hinterlassen, so entsteht also der auf Geld lautende **Pflichtteilsanspruch** (§§ 775 f). Das Pflichtteilsrecht führt zu keinem Anspruch, wenn der Pflichtteil gedeckt ist. Nur wenn dies nicht der Fall ist, kann es zur Pflichtteilsklage kommen. Pflichtteilsrecht und Pflichtteilsanspruch müssen also auseinandergehalten werden[3]).

Ob der Pflichtteilsanspruch ein vom Gesetz gewährtes Erbrecht („Noterbrecht") oder ein auf Geld gerichtetes Forderungsrecht ist, war ursprünglich strittig. Manche Bestimmungen des ABGB sehen den Pflichtteilsberechtigten zweifellos als „gesetzlichen Zwangserben" mit einer – im Vergleich zum gesetzlichen Erbrecht – verkleinerten Quote (zB §§ 727, 729, 764 und 786). Das HfD JGS 1844/781 hat dann klargestellt, daß der verkürzte Noterbe bloß einen Anspruch auf Auszahlung des entsprechenden Wertes in Geld hat, also Gläubiger ist. Diese authentische Interpretation wurde nun durch

---

[1]) Zu Telos und Reformbedürftigkeit siehe *Schauer,* Ist das Pflichtteilsrecht noch zeitgemäß? NZ 2001, 70ff.

[2]) OGH in SZ 69/58; NZ 2002, 94.

[3]) *Ehrenzweig* II/2, 574f.

das 1. BRBG beseitigt, womit aber keine Änderung der materiellen Rechtslage bezweckt war[4]).

Der Pflichtteilsanspruch entsteht beim **Tod** des Erblassers, nicht erst mit der Geltendmachung durch den Verkürzten[5]). Er ist sofort vererblich[6]), s oben S 461 f.

Der Pflichtteilsanspruch ist abtretbar[7]), und zwar schon vor seiner gerichtlichen Geltendmachung oder Anerkennung[8]), ebenso schon vorher verpfändbar[9]) und durch Aufrechnung tilgbar[10]). Nach der Änderung des § 291 EO durch BGBl 1991/628, der eine Pfändung erst nach vertraglicher Anerkennung oder gerichtlicher Geltendmachung zuließ, ist der Anspruch auf den Pflichtteil sofort pfändbar.

Der Erblasser kann dem Noterben den Pflichtteil nur aus besonderen Gründen entziehen (Enterbung, unten S 560ff).

II. Die pflichtteilsberechtigten Personen

Literatur: *Zemen,* Der Kreis der Pflichtteilsberechtigten, ÖJZ 1987, 231.

Pflichtteilsberechtigt sind nur die **Nachkommen** und „in deren Ermangelung" die **Vorfahren** des Erblassers[1]), sowie der **Ehegatte** (§ 762).

Seitenverwandte des Erblassers haben kein Pflichtteilsrecht, so daß zB Geschwister, Onkeln und Tanten oder Neffen und Nichten niemals Noterben sind. Ferner muß eine **konkrete** Pflichtteilsberechtigung vorliegen, dh daß nur jene Personen ein Pflichtteilsrecht haben, die nach dem Erblasser wirklich auf Grund des Gesetzes berufen worden wären, wenn er nicht testiert hätte[2]), wenn also bei Fehlen eines Testaments „für diese Personen das Recht und die Ordnung der gesetzlichen Erbfolge eintreten würde (§ 763 Satz 2)".

Kein Pflichtteilsrecht haben daher Personen, die den Erblasser nicht überlebt haben, erbunfähig oder erbunwürdig sind oder auf das Erbrecht verzichtet haben. Vorfahren sind nur pflichtteilsberechtigt, wenn keine Nachkommen vorhanden sind und eben nur dann, wenn sie auch als gesetzliche Erben berufen wären, so daß zB ein Bruder oder eine Schwester des Erblassers das Noterbrecht der Großeltern ausschließt, obwohl Geschwister selbst nicht pflichtteilsberechtigt sind.

Das Pflichtteilsrecht des Ehegatten besteht neben den Pflichtteilsansprüchen von Deszendenten oder Aszendenten. Auch Wahlverwandte haben Pflichtteilsansprüche, wenn sie ohne Testament des Erblassers gesetzlich erbberechtigt wären.

---

[4]) S auch *Zankl,* Das Erste Bundesrechtsbereinigungsgesetz, ecolex 1999, 626.

[5]) *Kralik,* Erbrecht 314; OGH in SZ 57/11; aA *Weiß* in Klang III 836; *Wohlmut,* Die Vererbung des Pflichtteilsanspruches, NZ 1956, 42.

[6]) Dazu *Wohlmut,* NZ 1956, 41.

[7]) OGH in SZ 10/159; abweichend *Kralik,* Erbrecht 314.

[8]) OGH in EvBl 1954/455; RZ 1955, 64.

[9]) OGH in EvBl 1954/455.

[10]) OGH in EvBl 1967/235.

[1]) De lege ferenda krit zur Pflichtteilsberechtigung von Großeltern *Hoffmann,* Gedanken eines Praktikers zum österreichischen Erbrecht, Welser-FS (2004) 291.

[2]) S auch OGH in NZ 1975, 191.

III. Umfang des Pflichtteils

Literatur: *Schauer,* Neues Erbrecht ab 1991, RdW 1990, 72f; *Welser,* Die Erbrechtsreform 1989, NZ 1990, 139ff.

Die Nachkommen und der Ehegatte erhalten als Pflichtteil die **Hälfte** dessen, was sie als gesetzliche Erben bekommen hätten. Bei Vorfahren beträgt der Pflichtteil ein **Drittel** des gesetzlichen Erbteils (§§ 765f). Wer wegen Erbverzichts, Erbunwürdigkeit, rechtmäßiger Enterbung oder aus einem anderen Grunde vom gesetzlichen Erbrecht ausgeschlossen ist, wird bei der Berechnung von Pflichtteilen so behandelt, wie wenn er gar nicht vorhanden wäre (§ 767 Abs 1). Er erhält also nichts.

Das Vorhandensein eines Ehegatten beeinflußt die gesetzlichen Erbteile und damit die Pflichtteile der übrigen Noterben. Hinterläßt also E seine Gattin G und seine Kinder A und B, so beträgt der Pflichtteil jedes Kindes ein Sechstel. Ist E kinderlos verstorben, so macht der Pflichtteil seines Vaters V und seiner Mutter M bei Vorhandensein der G je ein Achtzehntel aus. War der kinderlose E auch unverheiratet oder ist G vorverstorben, so haben V und M ein Recht auf je ein Sechstel des Nachlaßwertes.

Entgegen dem von § 767 erweckten Anschein sind aber Personen, die nur auf den Pflichtteil, nicht aber auf den Erbteil verzichtet haben, bei der Ausmessung der übrigen Pflichtteile zu berücksichtigen[1]). Daher werden Noterben, die einen Erbteil ausgeschlagen oder sonst nach dem Tod des Erblassers über den Pflichtteil verfügen, zB darauf verzichten, bei der Ausmessung der Quoten mitgezählt[2]).

IV. Die Pflichtteilsminderung

Literatur: *Paliege,* Neues im österreichischen Erbrecht, ZfRV 1991, 169; *Samek,* Das österreichische Pflichtteilsrecht (2004) 21ff; *Schauer,* Neues Erbrecht ab 1991, RdW 1990, 70; *Spitzer,* Änderungen im Erbrecht durch das KindRÄG 2001, NZ 2003, 353; *Umlauft,* Pflichtteilsminderung nach § 773a ABGB, NZ 1990, 143; *derselbe,* Die Pflichtteilsminderung im Lichte des Repräsentationsrechtes, JBl 1992, 557; *Welser,* Die Erbrechtsreform 1989, NZ 1990, 137; *Zemen,* Die Pflichtteilsminderung im Parentelensystem, JBl 1992, 220; *derselbe,* Das erbrechtliche Eintrittsrecht in der jüngeren Rechtsentwicklung, JBl 2004, 363; *derselbe,* Nochmals: Die Pflichtteilsminderung gegen den Enkel, JBl 2005, 538.

Die durch das ErbRÄG 1989 eingeführte Pflichtteilsminderung (§ 773a) ermöglicht es dem Erblasser, den Pflichtteil von Aszendenten und Deszendenten, nicht jedoch jenen des Ehegatten herabzusetzen („Pflichtteilsminderung").

Eine Pflichtteilsminderung kommt praktisch vor allem zwischen dem unehelichen Kind und seinem Vater in Betracht. Dieses Minderungsrecht bildet den Ausgleich für

---

[1]) *Ehrenzweig* II/2, 587; *Welser* in Rummel § 767 Rz 3; OGH in SZ 58/18; aA *Zemen,* Der Kreis der Pflichtteilsberechtigten, ÖJZ 1987, 235.

[2]) *Kralik,* Erbrecht 287f; *Zemen,* ÖJZ 1987, 233.

die Gleichstellung unehelicher und ehelicher Kinder. Es sollte dem Erblasser möglich sein, einem ihm ganz „fremden“ Noterben den Pflichtteil zu kürzen.

Standen der Erblasser und der Pflichtteilsberechtigte zu **keiner Zeit** in einem **Naheverhältnis**[1]), wie es in der **Familie** zwischen solchen Verwandten gewöhnlich besteht, so kann der Erblasser den Pflichtteil auf die Hälfte mindern.

Oft ist es schwierig, außerhalb des Eltern-Kind Verhältnisses zu beurteilen, ob zwischen Erblasser und Noterben ein Verhältnis bestand, wie es in der Familie gewöhnlich besteht. Dies ist zB problematisch, wenn ein Großvater seinem Enkel den Pflichtteil mindern will[2]).

Das Minderungsrecht wird durch die Voraussetzung, daß ein Naheverhältnis „zu keiner Zeit“ bestanden hat, stark eingeschränkt[3]). Testierunfähige können den Pflichtteil nicht mindern. Werden die Voraussetzungen der Minderung bestritten, so hat sie der Erbe zu beweisen (§§ 773 a Abs 2, 771).

Nach hA kann die Pflichtteilsminderung auch konkludent angeordnet werden, wenn der Erbe auf Grund sonstiger Umstände beweisen kann, daß der Erblasser die Entziehung des Pflichtteils oder seine Reduktion tatsächlich gewollt hat[4]).

Eine Einschränkung sieht der durch das KindRÄG 2001 eingefügte § 773 a Abs 3 vor[5]), um das Besuchsrecht des Kindes (§ 148) zu stärken. Der Erblasser verliert das Recht auf Pflichtteilsminderung, wenn er die Ausübung des Rechts auf persönlichen Verkehr mit dem Pflichtteilsberechtigten **grundlos abgelehnt** hat (§ 773 Abs 3 idF KindRÄG 2001).

Grundlos ist zumeist die Ablehnung eines Elternteils, sein Kind zu sehen. Umgekehrt ist es einem Kind kaum vorzuhalten, wenn es seinen bisher unbekannten Vater nicht treffen will, so daß ihm das Minderungsrecht idR erhalten bleibt[6]). Ist das Kind schon volljährig, gibt es keine wechselseitigen subjektiven Rechte auf Umgang mehr, so daß eine Kontaktverweigerung dann sanktionslos bleibt[7]). Damit bleibt als Hauptanwendungsfall des Abs 3, die Weigerung eines Elternteiles, Kontakt mit seinem minderjährigen Kind zu pflegen.

---

[1]) Ausführlich dazu *Umlauft,* NZ 1990, 144 f. S auch OGH in NZ 1995, 210; NZ 1997, 370.

[2]) *Spitzer,* NZ 2003, 355 f; *Zemen,* JBl 2005, 538.

[3]) Auf den nasciturus ist dieses Kriterium unanwendbar, eine Pflichtteilsminderung kommt daher nicht in Betracht: *Zankl,* Das neue Erbrecht im Überblick, JAP 1990/91, 121.

[4]) *Umlauft,* NZ 1990, 143; *Welser,* NZ 1990, 141; *Umlauft,* JBl 1992, 557; *Eccher* in Schwimann § 773 a Rz 6 ff; OGH in NZ 1997, 394; anders *Zemen,* JBl 1992, 228; offenlassend OGH in SZ 69/58.

[5]) Zum Minderungsrecht nach dem KindRÄG 2001 *Spitzer,* NZ 2003, 354 ff; diesem folgend *Welser* in Rummel ErgBd § 773 a Rz 3 a; dagegen *Zemen,* Das erbrechtliche Eintrittsrecht in der jüngeren Rechtsentwicklung, JBl 2004, 356; *Samek,* Pflichtteilsrecht 31.

[6]) Ausf *Spitzer,* NZ 2003, 357 ff; diesem folgend *Welser* in Rummel ErgBd § 773 a Rz 2; vgl aber auch *Haidenthaller,* Schwerpunkte der Kindschaftsrecht-Reform 2001, JBl 2001, 626; *Apathy* in KBB § 773 a Rz 3.

[7]) *Spitzer,* NZ 2003, 359; diesem folgend *Welser* in Rummel ErgBd § 773 a Rz 2; *Samek,* Pflichtteilsrecht 29 f.

V. Hinterlassung des Pflichtteils

Literatur: *Migsch,* Persönliche Ehewirkungen, gesetzlicher Güterstand und Ehegattenerbrecht, in Floretta, Das neue Ehe- und Kindschaftsrecht (1979) 61ff; *Ostheim,* Zur erbrechtlichen Stellung des Ehegatten nach dem BG 15. 6. 1978, BGBl 280, in Ostheim, Schwerpunkte der Familienrechtsreform 1977/1978 (1979) 57; *Welser,* Neue Rechenaufgaben vom Gesetzgeber, NZ 1978, 161; *derselbe,* Hinterlassung des Pflichtteils als Vermächtnis und Abrechnungsgemeinschaft nach § 786 Satz 2 ABGB, NZ 1994, 269; *Zankl,* Pflichtteilsdeckung und Pflichtteilsverjährung, NZ 2000, 36.

A. Lastenfreie Zuwendung

Der Erblasser kann den Pflichtteil in jeder **beliebigen** Gestalt hinterlassen (§ 774): als Erbteil, als Vermächtnis, durch Schenkung auf den Todesfall[1]). Auch ein gesetzlicher Erbteil kommt in Betracht, wenn der Erblasser absichtlich nicht über den ganzen Nachlaß testiert hat, um dem Pflichtteilsberechtigten die „Deckung" als gesetzlichen Erbteil zukommen zu lassen.

Der Erblasser kann dem Noterben den Pflichtteil auch **ausdrücklich** als solchen **zuwenden.** Der Noterbe ist dann Legatar und braucht daher nicht „gegen den letzten Willen vorzugehen", was für die Verjährung Bedeutung hat (§ 1487; unten S 563). Wenn der Erblasser den Noterben „auf den Pflichtteil setzt", kann dies eine Legatsanordnung oder ein Verweis auf den gesetzlichen Pflichtteilsanspruch sein.

Der Pflichtteil muß dem Berechtigten aber **ganz frei** bleiben[2]). Jede vom Erblasser hinzugefügte Beschränkung oder Belastung der Pflichtteilsdeckung (zB durch Substitution[3]), Bedingung, Befristung oder Auflage) ist unwirksam (§ 774)[4]). Der Noterbe kann sich die Beschränkung allerdings freiwillig gefallen lassen.

Keine Belastungen iS des § 774 sind hingegen solche, die der Erblasser nicht letztwillig verfügt hat, zB eine Servitut oder Hypothek auf einem vermachten Grundstück. Sie fallen zwar nicht nach § 774 dahin, doch können sie den Wert der Zuwendung so schmälern, daß er den Pflichtteil nicht mehr deckt.

Eine von Socinus, einem Rechtsgelehrten des 16. Jahrhunderts empfohlene Testamentsbestimmung soll den Noterben dazu veranlassen, die Belastung der Pflichtteilsdeckung freiwillig in Kauf zu nehmen: Der Erblasser wendet dem Pflichtteilsberechtigten mehr als die Deckung zu, belastet die ganze Zuwendung, macht aber die Mehrzuwendung davon abhän-

---

[1]) Zur Einräumung einer Begünstigtenstellung in einer Privatstiftung vgl *Schauer,* Privatstiftung und Erbrecht, in Gassner, Privatstiftungen: Gestaltungsmöglichkeiten in der Praxis (2000) 34; *B. Jud,* Privatstiftung und Pflichtteilsdeckung, Welser-FS (2004) 369.

[2]) Zu den Kriterien s OGH in NZ 2000, 44.

[3]) OGH in NZ 2003, 336, das sofort als Pflichtteil Erhaltene muß sich der Noterbe aber, wenn er die Nacherbschaft erlangt, anrechnen lassen.

[4]) Vgl aber OGH in NZ 1998, 57 = ecolex 1998, 209 *(B. Jud).* Zum Verhältnis des § 774 zu § 783 s *Kletečka,* Ersatz- und Nacherbschaft (1998) 190ff.

gig, daß sich der Noterbe die Beschränkung auch für die Deckung gefallen läßt **(„cautela Socini“).** Der Pflichtteilsberechtigte hat dann nicht die Möglichkeit, die Pflichtteilsdeckung ohne Beschränkung und die Mehrzuwendung mit der Beschränkung anzunehmen[5]).

B. Teilantritt der Erbschaft

Ein **Testamentserbe,** der auch gesetzlicher Erbe ist, kann sich **nicht** auf die **gesetzliche Erbfolge** berufen und dadurch die Erklärung des letzten Willens vereiteln; er muß die Erbschaft entweder aus dem letzten Willen antreten oder ihr ganz entsagen (§ 808 Satz 1 und 2)[6]). Daraus wird auch geschlossen, daß ein Erbteil überhaupt nur so angenommen werden kann, wie er anfällt, **Teilannahme** und **Teilausschlagung** sind **unzulässig.**

Davon macht allerdings § 808 letzter Satz eine Ausnahme: „Personen, denen ein Pflichtteil gebührt, können die Erbschaft **mit Vorbehalt des Pflichtteils** ausschlagen“, dh nur jenen Teil der Erbschaft annehmen, der ihren Pflichtteil deckt. Sie können aber nicht statt der zugewendeten Pflichtteilsdeckung den Pflichtteil in Geld fordern[7]).

Der Noterbe kann allerdings das Zugedachte ausschlagen und den Geldpflichtteil wählen, wenn die Zuwendung wegen einer Belastung zur Pflichtteilsdeckung **ungeeignet** ist und die Belastung nicht auf die Mehrzuwendung beschränkt werden kann, also unteilbar ist[8]).

VI. Berechnung des Nachlaßpflichtteils

A. Einfacher Nachlaßpflichtteil

Zur Berechnung der Nachlaßpflichtteile ist die Verlassenschaft zu schätzen (§§ 784, 786). Die **Schätzung** besteht in einer Aufzeichnung und Bewertung der Aktiven und Passiven zum Todestag des Erblassers[1]). Sie ist nicht notwendig mit einer Inventarisierung verbunden (zu dieser S 576).

Für die Schätzung ist entsprechend der Verkehrsauffassung der Ertragswert oder der Verkehrswert maßgebend[2]). Gewöhnlich wird der Verkehrswert zugrundegelegt[3]),

---

[5]) *Pfaff/Hofmann,* Kommentar II 651; *Welser,* Die kassatorische Klausel, Demelius-FS (1973) 492f; *Kralik,* Erbrecht 311.

[6]) S aber *Kralik,* Erbrecht 50ff.

[7]) Der Sinn dieses Satzes und sein Verhältnis zu § 774 sind str. Wie im Text *Ehrenzweig* II/2, 493; *Krasnopolski/Kafka,* Erbrecht 281; *Schwind,* Zur Ausschlagung der Erbschaft mit Vorbehalt des Pflichtteils, Kastner-FS (1972) 441; *Kralik,* Erbrecht 52f; OGH in GlU 15.378; JB 226 = GlUNF 7432; NZ 1997, 225; ecolex 1999, 267; vgl auch NZ 1998, 60 (zum Vorausvermächtnis). Für die Möglichkeit, den Erbteil auszuschlagen und den Pflichtteil in Geld zu fordern hingegen: *Weiß* in Klang III 1009; *Rechberger,* Die Ausschlagung der letztwilligen Zuwendung durch den Pflichtteilsberechtigten, JBl 1973, 292; OGH in EvBl 1979/125; SZ 71/166.

[8]) *Schauer,* Unteilbare Pflichtteilsdeckungen und unteilbare Belastungen, RdW 1987, 149; *Zankl,* NZ 2000, 36ff; *Welser* in Rummel § 774 Rz 9.

[1]) OGH in SZ 32/78; JBl 1960, 187; SZ 57/90 uva.

[2]) OGH in NZ 1979, 143; SZ 57/90.

[3]) OGH in NZ 1969, 105.

s auch § 2 LBG. Bei landwirtschaftlich genutzten Liegenschaften ist vor allem auf den kapitalisierten Ertragswert abzustellen, im Einzelfall auch auf den Verkehrswert[4]), wobei zugunsten des Erben auf den Grundsatz des „Wohl-Bestehen-Könnens" Rücksicht zu nehmen ist[5]).

Da der Pflichtteilsberechtigte als gesetzlicher Erbe auch die Schulden mitzutragen gehabt hätte, wird der Pflichtteil von dem um die Schulden verminderten Rohnachlaß, also vom **„reinen Nachlaß"** berechnet[6]). Vom Rohnachlaß sind abzuziehen: die Erblasserschulden und die Erbfallschulden mit Ausnahme der Vermächtnisse (wozu auch das Vorausvermächtnis gehört)[7]), und anderer **aus dem letzten Willen entspringender Lasten** (§ 786). Die Schenkung auf den Todesfall ist nach hA als Vermächtnis zu behandeln[8]) (s oben S 542). Dieser vom reinen Nachlaß ermittelte Pflichtteil heißt **„Nachlaßpflichtteil"** oder gemeiner Pflichtteil.

Die Legatare – ausgenommen der Ehegatte mit dem gesetzlichen Vorausvermächtnis – stehen den Pflichtteilsberechtigten im Range nach und müssen sich bei Erhebung von Pflichtteilsansprüchen notfalls wie der Erbe eine verhältnismäßige Kürzung gefallen lassen (§ 783)[9]), oben S 535. Gegen die Legatare kann der Noterbe nicht direkt vorgehen[10]).

Das Verhältnis der Unterhaltsansprüche der §§ 142, 166, 796 zu den Pflichtteilsansprüchen ist unklar, jedoch im Sinne des Vorranges der Pflichtteile zu entscheiden[11]).

Steht der Pflichtteil ziffernmäßig fest[12]), so müssen die **letztwilligen Zuwendungen** an den Pflichtteilsberechtigten abgezogen werden (§§ 774, 787 Abs 1). Sie sind zum Tod des Erblassers hin zu bewerten[13]).

---

[4]) OGH in NZ 1979, 143; SZ 53/167; RZ 1983/7; SZ 59/6.

[5]) *Wrzesinski,* Die gerechte Bewertung landwirtschaftlicher Betriebe anläßlich der Übergabe und im Erbfall, ÖJZ 1954, 83; OGH in SZ 49/118 mwN; SZ 53/167; zu § 10 AnerbenG s OGH in NZ 2004, 175.

[6]) Zur Behandlung der Substitutionsmasse s oben S 519f.

[7]) *Welser,* NZ 1978, 164.

[8]) *Ehrenzweig* II/2, 566 FN 32, 588; *Welser,* NZ 1978, 165f; ihm folgend OGH in JBl 1981, 593; NZ 1988, 42 *(Findeis);* aA *Weiß* in Klang III 910, 917; *Kralik,* Erbrecht 168; OGH in SZ 44/137.

[9]) Schenkungen auf den Todesfall sind auch hier wie ein Legat zu behandeln: OGH in SZ 69/108; ecolex 1999, 461 *(B. Jud).*

[10]) OGH in SZ 11/71; NZ 1990, 300; NZ 1994, 234; außer er ist als Erbe selbst mit dem bereits geleisteten Vermächtnis belastet: OGH in NZ 1992, 271; JBl 1997, 166; NZ 2002, 94; vgl aber die vereinzelte E OGH in SZ 72/143 = NZ 2000, 170 (krit *Zankl*) = EvBl 2000/50 über die Passivlegitimation des auf den Todesfall Beschenkten.

[11]) *Ent,* NZ 1979, 121; *Welser* in Rummel § 796 Rz 10; *Zemen,* Unterhaltsschuld des Erben und Pflichtteilsansprüche, JBl 1984, 337; *Stabentheiner* in Rummel § 142 Rz 4; *Pichler* in Klang/Fenyves/Welser § 142 Rz 4; vgl auch EB 136 BlgNR 14. GP 2; JA 916 BlgNR 14. GP 6. Für die Kürzung zugunsten des Unterhaltsanspruchs hingegen *Ostheim,* Zur Unterhaltsschuld des Erben, NZ 1979, 52f; *derselbe,* in Ostheim, Familienrechtsreform 71; *Kralik,* Erbrecht 292; zum Vorausvermächtnis *Zankl,* Das gesetzliche Vorausvermächtnis des Ehegatten (1996) 140ff. Offenlassend OGH in NZ 1996, 88.

[12]) Dem Noterben steht ein Manifestationsanspruch nach Art XLII EGZPO gegen die Verlassenschaft und nach Einantwortung gegen den Erben zu; OGH in SZ 2002/150.

[13]) *Welser,* Hinterlassung des Pflichtteils als Vermächtnis und Abrechnungsgemeinschaft nach § 786 Satz 2 ABGB, NZ 1994, 269.

Auch die Anwachsung nach § 14 WEG (s S 475ff) ist soweit in den Pflichtteil des Anwachsungsberechtigten einzurechnen, als ihn keine Zahlungspflicht trifft[14]).

Soweit danach – unter Berücksichtigung allfälliger Vorempfänge – ein ungedeckter Rest bleibt, entsteht der **Pflichtteilsergänzungsanspruch** in Geld (§ 775).

Bis zur **„wirklichen Zuteilung"** des Geld-Pflichtteils „ist die Verlassenschaft in Ansehung des Gewinnes und der Nachteile als ein zwischen den Haupt- und Noterben verhältnismäßig gemeinschaftliches Gut anzusehen" (§ 786 Satz 2). Da aber die Pflichtteilsberechtigten kein echtes Erbrecht haben, entsteht zwischen ihnen und den Erben keine wirkliche Rechtsgemeinschaft[15]), sie nehmen **bloß schuldrechtlich** im Verhältnis ihrer Ansprüche an der wertmäßigen Entwicklung des Nachlasses teil[16]).

Hiebei ändert sich der Pflichtteilsanspruch als solcher nicht, es tritt nur Gewinn und Verlust hinzu[17]). Die Beteiligung ersetzt den Anspruch auf Zinsen für den Zeitraum zwischen Erbanfall und Zuteilung des Pflichtteils[18]).

Wirkliche Zuteilung ist die endgültige Festsetzung dessen, was dem Pflichtteilsberechtigten aus dem Nachlaß gebührt[19]). Maßgebend ist daher der Zeitpunkt, in dem der Anspruch durch gerichtliche Entscheidung (Schluß der Verhandlung 1. Instanz)[20]), durch Vergleich oder sonstige Vereinbarung endgültig ziffernmäßig bestimmt wird.

B. Veränderung des Pflichtteils durch Anrechnung

Da der gemeine Pflichtteil vom reinen Nachlaß berechnet wird, mindern Zuwendungen, die der Erblasser zu Lebzeiten gemacht hat und die daher nicht mehr im Nachlaß sind, den Pflichtteil.

Um zu verhindern, daß der Erblasser einzelne Pflichtteilsberechtigte bevorzugt oder durch Schenkungen an Dritte den Nachlaß aushöhlt, und um eine Gleichbehandlung der Pflichtteilsberechtigten zu erreichen, werden bestimmte Zuwendungen, die der Erblasser zu Lebzeiten gemacht hat, durch Anrechnung berücksichtigt. Teilweise wird durch die Anrechnung auch die Testierfreiheit des Erblassers vergrößert[21]), wenn ein Pflichtteil bereits zu Lebzeiten „abgegolten" wurde (s oben S 463).

Von dieser Anrechnung ieS ist die oft „Einrechnung" genannte Berücksichtigung von Empfängen von Todes wegen zu unterscheiden. Da der Erblasser den Pflichtteil auf was immer für eine Art hinterlassen kann (zB indem er ein Bild oder ein Sparbuch vermacht; § 774), muß sich ein Noterbe alles, was er vom Erblasser **letztwillig** erhält,

---

[14]) *Kralik,* Erbrecht 252, 309; *Gschnitzer/Faistenberger,* Erbrecht 97; OGH in JBl 1987, 374 *(Czermak).*

[15]) OGH in SZ 48/19.

[16]) OGH in SZ 57/90; NZ 1990, 153. Die Beteiligung gilt nur für den auf Geld lautenden Pflichtteilsanspruch, nicht aber zB für Vorempfänge und Schenkungen: *Welser,* NZ 1994, 269; OGH in NZ 1993, 13.

[17]) OGH in JBl 1956, 403 *(Steinwenter);* SZ 57/90.

[18]) Das gilt nach hA nicht für den Anspruch auf den Schenkungspflichtteil, s zuletzt OGH in NZ 2004, 147 mwN.

[19]) OGH in JBl 1956, 403; *Kralik,* Erbrecht 289.

[20]) OGH in SZ 68/201; NZ 1999, 378 uva.

[21]) Vgl nur *Welser* in Rummel §§ 788, 789 Rz 1.

vom Pflichtteil abziehen lassen, um eine Doppelbedenkung zu vermeiden (durch die Zuwendung einerseits und den Pflichtteilsanspruch andererseits; § 787 Abs 1). Dies geschieht durch **einfachen Abzug** der zugewendeten Werte vom rechnerisch ermittelten Nachlaßpflichtteil. Es kommt zu keiner Hinzurechnung und zu keiner Umverteilung. Hiezu schon oben S 527.

Bei der Anrechnung von Zuwendungen **unter Lebenden** ist zuerst der Nachlaßpflichtteil unter Berücksichtigung von Vorempfängen und Vorschüssen zu behandeln (§§ 788 f; s gleich III.B.1), danach der Schenkungspflichtteil (§ 785; s III.B.2). Nachlaßpflichtteil und Schenkungspflichtteil bilden zusammen den erhöhten Pflichtteil.

1. Die Anrechnung von Vorempfängen und Vorschüssen

Literatur: *Binder,* Unternehmensbeteiligung und Pflichtteilsanspruch, wbl 1992, 381; *Draschka,* Vorweggenommene Erbfolge und Pflichtteilsergänzung (1991); *Eckert,* Die Anrechnungspflicht von Kapitalzuwendungen. Ein Beitrag zum Pflichtteilsrecht, ÖJZ 1961, 258; *Fischer-Czermak,* Die erbrechtliche Anrechnung und ihre Unzulänglichkeiten, NZ 1998, 2; *Grabenwarter,* Überlegungen zu einer Reform des Pflichtteilsrechts, NZ 1994, 174; *B. Jud,* Entwicklungen im Recht der Anrechnung beim Pflichtteil, AnwBl 2000, 716; *Migsch,* Persönliche Rechtswirkungen, gesetzlicher Güterstand und Ehegattenerbrecht, in Floretta, Das neue Ehe- und Kindschaftsrecht (1979) 17; *Ostheim,* Familienrechtsreform und Ausstattungsanspruch, ÖJZ 1978, 505; *Rabl,* Die historische Entwicklung der Anrechnung von Vorempfängen und Vorschüssen auf den Pflichtteil seit den Vorentwürfen zum ABGB, NZ 1998, 7; *Samek,* Das österreichische Pflichtteilsrecht samt Anrechnungsrecht (2004); *Schauer,* Rechtsprobleme bei der Anrechnung im Erbrecht, JBl 1980, 449; *Scheffknecht,* Die Anrechenbarkeit der Aussteuer, NZ 1955, 69; *Sperl,* Vorempfang, Schenkung unter Lebenden und Pflichtteilsberechnung, Reimer-FS (1976) 91; *Umlauft,* Gedanken zur Änderung der gesetzlichen Bestimmungen über die Anrechnung im Erbrecht, NZ 1998, 48; *derselbe,* Die Anrechnung von Schenkungen und Vorempfängen im Erb- und Pflichtteilsrecht (2001); *Weiß,* Die Hinzurechnung pflichtwidriger Schenkungen zum Nachlaß und das Verhältnis der Miterben, JBl 1952, 367; *Welser,* Neue Rechenaufgaben vom Gesetzgeber, NZ 1978, 161; *derselbe,* Vorschläge zur Neuregelung der Anrechnung beim Pflichtteil, NZ 1998, 40; *derselbe,* Zur Reform des Anrechnungsrechts – Ergebnisse einer Umfrage im Notariat, NZ 2001, 105; *Zankl,* Rechtsvergleichende Gedanken zu einer Reform der Anrechnung, NZ 1998, 35.

a) Allgemeines

Pflichtteilsberechtigte Nachkommen müssen sich die vom Erblasser zu seinen Lebzeiten erhaltenen Vorempfänge anrechnen lassen. Alle pflichtteilsberechtigten Personen müssen sich Zuwendungen anrechnen lassen, die ihnen der Erblasser als Vorschuß auf den Pflichtteil geleistet hat (§§ 788 f)[22].

Das von § 789 genannte **Vorausvermächtnis** ist im Nachlaß vorhanden und daher ein bloßer Einrechnungsposten nach § 787 Abs 1[23]). Dasselbe gilt für die Anwachsung nach § 14 WEG, soweit den Pflichtteilsberechtigten keine Zahlungspflicht (§ 14 Abs 3 WEG) trifft.

---

[22]) OGH in SZ 38/98; EFSlg 24.740 und 48.522. Vgl auch *Weiß* in Klang III 926 und zuletzt *Rabl,* NZ 1998, 7 ff.

[23]) *Welser,* NZ 1978, 164.

Vorempfänge sind Heiratsgut, Ausstattung, das zum Antritt eines Amtes oder was immer für eines Gewerbes Gegebene und die Zahlung von Schulden großjähriger Kinder durch den Erblasser (§ 788). Es sind dieselben Zuwendungen, die auch bei der gesetzlichen Erbfolge der Kinder anrechenbar sind[24]). S oben S 528.

Vorschüsse sind Zuwendungen des Erblassers unter Lebenden, die ohne Rechtspflicht gegeben werden und bei deren Hingabe die Verrechnung auf den Erb- oder Pflichtteil bedungen wird[25]). Einseitig kann der Erblasser die Anrechnung nicht verfügen[26]).

Weitere Anrechnungen kann der Erblasser nicht anordnen, insbesondere ist der von ihm an die Pflichtteilsberechtigten geleistete Unterhalt nicht zu berücksichtigen[27]). Nachkommen haben sich auch die Vorempfänge ihrer Vorfahren anrechnen zu lassen (§ 790 per analogiam)[28]).

Wie beim Erbteil (oben S 528f), ist auch beim Pflichtteil die **Gleichbehandlung** ein Hauptzweck der Anrechnung. Darüber hinaus vergrößert aber die Anrechnung die **Testierfreiheit** des Erblassers, weil sich dadurch der aus dem Nachlaß zu leistende Pflichtteil um den anzurechnenden Wert verringert, was gewöhnlich dem Testamentserben nützt[29]).

Auch der unter Berücksichtigung der Vorempfänge nach den §§ 788f ermittelte Pflichtteil ist noch immer **„Nachlaßpflichtteil"** oder „gemeiner Pflichtteil".

Die Anrechnung findet statt, wenn dies bei Geltendmachung eines Pflichtteilsanspruchs der Erbe oder ein Noterbe **verlangt.** Wegen des in der Anrechnung für den Erben liegenden Vorteils kann die Anrechnung auch stattfinden, wenn nur ein Noterbe vorhanden ist[30]). Sie nützt dann nur dem Testamentserben.

b) Durchführung der Anrechnung

Lehre und Rsp führen die Anrechnung auch beim Pflichtteil nach der vom OGH in **JB 114** entwickelten Methode durch[31]). Danach werden die anrechnungspflichtigen Werte dem reinen Nachlaß rechnerisch **hinzugeschlagen,** es wird fingiert, sie wären noch in der Verlassenschaft[32]). Von

---

[24]) Für eine analoge Anwendung der Anrechnungspflicht nach § 788 auf den Ehegatten *Umlauft,* Anrechnung 73ff.

[25]) *Ostheim* in Ostheim, Familienrechtsreform 63; *Migsch* in Floretta, Ehe- und Kindschaftsrecht 56; OGH in EvBl 1987/198. Zur nachträglichen Vereinbarung der Anrechnung *Umlauft,* Anrechnung 48f.

[26]) OGH in JBl 1992, 709.

[27]) OGH in JBl 1992, 709.

[28]) Vgl *Ehrenzweig* II/2, 589; *Krasnopolski/Kafka,* Erbrecht 222; OGH in NZ 1988, 42 *(Findeis); Umlauft,* Anrechnung 135ff; aA *Zeiller,* Commentar II 811; s auch OGH in SZ 59/78.

[29]) *Ehrenzweig* II/2, 590f.

[30]) *Ehrenzweig* II/2, 591.

[31]) *Weiß* in Klang III 590; *Kralik,* Erbrecht 297; OGH in SZ 39/198.

[32]) *Bolla,* ÖJZ 1951, 289.

diesem erhöhten Nachlaß werden ziffernmäßig die Pflichtteile ermittelt und beim einzelnen Noterben sein eigener anrechnungspflichtiger Vorempfang **abgezogen.**

Der Ausgleich geschieht allerdings nur mit den Mitteln des **Nachlasses,** das heißt zu Lasten des Testamentserben. Der Anrechnungspflichtige selbst muß **nichts herausgeben** (§ 793 per analogiam). Reicht der Nachlaß dann zur Deckung der übrigen Pflichtteile nicht aus, muß der Ausgleich unterbleiben[33]). Mehrere Noterben tragen diesen Nachteil nach dem Verhältnis ihrer Pflichtteile[34]).

Bei der Pflichtteilsermittlung ist **einheitlich** vorzugehen, das heißt, daß die Vorempfänge des § 788 und die Vorschüsse des § 789 zugunsten und zu Lasten aller Noterben dem Nachlaß hinzugeschlagen werden[35]).

Anders als bei der Anrechnung auf den Erbteil, wirkt daher die Anrechnung von Vorempfängen und Vorschüssen auf den Pflichtteil auch zugunsten des Ehegatten, der mit den Kindern vollkommen gleichgestellt ist[36]).

Die Vorempfänge werden wie bei der Anrechnung zur gesetzlichen Erbfolge bewertet (S 529f).

c) Erlaß der Anrechnung

Ob der Erblasser die Anrechnung zum Pflichtteil erlassen kann, ist strittig[37]). Nach hM ist der Erlaß zwar zum Nachteil der Testamentserben, **nicht** aber zum **Nachteil der übrigen** Noterben möglich, da sonst deren Pflichtteile verkürzt würden[38]). Daher ist auch im Falle des Erlasses der Vorempfang zum Nachlaß dazuzuschlagen, jedoch beim befreiten Vorempfänger nicht abzuziehen, solange der Nachlaß zur Deckung aller (unter Hinzurechnung der Vorempfänge ermittelten) sonstigen Pflichtteile ausreicht.

Der Erlaß ist somit für den Begünstigten vorteilhaft, wenn er als einziger Noterbe gegen den Testamentserben vorgeht. Ferner braucht er sich nichts abziehen zu lassen, wenn bei Vorhandensein mehrerer Pflichtteilsberechtigter trotz Berücksichtigung sämtlicher Vorempfänge (also auch des erlassenen Vorempfanges) die Pflichtteile aller Noterben aus dem reinen Nachlaß gedeckt werden. Der Erlaß schadet in beiden Fällen nur dem Testamentserben.

---

33) AA *Umlauft,* Anrechnung 123ff mwN, der bei übermäßigen Vorempfängen eine Herausgabepflicht bejaht. Nach *Welser* in Rummel §§ 788, 789 Rz 15 kann das Übermaß eines Vorschusses als anfechtbare Schenkung zu qualifizieren sein; vgl auch *Samek,* Pflichtteilsrecht 160ff.

34) JB 114; vgl aber auch *Kralik,* Erbrecht 298 und *Rabl,* NZ 1998, 15f.

35) *Welser,* NZ 1978, 163; zustimmend *Migsch* in Floretta, Ehe- und Kindschaftsrecht 56 und offenbar auch *Ostheim* in Ostheim, Familienrechtsreform 65.

36) *Welser,* NZ 1978, 164; *Umlauft,* Anrechnung 72ff.

37) Ausführlich *Schauer,* JBl 1980, 457f.

38) *Winiwarter,* Das österreichische bürgerliche Recht III (1841) 399; *Ehrenzweig* II/2, 591; *Schauer,* JBl 1980, 457; *Welser* in Rummel §§ 788f Rz 13.

2. Pflichtteilserhöhung wegen Schenkungen

Literatur: *Czermak,* Zur unbefristeten Anrechnung von Schenkungen an einen Ehegatten nach § 785 ABGB, NZ 1984, 4; *B. Jud,* Zur Entwicklung der Schenkungsanrechnung im ABGB, NZ 1998, 16; *Ostheim,* Zur erbrechtlichen Stellung des Ehegatten nach dem BG 15. 6. 1978, BGBl 280, in Ostheim, Schwerpunkte der Familienrechtsreform 1977/1978 (1979) 57; *Raber,* Die Verjährung des Anspruchs auf den Schenkungspflichtteil; entwickelt aus ihren Grundlagen, JBl 1988, 137 und 217; *Rabl,* Die Auswirkungen eines Fruchtgenußvorbehalts auf die Schenkungsanrechnung, NZ 1999, 291; *Samek,* Das österreichische Pflichtteilsrecht samt Anrechnungsrecht (2004) 185ff; *Umlauft,* Die Anrechnung von Schenkungen und Vorempfängen im Erb- und Pflichtteilsrecht (2001); *Welser,* Zur Berücksichtigung von Schenkungen im Pflichtteilsrecht, Kralik-FS (1986) 583; *Zankl,* Die Lebensversicherung im Pflichtteilsrecht, NZ 1989, 1; *derselbe,* Umgehung der Schenkungsanrechnung, NZ 2001, 111; s auch Literatur zu VI.B.1.

a) Allgemeines

Der Anspruch auf den Nachlaßpflichtteil geht ins Leere, wenn kein Nachlaß vorhanden ist. Der Erblasser soll nicht Pflichtteilsansprüche dadurch **vereiteln,** daß er vor seinem Tod sein Vermögen verschenkt[39]). Die Schenkungsanrechnung versucht, in Verbindung mit der Schenkungsanfechtung dieser Gefahr zu begegnen. Darüber hinaus bezweckt sie die **Gleichbehandlung** der Noterben.

Die Anrechnungspflicht bezieht sich nur auf Schenkungen **unter Lebenden.** Die Schenkung auf den Todesfall unterliegt nach hA nicht § 785, weil die geschenkte Sache im Nachlaß vorhanden ist[40]), so daß sie schon bei der Ermittlung des Nachlaßpflichtteils mitzählt[41]) (s oben S 543).

Der Begriff der Schenkung wird dabei weit verstanden: Sowohl in der Zuwendung eines Stifters an eine unter Lebenden errichtete Privatstiftung (s Bd I S 80f) als auch in Zuwendungen dieser Stiftung an begünstigte Personen kann in analoger Anwendung der §§ 785, 951 eine anrechenbare und anfechtbare Schenkung des Stifters gesehen werden[42]). Dasselbe gilt für die Zuwendung einer Bezugsberechtigung aus einem Lebensversicherungsvertrag[43]).

---

[39]) Dasselbe gilt für Umgehungsgeschäfte, wie eine Erbsentschlagung mit anschließendem Schenkungsvertrag OGH in NZ 2000, 85 = JBl 2001, 102 (dazu *Peer,* JBl 2001, 127).

[40]) OGH in SZ 32/73.

[41]) *Welser,* NZ 1978, 165f und ihm folgend *Umlauft,* Anrechnung 161; OGH in JBl 1981, 593; NZ 1988, 42 *(Findeis);* SZ 68/201; SZ 69/108; SZ 70/107; ecolex 2002, 508; aA *Kralik,* Erbrecht 300; *Rabl,* Die Schenkung auf den Todesfall im Pflichtteilsrecht, NZ 2005, 129; *Apathy* in KBB § 785 Rz 2.

[42]) *Schauer,* Erbrechtliche Probleme der Privatstiftung, in Csoklich/Müller/Gröhs/Helbich, Handbuch zum Privatstiftungsgesetz (1994) 129ff; *derselbe,* Privatstiftung und Pflichtteilsrecht, NZ 1993, 251; *Pittl,* Errichtung und Entstehung von Privatstiftungen, NZ 2000, 259; *Umlauft,* Anrechnung 177ff; *B. Jud,* Privatstiftung und Pflichtteilsdeckung, in Welser-FS (2004) 373; OGH in NZ 2003, 179 *(Schauer)*; vgl auch OGH in JBl 2002, 176, wo Stiftungsvermögen in die Bemessungsgrundlage für die Ermittlung des Heiratsguts miteinbezogen wurde.

[43]) *Zankl,* NZ 1989, 1; *Umlauft,* Anrechnung 167ff; OGH in NZ 1997, 394.

Bei gemischten Schenkungen ist der geschenkte Teil anzurechnen[44]). Ob eine gemischte Schenkung vorliegt, hängt vom Willen der Vertragsparteien ab[45]). Der Schenkungswille ist allerdings zu vermuten, wenn zwischen Leistung und Gegenleistung ein erhebliches Mißverhältnis besteht[46]).

Die Berücksichtigung der Schenkung erfolgt nur auf **Verlangen** eines pflichtteilsberechtigten **Kindes** oder des **Ehegatten** (§ 785 Abs 1 Satz 1). Zugunsten von Aszendenten gibt es keine Schenkungsanrechnung.

Anrechnungsberechtigt ist aber auch hier nur, wer „in concreto" beim Tod des Erblassers pflichtteilsberechtigt ist[47]). Daher ist ein Enkelkind nicht anrechnungsberechtigt, wenn es durch seinen Vater vom gesetzlichen Erbrecht und Pflichtteil ausgeschlossen ist[48]).

Das Verlangen hat durch Klage oder Geltendmachung bei der Inventur[49]) oder sonstigen Schätzung zu erfolgen, führt aber dann zur Berücksichtigung der Schenkung zugunsten aller anrechnungsberechtigten Noterben[50]).

Es ist zweckmäßig, den gemeinen Pflichtteil und den Schenkungspflichtteil getrennt zu ermitteln[51]). Alle Geschenke des Erblassers, die der Anrechnungspflicht unterliegen, werden zusammengezählt. Von dieser Summe wird für jeden Noterben der Schenkungspflichtteil (Pflichtteilserhöhung) entsprechend seiner Pflichtteilsquote ermittelt. Jeder Noterbe muß sich von dieser **Pflichtteilserhöhung** (§ 787 Abs 2), also **nur** vom Schenkungspflichtteil, die von ihm selbst erhaltenen Schenkungen abziehen lassen. Der verbleibende Schenkungspflichtteil bildet zusammen mit dem Nachlaßpflichtteil den **erhöhten** Pflichtteil.

Für den Wert der Schenkung ist weder der Schenkungszeitpunkt noch jener der wirklichen Zuteilung, sondern der Tod des Erblassers maßgebend[52]). Es ist zu fragen, welchen Wert die Verlassenschaft hätte, wenn die Schenkung unterblieben wäre[53]). Der Schenkungspflichtteil ist ab dem Begehren auf Durchführung der Anrechnung zu verzinsen[54]), die Abrechnungsgemeinschaft nach § 786 Satz 2 (oben S 552) kommt nicht zur Anwendung.

E hinterläßt die beiden Söhne A und B; der Nachlaß beträgt € 10.000,–. E hatte A € 8.000,– und dem Freund F € 4.000,– geschenkt. Der gemeine Pflichtteil ist € 2.500,–. B erhält ihn und den Schenkungspflichtteil in der Höhe von € 3.000,–. A muß sich aber auf die Erhöhung (€ 3.000,–) die Schenkung von € 8.000,– anrechnen lassen, so daß er nur den Nachlaßpflichtteil bekommt.

---

[44]) OGH in SZ 59/6; JBl 1989, 377. Genaueres zur Wertermittlung: OGH in NZ 1993, 82.

[45]) OGH in SZ 49/43; SZ 50/101; NZ 1989, 98; SZ 70/107.

[46]) OGH in SZ 49/43; SZ 59/6; JBl 1989, 377; SZ 70/107.

[47]) *Welser* in Rummel § 785 Rz 4; OGH in EFSlg 4574.

[48]) OGH in SZ 38/98; EvBl 1975/2.

[49]) HHB 115.

[50]) Vgl *Kralik,* Erbrecht 305.

[51]) *Kralik,* Erbrecht 305; *Welser* in Rummel § 785 Rz 22.

[52]) *Welser* in Rummel § 786 Rz 2; vgl auch *Umlauft,* Anrechnung 241 ff; OGH in NZ 1993, 13.

[53]) OGH in SZ 57/7; NZ 1986, 277; NZ 1988, 281; SZ 65/39; SZ 69/13; NZ 1999, 23. Dagegen allerdings zuletzt *Rabl,* NZ 1999, 294 ff.

[54]) *Schauer,* Verzugszinsen und Pflichtteilsanrechnung, NZ 1987, 114; OGH in ecolex 1999, 461 *(B. Jud).*

Ein **Kind** ist nur anrechnungsberechtigt, wenn der Erblasser zur Zeit der Schenkung ein pflichtteilsberechtigtes Kind hatte, es muß aber nicht jenes sein, das die Anrechnung verlangt[55]). Ein **Ehegatte** ist nur anrechnungsberechtigt, wenn er bei der Schenkung mit dem Erblasser verheiratet war[56]).

Uneheliche Kinder sind auch dann anrechnungsberechtigt, wenn die Schenkung zu einem Zeitpunkt erfolgte, zu dem sie auf Grund der alten Rechtslage noch nicht pflichtteilsberechtigt waren[57]).

b) Befreite Schenkungen

§ 785 Abs 3 nimmt von der Anrechnungspflicht Schenkungen aus, die der Erblasser aus den Einkünften ohne Schmälerung seines Stammvermögens, zu gemeinnützigen Zwecken, in Entsprechung einer sittlichen Pflicht[58]) oder aus Rücksichten des Anstandes gemacht hat; außerdem solche, die **früher als zwei Jahre** vor dem Tod des Erblassers an **nicht pflichtteilsberechtigte** Personen gemacht worden sind. Schenkungen an Pflichtteilsberechtigte sind somit auch dann anrechenbar, wenn sie länger als zwei Jahre zurückliegen (unbefristete Anrechnung).

Pflichtteilsberechtigte Person und somit der **unbefristeten Anrechnung** ausgesetzt ist nur, wer bei der Schenkung zum Kreis der pflichtteilsberechtigten Personen gehört hat, also Kind oder Ehegatte des Erblassers war **(„abstrakte Pflichtteilsberechtigung")** und beim Tod des Erblassers pflichtteilsberechtigt ist, dh bei Eintritt der gesetzlichen Erbfolge zum Zug gekommen wäre **(„konkrete Pflichtteilsberechtigung")**[59]). Anrechnungspflichtig ist daher nur, wer selbst anrechnungsberechtigt ist (Reziprozität der Anrechnung)[60]).

Daher gilt für Personen, die auf ihr Pflichtteilsrecht verzichtet haben, die Zweijahresfrist[61]). Verzichtet allerdings ein Beschenkter auf den Pflichtteil, um der unbefristeten Anrechnung zu entgehen, so liegt in der Berufung auf diesen Verzicht ein Rechtsmißbrauch[62]). Durch diese Lösung wird freilich die Reziprozität der Anrechnung

---

[55]) *Welser,* Kralik-FS 584ff mwN; aA *Schwind,* Der aktiv und der passiv Pflichtteilsberechtigte, Firsching-FS (1985) 264ff.

[56]) OGH in NZ 1996, 88.

[57]) Zutreffend *Liebmann/Wenger,* Besteht ein Anspruch der außerehelichen Kinder auf Schenkungsanrechnung gemäß § 785 ABGB, wenn eine Schenkung vor dem 1. 1. 1991 an ein pflichtteilsberechtigtes Kind des Geschenkgebers bzw des späteren Erblassers erfolgt ist? NZ 1991, 28; OGH in JBl 1994, 822; SZ 67/50; SZ 69/58.

[58]) OGH in RZ 1983/65; SZ 70/231; NZ 2001, 444.

[59]) *Welser,* Kralik-FS 590; *Welser* in Rummel § 785 Rz 17; OGH in NZ 1989, 42 *(Czermak);* JBl 1991, 312 *(Eccher).* AA *Kralik,* Erbrecht 303f; *Umlauft,* NZ 1988, 89; *derselbe,* Nochmals zur Schenkungsanrechnung im Pflichtteilsrecht, NZ 1989, 257; *Eccher,* JBl 1991, 313. Vgl zuletzt mit Vorschlägen de lege ferenda: *Welser,* NZ 1998, 43f; *Umlauft,* NZ 1998, 53f; dazu auch *Fischer-Czermak,* NZ 1998, 6f.

[60]) *Welser,* Kralik-FS 588; dagegen *Umlauft,* NZ 1988, 91ff.

[61]) OGH in JBl 1991, 312 *(Eccher).*

[62]) OGH in JBl 1995, 584; JBl 2003, 375 (Rechtsmißbrauch setzt voraus, daß der Verzichtende von der Existenz eines weiteren Noterben weiß). Vgl *Umlauft,* Anrechnung 212ff; *Welser,* Kralik-FS 590; differenzierend *Mader,* Pflichtteilsverzicht und

durchbrochen, da der Verzicht aufrechterhalten wird und nur die Berufung darauf unwirksam ist.

Eine Schenkung an ein uneheliches Kind vor Inkrafttreten des ErbRÄG 1989 ist unbefristet anzurechnen[63]).

c) Berichtigung des Schenkungspflichtteils

Auch der Schenkungspflichtteil ist aus dem **Nachlaß** zu entrichten, belastet also die Erben und die Vermächtnisnehmer. Doch haftet ein Erbe auch bei unbedingter Erbantrittserklärung für den Schenkungspflichtteil nur bis zur Höhe des Nachlasses[64]).

Reicht die Verlassenschaft zur Deckung des Schenkungspflichtteils nicht aus, so kann der Noterbe vom Beschenkten die **Herausgabe** des Geschenks verlangen, soweit es zur Deckung des Fehlbetrages nötig ist (§ 951 Abs 1). Von mehreren Beschenkten haftet primär der zuletzt Beschenkte, gleichzeitig Beschenkte haften verhältnismäßig (§ 951 Abs 3)[65]). Das Recht auf Herausgabe hat aber nur der Pflichtteilsberechtigte, nicht der Nachlaß oder ein Nachlaßgläubiger. Zu Unrecht lehnt der OGH[66]) die Verpflichtung zur Herausgabe bei überschuldetem Nachlaß ab[67]). Dies führt dazu, daß Gläubiger, die selbst von der Anfechtung keinerlei Vorteil und von ihrer Unterlassung keinerlei Nachteil haben, allein schon durch ihre Existenz den zwischen Beschenktem und Verkürztem nötigen Ausgleich verhindern.

Der Anrechnung unterliegen auch Geschenke, die der Erblasser an Vorfahren des Anrechnungspflichtigen gemacht hat, eine Herausgabepflicht besteht aber nur für Gesamtrechtsnachfolger des Beschenkten[68]).

Schenkungsanfechtung ist auch möglich, wenn der Erblasser kein Vermögen hinterlassen hat[69]) oder wenn die Verlassenschaft armutshalber abgetan wird[70]). Auch ein

---

Schenkungsanrechnung, in Welser-FS (2004) 669, der über die Anwendung der Grundsätze der Gesetzesumgehung zum selben Ergebnis kommt; *Zankl,* NZ 2001, 113. Der OGH hielt die Berufung auf den Verzicht sogar für rechtsmißbräuchlich, obwohl nur der Erblasser, nicht aber der Verzichtleistende Mißbrauchsvorsatz hatte, NZ 2005/31.

[63]) OGH in SZ 71/93.

[64]) *Kralik,* Erbrecht 306; vgl auch OGH in SZ 57/7; aA EvBl 1965/399.

[65]) OGH in NZ 2001, 308 zu einer in eine Schenkung unter Lebenden umgewandelten Schenkung auf den Todesfall.

[66]) OGH in SZ 65/39; diesem folgend *Binder* in Schwimann § 951 Rz 3.

[67]) Dagegen *Kralik,* Erbrecht 305; zuletzt *Fischer-Czermak,* NZ 1998, 6 und *Welser,* NZ 1998, 46f.

[68]) Ausführlich *Welser,* Kralik-FS 591ff; diesem folgend OGH in SZ 2004/15; aA *Schwind,* Grenzen der Universalsukzession, Kralik-FS (1986) 517ff, der den Widerruf auch gegenüber Universalsukzessoren des Beschenkten ablehnt. Daß die Rückgabepflicht des Gesamtrechtsnachfolgers eines beschenkten Pflichtteilsberechtigten zeitlich unbegrenzt besteht (§ 785 Abs 3), bejaht der OGH in NZ 2005, 176 ausdrücklich; dann wird dem Gesamtrechtsnachfolger allerdings auch die Haftungsbeschränkung des § 951 Abs 2 zugute kommen müssen. So auch *Müller,* Schenkungsanrechnung und verlorene Pflichtteilsberechtigung – Die Haftungsbeschränkung des § 951 Abs 2 ABGB, NZ 2005, 77.

[69]) OGH in SZ 38/47; SZ 57/7.

[70]) OGH in JBl 1958, 121.

letztwillig oder kraft Gesetzes Berufener kann sich auf sein Pflichtteilsrecht stützen und die Herausgabe der Schenkung verlangen[71]).

Das Klagebegehren hat bei Geldschenkungen auf Herausgabe des fehlenden Betrages, bei anderen Schenkungen auf Zahlung des Ausfalls am Pflichtteil **bei sonstiger Exekution** in die geschenkte Sache zu lauten[72]).

C. Vorempfänge und Schenkungen

Anrechnung von Vorempfängen und Anrechnung von Schenkungen sind auseinanderzuhalten. Die Anrechnung von Schenkungen nützt nur dem Pflichtteilsberechtigten, jene von Vorempfängen uU auch dem Testamentserben, s oben S 554. Bei Vorempfängen (Vorschüssen) gibt es keine Rückerstattung, wohl aber bei Schenkungen (§ 951). Vorempfänge sind auf den Nachlaßpflichtteil[73]), Schenkungen nur auf den Schenkungspflichtteil anzurechnen (§ 787 Abs 2). Der – auch unter Berücksichtigung der Vorempfänge – ermittelte Nachlaßpflichtteil ist daher vom Schenkungspflichtteil getrennt zu behandeln. Dieselbe Zuwendung kann nicht zugleich Vorempfang und Schenkung sein[74]). Ist sie nach § 788 in Anschlag zu bringen, so ist sie als Schenkung nicht zu berücksichtigen[75]).

VII. Die Enterbung

A. Begriff

Enterbung ist die gänzliche oder teilweise Entziehung des Pflichtteils durch letztwillige Verfügung (§§ 768ff).

Dies gilt auch für den Voraus des Ehegatten, weil er „Pflichtteilscharakter" hat.

Im untechnischen Sinn ist Enterbung auch die Entziehung des gesetzlichen Erbrechts, die wiederum ausdrücklich oder stillschweigend geschehen kann, aber nicht an die Voraussetzungen der §§ 768ff gebunden ist.

Die Enterbung kann ausdrücklich oder stillschweigend (durch Übergehung) geschehen, ist aber nur bei Vorliegen eines **Enterbungsgrundes** wirksam (rechtmäßige Enterbung).

Nach hM ist die Aufzählung der Enterbungsgründe in den §§ 768–770 und § 773 taxativ[1]), doch ist eine ausdehnende Auslegung nicht ausgeschlossen, da es genügt, wenn der Enterbungsgrund „in den Worten und dem Sinne" des Gesetzes gegründet ist (§ 771).

---

[71]) OGH in SZ 39/24; SZ 69/58; unrichtig *Weiß* in Klang III 948, zweifelnd 906.

[72]) OGH in SZ 44/137; JBl 1989, 377; SZ 69/199; SZ 70/107.

[73]) *Welser,* NZ 1998, 41; für die Anrechnung auf Nachlaßpflichtteil und Schenkungspflichtteil: *Kralik,* Erbrecht 306.

[74]) OGH in SZ 59/146; aA *Ehrenzweig* II/2, 600.

[75]) *Weiß* in Klang III 906; s zuletzt *Fischer-Czermak,* NZ 1998, 4f.

[1]) *Ehrenzweig* II/2, 582.

Ist die Enterbung unrechtmäßig, dh nicht durch einen Enterbungsgrund gedeckt, so erhält der Noterbe zwar den Pflichtteil, aber keinen Erbteil.

Hat der Erblasser den Enterbungsgrund irrtümlich angenommen, kommt eine Anfechtung der Verfügung in Betracht (§§ 570 ff)[2]). Hat sie Erfolg, behält der Ausgeschlossene auch den gesetzlichen Erbteil.

Die Enterbung und ihre Rechtmäßigkeit hat der **Erbe** einzuwenden und zu **beweisen**[3]). Er ist dabei an den vom Erblasser angeführten Enterbungsgrund nicht gebunden[4]).

Die Nachkommen des rechtmäßig enterbten Kindes haben Anspruch auf den Pflichtteil (§ 780)[5]).

Das Gesetz beläßt dem Enterbten einen (unentziehbaren) Anspruch auf den **notwendigen Unterhalt** (§ 795).

Die Enterbung wird – anders als die Erbunwürdigkeit – nicht schon durch Verzeihung, sondern nur durch **Widerruf** beseitigt. Ein stillschweigender Widerruf liegt in einer nachfolgenden Bedenkung.

B. Die Enterbungsgründe

Ein Pflichtteilsberechtigter kann enterbt werden, wenn er den Erblasser im **Notstande** hilflos gelassen hat, wenn er wegen einer mit Vorsatz begangenen strafbaren Handlung zu einer lebenslangen oder zwanzigjährigen **Freiheitsstrafe** verurteilt worden ist oder wenn er eine gegen die öffentliche Sittlichkeit anstößige **Lebensart** beharrlich führt (§ 768)[6]).

Notstand ist finanzielle Hilfsbedürftigkeit, darüber hinaus jeder Zustand der Bedrängnis[7]), der nach den Grundsätzen der Menschlichkeit zu der Erwartung berechtigt, daß der Pflichtteilsberechtigte dem Erblasser helfen würde[8]). Dies wurde bejaht bei Vernachlässigung des kranken Vaters; bei vorsätzlicher oder grob fahrlässiger Nichterfüllung der Unterhaltspflicht[9]).

Beharrlichkeit setzt ein länger dauerndes Verhalten voraus[10]). Eine außereheliche Lebensgemeinschaft oder ein Liebesverhältnis verstoßen nach heutiger Auffassung nicht mehr gegen die öffentliche Sittlichkeit[11]).

Der Ehegatte kann überdies enterbt werden, wenn er seine **Beistandspflicht** (§ 90)[12]) gröblich vernachlässigt hat (§ 769).

Alle **Erbunwürdigkeitsgründe** sind zugleich Enterbungsgründe (§ 770; s oben S 456 ff).

---

[2]) Vgl *Weiß* in Klang III 849.

[3]) OGH in EvBl 1958/218; vgl auch OGH in NZ 1985, 148.

[4]) OGH in SZ 40/122.

[5]) Zur Rechtslage bei Eintritt der gesetzlichen Erbfolge *Rabl,* Die Folgen einer Enterbung für die gesetzliche Erbfolge, NZ 2003, 257.

[6]) Dazu OGH in EvBl 1968/377; NZ 1979, 194.

[7]) OGH in EvBl 1965/198.

[8]) *Weiß* in Klang III 845; *Kralik,* Erbrecht 280.

[9]) OGH in EFSlg 4567.

[10]) OGH in SZ 38/194; SZ 70/229; vgl auch NZ 1998, 309.

[11]) Vgl bereits OGH in RZ 1937, 179.

[12]) Dazu OGH in EFSlg 51.403.

Das Gesetz kennt schließlich die **„Enterbung in guter Absicht"** (exheredatio bona mente): Wenn bei einem sehr verschuldeten oder verschwenderischen Noterben die Gefahr besteht, daß der ihm gebührende Pflichtteil zum größten Teil seinen Kindern entgehen würde, kann ihn der Erblasser direkt diesen Kindern zuwenden (§ 773).

VIII. Schutz des Noterbrechtes

Im Verlassenschaftsverfahren haben die Noterben die Rechte der §§ 784, 804 und 812 und sind deshalb **Parteien** iSd § 2 AußStrG[1]). Sie können die **Schätzung** des Nachlasses verlangen[2]), ihr beiwohnen und dabei ihre Erinnerungen machen (§ 784), die Errichtung eines **Inventars** verlangen (§ 804) und die **Absonderung** der Verlassenschaft begehren (§ 812).

Damit die Noterben ihre Rechte ausüben können, müssen sie vom Verfahren verständigt werden. Ihre Nichtbeiziehung hat Nichtigkeit des Abhandlungsverfahrens zur Folge[3]), wenn dem Gericht das Vorhandensein der Pflichtteilsberechtigten auf Grund der Aktenlage bekannt war[4]).

Im übrigen wird für die Erfüllung der Pflichtteilsansprüche **großjähriger** Noterben nicht vorgesorgt.

Hingegen muß das Abhandlungsgericht schon bei Zweifel über die Verletzung des Pflichtteiles eines **minderjährigen** oder sonst **pflegebefohlenen** Noterben durch die letztwillige Verfügung von Amts wegen den **Pflichtteilsnachweis** (früher: Pflichtteilsausweis) fordern: Der Erbe muß dartun, daß er den gemäß den §§ 783–789 gebührenden Pflichtteil **berichtigt** oder **sichergestellt** hat, vorher darf ihm nicht eingeantwortet werden (§ 176 Abs 2 AußStrG).

Das Verlassenschaftsgericht stellt die ziffernmäßige Höhe des Anspruchs fest, doch bindet dies den Streitrichter nicht.

Die Pflichtteilsansprüche sind mit der **Pflichtteilsklage** durchzusetzen[5]). Im Verlassenschaftsverfahren ergangene Entscheidungen können die Rechte des Noterben nicht beeinträchtigen[6]). Passiv legitimiert ist bis zur Einantwortung der Nachlaß[7]), danach der Erbe[8]), niemals der Legatar[9]); auch nicht nach der Einantwortung[10]). Die Klage kann unmittelbar nach Kundmachung des letzten Willens erhoben werden, weil der An-

---

[1]) OGH in JBl 1980, 89; EFSlg 51.417; RZ 1989/46; NZ 1992, 232; NZ 2001, 446.

[2]) Auch nach einer Veräußerung, wenn Bedenken über die Angemessenheit des Kaufpreises bestehen, OGH in NZ 2003, 151.

[3]) OGH in RZ 1977/29; JBl 1985, 98; NZ 1992, 232 uva.

[4]) OGH in NZ 1978, 108; SZ 64/184 mwN.

[5]) OGH in JBl 1980, 89; NZ 1996, 307 uva.

[6]) OGH in NZ 1987, 128 mwN.

[7]) OGH in SZ 48/19; SZ 59/13; JBl 1992, 460.

[8]) OGH in SZ 40/38.

[9]) *Kralik,* Erbrecht 317; OGH in SZ 45/36 uva. Vgl aber den Sonderfall in NZ 2000, 170 *(Zankl).*

[10]) Unrichtig OGH in SZ 40/38.

spruch ab diesem Zeitpunkt **fällig** ist[11]). Inventarisierung und Schätzung des Nachlaßvermögens sind keine Fälligkeitsvoraussetzungen[12]). Zur Ermittlung der Pflichtteilshöhe kann gemäß Art XLII EGZPO die Vorlage eines Vermögensverzeichnisses verlangt werden.

Das Recht, den Pflichtteil (Nachlaßpflichtteil, Schenkungspflichtteil) zu fordern, **verjährt in drei Jahren** (§ 1487), wenn der Pflichtteilsberechtigte gegen das Testament vorgehen muß, dh wenn sein Anspruch mit dem letzten Willen des Erblassers in Widerspruch steht. Die Frist beginnt mit der Fälligkeit des Pflichtteilsanspruchs[13]). Sie läuft auch dann, wenn der Noterbe von seinem Anspruch nichts weiß. Der Erbe kann sich allerdings auf die Verjährung nicht berufen, wenn er die Kenntnis des Pflichtteilsberechtigten arglistig verhindert hat[14]). Bei Geltendmachung des Schenkungspflichtteils durch den gesetzlichen Erben beginnt die Frist mit dem Tod des Erblassers[15]).

Hat der Erblasser den Pflichtteil letztwillig zugewendet, so verjährt der Anspruch in dreißig Jahren[16]).

14. Kapitel
Erbschaftserwerb

I. Allgemeines

Literatur: *Bittner,* Das neue Verlassenschaftsverfahren, ecolex 2004, 927; *Fucik;* Das neue Verlassenschaftsverfahren (2005); *Fucik/Kloiber,* Außerstreitgesetz (2005); *Goriany,* Das neue Verlassenschaftsverfahren, NZ 2004, 353.

A. Das Verlassenschaftsverfahren

Der Erbe darf die Erbschaft nicht eigenmächtig in Besitz nehmen (§ 797), er erwirbt sie erst auf Grund eines besonderen Verfahrens, des Verlassenschaftsverfahrens (Abhandlungsverfahrens), das hauptsächlich in den §§ 143–185 AußStrG geregelt ist.

Das Verlassenschaftsverfahren wurde durch das am 1. 1. 2005 in Kraft getretene neue AußStrG[1]) grundlegend reformiert. Neben rein begrifflichen Änderungen (die Erbserklärung wurde zur Erbantrittserklärung, die Todfallsaufnahme zur Todesfallaufnahme; das eidesstättige Vermögensbekenntnis zur Vermögenserklärung) sind die

---

[11]) OGH in SZ 36/14; JBl 1991, 190; aA *Kralik,* Erbrecht 318.

[12]) OGH in JBl 1991, 190.

[13]) S *Welser* in Rummel §§ 762 ff Rz 9 u 26 mwN.

[14]) Im Ergebnis ebenso OGH in EvBl 1993/177.

[15]) OGH in NZ 1993, 13.

[16]) OGH in SZ 57/170; NZ 2000, 44; NZ 2001, 300 = JBl 2000, 738; *Zankl,* Pflichtteilsdeckung und Pflichtteilsverjährung, NZ 2000, 39 f, der die lange Frist auch anwenden will, wenn der eingesetzte Noterbe die Bedenkung gemäß § 808 ausschlägt und seinen Geldpflichtteil fordert; zum Schenkungspflichtteil OGH in SZ 54/23.

[1]) BGBl I 2003/111.

wichtigsten Neuerungen: 1. Die Verlagerung des Erbrechtstreits aus dem streitigen Verfahren in das Außerstreitverfahren; 2. Vereinfachungen bei der Inventarerrichtung und der Testamentskundmachung; 3. die Änderung der Regeln über die Benützung, Verwaltung und Vertretung des Nachlasses. Weitgehend unverändert blieben hingegen die Tätigkeit des Notars als Gerichtskommissär[2]) und das Einantwortungsprinzip.

1. Vorverfahren

Das **Vorverfahren** wird von Amts wegen eingeleitet. Es beginnt zumeist mit der Übermittlung der Sterbeurkunde vom Standesamt an das Gericht. Danach erfolgt die Todesfallaufnahme durch den Gerichtskommissär (§ 145 AußStrG), bei der alle Umstände erhoben werden sollen, die für die Verlassenschaftsabhandlung relevant sind[3]). So werden die gesetzlichen Erben festgestellt, der Nachlaß erfaßt und das Vorliegen letztwilliger Verfügungen geprüft (§ 145 Abs 2 Z 1–6 AußStrG). Solche Verfügungen sind vom Gerichtskommissär zu verwahren, auf Echtheit und Gültigkeit zu prüfen und die darin begünstigten Personen zur Wahrung ihres rechtlichen Gehörs zu verständigen (§§ 151, 152 AußStrG).

Besteht die Gefahr, daß Vermögen dem Nachlaß entzogen wird, kann der Gerichtskommissär Sicherungsmaßnahmen anordnen (zB Verwahrung, Schloßtausch; § 147 Abs 1 AußStrG)[4]).

Regelmäßig ist in den Geschäftsbedingungen der Banken (ABB) eine „Banksperre“ bei Tod des Kontoinhabers vorgesehen. Wird Geld des Erblassers benötigt (etwa damit die Angehörigen das Begräbnis finanzieren können), kann der Gerichtskommissär die Freigabe erklären (§ 149 AußStrG)[5]).

2. Beendigung ohne Einantwortung

Ist der Nachlaß geringfügig, weil die Aktiven der Verlassenschaft € 4.000,– nicht übersteigen und sind keine Eintragungen in öffentliche Bücher erforderlich (etwa Einverleibung des Eigentums des Erben) unterbleibt nach dem Vorverfahren die weitere Abhandlung, wenn kein Antrag auf Fortsetzung des Verfahrens gestellt wird (§ 153 AußStrG). Diese Form der Erledigung entspricht dem praktischen Bedürfnis, bei ganz geringfügigen Nachlässen ohne nennenswerte Gläubiger kein aufwendiges Verfahren durchführen zu müssen. Das Gericht kann aber einzelne Personen (potentielle Erben, aber auch Gläubiger zur Befriedigung ihrer Forderungen) dazu ermächtigen, das Vermögen zu übernehmen.

Ist der Nachlaß überschuldet, kann es bei nicht geringfügigen Nachlässen auch zum **Verlassenschaftskonkurs** kommen. Das Konkursverfah-

---

[2]) Zur Zuständigkeit §§ 4, 5 GKG.

[3]) Der Notar kann dazu jedwede Beweise aufnehmen (dazu gehört auch die Öffnung des Wohnung des Erblassers, § 146 Abs 1 AußStrG) und Erkundigungen einholen, §§ 16, 31 AußStrG.

[4]) Details bei *Knoll,* Einiges zum neuen Verlassenschaftsverfahren, RZ 2005, 2.

[5]) Die dafür früher vorgesehenen Rotsiegelbeschlüsse gibt es nicht mehr.

ren findet dann nach den Regeln der KO statt[6]). Eine weitere Möglichkeit, bei überschuldeten Nachlässen das Verfahren ohne Einantwortung zu beenden, ist die **Überlassung an Zahlungs Statt.** Dabei werden die Gläubiger des Erblassers quotenmäßig (wie im Konkurs) befriedigt (§ 154 Abs 2 AußStrG). Der Überlassungsempfänger erwirbt Eigentum an der überlassenen Sache (§ 798 a)[7]).

Hat der Erbe eine unbedingte Erbantrittserklärung abgegeben, kann eine Überlassung an Zahlungs Statt nicht stattfinden, da ja durch die Erklärung der Haftungsfonds der Gläubiger größer geworden ist.

3. Verlassenschaftsverfahren

Kann das Verfahren nicht ohne Einantwortung beendet werden, beginnt nach dem Vorverfahren die eigentliche Verlassenschaftsabhandlung (§§ 156ff AußStrG). Sie dient der **Klärung** des Erbrechts und endet nach dessen Feststellung mit der **Einantwortung.** Das Verlassenschaftsverfahren wird mit den **Erben** durchgeführt. Die Pflichtteilsberechtigten haben nur wenige Rechte und sind nur insoweit Beteiligte (s S 562 f). Vermächtnisnehmer werden idR nur von ihren Ansprüchen verständigt, die sie selbst im Rechtsweg durchsetzen müssen. Eine Ausnahme besteht bei Ansprüchen Pflegebefohlener. Auch Erbschaftsgläubiger sind, abgesehen von den ihnen nach §§ 811 ff, 815 und 822 zustehenden Rechten, keine Beteiligten[8]).

Erster Schritt des Abhandlungsverfahrens ist die Ermittlung aller Personen, die ein Erbrecht beanspruchen.

Dabei ist sicherzustellen, daß alle Parteien des Verfahrens prozeßfähig sind (**Vertretungsfürsorge;** andernfalls wäre ein Kurator zu bestellen).

Der Gerichtskommissär fordert dann diese potentiellen Erben auf, sich darüber zu erklären, ob sie die Erbschaft annehmen wollen (Erbantrittserklärung) oder sie ablehnen (Ausschlagung, Entschlagung) (§ 157 AußStrG).

Werden keine Erbantrittserklärungen abgegeben, ist der Nachlaß erblos, es kommt zum Heimfall (§ 760 ABGB; § 184 AußStrG).

Steht das Erbrecht fest, ist dem ausgewiesenen Erben der Nachlaß einzuantworten. Mit Rechtskraft der **Einantwortung** ist das Verlassen-

---

[6]) Sachlich zuständig ist stets das Landesgericht, da es sich nicht um den Konkurs einer natürlichen Person handelt; *Fucik,* Verlassenschaftsverfahren 44; zum Ausgleich OGH in JBl 2002, 317.

[7]) Voraussetzung dafür ist natürlich, daß der Erblasser selbst Eigentümer war. Die Einführung des § 798a war eine Reaktion des Gesetzgebers auf die Kritik der Lehre an der früheren Rechtslage, vgl etwa *Bajons,* Der Erbschaftserwerb bei geringfügigen Nachlässen, JBl 1970, 169; *Bydlinski,* JBl 1972, 41; *Kralik,* Erbrecht 326ff. Nach aA sollte der ruhende Nachlaß weiterbestehen: *Ehrenzweig* II/2, 610; *Eccher* in Schwimann[2] § 798 Rz 7; OGH in SZ 19/22; NZ 1990, 277; ebenso für die Überlassung an Zahlungs Statt OGH in RZ 1984/24; NZ 1986, 259.

[8]) OGH in NZ 1994, 116; NZ 2001, 408.

schaftsverfahren beendet, s unten S 573 ff. Ist das Erbrecht zweifelhaft, findet ein außerstreitiges Verfahren zur **Feststellung des Erbrechts** statt[9]).

4. Eintritt der Universalsukzession

Wann die Rechtsnachfolge des Erben nach dem Erblasser eintritt, war lange streitig. Mehrere Zeitpunkte kommen in Betracht. So der **Erbanfall**[10]), wofür der Wortlaut des § 537 spricht, und die **Erbantrittserklärung**[11]), was aus § 547 hervorzugehen scheint. Die hM[12]) hält unter Berufung auf § 797 die Rechtskraft der **Einantwortung** für maßgebend[13]). Ab diesem Zeitpunkt ist der Erbe Eigentümer der Nachlaßsachen, Schuldner der Verbindlichkeiten des Erblassers und Gläubiger seiner Forderungen, die Universalsukzession ist vollendet.

B. Ruhender Nachlaß

Da die Rechtsnachfolge erst mit der Einantwortung eintritt, erhebt sich die Frage nach der Rechtsqualität des Nachlasses zwischen Erbfall und Einantwortung. Die hM betrachtet ihn als **juristische Person**[14]).

Der Nachlaß ist also Subjekt der nicht untergegangenen Rechte und Pflichten[15]); er ist auch Besitzer der Sachen des Erblassers[16]). Bis zur Einantwortung ist die Verlassenschaft parteifähig, nur sie kann klagen oder geklagt werden[17]). Mit der Einantwortung treten an die Stelle der Verlassenschaft die Erben[18]).

II. Die Erb(antritts)erklärung

Literatur: *Brunner,* Erberklärung und Erbverzicht, NZ 1979, 96; *Hofmann-Wellenhof,* Erbverzicht und Ausschlagung der Erbschaft aus zivilrechtlicher Sicht, NZ 1984, 17; *Ferrari-Hofmann-Wellenhof,* Die Erbschaftsklage (1991); *Hummel,* Die Beurteilung der Gültigkeit eines Testamentes im Abhandlungsverfahren, NZ 1955, 113.

---

[9]) Zum Kostenersatz im Verlassenschaftsverfahren vgl *Fucik* in Michalek-FS 109.

[10]) *Wroblewski,* Separatio bonorum und Sicherstellung der Erbengläubiger, ZBl 1905, 364; *K. Wolff,* Juristische Person und aufgegebenes Grundstück (1927) 101 ff.

[11]) *Pfaff/Hofmann,* Kommentar II 41; vgl auch *Steinlechner,* Erbrecht I 433 ff.

[12]) *Krasnopolski/Kafka,* Erbrecht 239; *Ehrenzweig* II/2, 361; *Weiß* in Klang III 135; OGH in SZ 12/70; EvBl 1963/103; JBl 1989, 172; NZ 1990, 151.

[13]) Dazu OGH in SZ 60/142 mwN.

[14]) Dies wird angenommen von *Unger,* System I 317; *Ostheim,* Zur Rechtsfähigkeit von Verbänden im österreichischen bürgerlichen Recht (1967) 27 f; *Kralik,* Erbrecht 26; OGH in GlUNF 6774; s auch SZ 64/19. Dagegen *Wolff* in Klang I/1, 196; *Weiß* in Klang III 11, 123 f; *Gschnitzer,* Allgemeiner Teil 95; OGH in GlUNF 3243.

[15]) Zur Kaufmannseigenschaft s *Jud,* Anfechtbarkeit des Unternehmenskaufs aus einer Verlassenschaft wegen laesio enormis oder Irrtums über den Wert, Wagner-FS (1987) 217 ff.

[16]) Auch bei Nachlaßsachen gibt es daher eine Besitzstörung, klagslegitimiert ist der ruhende Nachlaß, OGH in NZ 2004, 177 mwN.

[17]) OGH in SZ 40/38; NZ 1986, 280 uva.

[18]) Zur Änderung der Parteienbezeichnung von Amts wegen: OGH in NZ 1994, 279.

A. Antretung der Erbschaft

Die Erbantrittserklärung ist die gegenüber dem Abhandlungsgericht abgegebene einseitige und unwiderrufliche Erklärung, die Erbschaft anzunehmen (§§ 799f).

Die Novelle zum Außerstreitgesetz hat aus nicht nachvollziehbaren Gründen das seit Jahrzehnten geläufige und verständliche Wort „Erbserklärung" durch den nahezu unaussprechlichen Ausdruck „Erbantrittserklärung" ersetzt. Das häßliche Wortungetüm erfaßt aber nur die positive Erbserklärung. Ob die Verfasser der AußStrG-Novelle nun auch die negative Erbserklärung „negative Erbantrittserklärung" nennen wollen, ist unklar.

Die Erklärung, die Erbschaft nicht anzutreten, nennt man Ausschlagung der Erbschaft (Erbsentschlagung, negative Erbserklärung), s unten S 570f.

Sowohl die Erbantrittserklärung als auch die Entschlagung bedarf der eigenhändigen **Unterfertigung** durch den Erben; bei einer mündlichen Erklärung ist das Protokoll zu unterzeichnen. Die Erklärung kann durch Vertreter abgegeben werden, doch ist für die unbedingte Erbantrittserklärung (§ 801) und für die Entschlagung eine Spezialvollmacht notwendig (§ 1008 Satz 2).

Die Antrittserklärung hat den **Titel** (Berufungsgrund) und die Angabe zu enthalten, ob die Antretung **unbedingt** oder **bedingt** geschehe (§ 159 Abs 1 AußStrG, §§ 799, 800). Ist im Zeitpunkt der Abgabe der Erklärung die Angabe einer Quote möglich, so ist auch die Erbquote anzugeben (§ 159 Abs 2 AußStrG)[1]).

Die Antrittserklärung muß der Berufung genau entsprechen, kann sich also nur auf die angefallene Erbschaft oder auf den angefallenen Teil beziehen, nicht aber auf Bruchteile davon[2]). Doch kann bei Berufung zu mehreren Quoten auf Grund verschiedener Titel die eine Quote ausgeschlagen und die andere angenommen werden (s oben S 454).

Gleichzeitige Berufung auf mehrere Titel ist zulässig, ebenso eine „hilfsweise" Berufung für den Fall, daß sich der erste Titel als unzureichend erweist[3]). Nachträgliche Änderung des Titels ist möglich, und zwar bis zur Rechtskraft der Einantwortung[4]). Ebenso kann die Quote nachträglich geändert werden[5]).

Der Nachweis des Erbrechtes (durch Bezugnahme auf eine letztwillige Verfügung oder Beweis der Abstammung durch Standesurkunden) kann mit der Erbantrittserklärung verbunden oder im Verlassenschaftsverfahren nachgebracht werden.

Die Unterscheidung in „unbedingte" und „bedingte" Antrittserklärung bezieht sich auf die Haftung des Erben nach der Einantwortung.

Die Antretung der Erbschaft als solche muß immer eine unbedingte Willenserklärung sein. Bedingungen und Befristungen sind, ausgenommen Rechtsbedingungen,

---

1) OGH in AnwBl 1997, 952 *(Zankl).*

2) *Ehrenzweig* II/2, 492, 501; *Weiß* in Klang III 969; aA *Kralik,* Erbrecht 50ff; *Zemen,* Die gesetzliche Erbfolge nach der Familienrechtsreform (1981) 54f.

3) OGH in EvBl 1973/36; SZ 2002/20.

4) OGH in EvBl 1973/36; NZ 1994, 184; NZ 1996, 273; SZ 2002/20.

5) OGH in JBl 1992, 182; SZ 2002/20.

unzulässig und machen die Erbantrittserklärung wirkungslos[6]). Dasselbe gilt für die Erbsentschlagung[7]).

Die „**unbedingte** Erbantrittserklärung“ ist Annahme der Erbschaft ohne Haftungsvorbehalt. Der Erbe ist für die Verbindlichkeiten des Nachlasses persönlich, dh mit seinem ganzen Vermögen, haftbar. Die **bedingte** Erbantrittserklärung ist Annahme der Erbschaft mit Haftungsbeschränkung. Der Erbe haftet zwar persönlich, dh mit seinem ganzen Vermögen, jedoch nur bis zum Werte der ihm zugekommenen Verlassenschaft **(„pro viribus hereditatis“).**

Diese Beschränkung gilt auch für die während des Nachlaßverfahrens entstandenen Prozeßkostenschulden der Verlassenschaft[8]).

Die **bedingte** Erbantrittserklärung wird auch Antritt der Erbschaft „mit der Wohltat des Inventars“ genannt **(„cum beneficio inventarii“),** sie ist also notwendig mit einer **Inventarisierung** verbunden. Umgekehrt führt jedes Inventar, aus welchem Grund es auch errichtet worden ist, zur beschränkten Haftung aller Erben (§ 807).

Die Beschränkung der Haftung wird nicht von Amts wegen wahrgenommen, sie muß vom Erben **eingewendet** und in ihren Voraussetzungen bewiesen werden[9]). Er hat darzutun, daß er schon soviel an Verbindlichkeiten berichtigt hat, als dem Wert des Nachlasses entspricht.

Das Gericht hat keine Möglichkeit, eine Erbantrittserklärung zurückzuweisen[10]). Auch wenn sie offensichtlich zu keiner Einantwortung führen kann, zB das Testament keine Erbseinsetzung enthält (Fehlen der „inneren Form“) oder wenn es die gesetzlich vorgeschriebene „äußere Form“ nicht erfüllt[11]) und daher ganz offensichtlich ungültig ist, wird erst im Verfahren zur Feststellung des Erbrechts geklärt, wer Erbe ist. Stellt sich heraus, daß sich die Erklärung zB auf ein ungültiges Testament beruft oder die Verwandtschaft des Erben nicht nachgewiesen werden kann, kann es nicht zur Einantwortung kommen. Gibt es sonst niemanden, der die Erbschaft beansprucht, ist der Nachlaß erblos.

Die Erbantrittserklärung wird **unwiderruflich,** sobald sie das Verlassenschaftsgericht zur Kenntnis genommen hat[12]). Der Erbe kann dann die Erbschaft nicht mehr ausschlagen und eine unbedingte Erklärung nicht mehr in eine bedingte umwandeln (§ 806), wohl aber eine bedingte in eine unbedingte.

---

[6]) *Ehrenzweig* II/2, 491.

[7]) OGH in SZ 71/152.

[8]) *Welser,* Prozeßkosten und Erbenhaftung, JBl 1993, 573; vgl auch *Schauer,* Rechtsprobleme der erbrechtlichen Nachfolge bei Personenhandelsgesellschaften (1999) 314ff; OGH in SZ 71/151.

[9]) OGH in SZ 49/59; SZ 49/77; NZ 1991, 249 uva.

[10]) Vgl dagegen früher § 122 AußStrG.

[11]) OGH in NZ 1992, 296 uva.

[12]) S *Welser* in Rummel § 799 Rz 19 mwN.

Unzulässig ist es auch, daß der Erbe nach einer unbedingten Erbantrittserklärung unter Berufung auf einen anderen Titel eine bedingte Erklärung abgibt, weil damit § 806 unterlaufen werden könnte[13]).

Ob eine Erbantrittserklärung wegen Irrtums angefochten werden kann, ist strittig[14]). Der OGH hat die Anfechtbarkeit für die Annahme der Erbschaft verneint und für die Entschlagung bejaht; eine Unterscheidung, die nicht recht einzusehen ist.

Bei der Feststellung des Erbrechts kann das Verlassenschaftsgericht innere Mängel wie das Fehlen der Testierabsicht[15]), Willensmängel[16]) und die Untauglichkeit eines Testamentszeugen[17]) im allgemeinen nicht prüfen. Die Unfähigkeit eines Zeugen nach § 594 zählt allerdings zu den äußeren Mangelhaftigkeiten[18]), ebenso, daß die Aussagen der Zeugen eines mündlichen Testaments in den wesentlichen Punkten nicht übereinstimmen[19]).

Wird ein mangelhaftes Testament durch die Anfechtungsberechtigten anerkannt, so ist es nach hA der Abhandlung zugrundezulegen[20]).

B. Feststellung des Erbrechts (Erbrechtsstreit)

Sind mehrere Erbantrittserklärungen miteinander vereinbar, so werden sie dem Abhandlungsverfahren zugrundegelegt.

Beanspruchen 3 Erben zu je einem Drittel den Nachlaß, kann jedem zu dieser Quote eingeantwortet werden.

Einander **widersprechende Erklärungen** machen hingegen eine gerichtliche Feststellung des Erbrechts erforderlich.

Die Feststellung des Erbrechts wurde durch die Reform des Außerstreitgesetzes 2005 neu gestaltet. Früher hatte das Verlassenschaftsgericht in einem Zwischenverfahren zu entscheiden (§§ 125ff AußStrG), welcher Erbansprecher den schwächeren Erbrechtstitel[21]) hatte und ihm die Klägerrolle zuzuteilen (ihn auf den Rechtsweg zu verweisen). Er hatte dann die Erbrechtsklage[22]) einzubringen; wem von beiden das Erbrecht zustand, wurde im streitigen Verfahren (Erbrechtsprozeß) entschieden. Das Urteil entfaltete allerdings nur Wirkung zwischen den Streitteilen[23]), hinderte aber Dritte nicht an der Durchsetzung ihrer Rechte.

Zunächst hat der Gerichtskommissär auf eine vergleichsweise **Einigung** der Parteien hinzuwirken (§ 160 AußStrG). Haben diese Einigungs-

[13]) OGH in NZ 1994, 184.

[14]) Dagegen OGH in SZ 73/69; dafür bei der Erbsentschlagung OGH in NZ 2000, 13 (krit *Zankl*).

[15]) OGH in SZ 13/47; SZ 43/148; NZ 1995, 278.

[16]) OGH in SZ 6/227.

[17]) OGH in NZ 1937, 143.

[18]) OGH in SZ 36/156.

[19]) OGH in SZ 69/161.

[20]) Kritisch dazu *B. Jud,* Der Erbschaftskauf (1998) 108ff mwN.

[21]) Für die Stärke der Titel galt folgende Reihenfolge: Erbvertrag, Testament und Gesetz (§ 126 AußStrG). Diese Ordnung wurde jedoch durchbrochen, soweit der eine oder andere Titel bedenklich war. Das ältere Testament war gegenüber dem jüngeren der schwächere Titel (OGH in NZ 1969, 39; NZ 1984, 131), doch war die jüngere Verfügung schwächer, wenn sie wahrscheinlich gefälscht war (OGH in NZ 1980, 7; NZ 1984, 131). Vgl zu Details die Vorauflage 524.

[22]) Zu dieser *Ferrari-Hofmann-Wellenhof,* Erbschaftsklage 91ff.

[23]) OGH in SZ 25/26; *Kralik,* Erbrecht 325.

versuche keinen Erfolg, ist das Erbrecht durch das Gericht im außerstreitigen Verfahren festzustellen (§§ 161 bis 164 AußStrG). In diesem Verfahren, an dem mehrere Erbansprecher beteiligt sein können, ist das „beste" Erbrecht festzustellen, alle übrigen Erbantrittserklärungen sind abzuweisen. Das Gericht ist dabei an das Vorbringen der Parteien und ihre Beweisanbote gebunden (Einschränkung des Untersuchungsgrundsatzes). Jeden Erbprätendenten trifft die Beweislast für die Tatsachen, aus denen er seine Ansprüche ableitet.

Wer die Testierunfähigkeit des Erblassers behauptet, muß sie beweisen. Dasselbe gilt, wenn die Erbunwürdigkeit oder das Vorliegen eines Enterbungsgrundes behauptet werden.

Mit der Entscheidung über das Erbrecht kann das Gericht dem wahren Erben auch gleich einantworten. Gegen diesen Beschluß können die unterlegenen Parteien Rechtsmittel erheben. Ist die Entscheidung über das Erbrecht schon spruchreif, kann aber noch nicht eingeantwortet werden (etwa weil die Inventarisierung noch nicht abgeschlossen ist), kann über das Erbrecht auch mit gesondertem Teilbeschluß entschieden werden.

C. Die Entschlagung (Ausschlagung)

Die Erbsentschlagung (Ausschlagung, negative Erbserklärung) ist die gegenüber dem Abhandlungsgericht abgegebene Erklärung, die Erbschaft nicht anzunehmen.

Die Untätigkeit von Erben, zB Nichtteilnahme an der Tagsatzung zur Verlassenschaftsabhandlung, hat ihre Nichtberücksichtigung im Verlassenschaftsverfahren zur Folge (§ 157 Abs 2, 3 AußStrG), gilt aber nicht als Ausschlagung[24]), führt also nicht zum Rechtsverlust. Eine „stillschweigende Entschlagung" ist nicht anzunehmen, da die Entschlagungserklärung in Analogie zu § 159 Abs 3 AußStrG schriftlich abzugeben und eigenhändig zu unterfertigen ist[25]).

Auf die Ausschlagung finden grundsätzlich die Regeln der Antrittserklärung Anwendung; sie ist daher gemäß § 806 unwiderruflich[26]).

Die Entschlagung bewirkt, daß die Erbschaft dem Ausschlagenden als **nicht angefallen** gilt. Es ist anzunehmen, daß das Recht dem Nachberufenen schon mit dem Tod des Erblassers angefallen ist[27]).

Entschlagungen „zugunsten Dritter" – dh nicht ohnedies nachberufener Personen – entfalten höchstens insofern Wirkungen, als sie eine **Erbrechtsveräußerung** darstellen. Diese setzt aber einen Vertrag zwischen Veräußerer und Erwerber voraus, der notariatsaktpflichtig ist[28]), s unten S 581.

---

[24]) Ebenso *Ferrari-Hofmann-Wellenhof,* Erbschaftsklage 97.

[25]) *Eccher* in Schwimann § 805 Rz 1 mwN zur alten Rechtslage.

[26]) So auch OGH in SZ 54/98.

[27]) *Welser* in Rummel § 799 Rz 29.

[28]) OGH in EvBl 1968/3. Die Ausschlagungserklärung des Erben in Verbindung mit der protokollierten Erbserklärung des Begünstigten erfüllt die Formvorschrift nicht: *B. Jud,* Erbschaftskauf 37, 105ff; OGH in SZ 71/152 = NZ 1999, 124 *(B. Jud)*; zur steuerrechtlichen Seite *Taucher,* Dispositionen über erbrechtliche Ansprüche, NZ 2001, 117; dazu *Pollan,* NZ 2001, 353f.

Die Entschlagung braucht vom Gericht nicht besonders entgegengenommen zu werden; sie wirkt, sobald sie dem Abhandlungsgericht zur Kenntnis gelangt und dem Verfahren zugrunde gelegt wird[29]).

Die Ausschlagung kann sich auch bloß auf einen von mehreren Erbteilen beziehen, nicht aber auf einen Teil der dem Berufenen zur Gänze angefallenen Erbschaft oder einen Teil des Erbteiles (s oben S 454 und 550).

Die Ausschlagung wirkt **nicht** gegen die **Nachkommen** des Ausschlagenden[30]).

III. Besorgung und Verwaltung des Nachlasses

Literatur: *Bydlinski,* Letztwillige Verwaltungsanordnungen, JBl 1981, 72; *Knell,* Die Kuratoren im österreichischen Recht (1974); *Spitzer,* Benützung, Verwaltung und Vertretung des Nachlasses (§ 810 ABGB neu), NZ 2006, 33; *Sprung/Fink,* Letztwillig angeordnete Nachlaßverwaltung im österreichischen Recht, JBl 1996, 205; *Zankl,* Testamentsvollstreckung und Nachlaßverwaltung, NZ 1998, 71; *derselbe,* Verwaltungs- und schadenersatzrechtliche Aspekte der Testamentsvollstreckung, JBl 1998, 293.

A. Verwaltung durch den Erben

Der Erbe, der bei Antretung der Erbschaft sein Erbrecht hinreichend ausweist, hat das Recht, das Verlassenschaftsvermögen zu benützen, zu verwalten und die Verlassenschaft zu vertreten[1]).

Wenn der Erbe, der die Erbschaft **angenommen** hat, sein Erbrecht **ausweist,** hat er das Recht[2]), schon vor der Einantwortung[3]) das Verlassenschaftsvermögen zu benützen, zu verwalten („Geschäftsführung nach innen") und die Verlassenschaft nach außen zu vertreten (§ 810)[4]). Das Verlassenschaftsgericht kann anderes anordnen, zB bei Uneinigkeit mehrerer Erbansprecher.

Früher mußte die Verwaltung erst durch konstitutiven Beschluß des Verlassenschaftsgerichts eingeräumt werden[5]). Dieser Beschluß wurde durch die Reform des

---

[29]) OGH in JBl 1961, 278; NZ 1978, 159.

[30]) Str. Wie im Text OGH in SZ 55/165; *Weiß* in Klang III 998; *Zemen,* Gesetzliche Erbfolge 25 ff; *derselbe,* Erbsentschlagung und Eintrittsrecht der Nachkommen, JBl 1983, 617; *derselbe,* Das erbrechtliche Eintrittsrecht in der jüngeren Rechtsentwicklung, JBl 2004, 360. AA *Gschnitzer/Faistenberger,* Erbrecht 63; *Kralik,* Erbrecht 50; differenzierend *Eccher,* Die Wirkung der Erbsentschlagung auf die Nachkommen, NZ 1982, 20.

[1]) Ausführlich *Spitzer,* NZ 2006, 33.

[2]) OGH in JBl 1968, 522; SZ 56/123; NZ 1994, 86; NZ 1995, 278.

[3]) Damit hat sich die Universalsukzession noch nicht vollzogen. Eine Anhebung des Mietzinses durch den Vermieter gemäß § 12 a MRG kann daher noch nicht stattfinden, OGH in NZ 2000, 280.

[4]) Nicht mehr vorgesehen ist, daß dem Erben Nachlaßteile zur freien Verfügung ins Eigentum übergeben werden; *Spitzer,* NZ 2006, 33; zu dieser Teileinantwortung *Spitzer* in Welser, Fachwörterbuch 522.

[5]) Daß der Beschluß nur deklarativ gewesen sei, weil es ohnehin ein subjektives Recht des Erben gegeben habe, war keineswegs zwingend. So aber Erl zum FamErbRÄG 471 BlgNR 22. GP 31; wie hier *Fischer-Czermak,* JBl 2005, 33; *Spitzer,* NZ 2006, 33; *Apathy* in KBB § 810 Rz 2.

AußStrG abgeschafft. Der Gerichtskommissär hat nunmehr dem Berechtigten auf Verlangen eine Amtsbestätigung auszustellen (§ 172 AußStrG), mit der er seine Vertretungsbefugnis beweisen kann.

Der Erbe kann schon während des Verlassenschaftsverfahrens alle Maßnahmen der Verwaltung und Vertretung (insbes Veräußerungen) setzen, die zum ordentlichen Wirtschaftsbetrieb gehören (§ 810 Abs 2 iVm 154 Abs 3)[6]). Für Geschäfte des außerordentlichen Wirtschaftsbetriebs benötigt er allerdings die **Genehmigung** des Verlassenschaftsgerichts. Sie ist zu verweigern, wenn die Handlung offenbar nachteilig für die Verlassenschaft wäre oder wenn Gegenstände, deren Inventarisierung noch zu erwarten ist, veräußert werden sollen.

Nach dem Gesetzeswortlaut sind – abgesehen von Veräußerungen – alle Geschäfte des außerordentlichen Wirtschaftsbetriebs genehmigungsfrei, wenn sie nach Abgabe von Erbantrittserklärungen zum gesamten Nachlaß erfolgen[7]). Eine analoge Anwendung des Genehmigungserfordernis für außerordentliche Veräußerungen auf alle Handlungen des außerordentlichen Wirtschaftsbetriebs ist jedoch notwendig[8]).

Mehreren Erben steht die Verwaltung gemeinsam zu; sie verwalten zur **ungeteilten Hand**[9]). Ist in Einzelfragen zwischen ihnen kein Einvernehmen zu erzielen, so hat das Verlassenschaftsgericht einen Verlassenschaftskurator zu bestellen (§§ 176, 156 AußStrG).

Der Erblasser kann allerdings einen eigenen Nachlaßverwalter berufen und damit die Verwaltung durch die Erben ausschließen. Das Abhandlungsgericht ist an diese Anordnung gebunden und hat die vom Erblasser genannte Person zum Nachlaßkurator zu bestellen[10]).

B. Verwaltung durch einen Kurator

Ein Kurator ist zu bestellen, wenn für den Nachlaß Verwaltungshandlungen erforderlich sind und der Erbe die Verwaltung nicht oder noch **nicht** selbst übernehmen kann. So zB, wenn Verwaltungshandlungen notwendig sind und der Erbe die Erbschaft noch nicht angenommen oder sein Erbrecht nicht gehörig ausgewiesen hat, ferner, wenn die Erben unbekannt sind oder wenn sie von ihrem Erbrecht keinen Gebrauch machen (§§ 5, 156 AußStrG).

---

[6]) Zur alten, an den §§ 833f orientierten Abgrenzung: OGH in SZ 28/267; JBl 1984, 552; SZ 56/195; SZ 71/73; s auch NZ 1997, 332. Im FamErbRÄG wird nun der Begriff des „ordentlichen Wirtschaftsbetriebs" iSd § 154 Abs 3 verwendet, damit an die dazu ergangene Rsp angeknüpft werden kann, Erl 471 BlgNR 22. GP 32.

[7]) *Spitzer,* NZ 2006, 35f.

[8]) *Spitzer,* NZ 2006, 37; diesem folgend *Mondel,* Die praktische Handhabung der Benützung, Verwaltung und Vertretung des Nachlasses, NZ 2006, 231.

[9]) OGH in NZ 1974, 25; SZ 49/149; NZ 1994, 86; NZ 1997, 249; NZ 1999, 59.

[10]) *Welser* in Rummel § 816 Rz 12; *Zankl,* NZ 1998, 71f; *derselbe,* JBl 1998, 293; OGH in NZ 1933, 114; aA *Bydlinski,* JBl 1981, 72; *Kralik,* Erbrecht 28; *Sprung/Fink,* JBl 1996, 208; OGH in JBl 1993, 310; NZ 1998, 79. Es gibt keine Anhaltspunkte dafür, daß das FamErbRÄG diesbezüglich eine Änderung der Rechtslage herbeiführen wollte.

Bei einander **widersprechenden Erbantrittserklärungen** ist das Erbrecht nicht hinreichend ausgewiesen, so daß keinem der Erbansprecher die Besorgung und Verwaltung zusteht[11]).

Ebenso ist ein Kurator zu bestellen, wenn sich die Miterben über die Verwaltung nicht einigen können[12]) oder die Gefahr ständiger **Streitigkeiten** besteht (s Band I S 567).

Auch wenn der Erbe bereits die Verwaltung und Vertretung des Nachlasses hat, hindert dies nicht die Nachlaßseparation. Die Befugnisse des Erben werden dann um die Befugnisse des Separationskurators eingeschränkt oder ganz entzogen (§ 145 AußStrG)[13]).

Vom Verlassenschaftskurator ist der Streitkurator gemäß § 811 zu unterscheiden. Er wird auf Antrag eines Gläubigers bestellt, der gegen einen Nachlaß Rechte geltend machen will, der keinen geeigneten Vertreter hat. Dieser Kurator vertritt nur in einer bestimmten Streitsache. Vgl auch die Möglichkeit nach §§ 8ff ZPO.

IV. Die Einantwortung

Literatur: *Bajons,* Der Erbschaftserwerb bei geringfügigen Nachlässen, JBl 1970, 169; *Bubak,* Die Einantwortungsurkunde und ihre grundbücherlichen Verfügungen, NZ 1964, 3.

A. Voraussetzungen

Die Einantwortung ist die Übergabe des Nachlasses in den rechtlichen Besitz des Erben durch Gerichtsbeschluß (§§ 797, 819).

Sie setzt eine **Erbantrittserklärung** voraus. Außerdem müssen alle Personen, denen an der Verlassenschaft andere erbrechtliche Ansprüche zustehen als die eines Erben (Legatare, Pflichtteilsberechtigte), von der Einantwortung verständigt werden. Ansprüche pflegebefohlener Personen sind sicherzustellen (§ 176 AußStrG).

Das Erfordernis der Erbringung verschiedener „Ausweise" vor der Einantwortung (Testamentserfüllungsausweis, Pflichtteilsausweis[1])) hat das neue AußStrG nicht übernommen s S 562.

B. Wirkungen

Mit der Einantwortung tritt die **Universalsukzession** des Erben nach dem Erblasser ein (s oben S 445). Der Zustand des ruhenden Nachlasses hört auf; Besitz, Eigentum, Forderungen und sonstige Rechte gehen auf den Erben über[2]), er erlangt die volle Herrschaft über den Nachlaß, wird Schuldner der Erbschaftsgläubiger und Gläubiger der Erbschaftsschuldner. Die Einantwortung bewirkt den Rechtsübergang **eo ipso,** so daß es

---

[11]) OGH in SZ 19/16; NZ 1992, 11; RZ 1996/31; *Spitzer,* NZ 2006, 37ff.

[12]) OGH in NZ 2005, 182.

[13]) Vgl zur Rechtslage vor dem FamErbRÄG OGH in SZ 23/361; SZ 71/73.

[1]) Dazu *Spitzer* in Welser, Fachwörterbuch 399.

[2]) Unverständlich ist die Annahme des OGH in NZ 1992, 111, daß vermachte Sachen nicht von der Rechtsnachfolge betroffen sind, wenn sie der Erbe nicht will.

keiner Übertragungsakte bedarf. Dies gilt auch für bücherliche Rechte **(Durchbrechung des Eintragungsgrundsatzes)**[3]).

Zu den Fällen des Verlassenschaftskonkurses und der Überlassung an Zahlungs Statt, in denen das Verfahren ohne Einantwortung endet, siehe bereits oben S 564f.

Die von den §§ 819 und 436 zur Erlangung des Eigentums ausdrücklich geforderte Einverleibung hat nur deklarative Bedeutung. Die Unvollständigkeit des Grundbuchs dauert freilich nicht lange, weil der Gerichtskommissär nach § 182 Abs 2 AußStrG die Eintragung zu beantragen hat, wenn der Erbe innerhalb angemessener, „ein Jahr nicht erheblich übersteigender" Frist keinen Verbücherungsantrag stellt.

Weil der Erbe durch die Einantwortung Liegenschaftseigentümer wird, kann er ab diesem Zeitpunkt gemäß § 53 GBG um die Rangordnung für die beabsichtigte Veräußerung ansuchen und ohne Eintragung seines Eigentums die Liegenschaft gemäß § 23 GBG einem Erwerber überlassen[4]), womit der Grundsatz des „bücherlichen Vormannes" durchbrochen wird.

Die materiellrechtlichen Wirkungen setzen aber voraus, daß ein bestimmtes Recht dem Erblasser wirklich **zustand** und die Einantwortung an den **wahren Erben** erfolgt[5]).

Die Beweislast für ein besseres Erbrecht trifft einen späteren Erbanwärter, der mit der Erbschaftsklage vorgehen muß. Die Überlassung des Besitzes hat also Rechtsscheinwirkung. Diese äußert sich auch gegenüber Dritten (§ 824), s unten S 585.

15. Kapitel

Die rechtliche Stellung des Erben

I. Haftung für Schulden

Literatur: *Fenyves,* Erbenhaftung und Dauerschuldverhältnis (1982); *Frotz,* Rechtsfragen der „unbeschränkten Erbenhaftung nach Handelsrecht", Schönherr-GedS (1986) 339; *Knell,* Die Kuratoren im österreichischen Recht (1974); *Kralik,* Gläubigerkonvokation über Erbserklärung, NZ 1956, 98; *Pfeifer,* Der überschuldete Nachlaß, NZ 1957, 99; *Schauer,* Rechtsprobleme der erbrechtlichen Nachfolge bei Personenhandelsgesellschaften (1999); *Steininger,* Erbenhaftung beim Dauerschuldverhältnis, Wilburg-FS (1975) 369. S auch die Literatur zum 14. Kapitel bei II.

A. Die Schulden

Der eingeantwortete Erbe haftet für Erblasserschulden und Erbfallsschulden (Erbgangsschulden).

Die **Erblasserschulden** sind Verbindlichkeiten des Erblassers, soweit sie nicht durch seinen Tod erloschen sind.

---

[3]) Für die hM: *Ehrenzweig* II/2, 503f; *Kralik,* Erbrecht 321; *Apathy,* Gesamtrechtsnachfolge und Pfandrechtsbegründung, in Welser-FS (2004) 17; OGH in SZ 12/70; EvBl 1963/103; NZ 1981, 109.

[4]) OGH in JBl 1991, 51.

[5]) *Ehrenzweig* II/2, 504; *Bajons,* JBl 1970, 169. OGH in JBl 1932, 427; NZ 1996, 244; NZ 1997, 21. AA *Kralik,* Erbrecht 334, der den eingeantworteten Scheinerben trotz fehlendem Titel als Eigentümer ansieht.

Es genügt, wenn sie zu Lebzeiten des Erblassers dem Rechtsgrund nach entstanden sind[1]).

Die **Erbgangsschulden** entstehen erst mit dem Erbfall. Hierher gehören die Pflichtteilsschulden, die Verbindlichkeiten aus Vermächtnissen, die Begräbniskosten (§ 549[2])), die Kosten einer Inventarisierung und Schätzung und die sonstigen mit der Verlassenschaftsabhandlung verbundenen Auslagen.

ZB die Kosten der Nachlaßverwaltung oder eines Rechtsvertreters des mit der Besorgung und Verwaltung des Nachlasses betrauten Erben[3]), nicht aber die Kosten der Vertretung des Erben im Verlassenschaftsverfahren[4]) oder die Erbschaftssteuer.

Eine eigenartige Stellung nehmen die **Unterhaltsschulden** nach § 142, § 166 und § 796 ein. Sie entstehen zwar mit dem Tode des Erblassers und sind daher Erbgangsschulden[5]); der Erbe haftet aber für sie ohne Rücksicht auf seine Erbantrittserklärung nur wie ein Vorbehaltserbe (s oben S 473).

Anders als sonstige Schulden dürfen sie zur Ermittlung der den Noterben zukommenden Werte nicht vom Rohnachlaß abgezogen werden. Vielmehr ist alles, was die Unterhaltsberechtigten nach dem Erblasser erhalten, in den Anspruch einzurechnen (s oben S 473).

B. Haftung vor und nach der Einantwortung

Vor der Einantwortung haftet nur der **Nachlaß,** nicht aber der Erbe[6]). Auch die Ansprüche der Noterben und Legatare sind gegen die Verlassenschaft zu richten(s oben S 540 und 562). Durch die **Einantwortung** wird der Erbe Universalsukzessor und damit Schuldner. Er haftet den Gläubigern nach dem Inhalt seiner Antrittserklärung unbeschränkt oder beschränkt. Haftet der Erbe **beschränkt,** so haben die Erblasserschulden vor den Pflichtteilsansprüchen, Unterhaltsansprüchen (§§ 142, 166, 796) und den Verbindlichkeiten aus dem letzten Willen des Erblassers den Vorrang. Die Pflichtteilsansprüche gehen ihrerseits den Verbindlichkeiten aus dem letzten Willen vor.

Nach der Einantwortung können auch die Gläubiger des Erben auf den Nachlaß greifen. Ist dieser überschuldet, so könnte dies die Befriedigung der Erblasser- und Erbgangsgläubiger gefährden. Daher haben sie das Recht auf **Nachlaßseparation** (s unten S 577 ff).

Hingegen können sich die Gläubiger des Erben nicht dagegen wehren, daß er einen überschuldeten Nachlaß unbedingt antritt.

---

[1]) OGH in SZ 49/136.
[2]) OGH in NZ 2000, 87.
[3]) OGH in SZ 40/122; SZ 41/7.
[4]) OGH in SZ 40/122.
[5]) So auch *Zemen,* Unterhaltsschuld des Erben und Pflichtteilsansprüche, JBl 1984, 343.
[6]) Zu den Unterhaltspflichten vgl OGH in EvBl 1989/66.

C. Vermögenserklärung, Inventar, Gläubigerkonvokation

Der unbedingt erbantrittserklärte Erbe hat eine **Vermögenserklärung** (früher: eidesstättiges Vermögensbekenntnis), dh ein Verzeichnis der Nachlaßsachen samt Bewertung, abzugeben (§ 170 AußStrG), das ohne Erhebung seiner Richtigkeit[7]) an Stelle des Inventars der Abhandlung zugrunde gelegt wird[8]). Sein Inhalt ist dritten Personen gegenüber nicht bindend, die Haftung gegenüber den Gläubigern wird nicht berührt.

Die Parteien sind zur wahrheitsgemäßen und vollständigen Angabe der Vermögensgegenstände verpflichtet. Die falsche Abgabe der Vermögenserklärung kann strafrechtliche Folgen haben.

Zur **Inventarisierung** kommt es von Amts wegen bei einer bedingten Antrittserklärung (§ 802), wenn minderjährige oder sonst pflegebedürftige Noterben vorhanden sind (§ 165 Abs 1 Z 2 AußStrG), wenn eine Nacherbschaft angeordnet oder letztwillig eine Privatstiftung gegründet wurde (§ 165 Abs 1 Z 4 AußStrG), wenn Nachlaßseparation bewilligt wird (§ 812) und beim Heimfall (§ 165 Abs 1 Z 5 AußStrG). Ferner ist auch immer dann ein Inventar zu errichten, wenn eine dazu berechtigte Person (zB Pflichtteilsberechtigte nach § 804) oder der Verlassenschaftskurator es **verlangen** (§ 165 Abs 1 Z 6 AußStrG).

Das Inventar ist ein genaues und vollständiges **Verzeichnis** des gesamten beweglichen und unbeweglichen Vermögens, in dessen **Besitze** sich der Erblasser bei seinem Tod befunden hat, samt Bewertung bezogen auf den Todeszeitpunkt (§ 166 Abs 1 AußStrG)[9]).

Es bezieht sich grundsätzlich auf den ganzen Nachlaß. Am Schluß des Inventars werden die Hauptsummen der Schulden und das nach Abzug derselben übrige „reine Vermögen“ errechnet. Bei der Errichtung des Inventars werden die erforderlichen Sachverständigen beigezogen. Nach Abschluß des Verlassenschaftsverfahrens ist keine Inventarisierung mehr möglich[10]). Dem Erblasser gehörige Sachen sind auch dann zu inventarisieren, wenn er sie nicht besessen hat[11]). Die Aufnahme einer Sache in das Inventar begründet keine Vermutung über die Eigentumsverhältnisse[12]).

In Ausnahmefällen kann auch ein Teilinventar von Vermögensteilen oder Einzelstücken errichtet werden[13]). Das ist vor allem bei der Substitution und der Gründung einer Privatstiftung zulässig; auch bei einer Inventarisierung auf Antrag (etwa eines Verlassenschaftskurators im Rahmen seiner Vermögensverwaltung) kann eine teilweise Inventarisierung stattfinden.

Bei Inventarisierung haftet der Erbe ohne Rücksicht auf die Art seiner Erbantrittserklärung immer **beschränkt** (§ 807). Dies gilt nicht für die Errichtung von Teilinventaren.

---

[7]) OGH in NZ 1969, 121.

[8]) Dies selbst dann, wenn auf Antrag eines anderen Berechtigten die Inventarisierung vorgenommen wird: OGH in SZ 42/151; NZ 1998, 179.

[9]) Dazu *Rabl,* Das Nachlaßinventar – Inhalt und Zweck, NZ 1999, 129ff.

[10]) *Ehrenzweig* II/2, 524; *Weiß* in Klang III 1004; OGH in NZ 1933, 280; SZ 34/157.

[11]) S auch *Avancini,* Auskünfte über Sparbücher im Verlassenschaftsverfahren, NZ 1985, 21; *Rabl,* NZ 1999, 133ff mwN.

[12]) OGH in NZ 1990, 301.

[13]) Erl 224 BlgNR 22. GP 17.

Die Worte „solange ihm die Erbschaft noch nicht übergeben worden" (§ 807 aE) beruhen auf einem Versehen und sind unbeachtlich.

Für den Umfang der Haftung ist allerdings nicht der Wert beim Erbfall, auf den das Inventar zu beziehen ist, sondern jener bei der Einantwortung maßgebend[14]). Daher sind Wertveränderungen zwischen Inventur und Einantwortung zu berücksichtigen[15]). Das Inventar ist für das streitige Verfahren nicht bindend[16]).

Bedingte Erbantrittserklärung und Inventar entfalten nur dann volle Wirkung, wenn sie mit einer **Gläubigereinberufung** (Gläubigerkonvokation, Rechnungsruf) verbunden sind (§§ 813ff; § 174 AußStrG)[17]). Bei dieser werden die Verlassenschaftsgläubiger durch gerichtliches Edikt aufgefordert, ihre Ansprüche binnen einer gewissen Frist geltend zu machen. Bei bedingter Erbantrittserklärung hat die Gläubigerkonvokation von Amts wegen zu erfolgen (§ 156 Abs 2 AußStrG)[18]).

Bis zum Ablauf der Ediktalfrist kann der Nachlaß mit der Befriedigung der Gläubiger „innehalten" (§ 813). Dh aber bloß, daß das Verlassenschaftsgericht ohne Zustimmung des erbantrittserklärten Erben nicht mehr die Befriedigung von Gläubigern anordnen darf, mag auch die Forderung schon rechtskräftig festgestellt sein[19]). Die Gläubiger können ihre Forderungen weiterhin einklagen und gegen den Nachlaß kann Exekution geführt werden[20]). Ein Antrag auf Aufschiebung der Exekution ist möglich (§ 42 Abs 1 Z 6 EO).

Auf Grund der eingelangten Meldungen hat der Erbe die Befriedigung der Gläubiger vorzunehmen, die bei unzureichendem Nachlaß nach der Konkursordnung erfolgt. Gläubiger, die sich verspätet melden, werden nur soweit berücksichtigt, als noch Nachlaßaktiven vorhanden sind (§ 814).

Unterläßt der Erbe die Gläubigerkonvokation, so muß er ohne Rücksicht auf die Erschöpfung des Nachlasses einem späteren Gläubiger dasjenige leisten, worauf dieser bei Berücksichtigung aller bisher bekannten Gläubiger Anspruch gehabt hätte (§ 815).

D. Nachlaßabsonderung (Nachlaßseparation)[21])

Befürchtet ein **Erbschaftsgläubiger,** ein **Legatar** oder ein **Noterbe,** daß durch die Vermengung der Verlassenschaft mit dem Vermögen des Erben seine Forderung gefährdet wird, so ist er während des Verlassen-

---

[14]) *Ehrenzweig* II/2, 527; *Schauer,* Rechtsprobleme 304ff; OGH in SZ 14/245; SZ 49/149. AA *Kralik,* Erbrecht 352.

[15]) OGH in SZ 34/136.

[16]) OGH in SZ 22/24; vgl ausführlich *Rabl,* NZ 1999, 131f mwN.

[17]) Dazu *Kropiunig,* Das Verhältnis der §§ 813ff ABGB zur Konkurseröffnungspflicht bei Überschuldung des Nachlasses, NZ 1993, 97.

[18]) Das gilt nach dem eindeutigen Gesetzeswortlaut (§ 165 Abs 2 AußStrG) – entgegen den ErlRV 224 BlgNR 22. GP 107 – nicht für alle Fälle der Inventarisierung; wie hier *Goriany,* Das neue Verlassenschaftsverfahren, NZ 2004, 358.

[19]) OGH in SZ 38/196. Für eine „materiell-rechtliche Stundung": *Kralik,* Erbrecht 356.

[20]) OGH in JB 20 = GlU 957.

[21]) Dazu *Kropiunig,* Ausgewählte Fragen der Nachlaßseparation (1993); *Meyer,* Die Nachlaßabsonderung, NZ 1950, 166.

schaftsverfahrens[22]) berechtigt, die Absonderung des Nachlasses zu verlangen (§ 812).

„Vermengung" ist nicht wörtlich zu verstehen, daher ist Separation auch zulässig, wenn der Erbe vermögenslos ist[23]).

Durch die Absonderung bleibt zwar im Interesse der Gläubiger auch nach der Einantwortung das Nachlaßvermögen vom sonstigen Vermögen des Erben **getrennt,** doch hindert sie die Einantwortung nicht, sie wirkt bis zur Befriedigung oder Sicherstellung der Absonderungsgläubiger weiter[24]). Der Erbe erlangt zwar durch die Einantwortung das Eigentum an den separierten Sachen, doch bleiben sie Sondervermögen, so daß zB auch keine Vereinigung (§ 1445) eintritt.

Die Separation wird im Provisorialverfahren genehmigt. Sie setzt keine endgültige Klärung der Anspruchsberechtigung des Dritten voraus[25]). Die Gläubiger, welche die Separation verlangen, müssen ihre Forderungen bescheinigen[26]). Die von § 812 weiter geforderte „Besorgnis der Gefahr" ist jedes hinreichend motivierte, auch bloß subjektive Bedenken, ein objektiver Nachweis ist nicht nötig[27]). Der Gläubiger muß aber zumindest Umstände behaupten, die bei vernünftiger Überlegung seine Besorgnis rechtfertigen[28]). Gefahren drohen vor allem von den Gläubigern des Erben, doch soll die Separation überhaupt allen Gefahren vorbeugen, die sich aus der tatsächlichen Verfügungsgewalt des Erben ergeben, zB aus einer die Nachlaßmasse schmälernden wirtschaftlichen Gebarung[29]). Das Vorhandensein einer hinreichenden dinglichen oder persönlichen Sicherheit für die Forderung schließt die Besorgnis aus[30]).

Auch wenn dem Erben die Befugnis zur Nachlaßverwaltung nach § 810 zusteht, hindert das die Nachlaßseparation nicht. Seine Befugnisse werden dann um jene des Separationskurators eingeschränkt oder ihm ganz entzogen[31]).

Die Absonderung kann durch **Sicherheitsleistung** abgewendet werden[32]). Sie ist aufzuheben, wenn die Voraussetzungen für ihre Anordnung erlöschen, also insbes wenn die Gläubiger befriedigt wurden[33]).

---

22) *Welser* in Rummel § 812 Rz 8; OGH in NZ 1994, 115; NZ 1994, 236; NZ 2002, 148.

23) OGH in SZ 8/5; SZ 56/28.

24) OGH in SZ 38/205; auch nach der Einantwortung kann über das separierte Sondervermögen der Konkurs eröffnet werden, OGH in NZ 2003, 283 = ecolex 2003, 512 *(Hofmann);* s aber SZ 59/29.

25) OGH in SZ 72/19.

26) OGH in EvBl 1976/137; EFSlg 43.461. Dies erübrigt sich beim Noterben: OGH in NZ 1996, 307; EvBl 1999/112.

27) OGH in NZ 1986, 263; SZ 59/210; RZ 1997/30; NZ 2002,148; NZ 2003, 50; NZ 2005, 106 uva.

28) OGH in JBl 1978, 152; SZ 56/28; SZ 61/131; RZ 1997/30 uva.

29) OGH in EvBl 1976/137; NZ 1986, 263; SZ 61/131; RZ 1997/30; OGH in NZ 2002, 331.

30) *Ehrenzweig* II/2, 532.

31) *Spitzer,* Benützung, Verwaltung und Vertretung des Nachlasses (§ 810 ABGB neu), NZ 2006, 38.

32) OGH in NZ 1969, 187; SZ 56/28; NZ 1985, 173; NZ 2002, 148; vgl auch SZ 65/113.

33) OGH in NZ 2002, 331.

Die Absonderung besteht in der Errichtung eines **Inventars** und Übernahme des Nachlasses in gerichtliche oder sonstige **Verwahrung.** Verwaltungsrechte der Erben erlöschen, wenn es die Vermögensverwaltung erfordert, ist ein Absonderungskurator **(Separationskurator)** zu bestellen[34]).

Die Separationsgläubiger haben eine **Sonderstellung.** Nur sie können in das separierte Vermögen Exekution führen[35]). Umgekehrt haftet ihnen der Erbe ohne Rücksicht auf die Art seiner Erbantrittserklärung nur mit diesen Sachen (sachlich beschränkte Haftung, **„cum viribus hereditatis"**)[36]).

Gläubigern, die sich der Separation nicht angeschlossen haben, haftet der Erbe nach der Einantwortung persönlich, jedoch wegen der Inventarisierung (§ 807) auch bei unbedingter Erbantrittserklärung nur soweit, als der Wert des Nachlasses die Forderungen der Separationsberechtigten übersteigt[37]). Da für die Pflichtteilsermittlung die auf den Todesfall geschenkten Sachen zum Nachlaß gehören (oben S 542), sind auch sie in eine vom Pflichtteilsberechtigten beantragte Nachlaßseparation einzubeziehen[38]).

II. Miterben

A. Erbengemeinschaft

Mehrere Erben stehen in einer Rechtsgemeinschaft, die sich vor der Einantwortung auf das Erbrecht, danach auf die ererbten Sachen und Rechte bezieht. Die Anteile richten sich nach der Erbquote, die Art des Berufungsgrundes ist unerheblich. Die Gemeinschaft beruht auf dem Gesetz, nicht auf dem Willen der Gemeinschafter, ist also **communio incidens.**

Die Gemeinschaft hindert die Teilnehmer nicht, ihr Erbrecht zu veräußern (§§ 1278 ff).

Vor der Einantwortung ist die Gemeinschaft wegen der eigenen Rechtssubjektivität des Nachlasses relativ bedeutungslos.

Durch die **Einantwortung** werden die Miterben Miteigentümer der körperlichen Nachlaßsachen nach dem Verhältnis ihrer Erbteile. Es gelten die Regeln der Miteigentumsgemeinschaft (§§ 825 ff)[1]). Nachlaßforderungen zerfallen bei Teilbarkeit in Teilforderungen, bei Unteilbarkeit entsteht eine Gesamthandgläubigerschaft (§§ 889 f).

Zur Haftung von Miterben s unten C.

---

[34]) OGH in JBl 1972, 621.

[35]) Zu Ausnahmen s OGH in NZ 1994, 182 (Forderungen derselben „Ranggruppe" wie die der Separatisten); vgl weiters *Kralik,* Erbrecht 362; *Kropiunig,* Nachlaßseparation 233 f; *Schauer,* Rechtsprobleme 505 f.

[36]) OGH in SZ 74/202 = AnwBl 2002, 592 *(Hofmann);* NZ 2003, 52.

[37]) Ebenso *Ehrenzweig* II/2, 533. AA *Kralik,* Erbrecht 362; OGH in NZ 1994, 182; vgl auch *Schauer,* Rechtsprobleme 506 ff.

[38]) OGH in SZ 65/113.

[1]) Vgl OGH in SZ 8/5; SZ 48/96; NZ 1999, 148.

B. Erbteilung

Die Gemeinschaft wird durch die Erbteilung aufgehoben, die von jedem Miterben vor oder nach der Einantwortung verlangt werden kann, aber erst mit dieser dinglich wirksam wird[2]). Sie kann durch ein gerichtliches oder außergerichtliches **Erbteilungsübereinkommen** vorgenommen werden[3]), das der Einstimmigkeit bedarf und bei Beteiligung minderjähriger oder pflegebefohlener Erben pflegschaftsbehördlich genehmigt werden muß (§§ 181 Abs 2 AußStrG)[4]). Kommt keine Einigung zustande, so ist die Aufhebung mit der **Erbteilungsklage** durchzusetzen, die ebenfalls vor oder nach der Einantwortung eingebracht werden kann[5]).

Von Teilungsanordnungen und Teilungsverboten des Erblassers können die Miterben einvernehmlich abgehen[6]). Solche Verfügungen müssen allerdings beachtet werden, wenn sie Auflagen (§ 709) sind. Teilungsverbote binden nur den Belasteten, nicht aber seine Erben (§ 832).

Zu einer besonderen Art der Auseinandersetzung kommt es bei Vorhandensein eines **Aufgriffsrechts.** Darunter versteht man das einem Erben oder einem Dritten zustehende Recht, den ganzen Nachlaß oder bestimmte körperliche oder unkörperliche Sachen gegen Zahlung eines „Übernahmspreises" zu erwerben.

Das Aufgriffsrecht entsteht durch letztwillige Verfügung oder durch Vertrag (Erbvertrag, Vertrag zwischen den Miterben). Seine inhaltliche Ausgestaltung obliegt dem Erblasser oder den Vertragsparteien, es gibt keine allgemeinen Regeln[7]). Das einem Miterben eingeräumte Aufgriffsrecht wird überwiegend als Erbteilungsanordnung angesehen[8]).

C. Schuldenhaftung

Vor der Einantwortung haftet trotz der mißverständlichen Formulierung des § 550 den Gläubigern nur der Nachlaß. Für die Zeit nach der Einantwortung muß man unterscheiden. Wurde **kein Inventar** errichtet, so haftet jeder Miterbe den Gläubigern persönlich und unbeschränkt. Im Innenverhältnis trägt jeder Miterbe den nach seiner Erbquote auf ihn entfallenden Teil (§ 820). Wurde ein **Inventar** errichtet und ist die Schuld

---

[2]) S OGH in SZ 55/101; NZ 1999, 148.

[3]) Zur Auslegung von Erbteilungsübereinkommen *Gruber,* Erbteilungsübereinkommen und Testament in Welser-FS (2004) 249ff. Zu den steuerrechtlichen Folgen siehe den Überblick über den Meinungsstand bei *Taucher,* Dispositionen über erbrechtliche Ansprüche, NZ 2001, 123ff, der die Steuerlast nach der Vereinbarung der Erben verteilt.

[4]) Zum Verhältnis des Erbteilungsübereinkommens zum Erbschaftskauf vgl *B. Jud,* Der Erbschaftskauf (1998) 130ff.

[5]) Auch eine Klage auf Einhaltung einer Teilungsvereinbarung ist eine Erbteilungsklage, sie gehört daher vor das Nachlaßgericht (§ 77 Abs 2 JN), OGH in NZ 2003, 120.

[6]) *Kralik,* Erbrecht 339; OGH in NZ 1990, 257; differenzierend *Gruber* in Welser-FS 239.

[7]) OGH in EvBl 1956/167.

[8]) OGH in SZ 26/64; *Welser* in Rummel Anh § 550 Rz 7 mwN.

teilbar, so haftet jeder Erbe für den **Bruchteil** der Schuld, der seiner Erbquote entspricht, jedoch nur bis zur **Höhe des Wertes** der ihm zugekommenen Nachlaßaktiven. Alle Erben haften insgesamt nur bis zur Höhe der Gesamtaktiven. Ist die Schuld unteilbar, so haften die Erben trotz Inventarisierung solidarisch, insgesamt aber nur bis zum Wert des eingeantworteten Nachlasses.

Die Haftung nach den §§ 820ff ist im Außenverhältnis zwingend[9]), kann also weder durch den Erblasser noch durch vertragliche Vereinbarung der Erben abgeändert werden[10]). Eine Ausnahme besteht bezüglich der Vermächtnisse, mit denen der Erblasser einzelne Erben so belasten kann, daß die Legatare auf die Miterben nicht greifen können[11]). Für das Innenverhältnis ist eine andere Regelung sowohl durch den Erblasser als auch durch die Miterben möglich.

16. Kapitel
Erbschaftskauf und Erbschaftsschenkung

Literatur: *Demelius,* Erbverzicht zugunsten Dritter, NZ 1930, 101; *Fenzl,* Der „unechte" Erbverzicht, ÖJZ 1949, 32; *B. Jud,* Der Erbschaftskauf (1998); *J. Mayer,* Die Rechtsstellung des Erbteilserwerbers (1991); *Scheffknecht,* Die Erbrechtsveräußerung, NZ 1953, 97; *Schönherr,* Die Rechtsstellung des Erbschaftskäufers im österreichischen Recht der Personenhandelsgesellschaften, Schwind-FS (1978) 251; *Welser,* Erbschaftskauf und fideikommissarische Substitution, NZ 2006, 65.

Der Erbschaftskauf ist die entgeltliche Veräußerung des Erbrechts zwischen Erbanfall und Einantwortung (§§ 1278f); er bedarf der Form des Notariatsaktes oder des gerichtlichen Protokolls (§ 1278 Abs 2).

Vor dem Erbfall steht § 879 Abs 2 Z 3 einer Veräußerung entgegen, nach der Einantwortung hat der Erbe kein Erbrecht mehr, sondern Rechte an den geerbten Sachen.

Keine Veräußerung des (Nach-)Erbrechts, sondern ein bloßer Verzicht ist die Vereinbarung zwischen Vorerben und Nacherben, die Substitution aufzuheben. Eine solche Vereinbarung bedarf daher auch nicht der Form des Erbschaftskaufs[1]).

Der Käufer ist nicht Erbe, er tritt bloß an dessen Stelle, so daß er gegenüber dem Erblasser nicht erbfähig zu sein braucht[2]). Das **Verlassenschaftsverfahren** muß der Käufer in jenem Stadium hinnehmen, in dem es sich befindet, er kann es also nur fortsetzen, jedoch vom Veräußerer gesetzte Akte nicht rückgängig machen. Liegt noch keine Erbantrittserklärung des Verkäufers vor, so hat sie der Käufer im eigenen Namen[3]), jedoch unter Bezugnahme auf das Erwerbsgeschäft abzugeben. Die Einantwortung erfolgt an ihn, sie bewirkt die **Gesamtrechtsnachfolge**[4]).

---

[9]) *Weiß* in Klang III 1056.

[10]) *Weiß* in Klang III 1056; OGH in GlU 9819; GlU 12.031; SZ 69/213.

[11]) *Ehrenzweig* II/2, 506; *Weiß* in Klang III 1061.

[1]) *Welser,* NZ 2006, 65ff.

[2]) *B. Jud,* Erbschaftskauf 25ff; AA *Kralik,* Erbrecht 54.

[3]) Dafür auch *Schönherr,* Schwind-FS 253; *Wolff* in Klang V 1012; aM *Unger,* Erbrecht 572 Anm 11.

[4]) *B. Jud,* Erbschaftskauf 21ff mwN.

In den Rechten der Erbschafts- und Erbfallsgläubiger tritt durch den Kauf keine Änderung ein. Doch **haften** ihnen Verkäufer und Käufer nach dem Inhalt der Erbantrittserklärung solidarisch (§ 1282).

Für die Erbrechts- oder Erbschaftsklage ist nur der Käufer, nicht auch der Verkäufer, aktiv und passiv legitimiert[5]).

Wurde dem Kauf eine Aufstellung („Inventar") zugrundegelegt, so hat der Verkäufer in diesem Umfang für die Richtigkeit und Vollständigkeit des Nachlasses Gewähr zu leisten; sonst bezieht sich die Haftung nur auf die Richtigkeit des Erbrechts (§ 1283), der Erbschaftskauf ist dann „ein gewagtes Geschäft", ein „Glücksvertrag" (§ 1278)[6]).

Auf die **Erbschaftsschenkung** sind die §§ 1278–1283 sinngemäß anzuwenden[7]). Daher ist das Geschäft formpflichtig[8]). Entschlägt sich ein Erbe zugunsten einer Person, die bei seinem Wegfall nicht ohnedies zum Erben berufen wäre, so kann darin eine Erbschaftsschenkung liegen, s oben S 570f.

17. Kapitel

Erbschaftsklage, Erwerb vom Scheinerben

I. Begriff der Erbschaftsklage

Literatur: *Ferrari-Hofmann-Wellenhof,* Die Erbschaftsklage (1991); *Gursky,* Zur Rechtsnatur des Erbschaftsanspruches, Lübtow-FS (1990) 211; *Sperl,* Probleme der Erbschaftsklage, JBl 1979, 630.

Die Erbschaftsklage ist eine Leistungsklage, mit welcher der Kläger unter Behauptung eines besseren Rechtes vom eingewiesenen Erben die Abtretung der Erbschaft verlangt (§ 823) [1]).

Die Leistung besteht nicht in der Abgabe einer Willenserklärung[2]), sondern in der Überlassung des durch die Einantwortung erlangten Erbschaftsbesitzes.

Der Kläger begehrt entsprechend seiner Erbberechtigung die **„Abtretung"** der ganzen Erbschaft oder des seiner Berechtigung entsprechenden Teiles[3]).

Mit der Erbschaftsklage setzt der Kläger sein Erbrecht durch. Das stattgebende Urteil ändert daher nicht die Rechtslage, ist nicht rechtsge-

---

[5]) *B. Jud,* Erbschaftskauf 17ff mwN; *Schönherr,* Schwind-FS 252; OGH in EvBl 1964/361; SZ 30/64; aA *Wolff* in Klang V 1013.

[6]) Für ein Glücksgeschäft auch bei Inventarisierung: *B. Jud,* Erbschaftskauf 47f.

[7]) *Ehrenzweig* II/2, 603; *Fenzl,* ÖJZ 1949, 32; *Schüssler,* Kein Eingriff des Grundverkehrsrechtes in das Verlassenschaftsverfahren! NZ 1968, 196.

[8]) Vgl OGH in NZ 1999, 124 *(B. Jud); B. Jud,* Erbschaftskauf 37ff.

[1]) *Ehrenzweig* II/2, 616f; *Weiß* in Klang III 1066; OGH in EvBl 1962/343; SZ 44/158.

[2]) Richtig *Sperl,* JBl 1979, 630; aA zB *Weiß* in Klang III 1073; *Kralik,* Erbrecht 332; OGH in SZ 44/158. Vgl im übrigen *Welser* in Rummel §§ 823f Rz 1 mwN.

[3]) OGH in JBl 1956, 99; NZ 1996, 244; SZ 44/158; NZ 1996, 183 *(Kletečka); Kralik,* Erbrecht 330.

staltend[4]), sondern **vernichtet** bloß die durch die Einantwortung geschaffene vorläufige **Vermutung** der Berechtigung des Eingewiesenen[5]). Streitig ist, ob diese Wirkung nur auf Grund eines besonderen Feststellungsbegehrens eintreten kann, so daß die Erbschaftsklage nicht nur Leistungs-, sondern auch Feststellungsklage ist[6]), oder ob die Erbberechtigung des Klägers nur Vorfrage des Leistungsbegehrens ist[7]). Es gibt jedoch keinen Grund, die Vernichtung des Rechtsscheines bloß an Feststellungsurteile zu knüpfen. Das Leistungsurteil enthält eine implizite Feststellung des Rechts, die eine getrennte Feststellung überflüssig macht[8]).

Die Erbschaftsklage steht erst **nach** Rechtskraft der **Einantwortung** zu Gebote[9]) und ist dann der einzige Rechtsbehelf zur Durchsetzung des Erbrechts.

So haben mit der Erbschaftsklage vorzugehen: der in einem nachträglich aufgefundenen Testament eingesetzte Erbe; der gesetzliche Erbe, wenn sich die dem Abhandlungsverfahren zugrundegelegte letztwillige Verfügung als Fälschung oder sonst als ungültig herausstellt oder wenn nachträglich eine Widerrufsverfügung des Erblassers hervorkommt; der wirkliche Erbe, wenn wegen unrichtiger Festsetzung des Todeszeitpunktes im Todeserklärungsverfahren die Einantwortung an eine Person erfolgt ist, die vor dem Erblasser gestorben ist[10]).

Passiv legitimiert ist grundsätzlich der eingeantwortete **Scheinerbe,** ausnahmsweise auch sonstige Nachlaßbesitzer; so die Universalsukzessoren zu Unrecht eingeantworteter Erben[11]); ein früherer siegreicher Erbschaftskläger, der gegenüber dem nun auftretenden Erben den schwächeren Titel hat, sowie der ohne die Voraussetzungen des Heimfallsrechtes besitzende Staat[12]).

Die Erbschaftsklage ist eine **Universalklage,** sie dient nicht zur Durchsetzung der vom Erblasser abgeleiteten Einzelrechte, zB des Eigentums an den einzelnen zum Nachlaß gehörigen Sachen[13]). Diese verfolgt der eingeantwortete Erbe mit **Singularklagen,** zB mit der rei vindicatio, der actio negatoria, der Schuldklage usw. Der vom eingewiesenen Scheinerben mit einer Singularklage Belangte kann sein besseres Erb-

---

[4]) So aber *Sperl,* JBl 1979, 631 f; *Dolinar,* Feststellung des Erbrechts und Erbschaftsklage in prozessualer Sicht, Kralik-FS (1986) 137 ff; *Ferrari-Hofmann-Wellenhof,* Erbschaftsklage 398 ff.

[5]) *Bartsch,* Erbrecht² (1944) 140; OGH in NZ 1996, 183 *(Kletečka).*

[6]) *Schell* in Klang¹ II/1, 844; *Steinwenter,* JBl 1956, 101; OGH in SZ 24/258; SZ 37/30; anders aber zB *Weiß* in Klang III 1069.

[7]) So zB OGH in JBl 1956, 99; SZ 44/158.

[8]) „Leistungsklage mit Feststellungsfunktion": *Welser* in Rummel §§ 823 f Rz 1 ff; für ein „Gestaltungsbegehren auf Abtretung": *Ferrari-Hofmann-Wellenhof,* Erbschaftsklage 398 ff.

[9]) OGH in SZ 24/258.

[10]) OGH in SZ 37/39.

[11]) *Ehrenzweig* II/2, 615.

[12]) *Kralik,* Erbrecht 338; *Weiß* in Klang III 1071; OGH in GlUNF 85. Vgl zuletzt OGH in JBl 1997, 241 *(Auckenthaler)* und dazu *Rabl,* Verwendungsanspruch gegen den Fiskus – ist der Heimfall gegenüber dem wahren Erben gerechtfertigt? NZ 1997, 141.

[13]) OGH in EvBl 1956/268; NZ 1984, 107; SZ 2003/134.

recht einwenden[14]), erreicht aber damit nur die Abweisung der Klage, nicht die positive Feststellung des eigenen Rechts[15]).

Die Erbschaftsklage verjährt in **dreißig** oder vierzig Jahren (§§ 1478, 1485)[16]). Die Frist beginnt idR mit dem Tod des Erblassers. Wer die Gültigkeit eines Testaments bestreiten will, muß dies innerhalb von **drei** Jahren tun (§ 1487)[17]).

Nach neuerer Auffassung verjährt das Erbrecht und damit die Erbschaftsklage überhaupt nicht[18]). Unhaltbar ist es, Unverjährbarkeit des Erbrechts anzunehmen und die Erbschaftsklage, die der Durchsetzung dieses Rechtes dient, in dreißig Jahren verjähren zu lassen[19]).

In Analogie zu § 823 steht dem Bund zur Geltendmachung der Kaduzität die **Heimfälligkeitsklage** zu (S 533).

II. Wirkung des stattgebenden Urteils

Mit der Rechtskraft des stattgebenden Urteils erhält der Kläger die Stellung eines eingeantworteten Erben. Er tritt als **Universalsukzessor** in alle Einzelrechte und Verbindlichkeiten der Erbschaft ein[1]).

Der unterlegene Erbschaftsbesitzer ist zu Übertragungsakten verpflichtet, doch haben diese nur deklarative Bedeutung. Bei unbeweglichen Sachen muß der Erbschaftsbesitzer in die Einverleibung des Eigentums einwilligen, wie er überhaupt zur Herbeiführung des der Erbenstellung entsprechenden Zustandes verpflichtet ist. Ist eine Rückstellung wegen Veräußerung oder Verbrauchs einer Sache nicht mehr möglich, hat der Scheinerbe gemäß § 1041 den erlangten Wert herauszugeben[2]).

Für die gegenseitigen Ansprüche verweist § 824 auf die Regeln über Ersatzansprüche des **redlichen** und **unredlichen** Besitzers (§§ 329 ff).

Der Erbschaftsbesitzer ist so lange redlich, als er aus „wahrscheinlichen Gründen" (§ 326) das Nichtbestehen eines anderen Erbrechts annehmen kann[3]). ZT wird Unredlichkeit des Scheinerben erst bei grober Fahrlässigkeit oder bei positivem Wissen angenommen[4]). Ab Zustellung der Erbschaftsklage ist der Erbschaftsbesitzer jedenfalls unredlich (§ 338).

Der unterlegene Erbschaftsbesitzer kann sich von der Haftung gegenüber den Nachlaßgläubigern durch den Beweis befreien, daß der siegreiche Erbschaftskläger der wahre Erbe ist[5]). Dieser haftet für die Nach-

---

[14]) OGH in JBl 1956, 99.
[15]) *Ehrenzweig* II/2, 615.
[16]) OGH in SZ 53/10.
[17]) Zum Fristenbeginn OGH in JBl 1991, 656; SZ 60/239; NZ 2000, 375.
[18]) *Kralik,* Erbrecht 60 und 337 f; *Eccher* in Schwimann § 532 Rz 6; § 823 Rz 12.
[19]) Vgl OGH in NZ 1999, 167.
[1]) Vgl OGH in NZ 1996, 183 *(Kletečka)* mwN.
[2]) OGH in NZ 1984, 107.
[3]) *Eccher* in Schwimann § 824 Rz 2.
[4]) *Weiß* in Klang III 1074; *Sperl,* Probleme der Erbschaftsklage, JBl 1979, 633; OGH in SZ 47/3.
[5]) *Schell* in Klang[1] II/1, 849; *Ehrenzweig* II/2, 620; aA *Sperl,* JBl 1979, 634; *Ferrari-Hofmann-Wellenhof,* Erbschaftsklage 422 f.

laßverbindlichkeiten ohne Rücksicht auf die Art der Erbantrittserklärung des bisherigen Erbschaftsbesitzers[6]) wie ein bedingt erbantrittserklärter Erbe[7]).

III. Schutz gutgläubiger Dritter

Literatur: *Holzner,* Wer ist „dritter redlicher Besitzer" im Sinne des § 824 ABGB? NZ 1994, 121; *Krasnopolski,* Der Schutz des redlichen Verkehrs (1892) 24ff; *Riedler,* Zur personellen Reichweite des gutgläubigen Rechtserwerbs vom Scheinerben, NZ 1994, 1; *Wellspacher,* Das Vertrauen auf äußere Tatbestände (1906) 184ff.

Der zu Unrecht eingeantwortete Erbe (Scheinerbe) hat die Vermutung für sich, der wahre Erbe zu sein: **Legitimationswirkung** der Einantwortung[1]). Deshalb ist ein „dritter redlicher Besitzer für die in der Zwischenzeit erworbenen Erbstücke niemandem verantwortlich" (§ 824 letzter Satz). Dies gilt sowohl für den entgeltlichen als auch für den unentgeltlichen Erwerb[2]). Auf die Beweglichkeit oder Unbeweglichkeit der Sache kommt es nicht an[3]). Geschützt ist aber nur der rechtsgeschäftliche, nicht der exekutive Erwerb[4]).

Kein Gutglaubenserwerb kommt in Betracht, wo kein schützenswertes Vertrauen vorliegt. Dies gilt zB dann, wenn der Erbschaftsbesitzer eine Nachlaßsache durch Vermächtnis einem Dritten zuwendet, weil die in einer letztwilligen Verfügung begünstigten Personen in ihrem Vertrauen auf die Zuwendung nicht geschützt sind[5]).

§ 824 letzter Satz ist nach seiner ratio über den Eigentumserwerb hinaus anzuwenden. Er schützt überhaupt **jeden Rechtserwerb** vom Scheinerben und jede von Dritten durch den Scheinerben erlangte Rechtsstellung[6]). So ist zB geschützt, wer im guten Glauben[7]) vom Scheinerben Forderungen erwirbt oder als Nachlaßschuldner an den Scheinerben leistet[8]).

Nach hM ist redlich, wer **nicht weiß,** daß sein Erwerb dem wahren Erben zum Schaden gereicht, so daß Fahrlässigkeit nicht schadet[9]). Dies ist zu billigen, weil die Sorgfaltsanforderungen gegenüber einem durch

---

[6]) So aber *Schell* in Klang[1] II/1, 849; *Ehrenzweig* II/2, 620; *Kralik,* Erbrecht 364ff.

[7]) *Bartsch,* Erbrecht[2] (1944) 128f; *Gschnitzer/Faistenberger,* Erbrecht 114; *Sperl,* JBl 1979, 634. Bei vorangegangener unbedingter Erbserklärung nur nach „Offenbarungsverlangen des Klägers": *Ferrari-Hofmann-Wellenhof,* Erbschaftsklage 228ff.

[1]) Vgl auch *Karner,* Gutgläubiger Mobiliarerwerb (2006) 147.

[2]) *Zeiller,* Commentar II/2, 874; *Schell* in Klang[1] II/1, 850.

[3]) *Weiß* in Klang III 1080; *Ehrenzweig* II/2, 617 FN 25.

[4]) *Ehrenzweig* II/2, 618; *Weiß* in Klang III 1078f; aA *Kralik,* Erbrecht 335.

[5]) OGH in SZ 54/48; *Welser* in Rummel §§ 823, 824 Rz 30.

[6]) *Wellspacher,* Vertrauen 187.

[7]) Gegen dieses Erfordernis *Sperl,* Probleme der Erbschaftsklage, JBl 1979, 635 unter Berufung auf § 1424.

[8]) *Wellspacher,* Vertrauen 188; *Weiß* in Klang III 1082; *Ferrari-Hofmann-Wellenhof,* Erbschaftsklage 333f.

[9]) *Ehrenzweig* II/2, 618; *Kralik,* Erbrecht 334; *Krasnopolski,* Schutz 26; *Schell* in Klang[1] II/1, 851; *Welser* in Rummel § 824 Rz 35. Dagegen aber *Gschnitzer/Faistenberger,* Erbrecht 115; OGH in RZ 1980/10.

Gerichtsbeschluß (die Einantwortung) ausgewiesenen Erbschaftsbesitzer nicht überspannt werden dürfen. Der durch diesen Beschluß geschaffene qualifizierte Rechtsschein rechtfertigt die Abweichung von anderen Gutglaubensschutzregeln[10]).

Die Redlichkeit muß beim Abschluß des Verfügungsgeschäftes vorliegen, der gute Glaube beim Abschluß des Verpflichtungsgeschäftes genügt nicht. Umgekehrt schadet die nach Übergabe eintretende Kenntnis nicht. Der Erwerber muß nicht positiv auf die Berechtigung des Eingeantworteten vertrauen. Gegenstand der Redlichkeit ist bloß die Wirksamkeit des Erwerbes[11]).

Geschützt ist nach § 824 nur der „unmittelbare Erwerb" vom Scheinerben[12]); weitere Erwerber können sich uU auf § 367 berufen. Erstreckte man aber den Schutz des § 824 auch auf sie, so gäbe es überhaupt keine Grenzen, so daß auch noch der „Hundertste" gutgläubig erwerben könnte.

§ 824 letzter Satz substituiert nur das dem Scheinerben **fehlende Erbrecht,** heilt also nicht Mängel des Titelgeschäftes oder des Modus. Daher kann der Scheinerbe dem Dritten das Recht nicht verschaffen, wenn es dem Erblasser selbst nicht zustand, so daß es auch der wahre Erbe nicht hätte übertragen können[13]).

Der Scheinerbe verkauft aus dem Gestüt des Erblassers das Pferd Tesoro. Hatte es der Erblasser gestohlen, so kann es der Eigentümer auch vom gutgläubigen Käufer herausverlangen.

Allerdings kann auch beim Erwerb vom Scheinerben § 367 zum Tragen kommen, wenn Entgeltlichkeit vorliegt und die nicht dem Erblasser gehörende Sache diesem vom Eigentümer anvertraut war[14]).

---

[10]) AA *Ferrari-Hofmann-Wellenhof,* Erbschaftsklage 323.

[11]) *Riedler,* NZ 1994, 8.

[12]) *Riedler,* NZ 1994, 8; gegen ihn *Holzner,* NZ 1994, 121; diesem folgend *Eccher* in Schwimann § 824 Rz 5.

[13]) *Wellspacher,* Vertrauen 186f.

[14]) *Wellspacher,* Vertrauen 187.

Paragraphenregister

Hauptfundstellen sind durch *Kursivdruck* gekennzeichnet.

§ Seite

ÜbG

UGB

UN-KaufR

UrhG

UrlaubsG

UWG

VerkOG

VersVG

VStG

V über Ausübungsvorschriften für Partnervermittler

WAG

WÄG

WechselG

WEG 1975

WEG

WGG

WucherG

EGZPO

ZPO

Sachverzeichnis

Die Zahlen verweisen auf die Seiten.

Hinweise in *Kursivdruck* kennzeichnen die Hauptfundstellen.

B

H

I

L

O

P

Q

R

U

V

W

Z